최신
한국어 – 몽골어 사전
Орчин Цагийн СОЛОНГОС – МОНГОЛ ТОЛЬ

최신
한국어 – 몽골어 사전
Орчин Цагийн **СОЛОНГОС – МОНГОЛ ТОЛЬ**

올림말 약 30,000

편저자

데.보르투르가
체.어트겅바야르
엠.안또니나미하일
김 경 환
김 춘 식

외국어도서전문
1945

문예림

머리말

몽골이라고 하면 우리와 가장 비슷한 얼굴 형태를 가지고 있는 민족인 몽골! 그리고 징기스함(칸)이라고 우리에게 역사와 문화를 통해서 친숙하게 알려진 민족과 나라인 몽골이다

한국과 몽골은 '1990.3 외교관계 수립이후 양국관계가 지속적인 증가추세이며 한국의 대몽골 수출은 중국, 러시아, 미국에 이어 제4위에 이르고 있으며, 한.몽골 양국관계는 최근 양국 정상의 상호 방문과 우리 외교통상부 장관의 방문을 계기로 경제.사회.문화.학술 등 여러 분야에서 포괄적인 관계 진전이 있어 왔습니다. 이제는 이러한 우호협력 관계를 사회전반으로 확산시켜 나가야 할 일원으로 무엇보다도 먼저 언어소통이 되어야 발전하게 될 것입니다.

이렇게 몽골과 한국 사이에 협력과 발달이 증가할수록 몽골어 사용권에서 한국어 연구에 관심이 더욱 증가하고 있으며. 동시에 한국에서도 몽골어 연구에 관심이 증가하는 것입니다. 이와 관련하여 여러 가지 유형의 번역 사전들이 필요로 하게 될 것이며, 그리하여 한국어몽골어사전이 출판되었습니다.

이 사전은 한국어를 처음 배우는 학생은 물론이며 번역자 및 통역자들 뿐만 아니라, 일반인까지 쉽게 읽을 수 있도록 편집하였으며, 번역과 통역의 참고서로 연구하는 사람들에게 큰 도움을 줄 수 있다고 기대합니다.

연구진들이 본 사전에 한국 및 몽골생활에서 새로운 사회적, 과학적과 문화적 현상을 반영할 수 있는 단어와 용어들 포함하려고 했으며, 일반적으로 현대의 한국어를 넓게 사용하고 있는 생활 어휘는 물론, 본 사전은 사회·정치적 어휘, 또한 기술, 농업, 예술과 스포츠 분야에서 전문 용어들도 포함했으며 부족한 부분은 앞으로 계속 보완하여 나갈 것입니다.

그리고 사전의 원고 교정과 워드작업에 수고하신 초이따찌아나, 체.알리나. 유.굴쇼다, 데.빌르마흐, 체.어트겅, 서서르바람, 울지바람, 연구원들에게 감사드리며, 한국어 몽골어사전을 쾌히 출판을 해주시는 도서출판 문예림의 서덕일 사장님과 임직원 여러분들께 감사드립니다.

끝으로 한국어를 배우고 익히는 학도들과 한국과 몽골에 관계하고 계시거나 관심을 가지고 계신 모든 분들에게 도움이 되길 진심으로 바라며, 계속하여 좋은 사전이 출판 되도록 여러분들의 많은 관심과 아낌없는 성원을 부탁드립니다.

2013. 05.
국립동방학국 대학교
편집책임 어문학박사 김 춘 식

한글자모 와 몽골어알파벳의 발음비교
([ ] 괄호 안처럼 발음됩니다)

ㄱ/ㄲ [Гг 게]
ㄷ/ㄸ [Дд 데]
ㄹ [Рр 에르]
ㅂ [Бб 베]
ㅅ/ㅆ [Сс 에스]
ㅈ [Жж 제]
ㅊ [Цц 체]
ㅋ [Кк 카]
ㅍ [Пп 페]
ㅎ [Хх 하]
ㅑ [Яя 야]
ㅓ [Өө 어]
ㅜ [Үү 우]
ㅣ [Ии 이]

ㄴ [Нн 엔]
ㄹ [Лл 엘]
ㅁ [Мм 엠]
ㅅ/시 [Шш 이쉬]
ㅇ(ㄴ/ㅜ) [Вв 웨]
ㅈ/ㅉ [Зз 쩨/제]
ㅊ [Чч 체]
ㅌ [Тт 테]
ㅍ [Фф 에프]
ㅏ [Аа 아]
ㅓ [Оо 어]
ㅗ [Уу 오]
ㅠ [Юю 유]
ㅣ [Йй 하가스 이]

ㅣ [Ъъ 하토:깅 템데끄(부호이지만 때에 따라 'ㅣ')]
ㅣ [Ьь 절:르니 템데끄: (부호이지만 때에 따라 'ㅣ')]
ㅣ: [Ыы 이:]
ㅔ [Ээ 에 ('ㅣ'처럼 발음하는 경우도 많음)]
ㅕ [Ёё 여('요'처럼 발음하는 경우도 있음)]
ㅖ [Ее 예('요'처럼 발음하는 경우도 있음)]
ㅅ/시 [Щщ 이쉬체 (현제 몽골어에는 사용되지 않음)]

참고문헌

* Я. Цэвэл, Монгол хэлний товч тайлбар толь,   Улаанбаатар. 1966 он
* А.Лувсандэндэв, Ц,Цэрэндамба э рэ нхийлэ н эрхэлсэн Большой академичеслий моигольсло-русслий словарь, I-IV, Москва, 2001.
* Норжин, Мэ рэ н эрхлэн найруулсан Монгол хэлний толь, Ххэ хот, 1997.
* Орчин Цагийн Монгол-Англи толь 2001 он.
* Mongolian-English Dictionary in 3 volumes by Folke Boberg, Forlaget Filadelphia AB, Stockholm 1954.
* Mongolian-English Dictionary compiled by Charles Bawden 1977.
* Gombojab Hangin, A modem Mongolian - English Dictionary, Indiana University, 1997.
* 蒙漢事典(Монгол-Хятад толь) Хөххот 1999.
* 漢蒙事典(Хятад-Монгол толь) Хөххот 1999.
* 몽-한 사전 엠안또니나외 3인 도서출판문예림 2011.
* 한국어 몽골어사전 몽골국립대학교, 서울, 2003.
* 한국어-러시아어사전 김문욱외 3인 도서출판문예림
* 러-한 사전 김춘식외 3인 도서출판문예림 2009.
* 우리말 큰 사전 한글학회, 어문각, 1991.
* 이희승 편저, 국어 대사전, 민중서림, 1998.
* 엘리트한영사전 시사영어사 2003.
* 연세한국어사전, 두산동아 1998.
* 한국정신문화 연구원, 한국민족문화 대 백과사전1991.

일러두기

1. 표제어(표제어 배열)
1) 표제어 선정범위는 한글학회. 국어국립연구원에서 발행한 국어사전에 수록된 어휘로서 일상적인 표현에 쓰이는 기본어, 각종 합성어, 관용어구, 신문.잡지 등에 사용되는 각 분야의 전문어. 흔히 접하는 동식물어, 신어(新語), 의성어, 의태어 등등을 다루었다.(단 인명.지명은배제하였다)

2) 표제어 배열순서는 가나다라순(順)으로 하고 된소리는 예사소리가 끝난 다음에 일괄처리 해주었다.
    가다 - 가다가 - 가다듬다 - 까다 – 까다롭다

3) 동음이의어(同音異議語)는 우리말, 외래어, 접두사, 접미사, 한자어 등의 순으로 하였다.
    가 ~가(假) ~가(街) ~가(家) ~가

4) 글자는 같디 뜻이 다른 우리말. 외래어. 한자어는 오른쪽에 각각 1.2.3...의 번호를 붙여 이를 구별하였다.
    가(假)1 ~ болзолт, түр 가(街)2 ~ зээл 가(家)3 ~ -ч, -чин, -тан

5) 한자어는 한글 표제어 다음의 () 안에 한자를 넣어 수록하였다 (복합어의경우도 같음). 단 한글로 읽었을 때 동음이의어의 한자는 어깨번호를 붙이지 않고 임의로 배열했다
    망국(亡國)   사정(射程) түсгал
    사정(査定) багцаала|х

6) 한글과 한자의 합성어는 한글부분을 '대서(-)'표로 나타내었으며 한자를 병기하였다
    강물(江-) мөрний ус   아랑주(-紬) торго(н)

7) 접두사 접미사의 표기
    ~가(假) ~가(街)   공-(空-) -공(-工)

8) 어의의 분류:한표제어에 몇가지 다른 뜻이 있을 때 ① ② ③ 분류했다

9) 표제어의 간단한 분류는 '세미콜론(;)으로 표기 했다
    아주 бишгүй; бузар; бултаараа; буур,бухэл,

10) 어원의 표시 한자어는 한자로 구미어(歐美語)는 괄로 기호속에 표기했다
    홍차(紅茶)
    커피(coffee)
    키보드(keyboard)

ㄱ

가(假)~ болзолт
가(街)~ зээл
가(假)~ түр
~가(街) зам
가제본책 товхимол
가(변두리)를 지나다(~의) хаяалда|х
가(변두리)를 지나다(~의) хормойло|х
가(와) 있다(~에) юмсан
가(와)있(였)다(~에) буй
가(와)있는(~에) бий
가(와)있다(~에) бай|х
가세 дэгүүр, мухлаг; махны ~ 정육점, 푸줏간
가게 пүүз, цех
가게(바 등)의 일을 (관리)하다 тойло|х
가게(사무소를) 폐쇄하다 хаалттай
가게의 손님 үйлчлүүлэгч
가게주인 няраэ; мөнгөний ~ (은행의) 금전 출납원
가게하다 задарга|х, зайлуула|х, тара|х, цомтго|х, явуула|х
가격 үнэ, өртөг; 9 9 рийн ~ 기초원가(原價), 매입 가격; хэрэглээний ~ 사용 가치; нэмүү ~ 잉여 가치.
가격 경쟁 할 수 있는 өрсөлдөөнтэй
가격을 인상하다 үнэрхэ|х
가격을 줄이다 хямдруула|х
가격이 내리다(내려오다) хямдра|х
가계 гарал, сурвалж, туурь, угсаа, удам, үүсэл
가계(家系) үүлдэр, яс
가곡 аялгуу, эгшиг, эгшиг
가골(假骨) эвэр
가공물 бүтээл
가공의 баштай
가공하다 болго|х, хөрвө|х
가공하지 않은 будуулэг, заваан, байгалийн ; ~ гаралтай 자연 그대로
가공할 аймаар, аймшигтай, айхтар, аюлтай
가구 өрх, тавилга, тохижилт, хогшил
가구 1점의 배(후)면 налуур
가구(덮개,카펫 등)이 없다 чардай|х
가구(세간)을 취득하다 хогшилжи|х
가구(세간의) 다리(발) хөл; морины хойд хоёр ~ 말의 뒷다리; ширээний ~ 테이 블의 다리; хиймэл ~ 인조 다리; модон ~ (건조물의) 지주(支柱), 각주(脚柱); ~ нуцгэн 맨발의, 양말을 안신은(신고), (말이) 편자를 박지 않은; ~ хүнд 임신한, ~и 가득찬;~ муутай 절름발이의, 절루 거리는
가구가 비치되어 있지 않은 ханхай
가구가 있게 하다 тохижи|х
가구의 비치 тохижилт
가구장이 мужаан
가구주(家口主) данжаад
가극(歌劇) дурь, опер
가극의 가사 либретто
가극의 가사 цомнол
가금(家禽) шувуу|(н)
가까스로 арай чамай, арай, арайхийж, дөнгөж, дөнгөн данган, дэн дун, дэнтэй дунтай, мөчиг, мөчиг тачиг, мөчиг хачиг, халт мө лт; над өг ~ дөө! 오직 나에게 주시오!; хэл ~ дөө! 목소리를 높이시오!
가까운 ойр, ойрхи, хамар, хийгүй, хөрш, хужудхан, хээгүй, шадар, энүхэн, айлын, авалцаа, гадаа, дотно, зайгүй, зэргэлдээ; ~ айл 이웃-사촌 тэр бид хоёр айл ~ олон жил болсон 그와 나는

여러 해 동안 이웃에 살고 있다; бид ~ сууж хооллов 우리는 이웃에서 저녁을 먹는다.

가까운 곳 гадуур, хавийнхан, хавь
가까운 사이되다 дотночло|х
가까운 장래에 бэлхэн
가까운 쪽의 гадаа, энүхэн
(~에) 가까운 төсөг
가까움 гадуур, хавь
~에 가까워지다 барагцаала|х
가까워짐 ойртолт, онч, халдац, айсуй; тэд ~ 그들 가까이, 그들 다음; тэр ~ 그의 가까이
가까이 дөхүү, ойр, төсөр, туша, хавь, хавьцаа, холгүй
(~의) 가까이 болтол
가까이 가는 것을 허락(허가)하다 хавьтуула|х
(~에) 가까이 가다 дөхө|х, ирэ|х, нашла|х, ойрто|х,
가까이 가다 хавьта|х, хала|х
가까이 가져오다 ойртуула|х
가까이 끌어당기다 дөхө|х
가까이 데려오다 ойртуула|х
가까이 머무르다(체재하다) бараада|х
가까이 움직이다 ойртуула|х
가까이 위치하다(~의) хажуулда|х
가까이 이동시키다(옮기다) ойртуула|х
가까이(~의) дэргэд
가까이(게) ойрхон
가까이(접근)하지 않다(~에) гэрэвши|х
가까이서 끝내다 тэрлэ|х
가까이에 наадахь, гадаа, дэргэд, дэргэдэх; цонхны ~ зогоох 창문 가까이에 서서; тэр миний ~ сууж байв 그는 나의 옆에 앉았다; гэрчийн ~ 증인으로 출석 했다
(~의) 가까이에 наахна, төсөг; ~аа ир 여기까지 오다; ~аа хар 여기를 보다; ~ харах 원조하다, 돕다, 거들다, 조력 하다; ~аа болох 접근하다,

가까이 지내다.
가까이에(서) ойрхи, төсөг, хужудхан
가까이의 гадаа, төсөг, хужудхан, энүхэн
가까이하기(접근하기, 도달하기, 얻기) 어려운 халдашгүй
가까이하다 дөтлө|х, наашда|х
가까이함 ойртолт, онч, халдац, айсу; тэд ~ 그들 가까이, 그들 다음; тэр ~ 그의 가까이
가깝게 дөхүү, дэргэдэх, хавьцаа
가깝다 барагцаала|х, ойр, ойрхон.
가끔 алдаг оног, заримдаа, зэрмэгхэн, олонхидоо, хааяа
가끔 눈을 깜박거리다 анилз|ха
가끔 출현하다 бултгана|х
가난 гансрал, зүдүүр, үгүйрэл, үгүйрэл, хоосрол, ядуурал
가난(빈곤)하게 되다 ядуура|х
가난(빈곤)한 барагтайхан, даржин, зүдүү, хөлгүй, ядуу
가난뱅이 гуйранч(ин)
가난하게 만들다 гансра|х
가난하게 하다 үгүйрүүлэ|х, ядууруула|х
가난하다 шимшрэ|х
가난한 자 ядуус
가난한 бадар, гуцуухан, мөнгөгүй, үгүйтэй, хоосон
가난해지다 тамтра|х, үгүйрэ|х
가납사니 лавшаа, салбадай
가냘프게 мөлт
가냘프고(날씬하고) 키 큰 сунагар
가냘프고(날씬하고) 키가크다 сунай|х
가냘픈 саримгар, эцэнхий, гарзар, ёлцор, намуухан, нарийхан, нимгэн; ~ цаас 얇은 종이; ~ мэдлэг 얇은 지식
가냘픔 буурал, ядаргаа
가느다란 нарийхан
가는 нарийхан, нимгэн
가는 가지 мөчир
가는 가지로 엮어 만든 хөвх

가는 가지로 엮어 만든 바구니 (광주리) поолуу
가는 철사로 뜬 철망 марал
가는(깎는) 사람(기구) үзүүрлэгч; харандаа ~ 연필깎이
가늘게 багтаамжгүй
가늘게 떨다(흔들다) дорги|х
가늘게 만들다 нимгэлэ|х
가늘게 하다 нимгэдэ|х, сийрүүлэ|х, шингэлэ|х
가늘고 긴 годгор, гунжгар, сунагар
가늘고 긴 막대 хахуул
가늘고 길게 гозгор
가늘고 연약한 өрөвгөр
가늘고 작은 눈 жооттор
가늘고 작은 눈을 가지다 жоотой|х
가늘고 짧다 тожий|х
가늘고 키 큰 зэвзгэн
가늘어지다 гулжий|х, нарийсга|х, нимгэрэ|х, сармий|х, сийрэгжи|х, сийрэгши|х, тура|х
가늚 нимгэхэн
가능성(한) чадавхи, бололцоо, боломж, магад; бороо орж ~ 비가 올 것 같다; тэд ~ шүү 그들이 올 것 같다.
가능성을 찾다 сүвэгчлэ|х
가능케 하다(~을) таалга|х
가능하다 чадваржи|х, чадваржуула|х
가능하다면 болбол
가능한 방법으로 가장 좋게 끝내다 дангинуула|х
가능한 боло|х, бололцоо, боломжтой, нөхцөлтэй, хир, болмоор; идэж ~ 식용에 적합한, 식용의; уншиж ~ 읽어서 재미있는, 읽기 쉬운.
가능한(~이) сийхгүй
가능한지 어떤지 ~해보다 үзэ|х, хичээ|х, чармай|х
가다 одо|х, өөдлө|х, ява|х
가닥을 꼬아잇기 мушгимал
가도 гай
가도(家道) зам

가동(稼動) ашиглалт, гүйлгээ, үйлдэл
가동(운전)중인 асаалттай
가동성 хөдөлгөө
가두(街頭) гай
가득 мундашгүй
가득 차게 하다(~이) тээ|х
가득 차다 арзгана|х, язгана|х
가득 찬(~이) тулгар; бие ~ болох 임신하다;
가득 채워지다 жихлэ|х
가득 채워지지 않은 дундуур
가득 채워진 дүүрэн(г), пиг, сүж
가득차다 хөттөрө|х
가득찬 сүж, цатгалан
가득하게 хада дүүргэ|х, тагла|х; нүх ~ 구멍을 메우다; хоолны сав ~ 스튜냄비 뚜껑덮다; үйсэн бө глэ э гэ э р ~ ~에 코르크 마개를 끼우다(로 밀폐하다.
가득하게 хада юүлэ|х
가득하지 않은 дундуур
гадад хан сүж дүүрэн(г), зөндөө, пиг; ~ дуурэн 꽉 들어찬; ~ дуургэх ~에(을) 채우다
가득해지다 пүмбий|х
가득히 бухэл
가라앉(히)다 жируурэ|х, хөргө|х
가라앉다 амаржи|х, живэ|х, налай|х, намбай|х, намса|х, тайвшра|х, тогтни|х, тохни|х, түвштэ|х тунара|х тундасжих, хари|х
가라앉은 ёнхгор, ёнхор, хөнхөр
гадад ждат амруула|х: амрах; дарлагда|х, живүүлэ|х, зохиогдо|х, зөөтөрө|х, намдаа|х; талбира|х, тогтни|х, тохогдо|х, түвшиттэ|х, хангагда|х, хөнгөвчлө|х, шингэ|х номхро|х, тайвшруула|х, тайдгаруула|х, тайтгара|х; 당신의 기침을 감(덜) 할 것이다 энэ ханиалга намдаана; 진통제 өвчин ~ эм; 그의 분노는 빠르게 가라앉았다 тууний уур амархан гарч тайтгарав

가락 аялгуу, илэрхийлэлт, эгшиг
가락을 맞추다(~의) аяла|x; дуу ~ 단조로운 가락으로 노래하다
가락이 맞는 소리(음, 음향) аялгуу
가락이 맞는 үвтэгш, яруу, яруухан
가락이 아름다운 уянгатай
가락지 бөгж, буслуур, цагариг
가랑비 намираа
가랑이(샅) алцаа ал, гуя хас, салтаа
가랑이를 벌리다 алцай|x; алцайн суух 가랑이를 벌리고 앉다
가랑이진 모양의 것 алцаа
가래 нулмидас, хүрз(эн)
가래(혈담)기침을 하여 뱉다 хахира|x
가래(혈담) 기침을 하여 뱉다(뱉어 내다) нулима|x
가래다(헤살놓다) боогдуула|x
가래로(삽으로) 파다 бэлтгэл ахил
가래를(침을) 뱉다 нулима|x, хахира|x
가량 нэгтэй
가려(골라)내고 거절하다 жаазла|x
가려(골라)내다 зүйллэ|x, төрөлжуулэ|x
가려(추려)낸 шилмэл
가려운 곳을 긁다 шалбара|x
가려움 загатнаа
가려워지다 загаһна|x
가련한 гомдолтой, өрөвдөлтэй, хайрламаар
가로 건너서(질러서) 저쪽에(까지) цаагуур
가로 건너서(질러서) хөндлөн
가로 눕다(드러눕다) хөндөлдө|x
가로 눕히다 зула|x, ивэ|x
가로(街路) гайэн, зээл, өргөн; ~ нарийн 폭, 너비; замын ~ 도로의 폭
가로(옆으로)대어(~에) хажуугаархи
가로누운 хэвтээ
가로대 хөндлөвч, гөнжүүр; хөшуур ~ 레버, 크로스바
가로대(나무) туша, ялуу
가로막 өрц (포유류의 복강과 흉강 사이에 있는 근육성의 막; 폐의 호흡 작용을 도움)
가로막다 гэдэгнэ|x, завсарла|x, сэгхий|x, тасалда|x
가로막대 туша
가로막음 тасалдал, тасрал, тасралт
가로막히다 таслуула|x, хийдэ|x
가로장 гулдмай, туша, хөндлөвч, ялуу
가로지르는 것 хөндлөн
가로지르다 гатла|x, дава|x, солби|x, солбицо|x
(~와) 가로지르다 зөрүүлө|x
가로지르다(넘다) гара|x
가로지름 билчир, огтлолцол, зөрлөг; замын ~ 십자로, 건널목.
가로질러 가다(~을) гара|x
가론 гэгч
가루 반죽으로 만든 과자 боов, маахуур
가루 반죽을 밀어서 얇고 넓게 펴는데 쓰는 방망이 гулууз
가루 товрог, тоос(он) гурил; ~ элдэх 가루 반죽이 늘어나다
가루(모양)의 тоосорхог, нунтаг; угаал-гын ~ 가루비누; ~ эм 가루약, 분말약
가루(분말)가 되다 нунтагши|x
가루(분말)로 하는 нухмал
가루(흙) 반죽하다 нуха|x; гурил ~ 가루를 반죽하다; төмс~ 매시트포테이토
가루(흙)를 비비다 нуха|x
가루(흙을) 반죽하다(개다,주무르다) зуура|x; гурил ~ 가루를 반죽하다 (개다); цөмөнт ~ 시멘트를 섞다
가루가 되기 쉬운 нунтаг, тоосорхог
가루가 되기 쉽다 нунтагши|x
가루가 되다 үйрэ|x
가루로 만들다 жижиглэ|x, нүдэ|x, сазда|x, талхла|x, тээрэмдэ|x, үйрүүлэ|x, үнгэ|x, юурэ|x, яйра|x
가루로 빻은 нухмал, татмал
가루반죽 жонхуу
가루반죽의 튀김을 설탕에 굴린

종류 танзуур
가루의 нунтаг; угаалгын ~ 가루비누; ~эм 가루약, 분말약
가루투성이가 되다 нунтагши|х
가루투성이의 нунтаг, тоосорхог
가르다 булэглэ|х, мөчлө|х, мултла|х, сала|х, салга|х, тусгаарла|х, тусгаарлагда|х, тусгайла|х, үечлэ|х
(~을 계급·집단 등으로) 가르다 дугарла|х
(~을)가르다 булэглэ|х, хагацаа|х
가르치다 багшла|х, бойжуула|х, дасгалжуула|х, зааварла|х, номло|х, өсгө|х, семинарла|х, сурга|х, сургамжла|х, сэнхрүүлэ|х, торниула|х, хөтөч, хүмүүжи|х, хүмүүжүүлэ|х, заа|х; англи хэл ~ 영어를 가르치다
(~를) 가르치다 багшла|х
(~에게) 가르치다 гийгүүлэ|х, гэгээрүүлэ|х, соё|х
가르침 заалт, сургаал
가르침을 받다 сура|х, үзэ|х
가리개 дугтуй
가리는 сэжигч, тамшаа, цамаан, шилмэл
가리다 далдавчла|х, сүүдэрлэ|х, хаацайла|х, цамаарха|х
가리지 않은 задгай, мэлциймгэн, нүцгэн, салдан, халцархай, чармай, шалдан.
가린스러운 яхир
가림 цамаархал
가마 пийшин, зуух; шатаах ~ гамма, но(爐), 건조로(爐), 건조실; ширэм хайлах ~ 송풍(送風)но(爐); 송풍(送風) аргүй; төмөр ~ 철제 난로
가마(가마솥) ёу
가만히 보다 харгалза|х
가만히 있지 못하는 сарьдаг, тэвчээргүй
가만히 битүүдээ, сэмхэн
가만히(몰래) ~하다 ховло|х
가만히(몰래) 들어가다 мяраа|х; эмэгтэй цонх руу мяраав 그녀는 창문으로 몰래 다가가다; муур хашаа даган мяраав 고양이는 울타리를 몰래 다가가다
가만히(몰래)들어가다(나오다) булта|х
가만히(몰래)내빼다 мяраа|х
가망 аяс, боломж, горь, горьдлого, жавшаан, магадлал, найдал, найдвар, сиймхий, сэтгэлчилэн, ялдам
가망(예상) гоож
가망 없는 аргагүйяах ч~, аргагүй, бухимдал, горигүй, горьдлогогүй, найдваргүй, гонж; чи тууныйг дийлнэ гэдэг ~! 그의 승리!를 당신은 결코 기대(예상)하지 않다
가망 없는 국면(직업.연구) догол
가망 있는 наштай, ирээдүйтэй; ~ залуу 젊은이는 좋은 미래가 있다.
가면 бааш, баг, нөмрөг
가면(베일)을 벗기다 хэгзрэ|х
가면 벗다(벗기다) илрүүлэгч, илчлэ|х
가면을 쓰다 гоёчло|х
가면을 쓴 라마교도 사원(절) 춤(댄스) цам
가면하다 дугжраа|х
가무잡잡한 гэрэлгүй
가문 гарлага, удам, үүлдэр, үүсэл
가문비나무속(屬)의 식물(갯솔. 전나무) гачуур, гацуур, гачуур
가뭄 ган(г), говирхуу
가뭄으로 고생하다 ганши|х
가뭄으로 괴로워하다 ганши|х
가방(손) цүнх
가버리다 өөдлө|х
가벼운 хөнгөн, сэвсгэр; ~ цас сөмтөл 같은 눈송이, ~боов 가벼운 파이
가벼운 마음의 хөнгөндүү
가벼운 병(두통·감기) чилээрхэл
가벼운 식사도 할 수 있는 커피점 кафе
가벼운 식사를 하다 зуушла|х
가벼운 외투 пальто

ㄱ

가변성의 гаран орон, орон гаран, солигдмол
가볍게 닿다 шургэ|х
가볍게 되다 хөнгөрө|х
가볍게 두드려서 ~하다 тогши|х
가볍게 두드리다(치다) тарчигна|х, тогши|х, түг түг хийх
가볍게 뛰다 алгаса|х, дэгдэ|х; нэг сэдвээс нөгөө(сэдэв) руу ~ 다른 하나의 주제로 부터 건너뛰다; манайхаас хоёр байшин алгасаад тэднийх байдаг 그들은 우리 집으로 부터 두 집 건너서 산다.
가볍게 뛰어넘다 үсрэ|х
가볍게 뜀 алгасал
가볍게 여기는 ойшоогүй
가볍게 접촉하다 шургэ|х
가볍게 치기 тогшилт
가볍게 하다 хугаца|х
가볍게(헐하게) 어림치다 баса|х
가봉(假縫)(시침질)하다(~에) товши|х
(~에) 가봉(假縫)하다 торго|х, шидэ|х
가산하다 арвижуула|х, нэмэгдүүлэ|х
가삼(家蔘: 인삼) хун орхоодой
가서 가져오다 ирүүлэ|х
가서 데려(불러)오다 ирүүлэ|х
가선 сэжүүр, хажаас
(~을. ~에) 가선을 대다 имхэрдэ|х хажи|х
가설 монтаж
가설(假說) таамаглал, таамнал
가설하다 суурилуула|х,
가설하다 тата|х, тави|х; суваг ~ 운하(수로)를 파다; цахилгаан гэрэл ~ 전기를 가설하다
가성소다(탄산소다·중탄산소다) хужир
가성(假聲)을 쓰는 가수 шуранхай
가성(苛性)의 хорон, эхүүн
가성의(으로) шуранхай
가속(加速) хурдасгал
가속도 хурдасгал
가속물(기) хурдасгуур
가속장치 хурдасгуур
가속하다 түргэлэ|х,түргэсгэ|х, хурдса|х
가솔린 бензин
가수(家嫂) бэргэн дууч(ин)
가스 хий
가스(공기)통 нуурмаг
가스(기체)가 가득한 хийтэй
가스(증기)의 발생기(장치) генератор
가스(초 등)에 점화하다 асаа|х, аса|х, түлэгдэ|х, шата|х, шатаа|х, ноцо|х; машин бас лассангүй자동차가 점화(출발)되지 않는다; ~хий 가연성의 가스; гал ~ 점화하다
가스가 되(게 하)다 хийжүүлэ|х
가슴 зүрх(эн), өвөр, өвчүү, хөх, хэнхэрцэг, цээж; ~ сайтай 기억력이 좋다; ~ бичиг (구술에 의한) 받아쓰기, 받아쓴(구술한) 한 절(節); ~ээр ярих 암송하다, 음창(吟唱)하다, 낭송하다; уулын ~ 산의 남쪽 앞자락; ~ийн дэвтэр 노트, 수첩, 비망록
가슴 벅차게 하다 хөрөмлхэ |х
가슴(마음)에 품다(간직하다) өвөртлө|х
가슴(마음)의 느낌이 답답하게(꽉 죄는 듯하게) 하다 явцуура|х
가슴(흉부)에 대다 өвөртлө|х
가슴받이가 달린 작업 바지(정비복) халаад, комбинезон
가슴앓이 шар; ~ э вчин (의학) 황달, 간염.
가슴에 십자를 긋다 хэрээслэ|х
가슴의 느낌 따위가 답답한 явцуу
가슴의 느낌이 답답한 давч, дадгар, тачуу
가슴이 고동치다 дэлсэ|х; эмэгтэйн зүрх дэлсэж байв 그여는 그의 심장이 뛰었다; улаан нуур өөд нь 누군가의 얼굴을 찰싹 때리다; зурх ~ 가슴이 고동치다, 두근거리다.

가슴이 고동치다 луг луг хийх
가슴이 두근거리다(뛰다) луг луг хийх, лугши|х, булгила|х
가슴이 벅차지다 хөрөмлхэ |х
가습기(加濕器) чийгжүүлэгч
가시 цурхай
가시 모양의 돌기 зоо, нугас(ан); ~ны ус 등뼈의 분비액.
가시(침가진 동식물이) чирдэ живхий|х
가시가 많은 식물 халгай
가시기 зайлуур
가시다 булха|х
가시다 зайла|х; хоолой ~ 양치질하다, 가글하다;
가시도(可視度) грийпзар бараа
가신(家臣) хараат
가십(만담) хов жив
가십 기사를 쓰다 гүжирдэ|х
가압(家鴨) нугас(ан)
가연(加撚) эрч
가열하는 дулаалалт
가열하다 дулаала|х, дулаацуула|х
가엾은 놈(녀석) зайлуул
가엾은 базаахгүй, барагтайхан, бутэлгүй, өрөвдөлтэй, харамсалтай, хөөрхийлөлтэй
가엾이 여기다(~을) хөөрхийлө|х
가옥 байшин, корпус
가용성 хайлц
가운 бошинз, платье
가운데가 옴폭함 матаас
가위 хайч(ин)
가위의 선회축(旋回軸) дэглий
가위의 추축 дэглий
가위의 피벗 дэглий
가위질 тайралт
가위질하는 사람 клипер, хяргагч
가위질하다 хайчла|х, хярга|х, тайра|х; хэ рэ э гэ э р ~ 톱으로 켜다; усээ ~ 이발하다, 머리를 커트하다;

가을 намар; өнгөрсөн ~ 지난 가을; намрын хонгор салхи 가을의 온화한 바람; намрын шар нар 가을의 따뜻한 햇살
가을 동안(내내) намаржин
가을 사이에 намаржин
가을 야영자(지) намаржаа(н)
가을 야영지속으로 들어가다 намаржаа ла|х
가을에 도살한 양의 긴 털(양모) үзүүрсэг
가을을 지내다 намаржи|х
가을의 신호로 보이다(생각되다, 나타나다) намарши|х
가을의 연약한 어린양 또는 최근에 태어난 새끼영양(羚羊) 또는 새끼염소 дахлай
가을철 намар; өнгөрсөн ~ 지난 가을; намрын хонгор салхи 가을의 온화한 바람; намрын шар нар 가을의 따뜻한 햇살
가이던스 мөрдлөг
가이드 북 танилцуулга
가이드 замч(ин), танилцуулга, үзүүлэгч, газарч; шинжилгээний ангийн ~ 탐사일행의 가이드
가인(歌人) шүлэгч
가입 захиалгат, оролт
가입되다 түрэ|х
가입(참가)하다(~에) оро|х; автобсанд ~ 버스를 타다; сургуульд ~ 학교에 입학하다; их сургуульд ~ 대학에 들어가다; ажилд ~ 연구에 몰두하다(빠지다); цэргийн албанд ~ 군입대하다; түүхэнд ~ 역사에 남다; хот ~ 시내로 가다; дэлгүүрт ~ 상점에 가다; замаар ~ 여행 하고 있다; гудамжаар ~ 거리를 거닐다; тамхинд ~ (담배)한대 피우다; шинэ байрпнд ~ 편평하게 펴다; усанд ~ 목욕 하다; далд ~ 사라지다; дайсныгарт ~~를 포로로 하다; гарт ~

손으로 가볍게 두드리다(닿다, 대다); нар ~ (해가) 지다, 저물다; дагаар ~ 복종시키다, 따르게 하다; хурген ~ 결혼하여 부인의 부모와 함께 살다; хуйвалдаанд ~ 한패에 가담하다; шашинд ~ 신봉하다
(~에) 가입하다 элсэ|х
가장 가까운 хажуу
가장 굵은(두꺼운) 부분 зузаан
가장 나쁜 адгийн, гайгүй, ядавч
가장 나이 많은 ууган; ~ хүү 맏아들, 첫 번째 아들.
가장 나이 어린 가족 отгон, бага; ~ авга(аавын бустэй/ бусгүй дуу) 아저씨, 백부, 숙부, 외삼촌, 고모부, 이모부/ 아주머니(이모, 백모, 숙모, 고모)
가장 바깥(쪽)(가장 뒤쪽, 가장 먼)으로 가다 гадагшда|х
가장 사랑하는 амраг, хайртай, янаг
가장 사랑하는 사람 янаг
가장 심한 гайгүй
가장 알맞은 оновч, оновчтой
가장 위의 охь
가장좋게완성(완료)하다 дангинуула|х
가장 좋은 шилдэг
가장 중요한 гол, чухал
가장 짙은 부분 зузаан; гүн ~ ус гүний ус 깊은 물; хөрөнгө ~ айл 부유한 가족; ~ ном 두꺼운 책; 5 смийн ~ мөс 5센티미터의 얼음 두께; нөхөрлөлийн бат ~ холбоо 우정의 굳은 끈(띠).
가장 큰(많은) олонхи
가장(~인체함) бааш; ~ гаргах ~을 가장하다, (짐짓) ~체하다
가장(家長) данжаад
가장늦은 хойшгүй
가장된 баaштай, жаад, хуурамч
가장자리 장식 тасам
가장자리 천을 달다(만들다) далжий|х
가장자리 амсар, ирмэг, сэжүүр, хавирга(н), хөвөө, хүрээ(н), хязгаар эмжээр, зах; хотын ~ 가장자리; ширээний ~ 테이블의 테두리; даавууны ~ 물질의 테두리; ~ ирмэг (벼랑의) 가장자리; аяганы ~ 컵의 가장자리, 테
가장자리가 너덜너덜해지다 навтра|х, салмара|х
가장자리를 감치다(~의) имхэрдэ|х, хажи|х
가장자리를 매만지다 имхэрдэ|х, ирмэг- дэ|х, хөвөөлө|х
가장자리의 아래 부분(~의) хормой
가장자리의 포장(차양.차일) далжгар
가장좋은 олигтойхон
가장하다 баашла|х, дүрэмдэ|х, маякса|х
가장한 баaштай
가재 хавч
가재도구 хогшил
가재도구를 구입하다 хогшилжи|х
가정(가문.가계) голомт; айл гэрийн гал ~ 친족, 가정; ~ сахих 가문이 지속 (持續)하다; ~ тасрах (가문의) 몰락 되다; ~ы нь баллах 절멸(전멸, 소멸) 시키다; дайны ~ 전쟁의 터; халдварын ~ 전염의(종자.포자의) 발아공(孔)
가정(假定) таамаглал, омог, таамнал
가정(부부와 그 자녀) өрх
가정(추측.짐작)하다 төсөөлө|х, гадарла|х
가정교사 хүмүүжүүлэгч
가정부 зарц, шивэгчин
가정적인 болзолт
가제 самбай
가제본책 товхимол
가젤(아프리카 영양의 일종) зээр(эн); цагаан ~ 몽골인 또는 흰 꼬리 가젤, 꼬리가 하얀 가젤; хар сүүлт ~ 염소 또는 검은 꼬리 가젤
가져오다(가서) авчра|х
가족 омог, өрх, угсаатан, үүлдэр, яс
가족의 일원 бул; ~ олонтой 대가족; ~

цөөнтэй 소가족(핵가족); ам~ 소가족의 일원
가죽 고리 сур(ан)
가죽 끈(채찍) сур(ан)
가죽 팔지 бугуйвч
가죽 혁대 сур(ан)
가죽 өрөм, сарьс, уялга
가죽(제품) савхи; савхин дээл 가죽 코트
가죽·피부 뜻의 결합사 хөрс
가죽을 무두질하다 ганда|х, элдэ|х
가죽을 이기다 талхи|х
가죽의 무두질 элдүүр
가죽이기기 ган(г), элдүүр
가지 등을 꺾다 эвдлэ|х
가지 모양의 것 гишүү(н), мөчир
가지 гишүү(н), салбар, татуурга
가지 зэс (가짓과의 한해살이풀. 인도 원산으로 높이는 1m가량, 온몸에 털이 나 있고 잎은 달걀꼴임. 담자색·남색·백색 등의 꽃이 피고 거꿀달걀꼴의 열매를 맺음. 중요한 과채(果菜)의 하나.)
가지 салаа(н); модны ~ 나무의 가지; голын ~ 강의 분기점; тэ мэ р замын ~ 지선
가지(고 있)다 агуула|х
가지(를 낸) ац; ~ тай гишүү/мөчир 큰 가지를 내다/작은 가지를 치다
가지(뿌리을)잘라내다(치다) мөчирлө|х
가지의 열매 чэс
가지가 나다 бэлчирлэ|х
가지가 많은(우거진) саглагар
가지가지의 элдэв
가지각색의 매미 голио
가지각색의 алаг; ~ тахь (얼룩말처럼) 무늬가 있는; ~ морь 얼룩말; ~ үнээ 얼룩 소; ~ цоог 여기저기, 다양한, 가지각색 의; ~ булаг 화려한, 우아한; ~ хив/хадаг 몽골인의 무늬 실크 스카프(목도리); ~ нудэн цэцэг 팬지, 여자같이 간들거리는; ~ үзэх 식별하다, 차별 대우하다, 한쪽에 치우친;

~ нүд 갈색 눈동자; ~ зурх 연인, 애인; ~ шүхэр 무늬의 우산; ~ хорвоо 세계, 세상; ~ max 살코기.
가지각색의 элдэв, элдэв
가지고 놀다 (~을) дугарга|х, тогло|х, шалигла|х, нооло|х, нооло|х
가지고 있다 ээзмши|х
가지고 있다(~을) нохиото|х
가지고(데리고) 가다(~을) дай|х
가지고(훔치어) 도망치다(~을) хулжи|х
가지기도(加持祈禱) тарни
가지런히 내려놓다 таширла|х
가지런히 하다 зогоо|х, тохинуула|х, цэгцлэ|х
가지를 갈라지게 하다 мөчирлө|х
가지를 내다(뻗다) арсай|х, бэлчирлэ|х, дүүлэ|х, мөчирлө|х, саглай|х, салаала|х
가지를 치다 мөчи|х
가지색 чэс
가지ㅊ대 гэрэвч
가지치기(전지(剪枝))하다 мөчирлө|х
가짜 луйвар, луйварчин, мэхт
가짜 물품 соосог
가짜의 баштай, дууриамхай, хуурмаг
가차 없는 дошгин
가청음(可聽音) чалх
가축(소,말) мал; адгуус', ухэр; ~ сүрэг 소떼, 가축의 떼; хорин толгой ~ 소 20마리, 20 마리의 소떼(가축); ухрийн 9 вчнууд 소의 질병; ~ шахах 소를 도살하기위해 살찌우다; ухрийн хэл 소의 혓바닥 고기 ухрийн мах 소고기; ~ тэрэг 소달구지; ~ буу 캐넌, 이중축, (종(鐘)의) 용두머리; ~ чулуу 둥근 돌, 옥석; ухрийн нүд 구즈베리(의 열매); усны ~ 하마. мал ~ 가축; зэрлэг ~ 야수; ~ адгуус 동물들; ~ аж ахуй 낙농업, 목축업; ~ сүрэг 가축; таван хушүү ~ (낙타, 말, 소, 염소, 양) 가축의 주요 5가지 종류; амины ~ 개인의 가축; бод ~ (말, 소 낙타) 큰

가축으로 불린다; бог ~ (양과 염소) 작은 가축으로 불린다; төл ~ 어린/갓난 동물, 동물의 새끼들; эх ~ 암(컷·놈)의; эцэг ~ 삭제되어 있지 않은 동물 번식; халуун хушуутай ~ 양과 말; хүйтэн хушуутай ~ 낙타, 염소와 소; ~ын хашаа 가축 울타리, 우리(축사); ~ төллөх (가축의) 새끼를 생산하다; ~оторлох 가축을 먼 방목장으로 이동 한다; ~ тэвээрэх (병에 걸린 짐승) 좋아지다, 호전(好轉)하다; ~ маллагаа 가축을 기르다(사육하다); ~ын тооллого 가축의 개체수 조사; ~ын тоо(толгой) 가축의 수; ~ын тэжээл 마초, 꼴, (가축의) 사료; ~ын бэлчээр 목장, 방목장, 목초지; ~ын туувар 가축을 베이스로 몰아가다; ~туугу (소·양) 가축의 무리를 시장까지 몰고 가는 사람; 가축상(商); ~ын ашиг шим 동물의 생산품(양모, 털, 모피, 우유, 고기, 큰짐승의 가죽); ~ эмнэлгийн ухаан 수의학; ~ын эмч 수의사, 수의(獸醫); ~ хядлах (짐승) 도살자, 쇠백장; ~ын зах 가축시장; ~ ~ын захтай 가축의 주요 다섯 가지(낙타.말.소.양.염소) 각각 조금씩 가지고 있다; ~ хариу-лах (가축에) 풀을 뜯기다, (가축을) 방목하다.

가축 거래에 숙련된(능숙한) малархаг
가축 등을 지키다 адгуула|х
가축 따위를 식용으로 도살하다 нядла|х
가축 사육자 малчин
가축 울타리 хот
가축 장사에 경험이 많은 малархаг
가축(말.소)을 잡아매는 밧줄(사슬) зэл
가축(소)의 코뚜레 дөр
가축들은 가을 동안 무게를 잃는다 хайлган цаг
가축먹이 бордо
가축몰기에 음(음향)을 이용(사용)하다 дөж
가축에 귀표하다 имнэ|х
가축에 풀을 뜯기다 бэлчээ|х, бэлчээрлэ|х, зала|х, оторло|х
가축에게 사료를(풀을) 주다 бордо|х, хогло|х, хоолло|х
가축에게 풀뜯기다(먹이다) холуула|х
가축우리 амбаар, зүчээ, овоохой, пүнз, хороо
가축을 기르다 адгуула|х, мала|х
가축을 방목하다 бэлчи|х, бэлчээрлэ|х, зала|х, оторло|х, холуула|х, хужирла|х, бэлчээ|х; ямаагаа эртхэн бэлчээ 일찍부터 염소들이 방목했다.
가축을 사육하다(번식시키다) мала|х
가축을 살해하다 нядла|х
가축을 손에 넣다(얻다) малжи|х
가축을 식용으로 도살하다 төхөөрө|х
가축을 지키다 тойло|х, төлжи|х
가축을 획득하다 малжи|х
가축의 귀를 베다 хулмай|х
가축의 깔짚 дэвсгэр
가축의 단위별 결산 бод; =2 бод; 말 한마리 또는 소= 1 бод; 5~7마리 양=1 бод; 7~10마리 염소= 1бод.
가축의 떼(집단(集團)) суурь
가축의 떼가 이리저리 어슬렁어슬렁 걸어가다 туувар ла|х
가축의 무리를 지키다(이끌다) адгуула|х
가축의 사료 бордо, тэжээл
가축의 사료(먹이) идүүш; шувууны ~ 새 모이.
가축의 새끼를 출산하다(생기게 하다, 낳다) төллө|х
가축의 아주 더운 날 동안(내내)에 한 떼로 모으다(모이다) тээрэ|х
가축의 어린 것은 매어져 있는 суж
가축의 우리(어리) хот
가축의 잠자리 хэвтэш

가축의 폐사율 үхэлт
가축이 기름진 малархаг
가축이 많은량의 우유를 주다 сүж
가축이 목초를 먹다 бэлчи|х, бэл-чээрлэ|х, идэшлэ|х, хариула|х
가축이 살진 малархаг
가축지기 малчин, сүрэгчин, тууварчин
가출하다 дута|х, жилий|х, зувчи|х, ороол|х
가치 없는 муусайн
가치있는(칭찬할만한) 사람 зүтгэлтэн
가치 중대 өсөлт
가치 өртөг; э э рийн ~ 기초 원가(原價), 매입 가격; хэрэг-лээний ~ 사용 가치; нэмүү ~ 잉여 가치.
가치(의의 등)에 대하여 판단하다 (~ы) баримжаала|х
가치가 있는 нандин, самбагар
가치가(값이) 없는 үнэгүй
가치를 검토하다 үнэлэ|х
가치를 내리다(~ы) хямдруула|х
가치를 저하시키다 дорто|х
가톨릭 신학교장 ректор
가톨릭교의 성수(聖水) рашаан
가톨릭의 주교 хамба
가톨릭의 탁발 수사(修士) бадарчин
가파르고 높은 оцгор
가파른 비탈 хясаа
가파른 언덕의 중턱 хэц
가파른 огцом, цавчим, өгсүүр; ~ товцог 오르막의, 올라가는, 치받이의.
가필(加筆) ретушь
가해자(加害者) довтлогч
가혹하게 하다 чангаруула|х
가혹하다 ширүүлэ|х
가혹한 хату, ширүүн
각 음절을 발음하는 үет, үетэй
각(各) ~마다 다 болгон, ямарваа, тустус, бур, бухэн; хүн ~ 각자 모두, 누구나, 모두.
각(角)을 이룬 өнцөгтэй

~각 болгон, бур, бухэн, нэжгээд, тус бур, тустус
각각 аливаа, гижгээд, нэгбүр, тутам; ~ 80 наяад; ~ 30 гучаад; ~ 10개 арваад
각각 서로 인사(경례)하다 мэндчилэ|х
각각 포옹하다 тэврэлцэ|х
각각((제)각기) бугд
각각(각기)의 3 гурваад
각각(각기)의 болгон, нэжгээд, тус бур, тустус
각각(각자)의 경쟁하다(겨루다, 다투다) үзэлцэ|х
각각(각자)의 보다(~이 보이다) үзэлцэ|х
각각의 ангид, бур, бухэн, мөртөө, элдэв
각개(各個)의 бодгаль, тус
각기 аливаа
각기(각각) 다섯(5) таваад
각기(각각) 백 зуугаад
각기의 бур, бухэн
각다귀 шумуул (모깃과의 곤충. 나무 그늘·숲에서 사는데, 모기보다 좀 크고 빛은 흑색, 흰 반점이 있음. 낮에 사람·짐승의 피를 빨아 먹고, 열병균·주혈사상충(住血絲狀蟲)의 병원균을 옮김)
각도 өнцөг
각료(閣僚) сайд, яам
각별한 өвөрмөц, тонж
각별히 гоц, жич, нэн(г), тусгайлан, тухайлбал, ялангуяа
각본 ший
각사탕 1개 ёотон, язмаг
각색 орчуулга
각색하다 дэглэ|х, найруула|х
각서 тэмдэглэл
각설이 гуйланчин, гуйранч(ин)
각성 гэмшил, наманчлал, сэхээрэл
각성(覺醒)하다 сэхээрэ|х
각성시키다 удаа|х
각시(작은 여자인형) кукла, наадгай,

хүүхэлдэй
각오가 되어 있는 бэлхэн, бэлэн, зэлэн
각오하고 있는 사람(~을) бэлтгэгч
각오하고 있는 бэлхэн
각원(閣員) яам
각의실 кабинет
각인(刻印) им
각인(刻印)하다 тэмдэгт
각자 모두 бугд
각자 гижгээд, тутам, нэгбүр; хун ~т таван фунт ноогдов 그들은 각자 5파운드씩 받았다
각자(각각) 통과하다 зөрөх; тэр миний хажуугаар дуугүй зөрөө 그는 말없이 나를 지나갔다;
각자 이해하다(알아듣다) нэвтрэлцэх
각자가 작은 소리로 말하다 ивэр шивэр ярилцах
각자의 болгон, бугд; айл ~ 각자가족; хун ~ 누구나 다; та ~ 당신의 전부; би одоо тэр ~ийг сайн мэдэж байна 나는 그것에 관한 새로운 모든 것을 안다.
각자의 бүр, бүхэн, нэжгээд, тус бүр, тустус
각적(角笛) урам
각주(脚注) зүүлт; хүзүүний ~ 목걸이, 펜던트; бичгийн ~ 각주(脚注).
각주를 달다(~에) хадмал
각하 хурандаа
간(가루를 낸) татмал
간(諫)하여 말림 ятгалга
간격 ангархай, завсар, зай, сэг, уваа цуваа
간결 богино, огоотор, таахгар
간결(간단)하다 таахай|х
간결(짤막)하게 하다 пагдай|х
간결하고 단단하다 могзой|х
간결하고 땅딸막한 могзгор
간결하고 땅딸막해지다 могзой|х
간결하고 요점이 분명한 шодон

간결하다 навтгарда|х, огоотордо|х
간결하도 짧은 꼬리 шодон
간결한 авсаар, атигар, ахархан, дадгар, намхан; товчхон, паадгар, пагдгар; товч; тэр ~ хүн шуу 그는 키가 작다; ~ захиа 간결한 편지.
간결한(사상. 문체가) агшаамал
간결한(어구) цэгц
간결해지다 тагдай|х
간계(奸計) заль, мэх
간교한 далдуур, сэмээр
간기(癎氣) унадаг э вчин, үхтгэгч э вчин
간기가(염분) 있는 давст
간단 богино, огоотор, таахгар
간단(끊임)없이 үргэлжид
간단(평이)하게 만들다 хялбарчла|х
간단(평이)하게 하다 амарчла|х, хялбарла|х
간단없는 зогсолгүй
간단없이 завсаргүй, сэтгүй
간단하다 огоотордо|х
간단한 амархан, атигар, ахархан, дадгар, илэрхий, ингүүхэн, намхан, паадгар, пагдгар, товчхон
간단히 말하다 пагдай|х
간단히 말하면 товчхон, тужий|х
간단히 언급하다(~에) хөндө|х
간단히 ахархан, товчхон, хялбар, цухас
간데라 бамбар, зэрчих
간명하게 말함 томьёолол
간명한 товч, цэгц
간상(奸商) хожооч, хонжигч
간상균(桿狀菌) савханцар
간생자(姦生子) бутач
간섭하다 саваагүйтэ|х
간소한 хээгүй, цагаан
간수 сахигч; ~ авах 종교단체 성직자의 일원이 되다, 성직자의 수도생활에 들어가다; ~ санваар мэнсэлхэдэ, сэрэгадэ.

간수하다 агуула|х
간신히 арай чамай, арай, арайхан, арайхийж, дөнгөж, дэнтэй дунтай, мөчиг, мөчиг тачиг, мөчиг хачиг, төд, халт мэ лт, хиртэйхэн, чүү ай; ~чамай/гэж 겨우 (간신히) ~하다; ~бага 약간(어느 정도) 작다; ~их/том 약간 크다; ~ уур цаймагц 새벽에; ~ дангаж 간신히, 가까스로; ~ сая орж ирэв 나는 겨우(간신히) 도착 했다; ~ гурван өдөр 단지 3일
간신히(겨우) дөнгөн данган; 어려움을 간신히 면하다 дөнгөн данган хийх
간신히(가까스로. 겨우) 통과했다 духа|х
간악한 ад, буруутай, жавшимтгай, зайтай, оворхог, олхиотой
간악(추)한 노파 шулмас, шулам, шулмас
간원(懇願) гомдол, дуудлага, уриалга, урма, хорхой
간원하는(~을) сөөгсөөг, сөгдө|х
가을 맞추다 амтла|х; давсаар ~ 소금으로 간을 맞추다
간이식당 буфет
간장(醬) жан
간장(肝臟)을 감싸고 있는 그물막(장막) сорс(он)
간장을 둘러싸고 있는 그물막이 홍분 (발끈)하다 сорсло|х
간절한 부탁 залбирал
간절히 ~하려 하는 халамжтай
간절히 바라는 авантгай, олзуурхангүй, сувдаг, хомхой, шунаг
간절히 바라다 бэтэгрэ|х, гэюүрэ|х, жилбэрхэ|х, олзуурхах
간절히 하고 싶어하는 олзуурхангүй
간절히 하고 싶어하다 олзуурхах
간절히 гүн
간절히(몹시)~하고 싶어하다 бэтэгрэ|х
간주하다 бодогдо|х
(~로) 간주하다 анхаара|х

(~으로) 간주하다 гэгдэ|х, тооло|х, хүндлэ|х
간주하다, (~로) 보다 багцаала|х
간증(癇症) унадаг э вчин, үхтэгч э вчин
간지(奸智) заль
간지러운 느낌 гижиг
간지러운 느낌이다 гижигдэ|х
간지럼 타는 гижигтэй
간지럼 гижиг; ~ хургэх 간질이다; ~ хурч байна! 간지러워!
간직하다 агуула|х; (юм) ~ газар 국외로 퇴거시키다, 추방하다
간질(癎疾) үхтэгч э вчин, унадаг э вчин; ~ хун 지랄(간질)병 환자
간질간질 하는 гижигтэй
간질간질하다 гижигдэ|х
간질병(癎疾病) унадаг э вчин
간질이다 гижигдэ|х, сэрвэгнэ|х
간첩 тагнуул, тагнуулч(ин), туршуул
간첩(탐정) 행위 тагнуул
간청 дуудлага, залбирал, уриалга, урма
간청(부탁)하다(~에게) туни|х
간청(요망)으로 괴롭히다(고통을 주다) шалгаа|х
(~에게) 간청하다 гуй|х
간추리다 дүгнэ|х, еренхийде|х
간투사 хат
간파하다(~에) шурга|х
간판 гарчиг, пайз, плакат, хаяг, хаяг
간편한 авсархан, бэсрэг, дөхөм
간편한 임시 건물 асар, павильон
간행 хэвлэл
간호 асрамж
간호사 сувилагч, асрагч; эмнэлгийн ~ 병원 간호사.
간호인 сувилагч
간호하는 сувилал
간호하다 мала|х, сувила|х, тойло|х, үйлчлэ|х
갈가리찢(어지)다 налмай|х, тамтагла|х,

үлтрэ|х
갈가리 찢다 тамтагла|х, тамтра|х, цуула|х
갈가리 찢기다(찢다) цуула|х, тамтра|х
갈가리 찢은 үрдэс
갈가마귀 хон хэрээ, хэрээ
갈가마귀(울음소리가 야단스러움); алагтуу
갈가마귀의 깍깍하고 우는 소리 хон хон хийх
갈겨쓰다 сарийлга|х, сарла|х
갈고랑 장대 дэгээ
갈고랑쇠 дэгээ
갈고리 모양의 것 гох; загасны ~ 낚시질하다,
갈고리 모양의 монхгор
갈고리 гох, өлгүүр, дэгээ; загасны ~ 낚싯바늘, 낚시.
갈고리(혹, 걸쇠)로 잡다 гогодо|х
갈고리가 있는 монхгор
갈고리로 걸다 гогодо|х, дэгээдэ|х
갈고리로 만든 доёгор, монхгор
갈고리로 잡다 гохдо|х
갈고리에 걸리게 하다 гохдо|х
갈고리에 휘감기다 гохдо|х
갈고리처럼 구부리다 дэгээдэ|х
갈기 같은 긴 머리털 дэлт
갈기 같은 머리털 дэл, зогдор
갈기 같은 머리털을 (붙)잡다 (붙들다. 꽉움켜쥐다) дэлдэ|х
갈기 머리를 꽉(움켜) 쥐다 гөхөлдө|х
갈기가 있다(사자에게) дэлт
갈기갈기 찢다 бутра|х, бяц цохих, хугачи|х, хүүлэ|х
갈기를 깎다 зогдорло|х
갈기를 손질하다(치다. 깎아 다듬다) дэллэ|х
갈기의 끝을 자르다(깎다) дэллэ|х
갈다 ирлэ|х, сазда|х, солилдо|х, сэлгэ|х, сэлэ|х, үзүүрлэ|х, улира|х, үрэ|х, хала|х, хувьса|х, хурцла|х, хуурайда|х; гарынхаа хумсыг сонтоор 손톱을 매끈매끈하게 손질(줄 질) 하다
(~를) 갈다 билүүдэ|х, хавира|х
(이를) 갈다 харчигнуула|х
갈대 зэгс(эн), шагшуурга, хулс, сийр(эн); ~ны баавгай 판다
갈대(밭) сийр(эн), зэгс(эн),шагшуурга
갈라놓다 мултла|х, тасдуула|х
(~을...로) 갈라놓다 дугарла|х
갈라져 амиараа, салангад, ангид; уунээс ~ ~은 별문제로 하고, ~은 그렇다 하고
갈라져서 ангид, саланги
갈라지다 ангай|х, ангайлга|х, саглай|х, сала|х, салаала|х, хагацал зовол амсах, цавта|х
갈라진 завсартай, саланхай, сэтэрхий, тусгаарлагдмал, хагархай
갈라진 금 ган(г), хугаралт
갈라진 틈 оноо, ангархай, сүв, судал, сэг
갈라진 틈(벽.바위의) ан; газрын ~ цав
갈라진 땅
갈라진(따로 된) 것 салангад
갈라짐 цав
갈래 салаа(н)
갈래(나무·가지 따위의) алцаа
갈래진 지주(支柱) ал, гуя хас
갈리다 өрөвтөл
갈림(골목)길 бэлчир
(~에) 갈마들다 залга|х, залгамжла|х; тэр эцгийнхээ хаан ширээг залгамжилсан 그는 그의 아버지의 왕위를 물려받았 다; тэр ухвэл хөрөнгий нь залгамжлан авах вэ? 만약 그가 죽는다면 누구에게 상속합니까?
갈망(渴望) дуршил, хорхой, цанга, шунахайрал, хуял, мөрөөдөл; хүсэл ~ 바라다, (소)원하다; ~ болох 간절히 바라다, 열망하다
갈망(열망)하다(~를)хурьца|х, санааха|х
갈망하는 авантай, өлөн, сувдаг, халамжтай, хорхойтой, шунаг, шунахай

갈망하다 анга|х, өлөнгөтө|х, тэмүүлэ|х, хомхойдо|х, шуна|х, эрмэлзэ|х, мөрөөдө|х; санаж ~ галмаг(연모)하다; хусэн ~ ~하고 싶어하다.
갈매기 хайлгана, цахлай
갈매기의 일종 өлөн хүтгүүр
갈빗대 와 앞다리 xaa
갈빗대 хавирга(н), хавьс
갈색(褐色) хүрэн
갈색으로 굽다 борло|х
갈색으로 하다(되다) борло|х
갈색을 띤 хүрэвтэр, хүрэндүү
갈색의 хүрэвтэр
갈색의 것(옷·나비) бор; ~ талх 빵을 갈색으로 굽다
갈색의 그림물감(염료) бор
갈색의 암사슴 зүр
갈수(渴水) 상태의 гандуу
갈아서 ~을 만들다 сазда|х
갈아서 ~을 만들다 талхла|х
갈아서(찧어서) 가루로 만들다 бяцла|х, ингэ|х, нүдэ|х, нунтагла|х, хэмхлэ|х, хэмхчи|х
갈아엎다 хөнтөргө|х
갈아타는 말 улаа
갈아타는 말(역말)마부 улаач
갈증 цанга
갈증나다 ундааса|х
갈증을 느끼다 цанга|х
갈채를 보내다(~에) өөгшүүлэ|х, сэргэ|х
갈취(한 돈) нийнтэг
갈퀴 ац, савар, сэрээ, тагнуур, тармуур
갈퀴로 긁다 малтуурда|х, тарма|х, тармуурда|х; тэд нар унасан навчсыг тармуурдав 그들은 낙엽을 갈퀴로 긁어모으다.
갈탄(褐炭) нүүрс(эн)
갈피끈 цацаг
갈피표 хавчуур
갉는 мэрэгчин
갉다 мэрэ|х; хэмлэ|х; хумсаа ~ 손톱(발톱)을 물어뜯다; яс ~ 뼈를 갉작거리다
감각 дуулиан, мэдрэхүй, мэдээ, сенсаац, мэдрэл; ~ийн судал 신경 섬유; ~ муудах 신경(성)의 쇠약; таван ~ 다섯가지 감각.
감각을 없애다 бээрэ|х, минчрэ|х
감각을 잃다 чилэ|х
감각이 둔한 элий балай
감각이 없다 мэнэрэ|х
감각이(을) 없다(잃다) дарвигна|х
감각적인 биет
감겨 붙는 ороомог
감겨 있는 ороомог
감격 дэнслэг, уярал
감격시키는 зоригжуулагч
감격한 хурьцангүй
감귤류 зүрж
감귤류의 과수원 бянт
감금 боолчлол
감금하다 битуулэ|х, гинжлэ|х, дөнгөлө|х
감기 걸리다 дара|х
감기 ханиад
감기(고뿔)로 고생하다 бээрэ|х
감기게 하다 бурзай|х, зэллэ|х
감기다 бурзай|х, хэрдэслэ|х
감기들다 дара|х
감기로부터 괴로움(고통) томуутай
감기어 붙다 ороо|х
감기에 걸리다 томуура|х
감긴 것을 풀다 цува|х
감내 тэвчээр, тэсвэр, хатуужил, хүлцэ|х
감다(둥글게) ууги|х
감당할 수 없는 зүтгүй
감도를 덜하게 하다(~의) мохо|х
감독 мастер, харгазлага, шалгалт
감독 교회의 목사 санваартан
감독(권) шалгагч
감독위원회 комиссар
감독자 байцаагч, комендант, харгалзагч, цагдаа
감독하는 사람 харгалзагч

감독하다 харгалза|х, хяна|х
(~을) 감독하다 арчла|х
감동 дэнслэг, уярал
감동(감격)하여 목이 메이다(숨이 막히다) бачуурах
감동(흥분)시키다 догдолго|х, дэгдээ|х, мөлөлзө|х, уяруула|х
감동시키는 өөнтөг, уяралтай
감동시키다 уяра|х
감동이 넘친 хурьцангүй
감람(甘藍) байцаа
감명 дардас, сэтгэгдэл
감명시키다 хоногши|х
감명을 주다(~에게) хоногши|х
감모(感慕) бэтэг
감미로운 냄새가 나다 анхила|х
감미로운 амттай, амтат, чихэрлэг, нялуун; ~ амт 감미롭고 달콤한 맛; ~ байна 이 녹차는 달다; ~уг 감미로운 말, 달콤한 말; ~ зурж 감미로운 오렌지; ~ гуа 멜론; ~ хур 계절에 알맞은 비.
감미롭고 기분 좋은 уянгалаг
감미롭다 нялууда|х
감복(찬탄)하다(~에) шагши|х
감사 талархал
감사(검점)하다 байцаагда|х, үзэ|х
감사를 나타내는 талархуу, талсаг
감사의 말 баярлалаа
감사의 표시 талархал
감사의 гялайлаа, талархуу
감사의! баярлалаа; бэлэг өгсөнд ~ 선물에 대한 감사
감사하고 있는 талархуу, талсаг
감사하고 있다 ачла|х, гялай|х
감사하다(~에게) талархa|х
감사할 줄 모르다 үтээрэ|х
감상 дардас, сэтгэгдэл
감상(음악)적인 уянгатай
감상적으로 이야기하다 нали|х
감색(紺色) номин

감성(感性) өөнтөг, мэдрэмж; улс төрийн ~ 정치적인 감각(육감)
감소 саалт, хасалт, хорогдол, хөнгөлөлт, хямдрал, цомтгол
감소(감손)된 хасмал
감소(저하)하다 гөмсдө|х, хорогдо|х, ахарда|х, багасга|х; орон тоо ~ 참모(막료)를 감원하다
감소(축소)하다 бура|х; үнэ ~ 가격(값, 시세, 물가)이 떨어지다
감소(축소)할 수 있는 хасмал
감소(축소, 저하)하다 саагда|х; ажил ~ 일을 축소하다; чадал ~ 약해지다
감소시키다 багада|х, багаса|х, татра|х, хоро|х, хорогдо|х, хороо|х, цөөрө|х, цөөрүүлэ|х
감속 удаашрал
감속하다 галги|х
감손(減損) хорогдол
감쇠 буурал, өөршил, харил, ялзрал
감쇠(쇠미.쇠약.쇠퇴)하다 бура|х, өгөрши|х
감수(減數) хасагдахуун
감수성(性) өөнтөг
감수성이 강한 тунимтгай
감수하는(~에) ханал
감수하다(~을) баримтла|х
감시 мониторинг, харгазлага, харуул
감시인 асрамжлагч, комендант, сахигч, хоточ, цагдаа
감시자 ажиглагч, тоймч, удирдагч, үзэгч
감시탑 харуул
감시하다 ажигла|х, мана|х, сахи|х, тагна|х, хамгаалагда|х, хамгаала|х
(~를) 감시하다 харуулда|х
감식력이 없는 булбэгэр, улхгар
감식력이 없다 сулбай|х
감식력이 없어지다 булбий|х
감실(龕室) лавир
감싸는 хуйлмал
감싸다 мухлайда|х, өмөөрө|х,

хаацайла|х, хуйла|х
감싸다(싸다) боо|х, жийргэвчлэ|х
감아들이는 힘 уйл
감언으로 설득하다 аргада|х
감언으로 속이다 аргада|х
감언이설로 속이다(빼앗다) нали|х
감언이설로 유혹하다 нали|х
감염 халдвар
감염돼(물들어) 있다(~에) халда|х, халдагда|х
감염되다 халдагда|х
감염성의 халдварт(ай)
감염시키다(~에) бугла|х, халдаа|х, халдварла|х
감옥(監獄) шорон, гяндан, ~д хорих 투옥(수용, 감금, 구속)하다, 묶다; ~ шорон 교도소
감옥살이를 적응하게 되다 шоронжи|х
감유(甘油) глицерин
감은(엉긴) 것을 풀다 хөвө|х
감응 хариу
감응(감동)하기 쉬운 уриалаг
감자 төмс; ~ний талбай 감자의 밭; ~ний нухаш 매시트포테이토(으깬 감자); шинэ ~ 햇감자; шарсан ~ 감자튀김; (가짓과의 여러해살이풀. 칠레 원산으로 세계 각지의 온대 및 한대에서 널리 재배되는데, 땅속의 덩이줄기는 '감자'라 하는데, 녹말이 많아 식용함. 마령서(馬鈴薯))
감자(甘蔗: 사탕수수) нишингэ, бурам; цагаан ~ 설탕(볏과의 여러해살이풀. 열대·아열대에서 많이 재배함. 높이 2-4m, 대체로 수수와 같은데 마디 사이가 짧음. 사탕의 원료임)
감자가루 дуут гурил
감자가루(녹말가루, 전분가루)로부터 만든 фүнтүүз
감전(感電) цахилгаанжуулалт
감전시키다(~에) цахилгаанжуула|х
감정 дотор, сэтгэл, үнэлгээ, уяралт; санаа ~ 마음, 심정, 감정; санаа ~ нэг байх 누군가와 같은 의견이다; бодол

~ муөсан, (종교적)명상; дур ~ 끄는 힘, 매력, 유혹; дур ~дээ хэ тлэ гдэ х 마음 내키는 대로하다, 성미에 다르다; хүсэл ~ 소원, 소망, 바람, 큰 뜻; эмэгтэйн хүсэл ~ бол аллдарт зохиолч 그녀는 대작가의 포부를 가지게 되었다; ~ тэжээх 생각(관념)은 발전(발달)시키다; ~ алгасах 실패하다; ~ уймрэх 실망되다, 좌절되다; ~ тэнүүн байх 평화롭다; ~ ханах ~에 만족하는; ~ хоёрдох 미결 (미정)이다, 어떻게 될지 모르다
감정(사람)을 달래다 тайдгаруула|х
감정(사상·목적 등)을 숨기다 нүүрчлэ|х, гоёмсогмоло|х
감정(습관)에 빠지다 буу|х
감정(정의감)을 해치다(~의) гомдоо|х
감정(흥분을) 가라앉히다 уужра|х
감정을 극복하다 дийлэ|х, яла|х
감정을 들끓게 하다 сага|х
감정을 상하게 하다(~의) цохиула|х
감정을 일으키다 тухирагда|х
감정을 해치기 гомдол
감정을 해치다 гомдоо|х; сайн нөхрөө гомдоох болохгүй 좋은 친구는 기분을 나쁘게 하지 않아야 하다
(~의) 감정을 해치다 дайра|х
감정의 격동 долгио(н)
감정이 격하게 되다 хувила|х
감정이 끓어오르다 хөрөмлхэ |х
감정이 내키는 대로의 орхигдогсод, хаягдмал
감정이 내키는 대로하다 огоорогдо|х
감정이 넘쳐 나오는. ундрага
감정이 둔한 사람 хонгорцог
감정하다 багцаала|х
감지할 수 있을 정도의 мэдэгдэм
감지하다 мэдрэ|х, оргии|х, сэрэгдэ|х, увайла|х, үзэ|х
감지할 수 없는 мэдэгдэхгүй
감찰(鑑札) зөвшөөрөл

감초(甘蕉) гадил
감축 мэдрэмж, мэдээ
감추다 бугэ|х, гадарла|х, гуйгуурла|х, далдла|х, нүүрчлэ|х, нуух, өөрлө|х, тухла|х, халхла|х, хонуула|х
감추다(속이다) гоёмсогмоло|х
감추다(숨기다) дара|х
감추어진 үзэгдэшгүй
감춘(酣春)(봄) хавар
감춰지다 үнстэ|х, хучигда|х
감춰진(덮인)(~의) хучигдмал
감취(酣醉)하다 зөнөгщи|х
감침질 хажаас
감탄 бахархал, уулга, хав, хат
감탄문 анхаарлын тэмдэг
감탄사 뭐 хөө
감탄사 анхаарлын тэмдэг, аяа, хат, яа|х
감탄사(문)의 표현 хээ
감탄사(오오!, 아!, 어허!, 앗!, 아야!, 여봐!) ёх(놀람. 공포. 찬탄(讚嘆)·비탄·고통·간망(懇望)·부를 때 따위의 감정을 나타냄); ядарч байна! 아이! 지쳤다, 피곤하다
감탄적으로 외치다 уулгала|х
감탄표현 ёо
감퇴 буурал, доройтол, саалт, хасалт, хорогдол
감퇴된 хасмал
감퇴하다 идэгдэ|х, хэвий|х
감행하다 зүрхлэ|х
감화(력) нөлөө
감화하다 автагда|х; нөлөөлө|х
감흥 сонирхол, хүү
감히 ~하다 дүрэмдэ|х, зоримогло|х, зүрхлэ|х
갑 бүрээс(эн)
갑(岬) хошуу
갑각류 хуяг
갑갑(답답)한 хавчгар
갑갑한 бучим
갑갑하다(옷·신발 따위가) бариуда|х
갑갑한(옷의) бариу
갑사(甲紗) торго(н)

갑상선(甲狀腺)의 염증 төвөнтө|х
갑상연골의 염증 төвөнтө|х
갑옷 хөллөгөө
갑옷과 투구 хуяг
갑옷과 투구로 보호(수호, 비호)하다 хуягла|х
갑옷을 입은 хуягт
갑옷을 입히다(~에게) хөллө|х
갑옷의 미늘 үс
갑자기 гэв, гэнэт, зочир, зочмог, угц, цочир
갑자기 그리고 빠르게 놓다(두다, 설치 하다) угэра|х
갑자기 나는 요란한 소리(쨍그랑·와르르) нүргээн
갑자기 나는 요란한소리(쨍그랑·와르르) 와 함께 떨어지다 тар няр хийх унах
갑자기 나온 ~을 찾다 өнгөсхий|х
갑자기 나타나다 хиржхий|х
갑자기 내려앉다(굽다, 기울다) хонхосхий|х
갑자기 덤벼들다 давшла|х
갑자기 뒤에서 누군가 (꽝)철썩 때리다 (부딪치다) нуруугий нь пид хийтэл алга-дах
갑자기 몸을 꾸부리다(굽히다) навтасхий|х
갑자기 무서워지다 гэлмэ|х
갑자기 빠뜨리다(~상태에) тунаа|х
갑자기 쓰러짐 угалт
갑자기 아래위로 움직이다 намалза|х
갑자기 앞으로 순서를 따라 ~을 찾다 өнгөсхий|х
갑자기 일부(부분)를 표시하고 격렬하게 움직이다 огло; огло усрэх 질주 하다, 날뛰다, 뛰어 비키다; миний цамцны тохой огло усэрч орхижээ 나의 와이셔츠(셔츠) 팔꿈치에 째(찢어)지다; дээлээ хадаасанд огло татжээ 그녀의 코트가 못에 걸려 째(찢어)지다; огло цохих 두들겨 내쫓다, 때려

- 18 -

쓰러뜨리다.
갑자기 일어나다(생기다) дэгдэ|х
갑자기 휘다(처지다) хонхосхий|х
갑자기(돌연) 일어나서 달려들다(돌진하다) сангасхий|х
갑자기(돌연, 느닷없이) 넘어지다 намс намс хийх
갑자기(불시에, 돌연이) 멈추다 зог тусах
갑자기(불시에.졸지에.돌연.느닷없이) 멈추다 зогтуса|х
갑자기(재빨리) 일어서다 дүрдхий|х, дэвхлэ|х, дэвхрэ|х
갑작스러운 гэнэтхэн, зочир
갑작스러운 말의 계속 되풀이 되는 발차기 тонорцогло|х
갑작스런 공포 сандрал
갑작스런 너털웃음 хөхрөлдөөн
갑작스런 너털웃음으로 웃다 хөхрө|х
갑절이 되다 хоёрт|ох
갑절이다(~의) давхарда|х, хоёрдо|х
갑주(甲胄) хуяг
갑주로 보호(수호, 비호)하다 хуягла|х
갑판 위의 천막 далавч
값 үнэ, өртөг; ө ө рийн ~ 기초 원가 (原價), 매입 가격; хэрэглээний ~ 사용 가치; нэмүү ~ 잉여 가치.
값(임금 등을) 올리다 үнэрхэ|х
값비싼 үнэтэй
값싸게 төсөр, хямд
값싼 여인숙에 자면서 방랑하는 사람 хоноц
값싼 төсөг, хямд
값어치 үнэ
값에 비하여 품질이 좋다 хямдда|х
값에 비하여 품질이 좋은 төсөр, хямд
값을 구하다(~의) үнэлэ|х
값을 내리다 багаса|х
값을 매기다 багцаала|х
값을 치다 үнэлэ|х
값을 헤아릴 수 없는 үнэлшгүй

값이 비싼 үнэтэй
값이 싸게되다 хямдра|х
값이 싼 төсөвт, төсөр, хямд
값이 적당한 гүйлгээтэй
값이 싸다 хямдда|х
값진 тансаг
갓 갠 새끼새 ангаахай; шувууд ~ нуудаа холлов 갓갠 새끼새.
갓 만들어진 шинэ
갓 만들어진(들어온) цоо шинэ
갓 생긴 шинэ
갓 гич; ~ийн гоюу 겨자-찜질약, 겨자 습포; ~ийн сав 겨자 단지(식탁용)
갓(잘) 씻은 хиргүй
갓난 어린동물 төл
갓난 нялх; ~ балчур 유아(기)의, 아이다운; ~ бие 약해진 신체; ~ төл 짐승의 새끼; ~ хүүхэд 신생아
갓난수염 унгарил
갓난아기 нялзрай; нялх ~ 갓난아이, 젖먹이; ~ хүүхэд 새로이 태어난 어린 아이, 최근의 신생아.
갓난아이 дэгдээхий, маамуу
갓난아이 같은 нялхамсаг
갓난아이들 нялхас
갓난아이를 포대기로 폭 싸다 манцуйла|х
갓난아이에게 젖을 먹인 후 트림을 시키다 хэхрэ|х
갓난아이의 털 сэвлэг
갓난애 같은 нялхамсаг
갓난애를 둘둘 감는 천 манцуй; ~тай хүүхэд 신생아 옷.
강(鋼) болд
강(江) гол; гарах ~ (개울·여울목을) 걸어서 건너다; ~ хадаалах 날이 밝았을 때 강위는 얼음으로 덮혀 있었다; ~ын түвшин 강의 수평선; ~ын цөн 큰 성엣장, 부빙, (해상에 떠 있는 넓은) 얼음벌, 빙원; ~ын хурдас 충적층, 충적토; ~ын чайр 강위의

얇은 얼음 형태; ~ын адаг 강-어귀, 강의 입구; ~ын хөвөө 강의 연안; ~ын тохой 강의 굽은 곳, 강의 굴곡(만곡); ~ын тэртээ 강의 저쪽에, 강을 넘어서(건너서); иэг ~ынх 이웃사람들
강(腔) зай
강(鋼) хэт
강(길)이 꼬불꼬불 구부러지다 гулжгана|х
강(바다·다리 따위를) 건너다 дава|х
강가의 벼랑 гацаа
강간(强姦) хүчирхийлэл
강간하다 хүчиндэ|х
강건하게 되다 данай|х, чийрэгжи|х
강건하게 움직이다 даналза|х
강건한 бадриун
강건한 гүжир
강건한 гүжирмэг, данагар, дунагар, тамиртай, тужир, тэнхлүүн, чийрэг
강건한(정력적인, 활발한) 사람 тамирчин; авьяаслаг ~ 만능 스포츠맨; эмэгтэй ~ 여자 운동가
강경한 зүгтээ
강경히 반대하다 туйла|х
강경히 үхширтэл
강단(강의) индэр
강당 танхим, театр
강대국 гүрэн; ауgaa их ~ 세계적 강대국, 강력한 국제 조직
강대한 бөх, буйлах, булиа, бяртай, идтэн, идэрхэг, ирмүүн, сүрхий, тэнхээтэй, үетэй, хүдэр, хүчирхэг, хүчит, хүчтэй, чийрэг
강도 зандалчин
강도(强盜) тоногч, тонуулчин, бяр, дээрэмчин,
강도(행위) тонул, дээрэм; далайн ~ 해적 행위; 저작권(특허권) 침해
강도죄 тонул
강력한 аагтай, булиа, данагар, идтэй, идтэн, ирмүүн, иртэй, тэнхээтэй, хүдэр, хүчирхэг, хүчит, хүчтэй

강력한 개혁(숙청.박멸)운동 загалмайтан; загалмайтны аян дайн 종교개혁 운동
강력한 종이 집게 хавчаар
강렬(격렬)하게 되다 ширүүс|эх
강렬한 алт, бяртай, тамиртай
강모(剛毛)가 있는(많은) аржгар
강물 ус
강물의 빠른 흐름 даргил
강물이 굽이진 곳을 따라 흐르다 тохойро|х
강바다 гол
강박 관념적 хэнээтэй
강박관념 дон(г), хэнээ
강변의 낮은 풀밭 нуша
강사의 직(지위) кафедр; органик химийн ~ 화학 유기체(물)의 대학 교수의 직.
강삭(鋼索) кабель (утас)
강상(降霜) цан
강설(降雪) цас(ан)
강세(强勢) өргөлт
강세를 두다(~에) онцгойло|х
강수량 хур
강습 довтлого, довтолгоо
강아지 гөлөг; нохойн ~ 강아지; чонын ~ 늑대(이리)새끼
강아지(고양이 짐승) 새끼를 낳다 зулзагала|х; шувуу ~ (알·병아리를) 까다, 부화하다; муур ~ 고양이가 새끼를 낳다
강압 хүчирхийлэл
강연 лекц; тэр өчигдөр Монголын урлагийн тухай ~ уншив 그는 어제 몽골인 미술을 강의했다; тэр лекц сайн уншдаг 그는 강의를 잘 한다; ~ уншигч 강연자, 대학의 강사
강연자 лектор, илтгэгч; уран ~ 연설자, 강연자.
강연하다 ярилца|х
강연하다(~을) хэлэ|х

강옥(鋼玉) бадмаараг
강요 албадлага
강요된 албадмал
강요자 авлигач
강요하다 хүчирхийлэ|х
강요하다(~에게) түрэ|х, тэвдүүлэ|х, шавдуула|х, шамдуула|х
강우(降雨) бороо(н)
강을 범람시키다 халги|х, хали|х
강음 өргөлт
강의 범람으로 비옥해진 목초지 нуша
강의 원고 илтгэл
강의 합류(점) бэлчир, цутгалан
강의 형성요소(강의를 나타내는 접두사, 접미사 등).цуу
강의 лекц; тэр өчигдөр Монголын урла- гийн тухай ~ уншив 그는 어제 몽골인 미술을 강의했다; тэр лекц сайн унщдаг 그는 강의를 잘 한다; ~ унших 강연자, 대학의 강사
강어의 цуу
강인한 бэхжи|х , гүжир, гүжирмэг
강장한 тачаангүй
강제 албадлага, албадлага, хавчигдал
강제 수용소(나치즈의) конслагерь
강제(력) ачаалал
강제(하여 ~하게)하다 өдөө|х
강제된 албаар
강제적으로 몰수(압수)하다 дайчла|х
강제적인 албаар, албадмал
강제하다 хавчигда|х, хүчирхийлэ|х
(~에게) 강제하다 албада|х, дайчла|х, тулга|х, түрэ|х, хүчирхэ|х, цөмрө|х; албадаж авах 억지로 빼앗다, 강탈하다; албадан хөлөлмөр хийлгэх 강제하다, 억지로 ~시키다.
강조(역설)하다 дурьта|х, шавда|х
강조하다 онцло|х
(~를.을)강조하다 тухайла|х,онцгойло|х
강조한 даа, юм

강직한 дийлэгдэшгүй, мохошгүй, мятрашгүй
강철 хэт
강철(스틸) болд
강철(스틸)이 잘 달구어지다 хата|х
강철(제)의 ган(г)
강철같이 단단한 ган(г); ~ болд 강철, 강(鋼), 스틸; ~ төмөр 강철같이 단단한.
강철이 불리어지다 хата|х
강청(強請) шаардлага
강타 давтмал
강타하는 소리(딱.탕.쾅.쿵) пин хийх
강탈(수탈,약탈)하다(~에게) тоногдо|х
강탈(약탈)하다 хүчиндэ|х
(~에게서) 강탈(약탈)하다 булаа|х, дээрэмдэ|х, тала|х, тоно|х
강탈(약탈)하도록 내버려두다 тонула|х
강탈(전쟁 중의) дээрэм
강탈(횡령)하다 түрэмгийлэ|х
강탈하다 булаа|х, шуурэ|х
강판 өрөвтөл, саз, үрэвтэл
강판으로 갈다 үрэ|х
강퍅하다 зөрүүдлө|х, мугүйдла|х, ужитла|х
강퍅한 гажуу, гэдэн, жийнгэ, зөрүүд, зөчүүд, зүтгээ, мугүйд, муйхар, сөрс, тэрсүүд, ужид
강풍(強風) хуй, шуурга, шуурга, сал- хи(н); хойд зугийн ~ 북풍; ~ шуурга 폭풍(우), 모진 비바람; улаан ~ 모래폭풍(우); эрүүл ~ 맑은(신선한) 공기; шируун ~ 강풍; цагаан ~ 산들바람, 미풍; өлнүүн ~ 연풍(軟風); хар ~ 태풍; хуй ~ 회오리바람, 선풍; жихүүн ~ 시원한 바람; халуун ~ 뜨거운 바람; элсэн ~ 모래폭풍.
강하게 되다 чийрэгжи|х
강하게 발하다(방출하다, 방사하다) ханхла|х
강하게 인상 지우다(~에게) хоногши|х

강하게 하다 боргоши|х, бэхжуулэ|х, догшро|х, өтгөрүүлэ|х, хатуужуула|х

강하게 үхширтэл

강하게(튼튼하게) 하다 бататга|х, батжуула|х, зузаатга|х

강한 аагтай, бадриун, бие чанга, бөх, булиа, бяртай, дунагар, идтэй, идтэн, идэрхэг, ирмүүн, иртэй, нот, нут бат нут, сүрхий, тэнхээтэй, үетэй, хүдэр, хүчирхэг, хүчит, хүчтэй, чийрэг

강한 기대 иттэмжлэл, трест, үнэмшил

강한 바람(강풍)이 불다 шуура|х

강한 반감 жигшил, нигшүүрэл, ой; ~ гүгэх 강한 반감을 느끼다

강한 빛 따위가 ~의 눈을 부시게 하다 гялба|х

강한 빛으로 (눈이) 부시다 гялба|х, мяралза|х, эрээлжлэ|х

강한 아픔(고통)을 느끼다 чимчигнэ|х

강한 악의 хорлогчин

강한 정욕의 тачаангүй

강한 향기(냄새)를 발산하다 аагла|х

강한 희망을 갖다 анга|х

강한(강대한) бэхжи|х

강한(강력한) арчаг

강한기대 найдвар, найдлага

강한욕망(-慾望) хуял

강해지다 боргоши|х, борло|х, бэхжи|х, бэхлэ|х, дангина|х, дардай|х, нэмэ|х, нэмэгдэ|х, олсо|х, олшро|х, өөдлө|х, өсө|х, өтгөрүүлэ|х, хатамжи|х

강해진 даргар, дардгар, дардгархан

강화(講話) лекц; тэр өчигдөр Монголын урлагийн тухай ~ уншив 그는 어제 몽골인 미술을 강의했다; тэр лекц сайн уншдаг 그는 강의를 잘 한다; ~ уншигч 강연자, 대학의 강사

강화(보강)하다 зузаатга|х

강화하게 하다 чангала|х

강화하다 бататга|х, батжуула|х, бэхжу-улэ|х, бэхлэ|х, чангаруула|х, чангатга|х, чандла|х, эврэлэ|х

갖고 싶은 атаархмаар, хүсмээр

(~을) 갖고 있으면 бухий, сайтай; чанар ~ 양질을 가지고 있다; бие ~ 건강한, 건장한, 튼튼한; нүд ~ 좋은 시력이 있는; энд оршин ~ амьтад 이 장소안에 동물들이 생존해 있다; боловсрол ~ хүн 교양이 있는 사람.

(~을) 갖고 있으므로 бухий

(~을) 갖고 있지 않는 эрхгүй

(~을) 갖지 않은 барагтайхан, үгүйтэй

갖추다 ханга|х

갖추다(~에 필요물을) тоногло|х, тохижи|х

갖춤 төхөөрөмж

같게 되다 чацуура|х

같게하다 тэгшиттэ|х, тэнцүүлэ|х, эгнe|х

(~과.와) 같게 하다 зэрэгцэ|х; мөр зэр-эгцэн 어깨를 나란히 하여; зэрэгцэж зогсох 줄 안으로 서다; эн ~ 경쟁하다; зэрэгц! (구령) 우로 나란히!, 정렬!

같게ана манна, тэнцүү, жигд; ~ хөдөлгөөн 동시에 일어나는 운동; нэгэн ~ 한결같은, 균일한.

같다(동등하다)(~와) тэнцэ|х

같다 бололтой алагла|х, бултай|х, хаварши|х

~(인 것) 같다 бодогдо|х, бололтой

(~과) 같다 эгнe|х

(~할 것) 같다 ажгуу

같은 адил, адилхан, ана: анна мана, гийуулэгч, дүйхүйц, ижил, мэт, ойролцоо, өнөө, тийм, тиймэрхүү, төстэй, тэнцүү, шиг; ~ бус 닮지 않은, 다른, 상이한, 딴.

(~와) 같은 болгон, төсөөтэй

같은 것을 만들다(~와) олшруула|х

같은 경향의 зэрэгцээ

같은 나이의 사람 чацуутан

같은 때에 нэгмөсөн

같은 만큼의 할 수 있는 хирэндээ

같은 말을 몰다 сундла|х
같은 목적의 параллел, зэрэгцээ; хэнийх ~ хаалганд суудаг вэ? 이웃(집)에 누가 삽니까?
같은 방향(경향)의 параллел, зэргэд, зэрэгцээ
같은 분량만큼 더(추가하여) дахиж
같은 성질(정신, 취미)의 уриалаг
같은 수 чацуу
같은 수의 төдий, төчнөөн
같은 수준으로 하다 тэгштэ|х
같은 양으로 хагас
같은 의견이다(~와) нийцүүлэ|х
같은 장소로 가다 ийшлэ|х
같은 장소에 함께 서식하다 ханьца|х
같은 책의 부 ширхэг
같은나이 чацуу
같은사이즈 чацуу
같은시간 чацуу
같은칼라 чацуу
같을 정도로 болгон
같음 ана: анна мана, тэнцэтгэл
같이 хамт, ялгалгүй
~ 같이 болгон, мэт
(~와) 같이(처럼) тиймэрхүү, хам
같이 꾸미다(가장하다) засдагла|х, дүрэмдэ|х
같이 보이는(~과) баашайтай
같이 제작(제조)하다 хийлцэ|х
같지 않은 тэнцүүгүй
갚다 устгагда|х
갚다(대갚음하다)(~에게) нөхвөрлө|х
개 нохой; гөрөөч ~, анч ~ 사냥개; өлөгчин ~ 암컷(개·이리·여우); ~н гөлөг 강아지; ~н байр 개집; ~ бөөс 벼룩; ~н хушуу 찔레나무의 일종; хоточ ~ 집 지키는 개.

개 종축(種畜) нохойч
개 따위가 낑낑거리다 гэнгэнэ|х
개 따위를 매는 가죽끈(사슬) дөрөөвч
개 또는 낙타의 목에 가죽끈(사슬)을 매다 гувжла|х
개 또는 여우의 입(코) сарьс(ан)
개(늑대)가 물다 ура|х
개(여우)가 캥캥하고 울다(짖다) ганши|х
개(여우·칠면조)가 캥캥(꽥꽥)하고 울다(짖다) гангара|х
개가 꼬리를 치며 해롱거리다 бялдуу- чла|х, нялгана|х
개가 낑낑거리다 ганши|х. гасла|х. гунгана|х, гангара|х; нохой уудэнд гангинах байлаа 그 개는 깽깽거리며 운다.
개가 살찌다 зооло|х
개가 앞발을 세우고 앉다 оцой|х
개가 캥캥하고 울다(짖다) гасла|х
개가(凱歌)를 올리다 дава|х
개간되어 있지 않은 будуулэг
개개의 보병(步兵) буудагч
개개의 бодгаль, тус
개관 конспект, реферат
개관(관찰)하다 тоймло|х
개관하다 нягтла|х
개괄(총괄)하다 ерөнхийлэ|х; ерөнхий- лөн удирдах 처리하다, 관리하다
개괄하다 дүгнэ|х, ерөнхийдэ|х
개구리 бах, мэлхий(개구릿과· 청개구릿과· 맹꽁잇과· 무당개구릿과에 속하는 동물의 총칭. 올챙이가 자란 것으로, 네 발에 물갈퀴가 있고 소리 주머니를 부풀려 소리를 냄); яст ~ (육상·민물 종류의) 거북; ~ хаалга 작은 문, 쪽문, 협문(夾門),
개그맨(gagman) алиалагч
개꼬리 янжуур
개념 баримтлал, бодол, концепци, мэдэгдэхүүн, ойлголт, санаа(н), төсөө- лөл, ухагдахуун, шийдэл; санал ~ 의견, 견해; санаа ~ 관념, 개념
개다 нухмал
개라(疥癩) уяман
개략적으로 арзгар, барагцаалбал, тойм; сургуульд будуун ~оор гурван

зуун хүүхэд байдаг 학교의 어린이 수는 거의 300 명이다;
개략(대강)의 будуувчилсэн
개략으로 будуувчилсэн
개략의 бух, ер
개량 засрал, сайжрал, шинэчлэл
개량(개선)하다 дэгжи|х, дээрдэ|х, дээртэ|х, дээшдэ|х
개량(개선)한 것 засрал
개량하다(부족한 점을) ахиулла|х
개량한 곳 засрал, сайжрал
개막(蓋膜) нармай
개명(開明)하다 сэхээрэ|х
개미 шоргоолж
개발(개척)하다 мөлжигдө|х, мөлжүүлө|х
개밥바라기 Сугар
개방하다 ханзла|х
개변(改變) өөрчлөлт
개별적으로 амиараа, тусдаа
개봉의 확증(확인)되지 않은 задархай
개봉하다 задла|х, ханзла|х
개산(槪算) багцаа
개선 засвар, сайжрал
개선(개량)되다 дээрдэ|х
개선(개량)하다 засра|х, сайжуула|х, төгөлдөржүүлэ|х; царайны өнгө ~좋아 보이다, 건강하게 보이다; яс чанар ~ 질(품질)을 개량하다; засран хумуужих 개심하다, 마음을 고쳐먹다; өвчин ~ 병으로부터 회복하다; тэнгэр ~ 날씨가 좋아지다
개선(疥癬) загатнаа, маажуур, хаму
개선(疥癬)(피부염) 증상이 나타났다 хамуура|х
개선(점) засрал
개선되다 дэгжээ|х, дээртэ|х
개선점 сайжрал
개선하다 ахиулла|х, дээрдэ|х, дээртэ|х, сайжра|х, сэхэ|х, төгөлдөржи|х
개선한 점 засрал

개설 бараа
개설(창립)하다 байгуула|х, тогтоо|х, тогтоогдо|х
개성 араншин, зан(г), мөс, төрх
개성(독자성)을 발휘하여 тусдаа
개숫물 угаадас
개스킷 жийргэвч
개시 өгсүүлээд, эхлэл
개시(착수)하다 догдосхий|х
개시를 하다 сэрдхий|х
개시자 нээгч
개시하다 өдө|х, санаачла|х, уда|х, удаа|х, үүсгэ|х, цочи|х, эхлэ|х
(~을) 개시하다 онгойлго|х
개심 засвар; гутал ~ 신을 수선하다; (номд) ~ хийх (원고를) 손질하다, 교정 보다
개심시키다 төлжи|х
개오 гэмшил
개요 бараа, дүгнэлт, конспект, реферат, товчоо, хураангүй
개요의 будуувчилсэн
개울(여울목을) 걸어서 건널 수 있는 곳 тавилан, сөндлөгө, олом
개의 목걸이 хүзүүвч
개의 사나운 소리 хар хур
개의 수컷 нохой; гөрөөч ~, анч ~ 사냥개; өлөгчин ~ 암컷(개·이리·여우); ~н гөлөг 강아지; ~н байр 개집; ~ бөөс 벼룩; ~н хушуу 찔레나무의 일종; хоточ ~ 집 지키는 개.
개의치 않는 салдар сулдар, тоомжиргүй
개의치 않다(~에) гудиггүйдэ|х
개인(사업·주의·예술 따위의) 보호자 ивээгч
개인(전문)병원 эмнэлэг
개인성 араншин
개인에 속하는 нанцаараа, хувийн
개인으로서 биечлэн
개인을 위한(특정) амины
개인의 биет, амины; хүн ~ хэрэг 살인

사건
개인의 사무실 кабинет
개인적 성격 араншин
개인적으로 амиараа, тусдаа; би тантай ~ уулзаж болох уу? 나는 당신을 개인적인 문제(사사)로 잠깐 동안 볼 수 있었다.
개인적인 бодгаль
개인전용의 нанцаараа, хувийн
개장(개조)하다 хөрвө|х
개전(改悛) наманчлал
개절(介節)하다 яра|х
개정 сайжрал, шинэчлэл
개정(開廷) суугаа
개정(改訂) тойм
개정(開廷) чуулган
개정기간 суугаа, чуулган
개정(개량)하다 шинэчлэ|х
개정(수정)하다 шулуутга|х
개조 өөрчлөлт
개조하다 ондооло|х
개조할 수 있는 хөрвөдөг
개종(전향)시키다 болго|х; тууний элчин сайд болгов 그들은 그를 대표로 선출했다;
개창(疥瘡) маажуур
개척자(開拓者) мөрч
개천 горхи, гуу, суваг, шуудуу
개최하다 боло|х, дайра|х, явагда|х
개폐기 унтраалга, хаалт
개항장 боомт
개혁 хувьсгал, шинэчлэл
개혁하다 шинэчлэ|х
개화되었다 соёлжи|х
개화된 боловсон, соёлт; э ндэ р ~ой хун 아주 개화된(교양이 높은) 사람
개화하다 бадра|х, бадруула|х, дэлбээлэ|х, цэцэглэ|х
개회(開會) наманчлал, чуулган, суугаа
개회(회의, 개정)중이다 хуралда|х
개회해 있음 хуралдаан, чуулган

객 айлчин, зочин, хоноц
객(내빈) гийчин; айлчин ~ 게스트
객(내빈,빈객(賓客))으로 가다 зочло|х
객선 내의 칸막이 방 купе
객실 бухээг
객쩍은 이야기(를 하다) хач, хачла|х
객차 тэргэнцэр
객차(객선 내의) 칸막이 방 купе
객차(객선 내의) 칸막이방 өрөө
갠(맑음) тодхон, тунгалаг, цэлмэг
갤럽(전속력)으로 달리다(말로) давхи|х
갱글리언 булчирхай
갱단 буур
갱도 천장의 낙반하다 зоо|х
갱부 уурхайчин
갱생 мандал
갱생(개심)하다 төлжүүлэ|х
갱생시키다 төлжи|х
갸륵한 магтууштай, сайшаалтай
거거일(去去日) уржидар
거거일(去去日)의 전날 уржийн цаад э дэ р
거골(距骨) шагай
거기(그 곳)에 түүгээр, тэнд
거기(에)서 түүгээр, тэнд
거기로(에) тийшээ, түүгээр, тэнд
거꾸로 харш, хоцрогдол
거꾸로 된 мэтгэр, тонгоруу
거꾸로 떨어뜨리다 тунаа|х
거꾸로 떨어지다 хөвхөлзэ|х
거꾸로 할 수 없는 буцалтгуй
거꾸로 했다 шампра|х
거꾸로의 тонгоруу
거나하다 зөнөгщи|х
거느리다 толгойло|х
거닐다 бэдэ|х, хэсүүчлэ|х
거대 сулд, сур
거대(다대.위대.광대) багтаамж
거대한 аврага, агуу, арчаг, аугаа, даа, дархигар, их, лахгар, лут, нижгэр,

нэлгэр, өргөн, том, тураг, удам. хэмжээгүй, цэлгэр; ~ тал 거대한 땅(뭍, 육지); ~ мө рө н 폭 넓은 강; ~ хайрцаг 큰 상자; ~талбай 거대한 들판(벌판); ~ барилга 거대한 빌딩; ~орлого 거대한 수입; ~ амьтан 큰 동물; ~эр 용감한 사람; ~уулс 웅대한 산; ~ бөх 견고한 ~ хүчтэй хүн 크고 힘센 사람; тэр ~ том байшинд суудаг 그들은 아주 큰 집에서 산다; ~их 위대한, 거대한; ~ хүчин 초자연의 힘; ~ том 부피가 큰, 거대한, 막대한; ~ том 거인 같은, 어마어마한; ~ загас 상어, 탐욕스러운 사람, 고리 대금 업자, 악착같은 지주; ~ могой 보아(구렁이), 왕뱀, 비단뱀; 이무기; .

거동 маяг

거동이 수상쩍은 сэжигтэй

거두다 ухраа|х

거두어들이다 бөөгнө|х, хуралда|х, цуглара|х, цуглуула|х

(~을) 거두어들이다 түү|х, хуни|х

거두어들이다(모으다) хура|х

거드럭거리게 행동하다 дээрэнгүйлэ|х, хэгжүүрхэ|х

거드럭거리는 аархаг, гэдгэр, давамгай, давруу, дэглүү(н), дээрэлхүү, дээрэнгүй, ихэрхэг, намжиртай, омогтой, сэвүүн, сэхлүүн, сээрдүү, томорхог, тэхүүн, хэгжүүн, хямсгар , цадиггүй, шазруун

거드럭거리다 гаара|х, давра|х, жалмай|х, сээрдэ|х, томорхо|х, хямсай|х

거드럭거리지 않는 зангүй

거드름 гэдгэр

거드름부리는 омрхог

거드름피우는 шазруун, яравгар

거드름피우다 давамгайла|х

거들 нөмгөн

거들(테.굴렁쇠.쇠테) буслуур

거들다 дэмжи|х, дэмнэ|х, тусла|х, туслалца|х, тэтгэ|х

(~을)거들다 дэмнүүр,нэмэр, туслалца|х

거들먹거리게 되다 давамгайла|х

거들먹거리는 давамгай

거듬 дэм, туслалцаа, тусламж, тэтгэлт, хамжаа

거듭제곱 квадрат; ~ ээрэг дэвшуулэх 정사각형으로 하다; ~ язгуур 제곱근; ~ тэгшиттэл 2차 방정식; ~ сантиметр 평방 센티미터(cm²); ~ хэмжигдэхүүн 제곱 측도(수).

거래 관계 харилцаан

거래 арилжаа, маймаа, солигдол, худалдаа(н), хэлцэл, найма; арилжаа ~ 매매(장사) хайх; ~ хийх 교역(거래) хайх; тэр савхины ~ хийдэг 가죽제품을 장사 하다; хэ вэ нгийн ~ сом(면화) 교역; чэ лэ э т~/худалдаа/наймаа 자유무역; бид дэлхийн бараг бүх оронтой/улстай ~ найма хийдэг 우리는 세계 각국의 대부분 나라들과 교역을 한다; ~ны эргэлт 경기 순환

거래(무역)하다 арилжаала|х, арилжигда|х, борлуула|х, маймаала|х

거래(무역,상업,교역)하다 наймаала|х; хөвөн ~ 면화(솜, 목화)를 거래(무역, 교역)하다; зах дээр ~을 마켓에서 팔다

거래(장사)하다 худалдаала|х

거래소의 입회 хуралдаан

거래에 쓰이는 арилжааны

거래의 마비되다 саата|х

거래처 захиалагч, үйлчлүүлэгч; хэвлэл ~ 출판 응모자.

거룩한 богд, бодь

거류민(居留民) суугч

거르다 нэвчи|х,өнжөөх,шуу|х,шуурдэ|х

거름 баас, бордо, өтөг

거름(비료.똥거름.똥) бууц

거름흙 ялзмаг

거리 зай, ээл, сэг; ~ хэмжигч багаж

거리계(計); орон ~ 자유 공간; зав ~ 자유 시간; их ~тай мөн, мэллэй(에); ~

거리 ~을 위하여 장소(통로)를 비우다(양보하다); хоорондын ~ интервал, 거리; мѳр хоорондын ~ 간격을 두다; бѳгс эргэх~гүй хѳдѳлгѳѳн хийх зай алга; ~ орхих 공간을 남기다; Ховд эндээс их ~тай хавьд нь멀리서 여기로 왔다.
거리(~가(街), ~거리) гай; гудамж гайгаар сэлгүүцэх 거리를 돌아다니다, 길거리를 방랑(배회)하다
거리(가로. ~가(街). ~거리(略) гудамж-(ин); ~инд гарах 거리에서 자기 자신을 발견하다; ~ наас 밖으로 나가다.
거리(간격) газар
~거리 зээл
거리낌 없는 жавшуур, хонгор
거만 намжир, омог, сайрхал
거만(도도)하게 행동하다 намжирдах
거만(건방, 도도한, 불손)하게 보여주다 ихэрхэх
거만(오만)하게 행동하다 дээрэнгүйлэх
거만(오만)하다 сээрдэх, томорхох, хямсайх
거만(오만)하지 않는 зангүй
거만(오만)한 аархаг, дэглүү(н), дээрэлхүү, дээрэнгүй, намжиртай, омогтой, сэвүүн, сэхлүүн, томорхог, хямсгар, шазруун
거만(오만,건방,도도,불손)하게 행동하다 хэгжүүрхэх
거만하게 нöөрхөг
거만하다 гаарах, давралх, жалмайх, хэхийх
거만한 бардам, гэдгэр, давамгай, давруу, ёнттор, ихэрхэг, мадгар, омрхог, сагсуу, сүржин, сэлхрээ, сээрдүү, сээтгэр, түнхгэр, тэхүүн, хэгжүүн, хэхгэр, цадиггүй, яравгар яравгар; ~ аашлах 거만(오만)한 행동
거매지게 되다 хөөтө|х
거매지다 истэ|х
거매진 тортогтой, хөөтэй
거멀못 үдээс
거무스름하게 되다 хөөтө|х
거무스름하게 만들다 харуула|х
거무스름하게 하다(되다) борло|х
거무스름한 бараан, будэг, гэрэлгүй, тортогтой, харавтар, харангуй, харан-хуй, хөөтэй хар; ~ гутал 검은 구두; ~ зах 암시장; ~ талх 검은 빵 ~ мах 검은 살코기; ~ шороо 검은 대륙; ~ арьстан 흑인.
거무스름해지다 истэ|х, харла|х
거무칙칙한 тортогтой, утаат, утаатай; ~од хöсöнг, салбэл; ~ шил 잿빛 유리
거물 зүгтэлтэн, ямбатан
거물(두목)이 되다 данхай|х
거미(거미류에 속하는 절지동물) аалз ~ ны шүлс 거미줄, 거미집
거미가 집을 얽다(엮다) сүлжилдэ|х, нэхэ|х
거민(居民) суугч
거반 арай, бараг, шахам, шаху, эгээ, мѳлтѳс; ам ~ галт тэргэнд суув 나는 거의 기차를 놓칠 뻔 했다.
거부 татгалзал
거부된 물건 гологдол
거부하다 жигши|х, татгалза|х
거북(난처)하게여기다 мэгдэ|х
거북살스러움 цардуул
거북스레 여기다 тавгүйрэ|х
거북하지 않은 дэлдэн(г), нэлхгэр, сэлбэгэр, уужуу
거북한 위로를 주지 않는다 тухгүйдэ|х
거북한 бучим, тавгүй, тохигүй, тухгүй, хавгүй, цардуул, тайгаршгүй; ~ зовлон 슬픔에 잠기다
거상 сандал
거세 агт; морь ~ (말 따위를) 거세 하다, 불까다
거세된 남자 тайган
거세하다 агтла|х, хѳнгѳлѳ|х

거세하지 않은 낙타 буур
거세하지 않은 숫양 хуц
거세하지 않은(황소.수컷) бух; ~ тэрэг기관차, 움직이는 것; сайн ууллрийн ~ 순종의 황소(수컷); хөх ~ 회색(잿빛)의, 수컷, 박샛과의 작은 새
거세한 수소 хор шар
거세한 숫양 또는 황소 асман
거세한 숫양 ирэг
거세후 합병증이 생겼다(여병(餘病)이 병발했다) соёнгото|х
거스르다(~에) дайра|х
거슬러 각자 행동하다(~에) сөргөцөлдө|х
거슬러 오름 өгсөлт
거슬러 올라가서 гэдэргээ
거슬러(~에) харш
거슬리지 않는 мөртөө; ~ байх 마음대로 할 수 있다, 남의 제재를(속박을) 받지 않다; ~ явах 자기 생각대로 하다.
거약(去薬)하다 агтла|х
거역할 수 없는 халдашгүй, эвдэршгүй
거울 따위가 물건을 비치다 рйлго|х
거울 толь
거울에 물건을 비치다 гялбаала|х
거울에 비추어서 좋은 тольтой
거울에 비치다 тусга|х
거울을 보다 толило|х, тольдо|х
거위 галуу(н);~ шууны дэгдээхэй 새끼 거위, 풋내기; ~ны хашаа 거위(우리, 축사) 사육장;
거의 алд, арай, арайхийж, ихэнх, мөлтөс, шахам, шаху, эгээ; ам ~ галт тэргэнд суув 나는 거의 기차를 놓칠 뻔 했다; удийн ~ 한낮쯤, 정오경에.
거의(약) бараг
거의 ~라고 할 수 있는 бараг
거의 ~아니다 дөнгөн данган
거의 ~아니다(없다) елмуу сүлмүү

거의 ~않다 багатай, багашиг, дадай|х, арай чамай, арай, арайхийж, дөнгөж, дөнгөн данган, дэн дун, мөчиг, халт мэлт
거의 ~없다(아니다, 않다) мөчиг тачиг, мөчиг хачиг,
거의 ~하다시피 하다 уулга|х
거의 3 гурваад
거의 못 듣다 талт мэлт сонсох
거의 사막같고 스텝지대같은 황무지 говирхог
거의 없는 бага, багавтар, цөнтэй, цөөхөн, багатай; ач холбогдол ~ 중요성의 거의 없는
거의~아니다 чадан ядан
거의~아니다(않다) дэн дун, мөчиг
거인 같은 аврага; аугаа
거인 лут
거저 талаар
거저로 зүгээр
거저주다 өгө|х
거절 биш, няцаалт, татгалзал, үл
거절(사절.각하)하다 голо|х; тугалаа ~ 암소는 송아지 젖먹는 것을 거부했다
거절하다 алгадуула|х: алгадах, баара|х
거주 орон
거주(의) ссудаг
거주자(居住者) суугч, элэг(элгэн); элгээ эвхэх 뒤죽박죽 주위 모으다 (쌓아 올리다)
거주자가 있는 천체 ертенц
거주하다 нутагла|х, орши|х
거즈 марал, самбай, шаа
거지 생활 бадар
거지 신세 бадар
거지 신세가 되게 하다 гансра|х
거지 ядуус
거지(동냥아치) гуйланчин, гуйранч(ин)
거지로(가난하게) 만들다 хоосруула|х
거지생활 гуйлга
거지생활하다 гуйланчла|х
거짓 бааш

거짓(허위)의 жаад, хуурамч, хуурмаг
거짓말 같은 итгэшгүй, үнэмшилгүй
거짓말 잘하는 гүйгүүр
거짓말 худал
거짓말(사취)하다 молигдуула|х
거짓말을 하다 дэгсдүүлэ|х
거짓말쟁이 туульч, худалч
거짓말하는 гүйгүүр; ~ хүн 거짓말 하는 사람.
거짓말하다 гоёьсоглон ярих, хуурмагла|х, луйварда|х; хуний юм ~ ~을 사취하다; эмэгтэйн их хэмжээний мөнгийг луйвар- джээ 그녀는 많은 돈을 기만했다.
거짓의 аргатай, бааштай, гүйгүүр, залирхаг, нэрэлхэг
거처 орон; орох ~гүй болох 거처할 집이 없다; ~сууц 아파트; ~ байр 주거.
거처할 곳을 주다(~에) байрлуула|х
거치적대다 боогдуула|х
거친 삼베 таар
거친 숫돌 хайрга
거친 털의 аржгар, арзгар, согсгор, сэглэгэр
거친 агсан, арзгай, арсгар,барсгар, заваан, иржгэр, ирчгэр, өө, эмнэг
거친(거칠거칠한) будуун
거친날씨(비바람으)로 나쁘게 변하다 хуйсра|х
거칠 것이 없는 саадгүй, ход
거칠거칠한 арзгай, арсгар, барсгар, иржгэр, ирчгэр, хөрзгөр, өө
거칠거칠해지다 ирчий|х
거칠게 арзгар
거칠게 다루다 бавай|х, падхий|х, сагсайлга|х, согсой|х, сөрвий|х
거칠게 탄 메귀리(오트밀) будаа
거칠게 하다 долгиоло|х, иржий|х, ирчий|х
거칠게 하다(되다) хөрзий|х
거칠고 굳은(혹독한, 한랭한) 날씨(기후) зад
거칠어지는 агсан
거칠어지다; аарха|х; баяндаа ~ 부자인 것을 자랑하다(뽐내다), 부자를 자랑으로 여기다
거침없이 торохгүй
거푸집 үлгэр, хэв, хэвлүүр, цутгуур, эсгүүр
거품 хөөс, цэврүү
거품 같은 хөөсөрхүү
거품 이는 소리 бэлцэгнэ|х
거품 이는 хөөсөрхөг
거품 일다 бэлцэгнэ|х, дэврэ|х, пор пор хийх, порчигно|х, пур хийх
거품 함께 хөөстэй
거품으로 хөөстэй
거품으로 뒤덮다 хөөстө|х
거품을 내며 흐르다 бэлцэгнэ|х
거품을 뿜다 бура|х, хөөсрө|х
거품을 일으키다 бура|х, хөөсрө|х
거품을 일으키며 나아가다 бүлэ|х
거품을 일으키며 흐르디(넘치다) бура|х
거품이 되어 사라지다 бура|х
거품이 일게 하다 хөөсрө|х
거품이 일다 бүлэ|х, бура|х, хөөсрө|х
거품투성이로 하다 бура|х, хөөсрө|х
거품투성이의 хөөсөрхөг
걱정 없다 яамай
걱정 булуу(н), додомдлого, зовнил, түвэг, түвэгшил, түгшүүр, түйвээн, тээр
걱정(고생.근심) гудиг
걱정(고생.근심.고민)하다 доноголзо|х
걱정(근심)되다(~이) уймра|х
걱정(근심)스럽다 зовни|х
걱정(근심)하다 түгши|х
걱정(번민, 괴로움)을 숙고하다(두루 생각하다, 고찰하다) тээршаа|х
걱정(염려)하다 додомдо|х
걱정말아라 яамай
걱정스러운 амаргүй, түгшүүртэй

걱정시키다 донсолго|х, зово|х, түвэглэ|х, үймрүүлэ|х
걱정이 없는 дөхөм, түвэггүй
걱정하고 далдичаа
걱정하는 халамжтай
걱정하다(~을) бөөцийлө|х
걱정하여 түгшүүртэй
걱정하지 않는 ажрахгүй, айлтгүй
건(腱) булх, шандас
건강에 관하여 걱정하다 халамжла|х
건강(기분)이 나쁨을 느끼다(감지하다) чилээрхэ|х
건강(상태) бие лагшин, лагшин; бие ~ 육체, 몸; ~ тунгалаг уу? 당신의 건강은 어떻습니까? 어떻게 지냅니까?; ~ чилуур 건강(기분)이 나쁜, 몸이 찌뿌드드한.
건강센터 диспансер
건강에 유해한 ёозгүй
건강에 좋은 тустай
건강에 좋지 않은 ёозгүй
건강을 되찾다 тэнхжи|х
건강을 회복하다 анагаа|х, тэнхрэ|х
건강이 나빠지다 гудай|х, гута|х, цаашла|х
건강이 나쁘다 өвдө|х; бие ~ 병이 나다; толгой ~ 두통이 나다; гэдэс ~ 위장병이 나다.
건강이 나쁜 өвчтэй
건강이 좋아지다 борло|х
건강하게 танаг
건강하게 하다 ана|х
건강하여 танаг
건강하지 못한 биегүй, өвчтэй
건강한 건장한 торниун
건강한 체격을 한 бадриун
건강한 эрүүл, мэнд; эрүүл ~ 건강한; Эрүүл ~ боркнбокжибу; ~ амар байх 건강해지다;
건강해지다 тэнхээжи|х
건너가다 гатла|х

(~을) 건너가다 гара|х; гол ~ 강을 건너 가다; замаар ~ 길(도로)을 가로지르다; усаар ~ 시내(개울)를 건너다
건너다 гарц, солбицо|х
건너뛰다 үсчи|х
건너서 хөндлөн
건널목 билчир, бэлчир, гарам, зөрөг, олом, солби, солбицол, уулзар, зөрлөг; замын ~ 십자로, 건널목.
건널목지기 дохиоч
건네(넘겨)주다 өгө|х
건네주다 уушаа|х, хүлээлгэ|х
건네주었다 тушаагда|х
건네줌 тушаалт
건달 танхайрагч
건달(깡패,폭력단원)같은 행동하다 танхайра|х
건들거리는 тавьтаргүй, тогтворгүй
건들거리다 тавтаргүйтэ|х
건들거림 алгасал
건들건들 거닐다 тэнүүчлэ|х, хэсэ|х
건들건들 돌아다니다 хөлхө|х
건망중 алмай
건목친 원목 дүнз(эн); ~эн байшин 원목집, 통나무집
건물 따위의 단열(차음(遮音).방음)재 тусгаарлагч, тусгаарлалт
건물 해체업자 сүйттэгч
건물(땅)이 진동하다 давжгана|х, чичрэ|х, дагжи|х, чичигнэ|х
건물(선박.비행기의) 뼈대 рам
건물(언덕 따위가) ~을 내려다보는 위치에 있다 өмгий|х
건물(지반 따위가) 내려앉다 зоо|х
건물(지붕이) 무너지다 нура|х
건물로 나아가다 гудамжла|х
건물에 유리창을 달다 шиллэ|х
건물을 넓히다 томруула|х
건물을 통과하다 гудамжла|х
건물의 계단 부분 шат
건물의 앞(쪽) фасад

건물의 야경(夜警) сахиул
건물의 층(層) давхар
건물이 기우뚱거리다 дайва|х
건물이 세워지다 өндөрсө|х
건물이 튼튼한 өсгөлөн
건반(피아노·타자기 등의) даруул
건반악기 даруул
건방(도도한, 불손)하게 보여주다 ихэрхэ|х
건방지게 행동하다 дээрэнгүйлэ|х
건방지게 ноёрхог
건방지다 гаара|х, сээрдэ|х, томорхо|х, хэтрэмхийлэ|х, хэхий|х, хямсай|х, аарха|х; баяндаа ~ 부자인것을 자랑하다 (뽐내다), 부자를 자랑으로 여기다
건방진 аархаг, бардам, гэдгэр, давамгай, давруу дэглүү(н), дээрэлхүү, ёнтгор, ихэрхэг, мадгар, намжир, намжиртай, ойворгон, омрхог, сагсуу, сүржин, сэвүүн, сэхлүүн, сээрдүү, сээрдүү, сээтгэр, томорхог, тэхүүн, хөнгөмсөг, хуугиа, хэгжүүн, хэтрэмхий, хэхгэр, хямсгар, шазруун, эээрхэг, яравгар, дээрэнгүй; ~ зан гаргах 건방지게 행동하다; ундэсний ~ уээл 쇼비니즘,맹목(호전)적애국(배외)주의.
건방짐 омог
건설 байгууламж, барилга, материал; барилгын ~ 빌딩 건설; илтгэл бэлдэх ~ 자료 보고.; инженерийн ~ 건설, 건조; барилга ~ 구조, 건축물, 빌딩
건설(건조,조립)하다 бүтээ|х
건설자 барилгачин
건성 говирхуу
건성(건식)으로 되다 эврэ|х
건성(건식)의 гандуу,хуурай
건성의 алгасангүй, алмай, мунгинаа
건장하게 되다 чийрэгжи|х
건장한 사람 булиа; ~ эр 근골(筋骨)이 늠름한(억센) 사람(사내)
건장한 мэнд, танаг, чийрэг, эрүүл, бяд
건전 бие лагшин, лагшин

건전(확고)한 дунагар
건전한 сувд, эрүүл
건전함 бяд
건조 барилга, хатаалга, хатаалт, хуурайшил
건조(구조,구성) байгууламж; инженерийн ~ 건설, 건조; барилга ~ 구조, 건축물, 빌딩
건조기 говирхуу, фен
건조된 хагсаамал
건조로(爐) ёу
건조물 байшин, корпус, тогтоц, цогц
건조시키게 되다 хуурайши|х
건조시키다 арга|х, аргууда|х, ганда|х, сэвр|ээх, тожигно|х, хагсаа|х, хата|х, ширгээ|х, өвро|х; э вэ рсэ н мод 나무를 말리다; нүд ~ 눈이 쓰라리게 아프다
건조시키다(하다) анга|х
건조실 ёу, зуух
건조하게 되다 эврэ|х
건주하다 болго|х, хагса|х
건조한 웅유의 종류 аруул
건조한 аргуу(н), гандуу, говирхуу, усгүй, хатмал, хуурай
건질(腱質)의 шөрмөслөг
건초 өвс; ~ ургамал 풀, 초본, 목초, 식물, 초목; ~ ногоо 풀의 잎(줄기); ~ бордоо 곡물 말(소)먹이
건초 가리 бухал
건초 만들기 хадлан
건초(짚·곡물)의 가리(보통, 풀로 이엉을 해 씌운 것) нуруу(н); ~ өвс 건초(마초)의 가리(더미)
건초기 өвсчин
건초류(腱鞘類) булчирхай
건초밭 хадлан; э вс ~ 건초, 마초, 건초용 풀, 짚, 밀짚; ~ авах 건초를 만들다.
건초시렁 хадлан
건초용 포크 ац, сэрээ

건초용 풀 өвс
건초용 풀밭 хадлан; з вс ~ 건초, 마초, 건초용 풀, 짚, 밀짚; ~ авах 건초를 만들다.
건축(건립)하다 өндийлгө|х
건축(건조, 건설)하다 тата|х. цогцло|х
건축(술) байгууламж, барилга; ~ байшин 건축(술); ~ барих 건축하다; уран ~ 건축술(학), 건축 양식.
건축물 байшин, корпус, тогтоц, цогц
건축물의 벽(담) туурга
건축업자 барилгачин
건축용 석재 хороо, хэлбүүр
건축의 가로대 나무 хөндлөвч
건축의 궁륭(穹窿) хавьцаг, цавь(цавин)
건축의 귀잡이 тулаас
건축의 지점(支點) холхивч
건축자 барилгачин
건축장의 비계 хана(н)
건축했다(~을) барилгажих
건포도 үзэм
걷기 алхаа
걷는 속도 алхам; ~ бурдээ 보통걸음;~ дэвших/ахих 전진(숙달)하다, 진보하다; аюултай ~ 모험적인 걸음; хоёр алхмын зайтай 몇 걸음 떨어져서; чи миний ард/хойно таван ~ ын зайтай зогс 나의 다섯 걸음 뒤에 서다; ~ алхмаар 일보 일보의, 단계적인, 점진적인, 서서히 나아가는; ахицтай~ хийх 전진(진보)하다
걷다 ява|х, алха|х; бид бусдын түрүүнд алхаж явлаа 우리는 다른 사람들의 선두에 서서 걸었다.
(~을) 걷다 зорчи|х; явган ~ ~을 걸어가다; унаагаар ~ 수송수단(탈것)에 의하여 이동하다
걷어 올리다(자락을) атира|х
걷어 차내어 유지하다 тийчлэ|х
걷어차다 булги|х, булги|х, өшиглө|х, тарвалза|х
(~을) 걸고 보증하다 барьцаала|х, дэнчиндэ|х
걸구(乞求) гуйлга
걸기 санжгар, сэнжгэр, унжгар
걸다 дүүжлүүлэ|х, өлгө|х, чаргуулда|х
걸레 ловш, навтас, ноорог, огтлодос, сэмэрхий
걸레받이(굽도리 보호를 위해 댄 판자) нидрэг
걸리기(영향받기) 쉬운(~에) оромтой, өртөмтгий, тусамтгай
걸리는 것 сада, хясаа
걸리다 дүүжигнэ|х, дэлдий|х, зуу|х, унжи|х, зуугда|х; түлхүүр цоожиндоо зуугд- жээ 열쇠를 자물통에 찔러넣다
(~에) 걸리다(달리다) санжий|х
걸림 тээг
걸상(의자·벤치) суудал, сандал
걸쇠(훅) гох, дэгээ, оньс, өлгүүр, түгжээ, хөшүүр
걸쇠(버클.쬠쇠) горхи; бусний ~ 벨트 버클
(~에) 걸쇠(빗장)를 걸다(달다) түгжи|х, горхило|х
걸쇠로 걸다(잠그다) горхило|х
걸식(乞食) гуйлга
걸신들린 듯 ээлмүүр
걸어 다니다 золбинто|х
걸어가다 алха|х, ява|х
(~을) 걸어가다 зорчи|х; явган ~ ~을 걸어가다; унаагаар ~ 수송수단(탈것)에 의하여 이동하다
걸어서 돌아다니다 бадарчла|х, доншуучла|х, томо|х, тэнэ|х, хөлхө|х, хэрэ|х
걸어서 돌아보다(측정하다) зорчи|х
걸어서 쟝갓으로, 얄행, ; ~ хун 보행자; ~ хуний пораж 도로, 보도, 인도; ~ аар 걸어서, 도보로
걸어서가게 하다 явгала|х
걸음걸이 алхам, алхаа; хурдан ~ 무척 빠른 걷는 속도;~ гишгээ 걸음.

걸음을 어기죽(휘우뚱)거리는 жайжгар, майга
걸이 못 өлгүүр, хадаас
걸인(걸개) гуйланчин, гуйранч(ин)
걸주(桀紂) дарлагч
걸쭉하고 시큼한 우유(요플레) хоормог
걸쭉한 өтгөн; ~ цай 진한 녹차; ~ утаа 짙은 안개;~ үс 털이 많은
걸쭉한 수프 богши|х
걸출(걸월)한 овгор
걸출하다 голдо|х, гоцло|х, ноёло|х, тархила|х
걸출한 гаргуудаа, гунигтуй, тонж
걸출한(눈에 띄는) 일꾼 сайчууд
걸터앉다 уна|х, унуула|х
(~에) 걸터앉다 унуула|х
검(劍) ган(г), илд, сэлэм(сэлмэн); ~ илд 검(劍), 칼, 사벨
검(곤봉·채찍 등을) 휘두르다 занга|х
검게(어듭게)바뀌다 харла|х
검게하다 харанхуйла|х, харуула|х
김고 너러운 багир: ~ хар
검댕 ис, хөө, тортог; ~ болох 그을름으로 덮다;
검댕으로 더럽히다(그을리다) хөөдө|х
검댕을 제거하다 хөөлө|х
검댕이의 бараан; ~ шувуу 검고 윤나는, 칠흙의(머리털); ~ чарайтай 가무잡잡한, 거무스름한 안색[피부색]을 한; ~ уула 브라운 마운틴, 갈색 산악.
검댕투성이로 하다 хөөдө|х
검붉은 유리목(楡理木) монос
검사(檢査) нэгжилт, өмгөөлөгч, сорилго, сурал, тойм, туршилт, үзлэг, хяналт, эрэл, нэгжлэг; ~ хийх эөвшөөрөл 가택 수색 영장
검사(檢事) шуулэг, прокурор
검사(조사)하다 үзэ|х
검사관(자) шалгагч, байцаагч, хянагч
검사하다 байцаагда|х, турши|х, шинжи|х

검소 арви, гам, хямга, ариг; юмандаа ~ гамтай 검소한, 절약하는, 알뜰한
검소(알뜰)하게 사용하다 хэмнэгдэ|х
검소하다 нямбайла|х
검소한 ариг, гамтай
검약 арви, ариг, хэмнэл, хямга гам; ариг ~ 검약 검소
검약하다 ээллэ|х
검약한 гамтай
검어지다 харанхуйла|х
검열 нэгжилт, өмгөөлөгч, сорилго
검열(사열)하다 байцаагда|х
검열관(자) байцаагч, шуумжлэгч
검은 хар; ~ гутал 검은 구두; ~ зах 암시장; ~ талх 검은 빵 ~ мах 검은 살코기; ~ шороо 검은 대륙; ~ арьстан 흑인.
검은 갈색으로 되다 хүрэнтэ|х
검은 건포도 хад
검은 까치밥나무 хад
검은 무 тором
검은 브라운색 хүрэн
검은 얼룩의 бараан
검은 오리나무속(屬)의 식물 монос
검은 크레이프 상장(喪章) шаа
검은뇌조(雷鳥) сойр
검은뇌조(雷鳥) хур
검은담비 булга(н)
검은담비의 모피 булга(н); ~н малгай 검은담비의 모피로 만든 모자
검은색(동물 암컷·놈)의 харагч(ин); ~ гуу 검은색(말. 당나귀. 노새 따위의) 암컷, 검은 암말.
검은색의 бараан; ~ шувуу 검고 윤나는, 칠흙의(머리털); ~ чарайтай 가무잡잡한, 거무스름한 안색[피부색]을 한; ~ уула 브라운 마운틴, 갈색 산악.
검인 им
검정서 аттестат, үнэмлэх
검정을 거치다 мэрэгши|х

검정을 거친 мэрэгшилтэй
검찰관 прокурор, яллагч
검토 ажиглалт, зөвшлөг, хэлцээ
검토하다 яригда|х
겁 мятрал, чичирхийлэл
겁 많다 гэдвэлзэ|х, зурхши|х
겁 많은 аймхай, бурэг, далдираа, зовомтгой, зоригтүй, зүрхгүй, номой, сүрдэмхий, тулгар, үргэдэг, үргэмтгий, уульхай, халирхай, хулчгар, шалчгар
겁 많은 마음을 지닌 далдираа
겁 없는 айхгүй
겁내는 далдирчаа, сүрдэмхий, уульхай
겁내다 бишуурхэ|х, бөднө, гэдвэлзэ|х, үргэ|х, хуламгана|х
(~하기를) 겁내다 жийргэмщи|х, хашра|х
겁략(劫掠) дээрэм
겁먹다 халира|х
겁먹음 сандрал
겁에 질리다 гэдвэлзэ|х
겁에 질린 аймхай, далдираа, зоригтүй, номой, сүрдэмхий, халирхай, хулчгар, зовомтгой; сэтгэл ~ 양심적인, 성실한
겁에 질린 부끄럼타는 тулгар
겁을 내다 хиржхий|х
겁이나 ~못하다 хашра|х, зурхшээ|х, мятра|х, халга|х
겁쟁이 хуний жааз
겁주어(위협해)~하게 하다 дурвээ|х
것 зүйл, эд
것(물건) юм
~일(할) 것이다 ажээ
겉(선)잠 들다 дуг хийх
겉껍질 хэвэг
겉껍질 벗기다(까다) шалдла|х
겉껍질(위장. 페인트 등을) 벗기다(까다) холтло|х
겉모양 гадуур
겉보기 гадар, үзэмж, гадарга, гадаргуу, доожоо, дүр, ёоз,жадха, мандал; далайн ~ 바다의 표면; агаар ~ 수권(水圈), (지구 의) 수계(水界); сарны ~ 달의 평면(표면) дэлхийн ~ 지표면; дээлийн ~ 양복의 감, 의복 재료(제재); ~ төрх 외견상 아무리 보아도
겉보기가 일치되다 зүсл э|х
겉보기를 꾸미는 ёсорхог
겉보기에 남을 오해시킬 만한(사기적인) хуурамчхан, залирхаг
겉보기와 다른 사람(것) луйвар
겉봉 хаяг
겉에 바른(입힌) 광을 낸 түрхмэл
(~에) 겉을 꾸미다 дололго|х, маажинда|х
겉을 밑으로 하고 түрүүлгээ
겉의 гадна, гадаад; ~ байдал 외관(상)은
겉이 위가 되게 놓다(~의) шампра|х
겉잠 들(자)다 зүүрмэглэ|х, дохи|х, үүрэглэ|х, дугжра|х
겉치레 бааш
게(꽃게) наймалж(갑각류 십각목(十脚目)의 단미류(短尾類)에 속하는 절지동물의 총칭. 바다 또는 민물에 사는데, 몸이 납작하고 등과 배는 딱지로 싸였으며, 한 쌍의 집게발과 네 쌍의 발로 옆으로 기어다님. 식용함; 꽃겟과의 게. 모래땅에 떼 지어 사는데, 마름모꼴의 등딱지와 넷째 다리는 푸른빛을 띤 암자색 바탕에 흰 구름무늬가 있음. 집게발이 강대함. 화해(花蟹). 유모(蝤蛑))
게(새우 따위의) 집게발 хумс(ан)
게(새우)의 집게발 сарвуу
게가 물다 хатта|х
게거품을 뿜으며 성내다 бура|х
게걸들린 залгидаг, халарган, ховдог, хоолонцор, хэнхэг
게걸스러운 долголцог
게걸스레 먹는 залгидаг, идэмхий; ~ хун 대식가(大食家), 폭식가; ~ түшмэл 부정한 공무원
게걸스레 먹다 туламла|х, ховдогло|х, цусла|х
게다 бөөлжи|х

게다가 또 ба

게다가 또하다 дайварла|х

게다가 дагуул, түүнчлэн, тэгээд, ч

게르 지붕 давхарлага

게르(지붕)의 연통구멍덮개 막대기 дөндийлэг

게르(гэр) 연통의 뚜껑 өрх

게르를 덮는 모전 давхарлага

게르를 만드는 지주(기둥,버팀목, 막대기) унь

게르벽 하부의 테두리(가장자리) 나무 판을 벗기다 хаяавч

게르의 비스듬한 골격 түүн-

게르의 뼈대를 덮는 펠트제의 조각 туурга

게르의 지붕링을 새끼 또는 (밧)줄로 튼튼하게 하다 чагтага

게르의 지붕의 안쪽의 덮개 цаваг

게릴라병 партизан; ~ы дайн 게릴라 전투; ~ы отряд 유격대; ~ мэт тулалдах/тэмцэх 유격대의 전투

게스트 айлчин. зочин, хоноц гийчин; ~ зочин 손님, 방문자.

게스트로 출연하다 айлчла|х, зочло|х; тэр нагац эгчиндээ зочилж байгаа 그녀는 그녀의 아주머니(이모,백모, 숙모,고모)를 방문했다; Ангарар манайд зочлоод явсан 우리는 Angarg로부터 방문했다; ~ урилга 초대(안내, 권유)장;

게시 зарлал

게시(고시)판 гарчиг, пайз, хаяг

게우다 бөөлжи|х, гулги|х, гулги|х

게운 것 бөөлжис

게워내다 огиула|х

게으르다 аажууда|х, наазгайра|х, назгайра|х

게으른 бохир, бузар, гэдгэр, дампу, залхаг, залхуу, наазгай, назгай, налай|х, налхгар, нунжгар, ойг, олхио муутай, салбан, салхгар, сортоогүй, хойрго лазан; ~ жолооч 나태한 운전자; ~ хун 게으름뱅이; чи яасан ~ хун бэ? 누가 게으름뱅이?; цалгар ~ 부주의한, 소홀한; залхуу ~ 게으른

게으른 경향이 있다 урхаг

게으른(나태한) 경향이 있는 урхаг

게으름 피우고 있는 дампу, залхуу

게으름 피우고(놀고) 있다 залхуура|х, лалхай|х, хойрголо|х

게으름(나태함)을 느끼다(지각하다) нившрэ|х

게으름뱅이 наадамч, ташуурал, хэсэмхий

게으름뱅이의 залхуу, лазан, хойрго

게으름을 보이다 хойргоши|х

게으름쟁이의 гэдгэр, залхаг, залхуу, налхгар, салбан, салхгар, хойрго, лазан; ~ жолооч 나태한 운전자; ~ хун 게으름 뱅이; чи яасан ~ хун бэ? 누가 게으름 뱅이?

게을러지다 нившрэ|х

게을리하다 дөжирлө|х, наазгайра|х, оёгло|х, хашигна|х, цалгарда|х, лазагна|х; тэлэнд лазагнаад захиа бичдэггүй байснаа тэр хулээв 그는 명백하게 늦게 기록했다

(~를) 게을리하다 цалгардуула|х

게의 집게발 гар

게임 наадал, наадам, тоглолт; Олимпийн ~ 올림픽 게임.

게임 보드 хөлөг; шатрын ~ 체스판, 서양 장기판; ~т тоглоом 보드게임

게임 판 хөлөг; шатрын ~ 체스판, 서양 장기판; ~т тоглоом 보드게임

게임(경기)하다 тоглочи|х, тогло|х

게임(경기를) 비기다 хайнца|х

게임(놀이)안에서 관여자(관계자, 참여자, 협동자, 참가자) наадамчин наадам

게임을 즐기다 тоглуула|х

게재 оруулга, шигтгээ

젤(젤)이 되다 царца|х

겨 зарам, хивэг

겨냥 шав

겨냥(주준)하다 оно|х
겨냥도 нуруувч, схем, таталбар
겨냥을 하다 онило|х, санааха|х
겨냥하여 쏘다(~을) галла|х
겨누다 онило|х
겨누어 ~을 던지다 онило|х, санааха|х
겨눈 ~ 것을 놓치다 үгүйлэгдэ|х
겨드랑이 밑으로 잡아 두다 сугада|х
겨드랑이 суга; ~ таяг (사람·옷의) 살; сугандаа хавчуулах 자신의 팔 아래에 두다.
겨드랑이로부터 발한(땀)이 나는 나쁜 냄새 хулмас
겨드랑이와 허리의 사이 сүвээ
겨루기 конкурс, өрсөлдөөн, тэмцээн, уралдаан
겨루다 өрсөлдө|х, тулалда|х, тэмцэлдэ|х. тэмцэ|х, уралда|х
겨루다(~와) зэрэгцэ|х
겨우(간신히) дэнтэй дунтай, зөвхөн, л, мөчиг, мөчиг тачиг, мөчиг хачиг, ор, сайндаа, төд, халт мэ лт, хиртэйхэн, чүү ай, дөнгөн данган, арай чамай, арай, арайхийж, гагцхуу, дөнгөж; ~ уур цаймагц 새벽에; ~ дангаж 간신히, 가까스로; ~ сая орж ирэв 나는 겨우 (간신히) 도착했다; ~ гурван өдөр 단지 3일
겨우 둘 хоёрхон
겨우 부등깃이 난 새 새끼 ангаахай, зулзага
겨우 충분하다 духа|х; энэ гутал над ~гүй 부츠로 통과하지 못할 것이다
겨우(간신히)눈에 보이는 것 баригдашгүй
겨우(거의) 충족될 만큼 мөчүү
겨우살이 паразит
겨울 өвөл
겨울 동안에 일어나는 өвөлжилт
겨울(동.절기)사이에 өвөлжин
겨울동안 먹는 저장고기와 봄까지 사용하는 절임고기 үүц

겨울동안 먹으려고 비축된 냉동 쇠고기 또는 양고기 내장 хярамцаг
겨울동안 비축된 냉동소고기(양고기) 내장 хярамцаг
겨울동안 사용될 비축과 소모될 내장을 미리 마련하다 хярамцагла|х
겨울동안 태어난 어린 양 또는 새끼 염소 хөгий
겨울동안(내내) өвөлжин
겨울숙소(야영지,주둔지) өвөлжөө
겨울에 비축과 소모될 냉동고기를 준비하다(채비하다) хярамцагла|х
겨울에 짐승을 잡아(도살하여) 봄 동안 사용할 고기 үүцлэ|х
겨울을 나다 өвөлжи|х
겨울을 지내다 өвөлжи|х
겨울음식물 저장(축적)하다 хөөөлө|х
겨울철 өвөл
겨울캠프(생활) өвөлжөө
겨자 гич
겨자(색)의 гич
겨잣빛 гич
격(格) рейтинг
격년으로 송아지를 낳다 өнжилгөн хусран
격노(분노) галзуу, хилэгнэл, хилэн, эгдүүцэл, агсам
격노(격분)을 주다 улангаса|х
격노(격분)하다 агсамна|х
격노케 하다 булээсэ|х, улангасуула|х
격노하게(화가 치밀게) 되다 улангаса|х
격노하다 галзуура|х, хилэгнэ|х, эгдүүцэ|х
격노한 агсан, галзуу, ууртай
격동(동.요)하다 бурэлдэ|х
격려 бадруулагч, даравч, турхиралт, урам, урамшил, хөхүүлэг, цочрол
격려(고무)하게 해주다 цочро|х
격려(고무)하다 урамшуула|х
격려가 되는 것 бадруулагч
격려가 되다 урамши|х

- 36 -

(~의) 격려가 되다 урамшуула|х
격려자 сануулагч
격려하게 되다 урамши|х
격려하는 사람 бадруулагч
격려하다 амьдруула|х, өөгши|х, өөгшүүлө|х, хөгжөө|х, хөхүүлэ|х
격렬(강렬)하게하다 эрчимжүүлэ|х; ав; ~ адил 정확하게, 완벽하게; ~ ариун 완전히 깨끗하게, 신성하게, 흠없이.
격렬한 бадрангуй, галзуу, золбоолог, цогтой
격렬함 ирмэг
격리 тусгаарлалт
격리집단 түгжигдмэл, тусгаарлагдмал
격리(隔離)하다 тасдуула|х
격리(전염병 예방을 위한) карантин
격리되다 гагцаарда|х, тусгаарлагда|х
격리된 것 түгжигдмэл, тусгаарлагдмал
격리된 онцгойдуу
격리하는사람(것) тусгаарлагч
격리하다 ганцаарла|х, карантийла|х
격막(隔膜) өрц
격발(분발) охь
격분 агсам, галзуу, эгдүүцэл
격분(격노)하다 эгдүүцэ|х
격분시키다 зэвүүрэ|х, хурцатга|х
격식을 차리다(준수하다) хэлбэрдэ|х, ёсорхо|х, нялуура|х
격식을 차리지 않는 хээгүй
격실 өрөө
격심하게 үхширтэл, хүнд, чанга
격심한 золбоолог, иртэй, агсам; ~ согтуу байдал 취한상태
격앙 хөөрөлт, эгдүүцэл
격앙(격분, 격노)하다 эгдүүцэ|х
격앙(擊壤) ингүүмэл
격을 올렸다내렸다 하다 овоно|х
격일을 지나다 өнжи|х
격자 구조(무늬)로 하다 сараалжла|х
격자 모양으로 만든 것 адар, сараалжин, сараалж(ин); цонхны ~ 격자창, 격자모양의 창문
격자세공(무늬)로 만들다 сараалжла|х
격자 울타리 сараалж(ин)
격자(格子) адар, сараалж(ин); цонхны ~ 격자창, 격자모양의 창문
격자꼴 문장(紋章) адар
격자로 만든 сараалжин
격자를 단 сараалжин
격자세공으로 게르의 문사이를 접합 хатавч
격자창(窓) адар, сараалж(ин)
격정(激情) хуял, галзуу
격정을 가라앉히다 номхотох
격정적인 тэсрэмтгий
격조 айзам
격찬 магтаал
격침시키다 живүүлэ|х, шингэ|х
격통 хаттагч; 9 дө 9 н~ 성나게 함
격퇴 няцаалт
격퇴하다 хавьтуулахгүй, эсэргүүцэ|х
격투(1대1의 싸움) байлдаан, барилдаан, тулалдаан, зодолдоон, зодоон; ~д оролцох ~와 싸우다(다투다); нударган ~ 주먹 다짐, 난투; ~ гаргах 싸움을 시작하다
격투(레슬링. 씨름)에서 상대자를 다리로 걸어차다 товши|х
격투하는 사람 бөх.
격파 мад
격파하다 мадла|х, шала|х
격하 доройтол
격하시키다 дара|х
겪다 эдлэ|х
견갑 далавч
견갑골 дал
견갑골(肩胛骨)의 끝 далны маяа
견고(딱딱)하게 되다 дарсай|х
견고성(저항력.내구력)을 잃다. үхээртэ|х
견고하게 чанд, чин, дангинатал, лав; ~

ухах 깊이파다; тэр ~ мэднэ 그는 확실히 안다; лавы нь олох 모든 범행들을 찾아내다; чиний англи явах чинь ~ уу? 당신이 영국으로 가는 것이 사실이다; тэр бусгүй угэндээ ~ 그녀의 말은 사실이다; ~ багах 견고하게 묶다 (매다, 잇다); ~ хөлдөх 단단히 얼다(동결, 빙결)하다.

견고하게 되다 дарай|х

견고하게 하다 тогтворжи|х, тогтворжуула|х

견고하지 않다 тавтаргүйтэ|х

견고하지 않은 дэгэн догон, тогтворгүй, алгасал, тавьтаргүй

견고한 색채의 실크 종류 үйтэн хуар

견고한 бат, бөх, дангинатал, дардгар, дардгархан, дөжир, нот, нут бат нут, суурьтай, тогтвортой, тогтонги, тогтуун, тогтуурьтай, хатан, хату, хөдөлшгүй, хэлбэрэлтгүй, цул, ягшмал; ~ бөх хаалга 견고한 문

견고함 боржин, буйр

견과(호두·개암·밤) яс, цөмөө, самар; хуш модны ~ 히말라야 삼목 견과류; ~ цэ мэ х 호두를 우두둑 까다; самрын яс 견과류의 껍질(깍지)

견과 껍데기(깍지)에서 끄집어내다 томо|х

견과(호두·개암·밤)에서 껍데기(깍지 꼬투리)를 벗기다 томо|х

견과(호두·개암·밤)의 껍데기 зулам; самрын ~ 견과류의 외피

견과류를 모으는(채집하는) 사람(채집인) самарчин

견과류를 우두둑 까다. цөмө|х

견과를 탈곡하다 томо|х

견디기 어려운 гашуун, лаглагар, хүндхэн; лаглайн суух 게으름 피우고 (놀고) 있다.

견디기 괴로운(어려운) хүндхэн

견디기 어렵게 하다 гашууда|х

견디는(인내하는) даамгай; өлхоол ~ 배고픔(주림)을 견디다(참아내다).

견디다 алзахгүй, багтаа|х, даа|х, дампуура|х, тэвчээрлэ|х, тэсвэрлэ|х, тэсэ|х

(-이~에게) 견디어내기 어렵다 хатуу-да|х, хатууха|х

견디어내다 дампуура|х

견딜 수 없는 давшгүй, дийлшгүй, тачь- яадам, зузаалаг, түвдэшгүй, тэсвэрлэшгүй, тэсгэлгүй, тэсэшгүй; ~ ажил (일의) 실행할 수 없는 일.

견딜 수 없다 зузаада|х

견딜 수 있는 болмоор

견딜(참을,용납할) 수 없는 тачьяадам

견문 дадлага, мэдлэг, туршлага

견본(샘풀) сорьц, дээж; ургацын ~ 최상의 것(사람들); ~ амсах ~의 맛을 보다; ~ авах 견본을 가지다; ~ 음식의 항목을 선택하다

견부(肩部) дал, мөр(өн); ~ мөр 견부 (肩部), 어깨 부분

견식 있어지다 гэгээрэ|х

견실 тогтуурь

견실(성) буйр

견실한 бат, нямбай, тогтуурьтай, цул

견예(牽曳)하다 дугтра|х

견인(牽引)하다 дугтра|х

견인(자동)차 기사 тракторчин

견인(자동)차 трактор

견적 багцаа, үнэлгээ

견적서를 만들다 үнэлэгдэ|х

견적의 багцаа

견적하다 багцаала|х, барагцаала|х, баримжаала|х, бодо|х, томьёоло|х, тоологдо|х, үнэлэгдэ|х, хирлэ|х

견줄(비길) 데 없는 зүйрлэшгүй, ижилгүй, ойгүй, тэнгүй, үлгэрлэшгүй, хавьтахгүй, ханигүй, адилтгашгүй

견직물 дурдан(г), торго(н)

견책 буруушаал, донго, муушаал

견책(징계)하다 баала|х, буруушаа|х, донгодо|х, зэмлэ|х, муушаа|х

견치 соёо
견포(絹布) торго(н)
견학, айлчлал
견해 мэлмий, үзэл, ойлголт, санаа(н), саналтай; та ямар ~ байна? 당신의 견해는 무엇입니까?
견디 нэхэ|х, сүлжилдэ|х
결(缺) ган(г), **гачиг**, дутагдал
결가부좌(結跏趺坐)로 앉다 завила|х
결가부좌로 앉은 상태 завилгаа
결과(結果) адаг, дүгнэлт, дүн(г), дуусвар, үр, шувтрага
결과가 생기는 дүнтэй
결과로서(~의) дээрээс; ялыгүй юман ~ ам мурийх ~의 위에 조금 떨어지다.
결국 сүүлдээ
결국은 богинодо|х
결근 эзгүй, эчнээ
결근의 үгүй
결단 захирамж, тов, тогтоол
결단력이 없다 бөөрөнхийлө|х, шалчий|х
결단성 없음 дуншаа
결단성(력)이 없는 сааруу, туйлбаргүй, туушгүй
결단을 못 내리다 гайха|х, дунши|х, саармагла|х, саармагта|х, ээнэглэ|х
결딴나다 гашла|х, цавта|х
결딴내다 түйвэргэ|х
결딴냈다 танхилза|х
결론 гаргалга, дүгнэлт; ~ хийх 결말이 온다.
결론짓다 тодорхойло|х
결료(結了) шувтрага
결말 дүгнэлт, дүн(г), дуусвар, тасалбар, төгсвөр, төгсгөл, үр, шувтрага, эцэс, шувтрага, мохуул, адаг; голын ~ 강의 하구(河口); ~ суулд нь 결국; адгийн наад зах нь 최악의 경우는; аль чади нь 최악; юмны ~ 최악의 것; хуний~ 악당, 깡패, 불한당; эхнээсээ аваад адгаа хуртэл 처음부터 끝까지

결말(론) мохуул
결말을 짓다 ани|х, дууса|х
(~에) 결말을 짓다 отголо|х
결말이 나쁜 харгаа
결말짓다 шийдвэрлэ|х
(~을) 결말짓다 багцла|х
결미(結尾) шувтрага
결백 тоддол
(~의) 결백을(무죄를) 증명하다 цагаада|х, цагаара|х
결백한 нүгэлгүй, цагаан
결벽하다 тамшаала|х
결벽한 сэжигч
결별 үдлэг
결빙 дара|х, мөстөл
결빙(동결)되기 시작했다 зайрмагта|х
결빙시키는 사람(것) хөлдөөгч
결빙한 хөлдүү, царцанги, царцуу, цэвдэг
결산하다 баланслa|х
결석 эзгүй, эчнээ
결석(없음)을 이용하다 эзгүйчлэ|х
결석의 үгүй
결손 багадалт, гачигдал, гэм, гэмтэл, дутагдал, хомсдол
결손(결여)되다 дутагда|х, дута|х
결승전 шигшээ
결승점 бариа
결승점에 닿다 бариа
결심 захирамж, тов, тогтоол
결심(결의)하다 товло|х, зоригло|х
(~을) 결심(결의)하다 тогтоо|х, тодорхойлогдо|х, шийдэ|х
결여(缺如) багадалт, гачиг, гачигдал, дутагдал, хомсдол, хомсодвор, ган(г)
결여되다 хоосро|х
결여되어 있는 상품 гологдол
결여되어 있다 согогто|х
결여된 байхгүй
결연한 холбоот, гүдэсхэн, гүжирмэг, зоримог, тууштай, шийдэмгий
결원을 만들다 амсарла|х

결의 захирамж, тов, тогтоол
결의를 동요시키다(~의) мөлөлзөх, уяруулах
결의안(문) тогтоол
결절 гөвдруу, яр
결절(結節)의 мойног
결점 балаг, гажиг, зааз, зэм, өө, саатал, сэв, хортон, согог
결점(과실) 없는 осолгүй
결점(함) согог
결점이 없는 алдаагүй, өвч, төгөлдөр, төгс
결정 가능한 тодорхойлогч
결정 тов, тогтоол, тодорхойлол, үгсэл, шийдвэр
결정(결심)하다 шийдвэрлэх
결정(재결)하다 товлох
결정(조건)짓다 тодорхойлогдох
결정(화)시키다 талстах
결정권 үзэмж
결정력 있는 тодотгогч
결정적이다 шийдвэрлэх
결정적인 буцалтгүй, гүдэсхэн, гүжирмэг, товтой, шийдэмгий
결정하는 шийдэмгий
결정하다 тодорхойлогдох
결정하다(~을) шийдэх
결집한 угсармал, цугларагсад
결초(結椒) шувтрага
결코 ~하지 않다(이 아니다) яавч, ер
결코 잘못이 없는 алдаагүй
결투 байлдаан, тулалдаан, зодолдоон, зодоон; нударган ~ 주먹다짐, 난투; ~ гаргах 싸움을 시작하다
결핍(缺乏) багадалт, гачиг, гачигдал, дутагдал, зүдрэл, зүдүүр, хомсдол, хомсодвор, ядуурал, ган(г), гансрал
결핍(결여, 결손)되게 되다 хомсдох
결핍(부족)되다(~이) гуцах
결핍원인 дутах
결핍의 гачаал; өлөсгөлөн ~ 기근, 흉작.

결핍하다 мөхөстөх
결핍하여 ахархан
결핍한 зэвэр, хомсхон, ядуувтар
(~이) 결핍한 барагтайхан, үгүйтэй
결함(缺陷) багадалт, балаг, гажиг, гачигдал, зааз, зэм, саатал, сэв, хомсдол, хортон, өө; ~ эрэх 결함을 발견하다, 흠잡다, 트집을 잡다; ~ хайх ~을 쑤시다,~을 조금씩 먹다
결함(결점)이 있는 상품 гологдол; ~ бүтээгдэхүүн 결함이 있는 생산품; ~ бараа 불합격품
결함(결점)이 있어 거절하다 заазлах
결함(결점,흠)이 있게 되다 согогтох
결함이 있는 дутмаг
결함이 있다 гөмсдөх
결합 барилдлага, залгаа, залгаас(ан), нийлүүлэг, сүйхээ, хүртээл
결합(연합,화합)한 багсармал, холилдмол, хосолмол, холимог, холимол
결합된 нэгдмэл, хүлээстэй, энгттэл
결합시키다(~을) нийлэлдэх, хамтатгах
결합자 мужаан
결합하다 авалцах, нийлэх, нийлэлдэх, нэгдэх, нэгттэх, нягтруулах, нягтруулах, хамтрах, хэлхээлэх, хэмх, цементлэх, эвсэх, барилдах, бататгах, зангилах, зүйх, зүймэл, нийлүүлэх; зуйх оёх 조각을 재봉으로 결합하다; апьс ~ 조각으로 덮어 가리다; ~ шал 나무 쪽으로 모자이크한 마루; хүн ~ 노력으로 연합(합병, 합동)시키다; бараа ~ 상품을 공급하다.
결합하다(시키다) барилцах
결핵(병) сүрьеэ
결혼 гэрлэлт; ~ээ буртгүлэх 혼인신고 하다;~ салалт 이혼하다
결혼 피로연(결혼식 후 신혼 여행 출발 전에 신부집에서 행하였음) той
결혼(혼인) 시키다 гэрлэх
결혼생활 гэрлэлт

결혼에 의해 관계(관련) 있는 ураг
결혼을 통하여 동족(친척·혈연·인척)이 되다 ураглах
결혼하다 богтлох, гэргийтэй, хослох, дүйх
(~와) 결혼하다 хуримлах
결혼하다(시키다) дүйх
결혼한 부부 гэрлэгсэд
결후(結喉:후두) төвөнх
겸손(謙遜) жудаг
겸손한 зангүй, номои, төв
겸손한(하게) дару
겸양 жудаг
겸자 хямсаа
겸허한 зангүй, номой
겹쳐 쌓다 бөөгнөрөх, овойлох, овоололох, товхойлгох
겹쳐지다 атийх, хоёрлох
겹치다 давхардах, дахих, харгах, хоёрдох
(~에) 경 талаар
경(頃) болтол
경(經) судар, уртраг
경(輕)항공기(기구. 비행선) дэгдүүр
~경(에) алдад; тухай; арван цагийн ~ 10시경에
경감 сулралт
경감하다 хөнгөвчлөх, хөнгөтгөх
경건한 믿음 бишрэл
경건한 богд, сүсэгтэй, хутагт, шүтлэгтэй
경견(競犬) давхилт
경결(硬結)한 даргар
경계(境界) анзаарга, болгоомжлол, сануулга, сэрэмж, харуул, хил, хязгаар
경계(국경) зааг; хилийн ~ 국경(지방);
경계(영역, 범위)를 정하다(~의) хиллэх, хүлүүлэх
경계(주의)하다 сахих, хамгаалагдах, хамгаалах, манах; манайхан шөнө адуугаа манадаг 우리는 밤중에 우리의 말떼들을 지킨다.

경계가 되다(~의) хиллэх
경계를 설정하기 тасам
경계를 접하다(~와) хиллэх
경계를 정하다 хязгаарлагдах, зааглах
경계시키다(~을) сэргийлэх
경계하는 соргог
경계하다 болгоох, болгоомжлох
경고 аяд, болгоомж, болгоомжлол, сануулга; дуугаа ~! 조용히 하시오, 목소리를 낮추시오
경고(예고)를 주다 ёрлох
경고하다(~에게) сэргийлэх, санамжлах
경골(脛骨) хянга(н), шийр, шилбэ
경과 중에(~의) дуусан
경과 нэвтрүүлэг, өнгөрдөг
경과하다 өөдлөх
경구(敬具)(편지의 끝맺음 말) ёслогч; ~ Амар '공경하여 사뢴다' '삼가 아뢰다' Амар. бичиж
경기 конкурс, уралдаан, өрсөлдөөн, спорт, тоглолт; Олимпийн ~ 올림픽 게임.
경기대회 уралдаан
경기 지도원 코치하다 дасгалжуулах
경기(게임)에서 무승부다 хайнцах
경기(시험)의 득점(표, 성적) оноо
경기대회 тэмцээн
경기에 참가하다 тоглуулах
경기에 승리하지 못하다 хождуулах
경기에서 호각(互角)으로 хатгаа
경기연맹 эвлэл
경기용 원반(原盤) зээрэнхий
경기의 선수권 보유자 түрүүлэгч
경기의 심판원 шүүгч
경기의 트로피 цом
경기의 파이널 шишгээ
경기자 тоглуулагч, тамирчин; авьяаслаг ~ 만능 스포츠맨; эмэгтэй ~ 여자 운동가
경내(境內) хашлага

경단(푸딩)의 종류 бууз
경도 хатуулаг
경도(傾倒) бэтэг
경도(經度) уртраг
경도선(經度線) уртраг
경량의 хөнгөн, сэвсгэр; ~ 눈송이 같은 눈송이, ~ 파이 가벼운 파이 боов
경력 дадлага
경련(성)의 татвалзуур
경련(쥐, 발작)이 나다 тата|х; нүд ~ (눈의) 씰룩씰룩 움직이다
경련시키다 тата|х, таталда|х
(~에) 경련을 일으키다 тата|х
경련이 나다 татвалзах
경련하다 татвалзах
경례 мэндчилгээ
경례하다(~에) ёсло|х
경로(經路)를 택하다 дөтчилө|х
경륜(競輪) давхилт
경마 давхилт, мэлхий
경망한 хөнгөмсөг
경멸(멸시) даг, басамжлал
경멸(멸시)하다 гологдо|х
(~을) 경멸(멸시)하다 ёнтой|х
경멸(멸시.모욕.비웃음.냉소)하다 голо|х
경멸(모욕)하다 басамжла|х
경멸적 사교(邪敎) 신앙 мунхруулга
경멸하는 ойшоогүй, тоомжгүй
경멸하다 дагта|х, хажигла|х
(~을) 경멸하다 инчдэ|х, өмгий|х
경멸할 인물 бах
경모(사모,흠모)하다 бшрэ|х
경박하다 хөвсөргө|х, хөвхөлзө|х, хуугиата|х
경박한 дэгдэгнүүр, ойворгон, сээтэр, хөвсөргөн, хөнгөмсөг, хуугиа
경백(敬白)(편지의 끝맺음 말) ёслогч, Амар
경보 сануулга
경보를 발하다(~에게) донсолго|х

경보를 울리다 санамжла|х
경비 гарлага, зардал, зарлага, зарцуулалт, төсөвлөл, хаалгач
경비원 сахиул, манаа; ~ манах 경계하다; ~нд гарах 보초서다, 지키다; ~ хийх 망을 보다; ~ны шовгор 보초막, 초소
경비원의 딸랑이 тоншуур
경비하다 цагда|х
경사(警査) хөнтөргөн түрүүч; ахлагч ~ 선임 하사관
경사(면, 도, 진) налу, налууда|х
경사면 дөл
경사지게 하다 хазайлга|х, ханара|х, хэлтий|х
경사지다 гудайлга|х, гудай|х, далий|х, дүлий|х, хазай|х, хэлтгийдэ|х
경사진 길과 비탈진 언덕을 기어오르다 таши|х
경사진 언덕과 비탈진 길을 올라가다 таши|х
경사진 далиу, жишүү, музгай, наланги, сөлжир, ташуу, хазгай, хөлбөрүү, хэвгий, хэлтгий
경상부(莖狀部) иш
경색(부)(梗塞部) шигдээс (동맥이 혈전(血栓) 따위로 막혀 혈액 순환이 잘되지 않아 세포·조직이 영양을 받지 못해 죽는 일. 심근경색·뇌경색).
경솔(경박)하다 дэгдэгнэ|х, алмайра|х, түргэдэ|х, хуугиата|х
경솔하게 믿어 버리는 гэнэн
경솔한 бодлогогүй, болгоомжгүй, болчимгүй, гамгүй, гоомой, гэдэн годон, долгил, дэгдэгнүүр, залхай, маазгар, мөчид, намбагүй, ойворгон, палан, салан, сэржигнүүр, сэрэмжгүй, үүлгэр, хайнга, хайхрамжгүй, хөнгөмсөг, хуугиа, хуудам, хуумгай
경시종(輕時鐘) сэрүүлэг
경시하다 баса|х
경식(硬式)으로 하다(핵무기·기지를) хатуура|х

경악 гайхаш
경어(鯨魚) халим
경연 конкурс, өрсөлдөөн, уралдаан
경영 захиргаа(н)
경영(競泳)하다(~와) сэлэ|х; усанд ~헤엄치다.
(~와) 경영하다 умба|х
경영(관리)자 эрхлэгч
경영(자) удирдалт
경영능력 удирдалт
경영수완 удирдалт
경영에 나가다 умба|х
경영자 эзэн, яллагч
경예 халим
경외심을 나타낸(가지고 있다) сүрдэ|х
경외심을 일으키게 하는 айхтар
경우 удаа, гэр; нудний шилний ~ 안경케이스(집); бууны ~ 권총용 가죽 케이스
(~할) 경우 тохиолдол
경우(때) тащрам
(~의) 경우에 대비하여 болбол
(~의) 경우에는 хэрэв
경우에는(~하는) болбол
경유 бензин
경의 магтаал, тоомж, хүндэтгэл, өргөмжлөл, хүнд, хүндлэл
경의를 표하는 авгай, ажаа
(~에게) 경의를 표하다 дээдлэ|х, мэхий|х, дуурсьга|х, ёсло|х; мэхийн ~ 공손히(삼가서) 경의를 표하다; ёслон тэмдэглэх (식을 올려) 경축하다, (의식·제전을) 거행하다, (기도로) 축복하다; жужигчин мэхийн ёслов 배우는 그의 머리를 숙이다
경의를(공손한 뜻을) 표하다(~에게) бие бөхийх
경이 гайхамшиг
경작 үржүүлэг
경작되지 않은 боловсруулаагүй
경작된 соёлч
경작에 쓰이는 ажилтай

경작에 알맞은 땅 тариалан
경작에 적합하다 тариалалт
경작의 агро
경작지 тариалан, хагалгаа
경작하다 боловсруула|х, тариала|х
경쟁 байлдаан, өрсөлдөөн, тулалдаан, тэмцээн, уралдаан, зодолдоон, зодоон, конкурс; ~ын шалгалт 경쟁시험
경쟁(경기 따위에서) 이기다 хожи|х
경쟁(대항)자 дайсан, өстөн, өшөөтөн, өрсөлдөгч
경쟁상대 өрсөлдөгч, өшөөтөн, дайсан
경쟁에 의한 өрсөлдөөнтэй
경쟁의 өрсөлдөөнтэй
경쟁하다 барьца|х, өрсөлдө|х, уралда|х
(~와) 경쟁하다 зэрэгцэ|х, өрсө|х
경적 шугэл
경전(經典) судар
경제성장 өсөлт
경제(교환) 가치 өртөг
경제(정치·종교)진보주의 либерализм
경제를 기하다 гамна|х, нөөцло|х, хэмнэгдэ|х
(~을) 경제를 기하다 хэмнэ|х
경제적(사회적인) 계획 төлөвлөлт; хот ~ 두 가지 계획
경제적으로 쓰다(을) арвила|х, хэмнэ|х
경제적으로 어렵게 만들다 чангала|х
경제적인 гамтай
경주 말을 훈련시키는 사람. уяачин
경주(競馬.競犬).경륜(競輪) гүйлт
경주(競走) давхилт
경주로 зам
경주마 안장에 붙인 번호천 гөлөм, хөлсөвч
경주말의 장거리의 훈련 сунгаа
경주자 гүйгч
경주하다 довтло|х
경지(耕地) тариалан
경직되다 хөши|х, хөшүүрэ|х
경직된 дарай|х, хатуухан, хөшүүн, цардмал

경직시키다 бадайра|х
경찰 тушаалтан, цагдаа
경찰본부장 комендант
경찰견 мөрч
경찰관 сэргийлэгч, цагдаа
경찰봉 бороохой
경찰서장 комендант
경찰을 두다(~에) цагда|х
경찰의 기소용 범죄자 명부 протокол; ~ бичих/хөтлөх 기록하다/기록해두다
경첩 нугас(ан)
경청 합시다 сонсуула|х
경청 сонсол
경청자 сонсогч
경청하다 сонсо|х, дула|х; уг ~ ~에 복종하다, ~에 따르다
(~을) 경청하다 чагна|х
경청했다 дуулда|х
경쾌하게 움직이다 давхий|х
경쾌하게 дууги|х
경쾌하다 гялбалза|х, дэгдэлзэ|х
경쾌한 гав шаа, сэвэлзүүр, хөнгөндүү, шаламгай
경탄 гайхамшиг; техникийн ~홀륭한 엔지니어
경탄시키다 эрээлжлэ|х
경탄하다 гайха|х, бшрэ|х; гайхан ~ 경탄하다.
경편(輕便)한 бэсрэг, зэлгээн
경풍(勁風) шуурга
경향 түрлэг, хандлага, чиг, чиглэл
경향이 있는(~의) хазгай
경험 дадлага, туршлага
경험 많은 것을 자랑하다 догирхо|х
경험 없는 балчирда|х
경험 있는(많은) арчаг, догирхог, догь, долингор, долор, сурамгай, дадамгай, дадлагатай; ~тай багш 경험 있는 교사
경험 있다(많다) догиро|х
경험(체험)하다 долро|х, үзэ|х, амса|х; бэрхийг ~ 고난을 경험하다
경험을 자랑으로 삼다 догирхо|х
경험이 많은 мэргэн
경험이 많은 사람 ахмад
경험이 많지 않은 балчирда|х
경험이 없게 되다 туршлагажи|х
경험이 없는 дадаагүй, танихгүй
경험이 없다 сарваада|х, төсөөрө|х, тулгарда|х
경험이 있게(많게) 되다 догьшро|х
경험이 있다(많다)(~에) долингорши|х
경험이 풍부한 현자 мэргэд, сөд
경험있는(많은) хашир
경험하다 дур
경험하여 알다(~을) долро|х, үзэ|х
경호원 хиа, дэглэгч
경호인 хамгаалагч, хуяг
경화된 дардгар, дардгархан, дардгархан, даргар; ~ зузаан цаас 판지, 마분지.
경화된다 дардай|х
경화시키다 бэхжуулэ|х
곁(옆)에(을)(~의) хажуугаархи
곁눈질 солир
곁눈질로 보다 долилзо|х, жарталза|х, жирмий|х, хинций|х
(~을) 곁눈질로 슬쩍 보다 долилзо|х, хялай|х, сөлөлзө|х
곁눈질로 흘긋(언뜻)보다 хяламхий|х
곁눈질로(훌겨) 몇 번이고 보다(~을) хялалза|х
곁눈질하는 жартгар, олигор, хялар
곁눈질하다 олий|х
곁에 눕다 хавигала|х, хажуулда|х
곁에 드러(가로)눕다 хавигала|х
곁에 дэргэд, цомхон
(~의) 곁에 наахна, төсөг, хажуугаархи, дэргэд
계 байгуулал
~ 계(界) тайз, талбар, булгэм
계(량)기(우량계·풍속계·압력계 따위) хэмжигч

계간(溪澗) горхи
계고(戒告) болгомж, болгоомжлол
계곡 жалга, хавцал, хонхор, хоолой, хөгдий, гуу; ~ жалга 협곡, 산골짜기
계곡의 비탈지역 завьж
계교(計巧) башир, ёж, заль, молиго, ов, мэх; заль ~ 교활, 간지(奸智); 간계(奸計), 기만, 약삭빠른; 교활한; ов ~ 책략, 계략; ~ гаргах 속임수를 사용한다, ~인체하다; ~ мэх속이다; ~ умхуулэх 속이다, 기만하다, 현혹시키다
계급 давхарга, дугаар, дэв ээрэг, зэрэг, анги; ажилчин ~ 노동계급; ангийн тэмцэл 계급투쟁;
계급(지위)을 올리다(~의) дэвшүүлэх
계급(지위·출생) 귀족의 өндөр
계기(計器)의 시도(示度) шинж
계기류의 지침 хатгуур
계단 гишгуур, шат
계단(階蛋: 알) өндөг
계단 모양의 분기(分岐) 폭포 боргио
계단식 관람석 등의 한 단(줄) давхарлаг; гуа ~ (극장) 2층 정면 좌석; 무대 밑, (층높이가 낮은 발코니풍의) 중이층(中二層)
계단의 디딤판 гишгуур, гишгэлт
계도 сурвалж, туурь, удам, угсаалаг
계란(鷄卵) өндөг; бид э глэ э ний хоолон дээрээ ~ идэв 우리는 아침을 계란으로 먹는다; тахианы ~ 암탉의 알; хуурай ~ 분말 계란; чанасан ~ 삶은 달걀; шарсан ~ 계란 프라이, 오믈렛; ~тэй уур 알의 보금자리(둥우리);
계란의 부화 өнөглөдөг
계란의 얇은 막(膜) зулам; самрын ~ 견과류의 외피
계략 башир, булхай, заль, манёвр, төлөвлөгөө, төсөл, молиго; ~ умхуулэх 속이다, 기만하다, 현혹시키다

계략을 쓰는 зайтай, мэхт, нохойрхуу, овт
계략적 төлөвлөгөөт
계량(측정,측량)하다 хэмжих, хэмжээлэх, бээр, дээслэ(х)
계량기 тоолуур
계명성(啓明星) Сугар
계몽(교화) гэгээрэл
계몽(계발,교화)하다 соёх, гийгүүлэх, гэгээрүүлэх
계발 гэгээрэл
계발하다 гийгүүлэх, гэгээрүүлэх
계발되어지다 гэгээрэх
계보(系譜) удам
계사(鷄舍:닭장) даруул
계산(법) дугаарлал, тооцоо
계산(셈) гүн
계산(의 결과) тооцоо
계산(측정)하다 нэмэрлэх, бодох; тоо ~ 산수 문제를 풀다; тооцоолон ~ 계산 하다, 산정하다, 추계하다.
계산(하기) тооцоо; ~ хийх 계산하다, 산정(算定)하다, 평가하다; ~ны дэвтэр 개인 급료 지불 대장.
계산기(器) компьютер
계산기(조작자) тооцоолуур
계산대 касс, лангуу; гуанз/дэлгүүрийн ~ 매점, 이동(간이) 식당/가게 계산대, 상점 카운터; билетийн ~ 매표소, 출찰소(出札所); хадгаламжийн ~ 저축은행..
계산되다 тооцогдох
계산서 буртгэл, падаан
계산자(사람) тооцоолуур, компьютер
계산하다 тооцох, тооцоолох, точих
계속 нөр(өн), үргэлжлэл, цуврал
계속 ~하게 하여 두다 байлгах, хавхаглах
계속 단결해 나가(게 하)다 барилцах
계속 되풀이 되는 байнга, байран
계속 반짝이게 하다 нудээ цавчлах

계속(지속,존속)하다 үргэлжлэ|х
계속되는 байран, залгаа, тасралгүй, тогтмол, угсраа
계속되다 үргэлжлэ|х
계속된 бухий
계속적으로 움직이다(~이 부어오름) түнтэгнэ|х, тожгоно|х
계속적으로 байран, даг, дагнан, дагт(ан), нөр(өн), төгсгөлгүй, тувт, байнга; байнгын худалдан авгч 단골손님(고객); байнгын сэдэв 신문 기자의 담당구역; байнгын хаяг 본적, 본적지, 원적(原籍), 정적; байнгын оршин суух газар 영주(永住); байнгын ажил 상용적인 일, 영구적인 직업
계속하기 үргэлжлэл
계속하다 үргэлжлүүлэ|х, цоройло|х
(~에) 계속하다 залга|х, замна|х, сувра|х, уван цуван ирэх
계속하여 угсраа
계속해서 일어나는 дэс
계속해서 치다 лугши|х
계손(溪蓀) цахилдаг
계수 констант, дугаарлал, коэффициент; ашигт уйлийн ~ 능률 계수
계시자 задруулагч
계약 амлалт, вивангирид, контракт, харилцаан, хэлэлцээр, гэрээ; түрээсийн ~ (토지·건물의) 차용계약, 차용증서, 임대차(계약); ~ байгуулах 계약(협약)을 체결하다(맺다); ~ хэлэлцээр 계약(약정)서; ~ батлах 협약(조약)을 비준(재가) 하다
계약서 хэлэлцээр, гэрээ, контракт, харилцаан
계약(약정)서에 기명날인하다 гэрээдэ|х
계약(약정)이 마비되다 саата|х
계약서를 작성하다 гэрээлэ|х
계약의 해제 байхгүй
계약하다 гэрээлэ|х; мод ~ 목재의 배달을 계약하다.

계율을 지키는 서원(誓願) сахил; ~ авах 종교단체 성직자의 일원이 되다, 성직 자의 수도생활에 들어가다; ~ санваар맹세하다, 서약하다.
계율을 지키는 서원(誓願) тангараг
계자(鷄子) өндөг; бид 9 гл9 9 ний хоолон дээ-рээ ~ идэв 우리는 아침을 계란으로 먹는다; тахианы ~ 암탉의 알; хуурай ~ 분말 계란; чанасан ~ 삶은 달걀; шарсан ~ 계란 프라이, 오믈렛; ~тэй уур 알의 보금자리(둥우리);
계절(季節) улирал цаг
계절에 따른 인사말 мэнд; халуун ~ 진심이 담긴 인사; ~ хүргэх 인사장을 보내다
계절이 시작되다 зохиро|х
계정 잔액을 맞추다 баланслa|х
계제 나쁘게 бутэлгүй
계제(階梯) шат
계좌를 종결하다 данс дүгрэглэ|х
계집아이 охин, хүүхэн
계창(鷄窓) кабинет
계층 давхарга; хун амын бух ~ 전주민의 모든 층
계통 байгуулал, байгуулалт, бутэц, дэглэм, систем, сурвалж, тогтлцоо, туурь, удам, үүлдэр
계통이 선 ер
계통적으로 하다 системчлэ|х
계통적인 조직화 томьёолол
계획 бодлого, зрилго, проекц, төлөвлөгөө, төсөл, саналтай; та ямар ~ байна? 당신의 견해는 무엇입니까?
계획사업 төлөвлөгөө
계획(방책)을 강조하다 хураагуур
계획(설계.안출)하다(~을) будуувч
계획(습관 등을) 단념하다 гээ|х
계획(예정·약속)을 지키다(지키게 하다) байлга|х
계획(입안)자 төлөвлөгч

계획(표) программ, хөтөлбөр
계획(행사 따위의) 예정표 хуваарь
계획(희망)을 좌절시키다 дөнгүүлэ|х
계획을 세우다 төлөвлөгөөтэй
계획의 좌절 мөхөл
계획자 хуйвалдагч
계획적 결근(노동쟁의 전술의 하나) таслалгүй
계획적 төлөвлөгөөт
계획적으로 зориуд; ~ алах살해할 목적으로.
계획적이 아닌 төлөвлөгөөгүй
계획적이다 тооцогдо|х, тооцоологдо|х
계획적인 санаатай
계획하다 сүлбэлдэ|х, төлөвлө|х, хуйвал- да|х, хэлхээлэ|х
고 зангиа(н), зангилаа(н), уяс
~고(故) талийгаач, жилийгч
고(鼓) бөмбөр, хэнгэрэг
고(苦)롭다 гашуун
고(告)하다(~에게) мата|х, айлтга|х, дуулга|х, мэдээлэ|х, сонордуула|х
고(안)정장치를 하다 тогтворжуула|х
고가교(高架橋) гүүрэг
고가도(道) гүүрэг
고간(股間) хавьцаг, цавь(цавин)
고갈 зүдрэл, сульдаа
고갈되다 даваада|х, зүдрэ|х, сульда|х, тамиргүйдэ|х, харши|х
고갈된 барагда|х, зүдрүү, зүдэнгэ, хавчгар, хагсаамал, эцэнхий
고갈된 강의 상류 дан
고갈된다 туйлда|х, цуца|х
고갈시키다 бара|х, барагда|х, гарзай|х, зүдрээ|х, зүдэргэ|х, махла|х, хавчий|х, хуурайла|х, эцээ|х
고개 숙이는 унжгар, унжуу
고개(머리)를 끄덕하고 인사하다 дохи|х
고개를 끄덕여 승낙하다 дохи|х
고개를 숙이다 гудайлга|х, гудай|х, дүлий|х, хазай|х

고객 захиалагч, үйлчлүүлэгч
고갯길 даваа, хөтөл
고결하게 ихээр
고결한 жудагтай, өгөөмөр,ууч, язгууртай
고결함 жудаг
고고학(考古學) археологи; ~ч 고고학자;
고고학상의 유적이 있는 층 давхарга, давхаргадас
고관절(股關節·胯關節) түнх, ташаа
고교파(高敎派)의 католик
고국(故國) гэртээ, нутаг; төрсөн ~ 조국, 모국; нэг нуттийн хун 동포, 동국인.
고귀 сүлд
고귀(성) жудаг
고귀한 사람 ихэс, хэргэмтэн, ямбатан
고귀한 성직자 хутагт
고귀한 жудагтай, журамт, өндөр, хутагт, язгууртай, дээр; ~ өргөх 높게 솟아 오르다; ~нь гарах 우위의 입장에 서게 되다; нас ~ гарах 이미 얻다; толгой ~ гарах 뻔뻔스러워 지다;
고급 홍차(스리랑카·인도산(産)) байхуу
고급의 сайхан, сонгодог, сонгомол, шигшээ
고기 가는 기계(제설차의) нэсэн 모양의 부분 өрөм
고기 가루반죽 푸딩 банш
고기 자르는 큰 식칼 хэрчүүр
고기 잡는 작살(총검) жад
고기 파이 튀김 хуушуур
고기(물고기 등을) 절이다 болго|х
고기(빵 등)을 베어 가르다 даа|х, эсгэ|х, тасла|х; хунсээр ~ 공급된 음식을 중단 하다; утас(ярьдат) ~ 전화 서비스를 끊다; цахилгаан(гэрэл) ~ 전기를 끊다.
고기(야채를) 저미다(썰다) котлет хөшиглө|х, хяра|х, цавчи|х, тата|х; мах ~ 고기를 저미다

고기(음식) 나빠지다 нальхр|ах
고기가 많은 махархаг
고기가 좋다 махсуу
고기를 갈망하다 махса|х
고기를 굽다 хайра|х, хуура|х, шарагда|х
고기를 낚다 гөхийдө|х, загасны гох, загасчла|х
고기를 손으로 뜯다 мөлжи|х; яс ~ 뼈에서 깨끗하게 고기를 뜯어내다; хүүхдийн хөдөлмөрийг ~ 아이에게 노동을 착취하다
고기를 약간(조금)보이도록 요리했다 борло|х
고기를 좋아하다 махсуу
고기를 필요로 하다 махса|х
고기베기(썰기) ухми
고기살과 가루반죽 푸딩하여 찐 종류 бууз
고기와 야채를 반죽한 가루반죽 푸딩(경단) тоймий
고기와 채소의 접시에 담은 음식물의 이름 цуйван
고기의 작은 조각 өвдөл цэ вдэ л э э х/мах
고기잡이 배 загасчин
고기잡이하다 гөхийдө|х, загасны гох, загасчла|х
고기저장 식품 шууз
고깃국(물) шөл, зутан(г)
고난 зүдүүр, хал
고난(곤경, 고초, 신고, 곤란, 곤궁)을 알다 гачигда|х
고뇌 зовлон(г) зовнил, зовуурь, нажид, өвдөлт
고뇌에 지친다 шимшрэ|х
고니 хун, үр; ~ тариа 난알, 곡물, 곡류; ~ урийн төмс 씨감자; ~ цацах/ тарих 씨를 뿌리다
고달 부리다 маягла|х
고달프다 алжаа|х
고담(古談) домог

고대 өнө; ~ эртий 옛날의, 고대의; ~ удаан 영원히, 언제나
고대(高臺) тавцан
고대에 дээр
고대의 무덤 хиргисүүр
고도 өндөрлөг, өндөр, өндөржилт; ~ нам 높이; гурвалжны ~ (수학) 삼각형의 높이
고도로 өндөр, дүн(г); ~өвөл 한겨울에, 겨울의 절정에서
고도로 발전한 боловсронгуй
고도로 세련된 боловсронгуй
고독 гозон, ганц, гань
고독을 좋아하는 гань
고독하게 гагцаар, нанцаараа, өөрөөр нь
고독한 гагцаар, ганц, ганцагчин, гань, гэрлээгүй, дан, оорцог, уйтгартай
고독한(외톨의.외로운) 사람 гозон
고동 судас, цорго
고동(홈) гоожуур
고동색 зээрдэгч, хүрэн, хээр
고동색(밤색.초콜렛색)으로 변(화)하다 хүрэнтэ|х
고동하다 дэлсэ|х
고된 бэрх
고드름 хонгорцог
고드름이 달리다 тагта|х, хонгорцогло|х
고등학교의 교장 захирал; сургуулийн ~ 학교 교장; их, дээд сургуулийн ~ 대학의 총장.
고라니 цаа буга
고랑을 만들다(~에) говилто|х
고랑이 지다 говилто|х, гурвита|х
고래 халим(큰고랫과의 포유동물. 동물 중 최대형으로 바다에 사는데, 길이 약 10m, 방추형이며 피하에는 두꺼운 지방층이 있음. 머리는 크며 눈은 작고 가끔 수면에 떠서 폐호흡을 함. 고기는 식용함)
고래(상어)의 새끼 гөлөг, зулзага
고래잡이용 작살(작사리) жалан

- 48 -

고려 бодлого, бодрол, тоомж, элбэрэл
고려에 넣다(~을) бодолцоо|х, анхаара|х, тоомсорло|х
고려하다(~을) гэгдэ|х; багш ~ 선생님이 방문하다; сайн мэргэжилтэл ~ 훌륭한 전문가는 충분히 고려한다.
고려하여 소개(추천)하다 толилуула|х
고려하여 제출하다(내놓다, 건네주다) (~을) толилуула|х
고려하지 않는(~을) хэрэгсэхгүй
고려해 보다(~을) хэрэгсэ|х
고령 зөнөг
고령로부터 괴로워하다 мунхуура|х
고령의 표시를 보여주다 зөнөгши|х
고령화되다 зөнөглө|х
고로(古老) ахас, өвгөд
고르게 жигд, тэнцүү
고르게(똑같이) 하다(~을) мөлө|х
고르고 고른 шилдэг, шилмэл
고르다 жалбийлга|х, мялай|х, навчий|х, сонго|х, сорло|х, түүвэрлэ|х, тэгшдэ|х, шигши|х
(~을) гэ.тэ.ж мөлө|х
고르지 못한 мирээн, тэнцүүгүй, халтар, халтарта|х
(리듬 등이) 고르지 못한 арсгар
고른 보조로 ~을 천천히 걷다 жоррооло|х
고름 идээ, идээр; ~ татах (상처가) 곪다; ~бээр고름
고름(농즙)이 잡히다 нуухта|х
고리 고무줄 каучук
고리 대금업자 данжич, мэ нгэ хүүлэгч
고리 모양의 것 бөгж, буслуур, гархи(н), холбоос
고리 모양의 손잡이 сэнж
고리 모양이 되다 гогцооро|х
고리 버들세공(가는가지세공) 바구니 сэвэг
고리 버들 세공의 바구니(광주리) 종류 поолуу
고리 버들 세공의 хөвх
고리 дугариг, дүгрэг, дугуй, татуурга, төгрөг, холбоос, цагариг, гархи(н); ~ хуяг 쇠미늘 갑옷, (중세의) 미늘 갑옷
고리 (바퀴.반지.귀걸이.코고리.팔찌.링) 같이 되다 гархила|х
고리를 이루다 атируулла|х, гогцооро|х, хэрдэслэ|х
고리모양 같은 것 гархила|х
고리버들 세공 гөрмөл
고리의 가죽(변폭) хуйв уурга
고리의 무두질한 가죽 хуйв уурга
고립 тусгаарлалт
고립된 оорцог
고립됨을 느끼다 гагцаарда|х
고립시키다 ганцаарла|х, тусгаарла|х
고마워하는 талархуу, талсаг
고마워하다 ачла|х, гялай|х; тус хуртаж ~ 도와 주셔서 감사합니다.
고모(이모, 백모, 숙모) эгч
고무 бадруулагч сундаг, турхиралт, туслашж, цочрол, резин, дэм, дэмжлэг, жийрэг, каучук; нийлэг ~ 인조(합성)의 고무; туухий ~ 천연고무; ~ийн мод 파라강 고무나무; ~ бө мбө г 공, 구(球), 볼; ой-мсны ~ 스타킹의 고무밴드; ~ баллуур 지우개, 지우는 사람; ~ин гутал 고무장화.
고무 따위를 기계에 넣어서 곤죽으로 만들다 зажла|х; бохь ~ 껌을 씹다
고무(고취)자 сануулагч
고무(잉크,칠판) 지우개 баллуур, каучук
고무나무 каучук; нийлэг ~ 인조(합성)의 고무; туухий ~ 천연고무; ~ийн мод 파라강 고무나무.
고무덧신 калош
고무래(꼴의 부지깽이) тагнуур, тармуур
고무밴드 резин
고무시켜 ~하게 하다(~를) зоригжи|х

- 49 -

고무시켜 ~할 마음이 되게 하다(~를) зоригжи|х
고무시키는 것(사람) бадруулагч
고무제품 каучук, сундаг, резин; ~ бө мбө г 공, 구(球), 볼; ойм сны ~ 스타킹의 고무 밴드; ~ баллуур 지우개, 지우는 사람; ~ин гутал 고무장화.
고무줄 새총 чавх
고무줄 резин, сундаг
고무지우개 резин
고무총(새총)으로 돌을 쏘다 дүүгүүр
고무하는 зоригжуулагч
고무하다 зоригжуула|х, өөгши|х, хөхүүлэ|х
고문 зөвлөгч, реферант, туслагч
고문서 따위의 필생 хуулбарлагч
고문하는 사람 тамлагч
고문하다 махчла|х, нэрмээслэ|х, тамла|х
고물 хитэг
고미다락(방) тагт
고민 түвэг, түйвээн
고민(괴로워)하다(~으로) гуни|х
고민(안달)하다 доноголзо|х
고민케 하다 гансруула|х, шимшрэ|х
고민하게 하다 хорсо|х
고민하다 зовни|х, зово|х, нэрвэгдэ|х, тарчла|х, түгши|х, шанала|х
(~을) 고민하다 хэнхэглэ|х
고발 заргалдаан
고발(검거)하다 туршигда|х
고발되어야 할 төлбөрт
고발인 мэдээлэгч, тагнагч
고발자 яллагч
고발하다 мата|х, ялла|х
고백 өчиг; ~ мэдуулэг 증언하다; ам ~ 고백(실토)하다; ~ авах 자백을 얻어내다.
고별 үдлэг
고봉(鼓棒) тоншуур

고부(鼓桴) тоншуур
고부라지다 нахий|х
고분고분한 дуулгар, туягар, хүлцэнгүй
고비 곰 мазаалай
고비 хямрал
고비(사막) говь
고비사막의 구근식물 гоёо
고뿔 ханиад
고삐 жолоо(н), хазар
고삐를 달다 ногтло|х
고삐를 매지 않은 хаваарггүй
고사 сорилго, туршилт
고사(考査) шуулэг
고살(故殺) аллага
고상하게 하다 өндөржүүлө|х, өндөртгө|х
고상한 гүн, жудагтай, өндөр, язгууртай
고색(古色) өнө
고생 булуу(н), гаслан(г), зовлон(г), зовнил, зовуурь, нажид, түвэг, түйвээн, тээр, бэрхшээл, түвэгшил
고생을 격지않을 것이다 газардахгүй
고생스러운 бэрх
고생하다 ажилла|х, зовни|х, зово|х, мэтгэ|х, нэрвэгдэ|х, тарчла|х, хөдөлмөрлө|х, шанала|х
(~로부터) 고생하다 годронто|х
고소 заалдлага, зарга, заргалдаан
고소(소송)하다 заргалда|х
고소인 заалдагч, нэхэгч, нэхэмжлэгч
고소하다 мата|х, ялла|х
고속도로의 입체교차(점) солбилт
고속으로 간다 дурдхий|х
고속의 хурдач
고속이다 хурдда|х
고손(高孫)(손자의 손자) гуч жичинцэр
고손자 жичинцэр
고손자의 아들 гучинцар
고수(鼓手) бөмбөрчин, хэнгэрэг
고수(고집)하다(~를) өрвий|х
고수머리 уйл, унгас

고수하다 байлга|х, барьцалдах, зуурал-да|х; тэр, муусайн юмнуудтай зуурал-джээ 그는 바람직하지 않은 군중에 흥미를 (관심을) 갖다; гэрийн ажилтай ~ 가사 (집안일)를 되찾다; эна хоч туунтэй зууралдаж улдэх болно 그는 가명을 고수하다.

고슴도치 зараа(н); далайн ~ 성게; дагуурын ~ 호저(豪猪); дэлдэн ~ 긴 귀를 가진 고슴도치

고승 хутагт

고시 зар, тунхаг

고심(苦心) халамж, элбэрэл

고아 өнчин; ~ хоцрох 고아로 남겨 졌다

고아가 되다 өнчрө|х; дайнд өнчирсөн 전쟁에 의하여 고아가 되다.

고아가 된 өнчин; өрөөсөн/бутэн ~ 완전한 고아; ~ хүүхэд 부모가 없는 아이.

고아로 만들다 өнчрүүлэ|х

고아원 өнчрөл

고아의 신세(몸) өнчрөл

고아임 өнчрөл

고안 бодлого, концепции, санаачлага

고안(창안)하다 сэдэ|х

고안물 бүтээл

고안에 대찬성이다 хураагуур

고안하다 төлөвшүүлэ|х

고압적이게 ухширтэл

고약(膏藥) түрхэц

고약한 냄새 нил хийсэн унэр

고약한 냄새가 나는 э мхий самхай, өмхий, хуршмал

고약한 냄새가 나다 нигши|х, нил хийх, хангина|х, ханхуула|х, хурши|х

고약한 нигүүлсэлгүй, өөдгүй, ханшгуй

고양이 жалар, мий, муур

고양이(매)의 발톱 сарвуу

고양이(매.새·짐승의) 발톱 хумс(ан)

고양잇과의 동물 жалар, мий, муур

고역을 치르는 사람 боол. ахмжлагат; ~ ёс 농노의 신분, 농노 제도.

고요(정적) нам гүм

고요한 амар, салхигүй, тайван, тогтуухан, түвшин, тэнүүн, тэнэгэр, яруухан, наадгай, налгар, амгалан, нам; ~ гүм 침묵, 고요함, дөлгөөн; ~ өдөр 고요한 날; ~ дуу 온화한 목소리.

고요하다 дуугй|х

고요함 тайвуу

고요해(조용해)지다 налай|х, намса|х, тайвшра|х, намбай|х; энэ ханиалга намдаана 당신의 기침을 덜 할 것이다; өвчин ~ эм 진통제

고요해지다 пүнхий|х

고요히 аажуухан, аяархан, сэм, сэмээрхэн, уужуухан

고용되다 төлөгдө|х, ъхөлсөлгдө|х

고용인 албат, зарц, ажилтан, ажилчин; сайн ~ 우수한 일꾼; урлагийн ~ 미술인, 예술인; эрдэм шинжилгээний ~ 과학 연구에 종사하는 사람; элчин сайдын яамны ~ 대사관 직원(공무원); ажилтнууд

고용주 хөлслөгч, эзэн

고용하다 хөлслө|х, хэрэглэ|х, хэрэглэгдэ|х

(~를) 고용하다 зара|х

고운 알 мөхлөг

고운 체 шуур

고운 гоо, гүн, үзэсгэлэнтэй, нарийн; ~ гэдэс 소장(-腸); ~ дуу 고운 목소리; эусэм 얇은 조각; ~ ноос 섬세한 모직물;~ялгаа 엷은, 희박한, 희미한.

고운(예쁜) гоёхон, гуалиг

고원 дэвсэг, таг

고위 성직자 ихэс, хэргэмтэн, ямбатан

고위의 дээр, өндөр

고유의 оор, органик, өвөрмөц, уул

고의가 아닌 санамсаргүй

고의로 зориуд; ~ алах 살해할 목적 으로.

고의의 санаатай
고의적이다 тооцогдо|х
고인류학 палеонтологи
고인류학자 палеонтологич
고인의 언행록 дурдаттал
고자질쟁이 ховсрооч
고자질하다 ховсро|х
고작 сайндаа
고장 сүйрэл
고장의 эндэх
고적(孤寂)하다 ганцаарда|х
고전(작품) классик
고전문학 классик
고전학자 номч
고정 оруулга, тогтворжилт
고정(좌정) тогтворжуулалт
고정되다 нотлогдо|х, тогтмолжи|х, тогтоогдо|х
고정되지 않는 시간 цаггүй
고정된 бат, зогсонги, мөчөө гөө өгөхгүй, мятрашгүй, суурьшилтай, тогтмол, тогтууртай, тууштай, хөдөлгөөгүй, хөдөлшгүй, хязгаартай
고정된다 тогто|х
고정시킴 тавил
고정의 өөрчлөгдөшгүй
고정하다 торо|х, хатга|х, зоогдо|х; тэрэг шаварт зоогдов 그 차는 진창에 빠지다, 꼼짝 못하게 되다; зунжингаа би Дарханд зоогдсон 나는 한창 때 Darkhan 을 꼼짝 못하게 했다; хоолой дээр яс зоогдчихлоо 뼈가 나의 목구멍에 걸리다; хуруугаа зуунд ~ 바늘로 손가락에 꽂다; хадаас ~ ~의 수명을 단축시키다(파멸을 앞당기다).
(~을) 고정하다 тээгэлдэ|х
고조 조부모 хуланц
고조된 감정 уянга
고조할아버지와 할머니 хуланц
고지 өндөржилт, ухаа
고지(발표)하다 дуулга|х, мэдэгдэ|х

고지식한 гэнэхэн
고질의 арчаг
고집 세다 гэдий|х
고집 센 долгил, мохошгүй; ~ зоригт 두려움을 모르는, 대담무쌍한.
고집세다 ужитла|х
고집센 гажуу, гэдэн, зөрүүд, мугуйд, мятрашгүй, сөрс, тэрсүүд, ужид, шургуу
고집이 세다 хэдэрлэ|х, хэрзий|х
고집이 센 шаргуу
고집하는 шаргуу, шургуу
고착 оруулга
고착(밀착)하다 зуура|х
고착(접착)시키다 наа|х, цавууда|х
고찰 тоомж, эргэцүүлэл, бодол: миний бодлоор бол 나의 마음으로는, ~에 주의를 기울이다, ~에 조심하다
고찰(검토,음미)하다 шалга|х, шинжи|х
고찰하다 анхаара|х, судла|х, үзэ|х
(~을) 고찰하다 үзэ|х
고참 хариуцлагатан
고참권 ахас
고참병 ахмад
고참의 ах, ерөнхий, настан, өтгөс, хөгшид
고참자 ахмад
고체의 бетон, хундан, цул
고쳐 만들다 шинэчлэ|х
고쳐지다 ана|х, ондооло|х, өөрчлө|х, сайжуула|х
고쳐짓다(치수를 고치다) ондооло|х
고초(苦草) чинжүү, зүдүүр, нажид, хал
고추 нальшим, чинжүү
고충 гомдол
고취 бадруулагч
고취하다 зоригжуула|х, номло|х, сурталда|х
고치다(병, 상처, 마음의 아픔등을) анагаа|х, болго|х, домно|х, дээртэ|х, зала|х, залруула|х, сэлбэ|х, сэлгэ|х, сэлэ|х, улира|х, хала|х хувилга|х, хувьса|х,

шулуутга|х, эдгэрүүлэ|х, засагч, засам-жла|х, засварла|х, зөвдө|х, өөрчлө|х, солилдо|х, заса|х; номын алдаа ~ 교정 보다, ~의 교정쇄를 읽다; алдаа ~ 실수를 바로잡다(고치다); алдаа дутагдлыг арилгах ~ 영양부족 고려하지 않다; орон сууц ~ 편평(납작)하게 수리하다; зам ~ 길(도로)을 건설하다; ус ~ 이발하다; ор ~ 잠자리를 깔다; ширээ ~ 테이블을 세팅하다; тал ~ ~ 의 부츠를 핥다, ~의 비위를 맞추다, ~에게 빌붙다; явдлаа ~ 행실을 고치다; уур ~ 보금자리를 짓다; биез ~ 화장하러 가다; нохой ~ 개를 거세하다; бие ~ газар (말을)손질 하다(돌보다); өвчнийг ~ 건강을 회복시키다; ~ ухаан ~에 약을 주다(투여하다), 약으로 치료하다;~ эм 진통제, 완화제; шарх ~ (피·눈물 따위를) 멈추게 하다; (상처를) 지혈하다.

고칠(만회할.돌이킬) 수 없는 засрашгүй

고통 гансрал, зовуурь, нажид, өвдөлт, уйл лай, лай зовлон, зовлон(г), зовнил; сэтгэлийн ~ 슬픔; гаслан ~ 괴로움; зудуур 고뇌, 비애; ~ эдлэх 괴로워하다

고통(고뇌.고생) гуниглал гаслан(г); ~д уярах 고통(고뇌)을 당하다.

고통 따위를 덜다 хөнгөтгө|х

고통(가난)에 견디다 түжирлэ|х

고통(곤란, 부자유) 없이 тухтай

고통(곤란·지루함의) 경감 рельеф

고통(공포로) 끽끽(깩깩)울다 ган хийх

고통(기세 따위)를 덜다 багаса|х

고통(기세 따위)를 덜다 намсхий|х

고통(노여움·경멸 따위로) 이빨을 드러냄 ярзай|х

고통(부담을) 경감하다 уужра|х

고통(부담을) 녹이다 уужра|х

고통(불안)이 없는 тавлаг, тавтай, тохьтой, төвхнүүн, тухлаг, бие талбих

(마음 편히) **고통(불안)이 없는** бие талбих

고통(아픔) 견디다(참다) зовуурила|х

고통(아픔)으로 감각을 잃게 되다 унжра|х

고통스러운 бэрх

고통에 견디는 гүжир, гүжирмэг, түжир

고통에 시달리는 зовинги

고통에 예민(민감)하다 эмзэглэ|х

고통으로 몸을 구부리다 атийх

고통을 일으키다 өвтгө|х

고통을 주다 гоочло|х, тарчилга|х, хоргоо|х

(~에게) 고통을 주다 таталда|х

고하다 үгчлэ|х

고함(야단,호통)치다 сүржигнэ|х

고함소리 нижигнээн

고함쳐 ~하게 하다 сүржигнэ|х

고함치다 архира|х, дэмийрэ|х, орхиро|х,урамда|х,урхира|х,хүрхрэ|х,чарла|х

고해 өчиг; ~ мэдүүлэг 증언하다; ам ~ 고백(실토)하다; ~ авах 자백을 얻어내다.

고향 гэртээ

고형의 хундан

고형의 цул

고환(睾丸 불알, testis) им, төмсөг, ураг, засаа, хушга

고희(古稀: 일흔 살) дал(ан)

곡괭이 ухуур, чигчлүүр

곡괭이(로 파다) ёотуу

곡두 сүг, мөхлөг, тариа(н), амуу; ~ буудай 알곡, 낟알; хуурсан ~ 볶은 기장, 탄(간) 귀리(밀)

곡마(단) цирк

곡물 амуу, гарц, мөхлөг, тариа(н), буудай; тариа ~ 곡물; цагаан ~ 쌀, 밥, 벼; хуухдийн ~ 곡분, 분말, 가루; шар ~기장; бусдаас буудай идэх ~에 ~를 갖추다; тарианы ~ 곡물 수용능력; ~ буудай 알곡, 낟알; ~ авах/хураах 곡물

을 수확(수집) 하다; ~ хадах 농작물을 베어들이다, 거둬들이다, 작물을 수확하다; ~ тэгшдэх 이삭이 형성하다, (옥수수의) 열매가 맺다; ~ны болц 곡식의 추수(수확); ~ гандах 비의 부족 때문에 곡식이 가물었다; ~ны гуурс 곡물의 밀짚; ~ тарнх 곡물을 경작(재배)하다

곡물(곡류)의 이삭 залаа; тарианы ~ 밀 이삭; тахианы ~ 암탉의 볏

곡물·겨 등을 까부르다 дэвэ|x

곡물가루를 넣은 진한고기 스프 бантан; хэвгний ~ 매시, 엿기름물; холио ~ 혼동, 무질서, 어지러움, 혼란; ~ хүтгах 잘 젓다, 흔들다.

곡물을 도리깨질 하다 түгсэ|x, түнсэ|x

곡분(穀粉) гурил

곡선모양(의) гилжгий, махир, сариу, хариу, сарий, матигар, матмал; ~ сандал 굽은 나무로 만든 의자.

곡선 모양으로 되다 гажуда|x

곡선모양이 되다 сарий|x

곡선을 그리다 матий|x

곡선을 그리며 가다 дугуйра|x, шампра|x

곡식 등의 단(묶음) баглаа

곡식 тариа(н); ~ авах/хураах 곡물을 수확(수집)하다; ~ хадах 농작물을 베어들이다, 거둬들이다, 작물을 수확하다; ~ тэгшдэх 이삭이 형성하다, (옥수수의) 열매가 맺다; ~ны болц 곡식의 추수(수확); ~ гандах 비의 부족 때문에 곡식이 가물었다; ~ны гуурс 곡물의 밀짚; ~ тарнх 곡물을 경작하다(재배하다)

곡예 тоглолт, цирк

곡을 연주하다 тоглуула|x

곡이 밝고 명랑한 гав шаа, гялбазүүр

곡조 аялгуу, эгшиг

곡조가 좋은 уянга, уянгалаг, уянгатай, хөгтэй, яруу, яруухан

곡조가 좋은 소리나게 하다 уянгала|x

곡지(谷地) хавцал

곡추(曲腋) тахим

곡해 завхрал

곡해하다 гуйвуула|x

곤경 даваа(н),мохрол, мухардал, хал

곤경에 빠지다 торо|x

곤궁 гансрал, зүдүүр, үгүйрэл, хал, ядуурал, хоосрол; оюуны ~ 정신적인 빈곤; зовлон ~ 빈곤, 궁핍, 결핍

곤궁하게 하다 үгүйрүүлэ|x, ядууруула|x

곤궁하다 зутра|x

곤궁한 даржин, зүдүү, ядуу

곤두박이치다 хөвхөлзэ|x

곤두서다(머리칼 따위가) аржий|x

곤드레만드레 취(醉)하다 өмхийрө|x

곤드레만드레 취한 хайлмаг

곤란(곤경) гачигдал, гэмтэгч, зүдүүр, тавгүйтэл, түвэгшил, хал, халгаа, бэрхшээл

곤란(곤경.어려움.고생)을 두려워(무서워) 하다 бэрхшээ|x

곤란(반대 등을) 이겨낼 수 없는 давшгүй

곤란(반대)에 직면하다 харга|x

곤란(어려움)이 없을 것이다 газардахгүй

곤란·반대 등을 이겨낼 수 없는 дийлэгдэшгүй

곤란에 의해 기운이 빠지다 цөхрө|x

곤란을 가지고 가다 дамналда|x

곤란을 참고 견디다 бэхжи|x

곤란하게 되다 хясагда|x, саадхий|x, садаала|x, түйтгэрлэ|x, хяса|x, санд-руура|x

곤란한 амаргүй, аюлтай, бэрх, бэрхтэй, бэрхшээлтэй, горигүй, дөхөмгүй, нийсгүй, тохигүй, түвэгтэй, хүчир, хэцүү, цөвүүн зовлонтой; ~ хэрэг 복잡한 문제; ~ хүүхэд 곤란한 아이

곤란한 것(사람) түвэгшээл, улиг

곤란한(어려운) 일을 해내다 сүвлэ|х
곤란해지다 хүнддэ|х
곤봉 жанчуур, муна;
곤봉(타봉)으로 치다 мунада|х
곤봉으로 차를 찧다 манцуурга
곤봉으로 치다(때리다) бороохойдо|х
곤이(鯤鯝) түрс; ~ орхих 산란(産卵)하다
곤줄박이 задруулай(:박샛과의 새. 텃새로, 야산이나 평지에 사는데, 날개 길이 7-8cm, 머리·목은 검고, 등·가슴·배는 밤색, 날개와 꽁지는 회청색임. 곤줄매기)
곤충 хорхой, шавьж
곤충(뱀.벌레.침 따위가)물다 хатга|х
곤충(벌레)의 알 саг
곤충(벌레.벌.팽이.선풍기.기계) 윙윙거리다 дүнгэнэ|х
곤충의 알 үр; ~ тариа 낟알, 곡물, 곡류; ~ урийн төмс 씨감자; ~ цацах/тарих 씨를 뿌리다
곤충의 흉부 хэнхэрцэг
곤충이 군실거리다 ивтнэ|х
곤혹 түвэгшээл, улиг
곧 авсаар, бушуу, дараахан, даруй, даруйхан, дөжир, дууги|х, мөдхөн, мөд, мөнөө, мөнөөхөн, мөтөр, одоохон, саяхан, төдөлгүй, төдхөн, төдхөн, удалгүй, үтэр, хурдан, шалавхан, одоо; тэр ~ ирнэ 그는 곧 바로 여기로 올 것이다; ~гийн хумуус 오늘날의 사람들; ~ цаг (문법) 현재시제; ~ цагт 오늘날. ; ~ хавар болно 여기에도 곧 봄이 올 것이다.
곧(바로.즉시) дав дээр, тугаар
곧(서둘러) бушуу
곧(즉시) 쏠 수 있도록(준비하여) бэлхэн
곧게하다(펴다)(굽은 것을) тэний|х
곧바로 мөтөр, төдөлгүй, төдхөн, удалгүй, этц
곧바르게 되다 тэгшрэ|х, шудра|х
곧바르게 하다 туушра|х, шудра|х

곧바르지 않은(길) тойруу
곧은 гозгор, цэх, чанх, чигээрээ, шууд, этц
곧은 물건 багана
곧음 чигээрээ
곧장 туус
곧장 나아가는 туус
곧추 서서 сэртэн
곧추 선 чанх
곧추서다 годойлго|х, годой|х, гүвий|х, сарай|х, торой|х
곧추선 босоо, гозгор, чигээрээ
곧추세우다 гозой|х
골(두뇌) тархи
골(성.화)을 내다 уурла|х
골격 галбир; яс, рам; нудний шилний ~ 안경테; зургийн ~ 그림의 틀; цонхны ~ 창틀
골격의 хэрзгэр
골격이 내밀다(~의) тэлүрдэ|х
골고루 퍼뜨리다 тара|х; ө вс ~ 건초를 흩뿌리다
골골하는 гулбигар, дорой, дудрай, ёлбогор, сулбагар
골난(부루퉁한) гонсгор
골내다(~에) гомдо|х, аягүйцэ|х, тумарха|х
골똘한 хэнхэг
골라뽑은 шигшээ
골랐다 тун|ах
골매 шонхор
골목대장 дэглэгч
골몰하다 буу|х
골무(재봉용) хуруувч(ин)
골반(구조); аарцаг; ~ ны 골반의, 배지느러미
골수 чөмөг
골수에 사무치게 하다 дэгээдэ|х
골이 나다(~에) тавгүйцэ|х
골이 든 뼈 чөмөг
골자(骨子)를 빼어버리다 агтла|х, хөнгөлө|х

골저(骨疽) үхжил
골질(骨質)의 енхер, янхир
골짜기 гацаа, судаг, хөгдий
골짜기(계곡) 또는 협곡 사이 산맥의 지맥 хамар
골짜기(계곡) 또는 협곡 사이의 산의 돌출부 хамар
골짜기의 산중턱 завьж
골치 아픈 түвэгтэй, явдалтай
골치 아픈 것 түвэгшээл
골치 아픈 것을 숙고하다(두루 생각 하다, 고찰하다) түвэгшээ|х
골칫거리 сүрдүүлэг, түвэгшил, түвэгшээл, улиг
골칫거리 사람 гооч
골칫덩어리 яршиг
골통뼈 гавал
골포스트의 크로스바 гөнжүүр, хөндлөвч
골풀 зэгс(эн)
골풀줄기 зэгс(эн)
골화 ясжилт
골화(骨化)시키다 ясжих
골화한 부분 ясжилт
곪게 하다 баала|х, бугла|х, идээлэ|х, идээрлэ|х
곪다 идээрлэ|х
곪아 터질 지경이 되다 хувила|х
곰(웅(熊) баавгай; ~н ичээ 곰의 잠 자리(쉬는 곳, 우리, 굴); хурэн ~ 갈색 곰; цагаан ~ 북극 곰; ~н бамбарууш 곰의 새끼
곰 사냥하다 баавгайчла|х
곰 새끼 бамбарууш
곰(이리·여우·사자·호랑이 따위) 야수의) 새끼 гөлөг, зулзага
곰곰이 생각하다 бодолхийлэ|х, хивэх, хэвэ|х
곰곰이 생각하여 보다 бодо|х, сэттэ|х
곰을 추적하다 баавгайчла|х
곰의 담즙(쓸개즙) донти

곰팡나(게 하)다 хөгцрө|х
곰팡내 나(피)다 ялзмагта|х
곰팡이 хөгц
곰팡이가 나(피)다 өнгөртө|х
곰팡이로 덮다 хөгцрө|х
곱게 되다 мэнэрэ|х
곱게 하다 бээрэ|х, минчрэ|х; хөл минчрээд байна 나의 다리는 마비되다.
곱다 чилэ|х
곱드러지게 하다 түгдрэ|х, таварцагла|х
곱드러지다 гулса|х, таварцагла|х, таши|х, торо|х, тэши|х, халга|х
곱드러짐 гулсал
곱사등(이)(의) бөгтөр, бөгтөр, гудгар
곱사등이다 түгдий|х
곱새기다 гуйгуурла|х
곱셈하다 өсө|х, үржүүлэ|х
곱송그리다 аяла|х, далдира|х, нялгана|х, хүлтэгнэ|х, хяра|х
곱수 үржүүлэгч
곱슬곱슬하게 하다(머리·천 따위를) атира|х
곱슬곱슬한 атираатай
곱슬머리가 되다 долгиото|х
곱슬머리모양으로 하다 буржий|х
곱슬머리의 аржгар
곱슬털 모양이 되다 бурзай|х
곱은 хөлдмөл, хөлдүү, царцуу, цэвдэг
곱하다 үржүүлэ|х
곱할 수 없는 өөдлөшгүй
곱함수 үржүүлэгч
곱힘수 үржигдэхүүн
곳(소재) байр, суурь, эндэх
곳간 пин
곳에(곳에서, 곳으로)(~하는) хаачи|х; чи ~ гэж байна? 어디로 가는가(가 나요, 갑니까)?
공(~公) тайж
공(볼,구(球) бөмбөлөг, бөмбөрцөг,

бөм- бөг(өн); гар ~ 배구; сагсан ~ 야구; хөл ~ 축구; одон ~ 탁구; атомын ~ 원자폭탄;   бөмбөгөн цаххилгаан 전구

공(구, 볼, 공 같은 것)의 모양이(으로) 되다 бөнжийх

공(접시모양의 종) харанга

공 같은 것 бөмбөг(өн)

공 따위를 되튀게하다 туялзах

공 모양의 бөндгөр

공간 зай, ор(он)

공간(시간)적으로 가까이 дөт, нагуурхан, орчим, харалдаа, наахна, шадар; ~аа ир 여기까지 오다; ~аа хар 여기를 보다; ~ харах 원조하다, 돕다, 거들다, 조력 하다; ~аа болох 접근하다, 가까이 지내다.

공간(장소가) 좁아서 답답한 судаг

공간의 사이에(의, 를, 에서) сиймхий

공갈 занал, нийнтэг, сүрдүүлэг

공감을 나타내는 ялдам

공개 үзэсгэлэн

공개(진열) 장소(수단) гүнгэрваа, гуу

공개하다 ханзлах

공격 дайралт, довтлого, довтолгоо, өнгөлзлөг, түрэмгийлэл, халдлага

공격(성) түрэмгийлэл

공격 최전선 манлайлагч

공격(침략)자 түрэмгийлэгч

공격의 리더 манлайлагч

공격자 довтлогч

공격하다 бөмбөгдөх

공격할 틈이 없는 оногдошгүй

공경 받다 авгайлах

공고(公告) зар; ~ сурталчилгаа 광고; ~ сурталчилгааны булан 광고란, 광고지면.

공고(견고)히 하다 батжуулах, бататгах; байр суурыа ~ 자신의 위치를 공고히 하다

공고(공표)하다 дуулгах, мэдэгдэх

공고히 하다 дасгах

공고히 үхширтэл

공공기관 성(省) факультет

공공기관(회사 등의) 부(部) факультет, депатамент, хэлтэс

공공기관·회사 등의 부(과.반) тасаг

공공기관(단체) газар

공공시설 газар

공공에 속하는 нийтийн

공공연하게 илэн даланүй

공공연한 тамиргүй, шулуун, илэрхий; ~ гутгэлэг 철면피한 비난, 뻔뻔스러운 중상

공공연히 гялайн цайн, илтэд, илхэн

공공요금 татвар

공공의 нийтийн

공관 өргөө, тугдам, харш, орд(он); гэрлэх ёсолын ~он 웨딩궁전;~ харш 공관; Букингемийн ~он 버킹검 궁전.

공교롭게 ядахдаа

공교롭게 ~하다 болох

공교롭게 불쑥 тохиолтлоор

공구 багаж, зэвсэг, хэрэгсэл

공구의 оньстой

공군병사 нисгэгч

공금 소비(착복)자 шамшигч

공급 запас, нөөц, олдоц, хангамж

공급(보충)하는 사람(것) нийлүүлэгч

공급(시설·수리 따위를) 봉사적으로 해 주다 үйлчлэх

공급(조달,배급)이 부족한 хангамжгүй

공급(지급,배달.조달)   하다(~에) хангах, залгуулах

공급되다 тэмээжих

공급이 많아지다 элбэгших

공급자 нийлүүлэгч

공급하다 залгах

공기 агаар, хий, цөгц; ~ мандал (어떤 장소) 분위기; цаг ~ 기후; ~ын даралт 기압, 대기 압력;~ын 공기의, 대기의; 기압의

공기 중의 수증기 чийг
공기(가스 등의) 압축기(펌프) компрессор, шахуурга
공기(가스 따위로) 부풀리다 хийлэ|х, хөөрөгдө|х
공기(기체) 또는 가스가 가득하다 хийдэ|х
공기(바람)에 쐬다(~을) агааржуула|х, сэвэ|х
공기가 맑은 сэвэлзүүр
공기가 없는 хийгүй
공기가 탁해지다 тогтонгиро|х
공기기구(器具) үлээвэр хэ гжим
공기를 통하게 하다 агааржуула|х
(~에) 공기를 통하게 하다 агааржуула|х, хийжүүлэ|х
공기에 쐬다 агааржуула|х, хийжүүлэ|х
공기조절(실내의 공기정화, 온도·습도의 조절) агааржуулалт
공기주머니 лавшаа
공기의 움직임 салхи(н); хойд зугийн ~ 북풍; ~ шуурга 폭풍(우), 모진 비바람; улаан ~ 모래 폭풍(우); эрүүл ~ 맑은 (신선한) 공기; ширүүн ~ 강풍; цагаан ~ 산들바람, 미풍; 연풍(軟風); хар ~ 태풍; хуй ~ 회오리바람, 선풍; жихүүн ~ 시원한 바람; халуун ~ 뜨거운 바람.
공기의 유통 агааржуулалт
공기주머니(자동차 충돌 때 순간적으로 부푸는 안전장치) борви
공덕(선행) буян; ~ы уйлс 자애, 자비, 박애, 인자(仁慈),자선; заяа ~ 행운(복).
공동 부담하다 ганзага(н) нийлэх
공동 түншлэл, хонхорхой, хонхор
공동(空洞)벽돌 хавтай
공동(空洞)의 хоттор, хөгдий
공동(공통, 합동, 공유)의 хамт
공동(구멍.홈) говил
(~을) 공동(집단)으로 하다 хамжи|х
공동생활하다 ханьца|х
(~을) 공동으로 일하다 хамса|х

공동으로 짓다 хийлцэ|х
공동으로 창조하다 хийлцэ|х
(~을) 공동으로 하다 хамсра|х, хамса|х
공동으로 хамтад, харлцан
공동의 목장(농장) хүртээл
공동의 신세를 지는 төлбөрт
공동의 нийтлэг, нийт; олон ~ 일반(공동) 사회; ~ийн санал сэтгэл 공동 의견(견해); ~ийн дайсан 공동의 적(원수); ~ дун 총계, 합계; ~ийн хоол 케이터링(여객기 등의 음식제공 업무).
공동적 хамтлаг
공동주택 байр; нийтийн ~ 자치단체의 공동주택
공동체 коллектив
공들인 зүгтэлтэй, оролдлоготой
공략 номхоттол
공략하다 дава|х, дарагда|х, эзлэ|х, яла|х
공론가 онолч
공리(公理) теоем
공립의 нийтийн
공명 ханш, дууриан
공명정대하지 못한 бурангуй
공명정대한 гоёчгүй, шудрага, шулуун, эрс, яармаг
공모 хамса, хуйвалдаан
공모(共謀)하다 хэлхээлэ|х
공모자 хуйвалдагч
공모자의 일대(一隊)(그룹, 떼, 무리, 한 무리의 사람들) буур; чсньн ~ 일당.
공무상의 자격으로 근무 хаагч; албан ~ 샐러리맨, 봉급생활자.
공무상의 алба(н)
공무원 тушаалтан, түшмэл
공무원(회사원의) 봉급 пүнлүү; таны сарын ~ хэд вэ? 당신의 한 달 봉급이 얼마입니까?
공무의 нийтийн
공문서 бичиг
공물(제물, 헌금)의 종류 мандал
공민 ирэн

공백 вакуум
공백의 цулгүй
공범 хамса
공법자 хавсаа
공보 рапорт, сонсгол, тайлан
공복의 өлөн; ~ 엘걱 배가 고파, 공복으로(는); ~ гэдэс 소장, 작은창자.
공부 судлагаа, сурлага, хөдөлмөр
공부하는 зүтгэлтэй, зүтгэмтгий, оролдлоготой, хичээлтэй
공부하다 судлагда|х, үзэ|х, цээжлэ|х; сура|х; монгол хэл ~ 몽골어를 배우다; сэлж ~ 수영을 배우다; ~аар ирэх ~을 배우려고 오다; сургуульд ~ 학교에 가다.
공사(空事) сайд; еренхий ~ 수상, 국무총리; элчин ~ 대사; дэд ~ 차관
공산당원 коммунист
공산당의 통제위원 комиссар; цэргийн ~ 병무청, 모병사무소
공산주의 коммунизм(운동, 정치체제; 생산 수단의 사회적 공유를 토대로 하고, 자본주의 사회를 유물 변증법으로 비판하며, 계급투쟁으로 프롤레타리아 혁명을 주장하는 주의)
공산주의(국)의 улаантан
공산주의자 коммунист; ~ нам 공산주의 정당
공상 сэтгэмж
공상(모험, 연애) 소설적인 романтик; ~ хүн 로맨틱한 사람; ~ э гууллэг 로맨틱한 이야기
공상적인 경향 романтизм
공석으로 두다 амсарла|х
공설의 нийтийн
공성(攻城) бүслэлт
공세 дайралт, довтлого
공세의 эзэрхэг
공손하게 이야기를(말을) 걸다 гуайла|х
공손한 авгай, ажаа, наалинхай, найланхай, эелдэг

공손히 хичээнгүйлэн
공수병(恐水病) галзуу
공순 даруулга, дуулгар
공술 протокол
공습(편대) цохилт
공시 үзмэр, цуглуулга
(~에)공시하다 санамжла|х, сонсго|х
공시하다 рекламда|х
공식 성명서 бичиг
공식의 алба(н)
공식질문 асуудал
공식화(化) томьёолол
공식화하다 томьёоло|х
공언하다 зарлах
공업(과학)기술 технологи
공연 тоглолт
(~을) 공연하다 жүжиглэ|х, цамна|х
공연한 소란 бужигнаан, дүйвээн, тэвдүү, тэвдэл
공연히 хөлтэнь ёвчоо
공영화하다 нийгэмчлэ|х
공예(학) техник
공예가 дархан, дархчуул, технологич, урчууд
공예학자 технологич
공원(工員) ажилтан, ажилчин, хөдөлмөрчин; эмэгтэй ~ 노동자, 직공; үйлдвэрийн ~ 산업 노동자, 공원; ажилчны нам 근로자의 파티; ажилчны хөдөлгөөн 근무 중, 일하는 중; ~ анги 수업중
공원(公園) парк,
공유(共有)의 нийт, нийтлэг
공이 нухуур
공인 хуульчлал
공인하다 хуульчла|х
공인한 것 батлуула|х
공인회계사 ня-бо
공일(空日)(날) ням
공작(工作) ноён, тайж
공작(孔雀) тогос; ~ын э д 공작 깃털

- 59 -

공작기계공 машинч
공작기계의 주축(主軸)(axle) иг, ээрүүл, гол
공작물(工作物) бүтээл
공작새 тогос
공작새 등이 뽐내며(점잔빼며) 걷다 тээхэлзэ|х хаахаалза|х
공작석 ногоолийн(孔雀石:단사 정계(單斜晶系)의 광물로 청록색 보석의 하나;장식물이나 안료(顔料)로 씀)
공작품(工作品) эдлэл
공작하다 бүтээ|х
공장 따위의 일시 휴업 хаагдал
공장 тасаг, үйлдвэр, фабрик
공장(큰 상점)의 전문부문 цех
공장장 мастер
공장주 үйлдвэрчин
공적 있는 사람 зүтгэлтэн
공적인 нийтийн
공적증명서 жуух бичиг
공정치 못한 бурангуй
공정하게 зөв
공정한 гоёчгүй, голч, шударга, яармаг
공제 шимтгэл
공제(액) сууттал
공제되다 сууттуула|х
공제액 шимтгэл
공제하다 суутга|х, хасагда|х, шимтгэ|х
공제하다(빼다) дара|х; үнэ ~ 가격을 낮추다; цалин ~ 급료에서 공제하다;
공주 гүнж, ноёхан
공중 전화실·광고탑·지하철도 입구 따위의 간이 건축물 мухлаг
공중곡예를 하다 дугуйлда|х
공중누각 зэрэглээ(н); ~같다 зэрэглээтэ|х
공중선 антенн, эвэр
공중의 нийтийн
공중전화 박스 киоск
공중제비(회전)하다 годройто|х, дугуйлда|х, тонгоро|х, тонорцогло|х
공중인 사무소 нотариат

공증인(서기) нотариус
공지 сийхмий, чөлөө
공진 дууриан
공짜로 зүгээр
공채 ззэл, ззэллэг, хувьцаа
공채증서 хувьцаа
공책 дэвтэр: хичээлийн ~ 연습장, 연습 문제집; өврийн ~ 공책
공칭의 нэрийтгэл
공통(부)분 огтлолцол
공통된 입장을 찾아내다 найра|х
공통의 нийт
(~와) 공통점이 있는 төсөөтэй, дууриа|х, ижилсэ|х
공판 заргалдаан
공판(재판, 심리)에 부치다(~를) туршигда|х
공판기록 рекорд
공평하게 жигд, тэнцүү
공평한 гоёчгүй, шударга, яармаг
공포 аймшиг, тунхаг, халшрал, айдас; ~ хурэх 두려워하다, 공포에 쌓여있다
공포(고통의) 절규 орь; ~ дуу тавих 신음하다, 신음소리를 내다.
공포(추위 따위로) 떨다 ходхий|х
공포(추위)로 떨다 арзасхий|х, сэрсхий|х, сэрхий|х, зарсхий|х
공포로 와들와들(후들후들) 떨다 гилбэгнэ|х
공포를 느끼게 하는(냄새) пөх, айхтар
공포의 불안해하다 зарсхий|х
공표 зар, мэдэгдэл, мэдээлэл, нийтлэл, сонсгол, тэмдэгт
공표(出版)하다. нийтлүүлэ|х
공학 техник
공학자 технологич
공허(空虛) ор(он), вакуум
공허하게 되다 хоосро|х
공허하게 만들다 хоосруула|х
공허하게 하다 сулла|х
공허하다 сулла|х
공허한 зэлүүд, сэлүүн, ханхай, хий,

- 60 -

хоосон, хөгдий, хөндийхөн, сул; ~ яриа쓸모없는 말; ~ орон тоо 공허, 빔; ~ 9 рэ 9 빈방.
공헌 сүйтгэл
공황 мэгдэл, хямрал
공황(패닉)에 빠지다 үймэ|х
공황을 일으키는 사람 түйвээгч
공황을 일으키다 бажгада|х, самгарда|х, түйвээ|х, үймэлдэ|х
공황의 сандруу
공황이 나게하다 бажгада|х, үймэлдэ|х
공회당 танхим
과(課) депатамент, хэлтэс
과(科) факультет
~과 같다 тэнгэцэ|х
과하다 баала|х, буруутга|х, даалга|х, лаахайда|х
과감히 ~해보다 зүрхлэ|х
과거(옛날) гэдрэг
과거(현재·미래로 계속되는)시간 удаа
과거를 몹시 슬퍼하다 гунихра|х
과거의 өнгөрсөн
과격론자 радикал
과골(踝骨) шагай
과녁 бай, шав
과녁에 맞(히)다 оно|х
과다 илүүч, илүүдэл; ~ ур тариа 잉여 농산물; ~ ачаа тээш 나머지 수화물.
과다하게 дэндүү
과다하다 дэндэ|х
과다한 даан, хэт, хэтэрхий
과단성 있는 гүдэсхэн, гүжирмэг
과대시하다 дэгсдүүлэ|х
과대하게 보이다 давсла|х
과대하게 дэндүү
과대하다 дэндэ|х, томт|ох
과대한 даан, пөмбөгөр, сүржин, холхгор, хэт, хэтэрхий, цондгор
과대한(평가) гүргэр
과도 илүүдэл; ~ ур тариа 잉여 농산물; ~ ачаа тээш 나머지 수화물.

과도기 шилжилт
과도하게 되다 давамгайла|х
과도하게 친(밀)한 сүйд
과도하게 илүүхэн, хэт, дэндүү; ~ олон 너무심하다; ~ үнэтэй 너무 값 비싸다.
과도하다 дэндэ|х
과도한 даан, давамгай, хэт, хэтэрхий
과도해지다 зөчи|х
과로시키다 үүртэ|х
과로한 부담을 주다 үүртэ|х
과료 торгууль
과료(科料)없이 торгуулигүй
과료에 처하다 баала|х
과류(過謬) гэндэл
과립(顆粒) мөхлөг
과묵한 дуугай, жимгэр
과민한 өөнтөгч, тумархаг
과반수 зонхи
과상(誇尙)하다 бярда|х
과세를 위한 사정(평가) говчуур
(~에) 과세하다 татварла|х
괴소편딘하다 догуурла|х
과소평가하다 догуурла|х
과수 үй олом, үй түмэн
과수원(果樹園) төгөл, цэцэрлэг; жимсний ~ 과수원; хуухдийн ~ 유치원.
과수의 병적 분비 수액(樹液) буйл
과시(誇示)하다 бярда|х
과시하는 ёсорхог
과시하다 дуни|х, жагсагч, намбагана|х, омогши|х, сээхэлзэ|х, тээхэлзэ|х, хаахаалза|х
과식으로부터 병들다 машуута|х
과식은 몸을 해치다 машууда|х
과식은 배탈나게 하다 машууда|х
과식은 복통의 원이이다. машу
과식하다 бялуура|х, пялай|х, тээрэ|х
과식하여 병이 나다 машуута|х
과실 алдаа, алдас,
과실(過失) балаг, буру, гэндэл, зэм,

уршиг, нүгэл, гэм; би ~ буруутай гэдгийг нь мэдэж байна нь мэдэж нь нь нь нь нь нь нь нь нь нь мэд нь нь нь нь нь нь буруутай мэд нь нь нь буруутан матай нь мэд нь; ~ буруутан мат мат мат нь; ~ ээм нь нь, мэд нь; ~ буян нь нь нь нь (нь нь); ~ нь нь нь нь нь; ~ нь нь нь (нь нь нь нь) нь нь, нь нь нь нь нь нь.;
과실(果實) жимст; ~ мод 과일 나무
과실(결점)이 있는 буруутай
과실(결점)이 있는 гэмт, гэмтэн
과실(꽃 따위의) 다발 хонгорцог
과실(죄를) 고백(자백)하다(실토하다, 털어놓다) наминчла|х
과실(허물)을 더미씌우다 буруутга|х
과실·야채등을 병에 담아 간수하다 лонхло|х
과실을 익게 하다 шарагда|х
과실의 인(仁) яс
과실이 없는 андахгүй, баарагтүй
과실이 있는 нүгэлтэй
과업 даалгавар, санамж, үүрэг, хичээл, зорилт; энэ хэцүү ~ байна 그것은 힘든 작업이다
과오 гэндэл
과육(果肉)을 갈다 бяцра|х
과인(寡人)의(깔보는,경멸하는,변명의 뉘앙스) мань
과일 등의 껍질을 벗기다 зуламла|х, нялтра|х, хальсла|х, ховхло|х, холтло|х
과일 жимст
과일(실과) 같은 жимсэрхүү
과일(채소·고기 의) 주스(즙, 액) шуус
과일로부터 주스를 뽑아내다(짜내다) шууслэ|х
과일을 뭉근한 불로 끓인 компот
과일을 저장 식품으로 만들다 дара|х
과일의 껍질 хэвэг
과일의 껍질을 벗기다 холтосло|х
과일의 껍질이 벗겨지다 хогжро|х, холтро|х
과일의 생존기간 хасаоваань
과일의 인(仁)(심(心) гол

과잉 илүүч, илүүдэл; ~ ур тариа 잉여 농산물; ~ ачаа тээш 나머지 수화물.
과잉의 нэмүү
과잉하게 дэндүү
과자 만드는 틀(골) цутуур
과자(캔디)제조인 боовчин
과장 ихэсгэл, өсгөлт
과장되다 соохгор
과장된 ёнтгор, нэрэлхэг, онгиргон, сүржин
과장하다 давсла|х, сартай|х, холхой|х, хөөнгөтө|х, хэтрүүлэ|х
과장한(과대한) гүргэр, пөмбөгөр, сүржин, холхгор, хэхгэр, цондгор, гувгар
과장해서 말하다 дэгсдүүлэ|х
과중한 짐을 지우다(~에게) үүртэ|х
과찬 зулгүй, зулгүйч; ~ хүн 아첨꾼, 아첨장이, 따리꾼
과찬하다 онгирго|х
과학 기술자(연구가) технологич
과학기술 техник, технологи
과학상의 실험 сорилт, туршилт
곽공충(郭公蟲) шоргоолж
관(~管) хананцар
관(~館) шилтгээн
관(공)리 алба(н); ~ байгууллага 정부의 조직, ~ бичиг 공문서, 관의 파일; ~ н мэдэгдэл 공식 발표(성명); ~ н газар 관공서; ~ н хэрэг 공무; ~ н ёсоор 공무상, 직책상; 의무, 세(稅), 세금, 조세; гаалийн ~ н татвар 관세, 통관 절차; эдгээр барaaнд ~ н татвар ноогдуулахгүй 수입관세 면제; татварыг өөрчлөх/хүчингүй болгох 조세 폐지하다; ~ гувчуур 공물, 조세
관(管) гүүс(ан), хоолой, яндан
관(鸛) өрөвтас
관(冠) титэм
관(棺)(널) авс
관(통, 튜브) 내부를 철사로 구부려 깨끗하게 하다(청소하다). сэтгэ|х

관(官)의 алба(н)
관(구멍을) 메웠다 түгжрэ|х
관(널)의 안에 넣다 авсла|х
관개(灌漑) усжуулалт
관개(관주)하다 усжуула|х
관객 үзэгч
관계 барилдлага, сүйхээ, ураг, уялдаа, хама, холбогдол, хүртээл, хэлцэл, додомдлого, зүйл, садан; ойрын ~ 최근친(인); ~ тэ рлийн холбоо 친족(혈족)관계이다; холын ~ 먼 친척의 관계이다.
관계(가맹,가입)하는 холбоотой
관계되다 хамаарха|х
관계(관련) 있는 садан; ойрын ~ 최근친(인); ~ тэ рлийн холбоо 친족(혈족)관계 이다; холын ~ 먼 친척의 관계이다.
관계(관련)없는 холбогдолгүй
관계(참여)자 оролцогч
관계가 있다 хамааруула|х
(~에) 관계가 있다 нохиото|х
(~와) 관계가 있다 нохиото|х
관계가(연락이) 있는 사람 холбогдогч
관계되는 оролцоо, оролцо|х, хамаара|х
관계를 맺다 багта|х
관계시키다 хамаарагда|х
관계없는 хамаагүй, хамаарахгүй, хүртээлгүй
관계있는 хамаатай
관계있다 холболдо|х
관계하고 있다 сонирхо|х, сонирхогдох
(~에) 관계하는 оролцоо, оролцоо
관계하다 оролцо|х, харьца|х, оролцо|х, хамаара|х, хөндө|х; ур ~ (의학) 유산 (임신 중절, 낙태)하다
관공서 газар
관광 여행 аян
관광객 жуулч(ин)
관광하다 жулчда|х

관구 дүүрэг, район, тойрог, хороолол
관념 бодол, мэдэгдэхүүн, ойлголт, санаа(н), санаачлага, сэтгэмж, төсөөлөл, шийдэл
관념론(觀念論) идеализм (인식론상의 한 입장. 우리가 인식하려는 세계는 외계 현상계가 아니라 영원불변한 관념 세계라고 하는 이론)
관념론자 идеалист
관념상의 хийсвэр
관념적이다 хийсвэрдэ|х
관념적인 хийсвэр
관념주의 идеализм
관념주의자 идеалист
관능 мэдрэхүй, мэдээ
관능성(육욕성) 교제(교섭) хурьцал
관능적인 욕구 хурьцал, тачал; хурьцал ~ 성욕, 색욕; хусэл ~ 육욕, 색욕.
관능적인 биет
관대 өршөөл, уучлал
관대하게 ихээр, тэвчээртэй
관대하게 되다 намжаах
관대한 ачтай, нигүүлсэлтэй, нигүүлсэнгүй, нинжин, өглөгч, өгөөмөр, өөдтэй, өрөвчхөн, уучтай, уяхан, цайлган, энэрэнгүй, өгөөмөр; ~ хун 기부자, 기증자자진해서 (행)하는 자
관대한자 өглөгч
관대함 хүлцэл
관대히 다루다 өршөө|х, тэвчи|х
관대히 봐주다 нэвтрүүлэ|х, өнгөрөө|х, өршөө|х, учла|х
관람석 киоск, тавиур
관련 авцалдаа, барилдлага, додомдлого, зүйл, садан, сүйхээ, ураг, уялдаа, хама, холбогдол, хүртээл, хамаарал; унших ~ (신문·잡지의) 기사, 읽을 거리; өөр ~ алга 그곳에는 그 외에(그 밖에) 아무것도 없다; гоо сайхны ~ 아름다움의 물건; би ийморхуу ~д дургуй 그것과 같은 것은 좋아하지 않는다; ~ ~ээр нь авч узээд хулээх нь

дээр충분히 고려한 끝의 모든 것들, 그것은 기다리는 것이 더 좋다; надад хийх аар саар ~бий나는 ~에 주의하여 가지다; би чамд нэг ~ нийг хэлье 당신은 무엇이든 나에게 말해야 한다.

관련되다 будли|х
관련되어 있는 хамаатай
관련되어 있다 хамаарха|х, холболдо|х
관련되지 않는 хамаарахгүй
관련시켜서 설명하다 хамаарагда|х
관련시키다 хамаарагда|х
관련이 있는 холбоот
관례 ёслол, суртал
관료적 형식주의 чирэгдэл
관리 асрамж, захиргаа(н), мутар, тушаалтан, түшмэл, хадгалалт, харгазлага, шалгалт
관리(감독)자 удирдагч
관리(경영)하다 удирда|х
관리(자) удирдалт
관리(지배)하는 командлал
관리(처리)하기 쉬운(휴대용의) авсаар
관리의 분할 аймаг
관리인 асрамжлагч, сахигч, хадгалагч, шалгагч
관리자 захирал, цагдаа
관리하다 засагла|х, ахла|х; ~ дэслэгч 육군(공군)중위; ~ турууч 육군(공군)중사; ~ багш 수석 교사; ~ тогооч 수석 요리사, 주방장
관립의 алба(н)
관모(冠毛: 볏) гөхөл
관목(灌木) сөөг, бут
관목이 자라다 бутла|х
관목의 숲(총림) бут
관문 үүд(эн)
관사 ялгай гишүүн
관상식물(觀賞植物) цэцэг
관세 гааль, говчуур
관세보호를 받지 않는(산업) хамгаалалтгүй
관세청 гайльч
관수(灌水) усжуулалт
관습 доожоо, заншил, зуршил, уламжлал, хэв, ёс(он); энэрэнгүй ~ 휴머니즘, 인도주의; шударга ~ 공명정대, 공평함; ариун ~ 신성, 청렴결백; хувирах ~ 점진적 변화; төрөх ~ 태어남의 법, 자연의 법칙; ухэх ~ 자연사, 사망의 자연현상; хууль ~ 법칙, 원칙, 정률; шажны ~ 종교 (상)의 의례, 종교적인 예법; боловсон ~ 문화의 기준(표준), мэргэжлийн ~ зуй 직업의 (도덕)윤리 (관); ~ журам 도덕 (성); ~ суртахуун 윤리성; ~ заншил 관습, 풍습; ~ дагах 관습을 따라가다; ~ дагадаг; ~ баримтлах 도덕(윤리)상의 관습을 준수하다(지키다); ~ сахих (법률,관습) 규칙을 유지하다(지키다); ~хийх 너무 의식적이다, 체면을 존중하다; ~ алдах 격식을 차리지 않는, 잘(익히) 알고 있는; ~ноос гажуу, ~ноос ангид 부도덕한(행실나쁜), 도덕관념이 없는; албан ~ны 공무상의; албан ~ны баримт бичиг 공문서; ~ төдий дэмжих 명목상의 시책; ~ төдий 형식적인, 표면적인, 형식적으로; 격식을 차려
관습(법) суртал; зан ~ 관습(법), ёс ~ 윤리학; узэл ~ 교의 교리; марксист ~ 마르크스 교리.

관습(풍습.전통.인습.관행)을 따르다 ёст
관습상의 зуршмал
(~의) 관습을 지키다 журамда|х
관습의 угшмал, уламжлалт
관심 арчилгаа, додомдлого, сонирхол, тордлого, хүү
관심(고찰)의 문제 асуудал
관심사 додомдлого
(~에) 관심을 가지다 татагда|х
관심을 갖다 додомдо|х, арчла|х;

өвчтөн ~ 간호사는 환자를 돌보다
관심을 갖다 бөөцийлө|х, тордо|х, хара|х
(~의) 관심을 끌다 сонирхуула|х
관악기의 관 хоолой
관에 넣다 авсла|х
관여(참여)하는 оролцоо
관여자 оролцогч
관여하다 оролцо|х
관영의 алба(н)
관용 буян, нигүүлсэл, энэрэл
관용表현 томьёо
관의 막는 꼭지 бөглөө, таглаа
관자놀이 санчин (귀와 눈사이의 태양혈(太陽穴)이 있는 곳.)
관장기 тариур, клизма; ~ тавих 관장제를 주다.
관장제(灌腸劑) клизма
관장하다 еренхийле|х
관재인 асрамжлагч
관저 орд(он), өргөө, тугдам
관저(고관·bishop등의) харш
관절 нугас(ан), үе
(~의) 관절을 삐게 하다 булгала|х, мөлтлө|х, заа|х
(~의) 관절을 삐다 тулгара|х булгала|х
관절이 있는 үет
관조(鶴鳥) өрөвтас
관주(灌注) усжуулалт
관찰 개관(概觀) шуумж
관찰 ажиг, анзаарга, тойм, ажиглалт; харуул ~ хийв 정찰(수색, 순찰, 패트롤, 순시)
관찰(관측)하다 ажи|х, халай|х
관찰력이 예리한 ажигч
관찰자 ажиглагч, тоймч, үзэгч
관찰하다 ажигла|х, гозон, сахи|х
(~을) 관찰하다 булхайца|х
관청 захиргаа(н)
관청 등의 부(과, 반) тасаг
관청(국) газар; удирдах ~ 정부의 부(部),원(院),청(廳),국(局),성(省), 행정기관; засгийн ~ 정부, 내각, 행정
관청식 чирэгдэл
관청의 국 товчоо, хороо
관청의 장 захирал
관측자 ажиглагч, тоймч, үзэгч
관측하다 ажигла|х, сахи|х
관통 шивээс
관통하다 булэ|х, өрөмдө|х, сийчи|х, сүлбэ|х, цооло|х, цорги|х, нэвтрэ|х; архинд ~ 곤드레만드레 취하여; хэл ~ 다른 하나의 언어로 이해한다; ~ бичиг 허락(허가,승인)하다; дээл минь бороонд нэвтрэв 나의 외투가 흠뻑 젖다.
(~에) 관하여 (서로) 이야기하다 зөвлөлдө|х, хэлцэ|х, яригда|х
(~에) 관하여 말로 하는 хэлэгдэгч
(~에) 관하여 말로 하다 хэлэгдэ|х
(~에) 관하여 의심할 바 없이(확실히) яалт ч үгүй
관하여 이야기를(평판을) 하다 гэ|х
(~에) 관하여 처량하게 말하다 ховло|х
(~에) 관하여 өмнөөс, тухай
(~에) 관하여(서로)이야기하다 марга|х, хэлэлцэ|х
관할구역(권)아래 두다 захира|х
관할구역 харьяалал
관할구역아래 두다 харьяала|х
관할구역아래 있다 харьяалагда|х
관할권 아래 있다 харьяалагда|х
관할권 있는 мэдэлтэй
관할권 харьяалал
관할권(관할구역) 아래 дэргэдэх; Засгийн газрын ~ 정부아래
관할권아래 두다 харьяала|х
관해 가볍게 언급하다(~에) хөндө|х
관해서 말하다(~에) хэлүүлэ|х
관해서는(~에) бол, болбол, тухай
관행 ёс(он), хэв, зуршил, заншил; энэ нь ~ болжээ 그것은 관행으로 되어지다; муу ~ 나쁜 습관(버릇).

관허 зөвшөөрөл
광 пунз
~광(狂) ин(г), хорхойтон, шохоорхогч, галзуу; ~ өвчин 광견병, 공수병; хулгайн ~(병적인)도벽, 절도광
광(壙) овоохой, пин (곡물·건초 따위를 두는 곳, 미국에서는 축사 겸용)
(~의) 광(狂)이다 хорхойто|х
광갱(鑛坑) уурхай
광견병 галзуу; ~ нохой (개가) 광견병에 걸린, 미친개;
광경 үзвэр
광고 реклам
광고(쪽지) зарлал; сонинд ~ гаргах 신문에 광고를 게시하다(내다)
광고전단 зарлал, плакат
광고하다 рекламда|х
광기(狂氣) солио, солиорол
광기의 солиотой, хийтэй
광대 алиалагч
광대(거대)한 хязгаарлашгүй
광대(거대, 방대, 막대)하다 цэлий|х
광대무변의 барагхуй, хэмжээгүй
광대뼺 гэрээ хацар, шанаа(н)
광대하다 өргөдө|х
광대한 агуу, даа, далбагар, дардан, дэлбэгэр, жавхлант, их, нижгэр, нэлгэр, өргөн, талбиу, том, туйлгүй, удам, ханагар, хирлэшгүй, хэмжээгүй, хэмжээлшгүй, хязгаартүй, цэлгэр, лут; ~ барилга 거대한 빌딩; ~орлого 거대한 수입; ~ амьтан 큰 동물; ~ эр 용감한 사람; ~ уулс 웅대한 산; ~ бөх견고한 ~ хучтэй хун 크고 힘센 사람; тэр ~ том байшинд суудаг 그들은 아주 큰 집에서 산다; ~ тал 거대한 땅(물, 육지); ~ мө рө н 폭 넓은 강.
광대해 지다 дэлбий|х
광란의 солиорсон
광맥(鑛脈) судал, хоргол|ж(ин)
광명(光明)(광휘.빛남) гэгээн, зэрчих
광물 малтагдахуун, малтац, эрдэс; ~ судал 광물학.
광물을 발굴하다 малта|х
광물을 채굴하다(발굴하다) малта|х; нух ~ 구멍을 파다; худаг ~ 잘 파다; нуурс ~ 석탄을 채굴하다; төмс ~ 감자를 캐다; малтаж гаргах (땅속에서) 발굴하다, 파내다; малтаж олох 파내려가다, 발견 하다, 찾아내다; цас ~ 눈을 쌓아올리다; хоры нь ~ (감정을) 일으키다, 일으키게 하다
광물을 함유하는 малтмал
광물의 채취(採取) олбор, олдвор
광물의 малтмал ашигт ~ 광천수, 탄산수, 청량음료; нуурс төмрийн худэр хоёр бол ашигт ~ мөн 석탄과 철은 광물이다; ашигт ~ын ордууд 광물 매장량
광범위하게 미치는 дэлгэрэнгүй
광범위하게 сарвайлга|х
광범위하다 томт|ох
광범위한 багтаамжтай, бараантай, будуун, нэлхгэр, томхон, ханхар
광범위해 지다 дэлбий|х
광부 уурхайчин
광산 уурхай
광산 등의 배수구 гоожуур
광산업자 уурхайчин
광산의 게터(전구·진공관 안의 잔류 가스를 흡수시키는 물질) малтагч
광산의 олборлолт
광상(鑛床) орд, оршдос, уурхай
광석(鑛石) хүдэр, малтац
광석(석유·천연 가스 등의) 매장물 орд, оршдос
광석을(토사를) 파내다 уха|х
광선(光線) гялбаа, сацраг, цацраг, туяа; нарны ~ 태양의 광선; рентген ~ X레이, X 광선; хэт ягаан ~ 자외선; лазерийн ~ 레이저 빔(광선); туйлын ~ 북극광
광선(방사상)으로 퍼지는 садархай; ~

гэрэл광선의 연필
광선(방사선)을 비춤(쐬다)(~에) гялбаа
광선(햇빛) гэрэлтэй
광속(光束) гялбаа, зерчих, сацраг, туяа
광신자(狂信者) шохоорхогч
광신적인 귀의자 дагалдагч, сүсэгтэн
광야 бамбалзуур, тэгшхэн, тал; ~ нутаг 편평한 시골(지방); цагаан ~ 광활한 평원;~ газар 대초원지대
광양자(光量子) фотон
광을 내다(~에) дололго|х, маажинда|х
광자(光子)(빛의 에너지) фотон
광장 талбай
광점(光點) од(он)
광주리 сарс(ан), сэвэг
광차(鑛車) тэргэнцэр, трамвай
광채나는 саруул
광채나다 тоддо|х
광천 худаг, рашаан (鑛泉: 광물성·방사성 물질이 많이 들어 있는 샘; 염류천(塩類泉)·산성천(酸性泉)·유황천(硫黃泉)·방사성천(放射性泉) 등으로 구분되며, 약용(薬用) 음료·목욕 치료 등에 이용됨) халуун ~ 간헐천; хүйтэй/сэрүүн ~ 차가운/시원한 샘(샘물); ~ хур 이슬비, 보슬비, 가랑비; ~нд орох 광천수에 반신욕하다; сувилал/ эмнэлэг 새너토리엄,(병 회복기 및 결핵 환자의)요양소, 수치료법(水治療法); ~ эмчилгээ 수(水)치료법 (온천이나 약수터에서의).
광택 있게 하다 гөлгөнө|х, гөлөлзө|х
광택 있는 гилгэр, толийлго|х, торгомсог
광택 있다 гилий|х
광택 гялтгана, өнгөлгөө
광택면(니스칠, 천연의) доллого
광택을 지운 дүлий
광택이 없는 дүлий
광택있다 өнгөлөгдө|х
광택제 зүлгүүр, өнгөлгөөчин, өнгөлөгч, паалан; ~тай сав 양재기, 법랑철기; шүдний ~ 에나멜(유약)칠한 이; ~

гуйлгэх ~에 에나멜(유약)을 입히다, 에나멜로 광택을 내다
광택제(劑)(매니큐어용 따위) сиян
광포(성) галзуу
광포하다 догшдо|х
광포한 агсан, галзуу, уургай
광포해지다 галзуура|х
광학(光學) гэрэллэг
광학적 제(諸)특성 гэрэллэг
광합성 фотосинтез (光合成: 녹색 식물의 엽록체가 빛 에너지를 이용하여 공기 중에서 빨아들인 이산화탄소와 뿌리에서 흡수한 수분으로 탄수화물을 생성하는 작용)
광활한 스텝 지대 гадаа; хөдөө ~ 스텝 지대의 밖으로; хээр ~ 광활한 스텝지대;
광활한 초원(스텝)지대 속으로 떠나다 (휴식을 가지다) хөдөөлө|х
광활한 цагаан
광휘 гялтгана, зерчих
괘력(掛曆) календарь
괘선을 긋는 사람(기구) шугам
괘종(掛鍾) сэрүүлэг
괜찮아! яамай
팽이 ёотуу, муур
팽이로 파다(갈다,제초하다) зээтүүдэ|х
팽이를 쓰다 зээтүүдэ|х
팽이형(形)의 제초기 зээтүү
괴경상(塊莖狀) 뿌리 мандариваа
괴깔 унгарил
괴깔(보풀)의 буржгар, өрөвгөр, сэмбэгэр, хөвсгөр
괴깔(보풀)이 되다 сэвсий|х
괴깔(보풀)이 인 буржгар, өрөвгөр, сэвсгэр, сэмбэгэр, хөвсгөр
괴깔(보풀)이 일게 되다 сэвсий|х
괴깔(보풀)이 일게 하다 сэвсийлгэ|х, сэгсийлгэ|х, хөвсийлгө|х
괴깔(보풀)이 일다 хөвсий|х
괴깔(보풀. 솜털)이 되풀이하여 움직이다 хөвсөлзө|х
괴로운 гашуун, зовьр, огцом, эмзэг,

эхүүн, бэрх; ~цаг 괴로운 시간; ~ийг амсах 고난(고초)을 경험(체험)하다; ажилд ~ 숙련된 일; хунд ~ 곤란한, 어려운.

괴로운 듯한 зоворь

괴로운 일 гашуун; ~ нулимс 괴로움의 눈물; ~ зовлон 깊은 슬픔; ~ үг 빈정거리는(비꼬는) 말; ~ ус 술 마시다

괴로운(쓰라린) 경험 залхал

괴로움 булуу(н), зовуурь, нажид, өвдөлт, түвэгшээл, тээр, уйл лай, лай зовлон, улиг, зовлон(г), зовнил; сэтгэлийн ~ 슬픔; гаслан ~ 괴로움; ~ зудуур 고뇌, 비애; ~ эдлэх 괴로워하다

괴로움(고뇌)에 괴로워하다 зовуурила|х

괴로움(고통)으로부터 눈물흘림 улдцан

괴로움이 가득한 зовинги

괴로워하다 баала|х, нэрвэгдэ|х, тарчла|х, тээршаа|х, шанала|х, бугла|х, горой|х, зовни|х, зово|х; нойр хурэхгүй ~ 불면증으로 괴로워하다; шуд өвдөж ~ 이가 아프다; санаа ~ 걱정(근심)하다; би тууний ирээдуйн төлөө санаа зовж байна 나는 그의 운에 관하여 걱정한다

(~에(늘)) 괴로워하다 хэнхэглэ|х

괴롭게 하다 гашууда|х

괴롭혔다 тамлагда|х 고문했다 тамлагда|х

괴롭히는 зовлонтой

괴롭히다 баала|х, боолчло|х, бөндөгнө|х, бугла|х, гансруула|х, гиюурэ|х, гоочло|х, давта|х, дарлагда|х, донсолго|х, жон жон хийх, зовоох, махчла|х, нанши|х, нэрмээсэлэ|х, талхи|х, талхигда|х, тамла|х, түвэглэ|х, үймрүүлэ|х, улигла|х, унтууца|х, хавчи|х, хорсо|х, хүндрүүлэ|х, хурцатга|х, цухалда|х, шимшрэ|х, ээрэ|х, янших, зово|х; нойр хурэхгүй ~ 불면증으로 괴로워하다; шуд өвдөж ~ 이가 아프다; санаа ~ 걱정(근심)하다; би тууний ирээдуйн төлөө санаа зовж байна 나는 그의 운에 관하여 걱정한다; доромжлон ~ 욕보이다, 창피를 주다, 굴욕을 주다, 굴복시키다; э вчин ~ 병이 재발하다..

(~을) 괴롭히다 залхаа|х, хоргоо|х

괴뢰(傀儡) кукла

괴물 мангад, магас

괴사(壞死) үхжил

괴상한 гажууд, тэрсүүд, хачин

괴상한 사람 гайхал

괴상함 маяг

괴어 있는 зогсонги, тогтонги

괴이쩍은 сэжигтэй

괴저(壞疽) үхжил

괴짜 гайхал

괴짜인 гажууд, гайхал

괴팍스러운 сэжигч, тамшаа

괴팍스럽다 тамшаала|х, цамаарха|х

괴팍한 사람 гайхал

굉장하게 бултаараа, буур, гүйцэд, дагуудаа

굉장한 аугаа, ашгуй, гайхалтай, гайхам, гоо, зүгээр, тольтой, шижгэр

굉장히 бишгуй, бузар, гойд

교감(交感) зөвшилдөөн

교과서(敎科書) судар

교관 багш, зааварлагч, сургагч

교대 ээлж

교대시간 жасаа(н)

교대시간이다 жасаала|х

교대조(組) жасаа(н), жасаала|х

교대하다 эргэлдэ|х, эргэ|х

(~와) 교대하다 солигдо|х

교대하다(시키다) эргэ|х

교대했다 тушаагда|х

교도관 харгалзагч

교도소 гяндан, мүглэн, шорон

교도자 санаачлагч

교란하다 үймүүлэ|х
교량 тэвх
교련 сургалт
교리 догма, номлол, сургаал, суртал
교목(喬木) мод(он)
교묘 авхаалж, барил дадал, дадлага, дүй, цэц
교묘하게 ур(ан). чадамгай, уран
교묘하게 임시변통하다 хоохойло|х
교묘하다 урла|х .
교묘한 방법으로(결과를) 이끌어 내다. маневрла|х
교묘한 ад, аргатай, бэрх, дадамгай, дүйтэй, дэмтэй, жавшимтгай, зайтай, идтэй, оворхог, олхиотой, ур(ан), уртай, хавтай, чадамгай, уран, чадварлаг; ~ солшьс(기교) барил
교묘함 зай
교묘히 속이다(둘러대다) зайлсхий|х
교묘히 손에 넣다 судла|х, ханцуйла|х
교묘히 잘 빠지는 баригдашгүй
교미기 нийлүүлэг, ороо
(~와) 교미하다 бухда|х, явалда|х
교반기(攪拌機) ухуулагч, хутгуур
교배(기) нийлүүлэг
교배시키게 되다 эрлийзжүлэ|х
교배시키다 эрлийзжи|х
교부 соёрхол
교부금 татаас, тэтгэмж
교부자 гаталгагч
교부하다 олго|х, хүлээлгэ|х
교사 заавраглагч, сургагч, турхиралт, тухирлага, багш; тэр янз нь сайн ~ юм 그는 외관상으로는 좋은 선생이다
교사자 тухирагч
교살하다 багалзуурда|х, боо|х, боомило|х
교상체(膠狀體) коллоид
교선(交線) огтлолцол
교섭 гэрээ, хэлэлцээ(н)
교섭하여 결정하다 хэлэлцэ|х
교성곡 магтуу (交聲曲: 독창·합창에 기악 반주가 있는 일관된 내용의 서정적 성악곡) 찬송, 찬미.
교수 заалт, номлол, санамж, сургалт
교수(교육.훈육)하다 заа|х
교수대 모양의 것 дүүжлүүр
교수대 дүүжлүүр; дуужилх ухэх 목매어 죽다; дуужлэн алэх 목매달아 죽이다
교수자 багш
교수하다 багшла|х, заавраала|х, номло|х, сургамжла|х, сэнхрүүлэ|х
교수형 집행인 яргачин
교시(敎示) матаас, мэдээ(н), чимээ
교양(수양.인품) боловсрол гэгээрэл, дэг
교양 없는 будуулэг
교양 없음이 드러난 бичигтүй
교양 있는 боловсон, боловсролтой, боловсронгүй, сэхээтэн, соёлч, гэгээ-рэ|х; гэгээрсэн хүн 세련된(점잖은) 사람, 교양 있는 사람; ~ зантай 교양 있는
교양 있는 사람 гүүш
교양의 соёлын
교양이 높아졌다 соёлжи|х
교양이 높은 соёлт; э ндэ р ~ой хүн 아주 개화된(교양이 높은) 사람
교양이 없는 бичигтүй, танхай
교역 арилжаа, маймаа, худалдаа(н), найма; арилжаа ~ 매매(장사) 하다; ~ хийх 교역(거래)하다; тэр савхины ~ хийдэг 가죽제품을 장사하다
교역품 солилцоо, солио, арилжаа; хэ вэ нгийн ~ сом(면화)교역 чэ лэ э т ~/худалдаа/наймаа 자유무역 бид дэлхийн бараг бүх оронтой/улстай ~ найма хийдэг 우리는 세계 각국의 대부분 나라들과 교역을 한다; ~ны эргэлт 경기 순환; ~ наймаа바터, 물물교환, 교역, 무역; санал ~ 의견교환
교역하다 арилжи|х, борлуула|х,

маймаала|х, солилцо|х, сэлгэ|х, тулга|х, худалдаала|х; ноосоо цайб тамхиар ~ 양모와 차 그리고 담배를 교역하다; амиа ~ 각자 서로(를) 죽이다; мэ нгэ ~ 환전하다.

(~을) 교역하다 битуулэ|х

교외 орон, түүрэг, хөдөө(н)

교외의 집이나 가로수가 늘어선 길 бянт, төгөл

교우관계 нөхөрлөл, барилдлага; ах дуугийн ~ 형제 같은(다운) 관계; махчусны ~ 혈연관계

교유(攪乳) 장치(봉) булуур

교육 гэгээрэл, заалт, номлол, санамж, сургалт, хүмүүжил, эрдэм, боловсрол; соёл боловсрол 문화와 교육; сургуулийн ~ 학교교육; бидээд ~гүй 나는 결코 대학교육을 받지못했다; оюуны/ ёс суртахууны ~ 덕육, 지적이며/ 윤리도덕 에 관한 교육; мэргэжлийн ~ 전문적인 교육; дунд ~ 중등교육 (중등학교)의 교육; бага ~ 초등의 교육; өрөнхий ~ 일반 교육; ~ын яам 교육과학부; сайн ~ зззмших/олх авах 좋은 교육을 받았다.

교육 전문가 хүмүүжүүлэгч

교육(교수.훈련)하다 семинарла|х, сурга|х, дасгалжуула|х, багшла|х, заавар-ла|х, номло|х, сургамжла|х, сэнхрүүлэ|х, хүмүүжи|х, хүмүүжүүлэ|х

교육받은 боловсролтой, сэхээтэн

교육받은 사람 гүүш

교육받지 못한(무학의) асман; ~хун 무식한 사람, 무지한 사람; ~лам 무학의 라마승(僧)

교육석사학위소유자 кандидат

교육을 받지 못한 бичигтүй

교의 догма, номлол, суртал, сургаал

교장 комендант, ловон, эрхлэгч, дарга; өртөөний ~ (철도의) 역장; штабын ~ 참모장, 직원의 의장; цэргийн ~ 장교; нарийн бичгийн ~ 사무관, 비서관, 서기관.

교전 중이다 байлда|х, дайла|х

교전상태(주로 국가 사이의) дайн

교점(交點) огтлолцол

교접기(交接器) бэлэг

교접하다 чиэмэл

교정(校正) залруулга, тойм

교정(矯正) засвар

교정(정정)하다 болго|х, засварла|х, зала|х, залруула|х, засамжла|х, зөвдө|х, шулуутта|х

교정(선도)할 수 없는 засрашгүй

교정보다 мадагла|х, радакторла|х

교정쇄를 읽다(~의) мадагла|х

교정원 корректор

교정할 수 없을 만큼 эдгэршгүй

교제 конгресс, нийгэм, нөхөрлөл, харилцаан

교제를 싫어하는 зожиг, хажиг

교제를 싫어하다 хажигла|х

교제하다 хутга|х

교조 догма, суртал

교조(敎條)주의 догматизм

교지(敎旨) заалт, номлол

교직자 хүмүүжүүлэгч

교질(膠質) коллоид

교질화하다 царца|х

교차(점) билчир, огтлолцол, зөрөг, олом, солби, солбицол, уулзар, гарам, зөрлөг, бэлчир; лолын ~ 강의 합류 지점; замын ~ 도로의 교차점; замын ~ 십자로, 건널목.

교차도로 зөрөг, бэлчир

교차된 солбио

교차로 신호 хэрээс

교차로(열십자로) 기호 хэрээс

교차시키다 солби|х

교차하는 것 хөндлөн

교차하다(~와) солбицо|х, солби|х, зөрүүлэ|х; илд ~~와 칼을 맞부딪치다, ~와 싸우다; ~와 논쟁을 벌이다.

교차하여 놓다(~을) салаавчла|х
교착상태 жид
교착시키다 наа|х, цавууда|х
교체 арилжаа, рельеф, солбилт, солилцоо, сэлгэлэг, сэлээ, ээлж, солио; ~наймаа 바터, 물물교환, 교역, 무역
교체(교대)하다 арилжаала|х, арилжигда|х, сэлэ|х
(~을) 교체(교대)하다 битуулэ|х
교체(교대.대체)하다(시키다) ээлжлэ|х, солилцо|х
교태를 부리는 сээтэгнүүр, сээтэн
교태를 부리는 과도하게(심하게) 가까운 саамгар
교태를 부리다 сэртвэлзэ|х, сэртэндэ|х
교태를 짓다(꼬리치다) жаравгана|х, аалигуйтэ|х
교통(수송)기관 хөсөг
교통을 방해(차단)하다 хаа|х, бөглө|х, таглара|х
교통을 방해했다 түгжигдэ|х
교통을 차단하다 карантийла|х, харилца|х
교통의 마비 상태(정체) гараг
교통의 불통 тасалдал, тасрал
교통이 불통이 된다 хийдэ|х
교통차단 карантин; ~ы цэг 검역소
교향곡 симфонии
교호 ээлж
교화 бодь.
교환 арилжаа. солигдол. солилцоо. солио. сэлгэлэг. сэлгэц. сэлээ, ээлж
교환(교역)하다 арилжаала|х, арилжигда|х, арилжи|х, сэлгэ|х, тулга|х
교환(변환)하다 тэнсэ|х
교환되다 соли|х
(~을) 교환하다 арилжи|х, битуулэ|х, солилцо|х
교활 зай, ов жив, заль; цог ~ 열중, 열의, 열심; ~ гаргах 간지 의지(의뢰); ~т эттээд 교활한 사람; ~тай 교활한, 간악한; 교활한

교활하다 овжинто|х
교활한 авхаалжтай, ад, аргатай, жавшимтгай, зайтай, залирхаг, зальхай, могойрхуу, мэхт, нохойрхуу, овжин, оворхог, овт, олхиотой
교활한 놈 жавшаанч
교회 дацан(г), сүм
교회(종파의) 분립 хагарал
교회당(예배당) дацан(г), сүм
교회의 헌금(헌납) өргөл, тавилга, тайлга, тахил, барьц; өргөл ~ 공물, 제물, 선물
교회의 사찰집사 дуганч
교회의 의식 ёслол
교회의 회중(會衆) бөөгнөрөл
교훈 сургаал
교훈(교육)적인 сургамжтай
교훈이 되는 сургамжтай
구(9)배의(로) есентээ
구(9)분의 1의 есдүгээр
구(9)의 숫자(기호)(9, ix, IX) ес(ен)
구(9. 아홉) ес(ен); өсөн зуу 900, 구백; өсөн настсн 아홉 살, 9세; ~ ний нэг 1/9, 9분의 1;
구(球)(구형,구면) бөмбөрцөг, бөмбөг-(өн), дүгрэг, дугуй; гар ~ 배구; сагсан ~ 야구; хөл ~ 축구; одон ~ 탁구; атомын ~ 원자 폭탄; бөмбөгөн цахилгаан электр, дэлхийн ~ 지구; ~ хэлбэртэй 구의, 구면의; бөмбөрцгийн зуун хагас (지구.천체의) 반구의 동쪽; бөмбөрцгийн баруун хагас (지구.천체) 반구의 서쪽.

구(灸) төөнүүр
구(球)의 бөмбөгөр, бөндгөр, бөөрөнхий
구강질병으로 괴로움을 당하다 домто|х
구강질병을 앓다 домто|х
구개(口蓋: 입천장) тагнай
구걸(求乞) гуйлга, бадар; ~ барих 증여(기부)하기를 구걸하다

구걸(비럭질)하다 гуйланчла|х
구걸하는 гуймтгай, гуймхай
구겨지다 базла|х, үнгэгдэ|х
구겨진 атираатай, дөрсгөр
구경(球莖) болцуу
구경(口徑) хэмжигч, калибр; ~буу 소구경 소(권)총.
구경 айлчлал; төрийн ~ 공식 방문; ~д бэлтгэх 방문을 채비하다(준비하다)
구경거리 тоглолт, үзвэр
구경꾼 үзэгч
구경하다(~을) булхайца|х
구근(球根) болцуу; ~т ургамал 구근식물, 양파류.
구근(상)의 монтгор
구근에서 성장하는 монтгор
구근에서 성장하다 монтой|х
구근의 мондгор
구금 гинж(ин), туша
구기 уттуур, хуттуур, шанага(н)
구기다 база|х, дөрсий|х, үнгэ|х, үрчий|х
구김(살) атираа, үрчлээ
구김살 дөрсгөр, хунираа
구난(救難) 작업 сүйдэл
구내 хашлага
구눌(口訥)하다 дүгдрэ|х
구더기 авгалдай, өт, хорхой
구더기가 생기다 өтө|х
구덩이 хонхор, цоорхой
구두 гутал
구두 шаахай
구두.부츠를 새로운 구두의 창(가죽). уллага
구두 만드는(고치는) 사람 гуталчин
구두 비난 гүптэлэг, гүжир
구두 짓는 사람 гуталчин
구두(각반·코르셋)의 끈 үдээс, сэгэлдрэг, саа; алтан ~ 금 몰, 골드 레이스.
구두(口述) 시험 коллоквиум
구두개(口頭蓋: 입천장) тагнай
구두쇠 харамч

구두의 창(가죽) таваг, тавхай, ул
구두장이 гуталчин
구두점을 찍다 цэглэ|х
구두창을 대다(갈다) улла|х
구렁 төхөм, хонхор
구렁말 зээрдэгч, хээр
구레나룻 сахал самбай
구령 айлдвар, команд, лүндэн(г), тушаал
구류 баривчлага
구르기 хуйлаас
구르다 өнхрө|х
구름 үүл(эн); сэжин ~ 양털 같은 구름; ~бурхэх 구름으로 덮다.
구름 낀(같은) дүнс(эн); өнөөдөр ~ өдөр байна 오늘은 날씨가 흐리다; ~ царай음울한(울적한) 표현.
구름(안개 등을) 흩어 없어지게 하다 завхра|х; уул ~ 구름이 흩어 없어지다;
구름이(안개가) 걷히다(없어지다) завхра|х. дулиара|х
구름같은 булингартай
구름다리 гүүрэг
구름에 덮이어 지다 манара|х
구름에 덮인 үүлтэй
구름으로 덮어지기시작하다 үүлши|х
구름의(같은) бурхэг
구름이 낀 булингартай, үүлтэй, үүлэрхэг
구름이 떼지어 모여들게하다 бужикнуула|х
구름이 소용돌이치게 하다 бужикнуула|х
구름이 소용돌이치며 솟아오르다 бужикнуула|х; тоос ~ 먼지를 피우다, 소동을 일으키다.
구름이(안개가) 걷히게 되다 тодсо|х
구릉 бэл, өндөрлөг, ухаа, толгод(보통 초목이 있는 험하지 않은 산으로, 영국에서는 2000ft. 이하의 것)
구리 зэс
구리 그릇 гөнжөө

구리 들통(버킷) гөнжөө
구리 주전자(주둥이가 넓은) домбо(н); ~н ёотон 주전자 모양의 설탕 덩어리
구리도금을 하다(~эн) зэслэ|х
구리로 싸다 зэслэ|х
(~эн) 구리를 씌우다 зэслэ|х
구린내 үнэртэй
구매자 үйлчлүүлэгч
구멍(홈) амтай, ам(ак), говил, онгорхой, хонхор, хонхорхой, хөгдий; хоёр ~ буу 쌍열박이 총, 총열이 두 개 있는 총
구멍(게르의 지붕과 벽사이 펠트(모전)의 폭이 좁게 열린 구멍) заваг
구멍 메우개 таглаа
구멍 투성이인 сархиаг
구멍(굴)을 파다(뚫다)(~эн) малтмал, уха|х, хөндийлө|х
구멍(터널)을 뚫다 өрөмдө|х, өрөмдмөл. ~ худаг 우물을 파다
구멍에 빠져(밑 빠진) гоожинхой
구멍으로 기어들어가다(쳐 넣다). нүхтэ|х
구멍을 내다 цоолборло|х, шивэ|х
(~эн) 구멍을 내다(뚫다) булэ|х, цорги|х, цуула|х, сийчи|х
구멍을 뚫는 사람(물건) өрөм, өрөмдөгч
구멍을 뚫다(~эн) булэ|х, нэвтлэ|х, цорги|х, өрөмдө|х, цөмлө|х, шивэ|х,
구멍을 뚫다(내다)(~эн) цооло|х, нүхлэ|х
구멍을 뚫음 өрөмдөгч, өрөмдмөл. ~ худаг 우물을 파다
구멍을 만들다 нүхлэ|х
구멍을 틀어막다 тагжи|х, бөглө|х; нух ~ 구멍을 막다
구멍을 파다(~эн) цөмлө|х
구멍을 후비어 파다(헤집다) самарда|х
구멍이 나도록 닳아빠져서 гоожинхой; ~ хоолны сав (자루·뚜껑이 달린) 스튜냄비 구멍에 빠졌다.
구멍이 있는 сархиаг
구멍투성이 되다 сархиата|х
구면(원뿔)의 대(帶) буслуур
구면의 бөмбөгөр, бөндгөр, бөөрөнхий
구면이 편장(扁長)으로 되다 гонзой|х
구면이 편장(扁長)의 гонзгой, гонзгор, гулдгар
구명(究明)하다 ёроолдо|х
구문(口吻) уруул
구물구물 움직이다 гүвгөнө|х, гүрвэлзэ|х
구미(鳩尾) аюлхай
구변이 좋은 яттагч
구별(분별.식별.차별)하다 онцло|х, ялгагда|х, ялгаварла|х
구별(차별)하는 заагтай
구별이 생기다 ялгагда|х
구별짓는 заагтай
구별짓다 заагла|х, ялгаварла|х
구별하고 사절하다(~ыг) жаазла|х
구별하는 ялгагдахуйц
구별하다 заагла|х, хязгаарлагда|х, ялга|х
구별하다(~ыг) зүйллэ|х, төрөлжүүлэ|х
구별했다 ялгаварлагда|х
구보하게 하다 жонжи|х
구보하다 хатира|х
구부러져서 монхгор
구부러지게 하다 махийлга|х, хотой|х
구부러지다(휘다) атийх, гажууда|х, гилжий|х, гулжгана|х, гулзай|х, дохийло|х, дүлий|х, матий|х, муруй|х, нахий|х, нугалра|х, нугдай|х, гажуудуула|х, гажи|х; зам ~ 도로로부터 벗어나다; тархи ~ 뇌진탕이 걸리다;
구부러지지(굽지) 않는 дийлэгдэшгүй, мятрашгүй, мохошгүй; ~ зоригт 두려움을 모르는, 대담무쌍한.
구부러진 галжир, гулзгай, гэдгэр, дохигор, махигар, махир, мухир, нахигар, нөрүү, нугдгар, тахир, хариу, гудгар, маттар, матигар, матмал; ~ сандал 굽은 나무로 만든 의자; ~

сэлэм 곡선모양의 (사브르)기병도(刀)
구부려도 부러지지 않는 бэхжи|х, гүжир
구부려지다 мээтий|х, дохий|х,
구부리기 쉬운 гулжгар, тур, туягар, уян, гулбигар; ~төмөр 구부리기 쉬운 철.
구부리기 쉽다 тахилза|х
구부리는 нугдгар
구부리다 атируулла|х, бөгтий|х, бөхий|х, дөрсий|х, махийлга|х, мэхийсхий|х, навтай|х, нугала|х, нугалхийла|х, нуга-ра|х, нуша татах, сэнсрэ|х, тахий|х, тахийлга|х, тахирла|х, тонгойлго|х, хумира|х
구부정히 하고 서다 нугдай|х, түгдий|х, хүгдий|х
구부정히 하고 서다(걷다) бөгцгөнө|х, тахий|х
구분 ташаалавч, ялгавар, ялгалт, хамар; ~ хийх 분할(분배)하다, 칸막이 하다
구분하는 заагтай
구분하다 булэглэ|х, төрөлжуулэ|х
구분하다(~을) зүйллэ|х, ташаала|х
구불거리다 бурзай|х
구불구불한 хорхой
구빈법의 적용을 받는 극빈자 ядуус
구상 бодлого, концепции, шийдэл
구상(球狀)(원통형.반원형.호상(弧狀))의 бөндгөр, бөмбөгөр, монтгор, бөөрөнхий, дугарикдуу
구상을 짜는 사람 хуйвалдагч
구상하다 төлөвшүүлэ|х
구석 булан(г), өнцөг
구성 байгуулал, байгуулалт, байгууллага, барилга, замбараа, материал, тогтоц, хөдөлгүүр, хэлбэршил, эмх
구성(구조.조직) бурэлдэхуун; ~ хэсэг 구성하는, 만들어내는; төлөөлөгчдийн ~д орох 대표단(파견 위원단)의 멤버 (구성원)

구성요소(부분) бурэлдэхуун, зай
구성(조성)하다 бурдуулэ|х
구성(조직)을 만들다(~의) гуула|х,) жаазла|х; зураг ~ 그림의 틀을 만들다
구성(편성) 단위 нэгж; мөнгөний~ 통화 (화폐)의 단위
구성물 найрлага, тогтоц
구성하다 хэлбэрши|х
구세 аврал
구세주 ангижруулагч
구속 гав, гинж(ин), хазар, чөдөр
구속하다(하나님.그리스도가) авра|х, би ганцаараа чамайг ~ ёстой болжээ 당신이 혼자인 것을 구원해야 한다; амь ~ ~의 구속하다; ~ бус 생명띠; усанд живээхээс ~ 혼란으로부터 구하다.
구속(물) туша, хүлээс
구속(속박)하다 дэвтэрлэ|х
구속(속박, 제어)의 원인이 되다 (일으키다) хазааруула|х
구속(억제)된다 хазаарлагда|х
구속(제어)하는 것 хазар
구속이 없는 хавааргуй
구속하다 гинжлэ|х, дара|х, хазаарла|х, хүчирхийлэ|х
구순(口脣) урул; дээд ~ 위쪽의 입술; доод ~ 아래쪽의 입술.
구술(灸術) төөнүүр
구슬 сувс, үлбэн
구식(고풍)이다 хуучда|х
구식의 хижээл, хоцрогдонгуй
구실 арга саам, далим, молиго, нэрийдэл, ов, функц, цаарга, шалтаг, шалтгаан
(~을) 구실로 만나다 цааргала|х
(~의) 구실을 만들다 арга саам хийх
(~할) 구실을 만들다 шалтагла|х
구실을 찾다(~할) арга саам хийх, шалтагла|х
구실을 찾아내다(~의) цааргала|х
구십(90)개 ер(эн)

구십(90)배 ерээд
구십(90)배의 ерээд
구십(90)번째 ерэнтээ
구십(90. 아흔) ер(эн); есөн арав ~ 9 × 10 = 90.
구십춘광(九十春光)(봄) хавар
구역 район, талбар, хэмжээт, дүүрэг; сонгуулийн ~ сонгуулийн тойрог, сонгуулийн дүүрэг.
구역질나는 жигшмээр, жигшүүртэй, заваан, зэвүүн, нигшүүрэлтэй
구역질나다 оги|х
구역질이 나다 жихүүцэ|х
구역질하다 бөөлжи|х, гулги|х
구연(枸櫞) нимбэг
구운 хайрмал
구워 굳히다 жигнэмэл
구워 만듦 шаталт
구워 말리다 жигнэмэл
구워삶다 аргада|х
구워서 만든 과자(류) боов
구원(죄로부터의) аврал
구원자 авгарч
구유 모양의 그릇(용기) тэвш
구유 онгоц
구음(口吟)하다 дүгдрэ|х
구이용 꼬치에 꿰다 булэ|х
구입하다 тата|х
구적법(求積法) стереометрии
구절(球節)(말굽 뒤쪽의 털난 곳). саглага
구정물 угаадас
구제 аврал, устгал
구제(구원)하다 болго|х, алалца|х
구제자(驅除者) 파괴하는 것 сөнөөгч, эвдэгч
구제자(驅除者) устгагч
구제하다 хөөгдө|х; аврагда|х; тэд арай гэж амь аврагдав 그들은 간신히 그들의 생활에서 벗어났다.
구조(救助) аврал, байгуулал, байгуу-лалт, хамжаа, хөдөлгүүр, хэлбэршил, засаг, материал, рам

구조(構造) тогтоц, туслалцаа, тусламж, тэтгэлт,
구조(구성) бүтэц
구조(구제)자 хадгалагч
구조(기능·양 등이) 같다 уялда|х
구조(조력) дэм
구조물(構造物) тогтоц, цогц
구조자(救助者) авгарч, ангижруулагч, гаталгагч
구조하다 аврагда|х, авра|х; би ганцаараа чамайг ~ ёстой болжээ 당신이 혼자인 것을 구원해야 한다; ~ бус 생명띠; усанд живээхээс ~ 혼란으로부터 구하다; тэд арай гэж амь аврагдав 그들은 간신히 그들의 생활에서 벗어났다..
구주(救主)(예수) ангижруулагч
구진(丘疹) батга
구진(丘疹) гөвдруу, гүвдрүү
구체(구상(具象)적인 бетон
구체(球體) бөмбөлөг, бөмбөрцөг
구체화하다 галбиржи|х, талста|х, төлөвшүүлэ|х
구축 материал
구축하다 хөө|х
구축했다 туугда|х
구춘(九春)(봄) хавар
구출 аврал
구치(臼齒) арра
구치(灸治) төөнүүр
구치소 гяндан, мүглэн, шорон; ~д хорих 투옥하다, 수용하다, 감금하다, 구속 하다, 묶다; ~ шорон 감옥
구토(嘔吐)하다 бөөлжи|х, гулги|х
구토(물) бөөлжис
구하다 авра|х, золи|х, хүсэ|х; би ганцаараа чамайг ~ ёстой болжээ 당신이 혼자인 것을 구원해야 한다; ~ бус 생명띠; усанд живээхээс ~ 혼란으로부터 구하다.
(~을(요)) 구하다 шаарда|х
(~에서) 구하다(건지다) хэлтрэ|х

구형(구면(球面)) бөмбөлөг, бөмбөрцөг
구호금 өглөг
구획 дивиз, өрөө
구획(구역.구간) бүлэг
구획(대지)분할 хошуу
국(局) депатамент, хэлтэс
국가 орон, туургатан, улс, ястан; усл ~ 국가, 나라; гадаад ~ 외국나라; ~ нутаг 시골, 지방; халуун ~ 열대(지방)의 나라; эх ~ 고국, 모국; эх ~ондоо эргэх ирэх 고국으로 돌아오다; ~ зайн 공간적인; ~ зай 공간, 장소
국가(기업의) 스파이에 의한 첩보 활동 тагнуул
국가(나라) гүрэн
국가(민족)주의자 үндсэрхэгч
국가(정당의) 선언서 тунхаг
국가(제도·시설·운동의) 창립(창시)자 үндэслэгч
국가(지방자치단체·기업·기타 각종 단체의) 금고(에 보관된 자금·재원) сан; валютын ~ 통화기금, 준비(적립)금; ~ хэ мрэ г 보고(寶庫), 보물창고; эрдэнэсийн ~ 보배, 보물, 재화; Сангийн яам 재무장관 номын ~ 도서관; эмийн ~ 약방, 약국; усны ~ 저장소, 저수지, 급수소 (탱크).
국가간의 군사적 원조에 대한 보수금 дотаци, татаас, тэтгэмж
국가의 민간에 대한 보조(장려)금 дотаци, татаас, тэтгэмж
국가의 үндсэрхэг, үндэсний
국가적인 үндсэрхэг
국가주의(민족주의 국수주의) 지지를 보여주다 үндсэрхэ|х; ~ үзэл 민족자결주의.
국경 хил, хязгаар
국경 요지 хайч
국경지방 хязгаар, хил
국고채권 хувьцаа
국교 반대자 хагарал

국기 далбаа, туг
국내 хил
국내의 дотоод
국력을 피폐시키다 хавчий|х, хоосло|х
국면 шат
국민 특유의 үндэсний
국민 ард, ирэн, туургатан, угсаатан, үндэстэн, харьяат, ястан
국민의 үндэсний
국민적인 үндэсний
국법 дүрэм, хууль
국부인 зарим
국수주의자 фашист
국왕 хаан
국왕(귀족의) 서기 канцлер
국외 생활(유랑) цөллөг
국자 утгуур, ухуур, хутгуур, шанага(н)
국자로 퍼(떠)내다 сампра|х
국자로 퍼서 따르다(옮기다) сампра|х
국장 захирал, комендант
국제(상)의 интернационал
국제(협조)주의 интернационализм
국제관계 харьцаа(н)
국제성 интернационализм
국제올림픽대회 олимпиад
국제적인 интернационал
국채 хувьцаа
국토(國土) гүрэн, улс
국토(나라.국가) газар
국화(菊花) удвал
국화바람꽃 яргүй
국회(國會) парламент
군(軍) армии, цэрэг
군(郡) гүнлэг, баг
군거성(群居性)의 найруу
군국주의 고취 цэрэгжил
군국주의를 고취되다 цэрэгжи|х
군국주의를 고취하다 цэрэгжүүлэ|х
군국화 цэрэгжил
군국화되다 цэрэгжи|х
군국화하다 цэрэгжүүлэ|х

군기 далбаа, туг; төрийн ~ 국기
군기(軍紀)가 없는 дүрсгүй, дээнхий, задгайдуу, тавтиргүй, тамтаггүй, танхай
군대 армии, цэрэг
군대(군함·비행기 따위를 포함한) 장비 зэвсэглэл; ~ээр хөөцөлдөх (활차등의) 홈; ~ийг хорогдуулах 장비를 줄이다
군대(병력)을 사용하다 цэрэглэ|х
군대(함대를) 동원하다 дайчла|х; цэрэгт ~ 전투준비를 명하다; дайчлан баривчлах 체포(구속,저지)하다; хамаг хучээ ~ 자신의 모든 능력을 동원하다.
군대용 나팔 урам
군대의 병영 хуаран(г)
군대의 цэргийн
군대의 지휘관 командлагч
군대화되다 цэрэгжи|х
군대화 цэрэгжил
군대화하다 цэрэгжүүлэ|х
군데군데 건너뛰어 읽다 өнжөөх
군도(群島) олтриг
군락지 гацаа; ~хуй 마을
군로 олзлогдогч
군마 хүлэг, ажнай: ажнай хөлөг
군모(軍帽)의 꼬꼬마 моголцог
군무 гааль, үүрэг
군무를 추는 무용단원들 кордебалет
군민 гүнлэг
군비를 증강하다 бөөгнөрө|х
군사(軍事)의 цэргийн, дайчин
군사용 사관학교 생도 кадет
군사의 통신대원 холбоочин
군살 дохигор
군세(軍勢) цэрэг
군세(병력) 통솔하다 жанжла|х
군세(병력)의 지휘권을 갖다 жанжла|х
군세(병력)지휘하다 жанжла|х
군실거리다 загьна|х

군에 입대하다 элсэ|х
군엽(群葉) навч намаа
군용으로 되다 цэрэгжи|х
군용으로 하다 цэрэгжүүлэ|х
군용의 цэргийн
군원수(軍元首) маршал
군의 구획분할 баг
군의 막사 хуаран(г)
군의 장관(장성)급의 жанжин
군의 전차 танк
군의 цэргийн
군의(군대의) 리더 жанжин
군의관 мэс засалч, хирургич
군인 байлдагч, дайчин, цэрэг
군인(견장의) 장식 매듭을 묶다. тооно тушлх
군인(여행자의) 냅색(배낭) дүрэвч, үүргэвч, үүрэг
군인다운(같은) цэргийн
군인을 징모하다 элсүүлэ|х
군인의 цэргийн
군자 поёп
군주 ноён, хаан, хуантайз
군주(귀족)다운 ноёлог
군주(귀족)답게 ноёрхог
군중(군대를 포화로, 전쟁에서) 쓰러 뜨리다(대량 학살하다) яргала|х
군중(群衆) чихцэлдээн
군중(집중) бөөгнөрөл
군체를 이루는 산호 등의 개체(個體) гүвдрүү, дэлдүү
군최고 사령관 маршал
군함(기지) 보급계원 няраъ; мөнгөний ~ (은행의) 금전 출납원
군호 дохио(н)
굳(게하)다 хатуура|х
굳(히)다 царца|х
굳게 дангинатал, лав, үхлүүт, хатуухан, чин
굳게 감아올리는 식의 꽃 тоорцог
굳게 결심한 гүдэсхэн, гүжирмэг, зоримог, тууштай, шийдэмгий

굳게 결합하다 гагна|х
굳게 밀폐된 бин битуу
굳게 얼다(결빙하다) цэвдэгши|х
굳게(단단히, 견고하게, 단호하게) 하다 батжи|х, батжуула|х
굳게되다 дарсай|х
굳게믿는 гэгч
굳게하다 бататга|х, цементлэ|х
굳다 хөшүүрэ|х
굳세게 만들다 тамиржуула|х
굳센 бөх, буйлах, булиа
굳어지다 бурэлдэ|х, нөжрө|х, тогто|х, хатамжи|х, чилэ|х, ээдэх, язмагта|х, загса|х; тос ~ 지방이 굳다; сүү ~ 우유가 굳다; цус ~ 피가 응고되다.
굳어진 бетон
굳은 бат, дарай|х, дардгар, дардгархан, дэрдгэр, нот, нут бат нут, тогтуургтай, хатан, хату, хатуухан, хөдөлшгүй, хөшүүн, цардмал, ягшмал, бөх; ~ зурхтэй 두려움을 모르는, 대담 무쌍한; нүүр ~тэй 부끄러움을 모르는, 파렴치한, 뻔뻔스러운; амь ~тэй 좀처럼 죽지 않는.
굳히다 бэхжүүлэ|х, дагдарши|х, дагтарши|х, загса|х, нөжрө|х, нягтра|х, хатуужи|х, хатуура|х, чулуужи|х
굴 агуй, хонгил
굴(구멍)을 파다(~에) ухмал
굴곡시키다 тахирла|х
굴곡하다 гулжгана|х, нахий|х, хэрдэс-лэ|х, муруй|х; зам ~ 길을 잃다; ам ~ 티격나다, 불화하게 되다
굴대 арал, иг, тэнхлэг, худаг, ээрүүл
굴뚝 яндан
굴뚝속으로 부터 хөөлө|х
굴뚝청소부 яндян хөөлөгч
굴러 떨어지다 бөмбөрө|х; өвсөн дээр ~ 풀밭(잔디)위로 구르다
굴러가다 хөвхөлзө|х
굴러나오다 цувих
굴렁쇠 цагариг

굴레 гинж(ин)
굴레 хазар
굴레를 씌우다 ногтло|х
굴려가다 өнхрө|х
굴리다 өнхрө|х, хөвөлзө|х, хөлбөрө|х, цувих
굴복(항복)하다 дага|х; дагаар орох ~에 복종(굴복)하다
굴복시키다(~를) дарла|х, доромжло|х, дээрэлхэ|х, дээрэнгүйлэ|х, сөгтгө|х
굴복하다 бөгцгөнө|х, мэхийсхий|х
굴복하다(~에게) мэхий|х; жужигчин мэхийн ёслов 배우는 그의 머리를 숙이다
굴사(屈射) хугарал
굴욕 доромжлол, шившиг
굴욕(굴복)당하다 дарлуула|х
굴욕을 주다 дарла|х, доромжло|х, дээрэлхэ|х, дээрэнгүйлэ|х
굴욕적인 долдгонуур
굴절(作用) хугарал
굴절성의 гулбигар, гулжгар, тур, туягар
굴절성이 좋다 тахилза|х
굴종 боолчлол, доромжлол
굴착용 송곳 өрөм
굴착하다 уха|х, хөндийлө|х
굵게(진하게) 되다 лагалта|х
굵고 부드러운 бамбагар
굵고 짧게 되다 мугжий|х
굵고 짧게 부푼 логлогор
굵고 짧다 мугхай|х
굵고 짧아지다 нагжий|х
굵고 짧은 алцгар, бандгар, нагжгар, налчгар, луглагар
굵고 짧은 목이 되다 мугжий|х
굵고 짧은 목이다 мугхай|х
굵고 짧은(목의) мугжгар
굵고 튼튼한 тоглогор
굵고 튼튼해지다 тоглой|х
굵기 зузаан, нягтрал
굵다 өтгөдө|х, памбагарда|х

굵어지다 лаагалза|х
굵은 голигор, гүн, түхгэр
굵은 막대기 хагадас
굵은 밧줄 татлага, кабель (утас)
굵음 зузаан, нягтрал
굵지 않은 нимгэн
굶(주리)고 있다 зэлмэ|х
굶겨 죽이다 тура|х
굶기다 тура|х
굶다 өлөнгөтө|х
굶어죽게 하다 өлөнгөтгө|х
굶어죽다 гуранхта|х, зэлмэ|х, өлбөрө|х, өлсгө|х, харангаса|х
굶어죽은 동물의 가죽 турсага
굶주렸다 махса|х
굶주리는 일 дажин
굶주리다 гуранхта|х, зэлмэ|х, өлбөрө|х, өлөнгөтө|х, өлсгө|х, харангаса|х
굶주림 дажин, өлсгөлөн; ~ зовлон
굶주림, 기아.
굶주림(기아)으로 실신하다(졸도하다, 기절하다) харангада|х
굶주림을 통하여 극단적으로 떠나게 되다 гурангида|х
굶주림을 통하여 아주 약하다 гуранхта|х
굶주림을 통하여 약해지다 гуранхла|х
굼뜨다 аажууда|х, наазгайра|х, налхай|х
굼뜬 балай, бодолгүй, гэдгэр, залхаг, иргүй, мангуухан, молхи, мохоо, мунхрал, наазгай, назгай, налай|х, налхгар, нунжгар, ойг, олхио муутай, сортоогүй, толхи, тэнэгхэн, хашин, наадгай; цалгар ~ 부주의한, 소홀한; залхуу ~ 게으른
굼벵이 авгалдай
굽 있는 동물의 발 туурай
굽 товх
굽게 만들다 махийлга|х
굽게 하다(~을) хазайлга|х, юохисхий|х
굽기 хайрмал
굽다 дохийло|х, нугалра|х, дохий|х

굽다(휘다) гилжий|х, гажууда|х
굽달린 큰 컵 аяга
굽바닥 тавхай
굽실거리다 аяла|х, далдира|х, ивтнэ|х, нялгана|х
굽어서 далжуу, далиу, муруй
굽어지다 далбий|х, жайвий|х, мужий|х, нөрө|х, нугдай|х, сарий|х
굽은 것을 곧게하다 тэнийлгэ|х
굽은(휘어진) гилжгий, гулзгай, гэгдгэр, матигар, матмал, дохигор, махигар, махир, мухир, нахигар, нөрүү, нугдгар, сарий, сариу, тахир, хариу, галжир, маттар; ~ сэлэм 곡선모양의 (사브르) 기병도(刀); ~ сандал 굽은 나무로 만든 의자.
굽음 махигар
굽이(침) томмол
굽이진 곳을 따라 흐르다 тохойро|х
굽이쳐 흐르는 хэрмэл
굽이치는 파동 долгио(н)
굽이치는 мушгиа, мушгимал
굽이치다 гулжгана|х, мушгира|х, хэрдэслэ|х
굽있는 동물의 발 туру
굽지 않는 мохошгүй, мятрашгүй
굽혔다 폈다하다 навтана|х
굽혔다가 똑바르게 하다(몇번) тонголзо|х
굽히다 сөгтгө|х, сэнсрэ|х
굿 засал; ~ хийх (기도·주문을 외어 악령을) 쫓아내다(몰아내다); (악령을) 불러내다.
궁(弓) нум(ан)
궁궐 орд(он), өргөө, тугдам, харш
궁극(窮極) шувтрага
궁극적인 сүүлийн
궁끼 гансрал
궁도 харваа
궁둥이 гуя, өгзөг
궁리(생각)하다 мунхагла|х, сэдэ|х, төлөвлө|х

궁상 гачигдал
궁색(窮塞) гансрал
궁수자리(弓手-: 별자리의 하나. 9월 상순 초저녁에 남중(南中)하는 별자리. 은하계의 중심이 이 방향에 해당함. 사수자리)
궁술 харваа
궁술가 surчин, харваачин
궁전 өргөө, тугдам, харш, орд(он); гэрлэх ёслолын ~он 웨딩궁전; ~ харш 공관; Букингеймийн ~он 버킹검 궁전.
궁지에 빠져 гоожинхой
궁지에서 탈출구(법) 찾다 аргацаа|х
궁지에서 탈출구(법) аргацаа
궁핍(窮乏) гачигдал, зүдрэл, ган(г), гансрал, гачиг
궁핍의 гачаал
궁핍한 시기 гачаал
궁핍해지다 умай|х
궁형(弓形) гулдан(г), нум(ан)
궁형으로 된 것 гулдан(г)
궂히다 боогдуула|х
권(券) билет, пиу, талсабар, ширхэг
권능(權能) мэдэл, мэдэлтэй, сөхөө, төр, эрх
권력(勸力) засаг, засаглал, мутар, төр, тэнхээ, чадал, эрх, мэдэл; миний мэдлийн юм биш 그것은 나의 권한 밖이다; ~гүй 권력이 없는; 효능이 없는
권력(지위 등을) 빼앗다 түрэмгийлэ|х
권력을 남용하다 дарангуйла|х
권력이 없는 иргүй
권리 등을 잃게 하다(~에서) тоногдо|х
권리(관직·토지·기록의) 소유(보유)자 иш, тогтоогч
권리(지위의) 평등화 чөлөөлөлт
권리를 잃게 하다 тоно|х
권리를 침해하다 зөрчи|х; хууль ~ 법률을 어기다
권리를 혜택받지 못한 эрхгүй
권세 засаглал; хууль тогтоох ~ 입법권, 입법(상)의 권위.

권세 эрхшээл
권세를 부리다 дарангуйла|х, засагла|х
권연(卷煙) янжуур
권연초(卷煙草) янжуур, янжуур
권위 засаг, засаглал, мэдэл, төр, эрх
권위(權威)에 의하여(~의) дээр
권위가(위신이) 떨어진 хасмал
권위를 가지고 мэдэлтэй
권유 заллага, урилга
권유(재촉, 독촉)하는 ятгагч
권유(재촉, 독촉)하여 ~시키다 ятга|х
권총(연발) буу; гар ~ 피스톨, 권총, (회전식의) 연발 권총.
권총집 хуй
권총탄 сум(ан)
권축(卷軸) гогцоо
권태 зүдрээ, уйтгар, зүдэргээ; биенд ~тэй ажил 피곤하게 하는(진저리나게 하는) 일
권태(지루한 것) 일소하다(쫓아버리다, 없애다) зугааца|х
권투 선수(복서) боксчин
권투 бокс
권투를 하다(~와) байлда|х, тулалда|х
권투시합 тулалдаан
권하다 өөгши|х
(~에게) 권하다 сэргийлэ|х
(~을) 권하다 өгө|х
권한 мэдэлтэй, мэрэгшил, мэдэл; миний мэдлийн юм биш 그것은 나의 권한 밖이다;~гүй 권력이 없는; 효능이 없는
권한 밖이다 ахда|х
권한 아래 있다 харьяалагда|х
권한을 부여하다 мэргэжүүлэ|х
권할 만한 дөхөмтэй
권할 수 없는 дөхөмгүй
궐(厥) ган(г), гачиг, дутагдал
궐련 янжуур
궐종(厥終) шувтрага
궤 авдар

궤다 хатга|х, зоогдо|х; тэрэг шаварт зоогдов 그 차는 진창에 빠지다, 꼼짝 못 하게 되다; зунжингаа би Дарханд зоогдсон 나는 한창 때 Darkhan 을 꼼짝 못하게 했다; хоолой дээр яс зоогдчихлоо 뼈가 나의 목구멍에 걸리다.
궤도 тойрог, траектории, үүсгэр
궤도전차 трамвай
궤변적인 ёвчоо
궤양 идээр, шарх, яр
궤양을 생기게 하다 шархла|х
궤적 траектории, үүсгэр
귀 чих(эн); ~ сонор 예민한 귀를 가졌다; ~ дулий 귀머거리의; э рə э сə н~ 한 쪽 귀가 안 들린다.
귀가 буцалт, өгөөж
귀가 없는 хув, чихгүй
귀가리개 хулгавч, чихэвч
귀감 загвар, тольтой, жишээ; ~ нь 예를 들면, 예컨대; ~гээр бонадт; улгэр ~ бонбоги; улгэр · сахилтга бат бонбогиро хэнгдонхада; улгэр ~ аж ахуй 모범 농장;
귀걸이 бөгж, цагариг, ээмэг
귀결(歸結) шувтрага
귀고리 ээмэг
귀국(歸國) өгөөж
귀를 기울였다 дуулда|х; хөлийн чимээ дуулдав 스템핑 소리를 들었다
귀를 기울이다 дула|х, сонсо|х, сортойлго|х, чагна|х
(~에)귀를 기울이지 않는다 дулийрэ|х
귀를 기울이지 않다 дөжин
(~의) 귀를 기울이지 않다 дөжрө|х
귀를 기울입시다 сонсуула|х
귀를 드러낸(머리를 짧게 깎아) хулман
귀를 벤(가축) хулгар, хулман
귀를 세우다(세우게 하다) сэртэгнэ|х
귀를 쫑긋 세우다 сортойлго|х

귀를 찢는듯한 찬바람 хавсрага
귀리 овьёос
귀머거리(귀먹은.농아.농자)가 되다 дүйнгэрэ|х, дулийрэ|х
귀머거리로 분장하다 дулийрхэ|х
귀머거리를 (먹먹하게) 만들다 дөжрүүлэ|х
귀머거리의 дулий, сонсголгүй
귀먹은 дулий, сонсголгүй
귀부인 ноёгтой, хатагтай
귀석(貴石) эрдэнэ
귀신 ад, буг, сүг, чөтөр, савдаг; ойн ~ 숲 도깨비, 나무악귀,
귀신(망상·공포 관념) ~을 사로잡음 хэнээ
귀신(망상·공포 관념에) ~을 사로잡혀 있는 хэнээтэй
귀신같은 사람 магас
귀신물리기 засал; ~ хийх (기도·주문을 외어 악령을) 쫓아내다(몰아내다); (악령을) 불러내다.
귀안에 귀지가 쌓이다 хулхита|х
귀얄 багс, сойз
귀양보내다 цөлөгдө|х
귀에 거슬리는(목소리) арсгар, сөөнгө
귀엣말 шивнээ
귀엣말의 ивэр шивэр
귀여운 амраг, хүүхдэрхүү, царайлаг, шагтүй, эрхэм, янаг, дотно, дурламаар, хайртай, хөөрхөн; ~ хуу 귀여운 소년; ~ царай 아름다운 얼굴.
귀여운 소년 хөөрхөн хуу
귀여운 사람 хайрт, янаг
귀여워(소중히) 하다 хайрла|х, өхөөрдө|х, хайрлагда|х, энхрийлэ|х
귀염성 없는 хайргүй
귀울림 дуут
귀의 둥근 돌출부 гэдэл
귀족 тайж, язгууртан, дээдэс; ихэс ~ 귀족정치
귀족(의 가문) сурвалжит
귀족(적인) 사람 сурвалжтан

귀족의 딸 авхай, ноёхон
귀족의 жудагтай, журамт, сурвалжит
귀중품을 비장하다 нандигна|х
귀중한 нандин, ноцтой, самбагар, үнэтэй
귀지 хулхи
귀찮게 굴다 тарчилга|х
귀찮게 졸라대는 улигт
귀찮게 하다 тарчилга|х
(~을) 귀찮게 하다 залхаа|х, хоргоо|х
귀찮게(성가시게) 굴다 гоочло|х, унтууца|х
귀찮다 лэглий|х, уцаарла|х
귀찮아하는 унту
귀찮아 한다 унтра|х
귀찮은 гачаал, лэглэгэр, нүсэр, тохигүй, түвэгтэй, явдалтай, түвэгшээл, яршиг
귀찮은 일 яршиг
귀찮은 행위 чирэгдэл, яршиг
귀청 хулхи
귀청을 터지게 하다(~의) дөжрүүлэ|х
귀추(歸趣) шувтрага
귀취(歸趣) шувтрага
귀퉁이 булан(г), өнцөг
귀표(임자를 밝히기 위해 소.양 따위의 귀에 표시함) им
귀한 үнэтэй
귀향(귀국.복귀) буцалт, өгөөж
귓바퀴 дэлбээ
귓불 гэдэл
규격 жишиг, норм, стандарт, шалгуур
규범 жишиг, норм, стандарт, шалгуур
규율 журамтай, сахилга
규율 바른 тогтвортой
규율(규칙.규정.법칙)에 의하여 행동하다 ёсчло|х
규율상(풍기상)의 сахилгагүй
규율을 지키게 하다 бөөрөнхийлө|х
규율의 сахилгатай
규율이 없는 дүрсгүй, дээнхий, задгай-дуу, тавтиргүй, тамтаггүй, танхай

규정(지침) болзол, горим, дүрэм, жаяг, журам, тогтоомж, хууль, цааз, замч(ин)
규정순도(순금·순은과의 비율) сорьц
규정식을 주다(~에게) сой|х
규정음식을 먹고 있다 сой|х
규정하다 шаарда|х
규제된 чигтэй
규칙 바르다 зохиогдо|х
규칙 바른 замбараатай
규칙 горим, журамтай, дүрэм, иш, теори, тогтмолжилт, тогтоомж, хууль, цааз, жаяг, зүй, журам; ёс ~ 관습; дэг ~ 규칙, 규정; хэв ~ сахих 규칙준수, 질서를(치안을) 유지하다; тогтсон журмаар 규칙에 따른 순서; хууль журмаар 법률적(합법적)으로, 법률상; санал хураах ~ 선거 절차; сахилга ~ 규율; ~ толтоол 정규(성), 정상 상태; ~ зарчим 원리, 원칙; ~ёс 타당, 적당; ~ бус аашлах 폭행을 가하다; ~ёсны 적법의, 합법의, 규칙적인
규칙(사람이) 엄해지다. чангара|х
규칙(신념)을 고집하다 байлга|х
규칙을 정하다 тогтоогдо|х
규칙을(통제) 엄격하게 하다 чангаруула|х
규칙적인 방목으로 가축 그룹의 좋은 목초지 찾다 отор
규칙적인 변화 жасаа(н)
규칙적인 속보(速步) сэглэг
규칙적인 ер, замбараатай, ээлжит
균등 тэнцэтгэл
균등하게 되다 чацуура|х
균등하게 하다 тэнцүүлэ|х, эгне|х
균등하지 않은 тэнцүүгүй
균류(菌類) мөөгөнцөр
균류에 의한 고사(枯死) ялзармал
균상종(菌狀腫) мөөгөнцөр
균심(菌蕈) мөөг; ~ тууx 버섯을 따다; иддэг ~ 식용버섯; иддэггүй ~ 독버섯; ~ ний хүрээ 버섯의 고리(원형); цагаан

~ 느타리버섯
균열 ан, ган(г), цав
균일 тэгшитгэл
균일치 않다 догонцо|х
균일치 않은 арзгай, оргой
균일하게 жигд, тэнцүү
균일해 지다 дигдрэ|х
균탁(龜坼) цав
균형 잡히다 зохиро|х, нууги|х
균형 잡힌 нийлэмжтэй, нийцтэй, нуурам, яруу, үвтэгш
균형 баланс, тэнцвэр, тэнцүүр
균형을 잡다(맞추다)(~의) тэнцэ|х
균형을 잡다(맞추다) тэнцвэржүүлэ|х
균형이 맞지 않다 хэлтгийдэ|х
균형이 안 잡히다 солжий|х
균형이 안 잡힌 далбигар, майжанасан
균형이 잡히다 тэнцүүлэ|х
균형이 잡히지 않는 тавтиргүй, тэнцвэргүй
균형이 잡힌 тэнцвэртэй
그 сайхи, тэр, үүнийх
그 개는 한 덩어리가 되어 싸웠다 нохойд яс ана манна булаалдан байе
그 결과 тэгээд
그 결과(로서) тэхлээр (тэгэхлээр)
그 곳으로 тийшээ, түүгээр, тэнд
그 다음(버금)가는 дараахь
그 다음의 дараахь, дэслэ|х, удаахь
그 달의 6일 зургадугаар; ~ сар 6月.
그 뒤에 오는 дагалт, дараахь, дэс, удаахь, дагавар; ~ охин 의붓딸; ~ хүү 의붓아들(자식); ~ өгүүлэл 신문의 아래쪽 부분, 특별기사; тийн ялгалын ~ 접미사, 접미격
그 뒤에 дараач
그 때문에 тийнхүү
그 밖(이외)의 бус, ондоо, өөр, өрөөл
그 밖에 달리 өөр
그 밖에 тэгээд. эсвэл
그 밖에의 хүнийх

그 병인(病因)(세균·바이러스·대기오염 등) харуу
그 부근 хавийнхан
그 사람(물건의 -이) ~하는(~인) (관계사) хэнийх
그 사람들 өнөөдүүл, өнөөх, сайхи, тэдгээр, цаадуул
그 사람이(은) тэр
그 사물들 өнөөдүүл, өнөөх, сайхи, тэдгээр
그 시기 хөөвөр
그 시대의 풍조 түрлэг
그 여자를(에게) үүнийх
그 여자의 түүнийх, үүнийх
그 열매의 씨(약용·향료로 씀) задь
그 외에(그밖에, 달리) эсвэл бас; тэр дуулх ~ч угүй 그 위에, 더욱이, 또한
그 외에의 хүнийх
그 위에 더하다 дайварла|х
그 위에 бас, дагуул, зэрэгцээгээр, түүнчлэн, тэгээд, тэрчлэн, цаашлаад, ч, эсвэл, өөр; ~ газар (어딘가) 다른 곳에(서)(으로); ~ хун (서로)다른 사람; ~ нэг 서로 각각 다른; ~угүй/байхгүй 다른, (그) 밖(이외)의; ~ хэн ч 그 밖에 아무도 ~않다; ~э э р 다르게, 같지 않게; ~э э р хэлбэл 바꿔(다시) 말하면; түүнээс ~ 외에(도), ~에다가 또; ог т ~ 완전히 다른.
그 위에의 хүнийх
그 이래(지금까지, 그때까지) нэгтэй
그 정도의(것) цөөнгүй
그 천으로 만든 손수건 панс(ан)
그 해에 낳은 새끼토끼 бужин
그 후(지금까지) нэгтэй, дара, хожим
그 후 즉시 тэгээд
그 후에 хожимдол, хойно
그(이)렇게 ийм, ийн, тийн, тийнхүү, тэгэхлээр
그(이)와 같은 ийм; өнгөрөн жиг яг ~ юм болсон 그곳은 지난해 경우와 마찬가지로 정확하다; амьдрал ~ дээ

인생이란 그런 것이다; ~ тийм이러이러(여차여차)한; ~ янзаар 이런식으로; ~ийн тул 그런 까닭에, 따라서; ~ олон 매우(그처럼) 많은; ~ их 그만큼의, 그쯤(그 정도)의 (까지); ~д 이리하여 ~의 결과로서.

그(이)와 같은 иймэрхүү; ~ пальто надад хэрэгтэй 나는 그러한 코트가 필요하다; ~ маягаар 이렇게, 이런 식으로, 따라서.

그(이)와 같은 тийм, тийн, тийнхүү
그(이)와 같이 ийн, тэгвэл, тэгэхлээр
그(저)사람 тэрхэн
그(저)쪽의 гэж, өнөөх
그(저,예의) 일 тэрхэн
그(쪽) нөгөө
그가(는) тэр
그간 줄곧 дандаа, цаггүй
그것(~의,~한) тэрхэн, тэрхэн
그것들 өнөөдүүл, өнөөх, тэд, тэдгээр
그것들(의) сайхи, тэднийх
그것들은(이) тэд
그것은(이,을) тэр
그것은 ~이 아니라고는 말하지 않다 хилсдэхгүй
그것은 아주(꽤) 멋지다 зүв зугээр бололтой
그것은 지난 9월에 있었다 энэ өнгөрөгч 9 сдугээр сард болсон
그것의 түүнийх, үүнийх, энүүний
그곳 тэндэх
그곳에서는 일어나 있지(깨어나 있지) 못하는(사람)(~로부터) сэршгүй; санаж ~ 도달하기(얻기) 어려운
그녀는 тэр
그녀의 것 энүүний
그는 구사일생으로 살았다 тэр дэнтэй дунтай амь гарав
그는 오고 있습니까? тэр ирэх билу?
그는 옵니까? тэр ирэх болов уу?
그늘 саравч, сүүдэр

그늘바람꽃 яргүй
그늘에(~의) цаагуурхи, цаана
그늘에서 ард, хойт
그늘의 장소 хүүш
그늘이 많은 장소 хүүш
그늘지게 하다 саравчла|х, сүүдэрлэ|х
그늘진 곳 саравч, сүүдэр
그늘진 장소 хүүш
그다지 ~은 아니다 баймгүй, болохгүй
그다지 어렵지 않은 танагтай
그다지 잘 ~은 못 하다 баймгүй, болохгүй
그다지 중요하지 않은 алслагдмал
그대(는) чи
그대로(사용하지 않고) 놔두다 харса|х
그득 차다 бурдэ|х
그득(뿌듯)해지다 бурдэ|х
그득하다(~로) булха|х, мунда|х
그득한(~에) дүүрэн(г)
그득해지다(~에) дүүрэ|х
그들 тэд
그들은(이) тэд
그들의 자신 өөрөө; уунийг би ~ хийсэн 그것이 나 자신이었다; би 9 9 рийгэ 9 танд танилцуулж болох уу? 나를 당신에게 소개 할 수 있습니까?
그들의 тэднийх
그들자신 өөрсөд
그때 까지는 아직(~않았다) арайхан
그때까지 нааш
그라인더 билу, гуранз
그래머폰(gramophone) пянз
그래서 бөгөөд, ийм, ийн, ингээд, сэлт, тийн, тийнхүү, тэгээд, тэхлээр (тэгэхлээр), хэмээн
그래프 диаграмм, жишиг
그램분자 молекул
그러나 авч, дашрам, тэгэвч, харин, хэмээвч, цаашгүй, этэл; тэрээр ядуу авч унэнч шударга 그는 가난하지만

정직하다.
그러니 어떻단 말인가? яав, ягаав
그러면(~하고〈나서〉) бөгөөд, тэгвэл
그러모으다 бөөгнө|х, хура|х, хуралда|х, цуглара|х, цуглуула|х
그러므로 сэлт, тэгэхлээр
그러자 бөгөөд
그러하나 этэл
그러하지만 этэл, этэл
그러한 тийм, тийн, иймэрхүү, ийм; ~ пальто надад хэрэгтэй 나는 그러한 코트가 필요하다; ~ маягаар 이렇게, 이런 식으로, 따라서.
그럭저럭 해 나가다 сэгсчи|х
그럭저럭 хиртэйхэн
그런 구멍이 난(얼굴·월면(月面) нөрөө
그런 까닭에 ийн, ингээд, тийн, тэгээд, тэхлээр(тэгэхлээр), хэмээн
그런 тийм, тийн, ийм; өнгөрөн жиг яг ~ юм болсон 그곳은 지난해 경우와 마찬가지로 정확하다; амьдрал ~ дээ 인생이란 그런 것이다; ~ тийм 이러이러〈여차여차〉한; ~ янзаар 이런식으로; ~ийн тул 그런 까닭에, 따라서; ~ олон 매우〈그처럼〉 많은; ~ их 그만큼의, 그쯤 (그 정도의) (까지); ~д 이리하여 ~의 결과로서.
그런(정도의) тиймэрхүү
그런가 хөө (의문·놀람 등을 나타내거나, 동의를 구하는 소리)
그런데(그래) ба
그런데(화제를 바꿀 때) дашрам
그럴듯하다 боло|х,
그럴듯한 боло|х, боломжтой, хэлэмгий
그렇(습니)다 зээ, тэг
그렇게 하면 бөгөөд
그렇고 말고 түс тас
그렇고말고요 байлгүй
그렇군요 байлгүй, жаа, мэдээж
그렇다면 тэгвэл
그렇습니다 жаа, тэг

그렇지 않습니다 жаа
그렇지 않으면 эсвэл, эсхүүл
그렇지 зээ, хөө, еэ (의문·놀람 등을 나타내거나, 동의를 구하는 소리); ~ясан замбараагүй юм бэ! 뭐, 어떤 곤란한 상태
그렇지는 않고 эсвэл
그렇지마는 этэл
그렇지만 тэгэвч, харин, хэмээвч, цаашгүй, авч, этэл ; тэрээр ядуу ~ унэнч шударга 그는 가난하지만 정직하다.
그레이하운드(몸이 길고 날쌘 사냥개) тайга
그려주다(~에게 ~을) зура|х; муур ~ 고양이의 그림을 그리다; газрын зураг ~ 지도를 그리다; гарын усэг ~ (~에) сайн(서명)하다,기명날인하다; шудэнэ ~ 성양을 긋다
그로 말미암아 тэхлээр (тэгэхлээр)
그루지야 Гүрж(공화국: 옛 소련의 한 공화국; 1991년 독립; 수도 Tbilisi).
그루터기 тайранхай; ~ устэй 짧은 머리칼
그루터기 같게 되다 хаагдай|х
그루터기 같다 таахай|х
그루터기 같은 паадгар
그루터기 같은(투성이의) пагдгар, палхгар
그룹 айл, дугуйлан(г), коллектив, фракции, хамтлаг
그르치다 ташаара|х, төөрөлдө|х, эндэ|х
그릇 따위를 비우다 хоосло|х
그릇 인도하다 мунхруула|х, төөрүүлэ|х, төрөгдүүлэ|х
그릇 бурхуул, бурээс(эн), дугтуй, иш, контейнер, сав суулга, сав; ~ суулга грүч, догу, хуэчгандан; аяга ~ чадон, (식기의) 한 벌; цайны аяга ~ 찻그릇 한 벌, 티세트; шаазан аяга ~ 도자기 хуудий ~ 자루, 부대; башин ~ 부속건물; усны ~ 물 그릇; хоолны ~ (자루·뚜껑이 달린) 스튜냄비, (도기·금속·유리

- 85 -

제품의) 원통형의 그릇; бичгийн ~ (가죽으로 만든) 서류 가방, 손가방.
그릇(악기)의 잘록한 부분 хоолой
그릇(통.단지.대접.주발.잔.접시) бумба
그릇되다 гэндэ|х
그릇된 буру, жаад, зохисгүй, зохихгүй, хиймэл, хилс, хуурамч, ташаа; худал ~ 거짓말, 허언; хилс ~ 잘못, 실수, 틀림
그릇됨 гэндэл
그릇을 비우다 шавха|х
그릇의 밑바닥(부분) оёор
그릇의 아래가 불룩한 тэсгэгэр
그릇이 빌 때까지 계속 끓이다 ширгэ|х
그릇이 아래가 불룩한 лонхгор
그리 많지 않은саax
그리고(~또(한) (~와,~및,~이나) ба, бөгөөд, хийгээд
그리고 ~않다 биш
그리고 나서 бөгөөд, ингээд, тэхлээр (тэгэхлээр); тарган ~ намхан 뚱뚱하고 짧은
그리고 또(~또(한)) ба
그리기 дүрслэл
그리다 мөрөөдө|х, төлөөлө|х
그리스 정교의 주교 хамба
그리스 тос(он)
그리스(사람)의 грек
그리스도 Христос (구세주라는 뜻, 구약성서에서 예언된 구세주의 출현으로서 기독교 신도들이 믿은 나사렛 예수(Jesus)의 호칭, 뒤에 Jesus Christ로 고유명사화됨).
그리스식(어)의 грек
그리워(동경)하다 мөрөөдө|х; санаж ~ 갈망(연모)하다; хүсэн ~ ~하고 싶어 하다.
그리워(동경)함 мөрөөдөл; хүсэл ~ 바라다, (소)원하다; ~ болох 간절히 바라다, 열망하다
그리워하다 бэтгэрэ|х, гэюүрэ|х
그리워함 бэтэг
그리크(그리스) 사람 грек

그리하여서 тэхлээр (тэгэхлээр)
그런 будмал, зулмал
그런 하우스 хүлэмж
그림 график, диаграмм, жишиг, зураг, схем
그림(도화, 선화) 그리다 сараачи|х
그림(사진)이 든 зурагт
그림(조각)의 인물 баримал
그림(조각으로) 그리다 дүрслэ|х
그림물감 будаг
그림물감으로 그리다 буда|х
그림물감의 연한 황갈색 сарни
그림붓 паге
그림으로(도표로) 표시하다 будуувч
그림을 그리다(~의) зура|х; муур ~ 고양이의 그림을 그리다; газрын зураг ~ 지도를 그리다; гарын үсэг ~ (~에) 사인(서명)하다, 기명날인하다; шудэнэ ~ 성냥을 긋다
그림의 명암 өнгөт; ~ металл 비철금속; ~ зураг 칼라사진; ~ кино 칼라필림 칼라 영화; ~ зурагт радио 칼라TV;~ хэвлэл 칼라 인쇄(인쇄술).
그림이 든 잡지(신문) зурагт; ~ сэтгүүл 삽화가 든 잡지; ~ хуудас 플래카드, 벽보, 게시물; ~ радио 텔레비젼; ~aap үзүүлэх (텔레비젼으로) 방송하다
그림자 рефлекс, сүүдэр
그림자 그림 бараа
그림자가 있다(많다) сүүдэртэ|х
그만두다 боо|х, гээ|х, завсарла|х, зогсо|х, зогсоо|х, золиосло|х, огооро|х, огцро|х, сэлтрэ|х, түгэлзэ|х, хугара|х
그만두다(멈추다, 정지시키다, 세우다)(~하는 것을) боли|х
그만큼(정도) төдийхөн
그만큼의 төдий, төчнөөн
그물 тор
그물 모양으로 하다(되다) сархай|х
그물 모양의 것 сүлжээ

그물 선반 тор
그물 세공 сүлжээ
그물눈처럼 갈라지다 бэлчирлэ|х
그물뜨기 тор
그물로 잡다 өөшлө|х, торло|х
그물세공(제품) тор
그물을 치다(던지다)(~에) өөшлө|х, торло|х
그물질 тор
그물천 шаа
그물코 сүлжээ
그믐달 모양으로 만든 금속장식 ганжир
그믐 битуун, хуучид
그믐날 битуун, хуучид
그밖(이외)의 сэлт
그보다는 ~한 쪽이 낫다 ахиухан, гоёлог
그보다는 두꺼운 쪽이 낫다 зузаандуу
그뿐 아니라 또 ба
그슬리게 하다 ута|х
그슬리다 төөнө|х, түлэ|х, утагда|х, цоно|х
그어진(선) зулмал
그에게 간청(부탁)하는 үнэрхэг
그에게 탄원하는 үнэрхэг
그을다 хайрагда|х, цоно|х
그을리게 하다 тортогло|х, ута|х
그을리다 төөнө|х, утагда|х, хайра|х
그을어지다 истэ|х
그을은 тортогтой, түлэнхий
그을음 утаат, утаатай, тортог; ~ болох 그을름으로 덮다;
그을음으로 되다 хөөтө |х
그을음을 벗(기)다 хөөлө|х
그의 түүнийх, үүнийх, энүүний
그의 것 түүнийх, үүнийх, энүүний
그의 신부 가족에게 주는 남자 재산 (자산) сүй
그의 자신 өөрөө
그저 зөвхөн

그저 그런(그만인) тиймхэн
그저 그렇고 그런(정도의) тааруухан, тиймхэн
그저 그렇고(그런) тиймэрхүү
그저그런 дөнгүүрхөн
그저께 уржидар
그저께의 전날 уржийн цаад э дэ р
그제 уржидар
그제의 전날 уржийн цаад э дэ р
그쪽에 тийшээ
그쯤 төдийхөн
그쯤(그 정도의)의(까지) төчнөөн, төдий
그치게 하다 биттий
그치다 бай|х, зогсоо|х, огооро|х, төгсө|х
그치지 않는 мөхөөшгүй
그후에 сүүлд, сүүлээр, хойш(оо)
극(極) шувтрага, драм
극기 тэсгэл
극단(極端) шувтрага, туйл
극단(적)으로 낮다(짧다) намханда|х
극단(적)으로 асар, даан, ихэд, хэт, цэл
극단으로 곤란하다 зутра|х
극단으로 치닫다 нэвшрэ|х
극단의 말(짓)을 하다 нэвшрэ|х
극도 туйл
극도로 асар, даан, ихэд, үхтлээ, хэт, цэл
극도로 곤란하게 되다 хэцүүдэ|х
극도로 교활하다 нохойдо|х
극도로 달걀 모양으로 гонжгор
극도로 무관심(무심)하다 хайнгада|х
극도로 어렵다 зутра|х
극도로 튼튼하다 дардгарда|х
극도로(아주) 낮다(짧다) намханда|х
극도의 хэтэрхий
극모(棘毛) өргөс
극복되다 чадагда|х
극복하다 гатла|х голдо|х, дарагда|х, тархила|х, гэтлэ|х; бэрхшээлийг ~ 어려움을 극복하다; голыг салж ~ 수영하여 강을 건넜다

극복하다(~을) дэгжи|х, сайжра|х
극복할 수 없는 давшгүй, дийлдешгүй, дийлшгүй, дийлэгдэшгүй, ялагдашгүй, ялгуусан
극비 далдлагч
극비로 далд
극비의 далд, далдахь
극빈 бадар
극빈자 гуйланчин, гуйранч(ин)
극빈자가 되게 하다 гансра|х
극상의 шилмэл
극성을 생기게 함(갖게 됨) туйлшрал
극성(極性)을 주다(~에) туйлшра|х
극소(極所) шувтрага
극소(량(量)) тэс
극예술 драм
극장 등의 의상 담당자 хувцасчин, шуугээ
극장 출입구의 차양 майхан; ~ барих асар барих, майхан татах, майхан засах; ~ тавих тэнгэрт майхан барих; майхны гадас/багана тэнгэрт майхны гадас/багана, майхан юмны мод; майхны дэвсгэр; ~д унтах асарт хоноглох, майханд унтах, майханд хоноглох, майхан барьж хоноглох, майхан барьж хоноглох, майхан барьж хоноглох
극장 театр; ~ын сургууль драмын сургууль, драмын ~ драмын театр; дуурийн ~ оперын театр
극장의 박스 лоож
극적으로 표현하다(~을) дүрслэ|х
극점(極點) шувтрага
극지(極地) туйл
극진지두(極盡指頭) шувтрага
극처(極處) шувтрага
극치 ид, туйл, хамгийн, шувтрага
극피동물류의 작은 돌기(혹) гүвдрүү
극한 туйл, хэмжээт, шувтрага
극항(極亢) шувтрага
극히 ~밖에 안 되는 것 цөөдө|х
극히 단순하게 хялбархан
극히 소수의 хэд(эн), хэдийчинээн, цөнтэй
극히 작음 тэс: ~ цохих нохойшуулах.
극히 조금 үрдэс

극히 최근까지는 саявтар
극히 힘들지 않는 хялбархан
근거 없는 оргүй, үндэслэлгүй
근거 баримт, дашрам, ёроол, жиг, урхаг, шалтаг, шалтгаан
근거(논리)가 박약하다 гоомойдо|х
근거(설득력) 없는 хүчингүй
근거(의거)하다(~에) зарчимч
근거가 충분한 суурьтай, ултай
근거를 두다 олдо|х, сууpила|x
(~의) 근거를 두다 үндэслэ|х
근거리 гишгэм
근거없는 улгүй
근거하다(~에) үндэслэ|х
근경(根莖) мөдөн ұг
근경(根莖) орвон
근골(筋骨)이 늠름한 булиа; ~ эр근골(筋骨)이 늠름한(억센) 사람(사내)
근골이 늠름한 шөрмөслөг
근교 түүрэг
근근 хааяа
근래(近來) саянаас, ойрдоо
근래의 시간 саядаа
근력 шандас
근력이 좋은 бадриун, тартай
근로 хөдөлмөр, ажил; ~ байдал 물건 (물체.사.재산); ~ байдал тун ахицгүй байлаа 물건들은 아주 나쁘게 갔다; ~ хөдөлмөр 일자리, 직업; ~ ажлаа өөрчлөх 직업 변경; барилгын ~ 건설 공사; авrах ~ 구조작업; ~ таслах 직업 회피; ~ хаях 두들겨 만들다(~하다), 처서 만들어 내다; 주조하다; ~ хаялт 정지, 파업, 휴업, 지불 정지; гэрийн ~ 숙제; эрдэм шинжилгээний ~ (학술) 연구, 조사, 탐구, 탐색; ~ хий чадвар 일을 해낼 수 있는 능력; ажлын өдөр 근무일, 작업일, 평일; ажлаа хийх 직업을 찾다; ~ хэрэгч 사무적인, 능률적인(실제적인); худалдаа наймааны 매매(상업.장사.거래.무역.교역.실업); ~

уйчилгээ봉사(수고, 공헌, 이바지); би Москва руу ажлаар байнга явдаг на종종 비즈니스로 모스크바에 간다.
근면 идэвх, мэрийлт, оролдлого, чармайлт
근면 성실한 학생 хичээнгүй оюутан
근면 ажилсаг, зүтгэлтэй, зүтгэмтгий, нарийн, оролдлоготой, оролдоо, хичээлтэй, хөдөлмөрч, шамдангүй
근면함 мэриймж
근무(임무)교체하다 жасаала|х
근무의 교체 жасаа(н)
근무자 жижүүр
근무중이다 жижүүрлэ|х
근무하다 үйлчлүүлэ|х
근본 ёзоор, ёроол, иш, оньс, охь, сурвалж, уг, үндэс(үндсэн), үүсвэр, эх
근본적인 гол, органик, чухал
근사 тойм
근사치 барагцаа
근사한 багцаа, гайхамшигтай, шижгэр
근소한 жаахан, харуу, яхир
근시(近視)(시람) дэлэгч
근실거리는 안개(놀, 연무) сууна
근심 додомдлого, зовнил, зовуурь, өвдөлт, түвэг, түгшүүр, түйвээн
근심(걱정)이 없는 гудиггүй, хэнэггүй
근심(걱정)이 없다 гудиггүйдэ|х
근심(걱정, 염려)이 없다 гуниггүй
근심하다 зово|х
근엄한 намбагар, төрхтэй
근원 булаг, ёзоор, иш, орвон, сурвалж, үндэслэл, үүсвэр, эх, язгуур
 уг; усний ~ 머리카락의 뿌리; ~ нутаг 고국, 모국, 조국; ~ учир 원물, 원형 ~aac угүй 결코 ~하지 않다; ~ чанар 에센스, 엑스, 정(精); ~ туйл 절대적인 것; эх ~ 근원(근본.기원.발단.원천)
근원이다(~의) өрнө|х, төрүүлэ|х
근육 шандас, шөрмөс, булчин(г); гарын ~ 이두근(二頭筋), 근력(筋力).
근육 등을 수축시키다 хуйлра|х

근육 등이 연약하게 되다 улжий|х
근육 등이 연약하다 үлхий|х
근육 등이 연약한 үлхгэр
근육 등이 흐늘흐늘하는 улжгар, налимгар
근육 따위가 흐늘흐늘하게 되다 улщай|х
근육 따위가 흐늘흐늘하다 ёлщой|х
근육(몸)이 나긋나긋한 улщгар
근육의 세기(힘) шандас
근육이 연약하게 되는 улжгар
근육이 툭툭 불거진 шөрмөслөг
근육이 흐늘흐늘하게 되다 улбай|х
근육이 흐늘흐늘하는 ёлбогор, үлбэгэр, цулгар
근저(기초) 위로 두다 суурилуула|х
근절할 수 없는 мөхөөшгүй
근절 мөхөөл
근접 гадуур, хавь
근접(육박)하다 наашра|х
근접하다(다가오다)(~에) ойрдо|х, наашда|х; үнэ ~ 값을 감하다(깎다)
근질근질하다 гижигдэ|х
근질근질함 гижиг, сэрвэгнэ|х
근처 хавь, хажуу
근처(부근)에(~의) алдад, үес
근처에 туша
근처의 хөрш, саахлт; тэдний манайхан ~ 우리는 이웃이다; ~ын газар 거주지의 이웃이다; ~ одод 별자리
근친 авалцаа
글 өгүүлбэр; энгийн ~ 간단한 문장; нийлмэл ~ 혼합문장; гол ~ 주부(主部)의 문장, 주절; гишүүн ~ 종속절, 종속구; асуух ~ 의문형의 절, 의문문; хуурнэх ~ 이야기체, 설화(법); ~ зуй 통어법(론), 구문(론); ~ ийн 문장구조; ~ийн гишүүн 문장의 성분(부분)
글라스(컵) аяга, шил; сэнжтэй/бариултай ~ 원통형 찻잔, 손잡이가 있는 컵, 머그 잔; ~ны амсар зуух 마시다, 다

마시다
글라스웨어 шилэн сав суулга
글라이더 시주기(始走器) хавчаахай
글루텐 цавуулаг
글리세린 глицерин(glycerine: 지방 또는 유지(油脂)가 가수 분해할 때 생기는 무색 투명의 끈끈한 액체;약용·폭약·화장품 원료.)
글자 뜻 그대로 번역하다 махчла|х
글자(말·책·악보 등을)쓰다 туурви|х
글자체 үсэг
글짓기하다 зохио|х
긁기 зулгархай, очгор, шалбархай
긁는 소리 очгор
긁는(할퀸) 소리를 나게 하다 тожигнуула|х
긁다 маажла|х, саварда|х, самарда|х, мажи|х; нуруу ~ 등을 문지르다(긁다); шилээ ~ 머리를 긁다; маажихаа боль! 긁지마! хорыг ~~의 감정을 해치다
긁어 구멍을 내다(땅을) маажла|х; нохой газар маажлав 그 개는 땅을 할퀴다.
긁어 일으키다 сэрээдэ|х
긁어(깎아서, 닦아서) 반반하게 하다 үрэгдэ|х
긁어내다 малтуурда|х, тарма|х, тармуурда|х
긁어모으다 малтуурда|х, саварда|х, тарма|х, тармуурда|х, хама|х, хураа|х, цуглуула|х
긁어서 고르다 малтуурда|х, тарма|х, тармуурда|х, хама|х
긁어서 치우다 малтуурда|х, тармуурда|х; тэд нар унасан навчсыг тармуурдав 그들은 낙엽을 갈퀴로 긁어모으다.
긁어파다 саварда|х
긁은(할퀸) 소음을 듣다 тожигно|х
긁은(할퀸) 소음을 만들다 тожигнуула|х
긁은(할퀸) 소음이 들리다 тожигно|х
긁은(할퀸) 자국(상처) шалбархай, зулгархай, очгор
금 또는 은 문직(紋織) хоргой
금 또는 은 브로케이드(아름다운 무늬를 넣어 짠 직물. 특히, 부직(浮織)) хоргой
금 утас(утсан)
금(기호 Au; 번호 79) алт(ан); ~ дэлхий драсти, 땅, 구지(矩地); ~ан цаг 황금시계; ~ан тамга 옥새; ~ан титэм 왕관; ~ан утас 금실; ~ шарах ~эн 금(금박)을 입히다, ~을 금도금하다, 금빛으로 칠하다; ~ ны уурхай 금광산; ~ны инжаан 금세공인, 골드스미스; шижир ~ 순금; ~ан хушуу хүргэх ~에게 알리다, ~에게 고(告)하다; ~ан ураг 왕족, 왕통; ~ан өлгий мо(조)국, 조상의 땅; ~ан зоос 금화; ~ан гургалдай 나이팅게일; ~ан жигүүр 검은 방울새; ~ан загас 금붕어; ~ан зул 튤립; Алтан Од 비너스(사랑과 미의 여신); Алтан Гадас 북극성; ~ан хараацай 제비; ~ан цэгцүүхэй 북쪽에 사는 홍방울새.
금(금박)을 입히다(~에) алтда|х
금(갈라진.줄. 틈) судал, ган(г)
금(담이나 벽 따위의) ангархай; ~ шарх 상처를 내다
금(은) 명주실 жунжан
금(제한)하다 дөрлө|х, түвдэ|х, хазаарла|х
금(홈)을 내다(파다)(~에) торомжло|х
금(홈)을 내어 ~으로 만들다(~에) торомжло|х
금가(게 하)다(~에) хортонто|х
금가게 하다(~을) нужигна|х, нярдхий|х, тажигна|х
금가다 ганта|х, цуура|х
금강사(金剛砂) бадмаараг
금강석(金剛石) алмас
금과 은실로 자수 놓은 용 디자인 브로케이드 실크 магнаг
금과 은의 무게를 다는 손저울 дэнс(эн)

금관 악기의 판(瓣) булуур
금관 악기의 гуулин; ~ хөгжим 금관악대.
금관악기 гууль
금기 цээр
금기하다 дархла|х, цээрлэ|х
금단의 хориотой, цаазат, цээртэй; хэл ~ 건강 격리된
(~을) 금도금하다 алтда|х
금도금한 алтадмал
금령 цааз, цээр, цээрлэл
금박 хигд алт
금박을 입힌 алтадмал; ~ хөшөө 금빛 동상
금방 төдөлгүй, төдхөн, удалгүй
금방에라도 ~할 것 같은 бэлхэн
금빛 나게 하다 алтда|х
금빛 나는 алтадмал
금빛으로 칠하다 алтда|х
금빛의 алт(ан)
금성(金星) Баасан, Сугар
금속 롤러 бортго
금속 төмөр, төмөрлөг, хүдэр, металл; өнгөт ~ 비철금속(구리·납·아연·백금): хар ~ 철금속; ховор ~ 가치가 있는 금속.
금속(나무·돌)판에 새기는 товруут(ай)
금속(나무·돌에) 조각하다 тови|х
금속(유리·고무 따위의) 관(管) хоолой
금속·나무(돌)에 조각하다 сийлбэрлэ|х
금속과 유사한 төмөрлөг
금속성(질)의 төмөрлөг
금속성의 딸랑딸랑(짤랑짤랑, 찌르릉) 소리나다(내다) хан хийх
금속세공장(匠) дархчуул
금속세공품을 가장자리를 장식으로 꾸미다(장식하다) хажи|х
금속용액 병을 뒤로 옮김 дашмаг
금속원소 төмөрлөг, металл; өнгөт ~ 비철금속(구리·납·아연· 백금따위); хар ~ 철금속; ховор ~ 가치가 있는 금속.
금속위에 무늬를 새기다 тови|х

금속을 경화(硬化)하다 дагдарши|х, дагтарши|х, хатуужи|х, хатуура|х
금속을 두드려서 펴다(두드려만들다) давта|х; төмөр ~ 철을 담금질하다;
금속을 함유하는 төмөрлөг
금속의 깎아낸 부스러기 өөдөс, хэлтэрхий
금속의 녹 зэв; ~ идэх 녹나다, 부식하다
금속의 도금 өнгөлгөө
금속의 판(깎아낸 부스러기) ялтас, илтэс
금속의 төмөрлөг
금속의(금속성질의, 금속을 함유하는) 뒷맛(여운) бал; зэсийн ~ 구리(동전)의 뒷맛(여운)
금속이 맛의 원인이다 бал
금속특유의 төмөрлөг
금속판 장식으로 둘레를 조각하는 товруу
금속현을 때려 소리내는 악기의 일종(피아노의 원형) ёочин
금속현을 때려 연주하다 ёочиндо|х
금수 махчин
금수와 같이(잔인하게, 야만적으로) 하다. муйхарла|х
금시(今時)로 төдөлгүй, төдхөн
금식 мацаг; ~ барих 단식하다
금식하다 мацагла|х
금언(집) судар
금요일(金曜日) Сугар, Баасан
금욕 тэвчил, мацаг; ~ барих 단식하다
금육제(禁肉齋) тэвчил
금융상의 신용 зээл, зээллэг, кредит
금융상의 санхүүгийн
금으로 만들어진 алт(ан); ~ ан дэлхий 대지, 땅, 구지(矩地); ~ан цаг 황금시계; ~ан тамга 옥새; ~ан титэм 왕관; ~ан утас 금실; ~ шарах ~에 금(금박)을 입히다, ~을 금도금하다, 금빛으로 칠하다; ~ ны уурхай 금광산; ~ны

инжаан金세공인, 골드스미스; шижир ~ 순금; ~ан хушуу хургэх ~에게 알리다, ~에게 고(告)하다; ~ан ураг 왕족, 왕통; ~ан өлгий 모(조)국, 조상의 땅; ~ан зоос 금화; ~ан гургалдай 나이팅게일; ~ан жигуур 검은 방울새; ~ан загас 금붕어; ~ан зул 튤립; Алтан Од 비너스(사랑과 미의 여신); Алтан Гадас 북극성; ~ан хараацай 제비; ~ан цэгцуухэй 북쪽에 사는 홍방울새.

금은보석의 장식 고리 бугуйвч; алган ~ 금 팔지

금은비가(金銀比價) хэмнэг

금은수단(繡緞) хоргой

금을 내다 пиэйгнэ|х, хэрчигнэ|х, шажигна|х

(~에) 금을 내다 гурвида|х, хоног, хэрчлэ|х, хэрчээслэ|х

금을 내어~으로 만들다(~에) гурвида|х, гурвита|х, хоног, хэрчлэ|х, хэрчээслэ|х

금이 간 хагархай

금이가다 цавта|х

금자탑 овооллого

금잠초(金蠶草:민들레) багваахай цэцэг

금전상의 이익 хонжил

금제(禁制) хорио, хориг, хориглол, цааз, цаазат, цээр, цээрлэл

금제(금단)하다 цээрлэ|х

금주(禁酒) мацаг, тэвчил; ~ барих 단식하다

금주령 хориг

금주법(禁酒法) хориг

금주하다 цээрлэ|х

금지(禁止) буу, хориглол, хорио, хээ, цааз, цаазат, цээр, цээрлэл, хориг; энд тамхи ~ тат! 여기서는 금연입니다!, 금연!; ~ яв! 가지 마시오!

금지(제지)하다 боо|х

금지되지 않은 хээгүй

금지된 хориотой, цаазат, цээртэй; хэ л ~ 건강 격리된

금지령 хорио, цааз, цээр, цээрлэл

금지하다 огооро|х, хоригло|х, хязгаарла|х, цээрлэ|х, хоригло|х, цаазла|х

(~을) 금지하다 хори|х, хоригло|х, цаазла|х

금하다 боо|х, хоригло|х, цаазлагда|х

(~을) 금하다 цаазла|х

금형 хэв, хэвлүүр, цутгуур

금후(로는) хойшид, цаашид

금후는 урагшид, цаашид

급격하게 огцом

급경사지고 높은 огтор

급경사진 언덕의 중턱(사면(斜面)) хэц

급경사진 огцом, цавчим, өгсүүр; ~ товцог оргмагийн, оргаг, цахиц

급료 пүнлүү, хөлс; таны сарын ~ хэд вэ? 당신의 한달 봉급이 얼마입니까?

급료(시간급·일급·주급) цалин

급료(임금)를 지급하다 цалинжуула|х

급류 등의 회게 부서지는 물 хариг

급류 таргил, хариг

급류(여울) боргио

급류수(急流水) даргил

급류의 회게 부서지는 물 боргио

급배수(給排水)) 위생공사 сантехник

급사(急使) зарлага, элч, буухиа; ~ лалт тэрэг 급행열차, 엑스프레스

급선회 тойруулга

급속한 хурдан, хурдач

급수 рейтинг

급수별 ангилал

급수전(栓) цорго

급수탱크 нуурмаг

급습 дайралт, довтлого, довтлогоо

급습기(給濕機) чийгжүүлэгч

급습하다 бучнула|х, довтло|х

급식 тэжээл

급유 тосолгоо

급유기 тослогч, тосолгоочин

급진당원 радикал

급진주의 радикализм

급진파의 радикал

급탄기(給炭機) галч
급파(특파)하다 илгээ|х, ирүүлэ|х, явуула|х
급하게 굴다. адга|х
급하게(무모하게) 행동하다 мэгдээ|х
급한 давч, яаруу
급히 авсаар, дөжир, дууги|х, мөд, хурдан, шалавхан, эртхэн, яаравчлан
급히 가다 жийгэ|х, сүнгэнэ|х, хурдла|х
급히 떠나다 орго|х
급히 멈추게 하기 위한(밧줄) нахиу
급히 방향을 바꾸다(돌아보다) шампра|х
급히 서두르게 하다 бахь
급히 서두른 사람 уулгамч
급히(서둘러) ~하다 довтло|х
급히(서둘러) яаруу давчуу
긍정 зээ
긍지 хэргэм
기(期) галав, улирал, цаг, шат, эрин
기(旗) далбаа, туг
기(忌)하는 말(물건) цээр
(~한) 기(미) идээшмэл
기가 꺾이다 гунда|х
기가 꺾인 гундмал
기가 죽다 бөднө, хуламгана|х
기가 죽은 уруу
기가 펼쳐지다 дэлэ|х; щувуу далавчаа дэлэв 새가 날개를 펴고 날다; ус ~ (물이) 넘치게 하다, 범람시키다.
기간 분류 үечлэл
기간 галав, улирал, цаг, шат, эрин
기간 나누다(분할하다,쪼개다) үелэ|х
기간을 두다(~의) хугаца|х
기간을 분류하다 үечлэ|х
기갑부대 морьт; ~ цэрэг 기병(대)
기갑의 морьтой
기계 зэвсэг, хэрэгсэл
기계(器械)(실험·정밀 작업용의) багаж, аппарат; зургийн ~ 카메라, 사진기
기계 기술자 машинч

기계 꽂는(끼우는) 구멍 онги
기계 등이 돌고 있는 асаалттай
기계따위가 회전(운전)하다 дадгана|х
기계 따위의 운전(상태) хөдлөл, хөделгөөн
기계 베어링 холхивч
기계 제작자(수리공) машинч
기계 판(瓣) хавхлага
기계(부품 등을) 설치(설비)하는 사람 угсрагч, монтёр
기계(상)의 оньстой
기계(장치) машин(а), механизм, хөделгүүр; бичгийн ~ 타자기, 타이프라이터; махны ~ 고기 분쇄기; оёдлын ~ 재봉틀; тооны ~ 계산기; ачааны ~ 화물자동차, 트럭; ~ы тос 기계유, 엔진오일; нэхэх ~ 동력직기; суудлын ~ 승용(자동)차, 객차(열차의); сууний ~ 크림선별기; усний ~ 이발기계; суурь ~ 공구, 공작기계; хэвлэлийн суурь ~ 인쇄기; нэхэлийн суурь ~ 베틀, 직기(織機).
기계(칼을) 이것저것(조심성 없이) 만지작거리다 тэнэглэ|х
기계(케이블카의) 맞물림 장치 иш
기계가 멈추다 хаа|х
기계공 механикч; ~ хөделгүүр угсрав 기계공이 기계를 조립하다
기계로 조작하는(만든,움직이는) оньстой
기계를 분해 검사(수리)하다 заса|х; номын алдаа ~ 교정을 보다, ~의 교정쇄를 읽다; алдаа ~ 실수를 바로잡다 (고치다); алдаа дутагдлыг арилгах ~ 영양부족 고려하지 않다; орон сууц ~ 편평(납작)하게 수리하다; зам ~ 길(도로)을 건설하다; үс ~ 이발하다; ор ~ 잠자리를 깔다; ширээ ~ 테이블을 세팅하다; тал ~ ~의 부츠를 핥다, ~의 비위를 맞추다, ~에게 빌붙다; явдлаа ~ 행실을 고치다; үүр ~ 보금자리를 짓다; биеэ ~ 화장하러 가다; нохой ~

개를 거세하다; бие ~ газар (말을) 손질하다(돌보다); өвчнийг ~ 건강을 회복시키다.

기계를 사용하다 машинда|х; ус ~ 전동 이발 기계로 이발하다; мах ~ 고기를 기계적으로 간다, 고기를 기계로 잘게 자르다(저미다)

기계를 손질하다 тойло|х

기계를 조립하다 угсра|х

기계사용(근육노동을 줄이기 위한); 자동화 автоматжуулалт

기계설비를 도입하다 механкжуула|х

기계수리공 механикч; ~ хөдөлгүүр угсрав 기계공이 기계를 조립하다

기계의 끼우는 고리(통) хуруувч(ин)

기계의 마손 очгор, хортон

기계의 운전자 оператор; дууны ~ 소리(음, 음향) 기사

기계의 조작자 оператор; дууны ~ 소리(음, 음향) 기사

기계의 축투(軸套) холховч

기계적으로 행동하는 사람(동물) автомат

기계적인 되튀기(반동. 탄성) пүрш

기계학 механик

기계화하다 механкжуула|х

기고 сүйтгэл

기고(투고)가 өглөгч

기골 хат

기공(技工) дархан, дархчуул, урчууд

기공(氣孔)이 있게 되다 сархиата|х

기공(氣孔)이 있는 хөөсөрхөг

기관 багалзуур, хүхээ, эрхтэн

기관(난로)의 화부 галч

기관지(氣管支) хоолой

기관차 зүтгүүр

기관차(난로)에 불을 지피다(피우다, 때다) өрдө|х

기관총(포) пулемёт; хөнгөн/хүнд ~ 경/중 기관총(포)

기관총용의 탄대 дайз

기관총탄 сум(ан)

기관학 техник

기괴한 гажуу

기교 ур(ан)

기교를 부리는 аргатай, жавшимтгай

기교를 부리다 урла|х

기교를 부린 ад, аргатай, жавшимтгай

기구 зэвсэг, тоноглол, хөдөлгүүр, хэрэгсэл, аппарат, багаж; үйлдвэрлэлийн~ зэвсэг 생산의 도구(연장); ~ ийн хайрцаг 도구 상자; төрийн ~ 정치 기구

기구(풍선. 발루운(balloon)) бөмбөлөг, дэгдүүр; агаарын ~ 기구; 둥근 대형의 브랜디글라스

기극(紀極) шувтрага

기근(饑饉) дажин

기금 기부자 байгуулагч, үндэслэгч, үүсгэгч

기금 бэл, фонд, мөнгө(н), сан; ~ төгрөг 돈; мөнгөн аяга 은 컵; мөнгөн тэмдэгт 은행권; ~ гүйвүүлэх 유통화폐; ~ задлах 화폐교환; ~ солих 화폐교환소; ~ зээлэх авах 신용카드; ~ зээлэх 차용(借用)하다, 돈을 꾸다; ~ хуулгч 대금업자, 전당포 (주인); ~ний реформ 통화개혁;~ний ханш 환(換)시세; бэлэн ~ 현금, 맞돈; бэлэн мөнгөөр төлөх 현금으로 지불하다; валютын ~ 통화 기금, 준비(적립) 금; ~ хэ мрэ г 보고 (寶庫), 보물 창고; эрдэнэсийн ~ 보배, 보물, 재화; Сангийн яам ~ 재무장관 номын ~ 도서관; эмийн ~ 약방, 약국; усны ~ 저장소, 저수지, 급수소(탱크).

기기 мөлхөө

기기를 장치하다(~에) тоноглогдо|х

기꺼운 аятай

기꺼이 багахан

기꺼이 ~을 좋아하는 дуртай; ном унших ~ 책 읽기를 좋아하다; ~ зөвшөөрөх 기꺼이 허가하다; ~ дургуй

싫든 좋든 간에, 좋아하든 말든; би туунд ~ 나는 그것을 좋아한다.
기꺼이 ~하는 дуртай, ханал, дүүрэн(г); сэтгэл ~ 만족하고 있음.
기꺼이 ~하다 догдло|х, тала|х
기꺼이(자진하여) ~하려고 하다 бэлтгэгдэ|х
기껏 сайндаа
기껏해야(서) сайндаа
기나피(幾那皮) дурс(ан), холтос(он)
기낭 хүүдий
기념(記念) ой(н); ойн баяр 기념제를 축하하다
기념 건조물 хөшөө
기념관 музей
기념비 хөшөө
기념의 상 хөшөө
기념의 조상 хөшөө
기념제(일) ой(н);
기념탑 хөшөө
기념패 медаль
기념품 дурсгал; ~ын хөшөө 기념물, 기념비(관); ~ын самбар 기념 명판 (銘板); бэлэг ~ 기념물, 기념으로 남긴 물건
기념품을 주다(증여하다) дурсга|х
기능 авьяас, ур(ан), функц, чадвар, дэм; ~ билиг 천재, 비상한 재주; ~ чадвар 할 수 있는 힘, 가능성, 능력, 역량, 재능, 솜씨; урлагийн ~ 예술적인 재능(능력); ~ чадвар 기능, 기교, 솜씨 гартаа ~тай хүн 장인(匠人), 기공(技工).
기다 гүвгөнө|х, жирсий|х
기다란 урт
기다랗게 잡아늘인 татмал
기다리게 하다(~을) болго|х
기다리기 хүлээгдэл
기다리다 байзна|х, горилл|ох, найда|х, хүлээгдэ|х
(~을) 기다리다(기대하다) бэдрэ|х, хүлээ|х
기담(奇談) онигоо, паян
기대 놓다 түшүүлэ|х
기대 найдал, найдвар, сэтгэлчилэн
기대(예기.예상.예감)하다 хүлээ|х, горилл|ох, найда|х, горьдо|х; чамайг нөгөө номоо авчирсан байх гэж горьдов 당신은 확실히 책을 가져올 것을 기대한다.
기대게 하다 гилжий|х, сөөжи|х, хэлтий|х
기대다 далий|х, дулдуйда|х, нала|х, налуула|х, түши|х, гудай|х
(~의) 기대다(의지하다) суурил|ах
기대도록 하다 тулгуурда|х, хажуула|х, хэлтий|х
(~의) 기대를 어기다 баара|х
기대하다 байзна|х, дулдуйда|х, найдуула|х, тооцо|х, хүлээгдэ|х
기댄 хэвтээ
기도 маань, мөргөл, санаархал; ~ унших 기도문을 낭송하다; маанийн хурд (라마교의) 기도분봉(筒) (기도문을 넣은 회전 원통).
기도(주문을 외어 악령을) 쫓아(몰아)내다 тарнида|х
기도를 드리다 цацал
기도의 문구 маань
기동(機動)작전 манёвр
기두(起頭) тугч(ин)
기둥 모양의 것 багана
기둥 모양의 물건 багана
기둥 багана, ивүүр, шон, гадас(ан); алтан ~ од 북극성, 폴라리스; ~ шаах 말뚝을 박고 불하 청구지(地)를 확보하다, 천막을 치다, 주거를 정하다.
기둥(말뚝) 사이 로프로 늘이다 хэц; угаасан юм 9 лгэ 9 х ~ 빨랫줄
기둥(비석의) 대좌(臺座) үндэслэл
기둥목도리(주두(柱頭)와 기둥. 몸과의 접합부) хоолой
기둥을 세워 구분하다 хүснэгтлэ|х

기략이 풍부하다 овжинто|х, сэргэлэндэ|х
기략이 풍부한 авхаалжтай, аргатай, арчаатай, бүтээлч, овжин, овсгоотой, элдэвтэй, завдаа, зай, самба(н), самбаатай
기량 дадлага, чинээ, эрдэм
기력이 없는 базаахгүй, буурай, ёлбогор, нолчгор, тамиргүй, тэнхээгүй, үхэнги, үхээнц, дорой; сул ~ 병약한, 허약한, 골골하는; ~ буурай 박약한, 나약한, 기력이 없는
기력이 없어지다 ёлбой|х
기록(記錄) акт, байцаал, баримт, бичиг, рекорд, тэмдэглэл
기록(공문서) 보관소 архив
기록 자료가 되는(에 있는, 에 의한) баримтат
기록(기입)하다 бүртгэ|х, дансла|х
기록(기입)했다 тэмдэглэгдэ|х
기록(녹음, 녹화)하다 тэмдэглэ|х
기록(등록)부 жагсаалт
기록(문서) рекорд
기록된(한) данстай
기록부 данс(ан), тэмдэглэгч
기록에 남겨두다 архивла|х
기록이 깨지지 않은 саваагүй
기록적인 баримтат
기록하다 бичи|х, илтгэ|х; тэр гаргац муутай бичдэг 그는 읽기(판독하기) 어렵게 기록하다(쓰다); бичиж авах ~을 적어두다, ~을 필기(노트)하다; тодорхой ~ 분명하게 기록하다; би түүнд өдөр бүр бичдэг байв 매일 문장을 기록했다; хуулх ~ 복사하다
기르다 бойжуула|х, өсгө|х, тэжээ|х, тэжээгдэ|х, ургуула|х, үржүүлэ|х, хүмүүжи|х, хүмүүжүүлэ|х, цоройх
(~을) 기르다 хоолши|х
기름 тосгүй, тосло|х
기름(그리스, 윤활유)을 바르다(치다) (~에) тосдо|х

기름같은 тосорхуу
기름기 많은 тостой
기름기 있는 тосорхог, тостой
기름기가 많게 하다 тосто|х
기름기가 많은 өөх, тарган
기름숫돌 билүү
기름에 담근 тосорхуу
기름에 젼 тосорхог, тостой
기름으로 볶(아조리하)다 хайра|х, шара|х
(~를)기름으로 볶(아조리하)다 хуура|х
기름으로 튀기다 хайра|х, шара|х, шарагда|х
(~를) 기름으로 튀기다 хуура|х
기름을 바르다(문대다) нялгада|х
기름을 주다(치다)(~에) тосто|х
기름의 тосорхог
기름이 많지 않은 тосгүй
기름이 오른 пандгар, өөх; малын ~ 동물의 기름; гахайн ~ 돼지기름; ~тэй мах 지방이 많은 고기.
기름진 тослог
기름치는 사람(기구) тослогч, тосолгоочин
기름칠한 тосорхуу
기름통 тослуур
기름투성이의 тосорхог, тосорхуу, тостой
기름한 уртшиг
기린(지라프, 기린자리) анааш
기립하다 босо|х
기마대 морьт; ~ цэрэг 기병, 기병대
기만 заль, худал
기만하다 булхайла|х, гоёмсогло|х, залила|х, залилагда|х, зальда|х, мала|х, молигдо|х, нохойто|х, хуура|х, хуурамча|х, хуурмагла|х, луйварда|х; хуний юм ~ ~을 사취하다; эмэгтэйн их хэмжээний мөнгийг луйварджээ 그녀는 많은 돈을 기만했다.
(~을) 기만하다 хуурагда|х
기만했다 мэхлэгдэ|х

기맥(氣脈)을 통하다(~와) хуувилда|х
기면성(嗜眠性)의 унтамхай
기명날인하다 мутарла|х
기모노(일본 고전옷) кимоно
기묘한 ад, жигтэйхэн, хачин, хөгтэй; ~тай хашгирах 이상한(야릇한) 부르짖음; ~тай инээх 유령의[같은] 웃음; ~ болох ~의 부담이 되다; ~ уээх 유감으로 여기다
기물(器物) эдлэл, сэвх, цондон, шинж
기민(민활)하게 움직이다 давхий|х
기민(민활)하다 дэгдэлээ|х
기민(민활)한 сэвэлзүүр, шаламгай
기민(민활)해지다 гялбалза|х
기민한 авхаалжтай, аргатай, гав шаа, сүйхээ, уртай, хавтай, чадамгай
기민함 завдаа
기밀 нууц; ~ үг 암호(말), 군호, 패스워드; ~ цоож 숫자 맞춤 자물쇠; ~ нэр펜네임, 필명, 아호; ~ тушаал 비밀(기밀,극비)의 명령; ~ сонгууль 비밀(무기명)투표; ~хадгалах 비밀을 유지하다.
기밀(비밀)의 нууцгай
기밀 취급으로 하다 нууцла|х
기반 барилдлага, үндэс(үндсэн)
기발한 언동 адармаа
기백 있게 고삐를 당겨라 жийнгэ
기백(용기) 없는 номой, номой
기백(용기) 없다 номойто|х
기백이 있게 말을 세우다 жийнгэ
기병대 морьт; ~ цэрэг 기병, 기병대;
기병도(刀) илд, сэлэм(сэлмэн)
기병의 морьтой
기병이나(나치군인이 신던) 긴 장화 олонгодой
기본(기초.원리)이 되다 голо|х; малын ахил ~ 기본(기초)이 되다.
기본금 бэл, сан, фонд
기본방위 зүг; Улаанбаатарын ~ 울란바토르의 방면; баруун ~ 서쪽; зуун ~동쪽; Кембриж Оксфордоос зуун ~т байдаг 옥스퍼드의 동쪽 캠브리지; ~ ~ээс ирэх 모든 방위로부터 오다; ~чиг 기본방위, 사방(북남동서(NSEW); өмнө ~ 남쪽; хойд ~ 북쪽; ~ чигээ олох ~ 지향의.
기부 захиалгат, буйр, ёзоор, суурь, үндэс(үндсэн), үндэслэл, сүйтгэл
기부(공헌)자 өглөгч
기부(공헌)하다(~에) нэмэрлэ|х
기부금 дотаци, захиалгат, татаас, тэтгэмж
기부금을 부탁하다 бадарла|х
기부금을 요구하는 гүймттай, гүймхай
기부청약 захиалгат
기분 나쁜 таагүй, тадамжгүй, эхүүн
기분 나쁜 모양을 하다 морчий|х
기분 좋게 тухтай
기분 좋은 аштай, аятайхан, голшиг, таатай, тавтай, таламжтай, тохилог, тохьтой
기분 좋은 소리(음조) уянга
기분 풀이가 되는 зугаатай, инээлтэй
기분 дотор, сэтгэл
기분(바다.정정(政情)등이) 가라앉다 намхра|х
기분나쁜 хавгүй
기분을 상하게 하다 дайра|х, дорожкло|х; үгээр дайрч ~ 욕설로 상처를 주다; басамжлан ~ 창피를(굴욕을) 주다.
기분을 풀게 하다(~의) баяса|х, хөгжөө|х, зугаала|х; эмэгтэй хуухдуудтэйгээ зугаалахаар гарлаа 그녀는 어린이와 산책 나가다
기분이 내키지 않음 халшрал
기분이 상쾌한 наргиантай, өөдрөг
기분이 언짢다 ёхиволзо|х, тавгүйдэ|х, хуйсгана|х
기분이 언짢은(침울한) бурхэг, ёхир, наншаа, тавгүй, тохигүй, тухгүй, хавгүй, гонсгор, тайгаршгүй; ~ зовлон 슬픔에 잠기다

기분이 언짢음 дэлүү(н), ойг, цөс, чилээрхэл
기분이 좋은 жалх
기분이 좋지 않다 хонхилзо|х
기분이 좋지 않은 чилээрхүү
기분좋은 найртай, тавлаг, төвхнүүн, тухлаг, хөгжөөнтэй
기뻐 날뛰다 баярла|х
기뻐서 흥분한다(어쩔 줄 모르다) дэмийрэ|х
기뻐하다 баярла|х, баярлуула|х, баяса|х, тавла|х, хөөрө|х
(~을) 기뻐하다 бахда|х
(~하여) 기뻐하다 догдло|х
기뻐하며 소리치다 гогоогло|х
기쁘게 하는 баяртай, баясгалантай, бялдууц, долдой, жаргалтай
기쁘게 하다 баярла|х, баярлуула|х, гийгүүлэ|х, гялай|х, зуйра|х, өөгшүүлө|х, таалагда|х, хөгжөө|х
기쁘다 гий|х, жарга|х
기쁜 аятайхан, баяртай, баясгалантай, гоо, жаргалтай, олзуурхууштай, таатай, таламжтай, хөөтэй
기쁜 듯한 баяртай, баясгалантай
기쁨 бах, бахдал, баясгалан, таашаал, таламж, хав, хөөр, цэнгэл, баяр; ~ хөөр 기쁨, 환희, 환호, 환락, 축하
기쁨(즐거움, 쾌감, 만족)을 주다 баясга|х
기쁨(즐거움, 행복)을 만들다 баясга|х
기쁨(환희)을 경험하면서 지내다 тансагла|х
기쁨(환희)을 주다 гийгүүлэ|х
기쁨(환희)을 허락하다 баярлуула|х
기쁨(희망)이다(~의) таалагда|х
기쁨거리 бахдал
기쁨에 차다 гий|х
기쁨에 찬 жаргалтай, маасгар
기쁨으로 빛나다 гий|х
기쁨을 주는 것 бах, бахдал, баясгалан
기쁨을(환희를) 주다 баярлуула|х

기쁨의 노래 дуулал
기쁨의 상태 бахдал
기사 инженер; барилгын ~ 민간기사; цахилгааны ~ 전기기사
기사(技師) рапорт сурвалжлагч, тайлан, оператор; дууны ~ соири(음, 음향) 기사
(~의) 기사를 쓰다(싣다) сурвалжла|х илтгэ|х
기사를 작성하다 тайлагна|х
기상천외의 зөгнөлт
기상하다 босо|х, өөдлө|х
기색 шинж
기생 동(식)물 паразит, шимэгч, хувалз
기생 동물의(식물의) шимэгч
기생적인 шимэгч
기생체(질)의 шимэгч
기생충(균) өт, хортон, хорхой, шимэгч, паразит, хувалз
기생충(이)의 알 хуурс
기생충거세 질병 соёнго
기생하는 шимэгч
(~에) 기생하다 паразитла|х
기선 онгоц
기선(기관차의) 굴뚝 юүлүүр
기선을 제압하다(~의) өрсө|х
기성복 бэлэн хувцас
기세 ааг, хүч(ин); ~ ихтэй 강한, 날카로운, 신랄한; ~ ихтэй цай 진한(독한) 차; ~ омог 오만, 거만, 건방짐.
기세(격렬함이) 약해지다 саара|х; э вчин ~ (통증이) 가라앉다
기소자 яллагч
기수(旗手) тугч(ин)
기수(홀수)의 ижилгүй, сондгой
기수를 내동댕이치다(떨구어버리다) булги|х
기술 тайлан, техник, ур(ан), эрдэм, авьяас ~ билиг 천재, 비상한 재주; чадвар 할 수 있는 힘, 가능성, 능력, 역량,재능, 솜씨; урлагийн ~ 예술적인

재능(능력)
기술(공업)의 스프링 пүрш
기술(기능, 솜씨)을 잃다 төсөөрө|х
기술(記述) дүрслэл
기술(奇術)의 идтэй; ~ сайн зураач 재주 있는 화가;~эм 효과적인 약.
기술(숙련)공 дархан
기술의 부족(결핍) төсөө
기술자 техникч, инженер; барилгын ~ 민간 기사; цахилгааны ~ 전기 기사
기술적(記述的) инзоногч угсаатны зүй
기술하다 тодорхойло|х
(~을) 기술하다 тайлагна|х
기슭에(~의) дор
기습 점령하다(~을) зочмогдо|х
기식자 паразит
기아(飢餓) дажин, өлсгөлөн; ~ зовлон 굶주림, 기아.
기아로 약해지다 гуранхла|х
기어 арра, механизм
기어 내려오다 аса|х
기어 돌아다니는 연기(매연) сууна́г
기어 돌아다니는 мөлхөө; ~ ургамал (갓난아이의) 내리닫이; ~ болох 곧추 설 수 없는 두 개의(선류의 자낭체의) 족부(足部); (화판의) 기부(基部).
기어오르다 авира|х, маца|х, өгцө|х, цоройх, гара|х; тэд уулын толгой өөд мөлхөж шахуу гарав 그들은 경사면을 모두 네 발로 기어서 올랐다; модонд ~ 나무에 올라가다; ууланд ~ 산으로 올라가다; би уснаас мацаж га-рав 나는 물속에서 기어 나왔다; мод өөд ~ 나무에 오르다; уул өөд ~ 등반하다..
기어오름 авиралт
기어이 гарцаагүй
기어코 ~하려고 했다 юмсан
기어코 гарцаагүй
기억 дурсамж, дурсгал, ой; тэр ~ муутай 그는 기억력이 나쁘다; ~ сайтай 기억력이 좋다; ~нд орох (어떤

생각이) 마음에 떠오르다; ~нд багтахгүй 상상 (생각, 생각조차) 할 수 없는; ~ тойнд орох 마음에 새겨두다(명심하다).
기억(인상)이 어렴풋해지다 үхширэ|х
기억(회상) дуртгал
기억력 дурсамж, дурсгал
기억력이 좋은 ойтой
기억에 남는 мартагдашгүй, марташгүй
기억이 굳었다 хадааши|х
기억하고 있다 сана|х, санагалза|х, санагда|х
기억하다 нүдлэ|х, тогтоо|х, цээжлэ|х
기억할 만한 дурсгалт; ~ явдал 기념으로 남긴 유물, 기념품
기억해두다 санагалза|х
기업연합 картель, синдикат
기업의 업무촉진 담당이사 диспетчер
기업합동 комбинат; ажуйлдвэрийн ~
기업의 합동(연합)
기여 сүйтгэл
기예 ур(ан); ~ чадвар 기능, 기교, 솜씨 гартаа ~тай хун 장인(匠人), 기공(技工).
기예가 дархан, дархчуул, урчууд
기온 температур
기와 хавтай, ваар; ~ан дээвэр 기와 지붕; ~ хийдэг газар 기와를 가마에 굽다
기와를 이다 ваарла|х; дээвэр ~ 지붕에 기와를 공급하다.
기우뚱거리다 дайвалза|х, цөмцөгнө|х
기운 амьдрал, далиу, жишүү, налу, сөлжир, ташуу, хат, хөлбөргүү, хэвгий, хэлтгий
기운 없는 урвагар, уруу
기운 없다 гонсой|х
기운 없어지다 гонсро|х
기운(풀) 없는 мятрал
기운(풀) 없다 ганда|х

기운없다 цөхрө|х
기운을 돋우다 амила|х
기운 북돋우다 өөгшүүлө|х, хөгжөө|х
기운이 나다 амилуула|х: амилах, бэхжи|х, бэхлэ|х, сэргэ|х
기운이 빠지다 нохооро|х
기운이 없다 ёхиволзо|х
기운이 없어지다 гэюүрэ|х, унжий|х
기운이(향기가) 빠지게되다 даваада|х
기운이(향기가) 빠지다 сулда|х, тамиргүйдэ|х, харши|х, ядра|х
기운이(향기가)빠진 барагда|х, зүдэнгэ, эцэнхий, зүдрүү; эмэтэйн царай ~ харагдав 그녀는 야위어 보였다.
기운이(향기가) 빠진다 зүдрэ|х, туйлда|х, цуца|х; тэр аян замдаа алжаан зүдэрсэн ба-йв 그는 여행 후에 그는 지쳐 있었다.
기운이(향기가)빠져 약한 гарзар
기운차게 하다 гялбалза|х
기운차게(쾌활하게. 명랑하게) 움직이다 тэв тав хийх, тэв тэв алхлах
기운차다 гялбалза|х
기운찬 гав шаа, гялбазүүр, оргилуун, өөдрөг, шалмаг
기울기 налу, хөнтөргөн
기울다 гудайлга|х, гудай|х, далий|х, дүлий|х, хазай|х, хэлтгийдэ|х
기울어져 муруй саруй
기울어지다 гудайлга|х, гудай|х, дү-лий|х, хазай|х
기울어진 жишүү, музгай, наланги, сөлжир, ташуу, хэлбүү
기울이다 гилжий|х, сөөжи|х, хазайлга|х, хөмрүүлэ|х, хэлтий|х
기원 галав, гарал, гарвал, залбирал, иш, тулгар, түргүүч, тэргүүн, үүсвэр, үүсгэл, хэт, эрин, эх, эхлэл, язгуур; залбирал хийх 기도로 유지하다
기원을(유래를) 찾다(~의) улбаала|х
기원하다 хүсэ|х
기음 луйл

기이함 маяг
(~에) 기인하다 ноогдо|х
기인한(~에) улмаас
기일 хуваарь, ой(н)
기일(시간표) график
기입 буртгэл, рекорд, тэмдэглэл
기입한(된) данстай
기자 сурвалжлагч
기장 медаль, хоног (벗과의 한해살이풀. 수수와 비슷한 곡류로 이삭은 가을에 익음. 열매는 담황색이고 떡·술·빵·과자 등의 원료 및 가축의 사료임. 나서(糯黍)).
기저 язгуур, иш
기저귀 манцуй
기적(汽笛) шүгэл
기절 багтраа
기절(졸도)하다 багтра|х, бахарда|х, муужра|х, үхтгэ|х
기정의 사실이다 тогто|х
기준 ай, жишиг, норм, стандарт, хэмжүүр, шалгуур
기준으로 하여(~을)
기중기 өргөгч, өргүүр; ~ цамхаг 기중기로 나르다(옮기다).
기증(기부)자 өглөгч
기지 авхаалж, ухаан; ~ ихтэй 슬기로운, 현명한; ~ гаргах 깊이 생각한 나머지 잃다; химийн ~ 마음의 움직임;~гүй 이해가 더딘,
기지개를 켜다(하다) сарвай|х, тарай|х, суниа|х
기지에 찬 адтай, самба(н), самбаатай
기진맥진 되어지다 даваада|х
기진맥진하다 зарагда|х
기진맥진하여 움직이다 навсгана|х
기진케 하다 суга цохих
기질 аальг, галбир, дасал, овилго, тар, хат, хатаалт
기질(성격이)온화한 тогтуун, ялдамхан
기질의 사람 зан(г)
기체 хий
기체(기구) 빙결(착빙)하다 халгаа

- 100 -

기체(액체·분말)불어넣는 хүрэлцэхгүй
기체가 희박하게 하다 сийрэгжүүлэх
기초 ёзоор, ёроол, иш, суурь, үндэс (үндсэн), үндэслэл, язгуур
기초 환경 дэвсгэр
기초(근거)없는 сууригүй, үндэслэлгүй
기초(근거)를 형성하다(~의) үндэслэх, зарчимч; ~ хун 원칙적인 사람.
기초(근거)없는 үндэсгүй
(~을) 기초(입안)하다 цоохорлох
기초가 없는 барьгүй, оргүй, улгүй, үндэсгүй
기초로 하여(~을) үндэслэн
(~의) 기초를 두다(세우다) бурэлдэх, олдох, суурилах, үндэслэх
기초를 쌓다 довжоолох
기초자 зурагчин
기총 пулемёт
기침 ханиалга(н)
기침(헛기침)을 하다 ханиалгах
기침을 하여 ~을 뱉어내다 ханиах
기침을 하여 ~을 -이 되게 하다 ханиах
기타 гитар (guitar: '8' 자 모양의 나무 공명(共鳴) 상자와, 여섯 가닥의 줄로 된 서양 현악기《독주용·반주용이 있음》.
기타 зэргээр
기탁(위탁)하다 гардуулах, итгэмжлэх
기특한 магтууштай, сайшаалтай, сайшаалтай
기특한(갸륵한)사람 зүгтэлтэн; нийгмийн ~ 공공의 거물(인물); улс төрийн ~ 정계의 거물(인물), 정치가, 경세가(經世 家); тэр гарамгай ~ байв 그는 탁월한 인물이다.
기포(氣泡) цэврүү
기폭 장치(뇌관·신관 등) тэсэлгч
기폭약 тэсэлгч
기품 жудаг, хүнд, хэргэм
기품 있는 голшиг, гуалиг, дунигар, дэгжин, хээнцэр
기품이 이는 хөөсөрхүү

기품이 있게 되다 дэгжрэх
기품있게 되어가다 гунхалзах
기피하다 түвэгшээх
기필코 гарцаагүй
기하학 геометр (幾何學: 도형 및 공간에 관한 성질을 연구하는 수학의 한 부문)
기하학의 원뿔체 конус
기한 없이 хугацаагүй
기함기(旗艦旗) хиур
기형(물) гажиг; зурхний ~ 심장 판막증(略: V.D.H.); соронзон ~ (지구 자기장(磁氣場)의) 자기(磁氣) 이상.
기호 бэлэг, оноо, пайз, томьёо, тэмдэг, дохио(н), им; ~ тэмдэг 기호, 표시, 부호; гэрэл ~ 기호, 부호; цугларах ~ 기호를 표시하다; ~ өгөх 신호를 하다; ~ тэмдэг эсстэ, 기호; ~ тамга 우편의 소인; ~ тэмдэг 기호, 부호. 표시; тамга ~ 밀봉 하다; им ~ брэнд, 소인 (燒印); одон ~ 훈장; тооны тэмдгүүд (+,-,×,:г.м) 수학기호(예를 들면: +,-,×,); замын тэмдгүүд ~ 교통신호.
기호(부호)로 나타내다 бэлэгдэх
기호(부호)이다(~의) бэлэгдэх
기화하다 хийжүүлэх
기회 аргацаа, аяс, далим, дугараа, жавшаан, сиймхий, боломж; арга ~ 자력(資力); ~ алдах 기회를 놓치다; ~ ийг ашиглах ~할 기회를 잡다; надад ~ 기회를 놓치지마라; аятай ~ийг харах ~의기회를 기다리다(대기하다).
(~할) 기회 тохиол, тохиолдол, учрал, ялдам
기회(호기)를 (붙)잡다(붙들다) самбаачлах, далимдуулах
기회(호기)를만들다(찾다) сиймхийлэх
기회(호기)를 이용하다 дашрамгах
기회(호기)를 틈타다(편승하다) дашрамгах
기회를 꽉(움켜)쥐다 далимдуулах
기회를 이용하다 дүйвээлэх
기회를잡다(붙잡다.포착하다) жавших,

завчла|х, жавшаачла|х, дүйвүүлэ|х, завда|х; галт тэрэг хөдлөхөөс өмнө завд-ах хурэх 어떻게든 해서 기차를 잡다.

기회를 틈타다(편승하다) дүйвээлэ|х

기후(풍토) уур амьсгал; далайн уур ~ 해양성 기후; хуурай газрын уур ~ 대륙성 기후

기후가 나쁘다 хуйсра|х

기후가 온화한 урин дулаан

기후가 온화해지다 урьши|х

긴 тууш, урт

긴(길게.~을 따라.~을 끼고) гудас, гулд

긴 (밧)줄(끈, 로프) аргамжаа

긴 갈고리 모양으로 움직이다 доёгоно|х

긴 갈고리 모양의 доёгор

긴 갈고리가 있다 дойий|х

긴 갈고리로 만들다 дойий|х

긴 구레나룻(귀밑수염) хууз

긴 노래의 시(詩) түрлэг

긴 다리 дэндгэр

긴 막대기 саваа

긴 막대기로 치다 саваада|х

긴 말뚝 гадас(ан)

긴 머리 гэзэг

긴 목을 하고 있다 гүлдгэр; ~ хуэуугэй ~의 목을 쭉 뺀다.

긴 못 хадаас

긴 못(담장 못)같이 되다 хадаасра|х

긴 못을(대갈못을) 박은 хадаастай

긴 산의 돌출부(산맥의 지맥) хамарла|х

긴 셔츠 бошинз

긴 소매 없는 여성의복 ууж

긴 수염 сахаллаг

긴 시간동안 음식이 결핍(부족)되다 хагса|х

긴 양말 оймс; богино ~ 속스; урт ~ 스타킹

긴 여행으로 피로하다(피로해지다, 지치다) аянши|х

긴 웃옷 платье,~의 종류 бошинз

긴 의자 бандан, вандан; ~ ор 판자 침대

긴 의자의 커버 бурхуул

긴 장갑의 손목 윗부분 нудрага; ~ зангидах 손(주먹)을 꽉 쥐다.

긴 장대/막대기에 올가미(고리)로 말을 잡는 уурга

긴 줄기가 있는 몽골인의 파이프 гаанс(ан)

긴 지팡이 саваа

긴 지팡이로 두드리다(때리다) сааада|х; ноос ~ 모직 모전(毛氈: 펠트 제품)를 두드리다

긴 털이 무성한 야크의 배 савга

긴 통나무 сургааг(ан)

긴(장)의자 буйдан

긴(종으로) уртааш

긴급사항 уьдал

긴급한 бачуу, хойшлошгүй, хойшлу-улшгүй, яаралтай

긴네모꼴 дөрвөлжин

긴박(절박)한 хурцадмал

긴장 ачаалал, сунал, эрчим

긴장되게 하다 хурцда|х

긴장시키는(상황·극. 사건. 시간 등) хурцадмал

긴장을 풀게하다(~의) хөвө|х, цува|х

긴장을 풀다(~의) ампра|х уужра|х

긴장하게 되다 хурцда|х

길 잃다(사람.가축) золбигно|х

길 жим, замнал, маршрут, харгуй, зам; ~даа ядрах 여행으로부터 피로하다; ~ тавьж өгөх 길을 비키다, 길을 양보하다; аян ~ын тэмдэглэл 스케치(사생)하다, ~ын зураг 도로 지도; буцах ~даа 도중에 뒤돌아가다; аян ~д гарах 출발하다, 여행에 나서다; аян ~ даа сайн яваарай! 항해하다, 배로 여행하다; төмөр ~ 철도 (선로), 궤도; усан

~ 수로, 항로, 운하; ~ харилцаа гэх тээ, тээврийн хэрэгсэл(ээ); та бидний ~ нийлэх юм байна 우리는 자신의 길을 간다; ~aa алдах 길을 잃다; ~ын тэмдэг 교통신호; ~ын хань 길동무; ~ын бэлчир 교차(점), 건널목, 십자로; 횡단점(보도); төв ~ 간선 도로; засмал ~ 고속 도로, 하이웨이; агаарын ~ (정기) 항공로; тойрог ~ 궤도, 행로; ~ гарах 가로지르다,(강·바다·다리를) 건너다;

(~에 이르는) 길 үүд(эн)

길(도랑)을 만들다 шаар паадах хүрздэ|х

길(둑)의 쌓아올린 흙 бөглөөс, шанз

길(땅)이 미끄러운 гулгамтгай

길(소로) зөрөг

길(진로)에서 벗어나지 않다(벗어나지 않게 하다) байлга|х

길(철도·강)이 갈라지다 бэлчирлэ|х

길가의 하수도(시궁.수로) гоожуур

길거리 гай

길게 누운 навчгар

길게 늘인(잡아 늘인) 용무 залхал

길게 똑바로 선 годгор

길게 베어진 상처(자국)아귀 оноо, сүв

길게 새된 소리로 말하다 часхий|х

길게 오래가는(견디는) унжуу

길게 하다 гонзойлго|х, уртасга|х

길게 тууш, урташ

길고 가느다란 조각의 폭이 좁은 쪽으로 짜르다 зүрэмлэ|х

길고 가는 국수(버미첼리.스파게티) гоймон шиг нарийхан

길고 가는것 гоймон

길고 똑바로 서다 гожий|х

길고 좁은 삼각기(期) дарцаг

길고 좁은 상자 ховд

길고 털이 많은(모피) сахлаг

길든 тэжээмэл

길들여지지 않은(말의) эмнэг

길들이는 사람 жасгалжуулагч

길들이다 гаршуула|х, дадлагажи|х, номхро|х, номхруула|х

길들지 않은 말 хулан

길들지 않은 араатан; зэрлэг ~ 야수

길러 길들인 тэжээвэр, тэжээмэл

길마(안장) янгирцаг, янгиа

길모퉁이 булан(г), өнцөг

길손 аялагч

길어지다 гонзойлго|х, сунга|х, уртда|х

길은 갈고리가 있는 доёгор

길을 가리키다(~에게) удирда|х

길을 다닐(통행할)수 없는 замгүй; өөр арга зам байхгүй ~ (일)에는 두 가지가 없다

길을 막다 боо|х, тагжи|х

길을 막았다 бөглөрө|х

길을 서둘러 나아가다 халга|х

길을 잃다 завхра|х, төөрөлдө|х, төөрө|х, хадуура|х, муруй|х; зам ~ 길을 잃다; ям ~ 티격나다, 불화하게 되다

길을 잃은 завхуул, хэсүүл

길을 잘못 들다 төөрөлдө|х, төөрө|х, эндэ|х

길이 уртатгал, хэм, хэмжихүй, хэмжээ, цар хүрээ

길이(1m 83cm, 6피트; 略: f., fm); алд; ~ дэлэм 1과 2분의 1., 2,4m; хос ~ 두 팔의 길이.

길이(규모·수량)크기(尕) хэмжигдэхүүн

길이(폭·두께의) 치수 хэмжээс

길이가 ~인 гонзгой

길이가 긴 갈고리 모양이다 дойий|х

길이가 긴 урт

길이가 길게 되다 уртса|х

길이길이 бурмесэн, машид

길이를 재다 бээр

길잡이 역할을 하다 газарчла|х, манлайла|х, хөтлө|х

길잡이 표적을 새기다 жимнэ|х

길잡이 газарч, гарчиг, дохио(н), замч(ин), үзүүлэгч, хаяг
길항작용 ерендег
김 униар; утаа ~ 스모그, 연무(煙霧) (연기 섞인 안개)
김 уур; ~ын тэрэг 증기 엔진; ~ амьсгал 대기, 기후, 천체를 둘러싼 가스체.
김(잡초) луйл
김나스틱(gumnastics). гимнастик
김빠지(게 하)다 арга|х
김빠진 заваан, үхэнги
김을 내다 савса|х; савсуула|х, ууршиа|х
김을 푹푹 내뿜는 푼주(쟁반) жигнүүр
김이 나는(따끈한) 음식접시 жигнүүр
깁 торго(н)
깁는 헝겊 нөхөөс(өн), цаваг
깁다 оё|х, оёмол, ханачла|х
깁스 гоюу, шаваас
깁었다 оёула|х
깃 өвөг, сөдлөг
깃 모양의 물건 өд
깃대 гадас(ан), шон, шураг
깃대의 둥근 장식 товчлуур
깃발 따위가 펄럭이다 далба|х; туг хийр~ 바람에 깃발이 펄럭이다
깃발 хиур
깃을 단 생물 жигүүртэн
깃이 있는 생물 жигүүртэн
깃저고리 мануцуй; ~тай хүүхэд 신생아 옷.
깃촉 펜 үзэг
깃털 공치기 놀이 тэвэг
깃털 өвөг, сөдлөг, өд; ~ шиг хэ нгэ н 깃털처럼 가벼운; ~гэй адил 깃이 난, ~гоор 깃으로 덮인, 깃털 같은; шувууы ~ 새머리의 깃, 볏슬.
깃털(깃) 비 дэрс(эн)
깃털(비단실) 방울술(장식) моголцог
깃털(털)을 뜯다(~의) зулгаа|х

깃털로 장식하다 сээрдэ|х
깃털로 청소 도구(먼지떨이·총재)를 만들다 гүвүүр
깃털을 붙임(댐) 살깃 сөдлөг, өд
깃털이 자라다 өдлө|х
깊게 нягт, цаагуур
깊게 갈라진 틈(지면. 바위 따위의) ангал; хадны ~ 터진(갈라진) 자리, 틈, 균열
깊게 고찰하다 холшоо|х
깊게 되다 өтөрө|х
깊게 만들다 гүнзгийлэ|х; худаг ~ 우물을 파다
깊게 하다 гүнзгийдэ|х
깊게(철저히) 생각하다 холчло|х
깊다 гүнзгийрэ|х
깊숙한 гүнзгий
깊숙히 베다 хадра|х
깊어지게 만들다 гүнзгийлэ|х, гүнзгийрүүлэ|х
깊어지게 하다 гүнзгийрүүлэ|х
깊어지다 гүнзгийдэ|х
깊은 гүний, дэвсгэртэй, ёроолгүй, оломгүй, цаагуур
깊은 경사면 바닥으로 시내물이 흐르는 жалгай
깊은 구렁 ангал, там
깊은 냄비 тогоо; гал ~ 부엌, 조리장, 취사장, 주방; ~ барих 요리(조리)하다, 음식을 만들다.
깊은 동정(섬) нигүүлсэл
깊은 상처를 입히다 хадра|х
깊은슬픔(비탄.비통.비애) гудиг, гашуу- дал; гашуудын хөгжим 장송 행진곡, 장례 행렬
깊은 심연(深淵) там
깊은 접시 таваг; шэ лний ~ 수프 접시; ~ шэ л 고깃국(물)의 접시
깊은 주름 говил; хамрын ~ 인중, 코의 주름;
깊이(깊은.깊음.심도) гүнээ, үхширтэл,

- 104 -

хэмжихүй, цаагуур, гүнзгий, гүн; гурван метрийн ~д 3미터 깊이; ~ эмгэнэл 정식 상복; ~ санаа 깊은 생각; ~ нойр 깊은 잠(수면); нуттийн ~д 오지, 내륙; ~ийус (수맥까지) 파내려간 우물; ~ ухаан 철학, 철학서; ~ харанхуй 깊은 암흑(검음); оломгүй ~ ус 밑바닥 없는 물, 깊이를 알 수 없는 물.

깊이 갈라진 틈 хоолой
깊이 관계하다 гүнзгийрэ|х
깊이 들어가다 гүнзгийрэ|х
깊이 베인 상처 хэрчлээс
깊이 빠지다(~에) дэвтэ|х
깊이 생각지 않은 бодлогогүй
깊이 생각하고 난 бодолтой
깊이 생각하다 ана|х, бодо|х, мунхагла|х, эрэгцүүлэ|х, сана|х; ~ сэтгэх 신중히 고려하다; ~ болох ~에 대하여 생각하다; тоо ~ 다수를 생각하다; би зээжээ санаж байна 나는 나의 어머니를 오랫동안 생각했다; ургуулан ~ 마음에 그리다, 추측하다; сэтгэн ~ 인물을 빠르게 그림으로 나타내다, 약삭빠른, 재치 있는; тунгаан ~ (~에 대해서) 다시생각하다, (~을) 숙고하다, (~을) 검토하다; ~ цэнэх 신중히 고려하다, 곰곰이 생각하다

깊이(길이)가 있게 하다 гүнзгийрүүлэ|х
깊이(길이)가 있는 гүний, цаагуур
깊이가 있는 оломгүй
깊이를 알 수 없는 ёроолгүй
깊이를 재다(~의) алд
까까머리 тоймог
까까중 хяргамал
까뀌(자귀)로 깎다 оольдо|х
까끄라기가 없는 сахалгүй
까끄라기가 있는 сахалтай
까는 모피 хивсэнцэр
까다로운 사람 өөлөгч

까다로운 адайр, аягуй, будлиантай, бэрхтэй, бэрхшээлтэй, гонгинуур, гонсгор, ёхир, наншаа, сэжиттүй, таагуй, тадамжгүй, тамшаа, таттал-маар, тэвдүү, үүлгэр, хуйсчуур, цамаан, эвгүй, ээдрээтэй, галбиргүй; тэр бол ~ амьтан 그는 까다로운 사람이다.

까даро́ом цамаархал
까даро́ожи́да хүндтэ|х
까даро́гэ 되다 хүндрэ|х
까даро́гэ 하다 будлиантуула|х, сэдрээ|х, хүндрүүлэ|х
까даро́пда тамшаала|х, цамаарха|х
까дал далим, дашрам, жиг, урхаг, учирлал, шалтаг, шалтгаан, яагаав
까да́лгэ́ом талаар
까дал에(~인) зуур
까да́лул 알 수 없는 тайлбарлашгүй
까дэги пин, пүнз
까maгүй хэрээ
까маgүй(개구리등이)
개골개골(깍깍)울다 гуагла|х; хэрээ ~ 까마귀가 깍깍하고 울다
까маgүйга 깍깍 하고 울다 хэрээ гуаг гуаг
까бу́нэ дэгдэгнүүр, ойворгон, хөвсөргөн, хөнгөмсөг, хуугиа
까бу́лда алгаса|х, даажигна|х, дэгдэ|х, хөвсөргө|х
까бу́ли наадамч
~에 까지 нааш, ч, хүртэл
까지 хирээр, болтол; удэш ~ 밤까지
~ 까지 ~않다 болтол
까지게 하다 сохло|х
까치 шаазгай (까마귓과의 새. 인가·촌락 부근에 사는데 머리에서 등까지 흑색, 가슴·배는 흼. 높은 나무 위에 마른 나뭇가지로 둥지를 지음);
까치를 닮은 새 шаазгай
까치발 хаалт
까치발(받침) консоль
까치밥나무 улаалзгана
까칠한 сэрвэгнүүр

까탈스러운 цамаан
각각(개골개골)하고 우는 소리(까마귀·개구리 등의) гуаг гуаг
각지 бурхуул, дун(г), хальс; дэнгийн ~ 남포의 갓
각지(껍질·칠을)벗기다(~의) холтосло|х
깎기 тайралт
깎는(치는)사람 клипер, хярагч
깎다 ирлэ|х, үзүүрлэ|х, хурцла|х, хуса|х, хусуула|х, хэлтрэ|х, хэрчи|х, хэрчлэ|х, шуу|х
깎다(갈다) билүүдэ|х
깎아 다듬기 хачир, эмжээр
(~을) 깎아 다듬다 мөлө|х
깎아내다 хуса|х, хусуула|х, хэлтлэ|х
깎아내리다 дээрэлхэ|х
깎아낸 것 түүгэр
깎아낸 부스러기 зоргодос
깎아냄 үртэс
깎아서(닦아서) 반반하게 하다 үрэгдэ|х
깎아지른 듯이(듯한) эгц
깎아지른 듯한 байц, дамсаг, огцом, цавчим, өгсүүр; ~ товцог 오르막의, 올라가는, 치받이의.
깎아지른 듯한 경사면 хяса
깎아지른 듯한 언덕의 중턱 хэц
깎음 үртэс
깔개 хивс, хивсэнцэр
깔깔대다(웃다) гогоогло|х, гуула|х
깔끔하게 개키다(싸다) хуми|х
깔끔한 зүв зүгээр, цэвэрхэн
깔다 зула|х
깔때기 яндан
깔때기 모양의 통풍통(通風筒) тосгуур, юүлүүр, яндан
깔바사(순대) колбаса
깔보는 ойшоогүй, тоомжгүй
깔보다 гадуурха|х, дожигно|х, дэвслэ|х
깔쭉깔쭉하게 깎은자리 ур
깔쭉깔쭉하게(껄끄럽게)하다 шудлэ|х

깔쭉깔쭉한 арзгай
깔쭉깔쭉함 ур
깜박 잊다 умарта|х
깜박 잊어버렸다 мартууштай
깜박 잊었다 мартагда|х, марташгүй
깜박이다 жирэвхий|х, улбас улбас хийх
깜부기병에 걸리다 харуута|х
깜부기불 нурма
깜빡 빠뜨리고 넘기다 халга|х
깜빡이다 гялалза|х, жирэлзэ|х, ирвэгнэ|х
깜짝 놀라 눈을 동그랗게 뜨다(눈이 크게 떠지다.빤히보다) дүрлий|х
깜짝 놀라(당황하)다 бальагдсан, бачимдсан
깜짝 놀라게 하다 гайха|х, гайхуула|х, дав дув хийх, дав давхийх, дав хийх, давхийх, дэгдээ|х, зочирдуула|х, сэрхий|х, хачирхуула|х, цочоо|х, зочмогдо|х; унийг нь сонсоод би зочмогдов гарцаа гуйв가격에 충격을 받았다.
(~을) 깜짝 놀라게 하다 гэндүүлэ|х, зочирдо|х
깜짝 놀라게 할(만한) гайхам
깜짝 놀라게도 즉석에서 뿌리를 박은 (뿌리가 있는) мэл гайхах
깜짝 놀라다 бшрэ|х, сочи|х, хачирха|х давхий|х; айж ~ 흠칫하다
(~에) 깜짝 놀라다 үргэ|х, цочирдо|х
깜짝 놀라보다 өвөрчлө|х
깜짝 놀라서 빤히 보다 мэлрэ|х
깜짝 놀랄만한 сонин
깜짝 놀람 гайхаш
깡마르다 гувчий|х, туранхайда|х
깡마른 туранги, туранхай, хавчгар, харчгар, хатангир, гувчгар
깡충 뛰다 дүрдхий|х, дэвхрэ|х, дэгэнцэ|х
깡충깡충 뛰(놀)다 алгаса|х, дэгдэ|х
깡충깡충 뛰다 харайла|х, цамна|х
깡충뛰다(뛰어오르다) год усрэх год

хийх, цовхро|х
깡통 лааз; ~ онгойлгогч 캔을 따다, 깡통 따기; усны ~ 물탱크, 물통.
깡패 танхайрагч
깡패의 행위(수법) танхайрал
깨끗이 되다 тун|ах
깨끗이 치른(지불한) дүүрэн(г)
깨끗이 치우다 арила|х, тодруула|х
깨끗이 하는 사람 ариутгагч, цэвэрлэгч
깨끗이 하다 арила|х, ариутга|х, тодото|х, тодруула|х, тунга|х, цагаала|х, цэлмэ|х
깨끗이 함 ариутгал
깨끗이(맑게.청결) 하기 тодотгол, тодруулга, ариутгал
깨끗이(청결히)하기 의식으로 분향하다 сан
깨끗하게 되다 цэвэрши|х
깨끗하게 보이다 дурай|х
깨끗하게 하다 арчи|х, бөмбийлө|х, равнайла|х
깨끗하게 하다(되다) арилга|х: арилах, арчигда|х, цэвэрлэ|х, бичсэнээ ~ ~을 쓴 것을 지우다; энэ үгийг арилга단어를 문질러 지우다; тэр хэдэн сонгино арилгаж байв 그녀는 약간의 오렌지 껍질을 벗기고 있다; арилгасан нь сара 지는 일, 소멸; гудамжны цас~ 도로에 눈을 치우다; ногоо ~ 야채(푸성귀, 채소)를 다듬다.
깨끗하게 цэвэрхэн
깨끗한 것을 좋아하는 цэвэрч, цэмцгэр
깨끗한 атар, тодхон, тунгалаг, хиргүй, хоггүй, цэвэр, цэвэрхэн, цэлмэг, шижир, ариун; ~ тунгалаг 맑은, 깨끗한
깨나다 сэхээрэ|х
깨다 сэхээрэ|х
깨닫게 되다 илрэ|х
깨닫게 하다(~에게) сануула|х
깨닫다 мэдрэ|х, ойлго|х, сэрээ|х, сэхээрэ|х, ухварла|х
(~을) 깨닫다 гүүрэ|х, уха|х
깨달음 ойлгоц, ухал
깨뜨려 부숨 хэмхэрхий
깨뜨리고 지나가다 цөмлө|х
깨뜨리다 нармий|х, пүд хийх, салбара|х, хагала|х, хагара|х, хашраа|х, хэмхлэ|х, эвдлэ|х, эвдэ|х, юүрэ|х
깨물어 바수다 зажла|х
깨물어 으스러뜨리다 сазда|х, талхла|х
깨어서 сэрүүн
깨어지다 тасалда|х лавтра|х; ном лавтаржээ 그 책은 산산조각이니다
깨어진 няцрах, өм, сэтэрхий, хугархай, хэмхэрхий, эвдэрхий
깨우다 сэргээ|х, сэрэ|х
깨지기 쉽다 гэмтэ|х
깨지다 цавта|х
깨진 곳 гэмтэл, сэг
깨진 암층(岩層) 표석(漂石) бартаа
깨진 хагархай
깸 сэхээрэл
꺼내다 булга татах
(~에서) 꺼내다 хэрэгжүүлэ|х
꺼리는 дурамжхан, дургүй
(~을) 꺼리다 хөшүүрхэ|х
(~하기를) 꺼리다 атаарха|х
꺼메(더러워)지다 харуута|х
꺼지게 되다 хонхой|х
꺼지게 하다 хотолзо|х
꺼칠꺼칠하게 하다 долгиоло|х, иржий|х, ирчий|х
꺼칠꺼칠하게 하다(되다) холцруута|х
격 하다(트림으로) хэхрэ|х
꺾다 хагала|х, эвдэ|х
꺾쇠(U자 모양의) үдээс
꺾쇠로 고정시키다 бөгжлө|х
꺾어 젖히다 нугала|х, нугалра|х, хуми|х, эвхэ|х
꺾어(찢어)내다 булгала|х, завсарла|х, сэлтрэ|х, тасалдуула|х, хугара|х, хэлтлэ|х

꺾어낸(따낸) 가지(잎, 줄기) новш
꺾여 떨어지다 сэлтрэ|х
꺾이다 муруй|х
꺾이지 않는 мохошгүй, мятрашгүй
꺾이지 않은 эмнэг
꺾인 няцрах, өм, хагархай, хугархай, эвдэрхий
껄껄한 арзгай, арсгар, барсгар, будуун, иржгэр, ирчгэр, хөрзгөр
껄껄함 өө; ~тэй сахал үлтүнгүлтүнгүлтүн бэн거칠거칠한, 껄껄한, 거친; ~тэй сахал улгунбулгун пав빵
껄끄러운 сагсгар
껌 씹기 бохь
껍데기 арьс, хэвэг
(~에서) 껍데기(깍지꼬투리)를 벗기다 зулгала|х, хальсла|х
껍데기(깍지)에서 끄집어내다 зулгала|х, хальсла|х
껍질 бурхуул, дун(г), өрөм
껍질 벗기기 холт
껍질(가죽)을 벗기다 өвчи|х, зулгала|х; би өвдгөө зулгалав 무릎이 까지게 하다
(~의)껍질(깍지·칠)을 벗기다 холтло|х, зуламла|х, няltpa|х, өвчи|х, ховхло|х
~의 껍질(깍지·칠 등을) 벗겨내다(벗기다) хальсла|х
껍질(날개,비늘,장식,가구,덮개,카펫등) 이 없다 чардай|х
껍질(피부가) 벗어지다 хогжро|х, холтро|х
껍질(허물)을 벗다 гууж|х, дал
껍질을 까다(떼어내다,발기다) хуула|х
껍질을 떼어내다(발기다)(~의) хуула|х
껍질을 발기다(벗기다. 까다, 떼어내다)(~의) хуула|х
껍질을 벗기다 арилга|х: арилах
(~의) 껍질을 벗기다(까다, 떼어내다, 발기다) хуула|х
껑충(깡충) 뛰다 дэвхлэ|х, дошгиро|х
껑충뛰다 үсрэлт, ухасхий|х, харай|х
껴안고 키스하다 өхөөрдө|х
껴안다 тэврэ|х
꼬꼬(소아어) гогоог
꼬꼬댁·꽥꽥 울다(암탉이) гуула|х
꼬끼오(수탉의 울음소리) гогоог
꼬다 мушги|х
꼬라비 шувтрага
꼬리 сүүл
꼬리 따위를 흔들어 움직이다 шарва|х
꼬리 있는 сүүлт
꼬리 잘린 동물(개·말) оготор, огдгор
꼬리 잘린 쥐의 이름 огдой
꼬리 짤린 도요새(Callingo stenure Bpt., 1830) замбын хараалах
꼬리(미부(尾部))가 없는 мухар; ~ олгой 충수염, 맹장염; ~ сүсэг 미신; ~ ямаа 뿔 없는 염소; гар ~ болох 스스로 어떻게도 할 수 없게 되다
꼬리가 ~한 сүүлт
꼬리가 잘린 сүүлт
꼬리로 붙잡다(움켜쥐다, 끌어안다) сүүлдэ|х
꼬리를 자른 мухар
꼬리를 흔들다 годос годосхийх
꼬리별 солир
꼬리치다 аалигуйтэ|х, саамгана|х
꼬리표 гарчиг, пайз, талон, шошго
꼬마 도깨비 ороолон
꼬마(둥이) дэлэнч, одой; ~ хун 난쟁이
꼬박~ гүйцэд
꼬부라지게 монхгор
꼬부라지다 галжий|х, гилжий|х, гулзай|х, жайжий|х, майжий|х, мойногро|х, мээтий|х, нөрө|х, сарий|х
꼬부라진 галжир, гилжгий гулзгай, далжуу, дохий|х, жайвгар, жайжгар, зөргүү, майжгар, махигар, махир, мойног, музгай, муруй|х, мухир, мушгимал, мээтгэр, нахигар, нөргүү, нугдгар, олиу, сарий, тахигар, тахир
(~가) 꼬부라진 майжанасан
꼬부라진다 дохий|х,

꼬불꼬불 구부러지다 бурзай|х, мушгира|х, хэрдэслэ|х
꼬불꼬불한 мушгимал, мушгиа; ~ 탈ㅣ 꽈배기(빵)
꼬아서 (~으로) 만들다 мушги|х
꼬이다(비) гулжгана|х
꼬인 гулзгай, мушгимал, нугдгар, олиу, хумигар, мушгиа; ~ талх 꽈배기(빵)
꼬인 밧줄(짠, 뜬, 편물. 직물, 직포 등을) 풀다 хөврө|х
꼬임 мушгиа
꼬집다 хавчи|х, хумсла|х, чимхэ|х
꼬치꼬치 캐기 좋아하다 дурла|х, саваагүйтэ|х
꼬치꼬치 캐어묻는 саваагүй, сонивчхон, сониуч
꼬투리 хэвэг
꼭 лав, сэжиггүй, үхлүүт, эрхгүй, яг, байлгүй
꼭 ~라고 말하다 баталгаажих
꼭 ~처럼 мэтчилэн
꼭 ~하고 싶다 ёстой
꼭 ~하는 жаа
꼭 껴안다 база|х, бөмбийлө|х, хавчигда|х, чихцэлдэ|х, шаха|х, энхрийлэ|х
꼭 끼는(쩨는) бариу, бариуда|х, бачуу, давч, дадгар, тачуу, уйтан, умгар, хавчгар, давчда|х
꼭 끼다 бариуда|х, давчда|х
꼭 맞다 зохи|х, тара|х; далайн уур амьсгал чамд эохино (요양에 좋은) 바닷(해변의) 공기로 득을 볼 것이다; энэ хувцас танд сайхан байна 이 옷은 당신에게 꼭 맞을 것이다;
(~에) 꼭 맞다 угсра|х
꼭 맞추다 таарула|х
꼭 붙이다 наа|х, цавууда|х
꼭 붙잡다 хомхойдо|х
꼭 잡다 барии|х
꼭(반드시) ~하다 завал
꼭(반드시) байлгүй
꼭(필연적으로)~하게 되어 있는 байлгүй

꼭같다 дамжиггүй
꼭대기(절정) оргил, орой, орой, дээд; модны ~ узуур 나무의 꼭대기; ~ зовхи нүднэрүүл; ~ зэргийн(чанарын) 가장 높은 질(품질); ~ ял 최고의 형벌; ~ боловсрол 최고의 교육; ~ зиндаа 최상의 사회; ~ сургууль 대학교, 연구소; ~ командлал 최고의 명령;
꼭대기가 기울다 гударган
꼭맞게(알맞게) 보이는 үзүүштэй
꼭맞는 нийлэмжтэй, таарамжтай
꼰 것 мушгиа, нийтгэмэл
꼰 끈 буч, нийтгэмэл, сүлжээс, сэгэлдрэг, үдээс, саа; алтан ~ 금몰, 골드 레이스.
꼰 끈으로 꾸미다(테두르다) гөрө|х, нийттгэ|х, сүлжи|х, сүлжээлэ|х, томо|х
꼰실 татаас, утас(утсан), хэлхмэл
꼴 дүр, идүүш, нүүр, тэжээл
꼴(얼굴) царай
꼴(형상) дүрс(эн)
꼴각꼴각하는 소리 даргиа
꼴딱꼴딱(콸콸) 흐르다 хоржигно|х
꼴딱꼴딱(퀄퀄)하는 소리 даргиа
꼴록꼴록하는 소리 даргиа
꼴불견의 үзэшгүй
꼴사나운 болхи, доошоогүй, дүйгүй, жавхаагүй, зохисгүй, лайда, нурмагар, төшөө, тулхи, үзэшгүй
꼴찌 шувтрага
꼼꼼하게 тэг, хийгүй, цав, яв тав, яв цав, яг, ягштал
꼼꼼하고 품위 있는 жулчгэр
꼼꼼한 нямбай; цэвэрч ~ 아담하고 깨끗한, 정연(말쑥.깔끔.단정)한; нягт ~ 신중한, 꼼꼼한, 면밀한.
꼼꼼함 даац, нарийвчлал
꼽추 бөгтөр
꼽추의 бөгтөр, гудгар
꼿꼿이 세우다 гозой|х
꽁무니 빼다 бишуурхэ|х, гэдвэлзэ|х,

үргэ|х
(~로부터)꽁무니 빼다(겁내다) хулга|х
꽁무니를 쫓아다니다(~의) нохойчло|х
꽁지부리 хитэг
꽁초 хожуул
꽂다 зоогдо|х, сүлбэ|х, тээглүүлэ|х
(~을) 꽂다 тээгэлдэ|х
꽂을대 сумбэ (총포에 화약을 재거나 총열 청소에 쓰는 쇠꼬챙이).
꽃 хуар, цэцэг
꽃(나무)의 밀식(密植) дэвсгэр
꽃(잎)이 지다 дошло|х, цөглө|х
꽃게 наймалж
꽃다발 цомэрлиг
꽃병 бумба, ваар
꽃으로 뒤덮인 цэцэглэлт
꽃으로 준비되어(갖추어져) 있다 цэцэжүүлэ|х
꽃을 피우는 식물 цэцэг
(~에) 꽃을 피우다 цэцэглэ|х
꽃이 있는 цэцэглэлт
꽃이 피(게 하)다 бадра|х, дэлбээлэ|х, дэлгэрэ|х, цэцэглэ|х бадруула|х; соёлыг ~ 문화를 꽃피우다
꽃이 피는 цэцэглэлт
꽃이 피는 풀과 나무의 수식 хуар
꽃이 피다 бадруула|х, дэлэ|х, лалхгар
꽃이 피어 있는 цэцэглэлт
꽃이 한창인 цэцэглэлт
꽃이 활짝 피다 ганта|х, язла|х
꽃잎 дэлбээ; цэцгийн ~ 꽃잎이 있는
꽃자루 шилбэ, иш; цэцгийн ~ 꽃의 줄기, 꽃대.
꽉 끼게 되다 давчда|х
꽉 들어찬 зайгүй, пиг; зав ~ 바쁜, 틈이없는; ~ чихэх ~을 꽉 채우다 (메우다); ~ дуурэн 꽉 들어찬; ~ дуургэх ~에(을) 채우다
꽉 매어진(닫힌, 잠긴) үхлүүт
꽉 움켜쥐다 барии|х
꽉 죄는 듯하다 давчда|х
꽉 죄는 듯한 бариуда|х, давч, тачуу, явцуу, дадгар; ~ хувцас 꽉 끼는(째는) 의복

꽉 죄다 хөвчлө|х
꽉 쥐다 база|х, барии|х, хавчигда|х, чихцэлдэ|х, шаха|х
꽉 쥠(잡음) барьц
꽉 짜인 шаху
꽉 찬 зайгүй, пиг; ~ дуурэн 꽉 들어찬; ~ дуургэх ~에(을) 채우다
꽉(움켜)쥐다 нанши|х
꽉꽉 채우다 овооро|х
꽉채워 넣다 гаца|х; буу ~ (총에) 실탄을 채워 넣다;
꽤 ахиухан, баахан, бишгүй, бузар, гойд, давгүй, ихээхэн, нилээд, овоо, тон; хэцуу 아주 어려운; ~ сайн 아주 좋은; ~ ажил 많은(양)의 작업; ~ амжилт 꽤 성공했다; ~ орлого 상당량의 수입.
꽤 꽉 끼는 давчуухан
꽤 많은 нилээд
꽤 웬만한 дөнгүүрхөн
꽤 좋은 гайгүй, галбын, дөнгүүрхөн, танагтай, зүгээр; эндхийн хоол ~ шуу 그 식품은 꽤 좋게 여기 있다; ном бол хэзээд бэлэгнд өгөхөд ~ дэг 책은 항상 선물로 받아들일 수 있다; ~ багш хулэн 한 선생님; таны бие ~уу? 당신은 어떻게 느낍니까?; цагаан идээ бнөнд ~ 유제품(乳製品)은 건강에 좋다; эндхийн хоол ~ байна 그 음식은 여기서 꽤 좋은 편이다; тэр ~ хуу шуу 그는 좋은 녀석이다; бие чинь яаж байна? гайгүй дээ 당신은 어떻게 생각하십니까? 좋습니다.
꽤 큰 사이즈 чинээ
꽤(그만하면) 좋은 гайгүй, дөмөг, дөнгүүрхөн, ёозтой, тов хийх дориун; хун 꽤 좋은 사람
꽤(비교적) 빠르게(급히) түргэхэн
꽤(어지간히) дориун; ~ хун 꽤 좋은

사람
꾀(모반)하다 хуйвалда|х
꾀까다로운 сэжигч
꾀까다로운 사람 гайхал, наншаа
꾀까다롭게 하다 гашууда|х
꾀까다롭다 тамшаала|х, цамаарха|х
꾀다 аргада|х, бөмстө|х, гулда|х, гулдри|х
꾀바르다 сэргэлэндэ|х
꾀바른 авхаалжтай, аргатай, арчаатай, бутээлч, дипломат, завдаа, мэхт, овжин, овсгоотой, самбаатай, элдэвтэй
꾀바름 авхаалж, зай
꾀병자 дүрэмч
꾀죄죄한 тожгор; ~ муур 더러운 고양이
꾀하다 аргала|х, оролдо|х, сүлбэлдэ|х, төлөвлө|х, үзэ|х, хэлхээлэ|х
꾸러미 баглаа, багц
꾸러미(로 만든 것) багц, толгой
꾸려지다(물건이) авдарла|х
꾸리다 авдарла|х
꾸리다(~을) толгойло|х
꾸며 걸기 санжлага
꾸며져 있지 않은 хээгүй
꾸무럭거리다 монгино|х
꾸물거려 시간이 걸리다 уда|х
꾸물거리다 азна|х, гаца|х, мунгина|х, новшро|х
꾸물꾸물 움직이다 дөжирлө|х, наазгайра|х, оёгло|х, хашигна|х, лазагна|х; тэлэнд лазагнаад захиа бичдэггүй байснаа тэр хулээв 그는 명백하게 늦게 기록했다
꾸물꾸물지내다 сунжруула|х, залхаа|х
꾸미다 гоёмсогло|х, гуйгуурла|х, нүүрчлэ|х, хуарла|х, чимэглэ|х, янзла|х
(~을) 꾸미다 тордо|х
꾸미다(~인 체하다) гоёмсогмоло|х
꾸밈 гоёл, цэгцэлэлт, чимэг, чимэглэл, засал; тайзны ~ чимэглэл (연극의) 무대장면(배경), (무대의) 장치; ~ чимэглэлчин 꾸미다, 장식하다; ~ын хувцас 멋진 드레스
꾸밈(숨김.거짓)없는 дару, ёжгүй, завдаагүй, хонгор, хээгүй
꾸밈없이 хялбар
꾸벅꾸벅 조는 зүүрмэг, нойрмог, нойртой, унтамхай
꾸벅꾸벅 졸다 дохи|х, дуг хийх, дугжра|х, нойрмогло|х, үүрэглэ|х, зүүрмэглэ|х; тэр суугаагаараа зуурмэглэв 그는 의자에 앉아서 꾸벅꾸벅 졸다
꾸부러지다 нахий|х
꾸부리다(굽히다) бөгцгөнө|х
꾸불꾸불한 могойрхуу
꾸준한 амралгуй, нөр(өн), уйгагүй, цөхрөлгүй, цуцашгүй, эцэшгүй
꾸준히 оролдлоготой
꾸지람(혹평) муушаал, аяд, зэмлэл, тэсэлгээ
꾸짖다 баала|х, буруушаа|х, дангина|х, донгодо|х, зандра|х, зэмлэ|х, хангина|х, аашлуула|х аашлах, аашла|х; намайг буу аашил 나에게 ~을 욕하지 않다; хөвуудээ ихэд буруушаан зэмлэв 그녀는 그녀의 아들을 대단히(매우) 불쾌하게 하다(노하게 하다)
꾸짖어 내쫓다 хангина|х, аашла|х; намайг буу аашил 나에게 ~을 욕하지 않다
꾸짖음 пижигнээн
꾹 참다(~을) балга|х
꿀 бал
꿀꺽 삼키다 залги|х
꿀꺽꿀꺽 마시다 балга|х, цусла|х
꿀떡굴떡(꿀꺽꿀꺽) 마시다(삼켜버리다) балга|х; залги|х, залгила|х; шулсээ ~ (남의 것을) 몹시 탐내다, 바라다, 선망하다; архи балга|х 보드카를 마시다
꿀떡꿀떡 마심 оос
꿀벌(봉蜂) зөгий; хатан ~ 여왕벌; ~ уржуулэгу 양봉가(家) ~н бал 꿀, 벌꿀,

화밀(花蜜); ~н уур (꿀벌의) 벌집, 벌통
꿈 зүүд(эн); ~ зуудлэх 꿈을 꾸다; ~ эндээ үзэх 꿈결같이 지내다; ~энд орох 꿈꾸다, 꿈에 보다
꿈 많은 зөгнөлт
꿈 이야기 роман
꿈같은 зөгнөлт
꿈결 같음 зүүд(эн)
꿈꾸다 зүүдлэ|х
꿈나라 унтаа, унтлага
꿈에 보다 зүүдлэ|х
꿈을 꾸다(~한) зүүдлэ|х, зөгнө|х; тэр аюул га-мшгийг зөгнөж байсангүйна нь 파리에 사는 작은 꿈을 꾸었다
꿈틀거리게 하다 арвалзах
꿈틀거리다 гүвгөнө|х, гулбилза|х, гурвалза|х, халтгана|х
꿈틀거리며 나아가다 гүвгөнө|х, гулбил- за|х, гурвалза|х, гүрвэлзэ|х, халтгана|х
꿈틀꿈틀 움직이다(나아가다) хэрдэслэ|х
꿋꿋함 хатуужил
꿩 гургуул
꿩의 비름과의 풀 зүгй
꿰다 хатга|х, чичи|х
꿰뚫는 жигэнэм
꿰뚫다 бүлэ|х, нэвтрэ|х, өрөмдө|х, сийчи|х, сүлбэ|х, цоолборло|х, цооло|х, цорги|х, шивэ|х, шурга|х
(~을) 꿰뚫어 дам, сэт
꿰매다 оё|х, ханачла|х
꿰매어 꾸미다 товши|х, шидэ|х, ширэ|х
꿰매어 붙였다(달았다) оёуула|х, оёмол
꿰매어 붙이다(달다) оё|х, ханачла|х
꿰매었다 оёмол, оёула|х
꿰찌르는 жигэнэм
꿰찌르다 бүлэ|х, нэвтрэ|х, сийчи|х, сүлбэ|х, цооло|х, цорги|х
끄는 줄로 데리고 가다 цулбуурда|х

끄떡도 하지 않는 хэлбэршгүй
끄르다 алдра|х, задла|х, задра|х, зудра|х, сулруула|х, тайла|х
끄집어내다(대다)(~일을) чирэгдүүлэ|х, сугала|х
끄트러기 солжир, сэмэрхий, тасархай, үрдэс
끄트머리 сүүл, шувтрага
끈 дайс, оосор, ороодос, татаас, татлага, татуурга, туз, уяа, хүлээс, хэлхээ, хэлхээс, хэрээ, хэрээ, олс(он); ~ томох 가닥을 풀어 꼬아 잇다
끈(로프.밴드.띠) дээс(эн), зурвас
끈(줄; 띠, 끄나불, 끄나풀) буч
끈(깔개의) 묶지(고정되지)않은 끝(가) холхи
끈(띠, 리본) 모양의 물건 туз
끈으로(새끼로) 묶다(잇다) боо|х, холбо|х, хүлээсэлэ|х, зангила|х
끈(새끼로) 함께 묶다(매다) хэрэ|х
끈(실·철사 등의) 고리 сэгэлдрэг, сэнж
끈(줄, 실, 노끈)으로 묶는(매는) 것 уяатай
끈기 тэвчээр, тэсвэр, хүлцэ|х
끈기있는 амралгүй, барагдашгүй, барагхуй, нөр(өн), цөхрөлгүй, шавхагдашгүй, хэцүү
끈기 있다 тэвчээрлэ|х
끈기좋은(있는) хатуужилтай, эмчлүү- лэгч, тэсвэртэй
끈끈이 наалдангир
끈끈한 물질 залхаг, салиа, салс
끈끈한 наалдамхай
끈덕지게(성가시게) 조르다(~에게) улигла|х, ээрэ|х
끈덕진 залхуутай, уйдмаар
끈덕짐(고집, 완고, 버팀)을 보이다 нөрө|х
끈으로 묶다(졸라매다) 묶다 үдэ|х
끈으로(새끼로) 묶다 үхүүлэ|х, хүлэ|х
끈으로(실로) 묶다 оосорло|х, хэлхээлэ|х
끈을 짜다 томо|х

끈적(끈끈)되어지다 жонхуура|х
끈적(끈끈)하다 нялгана|х
끈적(끈끈)한 авалцаатай, жирэвгэр, цавуулаг, наадаг; ~ цаас 끈적거리는 종이
끈적거림 наадаг
끈적끈적하다 нялгана|х, нялцгайла|х
끈적끈적한 물건 жонхуу, залхаг, наамал, салиа, салс, цавуу(н)
끈적끈적한 ёлцор, салст
끈적이게 되다 лагалта|х
끈적이는 ёлцор, лаагуу
끈적이다 лаагалза|х
끈적한 наалдамхай
끈질기게 말하다(~해 달라고) хорrоо|х
끈질기다 мугуйдла|х, ужитла|х
끈질긴 гажуу, гүжирмэг, гэдэн, жийнгэ, зөрүүд, зөчүүд, мугуйд, сөрс, ужид, халшрайгүй, цуцашгүй
끊기다 хийдэ|х
끊다 бөхөө|х, завсарла|х, сэлтрэ|х, таслуула|х, түгэлзэ|х, хугара|х, цээрлэ|х, тасла|х; хунсээр ~ 공급된 음식을 중단하다; утас(ярьдат) ~ 전화 서비스를 끊다; цахил-гаан(гэрэл) ~ 전기를 끊다.
끊어진 саланхай, тусгаарлагдмал
끊음 ангижрал
끊이지 않는 зогсолтгүй, тасралгүй
끊임(간단)없는 барагдашгүй, тасралгүй, тасрашгүй
끊임(간단)없이 тасралтгүй
끊임(그칠 새) 없는 зогсолгүй
끊임없는 амсхийлгүй, ашдын, годгонуур, дуусгаргүй, заагтүй, зогсолтгүй, сарьдаг, төгсгөлгүй, тухгүй, барагдашгүй; ~юм 끝나지 않다; элээж ~ 기진맥진하지 않다, 지칠줄 모르는.
끊임없이(늘.언제나) байнга, байран, буур, даг, дагт(ан), дан, нөр(өн), сэгтгүй, тувт, үүрд, дагнан
끌(조각칼) гурви, цүүц

끌고가다 дүүжигнэ|х, чангаа|х, гулдра|х; гараас нь татах ~ 팔에 의하여 혼자 힘으로 끌고 가다.
끌고갔다 чирэгдэ|х
끌다 алгуурла|х, гулдра|х, дугтра|х, ноцло|х, тата|х, ужигла|х, үргэлжлэ|х, чангаа|х, чирэ|х, тата|х; анхаарал ~ ~의 주의를 끌다; ээ ртэ ээ ~ (아무를) 마침내 자기편으로 끌어들이다, 설득하다
(~을) 끌다 чирэгдүүлэ|х
끌러지다 зудра|х
끌로 깎다 гудрагада|х, гурвида|х
끌로 만들다 гудрагада|х, гурвида|х
끌로 파는 товимол
끌로 파다(새기다) гудрагада|х, гурвида|х
끌리다 хөтлөгдө|х
끌린흔적 мөр
끌어 내리다(~을) гуд татах.
끌어 올렸다 өнгийлгөгдө|х
끌어 올렸다 내렸다하다 овоно|х
끌어 올리다 ахи|х, босго|х, дээшүүлэ|х, өмгийлгө|х, өсгө|х, шуу|х
끌어(감아, 달아)올리는 기계 өргөгч; ~ цамхаг 기중기로 나르다(옮기다).
끌어내다 улбаала|х
끌어낼 수 있는 олборлолт
끌어당겨서 ~하다 тата|х, тата|х; татаж гаргах 밖으로끌어당기다; ханцуйнаас нь ~ 누군가의 소매(소맷자락)을 잡아 당기다; анхаарал ~ ~의 주의를 끌다; ээ ртэ ээ ~ (아무를) 마침내 자기편으로 끌어들이다, 설득하다
(~을) 끌어당겨서 ~하다 хөвчлө|х, хамра|х
끌어당기다 гулдра|х, дугтра|х, ноцло|х, тата|х, чангаа|х, чирэ|х, тата|х; анхаарал ~ ~의 주의를 끌다; ээ ртэ ээ ~ (아무를) 마침내 자기편으로 끌어 들이다, 설득 하다
(~을) 끌어당기다 гогодо|х, дэгээдэ|х

끌어당기었다 чирэгдэ|х
끌어올리다 arca|x, өргө|x
끓는 물(김)에 의한 뎀 шалзархай
끓는 물(김으)로 데게 하다(데치다) шалзла|х
끓는 물속으로 고기를 저미어 넣다 үй|х
끓는 дэвлэг
끓다 буцла|х, буцалга|х, бэлцэгнэ|х, дэврэ|х, оргило|х, пор пор хий|х, чана|х; буцалгасан ус, ус буцалж байна 우유가 끓고 있다; ширгэтэл ~ 졸이다, 졸아들다, 요약하다; оргитол ~ 끓어 넘치다; 노여움을 터뜨리다; (다툼 따위가) 확대하다; (사태가) 폭발하여 ~에 이르다; хор шар ~ 깊이 부러워하다 (샘하다, 질투하다); уур ~ 성내다, 노하다, 화내다.
끓어 넘치다 хөөрө|х
끓어오르는 소리 бэлцэгнэ|х
끓어오르다(넘치다) бургила|х, буцалга|х, бэлцэгнэ|х, давла|х, дэврэ|х, оволзо|х, оргило|х, буцла|х
끓이다 буцалга|х, порчигно|х
끓인(~을) чанамал
끓인(삶은.데친) 쌀(밥.벼) бэрээсэй
끙끙 앓다 ёоло|х
끙끙거리다 ёоло|х
끙끙대다 гангара|х, гоншгоно|х, гэнгэнэ|х, ёоло|х, ёхло|х
끙끙대며 말하다 гэнгэнэ|х, янцагла|х
끝 адаг, дуусвар, орой, сүүл, туйл, үзүүр, шувтрага, эцэс
끝 (맺음) гаргалга, дүгнэлт, тасалбар
끝 (맺음) 끝맺는 말 мохуул
끝까지 저항하다 онцгойро|х
끝까지 주장하다(~라고) бултай|х, гозолзо|х
끝까지 주장하다(~에 찬성(반대)하여) гозолзо|х
끝나다 дүүрэ|х, наашра|х, өөдлө|х, төгсө|x, шувтра|х, эцэслэ|х, зогсоо|х; дайныг ~ 전쟁을 끝내다; гал ~ 사격 중지; төлбөрийг ~ 중지하다, 일시 정지하다; ажлаа ~ ~을 채로 남겨 두다; хэлэлцүүлгийг ~ 토론을 멈추다; захиалгыг ~ 가입(예약)을 해지(약) 하다; холбоо харилцаагаа ~ 관계를 끊다.
(~으로) 끝나다 эцэслэ|х
끝내 승리하지 않았다 хождуула|х
끝내는 эцэст
끝내다 барагда|х, гүйцээ|х, дүүргэ|х, дууса|х, дуусварла|х, дуусга|х, замра|х, оттоло|х, төгсгө|х, төгсүүлэ|х, шувтла|х
(~을) 끝내다 хий|x
끝냈다 барагда|х
끝단(말단, 엔드) адаг, тасам, сүүл
끝동 тасам
끝마쳤다 барагда|х
끝마치다 төгсө|х, эцэслэ|х
끝막다 шувтла|х
끝막음 шувтрага
끝맺는 말 гаргалга, дүгнэлт
끝맺다 шувтла|х
끝맺음 адаг, дуусвар, шувтрага, шувтрага, эцэс
끝머리 амсар, зах, ирмэг, сэжүүр, хавирга(н), хөвөө
끝손본(마무리한) барагда|х
끝악장 шувтрага
끝없는 агуу, ашдын, барагдашгүй, барагхуй, дуусгаргүй, нэлгэр, тасрашгүй, төгсгөлгүй, туйлгүй, үргэлжид, хэмжээгүй, хэмжээлшгүй, хязгааргүй, хязгаарлашгүй
끝없이 깊은 구렁 ангал, там
끝에 접하다 оли|х
끝에서부터 말아 올리다 атира|х, эвхрэ|х
끝을 자르다(깎다)(~의) мөлө|х, эмжи|х, өөлө|х, хөвөөлө|х
끝의 сүүлч
끝이 구부러지다 еэтий|х

끝이 구부러진 ээтгэр
끝이 뭉툭한 бодолгүй, мөлгөр
끝이 뾰족한 것(모양) шовгор, шовх
끝이 오다(~의) тэрлэ|х
끝장 шувтрага
끝장나다 шувтра|х
끝판 шувтрага
끼고 가다(~을) хажуула|х, хажуулда|х
(~을) 끼고 дагуу
끼얹다(~을) цаца|х
끼우다(넣다) зоо|х, оруула|х
끼움쇠테(구멍 안쪽에 끼워서 마멸을 방지하는) холховч
끼워 으깨다 хавчи|х, хумсла|х
끽끽(깩깩) 울다 часхий|х

끼워 넣다 зоо|х, шигтгэ|х, оруула|х; нандив хандив ~ 본분을 다하다, 분에 맞는 봉사(기부)를 하다; санал ~ 움직이다, 이동시키다; хэлэх үгэнд засвар ~ 연설자의 연제를 교정(수정)하다; жагсаалтанд ~ 목록표에 싣다, 명부에 올리다; усан онгоцыг зогсоолд ~ 항구에 정박하다; ээмшилд ~ 소유(점령, 점유) 하다; төөрөгдөлд ~ 그릇 인도하다; зарлагад ~ ~에게 비용을 부담시키다; духанд нь сум ~ 누군가의 머리에서 빨리 움직이다; шон мод ~ 지칠 때까지 붙이다 .
끽끽하는 소리 өрөвтөл, үрэвтэл
낌새(눈치)채다 шиншлэ|х

ㄴ

나 өөр; ~ хоорондоо 우리들끼리/ 저희들끼리; ~ зуураа/хоорондоо 그들 자신들 사이에; ~ийн 자기 자신; ~ийн эрх дээдийн권, 개인적 권리; ~ийн эрхгүй 모르는 사이에, 본의 아니게; ~ийн дур 자유의지; ~ийн дураар 자유 의지에 의하여 씻지; 자발적으로; ~ийн биеэр 나개인적으로(는), 자기로서는

나 개인적으로(는) биечлэн
나 또는 —나(~) буюу
나 자신을 над; ~ алга 나는 가지지 않았다; ~ өгөөч 나에게 주다; ~тай хамт яваарай 나와 갑시다; ~аас гарсан хүүхэд 나의 가족 자식.
나(내)의 자신 өөрөө; ууний би ~ хийсэн 그것이 나 자신이었다; би ээ рийг э танд танилцуулж болох уу? 나를 당신에게 소개 할 수 있습니까?

나[건] —나[건] —나[건](~) буюу
나가! жов
나가다(~에서) бөхөө|х, гадала|х
나감 оролт
나관(螺管) катушка
나귀 илжиг(эн), элжиг
나그네 аялагч
나긋나긋(낭창낭창)하다 гулжий|х
나긋나긋(낭창낭창)한 турхан
나긋나긋한 гулбигар, туягар
나날이 가지런히 하다 календарчла|х
나날이 조정하다 календарчла|х

나누기 дивиз
나누기에서 나뉘는 수 дивиденд
나누다 бүлэглэ|х, мөчлө|х, хагасла|х, хуваа|х, бүлэглэ|х
(~을) 나누다(분할하다) бүлэглэ|х, хагацаа|х зүйчлэ|х; сэдэв тус бүрээр ~ 과목별로 나누다
나누어주고도 남다 илүүчлэ|х
나눗셈 дивиз
나뉘어 떨어지게 하다 хуваа|х
나는 듯이 달리다 давхи|х, жийгэ|х, сүнгэнэ|х; машинаар ~ 자동차가 나는 듯이 달리다.
나는 아주 건강하다; бие зүв зугээр байна
나는 쾅쾅 시끄러운 문 두드리는 소리를 들었다 би хаалга чанга тов тов тогшихыг сонсов
나님수 дивиденд, хуваагдагч
나라 улс, орон; усл ~ 국가, 나라; гадаад ~ 외국나라; ~ нутаг 시골, 지방; халуун ~ 열대(지방)의 나라; эх ~ 고국, 모국; эх ~ондоо эргэх ирэх 고국으로 돌아오다; ~ зайн 공간적인; ~ зай 공간, 장소
나라(지방)의 수도(중심) нийслэл
나락(奈落. 那落) ангал, там
나란한 зэргэд, зэрэгцээ, параллел
나란히(~와) хажуугаархи
나란히(서)있는 зэрэгцээ
나루터 бярвааз, гаталга
나룻배(ferryboat) бярвааз, гаталга; ~ онгоц 나룻배, 연락선
나룻배 사공 гаталгагч, усчин
나르는 사람(것) зөөгч, тээгч
나르다 зөө|х, өгүүлэ|х, тээвэрлэ|х, хүргэ|х
나른한 наадгай
나를 над; ~ алга 나는 가지지 않았다; ~ өгөөч 나에게 주다; ~тай хамт яваарай 나와 갑시다; ~аас гарсан хүүхэд 나의 가족 자식.

나름의 행동하다(~의) садагна|х
나름이다 санжий|х, шалтгаала|х
나름인(~하기) болзолт
나리 сараана
나머지 бяцархай, илүүдэл, орхидос, тогтоогч, үлдэгдэл, хаягдал, хэмхдэс, шавхруу
나머지 사람(것) нөгөөтөх
나머지의 нэмүү
나면서부터의 оор, уул, төрөлх
나무 мод(он); ой ~ 숲, 산림; ~ бэлтгэл 목재 벌목; яс ~ 뼈대, 구조; гэрийн ~ 게르의 나무로 만든(된) 부분; ~ огтлох 나무가 떨어졌다; ~ хагалах 장작을 패다, 나무를 잘게 자르다; ~ суулгах 나무를 심다, 농원; түлшний ~ 땔나무; улаан ~ 마호가니(재); ~ны дурс 짖는 (기침) 소리; модон завод 목재 공장, 목공소; ~ны мужаан 목수, 목공; ~ хөрөөдөх газар 제재소, 대형 제재(製材)톱. 나무 가지가 갈라진 нүүл
나무토막 өөдөс, хэлтэрхий
나무 가지가 있는 нүүл
나무 마개 өлгүүр
나무 조각의 숯(목탄) төгцөг
나무줄기의 혹 үү
나무(대)못 өлгүүр, хадаас
나무(대나무 식물의) 가시 өргөс
나무(대나무의)가시 холторхой; модны ~ 나무의 쪼개진 조각
나무(돌·금속의) 큰덩이 хороо
나무(돌·금속의) 판(板) үлгэр
나무(목재) 더미를 쌓다(쌓아올리다) норомло|х
나무(목재)의 긴 부분 сургааг(ан)
나무(잎·빛 등이) 흔들리다 давжгана|х, дагжи|х, чичигнэ|х, чичрэ|х
나무(짐승)의 껍질(가죽)을 벗기도록 내버려두다(방임하다, 묵인하다) өвчүүлэ|х
나무(털,껍질,날개,비늘,장식,가구,덮개, 카펫 등)이 없다 чардай|х

나무가 가지를 뻗다 бадруула|х, саравгар, лалхгар
나무가 꽃을 피우다 манда|х, цэцэглэ|х
나무가 우거지다 моджи|х
나무가 우거진 модорхог, модтой, ойлог
나무껍질 дурс(ан)
나무껍질로 덮다(싸다) дурсла|х
나무껍질을 벗기다(~의) дурсла|х, холтосло|х
나무꾼 модчин
나무나 돌을 자르는 사람 малтгач
나무라다 буруутта|х, зэмлэ|х, муушаа|х, сөхөө|х, баала|х
나무랄(힘잡을) 데 없는 будлиангүй, гарцаагүй, хэлцээгүй
나무람 буруушаал, зэм, муушаал
나무로 된(만든) 딸랑이(야경꾼이 사용하는) тогшуур
나무로 만든 낙타 코뚜레 буйл
나무로 만든(된) 구조로 덮어 뻗치다 тэлүүр
나무로 만든(된) 망치 түгсүүр
나무로 만든(된) 컵 тагш
나무로 만든(된) 해머(망치) түншүүр
나무를 베다 мөчирлө|х
나무를 심다 модуула|х, ойжи|х
나무를 자르다 даа|х, огтло|х, эсгэ|х; юм ~ гүй хутга 그 칼로 자르지 못한다.
나무를 정돈하다(손질하다) мөчи|х
나무를 치다(깎아다듬다, 자르다) мөчи|х
나무를(책의 페이지를) 자르다 тасла|х
나무메 жанчуур, муна, түгсүүр, түншүүр
나무메로 두드리다 түгсэ|х
나무와 같다 модро|х
나무와 비슷한 модорхог, модтой
나무와 비슷해지다 модро|х
나무의 модорхог, модтой, ойлог
나무의 가는 가지들 гацуур
나무의 그루터기 хожуул
나무의 나무껍질 холтос(он)

나무의 싹(눈.움) зулзага
나무의 아귀 гуя хас
나무의 잔가지들 гацуур
나무의 진 давирхай, тортог
나무의 토막 зомгол
나무의 흑병(病) яр
나무의(가지에서)뿌리가 내리다 зулам
나무줄기에 가지가 없는 ход
나무줄기의 혹이 자라다 үүтэ|х
나무토막 наалдац
나물 ногоо(н)
나뭇결 судал
나뭇결 모양의 иржгэр
나뭇결이 꼬불꼬불하다 долгиото|х
나뭇결이 있다 судалта|х
나뭇잎 навч(ин); ~ нахиа 잎의 무성함, 군엽(群葉); ~ унах (가을) 잎이 떨어지다; ~ин тамих 담배 나뭇잎; ~ боорцог 부풀게 굽는 과자용 반죽.
나뭇잎(종이 등)을 맞비비는 듯한 소리를 내게 하다 сэржигнэ|х
나뭇잎(종이등을 맞비비는듯한) 와스스 (와삭와삭, 바스락) 소리내게 하다 шижигнэ|х
나뭇잎이나 비단 등이 와삭(바스락)거리다 сар сар хийх, сарчигна|х, шаржигна|х
나방 эрвээхэй
나병 уяман
나부끼게(휘날리게) 하다 дэвэлзэ|х, дэрвэгнэ|х
나부끼다(펄럭이다) навтас навтас хийх, дэлэ|х
나부낌 намираа
나비 ааруриг, эрвээхэй
나비 따위가 훨훨 날다 далба|х
나비(꽃) 매듭 зангиа(н)
나비가 훨훨날다 салбагана|х
나빠지다(~이) гашла|х, эрхлэ|х, муухайра|х; тэнгэр ~ 날씨가 바뀌다(나빠지다); дотор ~ 욕지기가 나다, 구역질나다
나쁘게 되다 боли|х, мууда|х; шуд ~ 충치; бие ~ 건강이 나빠지다
나쁘게 말하다(~을) муучла|х
나쁘게하다 дорто|х,сэдрээ|х, ялзруула|х
나쁘지 않는 дутахгүй
나쁘지 않은 гайгүй
나쁜 базаахгүй, гайтай, ёозгүй, муу, муусайн, муухайвтар, саар, сайнгүй ; ~ястай эд юмс 악질 기사; 열등한 품목; ~зан 나쁜 성질
나쁜 감정 найдангүй; ~ сэтгэл төрөх 부러워하다, 샘하다, 질투하다
나쁜 결과 харгаа
나쁜 마음가짐(기분)이다 хуйсгана|х, хонхилзо|х
나쁜 모양(형상.형태) галбиргүй
나쁜 버릇에 물들다(빠지다) амтши|х
나쁜 성질의 хэдэр
나쁜 소문(세평, 평판)(~라는) хүндгүй
나쁜 습관에 물들다 хүйтэнтэ|х
나쁜 이용자 мөлжигч
나쁜일에 꾀다 мунхруула|х, төөрүүлэ|х, төрөгдүүлэ|х
나쁜 지역(지대) сархиаг
나쁜 평판(세평)의 хүндгүй
나사 цэлбэ(н), эрэг
나사 볼트 эрэг
나사 한 바퀴가 돌 때의 축이 움직이는 거리 хоргол ж(ин)
나사(모직옷감)종류 одончуу, тэрмэ(н)
나사(죔)못 түгжээ
나사돌리개 халив
나사로 죄다(잠그다) эрэгдэ|х
나사를 돌려서 빼다(~의) халивда|х
나사를 빼다(느슨하게하다) халивда|х
나사를 틀어박다 халивда|х
나사못 эрэг
나사못으로 고정시키다 халивда|х
나서다 мордо|х
나선상을 이루다(으로 나가다) ороо|х

나아가게 하다 ахи|х, боловсро|х, давши|х, давши|х, давшилт, давшуула|х, довтлогч, духай|х, дэвши|х, урагшлуула|х, урьдчила|х

(~쪽으로) 나아가게 하다 зүглэ|х, чиглэ|х

나아가다 дамжуула|х, зори|х, нөгчи|х, өгүүлэ|х, өнгөрө|х, өртөөлө|х,ява|х

나아가서 урагш

나약(곕약)한 халирхай, буурай, дорой, нолчгор, тамиргүй, үлбэгэр, үлгэн салган, улжгар, үлхгэр, үхээнц

나약해 지다 ёлбой|х

나에게 над

나오다 өндий|х гара|х; саран авхай уусийн цаана-ас гарлаа 그달은 구름 뒤에서 나타났다; нар ~ 해돋이, 일출. 태양이 떠오르다, 해가 솟아오르다, гал ~ (화재가)일어나다; ус ~ 물이 스며 나오다(새다); уур ~ 증기를 발생하다; хөлс ~ 땀을 흘리다, 발한(發汗)하다; сорви ~ 상처를 남기다; баас ~ 놀라다, 간담이 서늘해지다, гарз ~ 우연히 만나다, 마주치다; гарч ирэх 나타나다, 나오다; жил ~ (새해가) 시작하다; нэр ~ 유명해지다, 이름나다; жужиг ~ ~을 이용하다(틈타다); гэдэс ~ 과식하다, 많이먹다; хүүхэд ~ (어린애가) 태어나다; үнэр ~ 연기를 내다, 김을 내다; цус ~ 출혈하다, 피 흘리다, 죽다; хайхрамжгүй байдлаас осол гарлаа 부주의로 추락했다; алдаа ~ 실수하다, 잘못되어 있다; асуудал ~ ~에 이르다; нөхөрт ~ ~가 결혼하다; буханд ~ 소가 새끼를 가졌다; ярьж ~ 말하기 시작하다; бичиж ~ 글을 쓰기 시작하다;

(~에서) 나와 있다 улбаала|х

나의 것 маань, минийх, минь; ээх ~ ирэв 나의 어머니는 뒤에 오다; найз ~ надад хэлэв 친구는 나의 것을 말했다; ах ~ 나의 형; багш ~ өвчтэй байгаа 우리의 선생님 불쾌해 졌다.

나의 소유물 маань, минь

나의 амины, миний, минь, над; ~ бодлоор бол 나의 의견(견해); ~ ээж 나의 어머니; ~ бие 나의; ~ хойноос 나의 뒤에, 나를 따르다; ~ эртний танил 나와 오래 아는 사이; тэд ~ тухай ярьцгааж байна 그들은 나에 관해서 말하다; ~ буруу 나의 과실; энэ ~ хэрэг 그것은 나의 다음이다; ээх ~ ирэв 나의 어머니는 뒤에 오다; найз ~ надад хэлэв 친구는 나의 것을 말했다.

나이 든 ахимаг, ахиу, өвгөжөөр, хөгшид

나이 많은 зөнөг, мунаг; зөнөг ~ 고령, 노쇠, 나이 많은

나이 먹은 ах, насжуу, өвгөжөөр, өтөл, хөвөө хөгши, хөгшин, өвгөн; ~ хүн 노인

나이 어린 балчирда|х

나이 сүүдэр, нас(ан); та/чи хэдэн нас-тай вэ? 당신은 몇 살입니까? тэр дөч гарсан 그는 40이 넘었다; бага ~наасаа 어린시절; бид ~ сацуу 우리는 동시대다; дунд ~ны 중세기; ~ өндөр болох 나이를 먹다, 늙다; нэг ~тай 한 살, 한 돌;

나이가 들어가다 хөгшрө|х

나이가 들어서 더 이상 어린애가 아니다 настайхан

나이가 들어서 настайхан

나이가 많아지다 зөнөглө|х, муна|х, мунагла|х

나이가 지긋한 хижээл

나이가 지긋한 사람들 хижээл

나이가 지긋한 여자 самган

나이가 지긋한 친척부인 маамаа

나이든 사람 хөгшин

나이들다 өтлө|х, хөгшрүүлэ|х, өвгөрө|х; тэр хурдан э вгэ рч байна 그는 나이를 빨리 먹는다.

나이를 먹다 ахиу, насжи|х, өтлө|х, хөгшдө|х ; нас ~ 나이 든.

나이를 먹음 өтлөлт
나이먹다 өвгөрө|х; тэр хурдан э вгэ рч байна 그는 나이를 빨리 먹는다.
나이팅게일 гургалдай
나이프 хутга мэс; ~ засал 외과(의술) 수술; засалч ~ 외과 의사; ~ заслын хутга 외과용(해부용) 메스, 작은 칼
나이프로 베다 хутгала|х
나중에 ардхан, дара, хожим, хожимдол, хойно, хойшхи, хожид; урьд ~ 조만간, 언젠가는.
나중에 가다 дага|х, замна|х, мөшгө|х, цувалда|х
나체의 нүцгэн, салдан, чармай, шалдан
나침(羅針) хаттуур
나침반 луужин(г)
나침의 луужин(г)
나타나다 гарга|х, бий, бултай|х, гадагшла|х, гара|х, нээгдэ|х, үүсэ|х
(~에) 나타나다 ажээ, бай|х, бий, бол, болбол, юмсан
나타나지 않은(~에) үзэгдэшгүй
나타남 шинж
나타내기 шоу
나타내는 사람 задруулагч
나타내다 заа|х, нээгдэ|х, рйлго|х, харуу- ла|х, задра|х; бяглаа нь ~ 제한되지 않다; нууц ~ 비밀을 누설하다(폭로 하다); задарсан хуухэд буруу없는(응석 부리는) 아이, 떼쟁이; тэнгэр ~ (날씨) 더 나쁘게(보다 심하게) 되다
(~을) 나타내다 бэлэгдэ|х
(표정·몸짓·그림·음악 따위로) 나타내다 илэрхийлэ|х
나태하게(게으르게) 느끼다 нэвшрэ|х
나태하다 аажууда|х, наазгайра|х, назгайра|х, улжий|х, хойрголо|х
나태한 гэдгэр, назгай, налхгар, нунжгар, ойг, салбан, салхгар, сортоогүй, хойрго, налай|х, залхаг, залхуу, лазан, наазгай; цалгар ~ 부주의한, 소홀한; залхуу ~ 게으른; ~ жолооч 나태한 운전자; ~ хун 게으름뱅이; чи яасан ~ хун бэ? 누가 게으름뱅이?
나태함을 보이다 хойргоши|х
나팔 бурээ(н); ~ татах 피리(나팔)이 울리다, 호른(트럼펫)을 불다
나팔 없는 түгжгэр
나팔을 울리다 чагнаалда|х
나팔이 없는 축음기 түгжий|х
나팔형 안테나 эвэр
낙낙하다 хүлхгэрдэ|х, хэлхий|х
낙낙한 дэлдэн(г), нэлхгэр, нэлэмгэр, уужуу, хүлхгэр
낙농장에서 일하는 여자 саальчин
낙담 дэлүү(н), халаг, харамсал
낙담(낙심)하다 цөхрө|х, шантра|х, ганда|х, мятра|х
낙담(낙심,실연)한 урвагар, гонсгор, мятрал, уруу, урамгүй
낙담(실망)되다 гонсро|х
낙뢰(落雷) аянга, очир
낙맥(落脈) хөвч
낙모(落毛) баас
낙엽성의 навчит; ~ ой낙엽수(송), 낙엽 성의 산림
낙엽송 харгай(落葉松: 전나뭇과의 낙엽 침엽 교목. 줄기 높이는 30m가량, 큰 것은 직경 1m가량이며, 건축재·침목·전주·펄프·선박 재 등으로 씀.)
낙오하다 долро|х
낙원 утопи
낙인(烙印) тамга
낙지 наймалж
낙천적인 гудитгүй, зовлонгүй, хэнэггүй
낙타 тэмээ(н)
낙타 또는 소떼가 사용하는 불의에 외치는 소리 хөж
낙타 또는 소떼를 몰고 갈 때 부르는 외치는 소리 хөөг
낙타 한 마리 бод
낙타가 달리다 тавравх, тэши|х
낙타를 끌기 위하여 나무로 만들어

코에끼워 로프를 묶어 사용하는 물건 буйл
낙타를 부르다 хөөглө|х
낙타를 소리 내어 부르다(소리쳐 부르다) хөөглө|х
낙타를 타고 달려가다(뛰어가다) тэшүүлэ|х
낙타무릎을 만들어 끼워 사용하다 сөг
낙타에 안장을 놓다(얹다) тохошло|х
낙타에게 마구를 씌우다 хомно|х
낙타에게 목걸이를 설치하다 хомно|х
낙타와 소 бод
낙타의 가축지기 тэмээчин
낙타의 고삐 бурантаг
낙타의 목동 тэмээчин
낙타의 목을 끄는 밧줄 бурантаг
낙타의 무릎을 꿇게 하다 сүглү|х
낙타의 안장 тохош
낙타의 안장(짐싣기에 사용되는) хом
낙타의 코에 고삐를 달다 бурантагла|х
낙타의 큰 소리로 울다(울부짖는 소리, 신음소리, 울리는 소리) бүйпа|х
낙타의 혹 лэг бөх, бөх; тэмээний ~ 낙타의 혹(군살); хоёр ~тэй тэмээ 쌍봉낙타
낙태(유산) зулбадас
낙태시키다 ур хөндүүлэ|х
낙하(강하) туналт, угалт, хур, дусал; усны ~ 물방울의 낙하; хөлсний ~ 땀의 방울, 발한작용의 방울; далайд ~버킷(양동이)에서 떨어지다; ~ дуслаар 조금씩, 점차; усны хоёр ~ шиг адилхан 흡사한(꼭 닮은) 완두콩 꼬투리; ~ буух (비.눈)이 떨어지다 .
낙하물 баас
낙하산 парашют, шухэр
낙하산 강하자 шухэрчин
낙하산 부대 шухэрчин
낙하산병 шухэрчин
낙하하다 бултрэ|х, бура|х, буу|х, дошло|х, зулгара|х, ойчи|х, палхий|х, хөглө|х, цөглө|х
낙화생 хуасан
낚시 바늘 гөхий
낚시 부표(찌) живүүл
낚시꾼 загасчин
낚시로 낚다 дэгээдэ|х
낚시줄을 늘이다(잡아당기다) зэллэ|х
낚시질하다 загасчла|х
낚시찌 живүүл, холбого
낚싯대 хахуул
낚싯대로 낚시질(어업)하다 хахуулда|х
낚싯배 загасчин
낚싯봉으로 낚시질하다(고기를 낚다. 고기잡이하다) дауулда|х
낚싯줄(어망의) 찌 холбого
난(欄) 따위를 선을 그어 구획하다 хүснэгтлэ|х
난간 등을 포함한 계단 шат
난공불락의 оногдошгүй
난관 тээг
난구(卵球) төмс
난국 бэрхшээл, даваа(н), мухардал, хямрал, мохрол; ~д орох 막다른 골(목)에 도달하다.
난국(곤경)에 이르다 мухарда|х ; гар ~ 어떻게도 할 수 없게 되다
난군(亂君) дарлагч
난도질하다 хэрчмэл
난로 пийшин, зуух; шатаах ~ 가마, 노(爐), 건조로(爐), 건조실; ширэм хайлах ~ 송풍(送風) 노(爐); аргуй; төмөр ~ 철제 난로
난로 앞에 까는 것 хивсэнцэр
난문(난제) асуудал; улс төрийн туламдсан난(불유쾌한)문제, 뜨거운 감자;
난바다 далай
난방기 радиатор
난봉피우는 завхай, садар, ужид
난봉피우는(흘게늦은)
인도하다(데리고 가다) садарла|х

난봉피우다 савсагла|х, ужитла|х
난사(難事)의 무거운 짐이 되는; 번거로운, 난사(難事)의.
난색을 보이다 хэцүүтэ|х
난선(難船) сүйдэл
난세포(卵細胞) төмс
난소 өндгөвч (卵巢: 동물에서, 암컷의 생식 기관. 난자를 만들어 내고 또 호르몬을 분비함)
난실난실하다 аалигүйтэ|х, жаравгана|х, саамгана|х
난자(卵子) төмс
난잡 будлиан, маапаан, самуурал, солио, тунтгар, эндүүрэл, ээдрээ
난잡한 бохир, бузар, самуун, ундуй сундуй
난쟁이 одой
난주(卵珠) төмс
난처(성가시, 골치 아프)게 만들다 томоогүйтэ|х
난처케 하다 бажгада|х, сандра|х, хала|х
난처하게 하는 бэрхшээлтэй
난처하게 하다 донсолго|х, зово|х, зовоох, сандчи|х, түвэглэ|х, түгдрэ|х, туши|х, үймрүүлэ|х
난처하다(~으로) горой|х
난처한 амаргүй
난처한 самуун
난처한(성가신,골치아픈) 것 түвэгшээл, яршиг, чирэгдэл
난처해지다 зовни|х
난파 аваар осол, сүйдэл
난파선 약탈자 буснуулагч, эвдэгч
난폭 хүчирхийлэл
난폭하게 나르다 овилгогүйтэ|х
난폭하게 흔들다(~을) донсло|х
난폭하게 арзгар
난폭한 агсан, балмад; ~ тавих 술취해 사납게 날뛰다.
난폭한 운전수 ковбой
난폭한 짓을 하다(~에) аягүйрхэ|х, туйла|х

난폭히 다루다 гэгээ|х, цээрлүүлэ|х
난해한 амаргүй, аюлтай, будлиантай, бэрх, бэрхтэй, горигүй, дөхөмгүй, зовлонтой, нийсгүй, ойлгомжгүй, түвэгтэй, ухааршгүй, хүчир, хэцүү, цөвүүн; ~ даваа 가파른(깎아지른 듯한) 산
날알 будаа, тариа(н), мөхлөг; тармалы ~ 날알, 고운 알
날 들다 дулиара|х
날 따위가 무딘(둔한) майдраг
날 없는 иргүй, мохоо, мухар, үзүүргүй, майдраг; ~ эмгэн 이가 없는 노파(늙은 부인)
날개 далавч, жигүүр; ~аа дэлгэх 자신의 날개를 펴다, 능력(수완)을 충분히 발휘하다; давхар ~тай онгоц 복엽비행기, 복엽기, 쌍날개 비행기
날개 깃털(깃) сод
날개 있는 생물 жигүүртэн
날개(비늘,장식,가구,덮개,카펫)이 없다 чардай|х
날개가 성장하다 жигүүрлэ|х
날개가 자라다 далавчла|х, жигүүрлэ|х
날개를 퍼덕(퍼드덕)거리다(날개치다) түөрдхий|х, дэвэ|х; шувуу ~ 날개를 퍼덕이다.
날개맥 судал
날개의 퍼덕거림 намираа
날개치며 날다 намилза|х, салбагана|х, хийсэ|х, намира|х; үс ~ 머리카락이 날리다.
날고뛰다 дошгиро|х
날금 уртраг
날기 дүрвээн, нислэг, ялаа
날다 намилза|х
날다람쥐 олби, хэрэм
날도록 허가하다 хөөргө|х
날뛰다 аарха|х, догшро|х, дошгиро|х
날래다 давхий|х, дэгдэлзэ|х, жавхалза|х
날랜 гав шаа, хурдач, шаламгай
날렵한 сэгээ

날리다 нисэ|х, хали|х, хөөрө|х
날마다 배열(정리)하다 календарчла|х
날붙이(칼·총검 등) мэс
날쌔게 비키다 булзаара|х, булта|х, холбиро|х, зайла|х; оргон ~ 감옥에서 탈출하다; эндээс зайл! ~을(에서) 떠나!; замаас зайл! 썩 나가!; торгуулиас ~ 형벌(처벌)을 벗어나다; ажраас ~ 일을 피하다
날쌔다 хурдда|х
날쌘 түргэн
날쌘 말 аргамаг
날씨 등이 찌무룩한 нойтон; ~ хувцас 물에 젖은 옷; ~ мод 푸른 재목(제재 목); ~оо 크림 치약
날씨가 개다 цэлмэ|х
날씨가 맑아지다 цайра|х
날씨가 바람이 없고 고요한(조용한) дуниара|х
날씨가 어떻게 될지 모른다 саармагла|х
날씨가 온화한 дуниара|х
날씨가 좋은 냄새가 나다 сэнгэнэ|х
날씨가(하늘이) 개다(벗어지다) дулиара|х
날씨의 온화함 өршөөл
날씬하고 기민(민활)하다 жавхалза|х
날씬하고 기민(민활)한 жавхгар
날씬하고 날랜 жавхгар
날씬하고 몸이 재빠르다 жавхалза|х
날씬하고 몸이 재빠른 жавхгар
날씬한 нарийхан
날아가는 것 босгуул
날아오르다 хали|х
날을 무디게 하다(~의) мохо|х
날을 세우다(~의) шудлэ|х
날을 세운 иртэй, өнцөгтэй
날이 둔한 майрдаг
날이 새다 гэгээрэ|х, цай|х, хаяара|х; уур ~ 날이 밝아지다.
날이 안들게 되다 мөлий|х

날이 안들게 하다 мохоодох, мөлийлгө|х, мяра|х
날이 안들다 шантра|х
날이 있는 무기 мэс; засал 외과 (의술), 수술; засалч ~ 외과 의사; ~ заслын хутга 외과용(해부용) мэс, 작은 칼
날이 있는 иртэй, өнцөгтэй
날이 잘 드는 것 даац
날이 잘 드는 иртэй, сэгээтэй, хурц, хурцхан
날이 촘촘한 шаху
날인 тэмдэгт, ор: хуруугны ~ 지문, 손도장; ~ сурагтгүй 자국없이 떠나다.
날인(봉인)하다(~에) дара|х; тамга ~ 봉인하다;
날인하다 оромдо|х
(~에) 날인하다 битуумжлэ|х, тамгала|х, тийздэ|х, ломбодо|х; шуд ~ 입에 가득하게 하다(채우다)
날줄 уртраг
날쥐 алагдаахай; говийн ~ 고비의 날쥐
날짜 өгөгдөл, өгөгдөхүүн
날카로운 гөнтэй, ёврогтой, жигэнэм, иртэй, өнцөгтэй, савдаа, сономсор, сэгээтэй, үзүүртэй, хурц, шөвгөр, шөвх
날카로운 것 даац
날카로운 도구로 문지르다 ниттэрэ|х
날카로운 도구로 문질러(긁어, 깎아서, 닦아서) 반반하게 하다 ниттэрэ|х
날카로운 도구로 베다(자르다) мэсдэ|х
날카로운 비명을 지르다 багалзуурда|х, ган хийх
날카로운 소리(딱·탕·우지끈)을 표현하는(나타내는) 의성어 тас; ~ няс 딱 소리를 내다, 쨍그렁(우지끈) 소리나다 гал ~ хийх 탕 총소리 나다
날카로운 소리를 내다 янгина|х
날카로운 외침소리 хашгараан
날카로운 찬바람 хавсрага
날카로운(새된) 소리로말하다 хохтно|х

날카로운(신랄한) 귀를 가지다 сээтэн
날카로운(예리한,뾰족한)기기를
장치하다(~에) живхий|х
날카로움 ирмэг; тэр хадны ~ дээр
зогсов 그는 벼랑 끝에 서 있다;
ширээний ~ 탁자 모서리(테두리)
날카롭게 огцом
날카롭게 만들다 хурцла|х
날카롭게 하다 билуудэ|х, ирлэ|х,
үзүүрлэ|х, хурцла|х, шөвий|х
낡고 오래된 안장 янгирцаг
낡아빠진 집 овоохой
낡아서 터덜(덜커덩)거리다 навсай|х
낡아지다 элэгдэ|х
낡은 дампу, оронцог, түнэг
낡음 өнө; ~ эртий 옛날의, 고대의; ~
удаан 영원히, 언제나
낢 намираа
남 다른 데가 있다 солжий|х
남(쪽)의 өмнөд
남경(男茎) чив чимээгүй
남근(男根) чив чимээгүй
남기고(두고)가다 гэрээслэ|х, өнжөөх
남김없이 хуу
남녀 동권론자 феминист
남녀 동권주의 феминизм
남녀가 '불장난' 하다 маасгана|х; тэр
албан газрынхаа бусгуйчуутэй дандаа
маасганаж байдаг юм 사무실에서
여성들과 항상 새롱(시시덕)거리다
남녀가 불장난하다 сэртвэлзэ|х
남녀가 새롱(시시덕) 거리다 жалмай|х,
сэртвэлзэ|х, сэртэндэ|х, жартгана|х маас-
гана|х; тэр албан газрынхаа бусгуй-
чуутэй дандаа маасганаж байдаг юм
사무실에서 여성들과 항상 새롱(시시
덕)거리다
남녀별 секс
남녀추니 манин, хиосгон (남자와 여자의
생식기를 둘 다 가지고 있는 사람. 반음양(半
陰陽). 양성구유(兩性具有))
남는(여분) илүү; ~ цаг ажиллах 연장
근로시간; ~ үг 불필요한 말; тэдний
дунд өөрийгөө хун гэдгийг мэдрэв 그는
그들의 회사에서 불필요한 느낌
이었다; ~ запдал 여분의 지출; ~ морь
여분의 말; ~ харах 여분이 필요하다; ~
гарах 여분을 왼쪽에서 가지다; ~ сайн
~보다 좋은, ~보다 나은; ~ мөнгө төлөх
초과지불하다; улам ~ 하물며, 더군
다나, 더욱 많이; ~ их идэх 과식하다;
тэр надаас ~ туршлагатай 그는 나보다
더 많이 경험 한다; өс зургаагаас
гурваар ~ 3+6=9, 6에 3을 더하면 9
남다 үлдэ|х
남다른 гайхамшигтай
남동생 дүү
남루한 оронцог, сарампай, тамтаггүй
남만시 лооль(南蠻柿: 가짓과의 한해살이
풀. 높이는 1-1.5m 정도로, 여름에 지름 5-
10cm의 장과(漿果)가 등적황색으로 익음. 남
아메리카 열대 원산으로, 밭에 재배함. 과실은
식용함); лоолийн шүүс 토마토 쥬스
남모르게 битүүдээ, сэмхэн
남몰래 битүүдээ
남방 өмнө; ~ зуг 남쪽; баруун 남서쪽;
~ зуун 남동쪽
남방에 있는 өмнөд
남부 өмнө, урагшаа, урд
남부(의 지점, 의 지역) урагшаа
남부의 өмнөд
남빛 номин
남빛의 хөх; ~ тэнгэр 푸른하늘; ~
цэнхэр 푸른빛을 띤; хар ~ 검푸른; ~
болох 푸른색으로 변하다; ~ бор 푸른
잿빛의; ~ хас 사파이어, 청옥(青玉)
남새 ногоо(н)
남성 бүстэй, эр
남성복의 재단사 үйлчин
남성의 성적 능력 эр
남성의 эрэгтэй
남성적인 эрэгтэй
남아 있다 үлдэ|х
남아돌아가는 илүү, сэлбээс

남에게 눈총맞다 томоогүйтэ|х
남에게 뒤지다 хоцро|х
남에게 속아 넘어가기 쉬운 гэнэн
남에게 숨긴 далд, далдахь, сэм
남여 쌍방의 경칭 гуай
남용 шамшигдал
남용하다 шамшигда|х
남으로부터의 өмнөд
남을 강제로 ~하게 하다 бороохойдо|х
남을 등쳐먹는 사람 харцага
남을 쉽사리 믿는 гэнэн
남을 얕보는 дэглүү(н)
남음이 있을 만큼(~하고도) гаран орон, орон гаран
남의 것을 몹시 탐내다 шуна|х
남의 것이 아니라 자기 자신의 юугаа/юүгээ(н); эхнэр юүгээ 자기의 부인; гар юугаа 자신의 팔(상지)
남의 눈에 띄지 않는 ажигтүй
남의 눈을 끄는 сод(он)
남의 눈을 끌지 않는 доожгүй, доожоогүй, жавхаагүй, лөөлгөр, мэдэгдэхгүй, нурмагар, үзэмжгүй
남의 눈을 피하는 далдуур
남의 눈을 피해 살다 нуугда|х
남의 도움을 빌리지 않는 юугаа/юүгээ(н); эхнэр юүгээ 자기의 부인; гар юугаа 자신의 팔(상지)
남의 말·문장 따위를 인용하다 ишлэ|х
남의 소문 이야기 хач, хов, цуурхал
남의 시간을 빼앗다 өнгөлзө|х
남의 의견·조언 등에 콧방귀 뀌는 사람 мэдэмхий
남의 일을 수군거리다 гүжирдэ|х, мула|х
남의 주의를 끄는 힘 мэх; заль ~ 교활, 간지(奸智); 간계, 기만, 약삭빠른; 교활한; ов ~ 책략, 계략
남의 힘을 빌리지 않고 гагцаар
남자 бүстэй, хүн, эр
남자 아이 нуган

남자 옷의 셀 갖춤(저고리·조끼·바지) костюм, хослол
남자가 ~을 아내로 맞다 хуримла|х
남자끼리의 жавшуур
남자다운 эрэгтэй, эрэмгий
남자와 여자 양(兩)쪽 존칭 гуай
남자용의 조끼 хантааз
남자의 바지 고리 가죽 띠(혁대, 벨트) төдүүл
남자의 바지 өмд
남자의 수도원 зуу
남자의 팬티 өмд
남자의 эрэгтэй
남쪽 урагшаа, урд, өмнө; ~ зүг 남쪽; баруун 남서쪽; ~ зүүн 남동쪽
남쪽에 있는 өвөр, өмнө, урдах
남쪽에(~의) доош(оо)
남쪽으로(의) урагшаа, өмнө, урдах
남쪽을 향한 өмнөд
남쪽의 өвөр, өмнө, урдах
남초(南草) янжуур
남편 эр, нөхөр; анд ~ 벗, 친구; хань 남편; хамт ажиллагч ~ 동료, 동업자; багын анд ~ 어린 시절.
남편(아내·여자 등을) 속이다 урва|х
남포 бамбар, зэрчих, ламп, чийдэн, зул; ~ барих 남포에 불을 켜다(밝히다); ~ жаргах (램프의) 불빛이 나가다; ~ сарын баяр 크리스마스, 성탄절; ~ сарын баярын амралт 크리스마스 휴일
남향 өмнө
남향의 урдах, өмнө; ~ зүг 남쪽; баруун 남서쪽; ~ зүүн 남동쪽
납(땜납) тугалга(н) (기호 Pb; 번호 82)
납가새 зангуу; ~ны үлгэр (장부에서의) 삭제, 감가계정(減價計定), 결손처분, 미수계정;
납득 ойлгоц
납득시키는(~을) ятгагч, ятга|х
납득이 가도록 정리하다 тохниула|х
납득이 안 가는 тайлбарлашгүй

납득하다 батла|х, сэгээлэ|х
납땜하다(으로 붙다) гагна|х
납부 төлбөр, төлөөс
납부(납입)하다 гуйва|х
납빛 борлог
납색 борлог
납으로 때우다 гагна|х
납입 төлбөр
납작 хавчиг
납작한 далбагар, жалбигар, мялгар, талархаг, талархуу, тэгш, хавтгай, хамшаа, хамшгар, шахмал, мялтгар; ~ ёроолтой 바닥이 편평한 배
납작한 냄비 нармай; ~ монгол 몽골인의 취사도구
납작한 못 хадаас
낫 хадуур (풀·곡식 등을 베는 'ㄱ'자 모양의 연장.)
낫게 하다(병.상처. 마음의 아픔을) анагаа|х; ~ ухаан ~에 약을 주다(투여하다), 약으로 치료하다;~ эм 진통제, 완화제; шарх ~ (피·눈물 따위를) 멈추게 하다; (상처를) 지혈하다
낫다 ана|х
낫다(~보다) хэтрэ|х
낫으로 베어 내다 шуу|х
낫지 않는 эдгэршгүй
낫지 않을 만큼 эдгэршгүй
낭(囊) зай, хүүдий
낭독 концерт, уншлага
낭떠러지 гултгал, цохио
낭떠러지(벼랑, 절벽)에 매달리다(걸리다) өнгийм
낭랑하게 сонсголонтой
낭랑한 дуутай, сонсголонтой, цээл
낭만주의 романтизм
낭만주의자 романтикч
낭비 гарз(аи), дэл сул байдал, үрэгдэл
낭비가 심한 үрлэгч
낭비된 завхай, садар
낭비를 막다 хадгала|х

낭비를 삼가다(피하다)(~의) гамна|х, нөөцлө|х, хэмнэгдэ|х, хэмнэ|х, арвила|х
낭비벽이 있는 үрэлгэн
낭비자 үрэгдүүлэгч
낭비하는 арвигуй, үрлэгч, үрэлгэн, үрэмтгий
낭비하다 бара|х, бурэлгэ|х, гүвэ|х, зувчуула|х, өнгөрөө|х, самши|х, үрлэг
낭송하다 дууда|х
낭심(囊心) сараанаг, хуух
낭패 мэгдэл, сандрал, тулгам
낭패(곤란)케 하다 хагачи|х
낭하(복도) гудам, хонгил
낮 өдөр; ажлын ~ 일일 노동시간; амралтын ~ 비번일(非番日), 휴무일; баярын ~ 축(제)일; тэ рсэ н ~ 생일; хагас ~ 반나절, 반공일; хагас сайн ~ 토요일; бутан ~ 하루 종일; бу-тан сайн ~ 일요일; энэ номын сан ням гаригавс бусад ~ ажилладг 도서관은 일요일을 제외하고 매일 문을 연다; нэгдэх ~ 월요일; хоёрдох ~ 화요일.
낮(대낮) гэгээ(н)
낮게 하다 буулга|х, буулга|х, дара|х, дорто|х
낮게(과소) 평가하다 баса|х
낮고 폭이 넓은 навтгар, таахгар, нагжгар; ~ хузуу 목이 짧은; ~ нуруутай хун 키 작은 사람
낮아지다 доогуурда|х, дорогшло|х, навтгарда|х, намда|х, намса|х
낮은 산등성이 хяр
낮은 산마루 хяр
낮은 음(목소리. 베이스) аргил
낮은(아래)쪽의 доод, намхандуу
낮은(키·고도·온도·위도·평가) навтгар, нагжгар, явган, нам; ~ дор газар 저지(대); нуруу-гаар ~ 짧은; ~ дуутай 저음, 낮은 목소리;~ болох 낮아지다
낮추게 хаида дорто|х
낮추다(내리다) дара|х, буулга|х
낮추보는 ойшоогүй

낮추어보다 (~을) өмгийх
낯선 гадна, үзээгүй
낯을 가리다 гирэвшиx
낯익지 않은 үзээгүй
낱낱의 경화(硬貨) зоос
낱낱이 세다 тооцоолоx
낱낱이 амиараа, тусдаа
낱말 үг
낱말을~ 라고 철자하다 үсэглэx
낳다 амаржихֿ; ~ газар 산원, 조산원 бэлтрэглэx, төрөхֿ, хөнгөрөx, няpaйлаx; ня-райлсан эх 그 여자는 최근에 아이를 낳았다.
내 던지다 давуулаx
~ 내(오는) дэслэx, удаахь, дараахь
내각(內閣) яам
내객 айлчин, зочин
내과의(사) доктор, оточ, эмч
내구(耐久) нөр(өн)
내구력 있는 дардгар
내구력 тэвчээр, хатуужил, хүлцэx
내구력(견고성)을 잃다, үхээртэx
내구력이 있게 되다 хатуужиx
내구력이 있는 ган(г), гүжир, гүжирмэг, дөжир, тужир, тэсвэртэй
내구력이 있다 түжирлэx
내구성의 байран
내구성이 있는 хатуужилтай
내국의 дотоод
내기 아까워하다 нарийлаx
내기 мөрий, тоглолт; ~ тавих 내기에 걸다; ~ хожих 내기에서 이기다; би ~гөө авав 나의 내기에서 이겼다
내기(노름.투기) бооцоо; ~ алдах 내기에서 잃다; ~ тавих 노름판,~와 내기를 하다,~을 걸다
내기(도박)하다 тоглочиx
내기를 하는 사람 бооцоо
내기를 하다 тоглуулаx
내기에 건 것(돈) бооцоо, мөрий; ~ тавих 내기에 걸다; ~ хожих 내기에서 이기다; би ~гөө авав 나의 내기에서 이겼다
내기에 걸다 мөрийцөx
내기의 대상 бооцоо
내년 хойтон жил
내놓고 гялайн цайн, илтэд, илхэн
내다 сэртийx, ханхайx, хоослоx
(~를) 내다 ханхайлаx
내다(밀어) дорсгоноx
내달리다 цайx, өнгөрөхֿ; дуугүй ~ ~의 입막음을 하다; хажуугаар ~ 지나다; түргэн ~ 가볍게 지나다
내던지다 таягдаx, хаягдаx, хаях, хөвөлзөx, шидэx, хаялцаx
내동댕이(내팽개)치다 хаяx, шидэx, таягдаx, унагаx, хаягдаx
내려가(~을) ноолуур
내려가다(오다) доогуурдаx, дорогшлоx, намсаx, хасагдаx, бууx
내려놓다(~을) нураx, төлөөлүүлэx
내려다보다 өмгийx, харагдаx, харгалзаx, гадуурхаx; гадуурхан үзэх 부외(국외)자로 내려다보다.
내려앉게 되다 хүнхийx
내려앉다 сүйрэx
내려앉은 ёнхгор, ёнхор, хөнхөр, хүнхгэр
내력 гарвал
내리 가게 하다 дортоx
내리누르다 дарамтлаx, нийтлэгдэx, шахагдаx
내리누름(눌림) угалт
내리다 бууx, буулгаx, өлгөx, сугараx, сууx, чаргуулдах,; мориноос/тэмээнээс ~ 말/낙타에서 내리다; манан бууж байна 안개(이슬비)가 내리다; шатаар ~ 계단으로 내려오다; үсэрч ~ 뛰어내리다, 점프하여 내려오다
내리막의 уруу
내리막이 되다 бураx, хэвийx
내리받이 ялзрал
내리시다 (~을) болгоох

내리쳐 베다 хадра|х
내리치다 гуяда|х
내막을 폭로하다 ховсро|х
내면(내부)의 дотор, доторхи, дотно; гадна дотнын хүн 외국인, 외인
내면에(으로) 옮기다 дотогшло|х
내무생활 하다 хуарагна|х
내미는 бялхмал
내민(돌출) дэргэ, гүвгэр, ёмбогор, саргар, сэртгэр, түнтгэр, дэлдэн(г); ~ 치ㅎ튀 (토끼 따위의) 귀가 늘어진.
내밀다 арсай|х, бондой|х, дорсгоно|х, дорсой|х, дөндгөр, дэлдий|х, дэрчий|х, ёмбой|х, ёндой|х, оргой, орсой|х, сэрий|х, сэртий|х, товхой|х, цухуй|х
내밀어 쓰러뜨리다(기절시키다)(~을) бултлэ|х
내밀은 сөрдгөр, сэртгэр
내밀한 далдуур, нууцгай, сэмээр
내밀히 관여(관지)하는 холбогдогч
내밀히 관여(관지)하지 않는 холбогдолгүй
내밂(돌출) дэрчг(эр), ёндгор, дорсгор
내반슬(內反膝) жайжгар, майжанасан, майтгар
내반슬(內反膝)의 тайтгар
내반슬(內反膝)이 되다 майтий|х
내뱉은 담 нулмидас
내뱉은 침 нулмидас
내버려 두다 цалгарда|х, цалгардуула|х
내벽 хана(н)
내복(內服) дотор
내복약(內服藥) эм
내부(內部) умай, хэвлий
내부(내면)의 дотоод; зах ээл 국내시장; ~ бодлого 국내(내부)정책; ~ хэрэг 내부적인 관심사(일); ~ мэдээ 국내의 뉴스; ~ын нөөц 국내(내부)의 자원; ~ монгол 몽골의 내부, 내몽고
내부(옥내)에 дотуур; ~ цамц 속셔츠, 내의, 속옷; ~ тамир 이기주의, 에고이즘, 자기본위; оюутны ~ байр 대학내 기숙사
내부로 움직이다 дотогшло|х
내부로 통하다 дотогшло|х
내부시설들 тохижуулалт
내부에(로)(~의) хиртэй
내부의 өвөр
내분 бүлэг
내빈 айлчин, зочин, хоноц
내빼다 буруула|х, дута|х, зувчи|х
내뻗다 нэлий|х, тэлүрдэ|х
내뻗어 나타내다 гүлдий|х
내뿜다 сархий|х
내뿜음 ундрал
내사시(內斜視)가 되다 сөлий|х
내성(耐性)이 있는 даамгай
내성적인 зожиг, хажиг
내세에서(는) цаашид
내습하다(~에) дайра|х, эзлэ|х
내시 агт, тайган
내쏘다 сойло|х
내어주다 дийлэгдэ|х
내연기관 мотор
내연기관의 기화기 карбюратор
내외(정도) нэмүүхэн
내용 агуулга; хэлбэр ба ~ 내용이 형식을 결정; утга ~ 의의(意義), 의미
내용을 채우다(채워 넣다)(~에) юүлэ|х; цус ~ 수혈하다; морио ~ 승마용의 말을 바꿔서하다;
내용이 빈약한 даржгар
내운 утаат, утаатай
내일 маргааш ~ийн ~ 그날 다음 내일
내일(낼) маргаадар
내장 판자 тааз; ~ны хэ ндий (물건을 두는) 고미다락, 더그매, (헛간·마구간의) 다락. 애틱.
내장(內臟) дотор
내장을 손질하는 사람 зэмс
내장판자 адар
내쫓다 тонилго|х, хөөгдө|х, цөлө|х, цөлөгдө|х

내친걸음에 зэрмэгхэн, мөлт
내키지 않다 оёгло|х
내키지 않음 ойг
내포 хоолой, халиугч (gulf와 cove의 중간으로 어귀가 비교적 넓은 것)
내포하다 багта|х
내피가 닳아빠진 부츠 холхиндог
내한성의 бяд
냄비 안에 있는 тогоотой
냄새 고약한 ялзархай
냄새 맡는 약 병 хөөрөг
냄새 맡다 үнэрлэ|х
냄새 좋은 анхилам, утлага
냄새 үнэр, үнэр танар
냄새(빛 따위를) 내다 ялгаруула|х
냄새(빛·소리·증기·열이) 나다 сацра|х
냄새가 나다 үнэртүүлэ|х, үнэртэ|х, хангина|х
냄새가 코를 찌르는 үнэртэй
냄새를 느끼다 үнэрлэ|х, шивэртэ|х, шинши|х
냄새를 맡다(~의) хуухьтна|х
냄새를 알아차리다(~의) хуухьтна|х
냄새를 풍기다 үнэртүүлэ|х, үнэртэ|х, аагла|х
냄새를(가) 확 풍기다 үнэрлэ|х
냄새맡다 шинши|х
냅다 던지다 хаях, шидэ|х
냅다 밀다 түлхэ|х, чихэлдэ|х
냇물이 졸졸소리내(며흐르)다 давичи|х
냉각기 хөргүүр
냉각제 хөргүүр
냉경(冷硬)된 царцанги
냉기 жавар
냉기(오한)를 그대로 두다 дааруула|х
냉기(한기) даан, даардас
냉난방 агааржуулалт
냉담 сэрүү, ташуурал, сэрүүн
냉담(냉정)한 사람 хонгорцог
냉담(느릿,냉정)해지다 номойто|х
냉담(무관심.무감동.무감각)하게 되다 дөжрө|х
냉담하게 되다 зөөтөрө|х
냉담하다 назгайта|х, өмгий|х
냉담한 булээн, гөлрөө, зэлгээн, тоомсоргүй, тоохгүй, хүнийхрүү, цэвдэг, жихүүн; ~ салхи 차가운 바람; ~ харц 쌀쌀한 눈길
냉담함 жавар
냉담해지다 зөөгши|х
냉대 овхгор
냉대하다 дохигно|х, өвчигнө|х
냉동 дара|х, мөстөл
냉동되다 дара|х
냉동되지 않은 гэчгэлүүн
냉동식품을 녹이다 гэгээ|х; хагуу сэтгэлийг ~ 누군가의 몰인정이 녹다.
냉동장치(실·기·차) хөлдөөгч
냉동한 царцанги, царцуу, цэвдэг, даан, хөлдүү; ~ мах 냉동한 고기
냉방 장치 хөргүүр
냉소 даг, элэг
냉소(조소)하다 басамжла|х, ярвагана|х, дооглo|х
냉소적인 маалинга
냉우(冷遇)하다 дохигно|х
냉장고 сой|х, хөргүүр
냉장한 царцанги
냉정 тэсгэл
냉정하게 해지다 жирүүрэ|х
냉정한 сэрүүн
냉정해지다(진정시키다)(~가.을) хөргө|х
냉혹한 нигүүлсэлгүй, хайргүй
너(는) чи
너(희들)의 танай, чиний, чинийх, чинь
너그러운 багтаамжтай, хонгор
너그러이 봐주다 зөвтрө|х, шалтагла|х
너그럽게 보아주다 өршөө|х, тэвчи|х, учла|х
너덜너덜하게 해뜨리다(해어지다) налмай|х, тамтагла|х, үлтрэ|х
너덜너덜한 үлтэс
너덜너덜해지는 ноорхой

너머로 보다(~을) хара|х
너무(나) даанч
너무 간단히 말하다 богинодо|х
너무 값비싸다 үнэтэйдэ|х
너무 강하다(살코기. 물고기의 묽은 수프, 고깃국의) богши|х
너무 길어지다 гунжий|х
너무 까다로워지다 гашууда|х
너무 나쁘게 만들다 дордуула|х
너무 높다 дээгүүрдэ|х
너무 많다(~이) үлэмжцэ|х
너무 많은(지나친) 요구를 하는 чимхлүүр
너무 많이 마시다 архида|х
너무 많이 먹다 бялуура|х
너무 무거운 짐을 지다 үүртэ|х
너무 부담을 주었다(~에게) түүртэ|х
너무 비좁다 жижигдэ|х
너무 서두르다 давчууда|х
너무 서두른 зуурд
너무 소형이다 жижигдэ|х
너무 아끼다 хэриглэ|х
너무 온순한 номой
너무 의식적이다 ёсорхо|х
너무 이른 зуурд
너무 작다 жижигдэ|х
너무 재촉하다 давчууда|х
너무 조금이다 дадгарда|х
너무지독하다 дэндүү, дэндэ|х, зуаада|х
너무 지독한 зуаалаг
너무 커서 볼꼴 사나운 сахлаг
너무 커진(사람·식물.수풀, 덤불) сахлаг
너무(심)하다 дэндүү, дэндэ|х
너무나 느릿느릿 걸어가다 гэлдэрхийлэ|х
너무나 작은(소형의, 비좁은) бариу; эуун хөлийн гутал ~ байна 왼쪽 구두(신, 단화)가 너무나 작다; ~ гутал/өмд 타이트한 부츠/작은 남자바지
너무나 톡톡(쫀쫀)한 бариу
너무한 илүүвтэр, ихэвтэр

너비 эн, өргөн; ~ нарийн пол,너비; замын ~ 도로의 폭
너새 тоодог
너저분한 бохир, бузар
넉넉하게(풍부하게) 하다 баяжуула|х, баяжи|х
넉넉한 баян, дутахгүй, нэлдгэр, хөрөнгөт, чинээлэг
넉넉함 баяд
넋(영혼) дотор
넋두리를 늘어놓다 нали|х
넋을 잃게 하다(~에 빠지게 하다, ~을 옮기다) аваачи|х; аваачиж егех ~의 금액으로 하다; дуудаж ~ 되부르다, 소환하다, 귀환시키다, 리콜하다; урьж аваачих 초청하다, 초대하다; цаазаар ~ (법률을)집행(이행, 시행)하다
넋을 잃고 보다 амтарха|х
넌더리가 나는 зузаалаг
넌더리가 난다 зузаада|х
넌더리나다(~에) жигшүүлэ|х, зэвүүцэ|х
널 банз, самбар, хавтай
널리 보급되어 있는 тархмал, түгмэл, түгээмэл
널리 보급되어 있다 нэлэнхийрэ|х
널리 보급된 тархмал, түгмэл
널리 퍼뜨리다 дэлгэрүүлэ|х
널리 퍼지다(미치다) дүүрэ|х, пялай|х
널리 퍼진(~에) дүүрэн(г), сарниу
널리 행해지는 тархмал, түгмэл
널리 өргөн, нэвт, нэл
널리(크게) 간격(거리, 시간)을 두다 сий|х
널찍하고 편안하게 되다 дунхай|х
널찍한 зайтай, мэлгэр, саруул, тавиу(н), тэлүү(н), уужуу, цэлгэр
널찍한(너른) багтаамжтай
넓게 되다 өргөжи|х
넓게 퍼진(펼쳐진) 모양(정도, 범위) тэлэлт
넓게 펴다(펼치다) сарвайлга|х

넓게 흩어진 сарниу
넓게 өргөн
넓게되다 өргөттө|х, тэлэ|х
넓고 광대하다 далбай|х
넓고 낙낙하다 нэлхий|х
넓고 낙낙한 нэлэмгэр
넓고 큰 лагс
넓고 편한 дунхгар
넓고 헐렁한 바지를 입다 халхгарда|х
넓다 томт|ох
넓디넓은 удам
넓어지는 сартан
넓어지다 дунхай|х, өргөжи|х, өргөтгөл, сарнай|х, сунга|х, томдо|х, томро|х, тэлэ|х, холхой|х, хөө |х, хөөнгөтө|х, цүдий|х, сартай|х
넓은 далбагар, дунхгар, зайтай, их, мэлгэр, саруул, тавиу(н), томхон, тэнтгэр, уужуу, ханагар, ханхар, ханхигар, цэлгэр
넓은(큰) будуун, бараантай; ~ уула 거대한 모습의 산악.
넓은(포괄적인) удам
넓은 면 ханхар
넓은 범위의 багтаамжтай, зайтай, саруул, тэлүү(н), уужим, уужуу
넓은 베란다 дэв, дэнж
넓은 뼈대 ханхигар
넓은 뼈를 제거한 ханхигар
넓은 어깨 ханхар
넓은 잎의 навчирхуу
넓은 지역에 덮여있다 цэлий|х
넓은 초원지대 хөдөө(н)
넓은범위 мэлгэр
넓은범위의 удам
넓음 эн
넓이 агууриг, дугаар, овор, размер, сэргэр, хэмжихүй, хэмжээс, цар хүрээ, эн, өргөн; ~ нарийн 폭, 너비; замын ~ 도로의 폭
넓적다리 гуя; емдний өрөөсөн 양복 바지(용)의 다리부분

넓적다리의 뒤 хонго
넓적한 мялтгар
넓적한 것으로 한번 침 таван салаа боов өгөх
넓지 않은 багтаамжгүй
넓히는 сартан
넓히다 делбийлэ|х, өргөжи|х, өргөжүүлэ|х, өргөтрө|х, өргөтгөл, томро|х, тэлэ|х, холхой|х, хөө |х, хөөнгөтө|х
넘게 하다 гатла|х
넘겨주다 дийлэгдэ|х, өвлөгдө|х, өвлүүлэ|х
넘다(건너다) гатла|х, солбицо|х
넘다(초월하다)(~을) гүйцэ|х, хэтрэ|х, дава|х; давуулан биелүүлэх표준(목표) 이상으로 이행(달성)하다, 지정기일 이전에 완료(생산)하다.
넘보는 ойшоогүй
넘어(~을) гаруй
넘어가다(서다) өнгөрө|х, өртөөлө|х, гара|х, туула|х
넘어뜨리다 хөнтөргө|х, барилда|х
넘어서(건너서)(~을) гаруй, цаагуурхи, цаана, цаахнуур
(~의) 넘어서(건너서) цаагуур
(~을) 넘어서다 илүүтэ|х
넘어지다 ойчи|х; муурч ~ 실신(졸도, 기절)하다; газар ~ 지면(땅)에 떨어지다; гэнэт ~ 갑자기 떨어지다; усанд ~ 물이 떨어지다; цонхноос ~ 창문밖으로 떨어지다.
넘을 수 없는 давшгүй, дийлэгдэшгүй
넘쳐흐르다 бялха|х, мэлмэлзэ|х, мэлтий|х, нөмрө|х
넘쳐흐르다(~에서) мэлтий|х, сага|х, хали|х
넘치게 주다 илүүчлэ|х
넘치게 하다 хөнтөргө|х
넘치게 хэт
넘치다(~에) бурдэ|х, мэлмэлзэ|х, асгара|х, бялха|х, мэлтий|х, сага|х, үерлэ|х, халги|х, хали|х; голын ус ~ 강이

범람하다, 강의 제방이 터지다; хальж ~ ~에서 넘쳐흐르다, ~에 넘치다; сүү ~ 우유를 엎지르다.
넘치도록 붓다(~에) мэлтий|х
넘치도록 채우다(~에) мэлтий|х
넘칠 정도이다 гоожи|х
넘칠듯한 많은 물 ус
넝마 навтас, ноорог, огтлодос, өөдөс, сэмэрхий, үлтэс
넝마와 같은 것 ноорог, огтлодос
넣다 багла|х, багтаа|х, зоо|х, оролцуула|х
넣어서(~을) оролцуулан
네 개(사람) дөрвөөд, дөрөв(дөрвөн)
네 발의(가진) 짐승이 날뛰어 떨어뜨리다 туйла|х
네 살(4세) дөрөв(дөрвөн), дөрвөөд
네 тэг
네(4)시 дөрвөөд, дөрөв(дөрвөн)
네(번)째 дөрөвдүгээр
네(예) зээ, жаа; ~ дагаа 네, 나는 ~을 따라갈 것이다; ~тиймээ 옳은, 올바른
네(4)거리 бэлчир, зөрөг
네덜란드 Нидерланди (Holland) (the Kingdom of the ~; 수도 Amsterdam, 정부소재지는 The Hague).
네른스트(Nernst) 전등의 발광체 чарй барсхийх
네모지게(직각으로) 하다 тэвхий|х
네발로 기다 гүвгөнө|х, гүй|х, гүрвэлзэ|х, мөлхө|х
네발짐승의 어미 хээлтэгч
네크로시스(식물의 괴사) үхжил
넷째 손가락 ядам хуруу
녀석(애정·연민·칭찬·경멸 따위를 나타냄) эд
노 сэлбүүр, хаюур
노(爐) ёу
노(櫓) сэлүүр
노 젓는 хаюур
노(주걱)모양의 물건 сэлүүр
노(하게) 하다 галда|х

노간주나무 종류 арц
노고 яршиг
노고(고심)하다 хичээнгүйлэ|х
노고(老姑) эмгэн
노골적인 жавшуур, хээгүй
노권하다 алжаа|х
노균병균 хөгц
노끈 буч, нийтгэмэл, оосор, сүлжээс, татаас, хэлхээ, хэлхээс
노끈으로 묶는(매는) 것 уяатай
노년의 буурай, өтөл
노는 사람(동물) наадамч
노대(露臺) дэнж, тагт
노동 ажил;~ байдал 물건, 물체, 사물, 재산;~ байдал тун ахицгүй байлаа 물건들은 아주 나쁘게 갔다; ~ хөдөлмөр 일자리, 직(업); ~ ажлаа өөрчлөх 직업 변경; барилгын ~ 건설 공사; аврах ~ 구조작업; ~ таслах 직업회피; ~ хаях 두들겨 만들다(~하다), 쳐서 만들어 내다; 주조하다; ~ хаялт 정지, 파업, 휴업, 지불 정지; гэрийн ~ 숙제; эрдэм шинжилгээний ~ (학술) 연구, 조사, 탐구, 탐색;~ хий чадвар 일을 해낼 수 있는 능력; ажлын өдөр 근무일, 작업일, 평일; ажлаа хийх 직업을 찾았다; ~ хэрэгч 사무적인,능률적인(실제적인); худалдаа наймааны ~ 매매(상업.장사.거래.무역.교역. 실업); ~ үйлчилгээ 봉사(수고, 공헌, 이바지); би Москва руу ажлаар байнга явдаг 나는 종종 비즈니스로 모스크바에 간다.
노동 хөдөлмөр
노동당 의원 лейборист
노동당원 лейборист
노동에 종사하는 ажилтай
노동자 ажилтан, ажилчин, хөдөлмөрчин; сайн ~ 우수한 일꾼; урлагийн ~ 미술인, 예술인; эрдэм шинжилгээний ~ 과학 연구에 종사하는 사람; элчин сайдын яамны ~ 대사관 직원(공무원);

- 132 -

ажилтнууд
노동자가 파업을 하다 бөхө|х
노동자의 십장(什長) мастер
노동조합 эвлэл
노동하다 ажилла|х, хөдөлмөрлө|х; ~ хуч동원 가능인력, 인적자원; тэр уйлдвэрт ажиллаг 그는 공장에서 근무하고 있다; цахилгаан шат ажиллахгүй байна 들어올리지 못 한다; шинэ хороо хэдийнээ ажиллаж байгаа 새 위원회는 벌써 가동되었다.
노둔한 사람 гирэв
노란 빛이 돌다 шарла|х
노랑 шар; ~ э нгө 노란색, 황색; ~ цэцэг 노란색 꽃; ~болох 노랗게 되다
노랑(황색)으로 변하다 шарла|х
노랑담비 сууcap, үен
노랑이 харамч
노랗게 되다(바래다) шарла|х, ганда|х ; өвс ногоо гандах эхлэв 그 식물은 시들기 시작했다;
노래 эгшиг
노래부르다 дула|х; хоолой нийлүүлэн ~ 합창하다, 다 함께 노래 부르다.
노래하기 дуут
노래하는 사람 дууч(ин); ~ зм매춘부; 매음; 절개를 파는 사람, 돈의 노예
노래하다 дула|х
노랫소리 дуут
노략(擄掠) дээрэм
노략질 дээрэм
노략질하다 бучнула|х
노려보다 бултий|х, гөлрө|х, ширтэ|х
노력 зүтгэл, идэвх, мэрийлт, оролдлого, оролдоц, хичээл, хөдөлмөр, чармайлт, эрмэлзэл
노력(공부)하다 хөдөлмөрлө|х
노력(돈·시간을) 바치다(내맡기다) зориула|х
노력(수고.전력)하다 хичээнгүйлэ|х, дүлэ|х, мэтгэ|х, улай|х, шамда|х, ажилла|х, гүжирмэглэ|х, мэрий|х, мэриймж,
эрмэлзэ|х, зүтгэ|х ; өөрийнхөөрөө ~ 마음대로(멋대로)하다; ху- чин ~ ~할 만한 힘을 주다.
노력(시간·말) 들이다 зарцуулагда|х
노력이 없으면 оролдлогогүй
(~에) 노력하다 зэтгэ|х
노력하여 얻다 хожи|х
노력해서 ~을 해내다 тулалца|х
노련 барил дадал, дадлага, дүй
노련가 ахмад
노련하게 되다 догшипро|х
노련하다 догиро|х
노련한 арчаг, дадамгай, дадлагатай, догирхог, догь, долингор, долор, сурамгай, хашир
노령 특유의 ахимаг, ахиу
노령의 өвөгжөөр
노로 배를 젓다 сэлбүүрдэ|х, хаюурда|х
노로 움직이게 하다 сэлүүрдэ|х
노루의 수컷 гур
노르스름하다 шаравтар
노를 젓다 сэлүүрдэ|х, хаюурда|х
노름 бооцоо, тоглолт, мөрий; ~ тавих 내기에 걸다; ~ хожих 내기에서 이기다; би ~гөө авав 나의 내기에서 이겼다
노름(투기)꾼 тоглогч
노리개 наадгай, тоглоом
노면 шал
노발대발하다(~의) улангасуула|х
노병(老兵) ахмад
노부인 эмээ
노상 дан
노상강도 тонуулчин
노새 луус (수나귀와 암말과의 사이에서 난 변종(變種). 크기는 말만하나 생김새는 나귀를 닮았음. 몸이 튼튼하고 힘이 세어 무거운 짐과 먼 길에 능히 견딤. 수컷은 생식력이 없음)
노색(老色) борлог
노선 замнал, маршрут
노쇠되다 муна|х
노쇠하다 зөнөглө|х

노쇠한 зөнөг, мунаг; зөнөг ~고령, 노쇠, 나이 많은
노쇠해지다 мунагла|х, мунагла|х, навсай|х
노수(盧囚) олзлогдогч
노염(성.화) бухимдал, уур, хилэгнэл, хилэн
노염(슬픔·싸움 따위를) 진정(완화)시키다 хангагда|х
노염(열의·홍미가. 를) 식다(식게 하다) хөргө|х
노예(奴隷) албат, барлаг, боол, хараат; хөөрийн ~ 하인, 신분이 낮은 남자, ~ болгох 노예로(포로로) 하다, 예속시키다
노예 같다 зарагда|х
노예(같은 사람) ахмжлагат
노예(로함) боолчлол
노예가 되어 있음 боолчлол
노예가 되었다 олзлогдо|х
노예같이 일하는 사람 боол, боолчлол
노예근성의 долдгонуур
노예근성이다 зарагда|х
노예로 삼다 боолчло|х
노예로(포로로) 하다 боолчло|х
노예상태 боолчлол
노예의 долдгонуур
노예처럼 부려먹다 боолчло|х
노예처럼(고되게) 일하다 боолчло|х
노유(猱狁) мэч(ин)
노인 ахас, хөгшин, өвгөд; ~ дээдэс 선조, 조상; ~ хэ г-шид 노인, 늙은이.
노인성 치매증을 앓다 мунхуура|х
노잡이 сэлүүрч
노잡이를 맡다(~의) сэлбүүрдэ|х, сэлүүрдэ|х, хаюурда|х
노점 кабин, мухлаг, киоск; сэттуулийн ~ 신문(잡지) 판매점; номын ~ (보통 노점의) 헌책방, (역.터미널 등의) 신문(잡지) 매점
노젓는 사람 сэлүүрч

노출되다 задгайра|х
노출되었다 чардай|х
노출된 нүцгэн, шалдан; ~ толгой 머리가 벗어진, 대머리의.
노출시키다 яра|х
노크(소리) тогшилт, цохилт
노토(爐土) ялзмаг
노파 хөгшин, чавганц, эмгэн
노포(弩砲) хавчаахай, чавх
노하게(성나게) 하다 галзууруула|х, уурлуула|х, цухалда|х, хилэгиүүлэ|х
노하다 догшро|х, унтууца|х, уурса|х, хилэгнэ|х, хохигоно|х; салхи ~ 바람이 세게 불다; архи ~ (보드카의) 강하고 독하다
노함(분개) атаа
노해있는 унту
노해있다 унтра|х
노호 нижигнээн
노호하다 буйла|х
노화 өтлөлт
노화되어 가다 хөгшрө|х
노화된 ахимаг, ахиу, өвөгжөөр, хөгшид
노화의 과정 중에서 хөгшрөл
노화하다 өвгөрө|х, өтлө|х, хөгшрүүлэ|х
노확(猱獲) мэч(ин)
노획물 олз(он); ангийн ~ 사냥포대; ~ ашиг 이익, 수익, 이윤; дээрэмчид ~оо хуваацгаав 도둑(강도)들은 전리품을 분배하다
노후의(한) өтөл
노후화 буурал, өгөршил, харил, ялзрал
녹 толбо
녹기 쉬운 уусмал
녹기 시작한 гэсгүүн, хайлалт
녹기(용해되기) 시작하다 хөлрө|х
녹나다 зэврэ|х, зэвтэ|х
녹는 гэсгүүн, уусмал, хайлалт
녹다 хайла|х, шингэрүүлэ|х
녹로공(轆轤工) токарьчин
녹말가루(곡분) дуут гурил

녹말가루(전분가루)로부터 만든 фунтүүз
녹병(病)(균) харуу
녹색으로 만들다(바꾸다) ногоро|х
녹색으로 변화시키다 ногоро|х
녹색으로 보이다 ногоро|х
녹색을 띤 ногоовтор
녹색의 ногоон; ~ вандуй 그린피스, 청완두; ~ алим 푸른 사과; ~ ургамал 수목과 관목(灌木); ~ шай 녹차; ~ бус 녹색지대
녹색이 되다 ногоодо|х
녹슬(게 하)다 исэлдэ|х
녹슬다 толбото|х, хирлүүлэ|х
녹아들다 хайлмагра|х
녹아웃 시키다 бултлэ|х, навчийлга|х
녹양(綠楊) уд
녹여 합금을 만들다 хайлуула|х
녹여지다 дулаара|х
녹옥(綠玉) маргад
녹은 хайлмаг, хайлмал
녹음 галиг; авианы ~ 음성 문자
녹음(녹화) 방송 галиг
녹음·녹화용의 카세트(테이프) кассет
녹이다 булээсгэ|х, гэсэ|х, дулаада|х, дулаала|х, задарга|х, ууса|х, уусга|х, хайлмагра|х, хайлуула|х, хала|х, шингэрүүлэ|х, ээ|х
녹전(錄錢) царам
녹조(綠藻) нитгэл
녹조류 замаг (고인 수면위에 피막(皮膜)모양으로 뜨는 녹색의 각종 조류(藻類),
녹주옥(綠柱玉) маргад
녹차에 우유를 넣다 сүүлэ|х
녹초가 되게 만들다 сарьсла|х
녹초가 된 зүдэнгэ, ядарraa, ядрангуй
녹태(綠苔) царам
논 талбай, тариалан
논(論) зүй, онол, теори
논(토의.논의)하다 толхилцо|х
논거 маргаан
논구(論究) ухаарал
논두렁 далан(г)
논리 логик
논리상 필연의 саруул
논리적인 саруул
논문 бичиг, диссертаци, реферат, илтгэл; жилийн тайлан ~ 연보(年報); ~ тавих 보고서를 작성하다.
논문(일)의 요점 охь, оньс
논문의 요지 охь
논박 маргаан; хэруул ~싸움, 말다툼; маргаанд ор-олцогч 논쟁자; ~ыг намжаах/зөөлруулэд 논의에 대한 저항력의 부동(不同); уунээс болж бидний дунд ~ гарав 우리는 그것에 대하여 ~와 논의를 시작하다.
논박(반론)하다 арцалда|х
논박하다 булаалда|х
논밭 тариалан
논법 логик, маргаан, ухаарал, учирлал
논설 диссертаци, реферат
논설위원 редактор
논의 зарга, мэтгэлцээ, сөргөлдөөн, ухаарал, маргаан; хэруул ~싸움, 말다툼; маргаанд ор-олцогч 논쟁자; ~ыг намжаах/зөөлруулэд 논의에 대한 저항력의 부동(不同); уунээс болж бидний дунд ~ гарав 우리는 그것에 대하여 ~와 논의를 시작하다.
논의(반박,논쟁)의 여지가 없는 будлиангуй, гарцаагуй, эрхбиш, маргаангуй
논의자 мэтгээч
논의하는 хэлтэй
논의하다 булаалда|х, маргалда|х, мэтгэ|х, марга|х; эмэгтэй ~ дуртай 그녀는 사랑을 논의하다; маргалдахаа болыгооё 논의를 들어 봅시다;
논의할(다툴) 여지없는 будлиангуй, хэлцээгүй, гарцаагуй; ~ байдал 최고의 필요성.
논의할(의문의)여지 있는 маргаантай

논자 мэтгээч
논쟁 байлдаан, будлиан, зарга, зөрөлдөөн, зөрөө(н), мэтэлцээ, сөргөлдөөн, үгс, учирлал, зодолдоон, зодоон; ~д орлцох ~와 싸우다(다투다); нударган ~ 주먹다짐, 난투; ~ гаргах 싸움을 시작하다
논쟁(토론) асуудал
논쟁(계쟁)점 асуудал; ~ уусгэх 문제를 제기하다, 문제 삼다; амин чухал 지극히 중요한 질문
논쟁(불화) зөрүү
논쟁(비판)의 여지가 없는 оногдошгүй
논쟁(소송)으로 다투다 дайта|х, нанчилда|х, байлда|х, тэмцэ|х
논쟁(쟁의) 진정시키다 зохиогдо|х
논쟁·소송 따위로 다투다 дайла|х
논쟁자 мэтгээч
논쟁적인 зодолдооч
논쟁하는 사람
논쟁하다(~와) хаялца|х
논전 мэтэлцээ
논점 асуудал
논제 агуулга, өгүүлэмж
논증 маргаан
논지 сэдэв
논파할 수 없는 няцашгүй, оногдошгүй
논평 нийтлэл
논하는 хэлтэй
논하다 булаалда|х, маргалда|х, мэтэ|х, учирла|х; ам ~ 논하다, 의론하다.
(~을) 논하다 хөндө|х, яригда|х; ур ~ (의학) 유산(임신 중절, 낙태)하다
놀 будан(г), долгио(н), манан; ~ будан 안개; шингэн ~ 아지랑이; өтгөн ~ 짙은 안개; ~ татах 안개에 싸이다; утаа ~ 스모그, 연무; тоос ~ 먼지, 티끌, 분말; ~ хадаах 분란(말썽)이 일어나다; суйдийн ~ болох 공황에 휩쓸린, 당황한; толгодыг ~ бурхсэн байв 그 언덕은 안개로 가려져 있다; ~ арилав 하늘이(안개) 개었다; нисэгч мананд онгоцоо буулгахыг оролдов 비행사는 짙은 안개속에서 착륙을 시도했다
놀(바다의 사나운 큰 물결) давлагаа(н)
놀고 있는 дампу, залхуу
놀고 지내다 залхуура|х
놀기 좋아하는 дүрсгүй, мааз
놀다 наада|х, тоглуула|х; галаар ~ 불꽃놀이하다; тоглоомоор ~ 장난감 놀이하다; тоглох ~~의 놀이를 하다.
놀라거나 기쁨을 표현하는 감탄(외침, 절규) хээ
놀라게 하다 хачирхуула|х
놀라게(겁나게) 하다 айлга|х, агсра|х
놀라다 бшрэ|х, гайха|х, зочирдуула|х
(~에) 놀라다 хулмагана|х
놀라서 눈을 부릅뜬 булцэн, дүрлээр
놀라서 눈을 크게 뜨다 халай|х
놀라서 일어서다 хиржхий|х
놀라운 일 гайхамшиг
놀라운 жигтэйхэн, нижгэр, сонин
놀라움 гайхамшиг
놀랄 만큼 гайхалтай
놀랄 만한 일(것) гайхаш
놀랄 만한 гайхамшигтай
놀랄 정도의 гайхам, гайхалтай; ~ житэй хэрэг 그것은 이상(기묘, 불가사의)한 것이다.
놀랄만한 гайхалтай, гайхамшигтай
놀람 сандрал
놀람(공포 따위로) 움찔하다 давхий|х
놀러 다니는(사람) хөлхө|х
놀러 다니다(~를) элдэ|х
(~을) 놀려대다 даажигна|х, даапаала|х, дооглo|х, шоолo|х.
놀리다 даажигна|х, даапаала|х, даапаала|х, дожигно|х, дожигно|х, дооглo|х, ереедэ|х, шоглo|х, шоолo|х, элэглэ|х
(~을) 놀리다 дүрсгүйтэ|х
놀림 даажин, тохуурхал, элэг
놀림감 тоглоом

놀이 наадал, наадам, тоглолт
놀이감 наадгай
놀이딱지 карт, мод; ~ 이레 (카드놀이의) 행운의 손
놀이를 하다(~의) дугарга|х, наада|х, тоглуула|х
놀치다 давлагаала|х, давла|х, долгиоло|х, нүүгэлтэ|х
놈 эд
놋(놋쇠.주석) гууль; ~ нь цухуйх 열등의 놋쇠
놋갓장이 хообон
놋쇠 빛의 гуулин
놋쇠로 만든 것 гуулин
놋쇠로 만든 пайз
놋쇠를 입히다 гуулин
놋쇠판(版) бар
놋제품 гууль
농(膿) идээ, идээр; ~ татах (상처가) 곪다;~бээр 고름
농(弄: 장난) тохуу
농가진 түүхий (膿痂疹: 살갗에 고름집이 생겼다가 딱지가 앉는 피부병).
농간의 헛간 пин
농경가(학자).агрономч
농군 тариаланч
농노 албат, боол, барлаг, хамжлага
농노(노예)의 신분 боолчлол
농단(壟斷) гултгал
농담(弄談) болжмор, даажин, даапаа, наргиа, онигоо, тоглоом, хошигнол, тохуу
농담 좋아하는 дүрсгүй, мааз
농담을 하다 алиала|х, маазра|х, тохуурха|х, тохуурха|х
농담의 алиа, мааз; ~ салбадай 농담을 하는 사람; 어릿광대, 익살꾼.
농담하는 사람 наадамч
농도 зузаан, нягтрал
농락하다 шалигла|х
농민 тариаланч, фермер
농민의 тариачин

농부 тариаланч, фермер
농사의 해로운 작은 동물(쥐·족제비) хортон
농사의 해충(벼룩·빈대·이·바퀴·모기) хортон
농사짓는 부자 нударган
농아로 가장하다 дүлийрхэ|х
농액(膿液) идээ, идээр; ~ татах (상처가) 곪다;~бээр 고름
농양 буглаа
농업가 тариаланч
농업경영학 агроном
농업의 агро
농업학 агроном
농예(農藝)의 агро
농원 ферм
농자(聾者) дүлий; хоёр чих нь ~ 태어날 때 귀먹었다; тэр таг ~ 그는 전혀 못 듣는다; хэлгүй ~ 농아, 듣지도 못하고 말하지도 못함
농자(聾者) сонсголгүй
농작물 гарц, хагалгаа, тариа(н); ~ авах/хураах 곡물을 수확(수집)하다; ~ хадах 농작물을 베어들이다, 거둬들이다, 작물을 수확하다; ~ тэгшдэх 이삭이 형성하다, (옥수수의) 열매가 맺다; ~ны болц 곡식의 추수(수확); ~ гандах 비의 부족 때문에 곡식이 가물었다; ~ны гуурс 곡물의 밑짚; ~ тарнх 곡물을 경작하다, 곡식을 재배하다
농장 ферм
농장주 тариаланч, фермер
농즙(膿汁) идээ, идээр; ~ татах (상처가) 곪다;~бээр 고름
농지 ферм
농지에 적합하지 않은 습지(소택지) ловх
농축하다 агши|х, агшаа|х; агших; өтөрүүлө|х; будаа агшаа|х 밥을 짓다, 김을 내다, 증기를 발생하다.
농탕치는 сээтгэр, сээтэн

농탕치다(불장난하다) жалмай|x, маасгана|x, сэртвэлзэ|x, сэртэндэ|x, сээтгэнэ|x, тогло|x, шалигла|x, аалигуйтэ|x, жаравгана|x, жартгана|x
농학의 агро
농혼(曚昏) дүлий, сонсголгүй
농후 зузаан, нягтрал
농후한 өтгөн
높게 되다 өндөрсө|x
높게 하다 өндөржүүлэ|x, өндөртгө|x
높고 건들거리는(견고하지 않은) дэнжгэр
높고 건들거리다 дэнжий|x
높고 불안정하다 дэнжий|x
높고 불안정한 дэнжгэр
높고 험한 огтор
높다 өндөрдө|x
높아지다 авира|x, дээрдэ|x, өндөржи|x
높은 дээр, мөчирхүү, өндөр; ~ уул 높은 산; ~ байшин ~ 높은 빌딩; ~ хүн 키 큰 사람; ~ нууруутай 높은 신장
높은 곳 ухаа
높은 곳에 있다 өндөрдө|x
높은 곳에 дээдэх
높은 데서 뛰어내리다 шурга|x
높은 데에 있는 өөд
높은 둑 ганга
높은 비율로 돈을 빌리다(빌려주다) хүүлэ|x
높은 산꼭대기(봉우리) 또는 산마루 사이에 붙은 이끼와 지의류(地衣類)의 식물 царам
높은 수위(水位)를 가진 сүж
높은 신분 шав хийсэн
높은 양반 ямбатан
높은 제방 ганга
높은 지위(비유) алгана
높은 지위의 특권 ямба
높은 품질 чанартай
높이 өндөр, өндөржилт, өндөрлөг
높이 날다(오르다) хали|x
높이 솟은 өндөр
높이 올리다 өндөрлө|x, өндөртгө|x
높이 평가되는 хүндтэй
높이 평가되는 хүндэт
높이(키)가 ~인 өндөр
높이(키)는 өндрөөшөө
높이가 ~인(되는) мөчирхүү
높이가 ~인(되는) өндөр
높이다 дээрдэ|x, ойшоо|x, өндөрдө|x, өндөржүүлэ|x, өндөрлө|x, өндөртгө|x, өөдлө|x, өргөгдө|x, сэтэрхүй|x, дээшүүлэ|x; мэргэжлээ ~ 자격을 높이다; аж амьдралаа ~ 표준생활로 올리다.
높이뛰기 등의 바 гөнжүүр, хөндлөвч
놓기 тавил; ~ шатрын 체스 게임, 서양장기를 두다.
놓다 зула|x, суу|x, суулга|x
놓아두다 гэрээслэ|x, өнжөөх
놓아주다 сулруула|x
놓여 있다 нала|x
놓음 байршил
놓쳐버리다 хаях
놓치다 алда|x; та нар гэгээн цагаан өдөр бүхэл бүтэн хүнийг алдаад, одоо харанхуй шө нө хэрхэн олох билээ (인맥관리 잘하라는 좋은 내용입니다)백주에 모든 사람을 잃었습니다(야밤에 잃은 사람을 어떻게 찾을 수 있나; 환한 대낮에 소중한사람을 다 놓치고 야밤에 찾을 수 있나?); алдаж орхих 놓치다, ~에서 손을 떼다; царай ~ 건강을 잃다; иттэл ~ ~을 신뢰하지 않다; мөнгө ~ 돈을 잃다; цаг ~ 시간을 낭비하다; морио ~ 자신을 잃다; мөрий ~ 도박해서 돈을 다 잃다; мөрөө ~ 길을 잃다; нойр ~ 매우 걱정하다, 불면증이 되다; хулгайд ~ ~ 에게서 강탈(약탈)했다, 빼앗다; ухаан ~ 의식을 잃었다, 실신하다, 졸도하다, 기절하다; ухаан алдаж хөсөр ойчих 기절하여 땅에 쓰러지다; ёс ~ 부적당하게 행동하다; тамир ~ 활기를 잃다; тарга ~ 체중이 줄다; буу ~ 총기사고, 사고로 총이 발사되다; гал ~ 화재사고;

дуу ~ 무의식적으로 소리치다(울부짖다); инээд ~ 웃음이 폭발하다, 깔깔 웃다, 웃음을 터뜨리다; санаа ~ 한숨짓다, 탄식하다; зүрх ~ 겁이 많다, 두려워하다; амиа ~ 죽이다, 살해하다; шээс ~ 소변보다, 방뇨하다; ханиа ~ 홀아비가 되다; цус ~ 피를 흘리다; үзэж ~ 노력하다, 분투하다; эх захаа ~ 과도하게 ~와 친해지다, ~에 허물없이 굴다; замбараа ~ 어지럽히다, 혼란시키다, 분별을 잃게 하다; тав/тух ~ 불유쾌하게 느끼다, 기분이 언짢게 느끼다; хөл ~ 잘못(헛) 디디다; 잘못을 저지르다; алдаг оног 불규칙하게, 여기저기에, 상태가 고르지 못한; тэр унан алдав 그는 거의 쓰러질 뻔했다.

(~을) 놓치다 үгүйлэ|х

뇌(腦) тархи

뇌물 өөш, хахууль, хээл; мэ нгэ н ~ 뇌물, 묵인료.

뇌물 수수자 завхруулагч

뇌물(증회, 수회) авилгал

뇌물로 꾀다 өөшлө|х, хахуульда|х, авлигала|х

뇌물을 쓰다(에게) өөшлө|х, хахуульда|х

뇌물을 주다 хахуулда|х

뇌물이 통하는 идэмхий

뇌사(賂謝) хээл

뇌수(후두의) 공동(空洞) ховдол

뇌실(腦室) ховдол

뇌일혈 нөлөө

누가(어떻게) ~한다 하더라도 хэрхэвч

누각 павильон, сүүдрэвч

누관 налх (淚管: 누도(淚道)의 한 부분. 코의 위 끝에 가까운 눈꺼풀의 가장자리에 있는, 아래위의 누선(淚腺)으로부터 코 쪽으로 향하여 벋어 누낭(淚囊)에서 열리는 관. 눈물관.)

누구(한 무리 중의) хэн, аль(алин); ~ч хүн 누군가, 누가, 누구(아무)라도; эд нарын ~ нь ах вэ? 그들 중 누가 연장자인가?; ~ алин 모든사람, 누구나

누구 힘도 빌리지 않고 гон бие гозон толгой

누구 힘도 빌리지 않다 гагцаарда|х

누구나 모두 тус бүр

누구나 бүгд, нэгбүр

누구라도(든지) ямарваа

누구를 곁눈질로 보다 хялав хялав хийх

누구를(에게) хэн

누구에게 ~을 읽어주다. уншуула|х

누구에게서 피를 빼다 хана|х

누구와 교우 관계로 돌리다 ханирха|х

누구와 교우관계다 ханьса|х

누구와 교제를 향해 나아가게 하다 ханирха|х

누구와 동무 사귀다 ханьса|х

누구의 것 хэнийх

누구의 хэнийх

누군가 밤 동안 임시속소에 보호하다 хонуула|х

누군가가 등이나 어깨를 찰싹 때리다 тавши|х

누군가가 흔들어 움직이다 дала|х

누군가를 속이다 дамарла|х

누군가를 알아볼 수 있는(~에서) танимгай

누군가의 머리에 자신의 주먹을 탕탕 치다(사정없이 치다, 두드리다) дула|х

누군가의 사이즈(치수)를 재다 сонжи|х

누군가의 서비스에 익숙해지다 гарши|х

누군가의 스파이 노릇을 하다 харуулда|х

누군가의 앞서 ~하다 урьта|х

누군가의 앞이마를 (손톱·손가락으로) 튀기다(톡 치다) цохдо|х

누군가의 장화(부츠)를 핥다(닦다) сөхөгнө|х

누그러뜨리다 багаса|х, намсхий|х, хөнгөвчлө|х, хөнгөтгө|х, хугаца|х

누그러지게 하다 намжаах,

тайдгаруула|х
누그러지다 намжаах, саара|х; э вчин ~ (통증이) 가라앉다
누꿈하다 гэдвэлзэ|х, далдичи|х
누나(님) эгч
누더기 уранхай
누더기 옷 ловш, ноорог, тамтаг, үлтэс, навтас; эсгий ~ 조각조각난 펠트(모전(毛氈)); ~ хөдөс 누더기 옷, 모피의 조각.
누더기 옷을 입다 нэвсий|х, тамта|х
누더기 옷을 입은 дампу, навсгар, навтархай, налмагар, ноoронхой, нэвсгэр, саламгар, тамтагтүй, танагтүй; ~эд 낡은 의복.
누더기(넝마)가 되다 нэвсий|х
누더기(넝마)가 되어 ловш, налмархай
누더기가 나부끼다(펄럭이다) навтас навтас хийх
누더기가 되다 салбай|х
누더기를 입고 ловш, налмархай
누더기의 савтархай
누덕누덕하다 нэвсий|х, тамта|х
누덕누덕한 дампу, навсгар, навтархай, налмагар, ноoронхой, нэвсгэр, сармай, тамтагтүй, танагтүй, саламгар; ~ э мд 바지가 닳아빠졌다
누덕누덕한(누더기 옷을 입은, 초라한) 것을 나부끼게(휘날리게) 하다 нэвсгэнэ|х
누덕누덕해지다 навсай|х
누런 콧물 нус; ~ нийх коро 숨을 내쉬다, 코를 풀다.
누룩 исгүүр, хөрөнгө
누르기하다 шаравтар
누르께하다 шаравтар
누르다 багалзуурда|х, боо|х, боомило|х, лантууда|х, тохогдо|х, шамда|х
(~에 —을) 누르다 тийздэ|х
(~로부터) 누르다(프레스하다. 압착하다. 죄다) хавчи|х
누르무레하다 шаравтар

누르스름한 шаравтар, шаргал
누름даралт
누름단추 кнопк
누름통증 уярал
누름하다 шаравтар
누리 мөндөр, царцаа
누리기하다 шаравтар
누리끼리하다 шаравтар
누벽(壘壁) хэрэм
누비 침대커버 хөнжил
누설되다 годхий|х, гоожи|х
누설하다 гарга|х, бултай|х, задра|х, илрүүлэ|х, нээ|х, нээгдэ|х
누에(거미가) 실을 내다 имэ|х
누옥(陋屋) овоохой
누워 있게 하다 хэвтүүлэ|х
누워 있는 동안(사이)에 수족으(손발)로 차다 тэлчлэ|х
누워 있다 хэвтэ|х
누워서만 지내다 хэвтэ|х
누워서만 хэвтэр
누이 эгч
누이다 зула|х
누적(累積) хуримтлал
눅눅한 чийглэг
눅눅해지다 нойтдо|х, нойтро|х
눅이다 хөнгөвчлө|х
눈 нахиа(н)
눈 сүөө
눈(싹) найлзуур
눈 нүд(эн); ~ний эмч 안과의사, 검안사 (檢眼士);~ний цэцгий 눈의 눈동자, 동공(瞳孔);~ний дээд зовхи 위쪽의 눈꺼풀; ~ний доод зовхи 아래쪽의 눈꺼풀; ~ний өвчин 안질, 눈의 질병; ~ний шил 안경; тэр ослоор өрөөсөн ~гүй болсон бөгөөд одоо тэр шилэн ~ тэй 그는 사고로 한쪽 눈을 실명했다, 그리고 지금은 유리제의 의안을 했다; ~ний ухархай눈의 와(窩); ~ний харaa 시력; ~ coxpox 눈멀게 되다, 장님이

되다; өрөөсөн ~ сохрох 한쪽이 안 보인다; ~ аних 눈을 감았다, 죽었다; ~ нь орой дээрээ гэрэх (놀라움으로 눈이) 튀어나오다; ~ сайтай 시력이 좋다; ~нээс далд 시야가 가렸다, 눈에 안 보이는; ~эн дээр илт 바로 눈앞에, 드러내놓고; ~энд өртөхгүй 눈에 보이지 않는; хуур ~ 지혜로운 눈; ~ цавчих зуур 눈이 반짝반짝하다; ~нрмэх зуур 당장에, 즉각, 즉시.
눈 다리끼 нүүх
눈 따위가 단단하게 굳어지다 дагдарши|х
눈 먼 нүдгүй, сох, сохор; нэг нүднь ~ 한 쪽 눈이 안보이다; ~ хун 맹인; тө рэ рэ лхийн ~ 날 때부터 소경이다; ~ болох 실명했다 .
눈 없는 нүдгүй; ~ болох 실명했다
눈(귀)에 익숙지 않은 гадна
눈(날씨)에 의한 천재(재해.재난.참사) зуд; өлөн ~ 굶주림, 기아; 아사(餓死), ган ~ 가뭄, 한발; цагаан ~ 눈에 의한 재난, 눈사태.
눈(시력.시야.경치) 희미해지다 бурх|х
눈(시력이) 희미해서 잘 안 보이다 сохолзо|х
눈·서리·얼음 따위가 녹다 гэгээ|х
눈가림 далдавч, дэлгэц
눈가림을 하다(~에게) сохо|х
눈가림하다 нохойто|х
눈구멍 ухархай
눈금 жигнүүр, жин(г), масштаб, шаталбар
눈금 바늘구멍을 내다 цоолборло|х
눈길 닿는 범위 үзвэр, хараа
눈길(발길을) 돌리다 өнхрүүлэ|х
눈까풀 зовхи
눈꺼풀(클램셜) аньсга, зовхи
눈꺼풀을 뒤집는 жартай
눈꺼풀을 빠르게 움직이는 жаравгар
눈꺼풀을 안쪽으로 돌린 жартай

눈꺼풀의 안팍을 뒤집다 жартай|х
눈겁풀이 무거워 오다 анилда|х; нүд~ 바로 눈앞에, ~의 감시 아래서; ~의 보는 앞에서
눈녹음(녹은 물) гэсгүүн
눈동자 цэцгий
눈동자가 반짝 빛나다 жалбалза|х
눈동자가 번쩍번쩍하다 тормой|х
눈뜨게 하다 сэрэ|х
눈뜸 сэхээрэл
눈멀게 하다 сохло|х, сохо|х, сохро|х
눈모들뜨기(내사시)의 눈이 되다 сөлий|х
눈물 잘 흘리는 уйлаа, уйламтгай
눈물 нулимс(ан), нялмас; ~ асгаруулагч 최루 가스; ~ны булчирхай 누선(淚腺), 눈물샘; нус ~ 침(거품)을 흘리다.
눈물(땀의) 방울 улбаа, шуудэр, намарга, намираа
눈물을(피 등을) 흘리다 асгаруула|х (асгарах), урсга|х; нулимс ~ 눈물을 흘리다
눈물로 젖은 үгээрлэ|х
눈물어린 уйлаа, уйламтгай
눈물을 깜박여서 떨구다 цавчи|х
눈물을 자아내는 уйламтгай
눈물을 짜내는 уйлаа
눈물을 흘리게 하다 уйлуула|х
눈물을 흘리는 гонгинуур
눈물을 흘리다(머금다) мэгши|х, тасда|х, уйла|х, уйлагна|х, уйлалда|х, далбара|х
눈물이 글썽거리다 далбара|х
눈물이 넘쳐흘렀다 мэлмэлзэ|х
눈물이 떨어지다 тасда|х
눈물이 솟아 나오다(분출하다, 넘치다) мэлтэгнэ|х
눈물이 헤픈 уйламтгай
눈발이 펄펄 날리다 далба|х
눈부시게 빛나다 гялба|х, гялбаала|х, гялбалза|х, мяралза|х, эрээлжлэ|х
눈부신 빛 гялбаа
눈부신 сонин

눈사람 алмас
눈살을 찌푸리다 морчий|х, омой|х
눈석임 гэсгүүн
눈속이는 хуудуу
눈송이 лавс
눈송이가 내렸다 лавса|х
눈송이가 떨어진다 лавса|х
눈썹 хөмсөг
눈썹사이 공간 хөнтгөр
눈아(嫩芽) гөлөг
눈알을 굴리다(희번덕거리게 하다) бултийлгэ|х
눈알의 수정체 мэшил (水晶體: 동공(瞳孔) 뒤에 있는 볼록 렌즈 모양의 투명체. 눈에 들어온 빛을 굴절시켜 망막 위에 상(像)을 맺음.)
눈알이 희번덕거리다 бултийлгэ|х
눈앞에서 껑충껑충 뛰다 жирс жирс хий|х
눈에 거슬리는 үзэшгүй
눈에 고름(농즙)이 잡히다 нуух
눈에 고름이 나오다 нуухта|х
눈에 띄게 гүдгэр, төвгөр
눈에 띄게 되다 гара|х
눈에 띄는 гарамгай, гаргуудаа, гуниттуй, даа, мэдэгдэм, мэдэгдэхүйц, тонж
눈에 띄는(두드러진)모습(이채) бие ;
눈에 띄다 гоцло|х, гялбаала|х, гялбалза|х, мяралза|х
눈에 띄지 않게 하다(~을) балра|х
눈에 띄지 않는 балархай, сэлүүн
눈에 띠게 하다 гоцло|х, тонжро|х, шалгара|х, ялгара|х
눈에 반짝 띄는 гялтгар
눈에 보이는 гадаа; ~ тал 외적 상황(특징);
눈에 보이다 үзэглэ|х, харагда|х
눈에 보이지 않는 үзэгдэшгүй
눈에 보임 бараа, үзшил; ~ туруугуй болох 완전히 사라지다; -гуй 일직선의 시야; ~ нь харагдах буй юм 물체가 시야에서 멀리 보인다; ~ны газар 장거리, 원거리; ~нь узэгдэж/ харагдаж байна ~이 멀리서 보이는/시야의 범위 안으로.
눈에 아픔을 느끼게 하다(주다) гялба|х
눈에 안 보이는 хараагуй
눈여겨 봄 харц
눈으로 덮인 цастай
눈으로 신호하다 ирмэ|х
눈을 가늘게 뜨고 보다 долилзо|х, жарталза|х, жирмий|х
눈을 가늘게 뜨다 зэрэмгэр
눈을 가늘게 한 онигор
눈을 가리게 하다(~의) сохо|х
눈을 감다 ани|х хаалттай, чигжи|х; нуд ~ 눈을 감다, 임종(臨終)하다; нудээ Ань! 눈감아!; шарх нь аньжээ 상처가 낫다
눈을 깜박이다 ирмэ|х, цавчи|х
눈을 내리깔기 гундмал
눈을 내리깔다 унжий|х
눈을 돌리다(~에) хара|х ониволзо|х
눈을 동그랗게 뜨다 бултий|х
눈을 동반한 질풍(돌풍)이 떨어진다 будра|х
눈을 떼지 않고 지켜보다(~에서) гөлрө|х
눈을 뜨게 하다(~의) сэрэ|х
눈을 뜨다 сэрээ|х
눈을 부릅뜨다 бултийлгэ|х
눈을 크게 뜨고 말똥말똥 보다(노려보다) дүрлий|х
눈을 흐리게 하다 буданта|х
눈을 희번덕거리는 булцэн, дүрлээр
눈의 цасархаг, цастай
눈의 고름(농즙) нуух
눈의 굴절력(측정) хугарал
눈의 눈동자가 번뜩(번쩍)이다 жалбалза|х
눈의 표면이 얼어붙다 халимта|х
눈이 내리는 цастай

눈이 두리번거리다 тормогоно|х
눈이 번뜩임을 유지하다 тормолзо|х
눈이 번쩍임(번득임) тормогор
눈이 아래로 향한 гундмал
눈이 어렴풋해지다 дуниара|х
눈이 퀭하게 들어가다 горзой|х
눈이 튀어나오다 бултий|х
눈이 펄펄 내리다 малгайла|х
눈이 흐려지다 буданта|х, гөлий|х, дуниара|х, сүүмий|х
눈짓 жаравгар
눈짓하다 дохи|х; нүдээр ~ 두 눈으로 신호를 하다
눈처럼 흰 цасархаг
눈치 없는 болхи, лайда
눈치레하다 нохойто|х
(~을) 눈치채다 мэдрэ|х
눋게 하다(~을) төөнө|х, цоно|х, түлэ|х
눌러 붙이다 шамда|х
눌러 으깨다 гаца|х
눌러 펴다(~을) индүүдэ|х
눌러서 뭉개다 база|х, бяцла|х, дара|х, ингэ|х, талхла|х
눌러서 사용하다(~을) даруулга
눌려서 들어간 곳 хонхорхой, цөмөрхий
눌린 자국 цөмөрхий, хонхорхой
눕다 амраа|х, хэвтэ|х
뉘앙스 гэшүү
뉘우치는 표시로 입던 삼베옷 таар
뉴스 캐스터(TV·라디오의) хөтлөгч
뉴스 сонин, сураг, чимээ
느글거리다 огшуура|х
느긋(유유)하게 차를 마시다 аяга ёроолдо|х
느긋해 하는 дүүрэн(г)
느껴 알다 увайла|х
느끼기 쉬운 оромтгой, өөнтөгч, тунимтгай, тусамтгай
느끼다(~을) мэдрэ|х, сэрэгдэ|х, увайла|х, оргии|х; халуу ~ 더위를 느끼다; дотор муухай ~ 아프다; ээгүй~ 쓸쓸함을 느끼다
느끼지 않는 элий балай
느끼지 않다(~을) гээ|х
느낌(~감) томьёо
느낌이 좋은 ёозтой
느낌표(!) анхаарлын тэмдэг
느닷없이 гэв;"гэ";~ гэнэт бүгдииг буу хэлээрэй 갑자기(모두 동시에) 말하지 마시오!; ~гэнэт 예기치 않은, 돌연, 느닷없이
느닷없이 зочир, зочмог, угц, цочир, гэнэт; ~ийн ухэл 갑자기 죽다; ~уртай 성 잘 내는, 신경질적인
느닷없이 멈추다 зогтуса|х
느닷없이 축 늘어지다 хонхосхий|х
느닷없이(돌연,갑자기) 넘어지다 намс намс хийх
느른해지다 гэюүрэ|х, унжий|х
느릅나무 хайлаас (느릅나뭇과의 낙엽 활엽 교목. 골짜기나 개울가의 습한 데에 남. 높이는 20m가량, 지름 50cm가량, 봄에 녹자색 꽃이 핌. 나무는 기구, 껍질은 약용·식봉함.)
느리게 алгуур, аяархан, зугуу, удаавтар, ягуухан, аажуу
느리게 걷는 걸음(걸이) сайвар
느리다 гаца|х, хойшдо|х
느린 аажим, аажуувтар, наазгай, ойг, удаавтар, удаан, хожу, хоцрогдонгүй, ягуухан; ~ хүн 활동이 없는 사람, 이해가 늦은(둔한) 사람; ~ өсөлт 서서히 증가하다, 점진적으로 늘다; ~ аажмаар 차차, 점차, 차례로, 조금씩; 점차로; 서서히
느린구보(gallop과 trot의 중간) цоги|х.
느릿느릿 алгуур, зугуу, аажуу ~ уужуу 온화하게; 침착히, 조용히, 고요히; 수수하게; 은밀히.
느릿느릿 걷다 галги|х
느릿느릿 걸어가다 гэлдрэ|х
느릿느릿 움직이다 сэлгүүцэ|х
느릿느릿하게 ягуухан

느릿느릿한 걸음 сэглэг
느릿느릿한 규칙적인 속보 шогшоо
느릿느릿한 аажим, аажуувтар, наазгай, удаавтар, удаан, хашин, ягуухан; ~ хун 활동이 없는 사람, 이해가 늦은(둔한) 사람; ~ өсөлт 서서히 증가하다, 점진적으로 늘다; ~ аажмаар 차차, 점차, 차례로, 조금씩; 점차로; 서서히
느슨하게 매달다(걸다) хэлхэгнэ|х
느슨하게 움직이다 холхидо|х
느슨하게 하다 сааруула|х, султга|х
느슨하게(헐겁게, 헐렁하게, 느즈러지게) 움직이다 холхи|х
느슨한 반바지 хэлхгэр
느슨한(매지 않은, 풀린) 끈을 잡아매다(한데 동여매다,묶다) аргамжи|х
느슨함 султгал, цалгардал
느슨해(느즈러)지다 удаашра|х, удаашруула|х, алдра|х, алдуура|х, мөлтрө|х, мултра|х, намжаах, сулра|х, тайлагда|х, хөврө|х
느즈러뜨리다 султга|х, сааруула|х, цалгарда|х
느즈러지게 늘어뜨리다(내리다) хэлхэгнэ|х
느즈러지게 되다 холхидо|х
느즈러진(피부) халбагар
느즈러진다 хүлхий|х
느즈러짐 сулралт, цалгардал
늑골 과 앞다리 хаа
늑골 хавирга(н), хавьс
늑대 새끼 бэлтрэг
늑대 хангай, чоно
늘(매번.언제나.항상.~할 때마다) бүр, байнга, даг, дан, дандаа, ер, насад, үргэлж, хэзээд, ямагт; айл ~д 각 가족마다; хэлэх ~ 늘(매번) 나는 말한다; ~ урьд 훨씬 이전에,~하기 훨씬 전에
늘 ~했다 дада|х
늘다 нэмэ|х, нэмэгдэ|х, олсо|х, олшро|х, өндөржи|х, өөдлө|х, өсө|х, үржи|х; жин ~ 몸무게가 늘다; цалин ~ 봉급(급료)가 오르다; алхаагаа ~ 걸음을 서두르게 하다(재촉하다)
늘리다(수.량을) ахиулла|х, ахи|х, арвижуула|х, дангина|х
늘릴 수 없는 өөдлөшгүй; ~ муу эттээд 순종치 않는 사람.
늘어(불어)나다 арвижи|х
늘어나다 гонзойлго|х, сунга|х, уртда|х
늘어뜨리다 дүүжлүүлэ|х, дэлдий|х, өлгө|х, унхийлга|х, хүлхий|х, чаргуулда|х
늘어뜨린 장식(목걸이·귀고리) моголцог, зүүлт
늘어서다 жагсаа|х, таширла|х
늘어져 있는 물건 сэнжгэр
늘어지게 하다 хотолзо|х
늘어지다 бөльций|х, дүүжигнэ|х, дэлдий|х, санжий|х, унжи|х, унхийлга|х, хүлхий|х
늘어진 санжгар, унжир санжир, хотгор
늘어짐 дэлдгэр;~ чихтэй ~의 귀가 늘어진
늘이(리)다 арсай|х, гонзойлго|х, дэлгэрэ|х, зула|х, мэлгэр, нэлий|х, нэлий|х, сунна|х, түгэ|х, уртасга|х, мэлий|х; мэлийсэн тал 폭넓게 펼치다
늘인 쇠 илтэс, ялтас
늘임 уртатгал
늙다 насжи|х, өтлө|х, хөгшдө|х, хөгшрүүлэ|х, өвгөрө|х; тэр хурдан ө вгэ рч байна 그는 나이를 빨리 먹는다.
늙어 보이는 хөгшрөнгө
늙어 허리가 꼬부라지다 галжий|х, мээтий|х, нөрө|х
늙어 허리가 꼬부라진 гилжгий, далжуу, дохий|х, жайбгар, жайжгар, махигар, муруй, мурчгар, мээтгэр, нахигар, нөрүү, тахир, галжир
늙어가는 진행(경과) хөгшрөл
늙어가다 майра|х, хөгшрө|х
늙어빠지다 навсай|х
늙어서 약해지다 өврө|х
늙었거나 알코올을 습관으로 마셔

흔들리는 салга
늙었지만 원기 왕성한 бадриун, тартай
늙으스네 өвгөн
늙은 말 адсага
늙은 ах, ахимаг, ахиу, буурай, насжуу, өвгөн, өвөгжөөр, өтлөлт, өтөл, хөвөө хөгши, хөгшид, хөгшин; ~ хун 노인
늙은 부인 чавганц
늙은 수퇘지 ногтмол
늙은 여자 эмгэн
늙은이 өвгөн; ~ хун 노인
능가(초월)하다 түрүүлэ|х
능가하다(~을) гүйцэ|х, дава|х, давуула|х, илүүдэ|х, сайжуула|х, хэтрэ|х ; гүйцэж туруулэх ~보다 낫다, 뛰어나다.
능가해지다(~을) илүүтэ|х
능동적이다 идэвхийлэ|х
능동적인 гялбазүүр
능란한 ад, жавшимтгай, зайтай, идтэй, оворхог, уртай, хавтай
능력 багтаамж, болгон, дүй, зэрэг, мэдэл, сав, сэхээ, хир, хүч(ин), чадавхи, чадал, чадвар, чинээ
능력 있는 чадавхитай
능력이 떨어지는 татанхай
능력이 없게 하다 багада|х
능력이 없게 дутуу
능력이 없게 생각하다 гөмслө|х
능력이 없는 гөмс, гөмсхөн, дутмаг, хүртээлгүй, хүрэхгүй
능력이 없다 мөчиддэ|х
능력이 있다(~할) чадваржуула|х
능력 있는 дүйтэй, чадмаг
능률을 올리다(~의) хурдавчла|х
능률적인 шуурхай
능변인 амтай
능숙(능란)하게 чадамгай
능숙(능란)하다 урла|х
능숙(능란)한 бэрх, дадамгай, дүйтэй, дэмтэй, олхиотой, ур(ан), уран, чадамгай, чадварлаг
능숙한 идтэй мэрэгшилтэй, хавтай; ~ сайн зураач 재주 있는 화가; ~ эм 효과적인
능숙함 барил дадал, дадлага, дүй
능욕자 зөрчигч
능직(綾織) диагональ
늦게 온 хожуудсан
늦게 하다 боогдо|х, зэтгэрлэ|х, саатуула|х, хазаарлагда|х, хойшдо|х
늦게 алгуур, ардхан, хойно
늦다 хожууда|х
늦어(지연)지다 саата|х
늦어도 хойшгүй
늦어지게 하다 удаасгра|х
늦어지다 азна|х, оройто|х
늦었다 хожууда|х
늦은 ойг, хожу, хожуудсан, хоцрогдонгүй, орой, оройтсон; ~ хулцэл 뒤늦은 사과.
늦은 계절 태어났기 때문에 작고 연약한 хэнз
늦음 хожимдол
늦추다 сааруула|х, султга|х, тайла|х, уда|х, удаашра|х, удаашрууула|х, цалгарда|х
(~을) 늦추다 аргамжи|х, оройтууулах, удаа|х, улираа|х, хождо|х, алгуурла|х
늦춰지다 зудра|х
늪(습지) бамбалзуур, намаг, нуурмаг, хөв, цөөрөм, даац
늪 같은 намагдуу
늪으로 많이 되다 намагта|х
늪은 많은 부적당한 농지 ловх
늪은 많은 намагдуу
늪이 말라붙다 аргууда|х
니스 доллого, маажин(г)
니스를 칠하다 дололго|х, маажинда|х
니켈 диц (nickel: 금속 원소의 하나. 천연 광석으로 생산됨. 단단한 은백색 금속이며, 잘 늘어나고 펴지는 것이 철과 비슷하나 공기·습기에는 철보다 안정됨;[28번:Ni:58.71])
니켈 도금 дицдэ|х
님 хатагтай

ㄷ

다 같이 나르다 дамжла|х
다 되지 않은 дулимаг, зэрэмдэг
다 빨아 버리다 шимэ|х
다 성장하다 бойжи|х
다 써 버려 약한 гарзар
다 써 버리게 되다 даваада|х, турангида|х
다 써 버리다 гарзай|х, зүдэргэ|х, зута|х, сульда|х, тамиргүйдэ|х, үрэ|х, үрэгдүүлэ|х, хавчий|х, хоосло|х, хуурайла|х, эцээ|х, яда|х, зара|х; мөнгө ~ 돈을 다 써버리다; цаг ~ 시간(노력)을 들이다.
다 써 버린 барагда|х, зүдрүү, зүдэнгэ, хавчгар, цуца|х
다 써 버린다 зүдрэ|х, туйлда|х, харши|х
다 써 없애다 өнгөрүүлө|х
다 써버리다 бара|х. барагда|х, дампуура|х, зарагда|х, зүдрээ|х, лавра|х, лавтра|х, махла|х, нооро|х, салмай|х, үлтрэ|х, элээ|х, эцэ|х, эцээ|х, ядра|х, ямбий|х; арга ~ 모든 재산을 다 써버리다; нас ~ 소멸하다, 없어지다.
다 써버릴 수 없는 барагдашгүй, барагхуй, шавхагдашгүй
다 써버림 зүдрэл, сульдаа
다 쓰다(완결하다) гүйцэ|х, гүйцээ|х
다 짜내버리다(~에서) барагда|х
다 태워(타)버리다 галда|х
다 함께 цугтаа
~(이)다 буй, болбол

다(茶) 마시다 ундла|х
다가가다 дөтлө|х, наашда|х, наашра|х, ойрдо|х, ойрто|х
다가갈 수 있음 халдац
다가들다 эрхлэ|х
다가붙다 эрхлэ|х
다가서다 ойрдо|х
다갈색(검은갈색) багир хурэн, бор
다감함 өөнтөг
다공성의 хөөсөрхөг
다공성이 되다 сархиата|х
다급하게 адгуу, бушуу, санд(ан) мэнд, яарахдаа
다급하게(허둥지둥)~하다 довтло|х
다니다 аяла|х,ява|х
다데сүлд
다대수(多大數) үй олом, үй түмэн
다도해(多島海) олтриг
다듬다(~을) өнгөлүүлө|х
다듬어지다 нарийса|х
다듬어지지 않은(생각 등이) арсгар
다듬질 хачир, эмжээр
다람쥐류 хэрэм
다량 баялаг, мундашгүй, ханагар, цогц, олон; ~ жил 여러 해; ~ талаар 인사(안부)를 전함; ~ хуухэдтэй 많은 어린이가 있다; ~ улсын 국제(상)의, 국제적인; ~ үггэй 말이 많은, 지루한; ~ талтай 다각형의, 다변형의; ~ зан, ~ааш 변하기 쉬운 인격; ~ давхар 여러 가지의 층; ~ нийт 공중, 국민; ~ түмэн 사람, 국민; ~ э нгэ т 여러색; ~э нцэ гт 다각(다변)형.
다량(多量)으로 사거나 팔다 бөөндө|х
다량의 арвин, зөндөө, ихээхэн, лагс, үлэмж
다려지다 мөлий|х
다루기 어려운 хангал, хэрзгэр
다루기 어렵다 гэдий|х
다루기 힘든 долгил, өөнтөгч, түвэгтэй, тумархаг, явдалтай

다루기(제어하기) 쉬운 амархан
다루기가 힘든 тамшаа
다루는 방법 дэм
다루다 харьца|х
다룬 양가죽 сармай, сэгсүүрэг
다룰 수 있다 гарши|х
다르게 되다 ондооши|х
다르다 зөрө|х, зөрчилдө|х, зөрчих
다른 биш, бус, давтан, мөртөө, ондоо, өрөөл, төсгүй, төсөөгүй, элдэв, өөр; ~ газар (어딘가) 다른 곳에(서)(으로); ~ хүн (서로)다른 사람; ~ нэг 서로 각각 다른; ~үгүй/байхгүй 다른, (그) 밖(이외)의; ~ хэн ч 그 밖에 아무도 ~않다; ~ ээр 다르게, 같지 않게; ~ээр хэлбэл 바꿔(다시) 말하면; түүнээс ~ ~외에(도), ~에다가 또; огт ~ 완전히 다른.
다른 기쁨에 심술궂은 тав
다른 나머지의 нөгөөдүүр; ~ чинь хаа байна? 다른하나는 어디에 있습니까?
다른 날붙이 мор; хутганы ~ 칼등
다른 뜻 үзэ|х, хий
다른 목적 уруу
다른 물질로 바꾸다(~을) хувилга|х
다른 방도가 없다 аргагүйтэ|х
다른 방법으로 жич
다른 사람들 өнөөдүүл
다른 사람들과 함께 뒤쫓다(추적하다, 추격하다) хөөлцө|х
다른 사람을(사랑스럽게) 꼭 껴안다 тэврэлдэ|х
다른 수단(방법)이 없다 аргагүйтэ|х
다른 옆에 위치하고 있는 цаад
다른 의미(뜻) уруу, үзэ|х, хатга|х
다른 의의 үзэ|х
다른 일은 어떻든 ядахдаа
다른 하나의 бус, нөгөө, ондоо, хүнийх
다른 형식으로 바꾸다 орчуула|х
다른 힘 보다 낫다(능가하다, 뛰어나다) баавгайчла|х

다른 힘을 초월하다 баавгайчла|х
다른의미 хий
다름 ялгаа, ялгавар
다름(차) зааг, зөрөө(н); халуун хуйтний ~ 온도(기온)의 차이; санал бодлын ~ 의견의 불일치(차이).
다름없는 нөгөө
다름을 깨닫다 ялга|х
다리 мөч, тэвх, чац, хөл; морины хойд хоёр ~ 말의 뒷다리; ширээний ~ 테이블의 다리; хиймэл ~ 인조 다리; модон ~ (건조물의) 지주(支柱), 각주; ~ нүцгэн 맨발의, 양말을 안신은 (신고), (말이) 편자를 박지 않은; ~ хүнд 임신한, ~이 가득찬;~ муутай 절름발이의, 절룩거리는
다리 한 쪽을 세우고 앉다 цомхой|х
다리(교량) гүүр
다리가 긴 дэндгэр
다리가 길다 дэндий|х
다리가 없는 хөлгүй
다리다(다림질하다) гөлчии|х, дагтаршуула|х, жигдлэ|х, мөлийлгө|х
다리로 차다(걷어차다) тийчлэ|х
다리를 놓는(~에) хэлхээтэй, авцалда|х, залга|х
다리를 늘어뜨려있다 сөхө|х
다리를 벌리고 서다 алцайлга|х
다리를 뻗다(펴다) жий|х
다리를 씰룩씰룩 움직이다 тийчи|х
다리를 질질끌며 거의 걸을 수 없다 үлгэн салган явах
다리를 펴다(벌리다) алцай|х; алцайн суух 가랑이를 벌리고 앉다
다리를 홱 잡아당기다 тийчи|х
다리미 илүүр, индүү
다리미질하다 шамда|х
다리병신 эрэмдэг
다리에 경련을 일으키다 тийчи|х
다림질 индүү
다림질하다(~에) индүүдэ|х

다만 홀로(혼자서) ганц, гань, нанцаараа

다만 гагцхуу, зөвхөн, л; над өг ~ дөө! 오직 나에게 주시오!; хэл ~ дөө! 목소리를 높이시오!; ~тэрл мэддэг 단지 그만 알뿐이다

다만홀로(혼자서) дан; сумд ~ эмгэд байв 교회안에는 노파혼자 있다; тэр ~г анцаараа амьдардаг 그는 혼자 산다; ~ байшин 일층으로 지은 집; ~ ор 일인용 침대; ~ шөл 부용(맑은 고기 수프), (세균 배양용의) 고기 국물; ~ ганц 오직홀로, 하나밖에 없는; ~өөр 아주 어려운; ~нэг өнгийн 한 가지 색(빛).

다명식 олонлог
다발 багц, молцог, туг, хэрдэс
다발 짓다(~을) толгойло|х
다발로 만들다(되다) хонгорцогло|х
다발짓다(~을) багцла|х
다방면에 걸치는 дэлгэрэнгүй
다방면의(에 걸친) талс
다변(多邊)의 талс
다변가 лавшаа, салбадай
다변의 нуршаа(н)
다부진 бадриун, тайргар
다산 унац
다산의 өн
다산적인 өгөөжтэй
다색(多色)(인쇄)의 мирээн, халтар
다섯(5) тав(ан); таван махбод 제1의 (주요한) 사물 다섯원소(물.불.나무.금속. 흙); таван цул 심장, 폐(허파), 신장(腎臟), 간장(肝臟: 간(肝)), 비장(脾臟: 지라), 또는 위; 다섯가지 내장; таван эрхтэн 다섯가지 감각기관 또는 신체 구조(귀.눈.입.코.심장); таван хушуу мал 동물이 사육되어 길든 다섯가지 종류 (말.낙타.소.양.염소); таван эгшиг 고전 음악 음계의 다섯 음표. 악음(樂音); таван хор 다섯 가지 악(사악); таван хуруу 다섯 손가락.

다섯 손가락 тав(ан)
다섯(5) 함께 тавуул(ан)
다섯(5)개(사람) тав(ан)
다섯(5)살 тав(ан)
다섯(5)시간 тавантаа
다섯(번)째의 тавдахь; ~ дугаар 번호 5; ~ бүлэг 제 5장; ~ сар 5월
다섯째 тавдугаар; ~ бүлэг 제 5장; ~ сар 5월.
다성 악곡의 최고 음부 ая
다소 ахиухан, баахан, кофеин
다소 길이가 긴 уртхан
다소 냉정한(침착한) сэрүүхэн
다소 닳아빠진 хуучивтар
다소 답답한 давчуухан
다소 더럽다 заваандуу
다소 데워지다 булээсэ|х
다소 오래 계속 уртхан
다소 우둔한(바보 같은) тэнэгдүү
다소 재촉 받은 давчуухан
다소 타원체 зуувандуу
다소 털이 없는 халзавтар
다소 토실토실 살이 찌다 бондой|х
다소 해결(해소)하다 хөнгөтгө|х
다소 흐트러진 сулавтар
다소 힘이 드는 хүндэвтэр
다소의 жаахан, зарим, бага, багавтар, багахан, тоотой, хэдхэн, цөөн, цөөхүүл, жаахан; ~ ус өгөөч 제발, 나에게 약간의 물을 주세요; тун ~ 잠시, 다소의; ~ ахиу/илүү 보다 적은; ~ хулээж бай! 잠시(잠깐) 기다려!; ~ жаахнаар бие нь сайжрав 조금씩 (점차로, 서서히) 그는 차도가 있다; та ~ чангахан ярихгүй юу? 부탁합니다, 약간 큰소리로 말씀해주시겠습니까?
다소(약간) 무력한 сулавтар
다소(조금) 목쉰 сөөнгөдүү
다소(조금) 빠르게(민첩하게) хурдхан
다소(조금) 얼빠진(우둔한) халбигар
다소(조금) 으스스한 зэвэргэн

다소(조금) 젊다 залуухан
다소(조금)추운 хүйэвтэр
다수 түг туу, цогц, үй олом, үй түмэн, олон; ~ жил 여러 해; ~ талаар 인사(안부)를 전함; ~ хүүхэдтэй 많은 어린이가 있다; ~ улсын 국제(상)의, 국제적인; ~ үгтэй 말이 많은, 지루한; ~ талтай 다각형의, 다변형의; ~ зан, ~ааш 변하기 쉬운 인격; ~ давхар 여러 가지의 층; ~ нийт 공중, 국민; ~ түмэн 사람, 국민; ~ э нгэ т 여러색; ~э нцэ гт 다각(다변)형.

다수(의) түм(эн), арвин, зөндөө, их, олон, түг туу, үлэмж

다수의 모눈(방안(方眼))을 써 전사(轉寫)하다 хэрэ|х

다수의(폐 많은) 액체 분배계획(장치) түгээгүүр

다수이다 зонхило|х; манай сургуульд эмэгтэй хүүхдүүд зонхил-дог 우리 학교에는 여자가 다수이다

다스리다 ахла|х, жолоодо|х, засагла|х

다시(새로,또) аанай, бас, давтан, ахиад, ахин, дахнад, түгтам, дахин; ~ ~ 몇 번이고, 되풀이해; ~ давтах 되풀이하다, 반복하다; хэвлэх ~ 재판하다, 번각(飜刻)하다; 재발행하다; ахин ~ 다시, 또;~нэг 다시 되풀이해서

다시 나누다 аймагла|х, ангила|х
다시 데우다 хала|х, хала|х
다시 또 그만큼 дахиж
다시 또 한 번 дахин
다시 빠지다 үдрэ|х
다시 시작(계속)하다 дахи|х
다시 육체를 부여함 화신 хувилгаан
다시 육체를 부여함 тодро|х
다시 이수하다 ахи|х
다시 일어나다 давтагда|х
다시 칠하기 засварчин
다시 칠한 것(부분) засварчин
다시 팔다 борлуула|х, дамла|х

다시(또) 한번(똑같이) ахиад, бас, дахин, удаатай
다시 한 번 ~에게 알리다 мата|х
다시 한 번 새로이 байн: ~
다시(또) 한번 다시 되풀이해 ахин
다시금 зэрэгцээгээр, цааншлаад
다시또 한번 дахнад
다시마-일엽초의 무리 дэлдүү
다시한번(새로이) дахнад
다양한 алаг, элдэв
다우(多雨) үер
다음 차례의 дайвар
다음(버금)의 хоёрдогч
다음(옆)에(~의) дараахь
다음(音) до (고정 도 창법의 '도');
~다음(이듬,이튿) дэслэ|х, удаахь, дараахь
다음기회 дара
다음에 오다(~의) залга|х, замна|х, сувра|х, дараала|х
다음에 ардхан, дара, дараач, хойно; ~ийн долоо хоногт 다음주에
다음으로 дэслэ|х, хоёрт, хошой
다음으로 돌리다 өвлүүлэ|х
다음의 дагавар, дагалт, дайвар, удаахь, хажуу, хөрш, дараахь; ~ охин 의붓딸; ~ хүү 의붓아들(자식); ~ өгүүлэл 신문의 아래쪽 부분, 특별기사; тийн ялгалын ~ 접미사, 접미격; ~ маягаар 그 다음의 방법; ~ дугаарт үргэлжлэл нь гар-на 우리의 다음 논쟁은 계속되다.

다음의(일) дэс
다음해 хойтон жил
다이버 шумбагч
다이빙 선수 шумбагч
다이아몬드(카드) дөрвөлжин; ~гийн ноён 다이아몬드의 왕; ~ бичиг 1929년 라마승 Pagva에 의하여 편집된 몽골인의 유언장의 초안
다이아몬드(diamond) алмас

다이어그램 график
다이얼렉틱 диалектик
다재다능한 талс
다정다감한 тусамтгай, оромтгой
다정하게 өхөөрдөнгүй
다정한 인척 хадамсаг
다정한 өхөөрдөм, цайлган, ялдамхан
다정함 өхөөрдөл
다정함을 느끼다 тэчьяада|х
다져넣다(~을) тумлайда|х
다조(調) до
다지다 хөшиглө|х
다직해야 сайндаа
다짐하여 말하다(~에게) сануула|х
다채로운 мирээн, халтар, халтарта|х
다채롭게 보이다 эрээлжлэ|х
다치게 하다 бэртээ|х, хөнөө|х
(~에) 다치게 하다 гэмтэ|х
(~을) 다치게 하다 гомдоо|х, гэмтээ|х, хорло|х, хохиро|х
다치지 않도록 ~에 주의하다 ана|х
다큐멘트 баримтат; ~ кино다큐멘트 영화, 기록영화
다투기 좋아하는 зодолдооч, зодоонч
다투다 арцалда|х, барьца|х, булаалда|х, булаалцалда|х, бултрэ|х, марга|х, мэтгэ|х, тар тур хий|х, уралда|х, хэрэлдэ|х, зөрө|х; дүрэм ~ 규정을 무시하다(문제시하지 않다); уг ~ 다투다, 싸우다.
(~와) 다투다 байлда|х, ноцолдо|х, тула|х, тулалда|х, хэрэлдэ|х, цөмрө|х
다투다(논쟁·소송 따위로) алалда|х
다툼 хэрүүл, ярвиг
다툼(불화)의 원인이 되다 хэрэлдүүлэ|х
다하다 биелүүлэ|х, биелэ|х, гүйцэлдэ|х, хий|х
(의무를) 다하다 амжуула|х: амжих
다할 줄 모르는 барагдашгүй, барагхүй, шавхагдашгүй
다항식(多項式) олонлог (' + ' 또는 ' — ' 로 몇 개의 단항식을 이어 놓은 정식),

다해버리다 хий|х .
닥뜨리다 нүүрэлдэ|х
닥스훈트(짧은 다리에 몸이 긴 독일산의 개) хав
닥치다 нүүрэлдэ|х
(~이) 닥치다 тохиолдо|х
닥터 эмч
닦기 өнгөлгөө
닦는 가루 цэвэрлэгч
닦는 사람 зүлгүүр, өнгөлгөөчин, өнгөлөгч
닦다 арчигда|х, арчи|х, өнгөлө|х, өнгөлүүлэ|х
(~을) 닦다 багсда|х
닦다(문지르다) зулгэ|х
닦아 없애다 арчи|х, арчигда|х, зулгэ|х
닦아내다 арга|х, ганда|х, хата|х
닦아서(문질러.긁어.깎아서) 반반하게 하다 үрэгдэ|х
닦여진다 өнгөлөгдө|х
단 чихэр, чихэрлэг
단(段) суураа, цуваа(н)
단(壇) тавцан
단(달콤한) амттай, нялуун; ~ амт 감미롭고 달콤한 맛; ~ байна 이 녹차는 달다; ~уг 감미로운 말, 달콤한 말. 단 것 амттан, чихэр
단 하나의 гав ганц, дан, ижилгүй; хань ~ хун 독신자의 사람
단 한 개의 дан
단가 эгшиг
단거리 여행 рейс
단결 нэгдэл
단결시키다 дэвтэрлэ|х
단결하다 барилда|х, наалд|ах
단골(손님) захиалагч, үйлчлүүлэгч
단과 대학 колледж, институт (약학·농학·음악을 가르치는 종합 대학의 일부): эдийн засгийн ~ 경제대학; хөдөө аж ахуйн ~ 농학대학; техникийн ~ 기술대학; ~ид суралцах 단과 대학으로 가다; би ~ид

байхдаа나는 단과대학에 있다
단념 цөхрөл
단념(포기)하다 золиосло|х, огооро|х
(~을) 단념(포기)하다 хашра|х
단념시키다(설득하여) болиула|х
단념하다 бэрхшээ|х, огцро|х, цөхрө|х
(~을) 단념하다 цөхө|х
단단하게 되다 дарай|х, дарсай|х
단단하게 매다 чангада|х
단단하게 하다 чангала|х, чангаруула|х
단단하고 딱딱하게 되다 дэрдий|х
단단하고 딱딱하여 불쑥나오다 дэрий|х; хатаж ~ 말라(시들어) 죽다; турж ~ 야위고 쇠약해지다.
단단하고 딱딱한 дэрдгэр
단단하고 짧게 огсгор
단단하고 짧게 하다 огсой|х
단단하고 헝클어진 загзгар
단단하다 хөшүүрэ|х
단단한 бат, бөх, бэхжи|х, дангинатал, дарай|х, дардгар, дардгархан, дөжир, мятрашгүй, навтгар, нот, нут бат нут, тогтуурай, үхлүүт, хатан, хату, хөшүүн,
단단한(질긴) гүжир
단단한 치즈의 종류 хуруудгар
단단해서 움직이지(풀리지) 않게 하다 чангада|х
단단해지다 дардай|х, хавчий|х, чангара|х
단단해진 даргар, дардгар, дардгархан, дардгархан
단단히 결심하다 тодорхойлогдо|х
단단히 맨다(묶다) чангада|х
단단히 얼다(동결되다) цэвдэгши|х
단단히 쥐다 барии|х, хомхойдо|х
단단히 дангинатал, лав, хатуухан
단도 исгүүр
단도로 찌르다 хутгала|х
단독으로 амираа, салангад, тусдаа, гагцаар; гагц ~ 하나(한사람)씩 (차례로).

단독의 ганц, гоцлол, нанцаараа
단락(구분) бүлэг, зүйл
단련 дарүүлга, сургалт
단련(수양, 훈육) 하다 сахилгажуула|х
단련하다 боргоши|х, борло|х, дасга|х, догшро|х, хатуужуула|х
단맛 амттан, чихэр
단면(도) огтлол
단면이 V자형의 긴 구유 тэвш, ховоо
단발 норхой
단백석 мигүйн нуд (蛋白石).
단백질 타는 냄새 хярвас
단속 шалгалт
단속자 тохируулагч, шалгагч
단속적으로 웅크리다 навтгана|х
단속적으로 тасралтгүй
단속하다 бутээ|х, цагда|х
단순하게 хялбар
단순하게 만들다 хялбарчла|х
단순한 амархан, будуулэг, гүндүүгүй, дарү, завдаагүй, ингүүхэн, хялбар, цагаан, энгийн
단순한 추측 таамаглал
단순화하다 амарчла|х, хялбарла|х
단시간 агшин, завсар, зуур, хором
단시간의 товч
단식 мацаг; ~ барих 단식하다
단식하다 мацагла|х
단아하게 되어가다 гунхалза|х
단아하고 품위 있게 움직이다 дунхалза|х
단아하다 гунха|х
단아한 гоёхон, гунхгар, жирвэгэр, зэнзгэр
단애(斷崖) гултгал
단어집 толь; шинжлэх ухааны ~ 과학용어사전; нэвтэрхий ~ 백과사전, 전문사전; тайлбар ~ 주석(해석.설명)사전
단어표 толь
단언하다 зарлах
단열재 тусгаарлалт
단원(團圓) шувтрага

단위 нэгж; мөнгөний~ 통화(화폐)의 단위
단의 꺾음이 넓은 긴 바지 хэлхгэр
단일 목표에의 집중공격 цохилт
단일의 ижилгүй, цагаан
단일체 нэгж
단일화 нэгдэл, энгтгэл
단일화하다 амарчла|х, хялбарла|х, хялбарчла|х
단장 хурандаа, бороохой, таяг
단절 ангижрал
단점 балаг, зааз, зэм, өө, саатал, согог, сэв, хортон
단정 замбараа, тохь, хумжаарга, завь, онгоц
단정치 못하다 дэрвий|х, сэгсий|х; ~ ээрээ 모든 수단
단정치 못한 балиар, бохир, бузар, дэрвэгэр, сагсгар, сал сул, салсул, сэгсгэр; ~ ус 헝클어진 머리; ~ мод 엉기정기 가지가 난 나무.
단정치 못한 용모(얼굴) марлигар
단정하다 багцаала|х, гунха|х
단정학(丹頂鶴) тогоруу
단정한 гөёмсог, гунхгар, намбагар, хоггүй, цэвэрч, цэмцгэр
단정히 앉다 оцой|х
단정히 차려 입다 сэмбий|х
단조(鍛造)하다 давта|х, дархла|х
단조로운 말투로 이야기하다 аяла|х, гинши|х
단조로운 소리를 내다 гингэнэ|х
단조롭게 말하다 аяла|х, дүнгэнэ|х, нурги|х
단지 ~만(뿐) гагцхуу
단지 бумба, ваар, дөнгөж, жалавч, зөвхөн, ор, л; над өг ~ дөө! 오직 나에게 주시오!; хэл ~ дөө! 목소리를 높이시오!; ~тэрл мэддэг 단지 그만 알뿐이다
단지 4 дөрөөхөн
단지 8 наймхан
단지 80 наяхан
단지 2(둘) хоёрхон
단지 어제 өсигдөрхөн
단지 한 부분(조각) хэсэгхэн
단지 홀로의 дан
단지(바로) 오늘 өнөөдөрхөн
단지(유일한) 일곱 долоохон
단체 айл, булгэм, дугуйлан(г), коллеги, коллектив, нийгэмлэг, фракции, хамтлаг; ~ гэр 가정; ~ гэр болох ~와 결혼하다; ~ гэр гэр гэр гэр гэр; ~ аймаг 이웃(사람), 이웃집 사람; ~ хэсэх 방문하다, 시찰하다; ~ зэргэлдээ 접근한, 인접한, 부근의; ~ын хун 이웃의, 근처의; ~ саахалтынхан 인접 정착지
단체(회사)를 설립하다 байгуула|х; хот ~ 시를 설립하다; шинэ тэ р улс ~ 새로운 주를 창립하다; хороо ~ 위원회를 개설하다; гавьяа ~ 곡예를 공연하다; гэрээ ~ 조약(협정)을 체결하다; зохион ~ 조직하다, 편제(편성)하다
단체의 당(파) тасаг
단추 товч; гадаа хуйтэн байна - товчоо товчил 당신 코트의 단추를 채우다 - 바깥쪽 춥다; ~ тайлах (~의) 단추를 끄르다; хэ хний ~ 젖꼭지 씌우개, 그리스 니플; цахилгаан ~ 지퍼.
단추(혹·빗장 따위) шилбэ
단추로 잠그다(채우다) товчло|х
단추를 끄르다(~의) тайла|х
단추를 끼우다(~의) товчло|х
단추를 죄는(잠그는, 채우는) 제구 (볼트·지퍼·클립·핀·단추·혹·빗장) шилбэ.
단축 товчлол, товч; ~ захиа 간결한 편지.
단축(생략)하다(~을) товчлогдо|х
단축(생략,요약,초록)하다 товчло|х
단축(요약)된 것 товчлол
단축(축약)하다(글이나 말을) агши|х, нягтруула|х

단층 давхарга, давхаргадас, давхраа, давхраас, үе
단편 аяз, бие, бяцархай, зүсэм, фракции, хувь, хугархай, хэмхдэс, хэрчим, хэсэг, ширхэг, хага; ~ цохих 산산조각 내다
단편 뉴스 기사를 기술하다 сурвалжла|х
단편 작가 туульч, үлгэрч(ин)
단편으로 쪼개다 хэсэглэ|х
단편적으로 бут
단폭(段瀑) боргио
단호하게 дангинатал
단호한 гүдэсхэн, гүжирмэг, даа, зоримог, огцом, товтой, чамлалтгүй, шийдэмгий, юм
단호히 тас; ~ алгадах 손바닥으로(뺨을) 때림;~ огтлох 완벽하게 자르다 ~ хэ рэ э дэ х 둘로 톱으로 켜다(자르다); ~ хазах ~을 세게 치다(때리다, 짓밟다).
단화 шаахай
닫는 것(사람) наг уурхан
닫다(~을) түгжи|х, хамхи|х
닫은 битуу, бугчим
닫집 лавир
닫집 모양의 덮개(차양) лавир
닫히다 битуур|х, хаагда|х
닫힌 битуу
달각달각 소리내다 дужигна|х
달갑지 않다 үтээрэ|х
달걀 өндөг; бид э глэ э ний хоолон дээрээ ~ идэв 우리는 아침을 계란으로 먹는다; тахианы ~ 암탉의 알; хуурай ~ 분말 계란; чанасан ~ 삶은 달걀; шарсан ~ 계란 프라이, 오믈렛; ~тэй уур 알의 보금자리(둥우리);
달걀 모양 гонзгой, зууван
달걀 모양으로 되다 гонжий|х, гонзой|х, зуувай|х
달걀 모양의 물건 гонзгой, зууван
달걀(조개 따위의) 껍질 дун(г),
дурс(ан), хуяг, хальс
달걀(조개.과일의) 껍질(깍지.조가비)가 발달(발육)하다 хальта|х
달걀을 넣은 국수의 일종 гуамин, гоймон
달걀의 모양을 한 나무통 хавчиг
달다 нялууда|х
달라(들러)붙는(~에) наалт
(~에) 달라붙다 зуугда|х, зууралда|х, тагта|х, наалд|ах
달라붙어 놓지(떨어지지) 않는 шаргуу
달라이 라마 권표(權標) сойвон
달라지다 ялгагда|х
달래다 амруула|х; амрах; аргада|х, бөмбийлө|х, намдаа|х, номхро|х, өхөөрдө|х, тайвшруула|х, талбира|х, түвшиттэ|х, тайтгара|х; тууний уур амархан гарч тайтгарав 그의 분노는 빠르게 가라 앉았다; гуйж ~ (~을) ~에게 애원 탄원) хадах; уйлсан хуухдийг ~ 우는 아이를 달래다
달래듯(어르듯)한 말을 사용하여 유아 를 재우다 буувэй
달러 дойлуур, доллар (dollar: 미국·캐나다 등지의 화폐단위; 100센트; 기호 $, $)
달려 있다(~에) шалтгаала|х
달려들다 давшла|х, жирий|х, шурга|х
달려있는 조각(부분) унжлага
달력 календарь, хуанли
달리 хүнийх, эсвэл
달리게 하다 гүйлгэ|х
달리기 시작하다 цай|х
달리는 사람 гүйгч
달리다(뛰다) хөрвө|х, гүй|х; гүйн ирэх 달려오다; гүйн гарах 달려 나가다; бусдад зарагдаж ~ ~의 심부름가다; гүйж хурэх 뛰어 ~로 가다
달리아 мандариваа
달리아의 꽃 мандариваа
달리없는 өвөрмөц
달림 чавганц

달림(뛰기) гүйдэл, гүйлт
달성 ажилт, биелэл, биелэлт, биеуулэлт, ололт; ~ололт 완성, 달성
달성(이행.완료) гүйцэдгэл
달성(성취)하다 гүйцэх, хүрэх, бурдэх
달성하다(끝내다)(~을) гүйцэх, гүйцээх ; тэр захиагаа гүйцзж бичив 그는 늦게까지 마무리 했다
달아나다 буруулах, дутах, жилийх, зувчих, оргох, ороолох, тонилох
(~와) 달아나다 хулжих
(~에서) 달아나다(도망치다) зулбах, зугтах; биднийг хармагцаа тэд зугтан одоцгоов 그들의 생활을 우리가 보았을때 그들은 달아났다; тэр амраг хуутэйгээ зугтжээ 그녀는 그의 사랑에서 떠나다; тэр шоронгоос эугтжээ 그는 탈옥하다
(~에게서) 달아나다(도망치다,떠나다) зулрах
달아나버리다 цагаалах
달아날(피할) 수 없는 зайлшгүй
달여낸 즙 ханд
달의 20일 хорьдугаар
달의 30일(略: 30th) гучдугаар
달의 4일 дөрөвдүгээр; ~ сар 4월
달의 5일 тавдугаар; ~ бүлэг 제 5장; ~ сар 5월.
달의 7일 долдугаар
달의 8일 наймдугаар; ~ сар 8월.
달의 마지막날 хуучид
달인 мэргэжилтэн, хайв, шинжээч
달콤하다 нялуудах
달콤한 амтат, амттай, нялуун; ~ амт 감미롭고 달콤한 맛; ~ байна 이 녹차는 달다; ~уг 감미로운 말, 달콤한 말.
달콤한(말) чихэрлэг
달팽이(물고기)의 진액 залхаг, салиа, салс
닭 тахиа, шувуу(н)
닭고기 тахиа

닭의 산란(수)(産卵(數))(일정기간의) өндөглөгч
닭이 꼬꼬댁(꽥꽥)울다 гогоо́глох
닭이 알을 품다 гишгэх; тахина ~ 암탉이 알을 품다.
닭이 홰를 쳐 때를 알리다 гогоо́глох
닭장(우리) даруул
닮게(같게) 하다 ижилсүүлэх
(~와)닮다 дуурaйх, ижилсэх
닮은 점 төс, төсөө
닮은 정도 төс
닮은 адилхан, мэт, ойр, ойролцоо, тиймэрхүү, төстэй, шиг, ижил; тууний машин минийхтэй ~ 그는 나와 똑같은 차를 가지고 있다; ~ дасал болох 다른 유사한 것에 익숙해지다; ~ буруу гарь(짝) 안맞는 물건, 끄트러기; ~ бус 닮지 않은, 다른; ~ морь 두 마리의 말이 색깔이 같다; Ижил мөрөн 볼가 강.
닮은(~와) тийм, төсөөтэй
닮음 адилтал, төс, үлгэрлэл
닮지 않아지다 ондоошиx
닮지(같지) 않은 төсгүй, төсөөгүй, өөр; ~ газар (어딘가) 다른 곳에(서)(으로); ~ хүн (서로)다른 사람; ~ нэг 서로 각각 다른; ~угуй/байхгүй 다른, (그) 밖(이외) 의; ~ хэн ч 그 밖에 아무도 ~않다; ~ ээр 다르게, 같지 않게; ~ээр хэлбэл 바꿔(다시) 말하면; тууннээс ~ ~외에(도), ~에다가 또; огт ~ 완전히 다른.
닳(아빠지)게 하다 навтрах
닳(아빠지)는 ноорхой
닳(아빠지)다 навтрах, салмарах
닳다 нооро́х
닳아 무지러진 тожгор, хувхай
닳아 벗겨지다 баллах
닳아 없어지게 하다 дампуурах, зүдрээх, лаврах, лавтрах, махлах, ноорох, салмайх, үлтрэх, элээх, эцэх, эцээх, ямбийх

(신발·양말 등) 닳아 없어지게 하다 майжгий
닳아 없어지다 нооро|х
닳아 없어짐 элэгдэл
닳아 엷어지다 эцэ|х
닳아 해지다 салбай|х, элэгдэ|х
닳아 해진 нэвсгэр, тожгор, савтархай
닳아 해짐 элэгдэл
닳아빠지다 даваада|х, хавчий|х
닳아빠진 дампуу, навтархай, оронцог, өгөр, савтархай, түйнэг, хашин, ямбий
닳아서 ~이 되다 элэгдэ|х
닳은 дампуу, түйнэг
담 гацаа, хавсралт, хайс, хана(н), хашаа(н), хашлага, хороо, хүрээ(н)
담(痰) цэр
담갈색의 뇌조(雷鳥) ётуу (들꿩과의 새.)
담겨지다 (상자에) авдарла|х
(~에) 담그다 шингэ|х, дэвтэгши|х
담그다(오이지 따위를) давсла|х; ногоо ~ 야채 피클을 소금물에 절이다; мах ~ 고기를 저장 식품으로 만들다, 고기를 절이다;
(~에) 담그다(적시다) дэвтэ|х, дэвтээ|х
담낭 сөс
담력 있는 зүрхтэй, эрэлхэг
담력 зориг, эр, зүрх(эн); ~ зориг용기, 용감(성), 용맹; ~ гаргах 감히 ~하다; ~ ухэх/алдах/шантрах 겁쟁이(비겁한자), 겁내는 모양(도망칠 자세), 용기를 잃다; ~ орох 대담해지다; ~ эмтрэх/өвдөх 마음 무거운, 침울(우울)하다; ~ний амраг애인, 사랑하는 사람; ~ний үг 심장의 말; чин ~нээс, ~ний угаас, үнэн ~ нээс 거짓없이, 성실(진실)하게, 충심으로, 진정으로; ~ мохох 낙담하다; үг- үй гэх ~ байсангуй 마음에 없는 것을 받아들이지 않다; би тэр эмэгтэйд ~ сэтгэлээ өглөө 나는 나의 심장에서 그녀를 잃어버렸다.
담력이 있는 аймшигтүй, жавхаатай, сөс
담력있는 зоригтой
담박한 заваан
담배 라이터 асаагуур
담배 연기를 내다 тамхила|х
담배 파이프 дүнсгэр
담배 파이프를 깨끗하게(청소) 하다 бургуйда|х
담배 피우는 사람 тамхичин; хар ~ 마약 상용자; тэр бол архаг ~ 그는 골초다 (용고뚜리).
담배 피우다 баагиула|х
담배 янжуур, тамхи(н); хамрын ~ 코담배를 맡다; ~ ны담배 잎; ~ны хуудий 담배쌈지(살담배용); хар ~ 아편(과 같은 것); ~ татах 담배를 피우다, 흡연하다
담배를 뻐끔뻐끔 빨다 бааги|х
담배를 뻐끔뻐끔 피우다(빨다) савса|х, хуухина|х, баагиула|х; савсуула|х савсах의 사역형; (연기를) 내뿜다, 혹 불어버리다. (담배를)뻐끔뻐끔 피우다 (빨다).
담배를 피우다 тамхила|х, тата|х
담배쌈지(주머니) даалин(г)
담배의 꽁초 хожуул
담배의 댓진 давирхай, лав, тортог
담뱃대 дүнсгэр; ногоон ~중국담배; улаан 러시아 담배
담보(물건) даалт, данж
담보(전당) дэнчин; ~ тавих 전당잡히다
담보로 넣다 барьцаала|х
담보물 данж
담보인 даагч
담부(擔夫) дамнуурчин
담비 суусар, үен (a marten; a sable) 산달)
담수 цэнгэг
담요 хөнжил, хучлага, цэлбэ(н)
담요로 동물을 덮다 нэмнэ|х

담요로 짐승을 씌우다(싸다) нэмнэ|х
담을 쌓다(~에) хайсла|х
담임하다 гарда|х
담장 못 хадаас
담장 못 박은 хадаастай
담장 못(못.리벳, 대갈못. 긴 못)같이 되다 хадаасра|х
담쟁이(덩굴) ороонго
담즙 сөс, цөс
담찬 жавхаатай, зоригтой, сөс
담채(淡菜) хясаа
담청색 номин
담치(淡-) хясаа
담파고(淡婆姑) янжуур
담판 хэлэлцээ(н)
담화 үг, хэл, яриа, ярилцлага
(~와) 담화하다 ярь|х, өгүүлэлцэ|х, ярь|х
담황갈색의 전염병(역병) гуврүү
담황색(의) 거세한(말) шарга морьд
답 хариу
답(응)하다(~에) хариула|х
답답하게 되다 давчда|х
답답하게 하다 боолчло|х, гиюурэ|х, давта|х, дарлагда|х, талхи|х, талхигда|х, хавчи|х
답답한 бүгчим
답답하다(가슴의 느낌) бариуда|х
답례 хариулт
답사 тагнуул, тандалт, туршуул, хайгуул
답사(踏査) аялал
답사자 хайгуулчин
답사하다 танда|х
당(黨)중의 당 бүлэг, фракции
당가(唐家) лавир
당겨서 움직이다 гүлдра|х, ноцло|х, тата|х, чирэ|х
당근 лууван(г)
당기는 힘(무게) ачаалал
당기다 гүлдра|х, дугтра|х, ноцло|х, тата|х, чангаа|х, чирэ|х, тата|х; анхаарал

~~~의 주의를 끌다; ө ө ртө ө ~ (~를) 마침내 자기편으로 끌어들이다, 설득하다

당나귀 илжиг(эн), элжиг (말과의 짐승. 말과 비슷하나 작고 앞머리의 긴 털이 없음. 귀는 길고 등은 불쑥 나왔음. 털은 단색으로 황갈색·회흑색 등이 많고, 입 주변이나 배는 백색임. 병에 대한 저항력이 강하여 부리기에 적당함).

당나귀(노새)의 암컷 гүү(н)
당나귀(얼룩말)의 수컷 азрага; ~ гүү хоёр 종마와 씨말; ~н бороо 호우 (豪雨); ~н тахиа 수탉; ~н нохой 개의 수컷, 수캐; нэг ~ адуу 종마(種馬), 씨말이라 불린다.
당뇨병(糖尿病) диабет
당당하게 ихэмсэг, мундаг; ~ амжилт 거대하게 성공했다; ~ сайхан 아주 (대단히) 좋다; ~ сайн 아주(대단히) 만족하다
당당하게 걷다 маршла|х
당당하게 보이다 данай|х
당당한 данагар, жавхлант, ноёлог, сонсголонтой, сүрлэг, сүртэй, тоглогор, ихэмсэг; ~ зан 오만, 거만, 건방짐
당대의 чацуутан
당밀(糖蜜) ханд
당분간 дээр
당분이 있는 амттай, нялуун, чихэрлэг
당분이 있다 нялууда|х
당세풍의 ганган
당신(들) тан
당신(은) чи
당신(들)에게(을) чам, та; ~ нар 당신들; ~ сайн байна уу? 안녕하십니까 (인사말)?; ~ хоёр 당신 두사람; ~ бугд 당신의 모든 것
당신(들)은(이) та(형식적인 받는이의 주소·성명 나타내는 방식); ~ нар 당신들; ~ сайн байна уу? 안녕하십니까 (인사말)?; ~ хоёр 당신 두 사람; ~ бугд 당신의 모든 것

당신(들)은(이) чам
당신(들)의 танай, чиний, чинийх
당신과 함께(같이) чамтай
당신들 таанууc
당신들 모두 таанууc
당신들에게(을) таанууc
당신은 나에게 무슨 일을 원하십니까? надаар яалгах гэсэн юм бэ?
당신은 성냥을 가지고 있습니까? чамд шудэнз билу?
당신은 알고 있습니까? мэдэх билу?
당신의 чинь
당신의 가족(집, 재산, 임무) танайх
당신의 것 танайх, чиний, чинийх
당신의 자신 өөрөө
당신자신 өөрсөд
당신자신 의하여 өөрсдөөъ
당신자신을(에게) өөрсдийн
당연한 귀추로서 байлгуй
당연한 байлгуй, хэлцээгүй
당연히 аяндаа(н), байлгуй, жаа, мэдээж
당장에 응(應)하는 бэлхэн, зэлэн
당장에 агшин зуур, мөдхөн, мөд, хоромхон
당장은 дээр; гэгээтэй ~ явцгаая 한 낮 동안 갑시다; оройтоогүй ~ээ너무 늦기 전에; дав ~ 지금, 당장;
당쟁 бүлэг
당직 жижүүр; ~ийн хуваарь 근무(당번)표, 근무당번표에 실린 사람들.
당직을 서다 жижүүрлэ|х
당직자 жижүүр
당창(唐瘡) тэмбүү
당초(唐椒) чинжүү
당파 бүлэг, тасаг, фракции
당파심 бүлэг
당파의 당원 дагалдагч, шавь
당하다 эдлэ|х
당혹(난처.궁경.궁지)하다 мухардуула|х

당혹(당황, 혼란)하게 하다 сандра|х, хала|х, бажгада|х
당황 будлиан, бужигнаан, мэгдэл, самуурал, сандрал, солио, тулгам, үймээн
당황(어리둥절)하다 мэгдэ|х
당황(케)하다 балмагда|х, тулгамда|х
당황(혼란, 혼동)하다 самуура|х, гөлөлзө|х
당황케 하다 бажгада|х, баларта|х, будли|х, соли|х
당황하(게 하)다 бажгада|х, самгарда|х, самгардуула|х, үймэлдэ|х, бужикнуула|х, бахь; ярч ~ дүрдэ, зөөрчитэ, 재촉하다.
당황하기 쉬운 самгардуу, сандруу, үүлгэр
당황하다 бужигна|х, гөлгөнө|х, эдрээтэ|х, бэгтрэ|х; айх ~ 공포로 마비되다
당황하여 도망하다(내빼다) дүрвэ|х
당황한 амаргуй, мунгинуу, самуун
당황해지다 зазгада|х
닻 зангуу; ~ хаях (배를) 닻을 내려 멈추다, 정박시키다.
닻걸이 гөхий
닻줄 кабель (утас), татлага
(~에) 닿다 ирэ|х, хавира|х, хүрэлцэ|х
닿지 않는 атигар
닿지 않다 оготордо|х
대 бараантай, сүрэл, хулс; ~ны баавгай 판다
대(臺) тайз, онги, суурь, рам (자수틀·식사대·선광반·방적기·식물 재배용 프레임)
대(隊) бригад
(~에) 대(관)하여 гадуурхи, талаар
대(大)실책 ташаарал
대가(代價) үнэ
대가극(大歌劇) дурь
대각선(對角線) диагональ
대각선으로 접다 хошуулда|х
대갈못 тав, хадаас; шургийн ~ 나사(못)의 머리

대갈못(긴못, 담장못)같이 되다 хадаасра|х
대갈못(리벳. 긴못)을 박은 хадаастай
대강 барагцаалбал, тойм, шахам, шаху
대강 훑어보다 тольдо|х, талмиара|х
대개 голдуу, голцуу, зонхи, ихэвчлэн, ихэнхдээ, шахам, шаху, ихэнх; ~ тохиолдолд 대부분의 경우들; бидний ~ 우리의 대부분; манай хотод ~ дэлгүүрүүд төв гудамжинд байдаг 대부분의 가게는 우리의 도시 주거리에 있다.

대개는 болзошгүй, ихэнхдээ, магадгүй, олонхидоо, ихэвчлэн; ~ шинэ цэргүүд байв 군인들은 신병으로 보충하다
대개의 дийлэнх, олонхидоо
대개혁을 일으키는 хувьсгалт
대결 сөргөлдөөн
대구치(大臼齒) аппа
대군(大群) армии
대규모 여러 가지의 가축 종류 үхэр; ~ сүрэг 소떼, 가축의 떼; хорин толгой ~ 소 20 마리, 20 마리의 소떼(가축); ухрийн э вчнууд 소의 질병; ~ шахах 소를 도살하기위해 살찌우다; ухрийн хэл 소의 혓바닥 고기 ухрийн мах 소고기; ~ тэрэг 소달구지; ~ буу 캐넌, 이중축, (종(鐘)의) 용두머리; ~ чулуу 둥근 돌, 옥석; ухрийн нуд 구즈베리(의 열매); усны ~ 하마.
대규모로 사용하다 хүчирлэ|х
대규모로 өргөн; ~ дэл- гэруулэх
대규모로 발전하다
대규모의 전략 стратег
대금업자 данжич, мэ нгэ хүүлэгч
대금을 치르다 төлүүлэ|х, уушаа|х
대기 агаар; ~ мандал (어떤장소) 공기; цаг ~ 기후; ~ын даралт 기압, 대기 압력; ~ын 대기의;기체의, 대기(중)의, 대기 хий, хүлээгдэл
대기(해양의) 층 давхарга

대기권외 сансар
대기하고 있다 ото|х
대기하다 байзна|х, хүлээ|х, хүлээгдэ|х
대길 аз; ~ жаргал 행복, 홍복; миний ~ болоход 행운이 나를 찾아왔다; ~ дайрах 행운을 가져오는, 좋은 결과의;~ мэдэг 운 좋게도, 요행히도
대꾸하다(~에게) хариула|х
대나무 хулс; ~ны баавгай панда
대나무 또는 갈대가 가득한 хулст;~ нуур 갈대가 많은 호수
대다 тави|х, төлөөлүүлэ|х
대다수 дийлэнх, зонхи, ихэнх, олонхи
대단찮은 жижиг, явган, явган, аар саар ~ юмаар хөөцөлдөх 쓸데없는 일에 시간을 낭비하다.
대단치 않은 аахар шаахар, ингүүхэн
대단하게 маягтүй
대단한 аугаа, гаргууд, жигтэйхэн, онцгой
대단히 асар, бишгүй, бузар, гойд, гүнээ, даан, дааанч, ив, ихэд, ихээр, ихээхэн, маш, нэн(г), ов олон, огтхон, сүрхий, тон, тун, үсэд, хавигүй, цэл, шав, нүгэлтэй; ~ хурдан морь аяу далан(빠른) мал.
대단히 굳어지다 дардгарда|х
대단히 많은 тоймгүй, тоо томшгүй, тоогүй, цаглашгүй
대단히 조심성 없다 хайнгада|х
대단히 혼란시키다 сандчи|х
대단히(극도로) 가난(빈곤)한 үгээгүй
대단히(몹시) 가난(빈곤)하게 되다 үгүйтэ|х
대단히(몹시) 뛰어나다 гоёдо|х
대단히(몹시)어리석다(우둔하다) тэнэгдэ|х
대담 жавхаа, хатуужил, яриа, яриа хөөрөө, ярилцлага; цог ~ 위엄, 예하, 고위, 높음, 고귀
대담(대화, 좌담) 하다 хөөрө|х
대담무쌍 жавхаа, зоримог, сөс

대담무쌍한 аймшигтүй, айхгүй
대담하게(뻔뻔스럽게도) ~하다 зоримогло|х, зүрхлэ|х
대담한 баатарлаг, жавхаатай, зоригтой, идтэй, идэрхэг, эрэмгий
대답 таавар, хариу
대답없이 хариугүй
대답하는 уриалаг
대답하다(~라고) хариула|х, өчи|х
대대로 계속해서 사용하는 주소 хүүхээн
대대로 전하다 өвлүүлэ|х
대대적인 бөөнөөр
대동맥(大動脈) толти
대들보 гуалин, хөндлөвч, гулдмай
대들보(도리) гулууз
대등(의 관계) уялдаа, тэнцэтгэл
대등하게 жигд, тэнцүү
대등하게 시키다 уялдуула|х
대등하게 하다(되다) зохицуула|х
대등한 입장에서(~와) ана: анна мана
대등한 дүйхүйц
대(大)라마 지휘봉 сойвон
대(大)라마승의 대저택 лаврин
대략(약) алд, бараг, барагцаалбал, нэгтэй, товчоо, тойм, шахам, шаху, эгээ, мөлтөс; ам ~ галт тэргэнд суув нэ гэсэн 거의 기차를 놓칠 뻔 했다.
대략(약) 다섯(5) таваад
대략(윤곽)을 그리다(~의) нооргло|х
대략의 багцаа
대량 сүлд, сүр
대량으로 팔다 бөөндө|х
대량의 лагс
대량학살 хядлага
대량학살하다 хиачи|х, хяда|х
~대로 дагуу
대롱(파이프 따위의) 입에 무는 부분 соруул
대륙 тив; Европ ~ 유럽대륙(영국 제도(諸島)와 구별하여)
대리 сэлгэлэг, сэлгэц

대리(대표)하는 төлөөний
대리(대행)하다(~을) орло|х
대리(인) ор(он); оры нь олох ~을 대신(대리)하다; эмэгтэй эхийн оронд эх болов 그녀는 어머니를 대신하다.
대리를 하다(~을) орло|х
대리석 같은 гантиг
대리석(제)의 гантиг
대리석같이 흰(차가운, 매끄러운) гантиг
대리석의 돌결 судал
대리석의 гантиг; ~ самбар 대리석판; ~ багана 대리석 기둥.
대리역 депутат, дэд, орлогч
대리의 дайвар, дэс, орлогч
대리인 агент, депутат, дэд, орлогч, өмгөөлөгч, төлөөлөгч; худалдааны ~ 대리상, 위탁 판매인, 중개상
대리자 агент; худалдааны ~ 대리상, 위탁 판매인, 중개상
대리점 агентлаг; мэдээллийн ~ 통신사, 신문 취급소
대리하다 нөхө|х,
대립 будлиан, зөрчил, зөрчилдөөн, харшлалдаан, харшлалдаан, хямралдаан
대립(모순)된 эвлэршгүй, сөргүү, сөрөг, тэрс
대립시키다(~에) эсэргүүцлэ|х
대망 сэтгэлчилэн, тэмүүлэл, эрмэлзэл
대망을 품다 тэмүүлэ|х, эрмэлзэ|х
대망을 품은 сэхлүүн
대맥(大脈) арвай
대머리가 되게 만들다 халзла|х
대머리가 되다 мэлзий|х, халзра|х
대머리의 мэлзэн, хожгор
대면 сөргөлдөөн
대명사 яа|х
대변 баас
대변(大便) суулга; улаан ~ (의학) 이질, 적리, 설사병
대변(貸邊)(略: cr.) зээллэг

대변 기입액 зээллэг
대변을(설사를) 나오게 하다 туула|х
대변인 төлөөлөгч
대변자 зөгнөгч, зөнч
대본 либретто, цомнол
대부 зээллэг, зээл; ~ авах 대부를 받다; удаан хугацааны ~ 장기 대부; өр ~ тавих 빚을 얻다
대부(대출)받다 зээлэ|х
대부(대출)하다 зээлдэ|х
대부금 зээл, зээллэг
대부분 голдуу, дийлэнх, зонхи, ихэнх, ихэнхдээ, олонхи, олонхидоо, голцуу; ~ эмэгтэйчүүд байв 여자들은 대부분 그곳에 있다; бидний ~нь 우리의 대부분; ~дээ 대개, 대체로, 대부분; ~ тохиолдолд 대부분의 경우들; бидний ~ 우리의 대부분; манай хотод ~ дэлгүүрүүд төв гудамжинд байдаг 대부분의 가게는 우리의 도시 주거리에 있다. .
대부분은 ихэнхдээ
대부분을 끝내다(~을) нуруувчла|х
대부분의 дийлэнх
대부호(大富豪) саятан, тэрбумтан
대비하다 базаа|х, жиши|х
대사(大使) элчин
대사(大赦)의 해 ой(н); ойн баяр 기념제를 축하하다
대사건 дүйвээн, дуулиан, сенсаац; ~ дэгдээх 센세이션(물의)을 일으키다, 일대 ~을 불러일으키다
대사관의 일등 서기관 канцлер
대상 бай
대서(袋鼠: 캥그루) имж
대세 байдал
대소동 дүйвээн
대수 교과서 алгэбр
대수로운 문제는 아니다(~이든 아니든) гэмгүй
대수롭지 않게 여기는 ойшоогүй, тоомжгүй
대수롭지 않은 аар саар, жижиг, тааруухан, толиур, тоомсоргүй, тоохгүй
대수롭지(중요치) 않다 жишим гуй байх
대수학(代數學) алгэбр
대수학의 논문 алгэбр
대식(大食)하는 залгидаг, идэмхий
대식가 хоолонцор
대신(大臣) сайд
대신 대답하다 хариуца|х
대신(대리)으로서(~의) дэд
대신으로 하다(~의) орлуула|х
대신으로(~의) өмнөөс, төлөө, төлөөнөө
대신하는 것 залгамж
대신하다(~을) нөхө|х, орло|х
대안(방법) 없이 аргагүй; хоёр эр хунийг хоорднд нь харьцуулах/жиших ~ 당신은 두 사람 사이를 비교할 수 없다; ~ зөв 괜찮습니다, 염려 마시오; ~ хэрэгтэй 필요한, 필연적인
대야 гадар, төмпөн
대양(大洋) далай, тэнгэс
대여(貸與)(돈·물건의) зээл, зээллэг
대역(사람) ор(он); оры нь олох ~을 대신(대리)하다; эмэгтай эхийн оронд эх болов 그녀는 어머니를 대신하다.
대열에서 이탈하다 долро|х
대열을 지어 행진하다 маршла|х
대외적인 гадна
대외적인 관계에서 옛 소련정부(간부) Кремль
대요(개요.윤곽) бараа
대용 сэлгэлэг, сэлгэц
대용물(품) орлогч, нөхөөс(өн)
대용의 хиймэл
대우 тордлого
대우하다 авгайла|х боловсруула|х, дайла|х, харьца|х
대음하다 дэвээрэ|х, зугааца|х
대응 хариулт
대응하다(~에) уялда|х

대의 конспект, реферат
대의원 депутат, төлөөлөгч
대이변 гамшиг
대자연 байгаль
대장 захирагч, комендант, толгойлогч, тэргүүлэгч
대장(腸) будуун гэдэс, олгой
대장장이 дархчуул, төмөрчин
대저택 орд(он), өргөө, тугдам, харш, шилтгээн
대전(帶電) цахилгаанжуулалт
대전상대 чудэнз
대전하다(~와) тоглуула|х
대접(환대)하다 гийчлэ|х, дайла|х
대접받침 бодох мохлиг
대접을 받다 шуусл э|х
대접하다 зочло|х, харьца|х
대조(對照) баланс, тэнцвэр, зүйр, зүйрлэл, үлгэрлэл, харшуулал
대조(검사)하다 шалга|х
대조(대비)시키다 зүйрлэ|х
대조표 конспект, реферат
대조하다 адилтга|х, жиши|х, зэрэгцуулэ|х, харьцуула|х, чацуула|х, шуу|х, зүйрлэ|х; Ононг дуу охинтэй нь зуйрлээд уз дээ 오논을 그녀의 언니와 비교시키다.
대조하여 뚜렷이 드러나게(두드러지게) 하다 зүйрлэ|х, ялгара|х
대좌(臺座) суурь
대중 харц
대중적인 нийтлэг
대지 буйр, талбай, хөсөр, дэвсэг, тавцан, таг
대지인(貸地人) түрээслүүлэгч
대체 сэлгэлэг, сэлгэц
대체 어디에(에서, 로) хаанаас
대체(對替)하다 тэнсэ|х
대체로 алд, арай, бараг, голцуу, даяар, ерөнхийдөө, зонхи, ихэвчлэн, ихэнхдээ, мөлтөс, шахам, шаху, эгээ, голдуу; намын гишууд ~ ажилчид 일을 하는 사람들은 대체로 정당의 멤버들이다
대체로(대강) 말하면 ерөнхийдээ; ~ сайн болжээ 대체로 그것은 전부 옳다;
대체물 нөхөөс(өн), ор(он)
대체의 багцаа
대체적인 бух, ер
대초원지대 ойтой хээрийн бус, хээр, тал; ~ нутаг 편평한 시골(지방); цагаан ~ 광활한 평원; ~ газар 대초원지대
대추(야자) чавга; хар ~ 서양 자두, 말린 자두
대추나무 чавга; хар ~ 서양 자두, 말린 자두
대추젤리 чавга
대충 깎은 통나무 дүнз(эн)
대충 арзгар, барагцаалбал, будуувчилсэн, тойм, бар
대취 архидалт, согтонги, согтуурал
대치 сөргөлдөөн, сэлгэлэг
대통령 ерөнхийлэгч; ~ийн сонгууль 대통령 선거
대퇴골 гуя, хонго
대퇴골의 끝 жилбэн(г)
대퇴절(腿節) хонго
대판(大判) 양지의 일종(아틀라스. 지도책) атлас
대패질하다 хуса|х, хусуула|х
대패질하다(~에) зоро|х, харуулда|х
대패질함 үртэс
대팻밥 зомгол, зоргодос, өөдөс, хэлтэрхий
대평판의 нижгэр
대포 등의 발사 장치 замаг
대포의 밥(병졸) амны зууш их бууны
대표(代表) элчин
대표자 депутат, төлөөлөгч
대표자(사절·위원 따위의) 회의 конгресс, конвенции
대표적인 төлөөний
대표하여(~을) өмнөөс

대피막 оромж
대피호 нөмөр, оромж
대하 хавч
대하여 내기 하다(~에) мөрийцө|х
대하여 답변하다(~에) тайлагна|х
대하여 말하다(~에) яригда|х
대하여 편견을 갖고(편애를 하고) 있다(~에) чичи|х
대하여(~에) тухай
대학 교수의 직(지위) кафедр; органик химийн ~ 화학유기체(물)의 대학교수의 직.
대학 등의 부속 병원 эмнэлэг
대학 예복의 등에 드리는 천 юүдэн
대학 졸업 төгсөлт
대학교수 профессор; X их сургуулийн түүхийн ~ X 대학 역사학의 교수
대학교의 총장 ректор
대학의 강사 лектор
대학의 강사실 кафедр
대학의 강좌(강사) тэнхим, кафедр
대학의 과 тэнхим
대학의 총장 еренхийлэгч
대학의 평의원 сенатч
대학의 학부(과(科) департамент
대학의 학부(學部) факультет
대한 벌을 받다(~에) хариуца|х
대한 의욕(기력)을 잃게 하다 болго|х
대한 коан
대한민국 коан
대합실 нөмөр
대항 сөргөлдөөн
대항자 өрсөлдөгч
대항하는 сөргүү, сөрөг, тэрс
대항하다 сөргө|х, тэрслэ|х, эсэргүүцэ|х
(~와) 대항하다 нүүрэлдүүлэ|х
대항할 수 없는 ойгүй
대해(大海) далай, тэнгэс
(~에) 대해 тутам 대해 불성실(부정(不貞) 하다(~에) хуурамча|х
대해 비우호적이다(~에) нала|х

대해 심한 대접을 하다(~에) гишгэ|х
대해 항의하다(~에) сөрө|х
대해서 말하면(~에) болбол, тухай
대해서 생각이 있다(~에) санаашра|х
대해서 성(골)을 내다(~에) уурла|х
대해서(~에) өмнөөс
대행자 агент
대허풍(선이) сайрхал
대형 모터보트(요트) крейсер
대형상자(궤, 금고, 관(棺))으로부터 ~을 꺼내다(끄집어내다) уудла|х
대형상자(뚜껑 달린) авдар
대형의 쇠망치 лантуу
대형의 탈 것 вагон, сүйх
대혼란 анархи, үймээн, хямралдаан
대화 яриа, яриа хөөрөө, ярилцлага
대화(대담)자 ярилцагч
대화(좌담) 하다 хөөрө|х
대화재 түймэр
대활약하다 замра|х
대황(大黃) гишүүнэ, гэшүүнэ
대황근(大黃槿)(하제(下劑)용) гишүүнэ, гэшүүнэ
대회 конкурс; ~ын шалгалт 경쟁시험
댄서(무용가) бужигч(ин)
댄스(곡) бужиг
댐 далан(г)
댕기물떼새 өлөн хутгуур
더 급히 бушуухан
더 나쁘게 되다 гудай|х, гулра|х, доройто|х, дорсоо|х, нэтрэ|х, муутга|х; нүдээ ~ 시력이 더 나쁘게 되다.
더 나쁘게 변하다 ганда|х
더 나아간 цаанахан
더 늦은 сүүлээр
더 더욱나쁜 нэт; ~ болох 나쁘게되다
더 뒤(나중)의 сүүлээр
더 많은 түлхүү
더 무겁게 하다 тэвээрэ|х
더 빠르게 бушуухан
더 서투르게 되다 гудай|х, гулра|х,

дорсоо|х
더 서투르다 нэтрэ|х
더 없이 행복하다 гий|х
더 없이 행복한 жаргалтай, маасгар
더 예리한 хурцхан
더 큰 түлхүү
더(욱) 멀리 물러나다 цаашлуула|х
더(첨부해) 쓰다 гархида|х
더구나 зэрэгцээгээр, цаашлаад
더군다나 зэрэгцээгээр, улам, цаашлаад
더그매(지붕과 천장 사이의 공간)) тагт
더껑이 ниттэл, хавхаг
더껑이(버캐,찌끼)로 덮이다 өрөмтө|х
더껑이(찌끼)가 생기다 өрөмтө|х
더껑이가 생기다 ниттэлтэ|х
더껑이를 제거하다(~에서) ниттэлтэ|х
더듬감각 тэмтрүүл
더듬거리다 дүгдрэ|х
더듬대다 дүгдрэ|х
더듬어 찾다 тэмтрэ|х
더듬으며 말하다 дүгдрэ|х, тээдэ|х, ээрэ|х; ө вчин ~ 병이 재발하다.
더듬이 антенн, тэмтрүүл, ээрүү, сахал; ~ тавих 수염이 자라다
더디게 алгуур, ардхан, удаавтар
더디게(느리게) 하다 удаасга|х, удаашруула|х
더디게(느리게) 하다(되다) удаада|х, налхай|х, алгуурла|х
더디다 хожууда|х, хойшдо|х
더딘 аажим, аажуувтар, наазгай, ойг, удаавтар, удаан, хашин, хожу, хоцрогдонгүй, ягуухан
더러운 балиар, бохир, бузар, ёозгуй, муухай, тожгор, халтан, халтар, хиртэй, хөөтэй, ялзархай; ~ болох 추하게 (더럽게)되다; тэр ~ аашtай байна 그는 불쾌한 기분이다; ~ хэрэг 불결한 일; миний ~ хүү 나의 사랑스러운 아들; ~ ус 더러운 물, 하수 오물, 오수(汚水)
더러운 돼지우리 같은 집(방) өвдөг
더러운 장소 өвдөг

더러움(불결) буртаг, толбо
더러움을 제거하다 ариутга|х, тунга|х
더러워지기 쉬운 хиртэмтгий
더러워지는 балиар, бузар
더러워지다 бохирдо|х, бохирло|х, бузарда|х, бузарта|х, буртагла|х, заваара|х, завааруула|х, зунгагта|х, муухайда|х, нялгада|х, сэвтэ|х, толбото|х, халтанта|х, хирлүүлэ|х
더럼толбо, хиртэй
더럼이 없는 ариун, хиргүй, цэвэр
더럽게 되다 хитэ|х
더럽게 만들다 сэглэ|х, хирлүүлэ|х, хитэ|х
(~을) 더럽게 만들다 халтарла|х
더럽게балиар
더럽혀지다 бузарда|х, буртагла|х, завааруула|х, хирлүүлэ|х
더럽혀지지 않은 атар
더럽혀진 заваан; ~ хун 정떨어지는 사람; ~ уг 정떨어지는 말; ~ ажил 성공하지 못한 일; ~ болох 더러워 지다, 더럽혀지다
더럽혀진 зунгагта|х, халтарта|х
더럽히다 баа|х, бохирдо|х, бохирло|х, бузарла|х, буртагла|х, гулдри|х, дагта|х, заваара|х, өмхийрө|х, толбото|х, тооcло|х, хитээ|х; ам ~ 입술이 마르다; ажил ~ 오랫동안 멈추다; бие ~ 빈둥빈둥 지내다
더미 баглаа, бөөн, овоо, нуруу(н); ~ өвс 건초(마초)의 가리(더미)
더미(무더기)가 되어 бөөнөөр
더불어(~와) хам, цуг
더없이 귀중한 үнэлшгүй
더없이 бишгүй, бузар
더욱 기분 언짢은(거북한) тухгүйхэн
더욱 더 тусам
더욱 많이 улам
더욱 먼 곳의(인가에서떨어진) зайдуухан
더욱 서두르게 하다 давчууса|х
더욱 유순한 уяхан

더욱 융통성 있는 уяхан
더욱이 түүнчлэн, цаашлаад
더운 илчит, халуун
더운 계절 시원한 장소에 음식 저장 сой|х
더운 기운 дулаан, илч, халуун
더운 날 пүү халуу
더운 날씨에 봄비다 хоро|х
더워지다 дулаара|х, дулааца|х
더위 дулаан, халуун, илч; ~ дулаан더운 열기, 열.
더위로 숨이 막히게 하다(호흡을 곤란하게 하다) бугчимдэ|х
더위에 허덕이는 лүг хийм халуун
더하게 하다 хурцатга|х
더하다 арвижуула|х, нэмэгдүүлэ|х, зоо|х; духанд нь сум ~ 누군가의 머리에서 빨리 움직이다; шон мод ~ 지칠 때까지 붙이다
더하여 우유를 묽게 끓이다(~에) хярамла|х
더하여(~에) дагуул
더할 나위 없는 алдаагүй, ёозтой, өвч, төгөлдөр, төгс, хангалттай, шижгэр
더할 나위 없이 올바른(정확한) дөв дөрвөлжин
더할 나위 없이 бишгүй, нэвтэрхий, яг
더할 수 없이 бишгүй
덕(德) орц
덕망 高은 боди
덕성 боловсрол
덕육적인 суртахуун
덕이 높은 хутагт
덕이 높은 사람 рид
덕행 буян, ёс(он)
덖다 шарагда|х
던져 올리다(~을) өлсхий|х
던져 흩뜨리다 сандаа|х
던지기 хаялт
던지기의 곡예사 жонглёр
던지다 хаях, хөвөлзө|х

던짐 хаялт
덜 마른 хуурайвтар
덜 익은 шуурхий
덜거덕거리며 달리다(질주하다) даржигна|х
덜걱덜걱 тарчигнуур
덜걱덜걱 움직이다(나르다) дон дон хийх
덜걱덜걱 흔들리면서 가다 сэгсчи|х
덜걱덜걱(덜커덕덜커덕)소리나게 하다 пиэигнэ|х
덜걱덜걱(덜커덕덜커덕)소리나다 пиржигнэ|х
덜걱덜걱(덜커덕덜커덕,딸그락딸그락, 우르르) 소리나게 하다 (울리다)(~을) торчигно|х
덜걱덜걱(덜커덕덜커덕, 우르르) 소리나다 тарчигна|х
덜걱덜걱(우르르) 소리나게 하다(울리다) (~을) дагжи|х, дон дон хийх, харжиг харжиг хийх
덜걱덜걱(우르르) 소리나게 하다(울리다) (~의) тачигна|х
덜걱덜걱(우르르) 소리나다(내다) даржигна|х, нужигнэ|х, пад пад хийх, тажигна|х, тачигна|х, дужигнэ|х; чих ~ 눈앞에서 윙윙(와글)거리다
덜다 хөнгөвлө|х, хөнгөлө|х
덜덜(벌벌) 떨다 чичигнэ|х
덜미 шил
덜커덕 움직이다 сэгсчи|х
덜커덕거리는 дэншээ
덜커덕거림 дэнэлгээ
덜커덕덜커덕 소리가 나다 лужигнэ|х, нижигнэ|х, нирхий|х, хоржигно|х
덜커덕덜커덕 нүргээн
덜커덕덜커덕(딸그락딸그락, 우르르) 소리나게 하다(울리다) торчигно|х
덜컥거리는 дуут
덜컹거리게 하다 донсло|х
덜컹거리다 сэгсчи|х
덜컹덜컹하는 дэншээ

덜컹덜컹함 дэнэлгээ
덤벙(허둥)대어 адгуу, яаравчлан, яарахдаа
덤벼라 алив
덤불 бут, ширэнгэ(н)
덤불투성이의 сагсгар; ~ ус 헝클어진 머리; ~ мод 엉기정기 가지가 난 나무.
덤비는 үүхэрдүү
덤비다 бахь, бущуула|х, яаравчла|х
덤으로 드러(가로)눕다 хажуула|х
덥석 물기(잡기) нясалгаа
덥석 물다 ноцло|х
덥석물다 хэмхэ|х
덧니 дорсгой шүд
덧대는 것 жинтүү
덧대다(메우다)(~에) жийргэвчлэ|х, жийрэглэ|х
덧렌즈 өсгөгч
덧붙여 말하다 нэмэгдүүлэ|х
덧붙인 хадмал
덧셈 нэмэлт
덧셈하다 нэмэгдэ|х
덧없는 희망 зэрэглээ(н)
덧없는 товч, түр, хагарамхай, халти
덧옷(여자·어린이·의사·실험실용의) комбинезон, халаад
덧칠 өнгөр, хаг
덩굴(실 등을) 얽히게 하다 бурзай|х
덩굴손(모양의 것) үс
덩굴식물 оронго
덩굴식물의 꽃 тоорцог
덩그렇다 ганцаарда|х
덩어리 баглаа, бөөн, нуруу(н), овоо
덩어리가 되다 язмагта|х
덩어리같이 부풀다 овой|х
덩이 бөөгнөрөл
덫 занга, тийрэг, урхи, хавх
덫(올가미)을 놓다(~을) хавхда|х
덫으로 잡다(~을) агна|х, зангада|х, хавхда|х
덫으로(올가미로) 잡다 урхида|х
덫을 놓는 사람 ангуучин
덫을 놓다 агна|х, зангада|х
덮(어 가리)다 бурэ|х
덮개 бурхуул, бурээс(эн), бутээлэг, далдавч, дугтуй, нөмрөг, нээлгий, таг, таглаа, хавхаг, халив, хуй, хучаас
덮개(가리개)로 덮다 дугтуйла|х
덮개(마개, 두립)를 씌우다 халивла|х
덮개(지붕의) 열리다 хуура|х
덮개(카펫 등)이 없다 чардай|х
덮개를 대다 бурэ|х
덮개를 씌우지 않다 задгайра|х
덮기 хучаас
덮는 것 нөмрөг
덮는다(~을) өнгөлө|х
덮다 булшла|х, бурэ|х, бутээ|х, далдавчла|х, далдла|х, дугтуйла|х, мухлайда|х, нутаглуула|х, нуугда|х, нуух, няла|х, нялзаа|х, сүүдэрлэ|х, тагла|х, улайшра|х, халхла|х, хуйла|х
(~을) 덮다 хавхагла|х
딮다(씌우나.싸다) давхарла|х
덮어 가리다 далдавчла|х, далдла|х, нуугда|х, нуух, халхла|х, гадарла|х; будгаар ~ 페인트를 칠하다.
(~을) 덮어 가리다 өнгөлө|х
덮어놓고 탐을 내는(~을) ханалгуй, цааншламтгай
덮어놓고 탐을내다(~을) чамла|х
덮어주기 өнгөр
덮여 있다 дарагда|х; тооеонд ~ 먼지로 덮여있다; цасанд ~ 눈만큼 무겁다; ажилд ~ 일을 정복하다
덮으려고 꾀하다 далдалхийлэ|х
덮음 өнгөр, түрхэц
덮이어(~의) дотуур
덮인다 хучигда|х
데다 хайрагда|х
데려(불러)오다(가서) авчра|х
데리고 가다 ахла|х, дагуула|х, жолоодо|х, манлайчла|х, оройло|х, удирда|х,

хөтлө|х, ава|х; малгай ~ ~에게 모자를 벗다, 경의를 표하다; ус ~ 이발하다; хумс ~ ~손톱(발톱)을 깎다; эмээл ~ 말을 타고 움직이다;

демо жагсаал

дэрсэн зураг, зурлага

дэрсэн(에 뛰어난) 화가 зурагчин

дэсмаск баг

дэск парт, ширээ

дэсиграмм дециграмм (decigram: 무게의 단위로, 1데시그램은 1그램의 1/10이다; 기호:dg)

дэсимитер дециметр (decimeter: 길이의 단위.1미터의 1/10;기호:dm)

дэсибэл децибел (decibel: 1.전기 통신에서 전류의 증감, 또는 전압의 증감을 나타내는 단위. 2.소리의 세기를 표준음의 세기에 비교한 수량의 단위; 기호:dB)

дэуда дулаара|х

дэуожида булээсэ|х, булээцэ|х, дулаа-да|х, дулаара|х, хала|х

дэйтэрул편집하다 радакторла|х; сонин ~ 신문을 편집 발행하다

дэйт болзоо(н)

дэйт(약속을) 하다 болзо|х

дэин 사람(어)의 Дани; ~ улс 덴마크(수도 Copenhagen)

дэин(theine) кофеин

дэинсарам Дани(9-11세기경 영국에 침입한 북유럽인);

дэчида улбас

дэчин(~을) чанамал

дэкбруши(자루와 털이 긴) дэрс(эн), туужуу, шуур

дэн 흉터(자국) халанхай

дэнмарк сарам Дани

дэнмарк(사람·어)의 Дани

дэм түлэнхий

до до (이 do: 장음계의 첫째 음이나, 단음계의 셋째 음의 계이름);

до(度) өндөр

до(또한)~ ч

до —도 아니다|아니다|(~) буюу; арга ~ 그 외에, 그 밖에, ~ 할 수 없다

до(~) 역시 байтугай

до 또한 жич, түүнчлэн, тэрчлэн, хийгээд

до(~)또한 역시 байтуга

до(導)함수 уламжлал

догани хайлуур

догани 집게 бахь, хайч(ин)

догон(陶工) ваарчин

доган(導管) гуус(ан), хоолой, яндан, хананцар; судасны ~ 동맥의 내벽

догу аппарат, зэвсэг, тоноглол, хэрэгсэл, юм, багаж; үйлдвэрлэлийн~ зэвсэг 생산의 도구(연장); ~ ийн хайрцаг 도구 상자

догу(공구) 이가 거친 줄 үрэвтэл

догуны 손잡이 толти

догма(dogma) догма

доги 또는 유리제의 주전자(목이 가늘고 손잡이가 붙은) домбо(н)

доги(금속·유리 제품)의 원통형 그릇 ваар; ~ан дийз/таваг 도자기 접시, 도기, 오지그릇; тэр, ~ыг усаар дуургэв 그녀는 꽃병에 물을 가득하게 채우다

доги(금속·유리 제품의) 원통형의 그릇 жалавч

доги(陶器)(의) варан

догиуы 잿물 паалан, сиян

докки(꾸) сүх; том ~ 큰 도끼; жижиг ~ 자귀; ~ний иш 도끼자루

докки(칼 따위로) 자르다(베다, 토막 내다) оольдо|х

доккиро 팍팍 찍다 сухдэ|х

донунгил гороо, сөдлөг

додал 가능성 халдац

додал 목표 бай

додал амжилт, ололт; ~ гаргах 전진하다, 숙달하다, 진보하다; ~ олсонгуй 도달하지 못하다; аварга ~ тогтоох 기록하여 두다

도달하기(얻기) 어려운 давахгүй, халдашгүй
도달하다 гара|х
도달하다(~에) очи|х, хүрэ|х
도달하다(이르다)(~을) гүйцэ|х; санаа ~ 자신의 목표를 달성하다;
도당 бүлэг, буур
도덕(윤리)상의 훈계(권고,충고) захиа; ~ занаа, ~ зарлиг 도덕상의 권고(충고)
도덕(윤리)에 관한 суртахуун
도덕률 сургал
도덕상 바르게 зөв
도덕상의 суртахуун
도덕적 부패(타락)의 근원 үхжил
도도(불손)하다 хямсай|х
도도(불손)한 дээрэлхүү
도도하게 ноёрхог
도도한 аархаг, бардам, дэглүү(н), дээрэнгүй, ихэрхэг, намжир, омрхог, сагсуу, сээрдүү, сээтгэр, хэгжүүн, хямсгар, яравгар
도도한(불손)하게 보여주다 ихэрхэ|х
도독에 걸맞은 төлөвхөн
도둑 зандалчин, тоногч, тонуулчин, хулгайч, дээрэмчин; далайн ~ 해적, 해적선, 표절자, 도작자
도둑질 хулгай
도둑처럼 두리번두리번 쳐다보다 хялмалза|х
도드라지다 дээрдэ|х, өндөржи|х
도드미(체) шигшүүр
도락삼아 하는 사람 наадамч
도랑 гуу суваг, шуудуу; суваг ~ 도랑(개천)
도량 단위(미터·인치·그램·쿼터 따위) хэмжээ, хэм
도량(度量)법 хэм
도량이 넓은 уч
도량이 좁아지다 умай|х
도량이 큰 багтаамжтай
도량형법 хэмжилт, хэмжихүй
도려(베어)내기 ухлаадас

도려내게 하다(~을) ухуула|х
도려내는 듯한 жигэнэм; ~ хуйтэн 뼈에 사무치는 추위
도려내는듯한 찬바람 хавсрага
도려내다 ёнхой|х, өрөмдө|х, төнхө|х, ухмал, хонхойло|х
(~을) 도려내다 хөндийлө|х
도로 등이 계속되어 있다 үргэлжлэ|х
도로 보내다 буцаа|х, тэхрэ|х, хари|х, хариула|х
도로 포장의 마무리 손질용 재료 хувцаслалт
도로 зам, замнал, маршрут, харгуй
도로(철도를) 부설하다 тата|х, цогило|х
도로를 포장하다 цардмал
도로의 교차점 огтлолцол
도로의 통행할 수 없는 때 замгүй
도롱뇽(사사(蛇師).사의(蛇醫)) гамс
도료 будаг, өнгөр, хаг
도료가 벗겨지다 ховхро|х
도르다 бөөлжи|х, түгээ|х, хувиарла|х
도르래 даммар
도를 넘다 нэвшрэ|х, хэтрүүлэ|х
도를 더하게 되다(~의) ширүүсэ|х
도를 더하다(~의) эрчимжүүлэ|х
도를 지나치다(~의) илүүдүүлэ|х, хэтрүүлэ|х
도리 логик
도리(들보.장선) гуалин
도리(이치) дэг
도리깨 түгсүүр
도리깨로 탈곡하다 түнши|х
도리깨질 장 үтрэм
도리다 өрөмдмөл, өрөмдө|х
도마도 лооль
도마뱀 гүрвэл
도마뱀 가죽 гүрвэл
도망 зугтлага
도망가기 쉬운 баригдашгүй
도망가다 тасра|х
도망범 босгуул

도망자 босгуул, оргодол
도망쳐! жов
도망치다 жилий|х, орго|х, ороодо|х
도망하다 буруула|х, дута|х, зувчи|х, орхи|х
도매상인 түгээгч, хувиарлагч
도매상점 склад
도매하다 бөөндө|х
도면 없는 төлөвлөгөөгүй
도면을 그리다 зура|х
도모(공모, 모의)하다 сүлбэлдэ|х, хуйвалда|х, хэлхээлэ|х
도미노 게임 플레이어 даалууч
도미노 게임을 하다 жала|х
도미노 놀이 даалуу (28매의 패로 하는 점수맞추기); 도미노놀이에 쓰는 패 (장방형의 나무·뼈·상아 따위로 된); ~ тавих 도미노 게임을 하다
도미노의 게임 жаа
도박 тоглолт
도박(노름.투기)꾼 тоглоомчин, тоглогч, хөзөрч(ин)
도박을 하다 тоглуула|х
도발 тухирлага
도배하다 цаасла|х, чимэглэ|х
도보 여행 доншууруч
도보 여행(경주)자 явган, аянчин
도보 여행하다 золбинто|х
도보 алхаа
도보로 가다 золбиро|х
도보로 야브아르, явган; ~ хун 보행자; ~ хүний포장 도로, 보도, 인도; ~ аар 걸어서, 도보로
도보로 가게 하다 явгала|х
도보여행하다 золбиро|х
도보의 моригүй
도보주의자 явган
도부치다 панзла|х
도비(跳飛) ойлт(탄환 등이 물수제비 뜨는 돌맹이처럼 튀면서 날기);
도비(跳飛)사격을 하다 рйлго|х
도사 даянч

도산(倒産) дампуурал
도살 алаан хядаан, аллага, ярга
도살(업) ярга, яргалал
도살된 동물을 통째로 두고 떠나다 гулуузла|х
도살업자 хядагч, яргалагч, яргачин
도살자들에 의해 짐승도살의 분배 зэмс
도살장 ярга, яргалал
도살하다 ала|х, алакда|х, алуула|х, үхүүлэ|х, хядагда|х
도살할 동물의 개개 시체 гулдмай
도살할 동물의 시체 통째로 гулууз
도서(島嶼) хүйлс
도서관의 색인 목록(카드) каталог; нэрийн ~일람표, 목록; но-мын сангийн ~ 도서 목록; шинэ ном ~т оруулах 새 책의 목록을 만들다; энэ ном ~т хараахан ороогүй байгаа юм 이 책은 아직 목록에 없다.
도서관의 색인 목록(카드) товьёог
도서관의 특별(개인) 열람실 гонхон
도서의 出版 목록 каталог; нэрийн ~일람표, 목록; но-мын сангийн ~ 도서 목록; шинэ ном ~т оруулах 새 책의 목록을 만들다; энэ ном ~т хараахан ороогүй байгаа юм 이 책은 아직 목록에 없다.
도서의 出版 목록 товьёог
도선사(導船士) жолооч
도선업자 гаталгагч, усчин
도선장 бярвааз, гаталга
도시 хот
도시 등의 요새화(化) бэхлэлт
도시 주변의 지역 түүрэг
도시(요새·부대) 사령관 комендант
도시를 지키는 성채 хэрэм
도시의 시민 харьят
도식 диаграмм, жишиг, схем
도식(도해) график
도식적인 будуувчилсэн

도실(桃實) тоор
도안 밑그림 хийц
도안 навтраг, нуруувч, хээтэй, хээ, ноорог; зураг ~의 윤곽을 그리다, ~의 밑그림을 그리다.
도안가 дизайнер
도안공 зурагчин
도약 харайлт
도약하다 дүрдхий|х, дэвхрэ|х, үсрэлт, ухасхий|х, харай|х, цовхро|х; дурдхийн нисэх 날아오르다.
도예가(陶藝家) ваарчин
도우미 туслагч
도움 орц, туслалцаа, тусламж, тэтгэлт, үйлчилгээ, хамжаа
도움(원조) дэм; тус ~ 도움, 원조.
도움(원조.구조.조력.거듦)이 없는 дэмгүй
도움(조력)을 간청(간원)하다(~에게) дуула|х
도움을 받고(신세를 지고) 있는 харьяа(н)
도움을 받고(신세를 지고) 있나(~의) царайчла|х
도움이 되는 дэмтэй, өлөгч, сургамжтай, тусархаг
도움이 되다 туслуула|х, тэтгэ|х
도움이 되지 않다(~의) баара|х
도움이 없는 арчаагүй
도의심 мөс
도인(陶人) ваарчин
도입하다 санаачла|х
도자기(陶瓷器) сав, шаазан(г)
도자기류의 варан
도자기에 금이 가다 шаржигна|х
도자기의 깨진 조각 өөдөс
도자기의 소성(燒成) шаталт
도장 тамга, тийз, өнгөр, хаг
도장(기호·문자를) 누르다 оромдо|х
도장(스탬프) 찍다 дара|х
도장공 будагчин
도장을 찍다 гархида|х, тамгала|х, тийздэ|х
도장을 찍다(누르다)(~에) тамгала|х
도장의 тамгатай
도적 хулгайч, тухирлага
도전적으로 хамаа намаагаа алдах
도제(徒弟) дагалдан
도주(경주) гүйдэл
도중에 явуут, зуур; зам ~аа 도중에; ~ хонох 밤에 보내다; гэр ~ байх 집에 있다; өөр ~аа 우리들끼리
도중에(까지) 하다(~의) заримдаглa|х
도중에서 멎지 않는 зогсолгүй
도착을 기다리다(~에) угта|х
도착하다 ирэ|х; явган ~ 걸어서 오다(이르다); тэд цуварч ирээ 그들은 한 사람씩(차례로) 오다; өдөр бүр ~ 매일 오다; зун ирэв 여름이 오다; номоо авахаар ~ 책을 위해 오다; унаагаар ~ 자동차로 오다; галт тэрэг хагас цаг хоцорч ирэв 기차는 한 시간 반 늦게 도착하다; төлөөлөгчид өчигдөр хурэлцэн ирэв 대표단은 어제 도착했다; санаанд орж ~ (머리에) 떠오르다, 생각이 나다; гүйж ~ 뛰어 오다; нисч ~ 날아오다, 비행기로 오다; давхиж ~ (말을 타고) 갤럽(전속력)으로 달리다, 질주하다; мөлхөж ~ 이(벼룩)에 의해 퍼지다; ойртон ~ ~에 가까이 가다, ~에 접근하다; цугларан ~ 서로(를) 뛰어 들어오다, 모여들다, 집결하다; ~ жил 내년; ~ нэг дэх өдөр 화요일. 월요일 다음.
(~에) 도착하다 хүрэ|х, очи|х; зочилж초대하다; эргэж ~ 방문하다
도착하다(닿다)(~에) хүрэлцэ|х
도처에 нэлэнхий, хаа, эргэн тойрон
(~의) 도처에 нэвт, нэл
도청하다 чагна|х
도취 согтолт
도취(흥분)시키다 ганируула|х, согтоо|х, халамца|х

도취(흥분)한 халамцуу
도취시키다, (~에 빠지게 하다, ~을 옮기다) аваачи|х аваачиж егех ~의 금액으로 하다; дуудаж ~ 되부르다, 소환하다, 귀환시키다, 리콜하다; урьж аваачих 초청하다, 초대하다; цаазаар ~ (법률을)집행(이행, 시행)하다
도치 сүх; том ~ 큰 도끼; жижиг ~ 자귀; ~ний иш 도끼자루
도탄(跳彈) ойлт
도탄(跳彈) 사격을 하다 рйлго|х
도토리(상수리) 나무 царс(ан)
도트 цэг
도판을 대지(臺紙)에 끼우다 шигтгэ|х
도포(塗布) 연고 түрхэц
도포(塗布)하다(~에) буда|х; алтаар ~ ~에 금(금박)을 입히다, ~을 금도금 하다; 금빛으로 칠하다.
도포(塗布)했다 нялза|х
도표 гарчиг, диаграмм, дохио(н), жишиг, схем, хаяг, замч(ин)
도피를 하다 жилий|х
도항(渡航) гарц
도항(渡航) гаталга
도해 диаграмм, жишиг, схем
도해(圖解)자 зураач
도해의 будуувчилсэн
도형 диаграмм, жишиг, схем, график, маяг
도화 зураг, зурлага
도회(지) хот
독 хор(он)
독(병) жалавч
독(성)의 хортой
독감 ханиад, тому
독감을 앓다 томуура|х
독단(론) догматизм
독단적 주장(견해) догма
독단적으로 санаагаараа
독단적이게 үхширтэл
독단적인 사람 сурталтан

독단적인 태도 догматизм
독단주의 догматизм
독력으로 нанцаараа
독립부사(절, 구) хуу
독립하다 ангижра|х, хагаца|х
독물 хор(он)
독방 кабин, ташаалавч
독살 хордлого, хорлол
독살자 хорлогчин
독살하다 хордо|х, хордуула|х, хорло|х, хорлогдо|х
독서 уншлага
독서가 уншигч
독서대 таблиц
독서하다 уншигда|х
독선의 додигор, маадгар
독선이 있는 хорт
독선이다 маадай|х
독적적이다 додий|х
독선적인 додигор, маадгар, онгироо
독설 хорсол
독설을 내뱉는 амтай
독수리 тас, хачир
독수리가 울다 тагши|х
독습(獨濕) тэмбүү
독신 남자 гоонь
독신의 ганц, гэрлээгүй
독실한 сүсэгтэй
독액 хор(он)
독액을 분비하는 хорт
독약 хор(он)
독을 넣다(바르다) амийг бучнула|х, хордуула|х
독이 없는 хоргүй
독이 있는 хорт
독일 Герман; ~ эмэгтэй 독일사람 (남자, 여자)
독일가문비 гацуур, гачуур
독자 уншигч
독자의 ганц, нанцаараа, өвөрмөц
독재 정권(정부.국가) диктатур

독재(권) диктатур
독재자 түрэмгийлэгч
독재자의 직(임기) диктатур
독재자의 дарангуй; дарангуйлан захирах засаг 독재 정권(정부, 국가), 독재(권)
독재적인 폭군 같은 дарламтгай
독점 монополи;~ эрх 독점(권), 전매(권).
독점(전매)권 монополи; ~ эрх 독점(권), 전매(권).
독점적인 монополи
독점적이 아닌 өрсөлдөөнтэй
독점주의(자)의 монополи
독점판매 монополи;~ эрх 독점(권), 전매(권).
독주(곡) гоцлол
독주(회) концерт
독직 коррупции
독창(곡) гоцлол
독창(독주)의 гоцлол
독창(회) концерт
독창적인 бүтээлч
독특하다 онцгойдо|х
독특한 тусгай, өвөрмөц; ~ байдал 특색, 특수성; ~ хэллэг 숙어, 관용구
독표(獨豹) тоодог
독한 술 спирт, хорз
독해(毒害)하다 хордо|х, хордуула|х, хорлогдо|х
돈 мөнгө(н)
돈 등이 모이다(붙다) хураагда|х
돈 많이 내다 зарцуулагда|х
돈 주머니 таарцаг, түрийвч, хэтэвч
돈으로 사용되어지는 작은 잉곳(은) тойг
돈을 굴리다 умба|х
돈을 꾸다 зээлдэ|х, зээлэ|х
돈을 많이 쓰다 зарцуулагда|х
돈을 모으다 хадгалагда|х
돈을 벌기 위해 작품의 질을 떨어뜨리는 타락 작가(화가) янхан
돈을 쓰다 зарцуулагда|х, зарцуула|х
돈을(다) 쓰다 өнгөрөө|х
돈을 통하여 탐욕(욕심)을 가진다 тулам
돈을 함부로 쓰는 үрэлгэн
돈의 노예 янхан
돈이 너무 많이 든다(~이) үнэтэйдэ|х
돈이 드는 үнэтэй
돈이 모이다(붙다) бөөгнөрө|х, бөөгнөрүүлэ|х
돈이 없는 мөнгөгүй
돈점박이 тахарвар
돈지갑 таарцаг, түрийвч, хэтэвч
돋보이게 하다 намбагана|х
돋아나게 하다 бойжуула|х, урга|х, хүврө|х
돋우다 өргөгдө|х
돌 чулуу(н)
돌 같은 чулуу(н)
돌 깨는 기계 лавааз
돌같이 굳게 하다 чулуужи|х
돌격 довтлого
돌격대의 선두 манлайлагч
돌격하다 булги|х
돌계천(溪川) горхи
돌기 төмбөгөр
돌기(부.물) дорсгор, дэрчг(эр)
돌다 орчи|х, тойро|х, эргэлдэ|х
돌다(~가) хоролзо|х
돌다(순환하다) гүйлге|х
돌더미 асга
돌려야 할(~에) улмаас
돌려져야 할 төлбөрт
돌려주다 тэхрэ|х, хари|х, хариула|х, буцаа|х; буцааж өгө 돌려주다, 되돌ирда; буцааж хийх 제자리에 되돌리다, 뒤쪽으로 옮기다(향하게 하다).
돌리다 үйлзэ|х, хөлбөрө|х
(~으로) 돌리다 онгойлго|х
돌림 эргэлт

돌매 бул
돌맹이의 чулуун
돌멩이 чулуу(н)
돌발사고 осол; ~д орох 와르르 소리내며 무너지다(망가지다, 깨지다, 부서지다).
돌발하다 дэлбэлэ|х
돌보게 하다 гамнуула|х
(~을) 돌보는 сувилал
돌보다 бөөцийлө|х, үйлчлэ|х, хөхүүлэ|х
(~을) 돌보다 асрамжла|х, асра|х, бөөцийлө|х, гамна|х, мала|х, өвөрлө|х, тойло|х, халамжла|х, хара|х, додомдо|х, арчла|х; өвчтөн ~ 간호사는 환자를 돌보다
돌보지 않다 орхигдо|х, хөсөрдө|х, хөсөрдүүлө|х
돌봄 арчилгаа, мутар, тордлого, асрамж; ~инд байх 돌보다, 보살피다
돌봐주는 사람 ажиглагч
돌비늘(운모) гялтгануур
돌아가다 буцаа|х
돌아간 жилийгч
돌아감 эргэлт
돌아다니는 тэнэмхий
돌아다니다 бэдэ|х, доншуучла|х, хэсүүчлэ|х
(~을) 돌아다니다 тэнүүчлэ|х, тэнэ|х, хэрэ|х
돌아다님 тэнүүл, тэнэмэл
돌아옴(감) буцалт, өгөөж, тэхэл, харилт
돌연 гэнэт, зочир, зочмог, угц, цочир
돌연(갑자기,느닷없이) 가리키다(지적하다) туса|х
돌연(느닷없이) 그리고 빠르게 놓다 (두다, 설치하다) угра|х
돌연(느닷없이) 넘어지다 намс намс хийх
돌연(느닷없이) 멈추다 зогтуса|х
돌연이(갑자기.불시에) 멈추다 зог тусах

돌연한 말의 계속되는 뒷발차기 тонорцогло|х
돌연한 гэв, гэнэтхэн, зочир, санаандгүй
돌을 던지다(~에(게) чулууда|х
돌의 더미 овоо; хилийн ~ хийх 경계 (선(線)), 경계표.
돌의 чулуун
돌이 되게 하다 чулуужи|х
돌입하다 шургуула|х
돌장이 лавааз
돌제(突堤) буудал, ёмбон
돌진 туналт
돌진하다 жирий|х, жирэлзэ|х, ухас хийх, ухасхий|х, чавхда|х, шурга|х
돌쩌귀 нугас(ан); хаалга ~наасаа мултарчээ 문의 돌쩌귀(경첩)
돌출 дорсгор, дэлдгэр, ёндгор
돌출(돌기)한 гүдгэр, товгор, түгдгэр, тумбагар, түмбэгэр
돌출물(돌기물.혹) гөвдруу
돌출부 ёмбон, ёрдгор, ондгор, төвгөр. хошуу, хамар; гутлын ~ 구두 또는 부츠의 발끝 부분; ~ хоншоор 삐죽한 코, 주둥이
돌출하다 дөндий|х, дүрэ|х, ёрдой|х, ондой|х
돌출하다(시키다) гүвий|х, ёмбой|х, ёндой|х, жорвой|х, орсой|х, сэрий|х
돌출한 сэрвэн, тонж
돌출한 귀를 갖고 있으므로 соотгор
돌출한 바위 хавцгай, хад(ан), цохио
돌출한 선반 хаалт
돌출함(시킴) ёндгор
돌파하다(~을) нэвтлэ|х
돌풍 нөөлөг
돕다 дэмжи|х, дэмнүүр, дэмнэ|х, нэмэр, туслалца|х, тэтгэ|х
돕다(거들다, 조력하다)(~을) элбэ|х
동(銅) зэс(금속 원소; 기호 Cu; 번호 29); ~ зоос 구리동전; ~нь цухуйх 자신의 진실을 보여주다.

동(쪽)으로부터의 дорнод
동(쪽)으로의 дорнод
동(쪽)의 дорнод
동감 ханш, чацуу
동갑내기 чацуутан
동거생활하다 ханьца|х
동거하다 ханьца|х
동격으로 하는 사람(것) зохицуулагч
동결(빙결)하다 дара|х, мөстө|х, хөлдө|х
동결된 царцуу
동경 мөрөөдөл; хүсэл ~ бараадаа, (소)원하다; ~ болох 간절히 바라다, 열망하다
동경하다 бэтэгрэ|х, санаахал|х, гэюурэ|х; гэрээ санаж ~ 회향병(懷鄉病)에 걸리다, 향수병에 걸리다
동경함 бэтэг
동계(冬季) өвөл
동계 судас; ~барих 맥박을 느끼다.
동계(근친) 교배되다 эрлийзжүлэ|х
동계(근친)교배하다 эрлийзжи|х
동계음식물저장 хөөөлө|х
동고(엽고)병(胴枯(葉枯)病) харуу
동공(瞳孔) цэцгий
동굴 агуй, хонгил, хэвтэш
동굴 모양으로 꾸민 방(피서용) агуй
동궁 ван(г)
동궁의 왕관 хунтайж
동그래지는 хуйлмал
동그래지다 хуйла|х
동기 боло|х, далим, дaравч, дашрам, жиг, турхиралт, урхаг, учирлал, шалтаг, шалтгаан
동기(冬期)의 өвөлжилт
동기생 курс ; хамгийн сайн/шилдэг ~ 최고 교육 과정; бэлтгэл ~ 예과(豫科), 예비의 교육과정 коан(англи) хэлний хоёр жилийн ~ 한국어(영어)의 2학년과정; ~ эмчлгээ 치료 과정; Франц хэлний ~т явах/сурах 프랑스 과정으로 가다.
동남(없음) дутагдал
동냥 бадар, гуйлга
동등(대등 평등, 균등) ана: анна мана, тэнцэтгэл
동등(하게 함) уялдаа
동등하게 ана манна, жигд, тэнцүү
동등하지 않은 тэнцүүгүй
동등한 것 дүйхүйц
동등한 адил, дүйхүйц, тэнцүү; ~ бус 닮지 않은, 다른, 상이한, 딴.
동떨어진 захдуу
동란 төвөг, түвэг, ярвиг
동력(動力) элч
동료 анд, түнш, хамсаатан, хань, нөхөр; анд ~ 벗, 친구; хань 남편; хамт ажилладг ~ 동료, 동업자; багын анд ~ 어린 시절.
동료(상대, 친구)를 찾다(얻으려고 하다) ханьшаа|х
동료(친구)가 되다(~의) гишгүүлэ|х
동류 холбоотон
동류의 хамаатай, холбоот
동리(東離) удвал
동리군자(君子) удвал
동맥 судас
동맹 эвлэл, эвсэл
동맹(연합)하다 нэгдэ|х
동맹국(자) холбоотон
동맹하다(~와) холбогдо|х
동맹한 хавсаа, холбоот
동명사(부정사·분사) үйлт нэр
동무 найз; тэр ми-ний сайн ~ 그의 위대한 친구; тэд их ~ууд болжээ 그들은 큰 친구들이 될 것이다; эмэгтэй ~ 여자 친구
동무(친구) 사귀기 нөхөрлөл
동물 эд, амьтан; амьтдын хурээлэн
동물원; хуухдууд амьтдын хурээлэнд олон арслан узэв 그 어린이들은 동물원에서 사자를 보았다; Бат

африкийн амьтдын тухай ном бичсэн 아프리카 동물 책에 박쥐가 기록되어 있다; амьтны аймаг 동물의 왕국; хун ~ , улс ~ 사람들; ~ судлал 동물학; гэ-рийн тэжээвэр ~ д 가축; араатан амьтад 사냥감, 사냥해서 잡은 것, 야수; ~ ах дуу 상대적 존재

동물 따위의 번식 үржил

동물 사냥의 숨은 장소(은신처)로 떠나다 тогши|х

동물 수컷의 생식기 сэлдий

동물 수컷의 성기 хөвчирхий

동물 암(컷·놈)의 빨간 улагчин

동물들은 달릴 때 항상 등을 수그리고 뛴다 гүймхий

동물들의 되풀이하여 귀를 쫑긋 세우다 сортолзо|х

동물들의 장에 물집(수포) уйланхай

동물새끼 습관적으로 ~에게 젖을 먹이다 гувши|х; гуйх ~ ~ 후에 부끄러움을 모르게 달려가다

동물에 짐을 지울때 (꼭) 맞추다 тэгнэ|х

동물에게 물을 먹이다 усла|х

동물에게 짐을 지우다 ачаала|х .

동물에게 풀(먹을 것)을 주다 хогло|х

동물은 등을 수그리고 뛰는 경향이 있다 гүймхий

동물은 항상 등을 수그리고 뛴다 гүй|х

동물을 달래기 위한 표현 тойго тойго

동물을 달래는 말하다(тойго тойго) тойголо|х

동물을 달래다(동물들의 어린것이나 그들의 상대에 대하여 여러가지의 소리로 호의를 보여주다) гунгана|х

동물을 살찌우다(기름지게 하다) бордо|х

동물을 통하여 닳아 없어지게 하다 (다 써버리다, 써서 낡게 하다) даги|х

동물의 태반 навтас

동물의 (입·코 부분, 부리) 주둥이 хоншоор

동물의 가시털 өргөс

동물의 가죽 арьс, хөрс; ~ элдэх 가죽을 무두질하다, ~의 가죽을 벗기다; ~ус 모피제품; ~шир 무두질한 가죽; хонины ~ 양가죽;~шир элдэх 무두질한 가죽

동물의 가죽에 붙은(숨겨진) 지방 (비계, 지방질) халим

동물의 가죽을 벗기다 туламла|х

동물의 가죽전체 тулам

동물의 궁둥이 ингээн уг

동물의 귀를 움직이다 соотоно|х

동물의 다리(발)에 의하여(끈·새끼로) 묶다(매다) тавагла|х

동물의 돌출한 귀를 갖고 있으므로 сортгор

동물의 동맥 судал

동물의 등 피부아래 있는 쇠파리 (유충) гуур

동물의 등 피부아래 쇠파리 애벌레가 나타나다 гуурта|х

동물의 똥을 수집하는 바구니 араг

동물의 목덜미 сэчиг

동물의 목덜미에 실크조각으로 묶어 (신에) 바치다(기도를 드리다) сэтэр

동물의 물통 ховоо

동물의 미부(尾部)의 부분 ууц

동물의 발 부분 뼈 таахай

동물의 복부 또는 목 부분의 모피 хөөмий

동물의 비늘 хайрс

동물의 색(빛깔, 색채) зүс(эн);~царай 기색, 징조; ~ мэдэх 얼굴만은 알고 있다; ~ улайх 수줍어하다; хар ~тэй морь 검은 말; малын ~ 가죽의 빛깔; ~бороо 유순하고 끊이지 않는 비

동물의 수컷이 암컷을 올라타다 бухда|х

동물의 시맥(翅脈) судал

동물의 우리(축사) хэвтэш

동물의 윤색(빛깔, 색채) зүсэм; цагаан зусмийн морь 하얀 말, 백마
동물의 음경(陰莖) чив чимээгүй
동물의 점액(땀) залхаг, нус, салиа, зунгаг
동물의 종족 иш
동물의 짧고 굵은 입(코 부분, 부리, 주둥이) банхар
동물의 촉각 сахал
동물의 태반 хаг(胎盤: 포유동물이 임신했을 때, 모체의 자궁 내벽(內壁)과 태아 사이에 있어 영양 공급·호흡·배설 등의 작용을 하는 원반 모양의 기관.)
동물의 털(머리카락)을 빗는 хөөвөрчин
동물의 한쪽 뒷다리를 절뚝거리며 걷다 өрөөл
동물의(말이) 콧김을 뿜다 гүдчи|х
동물이 교미하다 чиэмэл
동물이 붙다 чиэмэл
동물이 사나운 араатан, хангал
동물이 사육되어 길든 입마개(재갈, 부리망) торомтог
동물이 사육되어 길든 입마개(재갈, 부리망) 물리다(채우다) торомтогло|х
동물이 사육되어 길든 тэжээвэр
동물이 임신하게 되다 хээлтэ|х
동물이 임신한 боос
동물이 짝짓다 хосло|х
동물이 코를 씨근거리다 гүдчи|х
동물처럼 행동을 하다 малта|х
동물학 зоологи
동반자 анд, нөхөр, түнш, хань
동반하다(~에) дага|х
동반해서 건설(건조, 조립)하다 хийлцэ|х
동반해서 хамт, хамтад
(~와) 동반해서 хам
동방 зүүн, дорио; ~ дахин 동양, 아시아; ~ өмнө 남동, 남동으로(부터); ~ умар 북동(에서)의, 북동에 있는; ~ дахины судлол 동양학, 동방학

동봉(첨부)한 дагалт
동부 몽골내부의 주요한 종족이름 харчин Kharchin;
동부의 дорнод; ~ын тал газар 몽골의 동부 스텝지대(대초원지역)
동부주민 дорио
동부지방의 дорнод
동사적인 명사 үйлт нэр
동산화(動産化) татлага
동삼 өвөл
동상 걸린 хөлдмөл
동상에 걸리게 하다 хөлдөө|х
동상에 걸리다 хайрагда|х
동상에 걸린 хөлдүү; ~ мах 냉동한 고기
동수(同數)의 төдий
동수의(것, 사람)(~와) өдий; ~ тө дий 같은 수의, 동수의, 그만큼의; ~ чинээ 이것만은, 여기까지는; ~ болтол/ хүртэл 지금까지(는); ~д, ~ үе д 이맘때에, 이때에
동승하여 다고가다 сундла|х
동시대의(~과) чацуутан
동시에 дашрам, зэргээр, зэрэгцээгээр, мөтөр, хаттаа
동시에 같은 공간을 차지하다 давхца|х, онолдо|х
동시에 쏘다(발사하다) буудалца|х
동시에 어디든지 있는 завдаатай
동시에 일어나다 онолдо|х, давхца|х; ахил ~ (일의) 겹쳐 쌓다, 쌓아올리다; өвчин зовлон ~ 질병과 비통이 동시에 왔다; амьсгал ~ 헉헉하고 숨을 헐떡이다.
동식물의 터부룩한 털 гөхөл
동식물체의 이상(병적) 생성물(군살·혹·사마귀 따위) уртай
동아리에 들다 түрэ|х
동안 завсар, зуур
동안 죽~ нэвт, нэл
~동안(내내) байтал, дунд, тойрон, туж

동안(내내) дуусан, зуур
동안(사이)(에)(~하는) атал, хооронд
~동안(줄곧) дундуур
동안에 зуур, турш(ид)
~동안에 дуусан; жил ~ 일년동안에, 일년내.
~동안은(하는) хооронд
동야(凍野) тундр
동양(여러나라) дорио; ~ дахин동양, 아시아; ~ өмне 남동, 남동으로(부터); ~ умар 북동(에서)의, 북동에 있는; ~ дахины судлол 동양학, 동방학
동양사람 дорио, зүүн
동양인 зүүн
동업자 нөхөр, хамтрагч
동여매는 강철 띠 боолт
동역학 кинетик (動力學: 주로 운동과 힘의 관계를 연구하는 역학의 한 부문); ~ийн эрчим хүч 동력 에너지
동연대의 чацуутан
동연도생 курс
동요 сэгсрэлт, хэлбэлзэл, чичиргээ
동요(動搖) ухуулга, дайвалзал, донсолгоо, дэнслэг
동요되지 않는 хөдөлшгүй, хөдөлшгүй
동요시키다 тогтворгүйжүүлэ|х
동요하다 бөнжигнө|х, ганхалза|х, гуйва|х, гуйвалда|х, дайва|х, дайвалза|х, дэрвэ|х, дэрвэгнэ|х, найгалза|х, туйвгана|х, туялза|х, яйжгана|х
동요하지 않는 хэлбэршгүй
동원(動員) дайчлага, татлага; цэрэг ~ 군사(대)의 동원
동원(凍原) тундр
동원대(凍原帶) тундр
동위 уялдаа
동위(同位)로 하다(되다) зохицуула|х
동의 тохирол, тохиролцоо, нийлэмж, санал; ~ оруулах ~에게 몸짓으로 알리다(지시하다); ~ нийлэх 동의하다, 합치하다; ~ э гэ х 투표하다; ~ хураах ~을 채결(가결)하다; ~ бодлоо илэрхийлэх 자기의 견해를 말하다; ~ тавих 계획을 말하다, 제안(제의)하다; ~ хуралт 투표(권 행사), (국가적 중요 문제에 관한) 국민(일반) 투표; олон нийтийн ~ 여론, 공론; ~ асуух ~의 의견을 구하다; ~ асуулга 여론조사;
동의를 내다(~의) даравгана|х
동의하게 하다(~에) нийцүүлэ|х
동의하다 нийцүү, үгсэ|х
(~에) 동의하다 аялда|х, зохилдо|х
동이는 үдээс
동이다 дарууда|х, дэвтэрлэ|х, үдэ|х, үхүүлэ|х, уя|х, уялуа|х, хавтасла|х, холбо|х, хүлэ|х, чагтла|х
동일한 өнөө, төстэй
동자(瞳子) цэцгий
동작 дохио(н), кино, тавтир, жужиг; инээдэмт ~ комеди;~ тоглох 무대에서 동작하다; дуулалт ~ 보드빌(프 vaudeville)
동작(진보를) 훼방하다 хяса|х
동작이 느리다 аажууда|х, наазгайра|х, налхай|х
동작이 느린 гэдгэр, залхаг, назгай, налай|х, налхгар, ойг, сортоогүй, хашин
동작이 둔한, аажуу
동전 зоос
동전던지기를 하다 өлсхий|х
동전을 던져서 정하다 өлсхий|х, шодох
동절기 өвөл
동정 буян, хайран, энэрэл
동정(同情)하다 адилтга|х
동정(헤아림)을 보이다 энэрэ|х
동정심이 많은 ачит, голшиг; ~ хүн 은혜를(자선을) 베푸는 사람, 미덕, 덕, 덕행, 선행;~ хэ вуун 효자
동정심이 없는 нигүүлсэлгүй, ханшгүй, цэвдэг
동정심이 있는 нигүүлсэнгүй
동정의 онгон
동정적인 өрөвдөлтэй, өрөвчхөн,

хөөрхийлөлтэй
동정하다 мөрөөдө|х, нигүүлсэ|х, өрөвдө|х, эмгэнэ|х
(~에)동조하다 маазгана|х
동족(친척·혈연·인척)의 хамаатай
동지 нөхөр
동쪽 дорио, зүүн ~ зуг 동부지역, 동양;
동쪽나라 дорио
동쪽의 주민 зүүн
동체(胴體) кузов
동체가(몸통이) 없는 биегүй
동토대(凍土帶) тундр
동틀녘 гэгээ(н), үүр, уур ~ хяраала|х
동해부인(東海夫人) хясаа
동행(동반)하다(~와) байлца|х
동행하다 дагалда|х, дага|х, дүрэмлэ|х, дууриа|х, мөшгө|х
(~와) 동행하다 зохилдо|х
동향 чиг
동호회 дугуйлан(г), клуб
동화 өгүүллэг, тууж
돛 далбаа, дарвуул
돛 따위를 활짝 부풀리다 помбой|х
돛단배 дарвуул
돛대 гадас(ан), шон, шураг
돛배 хөлөг, онгоц; нисэх ~ 비행선(기); усан ~ 배, 함(선); шумбадаг ~ 잠수함 (서브머린); ~ны зангуу 닻; ~ны шураг 돛대, 마스트; ~ны дарвуу 보트의 범주; гуя ~ 카누; ~ны зогсоол 항구, 배가 닿는 곳; ~ны хэтгэ 고물, 선미 (船尾); нисэх ~ны буудал 공항
돛을 갖고 있으면 далбаат; ~ онгоц 돛배, 범선, 요트.
돛을 갖고 있으므로 далбаат
돼지 사냥꾼 гахайчин
돼지(개·악어의) 삐죽한 코 хоншоор
돼지(새의) 털을 그스르다 хуйхла|х
돼지(새끼) гахай; ~ сар 첫 번째 겨울의 (태)음력 달, 돼지 달; ~ чаг 오후 9시에서 11시사이 시간, 해시(亥時); ~шиг амьтан 대식가(大食家), 폭식가; ~ хавдар (유행성) 이하선염 (耳下腺炎); ээрлэг ~ 멧돼지; гахайн сүр 돼지가죽, 무두질한 돼지가죽; ~н мах 돼지고기(식용); ~н өөх 라드(돼지 비계를 정제한 반고체의 기름), 돼지기름; ~н торой 돼지새끼; 작은 돼지; эр ~ (불까지 않은) 수퇘지; эм ~ 암퇘지, 암컷.

돼지(소의) 포충증(包蟲症) корь
돼지기름 өөх; малын ~ 동물의 기름; гахайн ~ 돼지기름; ~тэй мах 지방이 많은 고기.
돼지새끼 торой
돼지우리 өвдөг
되게 бултаараа, бухэл
되게 하다(~이) үзүүлэ|х
되게 혼내주다 товрогло|х
되기까지(~이) болтол, нааш, хүртэл
되는 대로 쑤셔 넣다 тунтайлга|х, тунтай|х
되는 대로 하다 амарчла|х
되는 대로의 гамгүй, палан, паланчаг, хайнга, халамжгүй, хэнэггүй, цаогар
되는대로 두다 цалгарда|х
되는대로 쑤셔 넣다 хяра|х
되는대로의 залхай, зовлонгүй, салбан
되다(~으로) бурдэ|х
되다(~이)(으로) оглоро|х, боло|х; мөс ~ 얼다(동결하다), 마비되다; мах ~ 다 써 버리다, 고갈되다; мхоо ~ 무디어 (둔해)지다; муу ~ 악화되다
되다(~하게) боло|х; эруул ~ 건강하게 되다; баян ~ 부자가 되다
되도록 зэргээр; чадах ~ гуйцэтгэх 될 수 있는 대로 잘(힘이 닿는 데까지) 운반해라; нэгэн ~ 동시에; гэх ~ 등등.
되도록(이면) болохуйц; аль ~ их 되도록 가능한; аль ~ түргэн 되도록 빨리, 한시라도 빨리.

되돌리다 буцаа|х, тэхрэ|х
되돌림 буцалт, тэхэл, харилт, хариулал
되돌아가게 하다 ой|х, тэхрэ|х
되돌아가다 буцаа|х, хари|х
(~로) 되돌아가다 буца|х; буцаж ирэх
되돌아오다; хэлсэн амаа ~ 약속을 어기다; ~ билет/тийэ 표(입장권)을 반환하다; ~ хаяг 주소로 돌아오다.
되돌아가다(오다) атируулла|х
되부를 수 없는 буцалтгүй
되살아나다 амилуула|х: амилах
되새기는 хивэгч
되새기다 хивэх, хэвэ|х
되접다 атируулла|х
되접어서 꾸미다 атируулла|х
되쫓아버리는 нигшүүрэлтэй
되찾다(~을) гүйцэ|х
되튀기다 гялбаала|х
되튀기다 ой|х, рйлго|х, тусга|х
되튀는 харимгай, хөвхгөр
되튀다 ой|х
되뜀 ойлт
되풀이 하는 말 давтлага
되풀이 давтлага
되풀이되다 давтагда|х, дахи|х
되풀이하다 ахи|х, давта|х, дахи|х
되풀이하여 байн, олонтаа
되풀이하여 끌어당기다 сугачи|х
되풀이하여 다리로 차다 тийчигнэ|х
되풀이하여 당기다(끌다) татла|х
되풀이하여 당기다(끌다.잡아당기다) дугтси|х
되풀이하여 돋우다 дөндөгнө|х
되풀이하여 뛰어오르다 харайла|х
되풀이하여 번쩍이다 цахил|ах
되풀이하여 빼내다(꺼내다) мултчи|х
되풀이하여 산개(散開)하다(갈라지다) ангалза|х
되풀이하여 손으로 더듬다 тэмтчи|х
되풀이하여 열고 닫다 онолзо|х
되풀이하여 움직이다 бултгэнэ|х, дэнжигнэ|х, жирвэлзэ|х, сэрвэлзэ|х
되풀이하여 죄어지다 базла|х; гэдэс ~ 위(복부)에 통증을 느끼다, 복통, 배앓이.
되풀이하여 팔꿈치로 슬쩍 찌르다 ёвчи|х
되풀이하여 흔들거리게 하다 сажла|х
되풀이하여(머리를) 숙이다 мэхэлзэ|х
되풀이하여(몇 번이고) 깨물다(물어 끊다) хазчи|х
되풀이하여(몇 번이고) 무릎을 꿇다 сөхөлзө|х
되풀이하여(몇 번이고) 움직이다 бондгоно|х
되풀이하여(몇 번이고) 확 발화하다(불붙다) цахил|ах
되풀이함 давтан
되풀이해 말하다 ахи|х, давта|х; нэг юмны тухай давтан углэх ~에 관하여 끊임없이 말 한다; дахин ~ 되풀이 하다;
되풀이해 소리(고함)치다 хашгичи|х
되풀이해 찔리다(꽂히다) гудчи|х
되풀이해 байн: -
되풀이해서 깨물다 хазла|х
된 ~된 чулуужсан
될 수 있는 대로 зэргээр
될 수 있는 сийхгүй
될 수 있다 чадваржи|х, чадваржуула|х
두 가지 뜻으로 취할 수 있는 말을 쓰다 бөөрөнхийлө|х
두 갈래지게 하다 сэрээдэ|х, тала|х
두 개(둘이) 한 쌍으로 배열하다 (정리하다) дүйзлэ|х
두 개로 된 한 벌 өрөөсөн; ~ гутал 구두 한 켤레; ~ гартай 한 손으로; ~ бээлий 글로브 한 짝; ~ нүдтэй 애꾸눈(외눈)의, 시야가 좁은.
두 그룹(팀)으로 나누다(분할하다, 쪼개다) талца|х
두 다리를 벌리다 алцайлга|х

두 다리를 벌린 거리 алцан
두 다리를 쩍 벌리고 앉다 унуула|х
두 다리를 한데 묶다 туши|х
두 동강이로 халц, ховх
두 마리 같은 말 타다(타고가다) сундла|х
두 마리의 말이 경주에서) 나란히 (비슷비슷하게, 경합하여) хаттаа
두 물체를 열십자로 교차하여 (엇갈리어) 가로놓인 унууль
두 배 давхар; ~ ажил хийх 두 가지(지위를) 보존하다; бие ~ болох 임신하다.
두 배가 되다 хоёрт|ох
두 배로 하다 давхарда|х, хоёрдо|х
두 번 생각할 것 없이하다(~을) хуумгайта|х
두 번 증류하여 집에서 제조한 보드카 арз
두 번 давтан, хоёртаа, хошой
두 번째(째, 2위, 2류, 2급)의 사람 (물건) хоёрдугаар
두 번째로 хоёрт, хошой
두 부분사이의 V형의 오목한 곳 гав
두 사람(의) хоёр
두 사람씩 조가되다(로하다) хосло|х
두 손가락으로 집다 хавчи|х, хумсла|х
두 손가락으로 집음 чимх
두 손끝으로 집을 만한 양 чимх
두 손을 모아서 회개기도하다 наманчла|х; ~ гэмээ (과실·죄를) 고백(자백)하다; нүглээ ~ 죄를 뉘우치다.
두 어머니에게 젖을 먹이다. тэлэ|х
두 줄로 그림을 엇갈리게 움직이다 тоонолжло|х
두 짐을 똑같이 분배한 тэгнээ
두(집)빌딩 사이 회랑 지대 хүзүүвч
두개골 гавал
두건 모양의 물건 юүдэн
두건 юүдэн
두견잇과의 새 хөхөө

두고 잊어버리다 хаях, хожигдо|х
두골(頭骨) гавал
두구(頭垢) хогжруу
두근거리다 дэлсэ|х, лүг лүг хийх
두꺼비 бах
두꺼운 гүн, лаагуу, лухгар, товгор; ~ улатай гутал (코르크·가죽제의) 창이 두꺼운 여자 구두
두꺼운 모직 옷감 драп
두꺼운 물질의 외투 даашинз
두꺼운 방석(쿠션)에 앉다 олбог
두꺼운 방석(쿠션)을 깔다 олбог
두꺼운 양털의 옷감 драп
두꺼운 판자 банз, самбар (보통 두께가 2-6 인치, 폭 9 인치 이상)
두꺼움 зузаан
두꺼움 нягтрал
두꺼워지다 бамбай|х, лаагалза|х
두껍게 нягт
두껍게(굵게, 진하게) 되다 зузаара|х, лагалта|х, өтрөрө|х
두껍게(굵게, 진하게) 하다(되다) памбайлга|х, тагта|х, өтгөрүүлө|х, зузаала|х
두껍게해야 한다 зузаандуу
두껍고 부드러운 памбагар
두껍고 약한 памбагар
두껍다 өтгөдө|х, памбагарда|х
두껍지 않은 нарийн, нимгэн, сийрэг
두껍지만 무른(약한) памбагар; ~ уруултай 두꺼운 입술
두께 зузаан, нягтрал, хэмжихүй
두께가 ~인 лаагуу, товгор; ~ улатай гутал (코르크·가죽제의) 창이 두꺼운 여자 구두.
두뇌 гавал, тархи, толгой; ~тархи 지능, 지혜; малгай ~ 머리에 쓰는 것, 머리 장식; тууний зурх сэтгэл ~ тархийг нь удирддаг 그의 머리는 그의 마음이 지배하다; толгойн э в- чин 두통(골칫, 걱정)거리, 고민 ~ э вдэ х 두통이

나다; тэмээн ~낙타의 머리.
두뇌가 날카로운 сэцэн
두는(놓는) 행위(짓) тавил; ~ шатрын чесс게임, 서양장기를 두다.
두다 суулга|х
(~을)두다(놓다) байрлуула|х
두다(무엇을 어떤 위치에) тохниула|х
두더지 сохор номин
두드러기 загатнуур
두드러지게 만들다 товойлго|х
두드러지게 하다 гоцло|х, онцло|х, товой|х, тонжро|х, шалгара|х, ялгара|х
(~을) 두드러지게 하다 тухайла|х
두드러지는 дөндгөр
두드러지다 онцгойдо|х, сэтэрхүй|х
(~로부터) 두드러지다 товой|х
두드러진 дэлбэгэр, мэдэгдэм, мэдэгдэхүйц, овгор, товгор, цүндгэр, онц; ~ юмгүй дээ 특별한 것은 없다.
두드러진 점 онцлог
두드러진(현저한) 소리(~의) таг
두드려 펴다 налчий|х, хавчийлга|х
두드려서 조각을 내다 бяц цохих
두드리다 балба|х, булгила|х, дэлдэ|х, занчи|х, зодо|х, зодуула|х, мунада|х, нанчи|х, оно|х, тонши|х, туса|х, цохи|х, нүдэ|х; хаалга ~ 문을 쿵(쾅.평.탕)하고 두드리다; бембер ~ 드럼을 쳐서 소리를 내다, 드럼을 두드리다; хаалга балбаж байна 문을 두드리다; ширээ ~ 탁자를 두드리다.
두드리다(때리다, 매질하다) лугши|х
두들겨 맞았다 жанчуула|х
두들겨 펴기를 사용하는 무두질(가죽이기기, 제혁) талхи
두들겨 펴기를 사용하여 무두질하다 талхи|х
두레박 бортто, хөнөг, хувин
두레박에 물을 얻다 ховоодо|х
두려운 аймаар, аймшигтай, айхтар, айдас, аймшиг; дайны ~ 전쟁의 참사; ~ хурэх 두려워하다

두려움을 모르는 аймшиггүй, айхгүй
두려워 далдичаа
(~을) 두려워(무서워)하여 халширал
두려워하게 하ада айлга|х, гэлмэ|х, зана|х, үргээ|х, хулмагана|х, цочоо|х
두려워하는 аймхай, бүрэг, далдираа, далдичаа, зовомтгой, зоригтүй, зүргхүй, ичимхий, номой, сүрдэмхий, уульхай, халирхай, хулчгар
(~을) 두려워하는 тулгар
두려워하다 ай|х, гэдвэлзэ|х, жийргэмщи|х, зүрхши|х, мятра|х, халга|х, эмээ|х; ~ ичих 겁 많다, 두려워하다; ~ мэт мусөрвөр,두려워;аймаар хуурнэл/туух 무서운 이야기; айсан харц 걱정 스럽게 보다; үргэлж/байнга айсаар 항상두려워하는,변함없이 무서워하는.
두려워하다(무서워하다) гилбэгнэ|х
두려워하며 떨다(전율하다, 와들와들 떨다) бөмбөргнө|х; айж ~ 두려워하며 (와들와들) 떨다; даарч ~ 추위서 와들와들 떨다; бөмбөгөтөл чичрэх 완전히 전율하다
두려워하지 않음 айлтгүй
두령 ахмад, захирагч
두루 다니다 аяла|х
두루 생각하다 анхаара|х, үзэ|х
두루마리 гогцоо
두루미 тогоруу (왜가리, 백두루미, 학(鶴), 백학(白鶴), 선금(仙禽), 선학(仙鶴), 야학(野鶴), 태금(胎禽); 단정학(丹頂鶴): 두루밋과의 새. 연못·냇가·초원에 삶. 날개는 62-66cm, 목과 다리·부리가 길며, 거의 순백색인데, 부리는 감람색, 다리는 회색임. 천연기념물 제202호)
두르다 хаяалда|х, хормойло|х
두목 дарга, донхгор, захирагч
두묘(痘苗) вакцин
두발을 아래로 걸터앉다(착석하다) сандайла|х
두부(頭部) толгойлогч
두부(머리)의 뒤(뒷면) дагз
두설(頭屑) хогжруу
두옥(斗屋: 오두막) овоохой

두통(고생)거리 түвэг
두통거리 сада, хясаа
두툼한 모피 코트(안과 밖의 부드러운 털로 된) дах
두툼한 луглагар
두해(頭體) гавал
두흔(痘痕) нөрөө
두흔의 нөрөөтэй
둑 далан(г), эрэг
둑길 далан(г)
둔 곳을 잊다 хоцроо|х
둔 채 가다(잊다) хоцроо|х
둔감하게 하다 мохоо|х, мяра|х, шантра|х
둔감한 балай, бодолгуй, иргүй, мангуухан, молхи, мохоо, мунхрал, толхи, тэнэгхэн
(~가) 둔감한(우둔한) мунхруулагч
둔사(遁辭) ов
둔탁(둔함)을 지적(지시)하다 мунхагта|х
둔통을 가지고 있다 чинэрэ|х
둔하게(무디게) 되다 дүйрэ|х
둔하게(무디게) 하다 мохоо|х, мухарла|х, мяра|х
둔하다(무디다) чинэрэ|х, назгайра|х
둔한 аажим, амтгуй, балай, бодолгуй, иргүй, молхи, мөлгөр, назгай, налай|х, үзүүргүй, үхээнц, мохоо; ~ өнцөг 둔각(鈍角: 90°보다 크고 180°보다 작은 각); ~ хутга 둔한 칼;~ ухаантай 머리가 둔한
둔함을 지적하다 мунхагта|х
둘 다(모두) хоёул(ан)
둘 다의 хоёул(ан)
둘 이상에 공통의 нийтлэг
둘 이상의 것을 (뒤)섞다 холигдо|х, хутгалда|х, зуура|х
둘 이상의 일이 부합(일치)하다 давцга|х, онолдо|х
둘 중 다른 하나의 нөгөөдүүр; ~ чинь хаа байна? 다른 하나는 어디에 있습니까?
둘 중에서 어느 쪽의 이쪽도 저쪽도 아니다 завсарда|х
둘 중의 다른 한쪽(하나)(의 사람) нөгөөтөх
둘 중의 위편 дээр
둘(1/2)로 나누다(분할하다.쪼개다.가르다) голо|х
둘도 없는 эрхэм
둘둘 말린 мушгиа; ~ талх 꽈배기(빵)
둘러(에워)싸고(~을) алд
둘러(에워)싸여있다 хүрээлэгдэ|х
둘러(에워)싸여 дотор, дунд, хооронд
둘러(에워)싸인 орчин
둘러대다 шарва|х
둘러싸고 있는 тойрон
둘러싸다 бөгжлө|х, бөөрөнхийлө|х, хавсарга|х, хаши|х, хаялда|х, хормой-ло|х, хорооло|х,цагаригла|х, цагаригла|х
둘러싸였다 буслэгдэ|х
둘러싸인 битуу
둘러쌈 хүрээлэл
둘러치는 새끼줄 хүлэг
둘레(주변)에(~의) үес, хир
둘레(주위)를 хир
둘레(주위)에 хир
둘레를 그러모으다(모으다, 거두어 들이다) (~의) бучи|х
둘레를 돌다(~의) тойро|х
둘레를 빙 둘러 хир
둘레를 치다 бөгжлө|х, цагаригла|х
둘레의 손잡이(휠) хэгээс
둘로 가르다 хоёрло|х
둘로 금가게 하다 хугала|х
둘로 나누다(분할하다, 쪼개다, 가르다) тала|х, хоёрло|х
둘로 나뉘다 хагасла|х
둘로 분계하다 тала|х
둘로 분류하다 хоёрло|х
둘로 자르다 хугала|х

둘로 접다 атийх, хоёрдо|х
둘로 접히다 атийх, хоёрло|х
둘로 쪼개다 хугала|х
둘로 дундуур
둘만(뿐) хоёрхон
둘의 хоёрдмол
둘째(2위)의 хоёрдохь
둘째(제2)로 хошой
둘째로 хоёрт
둘째손가락 долоовор хуруу
둘쨋번(두 번째)의 싸움 засуул
둘쨋번(두 번째)의 хоёрдохь
둥그런 언덕 гүвээ, дов, довцог, дэгнүүл, сондуул
둥그스름하게 되다(~을) бөндий|х
둥그스름하게 만들다(~을) дугайла|х
둥그스름하게 하다 бондой|х
(~을)둥그스름하게하다 бөөрөнхийлө|х, дугарига|х, дүгрэглэ|х, тонтой|х, төгрөглө|х
둥그스름한 бондгор, тойрон, тонтгор
둥근 бөмбөгөр, бөндгөр, бөөрөнхий, дугариг, мондгор, төгрөг
둥근 가장자리 омог
둥근 모서리 омог
둥근 목표물을 뒤흔들다 бөмбөгнө|х
둥근 얼굴 малигар
둥근 얼굴과 작은 눈 манигар
둥근 얼굴이 되다 малий|х
둥근 지붕(천장) бөмбөгөр
둥근 천장 пөмбөгөр
둥근 천장의(이 있는) бөмбөгөр
둥근 테두리 омог; чихний ~ чихний, 귀의 둥근 돌출부
둥근 하늘(천장) огторгүй
둥근 뼈대 хорол
둥근의 дугарикдуу
둥근천장 гулдан(г); ~ хөндий 아치형 천장
둥근천장 공사 пөнхгэр
둥근천장(지붕) 모양을 한 пөнхгэр

둥근천장의 건축물 пөнхгэр
둥글게 나타나다(보이게 되다) бөндий|х
둥글게 되다 бөндий|х
둥글게 된 дугарикдуу, түнтгэр
둥글게 하다 бөөрөнхийлө|х, дүгрэглэ|х, дугайла|х, тонтой|х, төгрөглө|х
(~을) 둥글게 하다 дугаригла|х
둥글게(스모그) ~에 휘감기다 ууги|х
둥글고 뾰족하게 보이다 жомбой|х
둥글넙적하게 구운 과자 бялуу
둥글린 것 같다 бөндий|х
둥글린 дугарикдуу
둥둥 тон тон
둥둥(북 두드리는 소리) тов тов
둥실둥실한 얼굴과 작은 눈 манигар
둥우리 үүр (주로 새·벌레·물고기·거북 따위의) (높은 곳에 있는 집, 성)
둥지 үүр
둥지를 떠날 수 없는 새끼 ангаахай
뒝벌 хэдгэнэ (꿀벌과 뒝벌속의 벌. 땅속에 집을 짓고 삶. 꿀벌과 비슷하나 통통하고 암컷은 흑색, 수컷은 황색. 수컷은 가을에만 출현하고 암컷이 월동함).
뒤 гэдрэг, сөөргөө, сүүл, хойгуур, хойт; ~ харалгүй ~없이 뒤뜰을 보다; ~ явах 뒤뜰로 가다.
뒤(나중)에 сүүлд, сүүлд, сүүлээр, хойш(оо)
뒤(나중)의 хожу
뒤(뒷면.이면.뒤쪽) ар, бөгс; ~ын тушлэг 뒷면을 지지하다; ~бие 사람 신체의 다리부분; нохой тууний ~ аас давхив 그의 뒤에서 개가 달린다.; би хаалганы ~д нуугдья 나는 문 뒤에 숨다; гарын ~ 손 등; сандлын ~ 의자의 뒷면; ~ нуруугаар өвдөх 등의 통증; ~шил 머리의 뒷부분; тайзны ~ талд 스테이지(무대) 뒤편; гэрийн/ байшингийн ~ 집의 뒤쪽에; байшингийн ард гарааш бий (자동차) 차고는 집의

뒤쪽에 있다; ~ын дугуй 뒷바퀴; ~ дэвсгэр 배경; ~тал 후부; 배면; 뒤뜰; ~ын алба 후방 서비스; уулын ~ 산의 고개를 넘어, ~гэр 집의 왼편 뒤쪽에; Ар Монгол 외몽고; алганы ~ 엷은 선, 손금; даавууны/ эдийн ~ (양복·주물 따위의) 본, 원형(原型), 모형; ~~aacaa цувран 차례차례, 잇따라, 연속하여; тэр бөгсөөрөө унав 그는 그의 뒤쪽에 동댕이치다(쳐서 넘어 뜨리다).

뒤(배면.배후.최후부.맨뒤)에서 ард
뒤(後)에(~에 이어, ~의 뒤에) ардхан, хойно, дара; хоолны ~ 저녁 후에; нэг сарын ~ 한달 후에; ~ нь 늦게, 뒤쳐져서; ~ жил 내년에; дэс ~ 순서, 정돈, 정열; би энэ эмэгтэйн ~ байгаа 나는 이다음에 숙녀가 된다.
뒤가 구린 далдуур, сэмээр
뒤꽁무니 шувтрага
뒤꿈치 өсгий; хэ лийн ~ 뒤꿈치; гутлын ~ 신(구두)의 뒤축
뒤꿈치 모양의 것(부분) өсгий; хэ лийн ~ 뒤꿈치; гутлын ~ 신 (구두)의 뒤축
뒤꿈치의 부분 товх
뒤끝 шувтрага
뒤늦게 ардхан, оройтсон
뒤늦은 оройтсон, хожуудсан; ~ хүлцэл 뒤늦은 사과.
뒤둥(빙퉁)그러지다 галжий|х, гилжий|х, гулзай|х, жайжий|х, майжий|х, мойног-ро|х, мээтий|х, нөрө|х, сарий|х
뒤둥(빙퉁)그러진 галжир, гилжгий, гулзгай, далжуу, дохий|х, жайвгар, жайжгар, зөрүү, майжгар, махигар, махир, музгай, муруй, мухир, мээтгэр, нахигар, нөрүү, олиу, сарий, тахигар, тахир; ~ гутал 부츠뒤축이 닳은 신을 신은; ~ гишгэх 구부러져서 걷다.
뒤둥그러지다 гажаа|х, галжий|х, дөрдий|х, жайвий|х
뒤따르다 дага|х, мөшгө|х; мөшгөн хянах 조사(연구, 심사)하다
뒤떨어지다 гаца|х, хоцро|х
뒤떨어진 일 따위를 만회하다 гүйцэ|х
뒤떨어진 일을 만회하다 гүйцэгдэ|х
뒤뜰 бөгс, гэдрэг
뒤로 хоцрогдол
뒤로 가다 хойшло|х
뒤로 뒷걸음치다 хойшдо|х
뒤로 물러나게 하다 ухраа|х, арла|х; уул ~ 산의 북쪽 옆으로 넘어 움직이다
뒤로 물리다 хойшло|х
뒤로 젖히다 бөхий|х
뒤로하다(~을) гара|х, морило|х, одо|х, үлдээ|х,ява|х
뒤를 따라가다 дага|х
뒤를 따르다 бараада|х, сувра|х
뒤를 잇다(~의) дагалда|х, залга|х, залгамжла|х, замна|х, сувра|х, уван цуван ирэх
뒤를 쫓다(~을) агна|х, ангуучла|х, уван цуван ирэх
뒤를 향함 хоцрогдол
뒤를 향해 гэдэргээ, сөөргөө, хойш(оо), хоцрогдмол
뒤를 향해 끄는 장치 сойлт
뒤미처 төдөлгүй
뒤바꾸다 мэтий|х
뒤범벅 маапаан, шалбааг
뒤섞다 найруула|х, соли|х, холилдо|х, шаги|х
뒤섞어 놓다 будли|х, мунгина|х
뒤섞여 있다 солилдо|х
뒤섞이다 багсра|х, холи|х, хутга|х
뒤섞인 алаг, хольцоотой, эрээн
뒤엄그니 арра
뒤얽히게 하다 ороогдо|х, ороолдо|х, хэрэ|х
뒤얽힌 будлиантай, зовлонтой
뒤엎다 мэтий|х, мэтий|х, тэслэ|х
뒤엎어서 흘리다 тавгүйтуулэ|х,

үймрүүлэ|х, хөнтрө|х
뒤엎었다 шампа|х
뒤에 남기다 гэрээслэ|х, өнжөөх
뒤에 뒤떨어지다(~의) сүүлдэ|х
뒤에 일어나다(~의) сувра|х
뒤에 처지다(~의) сүүлдэ|х
뒤에 сөөргөө, хожид, хожим, хожимдол, хойшхи; урьд ~ 조만간, 언젠가는.
(~의) 뒤에 дагавар, дараахь, дэслэ|х, хойно, цаагуурхи, цаана
뒤에(놓여)있는(~의) дорхи
뒤에(로) 당기는 장치(설비) сойлт
뒤에(로) гэдэргээ, хойш(оо), хоцрогдмол
뒤에로 당기다(끌다) сой|х
뒤의(사람 것) дэс
뒤져내다 ангуучла|х
뒤죽박죽 шалбааг, ундуй сундуй
뒤죽박죽 주워 모으다(쌓아 올리다) тунтай|х, тунтайлга|х, элгээ эвхэх, хяра|х
뒤죽박죽으로 만들다(~을) мөлтлө|х, мөлтрө|х, тулгара|х; тэр хөлөө мөлтөлжээ 그는 그의 음식을 뒤죽박죽으로 만들다.
뒤죽박죽인 авалцаагүй, авцалдаагүй
뒤쥐(굴을 파서 땅속에서 삶; 북아메리카산) зурам
뒤지다 азна|х, нэгжи|х, хоцро|х
뒤지다(탐색하다, 수색하다)(~을) хай|х
뒤지지 않다(~에) өрсө|х
뒤집다 атируулла|х, урва|х, шампа|х
뒤집다(~을) хөнтөргө|х
뒤집어엎다 мухри|х, онхолдо|х, онхолдуула|х, тавгүйтүүлэ|х, тонгоро|х, тонгоруула|х, тонорцогло|х, үймрүүлэ|х, унага|х, хөмрө|х, хөмрүүлэ|х, хөнтрө|х
뒤집어진 мэтэр
뒤집을 수 없는 буцалттүй
뒤집히기 쉬운 гижигтэй
뒤집히다 жартай|х, мухри|х, онхол-дуула|х, тонгоруула|х, хөмрө|х, хөмрүүлэ|х, хөнтрө|х
뒤쪽 сөөргөө, хойгуур, хойт
뒤쪽(배면) ар
뒤쪽(후방) гэдрэг
뒤쫓다(~을) нохойчло|х, нэхэл нэхэл дагал болох
뒤쫓아 미치다 гүйцэ|х
뒤쳐져서 ардхан, хойно
뒤축 товх
뒤틀다 гажи|х, гажуудуула|х, гилжий|х, гуйва|х, дөрий|х, дөрсий|х, дээсрэ|х, мушира|х, нийтгэ|х, нитгэрэ|х, хумира|х, эргүүлэ|х
뒤틀려 далбигар, далжуу, далиу, муруй
뒤틀려지다 мужий|х
뒤틀리게 만들다 махийлга|х
뒤틀리는 нугдгар
뒤틀리다 гажаа|х, гажууда|х, гилжий|х, гулбилза|х, гулжгана|х, дохийло|х, дөрдий|х, дөрсий|х, жайвий|х, нугалра|х, нугдай|х, орчий|х, суунагла|х
뒤틀리다(휘다) галжий|х
뒤틀린 галжир, гилжгий, гулзгай, гэгдгэр, дохигор, дохий|х, жайвгар, маттар, матигар, матмал, махигар, махир, нахигар, нөрүү, нугдгар, орчгор, тахир, хариу; ~ сандал 굽은 나무로 만든 의자.
뒤틀린 비틀린 хумигар
뒤틀림 дөрсгөр, хорчгор
뒤틀어지다 гажи|х, далбий|х, нөрө|х
뒤흔들다 ганха|х, донсло|х, дорги|х, дэнслэ|х, дэржигнэ|х, нахилза|х, сэгсрэ|х, чичрэ|х
뒷걸음질 치다(하다) няцах
뒷걸음치다 бишуурхэ|х, бусга|х, гэдвэлзэ|х, гэдий|х, гэрэвши|х, жигши|х, няцах, үргэ|х, хулга|х
뒷공론 даг, хач, хов, цуурхал
뒷굽 товх
뒷면 сөөргөө, хойгуур, хойт

뒷면(이면) гэдрэг
드디어 төдөлгүй
드라마 драм
드라이버 халив
드라이브 жолооч, рейс
드라이브하다 жолоодо|х
드라이어 фен
드라이어 건조기 хатаагч; ус ~ 헤어 드라이어; хувцас 의류 건조기
드러(가로)눕게 하다 хэвтүүлэ|х
드러(가로)눕다 хэвтэ|х
드러나다 нээгдэ|х, чардай|х
드러내 놓다 задгайра|х
드러내게 하다 нүцэгрэ|х
드러내다(숨겨졌던 것을) бултай|х, гарга|х, задгайра|х, задра|х, намбагана|х, нүцэглэ|х, шалдла|х; ааш ~ ~의 성을 나타내다; их зан ~ 거드럭거리다, 거만(오만)하다; гомдол ~ ~을 고소하다; өргөдөл ~ ~에 서류(원서.신고서)를 제출하다; уг хэл ~ 싸움(언쟁, 말다툼)하다; зориг ~ 영웅적인 기배을 보여주다; баталгаа ~ 보증하다, 보증인이 되다, 단언하다; тогтоол/шийдвэр ~ 결심하다, 결정하다; санал ~ 청혼하다; идэвх санаачилга ~ 창시(솔선)하다; бүтээгдэхүүн ~ 산물(생산품)을 만들어 내다; ном ~ 출판하다,발행하다; дүн ~요약하다; дүгнэлт ~ 추단하다, 단안(결론)을 내리다; хүч чармайлт ~ 노력하다, 애쓰다; хууль ~ 법령을 반포(공포.발표.공표)하다; хэвлэн ~ 출판(간행, 인쇄)하다; хонь ~ 양을 도살하다; идэш ~ 겨울과 봄 동안 음식물을 보존하다; бэлтгэн ~ 채비하다, 준비하다, 대비하다; гаргуунд нь ~ 운명은 자비를 떠나다;
드러낸 дэлбэгэр, задгай, нүцгэн, салдан, чармай, шалдан; ~ толгой 머리가 벗어진, 대머리의.
드러누움 хэвтээ

드러눕는 장소 хэвтээ
드러머(drummer) бөмбөрчин
드럼(북) бөмбөр; ~ дэлдэх 북을 치다, 드럼을 두드리다.
드럼(북.탕부르)을 두드리다(치다) бөмбөрдө|х
드럼(drum) хэнгэрэг
드럼의 북채 цохиур
드레스 палааж
드레스에 멋부리다 гоёлхийлэ|х
드레스에 모양을(맵시를) 내다 гоёлхийлэ|х
드르륵 тарчигнуур
드룽드룽(윙윙)하다 хэлгийтэ|х
드리다 өгө|х; тэр надад ном өглөө 그는 나에게 책을 주다; бэлэг ~ 선물을 주다; шагнал ~ ~에게 보답하다, 보수를(상을) 주다; өргөдөл ~ 신청(지원)서를 내다; даалгавар ~ 임무를 배당하다; заавар ~ 교육을 하다; бууж ~ 굴복하다, 항복하다; тушаал ~ 주문하다; команд ~ 명령(지휘)하다
드리워져있다 сөхө|х
드리워짐 дэлдгэр
드릴 даалинба, өрөм, өрөмдөгч
드문 нандин, олдошгүй, ховор, цөөвтөр
드문드문하게 되다 цөөрө|х
드문드문하다 сархай|х, тачирда|х
드문드문한 бутархай, сандархай, сарзгар, сийрэг, сэмгэр, тарангүй, тармаг, тару, тачир
드물게 хааяа
드물게 되다 ховордо|х
드물게 보는 олдошгүй, ховор, цөөвтөр
드물게(유례없게) 되다 ховорши|х
드잡이 하다(~와) бавай|х, сагсайлга|х, согсой|х, сөрвийх
득(得) хонжил
득의 양양하(게 하)다 нэрэлхэ|х

득의양양하(게 하)다 сагсуура|х
든 —든 –든(~) буюу; арга ~ 그 외에, 그 밖에, ~ 할 수 없다
듣고(보고) 비웃다(~을) шооло|х
듣고(알고) 싫어하는 саваагүй, сонивчхон, сониуч
듣기 сонор, сонсгол, сонсол
듣기 좋은 일련의 말 уянга
듣는 물방울 дусаал
듣는 사람 сонсогч
듣다 дула|х, сонсдо|х
듣지 못하는 сураг танагтүй
들(판) талбай, тариалан, хээр
들것 дамнуурга
들것(들것 모양의 것, 침상 가마) 막대기로 운송 дамнуур
들고 다닐 수 있는 авсаар, бэсрэг, зэлгээн
들까불다 дайвалзуула|х
들다람쥐의 일종 зурам
들들볶다 тарчилга|х
들떠 있는 амаргүй, амсхийлгүй, годгонуур, тухгүй; ~хуухэн 새롱거리는(농탕치는) 소녀.
들뜨다 дагдгана|х, дэгдэгнэ|х, хуугиата|х
들뜬 гоомой, гэдэн годон, долгил, дэгдэгнүүр, маазгар, мөчид, наргиантай, ойворгон, сэржигнүүр, сээтгэр, хуугиа
들러붙게 되다 лагалта|х
들러붙게 하다 наа|х; хананд зарлал ~ 벽(담)에 벽보(광고,포스터)를 붙이다; шуудангийн марк ~ 우표를 붙이다.
들러붙게 하다(~을) тээгэлдэ|х
들러붙는 авалцаатай, ёлцор, жирэвгэр, лаагуу, наадаг, наалдамхай, цавуулаг
들러붙는다 жонхуура|х, нялгана|х
들러붙다 зуугда|х, зууралда|х, лаагалза|х, тагта|х
들러붙어 떨어지지 않는다 нялгана|х
들러붙어 떨어지지 않다 наалдангира|х

들러붙어진 장소(부분.곳.자리) наадал
들러붙음 наадаг; ~ цаас 끈적거리는 종이
들려주다(~에게) үгчлэ|х
들려줌 сонсохуй
들르다(~에) буу|х
들르지 않고 지나치다 дайра|х
들름(머무름) буудал; аянчны ~ 여인숙, 여관; зочид ~ 호텔, 여관; нисэх онгошны ~ 공항; төмөр замын ~ 철도역, 기차역.
들리다 дула|х
들리다(~이) сонсогдо|х
들리지 않는 곳에서 지나다 завха|х
들리지 않는 хув
들리지 않는 чихгүй
들먹이다 догдолго|х
들바람꽃 яргүй
들보 нуруу(н)
들볶다 тарчилга|х
들어 올리다 босго|х, өмгийлгө|х, өндөрлө|х, өндөртгө|х
들어 올리다(~을) даа|х
(~에) 들어가다 багта|х, гара|х, элсэ|х, оруула|х оро|х; автобсанд ~ 버스를 타다; сургууыд ~ 학교에 입학하다; их сургууыд ~ 대학에 들어가다; ажилд ~ 연구에 몰두하다(빠지다); цэргийн албанд ~ 군입대하다; туухэнд ~ 역사에 남다; хот ~ 시내로 가다; дэлгуурт ~ 상점에 가다; замаар ~ 여행하고 있다; гудамжаар ~ 거리를 거닐다; тамхинд ~ (담배)한대 피우다; шинэ байрпнд ~ 편평하게 펴다; усанд ~ 목욕하다; далд ~ 사라지다; дай-сныгарт ~~를 포로로 하다; гарт ~ 손으로 가볍게 두드리다(닿다, 대다); нар ~ (해가) 지다, 저물다; дагаар ~ 복종시키다, 따르게 하다; хургэн ~ 결혼하여 부인의 부모와 함께 살다; хуйвалдаанд ~ 한패에 가담하다;

шашинд ~ 신봉하다; нандив хандив ~ 본분을 다하다, 분에 맞는 봉사(기부)를 하다; санал ~ 움직이다, 이동시키다; хэлэх угэнд засвар ~ 연설자의 연제를 교정(수정)하다; жагсаалтанд ~ 목록표에 싣다, 명부에 올리다; усан онгоцыг зогсоолд ~ 항구에 정박하다; ээзмшилд ~ 소유(점령, 점유)하다; төөрөгдөлд ~ 그릇 인도하다; зарлагад ~ ~에게 비용을 부담시키다.

дуулгам оролт
дуулмаж гийуулэгч
дуу-оодох(~э) оруула|х; нандив хандив ~ 본분을 다하다, 분에 맞는 봉사(기부)를 하다; санал ~ 움직이다, 이동시키다; хэлэх угэнд засвар ~ 연설자의 연제를 교정(수정)하다; жагсаалтанд ~ 목록표에 싣다, 명부에 올리다; усан онгоцыг зогсоолд ~ 항구에 정박하다; ээзмшилд ~ 소유(점령, 점유)하다; төөрөгдөлд ~ 그릇 인도하다; зарлагад ~ ~에게 비용을 부담시키다.

дуулгалсан өнгийлгөгдө|х
дуулгалдаа агса|х, хөөрө|х
дуулгалим өргөлт; хундийн ~ 역도; огцом ~ 인상(引上); тулхэлтгэй ~ 용상(聳上); шахалтгай ~ 클린(바벨을 어깨 높이까지 들어올리기).

дууж сонсохуй
дуеногдо тата|х; э влийн нуурс ~ 겨울동안 석탄을 구입하다; уруу ~ 한쪽으로 치우치게(기울게) 하다; э э д ~ 정돈(정리)하다
дуу су ш игда сонсдо|х
дуум дусаал, сонсол
дуун пурьш боджа хада|х
дуукүрэх залги|х
дуууамжиш юзми жимсгэнэ
дуужиэ(류) оготно
дуучжин(窓) нух(эн), онгорхой

дуучуанэд гарга|х, бултай|х, задра|х, илрүүлэ|х, нээ|х, нээгдэ|х; хуйвалдаан ~ 음모를 알다; хамаг муу мууxайг ~ 최악의 상태를 초래하다(일으키다).

дуучуэшэр балхид хама|х; э вч ~ 건초를 긁어모으다.

дуутон хувин
думпүк зэндөө
думпүк дуурагадан багтаамжтай
~дуцан бололтой
дунэг(ж) зэрэг; бугд нэгэн ~ хашгиралдав 각각 동시에 소리치다(외치다); гэх ~ 등등
дун эдвахд гулсам(өлсэм) исэр
дун(ж)о дуудан тавигда|х
дунгаэ(дуусгэн)дуо дүйхуйц
дунголе ожаидан(ажиан) дөрөөлө|х
дунголе осакхагэ хадан жирүүрэ|х
дуугап анги, дугаар, рейтинг, хэргэм, цол, зэрэг; арвын тавдугаар ~ 10의 5제곱; давуу ~ 최상의 등급; ~ дугаар 동일 등급(계급,정도)에 속하는 것; тэргуун ээргийн зочид буудал 일등급 호텔; ~ хэргэм 지위, 등급; ~ нэгж 단위, 학점; цэргийн ~ 군의 단위
дуугап(гэк)гэ маэгида дугарла|х
дуугап(дуцча) магиги ангилал
дуугапбеэл ангилал
дуугапмуро наэна аймагла|х, ангила|х, зүйллэ|х
дуугапмэл чжуохада(~э) зүйчлэ|х
дуугапмэл чжуохад(маэдим) рейтинг
дуугы буртгэл
дундаэ харуул
дундада дулдуйда|х
дундадэ сэмгван гэрэлтүүр
дундэн(略: etc., &c.; 보통 약자를 씀) зэргээр; чадах ~ гуйцэтгэх 될 수 있는 대로 잘(힘이 닿는 데까지) 운반해라; нэгэн ~ 동시에; гэх ~ 등등.
~дундэн мэчиилэн; энэ ~ 이런 식으로;

гэх ~ ~ 따위, ~ 등등(etc. 또는 & c.로 생략)

등록 бүртгэл, рекорд, тэмдэглэл, элсэлт

등록(등기)하다 бүртгэ|х, дансла|х

등록(등기)했다 тэмдэглэгдэ|х

등록된(한) данстай

등롱 дэнлүү

등반 авиралт

등반하다 авира|х, маца|х, цоройх, өгсө|х; 9 9 дэ 9 ~ (~을) 오르다; шатаар ~ 2층으로 올라가다; уул 9 9 д ~ 등산하다, 산으로 올라가다; мод өөд ~ 나무에 오르다; уул өөд ~ 등반하다.

등받이의 түшлэгтэй

등본 галиг

등분의 хагас

등분하게 хагас

등불 зул, ламп, чийдэн; ~ барих 남포에 불을 켜다(밝히다); ~ жаргах (램프의) 불빛이 나가다; ~ сарын баяр 크리스마스, 성탄절; ~ сарын баярын амралт 크리스마스 휴일

등불(램프, 남포)을 켜다 асаа|х

등불(램프.남포) дэн(г); ~ бариж 램프로 불을 밝히다; ~гийн бурхуул 램프갓, 조명 기구의 갓; ~ буудал 여인숙, 여관.

등불용 석유 керосин; ~ дэнлүү 석유(오일) 램프.

등불을 밝히다(~에) гийгүүлэ|х, гэрэлдэ|х, гэрэлтүүле|х

등불이(개똥벌레가) 빛을 내다 гэрэлтэ|х

등뼈 сээр, нуруу(н), зоо; ~ны үе 척추골, 추골(椎骨); ар ~ 등뼈; ~гаа уурэх 열중쉬어 자세, 손을 등 뒤로하다; тэр ~гаараа тань шиг 그는 당신의 높이에 있다; ~ны мах (소·돼지고기의) 안심, 필레 살; ~ нуруу 등뼈; ~ авах

요통(腰痛); хөх зоот 붉은 옆구리 살.

등뼈(척추)가 없는 нуруугүй

등뼈(척추)로부터 늑골(갈빗대를)을 잘라서 떼어 놓다(분리하다) хавирга хада|х

등뼈를 절단하여 도살하다 нугасла|х

등뼈의 нугас(ан); ~ны ус 등뼈의 분비액.

등산 авиралт

등산가 уулчин

등산객(登山客) уулчин

등식(等式) тэнцэтгэл

등심초속(屬)의 식물 зэгс(эн)

등위(等位) уялдаа

등유 керосин; ~ дэнлүү 석유(오일) 램프.

등이 굽은 гудгар

등자(橙子) зүрж

등자(橙子) 감귤류(과실·나무) журж; амтат ~ 오렌지; бэрсуут ~ 그레이프 프루트, 자몽; хучит ~ 레몬.

등자(鐙子)에 걸터앉다 дөрөөлө|х

등자(鐙子)에 타다 дөрөөлө|х

등잔불 бамбар

등치기 нийнтэг

등피(燈皮) бамбар

등한히 하여 мартамхай, ойгүй

등허리 군살 бөх

디밀다 дөндий|х, цухуйлга|х

디사이플 교회신도 шавь

디스템퍼((1) 강아지의 전염병. (2) 말의 선역(腺疫)) гудрага

디스펜서 түгээгч

디스플레이 үзүүлбэр

디스플레이를 하다 үзүүлэ|х

디알렉틱(dialectic) диалектик

디자이너 дизайнер

디자인 сэтгэмж, хээ

디자이너 없는 хээгүй

디젤기관 дизель

디젤엔진 дизель

딜러(중개인) наймаачин, худалдаачин
дилетант сонирхогч
따금따금 아프다 бадайра|х
따끔거리게(얼얼하게) 하다 бадайра|х
따끔따끔하다 уцаарлуула|х
따는 도구 нээгч
따다 мөлжи|х, түү|х
(~을) 따다 хуни|х
따다 쓰다 ишлэ|х
따돌리다 хөндийрө|х
따뜻(화창)해 지다 урьши|х
따뜻이 하다 галла|х, дулаала|х, дулаацуула|х
따뜻하게 되는 물건 дулаашра|х
따뜻하게 옷에 감싸다 багцла|х
따뜻하게 하는 дулаалалт
따뜻하게 하는 물건(사람) дулаашра|х, бүлээсгэ|х
따뜻하게 하는 사람(물건. 온열기) дулаахан
따뜻하게 하다 бүлээсгэ|х, дулаада|х, дулаала|х, хала|х, ээ|х; нар ээж байна 그 햇볕은 따뜻하다
(~을) 따뜻하게 하다 бүлээсгэ|х
따뜻하고 양지바른 장소 дал
따뜻하고 햇볕이 잘 드는 장소 дал
따뜻함 дулаан; ~ы илч 따뜻한; ~ хувцас 따뜻한 옷; ~ орон 아열대 지방; ~орох 따뜻하게 하다, 녹이다
따뜻한 기운 дулаан, илч
따뜻한 기운을 주다 дулаацуула|х
따뜻한 기후(기상) урь
따뜻한 방 мантуу
따뜻한 우유에 효소를 더하여 응고시키다(굳히다) бурэ|х
따뜻한 дулаан, илчит, урин дулаан, урьхан, халуун
따뜻함 илч
따뜻함을 주다 дулаацуула|х
따뜻해지다 бүлээсэ|х, бүлээцэ|х, дулаада|х, дулаара|х, дулаацa|х, пүнхий|х, хала|х, ээ|х; нар ээж байна 그

햇볕은 따뜻하다
따라 (~을) дагуу; замын ~ явах 길(옆)을 따라서 혼자 걷다; салхины ~ 바람과 함께, 바람 부는 대로; усны урсга-лын 하류로, 강 아래로;
(~) 따라 дагуу
따라가다 дага|х; зам ~ 길을 따라가다; баруун гараа ~ 우측으로 나아가다, 정도를 걷다; газарчийг ~ 가이드를 따라가다;
(~을) 따라가다 хажуула|х, хажуулда|х, дагалдага|х, да|х, дүрэмлэ|х, дуурна|х, мөшгө|х, замна|х; мөрөөр нь ~ ~의 바로 뒤를 열심히 따라가다.
따라 나아가다(~을) байлга|х
따라서 ийм, ийн, ингээд, сэлт, тийн, тэгэхлээр, тэхлээр (тэгэхлээр), хэмээн
(~에) 따라서 дагуу; дүрмийн ~ 규칙(규정)에 따라서; хэлэлцээрийн ~ 조약(협정)에 따라서.
따라잡다(붙다)(~을) гүйцэ|х, гүйцэгдэ|х
따로 남겨 둔 илүү, сэлбээс
따로따로 амиараа, ангид, салангад, саланги, үлт, халц, ховх
따로따로 떨어진 бутархай, сандархай, тарангүй, тармаг, тару
따로따로의 тус, тусгаар, тусгай, тустус
따르게 하다 захирагда|х, нийцүүлэ|х, номхро|х, номхруула|х, тааца|х
따르다 гоожуула|х, дага|х, дүрэмлэ|х, дуурна|х, зохи|х, нийцүү, нийцэ|х, цутга|х; хэв заншил ~ 습관을 따르다; ая ~~에 따рдa
(~를) 따르다 дагалда|х
(~에) 따르다 захирагда|х, зохилдо|х
따르다(쏟다.붓다) асгаруула|х(асгарах)
따르지 않다 адайрла|х
따르지 않다 адайрла|х, гажи|х, зөчи|х
따리 зулгүй
따리꾼 долдойч
따분한 амтгүй, залхуутай,

сонирхолгүй, уйдмаар
따서 둥글게 하다(~를) бөөрөнхийлө|х
따위 зэргээр, зэрэг
~따위(등등) сэлт
딱 소리를 내다 пис хий|х
딱 잘라 тас; ~ алгадах 손바닥으로 (뺨을)때림; ~ огтлох 완벽하게 자르다 ~ хэ рэ э дэ х 둘로 톱으로 켜다 (자르다); ~ хазах ~을 세게 치다 (때리다, 짓밟다).
딱 하고 소리 내는(달려들어 무는, 절단, 끊김) хуга
딱(탕, 쾅, 쿵)하고 닫히다 тав хийтэл хаах
딱따구리 тоншуул (딱따구릿과에 속하는 새의 총칭. 깊은 산속에 삶. 빛은 녹색·흑색 등이며 반문이 있음. 날카롭고 단단한 부리로 나무를 쪼아 구멍을 내고 그 속의 벌레를 잡아먹음.)
딱딱 맞부딪쳐 소리나게 하다 шулгана|х
딱딱 부수다 пиэигнэ|х, хэрчигнэ|х, шажигна|х
딱딱 소리를 내다 (도기에) 금이가다 пиржигнэ|х
딱딱 소리를 내다 пад пад хийх, пир пирхийх, шаржигна|х
딱딱(바삭바삭·쾅)하는 소리 сар сар хийх
딱딱(바삭바삭·쾅)하는 소리나다 торчигно|х
딱딱소리를 내다 тажигна|х
딱딱하게 되다 дарай|х, хөши|х
딱딱하게 하다 бадайра|х, горзой|х, дагдарши|х, дагтарши|х, хатуужи|х, хатуура|х, чулуужи|х
딱딱하고 부서지기 쉬운
딱딱하고 예의바른 жулчгэр
딱딱하다 ёсорхо|х, хөшүүрэ|х
딱딱하지 않은 зөөлөн
딱딱한 дангинатал, дарай|х, дардгар, дардгархан, хатан, хату, хатуухан, хөшүүн, хундан, цардмал, цул

딱딱한 외피(겉껍데기) бурхуул, дун(г), хальс
딱딱해지다 хатамжи|х, чилэ|х
딱새의 일종 өлөн хуттуур
딱정벌레 дэлэгч, цох
딱지 гарчиг, пайз, хавьс, шошго
딴 мөртөө, нөгөөдүүр, ондоо, өөр, элдэв
딴 그릇에 옮기다 юүлэ|х; цус ~ 수혈하다; морио ~ 승마용의 말을 바꿔서하다;
딴 길로 들어서다 завхра|х
딴 데로 зулга, хэгз, цааш(аа)
딴 마음이 있는 зальхай, холчиргон
딴 방법으로 эсвэл
딴 방법으로 하다 өөрчлө|х
딴 사람의 이름을 받은 사람 аминдай, амьдай
딴 새둥지에 탁란(托卵)하다 паразитла|х
딸 또는 누이의 어린이(애들) зээ
딸그락딸그락(우르르) 소리나게 하다(울리다)(~을) торчигно|х
딸기(양딸기) гүзээлзгэнэ
딸꾹질하다 зогьсо|х
딸꾹질하며 말하다 зогьсо|х
딸랑딸랑 울려서 알리다 хангина|х
딸랑딸랑(따르릉) 울리다 хангина|х
딸랑딸랑(울리는) 하는 хангинуур
딸랑딸랑(짤랑짤랑·찌르릉)소리나다 (내다) хангир жингэр, даржигна|х, жингэр жингэр хийх, хан хийх, дангина|х, жигэнэ|х
딸을 시집보내다 хадамла|х
땀 шивэр
땀 날 정도의 노력 хөлс
땀 날 정도로 노력하다 хөлөргө|х
땀(식은땀)을 흘리다 чийхра|х
땀같은 хөрлөмтгий
땀나게 하다(~에게) хөлрө|х, хөлслө|х
땀에 젖은 хөрлөмтгий
땀옷 хөлсөвч

땀으로 적시다 чийхра|х
땀을 빼게 하는 хөрлөмтгий
땀을 흘리게 하다(~에게) хөлрө|х, хөлслө|х
땀을 흘리다 мэтгэ|х, хөлөргө|х, хөлрө|х
땀의 방울 шуудэр
땀이 나다 чийхра|х
땀이 배다 мэтгэ|х, чийхра|х
땀투성이의 хөрлөмтгий
땅 дэвсгэр, талбай, хөсөр, шороо(н)
땅(토양.흙) газар; атар ~ 처녀지, 미개간지; ~ ангах 지면을 완전히 말리다; ~ буух 상륙(착륙, 착수, 착함)하다; ~ гэр 지하실, 땅광, 움; ~ доорхи 지하에서 사는(일하는) 사람, 지하의 동굴; ~ дээр 지표면; ~ дээрх 지상의 (에서); ~ дэлхий 세계, 지구; ~ мандал 지구의 리소스피어, 암석권(岩石圈), 지각(地殼), 지구의 수계(水界); ~савах 지면을 치다; ~сайгүй 어디에나, 도처에; ~ түрээслэх 차용계약, 차용증서; ~ухах 땅을 파다(파헤치다); ~ хагалах 땅을 갈다, 경작하다; ~ хагарах 지구의 표면이 쪼개지다, 지표가 터지다; ~ газрын бордоо 거름을 (비료를) 주다; газрын тос 기름,오일(oil); газрын зээн 땅 임자, 지주; газрын царцдас 지구의 표면, 지구 지각(地殼); хадлангийн ~ 건초밭, 건초용 풀밭; хар ~ 휑뎅그렁한 땅; хуурай ~ 메마른 땅;

땅 위로 끄는 사람(것) чиргүүл
땅(좌석에서) 일어나다 өөдлө|х
땅거미 үдэш
땅거미(황혼) бүрэнхий
땅거미가 지다 барай|х, дүнсий|х
땅광(지하실) зоорь, подвал
땅광(움)에 저장하다 зоорило|х
땅기다 дугтра|х
땅돼지(남아프리카산 개미핥기의 일종) тарвага(н)
땅딸막(단단)하고 흩어지다(헝클어지다) загзай|х
땅딸막하게 되다 мугжий|х, хаагдай|х
땅딸막하고 흩어진(헝클어진) загзгар
땅딸막하다 мугхай|х, пагдай|х, таахай|х
땅딸막한 алцгар, атигар, бандгар, думбагар, логлогор, луглагар, мугжгар, навтгар, нагжгар, налчгар, паадгар, пагдгар, палхгар, таадгар, таахгар, тоодон; ~ хүн 아주 키가 작은 사람, 난쟁이; ~ нуруутай хүн 키 작은 사람
땅딸막해지다 нагжий|х
땅속에서 흘러나오다 гулдри|х
땅속의 хөнхөр
땅에 엎드리다 ойчи|х; муурч ~ 실신(졸도, 기절)하다; газар ~ 지면(땅)에 떨어지다; гэнэт ~ 갑자기 떨어지다; усанд ~ 물이 떨어지다; цонхноос ~ 창문밖으로 떨어지다.
땅에 엎드리다 палхай|х
땅을 갈다 боловсруула|х
땅을 고르다 дөл, жигдлэ|х, мөлийлгө|х, толи|х, толиро|х
땅을 긁어 구멍을 내다 мажи|х
땅을 메마르게 되다 туйлда|х
땅을 메마르게 하다 горзой|х
땅을 메마르게 했다 харчий|х
땅을 파다 тата|х; суваг ~ 운하(수로)를 파다; цахилгаан гэрэл ~ 전기를 가설하다
땅이 메마르다 чардай|х
땅이 메마른 харчгар
땅이 반들반들한 гулгараа
땅이 불모의 ургацгүй, үржилгүй
땅이(바다가) 솟아오르다 бөльций|х
땅콩 хуасан
땋다 сүлжи|х
땋아 늘인 머리 гэзэг, оочер
땋은 끈 гөрмөл, сүлжмэл
땋은 머리 гэзэг, саа, сүлжээс; ус ~

머리; ~ гөрөх 땋아 늘인 머리; ~ тавих 머리를 땋아 늘어뜨리다

때 галав, удаа, улирал, хугацаа, цаг

때 아닌 зуурд; ~ын үхэл 때 아닌 죽음; тууний өөрөөт сэтгэл ~ын байжээ 그의 낙천주의는 시기상조다

(~할) 때 хором

때(사람·일 등이) 느릿느릿 진행되다(나가다) өнхрүүлөх

때가 경과함에 따라 яваандаа

때가 무르익다 хувилах

때가 지나가다 дайрах, дамжуулах, нөгчих

때가 지나다 нөгчөөх, өөдлөх

(~할) 때까지 хүртэл

때다(불을) шатаах

때다(연료) шатах

때대로 깜작이다 анилзха

때때로 나타나다 бултанах

때때로 바람이 분다 лувхийх

때때로 보이게 되다 бултанах

때때로 비치다 гялс гялс хийх

때때로 алдаг оног барин тавин, заримдаа, хааяа, байн: ~ ~ харах 때때로 바라보다; ~ байсаар 역시, 결국

때때로(가끔, 종종) 동반하다 авирдаг

때려 생긴 혹 булдруу

때려 쓰러뜨리다 суга цохих

때려눕히다 гөвдөх, дэлдэх, навчийлгах

때려뉘다 шавхруудах, ширвэх

때려부수다 нүдэх; хаалга ~ 문을 쿵(꽝, 펑, 탕)하고 두드리다

때렸다 жанчуулах

때를 맞추어 ~하다 хугацаах

때를 보내다 нөгчөөх

때리다 балбах, гуядах, дэлдэх, жанчих, занчих, зодох, зодох, зодуулах, мунадах, нанчих, онох, ороолгох, ташуурдах, тонших, тусах, ширвэх

때리다(치다.두드리다) гөвдөх

때문에 болох, улмаас; чимээ шуугианаас болж унтаж чадахгүй сөөм때문에 잠을 이루수가 없다

~때문에 дээрээс, тул

때문에 부끄럽다 зүлчилзэх

때묻게 되다 дэвтэх

때묻은 дэв

때묻지 않은 гэнэхэн

때의 사이 завсар

때쯤(~) талаар, тухай

땔나무 판매인 түлээчин

땔나무 түлээ, хагадас

땔나무(숯) залтас

땜납 гагналт, гагнуур

땜질(땜) гагнуур

땜질(용접)하다 гагнах

땡땡 울리는 дүн(г) дан

떠(돌아) 다니다 хөвөх

떠나게 하다 задаргах, зайлуулах, тарах, цомтгох

떠나는 것이 당신 대신으로 나(우리)에게 더욱 부담이다 лай болохоор зай бол

떠나다 гарах, гаргах, зугтах, одох, салах, тасрах, үлдээх, цаашлах, явах, явах, морилох; морилон орно уу! 들어오시오! тавтай морилно уу! 어서 오십시오!, 잘오셨소!; та дээшээ морил! 올라타시오!

(~에서) 떠나다 хэгзрэх

떠나서 зуур, явуут

떠나지 못하다 хургах

떠내려 감 хөвөгч

떠내려 보내다 зайлах, урсах

떠다밂 түлхэц

떠도는 хэрмэл, цагаач

떠도는 것 хөвөгч

떠돌다 бэдэх, гүйх, хэсэх

떠돌아다니다 тандах

떠드는 소리 пижигнээн

떠들고 놀기 пижигнээн
떠들기 좋아하는 сэжигтүй, тэвдүү, үүлгэр
떠들다 дүйвээлэ|х, шаги|х
떠들며 다니다 бахь, бөндөгнө|х, дэдэнэ|х
떠들썩한 дарвиантай, дүйвээнтэй, наргиантай, нүгээнтэй, нуршаа(н), орилоо
떠들어대다 тэвдэ|х, хууги|х
떠듦 шуугиан
떠듬거리며 말하다 дүднэ|х
떠듬적거리다 тээдэ|х, ээрэ|х
떠맡다(~을) гарда|х
떠밀다 түлхэ|х, чихэлдэ|х
떠밂 түлхэц
떠받침 жинтүү
떠벌리다 дамсагла|х, оодро|х сагсгана|х, соохолзо|х
떡나무 хайлаас
떡느릅나무 хайлаас
떨(리게 하)다 жихүүцэ|х
떨구어버리나 таягда|х, унага|х, хаягда|х
떨기 чичиргээ
떨다 давжгана|х, дагжи|х, дэнслэ|х, дэржигнэ|х, жийрхэ|х, чичигнэ|х, чичрэ|х, эмээ|х; шуд ~ (이가) 딱딱 맞부딪치다
떨리는 목소리 чичирхийлэл
떨리는 чичүүс
떨리다 булгила|х, дайва|х, дайвалза|х, жийрхэ|х, туялза|х, яйжгана|х
떨림 лавх, чичиргээ, чичирхийлэ|х, чичирхийлэл
떨어뜨리게 하다 татра|х, хоро|х
떨어뜨리게 하다(신용·명성 등을) багаса|х
떨어뜨리는 사람(물건) дусаалга
떨어뜨리다 алда|х, буу|х, тасдуула|х, унагаа|х
떨어져 나가다 хэлтлэ|х

떨어져(서) 있다(~에서) онцгойро|х
떨어져빠지다 суга усрэх
떨어져서 ангид, саланги, хэгз, цааш(аа)
떨어져서 걷다 алцгана|х
떨어지게 시키다 ойчуула|х
떨어지게 하다 булгала|х, ойчуула|х
떨어지게 하여 ангид, саланги, үлт
떨어지는 소리가 나다 хар няр хийх
떨어지다 бултрэ|х, буу|х, зулгара|х, ойчи|х, сала|х, сугара|х, уна|х, харуулда|х, хөглө|х, хямдра|х, цөглө|х, дошло|х; өвчтөний халуун нь доошилсон байв 환자의 체온이 떨어졌다; уулнаас ~ 언덕에서 떨어지다; голоор ~ 하류로(강 아래로) 가다; манан ~ (안개가) 내리다, 안개로 덮다
떨어지지 않는 наалт
떨어진 задгай, зайтай, саланхай, унанги, хол, холхи
떨어진(멀리) алс
떨어질 수 없는 завсаргүй, салшгүй, хагацашгүй
떨어짐 ангижрал, салалт, угалт, хагацал
떪 лавх
떳떳치 않게 여기다 баса|х
떳떳하지 못한 буруутай, гэмтэн
떳떳한 마음 барин тавин
떼 айл, армии, дугуйлан(г), жим, коллектив, язмаг
떼(그룹.집단.단체) бүлэг, булгэм
떼(를)짓다 арзгана|х, хөтөрө|х, язгана|х, заарцагла|х
떼(어 놓)다 суллагда|х, тави|х
떼꺽 төдөлгүй, төдхөн, удалгүй
떼다 булгала|х, хөнхийрүүлэ|х
떼떼 ээрүү
떼를 지어 떨어뜨리다(낙하시키다) хиара|х
떼를 짓다 багшра|х
떼어(남겨)두다 гамна|х, хямгада|х

떼어내다 задгайра|х, тайрагда|х, таслуула|х, тасра|х, холтло|х, шалдла|х
떼어낸 тайрмал
떼어놓다 зулгаа|х, мулт татах, сулруула|х, тасдуула|х, хүү татах
떼어놓다 холдуула|х, хөндийрө|х
떼어두다 нөөцлө|х
떼지어 모여들다(~에) аравгана|х, арзгана|х, бужигна|х, шава|х, язгана|х
떼지어 모이다(이동하다) сүрэглэ|х, хөтөрө|х
떼지어 몰려오다(가다) багшра|х, заарцагла|х
떼지어 몰다 хоро|х
떼지어 олуул(ан)
떼짓다 сүрэглэ|х
뗏목 сал, хөвөгч
뗏목타는 사람 салчин
뗏사공 салчин
뗏장 жим
또 ахиад, ахин
또(~도 또한) бас
또(한) хийгээд
또는 эсхүүл
또는(~이나—) аль(алин)
또 다른 ~의 мөртөө
또 다른 한 사람 행동의 나쁜 결과(예후) хомрого
또 다시(또) 한번. аанай
또 생기다 давтагда|х
또 하나(한사람)의 бус, нөгөө, хүнийх; ~хун 다른 사람;
또 하나의 давтан
또닥또닥 소리가 나다 пар пар хийх
또닥또닥(후두두) 소리를 내다 тожгино|х
또렷(산뜻)하지 않은 дүлий, будэгхэн
또렷하지 않은 саaруу, туйлбаргүй, туушгүй, униартай
또한 ~않다(~도) биш
또한 цаашлаад
또한(~도) барам: ул ~, хам, цуг

똑같은 гийуулэгч
똑같은 부분으로 나누다(분할하다, 쪼개다) өрөөлдө|х
똑같은 짐을 옮겼다 тэн
똑같이 할 수 있는 хирэндээ
똑같이 барам: ул ~, жич, түүнчлэн, тэрчлэн, хийгээд, ялгалгүй
똑똑 두드리다 тарчигна|х, түг түг хийх
똑똑 떨어뜨리다 лагхий|х, савира|х, унагаа|х, цувуула|х
똑똑 떨어지다 гожгоно|х, дуса|х, дусаа|х
똑똑 치기 тогшилт
똑똑(둥둥) 두드리는 소리 шивээс
똑똑두드리다(치다) тогши|х
똑똑듣다(떨어지다) цува|х
똑똑떨어뜨리다 цувра|х
똑똑소리 цохилт
똑똑치는 소리 тогшилт
똑똑하지 않은 балархай
똑똑한 адтай, ухаалаг, цовоо, элдэвтэй; ~тай 영리한 소년
똑똑히 илтэд, тод, тодорхой
똑똑히 보이는(들리는) илэрхий
똑바로 뒤에 хойхнуур
똑바로 선 босоо, гозгор; ~ оройтой малгай 최상층의, 톱의.
똑바로 세우다 босго|х, гозойлго|х, өндийлгө|х
똑바로 зөв, сайтар, сэртэн, туус, тэг, чанх, чухамдаа, шулуухан, шууд
똑바로(곧추)선 зогсоо, сэртэн, цэгц, цэх, шударга; ~ зайгуй хуна(한 사람)씩 (차례로); ~ зайгуй цувах хуна(한 사람)씩(차례로) 따르다
똑바로(올바르게.정확히)하다 ёсчло|х; ёсчлон гүйцэтгэх ~을 올바르게(정확히) 하다
똑바로서다 тэний|х
똑바르게 되는 гэдгэр
똑바르게 되다 гэдий|х, гэдэгнэ|х,

тэний|x
똑바르게 하다 зала|x, туушра|x, тэгш-лэ|x, цэхлэ|x, шуллуда|x, шулуутта|x
똑바른 гүдес, туус, эрс, эршүүд; ~хун 똑바른 사람
똘똘 뭉쳐(말려) 졸아들다 хуйла|x
똘똘한 авьяаслаг
똥 баас; ~хатах/хураагдах 변비; нялх тугал ~ алдаад байна 새로 태어난 송아지가 설사를 하다; нохойн ~ 더러운 것, (특히 개·고양이의) 똥.
똥개 хуний жааз
똥거름 баас, бордо, өтөг
똥구멍 хошного
똥똥하다 бондой|x
똥똥한 бамбагар, бондгор, булбарай, булцгар, думбагар, малигар, помбогор, тонтгор
똥똥해지다 думбай|x
똥배가 나온 лонхгор, түхгэр, тэсгэгэр
똥집 олгой (소장의 끝에서 항문에 이르는 소화기관; 식물성 섬유의 소화와 수분의 흡수를 맡아봄)
똬리쇠 жийргэвч
뚜껑 бурхуул, бурээс(эн), далдавч, дугтуй, нөмрөг, нээлгий, таг, таглаа, хавхаг, халив
뚜껑 달린 대형상자(궤)의 정면(앞) хэнхдэг
뚜껑을 덮다 хавхагла|x, халивла|x
뚜껑을 덮지 않은 нээлттэй
뚜껑을 씌우다 хавхагла|x
뚜껑을 하다(~에) бүрэ|x, гадарла|x, давхарла|x
뚜껑이 열리다 xyypa|x
뚜껑이(덮개가) 없는 нээлттэй
뚜렷이 гүдгэр, төвгөр
뚜렷한 андашгүй, даа, илт, тод, томруун
뚜렷한 차이를 보이다 ялгара|x
뚝(딱) 부러뜨리다(꺾다) хугара|x
뚫고 나가다(나아가다) гулдри|x

뚫림 шивээс
뚱딴지 тусгаарлагч, тусгаарлалт
뚱뚱(비만)해지다 зооло|x
뚱뚱하다 лантай|x, өтгөдө|x, цудий|x
뚱뚱한 бандгар, будуун, будуун хадуун, голигор, гүн, лалхгар, ланттар, луглагар, лухгар, махархаг, махлаг, махтай, пандгар, тантгар, тарган, түхгэр
뚱뚱한 볼(뺨) зузгар
뚱뚱한 사람의 비척비척(비틀비틀, 어기적어기적) 걷다 голилзо|x
뚱뚱함 тарга
뚱뚱해지다 бандай|x, будуурэ|x, голий|x, гүзээлэ|x, мариала|x, махла|x, өөхлө|x, пандай|x, тантай|x, тоглой|x, түхий|x
뚱한 표정을 짓다 морчий|x
뚱한 гонсгор, ёхир, хуйсгар
뛰기 чавганц
뛰다 дэгэнцэ|x, үсрэлт, ухасхий|x, харай|x, цовхро|x
뛰다(도약하다) дэвхлэ|x, дэвхрэ|x
쉬다, 한 발로 뛰다 дэпцэ|x
뛰며 물러나다(말이 놀라서) бусга|x
뛰어(나)가다 ухасхий|x
뛰어가다(낙타가) тэши|x
뛰어나게 되다 гялтай|x
뛰어나게 아름다운 дагина
뛰어나다 голдо|x, гүйцэ|x, давууда|x, ноёрхо|x, тархила|x, шалгара|x
뛰어나다(~보다) ноёло|x, ноёрхо|x, хэтрэ|x
뛰어난 ашгүй, гарамгай, гоё, гоо, гоц, гэрэлт, гялгар, гялтгар, давуу, олигтой, сайхан, тольтой, язгуyртан, зүгээр; эндхийн xoол ~ шуу 그 식품은 꽤 좋게 여기 있다; ном бол хэзээд бэлгэнд өгөхөд ~ дэг 책은 항상 선물로 받아들일 수 있다; ~ багш 훌륭한 선생님; таны бие ~уу? 당신은 어떻게 느낍니까?; цагаан идээ бнөнд ~ 유제품(乳製品)은 건강에 좋다; ~

сайхан 훌륭한, 뛰어난; ~ ганган 산뜻한; ~ уг 위선의 말, 위선(자)적인 언어; ~ өөчин 요통(腰痛).;
뛰어난(사람) дорсгор
뛰어내리다 дошло|х
뛰어넘게 하다 үсрэ|х
뛰어넘다(~을) үсрэ|х, өнжөөх, үсчи|х
뛰어돌아다니다 харайла|х
뛰어들다(~에) хэмхрэ|х, шургуула|х
뛰어서 지치다 цай|х
뛰어오르게 하다 үсэргэ|х
뛰어오르다 дүрдхий|х, дэвхлэ|х, дэвхрэ|х, үсрэлт, ухасхий|х, харай|х, цовхро|х
뛰어오름 ойлт, харайлт
뜀 харайлт
뜀박질 гүйдэл, чавганц
뜀박질(도주) гүйлт
뜨개바늘 зүү(н), хаттуур
뜨개질 세공 нэхээс
뜨개질 нэхээс, үйл
뜨개질을 하다 нэхэ|х
뜨개질하는 사람 нэхэгч, сүлжмэлчин
뜨거운 алт, золбоолог, илчит, халуун
뜨거운 날 пүү халуу
뜨거운 재 нурма
뜨거움(열)을 느끼게 만들다 халууцуула|х
뜨끔뜨끔 쑤시(계하)다 баала|х, бугла|х, идээлэ|х, идээрлэ|х
뜨내기 доншуурч, тэнүүлчин
뜨는 것 хөвөгч
뜨다 дүрвээн, нэхэ|х, өргө|х, сүлжээлэ|х, хөвө|х, эсгэ|х
(~을) 뜨다 утга|х
뜬 нэхмэл, сүлжмэл, сүлжээ, сүлжээс
뜯다 зулгаа|х, мөлжи|х, түү|х
뜰 цэцэрлэг; жимсний ~ 과수원; хуухдийн ~ 유치원.
뜸 төөнүүр(뜸요법)
뜸씨 фермент
뜸을 뜨다 төөнө|х

뜸팡이 фермент
뜻 зрилго, ир, санаархал, таалал, утга, учир
뜻 없는 утгагүй
뜻(영문)을 알 수 없는 ойлгомжгүй
뜻(원인·성질·내용를) 이해하다 уха|х
뜻[영문]을 알 수 없는 ухаарщгүй
뜻깊은 дэвсгэртэй
뜻도 없이 재잘재잘 지껄이다 бавчи|х, дэлгүүрэ|х, лавши|х, доносо|х; дэмий юм ~ хэрэгтүйхертүн мэлс хэлжи мае.
뜻밖에 санаандгүй, санамсаргүй
뜻밖의 ад, гэв, гэнэтхэн, зочир; ~уургай 성 잘 내는, 신경질적인; ~ тай хашгирах 이상한(야릇한) 부르 짖음; ~ тай инээх 유령의[같은] 웃음; ~ болох ~의 부담이 되다; ~ үзэх 유감으로 여기다
뜻밖의 일(것) гайхаш; ~ барагдах 절망하여, 자포자기하여; гайхшаа барах 단기의 실현(실행) 가능한 일(수단).
뜻밖의 일을 당하다 бальагдсан, бачимдсан
뜻을 굽히다 нугала|х
뜻을 밝히다 тодорхойлогдо|х
(~의) 뜻을 억지로 붙이다 гүйвуула|х
(~의) 뜻을 파악하다 увайла|х
(~의) 뜻을 해답하다 тайла|х, ойлгуула|х, тайлбарла|х, уттачла|х, хэлмэрчлэ|х
뜻하지 않은 магатлашгүй
띠 дайс, лент, нөмгөн, татуурга, тууз, холбоо, хэлхээ
띠(허리띠. 벨트.혁대) бус, олом
띠 따위를 버클로 죄다 горхило|х
띠 모양으로 구획하다(~을) мужла|х
띠 장식 дайс
띠고 있다 өмсө|х
띠까마귀 турлиах
떵떵해지다 бөльций|х, гувай|х

ㄹ

라고 부르다(~) гэ|х
라고 속이다 засдаглаٰх
라고 이름 짓다(~) гэ|х
라고 하는 이름의 хэмээгч
라는 사실에서 보면 зуур; түргэн ~ 당장에, 즉각, 즉시, 곧; агшин ~ 즉시, 순식간에; түр ~ 우선, 당장은; тэр унших ~аа дандаа тэмдэглэл 그는 독서하는 동안(내내) 메모하였다;
라는 이름으로 하다 хэмээ|х
라도~ч
라듐 радий. (radium: 방사성 동위원소의 하나. 우라늄과 함께 피치블렌드 속에 존재함. 알파·베타·감마의 세 가지 방사선을 방사하며, 가장 안정된 226Ra의 반감기는 1602년이며 라돈으로 변화하고 마지막에 납이 됨. [88번:Ra:226.03].)
라드(돼지비계를 정제한 반고체의 기름) ѳѳх
라디에이터 радиатор
라디오(방송) радио; ~гоор 무전으로, 라디오로; ~ нэвтрүүлэг 라디오 방송하다; ~ телевизийн нэвтрүү-лэгч 방송자(방송장치, 시설); ~ нэвтрүүлгийн программ 방송 프로그램; ~ сонсогч 라디오 청취자; ~гоор хэ гжим нэ-втрүүлэх 음악을 방송하다; ~ гоор уг хэ
라디오 진공관 ламп
лэх 방송하다(되다); ~ станц 라디오 중계국; ~ техникч 라디오 기계; зурагт ~ TV, 텔레비젼 수상기.
라디오세트 радио

라마 사원의 관리책임자들 공무상의 직함 зайсан
라마 사원의 제자 шавила|х
라마 수도승 гэвш
라마교 사원의 지붕위에 세우는 것 ганжир
라마교의 기도문통(筒)(기도문을 넣은 회전 원통) хүрд
라마교의 종교적 의식안에서 사용되는 굽지 않는 빵(가루반죽)의 모양 золиг; ~т гаргах 산 제물의 의식, (신에의) 공물(제물) 불사르다
라마사원 зуу
라마승(僧) лам, тойн; ~ хүн 라마승; ~ нар 라마 사원; ~ шувуу 붉은 큰 외투, 볼그스름한 외투; даа ~ 대(大) 라마승, 달라이 라마; ширээт ~ 라마교도의 수도원 장로; хар ~ 크리스찬의 성직자, 기독교도 목사; ~ хуврага 수사(修士)
라마승(僧)의 이름(명칭) гэгээн
라마승(僧)의 짧은 승복 банзал
라마승(僧)의하여 닳아빠지 겉옷(외투) орхимж
라마승의 수행원(종자) банди
라마승의 주술(呪術, 부적)을 배우는 장소 дацан(г)
라마승의 풍습(관습, 예절) ламархаг
라마승의 학문수행 기간 동안 이름 гэвш
라마승이 말하는 태도 ламтар
라마승이 말하는 태도의 ламхай
라마승이 사용하는 경의를 표하는 말투 ламбугай
라마승처럼 인사말 하다 ламбугай
라벨 гарчиг, шошго, пайз; мэ нгэ н ~ 은빛 명찰; модон ~ 나무 간판; ачаа/ тээшийн ~ 수화물 꼬리표(라벨)
라스트(last) шувтрага
라이벌 ѳрсѳлдѳгч
라이터 ноцоолго

라이터 돌 цахиур
라이플총 винтов
라일락 гөлж, гөлж борын цэцэг
라임과나무 далдуу (레몬 비슷하며 작고 맛이 심).
라트비아 사람(말)의 Латвии
라트비아(공화국) Латвии (1940년 옛 소련에 병합되었다가 1991년 독립; 수도 Riga);
라트비아의 Латвии
라틴 латин
라틴사람 латин
라틴어 латин (Latin語: 인도·게르만 어족에 속하는 말《옛 로마에서 쓰이고, 로마 제국 전성기에는 유럽 전토에 퍼져 오늘날의 이탈리아·프랑스어 등의 근원이 됨》); ~ цагаан толгой 로마자, 로마어 알파벳
래커(도료의 일종) доллого
래커(도료일종) маажин(г)
래커(칠, 옻, 유약)를 바르다(~에) дололго|х
래커를(옻을) 칠하다(~에) маажинда|х
래티스 адар, сараалж(ин)
랜싯 ланцуй
랜턴 дэнлүү
램프(lamp) бамбар, ламп, чийдэн, зул; ~ барих 남포에 불을 켜다(밝히다); ~ жаргах (램프의) 불빛이 나가다; ~ сарын баяр 크리스마스, 성탄절; ~ сарын баярын амралт 크리스마스 휴일
램프의 기름통(탱크) нуурмаг
랭귀지(language) хэл
러닝 스티치(안팎으로 같은 땀이 나는) шаглаа
러닝 스티치를 바느질하다 шагла|х
러닝을 재봉틀로 박다 шагла|х
러닝플레이로 나아간 거리 үсрэнгүй
러브차일드(love child) бутач
러스크 хатаамал
러시아 말(사람) орос; ~ хүн 러시아 사람; ~ хэл 러시아 말(언어); ~улс 러시아.
러시아어로 번역(해석)하다) оросчло|х
러시아의 세력 아래 두다 оросжи|х, оросжуула|х
러시아제의 강한 궐련 папирос
러시아제의 독한 담배 папирос
러시아풍으로 되다 оросжи|х
러시아풍으로 하다 оросжуула|х
러시아화 되다 оросжи|х
러시아화하다 оросжуула|х
레몬(lemon) лимон, нимбэг; ~ийн хучил 레몬산(酸)
레몬나무 лимон
레바논 Ливан (지중해 동부의 공화국; 수도 Beirut)
레바논 사람 Ливан
레비 гөнжүүр, хөшүр, хөшүүрэг
레스토랑 ресторан
레스트 тогтоогч
레슬러의 재킷 далбаа
레슬러의 준비자세 өрө|х
레슬링 링 дэвжээ
레슬링 또 다른 하나의 재킷을 잡다 далавчла|х
레슬링 선수 бөх; ~ барилдах 맞붙(어 싸우)다, 레슬링(씨름)하다; ~ ийн барилдаан 레슬링 시합(경기); ~ийн засуул 레슬링 선수 제2세; ~ийн даваа 레슬링 한 게임; ~ амлах 레슬링상대(도전자)와 시합하다; ~ эасах 레슬링에서 코치 노릇하다; ~ийн бай레슬링시합(경기)에서 수상하다
레슬링 선수의 바지 шуудаг
레슬링 시합을 조정하다 барилдуула|х;
레슬링 장 даваа(н)
레슬링 барилдаан
레슬링(씨름) 전국 대회 타이틀전 начин
레슬링(씨름)의 상대자 оноо
레슬링(씨름)하다 гуяда|х, ноцолдо|х, барилда|х, барилдуула|х

레슬링선수가 서로 맞붙잡을 때의 발의 자세(스탠스) өрөлт
레슬링의 가랑이로 붙잡다(끌어안다) салтаада|х
레슬링의 우승자 또는 게임의 우승마의 "타이틀"을 공포(성명.포고.선언)하다 цолло|х
레슬링의 허리치기 өгзөг
레이더 등의 반사파(波) цуурай
레이스 сэгэлдрэг, үдээс
레인코트 хэвнэг, цув
레지스탕스 эсэргүүцэл
레코드(record) пянз
레코드음악의 일부분 бичлэг
레테르 гарчиг, пайз, шошго
레퍼리 цэц
레프라 уяман
레프트 윙 зүүн
렌즈 мэшил
렌즈꼴의 물건 мэшил
렌즈의 배율 диаметр
로 өгүүлээд
~로 аваад; биөдөр бур өглөөнөөс ~ орой хуртэл ажилладаг нас нь매일 아침부터 저녁까지 일을 한다.
~로(서) мэт
~로(에) дээр, дотогш
~로 가다 гара|х; хөдөө ~ 대초원지대로 가다; ажлаас ~ 퇴직하다; эмнэлгээс ~ 퇴원하다; чөлөөнд ~ 은퇴하다, 퇴직하다; өрнөөс ~ 빚을 갚다; салхинд зугаалахаар ~ 걸어 나가다; тайз дээр ~ 배우가 되다; та зурган дээр сайхан гарчээ 당신은 잘 나온 사진을 가지고 있다; тамхинаас ~ 담배를 끊다; ялаас ~ 벌(형벌, 처벌)을 면하다
로뎀나무(열왕기 上 X IX:4) арц
로또 лото
로마 ром (Rome의 이탈리아 이름); ~ тоо 로마 숫자

로마 가톨릭교의 католик; ~ шашин 가톨릭교(의 교의(敎義)·신앙·제도), 천주교
로맨스 роман
로맨티시스트 романтикч
로맨티시즘 романтизм
로맨틱한 романтик; ~ хун 로맨틱한 사람;~ э гууллэг 로맨틱한 이야기
로맨틱한 기분 роман
로맨틱함 романтизм
~로부터 가다 гара|х
~로부터 쌓인 눈더미 хунгарла|х
~로부터 주름을 잡다 хунира|х
~로부터 하다 тэрлэ|х
~로부터 өгсүүлээд
~로부터(에서)(떨어져, 벗어나) зулга; ~ угаах 씻어 내(리)다.
로브 платье
로사리오 сувс, үлбэн (rosario: '로사리오의 기도'를 드릴 때 쓰는 성물(聖物). 큰 구슬 6개, 작은 구슬 53개를 꿰고 끝에 작은 십자가를 단 염주. 묵주(默珠).)
로진 жилий (송진에서 테레빈유를 증류시키고 남은 수지(樹脂); 현악기의 활이 미끄러짐을 방지함)
로진(송진)으로 문지르다 жилийдэ|х
로진(타르)을 바르다 жилийдэ|х
로켓 пуужин; тив хоорондын ~ 대륙간 탄도미사일(ICBM); сансрын ~ 우주 로켓; далавчит ~ 크루즈미사일, 순항로켓; ~ зөөгч 로켓 운반 설비(기계); ~ харвах 로켓으로 나르다(쏴 올리다), 로켓탄으로 공격하다.
로켓 추진(력) пуужинт хөдөлгүүр
로코모티브(locomotive) зүтгүүр
로킹 디바이스 цоожлогч
로터스 лянхуа
로프 또는 코드로 매듭(매기) уялга
로프 олс(он), оосор, татлага, татуурга, уяа; ~ томох 가닥을 풀어 꼬아 잇다
로프로 매듭으로 사용하여 хэрээс
로프로 묶다 уюула|х
로프를 비틀(어 돌리)다 эрчлэ|х

롤러스케이트장 тэшүүр
롤링 핀 ганжин
롤링하다 дайвалзуула|х
롬(질(質))의 наангинцар
롱 와이셔츠 бошинз
롱부츠 гарам
뢴트겐의 рентген
루머 сураг
루비 бадмаараг, нал эрдэнэ
루프 сэгэлдрэг
룩색 дүрэвч, үүрэг, үүргэвч
룩작(Ruck sack) дүрэвч, үүрэг, үүргэвч(배낭, 육색.)
룰(rule) цааз
룸(room) тасалгаа
룸펜(Lumpen) дошуурч, тэнүүлчин
류머티스성(性)의 хуян
류머티즘 хуян
류머티즘에 걸리다 хуянта|х
류머티즘에 걸린 хуян
류머티즘에 견디다(참다) хуянта|х
류머티즘으로부터 고통을 받다 шархира|х
류트(14-17세기의 기타 비슷한 현악기) пийпаа
육색(배낭) багц
르포르타주 сурвалжлага
~를 따라 тулд
~를 위하여 дээрээс
~를 힐문(추궁)하다 захда|х
리그 эвлэл
리넨 маалинга (linen: 리넨 아마(亞麻)의 섬유로 짠 얇은 직물의 총칭. 굵은 실로 짠 것은 양복지, 가는 실로 짠 것은 셔츠·손수건 등으로 씀; 린네르. 아마포(亞麻布).)
리넨(linen) ёрог
리놀륨 хулдаас
리놀륨(마루의 깔개)으로 덮다 хулдаасла|х
리더 жолоодгч, манлай, сартваахь, толгойлогч, тэргүүлэгч, удирдагч
리더십 жолоодлого, удирдлага

리드하다(~의) магнайла|х
리듬 айзам, хэмнэл
리듬이 고르지 못한 сэрэвгэр
리바운드를 잡다 ой|х
리벳 тав; шургийн ~ нaсaны(못)의 머리
리벳(대갈못. 긴못, 담장못)같이 되다 хадаасра|х
리벳(긴못, 대갈못)을 박은 хадаастай
리본(띠.끈.밴드) дайс, тууз, лент
리비아 Ливии ((1) 이집트 서쪽의 아프리카 북부 지방의 옛 명칭. (2) 북아프리카의 공화국; 수도 Tripoli).
리비아 사람 Ливии
리사이틀 концерт; ~ тоглох концертыг хийх; ~ын танхим концертхолл
리스트 данс(ан); хүснэгт, цэс, жагсаалт; нэрсийн ~ нэрийн, нэрсийн жагсаалт; ~ нээх тооцоолох, харилцах ~ хөрөнгө гаргах
리시버 харилцуур, чагнуур
리터(1,000 cc; 略: l., lit.) литр
리터로 계량(측정,측량)하다 литрлэ|х
리터의 치수를 재다 литрлэ|х
리포트(report) сурвалжлагч
리프트(lift) өргүүр
리허빌리테이션(rehabilitation) цагаатгал
린네르(아마포) ёрог
린덴 далдуу (참피나무속(屬)의 식물; 참피나무·보리수 따위).
린스 зайлуур
린스하다 зайла|х
릴 катушка
릴레리(차)표 улаа
릴리(리라꽃) гөлж, гөлж борын цэцэг
림프(액) тунгалаг
링(원.원형.환) 모양으로 하다 гархила|х; нүд ~ өмхий орсон нүд, уйтгартай(өмхий өрсөн) нүд
링(원.원형) гархи(н); гархин ээмэг 이어링(귀고리, 귀걸이) 모양의 것
링을 첨부하다 гархида|х
링크(link) сүлбээ, холбоос

#

마개 бөглөө, цорго, чихээс
마개로 막다 сүлбэ|х
마개를 따다 тайла|х
마고(麻姑)할미 эмгэн
마구 만드는(파는) 사람 эмээлчин
마구 짓밟다 гишгэгдэ|х, гишгэлэ|х, дэвслэ|х, дэвсэ|х
마구 호통 치다 сүржигнэ|х
마구간 зүчээ, мухлаг
마구를 채우다(~에) хөллө|х
마구베다 цавчи|х
마구잡이의 балай
마귀 буг
마그넷 соронзон
마그마 хайлмаг (magma: 땅속 깊은 곳에서 암석이 지열로 녹아 반액체로 된 고온의 조암(造岩) 물질. 이것이 식어서 굳으면 화성암이 됨. 암장(岩漿));
마네킨(mannequin) мануухай
마녀(魔女) шулам, шулмас, мам
마노 гартаам (瑪瑙: 석영(石英)·단백석 (蛋白石)·옥수(玉髓)의 혼합물. 수지상(樹脂狀) 광택을 내며 때때로 다른 광물이 침투하여 고운 무늬를 나타냄; 장식물·조각 재료 등으로 사용함). 단석(丹石). 문석(文石); (아이들의) 공기(돌).
마누라 гэргий, эхнэр, ээж; ~ авах 아내를 얻다
마늘 мануул
마늘 сарімс (백합과의 여러해살이풀. 밭에 재배하는데, 잎은 칼꼴이며, 땅속면의 둥근 비늘줄기는 갈색 껍질로 싸임. 비늘줄기는 독특한 냄새를 내며 향신료·강장제·양념으로

씀. 대산(大蒜).호산(葫蒜); (넓은 뜻으로) 파
~ 마다 бухэн, тутам
마담(madam) хатагтай
마당 цэцэрлэг; жимсний ~ 과수원; хуухдийн ~ 유치원.
마대 уут, уутанцар, шуудай
마대(자루, 포대)에 넣다 утла|х
마대의 끈 гутруул
마디 үе
마디(모양)의 мойног
마디(이음매)가 있는 үет, үетэй
마디가 많아지다 монтой|х, монцой|х
마디가 많은 мойног, монцгор
마땅한 оновчтой
마련(준비)하다 завда|х, базаа|х
마로니에 хээр
마루 덮기(피복) дэвсгэр
마루(방) шал
마르게 되다 эврэ|х
마르고 금이 가다 сарчилза|х
마르고 금이 간(깨진) сарчгар
마르고 키 гургар
마르고 압축된 똥(비료) хөрзөн
마르고 작다 тожий|х
마르고 키 큰 горзгор, зэвзгэн
마르다 аргууда|х, өврөгө|х, төөнө|х, туранхайда|х, хуурайда|х
마르스(Mars) Мягмар
마르지 않은 сэврээгүй
마른 гандуу, говирхуу, туранги, туранхай, усгүй, хатангир, хуурай
마른 강바다 гол
마른 연료를 채집하는 바구니 араг; ~яс 골격, 뼈대
마른똥을 수집하는 나무 삼지창(포크) савар
마른풀 더미 бухал; өвс ~ 건초 가리 (더미)
마름(수생초; 과실은 식용) зангуу
마름모(네모)격자(格子) сараалж(ин)
마마 ижий
마맛자국 нөрөө

마맛자국의 нөрөөтэй

마멋(설치류(齧齒類), 땅돼지) хулгар, тарвага(н) (설치류(齧齒類): 다람쥣과의 짐승. 토끼만 하며 회색 털로 덮여있음. 북아메리카·유럽 등지의 건조한 초원에 군생하며, 겨울에는 굴속에서 동면함)

마멋 사냥꾼 тарвагачин

마멋을 덫으로 잡다 тарвагачила|х

마멋의 덫을 놓다 тарвагачила|х

마멋이 삐하고 (호각소리와 비슷한) 소리를 내다 хошхиро|х

마멸(磨滅) хортон, очгор, элэгдэл

마멸하다 нооро|х

마무르다 бурдэ|х, бурэлдэ|х, гудрагада|х, гүйдэ|х, гүйцэлдэ|х, гүйцээ|х, гурвида|х, дуусварла|х, замра|х, нуруувчла|х, төгсгө|х, шувтла|х

마무리 бурэлдэхүүн, хувцаслалт

마무리를(걸칠을) 다하지 않은 дулимаг, зэрэмдэг

마무리짓다 шувтла|х

마미 ижий

마미단(馬尾緞) хялгас(ан), хялгас(ан)

마법 ид шид, илбэ, увдис

마법(마술)의 шидтэй, шидэт

마법(마술·주술)을 통하여 치료하다 домно|х

마법과 같은 увдис, шидтэй

마법사 ид шидтэн, шидтэн

마법에 쓰는 ховс

마법으로 꼼짝 못하게 하다 тарнида|х

마법으로 일어난(듯한) шидтэй, шидэт

마법으로 지우다 ховсло|х

마법을 걸다 ховсло|х, тарнида|х

마법을 사용하다 ховсло|х

마법의 매력 увдис

마법의 취료(다루는 법, 치료법) дом

마법의 ховс

마부 жинчин

마비(痲痺) нөлөө

마비되다 дарвигна|х, мэнэрэ|х, чилэ|х

마비된다 дарвигна|х

마비상태 мэнэг, саа; ~ дайрах 마비되다

마비시키다 бээрэ|х, мэнэгдэ|х

마비저병에 걸리다 сахуута|х

마사지 массаж

마석(磨石) бул

마소(가축) адгуус

마소를 잡아매는 밧줄(로매다) бугуйл

마손부분 очгор, хортон

마술 ид шид, увдис, илбэ; ~ уэуулэх 마술을 하다.

마술(승마)캔터 цоги|х

마술사 бөө, зайран, ид шидтэн, илбэчин, мам, шидтэн

마술사 여자 нядган

마술사(무당)의 작은 북 дүнгэр

마술을 통한 치료(법) домнолго

마스크(포수·심판이 쓰는 보호용) баг

마스트 шураг

마시고 떠들다 дэвээрэ|х, зугааца|х

마시고 흥청거리다 дэвээрэ|х

마시는 컵 бумба; ~ тавих 마시는 컵을 사용하다

마실 것 ундаа, ууш

마실 것 강화된(강한) буйлах

마실 것을 주다 оочуула|х

마심 балга

마약으로 기분이 좋아진 асаалттай

마왕 буг, ороолон, шулам, шулмас

마을 гацаа, тосгон

마음 дардас, ой, оюун, санаа(н), сортоо, сунчин, сэтгэл, санаа ~ 마음, 심정, 감정; санаа ~ нэг байх 누군가와 같은 의견이다; бодол ~ 묵상, (종교적) 명상; дур ~ 끄는 힘, 매력, 유혹; дур ~дээ хэ тлэ гдэ х 마음 내키는 대로 하다, 성미에 다르다; хусэл ~ 소원, 소망, 바람, 큰 뜻; эмэгтэйн хусэл ~ бол аллдарт эохиолч 그녀는 대작가의 포부를 가지게 되었다; ~ тэжээх 생각(관념)은 발전(발달)시키다; ~

алгасах 실패하다; ~ уймрэх 실망되다, 좌절되다; ~ тэнуун байх 평화롭다; ~ ханах ~에 만족하는; ~ хоёрдох 미결 (미정)이다, 어떻게 될지 모르다; ~ сэтгэл 마음, 심정 сайн ~тай 마음이 상냥한, 친절한; ~ муутай 심술궂은, 비뚤어진; хар ~ 틈을 엿보는, 음험한; тэр ~ муутай 그는 기억력이 나쁘다; ~ сайтай 기억력이 좋다; ~нд орох (어떤 생각이) 마음에 떠오르다; ~нд багтахгүй 상상(생각.생각조차) 할 수 없는; ~ тойнд орох 마음에 새겨두다(명심하다).

마음(영혼) дотор
마음 내키지 않는 дурамжхан, дургүй
마음 내키지 않다(~을) хөшүүрхэ|х
마음 놓고 тухтай
마음 졸이며 기다리다 харуулда|х
마음 편하다 гунигтүй
마음편한 гудигтүй, зовлонгүй, хэнэггүй
마음(관심)을 끄는 аваад
마음(도량)이 좁다 явцуура|х
마음(도량)이 좁은 явцуу
마음(바다가) 차분한 тэнэгэр
마음(사람을) 동요시키다 догдолго|х
마음(지식의) 넓이 эн
마음(판단)을 왜곡시키다 гажаа|х
마음대로 уужимхан
마음대로 되어 떠나다(~의) идүүлэ|х
마음대로 하다(~을) ноёло|х, ноёрхо|х
마음먹다 зори|х; тэр эмч боло-хоор зорьж байна 그는 의사가 되려고 마음먹다; сурахын төлөө ~ 학문에 노력하다, 배움을 얻으려고 애쓰다;
마음먹다 зоригло|х
마음속으로 дотуур
마음속이 텅 빈 것처럼 보이다. тормогоно|х
마음씨 сэтгэл
마음씨가 착한(고운) зангүй, нинжин, цайлган
마음에 그리다 төсөөлө|х
마음에 두다(~을) хайхра|х
마음에 두지 않는 тоомсоргүй, тоохгүй, цэвдэг
(~을) 마음에 두지 않는 хэрэгсэхгүй
마음에 드는 аятай, нөхөрсөг
마음에 든 бахдалтай
마음에 들다 тааламжла|х, тала|х
(~의) 마음에 들다 таалагда|х, тохиро|х, хайрлагда|х
마음에 들도록 하다(~의) долигоно|х
마음에 들지 않는 аягүй, таагүй, тадамжгүй, татгалзмаар, эвгүй
마음에 들지 않다 гүдий|х
마음에 번개처럼 스치다 улбас улбас хийх
마음에 새기다 бодолцо|х, эмзэглэ|х
마음에 심다 хээлтүүлэ|х
마음에 차지 않는 хангалтгүй
마음으로 가르침을 받다 цээжлэ|х
마음으로 배우다(익히다) цээжлэ|х
마음을 가라앉히다 талбира|х
마음을 괴롭히다(분열시키다) сэтлэ|х
마음을 기쁘게 하는 наргиантай
마음을 기쁘게 하다 гий|х
마음을 끌다 соронздо|х, гохдо|х, татагда|х
마음을 누그러지게 하다 зөөлрүүлэ|х
마음을 도사리다(가다듬다) тайтгара|х; тууний уур амархан гарч тайтгарав 그의 분노는 빠르게 가라앉았다
마음을 돌려주다 сатаара|х
마음을 돌리게 함 ятгалга
마음을 뒤흔들다 дайвалзуула|х
마음을 밝게 하는 наргиантай, өөдрөг, хөгжөөнтэй
마음을 빼앗기다 амтархa|х, сорогдо|х, татагда|х
마음을 빼앗긴 сормуус
마음을 쓰다 додомдо|х
마음을 아프게 하다 гуни|х, ганира|х,

гансра|х, гашууда|х, гунигла|х, гуни|х
마음을 앓다 бодолхийлэ|х
마음을 어지럽게 하다(~의) тавгүй-туулэ|х, уймруула|х
마음을 움직이는 зоригжуулагч
마음을 움직이다(~의) мөлөлзө|х, уяра|х, уяруула|х
마음을 졸이다 дагдгана|х, оцгоно|х
마음을 터놓은 хээгүй
마음을 현혹시키다(~의) гүйцэгдэ|х
마음을 호리다(~에) увдисла|х
마음의 хий, үзэлтэй
마음의 갈등 будлиан, харшлалдаан, зөрчилдөөн; уээл бодлын ~ 의견의 불일치
마음의 착실함(꾸준함)이 부족함 савчуур
마음의 태세(각오) бэлтгэл;
마음이 가라앉은 яруухан
마음이 기울다(내키다) гөрч
마음이 꼬부라진 олиу, хумигар
마음이 나지(내키지) 않다(~할) гайха|х
마음이 내키다 тала|х
마음이 내키지 않게 되다 зөөтөрө|х
마음이 내키지 않고 노력하다 гоочло|х
마음이 내키지 않는 зэлгээн, булээн
마음이 내키지 않다 зөөгши|х
마음이 내키지 않음 цаарга
마음이 들뜸 болжмор
마음이 맞는 уриалаг
마음이 맞다 сэрвий|х
마음이 변하기 쉬운 ёврогоной, маягтай, эрх, ярдаг
마음이 비꼬임 хорчгор
마음이 비뚤어진 олиу
마음이 상냥한 уяхан
마음이 약하다 гэдвэлзэ|х
마음이 약한 аймхай, аймхай, бурэг, далдираа, зовомтгой, зоригтүй, зүрхгүй, номой, сүрдэмхий, тулгар, уульхай, халирхай, шалчгар

마음이 없다(~할) оёгло|х
마음이 우울한 бурхэг
마음이 우울해지다 бурхэ|х
마음이 일어나게 하다(~할) уяруула|х
마음이 있는 기색을 보이다 гоочло|х
마음이 있는(~할) үзэлтэй
마음이 잘 변하는 адайр, адармаатай, урваач, ярдаг; ~ хун 뒤에서 험담, 중상
마이크로폰 микрофон
마이크론(직경 0.2 -10μ의 교상(膠狀)미립자) микрон
마일(mile)(약 1.609 km) миль
마자르 사람(말)의 мажар
마주 대하다(~와) нүүрэлдүүлэ|х, сөргөлдө|х, тулгара|х, тулгардуула|х
마주 바라보는 сөргүү, сөрөг, тэрс
마주 보고 있는 эсрэг
마주치게 하다(~와) учруула|х
마주치다 таарадла|х, тохиолдуула|х, учра|х, харши|х
마주치다(~와) дайрадла|х, ноцо|х, таарадла|х, танилца|х, уулза|х, учра|х, хуралда|х
마주침 уулзалт, учрал
마중 угтуул
마중하다(~를) угта|х
마지막 처리를 하는 사람 хүүрчин
마지막 шувтрага, шувтрага
마지막에 сүүлдээ
마지막의 сүүлийн
마지못해 하는 дургүй
마지못해 함 цаарга
마지못해하는 дурамжхан
마지못해하다(~을) хөшүүрхэ|х
마진(痲疹) корь
마차(cab의)마부 тэрэгчин
마차를 덜커덕거리며 가게하다 нажигна|х, нүргэ|х, түжигнэ|х, түрчигнэ|х, хужигна|х, хүнгэнэ|х, хүржигнэ|х, хурчигна|х, хүрчигнэ|х, пажигна|х
마차용 마구(馬具) хөллөгөө

마찬가지 ижил; тууний машин минийхтэй ~ 그는 나와 똑 같은 차를 가지고 있다; ~ дасал болох 다른 유사한 것에 익숙해지다; ~ буруу 귀(짝) 안 맞는 물건, 끄트러기; ~ бус 닮지 않은, 다른; ~ морь 두 마리의 말이 색깔이 같다; Ижил мөрөн 볼가강.

마찬가지 нөгөө, ана: анна мана

마찬가지다 дууриа|х; тэр эцгээ дууриасан байна 그는 그의 아버지와 닮았다;

마찬가지로 шиг, тийм, тиймэрхүү

마찬가지의 адил, адилхан, өнөө, төстэй, ялгалгүй

(~나) 마찬가지의 дөнгүүр

(~와) 마찬가지의 төсөөтэй

마찰 будлиан, зөрчилдөөн, үрэлт, хар няр хийх, харшлалдаан

마찰을 감소시킴 тосолгоо

마찰하다 илэ|х, лавда|х, нуха|х, үрэ|х, үрэлдэх, хавира|х, шалбала|х

마초(꼴) идүүш, тэжээл, бордо, өвс; ~ ургамал 풀, 초본, 목초, 식물, 초목; ~ ногоо 풀의 잎(줄기); ~ бордоо 곡물 말(소)먹이

마취시키다 баларта|х, мунхруула|х; ухаан ~ 의식을 잃다

마치 ~처럼 보이다 байдалтай; бороо орох ~ байна 비처럼 보이다(여겨지다); сайхан э дэ р болох ~ байна 맑은 날씨처럼 보이다.

마치 ~처럼(같이) мэт; тэмээ ~ ~처럼 보이다; тэр хөшөө ~ зогсож байв 그가 서 있는 모습이 돌처럼 보이다; айсан ~ 두려워하는 것 처럼 보이다; гэх ~ 따위, 등등 өнгөрсөн жил энэ ~ явдал болсон 지난해와 똑같은 경우다; тэр өөрийгөө арван хэл чөлөөтэй эзэмшсэн гэх~ээр ярьдаг 그는 10개국으로 유창하게 말할 수 있다고 주장 한다;

тэр ~ 저것과 똑 같다; энэ ~ ээр 이런식으로.

마치 ~하는 것처럼(~하듯이) мэт

마치다 биелуулэ|х, биелэ|х, бутэ|х, гүйцэ|х, гүйцээ|х, дүүргэ|х, дууса|х, дуусварла|х, дуусга|х, замра|х, оттоло|х, төгсгө|х, төгсүүлэ|х, цайра|х, шувтла|х, шувтра|х

마침 ~하다 боло|х

마침가락(안성맞춤) тааруу

마침가락(안성맞춤)의 нийлэмжтэй

마침내 сүүлдээ, төдөлгүй, яваандаа

마침표 орхиц

마켓 дэгүүр

마크(심벌) бэлэг, им, оноо

마트 склад

마풀 замаг

마합류 хясаа

마호메트교 ислам

막 ~하려고 하다 гадуурхи, завда|х

막 부화된 치어(稚魚) жараахай

막 далдавч, нөмрөг

막(곧) төдөлгүй, төдхөн

막(幕) хөшиг

막간(의 음악) завсарлага

막내아이 бага, отгон

막다 баривчла|х, ивээ|х, өмгөөлө|х, өмөглө|х, өмөөрө|х, хаацайла|х, хавьтуулахгүй, халхавчла|х, хамгаалагда|х, хамгаала|х, хашигда|х

막다(~을.를) битүүрэ|х, хашаала|х

막다(차단하다) тогтгорло|х

막다른 골목 догол, мохрол, мухардал, мухардал, хормой; байшингийн ~ 빌딩의 막다른 골목;~ гудамж 막다른 골목;~ мөр 패러그래프.

막다른 길에 이르다 тээглэ|х, шигдэ|х

막다름 жид, мохрол, мухардал ; ~д орох 막다른 골(목)에 도달하다.

막다름에 도달하다 мухарда|х, мухарда|х

막대기 бороохой, гадас(ан), гулууз,

наалдац, туйван, хөшүр, шон
막대기에 꿰다 булэ|х
막대기와 같이 야위다 гурзай|х
막대기처럼 가늘게 되다 гурзай|х
막대를 세우다 гозой|х, гувий|х, сарай|х, торой|х
막대한 агуу, аугаа, дархигар, лахгар, лут, нэлгэр, туйлгүй, хэмжээгүй, цэлгэр; ~ том 부피가 큰, 거대한, 막대한.
막사 생활을 하다 хуарагна|х
막사 бааз, лагерь, хээрэвч
막상막하로 хаттаа
막역한 벗 зайгүй
막연(애매)하다 сүүдий|х
막연(애매)한 сүүдгэр
막연하게 үүр туур
막연한 битуулэг, будэг, бурэг, тодорхойгүй
막연한 느낌 дардас
막연한 상태 багтраа
막연히 болзошгүй
막연히 많은 것(일) тоймгүй
막자(유봉:乳棒) нүтүүр, нухуур (덩어리 약을 갈아서 가루약으로 만드는데 쓰이는, 사기로 만든 작은방망이)
막자(공이)로 차를 찧다 манцуурга
막자사발 уур; ~ нудуур 막자 사람과 막자, 절구와 공이
막판 шувтрага
막히다 тагжра|х, хаагда|х, цаца|х
막힌 тагжранхай, түгжигдмэл, хааг-дал ; ~ хамар 코가 막혔다
막힘 мохрол, мухардал; гар ~ 어떻게도 할 수 없게 되다
만(灣) халиугч, хоолой, булан(г); Персийн ~ 페르시아 만(灣).
만(萬)의 백 곱절 сая
만(뿐) зөвхөн, л, ор; ~тэрл мэддэг 단지 그만 알뿐이다
~만(뿐)의 иймхэн
~만(온) турш(ид)

만가(輓歌) халаглал
만곡(부·물(物)) махигар
만곡시키다 махийлга|х
만곡하다 матий|х
만국의 интернационал
만기가 되다 дүүрэ|х
만나(보)다(~을) булхайца|х
만나게 하다(~을) учруула|х
만나다 учра|х
(~와) 만нада нүүрэлдүүлэ|х, сөргөлдө|х, тулгара|х
(~을) 만나다 дайралда|х, лавла|х, оло|х, тааралда|х, танилца|х, уулза|х, учра|х, хуралда|х
만나려고 기다리다 байзна|х, хүлээ|х, хүлээгдэ|х
만날 약속(회합·방문·장소·때에) болзоо(н)
만남 нийллэг, уулзалт, учрал, учрал
만년설 сарьдаг
만년필 үзэг
만년필의 잉크통 нуурмаг
만다린 귤(의 나무) мандарин
만돌린 мандолин (mandoline: 비파같이 생긴 서양의 현악기. 펑퍼짐한 바닥에 강철 줄을 네 쌍 늘인 악기. 픽(pick)으로 퉁겨서 연주함.)
만돌린 닮은 악기 товшуур
만돌린을 연주하다(타다) товшуурда|х, товши|х
만두다 цээрлэ|х
만든 засмал
만들다 загварла|х, мөнхлө|х, бутээ|х
만들어 붙인 점 гувдруу
만들어낸 засмал; ~ зам 도로를 포장하다;~ мал 가축을 거세하다
만료하다 биелуулэ|х, биелэ|х
만리경(萬里鏡) телескоп
만만(萬萬) голдь
만물 замбуулин(г), орчлон, э ртэ нц сав
만물에 관한(을 포함하는) далай; ~ лам

달라이라마(티베트의 라마교 교주); ~н ван 해왕성(海王星); ~ даян аварга 레슬링 챔피언
만사 бүрэн, цөм
만성 기관지염(카타르) мэнгр
만성(고질)의 арчаг, ужиг, нөр(өн); ~ өөчин 만성의 질병; бороо нөрөн орох 지속적으로 비가 내린다;
만성적으로 арчаг
만세! мандтугай, урай, ухай; Монгол орон~! 몽골 만세!
만신 бөө
만약 нэгэнт
만약 ~이면(하면) аваас, болбол, бол, гэвэл, нэгтэй, хэрэв; ту-унийг явахгүй ~ би явна 만약 그가 가지 않는다면, 내가 갈 것이다; алдаа мадагтай~ залруулагтун 만일(조금이라도) 있으면; 비록(설혹) 있다 하(손치)더라도
만약 ~하면 бол, болбол
만약 그렇지 않으면 эсвэл
만약 법률이면 дүрэмт; ·· хуацас (군인·경관·간호사 등의) 제복, 군복, 관복; (운동선수의) 유니폼.
만약 여기저기에 떨어지거나(흩어지다, 쓰러지다) 걷는다(움직이다) тэнтэр тунтар хийх
만약 장비(설비)함께 이면 한다 тоноглогдо|х
만연 тархалт, тархац
만연(蔓延)된 тархмал, түгмэл
만연(蔓延)된다 нэлэнхийрэ|х
만연시키다 тарха|х
만원의 зайгүй
만월(滿月) тэргэл сар, орчлон
만유(萬有) э ртэ нц сав
만유(漫遊) аян
만인의 бэртэгчин, жир, эгэл
만일 ~라고 하면 аваас, бол, болбол, гэвэл, нэгтэй, хэрэв; алдаа мадагтай~ залруулагтун 만일(조금이라도) 있으면; 비록(설혹) 있다 하(손치) 더라도
만일 ~이면 аваас, болбол; алдаа мадагтай~ залруулагтун 만일(조금이라도) 있으면; 비록(설혹) 있다 하(손치)더라도
만일~하면 гэвэл: яагаад ~ 왜, 어째서, 왜냐하면 ~이므로(하므로), чи мэдье ~ 만약 당신이 알기를 원한다면.
만일에 대비하여; аваас; алдаа мадагтай~ залруулагтун 만일(조금이라도) 있으면; 비록(설혹) 있다 하(손치)더라도
만자(卍)(십자가의 변형) хас
만족 баяр, баясгалан, жаргалан(г), өлзий, таалал, таашаал, цэнгэл
만족(감) таламж, ханал, хангалт
만족(시킴) бах
만족감 бах; бусдын эовлонд ~ нь ханэх 다른 불행(재난)을 기분 좋은(고소한, 흡족한) 듯이 바라보다; бахаа ханатал 마음껏, 만족할 때까지.
만족스럽지 못한 хангалтгүй
만족시키는 олзуурхууштай
만족시키는 것 бах
만족시키다 гялай|х, таалагда|х, хүрэлцэ|х, цатга|х
만족을 모르는 цаашламтгай
만족을 주다 хангагда|х
만족을 주다(~에) хана|х
만족을(물릴 줄) 모르는 ханалгүй, чамла|х
만족하게 배열하다 тохниула|х
만족하고 있는 дүүрэн(г), ханамжтай, хангалуун
만족하고 있다 гялай|х , тала|х
만족하기 ханал
만족하는(~에) ханал, хана|х
만족하다(~으로) сайда|х
만족한 бахдалтай, дүүрэн(г), таатай, ханамжтай, хангалттай, хангалуун
만족한 듯이 тавлангүй
만족히 사йн; ~ байна уу? 어떻게

지내십니까?; ~ нэ хэ р 좋은 친구; ~ эцэг 좋은 이름; ~ морь 좋은 말; ~ эцэг 좋은 아버지; ~ дураар 자발적으로, 임의로; ~ үйл 선행; ~ санаа 친절, 우애, 자애; ~ чанартай 양질; зантай (마음씨)가 착한(고운); хамгийн ~ 가장 좋게, 최고의, 최선의; сайхныг хусэх ~의 행복을 빌다.

만주 사람(말) зөрчид
만주(사람, 말)의 манж
만지다(~을) хүрэлцэ|х
만초(蔓草) ороонго
~ 만큼 가능한(할 수 있는) хирээрээ
~ 만큼 폭이 있는 дэлбэгэр, талбиу, өргөн; ~ тал 거대한 땅(뭍, 육지); мэ рэ н 폭 넓은 강
~ 만큼 할 수 있는 хирэндээ
~ 만큼 болгон, хирээр, мэт; тэмээ ~ нь 나타처럼 보이다;тэр хөшөө ~ зогсож байв 그가 서 있는 모습이 돌처럼 보이다; айсан ~ 두려워하는 것 처럼 보이다; гэх ~ 따위, 등등 өнгөрсөн жил энэ ~ явдал болсон 지난해와 똑같은 경우다; тэр өөрийгөө арван хэл чөлөөтэй эзэмшсэн гэх~ээр ярьдаг 그는 10국으로 유창하게 말할 수 있다고 주장 한다; тэр ~ 저것과 똑같다; энэ ~ээр 이런식으로.
~ 만큼이나 가능한 хирээрээ
~ 만큼이나 할 수 있는 хирэндээ
만투라 маань, тарни
만필(漫筆) хач, хов, цуурхал
만한 힘을 갖고 있지 않다(~할) яда|х
만회하다 эдгэ|х
많다 элбэгши|х
많다(~이) ханай|х
많아지게 만들다(~이) хөлжүүлэ|х
많아지게 하다(~이) баяжуула|х
많아지다(~이) хөлжи|х
많은 арвин, баялаг, зөндөө, их, мундахгүй, овоо, түг туу, үлэмж, цөөнгүй, элбэг, олон; ~ жил 여러 해; ~ талаар 인사(안부)를 전함;~ хуухэдтэй 많은 어린이가 있다; ~ улсын 국제(상)의, 국제적인; ~ үгтэй 말이 많은, 지루한; ~ талтай 다각형의, 다변형의; ~ зан, ~ааш 변하기 쉬운 인격; ~ давхар 여러 가지의 층; ~ нийт 공중, 국민; ~ түмэн 사람, 국민; ~ э нгэ т 여러색; ~э нцэ гт 다각(다변)형; тэр, надад ~ олон бичив 그는 나에게 많은 글을 쓰다; ~ олон хун 많은 사람; ~ ол-он хул өнгөрчээ 매년 지나다; ~ хун 악의 없는 사람; ~ сайн 아주 좋은; ~ их мэ-дэх 많이 알다; ~ ургац 풍작(풍년).

(~이) 많은 булха|х, баячуул, гүн, дэлгэр, өгөөмөр; ~ худаг 물이 풍부하다; ~ ургац 풍작; ~ой숲이 많은, 산림이 풍부한; ~ улаан 검붉은 색, 흑적색.

많은(양) ихээхэн; ~ ажил 많은(양)의 작업; ~ ам-жилт 꽤 성공했다; ~ орлого 상당량의 수입.
많은 것 가운데서 고르다 шилэ|х
많은 경험(체험, 견문) аргатай
많은 곳에서 хаа
많은 떼 түм(эн)
많은 사람 түм(эн)
많은 사람들의 눈물을 흘리는(우는) уйлалдан
많은 수의 사람(물건) хүй
많은 여러 곳에서 нэлэнхий
많은 원소(멤버)들로 이루어져 өнөр
많은 일원으로 되는 өнөр
많은 조각으로 나누다(베다, 자르다) хэсэгчи|х
많은 조각으로 잘게 짜르다(찍다, 자르다, 베다) огтчи|х
많은 회원(부분)으로 이루어져 있는 өнөр
많음 арвин, мундашгүй, цогц, элбэг

дэлбэг, олон; ~ жил 여러 해; ~ талаар 인사(안부)를 전함; ~ хуухэдтэй 많은 어린이가 있다; ~ улсын 국제(상)의, 국제적인; ~ угтэй 말이 많은, 지루한; ~ талтай 다각형의, 다변의; ~ зан, ~ааш 변하기 쉬운 인격; ~ давхар 여러 가지의 층; ~ нийт 공중, 국민; ~ тумэн 사람, 국민; ~ э нгэ т 여러색; ~э нцэ гт 다각(다변)형.

많이 бишгуй, бузар; ~ олон 아주 많이; ~ сайй 아주 좋은; би таны тухай ~ сонссон 나는 당신에 관하여 많이 들었다.

많이 갖고 있으므로(~을) сайтай

많이 먹는 залгидаг, идэмхий, халарган, ховдог, хэнхэг; ~ хун 대식가(大食家), 폭식가; ~ тушмэл 부정한 공무원

많이 먹다 ховдогло|х

많이 모여들다 арзгана|х, хөтгөрө|х, язгана|х

많이 원하다(~을 아주) хоногло|х

많이 있다 аравгана|х, арзгана|х

(~가) 많이 있다 хаха|х

(~에) 많이 있다 булха|х

(~이) 많이 있다 мунда|х

많이먹는 хоолонцор

말 морь(морин); хурдан ~ 경마 말 ~ шинжээч 말 사육자;~ унах 말 타다; мориор сундалдан явах 2인용 승마하다; ~ унаж явах 말 등에 올라 타고 가다; тэрэгний ~ 견인 말; сайн уулдрийн ~ 순종의 말; мориноос буух 말에서 내리다(떨어뜨리다); жороо ~ (말이) 측대보로 걷다; эмнэг ~ 길들여 지지 않은 말; моринд сайн хун 경마의 기수(騎手); амаа сайн мэддэг (мэддэггуй) ~ 그 말은 좋은(나쁜) (재갈이 먹히는) 말의 입을 가졌다; бор ~ 회색(잿빛)의 말; ээрд ~ 고동색 말, 구렁말; агт ~ 거세한 말; шатрын ~ (중세의) 기사, 무사; ~ усэргэх, ~ тавих 경주말이 출발했다; ~ ирэх 결승점에 도착했다.

말 үг; дууны ~ 노래의 말, 서정적인 언어; уран ~ 좋은 말; ~ийн гарал судлал 어원학, 어원론; шируун ~ 욕, 욕설(하는 말); хараалын ~ 악담(욕설 독설, 모독)의 말; муу ~ 기분 나쁜 말; угсэн навчис 싱싱함을 잃은 말; сайхан ~ 좋은 말; зэвуун ~ 비웃는 (경멸하는) 말; суулчийн ~ 유언, 마지 막의 말; унэн ~ 참말; худал ~ 거짓말; зуйр ~ 속담, 격언; цэцэн ~ 금언(金 言),경구(警句) мэргэн ~ 슬기로운 말; ~ийн сан 사전(그리스어·헤브라이어·라틴어 의); (작가·작품의) 어휘; будуулэг ~ 비어 (卑語), 세속적인 언어; нялуун ~ 감언 (甘言), 아첨의 말; хооосон ~ 빈 말, 공허한 말 хайрын ~ 애정이 깊은 말 (언어); хуурмаг ~ 교활한 언어; хачин ~ 생소한 언어; хэлэх ~ 연설, (청중 에의) 인사말; талархлын ~ 감사를 나다내는 말, 김사의 언어; э мнө х ~ 서언, 머리말; тэ гсгэ лийн ~ 후기(後 記), 발문(跋文); их ~ хэлэх 자랑하는 (허풍떠는,자화자찬)의 말, 과장된 말.

말 хэмээн

말 나무안장의 앞머리 буурэг

말 등의 안장을 놓는 등 부분 нахид, тохош

말 따위의 두 다리를 한데 묶다 чэдэлө|х

말 또는 낙타의 훈련(트레이닝)과 검사 сойлго, сой|х; чоныг гэ рэ э нд яваахаар морь ~ 늑대사냥용으로 말을 훈련하다;

말 많은 аманцар

말 입에 매어서(묶어서) 만들다 цоровдо|х

말 입에 자갈을 채우다 цоровдо|х

말 잘 듣는 дуулгар, хулцэнгуй

말 잘하는 хэлтэй

말 조련사 уяачин
말 타지 않은 моригүй
말 탄 морьтой
말(나귀 따위의) 새끼 унага(н)
말(나귀)의 새끼를 해거름(해거리)하다 өнжилгөн гүү
말(낙타)타고 질주하다 тавравх
말(낙타털로 짠) 모직 천 хялгас(ан)
말(담화)하게 하다(~를) яриула|х
말(말의 수컷) шүдлэн
말(문장 뜻 등을) 곡해하는 사람 нугараач
말(사상 따위를) 요약하다 нягтруула|х
말(소)먹이 идүүш
말(소)의 가죽이 메마른(늙은) адсага
말(소의) 암갈색 халиун
말(솜)씨 үг
말(언어) хэл
말(이야기 등을) 신용하다 итгэ|х
말(이야기)하는 사람 илтгэгч; уран ~ 연설자, 강연자.
말(짐승) адуу(н); ~н 말의 떼; ~ны мах 말고기; ~ н чулуу 넓고 광활한 스텝지대(대초원지대)
말(짐승)을 잃다(잃어버리다) явгара|х
말(차 따위가) 앞으로 나아가려 하지 않다 хулга|х
말(탈 것에) 타다 хөлөглө|х
말(황소)의 (짐승이) 앞발로 할퀴다 (치다) ухчла|х
말갈기 сэчиг
말과의 짐승 морь(морин); хурдан ~ 경마말 ~ шинжээч 말 사육자; ~ унах 말 타다; мориор сундалдан явах 2인용 승마하다; ~ унаж явах 말 등에 올라타고 가다; тэрэгний ~ 견인 말; сайн уулдрийн ~ 순종의 말; мориноос буух 말에서 내리다(떨어뜨리다); жороо ~ (말이) 측대보로 걷다; эмнэг ~ 길들여지지 않은 말; моринд сайн хун 경마의 기수(騎手); амаа сайн мэддэг(мэддэггүй) ~ 그 말은 좋은(나쁜) (재갈이 먹히는) 말의 입을 가졌다; бор ~ 회색(잿빛)의 말; ээрд ~ 고동색 말, 구렁말; агт ~ 거세한 말; шатрын ~ (중세의) 기사, 무사; үсэргэх, ~ тавих 경주말이 출발했다; ~ ирэх 결승점에 도착했다.
말과의 짐승(얼룩말, 당나귀) шүдлэн
말굽 뒤쪽의 텁수룩한 털 саглага
말굽 U 자형의 물건의 모양을 한 хомбогор
말굽바닥 таваг, ул
말기 бус
말꼬리 잡는 ёвчоо
말끔하게 치우다 бөмбийлө|х
말끔하게 함 хачир
말끔하지 않은 бохир, бузар
말끔히 정돈된 хогтгүй, хумжаарга, цэвэрч, цэмцгэр
말다툼 зарга, мэтгэлцээ, пижигнээн, үгс, хэрүүл
말다툼(언쟁)하다(~와) аягүйцэ|х
말다툼을 좋아하는 гэмэргэн
말다툼하다 булаалда|х, зодолдо|х
말단 сүүл, туйл
말더듬기 баргаа, боогдол, гацаа, дүгдрэл, саад
말더듬다 дүгдрэ|х
말더듬이 ээрүү
말더듬이(기) дүгдрээ хун
말동무 хань
말들 бод
말들을 바꾸다 юүлэ|х; галав ~ 최후의 심판일, 세계의 마지막 날; 판결일, 운명이 정해지는 날.
말들이 증가시키다(번식시키다, 늘리다) адуужи|х
말등위(자전거)에 실어 보내다 дүүрэ|х
말등위에서 늘어뜨리다(내리다) ганзагала|х; толгойгоо ~ 내리눌리게 하다; гуяа ~ 빈손(맨손)으로 집에 돌아오다

말등위에서 활을 쏘다 намна|х
말똥 хомоол
말똥말똥 보다 бултий|х, гөлрө|х, ширтэ|х
말뚝 багана, гадас(ан), гацаа, өлгүүр, хадаас, хайс; ~ шаах 말뚝을 박고 불하 청구지(地)를 확보하다
말뚝(을 둘러) 박기 гацаа, хайс
말라 죽다 жилий|х
말라(시들어) 죽다 ганда|х, онгоо|х, үгсэ|х, хагдра|х
말라붙게 하다 арга|х, сэвр|ээх; салхинд ~ ~을 바람이 마르게 하다
말라붙다 орчий|х, хагдра|х, хата|х, хата|х, хуурайда|х, хуурайса|х, ширгэ|х
말라빠지게 보이다 хонхий|х
말라빠진 хонхигор, хохимой
말라죽게 하다 төөнө|х
말라죽다 осолдо|х
말랑말랑한 소형 빵 печень
말레이 사람 Малай
말레이말 Малай
말려 올라가다(잎이) атира|х
말려들다 будли|х
(~에) 말려들다 маапаанта|х, орооцолдо|х, хамра|х
말려듦 холбогдол
말려서 보존하다 занданшуула|х
말로 나타내다 айлда|х, илэрхийлэ|х; энэ талаар тэр санал бодлоо тодорхой илэрхийлэв 그는 그의 자신에게 아주 강하게 이 요점을 표현했다; эусэл ~ 표현하다; тэр санаагаа яруу илэрхийлж цаддаггүй 그는 그의 자신을 잘 표현하지 못한다; тууний илтгэл цугларсан олны санаа бодлыг илэрхийлж 그의 보고서에는 회의의 견해를 잘 나타내었다.
말로 나타낼 수 없는 хэлшгүй
말로 다할 수 없는(기쁨· 손실) өгүүлшгүй
말로 설명하다 тодорхойло|х

말로 제안하다 даравгана|х
말리게 되다 хуурайши|х
말리는 사람 фен, хатаагч; ус ~ 헤어드라이어; хувцас 의류 건조기
말리다 арга|х, ганда|х, орчий|х, өврө|х, сэвр|ээх, тожигно|х, хагдра|х, харса|х, хата|х, хата|х, ширгэ|х, ширгээ|х; салхинд ~ ~을 바람이 마르게 하다; э вэ рсэ н мод 나무를 말리다; нүд ~ 눈이 쓰라리게 아프다
말린 аргуу(н), хагсаамал, хатмал, хатаалга, хатаалт, хуурайшил
말린 과일(실과) үрдэс
말린 씨(장과. 커피. 콩) үрдэс
말린 풀더미 бухал
말많은 чалчаа, яриа
말미 сүүл, чөлөө
말빗 самнуур
말빗(으로 빗질하다) маажуур
말살 байхгүй
말살(삭제)하다 арчи|х, балра|х, шалбала|х
말살할 수 없는 балрашуй
말소(말살, 삭제)하다 балла|х, сохло|х
말소리 хэл
말수(斗數) хэм, хэмжээ
말수 적은 цэгц
말술을 마시다 согтуура|х
말쑥한 гоёмсог, гоёхон, додигор, дэгжин, намбагар, үзэсгэлэнтэй, хоггүй, хөөрхөн, цэварч, цэмцгэр
말쑥함 хумжаарга
말씀 хэл
말씨 хэлц үг, илэрхийлэл; нуур царайны ~ 얼굴의 표정
말아야 한다(~하지) баймгүй
말안장의 가죽 끈 ганзага(н)
말없는 дугай, дуугай, дуугүй, жимгэр
말에(올라)타는 것을 돕다 мордуула|х
말에 가시(독기)가 있는 дошгин
말에 고삐를 달다 хазаарла|х
말에 관해서 뽐내다 морирхо|х

말에 굴레(재갈, 고삐)를 씌우다 хазаарла|х
말에 마구를 채우다 цоровдо|х
말에 박차를 가하다 давира|х, давичи|х
말에 안장 없이 зайдан(г); ~ морь 안장 없는 말
말에 안장없이 타다(타고가다) зайдагна|х, зайдла|х
말에 안장을 얹다 тохо|х
말에 올라타다 унуула|х
말에 차이다 хайрагда|х
말에 타다 мордо|х, уна|х; хашаан дээр ~ 형세를 관망하다; аялахаар ~ 여행을 떠나다; моринд ~ 말을 타다.
말에 편자를 박다 тахла|х
말에게 바른 걸음걸이를 가르치다 дайвгар
말에게 올가미를 씌우는 능숙한 사람 уургачин
말에게 올가미를 씌우다. уургала|х
말에게 질주하게 하다 давичи|х
말에서 떨어지다 тасра|х
말위에 매달다 ганзагала|х
말위에서 질주하다 давхи|х
말을 갤럽으로 달리게 하다 давхи|х
말을 과장되고 허위로 하다 гоёьсоглон ярих
말을 느릿느릿한 규칙적으로 달리게 하다 шогши|х
말을 다루다 хөлөглө|х
말을 더듬다 будрэ|х, тээдэ|х, тээнэгэлзэ|х, ээрэ|х; э вчин ~ 병이 재발하다.
말을 되풀이하여 더듬다 түгдчи|х
말을 되풀이하여 새로운 맛을 없애다 хуучра|х
말을 듣지 않는 тархигүй, төрхгүй
말을 듣지 않다(어버이의) адайрла|х
말을 듣지 않은 дурамжхан
말을 들을 수 없는 сураг танаг байхгүй

말을 몇 번이고 주저하다 түгдчи|х
말을 못 하게 하다 тульта|х
말을 못하는 дугай, дуугүй
말을 믿다(~의) итгэ|х; бурханд ~ 하나님을 믿다; уунд буу итгэ 당신은 그것을 믿지 않는다; туу-нд итгэж болно 당신은 그를 신뢰 할 수 있다; би тууний үгэнд итгэдэг 그의 말을 신뢰하다; тууунд итгэж найдах хэрэггүй 그의 것은 신뢰할 수 없다.
말을 믿다(신용하다)(~의) сүжиглэ|х
말을 바꿔서 설명하다 утгачла|х
말을 번거롭게 하여 곤란하게 하다 нурши|х
말을 안 듣는 хангал
말을 안 듣는다 гэдий|х
말을 자꾸 되풀이하여 지루하게(따분하게, 싫증나게) 하다 нурши|х
말을 잘 안 듣는 хэрзгэр
말을 타고 갤럽(전속력)으로 달리다 гүйлгэ|х, давхиула|х, давхи|х, довтло|х, ергее, таварга|х; мориор ~ 말을 타고 갤럽(전속력)으로 달리다;
말을 타고 기운이 빠지게 되다 унаашра|х
말을 타고 전속력(갤럽)으로 달리다 тавravx
말을 타고 지쳐빠지게 하다(피로(疲勞)하게 하다) унаашра|х
말을 타고 질주하다 давхиула|х, давхи|х
말을 할 수 있는 хэлтэй
말을 jog trot으로(느릿느릿한 규칙적인 속보) 달리게 하다 шогши|х
말의 (뒷)굽 өсгий
말의 갈기 дэл, зогдор
말의 거품 같은 땀(비지땀) хөөс
말의 걸음을 늦추게 하다 жийнгэ
말의 고삐 ногт
말의 고창증 울음소리 төвөргөөн
말의 골격 기울기 бэрхий
말의 길들지(훈련되지)않은 эмнэг

말의 다리 매는 줄 чөдөлө|х
말의 대장(腸) умс
말의 두 다리를 절뚝거리며 걷다 өрөөлдө|х
말의 두 다리를 한데 묶다 тайтгана|х, хазгана|х
말의 뒷다리로 차면서 앞으로 나아가다 хайра|х
말의 뒷다리의 말안장에 사용되는 가죽 끈 хөмөлдрөг
말의 목걸이 хом
말의 목부(牧夫)(목자(牧者), 목동, 목양자) адуучин
말의 밝은 갈색 바탕에 검은 갈기와 꼬리 хул
말의 뱃대끈(배띠) олом, жирэм
말의 속보 хатир, шогшоо
말의 수컷 шудлэн
말의 앞다리로 땅위를 치다(두드리다) цавчи|х
말의 양어깨뼈 사이의 융기 сэрвээ
말의 윗입술을 찡그리다 амда|х
말의 이마 갈기 гөхөл, тав
말의 이마(앞머리)에 흰색 점 сар
말의 이마갈기 хөхөл, хөхөлт
말의 통로(길) тэлмэн жороо
말이 갑자기 서서 나아가지 않다 гэдий|х
말이 길들지 않은 хангал
말이 나아가기를 싫어하는 долгил
말이 나아가다 хөрвө|х
말이 놀라서 뛰며 물러나다 бишуур-хэ|х, гэдвэлзэ|х, жигши|х, үргэ|х, хулга|х
말이 느릿느릿한 규칙적인 속보(速步)로 가다 шогши|х
말이 달리는 속도를 갑자기 올리다 хайра|х
말이 들리지 않는 хэлгүй
말이 막히다 будрэ|х, тээнэгэлзэ|х
말이 많은 нуршаа(н)
말이 비지땀을 흘리다 хөөсрө|х
말이 사납게 달아나다 орооло|х

말이 새끼를 낳다 унагала|х
말이 새끼를 배어 боос
말이 속보로 가다 хатира|х
말이 슬리밍 다이어트 한다 хагсраа|х
(사냥 또는 레이스 훈련 동안 몸무게를 빼기 위한 감식(減食)이나 운동)
말이 신랄한 амтай
말이 안 들립니다 сураг танаг байхгүй
말이 앞발로 차다(긁다) ухчла|х, цавчла|х
말이 없는 정보가 없는 сураг танаггүй
말이 없는 намуу(н), хэлгүй
말이 여간해서 안 나오다 горой|х, гүдий|х
말이 울다 унгалда|х, үүрсэ|х
말이 재주넘다 тонгоро|х
말이 적은 дуугай, жимгэр
말이 측대보로 걷다 жорроло|х, сайвар
말이 콧김을 뿜다 турги|х
말이 탄 사람을 내동대이치다 тонорцогло|х
말이 히힝 울다 үүрсэ|х
말일(末日) битуун, хуучид
말잔 등에 걸다 ганзагала|х
말지기(목인, 목동) адуучин
말총 хялгас(ан)
말탄 사람들 морьт
말탄 사람들의 морьтой
말투 илэрхийлэл, үг; дууны ~ 노래의 말, 서정적인 언어; уран ~ 좋은 말; ~ийн гарал судлал 어원학, 어원론; ширүүн ~ 욕,욕설(하는 말); хараалын ~ 악담(욕설 독설, 모독)의 말; муу ~ 기분 나쁜 말; угсэн навчис싱싱함을 잃은 말; сайхан ~ 좋은 말; зэвүүн ~ 비웃는(경멸하는) 말; суулчийн ~ 유언, 마지막의 말; үнэн ~ 참말; худал ~ 거짓말; зуйр ~ 속담, 격언; цэцэн ~ 금언,경구(警句) мэргэн ~ 슬기로운 말; ~ийн сан 사전(그리스어·헤브라이어·라틴어의); (작가·작품의) 어휘; будуулэг ~

비어(卑語), 세속적인 언어; нялуун ~ 감언(甘言), 아첨의 말; хоосон ~ 빈 말, 공허한 말 хайрын ~ 애정이 깊은 말(언어); хуурмаг ~ 교활한 언어; хачин ~ 생소한 언어; хэлэх ~ 연설, (청중에의) 인사말; талархлын ~ 감사를 나타내는 말, 감사의 언어; э мнэ х ~ 서언, 머리말; тэ гсгэ лийн ~ 후기(後記), 발문(跋文); их ~ хэлэх 자랑하는(허풍떠는, 자화자찬)의 말, 과장된 말.

말파리 сонно
말하기 хэмээн
말하는 능력 илэрхийлэл
말하는 바 гэгч
말하는 소리가 나다 гангар гунгар хийх
말하다 айлда|х, өгүүлэ|х, тодорхойло|х, үгтэй, үгчлэ|х, хүүрнэ|х
(~라고) 말하다 гэгдэ|х
(~을) 말하다 гэ|х, өгүүлэ|х, өчи|х, тэмдэглэ|х, хэлэ|х, хэмээ|х
말하지 않는 дуугүй
말한다면(~로) 보ㄹ
말할 것도 없다 мэдээж
말할 나위 없이 당연한 давшгүй, дийлшгүй
말할 수 없는 хамаагүй, хүртээлгүй
말함 илэрхийлэл, илэрхийлэлт
맑게 되다 тун|ах
맑게 하다 арила|х, ариутта|х, тодото|х
맑게(깨끗이) 하다 баа|х
맑게(투명하게) 만들다 тодото|х
맑게하다(물. 공기 등을) арила|х, тунга|х, цагаала|х
맑다 тоддо|х
맑아지게 되다 тодсо|х
맑아지다 илрэ|х, тодро|х
맑은 공기를 얻다 сэрүүцэ|х
맑은 саруул, тодхон, тунгалаг, цэлмэг, цээл, шижир
맑은(청아한, 낭랑한) 소리나게 하다 цээлших
맑음 тоддол, тодрол
맘 ижий
맛 амтсонгины ааг ~ 양파의 맛; саримсагны ~тай шөл 마늘(파) 맛의 수프; исгэлэн ~тай алимнууд 사과의 신맛; гашуун ~тай юм, ~нь гашуун байна 그것은 쓴맛이다, 그것은 쓰라린 맛이다; ямар ч ~ байхгүй 아무 맛도 없다; ~гүй юм/байна 맛이 없다; чихэрлэг ~тай 맛이 단, 향기로운 맛; ~ оруулах ~에 맛을 내다, ~에 풍미(향기)를 곁들이다; ~ оруулагч 조미(調味), 조미료, 양념; ~ыг нь олох/тааруулах 먹음직스럽게 맛을 내다, 교묘하게 맛을 내다; ~ шимт ~에 맛을 내다, ~에 풍미[향기]를 곁들이다
맛보다 амса|х, дур; архи ~ 보드카를 맛보다
맛보다(~을 한 입(모금)) амтгда|х
맛없는 음식 жааз, орхидос, хаягдал
맛없는 амтгүй, аягүй, булбэгэр, заваан, улхгар
맛없어지다 булбий|х
맛을 내다(~에) амтла|х
맛을 돋우는 것 жан, сөмс, сүмс
(~에) 맛을 보다 амтла|х
(~의) 맛을 보다 үзэ|х
맛의 원인이 되다 бал
맛이 고약하게 변하다 хурши|х
맛이 고약한 хуршмал
맛있는 것 амттан
맛있는 물 цэнгэг
맛있는 식사의 향기 хэншиг
맛있는 амтат, амттай
맛있다 нялууда|х
맛좋은 물 цэнгэг
맛좋은 амтат, амттай, амттайхан
망(을).보다 мана|х; манайхан шөнө адуугаа манадаг 우리는 밤중에 우리의 말떼들을 지킨다.

망가뜨릴(부술.깨뜨릴)수 있다 гэмтэ|х
망가지기 쉬운 саримгар, түгдэрхий, хэврэг
망가지다 цавта|х
망각하게 하다 умартуула|х
망각하다 марта|х, умарта|х
망각했다 мартагда|х, умартагда|х
망간 марган (Mangan: 붉은빛을 띤 회색의 금속 원소. 철과 비슷하나 철보다 단단하고 부서지기 쉬우며 화학성도 강함. 합금 재료·건전지· 화학 약품 등으로 씀; 기호 Mn; 번호 25번)
망그러져(깨져서)~이 되다 хэмхрэ|х
망그러진 навтархай, налмагар, нооронхой, няцрах, өм, сэтэрхий, тамтаггүй, хагархай, хугархай, хэмхэрхий, эвдэрхий
망그러질 듯한 яйжгар
망나니 бар
망령(亡靈) сүг, сүнс, чөтгөр
망루 хараа, харуул, цамхаг
망명 цөллөг
망명자 босгуул, оргодол
망명하다 цөлө|х
망보다 сахи|х, хамгаалагда|х, хамгаала|х
망사(網紗) тор
망상 직물 сүлжээ
망상 дон(г), жирвэнүүр, зэрэглээ(н), төөрөгдөл, хэнээ
망상(網狀)조직 тор
망상적 хэнээтэй
망설이는 сааруу, сунжуу, туушгүй
망설이다 бөөрөнхийлө|х, гайха|х, дунши|х, саармагла|х, түгдрэ|х, хавьтуулахгүй, хэлбэлзэ|х, ээнэглэ|х
망설임 дуншаа, хэлбэлзэл, эргэлзээ
망신거리 ичгүүр, сонжуур, шившиг
망신당하다 хөглө|х
망신시키다 ичих
망아지(1~2년생) даага(н); ~ сургах 길들인 망아지가 뛰어들다; ~н тором 2년생 낙타

망연자실케하다 мунхруула|х
망연케 하다 баларта|х, мунхруула|х
망우수 лянхуа (忘憂樹)(그 열매를 먹으면 황홀경에 들어가 속세의 시름을 잊는다고 함).
망원경 авай: дуран ~ , телескоп
망원경(현미경)으로 보다 дуранда|х
망을 봄 харуул
망쳐놓다 бэртээ|х, зэмдэглэ|х, зэрэмдэглэ|х, сүйдэ|х, түйвэргэ|х
망쳐놓았다 танхилза|х
망치(쇠) алх
망토 нөмрөг, хэвнэг, цув
망토(외투)로 어깨를 덮다 нөмрө|х
망하다 балра|х, бусни|х, талагда|х, үгүйрэ|х ; маь ~ 삶이 망하다
맞(습니)다 зээ, тэг
맞는 тааруу
(~에)맞다 зохи|х, зохицо|х, монтажла|х, тааруула|х, тара|х, тохиро|х, угла|х, угсра|х
맞닥뜨리다(~에) гара|х
맞물리나 зуугда|х
맞부딪치는 халз
맞붙(어 싸우)다 барилда|х, ноцолдо|х
(~와) 맞붙어 싸우다 барилда|х
맞붙어 싸움 барилдаан
(~에) 맞서게 하다 эсэргүүцэ|х .
(~와) 맞서다 нүүрэлдүүлэ|х, өрсө|х
맞은쪽에 тэртээ, тэрүүгээр
맞은편의 эсрэг
맞이 угтуул
맞줄임[약분]하다. хураангүйла|х
맞지 않는 заналт зохимжгүй, харш; ~ дайсан 대적(大敵), 불공대천의 원수, 절대 용서 못할 적.
맞추다(~에) тохируула|х
맞추다(~와) тохируула|х
맞추어 보다 шуу|х
맞히다 үзэ|х, яра|х
맡겨두는 사람 асгарга
맡겨져 있다(~에) эрхлүүлэ|х, эрхлэ|х

맡겨져서(조종되어) 넘어가다(~에게) дамжи|х
맡고 있다(을) даалга|х
맡기다 асгарга, гардуула|х, итгэмжл|эх
맡다(~을) гарда|х
맡다(담임하다)(~을) аср|ах
매 사냥용의 매 хайчин
매 харцага
매(회초리) туйван
~ 매 бухэн
매(말의) 머리쒸우개 юудэн
매(채찍 따위로) 찰싹(탁) 때리기 инч
매각하다 зарагда|х
매개(물) хэрэгсэл
매개자 зуурд, зууч
매국노 хулгай, урвагч
매기 үдээс
매끄(반드)럽게 되다 мөлий|х
매끄(반드)럽게 하게하다 жигдлэ|х
매끄(반드)럽게 하기 гөлий|х, гөлчий|х, толиро|х
매끄(반드)럽게 하다 дагтаршуула|х, мөлийлгө|х, толи|х
매끄러운 булбарай, гилгэр, зөөлөн, зөөлхөн, мөлгөр, мялгар, толийлго|х, толимон, торгомсог, тостой, улбагар, гөлгөр; ~ мөс 미끄러운 얼음; шил мэт ~ 반질반질한 유리; ~хад 매끈매끈(반질반질)한 돌
매끄러운 표면 гулгуур
매끄러운 혀 гоёч, зуйгар
매끄럽게 되다 уята|х
매끄럽게(반드럽게) 하다 мялай|х
매끈매끈(반질반질)한 мялгар, толийлго|х, толимон, мөлгөр; ~хад 매끈매끈(반질반질)한 돌
매끈매끈한 гилгэр, гөлгөр
매끈매끈(반질반질)한 외면 гулгуур
매끈매끈(반질반질)한 혀 гоёч
매끈해(반드러워, 반반해)지다 мялай|х, нармийлга|х, толий|х
매너리즘에 빠지다 чамирха|х

매는 끈 зангиа(н), зангилаа(н), уяас
매는 사슬 гинж(ин), туша
매다 заггида|х, зангила|х; хөмсөг ~ 눈살을 찌푸리다; гараа ~ 주먹을 쥐다; шазуур ~ 이를 악물다, 굳게 결심하다; буххүчээ~ 전력을 기울이다
매다(잇다.동이다) боо|х, сагалдрагада|х, үхүүлэ|х, уюула|х, уя|х, холбо|х, хүлэ|х, хүлээслэ|х
매다는 램프 дүүжмэг
매다는 물건 мөрөвч
매다는(거는) 것 тавиур; номын ~ 책꽂이, 책 선반; лааны ~ 촛대.
매달다 дүүжлүүлэ|х, дүүжлэ|х, өлгө|х, чаргуулда|х; дуужилх ухэх 목매어 죽다; дуужлэн алэх 목매달아 죽이다
매달려 늘어진 (말굽 뒤쪽의) 텁수룩한 털 бэрхий
매달려 늘어짐 санжгар, унжгар
매달리다 дэлдий|х, дэмнүүр, зуура|х, санжгана|х, санжий|х, унжгана|х, унжи|х
매달리다(~에) барьцалдах, шалтгаала|х
매달리다(흔들흔들하다) дүүжигнэ|х
매달린 дүүжин(г), санжгар, унжир санжир
매달아놓은 밧줄(~을) зэл
매대기치다 нялгада|х
매도(매각)하다 арилжи|х, борло|х, борлуула|х, зара|х, худалда|х, худалдаала|х
매도하다 зухэ|х, хараа|х
매독(당창.창병)에 걸리다 тэмбүүрэ|х
매독(梅毒) тэмбүү
매독에 걸리다 ярта|х
매독을 감염되다 ярта|х
매독환자 ярта|х
매듭 барилдлага, зангиа(н), зангилаа(н), ороодос, сүлбээ, үдээс, уяас, хүлээс
매듭(고, 결절 등등) 풀리다 хөврө|х
매듭을 짓다(~에) заггида|х, зангила|х
매듭을 풀다 тайла|х
매듭이 있는 мойног

매듭이 풀리다 мөлтрө|х
매듭이(마디가) 있어지다 зангира|х
매듭짓다 шувтла|х
매력(매혹) гулдрил, шид
매력없는 доожоогүй, жавбаагүй, лөөлгөр, нурмагар, үзэмжгүй, хавгүй
매력있는 дунигар, үзэсгэлэнтэй, хөөрхөн; ~ хүү 귀여운 소년; ~ царай 아름다운 얼굴.
매력(애교)있는 аваад;
매력 있는 성격 зан(г)
매력있는(귀여운) 여자가 경주마 안장에 붙인 번호천(안장 방석) 위에 올라 타다 баавар
매력적인 гуалиг, дурлам, зүчтэй, өхөөрдөм, сод(он), үзэмжтэй, хайрламаар, шидтэй, энхрий, ялдам
매만져지다 мөлий|х
매만지다 дагтаршуула|х, мөлийлгө|х, толи|х, толиро|х
매매 арилжаа, маймаа, худалдаа(н), найма; арилжаа ~ 매매(장사) 하다; ~ хийх 교역(거래)하다; тэр савхины ~ хийдэг 가죽제품을 장사하다
매매하다 борлуула|х, маймаала|х, наймаала|х; хөвөн ~ 면화(솜, 목화)를 거래(무역, 교역)하다; зах дээр ~ ~을 마켓에서 팔다
매몰(잊었던 것을) 캐내다 сэхэ|х, толиро|х, эдгэ|х
매미 царцаа
매미(선(蟬)) жирхрээ
매발톱나무 тошлог (매자나뭇과의 낙엽 활엽 관목. 산기슭 양지에 나는데 높이는 1.5m, 줄기에 가시가 있으며, 봄에 누런 꽃이 핌. 잎은 유독하며 소독제, 복중(腹中)의 해열, 구창(口瘡),여성의 출혈 등에 약용 및 식용하며, 황색 염료용·산울타리용으로 씀.)
매복(잠복)하다 бугэ|х
매부(妹夫) баз
매부리코를 가진 монхор
매사냥용 매 шонхор

매상전표 квитанции
매수 коррупции, хээл
매수(부패(행위)) авилгал
매수(사주) гулдрил
매수하다 авлигала|х, гулдри|х, завхруула|х, өөшлө|х, сэглэ|х, хахуульда|х
매수하다(수회하다) авилгала|х
매씨(妹氏) эгч
매어서(묶어서) 만들다 боо|х, загтида|х, зангила|х, үхүүлэ|х, уя|х, уялуа|х, холбо|х, хүлэ|х
매연 ис, тортог, утаа(н), хөө
매연(철매, 검댕, 그을음)으로 덮어 가리다(덮다) тортогдо|х
매우 асар, баахан, бишгүй, бузар, бултаараа, буур, гойд, гүйцэд, гүнээ, даан, даанч, давгүй, дагуудаа, ихэд, ихээр, ихээхэн, маш, нилээд, ов олон, овоо, огтхон, сүрхий, тон, үнэхээрийн, үсэд, хавигүй, шав; ~ сайн 아주 좋은; ~ их мэ-дэх 많이 알다; ~ ажил많은 (양)의 작업; ~ ам-жилт 꽤 성공했다; · орлого 상당량의 수입; ~ сайн 아주 좋음; ~ олон 아주 많이; ~ их баярлалаа! 매우 감사합니다!; ~ удаан 매우 느릿느릿, 아주 천천히 .
매우(몹시.무척.아주) асар, гэгээн ; ~их 아주 많이
매우 게으름쟁이의 дөжир
매우 급하게 굴다 давчууда|х
매우 급한 давч, тэвдэл, яаравчлан, яаруухан
매우 기분 좋은(유쾌한) тавтайяа
매우 기뻐하다(~을) увдисла|х
매우 기뻐하다(즐기다) цэнгэ|х, бахда|х, бахда|х
매우 깎아지른듯한(급경사진) хэсхийм
매우 넓은 уужимхан
매우 놀랄 만한 санагдашгүй
매우 덤비다 давчууда|х
매우 들뜨다 хийсдэ|х
매우 많은 элбэг

매우맛있는(감미로운,맛좋은) амттайхан
매우 무거운 жинтэй, лаглагар
매우 새로운 ойрмогхон
매우 야비한 өөдгүй
매우 어리둥절케 하다 сандчи|х
매우 위급한 бачуу, хойшлошгүй, яаралтай
매우 유연한(보들보들한) умбагар
매우 유쾌한 баясгалантай
(~을) 매우 좋아하는 донтой
매우좋아하다 тааламжла|х, таашааг-да|х, тала|х, хайрла|х, янагла|х
(~을) 매우좋아하다 нөхцө|х, хорхойсо|х, шохоорхо|х
매우 진취적인 аргатай
매우 힘한 хэсхийм
매우(굉장하게) 열중해지다 улайра|х
매우급한 яарахдаа
매우급함 яарал
매우기쁜 баясгалантай
매우높다 сүндэрлэ|х
매우위급한 хойшлуулшгүй
매우취약(박약,얄팍,천박)하다 даржгарда|х
매운 хахуун
매음 янхан
매음시키다 янханда|х
매의 발 гар
매이다 зангира|х, холбогдо|х
매자나무속(屬)의 식물 тошлог
매장 оршуулга
매장시키다 газарлуула|х
매장식 оршуулга
매장자 булшлагч
매장하다 бүшла|х, газарла|х, нутаглуула|х, оршуула|х, улайшра|х
매점 гуанз, кабин, мухлаг киоск; сэтгүүлийн ~신문(잡지)판매점; номын ~ (보통 노점의) 헌책방, (역.터미널 등의) 신문(잡지) 매점; махны ~ 정육점, 푸줏간
매정스러운 нигүүлсэлгүй
매정한 нигүүлсэлгүй, ханшгүй, цэвдэг
매지 않고 풀린 унжуу
매지 않은 긴 여자의 머리 모습 хүрхрээ
매지 않은 задгай, талбиу, үлхгэр, холхи
매질하다 булгила|х, гөвдө|х, гөрдө|х, гуяда|х, дэлдэ|х, жанчи|х, занчи|х, зодуула|х, нанчи|х, сава|х, ташуурда|х, цохи|х; тэр аавдаа золдуулаа 그의 아버지는 그를 때렸다.
매질하여 벌하다 шийтгэ|х
매체 хэрэгсэл
매춘 시키다 янханда|х
매춘부 янхан
매출 тавил; ~ шатрын 체스 게임, 서양장기를 두다.
매태(苺苔) царам
매트리스 бамбай
(~나) 매한가지 дөнгүүр
매형(妹兄) 인형(姻兄) баз
매혹시키다 гулда|х, гулдри|х, ховсло|х
매혹적인 дурлам, шидтэй, шидэт
매혹하게 하는 бахдалтай
매혹하다 соронздо|х, увдисла|х
맥(脈) судал
맥관(脈管) зам, суваг, хананцар; судасны ~ 동맥의 내벽
맥박 судас
맥박이 뛰다(치다, 두드리다, 둥둥 울리다) лугши|х, луг луг хийх, цохило|х
맥박치다 луг луг хийх, лүг лүг хийх
맥빠진 нялцгар
맥빠진(문장) нялцгай
맥없게 되다 үлбий|х
맥없는 문장 нялцгай, нялцгар
맥없는 ёлбогор, налимгар, нялцгар, үлбэгэр, улщгар, цулцгар
맥없다 ёлщой|х
맥없이 움직인다 хүлхэгнэ|х
맥없이 터벅터벅 걸어갔다 гэлдэрхийлэ|х

맥이 뛰다 дэлсэ|х
맥주 пиво; ~ний сүлжээ, дархадж, 목로주점; ~эсгэх 맥주 양조하다
맥주를 담는 조끼 дэвэр
맥진(鎖到)하다 жирий|х, жирэлзэ|х, чавхда|х
맨 끝 шувтрага
맨 뒤 хойгуур
맨 뒤의 хойшгүй
맨 마지막의 сүүлч
맨 먼저 анх(ан), урьдал, анхдугаар
맨 먼저에 анхлан
맨 먼저의 사람들 сайчууд
맨 앞에 있다(~의) тэргүүлэ|х
맨 처음(먼저)의 анхдугаар
맨 처음에 анхлан
맨손으로 일격을 가하다 илбэ|х
맨손으로 치다 илбэ|х
맨손의 зэвсэггүй
맨처음 анх(ан), урьдал, анхдугаар
맵시 있는 дэгжин
맵시를 낸 зэнзгэр
맵시있는 гоёхон
맷돌 бул, ин(г), тээрэм
맷돌로 갈다 тээрэмдэ|х
맷돌로 타다(갈다.돌리다) гуранзда|х, талхла|х, сазда|х
맷돌의 (어느) 한 짝. ин(г)
맷돌의 중쇠 тээл
맹금(猛禽) махчин
맹금류의 새가 배설물 떨어뜨리다 санга|х
맹꽁이자물쇠를 채우다(잠그다)(~에) оньсло|х
맹렬한 비난 довтлого, довтолгоо
맹렬한 타격을 하도록 허락하다(허가하다, 인가하다) балбуула|х
맹렬한 агсам, галзуу, галзуу
맹렬해지다 галзуура|х
맹렬히 үхширтэл
맹렬히 짖다 борго|х; боргодог нохой 사나운 개가 짖다.
맹목 харангуй
맹목적인 사랑 өхөөрдөл
맹목적인 балай
맹물 мянтууз, цэнгэг
맹세 андгай, санваар, сахил, тангараг
맹세의 행위 тангараглал
맹세하다 андгайла|х, тангарагла|х
(~할것을)맹세(보증)하다 андгайла|х
맹수 ан, араатан
맹신 өхөөрдөл
맹신적으로 өхөөрдөнгүй
맹안 сох
맹약 гэрээ, эвлэл, эвсэл
맹인 сором, сох
맹인의 가이드 нүдэвч
맹추 мянтууз
맹풍 шуурга
맺게 하다 дэвтэрлэ|х
맺어진 нэгдмэл, энгтгэл
맺음 сүлбээ
머그잔 жалавч
머름 хавтай
머름을 끼우다(~에) самбарла|х, хавтасла|х
머리 가르마 мушгиа
머리 따위를 수그리다 унжий|х
머리 땋는 방식 малгай
머리 밖 피부의 덮개(망토, 외투) дах
머리 받침대 жинтүү
머리 부분을 둥글게 간 석류석 хатиг
머리 수건 алчуур
머리 위에(로) дээгүүр
머리 장식 уйл
머리 좋은 цовоо
머리 гавал, толгой; ~тархи 지능, 지혜; малгай ~ 머리에 쓰는 것, 머리 장식; түүний зүрх сэтгэл ~ тархийг нь удирддаг 그의 머리는 그의 마음이 지배하다; толгойн 9 в- чин 두통(골칫, 걱정)거리, 고민 ~ 9 вдэ х 두통이

나다; тэмээн ~ 낙타의 머리.
머리(고개)를 끄덕이다 дохи|х
머리(바로) 위에(의)(~의) дээгүүр, гаран орон, орон гаран; ~ зантай 거드럭거리는, 거만(오만)한; ~ нисэх ~(의) 위로 날다; ~ харах 아래로 보다; ~ албаны хун V.I.P(요인, 거물, 귀빈); ~ хөгжилтэй 고도로 발달된
머리(복장)을 흩뜨리다 согсой|х
머리(뿔)로 받다 булги|х
머리(수뇌부) толгойлогч
머리(옷가) 멋지게 늘어지다 нөмрө|х
머리가 (우)둔한 мулгуу
머리가 ~인 толгойт, толгойтой
머리가 나쁜 тархигүй, толгойгүй
머리가 납작한 тавсгар
머리가 둔한 бодолгүй, мохоо, ухаангүй; ~ өнцөг 둔각(鈍角: 90°보다 크고 180°보다 작은 각); ~ хутта 둔한 칼; ~ухаантай 머리가 둔한
머리가 매우 좋은 авьяаслаг
머리가 멍한 булингар
머리가 벗겨지게 만들다 халзла|х
머리가 벗겨지다 хожий|х, мэлзий|х, халзра|х
머리가 벗어진 мэлзэн, хожгор
머리가 빈 савсаг
머리가 산만하다 ангалза|х
머리가 약간 부족한 маанагар
머리가 없는 толгойгүй
머리가 은백색이 되다 буурaлта|х
머리가 좋다 малгайт
머리가 혼란해지다 будли|х
머리띠 дээс(эн)
머리로부터 부딪치는(~에) мөргөмхий, мөргө|х; мөргөдөг үнээ амсхийс 뿔로 받다; хаалга ~ (자기) 집에서 누구도 찾지 못했다
머리를 가르마 타다 хагацаа|х
머리를 다듬고 끝을 지지다 хуйхла|х
머리를 돌리다 дугууни|х

머리를 뒤로 젖히다 гэдэлзэ|х
머리를 들다 өндий|х
머리를 땋다 гөрө|х; гэээг ~ 머리를 땋다
머리를 땋다(땋아 늘어뜨리다) нийтгэ|х, сүлжи|х, сүлжээлэ|х, томо|х
머리를 땋아 늘어뜨려 잡다 гээгдэ|х
머리를 물결처럼 곱슬곱슬하게 지지다 буржий|х
머리를 숙이다 атируулла|х, бөгтий|х, гудай|х, мэхийсхий|х, навтай|х, нугалхийла|х, нугара|х, нуша татах, тахий|х, тонгой|х, тонгойлго|х, хазайлга|х, юохисхий|х
머리를 짧게 깎다 хулмай|х
머리를 짧게 깎아 귀를 드러낸(청교도를 이름) хулгар
머리를 짧게 깎은 хулгар, хулман
머리를 쳐들다 гэдэлзэ|х
머리를 텁수룩하게 한 сагсгар, сэгсгэр; ~ ус 헝클어진 머리; ~ мод 엉기정기 가지가 난 나무.
~ 머리를 한 толгойт, толгойтой
머리를 헝클어뜨리다 бавай|х, сагсай|х, согсой|х, сэгсийлгэ|х, үнгэ|х ; ус ~ 흩어진, 헝클어진다. 봉두난발의
(~의)머리를(복장을) 흩뜨리다 сагсай|х, согсой|х
머리만큼 тэргүүтэн
머리말 оршил, удиртгал
머리뼈 гавал
머리숱이 적어지게 되다 хожий|х
머리에 떠오르다 гара|х
머리에 쓰는 것 малгай
머리에 쓸 것 малгай; сийрсэн ~ 밀짚 모자; зцны ~ 여름모자; унэгэн ~ 여우 모피 머리장식; ноосон ~ 니트모자, 털모자; эсгий ~ 펠트모자; саравчтай ~ 직물모자, 신사모자, 중절모; дугуй ~ 베레모(帽), 베레식 모자; устэй ~ 모피 모자; ~ өмсөх 모자를 쓰다; малгайгаа авах 모자를 벗다; цаасан ~ өмсгөх

~에게 발림말하다, 지나치게 칭찬하다, 과찬하다; ~ гарчиг 전단(으로 짠 큰) 표제; хадаасны ~ 못대가리;тэр малгайтай байна 그는 직위를 가질 것이다; тэр ~ сайхан таарч байна 저 모자는 잘 어울린다.

머리에 흰 얼룩이 있게 되다 халзра|x
(새·말 따위의) 머리에 흰 얼룩이 있는 зулгархай, мэлзэн, халзан; толгойны ~ 머리위에 흰 얼룩이 생기다

머리의(~) толгойт, толгойтой; гуван ~ мангас 머리가 셋인 괴물(요괴); улаан ~ 머리칼이 빨간

머리의 가르마(분할선) хагалбар; мэс ~ын ажил (약의) 효력, 효과

머리의 다발(상투) гөхөл

머리의 의해 тэргүүтэн

머리의 정수리 зулай

머리장식 малгай; сийрсэн ~ 밀짚모자; зцны ~ 여름 모자; унэгэн ~ 여우 모피 머리장식, ноосон ~ 니트 모자, тилмогзой; эсгий ~ 펠드모자; саравчтай ~ 직물 모자, 신사모자, 중절모; дугуй ~ 베레모(帽), 베레식 모자; устэй ~ 모피 모자; ~ өмсөх 모자를 쓰다; малгайгаа авах 모자를 벗다; цаасан өмсгөх ~에게 발림말하다, 지나치게 칭찬하다, 과찬하다; ~ гарчиг 전단 (으로 짠 큰) 표제; хадаасны ~ 못대가리;тэр малгайтай байна 그는 직위를 가질 것이다; тэр ~ сайхан таарч байна 저 모자는 잘 어울린다.

머리카락 үс

머리카락(동물의 털 따위를) 빗질하다 хөөвөлө|x

머리카락(털)이 짧게한 хяргамал

머리카락에 웨이브를 넣다 буржий|x

머리카락을 소용돌이 모양으로 하다 буржий|x

머리카락을 오그라들게하다 буржий|x

머리카락을 잡아채다 үсдэ|x

머리카락이 드리워지다(흘러내리다) буу|x

머리칼(깃털·실 따위의) 술 тав, туг, гөхөл; морины ~ 말의 이마 갈기; ~ тавих 머리위에 머리카락의 숱만 남기다; шувууны ~ 새의볏; доғамери.

머리칼이 곤두서다 өрвий|x, сэгсэгнэ|x

머리칼이 흩어진(헝클어진, 봉두난발의) сангас

머리털 унгас, үс

머리털(모발)이 빠지다 бултрэ|x

머리털을 곱슬곱슬하게 하다 бурзай|x, мушгира|x, пурчигна|x, хуйлра|x, эвхрэ|x

머리털을 깎다 зогдорло|x

머리털이 빠지다 дошло|x, цөглө|x

머리핀 хавчаар

머릿가죽(머리털이 붙은) хуйх

머릿가죽을 벗기다(~의) хуса|x

머릿수건 дах

머무르다 орши|x

먹뭇거리다 гуйва|x, гэдвэлзэ|x, далдичи|x, тээнэгэлзэ|x, хэлбэлзэ|x

머스켓총병(銃兵) жард

머스터드 гич

머슴 зарц; ~эмэгтэй 하녀, 가정부.

머슴을 고용하다 зарцлагда|x

머지(오래지)않아 곧 удаагүй

머지않아 бушуухан, даруй, мөнөө, саяхан, тугаар, яваандаа

먹(먹물) бэх

먹거리 хүнс(эн)

먹고 입을 것·돈·허가·은혜 따위를 빌다 гуйланчла|x

먹눈 сох

먹다 зоогло|x, идэ|x, хоолло|x; хоол ~ 식사하다, мах ~ 식사하다; удийн хоол ~ 저녁을 먹다; ~ юм 음식, 식사; энэ машин шатахуун их иддэг 그 자동차는 많은 가솔린을 소모한다; ээв ~ 녹슬다, 부식하다; юм идэхсэн 나는 무엇인가 먹고싶다, 배고프다; уунийг чанаж иддэг 그것은 요리한 음식이다; цад-талаа ~ 만족하게 먹었다; бялууртлаа ~ 과식했다, 많이 먹었다; хорхой идсэн шуд 충치; шуд хорхой ~ 충치; мөнгө ~ 돈을 횡령하다; тэр албаны мөнгө иджээ 그는 사무실 펀드(자금)를 유용(착복)하다; хээл хахууль ~ 수회하다; бэрсийг ~ 체스의 퀸을 잡다; барьж ~ 꾸짖다, ~에게 잔소리하다

먹었다 идэгдэ|х

먹을 수 없는 идүүшгүй

먹통 мянтууз

먼 аглаг, алс, хов хол, хол, холхи; ~ хол 아득히 저쪽에(의로), 먼 옛날에; ~ холоос ~에서 멀리(아득히); ~ ирээдүй 미래, 장래, 장차; ~ нь 장래, 미래에, 금후(는); ~ ын 선견, 예지, 예측, 선견지명; Алс Дорнод 동양, 아시아, 동부 지역; ~ аас 아득히 먼 저쪽에(의로) 부터; ~ холл хязгаар 먼 곳의 반점 (얼룩); ~ ирээдүйд 먼 장래

먼(떨어진) зайду

먼(멀리(에) зайтай

먼 곳에 있는 물체를 희미하게 지각(知覺)했다 торгор

먼 곳에 있다 холдо|х

먼 곳으로 бөглуу, холхон

먼 곳으로 가다 холчло|х

먼 곳으로 향하다 гадагшда|х

먼 곳의 аглаг, бөглуу, буйд, зайду, зайтай

먼 목장에 가축을 매장하다(묻다, 흙으로 덮다) хөдөөлүүлэ|х

먼 옛날에 хол, холуур

먼 장래의 бөглуу, буйд

먼동의 약한 빛 уурийн хяраа

먼지 буртаг, тоос(он), хир, хогтой, хумаг

먼지 따위가 ~의 표면을 덮다 давхарла|х

먼지 많아지다 тоосжих

먼지 많은 тоосжилт

먼지 티끌 хог

먼지(불결물, 오물 등등을 솔로 털어버리다(털어내다) шуурдэ|х

먼지(스모그)가 싸이다(덮이다) манара|х; толгой ~ 실신(졸도)하다; тоос ~ 먼지가 피어오르다(나다) яндангууаас утаа манарч байв 굴뚝에서 연기가 피어오르다.

먼지(티끌)를 치다(두드리다)(~의) гүвэ|х

먼지(티끌)을 떨다; хивс ~ 융단(양탄자, 카페트)를 두드리다.

먼지(티끌)이 오르다 тооcро|х

먼지가 떨어지다 дэвүүрдэ|х

먼지가 소용돌이치고 있다 тооcро|х

먼지가 일어나다 тоосло|х

먼지로 덮이다 тоосжих

(~의) 먼지를 떨다 гүвэ|х, тоосло|х

먼지를 쏠다(털다) дэвлэг, шуурдэ|х

먼지투성이가 되다 тоосжих

먼지투성이로 만들다 тоосло|х

먼지투성이의 тоосжилт

멀건이 мянтууз

멀대같은 гоймон, олигор

멀리 зулга, хэгэ, цааш(аа)

멀리(에) алс, бөглуу, хол, холхон; ~ хол 아득히 저쪽에(의로), 먼 옛날에; ~ холоос ~에서 멀리(아득히); ~ ирээдүй 미래, 장래, 장차; ~ нь 장래, 미래에, 금후(는); ~ ын 선견, 예지, 예측, 선견지명; Алс Дорнод 동양, 아시아, 동부 지역; ~ аас 아득히 먼 저쪽에(의로) 부터; ~ холл хязгаар 먼 곳의 반점 (얼룩); ~ ирээдүйд 먼 장래

멀리 도는 тойруу

멀리 두루 생각하다 холшоо|х

멀리 뒤로 물러서다 хойшдо|х

멀리 떨어져 있다 холдо|х

멀리 떨어져서 тэртээ, холуур

멀리 떨어지다 алслагда|х
멀리 떨어진 장소로 가다 холчло|х
멀리 떨어진 бөглуу, буйд; зэлүүд ~ 미개척의, 사람이 살고 있지 않는; ~ нутаг 멀리 떨어진 땅.
멀리 미치다 пялай|х
멀리 엷은 파랑으로 생각되다 цэнхэртэ|х
멀리 후퇴하다 хойшдо|х
멀리(떨어져) 있다 онцгойро|х, тусгайра|х
멀리(아득히) 저쪽의 тэртээ
멀리(외국) 여행하다(다니다) зори|х
멀리까지 미치다(영향력 따위를) алслагда|х, холдо|х
멀리서 번뜩이다(번쩍이다) гилбэгнэ|х
멀리서 연푸른색으로 보이다 цэнхэртэ|х
멀리의 аглаг
멀리의 хов хол
멀리하다 холдуула|х, хөндийрө|х, хөнхийрүүлэ|х, цэрвэ|х
멀지 않은 холгүй, энүхэн
멈추게 하다 барагда|х
멈추고(그만두고)~하다 боли|х; ажлаа ~ 하든 일을 멈추다(그만두다)
멈추기 тасрал, тасралт
멈추다 бай|х, биттий, зогсоо|х, огооро|х, уягда|х; ~ мартаарай 잊지 마라!; ~ хэл! 말하지마!; ~ яриарай 잡담하지 마시오!; ~ тэрнийг уншаарай 그것을 읽지 마시오!; дайныг ~전쟁을 끝내다; гал ~ 사격중지; төлбөрийг ~ 중지하다, 일시 정지하다; ажлаа ~~을 채로 남겨 두다; хэлэлцүүлгийг ~ 토론을 멈추다; захиалгыг ~ 가입(예약)을 해지(약) 하다; холбоо харилцаагаа ~ 관계를 끊다.
(~을) 멈추다 болиула|х
멈추다(그만두다)(~하기위하여) боли|х
멈추어 섬(스탑) зогсолт
멈춤 бай, байг, зогсолт, зогсоол

멈춰 서다 бай|х
멈춰! байз
멈춰다 зогсо|х
멈춰서다 биттий, гэдий|х
멈칫하다 гэдвэлзэ|х, далдичи|х
멋대로 구는 хуульгүй
멋대로 자란 нэвсгэр, саламгар; ~ э мд бялзигы даахаабжаргий
멋대로 행동하다 аарха|х
멋대로의 зорго; дур эргоороо ааш-лах 허가를 받지않고 행동하다; эргоороо бай|х 권력을 휘두르다
멋대로의(거친) 행동을하다 дэггүйтэ|х
멋부리고 모양을(맵시를)낸 옷을 입다 гангала|х
멋부린 гангамсаг, ганган, гоёмсог, зэнзгэр, намбагар, хээнцэр; ~хун 멋쟁이.
멋부림(치례.멋)을 하다 гангала|х
멋없는 амтгүй, улхгар
멋을 부리고 싶어지다 гооч
멋있는 ном говил
멋있는 гоё
멋쟁이의 ганган
멋지게 옷을 입히다 хээнцэрлэ|х
멋지게 мундаг
멋진 일(것) гичий
멋진 ашгүй, гайхамшигтай, гичий, гоо, додигор, зүв зүгээр, зүгээр, олигтой, тольтой, хөөрхөн. хээнцэр, шижгэр, эрэлхэг; ~ хүү 귀여운 소년; ~ царай 아름다운 얼굴; ~н гөлөг 멋진 일, 멋진 것.
멍에 талхигдал
멍에를 메고 가다 дамналда|х
멍청스럽게 행동하다 мангуута|х
멍청이 дүйнгэ, маанаг, мангуу, мянтууз
멍청이가 되다 мангуура|х
멍청하게 보이다 тормогоно|х
멍청한 дутмаг
멍추 мянтууз

멍텅구리 гирэв, маанаг, мянтууз
멍텅구리의 мунгинуу
멍하게(얼떨떨하게) 하다 дүйрэ|х
멍하다 уймра|х
멍한 상태 будлиан, солио, эндүүрэл, ээдрээ, маапаан
멍한 уймраа
멍해 있는 алгасангуй, алмай, заваан, мунгинаа
메귀리 овъёос
메귀리속(屬) 식물의 총칭 овъёос
메꽃(나팔꽃)류 сэдэргэнэ
메꽃속(屬)의 식물 сэдэргэнэ
메뉴 цэс
메다 тагжра|х
메달 медаль
메뚜기 дэвхрэг царцаа (부종.사종.송서.저계(樗鷄).종사.책맹)
메리야스 짜는 기계 сүлжмэлчин, нэхэгч
메리야스의 нэхмэл, сүлжмэл
메리야스직공 сүлжмэлчин, нэхэгч
메린스 самбай
메마르게 되다 турангида|х, турангила|х, хатангира|х
메마른 ургацгүй, үргүй, үржилгүй
메모 сонордуулга, тэмдэглэл
메스꺼움 бөөлжис; ~ 하다 메스껍다, 욕지기나다
메스껍다 оги|х, огшуура|х
메시지 илэрхийлэлт
메시지를 보내다 зара|х
메아리 дууриан, цуурай
메어치다 хаях, шидэ|х
메우다 тагжи|х, тагла|х таглара|х хаалтгай; нүх ~ 구멍을 메우다; хоолны сав ~ 스튜냄비 뚜껑을 덮다; уйсэн бэ глэ э гэ э р~~에 코르크 마개를 끼우다(로 밀폐하다); нүх ~ 구멍을 메우다; хоолны сав ~ 스튜냄비 뚜껑을 덮다; уйсэн бэ глэ э гэ э р~~에 코르크 마개를 끼우다(로 밀폐하다).

메운 тагжранхай, бөглөөс, чихээс
메이다 тагжра|х
메이크업 боогч
메이크업한 засмал
메인이벤트 직전의 세미파이널(의) шөвөг
메추리(메추라기) бөднө
멜로디(선율.곡.곡조) ая аялгуу, эгшиг; ~ барих 축하노래, 찬양; ~ зохиогч (유행가곡의) 작사가,작곡가; уянгалаг선율이 아름다운 멜로디
멜론 гуа; амтат ~ 멜론; ший ~ 수박.
멧닭 хур (꿩과에 속하는 새. 수컷은 남색 광택이 나며, 날개에는 흰 띠가 있고 꽁지는 두 갈래로 갈라졌음. 암컷은 황색을 띤 적갈색에 흑색 가로띠가 있음. 평지· 야산의 초원 등지에 서식하며, 한 배에 7-12개의 알을 낳음. 야계(野鷄).)
멧닭의 수컷 сойр, хур
멧돼지(야저(野猪) бодон, гахайлиг
멧발 хөвч
멧토끼 молтогчин
며느리(사위)를 보다 богтло|х
며느리(식부(息婦)) бэр; манай ~ууд ирлээ 우리 며느리는 온다.
며늘아기 бэр
멱(冪)지수 илтгэгч
멱차다 шувтра|х
면 тал, хуудас(ан); эхийн талын э вэ г эцэг 외조부, 어머니쪽의 할아버지; тахэний ~д вэ? 당신은 누구 편입니까?; ~д орох 누군가의 편을 들다; баруун ~ 오른 편, 우측; зуун ~ 왼편, 좌측; ээ рэг ~ 확실한 전망; ~ бурээс нь 모든 방향으로부터; ~ талаас 모든 측면으로부터; ар ~ 뒤편에, 뒤쪽의, 후방의; нүүрэн ~ (건물의) 정면, ~앞, 앞면; щоо зургаан ~тай 정6면체.
면(面) гадаргуу; хөрсний ~гийн ye 지표면 지층.
면(앞뒤·좌우·상하·안팎) гар, хавирга(н), хажуу, этгээд

면~ талт; олон ~다각형, 다변형 다변(多邊)의, 다면체, 다면형.
면(허)장 аттестат, үнэмлэх
면경(面鏡) толь
면도날 가는 숫돌 билу
면도질 үртэс
면도하기 тоймог
면도하다 зоро|х, хусуула|х
면목 хүнд, хүндлэл, хүндэтгэл
면목 없는 шившигт
면목 없음 доромжлол
면밀(꼼꼼.견실.신중)하다 нямбайла|х
면밀한 нямбай; цэвэрч ~ 아담하고 깨끗한, 정연(말쑥.깔끔.단정)한; нягт ~ 신중한, 꼼꼼한, 면밀한.
면밀히 бодолтой
면세의 гайлигүй; ~ худалдаа 자유무역, 면세 매매; ~ бараа оруулах 수입면세
면소 цагаатгал
면수자(綿繻子) сатин
면식 танил
면식이 많은(~와) танилтай
면식이 없는(~와) танилгүй
면식있는 танил
면양 хонь; эм ~ амьян; ~ майлах 양이 (염소가) 매애울다 хонины хашаа 양우리, 양사(羊舍); ~ хяргах 양의 털을 깎다; ~ хяргах цаг 양의 털깎기 계절; ~ алах/ хяргах 양의 도살하다
면역성을 주다 дархла|х, хэлтрүүлэ|х, хэлтрэ|х
면역소 ерендег
면역이 되게 하다 дархла|х
면적의 단위 квадрат; ~ ээрэг дэвшуулэх 정사각형으로 하다; ~ язгуур 제곱근; ~ тэгшитгэл 2차 방정식; сантиметр 평방 센티미터(cm²); хэмжиг- дэхүүн 제곱 측도(수).
면전에(~의) наана
면전에서(~의) өмнө
면제 чөлөөлөлт

면제(해제)하다 чөлөөлө|х
면제하다 хэлтрүүлэ|х, хэлтрэ|х
면주(綿紬) торго(н)
면직 цомтгол
면직물 бөс, хөвөн, даавуу(н); цоохор ~ 날염한 프린트의 면직물; орны ~ 양의 잠자리; ~ бээлий 무명장갑; ноосон ~ 모직물
면하다 булза|х, булзаара|х булзаара|х зайла|х, займра|х
(~에) 면하다 нүүрлэ|х, хара|х
(~을) 면하다 зөвтрө|х; ийм зан байдлыг ~ юм алга 행태를 면하다; өөрийгөө ~ 변명하다, 사과하다.
면하다(벗어나다)(~을) ангижра|х; зовлонгоос ~ 고통(괴로움)으로부터 자유롭다
(~에) 면하여 өмнөөс, өөд, өөдөө, руу, тийш
면학(勉學) судлагаа, сурлага
면함 зугтлага
면허 зөвшөөрөл, концесс
면허 등을 교부하다 соёрхо|х
면허(특허)장 гэрчилгээ
면허를 교부하다 өргөмжлөгдө|х
면허의 мэрэгшилтэй
면허장 диплом, зөвшөөрөл, мэргэжил
면화 хөвөн
면회 약속 болзоо(н)
면회 уулзалт, учрал
면회하다(~를) булхайца|х
멸도(滅度) няпваан
멸망 мөхөөл, устал
멸망(절멸)시키다 алалца|х, үхүүлэ|х, онхолдуула|х, тонгоруула|х, хөмрө|х, хөнтрө|х
멸망에 직면이다(~로) үхэлдэ|х
멸망하다 сөнө|х, эрсдэ|х
멸망한 эвдэрхий
멸시하다 басамжла|х, дагта|х, жигши|х
(~을) 멸시하다 инчдэ|х

멸실 зарцуулалт
(~에게) 명(령)하다 тушаа|х
명경(明鏡) толь
명공(名工) дархан, дархчуул, урчууд
명기(銘記)시키다 хоногши|х
명단 нэрсийн жагсаалт
명랑 дарвиан, зугаа, наргиа, хөгжөөн
명랑(유쾌)하게 놀다 нарги|х, цэнгэлдэ|х
명랑하게 놀다 дарви|х, хөгжилдө|х
명랑하게 움직이다 тэвхэлзэ|х
명랑하게 하다 гийгэ|х
명랑하게 (기운차게. 쾌활하게) 움직이다 тэв тав хийх, тэв тэв алхлах
명랑한 기분이 되다 цайра|х
명랑한 дарвиантай, хөгжөөнтэй
명랑해지다 гийгэ|х
명령 айлдвар, зарлиг, зөвлөмж, команд, лүндэн(г), тушаал, удирдамж, шаардлага, эмх; багшийн ~ 교사의 명령; ~ буулгах ~에게 명(령)하다
(~의) 명령(가르침, 소원)에 따르다 дага|х
명령(규칙을) 위반하다(어기다) зөчи|х, гажи|х; хууль ~ 법을 위반하다.
명령(탄원을) 되풀이하다 давхарда|х
명령법 бол
명령서 дүрэм, нэхэмжлэг; ~ заавар 지시, 훈령; усгийн ~ 철자법; хууль ~ 법령, 결의; хэв ~ 명령; ~ ууулэх ~을 가장하다, 짐짓 ~체하다(시늉하다)
명령어(형, 문) бол; чи багш бол! 선생에게 와!
명령의 командлал
명령자 ахлагч, командир
명령적인 дарангуй
명령하다(~에게) захиала|х
명료 тоддол, тодрол
명료(뚜렷)하게 тод, тодорхой
명료하게 하다 тайлбарла|х
명료하다 гаргагда|х

명료한 дэлбэгэр, илт, илэрхий, ойлгогдохуйц, ойлгомжтой; ~ үнэн 순수한 진리; тэд хоорондоо ~ дайсагналцдаг 그들 사이에서 명백한 전쟁을 시작하다.
명리를 좇는 ертенцийн
명망(名望) нэр, төр
명멸(明滅)하다 улбас улбас хийх
명멸시키다 улбалза|х
명멸하다 гялалза|х, жирэвхий|х, ирвэгнэ|х, нэрийдэ|х, нэрлэ|х
명문 출신의 угсаатай, удамтай
명문 яс, аюлхай
명문(언)집 цоморлиг
명문집 хураамж
명민 гялтгана
명민한 сийрэг, сономсор, ухамтгай
명백(명확)한 тод, гарцаагүй, эрхбиш
명백하게 보이다 дурай|х
명백하게 илэн даланrүй
명백하지 않은 битүүлэг
명백하지(분명치) 않은 тодорхойгүй
명백한 андашгүй, илэрхий, илэрхий, илт, маргаангүй, ойлгомжтой, тамиргүй, томруун, цагаан, шулуун, эршүүдь; ~ болох 분명하고 명백해 질것이다; ~ үнэн 순수한 진리; тэд хоорондоо ~ дайсагналцдаг 그들 사이에서 명백한 전쟁을 시작하다.
명백해지다 сэмрэ|х
명백히 гялайн цайн
명백히(알기 쉽게)하다 хөнгөлө|х
명부 данс(ан), жагсаалт
명부(예정)에서지우다(빼다). шалбала|х
명부에기재하다 дансла|х
명사(이름씨) нэр; ~ алдар 명성, 명예, 성망; ~ төрөл 종류(물품의); таны нэр хэн бэ? 당신의 이름은 무엇입니까?; ~ нэгт 이름이 같은 사람(것); ~ дэвшуулэх 후보자를 추천했다; ~ зээлдэх, ~ зээлэх 다른 이름을 사용

한다, 다르게 변장하여 남의 이름을 사칭하는 하다; ~ хунд нэрийг; ~ уг명사(이름씨), 명사처럼 쓰이는; ~ томьёо 용어, 전문어; ~ төр нэрийг, 신망; ~ний хуудас 초대장; ~ийн цэс 방명록; ~ олох 명성을 얻다, 대중적이다; ~сүр 유명하게 하다; сайн ~ 좋은 이름; муу ~ 나쁜 이름; сайн ~тэй байх ~ро 유명하다; ~ээ бодох 체면을 유지하다(손상시키지 않다); бухий 앞에 말한, 전술(전기)한; ~д гарах 유명해지다; ~ төрөө алдах 명성을 잃다; ~ алдарших 잘 알려지다, 명망이 있다; ~ээ хугалах 명성이 파멸하다; ~ээ гутаах 자신의 수치(창피, 치욕)를 덮다; ~ээ цэвэрлэх 명성을 되찾다(회복하다); оноосон ~ 고유 명사; ~ өгөх 이름을 부르다, ~에(이라고) 이름을 붙이다(짓다); бүтэн ~ (생략하지 않은) 성명(first name과 middle name, last name; Christian name과 surname).

명사(형용사·부사·동사에 붙여 '~에 속하는(관계 있는) 사람·물건'의 뜻의 명사를 만듦) **목소리(유성음)** хэв

명상(瞑想·冥想) бодрол, бясалгал, самди; ~ уйлдэх 습관적으로 명상하다; нсм ~ 종교(상)으로 명상하다

명상(묵상)하다 бодолхийлэ|х, эргэцүү-лэ|х, эрэгцүүлэ|х

명석한 ойлгомжтой

명성 алдар, нэр, төр, хүнд, хүндлэл, хүндэтгэл, цуу; нэр хөөцөлдөгч 출세주의자(야심가); ~ цуу 유명인, 명사; ~ хүнд 영광, 명예, 영예

명성(明星) Сугар

명성(체면 따위를) 손상시키다, 해가 되다 хөөдө|х

명성이 있는 алдартай, цуутай

명성이 있다 алдарши|х

명세 기입 청구서 падаан, фактур

명세서 данс(ан), жагсаалт, падаан, протокол, цэс

명수법(命數法) дугаарлал

명시선집 хураамж

명시선집 цомырлиг

명심하다 бодолцо|х, нүдлэ|х, тогтоо|х, цээжлэ|х

명안 ретушь

명예 алдар, дуурьсгал, хүнд, цог, цуу; ~ хүнд 영광, 명예, 영예

명예 훼손 гүжир, гүтгэлэг, гомдол; гүтгэлгийн кампани (신문 기사 등에 의한) 조직적 중상(공격).

명예 훼손자 гөрдөөч

명예(신용)회복 цагаатгал

명예로운 хүндтэ, хүндэт

명예를 더럽히다 хөөдө|х

명예를 이익을 위해 팔다 янханда|х

명예를 존중하는 마음 хүнд

명예를 훼손하는 글을 공개하다 гөрдө|х, гүтгэ|х

명예를 훼손하다 гордо|х, горч, гүжирдэ|х, гүтгэ|х, мугуйда|х, муучла|х, хилсдүүлэ|х, ховсро|х

명예직의 보수 шан

명예회복 золио

명의 변경하다 гүйвүүла|х

명의상의 нэрийтгэл

명인 мэргэжилтэн, хайв, шинжээч

명일 маргааш, маргаадар; ~ийн ~ 그날 다음 내일

명정(酩酊) согтолт

명주(明紬) торго(н)

명주실 дурдан(г), ёнхор, торго(н), мяндас(ан); мяндсан утас 명주실, 비단 꼰실(꼬지 않은 비단실; 자수용).

명찰 пайз; мэ нгэ н ~ 은빛 명찰; модон ~ 나무 간판; ачаа/тээшийн ~ 수화물 꼬리표(라벨)

명천(明天) маргаадар

명치 аюлхай

명칭(물건의) алдар

명칭을 부여하다(~에게) гарчигла|х
명쾌한 ойлгомжтой
명하다 томило|х, тохоо|х, шаарда|х
명확 нарийвчлал, тоддол, тодорхойлол, тодрол
명확하게 илхэн
명확하게(계통을 세워) 말하다 томьёоло|х
명확한 даа, илт, илэрхий, томруун, юм, томьёолол; ~ үнэн 순수한 진리; тэд хоорондоо ~ дайсагналцдаг 그들 사이에서 명백한 전쟁을 시작하다.
명후일(明後日) нөгөөдөр
몇 개(인가)의 жаахан, зарим
몇 개의 хэд(эн), хэдий, хэдийчинээн, хэдүүл
몇 개입니까? хичнээн;~ удаан 얼마나 깁니까?
몇 마리 동물을 하나의 로프에 묶다 (매다) хэрэ|х
몇 번의 хэд(эн), хэдий, хэдүүл, хэдэнтээ
몇 번이고 байн, олонтаа, хэд(эн)
몇 번이고 걸어차다 тийчигнэ|х
몇 번이고 귀를 쫑긋 세우다 сортолзо|х
몇 번이고 끌다(당기다.잡아당기다) дугтси|х, сугачи|х
몇 번이고 끌어당기다 татла|х
몇 번이고 넓게 갈라지다 ангалза|х
몇 번이고 놓다(두다, 설치하다) угзчи|х
몇 번이고 더듬어 찾다 тэмтчи|х
몇 번이고 도약하다 харайла|х
몇 번이고 디밀다 гудчи|х
몇 번이고 물다 хазла|х
몇 번이고 빛나다 цахил|ах
몇 번이고 뽑아내다 мултчи|х
몇 번이고 솟아오르다 дөндөгнө|х
몇 번이고 압착되다 базла|х, жирвэлзэ|х, сэрвэлзэ|х
몇 번이고 외치다 хашгичи|х
몇 번이고 움직이다 булттэнэ|х, дэнжигнэ|х, дэрвэлзэ|х
몇 번이고 팔꿈치로 슬쩍 찌르다 ёвчи|х
몇 번이고(되풀이해) 격노하다(호되게 꾸짖다) агсчи|х
몇 번이고(되풀이해) 찢다(째다) хүүчи|х
몇 번이고(무릎을) 굽히다 мэхэлзэ|х
몇 번이고(재삼재사) 흔들어 움직이다 (진동하다) сажла|х
몇 사람의 хэдийчинээн
몇 사람(명)의 хэд(эн), хэдий, хэдүүл
몇 사람의 서로서로 팔을 끼다 хэлхэлдэ|х
몇 사람입니까? хичнээн;~ удаан 얼마나 깁니까?
몇 차례이고 далантаа
몇몇 사람(명)의 хэдүүлхэн
몇몇의 хэд(эн), хэдий, хэдүүл, хэдэнтээ
몇몇의(몇개의)(끈·새끼로)묶다 уялуа|х
모(毛)수자 сатин
~에 모(서리)를 내다 өнцөглө|х
모(퉁이) булан(г)
모(퉁이)를 이루다 өнцөглө|х
모가 진 өнцөгтэй
모국(母國) нутаг; төрсөн ~ 조국, 모국; нэг нуттийн хун 동포, 동국인.
모기(각다귀) баттана, шумуул
모기(벼룩 등이) 쏘다(물다) хатта|х
모나게 만들다 хурсла|х
모나다 өнцөглө|х
모난 өнцөгтэй, сэгээтэй, хурц, шөвх
모난 것 даац
모난 괄호 хаалт (주로 [ ], 〔 〕, 드물게 ( ), < >, [ ], {}); 0 бага ~ ()괄호로 묶다(삽입); [] дунд ~ []직각자로 묶다; {} их ~ {} 중괄호
모념(慕念) бэтгэр
모닝코트 фрак
모닥불 түүдэг

모델을 모방하다 загвардах
모뎀 модем
모독 алдас, зүхэл
모독자 зөрчигч
모독하다 бохирдох, бузарлах, буртаглах
모두 20 хориул(ан)
모두 4 дөрвүүл
모두 50 тавиул(ан)
모두 6 зургуул(ан)
모두 70 далуул
모두 8 наймуул(ан); бид ~ байе 우리의 8명은 그곳에 있었다
모두 같이 цугтаа
모두 동시에 зэрэг, нэгмөсөн; ~ алим аваад ир 사과를 동시에 구입하다
모두 일흔 살 далуул
모두 저마다 бугд
모두 함께 게임(유희, 오락, 장난)하다 (놀다) наадалдах
모두 함께 공부하다 сурал цах
모두 함께 배우다 сурал цах
모두 해서 нийт
모두 ихэнх, нэгбүр
모두(다) 함께(전부) бугдээр, хотлоор; бид ~ 우리의 모두;~ээ зэрэг биттий хариул 모두 다 함께 대답은 아니다; та ~ээ 당신의 모두.
모두(전부, 전체) 40 дөчүүл
모두(전체) 다섯(5) тавуул(ан)
모든 аливаа, байдаг, бүлт, бухий, бух, гулууз, дахин, даян, нийт, хамаг, хотлоор, хотол, хөвчин, хүр, эл, ямарваа;~ дэлхийн 세계적인; ~ хун төрөлхтөн 모든 인류(인간);~ нийтийн ажил хаялт 총파업; ~ адд тумний 전국적인; ~юм(с) 모든 것, 무엇이나 다; надад байгаа~ юм чинийх 무엇이 든지 다 가지고 있다
모든(온.전) бугд, бүрэн; ~ хурал 완전 이용의; ~ найрамдах улс 공화국, 공화정체; ~ийн хучээр 합병한(연합한) хийг(세기); юм~ 모든 것, 무엇이나 다;
모든(전부 갖춘) бүтэн
모든 것 бүрэн, ертөнц, цөм
모든 사람 нэгбүр
모든 사람은 순서를 따라오다 цаадахь
모든 양파 모양을 한 болцуу
모들뜨기(내사시)가 되다 долийх, сөлийх
모들뜨기(내사시)의 долир, сөлөр, хялар
모란 цээнэ (←牡丹: 미나리아재빗과의 낙엽 활엽 관목. 중국원산. 관상용으로 재배하는데, 잎은 크며 늦봄에 여러 겹의 붉고 큰 꽃이 핌. 뿌리의 껍질은 약재로 씀. 목단.), 작약 (芍藥: 미나리아재빗과의 백(白)작약·산(山) 작약·호(胡)작약·적(赤)작약 등의 총칭. 뿌리는 한약재로 씀.).
모래 элс(эн)
모래바닥이 비쳐 보이는 맑은 바닷물 боргио, хариг
모래알(밭) элс(эн)
모략 мугуйдалт
모레 нөгөөдөр
모련(慕戀) бэтэг
모로코가죽 сарьс
모루 дөш
모루채 лантуу
모르는 체하다(~에게) назгайтах
모르는(~을) танилгүй
모르타르(회반죽용)(用)의 팽이 зээтүү
모르핀(morphine) гунхвай цэцэг
모른 체하다 дайрах
모를 둥글게 되다(~의) бөндийх
모를 둥글게 만들다(~의) дугуйлах
모를 둥글게 하다(~의) бөөрөнхийлөх, дугариглах, дүгрэглэх, тонтойх, төгрөглөх
모리배 хожооч, хонжигч
모마(牡馬) шудлэн
모면하다 зугтах, зулрах
모면하다(~에서) зулбах

모멸 элэг
모반 бослого, мэнгэ (母斑: 선천적인 원인으로 피부에 나타난 갈색·흑색의 반문; 주근깨·점 등): 특징; ~нь голлох불운을 당하다
모반하다 босо|х
모반한 тэрслүү
모발(머리털이) 빠지다 зулгара|х, зумра|х, зулма|х
모방 дуурил, хувь, хуулбар
모방의 дууриамхай
모방자 дагалдагч, олшруулагч, хуулбарлагч, шавь
모방적인 дууриамхай, дүрэмлэ|х, дууриа|х, сэдэвлэ|х, элэглэ|х
모범 дуурил, жишиг, жишээ, загвар, норм, стандарт, шалгуур
모범적인 сонгодог
모병(募兵) элсэлт
모사 стратегич, хувь, хуулбар, дуурил
모사하다 хуула|х
모살(謀殺) аллага
모살하다 ала|х; алан -хядагч테러리스트의, 폭력주의자
모샘치 жараахай(잉어과; 쉽게 잡히므로 낚싯밥으로 쓰임);
모서리 амсар, зах, ирмэг, хавирга(н), хөвөө; ~ хяягааргүй 끝없는(넓이·양 등이); ~аас аван 어디에나, 도처에.
모서리진 өнцөгтэй
모성(牡星) солир
모순 ой
모순되다(~와) харшла|х
모순된 авалцаагүй, авцалдаагүй, зөрчилт, харшлалтай
모순없이 ямагт
모스크 лалын сум
모슬린 самбай
모습 дүр,, дүрс(эн), нүүр, үзэмж, царай, шинж
모습을 감추다(~의) арила|х
모습을 감추다(없애다)(~의) зувчи|х

모습이 초라한 навсгар
모심(慕心) бэтэг
모양 없는 дүрсгүй, үзэшгүй
모양 짓다 загварла|х, төлөвшүүлэ|х
모양 галбир, доожоо, дүр, дүрс(эн), жадха, маяг, маяг, маягт, нүүр, салаавч, хэв, хэлбэр, янз; хуний ~ байх ёсны바른 행동을 하다; царай ~ 외관, 겉보기; баримал ~ 상(像), 꼴, 조상(彫像); байдал ~ 특성, 특질, 성질; ~д тоглох ~의 역을 맡아하다; ~ муутай 병든 모양(모습)
모양(것)(~한) гулдгар
모양(모델) загвар; хэв ~ нь хоцрогдох유행에 뒤떨어져서 가다; хувцасны ~ эохион бүтээгч 의상 디자이너; шинэ ~ын 유행을 따른; увцасны ~ын сэтгүүл 패션 잡지; байшингийн ~ модель хаус; ~ өмсөгч модель
모양(모형)으로 하다(~의) жишээлэ|х
모양(모형)을 만들다 загварла|х
모양(얼굴.용모) царай, ёз
모양(형상.외형.윤곽)좋은 галбиртай
모양새 좋은 буйртай
모양을 이루да(~이) идээлэ|х
모양을(맵시를) 내고 싶어지다 гооч
모양을(맵시를) 낸 гангамсаг, ганган, гоёмсог, намбагар, хээнцэр, зэнзгэр; гоё ~ 멋쟁이의, 맵시있는; ~ эмэгтэй 유행의 부인, 상류사회(사교계)의 부인; хувцас уйгахаг сэрэн ~ зан 멋부림, 치레, 멋.
모양을(맵시를) 낸다 хээнцэрлэ|х
모양을(모습을, 형태를) 취하다 хэлбүүрдэ|х, дүрстэ|х
모양을(형태를) 이루다 галбиржи|х
모양의 баймж, янзтай
모양이 뒤틀려지다 дали|х
모양이 망그러지다 дали|х
모양이 보기 흉한 доожоогүй, жавхаагүй, нурмагар, үзэшгүй

모양이 비대칭이 되다 дали|х
모양이 일그러지다 дали|х
모양이 허물어지다(망그러지다) жайвий|х, жайжий|х
모양이 확실(일정)치 않은 дүрсгүй, хэвгүй
모양이 휘어지다 дали|х
모양이 흉한 зохисгүй, гажиг
모양짓는 маягтай, янзтай
모양짓다 хэлбүүрдэ|х
모여들다 хураагда|х
모여들다(~에) хахалда|х, хөтөрө|х, шахалда|х
모욕행위 гомдол, дайрлага, доромжлол
모욕(무례) гомдол, басамжлал, даг, дайрлага, доромжлол, шившиг; ~ хиртэй (손발, 인격, 명성을) 더럽히다; ~ болох 경멸하다, 모욕하다.
모욕을 주다(~에게) аягуйрхэ|х, тари|х
모욕을 주었다 алгадуула|х: алгадах
모욕적인 дэглүү(н)
모욕하다 буртагла|х, дайра|х, дарла|х, доромжло|х, ичих; дайрч доромжлох (정치 운동에서의) 중상모략 행위, 추한 싸움; угээр ~ ~에게 무례한 짓을 하다; угээр дайрч ~ 욕설로 상처를 주다; басамжлан ~ 창피를(굴욕을) 주다.

모우(牡牛) хор шар
모유(母乳) сүү(н)
모유(젖, 우유)을 주다 ивлэ|х
모으는(모이는) 일 бүлэг
모으는(채집하는)사람 аргалчин: аргал
모으다 арвила|х, бөөгнө|х, бөөгнөрө|х, бурдуула|х, монтажла|х, нөөцлө|х, овоолло|х, тэвхэрлэ|х, хура|х, хуралда|х, хуримтла|х, хямгада|х, цуглара|х, чуула|х, эвлүүлэ|х, эмхтгэ|х; улс амьтан ~ 모이다, 회합하다; 모으다, 집중하다.
(~을) 모으다 уулза|х
모은 түүвэр
모음 글자 эгшиг

모음(의) эгшиг
모음자(母音字) эгшиг
모의 дуурил, хуйвалдаан
모의시험 бааш
모의실험(조종)을 하다(~의) баашла|х
모이기 бөөгнөрөл
모이다 заарцагла|х, овооро|х, хура|х, хураагда|х
(~와) 모이다 уулза|х
모이다 юм хумаа ~ 집중하다
모인 түүвэр; Пушкины ~ зохиолууд 푸슈킨의 저작 모인 것
모임 бөөгнөрөл, зөвлөдгөөн, монтаж, нийллэг, уулзалт, хамагч, хурал, цуглаан, цугларалт
모임(회의)를 소집하다 бага хурал хуралдуула|х, чуула|х
모자 제작(생산)자 малгайчин
모자 제조업자 малгайчин
모자 малгай; сийрсэн ~ 밀짚모자; зцны ~ 여름모자; унэгэн ~ 여우 모피 머리장식; ноосон ~ 니트모자, 털모자; эсгий ~ 펠트모사; саравчтай ~ 식물 모자, 신사모자, 중절모; дугуй ~ беремо(帽), 베레식 모자; устэй ~ 모피 모자; ~ өмсөх 모자를 쓰다; малгайгаа авах 모자를 벗다; цаасан ~ өмсгөх ~에게 발림말하다, 지나치게 칭찬하다, 과찬하다; ~ гарчиг 전단(으로 짠 큰) 표제; хадаасны ~ 못대가리;тэр малгайтай байна 그는 직위를 가질 것이다; тэр ~ сайхан таарч байна 저 모자는 잘 어울린다.
모자(眸子) цэцгий
모자(상자 등을 만드는) 대팻밥 өөдөс, хэлтэрхий
모자라게 되다 мөхөсдө|х, хаагдай|х
모자라는 옷감 тоодон
모자라는 дундуурхан, дэгдгэр, тату, тачир, тогдгор, тожгор, хомс, хүрэхгүй, ядуувтар
(~이) 모자라는 дутмаг

모자라는('반~, 어느 정도~, 좀~'의 뜻) заримдаг
모자라다 мөхөстө|х, оодондо|х, хомсдо|х
(~이) 모자라다 гөмсдө|х, охордо|х, үгүйдэ|х
모자라지 않는 дутахгүй
모자를 벗고 인사하다 бөхелзө|х, мэхийсхий|х
모자를 쓰다 зүү|х, өмсгө|х, өмсө|х, угла|х
모자를 쓰지 않다 задгайра|х
모자를 씌우다(~에) бурэ|х
모자의 깃털(공무상의 모자에 공작의 깃(털)장식은 지위(신분)의 상징) отго
모자의 꼭대기에서 매는 작은 끈 жинс
모자의 끈을(끈·새끼로) 묶다 сагалдрагада|х
모자의 바람구멍 салхивч
모자의 술(장식술) залаа
모자의 앞챙 саравч
모자의 턱밑 끈 сагалдрага
모자의 폭넓은 테두리의 нэлдгэр
모전직(毛氈織)의 일종 богц
모제르 총 маузер (상표명: 독일의 모제르가 발명한 연발식 후장총(後裝銃).)
모조 дуурнал
모조리 비우다(털어내다)(~를) ханхайла|х, шавха|х
모조의 бааштай, дууриамхай
모조품 сооcог
모종삽 нийвий
모주꾼 архичин, согтуурагч
모지라는 ноорхой
모지라지다 навтра|х, салмара|х
모직 옷감 цэлбэ|(н)
모직물 ноос|(он), цэлбэ|(н)
모직물(의 옷) ахар
모직물카드에 펠트로 덮다(씌우다) зулхай
모직의 조각을 펼치다(진열하다) сорсло|х
모진 гашуун, догшин, дошгин, огцом, омголон, өнцөгтэй, хату, хахир, хахуун, ширүүн; ~ болох 고약한 맛으로 바뀌다
모진 비바람 шуурга
모진 서리 тасгим хүйтэн
모진 추위 жавар
모질게 대하다(~에) хатууда|х
모질다 ширүүлэ|х
모충(毛蟲) төөлүүр
모충(毛蟲)·식물의 솜털 унгас
모터 мотор
모터 달린 자전거 мотоцикл
모터바이크 мотоцикл
모터보트 завь, онгоц
모토 лоозон
모퉁이 булан(г); өнцөг ~ 한쪽 구석, 부분; өнцөг ~ бүрд 어디에나, 도처에; ~ тойрон 모퉁이 주위에, 코너 라운드.
모퉁이에 있다 өнцөглө|х
모판 үрслүүр
모판에 씨를 뿌리다 үрслүүлэ|х
모피 арьс
모피 손질(트리밍) хирвээс
모피 안(깃)을 댄 үстэй
모피(동물의) 가죽 шир
모피(제)의 үслэг, үстэй
모피로 덮인 үслэг, үстэй
모피를 걸친 үслэг, үстэй
모피를 얻기 위해 덫 사냥을 하는 사냥꾼 ангуучин
모피를 태우는 냄새 хярвас
모피오버슈즈, 방한용 덧신(부츠) бойтог
모피와 비슷한 үстэй
모피의 긴 털 сор
모피의 종류 лоовууз; унэгэн ~ 여우 모피로 만든 모자
모피재킷 дэглий

모피털(머리털)이 빠지다 халцра|х
모험 халгаа
모험(심) адал: адал явдал, паян
모험담 паян
모험을 하다 зувчи|х
모험적 항해자 аянчин
모험적인 аргатай, осолтой, халгаатай
모형 дууриал, загвар, модель, үлгэр, эсгүүр, хээтэй; үлгэр ~ 모범, 모형.
모형(초안)적 төлөвлөгөөт
모호한 말을 쓰다 бөөрөнхийлө|х
모호한 будэг, тодорхойгүй
목 хүзүү; ~гээ сунгах 자신의 목을 쑥 빼다
목(구멍) багалзуур, хоолой
목 매는(밧)줄 дайс
목(어깨가) 뻐근한 татанхай, тохир; ~ нуруу 등이 뻣뻣하다(경직되다)
목걸이 сувс
목격자 үзэгч
목공 мужаан
목공의 장부 углуурга
목관 악기(木管樂器: 몸통이 나무로 되고 그 악기 자체에 발음체(發音體)가 달려 있는 관악기; 하모니카. 클라리넷. 색소폰. 퉁소. 피리) бишгүүр; бадралт бал ~ 오르간, 풍금
목구멍 хүхээ
목다리 тойвор
목덜미 шил
목덜미를 잡다 захда|х
목도리 도요류(類) хадран
목동 ковбой, тууварчин
목동(牧童) сүрэгчин, үхэрчин, хоньчин
목동이 목장 일시적으로 가축을 돌보다 оторчин
목뒤의 윗부분 дагз
목련 замбага (자목련·백목련 따위 목련속(屬)의 꽃나무)
목록 편집자 каталогч
목록 бүртгэл, данс(ан), жагсаалт, каталог, товьёог, тооллого, хүснэгт, цэс; нэрийн ~ 일람표, 목록; номын сангийн ~ 도서 목록; шинэ ном ~т оруулах 새 책의 목록을 만들다; энэ ном ~т хараахан ороогүй байгаа юм 이 책은 아직 목록에 없다; тоо ~ 통계(표); ~ данс 목록, 카탈로그, 일람표.
목록에 싣다(실리다) гарчигла|х
목록으로(일람표로) 만들다 бүртгэ|х
목록을 만들다 гарчигла|х
목록중의 물품 бүртгэгч
목록표 падаан, жагсаалт
목리(눈) нүд(эн)
목마름 цанга
목말 타고(태워서) 나르다 үүрэ|х
목매는 끈 олс(он)
목매는 밧줄 боолт, буч, оосор, хэрээ, олс(он); ~ томох 가닥을 풀어 꼬아 있다
목매달다(교수형에 처하다) дүүжлүүлэ|х
목메다 цаца|х
목메어 울기 уйлаан
목면사 ховон
목부(牧夫) сүрэгчин, тууварчин
목사 сахилтан, хувраг
목성 Пүрэв (木星: 태양계의 다섯째 행성; 가장 큰 행성으로 금성과 함께 밝게 빛나며, 16개의 위성이 있음. 덕성(德星).)
목성(木星) Бархасбадь
목소리 дуу(н), хоолой, эрхтэн
목소리(악기)의 전음역 гамм
목소리가 고운사람 гургалдай
목소리가 떨리다 давжгана|х, дагжи|х, чичрэ|х
목소리가 안나오게 하다 бутэ|х.
목소리가(리듬이) 귀에 거슬리는 сэрэвгэр
목소리로 말하다 гуншин
목소리를 잃다 сөө|х
목소리의 음조 түлхүүр
목수 мужаан
목수의 대패 харуул
목숨을 빼앗다(~의) алалца|х, үхүүлэ|х

목쉬게 되다 сөө|х, сөөнгөтө|х
목쉰 소리를 내다 гуагла|х
목쉰 сөөнгө
목양자 малчин, сүрэгчин, хоньчин
목에 대는 마구(馬具) хом, хүзүүвч
목왕지절(木旺之節)(봄) хавар
목요일 Бархасбадь, Пүрэв
목욕통(桶) онгоц
목을 (붙)잡다 багалзуурда|х
목을 길게 빼다 өлий|х
목을 꽉(움켜) 쥐다 багалзуурда|х
목을 내밀어나타내다 гүлдий|х
목을 붙들다 багалзуурда|х
목을 숙이다 унжий|х
목을 쉬게 하다 нуд нуд хийх
목을 쑥 내밀다 өлий|х
목을 쑥 빼다(길게 빼다) өлий|х
목을 얼싸안다(껴안다) хүзүүдэ|х
목을 조르다(~의) багалзуурда|х, боо|х, боомило|х; ~ ухэх 자신의 목을 조르다; энэ зах хоолой ~ байна 칼라(깃)로 목을 누르다;
목의 아래 부분과 귀의 앞부분 гүрээ(н); ~ний судас 경정맥(頸靜脈)
목이 가늘고 손잡이가 붙은 도기(유리)제의 주전자 дэвэр
목이 긴 구두 гутал, гарам
목이 마르다 ундааса|х, цанга|х
목이 마르다(타다, 말리다) хуурайса|х
목자 туурварчин, сүрэгчин
목자(目子) нүд(эн); ~ний эмч 안과의사, 검안사;~ний цэцгий 눈의 눈동자, 동공(瞳孔);~ний дээд зовхи 위쪽의 눈꺼풀; ~ний доод зовхи 아래쪽의 눈꺼풀; ~ний өвчин 안질, 눈의 질병; ~ний шил 안경; тэр ослоор өрөөсөн ~гүй болсон бөгөөд одоо тэр шилэн ~тэй 그는 사고로 한쪽 눈을 실명했다, 그리고 지금은 유리제의 의안을 했다; ~ний ухархай 눈의 와(窩); ~ний харaa 시력; ~ сохрох 눈멀게 되다, 장님이 되다; өрөөсөн ~ сохрох 한쪽이 안 보인다; ~ аних 눈을 감았다, 죽었다; ~ нь орой дээрээ гэрах (놀라움으로 눈이) 튀어나오다; ~ сайтай 시력이 좋다; ~нээс далд сияа|х 가렸다, 눈에 안 보이는; ~эн дээр илт 바로 눈앞에, 드러내 놓고; ~энд өртөхгүй 눈에 보이지 않는; хуур ~ 지혜로운 눈; ~ цавчих зуур 눈이 반짝반짝하다; ~нрмэх зуур 당장에, 즉각, 즉시.

목장 주인 үхэрчин

목장(牧場) билчээр, бэлчээр; ~т байгаа хонь 목장 안에서 양을 방목하다

목장에 방목하다 бордо|х, хогло|х, хоолло|х

목재 펄프(제지 원료) модос

목재의 짜개진(가는) 조각 холторхой

목재의 짜개진(가는)조각(깎아낸 부스러기) зомгол

목적 зрилго, санаархал; тууний цорын ганц ~ бол мөнго олох 그는 돈을 버는 것을 삶의 목적으로 삼았다; ~доо хурэх (일·목적)을 이루다, 목적 달성(성취)하다; ямар зорилгоор уунийг хийв? 그의 목적(목표)은 무엇을 이루는 것 입니까?; тэр өөрийн ~доо чамайг ашиглаж байна 그의 목적을 이루는 동안 당신을 사용했다

목적(직무를) 수행(달성, 완수)하다 явуула|х

목적물 бай

목적어(目的語) тусагдахуун (문장에서 동사의 동작의 대상이 되는 말. 곧, 타동사의 목적이 되는 말《'밥을 먹다'에서 '밥을' 따위》. 부림말. 객어(客語).)

목적을 달성하다 гүйде|х, дуусварла|х, төгсгө|х

목적을(직무를) 수행(달성.완수.완성)하다 гүйцэттэ|х. гүйде|х, дуусварла|х, төгсгө|х

목적지 хааш(aa)

목조르는 밧줄 ногт
목지(牧地) билчээр
목질의 модорхог, модтой, ойлог
목차 тооллого
목초 өвс; ~ ургамал пул, чобон, мокчо, 식물, 초목; ~ ногоо пулэ ып(чулги); ~ бордоо гокмул мал(со)могы
목초 먹이다 хогло|х
목초(牧草) пулэ ып(чулги). сөл
목초(풀)의 가을까지 자라다 хэнзлэ|х
목초를 사일로(silo)에 저장하다 даршла|х
목초지 билчээр, бэлчээр, нуша, талбай, тариалан, хээр, зулэг, өвс; ~ ургамал пул, чобон, мокчо, 식물, 초목; ~ ногоо пулэ ып(чулги); ~ бордоо гокмул мал(со)могы
목축업자 үхэрчин
목축지(牧畜地) билчээр
목판인쇄 бар
목판(특히 15세기의) бар
목판화 бар
목표 зрилго, шав
목표(해결)을 위해 힘쓰다 хөлөргө|х
목표를 못 맞히다 үгүйлэгдэ|х, унтуура|х
목표삼다 зори|х
목하 мөнөө, мөнөөхөн, одоогоор, өдийд, эдүүглээ
목형(木型) үлгэр, эсгүүр
목화나무 туйван
목후(沐猴) мэч(ин)
몫(분담) хүртээмж, ногдол, оногдол, роль, үржвэр, хувь, хэмнэг
몫(부담)이 되다(~의) ноогдо|х
몫으로 나누다 оногдо|х
몬스터 мангад, магас
몰 саа, сүлжээс; алтан ~ гым мол, голд рэйсы.
몰(실로 꼰 끈) нийтгэмэл
몰골스러운 болхи
몰두(탐닉)시키다(~에) хэнхэглэ|х, даа|х,

шингээ|х; биеэ даажд сурах 독자적으로 연구하다.
몰두하다 зориула|х, түлгэ|х; шинжлах ухаа-нд өөрийгөө ~ 과학에 빠지다; тэр анхныхаа номыг ээждээ зориулжээ 그는 그의 어머니 첫 책에 전념하다; урлагт бух амьдралаа ~ 삶을 예술에 몰두하다.
(~에) 몰두하다 дэвтэ|х
몰두한 бодлогошронгуй
몰딩 өнгөр
몰락 үгүйрэл, үгүйрэл, ялзрал
몰락(파산)한 эвдэрхий
몰락하다 бусни|х; маь ~ 삶이 망하다
몰래 가지다 судла|х, ханцуйла|х
몰래 다가가다 гэтэ|х
몰래 다가가서 물의를 일으키다 ирвэгнүүр
몰래 다가서다 гүвгөнө|х, жирсий|х, ирвэгнэ|х
몰래 빼앗다 авчи|х, судла|х, ханцуй-ла|х, хулгайла|х
몰래 저장하다 тунтра|х
몰래 битуудээ, далд, далдуур, нууцгай, сэмхэн, сэмээр
몰래(가만히) 내빼다 булта|х
몰래(가만히) 움직이다(빼다, 가지고 가다, 넣다, 꺼내다) ховло|х
몰래(가만히)다가가다 мяраа|х; эмэгтэй цонх руу мярааб 그녀는 창문으로 몰래 다가가다; муур хашаа даган мяраав 고양이는 울타리를 몰래 다가가다
몰래(가만히.살금살금)움직이다 гэтэ|х
몰래(살금살금) 움직이다 булта|х, мяраа|х; эмэгтэй цонх руу мяраав 그녀는 창문으로 몰래 다가가다; муур хашаа даган мяраав 고양이는 울타리를 몰래 다가가다
몰려들다 заарцагла|х
몰살 мөхөөл
몰살(박멸)했다 уста|х

몰살시키다 хиачи|х, хяда|х
몰살하다 мөхөө|х, сөнө|х
몰상식한 марзан; ~ хун 상도리를 벗어난
몰수하다 хураалга|х
몰아(밀어)넣다 шаа|х
몰아내다 устга|х, хөө|х, хөөгдө|х
몰아넣다 агна|х
몰아넣다(~으로) шаа|х
몰아대다 өдөө|х, яара|х
몰이꾼 안에서 10명의 사냥꾼 그룹 годил
몰이꾼 хомрого
몰이꾼을 고용하여 사냥하다 хомроголо|х
몰이사냥 хомрого
몰이해 ойлгомжгүй
몰인정한 нигүүлсэлгүй, хайргүй, ханшгүй, цэвдэг
몸(신체) бие, лагшин; бие ~ 육체, 몸; ~ тунгалаг уу? 당신의 건강은 어떻습니까? 어떻게 지냅니까?; ~ чилуур 건강(기분)이 나쁜, 몸이 찌뿌드드한; ~ бялдар 육체(신체) 그대로 모양; ~ махбод 체격; ~ сэтгэлээрээ 완전히 (전적으로), 몸과 마음을 다하여; тууний хөл, гар биш харин их ~нь туурчээ 그의 몸통에 반점이 나타났다, 그러나 그의 팔과 다리에는 아니다; ~ийн чадал/тэнхээ 체력, 육체의 힘(세기); ~ийн хөдөлмөр 손일, 근육노동; ~ийн тамир 육체의(신체의) 훈련(트레이닝,단련); ~хамгаалагч 경호원, 수행원, 보디가드; ~бутцийн зуй 해부학, 해부술(론)
몸(신체, 육체)들 биес
몸가짐 ёс(он)
몸가지다 гэдэслэ|х
몸값 золио
몸값(배상금)을 치르고 되찾다 авра|х
몸값을 받고 석방하다 авра|х, золи|х

몸나다 будуурэ|х, голий|х, өөхлө|х
몸매 бие
몸부림치게 하다 арвалзах
몸부림치다 арвалзах, гүвгөнө|х, гулбилза|х, гурвалза|х, халтгана|х
몸부림치며 괴로워하다 арвалзах
몸서리(진저리,전율을)치다 арзасхий|х, сэрхий|х, ходхий|х, сэрсхий|х
몸에 걸치다 зүү|х, өмсгө|х
몸에 걸치다 угла|х
몸에 꼭 맞는 бариу, бариуда|х, бачуу, дадгар, тачуу, давч; ~ өрөө 작은 방; ~ 몸에 꼭 맞는 옷;
몸에 꼭 맞다 бариуда|х, давчда|х
몸에 스미는 гөнтэй, хорон
몸에 지니고 있다 өмсө|х
몸에 할퀸 상처를 내다 маажла|х, шалбара|х
몸에 해로운 ёозгүй
몸을 구부리게 하다(~로 하여금) атийх; хэ лэ э ~ 다리를 구부리다
몸을 구부리다 бөгтий|х
몸을 구부리다 бөхий|х, дүлий|х, хазай|х, гудайлга|х; толгойгоо ~ 고개를 숙이다;
몸을 꾸부리다(굽히다) бөхий|х, навтай|х, нахий|х, тахий|х, бөгтий|х, бөгцгөнө|х, дохий|х, нахисхий|х, нугдай|х, тонгой|х, түгдий|х, хүгдий|х
몸을 꾸부린(굽힌) гэгдгэр
몸을 내맡기다 буу|х
몸을 녹이다 ээ|х
몸을 떨다 салгана|х
몸을 떪 донсолгоо, дэнслэг, сэгсрэлт, чичирхийлэ|х
몸을 마음대로 구부리는 곡예사 нугараач
몸을 비틀며 들어가다(나가다) гүвгөнө|х, гулбилза|х, халтгана|х, гурвалза|х; могой~ (뱀이) 구물구물 움직이다.
몸을 아끼지 않는 ажилсаг, оролдоо, хөдөлмөрч

몸을 옴츠리다 нугалхийла|х
몸을 움직이다 дадгана|х, донхолзо|х, хөдлө|х
몸을 익히다(~에) сура|х
몸을 정화하는 의식의 향을 피우다 сан
몸을 팔다 янханда|х
몸을 편히 앉히다 тухла|х
몸의 근육이 땅기는(뻣뻣한, 딱딱한, 경직된, 굳은) татанхай, тохир; ~ нуруу 등이 뻣뻣하다(경직되다)
몸의 열 ороо
몸의 일부를 내밀다 дорсой|х, дүрэ|х, ёрдой|х, цухуйлга|х
몸의 털 үс
몸의 한쪽 бөөр, ташаа, хавирга(н)
몸이 느글거리다 мужий|х
몸이 달아오르게 하다 халууцуула|х
몸이 불편하다 ёхиволзо|х
몸이 오싹하다 арзай|х; бие арзайх 오싹 소름이 끼치다
몸이 재빠르게 움직이다 давхий|х
몸이 재빠르다 гялбалза|х, дэгдэлзэ|х
몸이 재빠른 гав шаа, шаламгай
몸이 찌뿌드드하다 мужий|х, огшуура|х
몸이 큼직한 биерхүү
몸이 튼튼하게 만들다 тамиржуула|х
몸이 튼튼한 буйлах
몸이 폭이 넓은 хаахгар
몸져누워 있는 хэвтэр
몸져누워 있다 гулдай|х
몸조심하다 гамна|х; биеэ ~ 몸조심을 잘하다, 자기 일은 자기가 잘하다.
몸주 бөө, мам, нядган
몸집이 작은(편의한) авсархан; зөхөд ~ зурагт радио 휴대용의 TV, 이동식 TV.
몸짓 дохио(н)
몸차림 костюм
몸통 хоолой
몹시 бишгүй, бишгуй, бузар, гойд, гүнээ, даан, даанч, ив, ихэд, маш, нэн(г), тон, тун, үсэд, үхтлээ, хавигүй, цэл, шав; ~ сайн 아주 좋음; ~ олон 아주 많이; ~ их баярлалаа! 매우 감사합니다!; ~ иттэх 무척 희망을 갖다, 몹시 기대하다; ~ болгоомжлох 아주 조심스러워 하다, 몹시 주의하다.
몹시 ~하고 싶어 하다 гөлий|х
몹시 ~하고자 하는 авантгай, иргүй; уг ~ 순종하는, 유순한, 고분고분한, 말 잘 듣는, 다루기 쉬운.
몹시 ~하고파하는 сарьдаг, тэвчээргүй
몹시 고통스러운 зоворь
몹시 괴롭히는 зоворь
몹시 괴롭히다 тарчилга|х
몹시 기뻐하는 баяртай
몹시 꾸짖다 галда|х, ташуурда|х
몹시 나쁜 өгүүлшгүй
몹시 단 амттайхан
몹시 두껍게 되다 лагалда|х
몹시 두들겨 맞다(야단맞다) зоогдо|х
몹시 딱딱하다 гамшаала|х
몹시 딱딱한 сэжигч
몹시 딱딱해지다 дардгарда|х
몹시 마음에 들다(~을) бахда|х
몹시 만족하다 баярла|х
몹시 바라다 санааха|х
몹시 바쁨 тойруулга
몹시 불결하다 муухайда|х
몹시 불결한 муухай; ~ болох 추하게(더럽게)되다; тэр ~ аашгай байна 그는 불쾌한 기분이다; ~ хэрэг 불결한 일; миний ~ хүү 나의 사랑스러운 아들
몹시 불결한 хөөтэй
몹시 불안해 하다 эмээ|х
몹시 불행한 гамшигтай
몹시 사나운 галзуу
몹시 서두른 халти
몹시 쉬운 хөнгөхөн
몹시 슬퍼하다 бухимда|х, гасла|х, гашууда|х; гаслан энэлэх 슬퍼하다

몹시 싫어(미워)하다 жигши|х, дайсагн|ах, жийрхэ|х, жихүүцэ|х, нигшүүрэ|х, өши|х, өшөөрхө|х; ~ хонзон/хорсол 악의, 원한, 증오, 적의, 적개심; ~ авах 원수를 갚다, 복수하다, 앙갚음하다; ~ тэй 적의 있는, 적개심에 불타는; тэр эцгийнхээ ~г авна гэх тангараглав 그는 아버지의 살인범 복수를 맹세하다;голж ~ 거절하다; жигшин үзэх 몹시 싫어(미워)하다

몹시 싫어함 жигшүүр, зэвүү, нигшүүрэл

몹시 싫은 заналт, өшөө

몹시 여위다 горзой|х

몹시 원하는 өлөн; ~ элэг 배가 고파, 공복으로(는); ~ гэдэс 소장, 작은창자.

몹시 자만하다 догирхо|х

몹시 장원(타원)형의 гонжгор

몹시 차가운 мөст

몹시 추운 жиндүү

몹시 탐(욕심)나는 иргүй

몹시 탐내고 있다 солиура|х

몹시 탐내다 авилгала|х, санааха|х

몹시 하찮다 даржгарда|х

몹시 혼란한(하게) ундуй сундуй

몹시 후회하고 있다 гэмши|х

몹시 흔들리는 물건 дүүжмэг, савлуур

몹시 흥분하게 만들다 улайсга|х

몹시 흥분하다 улайда|х

몹시 흥분해지다 улайса|х

몹시(아주) 경솔하다 хайнгада|х

못 нуур, нуурмаг; Мичиган ~ 미시간호수(미국 중북부의 주; 略: Mich.); 미시간호(5대호의 하나).

못(핀) хадаас

못 цөөрөм, эвэр

못 견디게 매혹적인 давшгүй, дийлшгүй

못 견디다 дэндүү, дэндэ|х

못 끝을 두드려 구부림 тав; шургийн ~ 나사(못)의 머리

못 들어오게 하다 гологдо|х

못 맞히다(~을) үгүйлэ|х

못 미치다(~에) гачигда|х, тарчигда|х

못 보게 하거나 소리를 못 내게 (사람의) 머리를 싸다 лүгхий|х

못 보고 빠뜨리다(~을) алгаса|х; нэг сэдвээс нөгөө(сэдэв) руу ~ 다른 하나의 주제로 부터 건너뛰다; манайхаас хоёр байшин алгасаад тэднийх байдаг 그들은 우리 집으로 부터 두 집 건너서 산다.

못 보고 지나치다 дайра|х

못 쓰게 만들다 үжрэ|х

못 하게 하다 дархла|х

못(길이) 얼다 халгаа

못(대갈못. 징) 머리 тав; шургийн ~ 나사(못)의 머리

못(리벳. 대갈못. 긴 못. 담장 못)같이 되다 хадаасра|х

못(징)을 박다 хада|х

못(징)을 붙박다 хадагда|х

못(핀)으로 고정하다 савхла|х, хада|х, хадагда|х

못된 습관에 물들다 оро|х

못된 일(무리)에 관계하다 будли|х

못된 장난을 하다(~에게) дүрсгүйтэ|х

못된 булай

못마땅한 татгалзмаар

못먹는 идүүшгүй

못바늘 сүлбээр, хаттуур, чагт

못뿜이 бахь, хямсаа

못살게 굴다 тарчилга|х

못생기다 нурмай|х

못생긴 дооржоогүй, жавхаагүй, лөөлгөр, муухай, нурмагар, үзэшгүй

못쓰게 되다 гашла|х, нэшлэ|х, орчий|х, үгүйрэ|х, хөвхрө|х, эрхлэ|х

못쓰게 된 орчгор

못쓰게 만들다 бохирло|х, буртагла|х, түйвэргэ|х

못쓰게 만들었다 танхилза|х

못쓰게 하다 бурэлгэ|х, дөрий|х,

нураа|х
못으로 처박다 хада|х
못의 머리(대가리)를 불리다(단조(鍛造)하다) тавла|х
못이 박힌 даргар
못지않다(~에) тэнгэцэ|х, эгне|х
못질하다 хада|х
못하다(겁이나 ~) жийргэмщи|х
몽고어에 숙달한(정통한) 사람 монголч
몽고주의자 монголч; олон улсын ~э рдэмтдийн хурал 몽골의 국제회의;
몽골 монгол; ~ хун 몽골사람의; ~ хэл 몽골말(어); ~оор ярих 몽골말로 하다; ~ бичиг 몽골어로 쓰다.
몽골 게르의 나무 격자창(窓: 래티스) хана(н)
몽골 공화국의 공용어와 동쪽의 주민 절반의 부족 방언. халх
몽골 남쪽의 테베트 тумд
몽골 사람 같은 монголхог
몽골 사람 부족의 이름 захчин
몽골 인종에 속하는 사람 монголжуу
몽골 인종적인 монголорхог
몽골리언 부족의 이름 сартуул
몽골말 монгол; ~ хун 몽골사람의; ~ хэл 몽골말(어); ~оор ярих 몽골말로 하다; ~ бичиг 몽골어로 쓰다.
몽골사람(말,언어) монголчууд
몽골사람(의) монгол; ~ хун 몽골사람의; ~ хэл 몽골말(어); ~оор ярих 몽골말로 하다; ~ бичиг 몽골어로 쓰다.
몽골사람의 레슬링 선수(씨름꾼)들이 따뜻하게 입는 특별한 재킷 зодог
몽골사람의 새배하다 золго|х
몽골사람이 새해인사하다(큰절) золго|х
몽골씨족(氏族)의 이름 хаттин
몽골어(**Khalkha**) халхчууд
몽골어로 쓰는 사람 монголч
몽골어로 해석하다 монголчло|х
몽골어를 번역하다 монголчло|х
몽골의 넓은 행정 구역 аймаг
몽골의 민속(향토) 무용 биелгээ
몽골의 민속(향토) 무용을 하게하다 биелэ|х
몽골의 서부 위구르 사람 урианхай
몽골의 서쪽 (**Oirat**)부족(종족) торгууд
몽골의 아가마(Stellio stolizkanus Blanf., 1875) замба гурвэл
몽골의 전통의복(외투, 긴 웃옷) дээл
몽골의 전통의복인 두꺼운 외투 даашинз
몽골의 전통의상 외투(긴 웃옷) даашинз
몽골의 통화 단위(100 mongo에 상당). төгрөг
몽골의 포크댄스 биелгээ
몽골의 필기(스크립트)체 활자와 우측 음절 끝의 필법에 첨부(부속)한 сүүл
몽골인 게르의 (굴뚝의) 연도(煙道) 나무 틀(테, 구조) тооно
몽골인 말안장의 앞머리와 안장 뒷가지 금속 또는 골격의 칠을 벗기다 хяр
몽골인 유목(민)의 텐트 гэр
몽골인의 도량법; 도량 단위(미터·인치·그램·쿼터 따위). сөөм
몽골인의 말 등의 안장을 놓는 등 부분 буурэг
몽골인의 스포츠 축전의식 наадам; Олим-пийн ~ 올림픽 게임; найр ~ 연회, 향연, 축연(祝宴); баяр ~ 축전, 의식; тоглоом ~ 게임, 농담; эрийн гурван ~ 3 남성의 스포츠(승마, 궁술(궁도), 레슬링(씨름): ~ болгох 농담으로 말하다
몽골인의 필체의 마지막 자리(종지부. 마침표) орхиц
몽골족 үзэмчин (Üjümchin)
몽골중 환자 монголч
몽골중(症)의 монголорхог

몽둥이 муна
몽둥이로 차를 쫓다 манцуурга
몽롱(아련)한 бүрэг, униартай, балар
몽상하다 зүүдлэ|х; хүүхэд ахуй насаа зуудлэв 나의 어린시절을 몽상하다
(~을) 몽상하다 зөгнө|х
몽타주 монтаж
몽톡한 тоодон
몽환(공상)적인 зөгнөлт
뫼(묘) булш(ин)
묘기(재주,곡예,요술) 부리다 илбэдэ|х
묘를 마지막 처리를 하는 사람 булшлагч
묘목 үрслүүр
묘사 дүрслэл
묘사(서술)하다 дүрслэ|х, зура|х, тодорхойло|х, төлөөлө|х
묘상(苗床) үрслүүр
묘상(苗床)에 씨앗을 뿌리다 үрслүүлэ|х
묘성 мичид(昴星: 이십팔수(宿)의 열여덟째 별자리의 하나. 좀생이); 플레이아데스성단(星團) (황소자리의 산개(散開) 성단).
묘소(墓所) булш(ин); хэрэгсүүр ~ 무덤
묘안 жор, ретушь
묘종 үрслүүр
묘지(墓地) булш(ин)
묘책 манёвр
묘한 ад; ~ тай хашгирах 이상한(야릇한) 부르짖음; ~ тай инээх 유령의[같은] 웃음; ~ болох ~의 부담이 되다; ~ үзэх 유감으로 여기다
묘한 표정을 짓다 муший|х, урвай|х
무(無) паг, тэг
무(無), 불(不)'의 뜻 үл
무가치 паг, талаар, юмгүй
무가치한 것 бах
무간(無間)한 хонгор
무감각 багтраа
무감각한 элий балай
무감각해 지다 мунагла|х
무거운 дархигар, жинтэй, лантгар, луглагар, тэнтгэр, хүнд
무거운 것을 끌었다 чирэгдэ|х
무거운 나사 драп
무거운 물건으로 으깸 хар няр хийх
무거운 발걸음으로 걷다 гэлдрэ|х
무거운 쇠붙이가 절거덕하고 소리나(게 하)다 дангина|х, дүжигнэ|х
무거운 짐 ачаа, дарамт, зөөвөр, нэрмээс, тээр
무거운 짐에 시달리다 ёхло|х
무거워지다 дархий|х,лаглай|х,тантай|х; лаглайн суух 게으름 피우고(놀고) 있다.
무겁게 хүнд
무게 годил, жин(г), туухай, хэм, хэмжээ
무게 있는 жинтэй, лаглагар
무게(중량,체중)가 줄다(감소하다) ёнхий|х
무게가 나가다 дэнслэ|х
무게를 가하다 тэвээрэ|х
무게를 달다(~의) жинлэ|х, цэгнэ|х
무게를 달다(재다)(~의) жигнэ|х, тэгнэ|х
무게를 두다 тэвээрэ|х
무게를 재다 жинлэ|х, цэгнэ|х
무게를 재다(37.3 그램 같은) лан(г)
무게의 도량 단위(ton) тонн
무경험 төсөө, туршлагагүй
무계획한 төлөвлөгөөгүй, хөндлөн
무관심 ташуурал
무관심(무심)하다 гудигтүйдэ|х, тамтумла|х
무관심(무심)한 болгоомжгүй, гудигтүй, палан, паланцаг, сал сул, салбан, хайнга, хичээлгүй
무관심하게 하다 оромдо|х
무관심하다 назгайта|х
무관심한 гамгүй, гөлрөө, залхай, тоомсоргүй, тоохгүй, хуумгай, хээвнэг, цэвдэг
무관심해 지다 дүлийрэ|х

무구한 гэмгүй
무궁 мөнх
무궁한 барагдашгүй
무궤도 버스 троллейбус
무기 зэвсэг, зэвсэглэл, зэмсэг; ээвсгээ барих ~ 무기를 들다; хуйтэн ~ 날붙이 (칼·총검 등); галт ~ 공격 무기; ~ хураах 무장 해제하다; багаж ~ 공구, 장비, 설비; чулууны зэвсгийн үе 석기시대; хүрэл зэвсгийн үе 청동기시대; ~ нэгтэй нөхөр (같은 관직·전문 직업의) 동료(동업자)
무기 따위의 자루 иш
무(기)력 гараг
무기력 мэнэг, саа, хавчлага; ~ дайрах 마비시키다, 불수가 되게하다; ~ өвчтэй 마비(중풍)환자, 저능자, 치우(痴遇)(idiot와 moron의 중간 지능 정도; IQ 25-50)
무기력(나약)하게 되다 улжий|х
무기력하게 되다 улцай|х
무기력하다 ёлцой|х, үлхий|х
무기력한 арчаагүй, ёлбогор, нялгай, нялцгар, олхио, муутай, үлбэгэр, үлбэгэр, улжгар, үлхгэр, улцгар, хэлхгэр, цулцгар, ясгүй
무기력해지다 ёлбой|х, үлбий|х
무기를 가지지 않은 зэвсэггүй
무기를 휴대하다 агса|х
무기물 малтагдахуун, малтац, эрдэс; ~ судал 광물학. (생활 기능이 없는 물질 및 그것을 원료로 하여 인공적으로 만든 물질의 총칭《물·공기·광물 등》), 화석
무기물의 малтмал ашигт ~ 광천수, 탄산수, 청량 음료; нуурс төмрийн хүдэр хоёр бол ашигт ~ мөн 석탄과 철은 광물이다; ашигт ~ын ордууд 광물 매장량
무기한의 туйлгүй, хирлэшгүй, хязгааргүй
무너뜨리다 ивэ|х, унага|х
무너져가는 навсгар
무너져가다 навсай|х
무너지게 하다 унага|х
무너지다 оглоро|х, ялагда|х
무녀(巫女) бөө, зайран, мам, нядган
무능케 하다 бэртэ|х, зэмдэглэ|х, зэрэмдэглэ|х
무능한 болхи, дүйгүй, дэмгүй, явуургүй, явцгүй
무늬 хийц, хээ, хээтэй
무늬로 장식하다 хээлэ|х
무늬를 넣어 짜다 хатга|х
무늬를 박아 넣은 шигтгэмэл
무늬목 зоргодос, өөдөс
무늬풍의 хөвөнтөй
무단 차용하다 сэдэвлэ|х. ханцуйла|х
무당(巫堂) бөө, зайран, мам, нядган, шулмас; бөөгийн мөргөл 샤머니즘; ~ буух (샤먼의) 영혼을 불러내다.
무당이 굿하다 бөөл|х
무당이 무의(巫儀)를 하다 бөөл|х
무대 тайз
무대에 올리다 дэглэ|х
무대조명 효과를 지휘(감독·관리)하고 있는 사람 тусгагч
무더운 аагим
무더위 аагим
무덤(분묘.묘혈.묘비) булш(ин), дош; хэрэгсүүр ~ 무덤
무덤 파는 사람 булшлагч, хүүрчин
무두장이 элдүүрчин
무두질 공장 ган(г)
무두질 방법 ган(г)
무두질 ган(г)
무두질하다 борло|х, идээлэ|х; арьс ~ 짐승의 가죽을 무두질하다
무두질한 가죽 арьс, савхи, сарьс; савхин дээл 가죽 코트
무두질한 가죽으로 꾸미다(장식하다) сарьсла|х
무두질한 가죽을 큰 바늘을 사용하여 재봉질하다 тэвнэ

무두질한 새그린 가죽 сайр
무두질한 염소 сарьс
무디게 되다 мөлий|х
무디게 하다 мохоодох, мөлийлгө|х, мяра|х
무디다 шантра|х
무디어(둔해)지다 дүйрэ|х, мохоо|х, мухарла|х, мяра|х, чинэрэ|х
무딘 화살촉으로 과녁(표적)에 발사하다 болцуу
무딘 амтгүй, балай, бодолгүй, иргүй, молхи, мохоо, мөлгөр, мухар, үзүүргүй
무딘(둔한)(~가) мунхруулагч
무뚝뚝(거만, 오만)하다 ярвагана|х
무뚝뚝(부루퉁.실쭉)하다 дүнсий|х
무뚝뚝한 зожиг, огзом, хажиг, халамжгүй
무뚝뚝한 성질의 сөдгөр
무뚝뚝함 сэрүү, сэрүүн
무력 хоосрол
무력(박약)한 сул
무력(빈약)하게 하다 хоосруула|х
무력(연약)해지다 гунда|х
무력증(無力症) эрч
무력한 арчаагүй, буурай, бяргүй, гүйхэн, гулбигар, дорой, мөхөс, нолцгор, нунжгар, салхгар, үлбэгэр, хариугүй, хатуужилгүй, хүчгүй, чадалгүй, явуургүй, явцгүй, ядру; чадал ~ 무력한, 무능한; ~ ядуу 빈약(초라)한; ~ миний бие 자신은 하잘것 없는(가치 없는).
무력해지다 гулбий|х, салхий|х, сулбай|х
무례 алдас, дайрлага, доромжлол
무례하다 гаара|х, давра|х, жалмай|х
무례한 давамгай, давруу, ойворгон, салсул, танхай, хөнгөмсөг, хуугиа
무례한 짓 гомдол, дайрлага, доромжлол
무례한 짓을 하다(~에게) буртагла|х, дайра|х, дарла|х, доромжло|х
무례한 행동을 하다 аягуйрхэ|х, дүрсгүйтэ|х, дэггүйтэ|х
무뢰하다 танхайра|х
무뢰한 барлаг, танхайрагч
무료로 талаар, хөлсгүй
무료로(의) зүгээр, хөлсгүй; уүний би ~ өнгө- рөөхгүй шуу ~의 대금을 치르다; ~ алга болох 소용이 안 된, 헛된; ~ авах 무료로 손에 넣다(획득하다).
무르게 되다 хэврэгши|х
무르다 гоомойдо|х, нунхий|х, нялхра|х, үлхий|х
무른 булбарай, буурай, гулбигар, даржгар, нунжгар, түгдэрхий, үйрмэг, хагарамхай, хэврэг
무릅쓰고(~을) атугай, мөртлөө
무릎 기대는 궤 исэр
무릎 꿇고 탄원하다 сөхрүүлэ|х
무릎 꿇다 сөгтгө|х
무릎 өвдөг; ус э вдгэ э р та-таж байв 무릎 깊이의 물; ~ нугалах 굴복하다; ~ сэ гдэ х 무릎을 꿇다.
무릎(관절) 보호 тойговч
무릎(을) 꿇고(구부리다) бохиро|х
무릎(을) 꿇다 сөхрүүлэ|х
무릎관절 өвдөг
무릎관절 위쪽에(으로) жилбэн(г)
무릎관절을 압착하다 өвдөглө|х
무릎관절을 향하여 누르다 өвдөглө|х
무릎덮개 천 хормогч
무릎받이(무릎 보호용) тойг
무릎부분에 된 조각 өвдөгч
무릎에 덧대는 것(천) өвдөгч
무릎을 굽히다 атируулла|х, бөгтий|х, бөхий|х, гудай|х, мэхийсхий|х, навтай|х, нугалхийла|х, нуша татах, сөхрө|х, тахий|х, тахирла|х, тонгойлго|х; сэ хэ ртлэ э ажиллах 기진맥진하다; э вдэ г ~ (예배를 위해) 한 쪽 무릎을 구부리다; нар ~ (해 따위가) 지다, 저물다.
무릎을 꿇는 сөөгсөөр
무릎을 꿇다 сөхрө|х

무릎을 묶다(매다) өвдөгчлө|х
무릎이 약하다 шалчий|х
무리 коллектив
무리를 이룸 бүлэг
무리를 짓다 багшра|х
무리하게 ~시키다 хүчирхийлэ|х
무리하다 нэвшрэ|х, хэтрүүлэ|х
무리한 балай
무명 бөс, хөвөн
무명(천) даавуу(н)
무명실 хөвөн
무명의 нүүргүй, нэргүй
무명지(無名指) ядам хуруу
무모 жавхаа
무모(경솔)하게(도) анхааралгуй, яаруу
무모(경솔)하다 түргэдэ|х
무모하다 маазай|х
무모한 балай, балмад, бодлогогуй, болчимгуй, маазгар, тоомжиргуй
무모한(저돌적인) 사람 зайлуу
무무한 болхи
무미건조한 회제(話題) хаягдмал
무방비의 хамгаалалтгүй
무법의 хуульгүй
무법자 бусниулагч
무분별한 бодлогогуй, болгоомжгуй, болчимгуй, намбагүй, сэрэмжгүй
무비 카메라 киноаппарат
무비(無比)의 зүйрлэшгүй, үзэгдэшгүй
무사 үнэт цасс, хөлөг баатар (양가의 자제로서 국왕·제후를 섬기고 무용·의협을 중히 여기며 여성을 경애했음).
무사의 дайчин
무사 안전한 мэнд
무사태평한 ажрахгүй
무사히 ажрахгүй; би ~ мөд эсэн мэнд эргээд ирнэ 결코 내 마음에 즉시 안전하게 돌아온적이 없다
무산계급(無産階級) пролетарии
무산자(無産者) пролетарийн
무상한 хагарамхай, халти, хэврэг
무색의 өнгөгүй, цагаан

무생(無生) няпваан
무서운 аймаар, аймшигтай, айхтар, аюлтай, далдичаа, ууртай
무서움 айдас; ~ хурэх 무서워하다
무서움으로 몸서리치다 гилбэгнэ|х
무서워 далдичаа
무서워하게 하다 мундагла|х
무서워하는 уульхай
무서워하다 ай|х, жийргэмщи|х, зүрхши|х, мятра|х, халга|х, халира|х, эмээ|х
무선국 радио
무선에 의한 보도 радио; ~гоор 무전으로, 라디오로; ~ нэвтруулэг радио방송하다; ~ телевизвйн нэвтруу-лэгч 방송자(방송장치.시설); ~ нэвтруул-гийн программ방송 프로그램; ~ сонсогч 라디오청취자; ~гоор хэ гжим нэвтруулэх 음악을 방송하다; ~ гоор уг хэлэх 방송하다(되다); ~ станц 라디오 중계국; ~ техникч 라디오 기계; зурагт ~ TV, 텔레비전 수상기.
무선호출 수신기(삐삐) псйжср
무섭게 으르다 харуулда|х
무성 зузаан, нягтрал
무성하게하다 өтгөрүүлө|х, памбайлга|х
무성한 лүглэгэр
무성해지다 зузаара|х, өтгөрүүлө|х
무소 хилэн, хирс, хэрс
무쇠 ширэм
무수 түг туу
무수(無數)히 많은 там
무수한 тоймгүй, тоо томшгүй, тоогүй, тоолшгүй, туйлгүй, түм(эн), хязгааргүй, цаглашгүй
무수히 тоогүй
무숙자 золбин
무슨 аль(алин)
무슨 까닭(변명, 동기) яахаараа
무슨 이유 яахаараа
무슨 일을 하다 хэрхэх
무슨 일이 일어났니(생겼니)? яав

무슨 일이니? яасан
무슨(일) гэж, юу(н), юутай, яасан, ямар, ямархан; ~ болов? 무슨 문제입니까?; тэгээд тэр ~ гэв? 그리고 그는 무엇이라고 말했습니까?; ~ ядах 순조롭게;
무슨(일)하다 яа|х
무시된 ажигтүй
무시무시한 аймаар, аймшигтай, айхтар, далдичаа
무시하다 гишгэ|х, гишгэгдэ|х, гишгэлэ|х, дэвслэ|х, дэвсэ|х
무시하다(~을) алгаса|х
무식한 бичигтүй, мунхаг
무신론자의 бурхангүй; ~ үзэл муслин; 무신앙 생활.
무심코 한 санамсаргүй
무쌍의 тэнгүй, хосгүй, ижилгүй
무쌍한 хосгүй, ижилгүй
무언가 실질이 있는 것 юм
무언가 잃은(잃어버린, 분실한) алдуул ; ~ аятай 영혼을 잃은 것 같은
무언가 잡아당겨서 사용하다 дарууллга; гэзэгний ~ 여자의 머리 땋는 방식(헤어스타일)에 묶어 땋은 끈; эмзэлийн ~ 금속접시모양의 안장쿠션 (방석) 잠금 제구;
무언가 짜는(뜨는) 법 хэрмэл
무언의 дугай, дуугай, дуугүй, жимгэр, хэлгүй
무엇 аль(алин), гэж, юу(н), юутай, яасан, ямар, ямархан; ~ болов? 무슨 문제입니까?; тэгээд тэр ~ гэв? 그리고 그는 무엇이라고 말했습니까?; ~ ядах 순조롭게;
무엇 하는 사람 юу(н)
무엇(어떤 것(일) 하다 яа|х
무엇을 묻고 싶어하는 듯한 юу/юу; ах чинь яваа ~? 당신의 형은 갔습니까?
무엇을 어떤 위치에 놓다 тохниула|х
무엇을 하다 хэрхэх
무엇이 ~에 닿다 тула|х

무엇이나 다 бүрэн, цөм
무엇이나 아는 체하는(사람) мэдэмхий
무엇이든 보이게 되다 түнэртэ|х
무엇이든 ямарваа
무엇했을 리가 없다 баймгүй
무역(교역) арилжаа, маймаа, найма, панз, худалдаа(н), худалдаа бэлтгэл; арилжаа ~ 매매(장사) 하다; ~ хийх 교역(거래)하다; тэр савхины ~ хийдэг 가죽제품을 장사하다
무역업자 наймаачин, худалдаачин
무연의 утаагүй; ~ түлш 무연의 연료
무연탄 нүүрс(эн); чулуун ~ 석탄; модны ~ 숯, 목탄; ~ний сав газар 탄전, (한지방의) 탄갱(炭坑); ~ малтагч 탄광주, 채탄부; ~ний уурхай 탄갱, 채굴장
무용(발레) 안무법 дэглэлт
무용술 дэглэлт
무용의 хэрэгтүй
무위(無爲)로 дүнгүй, дэмий, лөө лөө, талаар, хоороор
무위로 시간을 보내다 залхуура|х, лалхай|х
무의미 талаар, юмгүй
무의미한 말을 하다 бура|х
무의미한 өнгөгүй, утгагүй, учиргүй
무의식 багтраа
무의식적으로 зэрмэгхэн
무익하게 дүнгүй, дэмий, лөө лөө, талаар, хоороор
무익한 алдагдалтай, ашиггүй, гаргуудаа, дөхөмгүй, дүнгүй, дэмий, лөө лөө, муусайн, олхиогүй, орлогогүй, тусгүй, үргүй, хоороор, хохиролтой, хэрэгтүй, явуургүй
무익한(헛된, 쓸모없는) горигүй
무익한(헛된, 쓸모없는) 약속을 하다 нолигло|х
무인 дайчин, тэмцэгч
무인의 зэлүүд, хүнгүй, эзгүй
무임(無賃)으로 зүгээр; үүний би ~

өнгө- рөөхгүй шуу ~의 대금을 치르다; ~ алга болох 소용이 안 된, 헛된; ~ авах 무료로 손에 넣다(획득하다).

무자(무당) зайран
무자(巫子) бөө
무자격의 мэргэжилгүй
무자비 харгислал
무자비하게 활동하다 хэрцгийлэ|х
무자비하다 хаpгислa|х
무자비한 балмад, дошгин, нигүүлсэлгүй, хайргүй, харгис, хэрцгий
무장하다 arca|х
무장하지 않은 зэвсэггүй
무장한 зэвсэгт; ~ хучин 무장한 병력; ~ бослого 무장한 폭동(반란)
무적(無敵) дийлдэшгүй
무적(無敵)의 давшгүй
무적의 зүйрлэшгүй, ижилгүй, тэнгүй, хосгүй, ялагдашгүй, ялгуусан
무전기 радио
무전행하다 туулайда|х
무절조한 зарчимгүй, цадиггүй
무정견(無定見) дуншаа
무정부 анархи, засаггүй
무정부 상태 анархи, засаггүй
무정부론 анархи, засаггүй
무정부주의(자)의 захиргаагүй; засаг ~ 무정부(주의)의,무정부상태의,무질서
무정한 нигүүлсэлгүй
무정형의 дүрсгүй, хэвгүй, туйлгүй, хирлэшгүй, хязгааргүй
무조건 тэс
무조건(으로) тас, чин
무죄로 하다 цагаатта|х
무중력(無重力) жингүйдэл
무지 харангуй
무지개 солонго(н); ~ татах 무지개가 나오다; нудний ~н бурхэвч (해부학) (안구의) 홍채(虹彩).
무지개 모양의 것 солонго(н) ; ~ татах 무지개가 나오다; нудний ~н бурхэвч (해부학) (안구의) 홍채(虹彩).
무지개의 칼라로 보이다(나타나다) солонгоро|х
무지무지하게 бултаараа, буур, гүйцэд, дагуудаа
무지의 асман
무지한 мунхаг, савсаг, толгойгүй; харанхуй ~ 무지, 무학, 모르는.
무진장한 барагдашгүй, барахгүй, шавхагдашгүй
무질서 анархи, түйвээн, үймээн, хямралдаан
무질서 상태(사회적·정치적인) анархи
무질서하다 задгайpa|x
무질서한 замбараагүй, тоймгүй, ундуй сундуй; эмх ~ байдал 무질서한
무책임한 арчаагүй, ухамсаргүй, хариуцлалагүй
무책임한 사람 хэрхэвч
무척 бишгүй, бузар, бузар, гойд, гойд, гүнээ, даан, даанч, маш, огтхон, тон, тун, үсэд, шав; ~ хэцүү 아주 어려운; ~ сайн 아주 좋은; ~ итгэх 무적 희망을 갖다; ~болгоомжлох 무척 조심스러워하다; ~ дулаан өдөр боллоо 그날은 무척 더운 날이 되었다.
무척(굉장한) гэгээн; ~ сэцэн 굉장한 지혜가 있다;
무초(蕪草) луйл
무턱대고 이의를 내세우다 өөлө|х
무턱대고 좋아함(귀여워함) өхөөрдөл
무학 харангуй
무학의 бичигтүй, мунхаг, туйлгүй
무한의 хирлэшгүй, хязгааргүй
무한한 барагдашгүй, дуусгаргүй, нэлгэр, төгсгөлгүй, туйлгүй, үргэлжид, хэмжээгүй, хязгааргүй
무해한 аюулгүй, гайгүй, гэмгүй, ногүй, хоргүй, хохиролгүй, хөнөөлгүй
무협가(武俠家) өрлөг
무화과 удамбар (뽕나뭇과의 낙엽 활엽 관목. 정원에 심는데 높이 3m 정도, 봄·여름

에 담홍색 꽃이 핌. 과실은 가을에 암자색으로 익는데 식용함)
무화과 나무 удамбар
무화과 모양의 것 навч(ин); ~ нахиа 잎의 무성함, 군엽(群葉); ~ унах (가을) 잎이 떨어지다; ~ин тамих 담배 나뭇잎; ~ боорцог 부풀게 굽는 과자용 반죽.
무효되었다 уста|х
무효로 하다(~을) цуцла|х
무효의 хүчингүй, явуургүй, явцгүй
무회 бужигч(ин)
묵고(默考) бясалгагч
묵념(默念) бясалгагч
묵도(默禱) бясалгагч, самди
묵묵히 따르는 хүлцэнгүй
묵살하다 догуурла|х
묵상 бодол, бодрол, бясалгагч, самди, хивэлт, эргэцүүлэл; ~ эргэцүүлэл 반성, 회상, 묵상, (종교적) 명상
묵상(명상)하는 사람 даяанч
묵상하다 эрэгцүүлэ|х
묵인하다 өршөө|х, тэвчи|х
묵직하게 хүнд
묵히고 있다(밭 따위를) атарши|х
묶는 үдээс
묶는 사람 хавтас
묶는(동여매는) 것(끈·밧줄) хүлээс
묶는(동이는, 매는) 것 хавтас
묶는(매는) 것 хүлэг, хэлхээ
묶다 авдарла|х, багла|х, зангиа(н), зангила|х, товхи|х, хавтасла|х, хүлэ|х, чагтла|х
(~로) 묶다 загтида|х
(~에) 묶다 гинжлэ|х
(~을) 묶다 толгойло|х
묶다(꾸리다) багпла|х
묶어지다 зангира|х; хоолой ~ (감정·눈물을) 억누르다, 흐느껴 울다, 흐느끼다
묶은 것 багц, толгой
묶음 багц, толгой, үдээс, хэрдэс; нэг ~ даавуу 옷감의 한 놀 전부; ~ лаа 양초의 묶음.
묶이게 하다 дэвтэрлэ|х
묶이다 холбогдо|х
묶이지 않다 тайлагда|х
묶이지 않은 задархай
묶인 хүлээстэй
묶임새 хүлээс
문(門) үүд(эн)
문(가게 따위를) 닫다 хаалтгай
문(서랍의) 손잡이 товчлуур
문(창에) 자물쇠를 잠그다 хоригдо|х
문(테이블을) 톡톡 두드리다 тонши|х
문간 босго(н), орц, үүд(эн)
문금(文禽) тогос
문기둥 багана
문단속하다 хоригдо|х
문대다 лавда|х, няла|х, нялзаа|х, түрхмэл
문둥병 уяман
문득 зэрмэгхэн
문맹의 бичигтүй
문명(개화) гэгээрэл, иргэншил; ~ боловсрол 교육; соёл ~ 문화, 문명.
문명화되었다 соёлжи|х
문명화된 боловсон, соёлт
문명화하다 соёлжуула|х
문방(文房) кабинет
문벌 угсаа
문벌이 좋은 журамт
문법(文法) грамм, хэлзүй
문법론(학) грамм
문법에 맞는 어법 хэлзүй
문법의 격(格) тийн ялгал
문법의 수사(數詞) тоо(н)
문법의 조동사 өгө|х; авч ~ 주고받다; аваачиж ~초래하다,일으키다; эргүүлж/бучааж ~ 돌려주다, 되돌리다.
문법책 грамм
문병하다(~을) гийчлэ|х
문서 акт, байцаал, баримт, бичиг,

бичиг, цаас(ан); ~ баримтаа уэуулнэ уу? "гэж цагдаа хэлэв" 신분증명서를 보여 달라고 "경찰관이 말했다"; албан ~ 공문서, 기록문서; баримт ~ 서류, 문서; эх ~ ~의 원본서; тунхаг ~ (국가 정당 따위의) 선언서, 성명서; 포고문, 고시(告示), 공포

문서의 원본 протокол
문서의 баримтат
문성(蚊城) шумуул
문식(文飾) хачир
문식하다 хачирла|х
문예 зохиол
문예상의 소론 реферат, найруулал
문을 쾅(탕) 닫다 тав хийх
문을(가게 따위를) 닫다 чигжи|х
문의 асуулт
문의(조회.질문)하다 асуу|х, байцаа|х, сурагла|х; асууж лавлах 질문(문의) 하다;олон юм/асуулт 많은 질문을 요구하다
문이 쾅(탕) 닫히다 савчи|х
문이 열었을때 나의 심장은 멎는 것 같았다 хаалга онгоймогц лотор зурх пал хийгээд л явчихлаа шуу
문이 홱 열리다 ганта|х, язла|х
문자(체계) бичиг; ~ усэгул мэдэх 무식자, 문맹자; ~ усэг сайтай 교육 받은, 교양 있는; бичгийн ширээ 책상의, 탁상용의; бичгийн чаас 필기용지, 편지지, 원고용지; тэр ~ муутай 그의 필체는 교양 있는 사람이다; тууний бичгийг уншихад тун хэцуу/ярвигтай 그의 서법(필법) 잃기가 어렵다; бичгийн машин 타이프라이터, 타자기; бичгийн хун 문학의 사람
문자(도형 등을) 새기다 тови|х, сийлбэрлэ|х
문자의 필체 зохиомж
문자의 a.e.부터의 이름 орхиц

문장 ломбо, өгүүлбэр; энгийн ~ 간단한 문장; нийлмэл ~ 혼합문장; гол ~ 주부(主部)의 문장, 주절; гишуун ~ 종속절, 종속구; асуух ~ 의문형의 절, 의문문; хуурнэх ~ 이야기체, 설화(법); ~ зуй 통어법(론), 구문(론); ~ ийн 문장 구조; ~ийн гишуун 문장의 성분(부분)

문장의 절(節) булэг
문전(文典) грамм
문전걸식(門前乞食) гуйлга; ~ гуйх 구걸자; ~ хийх 문전걸식하다
문제 сэдэв
문제 등의 해결 таавар
문제(논쟁·투쟁을) 해결하다 тогтоо|х
문제(사건·곤란·기회) 발생하다(생기다) гара|х, үүсэ|х
문제(상황)의 원인(실태)분석(에 의한 판정) онош
문제(수수께끼를) 풀다 тайла|х
문제·상황 등의 원인(실태)분석(에 의한 판정) диагноз
문제가 되는 явдалтай
문제되지 않는 дамжиггүй
문제를 밝히다 тайлбарла|х
문제시하지 않는 ажрахгүй
문제없음 айлтгүй
문제없이 түүртэлгүй
문제의 원인을 규명하다 ономло|х
문제의 해결책 аргацаа
문제의 해결책을 찾다 аргацаа|х
문제의 해결책이 부족하여 аргагүй
문제의 явдалтай
문제점 асуудал
문젯거리의 маргаантай
문지기 үүдэч, хаалгач, хамгаалагч, хуяг
문지르는 도구를 사용하다 талхи|х
문지르는(긁는, 깎는) 도구 малтуур, самнуур, талхи, хусуур, маажуур
문지르는(긁는,깎는) 도구로 문지르다

хусуурда|х
문지르다 гуранзда|х, илэ|х, лавда|х, мажи|х, нуха|х, сазда|х, үрэ|х, үрэгдэ|х, үрэлдэх, харчигнуула|х, хуса|х, шалбала|х; нуруу ~ 등을 문지르다(긁다); шилээ ~ 머리를 긁다; маажихаа боль! 긁지마! хорыг ~ ~의 감정을 해치다; толгойий нь ~ ~에게 베풀다
문지른 татмал, үрэлт
문지방 босго(н)
문진(蚊陣) шумуул
문질러 바르다 хавира|х
문질러 없애다(없어지다) балла|х
문질러 지우다 сохло|х
문질러(긁어, 깎아서,닦아서) 반반하게 하다 үрэгдэ|х, хуса|х, хусуурда|х, мажи|х
문질러(스치어,긁어) 벗기다 ниттэрэ|х, хуса|х, мажи|х; нуруу ~ 등을 문지르다 (긁다); шилээ ~ 머리를 긁다; маажихаа боль! 긁지마! хорыг ~ ~의 감정을 해치다
문체 хэлц уг
문체(론) найруулга
문체론(상)의 зохиомж
문체에 공들이는 зохиомж
문체의 зохиомж
문초하다 байцаа|х
문턱(경계선 따위를) 넘다 дава|х; хашаа ~ 울타리(담)를 넘다; даваа ~ 산을 통과하다
문패 пайз
문필가(작가) зохиолч; кино ~ 시나리오 작가; жужгийн ~ 연극작가; хөгжмийн ~ 작곡가.
문하다 захи|х
문하생 шавь
문학 зохиол
문학(예술·학술의) 아마추어 애호가 сонирхогч
문학연구 зохиол; утга ~ 문학, 문예; уран ~ 미문학(美文學), 순문학(純文學); уран зөгнөлт ~과학소설; сонгодог ~ 고전문학; жужгийн ~ 극작법, 연출(법); хөгжмийн ~ 작문(법), 작시(법); ардын аман ~ 민간전승(-傳承), 민속(民俗); Марлсын ~ бүтээлд марксист зохиолч; Ринчигийн түүвэр ~ Rinchin의 정선된 작업
문학작품(잡지) зохиол; утга ~ 문학, 문예; уран ~ 미문학(美文學), 순문학; уран зөгнөлт ~과학소설; сонгодог ~ 고전문학; жужгийн ~ 극작법, 연출(법); хөгжмийн ~ 작문(법), 작시(법); ардын аман ~ 민간전승(-傳承), 민속(民俗); Марлсын ~ бүтээлд марксист зохиолч; Ринчигийн түүвэр ~ Rinchin의 정선된 작업
문화 соёл, иргэншил
문화가 발달되다 гэгээрэ|х
문화가 발달된 боловсон, боловсронгуй, соёлч
문화를 가지다 гэгээрэ|х
문화를 가진 боловсон, боловсронгуй, соёлч
문화와 관습 안에서 Khalkha 몽골어화 되다 халхжи|х
문화의 соёлын
문화장려(향상) соёлжилт
문화조장(증진,진흥) соёлжилт
묻는 사람 асуугч
묻다 асуу|х, байцаа|х, газарла|х, нутаглуула|х, оршуула|х, сурагла|х, улайшра|х
(~냐고) 묻다 асуу|х, сура|х
(~에게) 묻다 асуу|х, асуугда|х(асуух), гуй|х
묻다(~의 장례식을 하다) булшла|х
(~을 통하여 ~에게)묻다(질문하다) байцаагда|х, асуулга|х
묻어버리다 газарлуула|х
물 ус; цэвэр ~ 민물, 담수; уух ~, ундны ~ 물을 마시다, 광천수를 마시다; далайн ~ 바닷물; крантны ~

흐르는 물; өлөн ~소변,오줌; өвдөгний шар 무릎위의 물; мөнгөн ~ (화학) 수은(水銀: 기호 Hg; 번호 80); ~ төрөгч (화학) 수소(기호 H; 번호 1); ~ асгах 물이스며 나오다; ~ бялхах 물이 넘쳐흐르다; ~ гарах 물이 흘러나오다, 물을 산출하다; ~гатлах 물을 건너다.
물 따위가 ~에서 넘쳐흐르다 асгара|х
물 따위를 철벅철벅 튀기다 тожигно|х
물 밑에 가라앉은 앙금 цөвдөл, шаар, шавхруу
물 밑의 ёнхгор, хөнхөр
물 튀기는 소리(퐁당.풍덩.첨벙첨벙.철벅철벅.텀벙) пул; том чу-луу усанд ~ гэж унав 풍덩하고 큰 바위가 물속으로 떨어졌다
물 흐르듯 지나가다 урса|х
물 흐름이 졸졸거리다 шулгана|х, давичи|х, дүднэ|х
물(가스·기계를) 잠그다 хаа|х
물(공기을) 맑게 하다 тодруула|х
물(기름)이 스며 나온(땅) шуурэл
물(든 색) будаг
물(흙탕 따위를) 튀기다 үсэргэ|х
물가 үнэ
물가(열등이) 오르내리다 гуйва|х
물갈퀴 сарьс(ан), сэрвээ
물감 будаг; будгийн үе / давхврга 칼라 코트; уруулын ~ 입술 연지, 립스틱; усан ~ 그림물감
(~에) 물감을 칠하다 буда|х, пагсда|х, түрхэ|х
물개 халиу(н)
물건 бараа, бодис, зүйл, тавaap, эд, эдлэл, юм, юм хүм
물건(옷·의류) 아주 오래되다 хуучда|х
물건·시간 따위가 ~에 형편 좋은 дөхөмтэй
물건을 갖고 싶다고 조르다 хоргоо|х
물건을 내다버리다 хаягда|х, хаяла|х
물건을 너무 아끼는 харам, харуу, хэриг, яхир
물건을 너무 아끼다 харамла|х
물건을 묶기 위한 끈(줄.새끼) зангилаа(н), холбоо
물건을 아까워하지 않는 өгөөмөр
물건을 옮기는 컨테이너(그릇, 용기) гаргуур
물건을 태우다 аса|х
물건의 딱딱한 외피(표면) цардас
물건의 명칭 гэдэг
물건의 앞부분 дух, магнай
물건이 교환되다 битуулэ|х
물건이 깔쭉깔쭉한 арзгар, арсгар, сэрэвгэр
물건이 꾸려지다 багла|х
물건이 둘로 보이다 хоёрдо|х
물건이 떨어지다 бура|х
물건이 미끈거리는 гуламтгай
물건이 벌어지다 ангайлга|х
물건이 편리한 дөхөмтэй
물결 долгио(н)
물결 모양의 атираатай
물결(액체를) 휘젓다 мэлтэгнэ|х
물결치게 하다 долгиоло|х
물고기 загас(ан)
물고기 비늘을 제거하다 хайсла|х
물고기 비늘이 벗겨지다 хайсла|х
물고기 뼈 хагадас
물고기(어류)의 지느러미 живэр
물고기를 작살로 잡다 жадла|х
물고기의 알 үр; ~ тариа 낟알, 곡물, 곡류; ~ урийн төмс 씨감자; ~ цацах/ тарих 씨를 뿌리다
물고기의(달팽이) 진액 салс
물과 기름진 목초지가 풍부한 хангай
물과 바위 사이의 길의 좁은 곳 гацаа
물과 함께 묽게 끓인 우유 хярам
물기 нойтон; ~ хувцас 물에 젖은 옷; ~ мод 푸른 재목(제재목); ~оо 크림 치약
물기 많아지게 되다 усда|х

물기 많은 усархаг, услаг, уст
물기 없는 хуурай
물기가 없게 되다 эврэ|х
물기가 없는 гандуу
물기둥 багана
물다 мэрэ|х, ноцло|х, хавчи|х, хаза|х, хазуула|х, хугара|х, хэмлэ|х, хэмхэ|х
(~가) 물다 зуулга|х; нохойд ~ 개가 물어뜯다
물동이 гадар, төмпөн
물들이다 буда|х, өнгөшрө|х
물들인 будмал
물때가 앉은 үстэй
물똥을 누다 гүйлгэ|х; гэдэс ~ 설사 하다.
물러가게 하다 халагда|х
물러가다 буруула|х, няцах
물러나 있다 хойшло|х
물러나다 гарга|х, гэрэвши|х, ухра|х, цаашла|х, гэрэвши|х, няцах, хойшло|х
물렁뼈 мөгөөрс(өн); ~өн хоолой 기관(氣管), 숨통, 호흡관.
물레 катушка
물레바퀴 дугуйт
물레의 가락 тэнхлэг, ээрүүл, иг(실을 자아 감는 토리 구실을 하는 막대기)
물려받다 уламжра|х
물로 약을 먹다 эм усаар даруула|х
물론 байлгүй, жаа, мэдээж
물론(당연한) аяндаа(н)
물론 그렇지 않다 яалаа гэж
물론(당연히) ~ 아니다 яалаа гэж
물론이다 мэдээж
물론이오 байлгүй
물리(자연)의 법칙 зарчим; зармын хувьд 원칙적으로, 이론적(상)으로; ~ч хүн 절조있는 사람; зарчмын асуудал 원칙적인 질문; зарчмын хувьд санал зөрөх 원칙적인 질문의 불일치; зуй ~ 규칙, 규정, 법규, 조례.
물리게 하다 тээрэ|х

물리게(넌덜나게) 하다(~에) цада|х
물리다 уда|х, уйда|х
물리의 매질(媒質) орчин
물리적 현상(과정, 특성) физик
물리적으로 강한(강력한) үетэй
물리지 않는 халшрайгүй, цуцашгүй
물리쳤다 тууглда|х
물리치다 татталза|х, хөө|х
물리학 физик
물리학의 에너지 элч
물리학자 физикч
물린(쏘인) 상처의 경향이 있는 хазамтгай
물린(쏘인) 상처의 경향이 있다 хаздаг
물릴 정도로 주다 тээрэ|х
물릴 줄 모르는 цаашламтгай
물림 далавч
물매 налу
물매(경사)지게 하다(~을) хэлбийх
물매진 наланги, ташуу, хазгай, хөлбөрүү, хэвгий, хэлтгий
물물교환 арилжаа, солилцоо, солио; ~ наймаа батер, 물물교환, 교역, 무역
물물교환하다арилжаала|х, арилжигда|х
물방앗간 фабрик
물방앗간 주인 тээрэмчин
물방울 нус, үрэл
물방울이 되어 떨어지다 дуса|х
물방울이 떨어지다 дуса|х
물방울이 자주 떨어지다 дусла|х
물방울이 종종 떨어지다 дусла|х
물병 лүү
물보라 шуршуур
물보라(소독액 등을) 뿜다 сүрши|х, шурши|х
물보라를 (비말을) 날리다 сүрши|х, шурши|х
물부리 соруул
물뿌리개 услуур
물살이 빠른 таргил
물새 또는 박쥐의 깃가지들 сарьс(ан)

물소리 шулганаан
물속 깊은 장소 гүв
물속에 잠기다 шунга|х
물속으로 떨어지다 палхий|х
물속으로 머리부터 뛰어들다 шунга|х
물속의 усархаг, хөнхөр
물속의 식물 ганьс
물속이 되다 усда|х
물안개 шуршуур
물어끊다(뜯다) мэрэ|х, хэмлэ|х, хазчи|х, зуулга|х, ноцло|х, хазуула|х, ура|х, хаза|х, хатга|х, хэмхэ|х ; нохойд ~ 개가 물어뜯다; хумсаа ~ 손톱(발톱)을 물어뜯다; яс ~ 뼈를 갉작거리다
물어뜯다 ноцло|х, ноцло|х, ура|х, хаза|х, хазуула|х, хатга|х, хугара|х, хэмхэ|х
(~가) 물어뜯다 зуулга|х; нохойд ~ 개가 물어뜯다
물어보다 асуу|х, сура|х
물에 뛰어드는 사람 шумбагч
물에 빠뜨리다 живэ|х
물에 빠뜨리어 죽이다 үй|х
물에 잠기다 дэвтэгши|х
물에 잠긴(젖은) нойтон
물에 적시다(젖다) норго|х
물에 젖다 дэвтэгши|х
물에비친 그림자 ойлго
물오리가 꽥꽥(각각)울다 часхий|х
물욕 шунал
물욕(탐욕)을 보이다 сувдагла|х
물위 гадарга
물을 공급하다(~에) усла|х
물을 끼얹다(뿌리다)(~에) усла|х
물을 너무 탄 устай
물을 댐 усжуулалт
물을 댐(관개) 전문가 усжуулагч
물을 빨아들이다(끌어들이다) утта|х
물을 뿜다(뿌리다) сүрши|х
물을 타다 шингэлэ|х, шингэрүүлэ|х
물을 탄 устай
물을 퍼내다(~에서) утта|х

물을 필요로 하지 않는 усгүй
물음(의문) асуулт; тавих 묻다, 문의하다; ~ын тэмдэг 의문부, 물음표(?). 의문부호,
물의 дүйвээн, дуулиан, сенсаац, усархаг, услаг, уст
물의 급류 даргил
물의 밑바탕속 깊은 장소 хөв
물의 요정(妖精) лус; ~ын дагина 인어(人魚) 조숙한(성적으로 눈뜬) 소녀, 수영 잘하는 여자.
물의 움직임에 의하여 운반되는(강의 하구, 못이나 늪의 안) лаг
물이 ~에 넘치게 하다 үерлэ|х
물이~에 튀어 오르다 үсэргэ|х, цалги|х
물이~에서 넘쳐흐르다 үерлэ|х, халги|х
물이 끓다 даргила|х
물이 끓어 넘치다 пор пор хийх байв
물이 끓어 증발하다 ширгэ|х
물이 떨어지는 소리 пол
물이 미적지근한 бүлээн, дулаавтар, зоог; цай미지근한 녹차
물이 미적지근해지다 зөөгши|х
물이 불다 сэлхрэ|х
물이 불은 гувгар, гүргэр, пөмбөгөр, холхгор, хөөнгө, цондгор, цүндгэр
물이 솟아오르다 даргила|х
물이 스며나오다 шуурэ|х, нэвчи|х, нэвчрэ|х
물이 스미다(스며나오다, 스며들다) норго|х
물이 시끄럽게(콸콸)흐르다(흘러나오다) хууги|х
물이 신선한 цэнгэг
물이 썩다 тогтонгиро|х
물이 얼음속에서 날카로운 소리 내면서 치솟다 тошин
물이 얼음에서 날카로운 소리(딱·탕·우지끈)나며 넘쳐흐르다 тошин
물이(공기가) 새지 않는 умгар
물이(액체가) 꼴딱꼴딱(콸콸) 흐르다

хуугина|х
물자 овсгоо, тавaap
물정을 모름 туршлагагүй
물주전자 бортго
물질 бодис, зүйл; ~ зуй 물리학; түмэн ~ 자연과학; ~ын солилцоо 물질 대사; тэсрэх ~ 폭약, 폭발성 물질
물질계(物質界) орчлон
물질에 관한 бодит
물질의 бодис, бодит
물질적인 бодис
물집(水疱) бэлцруу, гөвдруу, цэврүү
물집이 생기게 하다 гөвдруутэ|х, цэврүүтэ|х
물집이 생기다 бэлций|х
물체 등이 망가지기 쉽게 되다 хэврэгши|х
물체 소지품 юм
물체 бодис, зүйл, эд, юм хүм
물탱크 ган(г)
물탱크(송수용의) лааз
물통 ган(г), лааз, онгоц, тэвш, ховоо; ~ онгойлгогч캔을 따다, 깡통따개; усны ~ 물탱크, 물통.
물표 талон
물풀이 싹트다 хигтэ|х
물품 бараа, тавaap, эдлэл; ~ солилцоо 물물교환하다, 교역하다; бес ~ 직물, 옷감; ~ны саван 주방세제; ~ны агуулах 창고; ~ тавaap 상품, 제품
물품 명세서 бүртгэгч; тоо ~ 통계가(학자).
물품(편지를) 배달(송달)하다 гуйва|х, хүргэ|х
물품명세서 тооллого
물품을 매매하다 худалдаала|х
물흐름의 작용으로 둥글게 된 조약돌 сайр
묽게 끓인우유 хярам
묽게하다 шингэлэ|х, шингэрүүлэ|х
묽어진 устай
묽은 죽(환자에게 주는) агшаамал
묽은 нарийн, сийрэг, устай, шалчгар
묽음 султгал
묾 хазуур
뭇겹- давхар
뭉구리 пинтүү, хяргамал
뭉근한 불로 끓이다 чана|х
뭉뚝한 атигар
뭉뚱그리다 ерөнхийдэ|х
뭉치 бөөн; ~ хүн 다수(의 물건), 많음; ~ мөнгө 돈뭉치
뭉친 갯지네(낚싯밥) холбого
뭐! еэ
뭐라고 яагаав, яагаад
뭐라고요? хэд(эн)
뭐야 яагаав, яагаад
미(微) бичил; ~ амин судлал 미생물학, 세균학(細菌學)
미(美) үзэсгэлэн
미각(맛) амт
미각(맛)을 잃다 булбий|х
미간(眉間) хөнттөр
미개 харангуй
미개간의 боловсруулаагүй
미개지(신분야의) 개척자 пионер
미개한 боловсруулаагүй, зэрлэг; ~ араатан 야생 짐승; ~гахай 멧돼지; ~ өвс 잡초, 해초; ~ балмад 야만인, 미개인; ~хун 잔인한 사람; ~ байдал 후진국, 미개한 국가; ~ сум 유탄.
미개해 지다 зэрлэгши|х
미결(미정)이다 гүйва|х, саармагла|х, саармагта|х
미경작의 боловсруулаагүй
미관 үзвэр
미광을 발하다 гий|х, гөлчилзө|х, гялай|х, цавцай|х, яралза|х
미국(아메리카.유.에스.에이(U.S.A.) Америк; ~хүн 아메리카의, 미국인.
미균(微菌) нян
미끄러운 гөлгөр, гөлчгөр
미끄러운 장소(곳) халтираа

미끄러운 지역(땅) гулгараа
(~가) 미끄러운 гөлчгөр
미끄러워 붙잡기 힘든 гулгамтгай
미끄러져 가다 гулга|х
미끄러져 구르기 гулсал
미끄러져 넘어지다 гулса|х, таши|х, тэши|х, халга|х, халтира|х
미끄러져 움직이다 гулга|х
미끄러지게 하다 ивэ|х, халтира|х, хөлбөрө|х
미끄러지다 гулга|х
미끄러지듯 나아가다 гулга|х; тэшүүрээр ~ 스케이트 타다; цанаар ~ 스키를 타다; гараас ~ 손에서 미끄러져 나오다, 몰래 빠져 나오다.
미끄러지듯 나아가다 гулса|х
미끄러짐 гулгалт, гулсал
미끄럼 타다 гулга|х
미끄럼막이를 한(브레이크를 건)채 헛미끄러지다 шарва|х
미끄럽게 하다 гөлчий|х
미끄럽게 함 тосолгоо
미끈덕미끈덕하다 нялгана|х
미끈덕미끈덕한 салст
미끈미끈(끈적끈적)해지다 салста|х
미낭화(米囊花) гунхвай цэцэг
미늘 сахал, хавьс, хайрс
미늘창 цурхай
미덕 өлзий
미덥지 못한 урвамхай
미동(微動) чичирхийлэл
미라로 만들다 занданшуула|х (옛날에는 향료·향유를 썼고, 지금은 방부·살균제를 씀),
미라로 하다 занданшуула|х
미란 илжирхий
미래 алс, хойч, хойшхи, цаашдын
미래(장래)의 ирээдүй, санаатай; туунд их ~ бий 그의 앞에 거대한 미래가 있다; ~ цаг 미래의 시간(절박한); энэ ~гүй 그곳에는 미래가 없다
미래—파 футуризм (未來派: 전통적인 예술·문화를 배격하고 기계 문명이 가져온 동적(動的) 감각의 새 형식으로 미래적인 꿈의 아름다움을 나타내려고 애쓴 전위적(前衛的) 예술 운동의 한 파; 20세기 초에 이탈리아에서 마리네티의 선언으로 시작됨).
미래 시제에서 동사 뒤에서 예의적으로 표현하는 것(부탁의 표현: 제발.부디. 미안 하지만) уу
미래 신자 футурист
미래 혹은 어떤 목적을 위하여 떼어두다 запасла|х
미래사건의 정리(정돈) төхөөрөг
미래에 урагшид, хойшид, цаашид
미래파 화가(예술가) футурист
미래학자 футурист
미려한 гүн
미련(경솔)하게 행동하다 мулгууда|х, маанагта|х, мангарта|х
미련하다 донгиодо|х, мангарла|х
미련하다고 불렀다 тархида|х
미련한 донгио, маанаг, мангар, тархигүй, тэнэг, ухаангүй, эргүү; тэр ямар ~ амьтан бэ! 그는 어리석은 사람이다.
미루나무 улиангар (버드나뭇과의 낙엽 활엽 교목. 강변·밭둑에 심는데, 줄기는 곧고 높이 30m가량 됨)
미루다 алгуурла|х, оройтуула|х, саата|х, сунжра|х, түдэ|х, удаа|х, улираа|х, хождо|х, хойшло|х, хойшлогдо|х, хойшлуула|х, хүлээгдэ|х
미루어 헤아리다 бараглах, таа|х, таалца|х
미루어서 살피다 бараглах
미리 경고하다 ёрло|х
(~에) 미리 대비하다 өрсө|х
(~을) 미리 마련하다 базаа|х, болго|х, бэлдэ|х, зэхэ|х, төхөөрө|х; аянд ~ 여행을 계획(준비)하다; хүнс ~ 양식(식량.음식)을 준비(마련)하다; шалгалтанд ~ 시험을 준비하다
미리 알려진다 ойлгодо|х, ухагда|х
미리 알리다 мэргэлэ|х, ёрло|х
미리 제조 угсармал

(~을) 미리 조사하다 базаа|х, болго|х, бэлдэ|х, зэхэ|х, төхөөрө|х
미리 준비하다 базаа|х, зэхэ|х
미리 채비(준비)가 되어있는 зэхээстэй
미립자 бөөм
미립자(분자)로 나누다(분할하다, 쪼개다) жижиглэ|х; жижиглэн худалдах унэ 소매 거래를 약속하다(시작하다).
미만의(~의) дор
미말(尾末) шувтрага
미망(迷妄) ташаарал, төөрөгдөл
미모(아름다운 것) гуа, үзэсгэлэн
미묘한 차이(말의 뜻·감정·빛깔·소리 등의) гэшүү
미발달의 будуулэг
미봉책 таглаа
미부(尾部) сүүл
미분 계수 уламжлал
미분기(微粉機) сүршүүр
미분자(微分子) атом, молекул
미불로 되어 있는 улмаас
미비(未備) ган(г), гачиг, дутагдал
미비한 гүйцээгүй
미사여구를 늘어놓다 бадруула|х
미사의 서문경(經) оршил
미사일 пуужин; тив хоорондын ~ 대륙간 탄도미사일(ICBM); сансрын ~ 우주 로켓; далавчит ~ 크루즈미사일,순항로켓; ~ зөөгч ракет унран сэ (기계); ~ харвах ракетоор нарадаа (쏴올리다), 로켓탄으로 공격하다.
미상불(그렇게) 나쁘지 않은 танагтай
미생물 ин(г) хорхой, микроб, нян
미생물(박테리아) мөөгөнцөр
미생물학 микробиолои
미성(尾星) солир
미성년자 хүмүүжигч
미세한 мэдэгдэхгүй, нарийн; ~ гэдэс 소장(-腸); ~ дуу 고운 목소리; ~ эусэм 얇은 조각; ~ ноос 섬세한 모직물;~ ялгаа 엷은, 희박한, 희미한.

미소 짓다 инээмсэглэ|х, инээсхий|х
미소 инээмсэглэл, мишээл
미소(微小) 망상 хоосрол; оюуны ~ 정신적인 빈곤
미소로 향하다 мушилза|х
미소를 보내다 инээмсэглэ|х, мишилзэ|х
미소짓다 маасай|х, мишилзэ|х, мушилза|х
미숙 төсөө, туршлагагүй
미숙련 төсөө, туршлагагүй
미숙아(未熟兒) зулбадас
미숙하다 тулгарда|х, туршлагажи|х
미숙한 асман, балчирда|х, гөмс, дадаагүй, дүрсгүй, дутмаг, задгайдуу, тавтиргүй, тамтаггүй, томоогүй, төшөө
미술 공예 урлал
미술(문학·음악의) 주제 хээ
미술(연극.예술)학교 консеватори
미술가 зураач
미술가(예술가)의 урлаг
미술관 музей   미술의 урлаг
미숫가루 замбаа
미스 хатагтай
미스슈팅(miss shooting) дэгслэ|х, унтуура|х
미식축구에서 러시해서 공을 가지고 나아감 үсрэнгүй
미신(迷信) мунхруулга
미신적 관습(행위) мунхруулга
(~을) 미심쩍게 여기다 дамнагалза|х, сэжиглэ|х, түүдээрэ|х, эргэлзэ|х
미심쩍은 явдалтай
미심쩍은 듯한 юу/юү; ах чинь яваа ~? 당신의 형은 갔습니까?
미심한 сэжигтэй
~에 미싱 바늘구멍을 내다 шивэ|х, цоолборло|х
미아(迷兒) золбин
미안하지만 уу
미안합니다 уучлаарай
미약한(희미한) буурай

미온(수)의 зөөг; ~ цай 미지근한 녹차
미온의 бүлээн, дулаавтар, зэлгээн
미온적으로 되다 зөөгдөх
미온적이 되다 зөөтрөх
미온적인 бүлээн, зэлгээн, уяхан
미완성 дуль
미완성의 гүйцээгүй, дулимаг, дутуу дулим, дутуу зуурмаг, зэмдэг, зэрэмдэг, мөчид, тургүн; эрэмдэг ~ 불구의, 장애자; дутуу ~ 미완성의, 다 되지 않은; хийх ~ 미완성의; боловсорч ~ 익지 않은, 생것(푸성귀)의.
미완성이다 дутуудах
미용사 гоо засалч, үсчин
미용원 үсчин
미운 заналт
미워(증오)하다 дайсагнах
미워하는(~을) дурмагхан
(~을) 미워하다 өшиx, өшөөрхөх; ~ хонзон/хорсол 악의, 원한, 증오, 적의(敵意), 적개심; ~ авах 원수를 갚다, 복수하다, 앙갚음하다; ~ тэй 적의 있는, 적개심에 불타는; тэр эгийнхээ ~г авна гэх тангараглав 그는 아버지의 살인범 복수를 맹세하다
미장공(-工) шаварчин
미장원 үсчин
미장원의 컬(curl)용의 인두 бахь, хайч(ин)
미장이 등의 흙손 нийвий
미장이 шаварчин
미적거리다 хойшлох, хойшлогдох
미적미적하다 хойшлох, хойшлогдох
미적지근해지다 зөөгдөх
미정의 тодорхойгүй
미족(未足) ган(г), гачиг, дутагдал
미지근한(차(茶) 따위) дулаавтар, зэлгээн
미지의 땅·바다등을 탐험하다 тандах
미진(微塵) атом, тоос(он)
미쳐 날뛰는 солиорсон

미치광이 같은 балмад
미치광이의 солиорсон
미치다 галзуурах, галзуурах, унгуулах
미치지 않는 곳에(~이) цаагуурхи
미치지(달하지) 못하다(~에) ахардах
미친 солио, солиорол, солиорсон, солиотой, хийтэй
미친 듯이 날뛰는 агсан; ~ тавих 술 취해 사납게 날뛰다.
미친 듯이 다니다 солиоруулах
미친 듯이 설치며 행패부리다 агсамнах
미친 듯한 галзуу
미친 사람같이 소리치다 дэмийрэх
미친갯병 галзуу (바이러스에 의한 개의 전염병; 이 병에 걸린 개가 물면 그 침으로 전염됨. 림프절이 붓고, 경련·호흡 곤란 따위의 증상을 보임. 특히 물을 마시거나 보기만 하여도 공포를 느낌);
미친사람처럼 되다(행동하다) солиорох
미친지랄 солиорол
미칠 듯이 기쁘게 히디 бахдах
미크론 микрон (1m의 100만 분의 1; 기호 μ);
미터 метр, тоолуур, мод; таван ~ 5 미터의 비단(실크)(meter: 미터법에 의한 길이의 기본 단위. m로 표시함; 1m는 100cm).
미트 파이 프라이 хуушуур
미풍(微風) сэвшээ салхи, урь
미혹시키다 мунхрах, мунхруулах, төөрүүлэх, төрөгдүүлэх
미혹케 하다 дүйвүүлэх, сатаарах
미혼여성 бусгүй, охин, хүүхэн
미혼남자 гоонь
미혼의 гэрлээгүй
미혼청년(未婚青年) гоонь
미확정의 задархай; ~ дугтуй 밀봉되지 않은 봉투
미후(獼猴) мэч(ин)
믹서(요리용의) холигч
민간설화를 말하는 사람 домогч
민감(성급)하게 만들다 уцаарлуулах

민감도(성) мэдрэмж, өөнтөг
민감한 өөнтөгч, сономсор, тунимтгай, тусамтгай, уцаар
민담(民談).레전드(legend) домог ; улиг
~ 단조로움, 평범함, 진부함; улгэр
~ 민간설화, 민화, 전해 오는 이야기
민들레 багваахай цэцэг
민들레의 관모(冠毛) унгарил
민들레의 풍산종자(風散種子) парашют
민사의 고소(항고) гомдол
민스미트를 만들다 товроглоx (다진 고기에 잘게 썬 사과·건포도·기름·향료 등을 섞은 것; 파이 속에 넣음)
민의원 депутат
민족(인구.국민) ард, угсаатан, үндэстэн, ястан; монголын ~ түмэн монгол ястан; ~олон 일반 대중; малчин ~ 가축 사육의 양육자, хотын ~ 시민, 공민; хөдөөгийн ~ 시골(지방)에서 온 사람, 지방민; ~ иргэдийн үүрэг 시민(국민)의 의무; бух ~ тумний санал асуулга 국민(일반)투표; ~ын заншил 민속, 습속, 사회적 관행들; ~ын улгэр домог 민간 설화, 민화(民話), 구비(口碑); ~ын дуу 포크송의, 민요의; ~ын нам 인민당(1891- 1904; 통화 증발, 철도 국유화, 토지 소유의 제한 등을 주장)
민족(국가,국수)주의(자)의(적인) үндсэрхэг
민족의 성격을 잡종화하다 монополичлоx
민족자결주의자 үндсэрхэгч
민족지학(誌學) угсаатны зүй
민족지학자 угсаатны зүйч
민주적으로 하다 ардчила|x
민주적인 ардчилсан
민주정체의 ардчилсан
민주정치(정체) ардчилал
민주제 ардчилал
민주주의 ардчилал, ардчилсан
민주화 ардчилал
민주화하다 ардчила|x

민중의 нийтлэг
민첩 цэц
민첩(경쾌.예민)한 завдаатай
민첩하게 дууги|x
민첩하다 хурдда|x
민첩한 сэгээ, турхан, туяхан, үтэр, хөнгөндүү, хурдан, цовоо
민첩함 авхаалж; ~гүй 민첩하지 못한
민홈대 туша
민화-동화의 사람 잡아먹는 귀신 (거인· 괴물) магас
민화를 이야기하는 사람 домогч
민활하게 дууги|x
민활한 гав шаа, завдаатай
믿게 하는(~을) яттагч
믿게 하다(~을) ятта|x
믿고 있는 итгэмжтэй
믿기 어려운 боломжгүй
믿는 관계 най; ~ болосон хун 친밀한 친구; ний ~гүй итгэсэн нөхөр 유효성이 증명된 친구, 신뢰할 수 있는 친구
믿는 사람 сүжигтэн, шутлэгтэн
믿는 найдангүй
믿는 사람들 сүсэгтэн
믿다 дулдуйда|x, итгэ|x, сүжиглэ|x; бурханд ~ 하나님을 믿다; уунд буу итгэ 당신은 그것을 믿지 않는다; туу-нд итгэж болно 당신은 그를 신뢰할 수 있다; би тууний угэнд итгэдэг 그의 말을 신뢰하다; туунд итгэж найдах хэрэгтүй 그의 것은 신뢰할 수 없다.
(~라고) 믿다 бодолцо|x
(~을) 믿다 бшрэ|x,сүсэглэ|x, сүжиглэ|x; бурханд ~ 부처를 믿다
믿어지지 않는 ителгүй, мадагтай, найдваргүй, найдлагагүй
믿어지지 않는다 гоомойто|x
믿어지지 않다 тавтаргүйтэ|x
믿을 수 없는 зальхай, итгэшгүй,

найдваргүй, найдлагагүй, урвамхай
믿을 수 없다 яйжгана|х
믿을 수 있는 найдвартай ортой, үнэнч; ...талаар надад ~ мэ-дээлэл бий 나는 그 정보를 믿을 수 있다.
믿을(신용할) 수 없는 үнэмшилгүй
믿음 мөргөл сүжиг, сүсэг, шүтлэг; ~ хийх 순례 여행을 떠나다; ~ийн газар 채플, 예배당, 교회당
믿음성 없다 яйжгана|х
믿음이 없는 бурхангүй
믿음직한 баарагтүй, буйртай, ирээдүйтэй, итгэлтэй, лавтай, наашгтай, найдвартай, түшигтэй; ~ алхам 확신하는(전망이 밝은) 걷다(스텝); ~ хүн 믿음직한 사람; ~ арга 효과적인 치료(약).
믿지 않다 үгүйсгэх
밀 буудай; ~н гурил 밀가루, 소맥분; улаан ~ 소맥
밀(옥수수, 줄기, 대, 잎자루 등의) 단(묶음, 한 다발) уүж
밀(치)다 чихэлдэ|х
밀가루 гурил
밀고 나아가다 түлхэ|х, чихэлдэ|х, дүрэ|х
밀고(억지로) 들어가다 шургуула|х
밀고자 мэдээлэгч, урвагч, ховч, хулгай
밀기울 зарам, хивэг
밀다 нийтлэгдэ|х, түлхэ|х, хуса|х, хусуула|х, шахагда|х
밀도 нягтрал
밀도가 높은 битуу, өтгөн; ~ цай 진한 녹차; ~ утаа 짙은 안개; ~ус 털이 많은; ~ ой 빽빽한 숲(산림); ~ сахал 위스키; ~уг 힌트, 암시
밀랍(蜜蠟) лав; ~ зул (양)초; ~ тос 역청(瀝青), 아스팔트, 파라핀, 석랍(石蠟).
밀려(모여)들다 хөтөрө|х
(~이) 밀려들다 хөтөрө|х, хахалда|х, шахалда|х
밀리그램(1그램의 1/1000;mg) миллиграмм

밀리미터(1미터의 1/1000; mm). миллиметр
밀림습지 ширэнгэ(н)
밀림자(캘리퍼스) кронциркуль
밀매(품) контрабанд
밀모(密謀)를 만들어 내다 зуйра|х
밀몰(만조) түлхээ
밀방망이 гулууз, ганжин(가루 반죽을 밀어서 얇고 넓게 펴는 데 쓰는 방망이)
밀봉(밀폐)하다 дара|х
밀봉하다 битуулэ|х
밀사 буухиа, зарлага, элч
밀생(密生) нягтрал
밀수(품) контрабанд
밀수꾼 буухиа, элч
밀어 나아가게 하다(~을) шамдуула|х
밀어 넣다 дүрэ|х
밀어 닥치다(~에) тулга|х
밀어 제침 түлхээ
밀어(눌러) 넣다 тунтайлга|х, тунтай|х
밀어내는(작용이있는) бялхмал, орсгой
밀어내다 бондой|х, дорсгоно|х, дэрчий|х, ёмбой|х, ёндой|х, орсой|х, сэрий|х, сэртий|х, сэртий|х, товхой|х, цухуй|х
밀어낸 сэртгэр
밀어냄 дэлдгэр
(~을) 밀어넣다 хошуура|х, шургуула|х, тумлайда|х
(~에) 밀어닥치다 овооро|х, шава|х, шахалда|х
밀어붙이다 лантууда|х, яаруула|х
밀어움직이다 түлхэ|х
밀어제치다 түлхэ|х, чихэлдэ|х
밀을 바르다(입히다)(~에) битуумжлэ|х
밀접하게 дөхүү, дэргэдэх, наахна, ойрхон, хавцаа
밀접하게 되다 нөхцө|х
밀접한 дотно, зайгүй, хавцаа, хийгүй
밀접히 салалгүй
밀정 тагнуул, тагнуулч(ин)
밀집 또는 빽빽하게 되다 зузааса|х
밀집 бөөгнөрөл
밀집(밀생)한 битуу, өтгөн, чижүү,

шигүү(н)
밀집하게 нягт
밀집한 цомхон, шаху
밀짚 сийр(эн), сүрэл
밀착 гагналт, гагнуур
밀착(접착.결합)시키다 гагна|х
밀초 лав; ~ зул (양)초; ~ тос 역청(瀝青), 아스팔트, 파라핀, 석랍(石蠟).
밀치다 түлхэ|х
밀통하다 сүлбэлдэ|х
밀폐(밀봉)되지 않은 задархай
밀폐되다 хаагда|х
밀폐하다 битүүлэ|х, битүүрэ|х
밀폐한 битүү, бүгчим
밂 түлхэц
및 - хийгээд
밑 хошного
밑구멍 хошного
밑그림 навтраг, ноорог, нуруувч, схем, таталбар, хээ; ~ зураг ~의 윤곽을 그리다,~의 밑그림을 그리다.
밑그림을 그리다(~의) ноороглохо|х, цоохорло|х

밑동 орвон
밑뒤 хитэг
밑바닥 부분(하부) доод, ёроол; ~ давхар 1층, 마루바닥; ~ тавиур 선반(시렁) 밑 바닥; ~ дэвтэр (책의) 맨 마지막의 권(卷); ~ шатны 평면, 수평으로 낮게; уулын ~ 산기슭, 산의 최하부; далайн ~ 대양(바다)의 밑바닥 부분; савны ~ 배(항공기)의 밑바닥 부분; хэргийн ~ 중요점(핵심)의 문제
밑바닥 없는 ёроолгүй
밑바닥까지 가라앉히다 тун|ах
밑바닥에 도달하다 ёроолдо|х
밑바닥에 도착하다 ёроолдо|х
밑바닥에 이르다 ёроолдо|х
밑바닥의(하부의) доод
밑바닥이 깊은 гүнзгий, дэвсгэртэй
밑에(서) дорогш
밑에(의,을,으로)(~의) дор
밑천 бэл, капитан
밑털 ноос(он)

ㅂ

바 1 олс, уяа
바 2 зуйл; 내가 아는 ~로는 миний мэдэж байгаагаар
바 3(술집 따위의: 카운터 술집) баар
-ㅂ니까 байна уу. үнэтэй байна уу 비쌉니까?
-ㅂ니다 -ж байна; Хийж байна 합니다
바(빗장) гулдмай
바가지 хулуун ховоо.
바가지 긁다 жон жон хийх, янших
바구니 сагс(ан)
바구니를 뜨다(엮다) сүлжилдэ|х
바기나 үтрээ(vagina: 자성(雌性) 외부 생식기의 일부. 자궁으로 연결되는 관상(管狀)의 기관;교접(交接)·분만도(分娩道)의 기능을 함)
바깥쪽 гадаа, гадагш, гадуур
바깥쪽(외부)에 гадна
바깥쪽(외면.외부)에 위치하고 있는 гадуурхи; ~ хальс 껍질을 벗기다(벗겨내다)
바깥쪽에(으로.에서) гадаа
바깥쪽의 гадаад, гадна, гаднахь, өнгөцхөн, хөндлөн
바께스 хувин
바꾸다 болго|х, мэтий|х, ондооло|х, орлуула|х, өөрчлө|х, солилдо|х, солилцо|х, сэлгэ|х, сэлэ|х, тулга|х, улира|х, хала|х, хөрвүүлэ|х, хувилга|х, хувьса|х
바꾸다(교환하다) арилжи|х; нооcoo цайб тамхиар ~ 양모와 차 그리고 담배를 교역하다; амиа ~ 각자 서로 (를) 죽이다; мэ нгэ ~ 환전하다.
바꾸어 놓다(넣다) орлуула|х, хала|х
바꾸어 말하다 боло|х
바꿀 수 있는 хөрвөдөг
바꿔 ~으로 하다 улира|х
바뀌다 боло|х, ондооло|х, өөрчлө|х, өөрчлөгдө|х, хувирга|х; хар ~ 검은색(블랙)으로 바뀌다, 세속적인 삶으로 되돌아가다
바뀌어 ~이 되다 боло|х, өөрчлөгдө|х, хувирга|х
바끄러워하다 гирэвши|х
바나나(나무. 열매) гадил
바느질 바늘 зүү(н), хаттуур
바느질 실 татаас, утас(утсан), хэлхмэл
바느질 자리 оёо
바느질 자리의 선 хаваас
바느질 했다 оёмол
바느질 оёдол, үйл
바느질의 원형(原型) эсгүүр
바느질하다 оё|х, товши|х, хөвөрдө|х, шидэ|х, ширэ|х
바느질했다 оёула|х
바늘 зүү(н), хаттуур, цурхай; ~ний сувгч 바늘의 귀 – утас 바늘과 실; цагийн ~ 시계의 손; энгэрийн ~ 브로치; тарианы ~ 피하 주사 바늘; тавих 침술(鍼術), 침을 사용하다; ~ сувлэх (바늘·재봉틀에) 실을 꿰다; орох зайгүй 친밀한, 친한, 절친한.
바늘 따위로 찌르다 хатта|х
바늘 케이스 зүүвч
바늘(바느질 바늘, 뜨개바늘)의 귀를 통과한 실 учиг
바늘(재봉틀에) 실을 꿰다 сувлэ|х
바늘귀 сувэгч
바늘귀에 꿰어져 있는 실이 점점 줄다(적어지다) сувэгч
바늘땀(코) оёо
바늘로 꽂다 хатта|х, чичи|х
바늘로 낚시질하다 гөхийдө|х

바늘로 찌르다 сүлбэ|х, шивэ|х
바늘쌈 зүүвч
바닐라(열매) ваниль; ~тай мөхөөлдөс 바닐라 아이스크림
바다(海) далай, тэнгэс; Хар ~ 흑해; Атлантын ~ 대서양; ~д дусал нэмэр 도움, 거듦; дөрөөн ~(төрөх, өтлөх, өвдөх) 통달(숙달)하지 못하는 4가지 (신생아, 늙은 이, 허약자, 죽어가는 것); ~н боомт 항구, 배가 닿는 곳; ~н түвшин 해수면, 평균 해면; ~н ам 만(灣), 내포; ~н дээрэмчин 해적; 해적선; ~н заан 해마, 바다코끼리; ~нзараа 성게, 섬게; ~н морь 해마(해신의 전차를 끄는 말머리·물고기 꼬리의 괴물); ~н нохой/хав бадаа표범(물개.물범.바다호랑이.수표(水豹).해 표(海豹); ~н арслан 노랑 가오리; ~н эрэг 바닷가(해안.해변)
바다(기분·정정(政情) 등이) 가라앉다 намда|х
바다거북 등딱지 хуяг
바다의 파도가 굽이치는(소용돌이치는. 밀어닥치는)것 давлагаа(н)
바닥 ёёр
바닥을 끼고 가다 ёрооло|х
바닥을 따라가다 ёрооло|х
바닥의 깔개 хивсэнцэр
바닷가 эрэг
바닷말 замаг
바닷말이 지나치게 자랐다 замагта|х
바닷물 ус
바닷물의 침식작용 очгор, хортон
바닷물이 드나드는 소택지 марз(ан)
바닷물이 침식하다 өнгөлзө|х
바닷조개 лавай
바라고 있는 хүсмээр
바라는 것 хүслэн
바라는 хорхойтой
바라다 авилгала|х, гэ|х, дур, дурла|х, дурши|х, санааширха|х, суруула|х, хорхойто|х, хүсэ|х, шуна|х, шунахайрах
바라다(~에게) шаарда|х
바라다(원하다)(~을) бөөцийлө|х, хара|х
바라보다 халай|х, харагда|х, харгалза|х
바라보다(~를.을) гозон, булхайца|х, хара|х
바람 арчилгаа, додомдлого, салхи(н), хуй, хүслэн, хүсэл, элсэн ~ 모래폭풍; хойд зүгийн ~ 북풍; ~ шуурга 폭풍 (우), 모진 비바람; улаан ~ 모래 폭풍 (우); эруул ~ 맑은(신선한) 공기; ширүүн ~ 강풍; цагаан ~ 산들바람, 미풍; зөөлөн(軟風); хар ~ 태풍; хуй ~ 회오리바람, 선풍; жихүүн ~ 시원한 바람; халуун ~ 뜨거운 바람
바람 계기 үлээвэр хэ гжим
바람 불어가는 쪽으로(움직이는 대로) 가다 урууда|х
바람 쐬다 аяла|х
바람 있다 салхила|х
바람(공기) 주머니 лавшаа
바람(기상)이 부드러운 урьхан
바람(통풍) ~을 통(通)하여 바람이 불다 үүгрэ|х
바람(폭풍.홍수등) 윙윙거리다 шуги|х
바람꽃 яргүй
바람둥이 сээтэгнүүр
바람둥이 여자다 сээтгэнэ|х
바람받이에 날개치며 날다 далба|х
바람에 날리다 үлээ|х, хийсгэ|х, хийсэ|х
바람에 쓰러진(떨어진) 나무 нүүл, унанги
바람에 의해 옮겨지다 хийсэ|х
바람에 퍼덕거리다 далба|х
바람에 흔들흔들하다 гүвра|х
바람에 흩날리다(흩어지다) нэвсгэнэ|х
바람을 통하게 하다(~에)(넣다), агаар-жуула|х, агааржуула|х, сэвэ|х
바람이 강해지다 салхила|х
바람이 불다 салхила|х, үлээ|х, үрэн таран хийх, хүүгрэ|х
바람이 불어 흔들리게 하다 гүвра|х; мод ~ 나무가 바람에 흔들리다; цэцэг

~ 꽃들이 바람에 물결치다
바람이 비를 몰아치게 하다 гуяда|х
바람이 없어지다 пүнхий|х
바람이 온화하게 불다 сэвэлзэ|х
바람이(파도가)(없고)잔잔한 дуниара|х, дөлгөөн, дууги|х, наадгай, налгар, салхигүй, тогтуухан, тэнүүн, яруухан
바람직하지(탐탁지) 않은 базаахгүй, танагтгүй
바람직하지 않은 일(계절이) 시작되다 зохиро|х
바람통 хөөрөг
바랑 дүрэвч, үүрэг, үүргэвч
바로 дараахан, даруй, даруйхан, мөдхөн, мөд, мөнөөхөн, одоо, өдгөө, төдөлгүй, төдхөн, удалгүй, үтэр, яг; тэр ~ ирнэ 그는 곧바로 여기로 올 것이다; ~гийн хумуус 오늘날의 사람들; ~ цаг (문법) 현재시제; ~ цагт 오늘날; ~ хавар болно 여기에도 곧 봄이 올 것이다; тэр ~ 바로 가까이에, ~하자 마자.
바로(그때) мөтөр
바로 ~할 때 мэтчилэн; энэ ~ 이런 식으로; гэх ~ ~ 따위, ~ 등등(etc. 또는 & c.로 생략)
바로 가까이에 бэлхэн, цомхон, шууд
바로 곁에 ойролцоо, хужудхан
바로 그 өнөө
바로 뒤(후) хойхно
바로 뒤에 хойхнуур
바로 세우다 гозой|х
바로 아래에(의,를,로)(~의) дор; газар ~ ажиллах 지하(땅속)에서 일하다; модон ~ зогсох 나무아래 서 있다; усан ~ 물의 아래에; бусдын нэрэн ~ 가명, 변명아래; хамар ~ 자신의 코아래; ~ болох 악화시키다, 나쁘게 하다; ~ үзээх 경멸(모욕)하다; ~ нь 즉시, 곧, 바로; ~ орох 가난(빈곤, 궁핍)해지다; харсан ~од дурлах 첫눈에 반했다, 한 번 보고 사랑하고 있다

바로 얼마 전 оймрог. өнөөхөн, сая, түрүү(н)
바로 얼마 전에 태어난 нярай; ~ хүүхэд 최근에 태어난 아이, 신생아
바로 옆에(~의) дэргэд, дээдэх
바로 전의 өмнөх, өнгөрсөн
바로 지금 мөнөө, мөнөөхөн, одоохон, өнөө, сав саяхан, саяхан, тугаар, энэ
바로 후방에 хойхнуур
바로잡기 залруулга, засвар
바ро잡다 дээртэ|х, зала|х, залруула|х, засагч, зөвдө|х
(~에) 바르는 наалт
바르다 няла|х, нялзаа|х
바르다(칠하다)(~에) дэвсэ|х
바리때 жалавч
바리케이드 боомт, хориглолт; саад ~ бариад, 통행 차단물
바리톤 가수 баргил хоолой
바리톤(tenor 와 bass의 중간음-) баргил хоолой
바보 дудран, дүйнгэ, маанаг, мангуу, мэргүү, мянтууз
바보같다 мунагта|х, донгиодо|х, мангарла|х, мохоодох
바보같은 балай, гоомой, гэдэн годон, дүйнгэ, дэгдэгнүүр, маанаг, маанагар, мангар, мэргүү, савсаг, толхи, томоогүй, тэнэгхэн, ухаангүй, хууриа, эргүү, тэнэглэл, донгио, дүйрэн, муйхар, мулгуу, мулгуувтар, тархигүй, толгойгүй, тэнэг, үхээнц; ~ хун 천치, 바보; ~ тайлах (알코올 중독 치료 등을 위해) 입원 하다; тэр ямар ~ амьтан бэ! 그는 어리석은 사람이다; ~ хэрэг 분별없는 (경솔한)행동: ~ өвчин 백치,천치,바보.
바보 얼간이 мянтууз
바보가 되다 мангуура|х
바보같이 행동하다 маанагта|х
바보라고 불렸다(~를) тархида|х
바보짓을 하다 маллуула|х, марзагна|х, тэнэгтэ|х; би хэнд ч ~гүй 나는 자신

에게 바보짓을 하지 않기를 큰 마음 먹었다.
바보처럼 행하다 мангарта|х
바쁘다(~로) оролдо|х
바쁜 шавдуу
바쁜듯한 мэгдүү, нүгээнтэй
바삐 сандруу
바삐 서두는 давч, санд(ан) мэнд, яаруу, яаруухан
바삐 서두르다 түргэдэ|х
바삭바삭(짱)하는 소리내다 пир пирхийх
바셀린 (Vaseline: 중유를 냉각할 때에 분리되는 연질(軟質)의 고형유(固形油)로, 무색 또는 담황색임; 감마제(減磨劑)·녹 방지제·화약·포마드·연고 등에 씀) вазелин
바소 ланцуй
바순 фагот
바실루스 савханцар
바싹 마르다 аргууда|х, өврөгө|х, хуурайда|х
바싹 마른 хуурай
바싹 말린 보릿가루 замбаа
바싹 붙다 дөтлө|х, наашда|х, ойрто|х
바싹 붙어 있는 навчгар
바싹 자르다 тайра|х
바싹 죄다 эрэгдэ|х
바운드 ойлт
바운드시키다 туялза|х
바운드하다 ой|х, харай|х
바위 байц, чулуу(н), чулуулаг
바위가 옆으로(좌우로) 흔들흔들하다 (동요하다) хайва|х
바위 같은 хадархаг
바위로 된 хадархаг
바위산에서 미끄러져 내려오는 것 (~이) гултач
바이러스 вирус; ~ын халдварын тархалт **바이러스 주사를 투입하다** (virus: 1. 초현미경적인 미생물로서 식물에 기생하는 것은 구조가 단순하고 동물에 기생하는 것은 다소 복잡함. 핵단백질(核蛋白質)을 주요 성분으로 하는데, 증식 능력이 있으며 사람에게 인플루 엔자·천연두·소아마비 등을 일으키게 함. 여과성(濾過性) 병원체. 2. 통신회선 등을 경유 하여 컴퓨터에 침입해서, 보존되어 있는 기억 데이터나 프로그램을 파괴하는 프로그램)
바이러스(성) 질환 вирус
바이어 үйлчлүүлэгч
바이올렛(violet) нил, ягаан; ~ цэцэг **바이올렛(제비꽃(속(屬)의 식물));** ~ ягаан 자외선(略: UV)
바이올린 хийл
바이올리니스트 хийлч
바이올린 연주자 хийлч
바이올린을 연주하다 хийлдэ|х
바이타민 витамин
바지가 헐렁하다 хэлхий|х
바지멜빵 мөрөвч
바짝 깎다 дэгээдэ|х
바짝 마른 орчгор
바짝 마른(고갈된) 하상(河上) дан
바짝 말리다 занданшуула|х
바짝 조이다 чангаруула|х
바짝 죄다 чангала|х
바치다 өгө|х
바퀴 ① дугуй; тэрэгний дугуй 수레바퀴; ② тойрог; нэг тойро 한~ 돌다
바퀴(벌레) буслуур, гархи(н), жоом (바퀫과의 곤충. 몸은 1- 1.5cm의 납작한 타원형이며, 황갈색임. 전 세계적으로 분포하여 음식물과 의복에 해를 끼침. 살아 있는 화석(化石)으로 치기도함. 바퀴벌레. 항랑자(香娘子)
바퀴 달린 기구(기계) дугуйт, хүрд
바퀴 멈추개 тоормос, тормоз
바퀴의 테 мөөр; дугуйны ~ 수레바퀴 테
바퀴 모양의 테두리 гархи(н)
바퀴자국 гурви, мөр, ором, торомж, ховил
바탕이 치밀한 шахуу
바터 арилжаа, солилцоо, солио; ~ наймаа 바터, 물물교환, 교역, 무역

박다 оё|х, ханачла|х
박력 있게 움직이다 даналза|х
박력 있는 данагар, тамиртай, тэнхлүүн, гүйлгээтэй
박력 있는 작은 막대기 ёвуур
박막(薄膜) илтэс
박멸 мөхөөл
박명(薄明) үдэш
박물관 музей
박박 문지르다 үрэ|х
박사 доктор; шинжлэх ухааны ~ 과학의 박사
박사 칭호 доктор
박살내다 балба|х, ниргэ|х, няцрах, хага- ла|х, хагара|х, хагачи|х, яйра|х, яйруула|х
박살이 나다 бутра|х
박샛과의 작은 새 задруулай
박수 бөө
박수갈채하다 таши|х
박수치다 таши|х
박스에 넣다 хуурцагла|х
박식 боловсрол
박식한 사람 мэргэд, сөд
박았다 оёула|х
박애(심) буян, нигүүлсэл, түгээл, энэрэл
박약 буурал, нимгэхэн
박약(나약)한 тэнхээгүй, буурай, бяргуй, гүйхэн, гулбигар, даржгар, дорой, мөхөс, нолцгор, нолчгор, нуҗгар, тамиргүй, үлбэгэр, үлгэн салган, хариугүй, хүчгүй, чадалгүй, ядру
박약해지다 ёлбой|х, гулбий|х, гунда|х, салхий|х
박자 аяс
박정(薄情)한 ханшгүй, эвгүй
박제사(師) чихмэлчин
박쥐 сарьсан багваахай
박쥐의 비막(飛膜) парашют
박차 даравч
박차는 нигшүүрэлтэй

박테리아 ин(г) хорхой, нян, савханцар
박테리아가 발생하다 нянта|х
박판 гөлөм; гөлмөн төмөр 박(薄)강판,철판.
박편 зүсэм
박하(薄荷) гаа
박학(문학·역사 등의) боловсрол
박해자 дарлагч
박해하다 нэрмээслэ|х
밖에 나가(나와) гадаа, булт
밖에 있는 захдуу
밖에 булт, гадаа, наагуур; амьнаас ~ 생명에 관계되지 않는; эмэгтэй ~аа тайван байв 그녀는 외견상 진정시키고 있다; Улаанбаатарын ~ 울란바또르의 변두리(주변); ~аа сурхий болох 외견상 우호적인.
밖에(으로) гадна, булт
밖에서 гадаа
밖으로 가는 гадагш, наагуур
밖으로 나가는 원인이 되다 гарга|х
밖으로 나가다 бохо|х, гара|х, зудра|х
밖으로 향하여 뾰족한 발끝으로 걷다 туйталза|х
밖으로 향하여 наагуур
밖으로부터의 өнгөцхөн, хөндлөн
밖을 향한 гадагш; ~ гарах 밖으로 나가다;~ өргөх 외피가 밖으로 향하게 하여 모피 옷을 입다.
밖의 булт, гадаад, гадна, гаднахь, хөндлөн; ~ байдал 바깥쪽의; ~ цохих 때려 쓰러뜨리다, 녹아웃 시키다; ~ шахах 계략을써서 파산(폐업)시키다
반(班) анги; нэг ангийн сурагч 동급생, 급우
반(半) хагас
반(1/2) заримдаг; ~ сар 반달.
반(1/2)이 비어 있는 дундра|х
반(反)하는(~에) сөргүү, тэрс, тэсрэг, эсрэг
반가운 баяртай

반감 дургүй, дургүйцэл, жигшил, зэвүү, нигшүүрэл
반감하다 голо|х, дундла|х, өрөөлдө|х; голлон хуваах 절반으로 나누다;
반경 богтос
반공일(半空日) Бямба
반구형 모양을 한 пөнхгэр
반대 айлын, зөрчил, урву, харшлал, харшлалдаан, эсэргүүцэл
반대 방향의 тэрс, тэсрэг, эсрэг
(~에) 반대 방향의 сөргүү
반대 세력자들에게 침묵으로 대하다 мадла|х
반대신문 байцаалт; гэрчийг ~ 반대신문 하다
(~의) 반대 위치에 эсэргүү
(~에) 반대(저항)하다 тэрслэ|х
반대로 харш
반대의 сөргүү, сөрөг, тонгоруу, тэрс, тэсрэг, эсрэг
반대작용 ерендег
반대쪽의 тэртээ, тэрүүгээр
반대하다 боо|х, дургүйцэ|х, сөргө|х
반대하다(~에) сөргө|х, эсэргүүцэ|х
반대하다(반론하다)(~의말에) харшилда|х
반대하여 ~라고 말하다 зөрө|х
반대하여 각자 행동하다 сөргөцөлдө|х
반대하여각자행동하다(~와) сөргөлдө|х
반대하여(~에) харш
반도(半島) хойг
반도의 тэрслүү
반동력 урвал
반드러운 гилгэр, гөлгөр, мөлгөр, мялгар, толимон; ~хад 매끈매끈(반질반질)한 돌
반드러운 말 гоёч
반드시 баарагтай, гарцаагүй, завал, зайлшгүй, лав, магад, саарггүй, эрхбиш, эрхгүй; ~ ухах 깊이 파다; тэр ~ мэднэ 그는 확실히 안다; лавы нь олох 모든 범행들을 찾아내다; чиний англи явах чинь ~ уу? 당신이 영국으로 가는 것이 사실이다; тэр бусгүй угэндээ ~ 그녀의 말은 사실이다
반드시 ~하는 үзэлтэй
반들반들하게 하다 гөлчий|х
반들반들한 гөлгөр, гулгамтгай, гөлчгөр
반란 бослого
반란을 가라앉히다 дара|х, дарангуйла|х; амьсгаагаа ~ (운동을 한 후) 호흡이 원래 상태로 돌아오다; дайснаа ~ 적을 패배시키다;
반란을 일으키다 тэсэргүүлэ|х
반려 түнш, хань
반론 маргаан; хэрүүл ~ 싸움, 말다툼; маргаанд оролцогч 논쟁자; ~ыг намжаах/ зөөлрүүлэд 논의에 대한 저항력의 부동(不同); уунээс болж бидний дунд ~ гарав 우리는 그것에 대하여 ~와 논의를 시작하다.
반론하다 булаалда|х
반면(反面)(에) этэл
반문 байцаалт, тарлан
반박 зөрчил, харшлал
반박하다(~를) харшилда|х
반박할 수 없는 няцашгүй
반반(편평)하게 하다(해지다) жалбийлга|х, налчий|х
반반(편평.납작)하게 되다 хавчий|х
반반(편평.납작)하게 하다 хавчийлга|х
반반씩 섞은 것 хагас; хоёр ~ 2와 2분의 1;
반반의 хагас
반반하게 되다 мөлий|х
반반하게 하다 гөлий|х, гөлчий|х, дагтар- шуула|х, жигдлэ|х, мөлийлгө|х, толи|х, толиро|х
반반한 мялгар, толимон, тэгш
반반해지는 толимон
반발력이 없는 үхээнц
반백인 цагаавтар

반복 буцалт, давтан, давтлага, өгөөж
반복 주장하다(슬로건을) аялах
반복되다 давтагда|х
반복하다 ахи|х, давта|х, давхарда|х, дахи|х
반사 нөлөө, ойлго, ойлт, рефлекс, тусгал; ~ тэй толь 반사경; болзолт ~ 조건 반사를 일으키다; болзолгу ~ 무조건의 반사를 일으키다
반사 망원경 тусгагч
반사(반향)하다 буцаа|х, хариула|х
반사(열.광) дууриан
반사경 толь
반사광 рефлекс
반사막 говирхуу
반사물(기(器), 경) тусгагч
반사열(광.색) нөлөө, ойлго, тусгал; ~ тэй толь 반사경
반사운동 рефлекс; болзолт ~ 조건 반사를 일으키다; болзолгу ~ 무조건의 반사를 일으키다
반성 бодрол, эргэцүүлэл
반성(숙고)하다 эргэцүүлэ|х
반성하다 бодо|х, бясалга|х, сэтгэ|х
반송 буцалт, харилт, хариулал
반숙의 зэмдэг, зэрэмдэг; эрэмдэг ~ 불구의, 장애자; дутуу ~ 미완성의, 다 되지 않은
반시류의 곤충 бясаа
반신반의(半信半疑) эргэлзээ
반신불수(半身不隨) нөлөө
반씩 나누다 голо|х, дундла|х, өрөөлдө|х
반역 бослого, урвалт; ~ гаргагч 반역자, 모반자, 항명자, 폭도.
반역(불신)행위 урвалт
반역의 тэрслүү
반역자 урвагч, хулгай
반역하는 тэрслүү
반연식물(攀緣植物:호박.나팔꽃.수세미) ороонго

반영 ойлго, ойлт
반영하는 것 тусгагч
반영하다 рйлго|х
반원형의 бөөрөнхий, мондгор
반으(1/2)로 줄다(축소하다) дундла|х
반으로 дундуур
반음양(半陰陽) манин
반응 урвал, хариу
반작용 урвал
반전(反轉) урву
반점 толбо, цэг, гүвдрүү
반점을 찍다(~에) цоохорло|х
반점이 있게 되다 тарланта|х
반점이 있는 тарлан, халтарта|х
반점이 있는 동물(금붕어) гөлөнгөр
반제 хариулал
반주(斑紬) торго(н)
반죽 жонхуу, зуурмаг, нухмал
반죽 덩어리를 고르다 элдэ|х
반죽 덩어리를 평평하게 하다 элдэ|х
반죽하는 ганпанз
반지 бугуйвч, цагариг
반지(링) бөгж
반지를 끼다 зүү|х, өмсгө|х, өмсө|х, угла|х
반지름(원.구의) богтос, богт чөмөг
반지름내의 범위 богтос, радиус
반질반질한 гилгэр, гөлгөр; шил мэт ~ 반질반질한 유리
반짝 띄게 되다 гялтай|х
반짝 띄는 гялгар
반짝반짝 빛나다 анивчи|х, гилгэнэ|х, гялалза|х, ирвэгнэ|х, онилзо|х, сүүмэлзэ|х, тоддо|х
반짝반짝 빛내며 움직인다 сүүгтэнэ|х
반짝이는 гэрэлт
반짝이다 анивчи|х, гилгэнэ|х, гялалза|х, ирвэгнэ|х, онилзо|х, сүүмэлзэ|х
반짝이며 움직인다 сүүгтэнэ|х
반쯤 хагас
반창고 наалдангир

반추 хивэлт
반추동물(反芻動物) хэвэгч; ухэр, хонь бол ~ мал соёу ыянг은 반추 동물이다
반추류의 제4 위(胃) сархинаг
반추류의 хивэгч
반추하는 хивэгч
반추하다 хивэх, хэвэ|х
반칙 дуугааргүй
반하게 하다 гулда|х, гулдри|х
반하다 галзуура|х
반하다(~에) татагда|х, харш
반항 айлын, бослого, харшлалдаан, цаарга, эсэргүүцэл
반항(저항)하다 тулалца|х
반항적으로 хамаа намаагаа алдах
반항적인 дургүй, харшлалтай
반항하(게 하)다(~에게) онгойлго|х
반항하는 зэвүүн; ~ харц 분개하여 보다.
반항하다 босо|х, гажи|х, зөчи|х, тэсэр- гүүлэ|х
반해 있다(~에) амрагла|х, таалaмжла|х, янагла|x
반향 дуриан, цуурай
반향시키다 ой|x, хада|x, цуурайта|x
반향음 нөлөө, ойлго, ойлт, тусгал; ~тэй толь 반사경
반향하는 хангинуур
반향하다 цангина|x
반혁명(의) эсэргүү
반환 буцалт, тэхэл, харилт, хариулал
반환하다 буцаа|x, тэхрэ|x, хари|x, хариула|x
반휴일(半休日) Бямба
받다(리시버); хүртэ|x, авагч худалдан авагч 사는 사람(쪽.손님), соёумжигч; 마켓경영자; хүлээн ~ 수납자, 수령인; 수신인, 받는이; өшөө ~ 복수자, 보복자; 앙갚음; радио хүлээн ~ 무선 송신기
(~을) 받다(당하다) өртө|x, сонжигдо|x

받들어 모시다 бшрэ|x
받아 넘기다 хавьтуулахгүй
받아들여지다; авагда|x
받아들이다 ава|x ав! 받아라!(명령법); авч ирэх (물건을)가져오다, (사람을)데려 오다; авч явах 운반하다, 나르다, 실어 보내다, 들어나르다; хоолон дээр дарс авч болох уу? 나는 식사와 함께 와인을 들수있습니까?; ам ~ 약속을 성립시키다; ажилт ~ 고용(채용)하다; арга хэмжээ ~ ~ 조처를 취하다, ~의 치수를 재다; жишээ ~ ~을 본보기로 하다, ~의 실례에 따르다, ~에게 좋은 모범을 보이다; гэрэл зурак ~ 사진을 찍다, ~의 사진으로 찍다; зээл ~ 명성 (신용-)을 얻다; татвар ~ (의무. 책임을) 지우다, 과(課)하다; такси ~ 택시로 가다(운반하다); ургац ~ 수확(추수)하다; худалдан ~ 사다, 구입하다; хураан ~ 몰수(압류)하다; 징발하다; хүлээн ~ 받다, 수령하다; хүүхэд ~ 아이를 양자 (양녀)로 삼다; эзлэн ~ 종사(점령.점거. 차지)하다; эхнэр ~ 결혼하다, 시집 가다, 장가들다; шагнал ~ 수상자에게 상을 수여 하다; нойр ~ 잃어버린 수면 부족을 되찾다; тарга ~ 짐승이 살찌다; салхи ~ 감기에 걸리다; хуч ~ 힘이 늘다, 세어 지다; түрү ~ 맨 먼저(우선 무엇보다도) 얻다; цалин ~ 생활비를(월급을) 벌다; үнэр ~ 냄새 맡다, 눈치 채다, 알아채다; хар ~ ~이 아닌가 의심하다, 의심을 품다; санаа ~ 착상하다, 고안하다; мэдээ ~ 메시지를 받다;

(~를) 받아들이다 авуула|x; авагч, худалдан авагч сах сарам, сарах сох, соёумжигч; сарах сорним, марат кёнджаса; хүлээн ~ сунабжа, сурйёнгин; сусинин, ратнех; өшөө ~ покёсджа, поёксджа; аньгаёум; радио хүлээн ~ мусон сонсинги
받아들일 수 있는 болмоор, зүгээр

받침 달린 잔(금속.유리제) хундага
받침기둥 багана
받침대 тавиур
받침방석 тохом
발 фут, хөл(복사뼈에서 밑부분을 말함: 사람 이나 동물의 다리 맨 끝 부분);
발 올려놓는 발판 исэр
발이 안으로 굽은 тайтгар, туйтгар
발(쟁기, 바퀴)자국 ор: хурууны ~ 지문, 손도장; ~ сураггүй 자국없이 떠니다.
발가락 сарвуу
발각 нээлт
발갛게 부어오르다 минчий|х
발갛게 부어오른 минчгэр
발걸이 дөрөө(н)
발견 нээлт, олдвор
발견되다 илрэ|х
발견물 нээлт, олбор
발견자 нээгч
발견하다 лавла|х, олдо|х, оло|х, өөлө|х, сэхэ|х, танда|х, толиро|х, эдгэ|х; би зогсоол хаана байдгийг лавлаа нь는 그 위치에서 발견하다; тэр галт тэрэг хэзээ ирэхийг лавлаж байв 그는 기차가 도착할 때를 문의했다; ~ товчоо (역의)안내소; ~ бичиг 참고 서적(사서·백과사전·지도); утасны ~ 전화번호 책.
(~에서) 발견하다 уудла|х
발광 гэрэлтэлт, солио, солиорол
발광시키다 галзууруула|х, хилэгиүүлэ|х
발광체(發光體) чарй барсхийн
발광한 солиото, хийтэй
발굴 олбор, олдвор
발굴(發掘)하다 олдо|х
(~을) 발굴하다 уха|х
발굴해낸 것 олбор
발굽 туру, туурай
발굽 모양의 туруутан
발굽 병(질병) сөдрөг

발굽 있는 동물 туурайан, туруутан
발굽이 닳아 없어지게 하다 (마멸시키다) дэвдрэ|х
발기 ивээл, идэвх, санаачлал, сэдлэг, үүсгэл
발기다 холтло|х, шалдла|х
발기인 байгуулагч, санаачлагч, үндэслэгч, үржүүлэгч, үүсгэгч
발기하다 ивээ|х
발끝 хуруу(н)
발단 гарал, гарвал, иш, тулгар, түрүүч, тэргүүн, үүсвэр, үүсгэл, хэт, эх, эхлэл, язгуур
발달 ахиц, бойжилт, дэвшил, дэвшилт, ихэсгэл, өрнөлт, торнилт, ургалт, хөгжил, хөгжилт; ~ хүн төрөлхтн 인류의 발달
발달(발생, 발육)시키다 хүврө|х
발달(발육)이 불충분하다 хоцрогдо|х
발달(발육)이 불충분한 давжаа; ~ хүүхэд 발육이 불충분한 아이; ~ алим 사과의 종류
발달(발육)하나 бадра|х, бойжи|х, дэгжээ|х, өрнө|х; бадран дэлгэрэх 잘 자라다, 번식하다; бадран хэ гжих 발육하다
발달(변화의) 단계 шат
발달시켰다 барилгажих
발달시키다 дэвжи|х, сэдрэ|х, үсэрхийлэ|х, хөгжүүлэ|х
발달의(하는) урагштай
발달하는 дэвшилтэй
발달하다 лавшра|х
발동기 мотор
발등 өлмий
발등에 해당하는 부분 өлмий; ~ дээрээ 발끝으로; 발소리를 죽이고
발랄하게 되다 идэржи|х
발랄한 ануухан, залу, залуурхуу, шавил- хан; ~ нас 청년 시절, 청춘기; хүн 젊은 남성; ~ хос 젊은 부부; ~ харагдуулах ~를 젊게 보이게 만들다;

~болох 다시 젊어지다.
발랐다 нялза|х, түрхмэл
발레 댄서 балеьчин
발로 여행하는 моригүй
발리볼 волейбол(volleyball: 구기(球技)의 하나. 직사각형의 코트 중앙에 네트를 사이에 두고 두 팀이 상대하여, 공을 땅에 떨어 뜨리지 않고 손으로 쳐서 세 번 안에 상대편 코트로 넘기는 경기.)
발림 말하는 бялдууч, зуйгар
발림말 하다 зуйра|х
발림말하는 гоёч, долдой, долигонуур, ташимгай, хайдаг
발림말하다 хайдагта|х
(~에게) 발림말하다 аяла|х, долдойло|х, зуйгарла|х, зулгуйда|х, зусарда|х, өнгөлө|х, ташимгайла|х
발명하다 сэдэ|х
발목(손목)을 삐다 булгала|х
발바닥 ул
발병(發病) чилээ, өвчлөлт
발붙일 데를 얻다 хулчгана|х
발뺌 нэрийдэл, шалтгаан
발뺌하다 түдэ|х, шарва|х
발사 проекц, харвагч
발사되다 бууда|х
발사하다 харва|х, чавхда|х
발삼을 분비하는 나무 гүгул
발상이 참으로 멋진 бадрангуй
발생 гарал, гарвал
발생(발육)시키다 бадруула|х, дэвжи|х, дэгжрэ|х, сэдрэ|х, төлөвши|х, хөгжүүлэ|х
발생(발육)하다 өрнүүлө|х, түүхийрэ|х
발생[발육]시켰다 барилгажих
발생하다 дэгжээ|х, тохиолдо|х
발생한(발생하고 있는) 사실 факт
발성 илэрхийлэл, илэрхийлэлт
발소리를 죽이며 가다 гүвгөнө|х, жирсий|х, ирвэгнэ|х
발송 илгээлт
발송(송달)하다 гүйва|х

발송인(주) явуулагч; ~ хуний хаяг 발송인의 주소, 위탁자, 적송인(積送人), 하주
발송하다 гарга|х, гүйлге|х, илгээ|х, өгүү-лэ|х, хариула|х, явуула|х; мөнгө ~ 송금 하다; хүн ~ 누군가를 보내다; төлөөлөгч ~대리(대표)로 내보내다(파견하다), 대리로 내세우다
발아(기) гөлөг, нахиа(н), цоморлиг
발아(아생)하다 гөлөглө|х, нахиала|х, соёо, сүөөлтэ|х, урга|х, хүврэ|х
발언 илэрхийлэл, илэрхийлэлт, хэл
발언하다(말 또는 글로) айлда|х
발에 걸려 넘어지다 гүйва|х
발염(發炎) зэрчих
발육 бойжилт, ихэсгэл, өрнөлт, өсвөр, торнилт, ургалт, хөгжил, хөгжилт
발육(성장)하다(~로부터) бороло|х
발육이 좋은 торниун
발을 절기 улжгар
발을 질질 끌며 걷다(끌다) сажла|х, дүүжигнэ|х
발을 질질끌며(늦쩡늦쩡)가다 өнхрүү-лө|х, чаргуулда|х
발을 헛디디다 гулса|х, таши|х, тэши|х, халга|х, халтира|х
발음 илэрхийлэл
발음(법) дуудлага; ~ явуулах 송신하다; ижил ~тай үгс 동음이의어(同音異議語); зөв ~ 정확한 발음
발음대로 베끼다(복사하다) галигла|х
발음을 생략한 таймал
발음하다 дууда|х
발의 발바닥 таваг, тавхай
발의 идэвх, санаачлал, сэдлэг, үүсгэл, санал
발자국 мөр, ором; ~өө балах 발자국을 덮다; ~өөр нь мөшгих 발자국을 따라가다;~ гаргах 발자국을 남기다; догол ~ 패러그래프,(문장의)절(節),항(項), 단락, 다 차지 않은 마지막 행; догол ~ гаргах 만입(灣入)시키다, 움푹 들어

가게 하다.
발작적(돌발적)인 татвалзуур
발전 бойжилт, дэвшил, ихэсгэл, өрнөлт, торнилт, хөгжил, хөгжилт
발전(발달)시키다 дэгжрэ|х, манда|х, төлөвши|х
발전(발달)하다 өрнүүлө|х
발전(발전)시키다 бадруула|х; шашныг 종교를 (신앙심을) 발달시키다
발전(진전)하다 бойжи|х, дэгжээ|х, өрнө|х
발전기 генератор
발전력 бүтээмж
발전시켰다 барилгажих
발전시키다 дэвжи|х, сэдрэ|х, үсэрхий- лэ|х, хөгжүүлэ|х, хувира|х
발전의 과정(공정) хувьрэл
발전자(發電子)의 정류자(子) коллектор
발전하다 бадра|х, сэдрэ|х
발절라(跋折羅) алмас
발정하다 оро|х; буур ~ (수컷의 낙타) 발정하다
발진(發疹) бижруу, гүвдрүү
발진(發疹)하다 тура|х
발진(발달)시키다 түүхийрэ|х
발진시키다(하다) чавхда|х
발진이 생기다 бижруутэ|х
발진티푸스 хижиг(發疹typhus) [一찐—] 법정 전염병의 하나. 온몸에 발진이 생기고 40도 내외의 고열이 남. 병원체는 리케차의 일종. 겨울에서 봄에 걸쳐 이의 매개로 감염됨. 장미진(薔薇疹))
발췌 шалгарал, шалгаруулалт
발췌되다 тун|ах
발췌의 олборлолт
발췌하다 сонго|х, сорло|х, түүвэрлэ|х, шигши|х, шилэ|х
(~을) 발췌하다 конспектло|х, хийсвэрдэ|х
발코니(balcony) тагт
발톱 모양의 것 салбар, сарвуу
발톱 있는 동물의 발 тавхай

발톱 хумс(ан)
발파공(發破工) тэсэлгээчин
발판사다리 гишүүр, дөрөө(н), хана(н)
발포(발사.사격) буудлага; буудлагын газар 사격 연습장.
발포(발사,총성,포성)의 소리 тан тун
발포(사격)하다 бууда|х бай ~ 과녁(표 적)을 향해 사격하다; буудан алах 저격하다, 사살하다; буудан унагах 쏘아 쓰러뜨리다, 쏴죽이다, 쏘아 떨어뜨리다, 격추하다; нам буудуулах 사격(저격)으로 죽은
발표 зар, мэдэгдэл, мэдээлэл, нийтлэл, сонсгол, тэмдэгт
발표(공표)하다 нийтлэ|х, хэвлэ|х, хэвлэгдэ|х
발표(출판)하다. нийтлүүлэ|х
발표(포고,단언,성명,공언)하다 зарлах; дайн ~ 전쟁을 선포하다; уралдаан ~ 시합을 알리다; зарлан хуралдуулах회의를 소집하다, 회합을 소집하다; шуухийн зарлан дуудах бичиг (법원에 의) 출두명령, 소환장; (의회등의) 소집
발표문 зар
발하다 гарга|х, сацруула|х, цацруула|х
발한(작용)(땀) шивэр, хөлс
발한(發汗)하다 хөлөргө|х, хөлрө|х
발행하다 нийтлэгдэ|х
발화시키다 дурвагана|х
발효(醱酵) өтлөлт, фермент (醱酵: 효모· 박테리아 같은 미생물(微生物)의 작용으로 유기물(有機物)이 분해되는 현상; 술·간장·초· 김치 등의 제조에 이용됨. 뜸, 발배)
발효(醱酵)시키다 эсгэ|х
발효도다 исэ|х
발효된 우유 айраг
발효소(醱酵素) исгүүр, хөрөнгө
발효시키다 исгэ|х, исэлгэ|х
발효시킨 밀반죽 исгүүр, хөрөнгө
발효시킨 진한우유 хоормог
발효우유 арц

발효하다 бүрэлдэ|х
밝게 미소짓다 гий|х; уур ~ (~을) 내려놓다;
밝게 비치는 нарлаг, нартай; ~ өдөр 맑은 날, 청명한 날; ~ бороо 비오는 나이로 햇살이 비치는.
밝게 하다 гийгэ|х, уласхий|х
밝게(빛나는) тодорхой
밝게하다 гэрэлдэ|х, гэрэлтүүле|х
밝고 명랑한(곡) өөдрөг
밝고 얇은 직물 сиймхий
밝아지다 гийгэ|х, гэгээрэ|х, гэгээрэ|х, илрэ|х, манхай|х, уласхий|х, хаяара|х, хөнгөдө|х, цай|х; уур ~ 날이 밝아지다.
밝은 гялгар, тунгалаг, цэлмэг, цээл
밝은(빛) гэрэлтэй
밝음 гэгээ(н), гэгээн, зэрчих, тоддол; ~ наран 밝은 태양, 햇빛
밝히다 гарга|х
밟다(~을) гишгэ|х; хүний хөл дээр ~ 누군가의 발을 밟다;
밟아 다져져 생긴 길 зөрөг
밟아 뭉개다 гишгэ|х, цавчла|х
밟은자국 мөр
밤(야간) орой, шөнө
밤(율자(栗子)) зээрд, хээр, үдэш
밤나무 зээрд, хээр; улаан ~ 취하게 하다, 도취(흥분)시키다
밤눈이 어두운 харалган
밤늦은 оройхон
밤도와 шөнөжин
밤새 шөнөжин
밤새껏 шөнөжин
밤새도록 шөнөжин
밤새워서 шөнөжин
밤색 зээрдэгч, хүрэн, хээр
밤소경중 харалган
밤에 일어나는(볼 수 있는) үдэшлэг
밤을 보내다 хоно|х, хоногло|х
밤의 үдэшлэг
밥 тутрага

밥을 짓다 бэрээсэй
밥통 мянтууз
밧줄 дээс(эн), олс(он), оосор, сэгэлдрэг, татлага, татуурга, уяа, хэрээ
밧줄로 튼튼하게 하다 чагтага
밧줄로(끈으로)매다(잇다) бүчлэ|х
밧줄로(끈으로,새끼로) 매어서 만들다 (동이다) бүчлэ|х
밧줄에 동물을 묶어놓다 зэллэ|х
방 камера, өрөө, тасалгаа
방 따위를 공유하다 хуваалцаа|х
방 안에 칠을 하다 чимэглэ|х
방(榜)나다 шуштра|х
방(탈 것 등에) 빽빽이 들어차다 шахалда|х
방공호 оромж
방광 давсаг
방금 мөнөө, мөнөөхөн, саяхан, тугаар
방뇨(배뇨)하다 шээ|х, сари|х
방대(막대)한 нэлгэр удам, цэлмэг, өргөн, хязгаарлашгүй; ~ тал 거대한 땅(물, 육지); ~ мө рэ н 폭 넓은 강
방독면 баг
방둥이 өгзөг
방랑 доншмол, завхуул, тэнүүл, тэнэмэл; ~ хун 터벅터벅 걷다, 걸어다니다; 방랑하다, 유랑하다
방랑 생활 доншуурч
방랑(배회,유랑)하다 бэдэ|х, доншууч-ла|х, нүү|х, нүүдэлл|эх, томо|х, тэнэ|х, хэрэ|х, хэсэ|х, хөлхө|х, тэнүүчлэ|х, хэсүүчлэ|х
방랑(부랑)하는 тэнэмхий
방랑(생활)의 суурьшилгүй
방랑(유랑)에 빠지는 доншооч
방랑성의 хэрмэл, цагаач
방랑자 доншооч, доншуурч, зайгуул, нүүдэлчин, тэнүүлчин
방랑하는 доншмол, золбин, хэрмэл, цагаач; ~ нохой 임자 없는 개
방랑하다 бадарчла|х, золбинто|х, нүүдэлл|эх

방망이 бороохой, гулууз, хөшүр
방면 зүг; Улаанбаатарын ~ улаанбаторын 방면; баруун ~ 서쪽; зуун ~동쪽; Кембрисж Оксфордоос зуун ~т байдаг 옥스퍼드의 동쪽 캠브리지; ~ ээс ирэх 모든 방위로부터오다; ~чиг 기본 방위, 사방(북남동서(NSEW); өмнө ~ 남쪽; хойд ~ 북쪽; ~ чигээ олох 지향의.
방면 тал, цагааттал, чиг, чиглэл, чөлөөлөлт, эттээд
방면(放免)하다 чөлөөлө|х, чөлөөлөгдө|х, суллагда|х, чөлөөлө|х
방모사 цэлбэ(н)
방목 구역 бэлчээр
방목하도록내버려두다 бэлчээрлүүлэ|х
방목을·방임(묵인)하다 бэлчээрлүүлэ|х; үхэр(сүрэг) ~ 방목장 밖에서 소떼를 돌보다
방목을 위한 짐승(동물)들의 밧줄 аргамжи|х
방목장 билчээр; хонины ~ 큰 목양장; ~т гарах 가축을 방목하다.
방목지 билчээр
방목하다 идэшлэ|х, хариула|х
방문 айлчлал; төрийн ~ 공식 방문; ~д бэлтгэх 방문을 채비하다(준비하다)
방문(순회, 구경)하다(~을) гийчлэ|х
방문자 айлчин, зочин
방문하다 айлчла|х, бараалха|х
방법 арга, барил, зам, гав; хэвлэлийн шинэ ~ 새로운 방법의 인쇄술; ~ сувгчлэх 방법을 찾아라; ~ барил 방법론, 방법학, 계통적 분류법; ~зам 수단과 방법; ~ саам хийх 교묘히 피하다, 회피 하다; ямар арга ~аар? 무슨 길입니까?
방법(계획)을 실행(실시) 불가능한 бутэмжгүй
방벽 хашаа(н), хашлага, далан(г)
방사(발산.유출)하다 гара|х, сацра|х
방사능(독가스 따위로) 오염되게 하다 халдварла|х
방사선(의 입자) цацраг
방사하다 гарга|х, цацруула|х
방석 дэр(эн)
방송 нэвтрүүлэг
방송 등의 특별 출연자 гийчин, зочин
방송 연예의 사회자 зарлагч
방송국의 방송실 киностуди
방송원 зарлагч, нэвтрүүлэгч
방송자(방송장치·시설) нэвтрүүлэгч
방수용(방한용) дэтсэн калош
방술사(方術師) бөө, зайран
방술사 여자 нядган
방술사의 탬버린 дүнгэр
방식(특정한) арга, барил, горим, дэм; аргы нь олох 용케~하다, 이럭저럭 (~을) 해내다; ~ бараx, ~аргаа барах, ~ барагдах 난국(곤경)에 이르다, 막다른 골에 이르게 하다(이르다); ~билиг 자연의 원소 (요소); ~ эгшиг 여덟 개 음의 첫 번째(도)
방심 тоомсоргүй
방심 상태의 алгасангуй, алмай, заваан, мунгинаа, уймраа
방심하다 уймра|х
방심하지 않는 соргог, сэргэг, сэрэмжтэй
방심하지 않다 сэрэмжлэ|х
방심할 수 없는 зальхай, зальхай, урвамхай; ~ самуун 방탕한, 난봉 피우는
방아쇠 замаг
방앗간 주인 тээрэмчин
방어 хамгаалал
방어(방위.변호)하다 өмгөөлө|х, өмөглө|х, хамгаала|х, мана|х; манайхан шөнө адуугаа манадаг 우리는 밤중에 우리의 말떼들을 지킨다.
방어공사 бэхлэлт
방어물 бамбай, дэлгэц, халх, халхавч; ~ барих 보호하다, булчирхай ~

갑상선, 갑상선 동맥(정맥, 신경)
방어시설 хамгаалалт, хориглол, хориглолт
방어자 авгарч, амьдруулагч, өмгөөлөгч хамгаалагч этгээд, өмөг тушиг, хамгаалагч
방어하다 өмгөөлө|х, өмөглө|х, хашаала|х
방어할 수 없는 хамгаалалтгүй
방언 аялга
방열(放熱) гэрэлтэлт
방열기 радиатор
방영 нэвтрүүлэг
방울 дусаал, үрэл, хонх
방울 소리를 딸랑딸랑 울리다 дангина|х
방울 이어링(귀고리, 귀걸이) сүйх
방울져 떨어지다 дуса|х
방울져 떨어짐 дусаал, нус
방위 зүг, тал, хамгаалал, чиг, чиглэл, этгээд
방위(각) зовхис
방임(묵인)하다 таалга|х, тонула|х, хийлгэ|х
방자(방종)하게 지내다 завхра|х
방자(완고)하다 туйла|х
방자한 зорго, танхи, танхил, шазруун, эрх
방적기계의 방추(紡錘) иг, ээрүүл, гол
방적하다 имэ|х, ээрэ|х
방정맞은 хөнгөмсөг
방정식 тэгшитгэл
방종한 завхай, зарчимгүй, савсаг, садар, ужид; хэ нгэ н ~ муужиган, вэрхэн шуун; самуун ~ таракан, вантан (жон)нэй.
방종하다 савсагла|х, ужитла|х
방종한 삶을 살게 하다 савсагла|х
방종한(방탕한) 삶으로 이끌다 садарла|х
방종한(방탕한.난봉피우는) 삶을 살다 завхайра|х

방책 боомт, тактик, хориглолт, явуулага; ахил ~ 수단, 방책; хорт ~ 고의로 방해 (파괴)하다; нууц ~ 도모하다, 꾀하다, 계획하다.
방청인 сонсогч
방춘(芳春)(봄) хавар
방출하다 гарга|х, цацруула|х
방취(防臭) U자관(管) хавх
방취용 화장품 сүчиг
방취제(防臭劑) сүчиг
방치 цалгиа(н)
방치하다 цалгардуула|х
방탕(타락)하다 огоорогдо|х
방탕자 үрэгдүүлэгч
방탕하다 савсагла|х, ужитла|х
방탕한 завхай, орхигдогсод, савсаг, садар, ужид, үрлэгч, хаягдмал, шалиг; хэ нгэ н ~ 무지한, 변하기 쉬운; самуун ~ 타락한, 방탕(종)한; ~ зайдан явдал 방탕, 난봉; ~ хун 방탕아, 난봉꾼.
방파제 хавцаг, цавь(цавин)
방패 халх, халхавч
방패가 되다 халхавчла|х
방풍림 унга|х
방한(방음용) 귀덮개 хулгавч, чихэвч
방한모의 귀덮개 чихэвч
방해 дара, зэтгэр, тасалдал, тасрал, тасралт, хаалт, хясаа, хяхалт; ~ болох 방해되다.
방해(물) бартаа, боомт, бэрхшээл, гацаа, даваа(н), саад, сада, тотгор, түйтгэр, тээг, хявцаа; ~ учруулах 길에 장애물을 놓다; ~ыг давах 장애를 이겨내다 (극복하다); ~тай гүйлт (야외 횡단) 장애물 경마, (단교(斷郊)) 장애물 경주; ~ бол-ох 방해하다, 훼방하다.
방해물이 되다 боогдо|х
방해(자) саад, татлаа
방해(장애.지장) боогдол; саатал ~ 방해, 지장, 장애; гачигдал ~ 방해(물), 장애

방해(저해.훼방)하다 хашигна|х, хашра|х, боогдуула|х
방해가 되다 боогдо|х
방해되는 салаатай, солбио
방해되다 хясагдах
방해되지 않은 тасралгүй
(~을)방해를 하다 боогдо|х, эсэргүүцэ|х
(~의) 방해를 하다 боогдо|х, саатуула|х, сөргө|х, тэрслэ|х, хазаарлагда|х
방해물 дара, зэтгэр, хясаа,
방해받지 않(고있)는 сааргүй, садаагүй
방해자 боомт, дара, гацаа, гооч, зөрчигч, зэтгэр, сада, тотгор, хяхалт
방해하는 салаатай
방해하다 битуурэ|х, боогдо|х, зэтгэрлэ|х, саадхий|х, садаала|х, сэгхий|х, тавгүйтуулэ|х, тасалдуула|х, тотгорло|х, түйтгэрлэ|х, туши|х, уймруула|х, үймрүүлэ|х, хашигда|х, хүлээслэ|х, хявца|х, хяса|х
(~를) 방해하다 тэрслэ|х
방향 зүг, тал, чиг, чиглэл, этгээд; Улаанбаатарын ~ улаанбаторын зүг зүүн; баруун ~ 서쪽; зуун ~ 동쪽; Кэмбрисж Оксфордоос зуун ~т байдаг 옥스퍼드의 동쪽 캠브리지; ~ ~ээс ирэх модон 방위 로부터 오다; ~чиг 기본방위, 사방(북남 동서(NSEW); өмнө ~ 남쪽; хойд ~ 북쪽; ~ чигээ олох ~ 지향의.
방향(芳香) үнэр, үнэртэн, хүж
방향성수지(樹脂) гүгул
방향성의 анхилам, утлага, руу
방향으로(에서)(~의) дагуу, руу
방향지시전파 сацраг
방향타(方向舵) залуур
방호(보호.수호.비호.호위)하다 хамгаалагда|х, хамгаала|х
방호물 хамгаалалт
방화광(放火狂) шатаагч
방화범인(放火犯人) шатаагч
방황하다(~을) бадарчла|х
밭 талбай, тариалан

밭(땅을) 갈다 тариала|х
밭(작물의) 두둑(이랑) атираатай
밭고랑 гурви, шан
밭에 고랑을 만들다 говилдо|х
밭에 심다 тариала|х
밭에 씨를 뿌리다 тариала|х
밭을 갈다 хагалбар
밭장다리의 майга, майтгар
배(위.복부) гүзээ(н), гэдэс(эн), ходоод (он) ; будуун ~대장(大腸); нарийн ~, өлөн ~ 소장(小腸); ~ гарах 배불리 (잔뜩)먹다; ~ өлсөх 배고프다, 허기지다; ~ хуржганах (배안에서) 우르르 소리 나게 하다;~дотор 내장(內臟); дуурэн ~ 가득 먹을 수 있다; их ~тэй 임신한, 가득한; ~ дуурэх 배불리 (잔뜩) 먹다, 배속에 가스 가 차다; ~ний хижиг 장티푸스
배 давхар
배 онгоц; нисэх ~ 비행선(기); усан ~ 배,함(선); шумбадаг ~ 잠수함(서브머린); ~ны зангуу 닻, ~ны шураг 돛내, 마스트; ~ны дарвуу 보트의 범주; гуя ~ 카누; ~ны зогсоол 항구, 배가 닿는 곳; ~ны хэтгэ 고물, 선미(船尾); нисэх ~ны буудал 공항
배 харвин
배 хөлөг
배(곱) дахиж
배 밑바다에 동판을 대다 зэслэ|х
배(胚)(눈.싹.움.유충(幼蟲)) тэрлэ|х
배(복부)의 피부 ханчир
배(비행기가) 느릿느릿 가다 хазгана|х
배(열차.비행기)의 탑승원(승무원) баг
배(자동차 등을) 향하게 하다 зүглэ|х
배(자동차 등을) 향하게 하다 чиглэ|х
배(항공기가) 뒷질(롤링)하다 дайвалзуула|х
배·비행기가 느릿느릿 가다 дого́ло|х
배가 가득하다 гэдэслэ|х
배가 고프다 өлөнгөтө|х

배가 나온 ёлхгор
배가 닿는 곳 боомт; далвйн ~ 항구
배가 발달(발육)하다 гүзээлэ|х
배가 부르다 гэдэслэ|х
배가 접안(接岸)하다 буу|х, газарла|х
배가 좌초되다 бөөгнөрүүлэ|х
배가 큰 ёлхгор
배가(배중)하다 олшруула|х
배가하다 өсө|х
배경 특색 дэвсгэр
배경 дэвсгэр; цэнхэр ~ тэй торго 푸른 배경의 실크
배경이 되다(을 이루다)(~에) хүрээлэ|х
배고파 죽다 өлбөрө|х
배고파서 급히떠나게되다 гурангида|х
배고파서 쓸쓸하다 зэлмүүр
배고프다 гүрантха|х, зэлмэ|х, өлбөрө|х, өлсгө|х, өлсө|х, харангаса|х
배고픈 долголцор, зэлмүүр, өлөн
배고픔 둥등 때문에 가늘어지다(야위다, 약해지다) хэрзий|х
배고픔 өлсгөлөн; ~ зовлон 굶주림, 기아.
배고픔(굶주림)의 원인이다 өлсгө|х
배구(排球) волейбол
배급 중심 коллектор
배급 запас, нөөц, олдоц, хангамж
배급(물) тараалт, хувиарлалт; сонин ~ 신문의 배포(분배)
배급되다 тэмээжи|х
배급업자 түгээгч, хувиарлагч
배급하다 залга|х, түгээ|х, хувиарла|х
배기 바지를 입다 халхгарда|х
배기바지 хэлхгэр
배꼽 хүй, хүйс(эн)
배낭 баглаа, дүрэвч
배내똥 зунгаг
배내옷 мануцуй; ~тай хуухэд 신생아 옷.
배내털 унгарил
배내털의 буржгар, үслэг

배냇저고리 мануцуй; ~тай хуухэд 신생아 옷.
배달(점)원 панзчин, хүргэгч; щуудан ~ 우편배달부
배달인 гаталгагч
배달하다 залга|х; шатахуун ~ ~에 연료를 공급(보급)하다; тэд бидэнд суу залгуулж байна 그들은 우리에게 우유를 공급 했다
배당 дивиз, оногдол, тараалт, хувиарлалт, хүртээмж
배당몫 ногдол, хувь
배당하다 оногдо|х
배랑 дүрэвч, үүрэг, үүргэвч
배려 арчилгаа, бодлого, бодрол, болгоомжлол, гудиг, тоомж, хайхрамж, халамж, элбэрэл
배로 건네다(나르다) гатла|х; ус ~ 나룻배로 시내를 건너다;
배로 늘다 хоёрт|ох
배로 늘리다 давхарда|х, хоёрдо|х
배로 여행하다 ява|х
배를 난파시키는 사람 бусниулагч, эвдгэч
배를 의장(艤裝)하다 зэвсэглэ|х, тохижи|х
배를 젓다 сэлбүүрдэ|х, сэлүүрдэ|х
배를 좌초시키다 бөөгнөрө|х
배를 흔들다 дайвалзуула|х
배면 хойгуур, хойт
배면(背後) бөгс
배반 бослого, урвалт
배반(배신)하다 тэсэргүүлэ|х, урва|х
배반자 урвагч, хулгай
배반하는 зальхай, холчиргон
배반하다(속이다)(~을) босо|х, хуурамча|х
배부 센터 коллектор; номын сангийн ~ 도서관 책의 배부는 중앙사무실에서 한다.
배부르다 гэдэслэ|х
배분 тараалт, хувиарлалт

배분(배치, 배정)하다 хувиарла|х, ногдох
배상 нөхвөр, төлөөс
배상(변상, 보상)하다 нөхвөрлө|х
배상금 золио
배서(背書) виз
배설 ялгадас
배설강(排泄腔) хошного
배설물(排泄物)(소변·대변·똥) баас, ялгадас; ~хатах/хураагдах 변비; нялх тугал ~ алдаад байна 새로 태어난 송아지가 설사를 하다; нохойн ~ 더러운 것, (특히 개·고양이의) 똥.
배수(排水)가 잘 안 되는 шуурэл
배수관 татаал
배수구 шуудуу
배신자 урвагч, хулгай
배양된 соёлч
배양토 ялзмаг
배어든 дэвтмэл
배어들게 하다 дэвтэ|х, дэвтээ|х
(~에-을) 배어들게 하다 даа|х, шингээ|х; чийг ~ (습기, 수분)가 스며 나오다 (유출하다)
배어들다 норо|х
배에서 내리다 тасра|х
배에서 짐을부리다(내리다) огцруула|х
배역 роль; ~ гүйцэтгэх ~ ~의 역(할)을 하다; гол ~ 주된 임무
배열 цэгцлэлт
배열하다 монтажла|х, өрө|х, цэгцлэ|х, эмхлэ|х; туйпуу ~ 벽돌을 깔다(쌓다)
배열했다 тушаагда|х
배우 тоглуулагч; видео~ 영상, 비디오
배우(곡예사 등의) 일단(一團) хэрээ
배우다 (~을) сура|х, үзэ|х; монгол хэл ~ 몽골어를 배우다; сэлж ~ 수영을 배우다; ~аар ирэх ~을 배우려고 오다; сургуульд ~ 학교에 가다.
배우지 못한 사람들의 бичигтүй
배움을 보여주다 номорхо|х

배웅하다(바래주다) мордуула|х, үдэ|х; удэж ~ ~를 배웅하다; цэрэгт ~ 군에 보내다
배율(倍率) өсгөлт
배의 난파 сүйрэл
배의 돛 далбаа, дарвуул
배의 방수 өрөө
배의 방수격실 купе
배의 방향 жолоо(н)
배의 선체 кузов
배의 스크루 шураг
배의 안전장치 тогтворжуулагч
배의 장등(檣燈) гэрэлтүүр
배의 조타륜(操舵輪) жолоо(н)
배의 키 залуур
배잉(胚孕)을 못하는 хусран
배잉(胚孕)을 못하다 хусра|х
배젖 уураг
배제하다 устга|х
배짱 жавхаа, зориг, зүрх(эн), хат, эр; ~ зориг 용기, 용감(성), 용맹; ~ гаргах 감히 ·히디; ~ухэх/алдах/шантрах 겁생 (비겁한자), 겁내는 모양(도망칠자세), 용기를 잃다; ~ орох 대담해지다; ~ эмтрэх/өвдөх 마음이 무거운, 침울(우울)하다; ~ний амраг 애인, 사랑하는 사람; ~ний үг 심장의 말; чин ~нээс, ~ний угаас, үнэн ~нээс 거짓없이, 성실(진실)하게, 충심으로, 진정으로; ~ мохох 낙담하다; үгүй гэх ~ байсангүй 마음에 없는 것을 받아들이지 않다; би тэр эмэгтэйд ~ сэтгэлээ өглөө 나는 나의 심장에서 그녀를 잃어버렸다.

배짱이 센 гүйлгээтэй
배척 цөллөг
배척하다 гологдо|х
배출 ялгадас
배출(방출, 배설)하다(~을) ялгаруула|х
배출강(排出腔) хошного
배출물(대소변·땀) ялгадас
배치 байршил, хувиарлалт, цэгцлэлт

배치(배열)하다 байрлуула|х
배치된 무리 бүлэг
배치하다 дамжи|х, ногдох, өрө|х
배타(독점)하다 хувьчла|х
배타(독점)한 хувьчлал
배트 банз
배편 여행(짧은) аялал
배포 тараалт, хувиарлалт
배포하다 түгээ|х, хувиарла|х
배합기 холигч
배합토 ялзмаг
배합하다 нийлэлдэ|х
배회 тэнүүл, тэнэмэл
배회(방황)하다 танда|х
배회하는 тэнэмхий
배후 ар, хойгуур, хойт
배후(이면)에 ард, хойт
배후에(~의) хойно
배후에(로) гэдэргээ; ~ хэрж хэвтэх 반듯이 누워 자다.
백 цүнх
백(白) цагаагч
백(가방) таарцаг
백(100)년 зуу(н); ~н жилийн 백 주년 (기념일); ~н мод 백주년 나무의 그룹; ~н хоногийн ханиад 백일해, 백일기침.
백(100)만조 там
백(100)번째(의) зуудугаар
백(100)분 хувь (기호 %; 略: p.c., pct.).; зуун ~ 100%
백(100)분의 1(의) зуудугаар
백관(白鸛) өрөвтас, хайлгана, цахлай
백내장(白內障) үүл(эн), үүлтэй, хөлх
백단(백화)기나피(白椴 幾那皮) үйс(эн)
백단향 зандан
백두루미 тогоруу
백로과 새의 총칭 дэглий; цагаан ~ 해오라기.
백만(百萬: **1,000,000**) сая
백만장자(百萬長者) саятан, тэрбумтан
백모(숙모, 고모) эгч

백발로 변하다 буурaлтa|x
백발의 буурай; ~аав өвөг эцэг, өвөг аав(祖父); ~ эмгэн эмээ, хөгшин эмгэн, үсэн цайсан хөгшин эмэгтэй.
백발의(반맥의) буурал
백발이 되(게 하)다 буурaлтa|x
백발이 성성(희끗희끗)하게 되다 буурaлтa|x
백발이 성성한 머리 буурай, буурал
백발이 성성한 буурай, буурал
백분비(百分比)(기호 %; 略: p.c., pct.) процент, хувь; зуун ~ 100%; талхны үнэ 50%- иар өсөв 빵 값은 50% 올랐다
백분율(百分率)(기호 %; 略: p.c., pct.) хувь, процент; зуун ~ 100%; талхны үнэ 50%- иар өсөв 빵 값은 50% 올랐다
백분율(백분비)로 표현하다 хувила|х
백색 цагаагч
백색 도료 цагаагч
백색(투명)으로 되어지다 цагаара|х
백색으로 하다 цай|х
백색의 цагаан
백신(vaccine) вакцин(1. 각종 전염병의 병원균으로 만든 세균성 제제(製劑)로, 접종용으로 쓰이는 면역 재료; 2. 컴퓨터에서 바이러스를 찾아내고 손상된 디스크를 복구하는 프로 그램.)
백신주사 вакцин, таридга; цэцэг өвчин эсэргүүцэх ~ 천연두 백신.
백신(예방)주사를 놓다(~에게) вакцинда|х, тари|х
백악(白堊) шохой
백양(白楊) улиас
백양나무 улиас
백열 халуун
백열의 золбоолог
백우(白雨) мөндөр; ~ цохих 우박을 맞다; ~ буулгах 비가 퍼붓다; ургац ~т цохиулжээ 농작물에 우박이 때리다.
백유(白楡) хайлаас
백조(白鳥) хун
백지의 цулгуй

백치 маанаг
백치의 эргүү
백피증(白皮症)의 사람 хялман
백학(白鶴) тогоруу
백합 сараана
백합과 비슷한 꽃(수련 등) сараана
백합꽃 сараана
백혈구 лейкоцит (白血球: 혈구의 하나. 핵(核)이 있으나 그 모양이 일정하지 않은 아메바 모양의 세포《자유롭게 모세 혈관 밖에까지 나와서 해로운 균을 잡아 먹음》.
밴드 дайс, тууз
밴드(띠) боолт; уяа ~ 새끼, 끈, 밴드, 띠; цэвэрхэн ~ хийх/тавих 깨끗이 드레싱 하다
밴드(오케스트라의) 지휘자 удирдаач
밸러스트 хайрга
밸브 клапан, хавхлага
뱀 같은 могойрхуу
뱀(곤충.벌레.침따위) 찌르다 хатга|х
뱀의 벗은 허물(껍데기)같은 것을 벗다 гууж|их; могой ~ (뱀의) 벗은 허물을 벗다
뱀의 허물 зулбадас
뱀의 могой, могойрхуу; ~ жил 뱀의 해, 뱀띠; аварга ~ 비단뱀, 이무기 хорт ~ 독사; ~ загас 뱀장어, 뱀장어 비슷한 물고기.
뱀이 많은(풍부한) могойрхог
뱀파이어(vampire) буг
뱃고물 хитэг
뱃멀미 бөөлжис
뱃멀미하다 огшуура|х
뱃사람 далайч(ин)
뱃전(기슭을 치는) 파도소리 цалгиа(н)
뱃전에(~의) хажуугаархи
뱃짐 ачаа, зөөвөр
뱃짐을 싣고 부리는 인부 ачигч
뱅뱅돌다 хоролзо|х
뱅충맞이 мянтууз
뱅충이 мянтууз
뱉어내다 хахира|х

버금의 дайвар, дэд
버드나무 숲(가로수) бургас
버드나무 уд (수목·재목: 버드나뭇과의 낙엽 활엽 교목. 개울가나 들에 나는데, 높이는 8-10m, 가늘고 긴 가지가 축 늘어지며, 봄에 꽃이 핌. 삭과 '버들개지'는 바람에 날려 흩어짐. 세공재·가로수용임: 버들, 양류(楊柳), 녹양(綠楊):수양버들)
버들 уд
버럭버럭 소리지르며 말하다 архира|х
버려두다 гээ|х, хөөрдө|х, хөөрдүү- лө|х; гээсэн хүүхэд 어린이를 버리다
버르장머리 없는 дэггүй
버릇 있다 чамирха|х
버릇 ая, зан(г), заншил, зуршил, хэв, хэвшил
버릇없게 기르다 танхилза|х, эрхлүү- лө|х, эрхлэ|х
버릇없게 키운 танхи
버릇없는 маягтай, овилгогүй, төрхгүй; ~ амьтан 그는 예의 없다.
버릇없이 자란 дэггүй, танхай
버릇의(이 된) дасамгай, зуршмал, хэвшмэл
버릇이 되다(~하는) хэвши|х
버리고(~을) битуулэ|х
버리고 돌보지 않다 огоорогдо|х
버리고 떠나다 гээ|х, орхи|х, хөсөрдө|х, хөсөрдүүлө|х
버리다 хаяла|х
(~을) 버리다 битуулэ|х, хөсөрдө|х, хөсөрдүүлө|х
버림зугтлага
버림받다 орхигдо|х
버림받은 орхигдогсод, хаягдмал
버미첼리(spaghetti(스파게티)보다 가는 국수류) гоймон; нарийн ~버미첼ри; хөндий ~ 마카로니;
버섯(송이·석이·밤버섯 등) мөөг; ~ туух 버섯을 따다; иддэг ~ 식용버섯; иддэг- гүй ~ 독버섯; ~ ний хүрээ 버섯의 고리(원형); цагаан ~ 느타리버섯

버스 автобус; би эргээд ~аар явна 버스로 돌아 갈 것이다.
버스(열차의) 차장(안내자) кондуктор
버스럭거리는 атираатай
버젓이 하는 илэрхий; ~ гутгэлэг 철면피한 비난, 뻔뻔스러운 중상
버젓한 зэгсэн, олигтой
버찌 интоор; ~ын мод вишнэ
버캐 нитгэл
버커리 шулам, шулмас
버킷 ховоо, хөнөг, хувин
버킷(양동이)을 막대기로 운반 дамнуурга
버터 тос(он), тосгүй
버터(따위)를 바르지 않은(토스트 등) хатаамал
버터로 프라이하거나 튀김한 가루 반죽 의 종류 боорцог
버터를 바르다(로 맛을 내다)(~에) тосло|x
버티는 물건 иш
버티는 шаргуу, шургуу
버티다 алзахгүй, баганадах, даа|х, онцгойро|х, торгоо|х, тула|х, тулалца|х, тулгуурда|х, түши|х, түшүүлэ|х, тэсэ|х
버티어 내다 хоохойло|х
버티었다 тэтгүүлэ|х
버팀 барил, ивүүр, ивээс, тойвор, тулгуур, түшиг, тэсвэр
버팀대 буудал, тулаас, тулгуур, түшиг
버팀목 тулаас, тулгуур, түшиг
버팀목(木)을 대다(~에) баганадах, тогроо|х, тула|х, түшүүлэ|х
버팀이 없는 түшигтүй
버팅하는 мөргөмхий
버펄로 сарлаг
벽찬 лаглагар
~번 номер
번갈아 가다 цувалда|х
번갈아 일어나다(나타나다) ээлжлэ|х
번갈아(갈마들어) 사용하다 ээлжлэ|х
번개무늬 장식(세공) сийлбэр

번개처럼 스치다 цахил|ах
번거로운 будлиантай, бэрхтэй, бэрхшээлтэй, ээдрээтэй
번거롭게 하다(~을) түвэглэ|х, хохируула|х
번데기 авгалдай
번드러운 тостой
번드рrrрrrхraгэ차린 гангамсаг, хээнцэр
번득이다 гилгэнэ|х, гилэлзэ|х, тормой|х, цахи|х
번득임 гялбаа
번들거리는(웃) гилгэр; ~ толгой 머리가 벗어진, 털이 없는, 대머리의.
번들거리다 гилий|х
번들번들하게하다 гөлгөнө|х, гөлөлзө|х
번들번들하다 гилий|х
번들번들한 гилгэр, толийлго|х
번뜩이다 жирэлзэ|х, уласхий|х
번문욕례 чирэгдэл
번민하다 ёхло|х
번복(飜覆)하다 мэтий|х
번쇄 эгзэг
번식 ихэсгэл, өөдлөл, үржил, үржүүлэг
번식(증식)하다 үржи|х
번식시키다 дэгжрэ|х
번식시킬 수 없는 өөдлөшгүй
번식하는 개 нохойч
번식하다 бойжи|х, хөгжи|х
번안(飜案) орчуулга, хувилбар
번역 못하는 орчуулагдашгүй
번역 орчуулга
번역기 орчуулагч
번역자 орчуулагч
번역하다(~을) орчуулагда|х
번역하다(타국어 문자로) галичла|х
번영 жаргалан(г), зор
번영(번성.번창)하다 бадра|х, дэлгэрэ|х, манда|х, өөдлө|х
번영(번성.번창)하다(시키다) бойжи|х, дэгжрэ|х, хөгжи|х
번영하게 만들다 мандууа|х
번영하는 амжилттай, чинээлэг

번영하다 бадруула|х, дэлбээлэ|х
번잡한 будлиантай
번지 тоолол, тоот
번지르르한 비단류(類) люстра
번쩍 발하다 уласхий|х
번쩍번쩍 빛나게 되다 гялтай|х
번쩍번쩍 빛나는 гэрэлт, гялтгар
번쩍번쩍빛나다 гялбаала|х, гялбалза|х, мяралза|х
번쩍번쩍하게되다 гөлгөнө|х, гөлөлзө|х
번쩍번쩍하는 гилгэр, толийлго|х
번쩍번쩍하다 гилбэгнэ|х, гилбэлзэ|х, гилгэнэ|х, гилий|х, гилэлзэ|х, гөлчилзэ|х, гялай|х, гялтана|х, яралза|х
번쩍이게 되다 гялтай|х
번쩍이게 하다 гялтгана|х
번쩍이고 있다 тормолзо|х
번쩍이는 гилгэр, гэрэлт, гялгар, гялтгар
번쩍이는 빛 гялбаа
번쩍이다 анивчи|х, гий|х, гилбэлзэ|х, гилгэнэ|х, гилий|х, гилэлзэ|х, гөлчилзэ|х, гэрэлтэ|х, гялавхий|х, гялалза|х, гялба|х, гялбалза|х, гялс гялс хий|х, гялсхий|х, жирс жирс хийх, жирсий|х, жирэлзэ|х, онилзо|х, өнгөлө|х, тормой|х, уласхий|х, улбалза|х, цавцай|х, цахи|х, яралза|х
번창 жаргалан(г)
번창(번영)하다 дэгжи|х
번창하고 있는 амжилттай, чинээлэг
번창하는 урагштай
번창하다 гялалза|х
번초 чинжүү (蕃椒): 가짓과의 한해살이풀. 줄기 높이 60-90cm, 잎은 긴 달걀꼴에 끝이 뾰족하며 긴 타원형 열매는 녹색인데 익어 가면서 빨갛게 됨. 매운맛이 있어 양념으로 많이 씀. 당초(唐椒))
번호 30(№30) гучуул
번호 50(쉰)의 위치 тавьт
번호 90 ердүгээр
번호 номер, тоолол
번호(호수) 5 дугаар тав

번호(No., no) тоот
벌 따위가 가혹한 хату, хахир
벌 залхаалга, залхаамж
벌 цээрлүүлэлт, цээрлэл
벌(꿀벌:蜂) зөгий; хатан ~ 여왕벌; ~ уржуулэгу 양봉가(家) ~н бал 꿀, 벌꿀, 화밀(花蜜); ~н yyp (꿀벌의) 벌집, 벌통
벌(바람.기계등이) вөнгөрдөгдөх хүүгэ|х
벌(세금)을 부과하다 ноогд|үүлах
벌(팽이. 선풍기. 기계 등) вөнгөрдөгдөх гүнгэнэ|х
벌(팽이·선풍기가) вөнгөрдөгдөх нурги|х
벌거벗기다 задгайра|х, нүцэглэ|х, шалдла|х
벌거벗었다 чардай|х
벌거벗은 задгай, нүцгэн, салдан, халцархай, чармай, шалдан; ~ толгой 머리가 벗어진, 대머리의.
벌금 торгууль
벌금을 과하다(~에게) баала|х
벌금이 없는 торгуульгүй
벌꿀 бал; зөгийн ~ 벌꿀; ~ бурам дайлж; ~шиг амттай 꿀처럼 단, 극히 상냥한.
벌레 같은 хорхойтой
벌레 먹다 идэ|х
벌레 먹은 хорхой
벌레 бясаа. шавьж
벌레(지렁이·털벌레·땅벌레·구더기·거머리·회충류(類)) өт, хорхой
벌레가 많은 хорхойтой
벌레가 발생하다 өтө|х
벌레가 뿜은 거품 нулимдас
벌레먹은 자국 같은 хорхой
벌레붙은(먹은) хорхойтой
벌레처럼 꿈틀거리다 гүрвэлзэ|х
벌로 때리다 булгила|х, сава|х, цохи|х
벌리다(팔·양손 따위를) арсай|х, дэлгэ|х
벌목 허가(면허, 인가) гоожин; ~ гийн (나무를) 베어 넘어뜨리다

벌목꾼 модчин
벌벌 떠는 аймхай, уульхай, шалчгар
벌벌 떨다 салгана|х
벌써 нэгэнт
벌쏘임(암소의) жилбэ
벌어진 입 амтай
벌에 쏘였다 зө гийд хаттуула|х
벌이 따위로 외국에 나가다 бөхө|х
벌족(閥族) овог, омог, яс
벌집의 봉방(蜂房) эс
벌채된 목재들 дархи
벌충 нөхвөр
벌충하는 золио
벌충하다 нөхвөрлө|х
벌판 талбай, тариалан, хээр
벌하다 залхаа|х, хашраа|х, шийттүүлэ|х, шийтгэ|х, ялла|х
범(호랑이. 갈범, 칡범, 눈깔) бар, барс
범람 түлхээ, үерлэл, халимал
범람시키다(강따위를) асгара|х, үерлэ|х
범람케 하다(~에) урсга|х
범람하다 бялха|х, мэлмэлзэ|х
범선 дарвуул, завь, онгоц; нисэх ~ 비행선(기); усан ~ 배,함(선); шумбадаг ~ 잠수함(서브머린); ~ ны зангуу 닻; ~ны шураг 돛대, 마스트; ~ны дарвуу 보트의 범주; гуя ~ 카누; ~ны зогсоол 항구, 배가 닿는 곳; ~ны хэтгэ 고물, 선미(船尾); нисэх ~ны буудал 공항
범어(梵語)의 санскрид
범위 район, хүрээ(н), хэмжээт, цар хүрээ
범위 안에(~의) хиртэй
범위(규모)가 넓은 нэлхгэр
범위를 넓히다(~의) өргөжүүлэ|х, томруула|х
범의(犯意) эрээн
범죄 балаг
범죄 목적으로 불태우다 түймэрдэ|х
범죄 행위 эрүү
범죄성 эрүү

범죄성의 буруутай
범죄의 행동 эрүү
범죄의 гэмт, гэмтэй, хэрэгтэн, ялт
범죄자 хэрэгтэн
범죄자의 목과 손에 테를 씌우기 위하여 넓은 판자로 만든 형틀(족쇄) дөнгө
범주(帆柱) ай, аймаг, категори, дарвуул; үгсийн~ 품사(品詞); ургамлын ~ (한 지방이나 한 시대 특유의) 식물구계(區系);
범포(帆布) майхан
범하다 гажи|х, дургүйцэ|х
범할 수 없는 халдашгүй, эвдэршгүй
법 дүрэм, цааз
법 옹호자 өмгөөлөгч
법(규칙) 빠져나가다 зайлсхий|х; эр цэргийн албанасс ~ 군복무(병역, 군역(軍役)을 피하다
법(률)이 시행되지 않는 хууль гүй
법(률)이 없는 хуульгүй
법(法) хууль
법과 일치하여 зарчимт(ай), зүй
법규 дүрэм, жаяг, тогтоомж, хууль
법규(법률)를 따르다(따라가다) дүрэмлэ|х
법규(조례)의 조건으로 дүрэмт
법대로 зарчимт(ай)
법랑(琺瑯) паалан, сиян
법령 зарлиг, хууль
법률 дүрэм, хууль
법률 변호사 өмгөөлөгч
법률 재정인 шүүгч
법률 저술가 хуульч
법률 피고(의) яллагдагч
법률(맹세·약속·양심을 어기다(깨뜨리고 지나가다) гажи|х, зөрчи|х; хууль ~ 법률을 어기다
법률(맹세·약속·양심)을 어기다(범하다) дава|х; хууль ~ явдал 법률을 위반하다; хил хууль бусаар ~ 국경(지방)을 침범 하다.

법률(풍습)을 지키다 журамда|х
법률(풍습·규정·시간) 지키다(준수하다) баримтла|х; хууль дурэм ~ 법률을 준수 하다(지키다).
법률(풍습·규정·시간)의 정식절차를 지키다 (준수하다) хэлбэрдэ|х
법률가 өмгөөлөгч, хуульч
법률고문 зөвлө|х, зөвлөгч
법률로 위협하다(협박하다) хуулирха|х
법률상 정당하다고 인정하다 хуульчла|х
법률상의 위반자 хэрэгтэн
법률에 의해 хуульчлан
법률위반하다 дава|х
법률적 책임·형벌로부터의 면책 сүйтгэл
법률적(합법적)으로 법률상 хуульчлан
법률적인 보호(보장) сүйтгэл
법률학자 хуульч
법률화 хуульчлал
법리학자 хуульч
법무관 өмгөөлөгч
법석 넓 шуугиан
법석 дүйвээн
법식에 맞는 예법 доожоо
법에 따라 зарчимт(ай)
법에 따라서 зүй
법원의 지시 команд
법으로 으르다 хуулирха|х
법을 어기다 гажи|х
법인 корпорации
법정 상속인 залгамжлагч; өмч ~; хойчийг ~ 젊은이들, 떠오르는 세대.
법정에서의 대면(대결,대항,대치) нүүрэлдлэг
법정에서의 선서중언 өчиг
법정에의 신청(서) гуйгч, нэхэгч, өргөдөл
법정의 선서 тангараг
법정이 개정중임 хуралдаан, чуулган
법칙 горим, журам, теоем, хууль, эрх

법학생 хуульч
법학자 хуульч
벗 анд, найз, нөхөр, тал, түнш, хань; анд ~ 벗, 친구; хань 남편; хамт ажилладг ~ 동료, 동업자; багын анд ~ 어린 시절; танил ~ 좋은 사이; тэр, танил ~ ихтэй 그는 교제 범위가 (안면이, 발이) 넓다.
벗(기)다 үслэ|х
벗개다 дулиара|х
벗겨내다 арилга|х: арилах, зуламла|х, өвчи|х, холтло|х, холтосло|х
벗겨내다(~을) нялтра|х
벗겨내다(~의 껍질·깍지·칠 등을) хуула|х, хуура|х
벗겨져(미끄러져) 내리다 алдуура|х, холбиро|х
벗겨지다 зудра|х, сугара|х
벗기기(~의 껍질·깍지·칠 등을) холт; ~ татах (위장 등을) 벗기다, (옷을) 급히 벗다.
벗기는 ховхорхой
벗기다 тасра|х
벗기다(~의 껍질. 깍지. 칠 등을) арилга|х: арилах, хуула|х, хуура|х
벗는 ховхорхой
벗어나게 하다 хэлбий|х, чөлөөлө|х
벗어나다 аврагда|х, булза|х, булзаара|х, зайла|х, займра|х; тэд арай гэж амь аврагдав 그들은 간신히 그들의 생활에서 벗어났다.
(~로부터) 벗어나다 зулба|х
(~를) 벗어나다 хэгзрэ|х
벗어나다(~에서) бөхө|х, гадала|х
(~을) 벗어나다 чөлөөлөгдө|х
벗어남 гажиг, зугтлага, нугалаатан
벗어던지다 давуула|х, таягда|х
벗어지다 алдуура|х, холбиро|х
벗어진 задгай
벗은 허물 хөөвөр
벗이 되다 ханила|х
벗이 없는 ханигуй

벙어리의 дугай, хэлгүй
벙어리장갑 бээлий
베개 밑에 까는 기다란 덧베개 жинтүү
베개 дэр(эн), жинтүү; ~нэгдэх 결혼하다; ~ний уут 베갯잇; төмөр замын ~ мод 철도(선로)를 결합하다
베개가 되는 물건(쿠션) жинтүү
베개를 베다 дэрлэ|х; дэр ~ 베개 베고 휴식하다
베기 гурви
베끼다 зура|х, хуула|х
(~을) 베끼다(복사하다,모사하다) хуул-барла|х
베낀 것 галиг
베는(깎는)사람 хяргагч
베니어판 панер
베다 зүсэ|х, огтло|х, тайра|х, хайчла|х, хэрчи|х, хэрчлэ|х, хярга|х, шуу|х
베다문학의 계율(戒律) судар
베드(bed) ор(он); ганц хуний ~ 1 인용 침대; хоёр хуний ~ 2 인용 침대; давхар ~ 2단 침대; эвхдэг ~ (캠프용) 접침대, 야전침대; хуухдийн ~ 간이 침대, 보조침대; ~ны даавуу 시트, (침구의) 커버, 홑이불.
베어 낸 зүсэм, тайранхай, таймал, түгжгэр, хэрчмэл, хяргамал; ~ устэй 짧은 머리칼
베어(잘라)내다 цавчи|х, зүсэмнэ|х, огтло|х, тайрагда|х, таслуула|х, тасра|х, хэрчи|х, хада|х; хиам ~ 소시지(순대)를 썰다
베어냄 тайрдас
베어링통 холховч
베이스 аргил
베이스캠프 бааз
베이징(北京)(중국수도) Бээжин
베이킹파우더 хөрөнгө
베인 상처 шарх
베짜는 사람 нэхмэлчин
베테랑 ахмад

벡터의 성분 зай
벤 тэрэг (тэргэн)
벤자리 гурви, торомж, ухлаадас, хоног, хэрчлээс
벤진 бензин
벤치 бандан, вандан; цэцэрлэгийн ~ 공원벤치; ~ор панза침대
벨(종) хонх, харанга
벨(종.방울.초인종)을 울리다 хонхдо|х
벨루어 хамба хилэн
벨벳 хилэн
벨을 울려 일으키다 утасда|х
벨을 울려주다. хонгинуула|х
벨트 нөмгөн
벨트(가죽띠.혁대) бус; ~ эндээ 앞으로 벨트를 메다; аврах ~ 생명의 띠, 안전벨트
벼 тутрага
벼락 аянга, очир; ~ алмас 다이아몬드.
벼랑 байц, гүлттал, жалга, хавцгай, хад(ан), халил, хясаа, цохио
벼루 гүлттал
벼룩 нохой бөөс
벼룩 알 хиурс
벼룩이(이가) 동물에 기생하다 бөмстө|х
벼리다 гуранзда|х
벽 속에 가두다 битуулэ|х
벽 없는 오두막 сүүдрэвч
벽 хана(н)
벽(바위)의 갈라진 틈 ган(г)
벽걸이 천 сэнжгэр
벽널로장식하다 самбарла|х, хавтасла|х
벽돌 쌓기(공사) өрлөг
벽돌 제조인 тоосгочин
벽돌(한 개) тоосго(н), туйпуу(н)
벽돌공(장이) өрлөгчин, өрөгч
벽돌로 지은 것(건물) өрлөг
벽돌쌓기(공사) өрөлт
벽면에서 쑥 내민 унжир санжир
벽보 зарлал, плакат

벽슬(壁蝨) хачиг, хувалз
벽에 낙서하다 сараачи|х, сарийлга|х, сарла|х
벽옥(碧玉) хас
벽의 선반(시렁) дашинга
벽이 хачиг, хувалз
벽장 хорго, шуугээ
벽지 салбагар
벽토 гоюу, шаваас
변(便: 똥) баас
변경 засвар, өөрчлөлт, солигдол, сэлээ, хил, хувирал, хувьсал, хязгаар, шилжилт, ээлж
변경(수정)되다 өөрчлө|х
변경의 захдуу
변경하다 ондоолс|х, өөрчлө|х, солилдо|х, сэлгэ|х, сэлэ|х, улира|х, хала|х, хувилга|х, хувьса|х
변덕 адармаа, бааш
변덕 доншооч
변덕스러운 адайр, адармаатай, гаран орон, орон гаран, долгил, ёвроготой, маягтай, өөрчлөгдөмтгий, солигдмол, тавьтаргүй, тогтууригүй, туйлбаргүй, урваач, хөнгөмсөг, хувирамтай, хуйсгар, эрх, ярдаг, ярдаг; ~ хун 뒤에서 험담, 중상
변동 сэлээ, хала, хишиг, шилжилт, ээлж
변동(동요)하다 гуйва|х
변동성 хөдөлгөө
변두리 амсар, зах, ирмэг, сэжүүр, хавирга(н), хил, хөвөө, хязгаар; хотын ~ 가장자리; шрээний ~ 테이블의 테두리; даавууны ~ 물질의 테두리; ~ ирмэг (벼랑의) 가장자리
변론 учирлал
변론하다 шала|х
변말 дохио(н)
변명 далим, дашрам, жиг, нэрийдэл, тайлбар, тодорхойлолт, урхаг, уучлал, учирлал, хүлцэл; ~ жуг хийх 뒤에서 험담하다, 중상하다.
변명(구실, 핑계) 없이 өчигтүй
변명이 서는 ууцламаар
변발 또는 많은 머리에 의하여 (붙)잡다 гээгдэ|х
변발(辮髮) гөрмөл, гээгэг, саа, оочер, сулжээс (辮髮:옛날, 만주족이나 몽골인의 풍습으로, 남자 머리의 주위를 깎고 중앙의 머리만을 땋아 뒤로 길게 늘임. 또는 그 머리).
변발(땋아늘인머리)로 하다 оочерло|х
변변치 않은 хайнга
변복조 장치 модем (變復調裝置: 통신 시설을 통하여 데이터를 전송할 때, 전송 신호를 바꾸는 장치. 온라인 시스템에 쓰며, 또한 컴퓨터의 신호와 전화 회선의 신호를 서로 전환(變換)하는 장치)
변사(辯士) илтгэгч
변상 нөхвөр, төлөөс
변상(변제)하다 төлүүлэ|х, уушаа|х
변성 өөрчлөлт
변이 잘 통하게 하다 туула|х
변이(變移) өөрчлөлт, шилшилмэл жилт
변절 урвалт
변제하다 устгагда|х
변종 зуйл
변증법(辨證法) диалектик
변질 өөрчлөлт
변질(변모)하다 болго|х, боло|х, өөрчлөгдө|х; алаг ~ сарадаза, зататэ감추다 хир ~ дэрээжидэ; сайн ~ наажидэ, хиансаангдэ; хэнхэг ~ пэнчжан-хи хвалдонгжэкиди; хэвшил ~ ~э иксукэжиди; багш ~ гйоса га(сонсэн-и)двэди; гэр бул ~ гёрхонхадэ; богино ~ чжалбаджиди, модрада; өр ~ бич недэ; гарз ~, хохирол ~ илда, бунсил(сансил, сонсил)двэдэ; шорвог ~ ~э нему согуму манъи чёсо ~халсу обда; танил ~ ~ы ал(го идтэ)да, ~ва анын саиидэ(га двэдэ); харанхуй ~ одувёджида; хавар ~ бом-и одэ; туc ~ доваджуда; өөр ~ баквёдта, баквё~

으로 했다; халуун ~ 뜨거워지다, 달아오르다; сэтгэлтэй ~ ~을 사랑하(고 있)다, ~에게 반하다; цагаан ~ 희게 하다(되다), 표백(마전)하다;
변질되다 хортонто|х
변천 өөрчлөлт, солигдол, сэлээ, хала, хишиг, хувирал, шилжилт, ээлж
변체 хувилбар
변치 않는 суурьшилтай, тогтмол
변치 않다 тогтмолжуула|х
변칙 гажиг
변칙의 буруутай, гадуур, гажуу; ёсноос ~ 보통과 다른, 변칙의; ёсноос ~ 일국의 풍속 습관.
변태시키다 хувьса|х
변태의 буруутай
변태적인 гажуу
변통(便痛)약 туулга
변하기 쉬운 гаран орон, орон гаран, долгил, өөрчлөгдөмттгий, савсаг, солигдмол, сэржигнүүр, тогтворгүй, тогтууригүй, туйлбаргүй, хувирамтгай
(마음이) 변하기 쉬운 адармаатай
변하기 쉬운 성질 가변성의 өөрчлөнгүй
변하기 쉬움 алгасал
변하기 쉽다 тогтворгүйтэ|х
변하다 боло|х, ондооло|х, өөрчлө|х, өөрчлөгдө|х, хувирга|х
변하지 않는 өөрчлөгдөшгүй, хэлбэршгүй, хэлбэрэлтгүй, хээвнэг
변하지 않다 тогтмолжи|х
변함없이 байнга
변혁 хувьсгал
변형 хувилбар
변형(천) хувьсал
변형시키다 хувьса|х
변호 хүлцэл
변호사 зөвлө|х, зөвлөгч, хуульч
변호하다(~을) шала|х
변화 өөрчлөлт, солигдол, сэлээ, хала, хишиг, хувирал, хувьсал, шилжилт, ээлж
변화가 많은 гаран орон, орон гаран, мирээн, тогтууригүй, халтар, халтарта|х, эрээн
변화 등을 가져오다 нөлөөлө|х
변화를 가져오다(~의)(초래하다) алдуула|х
변화무쌍한 солигдмол
변화의 징후(신호)가 없는 тттөлөвгүй
변화하다 боло|х, өөрчлө|х, өөрчлөгдө|х, хувира|х, хувирга|х; чулуу ~ 엷은(밝은) 잿빛으로 변하다
별 од(он); одон гараг 행성; Усан ~ 수성(星); одон орныг судлах оргил 천문(기상, 관상)대, 측후소(관측소); одон орныг судлал 천문학,성학(星學); одон орныг судлалч 천문학자; ~ ны дуран 망원경, 원통상(狀) 확대 광학 기계(기관지경·방광경 등).
별 같은(모양의) одтой
별개의 бус, мөртөө, ондоо
별거 салалт
별관 павильон
별나다 онцгойдо|х
별난 생각 адармаа
별난 хачин
별다름 없는(~나) дөнгүүр
별똥별 солир
별명 хоч
별명(애칭)으로 부르게 하다 хочлуула|х
별명(애칭)으로 부르다 хосло|х
(~에게) 별명(애칭)으로 하다 хочлуула|х, хосло|х
(~에) 별명을 붙이다 овогло|х
별빛 밝은 밤의 одтой
별생각 없이 зэрмэгхэн, тохиолтлоор
별스럽게 жигтэй
별안간의 гэнэтхэн
별의 세계 ертөнц
별의 엄폐 хиртэлт
별의 одтой

별이 많은 одтой
별자(別子) бутач
별자리 орд
별장(정원 등이 있는) сайужи эдэлбэр газар
별처럼 빛나는 одтой
별형 хувилбар
볏가리 нуруу(н)
병 лонх(он); ~ дарс 포도주 한 병; миний охин өдөрт хоёр ~ сүү уудаг 나의 딸은 하루에 우유를 두(2)병 마신다.
병 хэрзий|х, чилээ
병(깡통)따개 нээгч
병(病) өвчин, өвчлөлт; ~ эмгэг 병, 건강치 못함; ~ зо-влон 질병; хунд ~ 괴로움, 가슴아픈 병; сурьеэ бол маш аюултай ~ 결절이 아주 심각한 병이다; ужиг ~ 만성질병.
병 회복기 및 결핵 환자의 요양소 диспансер
병(사상·신앙·잡초·해충등을) 근절하다 мөхөө|х
병(사상·신앙·잡초·해충등을) 근절했다 уста|х
병(통)의 마개 бөглөө, таглаа
병(화학작용등에) 견디다 давирхада|х
병간호로 밤새우다(밤샘을 하다) жижүүрлэ|х
병균(病菌) вирус, нян
병균(세균)이 발생하다 нянта|х
병균을 전염시키다(~에) бугла|х, халдаа|х, халдварла|х
병기 зэвсэглэл, зэмсэг, зэвсэг; ээвсгээ барих ~ 무기를 들다; хуйтэн ~ 날붙이 (칼·총·검 등); галт ~ 공격 무기; ~ хураах 무장 해제하다; багаж ~ 공구, 장비, 설비; чулуун зэвсгийн үе 석기시대; хурэл зэвсгийн үе 청동기 시대; ~ нэгтэй нөхөр (같은 관직·전문 직업의) 동료(동업자)
병독에 침범되다 халдагда|х

병든 биегүй, өвчтэй, чилээрхүү
병든 모습(생김.외모) галбиргүй
병들다 нэрвэгдэ|х, өвдө|х; бие ~ 병이 나다; толгой ~ 두통이 나다; гэдэс ~ 위장병이 나다.
병력 тэнхээ, цэрэг, чадал
병법 стратег, тактик
병사의 дайчин
병상을 악화하다 сэдрээ|х
병신을 만들다 бэртээ|х
병약하다 бие хямрах
병약한 дорой, дудрай, ёлбогор, сулбагар, хуржгар
병에 걸리기 쉬운 өвчлөмтгий
병에 걸리다 бие өөвлөх, огиула|х, өвдө|х, хүйтэнтэ|х; бие ~ 병이 나다; толгой ~ 두통이 나다; гэдэс ~ 위장병이 나다.
병에 걸린 бие муу, өвчтэй
병에 끊임없이 시달리는 사람 зовинги
병영생활을 하다 хуарагпа|х
병원 больниц, госпиталь, эмнэлэг
병원 간호사(간호병) санитар
병원균(病原菌) нян
병원균의 침입 халдвар
병원성- өвчлүүлэгч
병으로 쓰러지다 ойчи|х; муурч ~ 실신(졸도,기절)하다; газар ~ 지면(땅) 에 떨어지다; гэнэт ~ 갑자기 떨어지다; усанд ~ 물이떨어지다; цонхноос ~ 창문밖으로 떨어지다.
병의 бие муу, өвчтэй
병의 목 부분 хоолой
병의 악화하다 цаашла|х
병의 위험기 хямрал
병이 기생충에 의한 шимэгч
병이 깊게 되다 лавшра|х
병이 나다 өвчлө|х
병이 낫다 домно|х, эдгэрэ|х
병이 만연하다 бөмстө|х

병이 악화되다 лавшра|х
병이나 환자를 치료하다(고치다) домно|х, эмчлэ|х
병인성- өвчлүүлэгч
병자 өвдөгсөд
병장 түрүүч
병적 흥분 хэнээрхэл
병적에 올리다 дансла|х
병적에 편입하다 элсүүлэ|х
병적으로 흥분하다 бахарда|х
병적으로 흥분한 хийрхүү
병적인 буруутай
병적흥분 хийрхэл
병징적인 өвчлүүлэгч
병폐 яр
병후에 자리에서 일어나다 өөдлө|х
볕에 그을리다 борло|х
볕에 탐 түлэнхий
보각(補角) хавсралт
보강하다 бэхлэ|х
(~에) 보강하다 тула|х
(~을) 보강하다 тогроо|х
보건상의 ариун
보건소 диспансер
보결(자) ор(он)
보고 матаас, мэдээ(н), мэдээлэл
보고(寶庫) сан; валютын ~ 통화기금, 준비(적립)금; ~ хэ мрэ г 보고(寶庫), 보물창고; эрдэнэсийн ~ 보배, 보물, 재화; Сангийн яам ~ 재무장관 номын ~ 도서관; эмийн ~ 약방, 약국; усны ~ 저장소, 저수지, 급수소(탱크).
보고(서) илтгэл, рапорт, сонсгол, сурвалжлагч, тайлан; ~э гэ х 보고하다; ~ хулээж авах 보고를 받다; жилийн тайлан ~ 연보(年報); ~ тавих 보고서를 작성하다.
보고 곧 알다 тани|х, танигда|х
보고 기겁을 하다(~을) хулмагана|х
보고 문학(문체) сурвалжлага
보고 있지 않는 хараагүй

보고 짖다(~을) хуца|х
보고하다 илтгэ|х, үгчлэ|х; ~ хуудас 보고하다
(~에게) 보고(통지)하다 сонордуула|х, айлтга|х, дуулга|х, мата|х, мэдээлэ|х; ~ хуудас (회사·단체의) 회보, 연보, 월보
보관 титэм, хадгаламт
보관위원 асрамжлагч
보관인 асрамжлагч, сахигч
보관자 асрамжлагч, сахигч, хадгалагч
보균자(물) нарт да тээ|х
보금자리 үүр, хонуур
보금자리를 지어주다 үүрлэ|х
보금자리에 깃들이게 하다 үүрлэ|х
보급 запас, нөөц, олдоц, тархалт, тархац, хөгжил, хөгжилт
보급된 түгээмэл
보급된다 нэлэнхийрэ|х
보급시키다 дэлгэрүүлэ|х, тарха|х
보기 жишээ
보기 드문 зүгээргүй, ховор
보기 드물다 ховорши|х
보기 싫다 нурмай|х
보기 싫은 доожоогүй, жавхаагүй, лөөлгөр, муухай, нурмагар, үзэшгүй
보기 싫지 않음 хунш
보기 좋은 булээвтэр
보내다 гарга|х, гуйва|х, гүйлге|х, илгээ|х, өгүүлэ|х, хариула|х, явуула|х; гадаадад ~ 외국으로 발송하다, 해외로(에) 보내다; гадаа ~ 데리고 나가다, 자리에서 끌어내다, 쫴내다; ажлаас ~ 해임하다, 해고 하다
(~에게) 보내다(주다) залра|х
보는 사람 ажиглагч
보다 үзэ|х, үзэглэ|х
(~을)보다 анзаара|х, гоморхол, толило|х, үзэ|х, халай|х, хара|х, царайла|х, шагай|х
보다(~이 보이다) гөвши|х
(~으로) 보다(간주하다) тооло|х, үзэ|х
~보다 강한 дардгархан

~보다 검은 харавтар
~보다 고위(상위)의 дээр, охь; аль нь ~вэ? 어느 것이 더 좋습니까?; тэр уунийг надаас ~ хийдэг 나는 그것보다 더 좋은 것을 한다; нарны халхаа авбал ~ биш уу? 당신보다 더 좋은 우산을 가지지 않았습니까?
~보다 곤란을 격게되다 хэцүүтэ|х
~보다 굳은 дардгархан
~보다 깊이 гүнзгийвтэр
~보다 끈적(끈끈)하고 보드라워지다 нялцгайра|х
~보다 나게 주다(받다) толиро|х
~보다 나쁘게(호되게) муувтар
~보다 나쁘게 되다 гудай|х, гулра|х
~보다 나쁜 муувтар
~보다 나아지다 илүүтэ|х
~보다 나은 давуу, дээр, миний бие ялаарь байна, олигтойхон
~보다 나은 느낌 сэрвий|х
~보다 낫다 давуула|х, илүүдэ|х, түрүүлэ|х, дава|х
~보다 낮은 намхан
~보다 널리 알려져 있다 тарха|х
~보다 높게 향하게 하다(~을 높게 향해 나아가게 하다) дээшдэ|х
~보다 높은 дээр, охь
~보다 높이 дээдэх, гаруй
보다 더 재촉하다 давчууса|х
보다 떨어지게 되다 холто|х
~보다 뚜렷한(명백한) тодхон
~보다 뛰어나다 голдо|х, илүүдэ|х, дава|х, давуула|х
보다 많다 илүүдүүлэ|х
보다 많아지다 ихтэ|х
보다 많은 수(양, 정도) түлхүү
~보다 많은 хэд(эн), гаран орон, орон гаран, гаруй; арав ~ ~보다 많이; жил ~ ~이상으로(의)
보다 많은(큰) миний бие ялаарь байна
보다 많이(많은) хэтрэл
보다 먼(외딴) зайдуухан
보다 멀리되다 холто|х
보다 모난 хурцхан
보다 모질다 чангаруула|х
보다 발달(발육)이 불충분하다 давжаара|х
보다 밝게 гэгээвтэр
보다 보드랍게 잘 붙는다 нялцгайра|х
보다 부족(빈약)하게 되다 хомсто|х
보다 불유쾌한 тухгүйхэн
보다 서늘(시원)한 сэрүүвтэр
보다 소박한 гэнэхэн
보다 순진한 гэнэхэн; ~ амьтан 소박한 사람
보다 쉽게 운반하기위해서 싸다(감싸다. 포장하다) ваадагна|х
보다 심하게 되다 гудай|х, гулра|х, доройто|х, муутга|х, нэтрэ|х; эруул мэнд ~ 건강이 악화되다, 나빠지다; нүдээ ~ 시력이 더 나쁘게 되다.
보다 심하게 만들다 дорсоо|х
보다 심하게 바뀌다 ганда|х
보다 앞서 있다 түрүүлэ|х, урьта|х
보다 앞에 서 있다 түрүүлэ|х
보다 어두운 харавтар
보다 엄하게 만들다 чангаруула|х
보다 위의 дээр, охь
보다 유연성이 있는 уяхан
보다 적은 нэмүүхэн
보다 적지 않은(것) цөөнгүй
보다 정밀(정확)하게 만들다 тодото|х
보다 좁아지는 давчуухан
보다 좋게 얻다(입수하다) толиро|х
보다 좋아지다 дээртэ|х
보다 좋은 давуу, дээр, миний бие ялаарь байна, олигтойхон
보다 좋은 느낌 сэрвий|х
보다 짧은(작은) тогдгорхон
~보다 크다(많다) илүүдэ|х, дава|х, давуула|х
보다 튼튼한 дардгархан

보다 호되게 하다 чангарууула|х
보다 화사하게 гэгээвтэр
보다 활동적이 되다 идэвхжүүлэ|х
보다 훌륭한 гоёлог
보다(다소)가벼운 хөнгөндүү
보답 залхаалга, залхаамж, хариу, хариулт, цээрлэл
보답(報答)하다(~에게) хариула|х, шагна|х, нөхвөрлө|х, урамшуула|х, хөхүүлэ|х
보도 матаас, мэдээ(н), мэдээлэл, рапорт, сонин, сонсгол, сураг, сурвалжлагч, тайлан, чимээ; ~ний цомог 뉴스 요약; суулийн уеийн ~ 지난 뉴스
보도(步道) жим, зам, зөрөг, харгуй
보도하다 тайлагна|х
보드라운 торгомсог, торгомсог
보드카(러시아산 화주(火酒)) архи; ~ дарс 알코올음료; ~нд орох 술 마시는 버릇이 생기다; жимсний ~ 와인, 포도주; ~ ууж согтох 취하다; ~ уудаггүй/амсдаггүй хүн 절대 금주(주의)자.
보들보들하게 되다 уята|х
보들보들한 булбарай, зөөлөн, улбагар
보디가드 хиа
보디빌딩 чийрэгжилт
보따리 баглаа, багц
보라색 нил; ~ цэцэг 바이올렛(제비꽃 (속(屬)의 식물)); ~ ягаан 자외선(略: UV)
보람 없는 дэмий, лөө лөө
보랏빛 ягаавтар, ягаан
보려고 하지 않는 хараагүй
보력(補力)하다 эрчимжүүлэ|х
보름달 тэргэл сар
보리 арвай; ~н гурил 오트밀, 곱게 탄 (빻은) 귀리, 보리 가루.
보리 등의 깜부기 харуу
보리 등의 이삭 түрүү; улаан буудайн ~ 밀(소맥)의 이삭; тарианы ~ 옥수수 열매.

보리 따위의 꺼끄러기 сахал
보링 өрөмдөгч
보면대 ширээ
보모(保姆) асрагч
보물 창고 хөмрөг
보병(공병) 중대 суман
보병(步兵) жард
보복 залхаалга, залхаамж, өс, өшөө, хариулт, цээрлэл
보복하다 барьца|х
보빈 катушка
보살피게 하다 гамнуула|х
(~을) 보살пида үйлчлэ|х, арчла|х, асрамжла|х, бөөцийлө|х, гамна|х, додомдо|х, халамжла|х; өвчтөн ~ 간호사는 환자를 돌보다
보살피다(돌보다)(~을) сувила|х, тордо|х, хара|х
보살핌 арчилгаа, асрамж, тордлого; ~ индаа авах ~을 맡다, ~을 돌보다
보상 нөхвөр, төлөөс
보상받을 만한 хөөрхий
보색(補色)을섞다(~에) саармагжуула|х
보석 эрдэнэ
보석(금) даалт; ~анд авах 보증인이 보석을 받게하다; ~аар гаргах 보석으로 면제(해제)하다
보석(금줄 따위의) 목걸이 сондор
보석(금줄)의 목걸이 жинжүү, зүүлт; хузууний ~ 목걸이,펜던트; бичгийн ~ 각주(脚注)
보석용 원석(原石) эрдэнэ
보세창고 склад
보수 төлөөс, харамж, цалин, шагнал
보수(주로 시간급·일급·주급) хөлс
보수를(상을) 주다 урамшуула|х, шагна|х, хөхүүлэ|х
보스 дарга, тэргүүлэгч
보슬비 намираа
보습자리 гурви, шан
보시(布施) буян, өглөг, түгээл; ~ийн эзэн 시주(施主), 자선가

보시기(공기) аяга, түмпэн, цөгц
보아서 기분이 좋은 булээвтэр
보안 хамгаалал
보여 주거나 헛된 기대를 갖게 하여 감질나게(안타깝게) 하여 괴롭히다. хоргомчло|х
보옥 эрдэнэ
보완하는 것 бүрдэл
보원 туршуул
보유(補遺) нэмэлт, хавсралт
보육하는 хөхүүл
보육하다(~를) тордо|х
보은 хариулал
보은의 마음 талархал
보이게 되다 гарга|х, бултай|х, гадагшла|х, гара|х, хаварши|х
보이게 하다(~로) бэлтгүүлэ|х
보이게(믿게) 하다(~로) иттүүлэ|х
보이게(통하게, 쓰게) 되다 онгой|х
보이기 шоу
보이다 задра|х, нээгдэ|х, үзэгдэ|х, халай|х, харуула|х
(~로) 보이다 алагла|х, бололтой, бултай|х, түнэртэ|х, хаварши|х
(~으로) 보이다 бодогдо|х, бололтой, санагда|х
(~이) 보이다 булхайца|х, гоморхол, үзэ|х, хара|х
(~인 것같이) 보이다(여겨지다). ажгуу
(~임을) 보이다 гарга|х
보이지 않게 하다 арила|х, зувчи|х; миний ном зувчиж угүй болов 나의 책이 시야에서 사라졌다.
보이지 않는 битүү, далд, өнжилгүй, үзээгүй
보이지 않는다 дута|х
보임 үзвэр
보자기 боодол, ороодос, ороолт; ~ торго 비단 보자기; хүзүүний ~ 스카프, 목도리; хэ лийн ~ 음식포장
보자기(보(袱).보자(袱子) ваадан(г)
보잘 것 없는 гоомой, гэдэн годон, даржгар, долгил, дэгдэгнүүр, мөчид, хөнгөмсөг, хуугиа
보잘것 없다 гоомойдо|х, хуугиата|х
보장 хариулал
보전(보존)하다 баталгаажих, даа|х, хадгалагда|х, хадгала|х
(~에게) 보장하다 үнэмшүүлэ|х
보정(補正)되다 идээши|х
보조(측근)자 туслагч
보조(페이스) алхам
보조개 хонхорхой
보조물 туслагч
보조의 дайвар, дэд
보존(전) дармал, хадгалалт, хадгалалт
보존자 хадгалагч
보존(전)하다 дара|х, агуула|х, багтаа|х, хадгала|х
보좌역 туслагч; цэргийн даргын ~ 장관(將官) 전속부관
보증 даалт, даатгал
보증(보장) баиалгаа, батламж; ~ өгөх ~을 확실히 하다, 보장하다.
(~에게) 보증(보장)하다 батла|х
(~을) 보증(승인)하다 ломбодо|х; шуд ~ 입에 가득하게 하다(채우다)
보증(이 되는 것) ордер; орон сууцны 아파트를 위임하다
보증된 것 батлуула|х
보증서 ордер
보증인 даагч, даалт
보증인이 되다 баталгаажих, барьцаала|х
보증하다 баталгаажих, даа|х, хариуца|х; даан ававх ~할 책임을 떠맡다, (태도·임무를·책임을) 취하다(떠맡다)
(~에게) 보증하다 үнэмшүүлэ|х
보초 манаа, манаач, хамгаалагч, харуул, хилчин, хуяг; ~ манах 경계하다; ~нд гарах 보초서다, 지키다; ~ хийх 망을 보다; ~ны шовгор 보초막, 초소
보초의 감시 манаа; ~ манах 경계하다;

~нд гарах боچсрда, зикида; ~ хийх манг бода; ~ны шовгор бочсмок, чосо
보충 нэмэлт, хавсралт
보충(보족)물 бурдэл
보충병(신병)의 경호 дэглэлт
보탬 орц
보통 дундаж, тогтмолжилт; сарын ~ цалин 월정의 평균값 임금; халуун хуйтний хилийн ~ 일년에 걸친 평균 온도; ~хурд 평균 속도
보통 걸음으로 걷다(말이) алха|х
보통 명문가의 혈통 удам
보통 일반적인 작은 철새 бялзуухай
보통(통례)적으로 ердээ
보통(통상)의 хэвшмэл
보통과 다르다 мунагта|х
보통과 다르게 행동하다 мунагла|х
보통과 다른 буруутай, гадуур, гажуу, гажууд, гайхал, мунаг, солиу, тэрсүүд, чамин
보통과 다른 마음이다 хэнээрхэ|х
보통과 다른 정신적이다 хэнээрхэ|х
보통과 다른 지적이다 хэнээрхэ|х
보통으로 дуль, дунд
보통은 ихэнхдээ
보통의 барагтай, бэртэгчин, дару, дуль, дунд, дундуур, ер, ердийн, еренхий, жир, жирийн, зэхий, таарууу, тиймэрхүү, толиур, үтэл, хэвийн, хэвийн, эгэл, энгийн; ~ хун 보통사람; ~ хесаг 짐수레(트럭) 운송; ~ тэавэр 짐수레에 화물을 싣다; ~ сэдэв 일정한 요리; ~ хун 속물, 교양 없는 사람; ~ уээл 속물근성, 무교양
보통의 일 ингүүхэн
보통이 아닌 гаргууд, гаргууд, зүгээргүй, онцгой, ховор, чамин
보통이다 нэлэнхийрэ|х
보트 завь, онгоц, хөлөг; шумба-даг ~ 잠수정; ~чин бэтсагон, 보트 젓는 사람, 사공.
보트(요트)레이스 гүйлт, давхилт

보편적인 бух, еренхий, нэлэнхий, түгээмэл
보폭(步幅) гишгэм
보풀 унгарил
보풀의 сэвсгэр
보행자 явган; ~ хун 보행자; ~ хуний포장 도로, 보도, 인도; ~ аар 걸어서, 도보로
보행하는 моригүй
보험(계약) даатгал; нийгмийн ~ 사회 보험; ~ хийх ~에 보험을 들다, ~의 보험 계약을 하다.
보험 계약을 하다 даатгуула|х, даатга|х; амь биеэ ~ 생명보험을 들다(가입하다); эд хөрөнгөө ~ 재산보험에 들다, 화재보험에 들다
보험업 даатгал
보험을 들다 даатгуула|х, даатга|х
보호 арчилгаа, асрамж, ивээл, мутар, тордлого, хадгалалт, хамгаалал
보호 받는 нөмөрдүү
보호 받을 곳을 찾다 нөмөрдө|х
보호 아래(~의) асруула|х (асрах)
보호하다 аврагда|х, ивээ|х, хаацайла|х,
보호(수호,비호,옹호,방어)하다 аврагда|х, ивээ|х, хаацайла|х, өмгөөлө|х, өмгөлө|х, хамгаалагда|х, хамгаала|х
보호(자)가 없는 хамгаалалтгүй
보호(자치)령 ээмшил
보호금 тэтгэвэр, тэтгэлэг
보호물 бамбай, дэлгэц
보호물(자) халхавч, халх
보호자 авгарч, амьдруулагч, асрамжлагч, өмөг тушиг, сахигч, хадгалагч, хамгаалагч
보호하는 ивээлт
보호하다 авра|х, нандигна|х, халхавчла|х
보호하다(~을) орогнуула|х, хоргодуула|х
복(식) хоёр
복개(覆蓋) хавхаг

복구작업 засагч
복군(卜軍) дамнуурчин
복권 뽑기 сугалаа
복권 판매 сугалаа
복권 цагаатгал
복권(복직, 복위)시키다 цагаатга|х
복귀(復歸) харилт, цагаатгал, өгөөж
복귀(귀속)하다 өнхрүүлэ|х, тэхэл
복근을 긴장시키다 дүлэ|х
복근을 뒤틀리게 하다(접질리게 하다) дүлэ|х
복도 гудам, коридор, хонгил
복마(卜馬) шудлэн
복막(腹膜) ханчир
복면 баг
복무하다 үйлчлүүлэ|х
복받은 ереелт, хувьтай
복받침 ундрал
복본위제(復本位制)하의 금은비가(金銀比價) коэффициент
복부 харвин, гэдэс(эн), ходоод(он)
복사 гэрэлтэлт, тоор, хувь, хуулбар
복사기 олшруулагч
복사기로 여러 통 복사하다 олшруула|х
복사뼈 шагай
복사뼈까지 오는 눈 улар
복사지 сиймгэр
복사하는 사람 олшруулагч
복사하다 олшруула|х, хуула|х
복서(권투선수) боксчин
복성(福星) Бархасбадь
복수 өс, өшөө
복숭 тоор
복숭아 따위의 부드러운 털 унгарил
복숭아 тоор
복숭아나무 тоор
복식(服飾) костюм
복싱(권투) бокс
복싱 링 дэвжээ
복안 шийдэл

복원하다 цагаатга|х
복잡 эгзэг
복잡성 эгзэг
복잡하게 되다 хүндрэ|х, хүндрэ|х
복잡하게 하다 будлиантуула|х, хүндрүүлэ|х
복잡하다 цамаарха|х
복잡한 будлиантай, бэрхтэй, бэрхшээлтэй, цогц, цоцолбор, ээдрээтэй
복잡한 것(일) эгзэг
복잡화 эгзэг
복장 өмсгөл, палааж, салаавч
복장(머리)을 흩뜨리다 сагсай|х; ус ~ 흘어진, 헝클어진다. 봉두난발의
복장의 한 벌 хослол
복종 дааруулга, дуулгар, номхоттол
복종시키다 захирагда|х, нийцүүлэ|х, номхро|х
복종(예속,진압)시키다 номхотох, номхруула|х
복종적인 хүлцэнгүй
복종하는 албат
복종하다(~에) дага|х; уг ~ 권면(충고)에 따르다; ая ~ ~에 복종하다, ~에 따르다; санаа ~ ~으로 보이다, ~(인 것) 같다, ~(인 것으)로 생각되다; даган дуурайх ~을 본보기로 하다; дагаар орох 내어주다, 넘겨주다.
복지 мэнд, халамжла|х, энх
복직 цагаатгал
복통으로 우르르 올리다 хоржигно|х
복판(腹板) омруу
복합(체)의 цоцолбор
복합물 хольц
복합어 холио
볶(아 조리하)다(기름으로) шарагда|х
볶다(덖다)(~를) хуура|х
볶은 хайрмал
본(本) загвар, үлгэр
본(형) дуурилал, модель, хээ, хийц
본격적으로 시작하다(~를) шигдэ|х

본국 гэртээ, нутаг; төрсөн ~ 조국, 모국; нэг нутгийн хун 동포, 동국인.
본국의 нутгийнхан
본데없는 дэгтүй, танхай
본래 мөртөө; ~ байх 마음대로 할 수 있다, 남의 제재를(속박을) 받지 않다; ~ явах 자기 생각대로 하다.
본래상태로(습관,신앙으로) 되돌아가다 өнхрүүлө|х
본래의 оор, уул
본론(화제)에서 이탈하지않다 байлга|х
본받다 дүрэмлэ|х, дууриа|х
본보기 дууриал, жишиг, жишээ, загвар, тольтой, цээрлүүлэлт
본보기로 하다(~을) жишээлэ|х
본분 гааль, роль
본분을 다하다 нэмэрлэ|х
본성 ааш
본성(질) зан(г)
본심으로 되돌아오다 галбиржи|х, тэлрэ|х
본심을속이다 гоёмсогло|х, гуйгуурла|х
본원 булаг
본위의 чиглэлтэй
본의가 아닌 дурамжхан, дургүй
본인 자신이(몸소) биечлэн
본제를 떠나(와별도로) 눕다(존재하다) хажуула|х
본제를 벗어나다 хадуура|х, хэлбэрэ|х
본질 бодис, ноц, охь
본질적으로 мөртөө
본체 쪽으로 접다 атируулла|х
본체 бодис
본토(本土) тив; Еврон ~ 유럽대륙(영국제도(諸島)와 구별하여)
볼 хацар
볼(공) бөмбөг(өн)
볼 기회 үзвэр
볼 수 있음 бараа, үзшил
볼가강 낮은(저지대)쪽의 유역과 중국 서쪽 지방까지 뻗은 불교(도)의 몽골 종족 그룹의 Kalmuck халимаг
볼기 өгзөг
볼꼴 사납게 하다 майра|х
볼꼴 사납지(남부럽지) 않은 зэгсэн
볼록렌즈 бултгэр, гүвгэр
볼록하게 만들다(~을) томбойлго|х
볼록한 бултгэр, гүвгэр, гүдгэр, ёмбогор, товруут(ай), томбогор, төвгөр; ~ нүдтэй 퉁방울눈의; 눈을 희번덕거리는, (놀라서) 눈을 부릅뜬; ~ хадаас 볼록한 대갈못.
볼수 없게 만들다 сохло|х
볼일 хэрэг
볼트 вольт (volt: 전위차·전압 및 기전력의 실용 단위《1볼트는 1옴의 전기 저항을 갖는 도체에 1암페어의 전류를 통했을 때 그 도체의 양쪽 끝에 생기는 전위차임. 약호 V》).
볼트 түгжээ
볼트 수 хүчдэл (略: V); э ндэ р/нам ~ 고전압/ 저전압.
볼트(나사못.금속핀이)풀어지다 уйда|х
볼트(지퍼·클립·핀·단추·혹·빗장) шилбө
볼트로 죄다(~에) түгжи|х
볼트의 와셔 жийргэвч
볼펜 үзэг
볼품없는 дүрсгүй, ёжгүй, хонгор, хэвгүй
볼프람(wolfram) вольфрам
봄 캠프(숙소) хаваржаа(н)
봄(春: spring; springtime.) хавар (일 년 네 철의 첫째 철;입춘부터 입하전까지의 동안; 잔풀나기, 봄철, 방춘(芳春), 춘(春), 구춘(九春), 춘절(春節), 구십춘광(九十春光), 목왕지절(木旺之節), 청춘(靑春), 청양(靑陽), 청양가절(靑陽佳節), 삼사월(三四月), 감춘(酣春), 춘계(春季),춘기(春期),춘양(春陽),춘일(春日),양중(陽中)
봄(보임) үзвэр
봄에 처음으로 가축에 풀을 뜯기다 ногооло|х
봄에 처음으로 가축을 방목하다 ногооло|х
봄을 보내다 хаваржаала|х, хаваржи|х
봄의 모든 날 동안 хаваржин

봄의 신호로 나타나다 хаварши|х
봄의 전체 동안 хаваржин
봄철 хавар
봄철(날)을 보내다 хаваржаала|х
봉건제도 феодализм
봉급 хөлс, цалин
봉기 босгого
봉납(물) өргөл, тавилга, тайлга, тахил
봉납하다 зориулагда|х
봉두난발의 дэрвэгэр, сагсгар, сэгсгэр; ~ үс 헝클어진 머리; ~ мод 엉기정기 가지가 난 나무.
봉두난발이 되다 сэгсий|х
봉랍 лац (封蠟: 수지질(樹脂質)의 혼합물; 편지·포장물·병 등을 봉하여 붙이는 데 씀)
봉랍(밀랍)으로
봉인(날인)하다(밀봉하다) битуумжлэ|х
봉랍(封蠟) лав; ~ зул (양)초; ~ тос 역청 (瀝靑), аспальт, парафин, 석랍(石蠟).
봉랍(封蠟)·봉연(封鉛)·봉인지 등에 찍은(인장) тамга, тийз
봉랍으로 날인하다 лацда|х
봉랍으로 밀봉하다(밀폐하다 틈새를 막다) лацда|х
봉랍으로 조이다 лацда|х
봉밀(蜂蜜: 꿀) бал
봉사 сох
봉사하다 үйлчлүүлэ|х
봉쇄 хаагдал
봉쇄(선) буслэлт
봉쇄대(隊) буслэлт
봉쇄되다 хаагда|х
봉쇄된 тагжранхай, түгжигдмэл
봉쇄하다 бөглө|х, буслэ|х, хаа|х, хашигда|х, хөндөлдө|х
봉쇄했다 бөглөрө|х
봉신(封臣) хараат
봉오리 гөлөг, нахиа(н), цоморлиг
봉오리가 벌어짐 зулзага, найлзуур, нахиа(н), сүөэ
봉오리를 갖(게 하)다 гөлөглө|х

봉인 ломбо, тамга, тамгатай, тийз, тэмдэгт; шудний ~ (치아의) 충전재; ~ лац 실, 장식 우표; тугалган ~ 봉인
봉인(밀봉)한 그릇 안에 뜨거운 돌에 의하여 익힌 고기의 한 조각 хорхог
봉인이 돼 있지 않은 задархай
봉인하다(~에) битуулэ|х, битуумжлэ|х, мана|х
봉인하다(~을.에) ломбодо|х ; шуд ~ 입에 가득하게 하다(채우다)
봉제(縫製) оёдол, үйл
봉지의 실 гутруул
봉투 бүрээс(эн), дугтуй
봉투를 뜯다 ханзла|х
봉투에 넣다 дугтуйла|х
봉하다 битуулэ|х, бүрэ|х
봉합(선) заадас, оёо
봉합사(絲) оёдол
봉합선(접합선) оёдол
(~을)봐서 тул
부(富) баялаг; оюун санааны ~ 정신적 행복(부)
부(部) департамент
부(富)(재산을)를 자랑하다(떠벌리다) баярха|х
부(副)의 дайвар, дэд, дэс, хоёрдогч; ~ бутээгдэхуун 부산물, 부속물(附屬物), 부제품(副製品); ~ үг 부사(副詞), 어찌씨, 억씨; ~ ерөнхийлөгч 부회장; ~ хурандаа 육군 (공군)중령; ~ станц 변전소, (파이프 수송의) 중간 가압 기지, 서브스테이션; (우체국·방송국의) 지서(支署), 분국, 출장소.
부(富)의 мөнгөтэй; ~хүн 자산가.
부(賦: 특정 인물이나 사물을 읊은 고상한 서정시) магтаал
부(지)수 дугаар; сонины ~ 신문의 발행; ~ эрхлэн гаргагч 논설위원, 편집위원회;~ тавнх 세다, 열거하다;
부가 нэмэгдэл, нэмэлт, нэмээс, хавсралт

부가(추가)하다 хавсарга|х
부가물 нэмэгдэл, хавсралт
부가의 нэмүү, нэмэгдэл
부과 говчуур
부과금 татвар
부과하다 баала|х, лаахайда|х
부관 депутат, дэд, орлогч, дэслэгч, туслагч
부관(비서) бараа болоочийн
부근(인근.주변) гадуур, хавь
부근(주변)에(서) туша
부근에(의)(~의) хавийнхан, хавьцаа
부근의 зэргэлдээ, хажуу, хамар
부글거리며 가라앉(히)다 пол хийх
부글부글 끓게 하다 гөвий|х
부글부글 끓다 гөвдруутэ|х, памбай|х, хавда|х
부글부글 넘치다 оргило|х
부글부글 소리를 내다 бэлцгэнэ|х
부글부글 소리를 내며 끓다 пур хийх
부금(負金) өрөвтас
부기(장부) 계원(서기) ня-бо
부기(홍수) 빠지다 намхра|х
부기봉(棒) шугам
부끄러운 шившигт
부끄러움을 모르게 누워 있다 барин тавин худал хэлах
부끄러움을 모르는 жалмагар, жимүүс, нүүрэмгий
부끄러워하는 마음 гутамшиг, мундар, тоогүй, хөг
부끄러워하는 зовомтгой, ичимхий, тулгар
부끄러워하다 бишуурхэ|х, гирэвши|х
부끄러이 여기다 зүлчилзэ|х
부끄럼 гутамшиг, мундар, тоогүй, хөг
부끄럼타는 зовомтгой, ичимхий
부녀자 авгай, охин, эм; ~ тай хун 기혼녀, 부녀자
부닥치다 нүүрэлдэ|х
부단하다 тогтмолжуула|х
부단한 барагдашгүй, дуусаргүй, заагтүй, зогсолтгүй, тасралгүй, тасралтгүй, тасрашгүй, төгсгөлгүй, үргэлжид
부단히 경계하고 있는 сэргэг, сэрэмжтэй
부단히 경계하고 있다 сэрэмжлэ|х
부단히 방심하지 않는 соргог
부담 булуу(н), дарамт, ногдол, пассив, төлбөр, тээр, хүртээмж
부담(고통)을덜다 уужра|х
부담시키다(~에게) нэрмээслэ|х
부담이 되는 нүсэр
부담이 되다 лэглий|х, лай болох
부당 이득을 취하다 хонжи|х
부당 이득자 тоногч, хожооч, хонжигч
부당한 бурангуй, доожгүй, татгалзмаар, хэтэрхий
부당한 방법으로 빌붙다 улигла|х
부당한 취급을 하다(~에게) тари|х
부대 지휘관 командир, комендатур
부대 집결소 конслагерь
부대 корпус
부대(마대.자루) шуудай
부대(거친 천의) уут
부대(마대) 자루에 넣다 шуудайла|х
부대감(천) таар
부대를 해산하다 долро|х
부대선발 공병 пионер
부대용 거친 마포 таар
부대의 끈(실) гутруул
부대의 집결 бөөгнөрөл
부대자루에 넣다 савла|х
부대장(部隊長)(소위에서 대령까지) командир, комендатур, командлагч; хороо ~ 연대장
부도덕 буртаг
부도덕하게 되다 дэвтэ|х
부도덕한 доожгүй, дэв, ёсгүй, зарчимгүй, идэмхий, самуун, сүнсгүй, увайгүй, цадиггүй
부동의 тэнцүүгүй, мятрашгүй, тууштай, хөдөлшгүй, хөдөлшгүй

부두 일꾼(노동자) ачигч
부둥키다 бөмбийлө|х, энхрийлэ|х
부드러운 바람 урьхан; ~ салхи 산들바람
부드러운 바람이 불다 сэржигнэ|х
부드러운 색 будэг өнгө
부드러운 털 үс
부드러운 풀밭(초원) хялгана
부드러운 булбарай, булбэгэр, буржгар, зөөлөн, зөөлхөн, налимгар, намуухан, сэржигнүүр, туяхан, улбагар, энхрий, ялдамхан
부드러워지게 하다 дэвтэ|х, ялзра|х
부드러워지다 зөөлдө|х, зөөлши|х, налмий|х
부드럽게 улбас
부드럽게 되게 하다 уята|х
부드럽게(연하게) 되다 нялцай|х, зөөлрө|х
부드럽게 만들다 зөөлрүүлэ|х
부드럽게(연하게) 삶다(데치다) шалзла|х, шалзра|х
부드럽게 하다 уяра|х
부드럽게(연하게)하다 намилза|х, зөөлрүүлэ|х
부드럽고 달콤한 말 따위 нялуун
부드럽고 풍만하고 살이 잘 찌다 цулщай|х
부드럽고 풍만한 булбарай, булщгар, думбагар, логлогор, махлаг, помбогор
부득이 зайлшгүй, эрхбиш, эрхгүй
부등 ялгаа
부등깃털(깃이불에 넣는) унгарил
부등변 사각형 трапец
부디 уу
부딪다 балба|х, няцрах, хагала|х, харши|х, яйруула|х
부딪쳐 떨구다 тонилго|х
부딪쳐서 ~을 쿵하고 떨어뜨리다 тонилго|х
부딪치다 нүдэ|х, нүүрэлдэ|х, харши|х
부딪치어(~에) өмнөөс

부라 хөхөвч
부락 тосгон
부랑자 доншооч, зайгуул, золбин, тэнүүлчин, шоовдор
부랴트족(시베리아 동부의 몽골족) (부랴 트어) Буриад
부러운 атаархмаар
부러운 듯이 жөтөөрхуу
부러움 атаа, атаархал, жөтөө(н), найдангуй, хар, хор шар; ~ сэтгэл төрөх 부러워하다, 샘하다, 질투하다
부러워하다 атаарха|х, атаарха|х, атаархуулла|х, жөтөөрө|х, үтээрхэ|х, хордо|х
부러워함을 보이다 найдангуйла|х
부러진 부스러기 новш
부러진 이의 뿌리 хожуул
부로(俘虜) олзлогдогч
부록 нэмэлт, хавсралт
부루퉁함 наншаа
부류 ай, аймаг, анги, зүйл, категори
부르고 있다(~라고) нэрлэгдэ|х
부르는 소리 дуудлага, урма
부르다 дууда|х, нэрлэ|х, уриала|х; утсаар ~ 전화로 호출하다; уриалан ~ 부르다, ~에게 도움을 청하다
부르다(~라고) гэдэг
부르다(말하다)(~하고) гуула|х
부르짖는 уйлаан
부르짖음 орь, хашгараан; ~ дуу тавих 신음하다, 신음소리를 내다.
부르터 오르다 бөльций|х
부리 모양의 хошуут
부리 모양의 것 хошуу
부리(삐죽한 코)로 붙잡다 хоншоордо|х
부리가 있는 хошуут
부리로 쪼다 тонши|х
부모(양친, 어버이)가 없다 өнчрүүлэ|х
부모(어버이, 양친)가 없는 өнчин; өрөөсөн/бүтэн ~ 완전한 고아; ~ хүүхэд 부모가 없는 아이.

부모를 잃다 өнчрө|х; дайнд өнчирсөн 전쟁에 의하여 고아가 되다.
부문 ай, аймаг, депатамент, категори, тасаг, факультет
부본(副本) хувь, хуулбар
부부 관계 гэрлэлт
부부 등을 헤어지게 하다 хагачи|х
부부 한 쌍 гэрлэгсэд
부부 дүйз
부부가 되게 하다 гишгүүлэ|х
부부가 별거하다 хагацал зовол амсах
부분 анги, аяз, бие, хага, хувь, хэсэг; ~ цохих 산산조각 내다
부분(입마개, 재갈) сарьс(ан)
부분(요소로) 이루어져 있다 бурдэ|х
부분으로 분할하다 хэсэглэ|х
부분적으로 보여주다 бултайгла|х
부분적으로 там тум
부분적인 зарим
부분품 аяз
부비트랩 өөш
부빙(浮氷) хөвөгч
부사(하사)관 түрүүч; ахлагч ~ 선임 부(하)사관
부산떨게 하다 бужигна|х, самгарда|х, түгдэгнэ|х, үймэ|х, ховхино|х
부산떨다 бахь, бөндөгнө|х, дэдэнэ|х
부산한 мэгдүү
부삽 хүрз(эн)
부상 шарх
부상(상처의) 눈물을 흘리다 үгээрлэ|х
부상당한 사람 шархтан
부상을 당하다 шархда|х
부상을 입다 шархда|х
부상자 шархтан
부서(部署) хэлтэс
부서지기 쉬다 нунхий|х
부서지기 쉬운 булбарай, буурай, гулбигар, нунжгар, үйрмэг
부서지기(깨지기) 쉬운 сэвсгэр, түгдэрхий, хагарамхай, хэврэг
부서지기 쉽게 되다 гунда|х
부서지기(깨지기) 쉽다 нялхра|х, хүүрэ|х
부서지기(상하기,손상되기)쉽다 нялхра|х
부서지다 бусни|х, ниргүүлэ|х, тасалда|х, үйрэ|х, цавта|х, ямбий|х
부서진 지층 бартаа
부서진 차 сүйрэл
부서진 няцрах, өм, сэтэрхий, хагархай, хугархай, хэмхэрхий, эвдэрхий, ямбий
부서진(쪼개진) 조각 бяцархай, өргөс, холторхой
부석부석하다 салбагарда|х
부석부석하다(눈이) хэлхий|х
부석부석한(눈) сэлбэгэр, халбагар
부석부석해 지다 хүлхий|х
부설(건조)하다 зула|х
부속물 хавсралт, хэрэглэл, эд, гарнизон, тохижуулалт, хэрэглэл
부수고 뒤집어엎다 хядалца|х
부수다 мөхөө|х, нармий|х, ниргэ|х, нураа|х, пүд хийх, сөнөө|х, сүйрүүлэ|х, сүйтгэ|х, үйрүүлэ|х, хагала|х, хагара|х, хашраа|х, хэмхлэ|х, эвдлэ|х, эвдэ|х, юүрэ|х, яйра|х, ямбий|х
부수다(~을) хагара|х, язра|х
부수지다 салбара|х
부숨 хугаралт
부스러기 бяцархай, хэмхдэг, хэмхдэс
부스럼(종기) буглаа, гүвдрүү, монцгор, хатиг, булдруу
부스럼이 돋아나다 бижрүүтэ|х
부스럼이(종기)가 곪다 хатигта|х
부식 시키다 ялзла|х
부식 илжирхий, өгөршил, өмх, ялзар- мал, ялзрал
부식(부패)하다 ивэ|х
부식(부패, 쇠)하게 하다 үжрэ|х
부식(작용) зэв; ~ идэх 녹나다, 부식하다
부식(침식)하다 идэ|х, идүүлэ|х; чонond

~ нэлдэлшин тдээмэнд; төмөр зэвэнд цоо идуулжээ 그 철은 녹에 의해 부식 되었다
부식성의 гөнтэй, хорон, эхүүн
부식시키다 төөнө|х
부식양토(扶植壤土) ялзмаг
부식질토(扶植質土) ялзмаг
부식토 хөв, ялзмаг
부식하다 зэврэ|х, зэвтэ|х, ялзмагта|х
부식한 өмхий
부신(符信) талон
부싯돌 цахиур
부싯돌과 라이터돌을 함께 사용하는
부싯깃 уул
부아 уушиг
부양자 баримтлагч, дагалдагч
부양하다 тэтгэвэрлэ|х, тордо|х
부어(솟아)오르다 төмбийлгө|х
부어(치밀어)오르게 하다 гөвий|х
부어오르게 되다 түсгий|х
부어오르게 하다 булций|х, гувай|х, помбой|х, томбой|х, төмбий|х, түнтий|х, хавагна|х
부어오르고 ~에 감염돼(물들어) 있다 бугла|х
부어오르다 бадайра|х, бөлций|х, булций|х, бэлций|х, бэлцэгнэ|х, гөвдруутэ|х, гувай|х, гүрий|х, овой|х, памбай|х, пөнхий|х, пумбий|х, сэлхрэ|х, төвий|х, түмбий|х, тэсгий|х, хавда|х, хөө |х, хөөнгөтө|х, цондойх
부어오른 пөмбөгөр, түнхгэр, хавдар, холхгор, хөөнгө, цондгор, цүндгэр
부어오른(부푼) гувгар, гүргэр
부어오름 түнттэр
부언(부기)하다 нэмэгдүүлэ|х
부엌 쓰레기 хаягдал
부엌용 찬장 үхэг
부엌의 쓰레기 орхидос
부엌칼 заазуур, хутга
부엌칼로 난도질하다 заазуурда|х
부여잡다(붙잡다) барии|х; лаа ~ 양초에 불 붙이다; гэрэл ~등불을 켜다; барилга ~ 건조(축조.건축.건설)하다; майхан ~ 텐트를 세우다(짜맞추다); байшин ~ 집을 짓다; түр ~ 빌리다, 차용(借用) 하다; 돈을 꾸다; ~ гэрэл 결승점; тогоо ~ 살림을 꾸려 나가다; холбоо ~ 통신 수단을 확립(설치)하다; загас ~ 낚시질 하다, 고기를 낚다, 고기잡이하다; ус ~ 물을 운반하다(가지고있다); гэр ~ 조립하다, 건설(구축)하다, 세우다; зоог ~ 만찬회를 열다, 디너파티를 열다; эрх ~ 권세를 부리다, 권력을 남용하다; лаа ~ (양)초에 불을 밝히다; гэрэл ~ 불을 켜다; барилга ~ 건물을 세우다, 빌딩을 건조(축조, 건설)하다; майхан ~ 텐트를 조립하다; байшин ~ 집을 짓다; түр ~ (~으로부터) 빌리다, 차용하다; газар ~ 결승점, 골인점; тогоо ~ 경영하다; гэр ~ 짓다, 조립하다; жолоо ~ ~을 지휘하다, 이끌다, 인솔하다; мөнгө ~ 돈에 관계 하다, 돈과 관계가 있다; тапх ~ 식사를 함께 하다, 음식 대접을 받다; бэлэг ~ 선물하다, 증정하다; чаййдээ ~ 차와 음식을 권하다(제공하다); ая ~ 파티에서 노래하다; түрээ ~ 학대(혹사, 남용으, 오용으)로부터 보호하다; элэг ~ 비웃다, 조소하다, 조롱하다, 놀리다; эх ~ 아이를 낳다(분만하다); модоо ~ 파산하다; явах ~ 걷기, 보행, 산책, 걸음걸이; суух ~ 살아 있는, 생명 있는; бичих ~ 쓰기, 씀, 집필, 저술; унших ~ 읽기, 독서
부여하다 өргөмжлөгдө|х, соёрхо|х
부예지다 бурхэ|х
부외(국외)자로 생각하다 гадуурха|х
부외(국외)자처럼행동하다 хүнийрхэ|х
부요해 지다 мөнгөжи|х; хөрөнгө ~ 재산을 모으다, 부자가 되다.
부용(맑은 고기 수프) шөл

부유 арвин, жаргалан(г)
부유계급 баян
부유물 хөвөгч
부유하게 만들다 баяжуула|х
부유하게하다 баяжи|х
부유한 баян, баячуул, дэлгэр, мөнгөтэй, мундагчууд, чинээлэг, элбэг дэлбэг
부유한 거침없이 흐르는 хангалуун
부인 бусгүй, таттгалзал, харшлал, эмэгтэй, эхнэр
~부인(夫人) хатагтай
부인(否認) биш, үл, зөрчил
부인(처) гэргий
부인과 남편 гэрлэгсэд
부인의 가족(혈연,혈족) төрхөм
부인의 속옷 дотоож
부인의 정조 хүнд
부인의 정조 칼 исгүүр
부인의 эм, эмэгтэй, эмэгчин
부자 баялаг
부자가 되다 баяжи|х, мөнгөжи|х, нолго баяжих, пандай|х; хөрөнгө ~ 재산을 모으다, 부자가 되다.
부자되게 하다 тэмээжи|х
부자들 баяд, баян, баялаг, баячууд, мундагчууд; ~ хун 재산가, 부유한 사람; эрхэм ~ бол эрдэм 풍부하고 거대한 지식; ~ тансаг амьдрах 호사스럽게(화려하고 사치스럽게) 지내다; ~ хуур 아코디언, 손풍금, 수풍금(手風琴); ~ жил 풍년, 풍작의 해; ~ ядуугүй 가난과 부
부자연한 гажуу, зохиомол
부자유스러운 тавгүй
부자의 баячуул, дэлгэр, мөнгөтэй, мундагчууд, хангалуун; ~хун 자산가.
부자인 것처럼 행동하다 баярха|х
부자처럼 시늉을 하다 баярха|х
부잔교(浮棧橋) буудал, сал
부장 комендант, хурандаа
부재 эзгүй, эчнээ
부재(결여)를 이용하다 эзгүйчлэ|х
부재의 байхгүй, үгүй
부재지주제도 таслалгүй
부적(보호하는 것) сахиус
부적당 мөчид
부적당하게 дутуу
부적당하다 дутагда|х, мөчиддө|х
부적당한 자리에 놓여(위치에서 벗어나) 슬그머니(가만히) 떠나다 жиши|х
부적당한 гаргуудаа, гөмс, гөмсхөн, дутмаг, зохимжгүй, зохисгүй, зохихгүй, зүйгүй, нийцгүй, оновчгүй, таарамжгүй, таарахгүй, танаггүй, тохиромжгүй, хүртээлгүй, хүрэхгүй
부적임 하다 дутагда|х
부전- солжгор
부전(附箋) шошго
부전지 пайз
부젓가락 бахь, хайч(ин)
부정 공무원 завхруулагч
부정 이득 олз(он); ангийн ~ сяный 포대; ~ ашиг 이익.수익.이윤; дээрэмчид ~оо хуваацгаав 도둑은 전리품을 분배하다
부정 이득을 보다 бучнула|х;
부정 이용자 тоногч
부정 биш, зөрчил, харшлал, үл
부정(부인, 반대)하다(~를) харшилда|х
부정의 뜻 үл
부정하다 танхилза|х
부부정한 заваан, хилс, хуурамч
정한 짓을 하다 хуурта|х
부정기적으로 зэрмэгхэн
부정기적으로 일하다 догоддо|х
부정사(분사·동명사) үйлт нэр
부정수단 луйвар
부정에서 일탈(逸脫)시키다 олий|х
부정의 буру
부정이득 тонодос
부정이득을 보다 тоно|х
부정직하게 хуудуу

부정직한 burangui, dev, judaggui, sүnsgүi, urvamhai
부정직한 방법이나 속임수에 의하여 누군가를 손에 넣다(탈취하다) toigolo|x
부정하게 baliar, sööljir, xuuduu
부정하게 만들다(~을) xaltarla|x
부정하다 melze|x, үgүisgex
부정한 baliar, boxir, buzar, burangui, dalduur, zungaġta|x, idemxii, xiimel
부정한(나쁜) 짓을 하다 adairla|x, ayaguirxe|x, dүrsgүite|x, degtүite|x; tenger ~ 나쁘게 변하다
부정할 수 없는 margaangүi
부정확한 buru, tashaa, xiimel, xils, xuuramch, xuurmag
부조 tetelt
부조(浮彫)로 한 gүdger, töv ger
부조금 pүnlүү, tetgever, tetgeleg
부조리의 doojgүi
부조리한 burangui
부조화의 niilemjgүi
부족(~족) bagadalt, gachig, gachigdal, gem, gemtel, dutagdal, zүdүүr, xomsdol, xomsodvor, yaduural, aimag; zud ~ 눈으로 말미암은 재해다; gan ~ 부족하다.
(~이) 부족(결핍.결)하다 gemsdö|x, duta|x, dutagda|x; tand yuu dutagdaj baina? 당신은 무엇이 부족합니까?; bidend mөngө dutagdaj baidag 우리는 돈이 부족하다; xoyor xuudas dutaj baina 2페 이지가 없다; az ~ 운이 나쁘다.
부족(不足) gan(g); ~ gachig 마초(꼴, 사료)의 부족; ~ bolox 부족(결핍)하다
부족(不足)원인 duta|x
부족(불충분)하게 되다 yadura|x
부족분(액.량) gachigdal, bagadalt, xomsdol
부족액 gem; eurxnii ~ 심장 판막증 (略: V.D.H.); ~ xiix 손해 (손상)를 보다; ene tand ~ boloxgүi ~ 해주어도 좋다; ~tex 고통을 주다.
부족의 gachaal
부족하게 dutuu
부족하게 생각하다(~을(—로) gemsle|x
부족하다 gemsdö|x, möchidde|x
(~에) 부족하다 gachigda|x, tarchigda|x
(~이)부족하다 oxordo|x, үgүide|x
부족하지 않는 dutaxgүi
부족한 점을 고쳐 개량하다 zasra|x, sairra|x, sexe|x, tögөlderji|x; tsarainy өngө ~ 좋아보이다, 건강하게 보이다; yas chanar ~ 질(품질)을 개량 하다; zasran xumuujix 개심하다, 마음을 고쳐먹다; өvchin ~ 병으로부터 회복하다; tenger ~ 날씨가 좋아지다
부족한 arvigүi, axarxan, gems, gemsxön, dulxan, dunduur, dunduurxan, dutmag, degdger, sulxan, tarchig, xaruu, xoms, xomsxon, xүrteelgүi, xүrexgүi, tsööxön, yaduu, yaduuvtar, yaxir; yumaar ~ baix ~을 필요로 하다, ~이 필요하다; ter uxaanaar ~ xun 그는 부족한 사람이다, 그는 특별한 지능을 가지지 않았다.
부족해지다 tarchigda|x, xomsdo|x
부종 tsartsaa, xavan
부종을 앓다 xavagna|x
부주의 almai, tashuural, toomsorgүi, tsalgardal, tsalgia(n)
부주의 하다 almaira|x
부주의(경솔)하다 omtoido|x
부주의(경솔)한 omtoi
부주의(소홀)하게 anxaaralgүi
부주의(소홀)하게 하다 dutuuda|x, oromdo|x
부주의(소홀)하게 하다(~을) domoglo|x, dөmө|x
부주의(소홀)하게(속 편하게) 또는 간신 히(겨우) 하다 döngө|x
부주의하다 tamtumla|x, tsalgarda|x
부주의한 사람 uulgamch

부주의한 болгоомжгүй, болчимгүй, гамгүй, залхай, ойгүй, олхио муутай, палан, паланцаг, сал сул, салан, салбан, салсул, сэрэмжгүй, хайнга, хайхрамжгүй, халамжгүй, хуудам, хуумгай, цаогар

부증(浮症) хаван

부지 байрлал, байршил

부지군(扶持軍) дамнуурчин

부지런한 зүтгэлтэй, зүтгэмтгий, оролдлоготой, хичээлтэй, шамдангүй

부지런함 идэвх, мэрийлт, мэриймж, оролдлого, чармайлт

부지런히 일(공부)하다 харчигна|х

부지런히 힘쓰다(~에) харчигна|х

부지런히(세게) 움직이다(~을) яаруула|х

부진 буурал, доройтол

부진한 гэдгэр, залхаг, наазгай; цалгар ~ 부주의한, 소홀한; залхуу ~ 게으른

부진하게 하다 тогтонгижи|х

부진하다 аажууда|х

부질(麩質) цавуулаг

부차적인 дайвар

부착(성) авалцаа, барилдлага

부착물 оршдос

부채 сэвүүр, цаасан ~ 종이부채

부채(負債) өглөг, төлөөс, фен, дэвүүр, зээл, өр; ~ авах 대부를 받다; удаан хугацааны ~ 장기 대부; өр ~ тавих 빚을 얻다

부채로 꼼짝 못 하게 되다(궁지에 빠지다) ширэлдэ|х

부채로 부치다 дэвүүрдэ|х

부채를 생각하다 арчи|х

부채와 신용 өгөө аваа

부채의 사북 тээл

부채자(負債者) зээлдэгч

부채주(負債主) зээлдэгч

부채질하다 сэвэ|х

부처(佛陀)(석가모니의 존칭; 다른 득도자 (得度者) 에게도 씀) бурхан, Будда; ~ болох 부처가 되다, 열반에 들다, 입적하다

부처의 상 бурхан

부추기다 гулда|х, гулдри|х, өдөө|х, турхира|х, хатта|х

부추기다(꾀다) гохдо|х

부추기어 ~시키다(하게 하다) өдөө|х, хатта|х

부추김 түлхээс, турхиралт, тухирлага

부추김을 받아(~에게서) тухирагда|х

부츠 또는 구두의 발끝 хоншоор

부츠(구두)를 닦다 дэлдгэнэ|х

부츠나 구두안에 패드를 사용하다 улавч

부츠의 종류 сөөхий

부츠의 창(가죽) нялн гишгэм

부친 эцэг, аав; ~хүү хоёр 아버지와 아들; хадам ~ 장인, 시아버지, 시아버님, 빙부.

부침(浮沈)이 심함 дэнэлгээ

부케 цоморлиг

부탁(요구·명령을) 거절하다 таттгалза|х

부탁(요청)하다(~에게) шаарда|х

부탁(청)하다(~에게) гуй|х

부탁(탄원·간청)하다(~에게) дэлэндэ|х

부탁의 표현 уу

부터(~로부터) аваад биөдөр бур өглөөнөөс -орой хүртэл ажилладаг 나는 매일 아침부터 저녁까지 일을 한다.

부터 갈라지다(~로) хагаца|х

부터 약탈(수탈·강탈)하다 талагда|х

부터 휘몰아쳐 쌓이는(~로) хунгарла|х

부토(腐土) ялзмаг

부패 илжирхий, өмх, ялзармал, ялзрал

부패 시키다 ялзла|х

부패 정치가 завхруулагч

부패(부식)하다 бээ|х, ивэ|х, илжрэ|х; мод чийгэнд илжирдэг습기로 인하여 나무가 썩다.

부패(행위) коррупции

부패물(중) ялзармал
부패하게 하다 өмхийрө|х
부패하다 гашла|х, өмхрө|х, ялзмагта|х, ялзруула|х
부패하여 못쓰게 되다 бээ|х, өмхрө|х
부패한 물질 илжирхий; ~ алим 썩은 사과
부패한 өмхий, ялзархай
부평초 хөвөгч
부픈 булцгар, дэлдгэр, овгор, ондгор, помбогор, пөмбөгөр, сэлхрээ, товруут(ай), түнхгэр, хавдар, холхгор, хөөнгө, цондгор, цүндгэр
부픈 것 бултгэр, гөвдруу, ёмбогор, төвгөр, төмбөгөр, түмбэгэр, түнтгэр, тэсгэгэр, цүдгэр
부풀게 만들다 томбойлго|х
부풀게 하다 гөвий|х, хөвсий|х
부풀다 бадайра|х, бөльций|х, булций|х, бэлций|х, бэлцэгнэ|х, гувай|х, гүдий|х, гүрий|х, долгиоло|х, исэ|х, овой|х, ондой|х, памбай|х, помбой|х, пөнхий|х, пүмбий|х, сарнай|х, сартай|х, сартгана|х, сэлхрэ|х, товой|х, томбойлго|х, төвий|х, төмби- йлгө|х, түмбий|х, түсгий|х, тэсгий|х, хавда|х, холхой|х, хөө |х, хөөнгөтө|х, цондойх, цүдий|х
부풀다(팽창하다) гөвдруутэ|х
부풀리는 сартан, хөөнгө
부풀리다 булций|х, исгэ|х, исэлгэ|х, сарнай|х, сартай|х, товхой|х, томбой|х, төмбий|х, түнтий|х, хавагна|х, хийлэ|х, холхой|х, хөө |х, хөөнгөтө|х, хураа|х, цүдий|х, эсгэ|х
부풀어 오르는 өрнүүн
부풀어 오르다 бамбай|х, нэрэлхэ|х, сагсуура|х, сэлхрэ|х, тэсгий|х
부풀어 오른 хөвсгөр
부풀어 오름 бултгэр, жомбогор, төмбөгөр
부풀어지다 лантай|х
부풀은 хөөнгө
부품 гөвдруу, ёмбогор, төвгөр, төмбөгөр, түнтгэр, цүдгэр
부품 бурэлдэхуун, ёмбон, зай
부품을 조립하여 (~으로) 만들다 угсра|х
부피 овор, размер, хэмжээс, эн
부피 측정(법) стереометрии
부피가 있는 думбагар
부피가 커지다 дархий|х, лаглай|х; лаглайн суух 게으름 피우고(놀고) 있다.
부피가 커진 бараантай, лахгар, нүсэр
부피가 큰 дархигар, лантгар
부하 доодчуул, хараат
부하(종복)을 고용하다 зарцлагда|х
부합 гав, зохил, зохимж, зохицол, нийц, тохирол, тохиролцоо, тохиромж, түнжин, эе
부합 음(소리 등)의 융화 эв
부합(일치)하다 зохиро|х, тааца|х
부합하다(점·때가)(~와) аялда|х
부호(sign) бэлэг, дохио(н), им, оноо, пайз, томьёо, тэмдэг; тамга ~ 밀봉하다; им ~ 브랜드, 소인(燒印); одон ~ 훈장; тооны тэмдгууд(+,-,×,:г.м) 수학기호(예를 들면: +,-,×,); замын тэмдгууд ~ 교통신호
부호(기호)를 붙이다 цохо|х
부호 체계 бэлэгдлэл
부화 үржүүлэг
부활 гарал, мандал
부활하다 амилуула|х: амилах
부흥하다 амилуула|х: амилах
북 хэнгэрэг
북(드럼) бөмбөр; ~ дэлдэх 북을 치다, 드럼을 두드리다.
북(드럼)을 치다(두드리다) бөмбөрдө|х
북(말굽 등을) 싸서 소음(消音)하다 лугхий|х
북(北) умар, хойт
북(북방)으로 가다 хойшло|х
북극성(北極星) туйл; Умард ~ 북극(北極); Өмнөд ~ 남극(南極);

북돋우다 урамшуула|х, цочроо|х
북방(北方: 略: N, N., n.) хойт, умар
북방에 хойхно
북부(北部) умар
북부에 사는 умархи, хойт, хойтхи
북부에 사는 피리새(Purrhula purrhula) зана
북부지역 умар
북슬북슬한 목초지(地) хялгана
북슬털 ноос(он), үнгас
북아메리카 원주민의 전부 сүхэвч
북아프리카산(産)의 소나뭇과(科)의 상록수 зандан
북으로부터 오는 хойт
북으로부터 오는(부는) умархи, хойтхи
북적거리게 하다 ховхино|х
북적거리다 түгдэгнэ|х
북적댐 хөл
북적임 бөөгнөрөл, чихцэлдээн
북쪽 자리의 사람 умард
북쪽에 있는 умархи, хойт, хойтхи
북쪽에(으로) хойш(оо)
북채 дохиур, тоншуур
북치는 사람 бөмбөрчин
분 товрог
분(시간의) минут; тууний цаг араан аар туруулж байна 그의 시계는 나의 것보다 10초 빠르다.
분 전(~) болтол
분개(慣慨) эгдүү, эгдүүцэл
분개(분노)하다 эгдүүцэ|х
분개하다 зэвүүрэ|х
분개하다(~에) аягуйцэ|х, гомдо|х, тумарха|х; хэн нэгэнд ~ ~에게 원한을 품다.
분격 аг̄сам; ~ согтуу байдал 취한상태
분격시키다 галзууруула|х, хилэгиулэ|х
분격하다 хилэгнэ|х
분견대 булэг
분계(구획)하다 булэглэ|х

분과(分科) факультет
분규 будлиан, бужигнаан, сандрал, үймээн
분규사건 ярвиг
분극(分極) туйлшрал
분극하다 туйлшра|х
분극화(분열,편향,대립)시키다 туйлшра|х
분급(分級) ялгалт
분기시키다 сэрээдэ|х, улангасуула|х
분기(점) салаа(н); модны ~ 나무의 가지; голын ~ 강의 분기점; тө мө р замын ~ 지선
분기(한) ац ~ хэл 두 가지 뜻의 관용구로 말하다; ~ туурайтан 우제류(偶蹄類) (소·양·염소·사슴 따위)
분기점 хагалбар; мэс ~ын ажил (약의) 효력, 효과
분기하다(~로) бэлчирлэ|х, саглай|х, салаала|х
분노 хилэгнэл, хилэн, эгдүү, эгдүүцэл
분노(불만 등이) 끓다 ун̄гата|х
분노(불만·흥분)로 뒤끓다 бужигна|х
분노(흥분)을 진정시키다(달래다) тайтгара|х, талбира|х, намдаа|х, номхро|х, тайвшруула|х, уужра|х, зөөтөрө|х, тогтни|х; энэ ханиалга намдаана 당신의 기침을 감(덜) 할 것이다; өвчин ~ эм 진통제
분노하다 эгдүүцэ|х
분담 ногдол, роль
분량 тоо(н), хэм, хэмжээ
분력(分力) зай
분류 ялгалт
분류(법) ангилал
분류하는 사람(기계) ялгагч
분류하는 ялгагдахуйц
분류하다 аймагла|х, ангила|х, булэглэ|х, гарчигла|х, төрөлжуулэ|х, хэсэглэ|х
(~을) 분류하다 зүйллэ|х, зүйчлэ|х
분리 ангижрал, салалт, хагацал
분리(격리)된 оорцог

분리(격리)하다 тусгаарла|х, тусгайла|х
분리(독립)한 хүртээлгүй
분리(분열)하는 нийлэмжгүй
분리(분열.분할)한 завсартай, хагархай
분리(분해)하다 хайла|х
분리되다 хуваагда|х
분리된 саланхай, тусгаарлагдмал, хуваагдмал
분리하다 ангижра|х, булгала|х, ганцаарла|х, заа|х, сала|х, сала|х, салга|х, тасдуула|х, тусгаарлагда|х, хагаца|х, хагацаа|х
분리하다(~를.을) мултла|х, заагла|х, хязгаарлагда|х
분리한 саланхай, хамаагүй
분리할 수 없는 завсаргүй, салшгүй, хагацашгүй
분만 төрөлт
분말 товрог, тоос(он), гурил
분말석고 гоюу, шаваас
분말의 нунтаг, тоосжилт; угаалгын ~ гарув-бит$\cdot$ну; ~эм гарув-уяк, бит$\cdot$уяк
분명(명료.명백)하게 илд лавла|х, мэдрүүлэ|х, тайлбарлуула|х
분명치 않다 саармагла|х
분명치 않은 битуу, битуулэг, ойлгомжгүй, ухааршгүй
분명하게 илтэд
분명하고 끊임없이 하다 товжигно|х
분명하고 연속적으로 하다 товжигно|х
분명한 андашгүй, илэрхий, илт, мэдэгдэм, томруун
분명함 тоддол
분명히 тод, тодорхой
분명히(그것임을) 알 수 있는 андашгүй
분무 шуршуур
분문(糞門) хошного
분발 зүтгэл
분발시키다 зоригжуула|х, удаа|х
분발케 하는 зоригжуулагч

분발케 하다 уда|х
분배 дивиз, оногдол, тараалт, ташаалавч, хамар, хувиарлалт, хүртээмж
분배(배당, 배치)하다 оноо|х
분배(배포.배달)자 түгээгч, хувиарлагч
분배(할당, 배당, 몫)이 없이 хувьгүй
분배하다 ногдох, оногдо|х, түгээ|х, хуваа|х, хуваагда|х, хувиарла|х, эсгэ|х
분배한 хуваагдмал
분법(分法) дивиз
분변(糞便) баас
분별 ойлгоц, хянамж
분별 있는 бодолтой, сийрэг
분별(상식.양식.지각) 없는 марзан, толгойгүй, томоогүй; ~ хун 상도(常道)를 벗어난
분별(식별)하다 ялга|х
분별력 없는 намбагүй
분별력 билиг, томьёо; мэдээ ~ алдах 감각을 잃다.
분별없게 анхааралгүй, яаруу
분별없는 балай, балмад, бодлогогүй, болчимгүй, гоомой маазгар, мулгуувтар, ойворгон, омтгой, тоомжиргүй, тэнэгхэн
분별없다 маазай|х, омтгойдо|х, түргэдэ|х
분별없음 тэнэглэл
분별없이 өхөөрдөнгүй
분별이 없다 гоомойто|х; битний гоомойтоорой, ла-вхан шиг барь 움직이지 말고 조심하시오.
분별있게 행동하다 хянамжла|х
분별있는 сэтгэлгээ, хянамгай
분별하는 ялгагдахуйц
분부 айлдвар, команд, лүндэн(г), тушаал
분비(작용) шуурэл, ялгаралт
분비물 баас, ялгаралт, шуурэл
분비물을 내다 нэвчи|х, нэвчрэ|х, шуурэ|х
분비액 шингэн, ялгаралт, шуурэл

분사(동명사) үйлт нэр
분사하다(~을) годгойдо|х
분산 дампуурал, сарнилт
분산된 саланхай, тусгаарлагдмал
분산시키다 бутла|х, замхра|х. сарниула|х
분산하여 тархай
분산한 сарниу
분석 анализ, задлаг
분석 화학자 тоймч
분석(분해)자 тоймч
분석가 тоймч
분석적(해석적)인 задлаг
분석적으로 검토하다 задлагла|х
분석하다 задлагла|х
분쇄 устгал, хугаралт, хэмхэрхий, ингүүмэл, хар няр хийх
분쇄(粉碎. 폭파)하다 дара|х; нураа|х; няц ~ шахнэлд
분쇄기 бул, ин(г), сүршүүр, тээрэм; усан ~ мөлбөлт; салхин ~ пүчхэлт; тээрмийн чулуу мэтдол, мэ.
분쇄되다 бутра|х
분쇄자 сүршүүр
분쇄하고 전복시키다 хядалца|х
분쇄하다 балба|х, бяцла|х, жижиглэ|х, зажла|х, ингэ|х, мөхөө|х, ниргэ|х, нүдэ|х, нунтагла|х, няцрах, сөнөө|х, сүйрүүлэ|х, сүйтгэ|х, үйрүүлэ|х, хагала|х, хагачи|х, хэмхлэ|х, хэмхчи|х, яйруула|х
(~을)분쇄하다(해체하다) эвдрэ|х
분수 оргилуур, фонтан
분수령 хагалбар
분수반 оргилуур, фонтан
분수선 нуруу(н), хянга(н)
분수의 분자 хүртвэр
분수지 оргилуур, фонтан
분수탑(기) оргилуур, фонтан
분실 хохирол
분실하다 алдагда|х, гээдэ|х, завха|х, талий|х
분실한 сурагтүй

분야 талбар
분양토지 хошуу
분에 맞는 봉사(기부)를 하다 нэмэрлэ|х
분열 дивиз, салалт, хагарал
분유 хайлаас
분자(分子: 구성원. 입자) молекул
분잡한 мэгдүү, нүгээнтэй
분장(扮裝)하다 гоё|х; ~ гангалах 옷을 잘 차려 입다; ~ гоодох 최신유행으로 맵시를 내다
(~로) 분장(扮裝)하다 баашла|х
분장사 боогч
분쟁 будлиан, зөрөлдөөн, төвөг, түвэг, ярвиг
분쟁 등을 조정(중재)하다 зуучла|х
분쟁이 일어나다(일어나려 하고 있다) бургила|х
분주(奔走)한 шавдуу
분지 гуу, хонхор, гишүү(н), мөчир, салаа(н), салбар, татуурга
분출(噴出) охь, ундрал
분출(噴出)하다 бургила|х, бургила|х, годгойдо|х, годхий|х, гулги|х, даргила|х, олгойдо|х, оргии|х, садра|х, сархий|х, ундра|х, үсрэ|х, хэхрэ|х
분출한 액체 ундрал
분파 хагарал
분파하다 бэлчирлэ|х
분포를 하다(~의) түгэ|х
분포시키다 тара|х
분풀이 өс, өшөө
분필 цэрд, шохой, хошуу
(~에.을) 분하게 여기다 горой|х
분할 дивиз, огтлол, ташаалавч, хагарал, хамар; ~ хийх 분할(분배)하다, 칸막이 하다
분할(분류,분계)하다 мөчлө|х
분할(분배)하다 хамарла|х
분할되다 хуваагда|х
분할된 завсартай, хуваагдмал; ~ үзээх 구별(판별,식별)하다

분할된 한가운데의 절반(~의) өрөөл
분할하다 ташаала|х, хагара|х, хагасла|х, хагацаа|х, цуура|х
분해 анализ, задлаг
분해(분리)시키다 тара|х, ууса|х, уусга|х
분해(분석)의 задлаг
분해(해체)하다 сулруула|х, задлагла|х, наминчла|х, үйрэ|х
분해하다(~을) хугачи|х
분호(粉毫) пагс
분화(진화)하다 төрөожих, ялгагда|х
분화한 төрөлжсөн, тусгай
붇다 нэмэ|х, нэмэгдэ|х, овооро|х, олсо|х, олшро|х, өөдлө|х, үржи|х
불지피다 түлэ|х
불화염 түймэр
불 им, сараанаг, түймэр, хуух
불(화재) гал; ~ авах ~에 불을 붙이다(지르다), 불이붙다(댕기다); ~ авалцах 불길(불꽃, 화염)을 잡다; ~ алдах 사고에 의하여 화재가 발생했다; ~ асаах, ~ ноцоох ~에 불을 지르다; ~ гарах 확 타오르다, 발끈하다; ~ гаргах 불을 때다(사르다); ~ түлэх 불을 지피다(태우다), 연소(燃燒)시키다; ~ голомт 난로에 불을 지피다; ~ улалзах (불길이) 멀리서 눈에 보이는; ~ дурвагнах (불길이) 퍼지다; ~ын оч 불꽃, 스파크; ~ын нэл 명성, 명예, 성망; ~ манах ~를 석탄으로 덮다; ~ усны гашуун зовлон (~을 통해서) 영혼의 정화하다; ~ усны аюул 자연재해, 천재지변; ~ нээх (총·화살을) 쏘다, 사격을 개시하다, 포문을 열다; ~д тэсвэртэй 내화성(耐火性)의, 내열성(耐熱性)의; ~д тэсвэртэй тоосго 내화(耐火)벽돌, 내화연와(煉瓦); ~ сөнөөгүүр 소화기; ~ тахих (신에의) 공물(헌금)은 영혼의 불길 지폈다; ~ унтрах (불길이)밖으로 향하다; ~ хөс 불화염; ~ цогших 석탄을 때다, (불을) 꺼지다; ~ шил 렌즈로 확대하다; ~ цэцгий 눈동자, 동공(瞳孔); ~ тогооны өрөө 부엌, 조리장, 취사장, 주방; ~ын наадам 불꽃(놀이), 봉화; туудэг ~ 캠프파이어(campfire), 모닥불 놀이; 불지피다 түлэ|х; 불화염 түймэр
불가결한 гол, чухал
불가능(성) 있을 수 없는 일 давахгүй
불가능하다 ахда|х
불가능한 боломжгүй, болохгүй, болшгүй, бүтэхгүй, гонж, горигүй, зангүй, нөхцөлгүй
불가능한 기도(企圖) сүвэгч
불가능한 일(것) давахгүй
불가분의 завсаргүй, салшгүй, хагацашгүй
불가분하게 салалгүй
불가사의 гайхамшиг, нууц
불가사의한 сонин
불가사의한 힘 рид, шид
불가사의한 힘이 있는 것 сахиус
불가침의 халдашгүй, эвдэршгүй
불가피 하게 зайлшгүй, эрхбиш, эрхгүй
불가피한 зайлшгүй
불가해한 жигтэйхэн, тайлбарлашгүй, ухагдахгүй
불가해한(하게) жигтэй
불같은 алт, гал; ~ улаан 자줏빛, 진홍색; ~ бурма 용암, 화산암
불같이 뜨거운 алт, гал
불거지다 дөндийд|х
불결(물) будлиан, буртаг
불결물 хир
불결물(오물 등등을 솔로 털어버리다(털어내다) шуурдэ|х
불결하게 되다 хитэ|х
불결하게 만들다 хитээ|х
불결하게 하다 бохирдо|х
불결한 балиар, бохир, бузар, даг, дэв, ёозгүй, заваан, зунгагта|х, муухай, халтан, халтар, хиртэй; миний бие нэг л

~ байна 나는 싫은(불쾌함)을 느끼다; ~ болох 추하게(더럽게)되다; тэр ~ ааштай байна 그는 불쾌한 기분이다; ~ хэрэг 불결한 일; миний ~ хүү 나의 사랑스러운 아들; ~ булай 오물, 불결물,쓰레기; ~ буртаг 쓰레기, 먼지, 불결물.

불결해지다 бузарда|х, дэвтэ|х, заваара|х, халтанта|х

불경 алдас

불경기가 되다 тогтонгиро|х

불경기의 гэдгэр, залхаг

불경한 бурхангүй

불공평 алагчлал

불공평한 бурангуй, өрөөсгөл

불교 буддизм (佛教: 기원전 5세기 초에 인도의 석가모니가 베푼 종교. 전미개오 (轉迷開悟)·성불득탈(成佛得脱)을 종지(宗旨)로 함.)

불교 수도사 лам; ~ хүн 라마승; ~ нар 라마 사원; ~ шувуу 붉은 큰 외투, 불그 스름한 외투; даа ~ 대(大)라마승, 달라이 라마; ширээт ~ 라마교도의 수도원 장로; хар ~ 크리스찬의 성직자, 기독교 도의 목사; ~ хуврага 수사(修士)

불교 신학의 교리시험 дамжаа

불교 지위(계급) мяндаг

불교 학위 мяндаг

불교의 정화수 рашаан

불교의 주지 хамба

불교의 환생 тодро|х

불교의식에서 사용 되어지는 악기 очир

불구(절름발이)가 되게 하다 бэртэ|х, зэмдэглэ|х, зэрэмдэглэ|х

불구(절름발이)의 татанхай

불구가(무능력하게)된 татанхай

불구의 доголон; ~хүн 절름발이의 사람.

불구자 тохир, эрэмдэг; ~ нуруу 등이 뻣뻣하다(경직되다)

불구하고(~에도) атугай, мөртлөө; ямар ч ~ 매일 ~에도 불구하고.

불굴 бяд

불굴(변)의 мохошгүй, айхгүй, амралгүй, гажуу, гэдэн, дийлэгдэшгүй, цөхрөлгүй; ~ зоригт 두려움을 모르는, 대담무쌍한.

불굴의(정신) мятрашгүй

불규칙하게 일하다 доголдо|х

불규칙한 буруутай, гадуур, гажуу

불균형 ялгаа

불균형(부조화)의 долир

불그레한 ягаан, ягаахан

불그레한 갈색을 띤 улаавтар, улбар, ухаа, ухаагч; ~ шар 오렌지색

불그스레하게 변하다 ягаара|х

불그스레한 улаавтар, улбар, ухаа, ухаагч; ~ шар 오렌지색

불그스름한 ягаан

불기둥 багана

불기운이 죽다 галда|х

불길 등이 너울(가물)거리다 гуйва|х, дэвгэнэ|х, дэрвэ|х; салхинд мод ~ (나무가) 바람에 흔들흔들 하다, 나무가 바람에 흔들거리다

불길 дөл

불길의 алт

불길한 예감 ёр; ~ орох 예감을 가지다(느끼다); муу ~ 나쁜 전조(징조, 조짐)

불길한 예감(육감)을 가지다 ёрло|х

불길한 гамшигтай, золгүй, үйлтэй, хувьгүй; ~ явдал 불운; ~ хэрэг 성공 하지 못 한 일; ~ явдлыг мэдээлэх 재난 이야기; ~ зан гаргах 나쁘게 행동하다.

불김에 쐬다 ута|х, утагда|х

불까지 않은 수퇘지 хаван

불깐 숫양(羊) ирэг

불깐 짐승(말) агт

불꽃 дөл, оч

불꽃을 내다 дүрвэлзэ|х
불꽃을 쏴 올리다 дэлбэлэ|х
불꽃을 올리며 타오르다 дүрвэлзэ|х
불꽃을 일으키다 дүрвэлзэ|х, дүрсхий|х, дүрэлзэ|х
불꽃을 튀기다 гилгэнэ|х, цахи|х
불꽃이(되어) 튀다 дурвагана|х
불끈 성나게 하다, 불끈 성내다 хэнтэглэ|х
불끈거리는 сөдгөр, үрвэлзүүр
불도(佛道) буддизм
불도 칭호 мяндаг
불도마뱀(불 속에 산다는 전설의 괴물) гамс, гүлмэр, салмаандар
불때다 түлэгдэ|х
불똥 оч
불량배 бусниулагч, хуний жааз
불량소년 танхайрагч
불러오다 зала|х
불러일으키다 дуудуула|х, нэрлэ|х, уриала|х
불려짐 гэдэг; ууний юу ~ юм? 무엇이라고 부릅니까?
불룩 내미는 ёндгор
불룩 내민 곳 ёмбон, өрдгор, ондгор
불룩 내밀다 гүвий|х, ёмбой|х, ёндой|х, өрдой|х, жорвой|х, ондой|х, орсой|х, сэрий|х, сэртий|х
불룩 솟은 гүдгэр, түгдгэр, тумбагар, түмбэгэр, товгор
불룩 솟은 목표가 아래위로 움직이다 товолзо|х
불룩하게 만들다 логлой|х, помбой|х
불룩하다 салбагарда|х, хүлхгэрдэ|х
불룩한 булцгар, дэлдгэр, дэлдэн(г), овгор, ондгор, халбагар, халхгар
불룩한 부분 тэсгэгэр
불룩함 ёмбон, сэлхрээ
불룩해지다 гүдий|х, гүрий|х, думбай|х, логлой|х, ондой|х, пөнхий|х, товой|х, товхой|х, томбойлго|х, төвий|х, төмбийлгө|х, түмбий|х

불리다 ахиулла|х, ахи|х, дангина|х, ихтэ|х, өсгө|х, үржүүлэ|х
불리한 алдагдалтай, ашиггүй, дөхөмгүй, орлогогүй, хохиролтой
불만(不平) гомдол, дургүйцэл, төвөг, ярвиг; гашуудал ~ 슬픔, 비탄, 비통; хорсол ~ 노함, 분개; ~ эрэх 불평하다, 우는 소리하다; щуухэд ~ мэдүүлэх ~을 고소(기소)하다
불만(不平)을 품게 하다 гийгэ|х
불만(不平)을 품고 있다 тавгүйцэ|х
불만(不平)하는 гомдолтой; ьид хожигдсон нь ~той байна 우리들이 늦어서 유감천만이다; ~той байна ~하다니 애석하다.
불만스러운 눈짓으로 던지다 сэлбэлзэ|х
불만을 나타내다 чамла|х
불만족 дургүйцэл
불만족하다 цаашла|х
불면증의 нойргүй; ~ хонов 나는 밤에 잠을 자지 않는다.
불멸 мөнх; ~ нойрсож 마지막 잠을 자다; ~ ногоон 불후의(작품); ~ цэвдэг (한대·아(亞)한대의) 영구 동토층(凍土層); ~ бүс 죽을 수밖에 없는 운명; ~ бусыг үзүүлэх 죽다
불멸(不朽)하게 하다 мөнхжүүлэ|х
불멸의 ашдын, мөхөөшгүй, мөнх; ~ нойрсож 마지막 잠을 자다; ~ ногоон 불후의(작품); ~ цэвдэг (한대·아(亞)한대의) 영구 동토층(凍土層); ~ бүс 죽을 수밖에 없는 운명; ~ бусыг үзүүлэх 죽다
불멸이 되다 мөнхжи|х
불명료(不明瞭) бадаг будэг
불명료(不明瞭)한 битуу, битуулэг, гаргагдахгүй
불명예 гутамшиг, гутамшиг, ичгүүр, мундар, сонжуур, хөг, шившиг
불명예스러운 нуруугүй, танагтүй, шившигт

불명예스럽게 운반하다 овилгогүйтэ|х
불명확하게(사투리로)발음하는 хэлгий
불명확하게(사투리로) 발음하다 хэлгийтэ|х
불모의 үргүй
불문에 부치다 нэвтрүүлэ|х, өнгөрөө|х
불발하다(총 따위가) баара|х
불법(佛法) буддизм
불법(위법)의 гадуур, зүйгүй, хуульгүй
불법의 нэглий
불법적인 хиймэл, хилс, хуульгүй, хуурамч
불변 тавьтар, тогтуурь
불변성 тогтвор
불변수(량) констант
불변의 신념 мятрашгүй
불변의 байран, суурин, тогтмол, хээвнэг
불변이다 тогтмолжи|х
불복(不服) дургүйцэл
불복인 사람 дургүйцэл
불복종 дуугааргүй
불복하다 гийгэ|х
불분명한 битуулэг, тодорхойгүй
불분명한(희미한) 말을 한다(~가) тал тул ярих; монголоор ~ тул ярих 몽골어를 잘 못한다.
불비(不備) ёслогч, Амар(편지의 끝맺음 말)
불비하다 дутууда|х
불비한 гүйцээгүй, дулимаг, заримдаг, мөчид, тургун
불빛 дөл
불빛(거울 등을) 어떤 방향으로 돌리다 туса|х
불사 мөнх; ~ нойрсож 마지막 잠을 자다; ~ ногоон 불후의(작품); ~ цэвдэг (한대·아(亞)한대의) 영구 동토층(凍土層); ~ бус 죽을 수밖에 없는 운명; ~ бусыг уэуулэх 죽다
불사르다 аса|х, түлэгдэ|х, шата|х
불상(佛像) Будда, бурхан

불성실하게 хуудуу
불성실하게 행동하다 танхилза|х
불성실한 дэв, жудагтуй, зальхай, сүнсгүй, холчиргон
불손 намжир
불손하게 ноёрхог
불손하게 보여주다 ихэрхэ|х
불손한 аархаг, бардам, дэглүү(н), дээрэнгүй, ихэрхэг, омрхог, сагсуу, сээрдүү, сээтгэр, хэгжүүн, хямсгар, яравгар
불수(不隨) мэнэг, саа
불수가 되게 하다 мэнэгдэ|х
불순종(不順從) дуугааргүй; ~ байх 불순종 하다
불순한 дэв; бузар ~ 불순
불순해지다 дэвтэ|х
불시 уц
불시에 гэв, гэнэт, зочир, зочмог, уц, цочир; ~уртай 성 잘 내는, 신경질적인
불시에 (덮)치다(~을) зочмогдо|х
불시에 그리고 급히 놓다(두다, 설치하다) угзра|х
불시에 착륙 сүйрэл
불시에(돌연이.갑자기)멈추다 зог тусах
불시에(졸지에.돌연.느닷없이) 멈추다 зогтуса|х
불시의 гэнэтхэн
불시의 습격을 하다(~를) зочирдо|х
불신 сэжиг, эргэлзээ
불신 불확실함 дамжиг
불신의 зальхай, холчиргон
불실(불신)의 гаран орон, орон гаран, тогтууригүй
불실하다 танхилза|х
불실한 гүйгуур
불쌍한 базаахгүй, барагтайхан, бутэлгүй, гомдолтой, өрөвдөлтэй, хайрламаар, хөөрхийлөлтэй
불쌍한 친구(동무) зайлуул; ~, муу ээж минь таарүү байна даа 돌아가신

어머니는 느끼지 못한다.
불쌍한지고!(슬픔·근심 등을 나타냄) аяа, халаг
불쌍히 여기다 өрөвдө|х, хөөрхийлө|х
불쌍히 여김 нигүүлсэл, хайран
불쌍히 여김(동정)을 받을 가치가 있는 хөөрхий
불쌍히 여김(동정)할 만한 хөөрхий
불쌍히(가엾이) 여기다(~을) нигүүлсэ|х
불쑥 나오는 оргсой, сөрдгөр
불쑥 나오다 бондой|х, дорсгоно|х, дорсой|х, дэрчий|х, ёмбой|х, ёндой|х, орсой|х, сэрий|х, сэртий|х, товхой|х, цухуй|х
불쑥 나온 гүвгэр, дэлдэн(г), дэргэ, ёмбогор, саргар, сэртгэр, түнтгэр
불쑥 나온 이 ярзгар
불쑥 내밀다 сэтэрхүй|х
불쑥 зэрмэгхэн
불쑥(툭)나오다 дорсой|х
불쑥나옴 дэлдгэр, цоровгор
불씨 нурма
불안(不安) айдас, сандрал, тавгүйтэл, түгшүүр; ~ хурэх 불안해하다, 무서워하다
불안정 алгасал
불안정성 алгасал
불안정하게 하다 дэгэнцэ|х, тогтворгүйжүүлэ|х, тогтворгүйтэ|х
불안정하다 тавтаргүйтэ|х, яйжгана|х
불안정한 бамбалзуур, гаран орон, орон гаран, гижигтэй, өөрчлөгдөмтгий, өөрчлөнгүй, солигдмол, тавтиргүй, тавьтаргүй, тогтворгүй, тогтууригүй, туйлбаргүй, тэнцвэргүй
불안정한 마음 алгасангүй
불안하게 되다 үймэ|х
불안하게 하다(~을) сандраа|х
불안한 түгшүүртэй
불안해(싱숭생숭해) 하다 дагдгана|х
불알 им, сараанаг, хуух
불알(고환) засаа

불에 굽다(고기를) шара|х
불에 데어 부푼 것 бэлцруу, гөвдруу, цэврүү
불에 데어 부풀게 하다 гөвдруутэ|х, цэврүүтэ|х
불에 데어 부풀다 бэлций|х
불에 쬐다 хайра|х, шарагда|х
불에 쩐 хайрмал
불에 탐 шаталт
불완전(불충분)하다 дутууда|х
불완전(불충분)한 дулимаг, дутуу дулим, дутуу зуурмаг, заримдаг, мөчид, тургун
불완전하게 되다 согогто|х
불완전하게 하다 талт мэ лт хийх
불완전한 물건 гологдол
불완전한 гүйцээгүй, дуль, зэмдэг, зэрэмдэг; эрэмдэг ~ 장애자, 불구자
불용성의 уусахгүй
불용해성의 уусахгүй
불우한 гуцуухан
불운 гай, тав, уйл лай, лай зовлон; ~ ханах 다른 불행에 흡족한(기분 좋은, 고소한) 듯이 바라보다(기뻐하다, 좋아하다)
불운-(불행) булуу(н)
불운(불행)을 만나다 гайта|х
불운(불행)하게도 бүтэлгүй
불운의 бүтэлгүй, бүтэмжгүй, дуншмал, үйлсгүй, урагшгүй
불운한 азгүй, бүтэлгүй, гамшигтай, заяагүй, золгүй, үйлсгүй, үйлтэй, хөөргүй, хувьгүй; ~ явдал 불운; ~ хэрэг 성공하지 못 한 일; ~ явдлыг мэдээлэх 재난 이야기; ~ зан гаргах 나쁘게 행동하다.
불원간에 яваандаа
불유쾌한 аягүй, зэвүүн, таагүй, тавгүй, тадамжгүй, тайгаршгүй, татгалзмаар, тохигүй, хавгүй, эвгүй; ~ зангарах 무례하게 굴다
불유쾌함(기분이 언짢음)을 느끼다

тухгүйдэ|х
불을 끄는 사람(물건) унтраалгуул
불을 때다(사르다) галла|х
불을 붙이다 аса|х, түлэ|х
(~에) 불을 붙이다(지르다) ноцоо|х, шата|х, шатаа|х
불을 지르다(~에) галда|х, түймэрдэ|х
불을 지피다 түлэ|х;
불을 켜는 사람 ноцоолго
불을 켜다 аса|х, асаа|х, ноцо|х, түлэ|х, түлэгдэ|х, шата|х, шатаа|х
불의 алт; ~ бөмбөг 폭탄; 수류탄; ~ зэвсэг 화재경보; 화재 경보기; ~ тэрэг (별똥별·새 따위의) 꼬리; ~ уул 화산; сөнөсөн ~ уул 사화산, 화산활동이 멈춤; ~ хорхой 개똥벌레, 반디, 반딧벌레, 단량(丹良)
불의(불법)의 бурангуй
불의 정(精) салмаандар
불의에 외치는 소리(감탄) хүү
불의에 외치는 소리(발성,감탄) хай, хат (놀람·공포·찬탄(讚嘆)·비탄·고통·간망(懇望) 부를 때 따위의 감정을 나타냄).
불의에 외치는 소리(발성.감탄, 아아!) аяа, хат
불의의 사고 гэмтэгч, осолдогч
불의의 상해(傷害) осолдогч
불의의 습격을 하다(~에) гэндүүлэ|х, зочмогдо|х; унийг нь сонсоод би зочмогдов 가격에 충격을 받았다.
불의의 침입 довтолгоо
불이 꺼지다 бадайра|х, өөдлө|х
불이 붙다 хөнгөдө|х
불이 쉬잇하고 꺼지다 лөө лөө болох
불이 켜지다 уласхий|х, хөнгөдө|х
불이 확 타오르다 галда|х
불일치 будлиан, будлиан, зөрөлдөөн, зөрөө(н), зөрүү, зөрчилдөөн, харшлалдаан, хямралдаан, ялгаа; уээл бодлын ~ 의견의 불일치
불임의 үргүй, хүүсэр
불임증(不姙症) сувайралт

불장난의 сээтгэр
불장난적인 шалигүй
불장난하다 сээтгэнэ|х, шалигла|х
(사랑의)불장난하다 жалмай|х
불제(祓除) засал
불제(祓除)하다 ариутга|х
불제기도(주문, 의식) засал
불찬성 ярвиг
불충분 하다 дутагда|х
불충분 ган(г), гачиг, дутагдал
불충분(부족) 하게 되다 хаагдай|х
불충분(부족)하다 тачирда|х, оодондо|х
불충분(부족)한 옷감 тоодон
불충분(부족)한 охор, тату, тачир, тожгор; ~ дээл (여성·어린이용) 잠옷
불충분하게 되다(~보다) хомсто|х
불충분하게 муухан; тэр ~ дуулдаг 그녀의 노래는 서툴다
불충분하고 모자라다 хаадгар
불충분하다 гөмсдө|х, мөчиддө|х
불충분한 арвигүй, ахархан, гөмс, гүйцээгүй, дульхан, дундуур, дундуурхан, дутмаг, дэдгэр, зэвэр, сулхан, тарчиг, хангалтгүй, хомс, хүртээлгүй, хүрэхгүй, ядуу; ~ аяга 컵에 충분하지 않다
불충분한(~도 또한) гөмсхөн
불충분한(부족)하게 하다 багада|х
불충분한하게 дутуу
불충분해지다 хомсдо|х, тарчигда|х
불치의 засрашгүй
불치의 교정할(고칠) 수 없는 эдгэршгүй
불친절하게 ёхир
불친절한 нигүүлсэлгүй, ханшгүй, хүнийхрүү, цэвдэг, эвгүй
불침번을 서다 жижүүрлэ|х
불쾌 өвчин, өвчлөлт, тавгүйтэл
불쾌(감) түвэгшээл
불쾌(거북)하다 тавгүйрэ|х
불쾌(놀람.구토.혐오.심한.불쾌등을) 왝!, 체!, 어허! пөх, ямар муухай үнэр

унэр вэ!
불쾌감 улиг
불쾌감을 주지 않는 мөртөө; ~ байх 마음대로 할 수 있다, 남의 제재를 (속박을) 받지 않다; ~ явах 자기 생각대로 하다.
불쾌하게 변하다 хурши|х
불쾌하게 여기다 гомдо|х, өөнтөглөх
불쾌하게 하다 дайра|х
(~을)불쾌하게(불만스레) 여기다 тавгүйцэ|х
불쾌하다(거북하다) муухайда|х, тавгүйдэ|х
불쾌한 냄새의 үнэртэй
불쾌한 얼굴을 하다 морчий|х
불쾌한 аягүй, базаахгүй, жигшүүртэй, муухай, нигшүүрэлтэй, таагүй, тадамжгүй, таттгалзмаар, үзэшгүй, хавгүй, хөөтэй, хуршмал, чилээрхүү, эхүүн
불쾌한(같잖은) 녀석 бах
불쾌함을 보이다(나타내다) хуйсалза|х
불쾌히 여기다(~을) тумарха|х
불타(佛陀) Будда, бурхан; ~ багш 불다고타마(석가모니 563?-?483 B.C.의 처음 이름);~ болох 부처가 되다, 열반에 들다, 입적하다; цагаан ~ 천연두, 손님, 마마, 두창(痘瘡), 역신; чамайги ~ өршөөг 신과 힘께 있다
불타는 алт
불타는(듯한) алт, бадрангуй, золбоолог, цогтой
불탑 суврага
불태우다 аса|х, галда|х, түлэ|х; ~хий 가연성의 가스; гал ~ 점화하다; ~ туймэрдэх 다 태워(타)버리다.
불태워 재로 만들다 чандарла|х
불통(桶) зүттүүр
불투명 булингар, булингартай
불투명체 булингартай
불투명한 дүлий; ~ шил 젖빛 유리; тэнгэрийн ~ 말불버섯, (민들레의) 깃 모양의 씨.

불패(不敗)의 ялагдашгүй
불패의 саваагүй
불편 тавгүйтэл
불편한 тавгүй
불평 дургүйцэл, төвөг, ярвиг
(~함에)불평 없는 ханал
불평(탓.투정.원망.불만)하다 бувтнах
(~라고) 불평(한탄)하다 урвагана|х
불평가 янгууч
불평거리 гомдол
불평분자 дургүйцэл
불평스러운 눈짓으로 힐끗보다 сэлбэлзэ|х
불평을 말하다 бувтнах, гүнгэнэ|х
불평을 하는 үглээ, яншаа
불평을 하다 хэцүүтэ|х
불평의 씨 гомдол
불평하기 гомдол
불평하는 наншаа
불평하다 булаалда|х, ганши|х, гонгино|х, нанши|х, үглэ|х, хурчигна|х, хэцүүтэ|х, дуйвээлэ|х, шаги|х, хэцүүтэ|х
불필요한 илүү, хэрэгтэй
불합격품(파치) гологдол; ~ ноос 표준에 맞지 않는 모직제품; ~ бүтээгдэхүүн 결함이 있는 생산품; ~ бараа 불합격품
불합리한 авалцаагүй, авцалдаагүй, доожгүй, оновчгүй, учиргүй
불행 гай, гамшиг, гансрал, тав, үйл лай, лай зовлон; ~ барцад 불행,재난, 재앙; ~ ээттэр 불화, трөрбл; ~ зовлон 피해, 재해; ~ хөө 불운, 비운; ~ татах трөрбл(근심)의 원인은 자신에게 있다; ~ болох 재난(참화, 재해)의 원인; ~ дайрвх 불운(불행)은 예기치 않게 (의외로, 뜻밖에) 우연히 만나다(마주치다); ~д гарах ~의 희생이 되다, 불행한 사형수, 저주 받은(구제할 수 없는) 불행; ~болоход 불행(불운)하게, 비참(따분)하게; ~ ханах 다른 불행에

흡족한(기분좋은, 고소한)듯이 바라보다 (기뻐하다, 좋아하다)
불행을 가져오는 заяагүй
불행하게 ядахдаа
불행한 일 булуу(н), тав
불행한 азгүй, барагтайхан, бутэлгүй, заяагүй, золгүй, үйлсгүй, үйлтэй, хөөргүй, хувьгүй
불행한(불운한) 일 гай
불협화음 зохирол
불협화의 нийлэмжгүй
불화 будлиан, зөрөлдөөн, зөрөө(н), сөргөлдөөн, тойв, төвөг, түвэг, уршиг, халгаа, хэрүүл, ярвиг
불화(반목)하다(~와) дайсагн|ах
불화(不和)케 하다 хөндийрө|х
불화를 일으키다 хэрэлдүүлэ|х
불화염 түймэр
불화하게 되다 булаалда|х, зөрө|х, марга|х, хэрэлдэ|х
불화하게 하는 нийлэмжгүй
불화하다 байлда|х, бултрэ|х, дайла|х
불화하다(틀어지다)(~와) харшла|х
불화하여 чихдэх
불확실한 야밧달타이
불확실함 дуншаа
불활동 эрч
불활발 эрч
불효 дуугаваргүй
불효의 дөжин, дуугаваргүй
불후(不朽)의 үхэшгүй, мөхөөшгүй
붉게 나타나다 улалза|х
붉게 부푼 минчгэр; ~нууртэй 부푼 얼굴
붉게 하다(되다) улайлга|х, улай|х
붉고 누르스름한 хонгор
붉어지다 улаада|х, улалза|х
붉어지다(~이) минчий|х
붉은 ягаан
붉은 빛(색) улан; ~ болох 붉게 되다; ~ уруул 붉은 입술; ~туг 적색 깃발; ~ дарс 적 포도주; ~ чинжүү 적색 종이; ~ бор 회색 또는 흰 얼룩이 섞인 (밤색 말); ~ хурэн 불그스레한 자주빛; гүн ~ 짙은 적색; тод ~ 맑은 적색; ~ нэлий 피나는, 피를 흘리는; арьстан 적색 인디언.
붉은 빛깔 улан; ~ болох 붉게 되다; ~уруул 붉은 입술; ~ туг 적색 깃발; ~ дарс 적 포도주; ~ чинжүү 적색 종이; ~ бор 회색 또는 흰 얼룩이 섞인 (밤색 말); ~ хурэн 불그스레한 자주빛; гүн ~ 짙은 적색; тод ~ 맑은 적색; ~ нэлий 피나는, 피를 흘리는;~ арьстан 적색 인디언.
붉은 암사슴 марал
붉은 체리스 яргай
붉은 털의 улагчин
붉은 피부의 улагчин
붉은 황색을 띤 хонгор
붐 цохилт
붐비는 зайгүй
붐비다 түгдэгнэ|х
붐빔 тунтгар
붓 багсбудгийн ~ 그림붓, 페인트 붓
붓(화필)으로 그리다(집필) бийр
붓꽃 цахилдаг
붓다 асга|х, бөльций|х, гоожуула|х, цутга|х, юүлэ|х; цус ~ 수혈하다; морио ~ 승마용의 말을 바꿔서하다;
붓으로 그림을 그리다 пагсда|х
붓으로 물감을 칠하다 бийр
붓펜 бийр
붕괴 мөхөл, осол, сөнөл, угалт; ~д орох 와르르 소리내며 무너지다(망가지다, 깨지다, 부서지다).
붕괴(와해.분리.분산.해체.해산)하다 буу|х; цалин ~ 임금(급료)를 받다.
붕괴된 ямбий
붕괴시키다 ивэ|х, унага|х
붕괴하다 бээ|х, нура|х, сүйрэ|х, үйрэ|х, дээрдэ|х
붕긋해지다 өндөржи|х

붕대 боолт
붕대지(繃帶地) самбай
붙들 기능이 있는 동물의 뒷발 гар
붙들고 늘어지다 зуура|х; хүүхэд миний гараас зуурав 어린이는 나의 손을 붙잡았다; хүүхэд эхийнхээ хормойноос зуурчээ 어린애는 그의 어머니 스커트를 붙들고 늘어지다.
붙들다 баривчла|х, барии|х, зуура|х; хүүхэд миний гараас зуурав 어린이는 나의 손을 붙잡았다; хүүхэд эхийнхээ хормойноос зуурчээ 어린애는 그의 어머니 스커트를 붙들고 늘어지다.
붙들어 매다 даруула|х, тээглэ|х, үхүүлэ|х, уя|х, чагтла|х
붙박다 зоогдо|х, торо|х, тээглэдэ|х; тэрэг шаварт зоогдов 그 차는 진창에 빠지다, 꼼짝 못하게 되다; зунжингаа би Дарханд зоо-гдсон 나는 한창 때 Darkhan 을 꼼짝 못하게 했다; хоолой дээр яс зоогдчихлоо 뼈가 나의 목구멍에 걸리다.
붙박아(자리잡아) 두기 тавил
붙어 다니다(~에) бараада|х
붙어서 떨어지지 않는 관념 дон(г), хэнээ, хэнээтэй
붙은 곳 үе
붙이다 дара|х, дулдуйда|х, тави|х, төлөөлүүлэ|х
붙임성 있게 하다 таламжлуула|х
붙임성 있는 зочломтгой, илбэрүү, наалинхай, найрсаг
붙잡고 늘어지다 шалтгаала|х
붙잡기 어려운 것 босгуул
붙잡다 барии|х, нанши|х, тээгэлдэ|х; гүү ~ 돈만 있으면 귀신도 부릴 수 있다, морь ~ 승마용의 말에 타다; унаа ~ 택시를 잡다; бэртэнгийг ~ 뼈를 잇다
붙잡아 묶다(동이다) тээглэ|х
붙잡음 барьц, шунаг

브라보! ухай
브라운관 ламп
브래지어 хөхөвч
브랜드 марк; ямар ~ ийн дугуй вэ? 자전거의 브랜드
브랜디 коньяк, шарз
브랜디 마시는 것을 허락하다(허가하다, 인가하다)(~가) архидуула|х
브랜디를 담을 때 신에게 제물을 받치다 цацал
브러시 багс, сойз; шүдний ~ 치솔.
브러시로 먼지를 제거하다(치우다) шуурдэ|х
브레이크 тоормос, тормоз
브레이크(제동기)를 장치하다(~에) тормозло|х
브레이크를 걸다(~에) тоормосло|х
브레이크를 걸다(밟다)(~에) тормозло|х, тоормосло|х
브로케이드(아름다운 무늬를 넣어 짠 직물. 특히, 부직(浮織)) магнаг
브론즈 хүрэл
블라인드 дэлгэц
블러드하운드(사냥감을 쫓는 사냥꾼(개)) мөрч
블레이드로 갈다 хавира|х
블록재 хороо, хэлбүүр
비 бороо(н); ~ шиврэх 이슬비(보슬비, 가랑비) 같이 내린다; ~ орох 비가 내리다
비(빗자루) шүүр
비(脾) гэралт хөшөө, сөс, хөшөө, дурсгал; гэралт хөшөө босгох ~를 비로 세우다.
비(比) хэмнэг, харьцаа; ~ А ба Б-гийн харьцаа 갑과 을과의 ~
비(뼈)어져나오다 дорсгоно|х, дорсой|х
비(자루와 털이 긴) туужуу
비가 많이 내리게 되다 хурши|х
비가 억수같이 퍼붓다 сад тавих, сад хийх
비가 후두두 내리다 пар пар хийх

비가(悲歌) халаглал
비감염- халдваргүй
비겁 мягтрал
비겁한 зоригтүй, хулчгар
비게 되다 хооср|ох
비게 하다 сулла|х
비결 жор, оньс
비계 тослог
비교 зүйр, зүйрлэл, үлгэрлэл
비교(대조)하다 жишээлэ|х
비교가 되지않는 адилтгашгүй, зүйрлэшгүй, ижилгүй, ойгүй, тэнгүй, үлгэрлэшгүй, хавьтахгүй
비교가 안될 정도로 хавьтахгүй
비교변화 зүйрлэл; хэтрүүлсэн ~ 과장(법), 과장어구
비교상의 харьцангуй
비교적 근래의 ойрмогхон
비교적 소형의 배 онгоц
비교적 баахан, давгүй
비교하다 адилтга|х, жиши|х, зүйрлэ|х, зэрэгцүүлэ|х, харьцуула|х, чацуула|х; Ононг дуу охин-той нь зуйрлээд уз дээ 오논은 그녀의 언니와 비교시키다.
비교하여(~에) харьцангуй
비구(髀臼)관절 түнх
비국교도 хагарал
비굴하게 굴다 ивтнэ|х
비굴하다 бялдууча|х, зарагда|х
비굴한 долгонуур, ташимгай
비기다 дулдуйда|х, зэрэгцүүлэ|х, харьцуула|х
비길(비할) 데 없는 тэнгүй, хосгүй
비꼬기 ёж, ерее, ереедел ; хорлонтой ~ 쏘는 듯한 풍자, 날카로운 비판.
비꼬는 гөнтэй, ёврогөтой, маалинга, хорон
비꼬는 말(언동) ерее, ереедел, ёж
비꼬는 말을 하다 ерееде|х
비꼬는 이야기(말)하다 ерееде|х
비꼬다 дооглох, ярвагана|х
비꼬이게(편벽되게) 하다 гажаа|х

비꼬이다 гажи|х, гулбилза|х
비꼼 ёж, ерее, ереедел
비나 해를 가리기위해 창에 댄 차일 (챙) далавч; цонхны ~ 창문 차양; бөхийн ~ 레슬러의 재킷
비난 аяд, буруушаал, донго, зүхэл, зэм, зэмлэл, муушаал, халдлага, хараал; ~гүй 결백한, 무죄의
비난(공격) 받기 쉬운 өртөмтгий
비난(비꼼 따위를) 빗대어 말하다 онило|х
비난받아야 할 төлбөрт
비난하다 баала|х, булаалда|х, буруушаа|х, донгодо|х, зүхэ|х, зэмлэ|х, муушаа|х, сөхөө|х, хангина|х, хараа|х, буруутга|х, аашла|х; намайг буу ааштил нанадээ ~ул хүргэж байна 나에게 ~을 욕하지 않다
비너스(venus) Сугар
비녀장(밧줄 고리에 꿴) чагт
비논리적인 авалцаагүй, авцалдаагүй, учиргүй
비누 саван (때를 씻어 내는 데 쓰는 물건. 물에 녹으면 거품이 일며 미끈미끈해짐; 고급 지방산의 알칼리 금속염(金屬鹽)을 주성분으로 하여 만듦); гар нуурийн ~ 화장실 비누; барааны ~ 부엌 세제, 가정용 비누; ~гийн хайрцаг 비누 박스.
비누 거품을 칠하다 саванда|х
비누(세제)의 거품 хөөс
비누로 씻다 саванда|х
비누질을 하다(~에) саванда|х
비늘 모양의 것 хайрс
비늘(장식,가구,덮개,카펫 등)이 없다 чардай|х
비다 ханхай|х
비단 дурдан(г), торго(н)
비단 같은 торгомсог
비단실 ёнхор
비단으로 만든 торгомсог
비단의 торгомсог
비대(커다란) мариа, томролт
비대(肥大)해지다 голий|х; чи чи-нь

ажил ч хийхгүй голийгоод л байна уу? 당신은 어떤 일이라도 하지 않으면 비대해 질 것입니다.

비대칭- солжир

비대칭의 далиу, долир

비대한 бандгар, будуун, будуун хадуун, голигор, махлаг, пандгар, тарган, түхгэр

비대해지다 мариала|х, махла|х, тоглой|х

비둘기(비들기) тагтаа

비듬 хогжруу

비듬이 생기다 хогжруута|х

비등시키다 буцалга|х, порчигно|х

비등하는 дэвлэг

비등하다 буцалга|х, буцла|х, даргила|х, дэврэ|х, пор пор хийх, чана|х

비뚤어져 жишүү, зөрүү, муруй саруй; ~ харах ~ҫ 곁눈질로(흘겨) 보다;~ талтай дөрөөн өнцөг 마름모, 사방형(斜方形), 사방(斜方) 육면체

비뚤어져(일그러져)

늘어뜨리다(내리다) санжи|х

비뚤어지다 гажаа|х, галжий|х, гилжий|х, гулзай|х, дөрдий|х, жайжий|х, зөрүүлдэ|х, майжий|х, майжий|х, мойногро|х, мээтий|х, нөрө|х, сарий|х

비뚤어진 галжир, гилжгий, гулзгай, далжуу, дохий|х, ёвроготой, ёвчоо, жайбгар, жайжгар, зөрүү, майжгар, махигар, махир, мойног, музгай, муруй, мухир, мээтгэр, нахигар, нөрүү, сарий, тахир; ~ гутал 부츠뒤축이 닳은 신을 신은; ~ гишгэх 구부러져서 걷다.

비뚤어진(마음) олиу

비뚤어진(왜곡된)상태(부분.말) завхрал

비뚤어짐 дөрсгөр, хорчгор, хумигар

비량(鼻梁) ханшаар, хянга(н)

비럭질하는 гүймтгай, гүймхай

비렁뱅이 гүйланчин, гүйранч(ин)

비례(比例)하여(~에) харьцангуй

비로 먼지를 쓸다(털다) тууужуууда|х

비로 청소하다 тууужуууда|х

비록 ~(한다) 하더라도(할지라도) атал, боловч

비록 ~라(고)하더라도 боловч; тэр өндөр настай ~ бие эв эрүүл 그는 늙었다고 할지라도 더할 나위 없이 건강하다; хэн ~누가 ~하더라도 괜찮다, 누구(아무) 라도; хэдий тийм ~ 어떠한 경우에도, 어쨌든.

비록 ~라(고)하더라도 ядавч

비록 ~일지라도 атал, боловч, гэвч, мөртлөө, хэдий, хэмээвч, боловч, ядавч

비록 무엇이(언제, 어디에서, 어느 것이 누가, 어떻게) ~한다 하더라도 хэрхэвч

비롯하다 үүсэ|х

비료 баас, бордо; хиймэл ~ 인조(인공의) 비료; химийн ~ 화학비료

비료(거름)를 주다(~에) бордо|х ; өтөг бууцаар ~ 비료를 뿌리다.

비루한(비참한) гомдолтой, өрөвдөлтэй

비만 мариа, тарга, туухай; ~тай хүүхэд 포동포동한 아이; ~ муутай 야윈, 마른;~ сүүх 뚱뚱해지다, 살찌다

비만(뚱뚱)해지다 таргала|х, будуурэ|х, голий|х, өөхлө|х

비만하다 лантай|х, цүдий|х

비만한 배 ёлхгор

비만한 лалхгар, лантгар, луглагар, тантгар

비말(飛沫) бөмбөлөг, шуршуур

비망록 тэмдэглэл

비명 орь; ~ дуу тавих 신음하다, 신음소리를 내다.

비명(非命)에 죽다 эрсдэ|х

비명을 지르다 ган хийх, хохтно|х; гангинах дуу чимээ 날카로운 비명을 지르다.

비몽사몽간의 잠 зүүд(эн)

비밀 계획 хуйвалдаан, явууллага

비밀(기밀) далдлагч

비밀(기밀)로 하다 булагна|х; санаа

нийлж ~ 비밀로(몰래) 하다
비밀(기밀)의 далд, далдахь
비밀(한 일) нууц; ~ уг 암호(말), 군호, 패스워드; ~ цоож 숫자 맞춤 자물쇠; ~ нэр 펜네임, 필명, 아호; ~ тушаал 비밀(기밀,극비)의 명령; ~ сонгууль 비밀(무기명) 투표; ~ хадгалах 비밀을 유지하다.

비밀로 하다 балла|х, буг|эх, далдла|х, дара|х, нуух; хэргийг нуун ~ 진실을 숨기다; насаа ~ 자신의 나이를 숨기다;

비밀로 битуудээ, далд, далдуур, нууцгай, сэмхэн, сэмээр; ~ утга 서브텍스트(문학작품의 텍스트 배후의 의미); 언외의 의미; нүднээс ~ орох 시각에서 사라지다, 보이지 않게 통과하다; ~ хийх ~을 숨기다; ~ газар 숨은 장소, 은신처; ~ орох ~을 ...에게 숨기다

비밀요원 тагнуул
비밀을 누설하다 лавра|х
비밀의 далдуур
비밀주의의 аминчла|х
비밀히 битуудээ
비바람을 피하는 오두막 пунз
비방 амны зууш, мугуйдалт, хорсол
비방자 гөрдөөч
비방하는 사람 ховсрооч
비방하다 мугуйда|х
비버 минж(ин) (beaver: 비버과의 수변 (水邊) 동물. 몸은 80cm, 꼬리는 37cm 정도로, 쥐목 중 가장 큼. 꼬리는 넓고 납작하며 귀는 작음. 헤엄을 치며 나무껍질을 주로 먹음. 모피는 귀중하게 쓰이며 수컷의 항문선(腺)은 '해리향(海狸香)'이라 하여 약용·향료용으로 씀); ~ин зах 비버 모피로 만든 모자,
비범한 гаргууд, зугээргуй, онцгой, ховор
비법 жор
비벼 떼다(없애다) сохло|х
비벼서 벗기다 балла|х
비벼서(문질러) 깨끗이 하다 ниттэрэ|х, хуса|х
비비꼬다 имэ|х, мушги|х, эргуулэ|х, бурзай|х, ниттэрэ|х
비비다 илэ|х, лавда|х, сазда|х, урэ|х, урэгдэ|х, урэлдэх, шалбала|х
~을 비비다 урэгдэ|х, урэлдэх,
비빔 урэлт
비사교적인 зожиг, хажиг
비상(飛翔) дурвээн, нислэг, ялаа
비상(飛翔) 경로 траектории, уусгэр
비상한 гаргууд, онцгой
비상한 재주 суу, суут
비상한 흥미 сортоо
비석에 조각하다 ёдор
비석을 새기다 ёдор
비설(脾泄) чацга
비속하다 сулбай|х
비속한 сулбагар
비속한 улхгар
비스듬하게 жишуу, зөрүү, майжгар, муруй саруй
비스듬하게 되다 майжий|х
비스듬하게 매달다(걸다) санжи|х
비스듬하다 зөрүүлдө|х
비스듬한 жишуу, сөлжир, ташуу, хэвгий, хэлбүү
비스듬한줄(길) 대각선 диагональ
비스듬히 접어 포개다 хошуулда|х
비스듬히 하다(기울이다) гилжий|х, сөөжи|х, хэлтий|х, өнцөгдө|х
비스듬히(기울어) 사귀다 сөөлжир
비스킷 печень (밀가루에 설탕·버터·우유를 섞어 구운 마른 과자.)
비슬거리다 дайвалза|х
비슬대다 гуйва|х
비슷(유사)해지다 ижилши|х
비슷하다 барагцаала|х, дууриа|х
비슷하다(~와(모양)이) ажтуу
비슷한 адилхан, ижил, мэт, ойролцоо, тиймэрхүү, төстэй, шиг
(~와) 비슷한 төсөөтэй
비슷한 것(일) барагцаа, ойр

비슷함 адилттгал, төс, үлгэрлэл
비싼 нандин, самбагар
비아냥거리는 글귀 памфлет
비애 гансрал, гашуудал, уй гашу, зовлон(г), зовнил, уй
비애를 느끼다 гутра|х
비약 харайлт
비양심적인 доожгүй
비어있는 зэлүүд, сул, сэлүүн, ханхай, хий, хоосон, хөгдий, хөндийхөн
비어있다 сулла|х, хоосро|х
비어져 나오는 орсгой, сөрдгөр
비어져 나오다 бондой|х, дөндий|х, дэрчий|х, ёмбой|х, ёндой|х, орсой|х, сархай|х, сөдөлзө|х, сэрвий|х, сэрий|х, сэртий|х, товхой|х, цухуй|х
비어져 나온 дэлдэн(г), сэртгэр
비어져 나온 이 ярзгар
비어져 나옴 дорсгор, дэрчг(эр), ёндгор, саргар
비에 젖게되다 хурши|х
비열하게 балиар
비열한 언동 даг
비열한 булай, бурангуй, бутэхгүй, жудагтүй, зайтай, мэхт, нохойрхуу, овт, өөдгүй; амбтан ~ 비열한(야비한) 놈 (녀석)
비오는 것으로(우천으로, 비가 많이 내림으로) 변화시키다 бороо́ши|х
비옥하게 하다 баяжуула|х, баяжи|х
비옥한 өн
비올듯한 усархаг
비옷 хэвнэг
비와 천둥의 신 хурмаст
비용 гарлага, зардал, зарлага, зарцуулалт
비용(식사를) 바싹 줄이다 нарийла|х
비용이 들지 않는 төсөг, хямд
비용이 들지 않다 хямдда|х
비용이 많이 드는 үнэтэй
비우다 сулла|х, сулра|х, хоосруула|х
비우다(~를) ханхайла|х

비우호적으로 ёхир
비운 гай, төөрөг, хутаг, гамшиг, зохиол
비웃는 ойшоогүй, тоомжгүй
비웃다 басамжла|х, даапаала|х, дожигно|х, доог, доогло|х, доромжло|х, тохуурха|х, ярвагана|х
비웃음 даажин, даапаа, даг, доог, элэг; ~ 하다 조롱하다, 놀리다.
비월(飛越)하다 үсчи|х
비위를 맞추다 долдгоно|х, долдойдо|х, долигоно|х, нахи|х
비위를 맞추려고 하다(~의) царайчла|х
비유 ёгтлол, зүйр, зүйрлэл; ~ үг 속담, 격언, 금언(金言).
비유담 ёгтлол
비유적인 ёт
비유하다 зүйрлэ|х, зэрэгцүүлэ|х, харьцуула|х; Ононг дуу охин-той нь зуйрлээд уз дээ 오늘은 그녀의 언니와 비교시키다.
비육(肥育)하다 бандай|х
비윤리적인 ёсгүй
비율(比率: %) коэффициент, процент, шаталбар, хувь, норм, хэмнэг
비율(율)로 표현하다 хувила|х
비율(환시세) ханш
비음으로 말하다 гуншгана|х
비음의 인토네이션 гуншаа
비음의 гуншаа
비음화하다 гуншаа
비인칭의(문법) эээн биегүй
비자 виз; тэдний ~ийн хугацаа дуусчээ 그들의 비자는 만기가 되다(끝나다); орох/нэвтрэх ~ 입국비자; гарах ~ 출국비자
비장(脾臟) дэлүү(н), сөс
비저병(鼻疽病:말의전염병) ям, найлзуухай
비적출자(非嫡出子) бутач
비전염- халдваргүй
비정규병 партизан; ~ы дайн 게릴라 전투; ~ы отряд 유격대; ~ мэт тулалдах/тэмцэх 유격대의 전투

비정상의 얼굴 생김새 марлигар
비좁게 되다 давчда|х
비좁은 бага, багахан, багтаамжгүй, дадгар, жаал, жаахан, жижиг, жижигхэн, омгор, өчүүхэн, умгар; ~ жижиг 아주 작은;~ төдий 작은, 적지 않은
비준(批准) баиалгаа, батламж; ~ бичиг 비준서
비중 нягтрал
비즈니스 파트너 хамтрагч
비지땀 같은 хөөсөрхүү
비지땀을 흘리다 бура|х
비집고 나아가다(들어가다.나오다) гудра|х
비집어 열다 гөнжи|х, хөшүүрдэ|х, хөшүүрэгдэ|х
비참한 생존(생활)하다 дүүжигнэ|х
비참한 생활이 오래 끌다(오래 끌게 하다) улжи|х
비참한 балмад, гамшигтай, дошгин, зовлонтой, золгүй, хөөргүй; ~ явдал 불운; ~ хэрэг 성공하지 못 한 일; ~ явдлыг мэдээлэх 재난 이야기; ~ зан гаргах 나쁘게 행동하다.
비책 жор
비천한 маалинга
비추다 гэрэлдэ|х, гялтана|х, тусга|х, туяара|х, цацра|х
비추이다 ноцо|х
비축(저축) бэлтгэл запас, хур
비축(備蓄)해 두다(~을) бараажих, запасла|х
비축하다 запасла|х, нөөцлө|х
비취 хаш
비치다 гий|х, гилбэлзэ|х, гилэлзэ|х, гялалза|х, гялба|х, гялбалза|х. Гялбарлага, өнгөлө|х, тормой|х
비치하다 суурилуула|х, тави|х, тата|х
비커 аяга
비켜나다 гэрэвши|х
비켜서다 гэрэвши|х

비키다 булза|х, булзаара|х, гэрэвши|х, зайла|х, оторло|х, хавьтуулахгүй, цэрвэ|х
비타민(vitamin), 바이타민, аминдэм, витамин; урлэн/шахмал ~ 알약 비타민 (vitamin: 동물체의 주 영양소 외에 동물의 정상적인 발육과 영양을 돕고 성장 및 건강 유지에 필요 불가결한 유기물의 총칭 A·B1·B2·B6·B12·C·D·E·K·L·M·P 등이 있음)
비타민이 많은 витаминлаг
비타민이 풍부한 витаминлаг; зарим хоол хунс ~, зарим нь ~ биш 어떤 음식에는 비타민이 풍부하고 어떤 것은 그렇지 않다.
비타협적인(사람) мохошгүй; ~ зоригт 두려움을 모르는, 대담무쌍한.
비탄(비애.통탄.탄식) гансрал, гуниг, зовлон(г), зовнил, зовуурь, орилоон, өвдөлт, уй, уй гашу, гашуудал, уйлаан майлаан, халаглал
비탄(슬퍼.애도)하다 мэгши|х, уйлалда|х, урвагана|х
비탄에 잠겨 우는 үгээр
비탄에 잠긴 гунигт, гунигтай, зовлонтой, уйлаан майлаан болох
비탄에 젖게 하다 ганира|х, гансра|х, гансруула|х, гашууда|х, гуни|х, гунигла|х, гуни|х
비탄에 젖다 гасла|х
비탈 дөл, налууда|х, хөнтөргөн
비탈(진) налу
비탈진 наланги, ташуу, хөлбөрүү, хэвгий, хэлтгий
비탈진 마음이 기울인 хазгай
비통(悲痛) гансрал, гуниг, зовлон(г), зовнил, уй, уй гашу, гашуудал; сэтгэлийн ~ 슬픔; гаслан ~ 괴로움; зудуур 고뇌, 비애; ~ эдлэх 괴로워하다
비통(비탄.비애)하다 гутра|х
비통한 бэрх
비트적거리다 дайва|х, дайвалза|х, цөмцөгнө|х

비틀(비슬)거리다 дайва|х, цөмцөгнө|х
비틀(어 돌리)다 гажи|х, гажуудуула|х, гилжий|х, гуйва|х, дээсрэ|х, мушгира|х, нийтгэ|х, нитгэрэ|х, хумира|х, эргүүлэ|х
비틀거리게 하다 ганха|х, ганхалза|х
비틀거리는 согтонги, халанги
비틀거리다 гуйвалда|х, дайва|х, дайвалза|х, мухри|х, таварцагла|х, туйвгана|х
비틀거리며 걷다 баацгана|х, таварцагла|х
비틀거리며 나가다 баацгана|х
비틀거리며 나아가다 гуйвагуйва|х, лда|х, дайва|х, дайвалза|х
비틀다 гуйва|х, гуйвуула|х, дохийло|х, имэ|х, мушги|х, хуйлра|х, эвхрэ|х, эргүүлэ|х; унэнийг ~ сүйлийг гойсэшига (왜곡하다); гары нь ард нь ~ 그의 팔을 뒤에서 비틀어 끈으로 묶다 (매다)
비틀리는 нугдгар
비틀리다 суунагла|х
비틀린 гүлзгай, дөрсгөр, мушгимал, нугдгар, олиу
비틀린 가루반죽 маахуур
비틀림 эрч
비틀비틀하는 дэншээ, салга, хазгар
비틀어 떼다 булаа|х
비틀어서 (~)모양으로 하다 дээсрэ|х, нитгэрэ|х
비틀어서 모양을 만들다 дээсрэ|х, нийтгэ|х, нитгэрэ|х
비틀어지다 гажи|х, гажууда|х
비틀어진 гажууд, гилжгий, жайвгар
비틀어짐 завхрал
비틂 томмол, эрч
비판(문) шуумжлэл
비판능력 шуумжлэл
비판(판단의) 표준 шалгуур
비판(비난)하다 шуумжлуулэ|х
비판(평론)하다 шуумжлэ|х, шуумжлуулэ|х

비평 нийтлэл, шуумжлэл
비평가 혹평하다 муушаа|х
비평하다 шуумжлэ|х
비품 тоноглол, тохижилт, хэрэгсэл
비할 데 없는 ижилгүй
비할 바 없는 үнэмлэхүй
비합법의 хуульгүй
비합법적인 гадуур, зүйгүй
비해독 орчуулагдашгүй
비해서(~에) харьцангуй
비행 청소년 단기 수용소 чангалан
비행 балаг, гутамшиг, дүрвээн, намираа, нислэг, танхайрал, ялаа
비행가 нисэгч
비행기 조종사 нисэгч; туршин ~ шилэ비행사; сөнөөгч онгоцны ~ 전투기 비행사.
비행기(경기용 자동차) 앞이 뾰족한 шонхор
비행기(우주선·요트따위의) 조종(조타)실 кабин; ачааны машины/тэрэ-гний ~ 화물 자동차(트럭)의 캡(운전실)
비행기가 착륙(불시착)하다(격추되다) буу|х
비행기의 격납고 гарааш
비행기의 동체 кузов
비행기의 추락 сүйрэл
비행사 нисэгч, нисэгч; туршин ~ шилэ비행사; сөнөөгч онгоцны ~ 전투기 비행사.
비행선 онгоц, хөлөг; нисэх ~ 비행선(기); усан ~ 배, 함(선); шум-бадаг ~ 잠수함 (서브머린); ~ны зангуу 닻; ~ны шураг 돛대, мачт; ~ны дарвуу 보트의 범주; гуя ~ 카누; ~ны зогсоол 항구, 배가 닿는 곳; ~ны хэтгэ 고물, 선미(船尾); нисэх ~ны буудал 공항; агаарын мөнгөн ~ 비행기, 항공기.
비호(두둔.보호)하다(~을) нөмрлө|х, хоргодуула|х, хонуула|х

비호(옹호) 받는 нөмөрдүү
비호(옹호), 방어)하다 өмгөөлө|х, өмөглө|х
비호(호위, 방호)하다 хамгаалагда|х, хамгаала|х
비호자 өмгөөлөгч хамгаалагч этгээд
비활동성의 эрч
빈 зэлүүд, сул, сэлүүн, ханхай, хий, хоосон, хөгдий; ~ яриа 쓸모없는 말; ~ орон тоо 공허, 빔; ~э рэ э 빈방.
빈 짐의 ачаагүй
빈 터 чөлөө
빈객(賓客) айлчин, гийчин, зочин, хоноц
빈곤 гансрал, зүдрэл, зүдүүр, ядуурал
빈곤(빈약, 초라)하게 만들다 гансра|х
빈곤망상 хоосрол; оюуны ~ 정신적인 빈곤
빈곤한 үгүйтэй
빈곤해지다 үгүйрэ|х
빈궁 гансрал
빈대 бясаа
빈둥거리고 있다 залхуура|х, лалхай|х, хойрголо|х
빈둥거리다 залхуура|х, монгино|х, мунгина|х, новшро|х
빈둥거리며 지내다 тэнэглэ|х, хэсүүчлэ|х
빈둥빈둥 지내다 дөжирлө|х, лазагна|х, наазгайра|х, оёгло|х, хашигна|х; тэлэнд лазагнаад захиа бичдэгтүй байснаа тэр хүлээв 그는 명백하게 늦게 기록했다
빈둥빈둥 ташуурал
빈들(핀들)거리는 사람 хэсэмхий
빈들빈들 돌아다니다 залхуура|х
빈민(貧民) гансрал, гуйланчин, гуйранч(ин), ядуус
빈번하게 байнга
빈번한 байран, хөлтэй
빈번히 байран, дагт(ан), тувт
빈번히 옮기다(이동시키다) тожгоно|х
빈번히 취하다 хөлчүүрэ|х

빈사(瀕死)의 상태다 үхэлдэ|х
빈약 нимгэхэн, ядуурал
빈약(초라)하게 되다 ядуура|х
빈약(초라)한 барагтайхан, буурай, дульхан, мөхөс, тарчиг, үгүйтэй, ядуу; чадал ~ 무력한, 무능한; ~ ядуу빈약(초라)한; ~ миний бие 자신은 하잘 것 없는(가치 없는); ~ морь 초라한 집.
빈약(초라)해 지다 хоосро|х
빈약하게 муухан; тэр ~ дуулдаг 그녀의 노래는 서툴다
빈약하고 힘없는 백인 жалмагар
빈약한 арвигүй, гарзар, дэвсгэргүй, саримгар, сулхан, тачир, хомс, хөлгүй, эцэнхий
빈장소 зай
빈정거리는 гөнтэй, ёврогатой, хорон
빈정거리는 언동(말) ёж, ереедел
빈정거리는(비꼬는.풍자의.신랄한) 말을 하다 ёгтло|х
빈정거리며 지껄이다 ереедэ|х
빈정거림 ёж, ерее, ереедел
빈정대는 гөнтэй, ёврогатой, хорон
빈정댐 ёж, ерее, ереедел
빈틈없는 авхаалжтай, ажигч, аргатай, бариуда|х, бачуу, сүйхээ, сэгээ, уйтан, умгар, уртай, хавтай, чадамгай, чамбай
빈틈없는 연결 теле-гуур
빈틈없다 бачууда|х, дадай|х
빈틈없음 завдаа, хянамж
빈틈없이 하다 нямбайла|х
빈틈이 없는 савдаа
빈핍(貧乏) гансрал
빈한(貧寒) гансрал
빌기 маань, мөргөл; ~ унших 기도문을 낭송하다; маанийн хурд (라마교의) 기도문통(筒)(기도문을 넣은 회전 원통).
빌다 дулдуйда|х, дэлэндэ|х
빌다(원하다.기원하다) (~의 행복·건강을) гэ|х, ерее|х; танд хамгийн сайн сайхныг хусэн ерөө 나는 당신의

행복(성공)을 기원한다.
빌딩 байшин, корпус
빌딩의 기초 довжоо(н)
빌려 준 사람 түрээслүүлэгч
빌려주다 дагна|х, зээлдэ|х, түрээслүү-лэ|х, хөлслө|х, хөлслүүлэ|х
빌리다 дагна|х, зээлдэ|х, зээлдэ|х, зээ-лэ|х, түрээслүүлэ|х, хөлслө|х, хөлслүүлэ|х
빌붙는 бялдууч, гоёч, долдой, долигонуур, зуйгар, ташимгай, хайдаг
빌붙는(빌림 말하는) 사람 зусарч
빌붙다 аяла|х, бялдуучла|х, долдойло|х, дулдуйда|х, зуйгарла|х, зуйра|х, хайдагта|х
(~에게) 빌붙다 зулгуйда|х, зусарда|х, өнгөлө|х, ташимгайла|х
빌붙음 зулгуй, зусар
빔 зерчих, сацраг, цацраг
빔(공간) ор(он)
빔(도리) гулдмай
빕더서다 гажи|х
빗 сам
빗나긴 길로부디 벗어나게 하다 олий|х
빗나갔다 дэгсдэ|х, дэгслэ|х; буу ~ 잘못 쏘다, 오발; дэгсдэж ярих 거짓말을 하다.
빗는 хөөвөрчин
빗다 самна|х, хөөвөлө|х
빗댐 ёж, ерее, ерээдел
빗맞히다 үгүйлэгдэ|х, унтуура|х
(~을) 빗맞히다 үгүйлэ|х
빗면 дөл, хөнтөргөн
빗면을 증명(입증)하다 налууда|х
빗물 бороо(н)
빗물로 저절로 파인 도랑 гоожуур
빗장 гөнжүүр, оньс, түгжээ, хөндлөвч, хөшүүр, шилбэ
빗장(걸쇠)을 걸어 잠그다 түгжи|х
빗장뼈 эгэм
빗장을 질러 잠그다(~에) боо|х, хөши|х, хөшүүрдэ|х

빗질하는 기구 сам
빗질하다 самна|х; үсээ ~ 자신의 머리를 빗질하다;
빗질하여 매만지다 самна|х; үсээ ~ 자신의 머리를 빗질하다;
빙 돎 савлуур, сажиц
빙 둘러앉은 사람들 гархи(н), цагариг
빙(그르르) 돌아서 오다 тэлрэ|х
빙결 мөстөл
빙결시키다 осго|х, хадаала|х, хөлдөө|х
빙구 дэгнүүл
빙글빙글 돌다 орчи|х
빙글빙글 돌리다 дугуйра|х, пурчигна|х, үйлзэ|х
빙부 худ
빙빙 돌리다 эргүүлэ|х
빙빙돌다 дугуйра|х, шампра|х
빙석(氷石) сүйжин
빙야(氷野) цөн
빙원위의 빙구(氷丘) дов, сондуул
빙자하여 발견하다(~을) цааргала|х
빙전(氷田) цөн
빙점 дара|х, мөстөл
빙주(氷柱) хонгорцог
빙주(氷柱)가 맺히다 хонгорцогло|х
빙주(氷柱)가 생기다 тагта|х
빙충맞이 мянтууз
빙퉁그러지게 하다 гажаа|х
빙퉁그러진 гажууд, хорчгор, хумигар
빙하의 말단(末端) хошуу
빙하의 мөст
빚 따위를 탕감하다 уучлагда|х
빚 зээл, өглөг, өр төлөөс; ~ хийх/тавих 빌리다, 차용(借用)하다, 돈을 꾸다; би тэр бусгуйд э тэй 나는 그녀에게 채무가 있다; ~ авах 대부를 받다; удаан хугацааны ~ 장기 대부; өр ~ тавих 빚을 얻다
빚(부채)를 지불(납입) 청구(요구)하다 нэхэмжлэ|х
빚어 만들 수 있는 лавмаг

- 321 -

빚을 갚다 төлө|х, төлүүлө|х, уушаа|х
빚을 주다 зээлдэ|х
빚지고 있는 улмаас
빛(광선) гэгээ(н), гэрэл, гэрэлтэй, зерчих; нарны ~ 햇빛, 일광; ~ сацрах 빛나다, 번쩍이다, 비치다; ~ тусах (빛이) 떨어지다; шахилгаан ~ 전기, 전기학; ~ авахуулах 밝게 하다, 밝아지다; гэрлийн хугарал 굴절(작용), 굴사(屈射) гэрлийн ойлго 빛의 굴절; гэрлийн хурд 빛의 속도; ~ дохио 신호하다; рөнтген ~ X-레이, X-광선; харуулах ~ X-레이 사진을 찍다; ~ зураг ~의 사진으로 찍다; ~ зургийн газар 사진관; ~ чимэглэл 장식(용)의 조명.; ~ шарлах 날이 새다, 밝아지다; Шинэ ~ 신약성서
빛(광선,불꽃,섬광)이 꺼지다(사라지다) жарга|х; нар ~ 해질 때에
빛(그림자, 햇빛등등) 반사하다 туса|х
빛(불)을 끄다 бөхөө|х, унтраа|х
빛(사람의눈등을) 가로막다 хаацайла|х
빛(소리·열 따위) 반사하다 гялбаала|х, рйлго|х, тусга|х
빛(열 등)의 방사 гэрэлтэлт
빛(열 등을) 방사하다 сацруула|х
빛(열·냄새·소리 따위를) 약하게 내다 (발하다,방출하다, 방사하다) гингэнэ|х
빛(열·냄새·소리를)   내다(발하다) ханхла|х, цацруула|х, янгина|х
빛(열·전기·음파 등을)   전도하다 гүйлге|х; цахилгаан ~ 전기를 보내다
빛(열을) 방사하다(발하다) сацра|х
빛(조명 등을) 차단하다   хаа|х, хөндөлдө|х, түгжигдэ|х
빛(조명)을 차단하다 бөглө|х
빛(향기·맛)이 은은한 булбэгэр
빛(힘)을 잃다 үхэтхий|х
빛깔 өнгө, өнгөт; байшин цагаан ~ тэй 그 집의 외부색상은 흰색이다; ~ зус 외관, 안색, 얼굴의 윤기; этгэд ~ 화려한 색상; ~тэй хурэм 번쩍번쩍하는 재킷; ~ сайтай 좋은 색상, 건강상 좋은; ~ металл 비철금속; ~ зураг 칼라사진; ~ кино 칼라 필름 (영화); ~ зурагт радио 칼라TV; ~ хэвлэл 칼라인쇄(인쇄술).
빛깔(광택)이 윤이 안 나는 балархай
빛깔을   엷게하다   шингэлэ|х, шингэрүүлэ|х
빛깔의 엷고 짙은 정도 гэшүү
빛깔이 거무스름한 балар
빛깔이 거뭇해지다 бараантах, бурэнхийлэ|х, харанхуйла|х
빛깔이 타오르는 듯하다 гэрэлтэ|х
빛나게 하다 гялтана|х
빛나게(번쩍이게)하다(비추다) гилбэгнэ|х, гөлгөнө|х, гөлөлзө|х, гөлчилзө|х, гялай|х, тусга|х, туяара|х, цацра|х, туса|х
빛나는(밝은) гилгэр, гялгар, гялтгар, саруул, цог, язгууртан, гэрэл, гэрэлтэй; ~ щамхаг 등대; ~ хөшөө 기념비; ~ мандал 이온층, 전리층
빛나다 анивчи|х, гий|х, гилбэгнэ|х, гилбэлзэ|х, гилгэнэ|х, гилий|х, гилэлзэ|х, гөлчилзө|х, гэрэлтэ|х, гялавхий|х, гялай|х, гялалза|х, гялба|х, гялбалза|х, гялсхий|х, гялтай|х, гялтгана|х, жирс жирс хийх, жирсий|х, манхай|х, онилзо|х, өнгөлө|х, тормой|х, туяара|х, улбалза|х, улбас улбас хийх, хөнгөдө|х, цавцай|х, цацра|х, яралза|х
빛남 зерчих, тоддол
빛을 발하다 гий|х, гэрэлтэ|х, гялба|х, гялбарлага, сойло|х, туяара|х, цацра|х
빛을 발함 гялбаа
빛을 잃게 하다 хитэ|х, сохо|х
빛을 투과시키다 гүйлге|х
빛의 난반사 тархац
빛의 상실(소멸) хиртэлт
빛이 밝아지다 гэгээрэ|х; уур гэгээрч байна 날이 새다, 새벽녘(동틀녘)이다
빛이 번쩍이다 улбас улбас хийх
빛이 부족하다(쇠하다)(~의) хөнгөдө|х

빛이 어둑한 сүүмхий
빛이 어둑함 сүүмгэр
빛이 충만한 тунгалаг
빛이(목소리가) ~을 통과하다 нэвтрэ|х; архинд ~ 곤드레만드레 취하여; хэл ~ 다른 하나의 언어로 이해한다; ~ бичиг 허락(허가,승인)하다; дээл минь бороонд нэвтрэв 나의 외투가 흠뻑 젖다.

빠뜨리고 쓰다(말하다) өнжөөх
빠뜨리다 өнжөөх
빠뜨림 гэндэл
빠르게 авсаар, дөжир, дууги|х, хурдан, шалавхан
빠르게(급히.곧.재빨리) гүйлгэн, бушуу
빠르게 ~하다 довтло|х
빠르게 쓰다 татла|х
빠르게 움직이다 гүй|х, ёлцгор
빠르게 읽거나 말하다 товжигно|х
빠르게 읽다 гарчигла|х
빠르게 하다 адга|х, жийгэ|х, сандраа|х, түргэвчлэ|х, түргэлэ|х, тэвдүүлэ|х, хурдасга|х, хурдла|х, хурдлуула|х, яара|х
(~을)빠르게(급히) 하다 нажигнуула|х
빠르게(재빨리, 신속히) 마시다 залгила|х
빠르고(급하고) 순조롭게(술술) 움직인다 (옮긴다) сэвхий|х
빠르기 хурд, аяс
빠르다 хурдда|х
빠른 авхаалж, түргэн, үтэр, хурдан, хурдач, эрт(эн); ~гүй 민첩하지 못한
빠른걸음 хатир, хатирч, шогшоо; ~ морь 말이 속보로 가다
빠른걸음으로 걷다. алхла|х
빠져 나오다 булза|х, булзаара|х
빠져 들어가다(~에) оро|х
빠져 있다(~이) үгүйдэ|х
빠져나가다(~을) гулдри|х
빠져들다(~에) шигдэ|х
빠지게 되다(탐닉하게 되다) ханара|х

빠지게 하다(~에) хэнхэглэ|х
빠지다 алдуура|х, галзуура|х, живэ|х, зориула|х, сугара|х, түлгэ|х
빠지다(~에) оро|х, уулга|х
빠진 털 хөөвөр
빤한 평계 цаарга
빤히 보다 бултий|х, ширтэ|х
빨강(색)빛 улан; ~ болох 붉게 되다; ~ уруул 붉은 입술; ~ туг 적색 깃발; ~ дарс 적 포도주; ~ чинжүү 적색 종이; ~ бор 회색 또는 흰 얼룩이 섞인 (밤색 말); ~ хүрэн 불그스레한 자주빛; гүн ~ 짙은 적색; тод ~ 맑은 적색; ~ нэлий 피나는, 피를 흘리는;~ арьстан 적색 인디언.
빨기 угаалга
빨다 соргч, угаада|х, угаа|х
빨대 гуус(ан); өдний ~ 빨대, 깃촉; цэцгийн ~ 꽃의 줄기(대), 꽃자루, 잎자루(꼭지), 열매꼭지.
빨라지다 түргэсэ|х
빨래통 онгоц
빨래판 нидрэг
빨리 가게(달리게) 하다 жонжи|х
빨리 걷다 хатира|х
빨리 달리게(움직이게) 하다 хоролзо|х
빨리 도망하다 годхий|х
빨리 전진하다 маршла|х
빨리 지나가는 халти
빨리 мөд, түргэн, эртхэн
빨리(신속히) 기재(기록)하다 татла|х
빨리(휙휙)지나가다 давхий|х, жирий|х
빨리하다 түргэлэ|х, түргэсгэ|х, хурдса|х
빨아먹다 хүлхэ|х; чихэр ~ 태피(설탕. 버터과자)를 빨다
빨아 없애다 шимэ|х
빨아내는 원이 되다 соруула|х
빨아내다(~을) шимэ|х
빨아들이는 соролт
빨아들이다 соро|х, тата|х, уу|х, хүлхэ|х,

хэхө|х; чихэр ~ 태피(설탕.버터과자)를 빨다
(~을)빨아들이다(끌어들이다) хамра|х
빨치산 партизан
빳빳한(털) гүжирмэг
빵 талх; ~ барих 빵을 굽다; цагаан ~ 흰 빵; хар ~ 갈색 빵; ~аа олох 빵을 얻다.
빵(과자) 장수(직공) боовчин
빵(비스킷 등등) 굽다 тожигно|х
빵(햄의) 얇은 조각(한 조각) зүсмэл
빵가루 цөвдөл
빵부스러기 хэмхдэг, цөвдөл
빵부스러기 투성이 үйрмэг
빵이 구워지다 жигнэ|х
빵는기계 нүтүүр, нухуур
빻다 жижиглэ|х, тээрэмдэ|х, үйрүүлэ|х, юүрэ|х, яйра|х
빼게되다 суутгуула|х
빼내다 булга татах, зулгаа|х, мулт татах
빼다 суутга|х, хасагда|х, шимтгэ|х
빼먹다 өнжөөх
빼빼 마른 янхир
빼앗긴 것을 되찾다 толиро|х
빼앗다 булаа|х; булааж авах 빼앗다, 찬탈하다, 강탈(횡령)하다.
(~로부터) 빼앗다 дээрэмдэ|х
(~에게서) 빼앗다 тала|х, тоно|х, тоногдо|х
빼앗다(채어)가다 авчи|х
빼어내다 олзворлох, сугала|х
(방·탈 것 등에) 빽빽이 들어차다 овооро|х, шава|х
빽빽이 채워넣다 нягтра|х
빽빽하게 нягт
빽빽하게 되다 өтөрө|х
빽빽하게 들어올리다(올리다) тэвхдэ|х
빽빽하게 보이게 되다 тунжра|х
빽빽하게 찬 цомхон, чигжүү, шаху, шигүү(н)
빽빽하게(질게) 되다 зузаара|х

빽빽하게(질게) 하다(되다) зузаала|х, өтөрүүлэ|х, памбайлга|х
빽빽하다 өтөдө|х, памбагарда|х
빽빽한 өтгөн, шигүү(н)
뺌 суутгал, шимтгэл
뺨 хацар
뻐개다 сүхдэ|х, тата|х, хэрчи|х, хяра|х, цавчи|х
뻐기는 давамгай, давруу, тэхүүн, цадигтүй
뻐기다 барда|х, гаара|х, давра|х, жалмай|х
뻐꾸기 хөхөө
뻐꾸기 흉내를 내다 донгодо|х; хөхөө ~ 뻐꾸기가 뻐꾹뻐꾹 울다
뻐꾹 хөхөө (뻐꾸기의 울음소리); ~ тэй цаг 뻐꾸기소리 시계
뻐꾹뻐꾹울다 донгодо|х
뻐끔한 구멍 амтай
뻐끔히
벌어진데(구멍·관(管)·동굴·상처) нүх(эн); орох ~ 입구, 끌어들이는 어귀; гарах ~ 배출구, 출구, 배수구; торны ~ 그물눈, 망사(網絲); хамрын ~ 콧구멍.
뻐드렁니 дорсгой шуд, ярзгар
뻐드렁니(엄니) 같은 것 соёо; зааны ~ 코끼리의 엄니; ~ мэ с 고드름, 빙주(氷柱); гаансны ~ 담배 파이프 청소용구, 꼰 철사에 섬유털을 단 것.
뻐드렁이 ярзгар
뻔뻔스러운 давамгай, жалмагар, жимүүс, нүүрэмгий, тэхүүн, хэтрэмхий
뻔뻔스러움 сэрүү, хатуужил
뻔뻔스런 сэрүүн
뻔뻔스럽게 누워 있다 барин тавин худал хэлах
뻔뻔스럽게도 ~하다 зүрхлэ|х
뻔뻔스럽다 гаара|х, хэтрэмхийлэ|х
뻔뻔하다 хэтрэмхийлэ|х
뻔뻔한 давруу, хэтрэмхий
뽑다 сунгуула|х

뻗치다 мэлий|х, нэлий|х, сунна|х
뻣뻣하게 하다 бадайра|х
뻣뻣하고 굳게 되다 дэрдий|х
뻣뻣하고 굳어 비어져 나오다 дэрий|х
뻣뻣하고 굳은 дэрдгэр
뻣뻣하다 хөшүүрэ|х
뻣뻣한 털을 심(어 놓)다(~에) аржий|х, өрвийлгө|х
뻣뻣한 дарай|х, хатуухан, хөшүүн, цардмал; дарайсан зах 칼라(깃)가 뻣뻣하다.
뻣뻣해지다 чилэ|х
뻥 울리다 пяс хийх
뻰찌(nipper) бахь, хямсаа
뼈 яс
뼈 그리고 마른 енхер
뼈 따위가 목구멍에 걸리다 горой|х; хоол ~ (음식의) 목구멍에 걸리다.
뼈 모양의 것 яс
뼈 없는 ясгүй
뼈 왼쪽위의 살을 물어 끊을 수 있다 мөлжүүр
뼈가 목구멍에 걸리다 гүдий|х
뼈골 чөмөг
뼈대 яс
뼈대(얼개)의 хохимой
뼈대를 만들다(~의) гуула|х, жаазла|х
뼈대뿐인 хохимой
뼈도가니 чөмөг
뼈로 됨 ясжилт
뼈로 변하게 하다 ясжих
뼈로 변함 ясжилт
뼈로부터 고깃살을 제거하다(벗기다) шула|х
뼈를 금가게 하다 нүд нүд хийх
뼈만 남은 янхир
뼈만 앙상하게 되다 ясжих
뼈만 앙상하고 여원 енхер
뼈만 앙상하고 여위다 енхий|х
뼈만 앙상한 янхир
뼈만 앙상한 (성장)발육 한다 бороо

뼈뿐이다 енхий|х
뼈뿐인 енхер, янхир
뼈에 사무치는 жигэнэм
뼈에 사무치는 찬바람 хавсрага
뼈에서 고기를 뜯어내다 мөлжи|х; яс ~ 뼈에서 깨끗하게 고기를 뜯어내다; хуухдийн хөдөлмөрийг ~ 아이에게 노동을 착취하다
뼈에서 요리용 고깃살을 제거하다 шула|х .
뼈와 같은 янхир
뼈와 같은 야윈 енхер
뼈와 같은 야위다 енхий|х
뼛속(골수)까지의 두꺼운 끝부분 булуу(н)
뽐내게 되다 давамгайла|х
뽐내는 бардам, давамгай, ёнттор, нэрэлхэг; ~ зан 자부심, 자만, 자기 과대 평가; ~ хун 자랑하는 사람, 허풍 떠는 사람. 허풍선이; ~ аашлах 거드럭거리는 행동, 거만(오만)한 행동.
뽐내다 ёнтой|х, ихэмсэглэ|х, ихэрхэ|х, маягла|х, хаахаалза|х, хөрөмлхэ |х, хэхий|х
뽐내며 걷다(활보하다) барда|х
뽐내며(점잔빼며) 걷다 омогши|х, тээхэлзэ|х
뽑다 сонго|х, сорло|х, түүвэрлэ|х, шигши|х, шилэ|х
뽑아내는 олборлолт
뽑아내다 булга татах, зулгаа|х, мулт татах, олзворлох, суга татах, сугала|х; зэрлэг ~ 잡초를 뽑다, 제초하다; шудээрээ ~ 이를 잡아 뽑다; цэцэг ~ 화초(꽃)를 뽑아내다; үсээ ~ 머리 카락(머리털)을 잡아 뽑다.
(~을) 뽑아내다 шалгаруула|х
뽑아냄 олдвор
뽑았다 сонгогдо|х, тун|ах
뽀루지 батга, бижруу, гөвдруу, гүвдрүү, хатиг

뽀루지가 나다 бижруутэ|х, тура|х
뾰족하게 만들다 хурцла|х
뾰족하게 하다 билуудэ|х, жомбой|х, ирлэ|х, үзүүрлэ|х, хурцла|х, шөвий|х
뾰족한 сэгээтэй, үзүүртэй, хурц, шовгор, шовх, шөвх
뾰족한 기구를 던져 올리다(~의) оли|х
뾰족한 끝 оргил, соёо, үзүүр; уулын ~ 산꼭대기(봉우리); уулын ~ цастай байв 눈으로 덮인 산봉우리; тэр нэр алдрын ~д хүрсэн 그의 명성이 절정이다
뾰족한 끝이 없는 мухар; ~ олгой 충수염, 맹장염; ~ сусэг мисий; ~ ямаа 뿔 없는 염소; гар ~ болох 스스로 어떻게도 할 수 없게 되다
뾰족한 끝이 있게 만들다 үзүүрлэ|х
뾰족한 끝이 있는 үзүүртэй, шовгор, шовх, шөвгөр
뾰족한 도구로 ~을 꿰찌르다 хатга|х
뾰족한 모난 шөвгөр
뾰족한 바늘 모양의 것 хаттуур
뾰족한 코를 한 шонхор
뾰족함 даац
뿌리 орвон, уг, үндэс(үндсэн); ~гоор нь суга татах 뿌리째 뽑다; үсний ~гоо хүртэл улайх 그녀의 머리 뿌리까지 빨개지다
뿌리 깊게심다 үндэслүүлэ|х, үндэслэ|х
뿌리 깊은 зоомол, ургаа, мөхөөшгүй, цаагуур
뿌리가 내리다 үндэсчи|х
뿌리가 있는 зоомол, ургаа
뿌리다 асга|х, асгаруула|х(асгарах), зумра|х, сандаа|х, тари|х, урсга|х; бороо асгаж байна 여우비가 오다
(~을.~에) 뿌리다 цаца|х
뿌리를 박은 зоомол, ургаа
뿌리박게 하다 үндэслүүлэ|х
뿌리째 뽑다 булга татах
뿐(만)의(오직) гав ганц
~ 뿐만 아니라 төдийгүй, байтугай, барам: ул ~; уунийг би ~ бүгдээр мэндэ 나뿐만 아니라 모든 사람들이 다 안다
뿐만 아니라(또한) ~도(~에다가 또) барам: ул ~, байтугай
뿔 갈라진 영양 бөхөн(г)
뿔 없는 мөгөтөр, мухар, тоймог, түгжгэр; ~ олгой 충수염, 맹장염; ~ сусэг мисий; ~ ямаа 뿔 없는 염소; гар ~ болох 스스로 어떻게도 할 수 없게 되다; ~ мод 크리스마스트리에 둥근 왕관을 붙이다; ~ үнээ 뿔을 자른 암소(빈우(牝牛))
뿔 화살 годил
뿔 화살촉 годил
뿔 эвэр
뿔(껍질·깃털·이 따위를) 갈다 зулма|х, зумра|х
뿔로 ~을 밀고 나아가다 сэжи|х
뿔로 ~을 밀다(밀치다) сэжи|х
뿔로 받다 сэжи|х
뿔뿔이 саланги, тархай, үлт
뿔뿔이 된 бутархай, сандархай, тарангуй, тармаг, тару
뿔뿔이 헤어지게 하다(흩어버리다) бутла|х, замхра|х, тара|х
뿔뿔이 흩뜨지다 булгала|х
뿔뿔이 흩어버리다(헤어지게 하다) бутла|х, замхра|х, сандаа|х, сарниула|х, тара|х
뿔뿔이 흩어져 나아 бутархай
뿔뿔이 흩어지다 тара|х
뿔뿔이 흩어진 хэсүүл
뿔속의 부드러운 웅어리(속) тугалмай
뿔의 뜻의 결합사 эвэр
뿔이 꼬부라진다 долгиото|х
뿔이 없다 мугхай|х, түгжий|х
뿔피리 бурээ(н)
뿜어 나오다 годгойдо|х, годхий|х, оргии|х, садра|х
뿜어 나오다(말의) турги|х
뿜어나옴 охь

뿜어내다 сархий|х
뿌루퉁해서 말하다 жорвой|х, тумбай|х, цорвойх
삐걱거리게 하다 үрэ|х
삐걱거리다 хахина|х, хяхна|х
삐걱거림 өрөвтөл, үрэвтэл

삐걱삐걱 소리를 내며 움직이다 нужигна|х, хахина|х, чахра|х
삐걱삐걱하(게하)다 нужигна|х, хахина|х, чахра|х
삐다 мөлтлө|х, тулгара|х
삐죽한 코 хошуу
삥땅 өөш

ㅅ

사(四)(4.넷) дөрвөөд, дөрөв(дөрвөн); дөрвөн улирал 사계절, 사철; дөрвөн зүг 4개의 기본적인 방향(방위); ~ дахин 4시간; дөрвөн хөлтэй 4개의 다리; дөрвөн хөлт адгуус 네발 가진; дөрвөн мөрт шүлэг 열차; ~ний гурав 3/4, 삼분의 사; долоо хоногийн ~ дэх өдөр 목요일; дөрвөн хөллөх 넙죽 기어서; дөрвөн дугуйтай 4개의 수레바퀴; дөрвөн удаа- гийн 4중(重)의(으로), 네 겹의(으로), 4배의 (로), 4절(折)의(로) дөрвөн жилийн 4년; дөрвөн настай 4살(세),4년생; дөрвөн сартай 4 개월생; дөрвөн давхар 4가지 이야기; дөрвөн талтай 4가지 측(側)(면, 변)이 있는; дөрвөн өнцөгт 4각형, 4변형.

사(辭) ① дуулал; ② хэлсэн үг, үгс; үдэлтийн үг 송별사; томилогдоод хэлсэн үг 취임사; угталтцн үг 환영사

사(社) ① компани, хорошоо, нөхөрлөл; ② албан тасалгаа; Компанидаа ямар ажил эрхэлж байна вэ? 회사에서 무슨 일을 하나?

사(死) ① үхэл; ② (бэйсбол г.м) гарах.

사(私) ① хувийн, хувь хүн; өөрийг; нийтийн болон хувь хүний 공과 사의; ② хувийн ашиг; хувиа хичээх.

사(巳) могой жил; могой цаг ~시(時)

사(邪) муу, буруу; худал хуурмаг; Зөв нь хулал хуурмагийг ялдаг. 사불범정(邪不犯正)

사(紗) марал, самбай, шаа

사(4)각형 дөрвөлжин; босоо ~ 입방체; гонэгой ~ 직사각형; хавттай ~ километр 평방(제곱) 킬로미터;

사(4)개의 дөрөв(дөрвөн)

사(4)년생의 암소 또는 암(컷·놈)의 낙타 дөнж(ин); ~ин үнээ 4년생 암소.

사(4)년생의 황소 또는 숫(컷·놈)의 낙타 дөнө(н); ~н үхэр 4년생 황소

사(4)두 4륜 대형 마차 сүйх

사(4)륜 짐마차 түүчээ (네 바퀴로 보통 2필 이상의 말이 끄는)

사(4)변형(정사각형.직사각형) дөрвөлжин

사(4)살의 дөрөв(дөрвөн)

사(4)와 함께(2-4명이하는 카드놀이의 일종) дөрвүүл

사(4)의 дөрөв(дөрвөн)

사(瀉)하다 гүйлгэ|х

사각의 것(면) дөрвөлжин, квадрат

사각의 тэвхгэр

사각형의 тэвхгэр

사건 тойв, төвөг, түвэг, үзэгдэл, уршиг

사건(사람을) 판가름하다 тунга|х

사건을 심리(심문)하다 заалда|х

사건의 경과 явц

사건이 일어나다(생기다) боло|х, дайра|х, тохио|х, явагда|х

사격(射擊) харвагч

사격수(射擊手) буудагч

사격을 개시하다 галла|х

사격의 명수 буудагч

사격이 빗나가다 дэгсдүүлэ|х

사계 재일(四季齋日)의 цог

사계대재(四季大齋) цог

사고 аваар осол, бодрол, боомт, гацаа

사고 зэтгэр; гай ~ 불운, 불행.

사고 сада, сэтгэл

사고(방식) санаа(н)

사고력 ухамсар
사고차 сүйрэл
사고하는 бодолтой
사고하는 сэтгэлгээ
사과(沙果) алим
사과(용서) хүлцэл, уучлал
사과나무 алим
사관(간부) 후보생 кадет
사교 нийгэм
사교(종교 등의 특별한 목적의) 집회 хуралдаан, чуулга
사교를 좋아하는 найруу
사교상의 모임 үдэшлэг
사교의 클럽 клуб
사교적인 найруу
사구(砂丘) тан газар
사귀기 쉬운 найруу
사귀기 힘든 аягүй, таагүй, тадамжгүй, эвгүй
사귀다 хупта|х
사금을 함유한 사층(砂層) хорголж(ин)
사금파리 бяцархай, өөдөс
사기 башир, ёж
사기 булхай, луйвар, луйварчин, мэхлээч, мэхт; энэ бол ~ 그것은 사기다.
사기꾼 같은 짓 дом
사기꾼 булхайч, луйварчин, мэхлээч, харцага
사기적인 залирхаг
사기질층판 сиян
사기치다 молигдуула|х, хуурмагла|х
(~을)사기하다 булхайла|х, луйварда|х, хуура|х; хуний юм ~ ~을 사취하다; эмэгтэйн их хэмжээний мөнгийг луйвардджээ 그녀는 많은 돈을 기만 했다.
사기行爲 луйвар, мэхлээч; энэ бол ~ 그것은 사기다.
사나운 агсан, догшин, омголон; ~ тавих 술취해 사납게 날뛰다; ~ морь 말이 나아 가기를 싫어하는; ~ салхи 사나운

바람; ~ архи 독한 보드카
사나워지다 догшдо|х
사납게 날뛰다 агсра|х, галзуура|х
사납게 휘몰아치다 хавсра|х
사내 бустэй, эр
사내(계집) 아이 багачууд, үр, хүүхэд, жаал; ~ хуухэд 아이들
사냥 ав, агнуур; ~ зуйч 사냥 전문가; чоныи ~ 늑대(이리) 사냥; ~ хомрого 몰이, 몰이사냥; 몰이꾼; 추적, 수색, 탐색.
사냥가다 гөрөөлө|х
사냥감 ан; ~ амьтад 일반적인 사냥감; баавгайн ~ 곰 사냥; ~ гөрөө хийх 사냥 을 하다; ~ гийн ус (양,염소 따위의) 생가죽, 모피 동물; энд ~ сайтай 그기는 좋은 사냥터이다; ~ үргээх 사냥감을 찾아 헤메다(추적하다).
사냥(레이스 훈련)동안 말은 슬리밍 다 이어트(몸무게를 빼기 위한 감식 (減食) 이나 운동)한다 хагсраа|х
사냥개(이리)의 한 떼(무리) буур
사냥꾼 ангуучин, анчин, гөрөөчин
사냥꾼의 캠프 отог
사냥몰이 хомрого
사냥몰이꾼을 고용하여 사냥에 쓰다 хомрогло|х
사냥용 매 начин
사냥을 하다 ангуучла|х, намна|х
사냥질하다 гөрөөчлө|х
사냥하다(~의 뒤를 쫓다) авла|х, агна|х, гөрөөлө|х, гөрөөчлө|х
사는 사람 үйлчлүүлэгч
사는 쪽 үйлчлүүлэгч
사다리꼴 трапец
사다새 хотон (사다샛과의 큰 물새. 날개 길이 65-80cm, 꽁지 20cm가량, 부리는 약 40cm임. 몸빛은 백색, 날개는 흑갈색, 턱 주머니는 황색임. 부리는 앞 끝이 구부러짐. 턱주머니에 물고기를 잡아넣어 두면 새끼가 꺼내어 먹음. 못·냇가에 서식함.가람조(伽藍鳥). 펠리컨)

사닥다리의 가로장 гишгэлт
사닥다리의 발딛는 가로장 гишгуур
사단법인 корпорации
사대주의 зусар
사들이다 запасла|х, тата|х
사라사(캘리코.옥양목) гөлөнгөр
사라져 없어지다 өнгөрүүлэ|х
사라지다 арилгуула|х: арилгах, бадайра|х, завха|х, мөхө|х, өөдлө|х, сарни|х, талий|х, үхэлдэ|х, эрсдэ|х; сөнөх ~ (병·사상·신앙· 잡초·해충 등을) 근절하다; ухэх ~ 사라 지다; суйрч~ 무너뜨리다.
(~에서) 사라지다 бөхө|х, гадала|х
(예술·명성 등이) 사라지다 бадайра|х
사라진 завхуул
사람 같은 피조물 алмас
사람 눈에 띄는 곳에 урдуур
사람(죄)를 벌하다 гэгээ|х, цээрлүүлэ|х
사람 ирэн, хүмүүс, хүн, эд; ард ~ сайм;
~ий эрх 시민권; ~ий дайн 시민전쟁;
~ий хууль 시민법; ~ хун 시민, 국민.
사람(구부림)의 움직이다(몸을 움직이다) бөгтгөнө|х
사람(동물)이 눕게 만들다 хэвтүүлэ|х
사람(동물)의 본성 галбир, тар
사람(동물)의 수족 чац, мөч
사람(동식물등) 새풍토(환경)에 익히다 (익숙해지다) идээши|х, идээшүүлэ|х, нутагши|х
사람(동작)이 섣부른 болхи
사람(마음·군중)이 ~로 법석 떨다 бужигна|х
사람(마음이) 도량이 넓은 халбигар
사람(물건 등을) 통과시키다 нэвтрүүлэ|х
사람(물건)의 수송(운송)수단 унаа
사람(물건)이 견디다 даа|х
사람(물건)이 불유쾌한 тухгүй
사람(물건·말·눈·주의·노력을) (똑바로) 돌리다 хандуула|х, чиглүүлэ|х, зүглүүлэ|х
사람(생물)을 안정(진정)시키다 намдаа|х, номхро|х, тайтгара|х, талбира|х уужра|х; тууний уур амархан гарч тайтгарав 그의 분노는 빠르게 가라앉았다; энэ ханиалга намдаана 당신의 기침을 감(덜) 할 것이다; өвчин ~ эм 진통제
사람(생물이) 안정되다 намда|х
사람(요구가) 끈질긴 улигт
사람(일)이~에게 힘겹다(벽차다) олдо|х үлэмжджэ|х
사람으로(장소로)부터 약탈(수탈)하다 тоно|х
사람(장소.목적)으로부터 통과하다(지나 가다) дамжи|х
사람(장소·지위 등을) 버리다 гээ|х
사람(제의·충고등) 퇴짜놓다 хажигла|х
사람(죄를) 용서하다 уучлагда|х
사람(진지)무력으로습격하다 давшла|х
사람(짐승)을 다루다 боловсруула|х, оточло|х
사람(피부의) 비늘 үс, хавьс
사람과 함께 생존하는 것이 좋아하지 않음 сөдгий
사람들 хүмүүс
사람들 사이에 불일치(논쟁) 퍼뜨리다 (유포 하다) сүлэ|х
사람들은(금전상의) 이익음식 тулам
사람들의 부 끝나다 цайра|х
사람들이 기운차게움직이다 тэвхэлзэ|х
사람수가 많은 хөлтэй
사람에 따라 차별하다 гадуурха|х
사람에게 간원(탄원)하다 залбира|х
사람에게 보이지 않는 хараагүй
사람을 계략적으로 이끌다 маневрла|х
사람을 교육(훈육,육성)하다 гэгээрүүлэ|х, соё|х
사람을 깔보는 гэдгэр, шазруун, яравгар
사람을 너무 많이 들이다 нившрэ|х
사람을 노하게 하다 хурцатга|х
사람을 달래다 хангагда|х
사람을 속이는 залирхаг

사람을 쓰다 зара|х, хэрэглэгдэ|х
사람을 정찬(저녁 식사)에 초대하다 шууслэ|х
사람을 지쳐빠지게 하다 нялхра|х, яда|х
사람을 축복하다 тэврэлдэ|х
사람을 태우다 ачаала|х, ачи|х
사람을 현혹시키는 аргатай
사람을(죄를) 용서하다 өршөө|х
사람의 겉보기 гадуур
사람의 군중 또는 가축의 무리 끼어들게 하다 хошуура|х
사람의 그룹이 흥겨워하다 хөгжилдэ|х
사람의 마음을 끄는 зүчтэй, өхөөрдөм, сод(он), үзэмжтэй
사람의 모습 галбир, маягт
사람의 모습을 놓쳐버리다 хожигдо|х
사람의 발가락 хуруу(н)
사람의 붐빔 бөөгнөрөл, чихцэлдээн
사람의 빈틈없는 гүйлгээтэй
사람의 손 또는 팔이 부족(결핍)하다 ханчир
사람의 손톱 хумс(ан)
사람의 송장 үхээр; ~ийн газар 묘지
사람의 시체 үхдэл
사람의 신체 또는 마음의 결점(결함) эмгэг
사람의 얼굴 생김새 үзэмж
사람의 엉덩이(궁둥이) бөгс, ингээн уг
사람의 옆구리 сүвээ
사람의 옷을 벗기다 нүцэглэ|х
사람의 임신 3개월이 넘은 태아(胎兒) ураг
사람의 집합(군중) бэлчир
사람의 체격이 좋은 өсгөлөн
사람의 코와 입 хошуу
사람의 키 нуруу(н)
사람의 표정 창백한 хуржгар
사람의 피부 арьс, хөрс; ~э нгэ ний э вчин 피부와 성병; ~ны э нгэ э р ялгаварлах узэл 민족(인종) 차별주의(정책), 인종적 편견주의; хар арьстан 니그로, 흑인; ~ нөхөх 피부 이식용의 피부 조각.
사람의 피부위에 거칠거칠 사마귀(점. 반점. 얼룩) холцруу
사람의 행동(감정이) 격렬(맹렬)하게 행동 하다 сагсра|х
사람의 휴식처 хонуур
사람의(토지.집과 대지, 구내) 탐색(探索) нэгжлэг
사람이 멀대같은 мөчирхөг
사람이 목구멍으로 꼴꼴꼴꼴 소리를 내다 хоржигно|х, хуугина|х
사람이 변하기 쉬운 урваач
사람이 붐빈 хөлтэй
사람이 빠르고 쉽게 옮기다 сэвэлзэ|х
사람이 살고 있는 суудаг
사람이 살지 않게 되다 эзгүйрэ|х
사람이 살지 않는 зэлүүд, хүнгүй, эзгүй
사람이 살찌다 бандай|х
사람이 영락하다 буу|х
사람이 조금(약간)은 있는 хэдүүлхэн
사람이 천천히 걷다 сайвар
사람이 혼잡한 хөлтэй
사람이활발해지다(하게하다) гялбалза|х
사랑 буян, дурлал, зүрх(эн), нигүүлсэл, таалал, түгээл, хайр, энэрэл, янаглал; хайр ~ 사랑
사랑니 агт: агт араа
사랑스러운 말을 하다 өхөөрдө|х
사랑스러운 хайрламаар, энхрий, эрхэм
사랑스러운 형제 дүүдий
사랑스럽게 꼭 껴안다 тэврэлдэ|х
사랑스럽게 돌보는 хайрлалт
사랑없는 хайргүй
사랑에 빠지다(~와) дурла|х
사랑의 노예가 되다 олзло|х
사랑의 도피를 하다 орооло|х
사랑이 넘친다 амрагла|х
사랑하(고 있)다(~을) дурла|х, янагла|х
사랑하고 있는 онгог

사랑하고 있는 찻종 дугараа
사랑하는 амраг, дотно, дурламаар, хайртай, эрхэм; ~ хайр 바라는 것, 원하는 것; ~ийн сэтгэл 사모하는 정
사랑하는 사람 янаглагч
사랑하다 амрагла|х, таалажла|х, хайрла|х, янагла|х; нууцаар ~ 애호자, 찬미자.
사려 билиг, бодлого, бодрол, ойлгоц, хянамж
사려 깊은 анхааралтай, мэргэн
사려 분별이 있는 сийрэг
사려 없는 арчаагүй
사려(분별) 있는 мэргэн, сэцэн, хэрсүү, цэцэн; ~ э вгэ н 노인은 현명하다; ~ буу 정확한 총; ~ уг 속담, 격언, 금언 (金言); ~ ухаан 지혜, 슬기로움; ~ хун 현명한 사람;~уг 속담,격언.금언(金言).
사력층(砂礫層) хайрга
사령(死靈) сүг, сүнс, чөтгөр
사령관 командир, командлагч
사령기(司令旗) хиур
사례 бэлэг, гялайлаа, талархал
사례(금)(받는 쪽에서 청구하지 않음이 관례) шан
사례하다(~에게) талархра|х
사로 잡혔다 олзлогдо|х
사로잡음(귀신·망상·공포 관념 따위가) ~을 дон(г)
사로잡히게 하다 олзло|х
사로잡힌 자 баривчлавда|х, хоригдол
사료 бордо; малын ~ 사료, 마초.
사리 катушка
사리가 맞지않는 авалцаагүй, авцалдаагүй
사리나물 лантанз
사리를 아는 сийрэг
사리를 잘 알아지다 гэгээрэ|х
사리를 제대로 분별할 줄 아는 бодолтой, сэтгэлгээ
사리를 틀다 атируулла|х, хэрдэслэ|х
사리에 맞다(~은) мэдээж
사리탑 суврага
사리풀 лантанз (가짓과의 한해살이풀 또는 두해살이풀. 높이 약 1m, 잎은 달걀꼴임. 잎에 맹독이 있어 마취 약재로 쓰임).
사마귀 үү
사마귀(점) гүвдрүү
사마귀가 자라다 үүтэ|х
사막(砂漠) цөл, элс(эн)
사막 같은 говирхуу
사막(황무지)처럼 цөлөрхөг
사막(황무지)화 되다 эзгүйрэ|х
사막으로 되다 цөлжи|х
사막으로 변화 цөлжүү
사막의 대상(隊商) жин(г)
사막의 모래 폭풍 угалз
사막화(化) цөлжилт
사망 үхэл, ухэл зовол
사망(기록)의 эмгэнэл
사망률 үхэлт
사망자 수 үхэлт
사망자의 эмгэнэл
사면 наланги, сүйтгэл, дөл, налууда|х, хөнтөргөн
사면(특사)하다 налууда|х, учла|х
사멸 мөхөл
사멸하다 мөхө|х; сөнөх ~ (병·사상·신앙·잡초·해충등을) 근절하다; ухэх ~ 사라지다; суйрч ~ 무너뜨리다.
사명 томилолт
사명을 띠고 보냈다 томилогдо|х
사모(열망.사랑) бэтэг, дасал, мөрөөдөл; хусэл ~ 바라다, (소)원하다; ~ болох 간절히 바라다, 열망하다; ижил ~ болох 흠모하고(마음을 기울이고)있다.
사모하다 амрагла|х, бэтэгрэ|х, мөрөөдө|х, таалажла|х, шагши|х, янагла|х
사무 явдал
사무 бөө
사무(편집)국 хороо, товчоо; лавлах ~ (호텔·역 등의) 안내소.
사무소(실) газар, контор, товчоо; лавлах

~ (호텔·역등의) 안내소; албан ~오피스; ерөнхий ~ 헤드 오피스, 본사, 본점.

사무원(관)(관청.회사의) бичээч

사무적(능률적. 실제적)인 ажилсаг

사물 бодис, зүйл, юм хүм

사물간의 화합(조화) гав түнжин

사물을 보는 태도(방식) үзэл

사물을 알고 싶어 하는 саваагүй

사물을 알고 싶어하다 сонирхо|х, дурла|х, саваагүйтэ|х, саравгана|х

사물의 겉 нүүр, фасад

사물의 외관 гадуур

사물이 즐거운 аятайхан, голшиг, найртай

사발 аяга, түмпэн

사발(비커)에 쏟다 аягала|х

사발(컵, 비커)에 붓다 аягала|х

사발의 모양을 한 хумбагар; ~ тогоо 수프 사발그릇

사방(북남동서(NSEW)의 순서로 부름) зүг; ~шиг 기본 방위, 사방(북남동서 (NSEW); өмнө ~ 남쪽; хойд ~ 북쪽; ~ чигээ олох ~ 지향의.

사방에 эргэн тойрон

사방에(으로) орчим, тойрон, тус, туша, хавь

사벨(검) сэлэм(сэлмэн), илд

사변 будлиан

사별 үдлэг

사본 бичмэл, галиг, хувь, хуулбар

사본의 이문(異文) хувилбар

사본하다 олшруула|х

사봉(프savon) саван; гар нуурийн ~ 화장실 비누; барааны ~ 부엌 세제, 가정용 비누; ~гийн хайрцаг 비누 박스.

사브르(검) сэлэм(сэлмэн), илд

사브르로 베다(~을) сэлэмдэ|х

사브르의 손 барил

사산화—삼납 хонд (四酸化三—: Pb3O4; 납이나 산화납을 공기 속에서 400℃ 이상으로 가열하여 얻는 홍색 가루; 붉은 안료·도료 등에 씀)

사상 ойлголт

사상(감정의)표현 илрэл; тууний авьяас уран зурагт ~ээ олжээ 그의 천성적 소질은 그림에 표현되었다.

사상(문체 따위가) 간결한 шахмал

사상(문체의) 명석 тодрол

사상가 сэтгэгч

사상균 хөгц

사색 бодрол, самди, санаа(н), сэтгэл, санаа ~ мөрөөдөл, сэтгэл; санаа ~ нэг байх 누군가와 같은 의견이다; бодол ~ 묵상, (종교적) 명상; дур ~ II는 힘, 매력, 유혹; дур ~дээ хэ тлэ гдэ х 마음내키는 대로하다, 성미에 다르다; хүсэл ~ 소원, 소망, 바람, 큰 뜻; эмэгтэйн хүсэл ~ бол аллдарт эохиолч гэрэл бэтгэл гэх 그녀는 대작가의 포부를 가지게 되었다; ~ тэжээх 생각(관념)은 발전(발달)시키다; ~ алгасах 실패하다; ~ уймрэх 실망되다, 좌절되다; ~ тэнуун байх 평화롭다; ~ ханах ~에 만족하는; ~ хоёрдох 미결(미정)이다, 어떻게 될지 모르다

사색가 сэтгэгч

사색하다 мунхагла|х

사생(스케치풍)의 будуувчилсэн

사생아(私生兒) бутач

사생자(私生子) бутач

사생화 нуруувч, схем, татлабар

사서 толь, диагональ

사소한 аар саар, жижиг, явган, явган

사소한 일 ялимгүй

사소한 점 дэлгэрэнгүй

사수(射手) буудагч

사수대(射手隊) харваачин

사슬로 매다 гинжлэ|х; нохойг гинжлэн уях 개를 사슬로 매둬라.

사슬의 (고리) сүлбээ

사슬의 고리 холбоос

사슴 дайр, зоргол

사슴 수컷 тайр
사슴(고래따위가) 새끼를 낳다 тугалла|х
사슴(토끼)의 암컷 согоо
사슴이(고래가) 새끼를 해거리(해거름) 낳다 өнжилгөн хусран
사시(斜視) солир
사시(史詩) тууль
사시(斜視)가 되다 долий|х
사시나무 улиас (버드나뭇과의 낙엽 활엽교목. 산 중턱 밑의 화전 터에 많이 나는데, 봄철에 잎에 앞서 꽃이 핌. 상자·성냥개비·제지용 등으로 쓰임. 백양(白楊).)
사시눈의 хялар
사신 ад, буг, чөтгөр
사신상(우상)을 칭송하다 тамла|х
사실 жишээ, үнэн
사실 그대로의 мэлцийм
사실 등을 연결시키다 хэлхэ|х
사실(의미·진술 따위가) 명백한 ил; ~ гаргах 돋보이게 하다, 잘 보이다; ~ хэлэх 숨김없이(솔직하게) 말해라; санал ~ хураах 공개투표; ~ захидал 우편엽서 ~ болох (숨겨졌던 것을) 드러내다
사실같은 магад, магадлал; бороо орж ~ 비가 올 것 같다; тэд ~ шуу 그들이 올 것 같다; ~ багатай 있을 법하지 않은, 참말 같지 않은.
사실과 틀리지 않는 ёстой, жихэнэ, үнэнхүү
사실무근의(한) барьцгүй
사실무근한 оргүй, улгүй, үндэсгүй, үндэслэлгүй
사실은 чухамдаа
사실을 곱새기다 гуйвуула|х
사실을 기록한(영화·텔레비전) баримтат; ~ кино 다큐멘트 영화, 기록영화
사실을 문장 속에 삽입하다 гудра|х
사실을 왜곡시키기 위하여 부정한 취사 선택을 하다 гуйвуула|х
사실의 чухам

사십(40). 마흔 дөч(ин); дөчин настай 40세
사십(40)가까이 дөчөөд
사십(40)개 дөч(ин)
사십(40)명 дөч(ин)
사십(40)번째(의) дөчдүгээр
사십(40)분의 1(의) дөчдүгээр
사십(40).세. 불혹 дөч(ин)
사십(40)시간(번,회,배,곱) дөчинтөө
사악 хорлогчин, хорлол
사악하다 хуйсра|х
사악한 бурхангүй, гайтай, идэмхий
사악한 영(靈) ад
사양 боогдол, тэжээл
사양하는 хүнийхрүү
사업 зорилт, туурвил, үүрэг, хэрэг
사업 일치 концерн
사업 협동자 хамтрагч
사업의 협조 концерн
사연(社燕) хараацай
사영(射影) киномеханик, проект
사영(私營)화 хувьчлал
사영화하다 хувьчла|х
사용 ашиглалт
사용(이용.소비)하다 ашигла|х,хэрэглэ|х, хэрэгсэ|х; эрх медлээ хортой-гоор 권력의 남용=зарцуула|х; хэмнэн ~ 경제적으로 활용하다.
(~을) 사용(이용)하다 эдлэ|х,
사용(출입)을 금하다 хори|х, хоригло|х, цаазла|х
사용법 설명 заавар удирдамж; ~ зөвлөлгөө с용법(취급법) 설명서; ~ өгөх ~에게 지시하다
사용인 ажилчин, зарц
사용인(고용인, 하인)이 있다 зара|х
사용자 хөлслөгч
사용지 талбай
사용하기 좋은 дөхөмтэй, тохиромжтой
사용하는 토지 эдэлбэр газар
사워크림 зөөхий

사원 бичээч
사원(寺院) дацан(г)
사원 сүм
사원을 경계하는 수사(修士) дуганч
사위 нугап, хөвүүн, хүргэн
사육 үржүүлэг
사육(재배)하다 үржүүлэх, цоройх
사육되어 길든 тэжээвэр
사육자 үржүүлэгч
사육하다 бойжуулах, төлжих, үргуулах
사은(謝恩)의 гялайлаа, баярлалаа
사의(謝意) гялайлаа, талархал
사의를 표하다(~에게) талархах
사이 сэг, уваа цуваа, харьцаа(н)
사이가 되다(~와 아는) авцалдах
사이가 좋다 барилдах, наалдах
사이가 좋은 най; ~ болосон хун 친밀한 친구; ний ~гүй иттэсэн нөхөр 유효성이 증명된 친구, 신뢰할 수 있는 친구
사이가 좋지않다 дайсагнах, зөрөлдөх; өрөөний дээр бид зөрөлдөв 우리는 장소에 대해 아무와 의견이 맞지 않다
사이가 틀어지다 бултрэх
사이를 나쁘게하다(~의) хөнхийрүүлэх
사이를 두고 хоорондохь
사이를 둔 холки
사이버네틱스 전문가 кибернетикч
사이버네틱스 кибернетик (제어와 전달의 이론 및 기술을 비교 연구하는 학문).
사이에 байтал, дуусан, тойрон, туж
사이에 각자(~의) хооронд
사이에 끼다 хавчих, хумслах, чимхэх
사이에(서)(~의) дунд, хооронд
사이에(의, 를, 에서)(~의) дотор, дунд, зуур, хооронд; цонх хаалга хоёрын ~ 문과 창문사이에; бидний ~ 우리 사이, 당신과 나 사이; зуудэн ~ үзэх 꿈결같이 지내다; ажлын ~ 일하는 동안 (내내)
사이좋다 сэрвийх
사이좋은 нийлэмжтэй,үвтэгш, уянгалаг
사이즈를 줄이다(축소하다) танах
사이클 мөчлөг
사인(서명)첩 цомог
사일로(silo)에 저장한 꼴 дарш; ~ ийн нүх 사일로(silo)에 저장한 꼴의 구덩이, 지하 온실 움
사일로(silo)에 저장한 꼴을 저장하다 даршлах
사임하다 огцрох
사자 бутач
사자(使者) зарлага, элч
사자(라이온) арслан
사자(말 따위)의 갈기 дэл
사자(말)의 갈기 붙들다(잡다) дэлдэх
사자들 араатан
사자생(寫字生) бичээч
사자의 갈기 зогдор
사자코(들창코)의 нахиу
사장 дарга, еренхийлэгч, эрхлэгч
사장하다 тунтрах
사적인 нанцаараа, субъектив, түүхт, хувийн
사전 толь; шинжлэх ухааны ~ 과학용어사전; нэв-тэрхий ~ 백과사전, 전문사전; тайлбар ~ 주석(해석. 설명) 사전
사전경고 зөгнөл, сэрэхүй
사전에 각오하고 있는 зэхээстэй
사전에 채비하다 зэхэх
사전의 өмнөх, хууч(ин)
사절 элчин
사절(단) томилолт
사절(사퇴)하다 таттгалзах
사절의 임무(직무) томилолт
사정 байдал, байц, гэр, төлөв, үнэлгээ
사정(射程)거리 тусгал
사정(査定)하다 багцаалах
사정없이 치다(두드리다) дэлсэх
사제 сахилтан

사조(寫照) патиар, фото; ~ зураг 사진을 찍다; ~ зургийн аппарат 사진기, 카메라.
사죄 хүлцэл
사지(砂紙) зүлгүүр
사지의 하나 мөч, чац
사직(전직)했다 тушаагдах
사직하다 огоорох
사진(寫眞) фото; ~ зураг 사진을 찍다; ~ зургийн аппарат 사진기, 카메라.
사진 현상자 тодруулагч
사진 патиар
사진(그림·문장의)손질(수정(부분)) ретушь
사진기 камер
사진기의 필름 통 кассет
사진기자 кинооператор
사진사 кинооператор
사진첩(寫眞帖) альбом
사진화(寫眞畵) фото; ~ зураг 사진을 찍다; ~ зургийн аппарат 사진기,
사찰 сүм
사체(死體) үхээр
사초속(屬)의 각종 식물 өлөн өвс
사초속(屬)의 각종 식물 улалж
사초지(莎草地) зүлэг; ширэг ~푸른 초장; ~ суулгах 잔디밭에 누워.
사출(射出) проекц
사취 луйвар, луйварчин, мэхт; энэ бол ~ 그것은 사기다.
(~을)사취(詐取)하다(속이다) залилах, зальдах, молигдох, хууругдах
사취하다 булхайлах,мэхлэх, нохойтох
(~을) 사취하다 булхайлах, луйвардах, мэхлэгдэх, хуурах, хуурмаглах; хуний юм ~ ~을 사취하다; эмэгтэйн их хэмжээний мөнгийг луйварджээ 그녀는 많은 돈을 기만했다.
사치 дэл сул байдал
사치스러운 дэл сул, тансаг, үнэтэй
사치스런 арвигуй, үрэлгэн, үрэмтгий

사타구니 хавьцаг, цавь(цавин)
사탄(Satan) буг, ороолон, шулам, шулмас
사탕 амттан, чихэр
사탕 과자(초콜릿, 봉봉, 캔디, 캐러멜) амттан
사탕 덩어리 ёотон
사탕수수(砂糖-) бурам, нишингэ (볏과의 여러해살이풀. 열대·아열대에서 많이 재배함. 높이 2-4m, 대체로 수수와 같은데 마디 사이가 짧음. 사탕의 원료임)
사탕절임 амттан
사태 байдал
사태가 절박한 улигт
사파이어 нал эрдэнэ
사팔눈 солир
사팔눈으로 보다 жартал-зах
사팔눈의 жартгар, олигор, хялар
사팔눈이 되다 долийх, долилзох, олийх
사팔눈이다 жирмийх
사포(砂布) зүлгүүр
사포(砂布.샌드페이퍼)로 닦다 хөрдөх, зүлгүүрдэх
사포로 윤(광)을 내다 зүлгүүрдэх
사표를 내다 огцрох
사프란 꽃의 암술머리(과자 따위의 착색 향미료) гүргэм
사프란 гүргэм
사학 전공자 түүхч
사학(史學)의 түүхт
사학자 түүхч
사해(死骸) үхээр
사행 хонжил
사향 냄새 나는 여러 가지 식물 заарь
사향(의 냄새) заарь
사향노루 заарь, хүдэр(麝香—: 사향노릇과의 짐승. 산림에 사는데, 몸길이 1m, 어깨 높이는 50cm가량이며, 뿔이 없음. 배꼽 근처의 향낭에 사향이 들어 있음. 궁노루.)
사화되었다 сайдах
사화시키다 сайдуулах, эврэлүүлэх
사회 бүлгэм

사회 경제 계획 감독(참여, 창도)자 төлөвлөгч
사회 민주당원 социал-демократ
사회 성층 давхраа
사회 조직 дэглэм
사회(정치) 정세 분석 해설자 тоймч
사회가 소연(騷然)하다 бужигна|х
사회구조 тогтоц, хэлбэршил
사회복귀 цагаатгал
사회성 нийц
사회의 계층 булгэм
사회자 дарга
사회적 지위 шав хийсэн
사회적 지위가 있는 журамт; ардын ~ цэрэг 유격병,빨치산 ~эр 성실한 남편
사회적 평등 ардчилал
사회적 평등의 ардчилсан
사회적(사교적)으로 하다 нийгэмчлэ|х
사회적(정치적인) 무질서 상태 засаггүй
사회적인 도덕 ёс(он)
사희조직 тогтолцоо
사회주의화하다 нийгэмчлэ|х
사회집단 нийгэм; нийгмийн амьдрал 공적인 생활; нийгмийн ухаан 사회과학; нийгмийн хөрөнгө 공유재산; нийгмийн ашиг сонирхол 공익; нийгмийн уэгдэл 사회현상; нийгмийн өөрчлөлтууд 사회변화; нийгмээр оролцох ажил 공익근로; нийгмийн халдварт өвчин 사회질병; нийгмийн гарал 사회조직; монголын ~ 몽골국민; хуй нэгдлийн ~ 원시사회; социалист ~ 사회주의; нийгмийн сэтгэхуй 사회심리학; нийгмийн даатгал 사회보험; нийгмийн шударга ёс 사회정의(정당성)
사회층 дэв ээрэг
사회하다 ерөнхийле|х
사회화하다 нийгэмчлэ|х
삭감하다 хаса|х
삭막(索漠,索寛)하다 ганцаарда|х

삭제 ухлаадас
삭제하다 тайрагда|х, тасра|х
산제물 тавилга, тайлга, тахилч, хохьдогч; э ргэ л~(산) 제물
산(酸) кислота
산(山) уул; ~ нуруу 산맥 ~ усны нэр 지리 적인 이름; ~ уурхай 광업, 채광, 채탄
산(산악)을 지나다(통과하다) дөрөлж
산(성)의 хүчилдэр
산(천체의) 높이 өндөр; ~ нам 높이; гурвалжны ~ (수학) 삼각형의 높이
산객(山客) уулчин
산계(山鷄) гүргуул
산계(山系) хөвч
산고(産苦)가 있다 дуншиж өвдөх
산골짜기 гуу, жалга, зураа, хавцал, хоолой; нурууны ~ 등뼈, 척주; гучны ~ 수로의 줄기; уулын ~ 곧게 뻗은 산골짜기(산의 계곡); ~ жалга 협곡, 계곡.
산골짜기(길) хоног
산골짝 계곡의 급류 гулгач
산과의(産科醫) эх баригч
산군(山君: 범) бар
산기슭이 줄짓다 бэл
산길 даваа, хөтөл
산꼭대기 ноёлог
산꼭대기에 눈 또는 얼음으로 덮이다 сарьдаг
산더미가 되게 만들다 товхойлго|х
산더미를 이루어 бөөнөөр
산더미처럼 쌓다(~을,~위에) бөөгнөрө|х
산더미처럼 쌓아올리다 норомло|х, нуруулда|х
산더미처럼 쌓아올린 것 дош
산더미처럼 쌓이게 하다 товхойлго|х
산도(酸度) хүү
산돼지(山猪) бодон
산들 바람이 불다 сэвшээлэ|х
산들바람 сэвшээ салхи, урь
산들바람(미풍, 연풍)이 불다 сэвэгнэ|х

산등성이 위를 걷다 хярла|х
산등성이 нуруу(н), хянга(н); Алтайн ~ 알타이 산맥;
산뜻한 гоё, цэвэр, цэвэрч, цэмцгэр, цээл
산란(散亂) сарнилт
산란하다 өндөглө|х
산란한 хэсүүл
산량(山樑) гургуул
산림 개간지 халз
산림 재배지(농원, 농장) моджуула|х
산림 мод(он), ой(н); ой – 숲, 산림; бэлтгэл модон вэлмог; яс – 뼈대, 구조; гэрийн ~ 게르의 나무로 만든(된) 부분; ~ огтлох 나무가 떨어졌다. ~ хагалах 장작을 패다, 나무를 잘게 자르다; ~ суулгах 나무를 심다, 농원; тулшний ~ 땔나무; улаан ~ 마호가니(재); ~ны дурс 짖는(기침) 소리; модон завод 목재 공장, 목공소; ~ны мужаан 목수, 목공; ~ хөрөөдөх газар 제재소, 대형 제재톱.
산림에 사는 사람 ойжуулагч
산마루 нуруу(н), хянга(н); Алтайн ~ 알타이 산맥;
산마루 위를 걷다 хярла|х
산만한 сандархай, тармаг
산맥 бэл, хөвч; уулын ~ ээр 산맥을 지나서, 산맥을 따라서; Зайсан толгойн ~д 자이싼 언덕을 따라서
산맥을 끼고 쭉 뻗어있다 хөвчлө|х
산맥을 따라 가다 хөвчлө|х
산문을 시로 고치다 шүлэглэ|х
산물 бүтээгдэхүүн
산봉우리 ноёлог
산불 따위의 확산을 막기 위한 방화대 또는 방화선을 만들다 цуравда|х
산사(山査) долоогоно
산사나무(山査—) долоогоно
산사람 уулчин
산사자 долоогоно
산산이 깨지다(부서지다) балбачи|х, бутра|х, бяцра|х, үүрэ|х
산산이 부서져서 балба; ~ цохих 두드려서 산산조각 내다.
산산이 부서지게하다 балбуула|х; мөндөрт ~ 우박(싸락눈)이 내리다.
산산이 부수다 хагала|х, хагара|х, яйра|х
산산이 흩어져 ангид, үлт, халц, ховх
산산이 흩어지다 хүүлэ|х
산산이(잘게) 쪼개다(부수다) жижигрэ|х
산산조각 내다(찢다) хүүчи|х
산산조각 налмархай, хага, хэмхдэг; ~ цохих 산산조각 내다
산산조각으로 бут; ~ нүдэх 눌러서 뭉개 다, 산산이 깨지다, 사정없이 치다(두드 리다); ~ цохих 완전히 분쇄하다(박살 내다)
산산조각을 내다(깨뜨리다, 쪼개다, 부수다) балбачи|х, хугачи|х
산산조각이 나다 лавтра|х, тамта|х, үүрэ|х; ном лавтаржээ 그책은 산산조각이 나다.
산산조각이 난 навтархай, налмагар, ноорохой, тамтаггүй
산산조각이 되다 юүрэ|х
산성 хүчил
산성(酸性)크림 зөөхий, цөгтий
산소 кислород(酸素: 원소의 하나. 모든 원소 중에서 가장 많이 존재하여 대기의 5분의 1, 물의 무게의 9분의 8, 지각 질량의 2분의 1을 차지함. 무색·무미·무취의 기체로 모든 물질의 분자량을 측정하는 기준이 되며, 동식물의 생활에 불가결한 물질임.기호 8번:O:16]);
~ын дутагдал 산소 아사(餓死)
산소(山所) булш(ин)
산소로 처리하다 агааржуула|х
산소마스크 баг
산스크리트 самгарди(산 Sanskrit)인도·유럽 어족 중 인도·이란 어파에 속하는 옛 인도·아리안 말; 전 인도의 고급 문장어로 오늘날까지 지속되는데, 불경이나 고대 인도 문학은 이 문자로 기록됨. 산스크리트어. 범어(梵語). 천축어(天竺語))

산스크리트의 санскрид
산악(山岳) уул; ~ нуруу 산맥 ~ усны нэр 지리적인 이름; ~ уурхай 광업, 채광, 채탄
산악인(山嶽人) уулчин
산악지대를 지나다 өл; ~ хэ тэ л 산을 천천히 넘어가다.
산양 тэх
산양(山羊) янгир, ямаа; эм ~ 암염소; эр ~ 거세한 숫염소.(山羊: 솟과(科)에 속하는 짐승. 몸길이는 129cm가량이며 뿔이 났음. 겨울털은 회황색(灰黃色)인데, 설악산·태백산과 같은 험한 산악 지대에 서식하며, 나뭇잎·열매 등을 먹음. 4월에 두세 마리의 새끼를 낳음. 천연기념물 제217호임.)
산업(공업) 디자인 дизайн, хийц
산업(공업)화하다 үйлдвэржүүлэ|х
산업(상)의 센터 комбинат
산업(자원을) 전시 체제로 바꾸다 дайчла|х
산업화(공업화) 되게하다 үйлдвэржи|х
산에 오르다(등반하다) аса|х, маца|х
신올다리 хашаа(н)
산을 향하여 경사진 높고 낮은 대륙 내의 지역 бэл
산의 가파른 경사(내리받이) 또는 험한 (가파른) 바위 өнгийм
산의 계곡줄기 зураа; нуруу ны ~ 등뼈, 척주; гучны ~ 수로의 줄기; уулын ~ 곧게 뻗은 산골짜기(산의 계곡)
산의 낮은 능선 хяр
산의 능선 нуруу(н), хянга(н)
산의 정상 зах
산의 협곡 가지 зураа
산이 많고 나무가 우거진 시원한 기후의 시골 хангай
산이 많은 уулархаг
산장(山莊) буудал
산재(散在)시키다 бутла|х, тара|х
산적 тонуулчин
산정(계산)하다 тоологдо|х
산정(算定) 수치 тооцоо; ~ хийх 계산하다, 산정(算定)하다, 평가하다; ~ны дэвтэр 개인 급료 지불 대장.
산정(算定)하다 багцаала|х, барагцаала|х, баримжаала|х, бодо|х, нэмэрлэ|х, томьёоло|х, тооцо|х, тооцооло|х, тухайла|х, хирлэ|х
산제물 золиос
산제물을 바치다 золиосло|х; өөрийгөө ~ 자신을 산제물로 바치다.
산중호걸(山中豪傑) бар
산지 사람 уулчин
산지의 уулархаг
산채로 승천시키다 орчуулагда|х
산책 алхаа, доншмол, завхуул, тэнүүл
산책로 жим
산출 бүтээгдэхүүн, гаралт, үйлдвэрлэл
산출(생산)고 бүтээгдэхүүн, гаралт
산출고(물) авалт, гарц
산출물 гаралт
산출하다 бүтээ|х, үйлдвэрлэ|х
산탄총 буу
산토(山兎) молтогчин
산토끼 молтогчин, туулай(н); ~н бө ө р 밤색 털의; молтолгчин ~ 집토끼; ~ уржуулэх 토끼 번식(양식)하다
산패유(酸敗乳) зөөхий
산패유(酸敗乳)의 цөгтий
산포 сарнилт, тархалт, тархац
산호 шур
산호로 만든 장난감 젖꼭지 шур
산호충 шур
산화되다 исэ|х
산화물 исэл ((酸化物: 산소와 다른 원소의 화합물. 분자 중에 포함된 산소 수(數)에 따라 일산화물(一酸化物)·이(二)산화물·삼(三)산화물 등으로 나뉘며, 산성 산화물, 염기성(塩基性) 산화물, 중성(中性) 산화물, 양쪽성 산화물로 구분됨. 산소 화합물).
산화시키다(하다) исэлдэ|х
살 같은 махархаг, махтай
살(어차(魚杈) жалан
살갗이 트게 하다(트다) сайрта|х

살갗이 트다 омголто|х
살게 하다 сууринши|х, суурьши|х, суурьшуула|х
살고 있다 буй
살구 чангаанз
살구(나무) гүйлс(эн)
살구(복숭아 과일 등의) 씨 яс
살구 빛 гүйлс(эн), чангаанз
살구나무 чангаанз (장미과의 낙엽 활엽 교목. 높이 5-7m, 초봄에 연분홍 다섯잎꽃이 피고, 둥근 핵과가 여름에 익음)
살균하다 халдваргүйжүүлэ|х
살그머니 움직이기 мөлхөө
살금살금 걷다 гүвгөнө|х, жирсий|х, ирвэгнэ|х
살금살금 하는 далдуур
살깃(노깃) далавч, өд; ~ шиг хэ нгэ н 깃털처럼 가벼운; ~гэй адил깃이 난, 깃으로 덮인, 깃털 같은.
살깃이 성장하다 далавчла|х
살다 амдрах, орши|х, тохни|х, төвхнө|х; ~ орчин 거주하다, 서식하다; тэр дан ганц цалингаараа амьдардаг 그는 그의 봉급 (월급)으로 산다; тэд хөдөө тун жаргалтай амьдардаг 그들은 시골에서 행복한 생활을 하다; би зураг зурж амьдардаг 나는 페인트칠로 생계를 이어가다
살다(~에) нутагла|х
살담배 тамхи(н)
살리다 амила|х
살림 차리다 гэргийтэй
살별 солир
살살(은근히) 환심을 사다 ивтнэ|х
살색 лиш
살생 ярга, яргалал
살수기 услуур
살수용(급수용)의 услалт
살아있는 амьд, амьдаар, амьтай, төрөлхтөн; ~ нь булах 생매장 하다; 세상에서 잊혀지다; ~ аа шатаалгах 살아 있는 것을 태우다; амьтныг ~ нь барих 동물을 산채로 잡다
살아(살고) 있다 амдрах
살아가기 төрөлхтөн
살아가다 амь зуу|х, аж зуу|х, буй
살아갈 수 있는 арчаатай
살아남은 사람 үлдэгсэд
살오르다 будуурэ|х, голий|х, өөхлө|х
살육 хядлага, хядлага, ярга, яргалал
살을 에는(듯한) гашуун, хахуун
살의 махархаг, махтай
살이 너무 찌개 되다 ёлхой|х
살이 잘 찐 булбарай, булцгар, думбагар, махлаг, помбогор
살이 찐 логлогор
살인 аллага, хядлага, ярга, яргалал
살인 청부업자 алуурчин, бусниулагч, хядагч, яргалагч, яргачин
살인(살육, 학살)의 원인을 일으키다 алакда|х
살인귀(킬러) алуурчин, яргалагч, яргачин
살인자 алуурчин, хядагч, яргалагч, яргачин
살지게 하다 тэжээ|х, хоолши|х
살지게 했다 тэжээгдэ|х
살짝 битуудээ, сэмхэн
살짝 구운 빵(비스킷) хатаамал
살짝 들여다 보다 өнгөлзө|х
살짝 비키다 бултa|х
살짝 적시다(~을) цаца|х
살짝 찌르다(밀다) ёврл|х
살짝 밀다 түлхэ|х
살찌게 하다 голий|х, гүзээлэ|х, логлой|х, тантай|х, тэнтий|х
살찌다 будуурэ|х, голий|х, гүзээлэ|х, лантай|х, мариала|х, махла|х, өөхлө|х, пандай|х, тантай|х, таргала|х, тоглой|х, түхий|х, тэнтий|х, цудий|х
살찐 бандгар, будуун, будуун хадуун, голигор, лалхгар, лантгар, луглагар, лухгар, махархаг, махлаг, махтай, пандгар, тантгар, тарга, тарган, түхгэр

살전 뺨 зузгар
살진 사람의 살집이 흐늘흐늘하는 (맥없 는) өнжиг санжиг
살찜 мариа; ~тай хүүхэд 포동포동한 아이; ~ муутай ягын, 마른; ~ суух 뚱뚱해지다, 살찌다
살촉 зэв
살코기 мах(ан); хонины ~ 양고기; үхрийн ~ 쇠고기; тэмээний ~ 낙타고기; гахайн ~ 돼지(아저)고기; шувууны ~ 닭고기(가금); тахианы ~ 치킨; ангийн ~ 사냥해서 잡은 것(짐승·새) та-рган ~ (요리가) 기름기가 많은 고기; шарсан ~ 불고기, 구운 고기; чанасан ~ 고기를 불에 굽다; татсан 고기를 저미다(다지다); бөөрөнхий ~ 미트볼, 고기 완자; хуучин ~ 짐승을 도살하여 고기를 오래 동안 저장하다; бүхэл ~ 자르지 않은 고기; тураг ~ 언제 라도 요리할 수 있게 준비된 통째고기; ~ болгох 도살된 가축; хар ~ 기름기가 적은고기, 산코기만; шар ~ 양피지, 고기의 막피(膜皮); цагаан ~ 직장(直腸), 곱창; улаан ~ 생(날)것의 고기; ~ан хоол 고기 요리; ~ан хуурга 맵게 한 쇠고기와 야채의 스튜 요리; ~ны мухлаг 푸주한, 정육점, 고기가게
살코기(물고기의) 묽은 수프 зутан(г), шөл
살쾡이 ирвэс, шилүүс(эн)
살포 тархалт
살포하다 тарах
(~에)살포하다 дэлгэрүүлэ|х, тара|х; э вс~ 건초를 흩뿌리다
살해(학살) аллага, алалдаан
살해하다 ала|х, алуула|х, намна|х, үхүүлэ|х, хороо|х
삶 амь(амин)
삶다 улбас
삶은(~을) чанамал
삶은 고기의 얇은 지방질 халим

삶을 처리하는 할 수 있는 힘이다 хоохойло|х
삶의 경험(체험,견문) дол ; хал ~ 곤경, 고난, 고초, 곤란, 곤궁
삶의 길이 정해진 суурьшил
삶의 방향(진로) зөрөг
삼(3. 3개, 3인) гурав(гурван); ~ удаа 3시; ~ удд(бие, хэл, сэтгэл) 3개의 (출)입구: 신체, 언어, 사상; хоёрдугаар сарын ~ 2월 3일; ~ жил 3년; ~хар (тачаангүй, урин, мунхаг) 3 가지 죄들: 격노, 노염(화), 둔함; ~ шаг(өнгөрсөн, одоо, ирээдүй) 시간의 3가지: 과거, 현재, 미래; ~ амтган (бал, бурам, чихэр) 단것의 3가지: 꿀, 설탕, 사탕수 수; ~ цагаан (өсөхөд, шүд ~, өтлөхөд ус ~, үхэхэд яс~) 흰 것의 3가지: 하얀 이, 백발, 백발노인, 백인 젊은이, 하얀 뼈; 그리고 헤로인.
삼(蔘) хун орхоодой
삼(3) 년된 수컷의 마멋 бурхи (marmot 설치류(齧齒類); 다람쥣과의 짐승. 토끼만 하며 회색 털로 덮여 있음. 북아메리카·유럽 등지의 건조한 초원에 군생하며, 겨울에는 굴속에서 동면함.)
삼(3)-5년생의 낙타 수컷 тайлаг
삼(3)-5년생 수컷의 말 үрээ
삼(3)국간의(조약) гурвалжин
삼(3)년 지난 염소를 거세(정소 제거) сэрх
삼(3)년된 암(컷.놈)의 낙타 또는 암소 гунж(ин); ~ үнээ 삼년된 암소.
삼(3)년생 암(컷·놈)의 마멋 또는 햄스터 тарч
삼(3)년생의 여러가지 수컷 동물 гунна(н); ~ барс 삼년생의 수컷 호랑이.
삼(3)두제 гуравт
삼(3)등으로 гуравдагч, гуравт
삼(3)에 의하여 гурваад
삼(3)인조 гуравт
삼(3)자간의(다툼) гурвалжин

삼(3)회 гурвантаа
삼(杉)나무의 일종 агар, майлс (杉—: 낙우송과의 상록 교목. 일본 특산인데, 줄기는 곧고 높이는 약 50-70m, 몸피는 5-10m, 껍질은 갈색 섬유질로서 강인(强靭)함. 잎은 침상(針狀)으로 뭉쳐남. 나무질이 좋아 건축·가구재로 씀. 삼목.)
삼가고 조심하다(~을) тунирха|х
삼가다 түгэлзэ|х
삼가되다 хазаарлагда|х
삼가서 дару
삼가서 주의 깊게 хичээнгүйлэн
삼가하다 цээрлэ|х
삼각- шовгор
삼각가(架) тулга
삼각관계로 만들다 гурвалжла|х
삼각관계의 гурвалжин
삼각대 тулга
삼각자 гурвалжин
삼각형 гурвалжин; ~ судлал 삼각법 (三角法: 삼각함수의 성질을 구명하고 그것을 응용하여 삼각형의 변과 각과의 상호 관계를 연구하는 수학의 한 분과; 측량(測量)·건축·천문 관측·항해 등 여러 방면에 응용됨)
삼각형으로 만들다 гурвалжла|х
삼각형의 물건 гурвалжин
삼나무 хуш (杉—: 낙우송과의 상록 교목. 일본 특산인데, 줄기는 곧고 높이는 약 50-70m, 몸피는 5-10m, 껍질은 갈색 섬유질로서 강인(强靭)함. 잎은 침상(針狀)으로 뭉쳐남. 나무 질이 좋아 건축·가구재로 씀. 삼목)
삼라만상 ертенц, замбуулин(г), орчлон, э ртэ нц сав
삼림 мод(он), ой(н); ой ~ 숲, 산림; бэлтгэл 목재 벌목; яс ~ 뼈대, 구조; гэрийн ~ 게르의 나무로 만든(된) 부분; ~ огтлох 나무가 떨어졌다; ~ хагалах 장작을 패다, 나무를 잘게 자르다; ~ суулгах 나무를 심다, 농원; тулшний ~ 땔나무; улаан ~ 마호가니(재); ~ны дурс 짖는(기침) 소리; модон завод 목재 공장, 목공소; ~ны мужаан 목수, 목공; ~ хөрөөдөх газар 제재소, 대형 제재(製材) 톱; ~н цагдаа 산림에 사는 사람; ~ газар 삼림지대; ~ мод 숲, 수풀; ~н аж ахуй 임학, 임업; ~ цэцэрлэг 산림(숲) 공원; ~н сургууль 임업(산림)의 학교; ~н мэргэжилтэн 임업 전문가, 산림학자
삼림 청소(제거) халз
삼림학 전문가 ойжуулагч
삼목(杉木) хуш (낙우송과의 상록 교목. 일본 특산인데, 줄기는 곧고 높이는 약 50-70m, 몸피는 5-10m, 껍질은 갈색 섬유질로서 강인(强靭)함. 잎은 침상(針狀)으로 뭉쳐남. 나무 질이 좋아 건축·가구재로 씀. 삼나무)
삼목(杉木) 비슷한 각종 나무 хуш
삼발이 тулга
삼사월(三四月)(봄) хавар
삼삼오오 олуул(ан)
삼실 татаас
삼십(30) гуч(ин); ~ настай 삼세(30)세.
삼십(30)개(인) гуч(ин)
삼십(30)번 гучуул
삼십(30)번째(의) гучдугаар
삼십(30)분의 1(의) гучдугаар
삼십(30)세(서른살) гуч(ин)
삼십(30)시간(때, 시일, 세월, 시간의 경과) гучинтаа
삼십(30)의 기호(X X X) гуч(ин)
삼아(三椏: 인삼) хун орхоодой
삼지창 ац, сэрээ
삼출성- шуурэл
삼키다 залги|х
삼킴 балга
삼투(滲透)시키다 даа|х, шингээ|х
삽 утгуур, хүрз(эн)
삽(부삽)으로 푸다 хүрздэ|х
삽시간 агшин
삽이 달린 기계 хүрз(эн)
삽입 оруулга, шигтгээ
삽입구 оруулга, шигтгээ
삽입물 оруулга, шигтгээ
삽입하다 оруула|х; нандив хандив ~ 본분을 다하다, 분에맞는 봉사(기부)를

하다; санал ~ 움직이다, 이동시키다; хэлэх угэнд засвар ~ 연설자의 연제를 교정(수정)하다; жагсаалтанд ~ 목록표에 싣다, 명부에 올리다; усан онгоцыг зогсоолд ~ 항구에 정박하다; эзэмшилд ~ 소유(점령, 점유)하다; төөрөгдөлд ~ 그릇 인도하다; зарлагад ~ ~에게 비용을 부담시키다.

삽입하다(끼우다) зоо|х, шигтгэ|х
삽화(도해,그림,도형)판 хүснэгт
삽화가 зураач
삽화가 든 зурагт
상 хонжвор, хонжоо
상(像) дүр, нүүр, царай
상(賞) шагнал
~상(商) дилер, наймаачин, худалдаачин
~상(狀)의 янзтай
상감 шигтгээ
상감(象嵌)의 шигтгэмэл
상감세공 шигтгээ
상감으로 꾸민 шигтгэмэл
상감하다 шигтгэ|х
상거래 панз
상고 заалдлага
상고대 цан
상고하다 уриала|х, ханда|х
상관(관계) дарга, харьцаа(н)
상관 대리 дэслэгч
상관(商館) корпус
상관없는 хамаарахгүй
상관없다 яамай
상관없지 않은가? яав, яагаав
상관하고 있는 хамаатай
상관하고 있다 хамаарха|х, холболдо|х
상관하다 шутэлцэ|х
상관하지 않고 ~하도록 내버려두다 таалга|х, хийлгэ|х
상교(象教) буддизм
상궤 일탈(탈선) завхуул
상금 харамж, хонжвор, хонжоо, шагнал
상급 хариуцлагатан

상급의 ах, охь
상기 дурсамж, дурсгал, дуртгал
상기(회상)하다 дурьта|х
상기되다 чинэрэ|х
상기하다 дурса|х, санагалза|х, улалза|х, халуура|х
상납(上納) өөш; мэ нгэ н ~ 뇌물, 묵인료.
상냥(다정)한 ачит, голшиг, нинжин, өхөөрдөм, урь, энхрий;~ сэтгэл 친절한 행위(태도)
상냥(싹싹)한 аштай, аятай
상냥(친절)해지다 зөөлши|х
상냥하게 ажаамуу
상냥하게 대하다 анзаара|х
상냥하게 대하다(~에게) нaaлинхайтa|x
상냥하게 하다(~에게) таламжлуула|х
상냥한 аятайхан, доромж, илбэрүү, наалинхай, номхон, өрөвдөнгүй, тогтуун, урь, цайлган, ялдамхан
상냥함 хайхрамж
상담 зөвлөлгөө, консультац
상담역(카운슬러) зөвлөгч, зөвлө|х
상담하다(~와) өгүүлэлцэ|х
상당량 ихээхэн
상당하게 보이다 данай|х
상당하는 것 дүйхүйц
상당하다(~에) уялда|х
상당한 багагүй, зохимжтой, нилээд, ончтой, таарамжтай, таaруу
상당한 사회적 지위가 있음 буйр
상당히 ахиухан, баахан, бишгүй, бузар, гойд, давгүй, давгүй, дориун, дөнгүүрхэн, ихээхэн, нилээд; би ~ ядрав 나는 상당히 피곤하다; ~ ажил 많은(양)의 작업; ~ ам-жилт 꽤 성공했다; ~ орлого 상당량의 수입..
상당히(꽤) 급한 давчуухан
상당히(매우) 빨리(이르게) түргэхэн
상당히 최근의 ойрмогхон
상대 анд, нөхөр, өстөн, түнш, хавсаа, хань

상대자 дайсан
상대적인 харьцангуй
상대조차 않다(~을) ёнтой|х
상도(규칙·원칙에서)벗어나다 хэлбэрэ|х
상도(常道)를 벗어난 гажууд, гайхал
상도에서 벗어나게 하다 завхруула|х
상등품 чанартай
상례 ингүүхэн
상류 사회 дээдэс
상륙시키다 газарла|х
상륙하다 буу|х, газарда|х, хөсөрдө|х; пуужин саран дээр бууэ 로켓트가 달에 상륙하다
상마(-馬) шудлэн
상박(골) аттаал, бугалга
상박부 аттаал, бугалга
상배 цом
상부의 дээд, дээр
상비 병력(인원) байгууулалт
상사(상관) ахас, хариуцлагатан
상사(相似) зохил
상사(商社) компании, пүүс, фирм; худалдааны ~ 상업(통상, 무역)의 상사(회사); ~ нээх 회사를 열다(시작하다); номын ~ 출판사
상사성 төс, төсөө
상사의 ах
상사초(相思草) янжуур
상상 гадарла|х, таамнал
상상(력) сэтгэмж
상상(생각,생각조차) 할수 없는 иттэшгүй, сэтгэшгүй, санагдашгүй
상상이 풍부한 халамжтай
상상하다 таавараа|х, төсөөлө|х
상서로운 ереэлт, хувьтай
상석 манлай
상세하게(자세히) 묻다 нарийвчла|х
상세하다 томт|ох
상세한 дэлгэрэнгүй, томруун; ~ төлөвлөгөө 상세한 계획; ~ бичих 자세하게 쓰다.

상소하다 уриала|х, ханда|х
상속(계승)자 залгагч, залгамж, залгамжлагч
상속에 관한 сурвалжит
상속인 залгамжлагч
상속자가 되다(~의) залга|х, залгамжла|х
상속재산 өв; ~ийн тухай хууль 상속법;
상속하다 залгамжла|х
상스러운(천한) балиар, бам: чийг ~, балмад, бохир, бузар, өөдгүй; ~ явдал 수치스러운(불명예스러운,혐오스러운) 행동
상슬(床虱) бясаа
상습 хэв
상습의 засрашгүй
상습적으로 арчаг
상승 дэгжил, өгсөлт, өндөрлөг, өөдлөл
상승의 원인이 되다 авируула|х
상승의 өгсүү
상실 хохирол
상실하다 хаях, хожигдо|х
상어 гаахь(연마용) сайр
상업 арилжаа, маймаа, найма, худалдаа(н); арилжаа ~ 매매(장사) 하다-; ~ хийх 교역 (거래)하다; тэр савхины ~ хийдэг 가죽 제품을 장사하다
상업(무역)상의 арилжааны
상업(통상, 무역)의 арилжааны
상업에 종사하는 арилжааны
상업을 크게 하는 사람 дилер
상연 бичлэг
상연하다 дэглэ|х, тоглуула|х
상완(골) аттаал, бугалга
상완부 аттаал, бугалга
상용(相容) тохироо
상원의원 сенатч
상위 манлай, ялгаа, ялгавар
상위(점) заяг
상위점 зөрөө(н)
상응하는 зохи|х, зохимжтой, зохистой, зүйтэй, ончтой; ~ цаг нь 적당한 시기.
상의를 걸치게 되다 хагта|х

- 344 -

상의하다 зөвшилдө|х
상이한(다른) биш, бус, ондоо, өөр, мөртөө
상인 дилер, наймаачин, худалдаачин
상인방(上引枋)(창·입구 등 위에 댄 가로대) тотго
상인방돌 тотго
상자 бүрээс(эн)
상자(갑) бүрхуул
상자 안에 넣다 хайрцагла|х
상자(등 포장용) 용기 боодол
상자(집.주머니)에넣다(싸다) дугтуйла|х
상자속에 두다 хайрцагла|х
상자에 담궈지다 багла|х
상점 дэлгүүр, мухлаг, пүүз, цех; махны ~ 정육점,푸줏간
상접 контакт
상좌에 앉다(~의) ахла|х, толгойло|х
상좌의 지위(~의) толгойлуула|х
상주하지 않는 тэнүүл
상지(上肢) гар, ханцуй
상징 бэлэгдэл
상징(기호)의 사용 бэлэгдэл
상징(표상)화하다 бэлэгдэ|х
상징으로 보다 бэлэгдэ|х
상징으로(기호로) 나타냄 бэлэгдэл
상징이다(~의) бэлэгдэ|х
상징하다 бэлэгдэ|х
상찬 магтаал
상찬문을 쓰다(~의) магта|х; магтан дуулах칭찬(상찬.격찬.찬송)하다; хуний эрэлэг зоригийг ~ 용기 있는 사람에게 찬사를 보낸다; хоолны сайныг ~ 친절의 최상은 찬사이다; түүнийг баатар мэт магтан өргөмжлөх 영웅인 그를 격찬하다; тэнгэрт тултал ~ төлөв 하늘을 찬사하다.
상찬자(賞讚者) магтаалч
상찬할 만한 сайшаалтай
상책인 оновчтой
상처 бэртэнгэ, шарх, яр
상처 구멍에 쑤셔 넣는 거즈(배농용(排膿用)) гол, имэрсэн
상처 내다 гомдоо|х, гэмтээ|х, хорло|х, хохиро|х
상처 입은 사람 шархтан
상처(아픈 부분 등을) 지지다(태우다) төөнөрө|х
상처(자국) оёдол
상처(흉터)를 남기다(~에) гувруута|х
상처가 곪다 баала|х, бугла|х, идээлэ|х
상처가 아픈 дайр, хөндүүр, эмзэг
상처내다 бэртэ|х, бэртээ|х
상처를 꿰매는 한 바늘 оёо
상처를 내게 하다 гэмтэ|х
상처를 입기 쉬운 өртөмтгий
상처를 입다 шархда|х
상처를 입히다 бэртээ|х, гомдоо|х, гоочло|х, хөнөө|х
상처를 주다(~에게) цохиула|х
상처에 고통을 주다 хөндө|х
상처의 치유 сорвижилт
상처의(찰과상) 모양을 이루다(생기다) дайрта|х
상처입다 годронто|х, нэрвэгдэ|х, тарчла|х, шанала|х
상처자국이 생기다 сорвито|х
상체를 굽히다 бөхий|х
상체를 내밀다 бултай|х, цухуй|х, ёрдой|х
상추 шанцай (국화과의 한해살이 또는 두해살이풀. 잎은 크고 타원형, 초여름에 담황색 꽃이 핌. 잎은 먹음.)
상충(저촉)되다 мөргөлдө|х
상쾌한 сэвэлзүүр
상쾌한 물맛 цэнгэг
상태 аяс, байдал, байц, гэр, салаавч, төлөв
상태로 간직하다 байлга|х, хавхагла|х
상태로 되게 하다(~의) хятаджи|х
상태에 놓다 тулга|х
상투어 бадаг, дахилт
상투적 수단 явууллага; ахил ~ 수단,

방책; хорт ~ 고의로 방해(파괴)하다; нууц ~ 도모하다, 꾀하다, 계획하다.
상패 медаль
상표 марк
상품 бараа, тавaap, хонжвор, хонжоо, цом, шагнал, эдлэл
상품(상.상금) байшагнал
상품권 тасалбар
상품을 실물로 선전하다 үзүүлэ|х
상품의 선전문구 лоозон
상하 전도된 тонгоруу
상하 한 벌의 여성복 хослол
상하걸(霜下傑) удвал
상하게 하다 тумарха|х
상하다 бээ|х, гашла|х, хөвхрө|х
상하로 나란히 있는 줄(단.층) давхарлаг
상하로 움직이다(~을) хөвөлзө|х
상한 тужир
상해 аваар осол, бэртэнгэ, гэмтэгч, осол
상호관계 харьцаа(н), шүтэцээ
상호관계가 있는 харлцан
상호교환 солилцоо, солио
상호의 харлцан
상호적(호혜적)으로 харлцан
상환권 талон, тасалбар
상환하다 төлө|х
상황 аяс, байдал, байц, гэр, нөхцөл; хунд байдалд байх 어려운 상황; ажил хэргийн ~ 형세
상황설명 танилцуулга
상회(商會) компании, пүүс, фирм
상회 이름 компании
살 ал гуя, цавь(цавин), хас, хавьцаг, салтаа (두 다리의 사이. 고간(股間), 서혜(鼠蹊), 사타 구니. 가랑이.외음부)
살살이 뒤지다(찾다) онгило|х
살살이(구석구석)찾다(뒤지다) онгиро|х
새 жигүүртэн
새 шувуу(н)
새 다리의 표지밴드 дайс
새 디자인 고안자 байгуулагч, зохиогч; ~ийн эрх카피 라이트, 판권, 저작권; ~эмэгтэй 여류 작가
새 따위가 발을 모으고 깡충 뛰다 догонцо|х, дэгцэ|х
새 또는 물고기를 그물로 잡다 өөш; ~ тавих 새덫을 놓다
새 또는 영양(羚羊)의 발(톱) салбар
새 새끼 몸에서 깃털이 나다 өдлө|х
새 옷(새 장난감)을 자녀들에게 선물로 주다 мяла|х
새 잡는 (기구) 그물망 тогшоо
새 집(새살림) 축하 잔치 мяла|х
새 환경 순응 идээшил
새(닭)고기 양육(사육)자 шувуучин
새(물고기. 식물 등의) 기생충 бөөс;
새(바람·탄환의) 피리 비슷한 소리가 나다 сурхиа|х
새(뱀 따위가 털·허물을) 벗다 зулма|х
새(비행기)가 날다 нисэ|х; шуауу нисдэг 새가날다; доогуур ~ 새가 낮게 날다; далай дээгүүр ~ 새가 바다를 가로질러 날다.
새(빈작.와작.의인작.황작) бялзуухай
새(짐승)의 둔부 ингээн уг, бөгс
새(짐승)의 똥 баас
새(짐승·물고기가) 잘 놀라는 үргэдэг
새가 계속 지저귀다(속삭이다) шоржигно|х
새가 교배기(교미기)에 부르는 소리 (지저귀는)를 입밖에 내다 хошхиро|х
새가 꼬리를 활발히(앞뒤로) 움직이다 сэртэгнэ|х
새가 지저귀다 бавчи|х, дужигна|х, дэлүүрэ|х, жиргэ|х
새가슴의 хэхгэр
새기는 товимол
새기다 зоро|х, сийлэх, сийлбэрлэ|х, хэрчи|х, хэрчээслэ|х
새기를 배다(가지게 되다) хээлтэ|х
새긴 금으로써 세다(기록하다) гурвида|х

- 346 -

새김 гурви, сийлмэл
새김눈(V자 모양의) гурви, торомж, ухлаадас, хоног, хэрчлээс
새김질 감(반추(反芻) 동물이 위에서 입으로 되내보낸) сэвс
새김질(되새김질) 동물 хэвгч; ухэр, хонь бол ~ мал соа ямын зэрэг нь реачид амжитгн
새까만 пад хаоанхуй, пад хар
새까만(캄캄한.칠흑.암흑)한 상태(형편) түнэр
새끼 дээс(эн), зангилаа(н), олс(он), оосор, ороодос, сэгэлдрэг, татлага, татуурга, уяа, уяа, хүлээс, хэлхээ, хэлхээс, хэрээ; ~ томох гадсыг пулэ мэйгтын; олс ~ дуэуэцийх сэийийлд, лонгийн батэл.
새끼 곰 бамбарууш
새끼 끈 дайс
새끼 등을 자르다 эвдлэ|х
새끼 사슴(한 살 이하의) ил
새끼 양의 가슴 고기 хэрсэн
새끼 이리 бэлтрэг
새끼 짐승의 떼 тугалчин
새끼 토저(土猪) ганьс
새끼((밧)줄.끈.로프)를 사용하여 짐을 짐(묶음) тэнжээ
새끼(끈) боолт; уяа ~ дээс,끈, 밴드, 띠; цэвэрхэн ~ хийх/тавих 깨끗이 드레싱 하다
새끼(끈, 줄, 실, 노끈)으로 묶는(매는) 것 уяатай
새끼(끈·넥타이·리본로프)로 묶다 уя|х
새끼(끈으)로 매다 уялуа|х
새끼(밧줄.끈.줄.실.노끈.로프)로 묶다(동이다, 붙들어매다) оосорло|х
새끼(줄) буч
새끼밴드 холбоо
새끼염소 иших, пацаан
새끼염소를 낳다 ишиглэ|х
새끼영양(羚羊) иших, пацаан
새끼영양(羚羊)을 낳다 ишиглэ|х
새끼줄 고리로 말을 잡다 уургала|х
새내(도랑) горхи
새너토리엄(요양소,보건소) диспансер
새는 уйлаа
새다 годхий|х, гоожи|х,нэвчи|х, шуурэ|х
새된 소리로 말하다 багалзуурда|х, хяхна|х, чахра|х
새된 소리를 내다 гангара|х, гасла|х
새들의 배설물 сангас
새들이 앉는(내리는) ноорс
새똥 сангас
새로 ахиад, ахин
새로 나타난(만들어진) сэвүүн, шинэ
새로운 сэвүүн, шинэ
새로운 가곡(제품의) 효과를 테스트해 보다 тэнсэ|х
새로운 분야에의 길을 열다 жимнэ|х
새로운 장소(캠프)에 정주(이주)하다 нутагла|х
새로운 장소에 익숙해지다 нутагши|х
새로운 환경에 순응하다 баримжаала|х
새로이 туггам
새롭게 하기 шинэчлэл
새롭게 하다 шинэчлэ|х
새롱(시시덕)거리다 маазгана|х, ааллигүйтэ|х, жаравгана|х, сээтгэнэ|х, шалигла|х
새롱거리는 жартгай, сээтгэр, сээтэн, шалигүй
새롱거리다 тогло|х
새를 가둬 넣다 даруулда|х
새를 날려(풀어)주다 нисэ|х, хали|х, хөөрө|х; шуауу нисдэг 새가 날다; доогуур ~ 새가 낮게 날다; далай дээгүүр ~ 새가 바다를 가로질러 날다.
새벽 гэгээ(н), уур ~ хяраала|х; ~ орох 날이 새다, 밝아지다; ~ тасрах 어둠이 자라다, 날이 새다; ~тэйд 해지기전에; ~тэй тасалгаа 밝은(화창한) 방; ~н дурсгал 고인이 된; ~тэн минь 각하 (귀족 및 재판관, 또는 보통 사람에 대해

농으로도 쓰임); ~ завсар 대기의 상층 하늘(천공), (옛 사람들이 상상한) 대기 밖의 공간(에 차 있는 정기(精氣).영기(靈氣)); 창공 (蒼空)

새벽(녘) үүр
새벽녘 бурэнхий
새벽녘에 산 넘어로 나오는 약한 빛 уурийн хяраа
새벽이 되다 цай|х
새사람이 되게 하다 төлжи|х
새색시 бэр
새순(-筍) гөлөг
새싹 гөлөг, найлзуур, нахиа(н), сүөө
새아기(자부) бэр
새애기 бэр
새어나오다 годхий|х, гоожи|х, нэвчи|х, нэвчрэ|х, шуурэ|х
새우등 гудгар, гэгдгэр, дохигор, түгдгэр, хүгжгэр
새우등의 хүгжгэр
새우등이다 бөгцгөнө|х, нугдай|х, тахий|х, түгдий|х, хүгдий|х
새의 관모(冠毛) монцог
새의 날개 даль, мөч, чац
새의 도가머리(볏) гөхөл
새의 멀떠구니 бэтэг, хөөө
새의 모이주머니 бэтэг, хөөө
새의 볏(관모(冠毛).도가머리) залаа, монцог, сэчиг
새의 알 өндөг; бид э глэ э ний хоолон дээрээ ~ идэв 우리는 아침을 계란으로 먹는다; тахианы ~ 암탉의 알; хуурай ~ 분말계란; чанасан ~ 삶은 달걀; шарсан ~ 계란 프라이, 오믈렛; ~тэй уур 알의 보금자리(둥우리);
새장의 새가되다 шоронжи|х
새처럼 나는 жигүүртэн
새총 буу
새하얀 수탉(도요) хойлог
새해 축하 인사(세배) золголт
새해를 경축하다 цагаала|х
새해전야(전일) битуун
새해전야(전일)을 경축하다 битуулэ|х
색 따위가 한데 어우러지다(융합하다) холи|х, хутга|х
색 따위를 배합하다(~에) хамтатга|х
색 өнгө, өнгөт; байшин цагаан ~ тэй 그 집의 외부색상은 흰색이다; ~ зус 외관, 안색, 얼굴의 윤기; эттээд ~ 화려한 색상; ~тэй хурэм 번쩍번쩍하는 재킷; ~ сайтай 좋은 색상, 건강상 좋은; ~ металл 비철 금속; ~ зураг 칼라사진; ~ кино 칼라필림 칼라영화; ~ зурагт радио 칼라TV; ~ хэвлэл 칼라인쇄(인쇄술).
색(소리·빛)이 또렷(산뜻)하지 않은 сүүмхий
색·빛 등이 엷어지(게 하)다 хужий|х
색깔 будаг
색깔이 바래다 ганда|х; эд~ 흐릿해지다, 희미(아련)해지다; (색이) 바래다;
색다르다 онцгойдо|х
색다른 ад, гаргуудаа, сэвүүн, хачин
색다른(새로운) 것 өөрчлөлт
색들이 한데 어우러지다(융합하다) багсра|х
색마 гулдач
색상 өнгө; байшин цагаан ~ тэй 그 집의 외부색상은 흰색이다; ~ зус 외관, 안색, 얼굴의 윤기; эттээд ~ 화려한 색상; ~тэй хурэм 번쩍번쩍하는 재킷; ~ сайтай 좋은 색상, 건강상 좋은
색소 결핍증 хялман
색소폰 саксафон (saxophone: 대형목관악기; 놋쇠로 만든 관악기의 한 가지《18개 또는 20개의 음전(音栓)과 단열 리드를 가짐. 부드럽고 감미로운 음을 냄. 취주악 또는 재즈에 씀》).
색욕(色慾) тачал, хурьцал
색욕을 자극하다(선동하다) тчаалга|х
색의 배합 цэгцлэлт
색이 날다 элэгдэ|х
색이 바래다 нунхий|х, үхширэ|х

- 348 -

색이 바랜 өгөр, хужгар
색이 옅은 цайвар
색인 гарчиг, заагч, индекс, үзүүлэлт, хураангуй
색인에 넣다 гарчигла|х
색인을 붙이다 гарчигла|х
색정을 일으키다(품다) тачаада|х, хурьца|х
색정을 품다 тачаа|х
색조 будаг, гэшүү, идээшмэл, өнгө, өнгөт; ~ металл 비철금속; ~ зураг 칼라사진; ~ кино 칼라필름 칼라영화; ~ зурагт радио 칼라TV; ~ хэвлэл 칼라인쇄(인쇄술).
색채 өнгө, өнгөт
색채가 선명한 будмал, зулмал
색채가 풍부하게 보이다 эрээлжлэ|х
색칠했다 нялза|х
샌드페이퍼(sandpaper) зүлгүүр
샌드페이퍼(빼빠)로 닦다 хөрдө|х
샐러드 шанцай
샐쭉거림 цоровгор
샘 найдангүй, хар, хор шар, худаг
샘(물) оргилуур
샘(부러워)하는 사람(~을) жөтөөч
샘(부러워)하는(~을) атаархагч, атаархуу, жөтөөрхөг, үтээрхэг
샘물 нуурмаг, цөөрөм
샘물이 나오다 нэвчрэ|х.
샘솟다 урсга|х
샘플 сорьц
샘하다 атаархуулла|х, жөтөөрө|х, үтээрхэ|х
샘하다(질투하다) атаарха|х
샛별 гялаан од, Сугар, Баасан
생(生) амь(амин)
생(날)것의 түүхий, шуурхий
생(날)것이다 түүхийдэ|х
생가죽의 조각 사용하여 함께 묶다 (매듭을 짓다) үдээр
생각 등이 다듬어지지 않은 сэрэвгэр

생각 баримтлал, бодол, дардас, дотор, концепции, мэдэгдэхүүн, ойлголт, санаар- хал, санаачлага, төсөөлөл, ухагдахуун, шийдэл; ~ болох 주의 깊은, 깊이 생각하다
생각(감정)을 억제하다 ээмдэ|х
생각(묵상)에 잠긴 хивэгч
생각(상상)하다 бясалга|х
생각(생각조차) 할 수 없는 итгэшгүй
생각(하기) сэтгэл, санаа(н); ~ сэтгэл 마음, 심정 сайн ~тай 마음이 상냥한, 친절한; ~ муутай 심술궂은, 비뚤어진; хар ~ 틈을 엿보는, 음험한;
생각(희망의) 빛 туяа
생각나게 하다 дурьта|х, сануула|х
생각나다 санагда|х
생각되다 ~(인 것으)로 бодогдо|х, бололтой; эмэгтэй үнэхээр өвдсөн ~ 그녀는 실제로 아픈 것처럼 보인다.
(~로) 생각되다 алагла|х, бололтой, бултай|х, хаварши|х
생각에 빠져있다 санаашырха|х
생각에 잠기다 санаашырха|х, санааш-ра|х, хивэх, хэвэ|х
생각에 잠긴 санаашрал, хивэлт
생각을 갖고 있으므로 санаатай
생각을 단념하게 하다(~에게 (~할) болго|х
생각의 능력 ухвар
생각이 깊은 анхааралтай, бодолтой, санаашрал, сэтгэлгээ, халамжтай
생각이 나다 гара|х
생각이 못 미친 болчимгүй, омтгой, хуумгай; ~ хүн 경솔한 사람.
생각이 미치다 бясалга|х
생각이 믿음성 없는 яйжгар
생각이 산만해지다 салбарла|х
생각이 안 나다 марта|х, умарта|х
생각이 안났다 мартагда|х, умартагда|х
생각이 애매한 униартай
생각이 없는 бодлогогүй, болчимгүй, гоомой, ойворгон, омтгой

생각이 없는 사람 уулгамч
생각이 없다 гоомойто|х
생각이 온당하다 хазаарлагда|х
생각이 흔들리다 хэлбэлзэ|х
생각조차 못할 믿을 수 없는 санагдашгүй
생각조차(상상) 할 수 없는 иттэшгүй
생각지 않은 магатлашгүй
생각지도 않고 하다(~을) хуумгайта|х
생각하기 бодрол
생각하는 бодолтой, сэтгэлгээ
~을(~이라고) 생각하다 бодогдо|х
(~라고)생각하다 гэгдэ|х, бараглах, бодолцо|х, эндүүрэ|х
(~에 대하여)생각하다 бодо|х
(~으로)생각하다 хүндлэ|х
(~을 ...로)생각하다 анхаара|х
(~을)생각하다 гэгдэ|х
(~이라고)생각하다 тооло|х, үзэ|х
생각할 힘이 있는 бодолтой, сэтгэлгээ
생각해내다 дурьта|х, дурса|х, сана|х, санагалза|х
생것의 түүхий
생겨나게 하다(~을.~이) амаржи|х, няйрайла|х, төрө|х, хөнгөрө|х, гөлчгийлэ|х, бэлтрэглэ|х; няйрайлсан эх 그 여자는 최근에 아이를 낳았다.
생계(생활)аж: ~ амьдрал 생계, 살림; ~ байдал 생활양식; ~ терэх 생활상태; улс ардын ~ ахуй 국민의 경제; хөдөө ~ ахуй 농업, 농학; ойн ~ ахуй 임학, 임업; шувууны ~ ахуй 양계장, 양계업; мал ~ ахуй 목축(축산)업자; ~ уйлдвэр ~업(業), 산업
생계를 위한 수단(기술, 도구) тэжээгч
생계의 амьжиргаа; ~ны өртөг 생계비; ~ ны түвшин 생활의 기준
생글(방긋)거리다 инээмсэглэ|х, маа-сай|х, мишилзэ|х, мушилза|х, үнэгчлэ|х
생기 тамир
생기 없는 зэвхийн; ~ өдөр 어스레한 날.
생기(生氣)가 넘치다 булээцэ|х

생기(활기)가 있다 тормой|х
생기(활기)에 넘치게 토론(논쟁, 토의)하다 хөөрөлдө|х
생기(활기)에 넘친 гав шаа, гялбазүүр, оргилуун, өөдрөг, шалмаг
생기에 넘친 토론(논쟁) хөөрөлдөөн
생기에 넘친다 гялбалза|х
생기가 없는 назгай, налай|х, үхээнц
생기가 없다 назгайра|х
생기게 하다 өрнө|х, төрүүлэ|х
생기다 боло|х, тохио|х, үзэглэ|х, үүсэ|х, үүсэ|х, явагда|х
생기다(~이) идээлэ|х, тохиолдо|х
생기를 불어넣다(~에) хала|х, хала|х
생기를 잃다 үхэтхий|х
생기를 주다 амила|х
생기를(생명을) 주다(~에) амьдруула|х
생기를(생명.활력을)주는 амьдруулагч
생긴 일 үзэгдэл, явдал
생김새 гадуур, галбир, доожхоо, дүр, ёсо, жадха, өнгө, үзэмж; ~ муутай 외모가 아름답지 못한; арьсны өнгөөр ялгаварлан үзэх үзэл 인종 차별
생도 сурагч
생동(싱싱)하게 하다 амьдруула|х
생득의 төрөлх
생략 өнжөөх
생략(단축, 요약)하다 хураангүйла|х, хаса|х, өнжөөх
생리기능 физиологи
생리학 физиологи
생리학자 физиологич
생명 있는 амьд, амьтай, төрөлхтөн
생명 амь(амин); одоо амиа арчил 당신의 생명을 구하다; амий нь авах а) 목숨을 건지다, 위험에서 구하다; b) 죽이다; аврах 위험에서 건지다; ~ аврагдах 구하다, 구제하다; ~ бие/нас 수명,(개인의) 목숨; амий нь таслах/ гаргах 죽이다, 도살하다, 쏘아 잡다; ~ адлах/урэгдэх 멸망하다, (비명에) 죽다;

амиа өрөх 목숨을 걸다; ~д цэцэг 생화; ~ бутэх 헉헉하고 숨을 헐떡이다; ~ тэмцэх 죽음이 한창일 때, 살려고 애쓰다, 죽음의 고통에 있다; ~ бөхтэй 좀처럼 죽지 않는; ~ дуйх 목숨을 걸다; бусдын төлөө амиа өгөх/золиослох 삶을 단념(포기)하다; ~ тавих ~한 상태로(모습으로) 죽다; ~ зуух 생존하다, 살아 가다, 생명을 보존하다; ~ гарах a) 구사 일생으로 살아났다, b) 죽다, 혼과 영이 육체를 떠나다; ~ гуйх 자비를 구하다, 제발 살려 달라고 애걸하다; ~ тасрах ~한 죽음을 하다; ~ орох 생환(生還)하다, 생명이 돌아오다; ~ татуу 이기적인, 이기주의의, 자기본위의, 자부심이 강한; амин зурх/ сүнс 가장 신성한 장소, 유대 신전의 지성소; амин чухал асуудал 지극히 중요한 사활 문제; амин судлал 생물학; 생태학; амин газар 약점, 아픈 곳, 상처, 아픔; амин тэжээл/зуулга 생존수단; амин хуйвараа 개인적으로, 개별적으로; амины 일개인의, 개인에 속하는; амины э мч동산, 개인재산(자산), 사유재산; амины гэрээ 일개인으로서 협정(조약, 협약) 형식으로 나타내다; хүн амины хэрэг 살인, 암살, 고살(故殺), 모살; амиа бодох/хоохойлох 자기의 이익만도모 하다, 이기주의를 보이다; амиа хорлох 자살하다, 자해하다; амиа хорлогч 개인의 자살행위; хар амиа хөөх 이기적인, 자기중심적인.

생명력 амьдрал
생명력 있는 арчаатай
생명을 보존하다 амь зуу|х аж зуу|х
생명을 불어넣다 амила|х
생명을 잃은(죽은) үхэнги, амьгүй
생명이 없는 амьгүй, үхмэл, үхэнги
생명이 없는 육체 шарил
생물 эд

생물(광물)조직내의 공동부(空洞部) зай
생물(체) махбод; бие ~ 신체
생물의 기관(器官) байгуулал
생물의 환경 орчин
생물이 살지 않는 амьгүй, үхэнги
생물학 биологи
생사(生絲) дурдан(г), ёнхор, торго(н)
생산(生産) бүтээгбэхүүн, гаралт, үйлдвэрлэл; сууний ~ 우유를 생산하다; үйлдвэрийн ~ 생산산업
생산(제작)물 үйлдвэр
생산(제작)하다 бүтээ|х
생산고 үйлдвэрлэл
생산량 бүтээгбэхүүн, үйлдвэрлэл
생산력 бүтээмж, гарц, унац; хөдөлмөрийн ~ 노동의 생산력
생산물 бүтээл, гаралт
생산성 бүтээмж, гарц, унац
생산시간 연장(에 의한 지연 전술) сунамал
생산원가 өртөгтэй
생산자 бүтээгч, найруулагч, үйлдвэрлэгч, үйлдвэрчин
생산적인 бүтээлч, өгөөжтэй
생산품 бүтээгбэхүүн, гаралт
생산하다 үйлдвэрлэ|х
생색을 내는 ивээлт
생생하게 깨닫다 ухаара|х, ухамсарла|х
생생하여 амьдаар
생석회 шохой
생선 загас(ан); ~ барих 낚시질하다, 고기를 낚다; ~ны тос 간유, 어간유(魚肝油); ~ны дэгээ 낚시바늘; ~ харвах сэрээ 어장, 낚시터; ~ны загалмай 생선비늘; ~ан талх 두루마리 빵, 롤빵; ~ны цавуу 부레풀, 젤라틴; ~анд явах 낚시가다; ~ан од 어류, 물고기자리, 쌍어궁(雙魚宮)
생선뼈 хагадас
생성 бойжилт, ихэсгэл, торнилт, ургалт
생소한 гадна, гаргуудаа, сэвүүн,

үзээгүй
생식 үржил
생식기 бэлэг, сүв, хөвчирхий; эрийн ~ 남성(남자, 수컷)의 생식기(외음부); эмийн ам(күт·нөм)의 생식기
생식기관(生殖器官) бэлэг
생식기로부터 고름(농즙) заг; ~ хуйтэн 임질(淋疾), 임병(淋病), 음질(陰疾)
생업(生業) тэжээгч
생우유 саам
생존 амь(амин), амьдрал, ахуй, төрөлхтөн; ~ амьдрал 일상생활; ~ байдал 生活의 양식; гэр ~ 가사, 가정(家政), 가계; аж ~ 가정 경제
생존자 үлдэгсэд, хохирогч
생존하는 능력 арчаа
생존하다 амдрах
생존해 있는 амьд, амьдаар, амьтай, бухий
생쥐 хулгана
생짜의 будуулэг
생채 요리 шанцай
생태학 биологи
생피 цус(ан)
생화학 биохимии
생화학적 조성(組成) биохимии
생활 амьдрал, төрөлхтөн
생활기능이 없는 амьгүй.
생활력 амьдрал, арчаа
생활소(生活素) аминдэм, витамин
생활에 관한 амьжиргаа
생활의 자금(필요물.원조.도움.조력)을 공급하다 тэтгэвэрлэ|х
생활의 амьжиргаа
생활이 딱한 гуцуухан, даржин, зүдүү, хоосон, ядуу
생활이 어려운 ядуувтар
생활자 элэг(элгэн); элгээ эвхэх 뒤죽박죽 주워 모으다(쌓아 올리다)
생활해 가다 амь зуу|х аж зуу|х
생후 2년된 хоёртой

샤먼(shaman) дүнгэр, зайран, онгод, бөө; бөөгийн мөргөл шаманизм; ~ буух (샤먼의) 영혼을 불러내다. (샤머니즘에서, 신령·정령 등과 영적으로 교류하는 능력을 가진 사람. 곧, 박수·무당 따위)
샤먼(술사)의 기원하다 тамла|х
샤먼의 탬버린 хэц
샤먼의 북을 둥둥 두드리며 영혼(귀신) 을 불러내다 бөөл|х
샤프트 арал, худаг
샤프트의 덮개 онги
샤프펜슬 харандаа
상들리에 дүүжмэг; цагны ~ 휠 바란스, 흔들리는 바퀴
서(西) баруугаар, өрнө; ~ дахин 서방(양)
서(犀) хилэн, хирс, хэрс
서 있는 зогсо|х, зогсоо
서각(書閣) кабинет; Фнзихийн ~ 의약 실험실.
서간 захиа
서게하다 зогсо|х; бид цаг хүлээж зогслоо 우리는 한 시간 동안서서 기다렸다.
서과(西瓜) тарвас, хэмх, шийгуа
서광(曙光) зэрчих, туяа
서기(법원.의회·각종 위원회의) бичээч
서남(庶男) бутач
서늘(시원)한 жихүүн, зэврүүн; өнөөдөр ~ байна 오늘은 서늘하다
서늘(시원)한 바람이 불다 сэнгэнэ|х
서늘한 мөлүүхөн
서늘해지다 сэлбэ|х
서다(~위에) өрвий|х
서두르게 하다 бущуула|х, давчда|х, мэгдэ|х, мэгдээ|х, түргэвчлэ|х, түргэсгэ|х, тэвдэ|х, үүлгэрдэ|х, хурдасга|х, хурдла|х, яара|х
서두르다 адга|х, бущуула|х, мэгдээ|х, сандраа|х, түргэлэ|х, тэвдүүлэ|х, хурдлуула|х, яара|х, яаравчла|х
서두르지 않게, аажуу ~ уужуу 온화

하게; 침착히, 조용히, 고요히; 수수하게; 은밀히.
서두르지 않는 яаралгүй
서두른 나머지 яаруу давчуу
서두름 яарал
서둘러 адгуу, санд(ан) мэнд, яаравчлан, яараxдаа
서둘러(급히) 떠나다 сийгэ|x
서둘러(힘차게) ~을 시작하다 ноцо|x
서랍 татуур, татуурга; ~ ширээ책상과 서랍; ~ онгоц каноэ, мaшанси
서러브레드(의 말) тоомсог
서로 бие дээ, харлцан
서로 같다 дууриа|х
서로 같은(~와) төсөөтэй
서로 곁(옆)을 지나가다 зөрө|x; тэр миний хажуугаар дуугүй зөрөө 그는 말없이 나를 지나갔다;
서로 관계있다 шүтэлцэ|х
서로 관련하다 шүтэлцэ|х
서로 껴안다 тэврэлцэ|x
서로 나누다(~음) харилца|х
서로 다른 биш, ондоо, элдэв, өөр; ~ газар (어딘가) 다른 곳에(서)(으로); ~ хүн (서로)다른 사람; ~ нэг 서로 각각 다른; ~үгүй/байхгүй 다른, (그) 밖(이외)의; ~ хэн ч 그 밖에 아무도 ~않다; ~ээр 다르게, 같지 않게; ~ээр хэлбэл 바꿔(다시) 말하면; туунээс ~ ~외에(도), ~에다가 또; огт ~ 완전히 다른.
서로 닿음 авцалдаа, сүйхээ
서로 떨어져서 ангид, үлт, халц, ховх
서로 맞부딪침 мөргөлдөөн; сурагчтайгаа ~ 학생에게 부딪치다, 학생과 우연히 딱 만나다
서로 맞서다 өрсөлдө|х, уралда|х
(~와) 서로 맞서다 зэрэгцэ|x; мөр зэрэгцэн 어깨를 나란히 하여; зэрэгцэж зогсох 줄 안으로 서다; эн ~ 경쟁하다; зэрэгц! (구령) 우로 나란히!, 정렬!

서로 손을 잡다 хэлхэлдэ|x
서로 손을 잡았다 хөтөлцө|x
서로 시간을(거리를) 두고 саланги
서로 싸우는 зөрчилт
서로 얼싸안다 тэврэлцэ|x
서로 엇갈리게 설치하다(두다, 놓다) салаавчла|x
서로 엇갈리다(~와) зөрүүлэ|x, солби|x
서로 엉겨붙는 авалцаатай
서로 연락(연결) 시키다 (하게하다) уялдуула|x
서로 연락(연결)시키다(하다) уялда|x
서로 용납치 않는(~와) сөргүү, тэсрэг, эсрэг
서로 이야기하다(나누다)(~와) яри|x
서로 이어 만들다 зад, зүй|x, зүймэл; ~ татах 갈기갈기 찢다; ~ угаах 더럽혀지지 않게 깨끗이 씻다; ~ цохих 산산 조각내다; зуйх оёх 조각을 재봉으로 결합 하다; апьс ~ 조각으로 덮어 가리다
서로 치고 받다(쌈하다) алалда|x, булаалцалда|x, дайла|x, дайта|x, байлда|x
서로 치고받는 싸움 байлдаан
서로 치고받다 тэмцэ|x
서로(를)반박하다(저항하다) түлхэлцэ|x
서로(를) 사격하다(쏘다) буудалца|x
서로같은 ялгалгүй
서로거절하다 түлхэлцэ|x
서로닿음 контакт
서로의 харлцан
서로치고받다 нанчилда|x
서로퇴짜놓다 түлхэлцэ|x
서론의 оруулсан
서류 акт, байцаал, баримт, бичиг, нот, цаас(ан)
서류꽂이 архив, хуурай
서류보관 케이스 архив, хуурай
서류에 제목(타이틀)을 붙이다 гуула|x
서류의 바인더 дэвтэрлэгч, хавтаслагч
서류의 баримтат
서류철(綴)(표지) архив, хуурай

서류함 дугтуй; захидлын ~ бонту, дэлгээ, гариллага
серри жавар, хярүү
серри따위가 초목을 말림(시들게 하기) тэсэлгээ
серри가 내리기 시작했다 зайрмагта|х
серри가 내리다 цанта|х
серри가 녹음(녹은 물) гэсгүүн
серри가 하얗게 덮다 хярүүта|х
серри로 덮다 цанта|х
серри를(얼음을) 제거하다(~의) гэгээ|х
서먹서먹함 хөндийхөн
서모스탯 тохируулагч
서몽골 Ойрд
서문 оршил, удирдтал
서문의 оруулсан
서민 харц
서민적인 ардчилсан
서반구 өрнө
서방 өрнө
서방의 өрнө; ~ Европ 서부유럽 ~ зуг 서쪽의 방향(방위)
서방측의 өрнийн
서법 бичлэг
서부지방(지역) өрнө
서부지방 사람 өрнөдийнхөн
서부지역 몽고족 баяд
서비스 үйлчилгээ
서사시(敘事詩) тууль
서서히 사라지다 хайлмагра|х
서서히 엷어지다 бадайра|х, өөдлө|х
서서히 침입하다 өнгөлзө|х, халда|х
서서히 확산하다 нэвчи|х
서성대다 холхи|х
서수의 접미사 дугаар
서술문 бичиг
서식하다 нутагла|х
서실(書室) кабинет
서약 амлалт, андгай, сахил, тангараг, санваар; ~ авах 종교단체 성직자의 일원이 되다, 성직자의 수도생활에 들어가다; ~ санваар 맹세하다, 서약하다.
서약(약속)하다 данжла|х
서약의 행위 тангараглал
서약하다 андгайла|х, тангарагла|х
서양 өрнө
서양(제국)의 өрнө
서양문명 өрнө
서양배 лийр
서양배나무 лийр
서양부추파(Wales의 국장(國章)) тана
서양의 사상(생활)을 신봉하는 사람 өрнөдийнхөн
서양의 баруун, өрнө, өрнөдийн; ~ Европ 서부유럽 ~ зуг 서쪽의 방향 (방위)
서양인 өрнөдийнхөн
서양인의 өрнө
서양장기(chess) шаар, даам (체스판에 12개의 말을 씀); ~ нүүх 서양장기를 두다.
서양장기를 두다 даамда|х
서양장기에서 되풀이된 장군! дандай
서양풍(식)의 баруун, өрнө, өрнөдийн
서언 оршил, удирдтал
서얼(庶孼) бутач
서열 дараала, захиалга, эрэмбэ
서원(誓願)(수도 생활에 들어가는, 또는 계율을 지키는) андгай
서유럽 제국 өрнө
서있다 цоройло|х
서자(庶子) бутач
서재 кабинет
서재인(書齋人) эрдэмтэн
서적 수집가 номч
서적 боть, ном; ~ унших 책을 읽다; бичиг 학과, 과목; ~ын шүүгээ 책장; ~ын сан 도서관; ~ын санч 도서관 직원; 사서(司書); ~ судар 성서, 성경, 성경책; ~ зүй 서지학(書誌學), 서적해제(解題) ~ын худалдаа 출판업(출판·인

- 354 -

쇄·판매를 포함); ~ худалдагч 책 장수, 서적상; ~ын тавиур 서가, (개인의) 장서.
서정미가 있는 уянга, уянгатай
서정미가 있는 소리나게 하다(울리다) уянгала|х
서정시인 туульч
서정시조(調)의 уянга, уянгатай
서정시조(調)의 소리나게 하다(울리다) уянгала|х
서정시체(體)(조, 풍) уянга
서정적인 уянгатай
서쪽(방) өрнө, баруугаар; ~ зуг 서쪽, 서방; ~ тал 서쪽의 옆; ~ урд 남서쪽으로; ~ хойд 북서로; ~ хойт зугийн 북서의, 북서쪽에 있는; ~ тийш 서부로, 서쪽으로.
서쪽의 몽골 Ойрд
서쪽의(으로부터의, 에서의, 에 있는) өрнийн, өрнө, өрнөдийн, баруун
서찰 захиа
서체(書體) үсэг
서출(庶出)의 нэглий
서출(庶出)의 아이 бутач
서캐 хуурс
서커스 цирк
서커스의 큰 천막 майхан
서투르게 움직이다 баацгана|х
서투르게 졸렬하게 муухан; тэр ~ дуулдаг 그녀의 노래는 서툴다
서투르게 흉내내다 элэглэ|х
서투른 모방 элэглэл
서투른 асман, болхи, дүйгүй, дэмгүй, ёжгүй, лайда, муу, палан, салбан, төшөө, тулхи, хичээлгүй, хонгор; ~ зан гаргах 서투르게 행동하다; ~ дүн авах 서투르게 표기하다; ~ хун 나쁜 남자; ~ нэр 나쁜 이름; бие ~ байна 나는 느낌이 나쁘다; ~ за-яатай 운이 나쁜; ~өр 흉조, 나쁜 징조; ~ зуршил 나쁜 습관; ~ хэлэх ~의 얼굴에 똥칠하다, ~을 헐뜯다, ~의 욕을 하다; ~гий нь үзэх 괴롭히다.
서투름 төсөө, туршлагагүй
서판(書板) үлгэр
서퍼용 바지 хэлхгэр
서한 захиа, захидал; ил ~ 우편엽서; ~ гутал 주문하여(맞추어서) 만든 부츠; ~хоол 주문하여 만든 음식 요리.
서행(徐行)하다 гүрвэлзэ|х
서혜(鼠蹊) хавьцаг, цавь(цавин)
석가산(石假山) дош
석각장(石刻匠)이 лавааз
석간주(石間朱: 그림 물감의 원료). зос
석감(石鹼) саван; гар нуурийн ~ 화장실 비누; барааны ~ 부엌 세제, 가정용 비누; ~гийн хайрцаг 비누 박스.
석경(石鏡) толь
석고 기술자 шаварчин
석공(石工) лавааз, чулуучин
석교(釋敎) буддизм
석굴 агуй
석년(昔年) ноднин; ~ намар 지난가을;~ эун 지난여름;~ жил 지난해
석덕(碩德) ухаантан
석랍(石蠟) керосин, лав; ~ зул (양)초; ~ тос 역청(瀝青), 아스팔트, 파라핀, 석랍(石蠟).
석류(의 열매·나무. 장식)무늬 анар
석마(石磨) бул
석명 тодорхойлолт
석묵(石墨) бал, тугалга(н); ~ чулуу 흑연, 석묵
석방 цагаатгал, чөлөөлөлт
석방(해방, 방면, 면제)하다 тави|х
석방되다 чөлөөлөгдө|х
석방자 ангижруулагч, гаталгагч, чөлөөлөгч
석방하다 цагаатга|х
석수(石手) лавааз, чулуучин
석수장이 лавааз
석유 бензин, тосгүй
석유(수맥탐사용) 시추공(試錐孔)

цооног
석유(수맥탐사용) 시추공(試錐孔)으로 개발하다 цоорох
석유램프 дэн(г)
석장(石匠) лаваaz
석조의 чулуун
석죽 лиш
석차 дараала, дугараа, эрэмбэ
석탄(石炭) нүүрс(эн); чулуун ~ 석탄; модны ~ 숯, 목탄; ~ний сав газар тангэн, (한 지방의) 탄갱(炭坑); ~ малтагч 탄광주, 채탄부; ~ний уурхай 탄갱, 채굴장
석탄 운반차 трамвай
석탄상인 нүүрсчин
석회(石灰) шохой
석회침착(沈着) шохойжилт
석회화(化) шохойжилт
석회화(골화)하다 шохойжих
섞기 холилт, хольцоо
섞다(둘이상의것을) багсрах, холилдох
섞이다 багсрах, холих, хуттах
섞인 багсармал, зуурмал, нийлмэл, холилдмол, холимог, холимол, хольцоотой; ~ шавар 혼합 점토(粘土), 찰흙
섞인 것이 없는 хольцоогүй, цулгуй
선 채로의 зогсох, зогсоо; ~ зайгүй хнана(한사람)씩(차례로); ~ зайгүй цувах 하나(한 사람)씩(차례로) 따르다; бид цаг хүлээж зогслоо 우리는 한 시간 동안서서 기다렸다.
선 утас(утсан), шугам
~선 цацраг
선(腺) булчирхай; ~ сочих 부푼 선(腺); бамбай ~ 갑상선(甲狀腺)의 선(腺)
선(船) онгоц; нисэх ~ 비행선(기); усан ~ 배, 함(선); шум-бадаг ~ 잠수함(서브 머린); ~ны зангуу 닻; ~ны шураг 돛대, 마스트; ~ны дарвуу 보트의 범주; гуя ~ 카누; ~ны зогсоол 항구, 배가 닿는 곳; ~ны хэтэ 고물, 선미(船尾); нисэх ~ны буудал 공항
선 분비물 ялгадас
선(줄) зураас; тасалдсан ~ 점선; алганы ~ 손금, 수상(手相); ~ татах 선을 긋다
선(줄.라인,주선(周線) гортиг
선각자 зөгнөгч, зөнч
선객 зорчигч
선거 сонгууль
선거리 бөө
선거멤버 сонгуультан
선거운동 кампании; сонгуулийн ~ 선거운동, 선거 유세.
선거인 сонгогч
선거했다 сонгогдох
선견(예지,예측)할 수 있는 사람 холч
선견지명이 부족하다 гэнэ алдал
선견지명이 없는 огзом
선견지명이 있는 사람 холч
선고 захирамж, тогтоол, шийтгэл
선관(仙官) бөө
선교(전도)하다 сурталчлах
선구 манлай, тоног
선구자 авангард, пионер
선구자가 되다 магнайлах, манлайлах, хошуучлах
선금 урьдчилгаа
선금(仙禽) тогоруу
선녹색 маргад
선단(先端) шувтрага
선대(先代) өвөг; ~ аав/ эцэг 할아버지; ~ дээдэс 선조, 조상;
선대금 урьдчилгаа
선데이(sunday) ням
선도(先導)하다 оройлох, толгойлох
선도자 ахлагч, жолоодгч, манлай, манлайлагч, манлайлал, сартваахь, толгойлогч, тэргүүлэгч, удирдагч
선동 түлхээс, түрхиралт, тухирлага, ухуулга
선동으로(~의) тухирагдах
선동자 тухирагч, ухуулагч

선동(격려도발.자극)하다 тухира|х, хатта|х, дэгдээ|х, өдөө|х, турхира|х, уда|х, ухуула|х

선동하여(폭동·반란을)일으키다 хатта|х

선두 манлай, тэргүүн; ~д явах ~ (전투 등)의 최전방에서, ~의 선두가(중심이) 되어; адуун сүр-гийн ~ 최고의 선두말

선두를 тасам, хүрээ(н)

선두에 두다(~의) толгойлуула|х

선두에 서는 사람 манлайлагч

선두에 서다(~의) даргала|х, толгойло|х, толгойлуула|х, тэргүүлэ|х

선두에 서서(~의) ахла|х

선두의 ерөнхий

선들바람 урь

선량 өлзийн

선량한(착한) 사람같이 꾸미다(가장하다) бузгайрха|х

선량한(착한) 사람이라고 속이다(거짓말하다) бузгайрха|х

선량한(착한)사람인체하다 бузгайрха|х

선량한(착한) 사람처럼 시늉을 하다 бузгайрха|х

선례(습관·소신·요구·명성)를 확립하다 тогтоогдо|х

선로(船艫) хитэг

선망(갈망)하다 санаашрха|х

선망하는 атаархагч, атаархуу, жөтөөрхөг, үтээрхэг, хартай

선망하다 авилгала|х, санааха|х, шуна|х

선명 тоддол

선명도(鮮明度) бараа

선명한 тунгалаг, цэлмэг

선물 барьц, бэлэг сэлэг, сэлт, бэлэг, өргөл, харамж; та энэ өчүүхэн бэлгийг авахсан болов уу? 당신은 이 작은 선물을 받아 줄 것입니까?; ~ болгон барих 거저선물하다; ~ дурсгал 기념품, 선물; бэлгийн морины шүд хардаггүй 선물받은 물건을 흠 잡지마세요.

선물(정보을)중간에서 전하다 зуучла|х

선물을 주다 бэлэглэ|х

선물하다 бэлэглэ|х

선미(船尾) өгзөг, хитэг

선바람쐬다 аяла|х

선박 дарвуул, онгоц; нисэх ~ 비행선(기); усан ~ 배, 함(선); шумбадаг ~ 잠수함 (서브머린); ~ ны зангуу 닻; ~ны шураг 돛대, 마스트; ~ны дарвуу 보트의 범주; гүя ~ 카누; ~ны зогсоол 항구, 배가 닿는 곳; ~ны хэтгэ 고물, 선미(船尾); нисэх ~ны буудал 공항

선박(항공기)의 적하(積荷) ачаа

선박의 고물 өгзөг

선반 널самбар, хавтай

선반 모양의 턱진 장소 дашинга

선반 тавиур

선반공(旋盤工) токарьчин

선반받이 консоль, хаалт

선반조작 токарьчин

선발 сонголт, шалгарал, шалгаруулалт

선발(발탁.선정)하다(~을) шалгаруула|х, сонго|х

선반되다 тун|ах

선발된 сонгодог, сонгомол, шалгарсан

선발된 것 шалгарал

선발된 조(팀, 작업조, 한 패) шигшээ

선발하다 сорло|х, түүвэрлэ|х, шигши|х, шилэ|х

선배 ах, ахас, ахмад, өвгөд, хариуцлагатан; ~ дээдэс 선조, 조상; ~ хэ г-шид 노인, 늙은이.

선배의 ах, ерөнхий, настан, өтгөс, хөгшид; ~дүү 선배들, 선임들

선배 손윗사람은 존경하게 보이다 дүүчлэ|х

선별기(選別機) ялгагч

선봉 манлай; ~д явах ~ (전투 등)의 최전 방에서, ~의 선두가(중심이) 되어; адуун сүр-гийн ~ 최고의 선두말

선봉 манлайлагч, тугч(ин)

선분(線分) хөвч

선불 урьдчилгаа

- 357 -

선사(品) өргөл
선사품 барьц, бэлэг сэлэг, сэлт, бэлэг
선생 багш, зааварлагч, сургагч; тэр янз нь сайн ~ юм 그는 외관상으로는 좋은 선생이다; Монголын ~ нарын холбоо 몽골의 좋은 선생은 연합(교제)이다
선생에게 고자질하는 학생 ховч
선서 진술서 мэдүүлэг
선서(법정의) андгай
선서문 мэдүүлэг
선서서(宣誓書) мэдүүлэг
선서의 소행 тангараглал
선서하다 андгайла|х, тангарагла|х
선수(船首) өгзөг
선수단 баг
선실 бухээг
선언(서) мэдэгдэл, тэмдэгт
선언서 дүрэм
선언(언명)하다 зарлах
선언(포고, 성명)하는 활동(행동)(~의) тунхаглал
선역 ям(腺疫: 말이나 당나귀 따위의 림프선이 곪는 급성 전염병.).
선원 далайч(ин), баг
선율 аялгуу, нот, эгшиг
선율의 уянгатай
선율이 아름다운 уянга, уянгалаг, уянга- тай, хөгтэй, яруу, яруухан
선율이 아름다운 소리나게 하다 уянгала|х
선을 그리다 шугамда|х
선의(船醫) хирургич
선의의 цайлган
선임 сонгууль, хариуцлагатан
선임(選任)하다(~를) хариуцуула|х
선임의 ах, еренхий
선임자 ахас, ахмад
선임자의 특권 ахас
선임자임 ахас
선임했다 сонгогдо|х
선입관 алагчлал
선입관을 가지다 алагчла|х

선잠 자다 дугжра|х
선잠(낮잠)을 자다 зүүрмэглэ|х; тэр суугаагаараа зуурмэглэв 그는 의자에 앉아서 꾸벅꾸벅 졸다
선잠을 자다 дугхий|х
선장(禪杖) таяг
선전 реклам
선전(광고)하다 сурталчла|х
선전원 ухуулагч
선전자 сурталч
선전하다 дэлгэрүүлэ|х, реклама|х
선정 сонголт, сонгууль, шалгарал, шалгаруулалт
선정하다 шигши|х, шилэ|х, хариуцуула|х
선조 өвөг, хуучис, элэнц, зурвас, судал; ~ аав/ эцэг 할아버지; ~ дээдэс 선조, 조상
선조(조상)들(웃대) дээдэс; өвөг дээдсийн өв соёл 고대문화;
선조총(旋條銃) буу, винтов
선진의 хөгжилтэй
선창 санаачлал, сэдлэг, үүсгэл
선창자 унзад
선천적인 оор, төрөлх, уул
선체(船體) кузов
선출되었다 сонгогдо|х
선취(先取)된 бодлогошронгуй
선태(蘚苔) царам
선택 сонголт, шалгарал, шалгаруулалт
선택(선출)하다 шигши|х
선택되다 тун|ах
선택된 сонгодог, сонгомол, түүвэр, шигшээ
선택된 사람들 шалгарсан
선택하다 сонго|х, сорло|х, түүвэрлэ|х, шилэ|х
선풍 нөөлөг
선풍기 дэвүүр, сэвүүр, сэнс, фен; цаасан ~ 종이부채
선풍적 인기의 нижгэр

선하(船荷) ачаа, зөөвөр
선하지 않은 сайнгүй
선학(仙鶴) тогоруу
선한 행실(태도) томоо
선행 ач, ёс(он), томоо: ~ гавьяа공적, 공로; ~ тус 은혜, 선행; ~ холбогдол 중요성, 중대성; ~ урээр, ~аар 때문에, ~로 인하여, ~이 원인으로; ~ ийг хариулах 누군가의 선행에 보답하다, 은혜를 갚다; ~ буянтан 은혜를(자선을) 베푸는 사람 (은인)
선화(線畵) зураг, зурлага
선회 эргэлт
선회(旋回)하다 эргэ|х, эргэлдэ|х
선회축(旋回軸) тээл
선회하다 тойро|х, шампра|х
섣달 그믐날 битүүн
섣달 그믐날을 축하하다 битүүлэ|х
섣부른 дэмгүй, лайда, тулхи
설(說) зүй, онол; арга ~ 방법론; авианы ~ 음성학, 발음학; газарзуй 지리학; гоо ~ 미학(美學); ном ~ 서지학, 저서목록.
~설(說) теори
설거지 수반 түмпэн
설거지 통 түмпэн
설계 проект, төлөвлөгөө, төсөл
설계도 навтраг, ноорог, нууревч; ~ зураг ~의 윤곽을 그리다, ~의 밑그림을 그리다.
설계도를 그리다(~의) нооргло|х, цоохорло|х
설계자 дизайнер
설계하다 төлөвлө|х
설교(하기) сургамж
설교자(인) багш, номлогч
설교하다 номло|х, сурталда|х
설구운 зэмдэг, зэрэмдэг
설구워지다 түүхийрэ|х
설구워진 түүхий, шуурхий
설다 шуурхий
설득 ятгалга

설득력 баримтлал, ятгалга
설득력 있는 иртэй, ятгагч
설득 잘하는 ятгагч
설득력이 없다 бөөрөнхийлө|х
설득하다 толхилцо|х, учирла|х, итгэгдэ|х, ятга|х
설득하여 단념시키는 ((~에게) ятгагч
설득행위 баримтлал
설립 байгууллага, тогтол, тулгар
설립자 байгуулагч
설명 орчуулга, тайлбар, тайлбарлал, таниулга, тодорхойлолт
설명(선전용)의 시각에 호소하는 것 (사진, 영화, 도표 등) үзүүлэн
설명하다 гарга|х, хэлмэрчлэ|х, тайла|х
설명(판단)자 хэлмэрч
설명(해석.해명.변명)하게하다 тайлбарлуула|х,
설명(해석, 해명, 변명)하다 ойлгуула|х, тайла|х
설명의 노트 тайллага
설명이 되는 언명(사실, 사정) тодорхойлолт
설명하다 тайлбарла|х, тайлагна|х
설명할 수 없는 тайлбарлашгүй
설복(설득.설유)하다 шавда|х, шавдуула|х, сурталда|х
설복시키다 толхилцо|х, итгэгдэ|х
설복하다(설득하다)(~을) номло|х, шала|х
설비(設備) аппарат, монтаж, тоноглол, тохижилт, хэрэгсэл
설비가 갖추어진 үндэслэлтэй
설비하다 суулга|х, суурилуула|х, тави|х, ханга|х
설비하다(~에) зэвсэглэ|х, тоногло|х, тохижи|х, тохижуула|х
설사 чацга
설사제 туулга
설사하다 гүйлгэ|х, суулга|х
설상가상으로 нэт; ~ болох 나쁘게 되다

설유 сургамж
설익다 түүхийрэ|х
설익은 зэмдэг, зэрэмдэг, түүхий, шуурхий
설인(히말라야 산맥의) алмас
설정 байгууллага, тавил
설정(설립) байгууламж
설증(泄症) чацга
설치 байгууллага, монтаж, тавил
설치(설립,설비)하다 тогтоо|х, тогтоогдо|х, тата|х
설치다 дошгиро|х
설치류(齧齒類)의 (동물)(쥐·토끼 따위) мэрэгчин
설치류가 구멍을 만들다(파다) ноохойло|х
설치류의 굴은 땅속에서 벌집 모양이 되어 үлий
설치류의 음식물의 축척(저장물) хѳѳѳ
설치류의(동물: 쥐·토끼) 구멍 ноохой; оготнын ~ 쥐구멍
설치하다 байгуула|х, суулга|х, суурилуула|х, тави|х, тѳлѳѳлүүлэ|х
설탕 бурам, чихэр; цагаан ~ 설탕
설탕 같은 чихэрлэг, нялуун
설탕 덩어리 ёотон
설탕 한 조각 ёотон
설탕(소금) 절임 고기 шууз
설탕(소금) 절임으로 하다 дара|х, шуузла|х
설탕과 건포도의 케익 эвэн
설탕이 든 нялуун, чихэрлэг
설탕조림(설탕절임)의 과일(실과) компот
설태(舌苔)가 낀 үстэй
설편(雪片) лавс
설합(舌盒) татуурга
설화 домог, намтар, ѳгүүллэг, тууж, цадиг, лавс
설화석고 гѳлтгѳнѳ
설화석고의(같은) гѳлтгѳнѳ
섬(작은 섬) арал

섬 많은 바다 олтриг
섬광 гэрэлтүүр, гялбаа, оч; нүднээс ~ усрах шиг болов 나는 별을 보았다.
섬기다 бараада|х, байлца|х
섬뜩(오싹)하게 느끼다 арзасхий|х
섬세한 гүн, нарийн; ~ гэдэс соднор(-腸); ~ дуу 고운 목소리; ~ эүсэм 얇은 조각; ~ ноос 섬세한 모직물;~ ялгаа 엷은, 희박한, 희미한.
섬유(질)을 분리하여 뽑아내다 сэмлэ|х
섬유소(纖維素) цэллюлоз
섬유질(실)을 빼내다(뽑아내다) сэмлэ|х
섭 тасам
섭섭하게(유감으로) 여기다 бухимда|х
섭조개 хясаа
성 уур
성(性) секс, хүйс(эн)
성(成) шилтгээн
~성(聖) хутагт
성 마르다 ярдагла|х
성 마른 사람 хэнтэг
성 마른 хэрзгэр
성 잘 내는 огзом, омголон, омог, омогтой, түргэдүү, хэдэр, үглээ, яншаа
성 잘내다 хэдэрлэ|х
성(골.화)을 내다 уурла|х
성(노염) хилэгнэл, хилэн
성(聖)안드레의 십자 тоонолжин
성(性)의(성적인) 욕구를 표현하다 тачаада|х
성(화) 잘 내는 сэрвэгнүүр
성(화)내다(~에) ѳѳнтѳглѳх
성가(영창) дуулал
성가대의 합창 지휘자 унзад
성가시게 굴다(~하라고) донсолго|х
성가시게 요구하다 нэрмээслэ|х
성가시게 잔소리하다 жон жон хийх, янших
성가시게(귀찮게) 하다(조르다) тарчилга|х, залхаа|х, хоргоо|х, зово|х
성가시다 лэглий|х

성가신 사람 гооч
성가신 бэрхшээлтэй, лэглэгэр, нүсэр, сэжигтүй, тэвдүү, үүлгэр, хүчир, цамаан, цөвүүн
성가신(골치 아픈) 것 түвэгшээл
성가심 түвэгшээл, улиг, цамаархал, яршиг
성격(性格) aaш, мөс, төрх, зан(г); ~ заншил 습관, 습성; ~ ааль 인격, 품성; ~ байдал 매너, 품성; даруу ~ 겸손, 겸양; догшин ~ 잔인한 성격; их ~ 거만(오만)함; олон ~ 변덕스러운 성격(성질); ~ суртахуун 품행, 도덕; ~ муутай 성마른, 까다로운; ~ сайтай (마음씨가) 착한(고운); ~ үйл 의례, 관례; шируун ~ 철저한 성격; тэднийхээш ~ таарсангүй 그들은 함께하지 않는 성격이다.
성격 묘사 тодорхойлолт
성격(내용을) 규정짓다 тодорхойло|х
성격(성질의) 온화 өршөөл
성격(성품)을 나타내다; аашла|х; дураараа ~ 좋을 대로 행동하다;
성공 амжилт, жаргалан(г), ололт, ялалт; амжилтгүй 성공하지 못한, 실패한
성공(성취) ахиц; ~ тай 성공한, 좋은 결과의, 잘된; ~ гүй 성공하지 못한, 잘 되지 않은, 실패한,
성공(출세)하다 гялалза|х
성공시키다 дэгжрэ|х
성공적으로 амжилттай
성공적으로 하다 бүтэ|х
성공하게 만들다 мандуула|х; туг ~ 기를 내걸다(올리다); хэрэг ~ 문제가 생기다.
성공하다(시키다) өөдлө|х, хөгжи|х
성공하지 못하게 뒤엎다 урагшгүйдэ|х
성공하지 못한 бүтэлгүй, бүтэмжгүй, дуншмал, үйлсгүй, урагшгүй
성공하지 못했다 азгүйдэ|х
성공한 дүнтэй, урагштай, чинээлэг, ялагч, ялгуусан

성과 дүн(г), үр
성과학(性科學) сексологич
성곽(城郭) шилтгээн
성교(聖敎) буддизм
성교(성행위)하다(~와) явалда|х, сексдэ|х, хавьта|х, хурьца|х
성급 яарал
성급(초조)하게 기다리다 харуулда|х
성급하다 түргэдэ|х
성급한 бодлогогүй, сэдгөр, түргэдүү, тэсвэргүй, уцаар
성급히 адгуу, яаравчлан, яарахдаа
성기 сүв, бэлэг, ням
성기게 되다 шингэрэ|х
성기게 하다 нимгэдэ|х, сийрүүлэ|х, шингэлэ|х
성기고 얇은 천 марал, самбай, шаа
성기다 сархай|х, цөөрө|х
성기어지다 нарийсга|х, нимгэлэ|х, нимгэрэ|х, сармий|х, сийрэгжи|х, сийрэгши|х, тура|х
성긴 бутархай, сарзгар, сийрэг, сэмгэр, тачир
성김 таранги
성나게 하다 галзууруула|х, дайра|х, хүндрүүлэ|х, хурцатга|х
성나다 зэвүүрэ|х, хилэгнэ|х, эгдүүцэ|х
성나서 말하다 архира|х, орхиро|х, хүрхрэ|х
성난 асган, галзуу, уурай
성내게 하다 уурлуула|х
성내다 унтууца|х, уурса|х, гомдо|х, тумарха|х
성냥 шүдэнз
성냥을 긋다 acaa|x
성년(聖年) ой(н)
성년에 달하다(달해 있다) бойжи|х
성당 дацан(г), сүм
성도 같은(다운) богд, бодь; ~ сэтгэл 자비, 온화, 온순, 관대; ~ гөрөөс 일각수(一角獸); бодий ~нь хөтлөх 죽이다, 살해하다

성도 шутлэгтэн
성두(星斗) од(он)
성령(聖靈) савдаг
성립 тогтол
성립시켰다 үндэслэгдэ|х
성마르다 түргэдэ|х
성마른(애를 태우는) хуйсчуур
성마른 адайр, галбиргүй, гонгинуур, огзом, өөнтөгч, сөдгөр, сэрвэгнүүр, тумархаг, түргэдүү, тэвчээргүй, тэсвэргүй, үрвэлзүүр, уцаар
성망 алдар, цуу, кредит
성명 алдар, гэдэг, зар, мэдэгдэл, нэр, сонсгол; ~ алдар명성, 명예, 성망; ~ төрөл 종류(물품의); таны нэр хэн бэ? 당신의 이름은 무엇입니까?; ~ нэгт 이름이 같은 사람(것); ~ дэвшүүлэх 후보자를 추천했다; ~ зээлдэх, зээлэх 다른 이름을 사용한다, 다르게 변장하여 남의 이름을 사칭하는 하다; ~ хунд 명성; ~ уг명사 (이름씨), 명사처럼 쓰이는; ~ томьёо 용어, 전문어; ~ төр 명성, 신망; ~ний хуудас 초대장; ~ийн цэс 방명록; ~ олох 명성을 얻다, 대중적이다; ~ сур 유명하게 하다; сайн ~ 좋은 이름; муу ~ 나쁜 이름; сайн ~тэй байх ~로 유명하다; ~ээ бодох 체면을 유지하다(손상시키지 않다); ~ бухий 앞에 말한, 전술(전기)한; ~д гарах 유명해지다; ~ төрөө алдах 명성을 잃다; ~ алдарших 잘 알려지다, 명망이 있다; ~ээ хугалах 명성이 파멸하다; ~ээ гутаах 자신의 수치(창피. 치욕)를 덮다; ~ээ цэвэрлэх 명성을 되찾다(회복하다); оноосон ~ 고유명사; ~ өгөх 이름을 부르다, ~에 (이라고) 이름을 붙이다(짓다); бутэн ~ (생략하지 않은) 성명(first name과 middle name, last name; Christian name과 surname); таны алдар хэн бэ? 당신의 성명은 무엇입니까?;

성명서 зар, мэдэгдэл, өчил, тунхаг
성명하다 зарлах, тунхагла|х
성문법 хууль
성미 кадалуу өөнтөгч, тумархаг
성미가 급하다 хэдэрлэ|х, хэрзий|х, ярдагла|х
성미가 급한 уцаар, хуйсчуур, хэрзгэр
성미가 급한 사람 хэнтэг
성미가 까다롭다 ярдагла|х
성미가 비꼬인 гажуд
성미급한 хэдэр
성벽 тар, аль, ая, галбир
성벽(城壁) хэрэм
성별 секс, хүйс(эн)
성분 бурэлдэхүүн, зай, махбод; бие ~ 신체
성분(요소로) 분해시키다 задарга|х
성서(聖書) судар
성서속의 녹색의 장식석(裝飾石) хас
성서의 역(譯) хувилбар
성숙 болц
성숙(발달)시키다 боло|х, боловсро|х
성숙한 баймгай, том, томчуд, хөгжилтэй
성스러운 хутагт
성신(星辰) од(он)
성실 итгэмж, намба, тохь, хунш
성실(진실)하게 чин
성실(침착, 차분)하게 만들다 төлөвжүүлэ|х
성실하고 솔직한 эршүүд
성실하지 못한 гүйгүүр
성실하지 않다 танхилза|х
성실한 бат, голч, ёжгүй, намбагар, нарийн, томоотой, төрхтэй, үнэнч
성악 эгшиг
성악가 дууч(ин)
성엣장 зайр, хөвөгч, цөн
성욕 секс
성욕(색욕)을 가지다 тачаа|х
성욕을 가지다 сексдэ|х

성욕을 일으키다 тчаалга|х
성욕을 품다 тачаада|х
성운(星運) орд
성원(응원. 격려. 위로)하다 сэргэ|х
성원하다 өөгшүүлө|х
성위(星位) орд
성으로 부르다 овогло|х
성을 내다 хувила|х
성을 붙이다 овогло|х
성을 잘 내는 사람 хэнтэг
성을 잘 내다 хэрзгэр
성을 잘 내다 хэрзий|х, ярдагла|х
성의가 없게(언행 불일치하게) 행동하다 танхилза|х
성이 나 있는 унту
성이 나 있다 унтра|х
성인 рид хутагт(聖人: 죽은 후 교회에 의해 시성(諡聖)이 된 사람)
성인 томчууд
성인 수컷 벌 махай
성인(순교자 등의 유체(遺體)·유품을) 옮기다 орчуулагда|х
성인(어른)이 되다 бие боловсрох, биед хүрэх
성인여성 бусгуй, эмэгтэй
성인이 되다 бойжи|х, боргоши|х, өсө|х, торни|х
성인이 된 томчууд
성자같은 хутагт
성장 бойжилт, ихэсгэл, өрнөлт, өсвөр, торнилт, ургалт, хөгжил, хөгжилт; ~ийн 젊은이들
성장(발육)하다(~로) бороло|х
성장(발육.생성.발전.발달)하다 дэвжи|х
성장시키다 бойжуула|х, торни|х, төлжи|х, урга|х
성장하는 өрнүүн, ургаа
성장하다 сэдрэ|х, томдо|х, ургуула|х
성장하여 ~이 되다 бойжи|х, боргоши|х, өсө|х, торни|х
성장한 лахгар, том, томхон, томчууд, тураг

성장한 수말 морь(морин), шудлэн
성적 дүн(г), үр
성적 관계를 갖고 싶어하다 тачаа|х
성적 매력이 있는 여자 ээж
성적(인물) 증명서 байцаал
성적고사 шуулт
성적으로 흥분시키다 догдолзо|х
성적으로 흥분한 асаалттай
성적표 рапорт
성정(性情) дасал
성조(聲調) хоолой
성종(醒鐘) сэрүүлэг
성지 참배자 мөргөлчин
성직(취임) 자격 дархан
성직자 санваартан, сахилтан
성직자들 хуврag (목사·신부·랍비 등, 영국 국교회의 목사)
성질 ааль, ааш, араншин, галбир, дасал, овилго, тар, төрх, хат, хатаалт, чанар, чансаа, яс
성질(기질) ая
성질(직무·권한)을 물려받다 залгамжла|х, өвлө|х, өмчлө|х
성질(형태) ~이 되다(변하다) болго|х, боло|х, өөрчлөгдө|х
성질을(Khalkha) 몸에 익히다(습득하다) халхши|х
성찬 золиос
성채 цайз, өрмөнцөр
성체성사(의 거행) наадам, найр; Олимпийн ~ олимпик гейм; найр ~ 연회, 향연, 축연(祝宴); баяр ~ 축전, 의식; тоглоом ~ 게임, 농담; эрийн гурван ~ 3 남성의 스포츠(승마,궁술(궁도), 레슬링(씨름): ~ болгох 농담으로 말하다
성취 амжилт, биелэлт, биеуулэлт, гүйцэдгэл, дуусвар, ололт, төгсвөр, төгсгөл; ~ололт 완성, 성취
성취(만료)하다 амжуула|х: амжих, биелүүлэ|х, биелэ|х, бүтэ|х, бүтээ|х, гүйцэлдэ|х, гүйцэтгэ|х, хэрэгжүүлэ|х
성층(成層) давхраа

성품(性品) aaш; ~ зан 행위, 행동, 행실; 동작, 태도; 품행; олон ~ тай 변하기 쉬운 성품, 마음이 잘 변하는, 변덕스러운 마음; сайхан ~ тай 선량한(고운) 마음씨, 착한 성질
성품이 저열한 бүтэхгүй, жудаггүй
성학(星學) зурхай
성학(性學): sexology сексологич
성학가(星學家) зурхайч
성화(聖化)하다 аравнайла|х, равнайла|х
성화같이 독촉하다 шамдуула|х
세 다리 걸상(탁자) түлга
세 번 гурвантаа
세 번째로 гуравт
세 번 증류하여 얻은 아주 강한 브랜디 хорз
세(3)가닥으로 꼰 실(것) гурамсла|х
세(3)배(3중)의 гурамсан
세(번)째의 гуравдахь
세(稅) говчуур
세(월, 주)의(인) хөвөө хөгши
세간 тавилга, хогшил; албан 9 рэ 9 ний ~ 사무실 가구
세간(부속품)이 갖추어진 тохижилт
세간에 널리 퍼진 ерөнхий
세간에 널리 퍼진다 нэлэнхийрэ|х
세계 өндөр
세계 던지다 чулууда|х
세계 두드리다(~를) лаг буух, лаг хийх
세계 밟다(~을) савчи|х
세계 잡아끌다 тата|х
세계 잡아당기다 ноцло|х
세계 치다(두드리다)(~를) лаг буух, лаг хийх, падхий|х
세계 치다(때리다, 두드리다) сава|х
세게(탁,틸썩) 놓다(차다) алгада|х
세게치다(두드리다)(~을) пин хийх
세겹의 гурамсан; ~ дээс 세 겹(의) 로프; 밧줄이 세 가닥으로 꼰(것).
세계 дэлхий
세계(지구) газар, ертөнц

세계관(世界觀) философии
세계속의 사람 дэлхий
세계적인 бөндгөр
세공물 бүтээл
세공인 хөдөлмөрчин
세공품 эдлэл
세관(稅關) гааль гайль; гайлийн хороо 세관 사무소, 관세청; ~ татвар 관세, 세관, 통관 절차; 사용세(료).
세관 사무소 гайльч
세관이 있는 항구 도시 боомт
세관통관 절차 боомт; хилийн ~ 세관(관세) 통관 절차.
세광기 угаагч
세균 ин(г) хорхой, микроб, нян, савханцар
세균류(類) ин(г) хорхой, нян
세균 배양용의 고기 국물 шөл
세균학(細菌學) микробиолои
세금 говчуур, татвар; гишүүний ~ 회원 회비.
세금 없는 гайлигүй
세금(의무)을 과(課)하다 ноогд|уулах
세금의 탈세를 하다 зайлсхий|х
세금이 부과되어야 할 төлбөрт
세기 ааг, бул, бяр, тэнхээ, хүч(ин); ~ ихтэй 강한, 날카로운, 신랄한; ~ ихтэй цай 진한(독한) 차; ~ омог 오만, 거만, 건방짐.
세기(힘.능력) бул
세기(힘)를 잃다 гөлрө|х
세놓다 дагна|х, түрээслүүлэ|х, түрээслэ|х, хөлслө|х, хөлслүүлө|х
세다 бодо|х, тооцо|х, тооцооло|х, тоочигдо|х
세대 өрх
세라믹 варан (ceramics: 무기(無機)·비금속 (非金屬) 재료를 원료로 하여 고온(高溫)으로 열처리한 제조물의 총칭. 도자기·유리·벽돌· 시멘트 등으로부터 근래에 개발 이용되고 있는 첨단 기술 기기의 신소재(新素材)인 파인 세라믹까지 포함하여 이름.)

세라믹의 варан
세력 ааг, засаглал, тэнхээ, хүч(ин), чадал; хууль тогтоох ~ 입법권, 입법(상)의 권위.
세력 있는 аагтай, нөлөөтэй
세력(능력·지식등이 미치는) 범위 далайц
세력(자원)을 고갈(소모)시키다 зута|х
세력범위 талбар
세련되게 되다 дэгжрэ|х
세련되게 하다 соёлжуула|х
세련되다 нарийса|х
세련되지 않다 тэнтий|х
세련되지 않은 болхи, доожоогүй, дүйгүй, лайда, төшөө, тулхи
세련된 사람이 우미(우아)하게 움직이다 дунхалза|х
세련된 боловсон, боловсронгүй, ганган, дунигар, дэгжин, жирвэгэр, соёлч, хээнцэр
세례를 베풀다(~에게) загаламайла|х, загаламайлуула|х
세례를 주다 загаламайла|х, загаламайлуула|х
세례를 주어 기독교도로 만들다 загаламайла|х, загаламайлуула|х
세로 сувраа; ~ тоо 세로로 줄지은 숫자.
세로로(의) гудас, гулд, тууш, уртааш
세로로 길게 베다 зүсмэл
세로로 베다(자르다.째다.찢다) цуула|х
세로의 босоо, гозгор
세로줄 сувраа, цуваа(н)
세를 낮추다 багаса|х
세면기 пэнс, пэнсэлдэй, суултуур, тосгуур, түмпэн, угаагур, угаалтуур
세면대(기) гадар, төмпөн, жорлон, пэнс, пэнсэлдэй, суултуур; тосгуур, түмпэн, угаагур, угаалтуур; угаах ~ 세면기, 세면대
세면소 жорлон
세목 анги, зүйл; гурван ~т кино 세부분의 필림(영화)
세목별로 쓰다(~을) зүйллэ|х
세미나(교수의 지도에 의한 학생 공동 연구그룹) семинар
세밀하게 조사하다 нямбайла|х
세밀화 жижигхэн
세밀히 검사(조사, 검열)하다 нягтла|х
세발솥 тулга
세번째(의 것, 의 인물) гуравдугаар, гуттаар; ~ бүлэг 제 3장; ~ бие 세 사람; ~сар 삼(3)월.
세법 шаталбар
세부분으로 된 гурамсан
세분(분필)하다 ангила|х
세분하다 аймагла|х
세상 물정에 밝은 арчаг, хашир
세상 물정을 모르는 дадаагүй
세상 물정을 모르다 тулгарда|х, туршлагажи|х
세상 이야기 хач, хов, хов жив, цуурхал
세상 нийгэм
세상사(事) хорвоо
세상에 나가다 бөхө|х
세상에 알려지지 않은 нэргүй
세상을 놀라게 하는 нижгэр
세상을 떠들썩하게 하는 사건 явдал
세상을 시끄럽게 하는 사람 түйвээгч
세상의 관심을 환기하다 давлагаала|х
세세한 саруул
세속 хорвоо
세속적인 ертөнцийн; ~ гураа 몽골사람의 말 세폭 한 짝이다, 이 세상은 세 개 한 벌이다.
세수수건 алчуур
세숫대야 угаагур, угаалтуур
세습 удамшил
세습되다 удамши|х
세습의 сурвалжит
세습재산 өв; ~ийн тухай хууль 상속법;
세심 зөвшлөг, хянамж
세심하게 하다 хэрсүүлэ|х, хянамжла|х

세심하게 хичээнгүйлэн
세심한 анхааралтай, болгоомжтой, хэрсүү, хянамгай
세심한(방심 않는) ажигч
세액 говчуур
세어 나가다 бодо|х, тооцо|х
세오돌라이트 теодолит (theodo-lite 천체나 다른 물체의 방위각과 올려본각을 재는 기계; 천체용(天體用)과 측량용이 있음, 경위의 (經緯儀: 천체나 다른 물체의 방위각과 양각을 재는기계).
세우다 биттий, босго|х, годойлго|х, гозойлго|х, зогсо|х, зогсо|х, зогсоо|х, өндийлгө|х, цогцло|х; бид цаг хулээж зогслоо 우리는 한 시간 동안서서 기다렸다; хөр дээр нь ~ 부흥(부활)하다, 복구(재건.복원)하다, 건강을 회복하다; тоос ~ 먼지(티끌)이 일어나다; байшин ~ 집을(세우다.건설.구축)하다; хашаа ~ 울타리 (담)을(세우다.건설.구축)하다.
세워놓다 зогсо|х; бид цаг хулээж зогслоо 우리는 한 시간 동안서서 기다렸다.
세월 галав, удаа, хугацаа
세월이 날아가다 давхийх
세월이 물 흐르듯 지나가다 гүйх
세웠다 өнгийлгөгдөх
세율(물가)을 올리다 босго|х
세인 хорвоо
세정(洗淨) ариутгал
세제(洗劑) цэвэрлэгч
세제곱 куб
세제곱미터(m³) кубметр
세차게 충돌하다 чавхдах
세차게 흘러나오다 бургилах, олгойдо|х, оргиих, садра|х, ундра|х
세차게(후려) 치다 навчийлгах
세찬 тамиртай
세척기 угаагч, тариур
세척제 цэвэрлэгч
세척하다(씻다) бургүй
세탁 기술자 цэвэрлэгч

세탁 угаалга, цэвэрлэгээ
세탁기 угаагч
세탁용 대야 онгоц
세탁하다 угаада|х, угаа|х, цэвэрлэ|х
세탁하여 다리미질하다 угаада|х, угаа|х
세태 хорвоо
세편(細片) тасархай, үрдэс
세평 алдар, нэр, өнгө, төр, цуу, цуурхал; арьсны 9 нгэ 9 р ялгаварлан үзэх үзэл 인종 차별
세포 зай, эс (생물체를 구성하는 구조적·기능적 기본 단위. 세포질 및 세포핵으로 구성됨)
세포막질 цэллюлоз
세포의 핵(심) бөөм
세포조직(組織) нэхдэс; холбох ~ 결합 조직;~ судлал организм, (생물의) 조직 구조.
세프 тогооч
섹스하다 сексдэ|х
섹시하다 улайдах
센 바람 шуурга
센드페이퍼(sandpaper:사포(砂布))로 문지르다 (닦다) зүлгүүрдэ|х
센세이션 дүйвээн, дуулиан, мэдрэл, сенсааци
센스 билиг, мэдээ, томьёо
센터로부터 너무 멀리 떨어져있다 захда|х
센티미터 сантиметр(centimeter:길이의 단위. 1미터의 1/100《기호 cm》 [준말]센티)
셀(세포) эс, үүр
셀 수 없는 тоймгүй, тоо томшгүй, тоогүй, тоолшгүй, цаглашгүй
셀 수 없을 정도로 많은 тоогүй, тоолшгүй
셀룰로오스 цэллюлоз
셈 тооцоо
셈에 넣다 багтаа|х, бодо|х, оролцуула|х, тооло|х
셈틀 компьютер
셋이상중에서 그밖(이외)의 사람들(물

건) 전부 нөгөөтэх
셋방 камера, тасалгаа
셋방 딸린 сууц
셋이 함께, 3인(함께) гурвуул(ан); бид ~ Лондон явав 우리 셋 함께 런던으로 갔다.
셋째 гуравдугаар, гуттаар
셋째로(세번째로) гуравдагч, гуравт
셔츠 цамц
셔터 хаалт
셔틀콕으로 서로 받아쳐 넘기다 тэвэг
셰일 занар
소 үхэр; ~ сүрэг 소떼, 가축의 떼; хорин толгой ~ 소 20 마리, 20 마리의 소떼(가축); үхрийн э вчнууд 소의 질병; ~ шахах 소를 도살하기위해 살찌우다; үхрийн хэл 소의 혓바닥 고기 үхрийн мах 소고기; ~ тэрэг 소달구지; ~ буу кәнөн, 이중축, (종(鐘)의) 용두머리; ~ чулуу 둥근 돌, 옥석; үхрийн нүд 구즈베리(의 열매); усны ~ 하마.
소(沼) бамбалзуур
소(小) бичил
소(사슴·코끼리·고래 따위의) 새끼 тугал; зааны ~ 코끼리 새끼; ~ын арьс 송아지 가죽; ~ын хашаа 곳집, 창고, 차고, (가축 등의) 우리(집); ~ын мах 송아지 고기(식용)
소 따위의 허구리살 ташаа
소 또는 낙타의 하제사용시 외치는 소리(세찬 항의. 불만의 소리) хаа
소(사슴의) 뿔을 자른 могoтор; ~ мод 크리스마스트리에 둥근왕관을 붙이다; ~ үнээ 뿔을 자른 암소(빈우(牝牛))
소 또는 야크 사이에 교배 2세대(대(代)) ортом
소(가축)의 고삐 дөр
소(돼지)의 떼가 딴 길로 들어서다 дэлүүрэ|х
소(말 등을) 몰다(쫓다) туу|х

소(말)몰이꾼 тууварчин
소(말에 꾀는) 등에 сонно
소(양.염소의 젖통)의 우유가 가득하다 саамши|х
소(양의) 얇게 저민고기 котлет
소(염소 따위의) 젖통 хөх
소(염소 따위의) 젖통이 크게 자라다 дэлэгн|эх
소·돼지의 떼 сүрэг, суурь
소·말에 꾀는 등에 쇠파리 гуур
소가 기름지게 되다 үхэржи|х
소가 새끼를 배다 боoc
소가 음매하고 울다 мөөрө|х
소각하다 чандарла|х
소개의 оруулсан
소거할 수 없는 балрашуй
소경 сором, cox
소경의 нүдгүй; ~ болох 실명했다
소금 давс(ан), шорвог
소금(식염)같이 давсаргуу
소금간이베게하다 давсра|х
소금기 없는 давсгүй
소금기가 있게 하다 давсда|х, давсра|х
소금기가 있는 давсархаг, давсаргуу, давслаг, давст, хужиртай, шорвог; ~ ус 소금물
소금물 шорвог ус
소금물(초)로 절인 дармал; ~ ногоо 절인 것(오이지 따위), 피클, 절인 채소(야채)
소금물에 절이게 하다 давсра|х
소금물에 절이다 давсла|х
소금에 절인 давсаргуу, давст
소금으로 덮었다 хужирта|х
소금으로 처리하다 давсда|х, давсла|х, давс(ан) хийх, давсла|х
소금을 뿌린(친) давсаргуу
소금을 쳐서 간을 맞추다 давсда|х, давс(ан) хийх, давсла|х
소금을 치다(뿌리다) давсда|х, давс(ан) хийх, давсла|х
소금을(소금기를) 함유한 습지(늪)

소금의 토질 мараа
소금의 흙 марз(ан)
소금의 хужиртай
소금이 액체로 되게 만들다 уусга|х
소나기 аадар, шуршуур; ~ бороо 취우(驟雨), 소나기, 억수같은 비.
소나무(재목) нарс(ан); нарсан ширээ 소나무 탁자.
소나타 сонат
소낭 хөөө
소녀(계집아이) охин, хүүхэн, бусгуй;~ хүүхэд 여학생, 소녀
소녀다운 хүүхэмсэг, хүүхэнцэр
소녀의 хүүхэмсэг, хүүхэнцэр
소녀처럼 행동하다 хүүхэмсэ|х
소년 нуган
소다수 등을 만들기 위하여 탄산가스를 넣다 хийжүүлэ|х
소담(小膽) мятрал
소독하다 халдваргүйжүүлэ|х
소동 дарвиан, нижигнээн, үйл
소동(상태·기회·욕구를) 만들어내다 сагсра|х
소동을 일으키다 түйвээ|х
소두(小痘) сэрхнэд
소득 ашиг, орлого, орц, тус, унац, хонжил
소들은 여름의 한창더위에는 꼬리를 위로 들고 뛴다 оодогно|х
소떼가 많아지다 үхэржи|х
소떼를 가축우리(축사(畜舍)) 안으로 몰아넣다 хотлуула|х
소떼의 주인 сүрэгчин, туурварчин
소라의 제공(臍孔) хүй
소란 피우다 дүйвээлэ|х, шаги|х
소란 бужигнаан, дарвиан, нижигнээн, шуугиан
소란(소동)을 일으키다 сагсра|х
소란을 떨다 гүнгэнэ|х, нурги|х
소란케 하다(~을) шуги|х

소란한 дарвиантай
소량 багахан, жаал, зууш, лэнсий, үрдэс, халбага, юмхан
소량의 багатай, багашиг
소량의 먼지 хумхи
소령 хошууч
소로 зөрөг
소름끼치는 аймаар, аймшигтай, айхтар, аюултай
소리(목소리) авиа; дуу ~ 듣기좋은소리, 음악적인 음향; экшик ~ 모음(의); 모음글자, 모음자; гийгүүлэгч ~ 자음, 자음 글자; 협화음; ~ зуй 음성학, 발음학; ~ ны 음성의, 음성상의, 음성을 표시하는
(~의) 소리 дуу(н), дуут, дуутай; бууны ~ 사격, 포격, 발포; ~ чимээ 소리, 소음; хашгирах ~ 큰소리치다, 외치다; ~ авиа 음향, 음성; ~ны хөвч 성대, 목청; ардын ~ 민요; богино ~ 서민 노래, 대중가요; уртын ~ 느릿느릿한 몽골인의 전통적인 노래; ~ цөөнтэй хун 말이 적은 사람; ~ шуу болох 큰 소동을 일으키다.
소리 내며 흐르는 чалчаа
소리 내어 울다 гинши|х
소리 없는 амар, амгалан, аяар, дөлгөөн, налгар, нам, түвшин; ~ гум 침묵, 고요함
소리 지르다 хашгара|х
소리치다 бархира|х, зандра|х, омогдо|х, орило|х, үүхрэ|х, хашгара|х, хашгичи|х; багш сурагчдыг зандрав 선생님은 교실에 소리쳤다.
소리(고함)치다("야아") гуула|х
소리(빛 따위)가 희미해지다 бадайра|х, өөдлө|х
소리(음) анир, ая; чимээ ~ 뉴스, 보도; чимээ ~гүй 소리가 나지 않는, 고요한
소리(음향을) 내다 цангина|х
소리가 맑은 цээл

소리가 없게 되다 намжи|х
소리가 없는 намуу(н)
소리가 울리다 хангина|х
소리가 크다 чангада|х
소리개 элээ
소리굽쇠 камертон
소리나게 하다 дугара|х
소리내어 (~에 세게) 부딪다 савчи|х
소리내어 부르다(~라고) нэрлэ|х
소리내어 부르다(~를) дууда|х, дуудуула|х, уриала|х
소리내어 쫓다(쫓아 버리다) хүнгэнэ|х
소리내어(~에 세게) 부딪다 тав хийх
소리높이 항의하다 тачигна|х
소리를 내다 дүйвээлэ|х, шаги|х
소리를 내다(~을 쳐서) балба|х ; бембер ~ 드럼을 쳐서 소리를 내다, 드럼을 두드리다; хаалга балбаж байна 문을 두드리다; ширээ ~ 탁자를 두드리다.
소리를 내어 웃다 инээ|х, мишээ|х; шоолж~~을 놀려대다.
소리를 내어 읽다 дууда|х
소리를 듣다(~의) дугара|х
소리를 들었다(~의) дуулда|х
소리를 멈추게 하다 намжи|х
소리를 메아리치게 하다 хада|х, цуурайта|х
소리를 음성(음소(音素)) 기호로 나타내다 галигла|х
소리맵시 өнгө; дууны ~ 소리맵시
소리에 예민한(민감한) согрог
소리의 화합 зохирол
소리지르다 бархира|х, нажигна|х, нирхий|х, нүргэ|х, орхиро|х, түрчигнэ|х
소리지르며 말하다 хүрхрэ|х
소리쳐 부르다 бархира|х
소리쳐 불렀다 нэрлэгдэ|х
소리쳐(서) 팔다 чарла|х
소리치다 багалзуурда|х, ган хийх, гасла|х, тачигна|х, үүхрэ|х
소마 щээс(эн)

소망(所望: 바람) гүйлт, захиас, хүслэн, хүсэл, хүсэлт, шаардлага; ~ хийх ~을 간청하다
소망(所望)(염망) ереел
소망(계획를) 실현하다 ухаара|х, илрэ|х, сэнхрэ|х; тэр уед жолооч согтуу байсан нь илрэв 운전자는 술취한 동시에 깨닫게 될 것이다; нэг лөдөр унэн ~ болно 진실은 밝혀 질것이다
소매 달린 짧은 웃옷 хүрэм
소매 등을 걷어 올리다 хуми|х, эвхэ|х
소매 없는 웃옷(재킷) ханжаар
소매(소맷자락)를 떼어놓다 сугалдрагалан
소매가 없는 외투 хэвнэг
소매달린 짧은 웃옷 дэглий
소매를 걷어 올리다 нугала|х
소매를 달다(~에) сугалдрагала|х
소매상인 панзчин, хувиарлагч
소매점 дэгүүр, пүүз, цех; их ~ 백화점; хүнсий ~ 식품점, 식료품 가게.
소맥 буудa; ~н гурил 밀가루, 소맥분; улаан ~ 소맥
소맷동 нудрага
소맷부리 нудрага
소맷자락 ханцуй
소면기 сам
소멸되다 арилгуула|х: арилгах, талий|х
소멸시키다 бөхөө|х
소멸하다 мөхө|х өөдлө|х; сөнөх ~ (병·사상·신앙·잡초·해충 등을) 근절하다; ухэх ~ 사라지다; суйрч ~ 무너뜨리다.
소모 гарз(аи), зарцуулалт, зүдрэл, сульдаа, үрэгдэл, элэгдэл; шатууны ~ 연료 소비하다
소모(고갈)되다 турангида|х
소모기(梳毛機) хураагч; татвар ~ 수세(收稅) 관리
소모되다 даваада|х, сульда|х, тамиргүйдэ|х, харши|х, ядра|х
소모된 барагда|х, зүдрүү, зүдэнгэ, хавчгар, эцэнхий

소모된다 зүдрэ|х, туйлда|х, цуца|х
소모를 덜다(~의) арвила|х
소모시키다 барагда|х
소모하다 гарзай|х, гарзда|х, зүдрэ|х, зүдэргэ|х, хавчий|х, хуурайла|х
소목장이 мужаан
소몰이꾼 үхэрчин
소묘(素描) хийц, хээ
소문 сураг, сураг танаг, цуу, цуурхал, шивнээ
소문 따위가 퍼지다 гороо
소문이다(~라는) дуурьса|х
소박한 будуулэг, гэнэн, ёжгүй, хонгор
소방활동으로 잔디풀에 불을 붙이다 (지르다) цуравда|х
소변 щээс(эн)
소변(오줌)의 악취 шинхэг
소변보다 сари|х, шээ|х
소비 시간 гарлага, зардал
소비 гарз(аи), гарлага, зардал, зарлага, зарцуулалт, үрэгдэл; орлог ~ 수입과 지출, 소득과 소비; ~ их гаргах 과소비, 너무 심하게 쓰다.
소비(소모)하다 идэ|х
소비고 зарцуулалт
소비량 гарлага, зардал, зарлага, зарцуулалт
소비액 зарцуулалт
소비자 үйлчлүүлэгч
소비하다 зарцуула|х, зарцуулагда|х, самши|х, зара|х
소사전 тольтой
소생 гарал, мандал
소생하다 амилуула|х: амилах, амьдруула|х
소석(小石) хайр
소설문학 роман ; түүхэн ~ 역사소설;
소설의 각색 хувилбар
소성(笑聲: 웃음) инээд(эн), инээдэм, инээмсэглэл
소송 대리인 прокурор
소송 заалдлага, зарга, заргалдаан; ~ заальхан 소송(고소, 고발); ~ мэдүүлэх (소송을) 제기하다, 일으키다; ~ шүүх 소송(사건)을 시도하다.
소송을 제기하다 заалда|х
소수(小手) щээс(эн)
소수(조금) 밖에 없다 цөөдө|х
소수당 цөөнх
소수민족 цөөнх
소수자의 무리 цөөнх
소수파 цөөнх
소스 жан, сөмс, сүмс
소시지 колбаса, хиам
소식 матаас, мэдээ(н), мэдээлэл, чимээ; ~ний цомог 뉴스 요약; сүүлийн үеийн ~ 지난 뉴스; ~ цулуулагч 정보를 모으는 사람; ~хийх 정보를 이해하다.
소신 баримтлал, итгэл, саналтай, үзэл, үнэмшил
소실(소멸)하다 өнгөрүүлэ|х
소실(消失)시키다 мөхөө|х, ниргэ|х, нураа|х, сөнөө|х, сүйрүүлэ|х, сүйтгэ|х, эвдрэ|х
소실되다 арилгуула|х: арилгах, талий|х
소심 мятрал
소심(겁나,불안)하기 때문에 말을 못하다 хэлгэлзэ|х
소심하다 гэдвэлзэ|х, зүрхши|х
소심한 аймхай, бүрэг, далдираа, далдичаа, зовомтгой, зоригтүй, зүрхгүй, ичимхий, номой, сүрдэмхий, тулгар, уульхай, халирхай, хулчгар, шалчгар; ~ хүүхэд 소심한 어린이
소심함을 이용하다 номхочло|х
소아용 침대 өлгий
소양 боловсрол
소양이 없는 бичигтүй
소연(小鷰) хараацай
소연한 дүйвээнтэй
소와 말의 4년생 хязаалан
소외하다 хөндийрө|х
소요 경비 зардал
소용 гачигдал, хэрэгцээ(н), щээс(эн)

소용돌이 уйл
소용돌이 모양의 аржгар, мушгиа
소용돌이 모양이 되다 долгиото|х
소용돌이꼴 까치발 консоль
소용돌이꼴(장식) уйл
소용돌이에 휩쓸리다 нүүгэлтэ|х, пурчигна|х
소용돌이치는 연기 май
소용돌이치다 нүүгэлтэ|х, пурчигна|х
소용돌이치며 흐르다 шоржигно|х
소용되게 하다 ашигла|х, зарцуула|х, хэрэглэ|х, эдлэ|х
소용없는 явдалгүй
소용에 닿지 않는 арчаагүй
소원 ереел, ир, таалал, хүслэн, хүсэл; ~ орох 바라다
소원(疎遠)케 하다 хөндийрө|х
소위 уйлс, хэмээ|х
소위(所爲) явдал
소위(이른바) гэгч, хэмээгч
소유 мутар
소유(권)자 өмчлөгч, өмчтөн, эзэн
소유(점령, 점유)하다(~을) боло|х
소유(점유)하다 өмчирхө|х, баривчла|х
소유격 яхир, өмч, өмчлэл, эззмшил; э влэ сэ н ~ 상속 재산, 유산; амины ~ 개인의 소유물; хувийн ~ 사유재산; улсын ~ 정부재산.
소유권을 빼앗다 тэсгэ|х
소유권자 эзэмшигч
소유를 나타내는 яхир
소유물 өмч хөрөнгө; э влэ сэ н ~ 상속 재산, 유산; амины ~ 개인의 소유물; хувийн ~ 사유재산; улсын ~ 정부재산.
소유욕이 강한 яхир
소유의 яхир
소유자 эзэмшигч
소유자임 өмчлэл
소유자임(자격) өмч, эзэмшил
소유하다 гардуула|х, эзэмши|х

소유형용사(대명사) яхир
소음 дарвиан, нижигнээн, пижигнээн, шуугиан
소의 머리 흔들어 움직이다(휘두르다) сэжи|х
소의 수컷 хор шар
소의 울음소리 өмбүү
소의 자궁으로부터 나오는 끈적(끈끈)한 액체 салай
소의 전염병 мялан(г)
소의 전염병에 괴로워하다 мялантa|х
소의 정강이 뼈(골을 먹음) чөмөг
소의 코뚜레를 갖추다 дөрлө|х
소의 허구리살 бөөр
소인(燒印) тамга
소자(素子) зай
소작(啚)술 төөнө
소작(燒灼)하다 төөнө|х
소작농 тариаланч
소작농의 тариачин
소장 комендант, гуйгч, нэхэгч, өргөдөл
소장품 цуглуулга
소재 байршил, байрлал
소재(곳.~장) газар
소재지 байр, байршил, суурь; байр ~ эзлэх (유리한) 위치(자리)를 잡다; буурь ~ 침착함, 조용함;
소절수(小切手) чек
소정(所定)의 өгөгдөх
소중한 үнэтэй, хайртай, янаг
소중한 것 янаг
소중히 기르다(다루다) хайрла|х
소중히 하다 нандигна|х, өвөрлө|х, хайрлагда|х, ана|х
소지인 иш
소지품 эд
소진 зарцуулалт
소진(燒盡)하다 галда|х
소질 чадвар
소집 конвенции, монтаж, цугларалт
소집(수집)하다 бурдуулэ|х, монтажла|х,

цуглара|х, эвлуулэ|х
소채 ногоо(н)
소책자 товхимол
소체(小體) бөөм
소총 винтов, буу
소총용의 탄띠 дайз
소총의 격침 хаттуур
소총탄 сум(ан)
소추자 яллагч
소출(所出) ургац
소치는 사람 үхэрчин
소칭 гэгч
소탕하다 яргала|х
소택(沼澤) бамбалзуур
소택지 даац, бамбалзуур, дэгнэлзүүр, намаг
소택지(습지) 같이 바뀌다 намагта|х
소택지의 гамагархаг
소파 буйдан, хэвтэр
소포 багц, хүүдий
소풍 аялал, аян, жулчлал, зугаалга, рейс; зугаалгаар явах 피크닉(소풍)을 가다
소풍(유람) аян
소프라노 сопран
소피(所避) щээс(эн)
소해(掃海) клиринг
소행 үйл, үйлс, явдал
소형 여행가방 тээш
소형 화물차(車) тэрэг (тэргэн)
소형의 авсархан, бага, багахан, багтаамжгүй, бяцхан, дадгар, жаал, жаахан, жижиг, жижигхэн, омгор, өчүүхэн, умгар
소홀 алмай, ташуурал, цалгардал
소홀하다 цалгарда|х
소홀한 гамгүй, залхай, палан, паланцаг, салан, салбан, хуудам, хуумгай, цаогар, яарахдаа; ~ 에들엑 ~을 부주의(소홀)하게 사용하다; хайр ~ 용서 없이, 아낌없이, 후하게.
소홀히 하다 цалгардуула|х

소화(기능.작용) шингэц
소화관 самшуу((消化管: 동물이 섭취한 음식물을 소화·흡수하는 기관; 식도·위·소장·대장 따위. 장관(腸管)).
소화관 등의 연동(蠕動) гүрвэлзэ|х
소화기(消火器) унтраалгуул
소화기(小火器)에 충전하다 сумла|х
소화력(消化力) шингэц
소화시키다 бөхөө|х
소화탄(消火彈) гранат
소환(장) дуудлага
소환장 нэхэмжлэг
소환하다 чуула|х
속 편하게 하다 оромдо|х, домогло|х, дөмө|х
속 편함 цалгардал
속(안)에서(~의) дотор
속기 таталган бичиг
속기 타이프라이터 таталган бичиг
속기 타이피스트 таталган бичээч
속기로 적어놓다(써 두다) таталга|х
속기문자 таталган бичиг
속기문자로 다 받았다 таталга|х
속기물 таталган бичиг
속기사(速記士) таталган бичээч
속도가 느린 хашин
속도가 더해지다 түргэсэ|х
속도를 (더)내다 хурдавчла|х
속도를 늘리다 сүнгэнэ|х
속독하다 гарчигла|х
속된 маалинга
속량(贖良)하다 золи|х
속력 хурд
속력을 늦추다 галги|х, удаасга|х, удаашруула|х
속력을 늦추다(이 떨어지다) налхай|х, удаада|х
속력을 늦춤 удаашрал
속력을 더 하다(~의) түргэвчлэ|х, түргэсгэ|х, хурдасга|х
속력이 더해지다 түргэсэ|х
속박 없는 завтай, саадгүй, сааргүй,

садаагүй, хавчлагагүй, чөлөөт
속박 боолчлол, гав, гинж(ин), туша, хазар, хүлээс, чөдөр, талхигдал
속박(구속)된 хүлээстэй
속박(구속)하다 дөнгөлөх, хүлээслэх, чөдөлөх
속박되다 холбогдох
속박없는 ход
속박에서 벗어나다 мултрах, өмрөх
속박을 풀다(~의) задлах
속박하는 것 хүлэг
속박하다 гинжлэх
속보 хатирч; ~ морь 말이 속보로 가다
속보로 걷게 하다 хатируулах
속보로 걷다 хатирах
속보로 달리게 하다(~에게) жонжих
속삭이다 гүнгэнэх
속삭이다(~에게 작은 소리로) шивнэх, шивэр авир хийх
속삭임 ивэр шивэр, шивнээ
속살까지 깎다 дэгээдэх
속성 яс
속세를 버린 사람 даянч
속세의 ертенцийн
속스(양말) оймс; богино ~ 속스; урт ~ 스타킹
속에 담고 있다 багтах
속에(의)(~의) дотор; усан ~ 물속에서; модон ~ 숲속에서; тэр уунийг гурван хоногийн ~ хийнэ 그는 3일 안으로 그것을 할 작정이다(하겠다); бидний ~ 우리들 사이에; дотрын өвчин 내부의 질병; дотрын эмч 내과 의사
속여 빼앗다 булхайлах, мэхлэх, нохойтох, хуурах, хуурагдах
속여서 ~시키다 налих
속여서 ~을 빼앗다 малах; мөнгий нь маллаж 속여서 돈을 빼앗다.
속여서 ~하게 하다 гохдох, илбэдэх, залилах, зальдах, луйвардах, хуурагдах, булхайлах; хуний юм ~ ~을 사취하다; эмэгтэйн их хэмжээний мөнгийг луйварджээ 그녀는 많은 돈을 기만했다.
속여서 빼앗다 залилах, илбэдэх
속여서(잘못하여) ~의 작(作)으로 하다 тулгах
속으로 깊은 데(깊숙이) 있는 ёроолгүй
속을 두어서 누비다(무늬지게 누비다) хавах, ширэх
속의 дотно, дотоод, өвөр
속이 가득 찬 булцгар
속이 비게 되다 хонхойх
속이 비게 하다 ёнхойх, төнхөх, ухмал, хонхойлох, ухуулах
속이 빈 ёнхгор, өлөн, хонгил, хонхор, хотгор, хөгдий, хөнхөр; ~ элэг 배가 고파, 공복으로(는); ~ гэдэс 소장, 작은창자.
속이 편안하다 гудигтүйдэх
속이 편한 гудигтүй
속이다 булхайлах, гоёмсоглох, гохдох, гуйгуурлах, гулдах, гулдрих, залилах, залилагдах, зальдах, зангадах, илбэдэх, луйвардах, малах, молигдох, мунхрах, мэхлэх, мэхлэгдэх, нохойтох, нүүрчлэх, төрөгдүүлэх, хуурах, хуурмаглах; хуний юм ~ ~ы сатидах; эмэгтэйн их хэмжээний мөнгийг луйварджээ 그녀는 많은 돈을 기만했다.
속이다(~을) даажигнах, хуурах
속이어 ~시키다 мунхрах, төрөгдүүлэх
속인 увш, хорвоо
속인의 ертенцийн
속임 бааш, башир, булхай, ёж; ~ гаргах 기만하다, 속이다.
속임수 башир, булхай, ёж, заль, илбэ, луйвар, луйварчин, молиго, мэх, ов; ~ гаргах 속임수를 사용한다,~인 체하다; ~ мэх 속이다; ~ умхуулэх 속이다, 기만하다, 현혹시키다; ~ уэуулэх 마술을 하다.

속임수(계략) гох ; мэх ~ 속이다
속임의 хуурмаг
속전을 내고 죄인을 구제함 золио
속죄의 기도 золиос
속죄하다(하나님.그리스도가) авра|х, золи|х; би ганцаараа чамайг ~ ёстой болжээ 당신이 혼자인 것을 구원해야 한다; амь ~ ~의 구속하다; ~ бус 생명띠; усанд живээхээс ~ 혼란으로부터 구하다.
속태우다 гоочло|х, унтууца|х, уцаарла|х
속태우다(~으로) горой|х
손(팔) гар; ~аа өгөх (악수 따위를 위해서) 손을 내밀다; 결혼을 신청하다; ~ барих, ~ барьж мэндлэх ~와 악수하다; ~аа өргө! 손들어!; ~ буухур, ~ хурч болохгүй! 만지지 마시오! ~асс нь хөтлөх 손으로 이끌어 주다; ~,~аасаа барилцан 손에 손을 잡은, 친밀한; 잘 어울리는; ~аар бичих 손으로 고스란히 그대로 베끼다, 정서하다; зуун ~ ~의 왼편(쪽)에; баруун ~ тийшээ ~의 오른편(쪽)에; ~ын үсэг 서명(하기)
손(가락)을 대다(~에) өдө|х
손(님) айлчин, гийчин, зочин, хоноц
손(님)(객, 내빈, 빈객(賓客))를 맞이하다 (접대하다) тосо|х
손(님)으로 가다 зочло|х
손(발)을 엇걸다 солби|х
손(발)톱으로 할퀴다 самарда|х, ура|х
손(발을 끊어) 병신을 만들다(상처 내다) зэрэмдэглэ|х
손(주먹)으로 때리다(치다) нудра|х
손(주먹)으로 때리다(치다) нудрагал|ах
손·발을 끊어 병신을 만들다 бэртэ|х
손가락 сарвуу
손가락 끝으로 가볍게 튀기기 инч
손가락 또는 손바닥의 폭(너비.가로) дарам; алга ~ 손바닥의 너비; хуруу ~ 손가락의 폭.
손가락 사이에 넣고 문지르다(비비다) нитгэрэ|х
손가락으로 당기다(~을) өдө|х
손가락으로 딱 소리를 내어 남의 주의를 끌다 инчдэ|х
손가락으로 튀기기 инч
손가락으로 튀기다 нясла|х
손가락을 덥석 물다 нясла|х
손가락을 물어뜯다 нясла|х
손가락의 끝 өндөг; хуруудны ~ 손가락의 끝
손가락이 굽어지다 мойногро|х
손가방 таарцаг, уут
손궤(궤짝) авс
손녀 эмэг
손님 захиалагч
손님용의 양식 세트 идээ(эн)
손님으로 방문하다 айлчла|х
손닿는 곳에 있다 гардуула|х
손도끼(자귀.까뀌)로자르다(베다. 토막 내다) оольдо|х
손들어! годойлго|х
손목 관절 хагд
손목시계의 줄 бугуйвч
손목에서 손가락 끝까지의 길이 алга
손목의 뼈 хагд
손바닥 алга; ~ таших 손뼉을 치다, 박수하다; тууний гарын алганд өргөс шаасан байна 그의 손바닥 안에서 산산 조각 나다; ~ хаврах ~와 손을 맞잡다; ~ дуурэн будаа 쌀 한 움큼(줌); ~ны төдий газар 손바닥만 한 땅.
손바닥으로 (뺨을) 때리다 алгада|х; нуур ~ 모욕을 주다, 얼굴을 후려 갈기다
손바닥으로 (뺨을) 때림 таван салаа боов өгөх
손바닥으로 잡아 연결(결합) 하다 хавсра|х
손바닥으로 찰싹 때리다 алгада|х, таван салаа боов өгөх; нуур ~ 모욕을 주다, 얼굴을 후려갈기다

손바닥은 ~에게 있어서 중요하다 дамналда|х
손발 мөч, чац
손발(사람)이 홀쭉(호리호리)한 гоймон, олигор, мөчирхөг
손발(인격, 명성) 더럽히다 зунгагта|х, бохирдо|х, бохирло|х
손발을 써서 기어오르다 аса|х; мононд ~ 나무에 기어오르다
손발을 자르다(~의) мөчлө|х
손발을 쭉 뻗다 тэрий|х
손발을 큰대자로 뻗다 сунна|х
손발이 더러워지는(일 따위) халтар, хиртэй
손뼉을 치다 таши|х, таван салаа боов өгөх
손상 алдагдал, басамжлал, гарз(аи), гэм, гэмтэл, даг, осол, сүйд, үрэгдэл, хохь, хөнөөл, шаналгаа; ~ хийх ~에 손해를 입히다(손상시키다); ~ хохирол 손해를 (손상을) 입다
손상되지 않은(가치. 아름다움 등이) атар, сэвгүй
손상된 피부 сайр
손상시키다 бохирло|х, бузарла|х, буртагла|х, хохируула|х
손상하다 сүйдлэ|х, түйвэргэ|х, хөнөө|х
손수레 тэргэнцэр, тэрэг (тэргэн)
손쉬운 гайгүй, дөхөм, хөнгөн
손쉽게 하다 хөнгөвчлө|х
손쉽게 амархнаар
손실 алдагдал, шаналгаа; ~ хохирол 손해를(손실을) 입다
손실(손해, 손상)을 보다 алдагда|х
손실(액,량,물) хохь
손실을 만회하다 тэнхрэ|х
손아래의 бага
손아랫사람 доодчуул
손에 갖고 있다 барии|х; гартаа ~ 서로 손을 맞잡다; гараас ~ 손으로 굳게 지키다; судас ~ ~의 맥을 짚어 보다, ~의 의중(반응)을 떠보다

손에 그득 атга
손에 넣다 ава|х, авта|х, боло|х, олзворлох, улбаала|х; хучинд ~ (힘으로) 눌러 버리다, 제압하다; шинэ найз нөхөдтэй ~ 새로운 친구들을 사귀다; ач хуухэдтэй ~ 새로운 손자를 얻다
손에 잡다 атга|х; гар ~ 누군가 서로 손을 맞잡다
손에서 떨어뜨린 공을 땅에 닿기 전에 차다 өшиглө|х
손위(연상)의 관계; авга; ~ ах 아저씨, 백부, 숙부; 외삼촌; 고모부, 이모부; ~ эгч 아주머니(이모, 백모, 숙모, 고모)
손위의 ах, настан, өтгөс, хөгшид; ~ дуу 선배들, 선임들; ~ дуу нар (종교상의) 형제; ~дуус 친척, 친족; ~ зах 연장자 (者), 손윗사람들; ~дуу бололцох 영원한 우정 (친목, 우의)을 맹세하다; ~нь дөрвөн хөвүүнтэй бүлгээ 나의 형은 4명의 아들이 있다; ~ зах хун 연장자, 연상의 사람, 노인; тэр надаас гурав ~ 그는 나보다 세 살 연상이나.
손윗사람 ах, өвгөд; ~ дээдэс 선조, 조상; ~хэ г-шид 노인, 늙은이.
손으로 눈위를(햇빛을)가리다 саравчла|х
손으로 다루다 зогоо|х
손으로 더듬다 тэмтрэ|х
손으로 만드는 гар
손으로 밀다(밀치다) нудрагал|ах
손으로 붙잡다(움켜쥐다,끌어안다) атга|х; гурил ~ 국자로 밀가루를 퍼다; гарта ~ ~의 손아귀에 붙잡히다, ~의 지배 아래
손으로 쓴 бичмэл; гар ~ сору 손으로 쓴; ~ээр хэвлэх 이탤릭체 글자, (활자를) 이탤릭체로 하다; маш тол ~ 손으로 아주 깨끗하게 쓰다
손으로 쓴 필체 бичиг
손으로 움켜쥐다 атгагда|х
손으로 하는(움직이는) гар; ~таа 자기

- 375 -

손으로 일을 추진하다; ~ын дор байлгах 손아귀에 붙잡히다; ~ий 지배(세력) 아래 놓여있다; ~т орох ~의 수중에 들어가다; ~таа оруулах ~에 충당하다; хуний~ харах 아무에게 돈을 쓰게 하다; ~ хоосон 빈손 (맨손)으로, хуний ~ хөл болох ~의 추종자 (꼭두각시) 노릇을 하다; ~ султай 활수한, 관대한; ~ татуу 물건을 너무 아끼는, 매우 가난한; хатуу ~ 단단한, 단단히 맨; ~ хурэх ~을 붙잡다(붙들다), ~을 움키다; ~аа гаргах 전력을 다하다; ~аас гарах 자유롭게 하다; ~ын лор ~의 수중에 있다; ~ын уэуурээр хийх ~를 쉽게하다; урт ~тай хун 도둑, 도적; ~ сунгах 원조하다, ~을 거들다; баруун ~ын хун, ~ын нөхөр 친구, 친한, 절친; ~црйлгах 빈손(맨손)으로 만들다; дунд ~ын 중간 싸이즈; их ~ын 큰 싸이즈; уран ~тай 능숙(능란)한, 교묘한, 숙련된; ~ бөмбөг 수류탄; ~ын алчуур (물수건용의) 작은 수건; ~ урлал 수공업, 수세공업, 손으로 하는 일; ~ урчууд 수세공; ~ уйлдвэр 가내 공업, 영세 산업; ~ буу (회전식의) 연발 권총, 리볼버, 피스톨.

손을 끊다 салга|х

(~에서) 손을 끊다 хагаца|х

(~와)손을 끊다 гээ|х, огооро|х, хашра|х

손을 내밀다 нэлий|х

손을 내뻗어(내밀어) 핀을 꼭 누르다 цовдло|х

손을 놓다 тави|х, суллагда|х

손을 떼다(~에서) салга|х, хагаца|х

손을 맞잡다(~와) хавсра|х

손을 허리에 대고 팔꿈치는 옆으로 벌리다 ташаалда|х

손의 гар

손의 등 түшлэг

손의 붉은 (반)점 осгоруу

손이나 발의 잘리고 남은 부분 хожуул

손익지 않다 төсөөрө|х

손일 дарх; ~ хийж сурах 손일을 배우다; ур ~ 수공예

손일의 기술(숙련.솜씨) дарх

손자(손녀) ач; ~ нар 손자들; ~ охин 손녀, 조카딸; ~xуу 손자, 자손; ~ур 상속인, 법정 상속인; ~гучаа узэх 증손자

손잡는 холбоотой

손잡을 곳 бариул

손잡이 고리를 장치하다 сэнжлэ|х

손잡이 арал, барил, бариул, барьц, иш, сэнж, худаг; сухний ~ азө 핸들, 손잡이; уэгний ~ 펜대; 펜걸이; цэцгийн ~ 꽃의 줄기, 꽃대; тэрэгний ~ 손수레의 손잡이.

손잡이가 달린 구리 항아리 домбо(н)

손잡이가 달린 항아리 дэвэр

손잡이를 만들다 сэнжлэ|х

손잡이를 붙이다 ишлэ|х

손질 оруулга, хачир, цэвэрлэгээ, эмжээр

손질하다(~을) өөлө|х, хуурайда|х, гарын- хаа хумсыг 손톱을 매끈매끈하게 손질 (줄질)하다

손짓 дохио(н)

손짓(몸짓)으로 이야기(표시)하다 занга|х

손해 алдагдал, гарз(аи), гэм, гэмтэл, осол, сүйд, үрэгдэл, хохь, хөнөөл, шаналгаа; ~ хохирол 손해를(손상을) 입다; ~ гарах 손해를 입다; ~ хохирол 손실, 손해; гай ~ 손해, 손상; щагийн ~ 시간을 낭비하다, 꾸물거리다; ~ хийх ~에 손해를 입히다 (손상 시키다).

손해(손상)를 입히다(~에게) хохироо|х

손해(손상)을 주다(입히다, 가하다) хохироо|х

손해가 큰 гамшигтай

손해되는 алдагдалтай, ашиггүй, дөхөмгүй, орлогогүй, хохиролтой

손해를 입지 않은 сэвгүй

손해를 입히다(손상시키다)(~에) гэмтэ|х, хөөдө|х, сүйдлэ|х
손해를 주다 (~에게) бэртээ|х, хөнөө|х
손해를(손상을) 입다 гэмтэ|х, сэглэ|х; тэр унаад хөлөө гэмтээв 그는 그의 음식이 떨어져 손상을 입다.
손해를(손상을) 입히다 эвдрэ|х
손해의 원인 гарз(аи)
솔 багс, сойз; сахлын ~ 면도용 솔; будгийн ~ 화필(畵筆), 그림붓, 페인트 솔; шудний ~ 치솔.
솔(나무) нарс(ан)
솔 모양의 것 багс
솔개 элээ
솔로 깨끗하게 하다 сойздо|х
솔방울 боргоцой; хан~ 파인애플, 솔방울
솔선자 пионер
솔선하다(~에) толгойло|х
솔직하게 гялайн цайн, илтэд, илхэн, илэн далангуй
솔직하게 말하다 ний нуугуй хэлэхэд
솔직한 гүдес, ёжгүй, жавшуур, зангүй, ил, ний ний нуугуй, тамиргүй, хээгүй, цагаан, шулуун, эрс, эршүүд
솔직히 гялайн цайн, түс тас, шулуухан
솔질 сойз; шудний ~ 치솔.
솔질로 아교(접착제)로 붙이다 солгуур
솔질을 하다(~에) багсда|х, дэвүүрдэ|х, пагсда|х
솜 хөвөн
솜(털·깃털 따위를 둔) 누비이불 хөнжил
솜(털·깃털 따위를둔) 누비풍의 хөвөнтөй
솜씨 авьяас, барил дадал, билиг, дадлага, дүй, сөхөө, ур(ан), хир, чадвар, чинээ; дадлагын ажил 능숙한 작업; ~ хийх노련 (능숙)하다; ~ муутай 솜씨 없는, 서투른; ~ билиг 천재, 비상한 재주; ~ чадвар 할 수 있는 힘, 가능성, 능력, 역량, 재능, 솜씨; урлагийн ~ 예술적인 재능(능력).
솜씨 없는 болхи, дэмгүй, лайда, төшөө, тулхи, дүйгүй
솜씨 있는 адтай
솜씨 있음 авхаалж, цэц
솜씨 좋은 дипломат, дэмтэй, уртай, хавтай, чадамгай, завдаа, уран
솜씨 좋은 직공 дархан
솜털 같다 хөвсий|х
솜털 같은 буржгар, буржгар, үслэг
솜털 모양의 것 үс
솜털 сэвлэг, унгарил
솜털(보풀)의(같은) сэмбэгэр
솜털로 덮이다 сэвсий|х, хөвсий|х
솜털로 덮인 буржгар, сэвсгэр, сэмбэгэр, хөвсгөр
솜털을 벗다 үслэ|х
솜털의 буржгар, үслэг
솜털의(같은) өрөвгөр, сэвсгэр, хөвсгөр; ~ цас 솜털 같은 눈송이, ~ боов 가벼운 파이
솜털의(같이)되다 сэвсий|х
솟다 бэлцэгнэ|х
솟아 나오다(분출하다) бургила|х, год хийх
솟아오르다 гүрий|х, памбай|х, төвий|х, холхой|х, цондойх
송골 шонхор
송골매 хайчин, шонхор, начин
송곳 даалинба, өрөм, өрөмдөгч
송곳니 соёо
송곳으로 구멍 뚫기 даалинба, өрөмдөгч, өрөмдлөг
송금 гуйвууллага, шилжүүлэг; гуйвууллагын баримт олгох 영수증을 주다.
송금수단 гуйвууллага, шилжүүлэг
송금액 гуйвууллага, шилжүүлэг
송금하다 гуйвуула|х; валют ~ 화폐를 양도하다; щахилгаанаар мөнө ~ 돈을 송금하다, 돈으로 타전하다
송달 дамжлага, нэвтрүүлэг

송달자 дамжуулагч
송별 үдлэг
송사 заргалдаан
송수관 татаал
송시(頌詩) магтаал
송신 илгээлт
송신(송전)하다 гарга|х, илгээ|х, өгүүлэ|х, явуула|х
송실(松實) боргоцой
송아지 тугал; ~ын арьс 송아지 가죽; ~ын хашаа 곳집, 창고, 차고, (가축 등의) 우리(집); ~ын мах 송아지 고기(식용)
송아지 박스 хром
송아지를 낳다 тугалла|х
송아지의 떼 тугалчин
송아지의 여성성기 хром
송이 багц, молцог, туг, хонгорцог
송이를 이루다 хонгорцогло|х
송자(松子) боргоцой
송장 хүүр, цогцос, шарил, яс, үхдэл
송장(送狀)(상품 발송의) падаан, фактур
송장에 적힌 화물 падаан, фактур
송전 илгээлт
송전자 нэвтрүүлэгч
송진 давирхай, жилий, тортог
송진을 칠하다(~에) давирхада|х
송풍기 환기팬 сэнс
송풍기 дэвүүр, салхивч, сэвүүр, фен, компрессор; цаасан ~ 종이부채
송풍기로 바람을 보내다 салхила|х, үлээ|х
송환하다 буцаа|х
솥 зуух, пийшин, тунхуу; шатаах ~ 가마, 노(爐), 건조로(爐), 건조실; ширэм хайлах ~ 송풍(送風) 노(爐); 송풍(送風) 아궁이; төмөр ~ 철제 난로
쇄골(鎖骨) товчлуур, эгэм (鎖骨: 가슴 좌우의 앞면 위쪽에 있어 'S' 자 모양을 이루는 한 쌍의 뼈; 앞은 흉골에, 뒤는 견갑골(肩胛骨)에 접함)
쇄골(鎖骨)(곤충·갑각류) гасьм판 омруу
쇄도하다 хөтөрөө|х, хахалда|х, шахалда|х
쇄신 шинэчлэл
쇄신하다 шинэчлэ|х
쇄토기(碎土機) тагнуур
쇠고기 мах(ан); хонииы ~ 양고기, ухрийн ~ 쇠고기; тэмээний ~ 낙타고기; гахайн ~ 돼지(아저)고기; шуувууны ~ 닭고기(가금); тахианы ~ 치킨; ангийн ~ 사냥해서 잡은 것(짐승·새); та-рган ~ (요리가) 기름기가 많은 고기; шарсан ~ 불고기, 구운 고기; чанасан ~ 고기를 불에 굽다; татсан ~ 고기를 저미다 (다지다); бөөрөнхий ~ 미트 볼, 고기 완자; хуучин ~ 짐승을 도살하여 고기를 오래 동안 저장하다; бухэл ~ 자르지 않은 고기; тураг ~ 언제라도 요리할 수 있게 준비된 통째고기; ~ болгох 도살된 가축; хар ~ 기름기가 적은고기, 살코기만; шар ~ 양피지, 고기의 막피(膜皮); чагаан ~ 직장(直腸), 곱창; улаан ~ 생(날)것의 고기; ~ан хоол 고기 요리; ~ан хуурга 맵게 한 쇠고기와 야채의 스튜요리; ~ны мухлаг 푸주한, 정육점, 고기가게
쇠 테(띠) боолт
쇠(양)기름 өөх
쇠고기를 얇게 저며 말린다 борцло|х
쇠고랑 гав, гинж(ин)
쇠고랑(수갑)을 채우다(~에) дөнгөлө|х
쇠고리(결쇠)가 벗겨진 부분 холхи
쇠고리(마찰방지용) хуруувч(ин)
쇠뇌 хавчаахай, чавх
쇠등에 сонно
쇠로 만든 지레 лоом
쇠를 불리다 давта|х, дархла|х; төмөр ~ 철제로 일을 하다
쇠를 불림 давтмал
쇠메(대장장이의) лантуу
쇠미(衰微) буурал, өгөршил, харил,

ялзрал
쇠미하다 ялзмагта|х
쇠스랑 ац, савар, сэрээ
쇠스랑(갈퀴로) 긁어 올리다 сэрээдэ|х
쇠약 буурал, доройтол, өгөршил, тураал, харил, харимал, хямрал, ялзрал
쇠약하게 되다 туйлда|х
쇠약하게 하다 хагачи|х, хулгавчла|х
쇠약한 биегүй, гарзар, эцэнхий
쇠약해지게 되다 турангила|х
쇠약해지다 гарзда|х, гэюүрэ|х, өврө|х, унжий|х, чардай|х
쇠약해진 биегүй, туранги, харчгар
쇠약해진다 харши|х
쇠의 단조(鍛造) давтмал; ~ төмөр 철을 단조하다.
쇠지레 гулууз, лоом, хөшүүр, царил
쇠테 боолт, бөгж, дайс, зурвас
쇠테(쇠굴레)를 끼우다(~에) тахла|х
쇠퇴 буурал, өгөршил, харил, ялзрал
쇠퇴하다 хямра|х
쇠퇴한 өгөр, хужгар
쇠퇴한 팔을 가졌다 ханчир
쇠파리 сонно
쇠하다 бура|х, өгөрши|х, хэвий|х, хямра|х
쇳내나는 төмөрлөг
쇳물 바가지 утгуур
쇳소리의(음성) төмөрлөг
쇼 тоглолт, үзвэр
쇼윈도 장식가(家) хувцасчин, шуугээ
쇼-케이스 гуу
쇼크 цохилт, цочрол
숄(어깨 걸치개) алчуур
수 номер
수 тоо(н); араб ~ 아라비아 숫자; ром ~ 로마숫자; бутархан ~ 분수(分數); э рэ э сгэ л ~, сондгой ~ 기수(홀수)의 1,3,5,7,; г. м. нь сондгой ~ нууд 기수; тэгш ~ 짝수; хяналтын ~нууд 숫자 목록; ~ авах 세다, 계산하다; ~ноос хасах 지우다,

삭제하다, 말살하다
수(놓기) хаттамал
수 없는 үлэмж
(~ㄹ) 수 있다 чада|х
수(양 따위를) 늘리다 ихтэ|х
수(양·정도 따위)를 줄이다 багаса|х
수(양을) 늘리다 өсгө|х, үржүүлэ|х
수가 많음 түм(эн), үй олом, үй түмэн
수갑 бугуйвч, гав, гинж(ин)
수거(水渠) горхи
수계(水界) зүй газар усзүй
수고 бэрхшээл, зүтгэл, идэвх, мэрийлт, оролдоц, түвэгшил, хичээл, чармайлт, яршиг
수고(노고)하다 мэрий|х
수고(진력) 없어서 оролдлогогүй
수고값 татвар, төлбөр, шимтгэл
수고를 아끼지 않는 нарийн
수고하다 ажилла|х, мэтгэ|х, хөдөлмөрлө|х
수공업 дарх; ~ хийж сурах 손일을 배우다; ур ~ 수공예
수공예 дарх, урлал; ~ хийж сурах 손일을 배우다; ур ~ 수공예; гар ~ 수세공(手細工), 수공예품
수과(水瓜) тарвас, хэмх, шийгуа
수교하다 өгө|х, уушаа|х
수구(水狗) халиу(н)
수그려 있는 унжгар, унжуу
수그러지다 онго|х, унхийлга|х
수금원 аргалчин: аргал
수기(手記) чек
수꽃술 дохиур
수난 шаналгаа
수난(재해)를 당하다 гайта|х
수난을 경험(체험)하다 шарла|х
수납계원 харилцуур
수납하다 ава|х ав! 받아라!(명령법); авч ирэх (물건을) 가져오다, (사람을)데려 오다; авч явах 운반하다, 나르다, 실어 보내다, 들어 나르다; хоолон дээр дарс

авч болох уу? 나는 식사와 함께 와인을 들수있습니까?; ам ~ 약속을 성립시키다; ажилт ~ 고용하다, 채용하다; арга хэмжээ ~ ~ 조처를 취하다, ~의 치수를 재다; жишээ ~ ~을 본보기로 하다, ~의 실례에 따르다, ~에게 좋은 모범을 보이다; гэрэл зураг ~ 사진을 찍다, ~의 사진으로 찍다; зээл ~ 명성(신용)을 얻다; татвар ~ (의무.책임을) 지우다, 과하다; такси ~ 택시로 가다(운반하다); ургац ~ 수확하다, 추수 하다; худалдан ~ 사다, 구입하다; хураан ~ 몰수(압류)하다; 징발하다; хулээн ~ 받다, 수령하다; хүүхэд ~ 아이를 양자 (양녀)로 삼다; эзлэн ~ 종사하다, 점령(점거.차지) 하다; эхнэр ~ 결혼하다, 시집가다, 장가들다; шагнал ~ 수상자에게 상을 수여하다; нойр ~ 잃어버린수면 부족을 되찾다; тарга ~ 짐승이 살찌다; салхи ~ 감기에 걸리다; хуч ~ 힘이 늘다, 세어지다; туру ~ 맨 먼저(우선 무엇보다도) 얻다; цалин ~ 생활비를(월급을) 벌다; үнэр ~ 냄새맡다, 눈치채다, 알아채다; хар ~ ~이 아닌가 의심하다, 의심을 품다; санаа ~ 착상하다, 고안하다; мэдээ ~ 메시지를 받다.

수녀(修女) гэлэнмаа; ~ болох 수녀가 수도생활에 들어가다.

수녀원 хийд

수놓는 사람(여자) хатгамалч

수다(數多) үй олом, үй түмэн

수다스러운 аманцар, нуршаа(н), чалчаа, яриа

수다쟁이 лавшаа, салбадай, ховсрооч, алагтуу

수단 арга, барил, гав, дэм, зам, хэрэгсэл, явууллага; ахил ~ 수단, 방책; хорт ~ 고의로 방해(파괴)하다; нууц ~ 도모하다, 꾀하다, 계획하다; ~ заль 책략, 계략, 전략; ~ залгүй 간특하지 않은, 악의 없는, 정직한, 순진한; ~ бодлого 계획, 기획, 설계; ийм ~ тай 능숙(능란)한, 교묘한, 숙련된.

수단과 방법을 찾다 аргала|х

수단이 미온적이다 зөөгши|х

수달 халиу(н) (水獺·水獺: 족제빗과의 짐승. 강기슭·늪가에 굴을 파고 삶. 족제비 비슷한데 몸이 길고, 꼬리도 굵고 길며 사지는 짧음. 발가락 사이에 물갈퀴가 발달하여 수중생활에 적합함. 물고기·게 등을 포식함)

수달피 халиу(н)

수도 생활에 들어가는 서원 тангараг

수도 생활에 들어가는, 또는 계율을 지키는 서원(誓願) санваар

수도(가스의) 배관공사 сантехник

수도(통)의 주둥이 гоожуур, цорго; усны ~ 통에 달린 주둥이, 수탉

수도사 гэлэе(г); ~ болох 수도사가 종교 단체의 일원이 되다, 수사가 수도생활에 들어가다.

수도생활에 들어가는 서원 сахил; ~ авах 종교단체 성직자의 일원이 되다, 성직 자의 수도생활에 들어가다; ~ санваар 맹세하다, 서약하다.

수도원 хийд

수도원의 독방 камер

수도원의 새 신자(초심자, 수련수사(修士), 수녀) банди

수도원장 ловон, ректор

수도원 재산(자산) жас

수도의 꼭지 цорго

수동의 идэвхгүй

수동적인 идэвхгүй

수두(水痘) сэрхнэд

수량 олон, тоо(н); ~ жил 여러 해; ~ талаар 인사(안부)를 전함; ~ хүүхэдтэй 많은 어린이가 있다; ~ улсын 국제(상)의, 국제적인; ~ үгтэй 말이 많은, 지루한; ~ талтай 다각형의, 다변형의; ~ зан, ~ааш 변하기 쉬운 인격; ~ давхар 여러가지의 층; ~ нийт 공중, 국민; ~ түмэн 사람, 국민; ~ э нгэ т 여러색;

~э нцэ гт 다각 (다변)형.

수량(크기·양·액수·정도·중요성 따위를) 줄이다 хороо|х, цөөрө|х, хорогдо|х, татра|х

수량을 줄이다(감소하다, 한정하다) цөөтгө|х

수량이 꽤 많은 багагүй

수량이 두 배로 дахиж

수렁 бамбалзуур, дэгнэлзүүр, намаг

수렁에 빠져들다 тэглэ|х

수렁의 намагдуу

수레가 덜커덕거리며 가다 лужигнэ|х

수레바퀴 дугуйт

수레바퀴가 삐걱거리다 нужигна|х

수레바퀴의 살 хигээс, хорол

수레바퀴의살(스포크)타륜(舵輪) хэгээс

수련 лянхуа

수련실행 дасгал; ~ хийх 연습하다, 실습하다.

수련이 부족한 дүрсгүй, дээнхий, задгайдуу, тавтиргүй, тамтаггүй, танхай

수령 даамай, толгойлогч, удирдагч, эрхлэгч

수령인 харилцуур, авагч худалдан авагч 사는 사람, 사는 쪽, 소비자; 사는 손님, 마켓 경영자; хүлээн 수납자, 수령인; 수신인, 받는이; өшөө ~ 복수자, 보복자; 앙갚음; радио хүлээн ~ 무선 송신기

수령하다 хүртэ|х

수로(水路) даруул

수로도 диаграмм

수로 측량술 усзүй

수로의 줄기 зураа

수로학 усзүй

수료증 үнэмлэх

수류탄(手榴彈) гранат

수를 나타내는 тоон

수를 놓다(~에) хатга|х

수를 늘리다(불리다) арвижи|х

수리(독수리) бүргэд (독수릿과 수리속에 딸린 독수리· 참수리. 검독수리 따위 맹금의 총칭. 몸집이 크고 힘이 세며, 끝이 굽은 부리와 날카롭고 굵은 발톱을 가짐; 산악이나 평야에 살며 낮에 들쥐·토끼 등을 잡아먹음)

수리(수선) засвар, сэлбэлэг; гутал ~ 신을 수선하다; (номд) ~ хийх (원고를) 손질 하다, 교정보다

수리하다 заса|х; номын алдаа ~ 교정 보다, ~의 교정쇄를 읽다; алдаа ~ 실수를 바로잡다(고치다); алдаа дутагдлыг арилгах ~ 영양부족 고려하지 않다; орон сууц ~ 편평(납작)하게 수리하다; зам ~ 길(도로) 을 건설하다; үс ~ 이발하다; ор ~ 잠자리 를 깔다; ширээ ~ 테이블을 세팅하다; тал ~ ~의 부츠를 핥다, ~의 비위를 맞추다, ~에게 빌붙다; явдлаа ~ 행실을 고치다; үүр ~ 보금자리를 짓다; биез ~ 화장하러 가다; нохой ~ 개를 거세 하다; бие – газар (말을) 손질하다 (돌보다); өвчнийг ~ 건강을 회복시키다.

수리(수선)하다 додомдо|х, засамжла|х, засварла|х, сэлбэ|х, тордо|х

수리부엉이 ууль (올빼밋과의 새. 깊은 산이나 암벽에 삶. 몸길이는 70cm 정도, 머리 양쪽에 귀 모양의 털이 있음. 적갈색 또는 담갈색에 흑색 반점이 있음《밤에 들쥐·토끼 등을 포식함》. 수알치새.)(부우 부우)

수리상태 сэлбэлэг

수리작업 засагч

수리점(정비센터) депо

수립했다 барилгажих

수만(數萬) үй олом, үй түмэн

수많은 арвин; ~ ургац 풍작(풍년)

수말 азрага; ~ гүү хоёр 종마와 씨말; ~н бороо 호우(豪雨); ~н тахиа 수닭; ~н нохой 개의 수컷, 수캐; нэг ~ адуу 종마 (種馬), 씨말이라 불린다.

수면(水棉) 해초 замаг

수면(睡眠) унтаа, унтлага

수면(해면) ~에서 넘쳐흐르다 бялха|х

수면에 떠오르다 гүйлгэнэ|х; эмэгтэйн нүдэнд нулимс гүйлгэгнэв 그녀의

눈에서 눈물이 나오다.
수면을 물결일게 하다 бурзай|х
수명(壽命) нас(ан); та/чи хэдэн нас-тай вэ? 당신은 몇 살입니까? тэр дөч гарсан 그는 40이 넘었다; бага ~наасаа 어린시절; бид ~ сацуу 우리는 동시대다; дунд ~ны 중세기; ~ өндөр болох 나이를 먹다, 늙다; нэг ~тай 한 살, 한 돌;
수목 мод(он); ой ~ 숲, 산림; ~ бэлтгэл 목재 벌목; яс ~ 뼈대, 구조; гэрийн ~ 게르의 나무로 만든(된) 부분; ~ огтлох 나무가 떨어졌다; ~ хагалах 장작을 패다, 나무를 잘게 자르다; ~ суулгах 나무를 심다, 농원; тулшний ~ 땔나무; улаан ~ 마호가니(재); ~ны дурс 짖는 (기침) 소리; модон завод 목재 공장, 목공소; ~ны мужаан 목수, 목공; ~ хөрөөдөх газар 제재소,대형 제재톱.
수목(나무, 교목)없는 ойгүй
수목(숲)이 많은 модтой, модорхог, ойлог, ойрхог, ойтой
수목이 많아지다 модро|х
수박 тарвас, хэмх, шийгуа
수반 гадар, төмпөн
수반하는 дагалт; ~ нар (왕·귀족의) 수행원, (종자(從者)의) 일행; ~ бичиг 동봉한 것, 부속물, 부가물.
수반하다(~을) байцла|х
수병(溲瓶) хөтөвч
수병이 탈함(脫艦)하다 хулжи|х
수복한 털 өд; ~ шиг хэ нгэ н 깃털처럼 가벼운; ~гэй адил 깃이 난, 깃으로 덮인, 깃털 같은.
수분 чийг
수분(기체.빛.열등)을 흡수하다. соро|х
수분을 빼다 уурца|х
수분을(습기를) 빼다(~에서) аргууда|х, хагсаа|х
수비 хамгаалал
수사(修士) гэлээ(г)

수사가 탁발하다 бадарчла|х
수사슴 буга, дайр, тайр
수사슴(황소,수탉)의 거무스름한 꼬리털을 길게 끌다 салмаа
수산화나트륨 хужир
수상(授賞) шагнал, шагналт
수상자 шагналтан
수상작품 шагналтан
수상한 маргаантай
수색 агнуур, нэгжилт, нэгжлэг, тагнуул, тандалт, туршуул, хайгуул, эрэл; ~ хийх зөвшөөрөл 가택 수색 영장
수색(조사, 탐색)하다 нэгжи|х
수색하다(뒤지다, 탐색하다)(~을) хай|х
수생 식물 ганьс
수서(手書) бичмэл
수석 манлай, нэгдүгээр, тэргүүн
수석(首席) толгойтой
수석의 еренхий, охь; ~ эмч 수석 의사; ~ инженер (배의) 기관장; цэргийн ~ коман- длагч (전군의) 최고 사령관, (육·해.공군의) 총사령관, (나라의) 최고 지휘관(대한 민국은 대통령); ~ эрхлэгч 편집장, 주필(主 筆); ~ консул 총영사; ~ нарийн бичгийн дарга (중국 공산당의) 총서기, (소련 공산당의) 서기장; ~ газар 관리이사, 중역회, 이사회; ~ сайд 국무총리, 수상.
수석척(산초어(山椒魚) гамс
수선 가게 депо; галт тэрэгний ~ 기차 정비소(센터)
수선 부분 засагч, сэлбэлэг
수선 засвар, оруулга, сэлбэлэг; гутал ~ 신을 수선하다; (номд) ~ хийх (원고를) 손질하다, 교정보다
수선(수리,복구) 작업 засагч; ус ~ 이발업을 하다; цаг ~ 손목시계 수리공 (수선인)
수선(垂線) перпендикуляр
수선하다 гагна|х, засамжла|х, шинэчлэ|х

수선할 것 сэлбэлэг
수성(水星) Лхагва, Буд, (水星: 행성 중 가장 작고 태양에 제일 가까운 별; 일몰 직후, 일출 직전에만 보임. 지름이 지구의 0.38배, 공전 주기는 88일, 자전 주기는 59일임)
수성(獸性)의 балмад
수세공 гар, дарх
수세공의 гар
수세식 변기(변소) жорлон
수소 устөрөгч (기호H; 번호1)
수-소 хор шар, шудлэн, үхэр
수소가 암소에게 올라타다 бухда|х
수송 зөөвөрлөлт, илгээлт, тээвэр, хөсөг; шуудангийн ~ 꾸러미, 소포, 소화물
수송(운송) 노동자 тээвэрчин
수송(운송.운수)기관을 갖추다(가지다) унаажи|х
수송(운수)업 тээвэрлэлт, хөсөг
수송관 зам, суваг
수송수단 тэрэг(тэргэн), хөлөг
수송하다 зөө|х, зөөвөрлө|х, тээвэрлэ|х
수수(소박,담박)하게 하다 хялбарчла|х
수수께끼 оньсго
수수료 татвар, төлбөр, шимтгэл
수수하게 аяархан, сэмээрхэн, хялбар
수수한 намбагар
수술 дохиур, хирурги
수술용 전기칼(針) хаттуур
수술을 하다 огтло|х
수습(공) дагалдан
수습하다 зохиогдо|х
수습하다 тайтгара|х
수식 어구 тодотгол
수신기 харилцуур, чагнуур
수신자의 주소 성명을 쓰다 хаягла|х (편지에 받는이의 주소 성명을 쓰다)
수액(樹液) шим, шуус
수양 자식으로 주다 аcра|х
수양 даруулга
수양아들 нуган, хөвүүн
수양을 쌓은 боловсон, боловсронгуй, гэгээрэ|х, соёлч, сэхээтэн : ~ хучин 참모, тэсгэ|х

막료, 기간요원.
수양이 없는 дүрсгүй, дээнхий, задгайдуу, тавтиргүй, тамтаггүй
수업(受業) заалт, номлол, санамж, сургалт, сургууль, хичээл; ~д явах 학교에 가다; ~ тэ гсэ х 학교를 떠나다; дээд~ 대학교.
수업료 татвар
수업시간 хичээл
수업에 공부하다 хичээллэ|х
수업이 없는 хичээлгүй
수업이 있는 хичээлтэй
수여 соёрхол
수여(부여)하다 олго|х, өргөмжлөгдө|х, шагна|х, хүртээ|х
수연(雖然)이나 этэл
수연통(水煙筒) татаал
수열(數列) цуваа(н)
수염 сахал; ~тавих 수염이 자라다
수염 등을 꼬다 эвхрэ|х
수염깎기 тоймог
수염수리(유럽 최대의 맹금) ёл
수염을 깎다 хусуула|х
수염을 깎은 жармагар
수염을 꼬다(비틀다) мушгира|х, хуйлра|х, бурзай|х
수염을 붙잡다 сахалда|х
수염을 움켜쥐다 сахалда|х
수염을(머리를) 깎은 тоймог
수염이 난(사람) сахалт
수염이 빽빽이 сахлархуу
수염이 빽빽하게 сахаллаг
수영바지 хэлхгэр
수영하다 сампра|х, сэлэ|х; усанд ~ 헤엄치다.
수옥(水玉) сүйжин
수완 билиг, чадвар
수요(需要) эрэлт
수요가 많은 гүйлгээтэй
수요일 Буд, Лхагва
수용권에 의거하여 공용징수하다.

수용능력 багтаамж
수용량 багтаамж; 5 литрийн ~тай сав 5리터의 (수)용량
수용력이 있다(~의) багтаа|х
수용하다 байрлуула|х
수원(水源) оргилуур
수월한 гайгүй, хөнгөн
수위 манлай, тэргүүн, үүдэч, хаалгач, хамгаалагч, хуяг, өндөр
수위에 두다(~의) толгойлуула|х
수위에 서다(~의) толгойло|х
수위에(~의) ахла|х
수위의 анхдагч, анхдугаар, ерөнхий
수유(授乳)하는 хөхүүл
수육(獸肉) мах(ан); хонины ~ 양고기; үхрийн ~ 쇠고기; тэмээний ~ 낙타고기; гахайн ~ 돼지(아저)고기; шувууны ~ 닭 고기(가금); тахианы ~ 치킨; ангийн ~ 사냥해서 잡은 것(짐승·새); тарган ~ (요리가) 기름기가 많은 고기; шарсан ~ 불고기, 구운 고기; чанасан ~ 고기를 불에굽다; татсан ~ 고기를 저미다(다지다); бөөрөнхий ~ 미트볼, 고기 완자; хуучин ~ 짐승을 도살하여 고기를 오래 동안 저장하다; бухэл ~ 자르지 않은 고기; тураг ~ 언제라도 요리할 수 있게 준비된 통째고기; ~ болгох 도살된 가축; хар ~ 기름기가 적은 고기, 살코기만; шар ~ 양피지, 고기의 막피(膜皮); чагаан ~ 직장(直腸),곱창; улаан ~ 생(날)것의 고기; ~ан хоол 고기요리; ~ан хуурга 맵게한 쇠고기와 야채의 스튜 요리; ~ны мухлаг 푸주한, 정육점, 고기가게
수의 тоон
수의(守義)하다 ярa|х
수의학의 비저병(鼻疽病: 말의 전염병) саxyy; хоолойн ~ (의학) 디프테리아
수익 ашиг, олзвор, тус, унац, хонжвор, хонжил, хонжоо, хонжоо
수익금 ашиг, орц, олзвор

수익을 얻는 ачит
수익의 ачит, анчин, гөрөөчин, хоригдол
수입 импорт, орлого
수입액 импорт
수입인지 марк
수입품 импорт
수장(首長) донхгор
수장(으뜸)이 되다 донхойx
수전노 харамч
수정 залруулга, засвар
수정(水晶) сүйжин, сайжрал, болор, кристалл, талст, хээлтүүлэг (水晶: 석영의 한 가지. 육방 정계(六方晶系)의 결정으로 화학 성분은 이산화규소(二酸化硅素)임. 불순물의 혼합 정도에 따라 자수정(紫水晶)·흑수정(黑水晶)·황수정· 홍수정 등으로 갈림. 도장·장식품· 광학 기계 등에 씀. 수정(水精), 수옥(水玉), 파리(玻璃), 빙석(氷石), 크리스탈(crystal)
수정(修正) ретушь
수정구슬 талст, болор
수정의(과 같은) талсаг
수정제품 талст
수정체의 혼탁부(混濁部) үүл(эн), хөлх
수정체의 혼탁부가진 눈 үүлтэй
수조(水槽) ган(г), лааз
수족을 되풀이하여 (뒤)흔들다 сарвалза|x
수족을 뻗치고 핀을 꼭 누르다(못 박다) цовдло|x
수족을 뻗치다(내밀다,내뻗다) делбийлэ|х, зэллэ|x, тэлгүрдэ|х, сарвайлга|х
수종хаван (水腫: 몸의 조직 간격이나 체강(體腔) 안에 림프액·장액(漿液) 따위가 괴어 몸이 붓는 병)
수종 병들다 хавагна|х
수주(受注) захиалга
수준 годил, талархуу, тэгшхэн
수준기(器) тэгшлүүр
수줍어하는 зовомтгой, ичимхий, тулгар, тунимтгай
수줍어하다 бишүүрхэ|x, гирэвши|х, зүлчилзэ|x
수중 마스크 баг

- 384 -

수중에서 지나가다(~의) дамжи|х
수증기 униар, уур; ~ын тэрэг 증기 엔진; ~ амьсгал 대기, 기후, 천체를 둘러싼 가스체; утаа ~ 스모그, 연무(煙霧)(연기 섞인 안개).
수지(樹脂) давирхай, жилий, тортог; модны ~ ~에 수지를 바르다, 수지로 처리하다; шил ~ 호박(琥珀); 호박색 황갈색
수지(獸脂) өөх, тос(он)
수지 안 맞는 алдагдалтай, ашиггүй, дөхөмгүй, орлогогүй, хохиролтой
수지로 처리하다 давирхайта|х
수지를바르다(침투시키다) давирхайта|х
수지화하다 давирхайта|х
수직 чигээрээ
수직면 перпендикуляр
수직상태 багана
수직으로 эгц
수직의 босоо, гозгор, зогсоо, сэртэн, цэгц, цэх, чанх, эгц; ~ оройтой малгай 최상층의, 톱의; ~ шугам 수직선
수집 коллекции, хамагч, хуралт, цуглуулбар
수집(입수)하다 цуглара|х
수집(채집)물 цуглуулга, эмхтгэл
수집(채집)자(가) цуглуулагч
수집가가 발굴해 낸 물건 олз(он)
수집기(장치) хураагч; татвар ~ 수세 관리
수집물 бүрдэл, хураамж
수집하다 цуглуула|х, эмхтгэ|х
수창자(首唱者) санаачлагч
수창포 цахилдаг
수채화 зураг, зурлага; гэрэл ~ 사진; тосон бу-дгийн ~ зурах 유화를 그리다; усан будгийн ~ 수채화를 그리다; шог ~ 풍자 화, (시사)만화; шугвм ~ 스케치, 데생, 제도(製圖); газрын ~ 지도; будуувч ~ 작도,도식,도해, 아우트라인; судалбар ~ 학문, 스켓치, 습작; ~ зуй 지도 제작(법), 제도(법); ~ зүйч 지도 제작자, 제도사; ~ зурах (풍경을) 그리다, ~의 초상을 그리다; (문장에서 인물을) 묘사하다; ~ тодруулах/засах (사진·그림·문장 따위를) 손질(수정, 가필)하다; сэттүүлийн ~ чимэглэл 사진, 영화; гэрэл ~ авах 사진을 찍다; ~ буулгах 사진을 현상하다; ханын ~ 프레스코 화법(갓 바른 회벽 위에 수채로 그리는 화법)
수척하게(초췌하게,말라빠지게) 보이다 хонхий|х
수척하다 горзой|х
수척한 гарзар, хонхигор, эцэнхий
수천 түг туу
수초(水草) ганьс, хиг
수초가 무성해지다 хигтэ|х
수축(축소)시키다 агши|х, богиносо|х
수축하다 авчи|х
수축할 수 있는 гарзар
수출(輸出) экспорт
수출입 금지제품 контрабанд
수치 доромжлол, ичгүүр, сонжуур, шившиг
수치스러운 булай, бурангуй, нуруугүй, танагтгүй, шившигт
수치심 гутамшиг, мундар, тоогүй, хөг
수캐 нохой
수컷의 эр, эрэгтэй
수컷의 사슴 буга
수컷의 산양 ухна
수컷의 영양(羚羊) ооно
수컷의 큰뿔양(아시아산 야생양) угалз
수탁자 асрамжлагч
수탈(收奪) дээрэм, тонул
수탈하다(~에서) дээрэмдэ|х
수닭의 거무스름한 꼬리털을 길게 끌다 салмаа
수닭의 우는소리 гогоог
수닭이 울다 гогоогло|х, гоогло|х
수태 хээлтүүлэг

수태(受胎)를 못하는 хусран
수태(受胎)를 못하다 хуcpa|x
수퇘지 гахайлиг
수판(壽板) сампин
수평 годил, талархуу, тэгш, тэгшиттэл, тэгшхэн, мэлхий; яст ~ (육상·민물 종류의) 거북; ~ хаалга 작은 문, 쪽문, 협문(夾門)
수평갱도 тэгшлүүр
수평(평탄)되게 하다 тэгшрэ|х
수평기 тэгшлүүр
수평봉 хэвтээ
수평선 хаяа
수평선(면) хавтгай
수평의 тэгш, хавтгай
수평하게 되다 тэгштэ|х
수평하게 하다 жигдлэ|х, зэрэгцэ|х
수포(물집) бэлцруу, цэврүү
수표(手票) чек
수풀 бут, ой(н), ширэнгэ(н)
수프 шөл
수프(차,음료 따위를) 마시다 зоогло|х; чай ~ 차를 마시다.
수필 найруулал, реферат
수학(數學) математик
수학(컴퓨터)의 곱 үржвэр
수학여행 аялал
수학의 각(角) өнцөг
수학의 멱(冪) квадрат
수학의 방정식 тэгшиттэл
수학의 상등(相等)(관계) тэнцэтгэл
수학의 상수(常數) констант, үржүүлэгч
수학의 양수 хэмжигдэхүүн
수학의 작도(作圖) жишиг
수학의 지수 илтгэгч
수학의 직각을 이루는 перпендикуляр
수학의 평방 квадрат
수학의 현(弦) хөвч
수학자 математикч, тоочин
수행 амжилт, биелэл, биелэлт, биеуулэлт

수행(실행.이행.달성)하다 биелуулэ|х, хий|х
수행원(부관) бараа болоочийн, хиа
수행자(修行者) даянч, яллагч
수행하다 байлца|х, бараада|х, биелэ|х, хий|х
수행할 수 없는 боломжгүй, болшгүй, зангүй, нөхцөлгүй
수향(睡鄕) унтаа, унтлага
수험(검사)자 туршигч
수험료 татвар
수호 асрамж
수호(비호.옹호.방어.방호.호위)하다 өмгөөлө|х, өмөглө|х, хамгаала|х, хамгаалагда|х
수호신 сахиус
수호자 өмгөөлөгч хамгаалагч этгээд
수호하다 өмөөрө|х, халхавчла|х
수화기 харилцуур, чагнуур
수화기를 가지지 않는 утасгүй
수화물 амьдай, тээш
수화물을 말등에 실어 운반하다 ганзагалаа
수확 ургац, хураалт
수확량 авалт, гаралт, гарц; сууний ~ 우유 몫(생산); hoocны ~ 양털(울) 생산
수확기 гарц
수확물 гарц
수확하다(~을) хада|х, түү|х, хуни|х
수회자(收賄者) авлигач, хахууль ч
수회하다 авлигала|х
수훈이 있는 гуниггүй
숙고(고찰) бодол, бодрол, бясалгал, зөвшлөг, эргэцүүлэл
숙고(검토,깊이생각)하다 ана|х, анхаара|х, арцалда|х, бодо|х, бодолхийлэ|х, бясалга|х, зөвши|х, мунхагла|х, сана|х, судла|х, үзэ|х, эрэгцүүлэ|х; ~ сэтгэх 신중히 고려하다; ~ болох ~에 대하여 생각하다; too ~ 다수를 생각하다; би ээжээ санаж байна 나는 나의 어머니를 오랫동안 생각했다

숙녀 ноёгтой, хатагтай
숙달 хөгжил, хөгжилт
숙달자 мэргэжилтэн, хайв, шинжээч
숙려(熟慮) тоомж
숙려하다 бодолхийлэ|х, эргэцүлэ|х
숙련 барил дадал, дүй, эрдэм
숙련(능숙)되다 мэргэши|х
숙련(숙달)되지 않은 асман, төшөө
숙련가 мэргэжилтэн, хайв, шинжээч
숙련되다 догьшро|х, урла|х
숙련되어지다 догиро|х
숙련되지않다 тулгарда|х, туршлагажи|х
숙련되지 않은 дадаагүй
숙련된 арчаг, боловсролтой бэрх, дадамгай, дадлагатай, догирхог, догь, долингор, долор, дэмтэй, идтэй, мэрэгшилтэй, олхиотой, сурамгай, ур(ан), уран, хавтай, хашир, чадварлаг; ~ чадвар 기능, 기교, 솜씨 гартаа ~тай хун 장인(匠人), 기공(技工); ~ сайн зураач 재주 있는 화가; ~ эм 효과적인 약.
숙련된 기수(승마) морьсог
숙련된 기술 барил
숙련된 사냥꾼 анч
숙련된 사람 гүүш
숙면(熟眠)하는 дуг нойр
숙명 жавшаан, заяа(н), зол, зохиол, тавилан, төөрөг, үйл, хувь, хутаг
숙명의 заяатай, учралт; тэр сайн явах ~тай хун дээ 그는 성공적인 삶이 예정되어 있는 것으로 생각되다.
숙명적이다 заяа|х
숙명적인 заяатай, учралт
숙모(고모) эгч
숙박 сууц, хоноц
숙박소 дян, хоноц
숙박시키다 багтаа|х, байрлуула|х
숙성 болц
숙수(熟手) тогооч, пүнз
숙어(구)를 약(略)해서쓰다 хураангүйла|х, товчло|х

숙어지다(기울어지다. 수그리다. 수그러지다) онго|х, унхийлга|х
숙이다 бөхий|х, сэнсрэ|х, тахирла|х
숙제 илтгэл, реферат
숙지(정통)시키다(~에게) таниула|х
숙폐(宿弊) яр
순(서열) дугараа
순(順) дараала, захиалга. эрэмбэ, цэгц
순(식)간에 агшин зуур, хоромхон
순각(瞬刻) агшин, хором
순간 агшин, завсар, зуур, хором; түргэн ~ 당장에, 즉각, 즉시, 곧; агшин ~ 즉시, 순식간에; түр ~ 우선, 당장은; тэр унших ~аа дандаа тэмдэглэл хийв 그는 독서하는 동안(내내) 메모하였다; энэ ~ тэр тэр 때때로; ~ чөлөө 순간, 찰나, 잠시의 휴식.
순간의 түр
순간적으로 잇다 мартагна|х
순결을 빼앗겨지다 бузарта|х
순결하지 않게 되다 дэвтрэ|х
순결하지 않은 дэв, заваан, зунгагта|х
순결한 атар, гэмгүй, нүгэлгүй, цагаан
순경 сэргийлэгч, цагдаа
순경의 곤봉 бороохой
순계의 식물 ургаалаг
순대 колбаса, зайдас(ан) (돼지 창자 속에 쌀·두부·숙주나물 등을 넣고 삶은 음식.)
순도(성능·정도)검사(시험)하다 тэнсэ|х
순라 эргүүл
순라군 сахиул
순례자 мөргөлчин
순록 цаа буга (馴鹿: 사슴과의 짐승. 북극 지방에 분포하며 암컷에도 뿔이 있음. 다리가 크고 억셈. 길러서 부리며, 고기와 젖은 식용함; 고라니).
순록 사육자 цаачин
순모 ноос(он)
순무(의 뿌리) манжин; улаан ~ 비트 (근대· 사탕무 등); чихрийн ~ 사탕무; шар ~ 순무

순백표범 ирвэс
순번 дугараа
순살코기 зовлого
순서 дугараа, журам, цэгц, эрэмбэ
순서(順序) дараала, захиалга; он ~ 연대(연표) 학자, 역사가.
순서 바르게 되다 цэгцрэ|х
순서 바른 тойнтой
순서(규율) 바르게 замбараатай, тойнтой
순서를 나타내는 дэс; ~ тоо 서수, 순서수; ~ дугаар 순서, 서열; ~ дараа 뒤이어 일어남, 부분 수열(數列); ~ тушмэл 부관; нарийн ~ дараатайгаар 바로 뒤이어 일어남
순서를 따라 놓다 дараала|х, янзла|х
순서를 밟아서 яваандаа
순수(청정)해진 тунгаамал
순수한 аранжин, дару, жинд, хольцоогүй, цулгүй, шижир
순시 эргүүл
순시(순회)하다 гороо, дүгрэглэ|х
순식간 хором
순식간에 бушу
순양함 крейсер
순으로(~의) дагуу
순응(일치)하게 하다 зохилдо|х
순응성이 있는 гулбигар
순응하다 зохи|х, зохилдуула|х, нийцэ|х; санаанд ~ ~의 마음에 들다
순적색 час улаан
순전한 аранжин, жинд хольцоогүй, цулгүй, шижир
순조로운 тэнэгэр
순조롭게 амархнаар, өлхөн, торохгүй, түүртэлгүй
순종 дарулга, дуулгар, угсаалаг
순종가축의 혈통표 угсаалаг
순종의 동물 тоомсог, угсаалаг
순종의 말 тоомсог
순종치 않는 дөжин, дуугааргүй
순종하는 дуулгар, хүлцэнгүй
순진한 аюлгүй, гүндүүгүй, гэмгүй, гэнэн, ёжгүй, завдааггүй, ноцгүй, нүгэлгүй, хоргүй, хохиролгүй; хүүхэд шиг ~ 순진한 아이
순찰 эргүүл
순찰(순회, 순라)하다 цагда|х
순치(馴致)하다 идээши|х, нутагши|х
순탄하게 торохгүй
순한 номой
순화(純化)하다 торго|х
순화(정화)하다(되다) сийрэгжүүлэ|х
순환 гүйлгээ, орчил, эргэлт; мөнгө ~нд оруулах 돈을 유통 시키다; худалдаа ~ 거래(무역, 장사)하다; бараа ~ 상품의 회전(율); ~ сайтай бараа 상품의 회전(율) 거래액.
순환 과정 мөчлөг
순환(기) мөчлөг
순환(유통) гүйдэл; цахилгаан ~ 전류; цусны ~ 혈액의 순환, 피의 흐름
순환하는 ээлжит
순환하다 орчи|х, эргэлдэ|х, эргэ|х
순환하다(시키다) эргэ|х
순회 교구 тойрог
순회 설교하는 수사(수도사) бадарчин
순회 эргүүл
순회하는 доншмол
순회하다 тойро|х
숟가락 халбага
숟가락(스푼)으로떠내다(푸다) халбагада|х
술 согтоогч
술 спирт
술(術) ур(ан)
술(장식으로 달린 여러 가닥의 실) монцог
술 마시며 흥청거림 тойруулга
술 취한 халанги
술(다발)을 달다(~에) молцогло|х; молцог- лон унжсан усан уэм 포도의 송이

술(담배·커피. 요소·성분을) 혼합하다 найруула|х
술(장식의) цацаг
술(치즈 등이) 익다 өтлө|х
술(치즈 등이) 익어가다 хөгшрө|х
술고래 архичин, согтуурагч
술로 인하여 ~하다 ганира|х .
술로인한 согтуу
술병 лонх(он)
술부 өгүүлэхүүн
술술 өлхөн
술술(잘되는 것) түүртэлгүй
술어 нэр, томьёо, хэлц үг; нэр ~ 전문용어, 술어; эмнэлгийн нэр ~ 의학전문용어
술어(의) өгүүлэхүүн
술어(특수어· 어려운 말· 사투리· 폐어에 관한) 소사전 толь
술에젖음 архидалт, согтуурал, согтонги
술에 중독시키다 халамца|х
술을 달다(~에) цацагла|х
술을 마시다 соро|х, уулга|х
술을 지나치게 마신다 хөлчүүрэ|х
술의 숙성(熟成) өтлөлт
술잔 цөгц
술잔이 차례로 돌다 орчи|х
술책 бодлого, тактик, явуулага; ахил ~ 수단, 방책; хорт ~ 고의로 방해(파괴)하다; нууц ~ 도모하다, 꾀하다, 계획하다.
술취한 согтуу, хөлчүү
술파티 하다 архида|х
숨(호흡) амьсгаа; ~ авах 한숨 돌리다, 잠시 쉬다; ~ хураах 죽다, 사망(하다); ~ бөглөрөх 질식시키다, 숨막히게 하다; ~ давхцах 헐떡거리다, 숨차다; ~ ны тоо гуйцэх 죽다, ~한 죽음을 하다; ~ тай хоьсгдал, 숨을 쉬고 있다; ~ даран 숨을 죽이고; ~ гуй 숨도 쉴 수 없을 정도의, 숨 막히는, 마음 죄는; тэр ууныйг ганц ~ гаар хэлэв 그는

단숨에 말을 다 했다
숨겨 두다 дара|х
숨겨 주다 байрлуула|х, орогнуула|х
숨겨졌던 것을 드러내다 илрүүлэ|х, нээ|х, нээгдэ|х
숨겨주다(~을) хоргодуула|х
숨겨진 далдахь, далдлагч
숨결 амьсгал
숨기고자 시도하다(~을) далдалхийлэ|х
숨기는 аминчла|х
숨기다 балла|х, бугэ|х, булагна|х, гуйгуурла|х, далдавчла|х, далдла|х, ныгда|х, нуух, тухла|х, хаацайла|х, халхла|х, хонуула|х
(~을)숨기다 бутээ|х
숨기지 않는 хонгор
숨긴 далдахь, далдлагч
숨김 장소(곳) нугац
숨김(이) 없는 голч, шулуун
숨김다 бутээ|х
숨김없는 жавшуур, зангүй, ний ний нуугүй, тамиргүй, цагаан; ~ хун 꾸밈(숨김, 거짓) 없이 말하는 사람.
숨김없이 гялайн цайн, илтэд, илхэн, шулуухан
숨김없이 말하는 жавшуур
숨다 нуугда|х
숨막히게 하다(~을) боо|х, бөглөрө|х, бутэ|х, давчда|х, хаха|х; дотор ~ 숨을 헐тэр дирдэ.
숨막히다 бачууда|х; халуунд дотор 더위 때문에 숨막히다.
숨어 기다리다 нуугда|х
숨어 들어가다 мяраа|х; эмэгтэй цонх руу мяраав 그녀는 창문으로 몰래 다가가다; муур хашаа даган мяраав 고양이는 울타리를 몰래 다가가다
숨어 있는 далд
숨어서 기다리다(~을) амда|х, бугэ|х, ото|х
숨어있는 битуу
숨은 장소(곳) нугац

숨은 далдахь
숨을 내쉬다 салхила|х, сэвшээлэ|х, сэржи- гнэ|х, үлээ|х
숨을 쉬다 амьсгала|х
숨을 헐떡거리다 амьсгаада|х; амьсгаадан 숨이차다(헐떡거리다); гүйсний хойно / дараа ~ 달린 후에 헐떡거리다; хэл мэдээг амьсгаадан хүргэх/ уламжлах 헐떡이면서 말을 전했다
숨을 헐떡이며 견디다, аахила|х; ахилж уухилан 숨을헐떡이다, 숨을몰아쉬다.
숨을 혹 불다 нэрэлхэ|х, савса|х; савсуула|х савсах의 사역형; (연기를) 내뿜다, 혹 불어버리다, (담배를)뻐끔 뻐끔 피우다(빨다)
숨을 혹 불다 сагсуура|х
숨음 далдлагч
숨이 막히게 하다 бутэ|х
숨이 막히는듯한 더위를 느끼다 бугчимдэ|х
숨이 막히다 багтра|х, цаца|х
숨이 막힐듯한 бугчим; ~ халуун 숨이 막히는듯한 더위, 찌는듯한 더위.
숨이 막힐듯한 더위로부터 괴로워 하다 бугнэгдэ|х
숨차다 аахила|х, амьсгаада|х, давчда|х, уухила|х
숨통 багалзуур, хоолой, хүхээ; багалзууры нь шахах 질식(사)시키다.
숫구멍 зулай
숫기 없는 зовомтгой, ичимхий
숫기 없다 бишуурхэ|х, гирэвши|х
숫돌 билу, гуранз
숫돌감(돌) ин(г)
숫돌에 갈다(~을) билуудэ|х, ирлэ|х
숫말(성장한),адуу(н); ~н 말의 때; ~ны мах 말고기; ~ н чулуу 넓고 광활한 스텝 지대(대초원지대)
숫뗏닭 сойр
숫사슴(황소) ~을 큰소리로 말하다 урамда|х
숫여우 үнэг(эн)

숫염소 ухна
숫자 8 наймдугаар ; ~ сар 8월.
숫자 뚫는 기계로 구멍 글자를 내다 цоолборло|х, шивэ|х
숫자 номер, тоо(н); араб ~ арабиа숫자; ром ~ ром숫자; бутархан ~ 분수; 9 рэ 9 сгэ л ~, сондгой ~ 기수(홀수) 의 1,3,5,7,; г. м. нь сондгой ~ нууд 1,3,5,7,등등 기수; тэгш ~ 짝수; хяналтын ~нууд 숫자 목록; ~ авах 세다, 계산하다; ~ноос хасах 지우다, 삭제하다, 말살하다
숫자로 나타낸 тоон
숫자로 표시(계산)하는 тоон
숫자를 맞추는 카드놀이의 일종(로또) лото
숫자를 묘사하다(상상하다)(1 다음에 오는 숫자에 63 곱의 최하점인 천문학적인 수 묘사하다(상상하다) хирлэшгүй
숫자를 사용하는 тоон
숫자상의 тоон
숫자의 자리(기호) тоо(н)
숫처녀 мойл(он)
숭경(崇敬)하다 бширэ|х
숭고 жудаг, сүлд, сүр; ~ жавхлан 위엄 (장엄); нэр ~ 권위, 권력; ~ бадруулах 젠체하고, 거드름부리다
숭고하게 ихээр
숭고한 жудагтай, ноёлог, өндөр, язгууртай
숭배(존경)하다 сүсэглэ|х
숭배(존경, 경의)하는(~을) бишрэл
숭배하다 аравнайла|х, мэхий|х, равнайла|х, хүндэтгэ|х
숯으로 되다 нүүрсши|х
숯으로 만들다 нүүрсшүүлэ|х
숯이 되도록 굽다 нүүрсши|х
숱이 적다 тачирда|х
숱이 적은 сэмгэр, тачир
숲 мод(он), ой(н); ой ~ 숲, 산림; ~ бэлтгэл 목재 벌목; яс ~ 뼈대, 구조; гэрийн ~ 게르의 나무로 만든(된)

부분; ~ огтлох 나무가 떨어졌다; ~ хагалах 장작을 패다, 나무를 잘게 자르다; ~ суулгах 나무를 심다, 농원; тулшний ~ 땔나무; улаан ~ 마호가니 (재); ~ны дурс 짖는(기침) 소리; модон завод 목재 공장, 목공소; ~ны мужаан 목수, 목공; ~ хөрөөдөх газар 제재소, 대형 제재(製材)톱; ~н цагдаа 산림에 사는 사람; ~ газар 삼림지대; ~ мод 숲, 수풀; ~н аж ахуй 임학, 임업; ~ цэцэрлэг 산림(숲) 공원; ~н сургууль 임업(산림)의 학교; ~н мэргэжилтэн 임업 전문가, 산림학자

숲 도깨비 лус

숲 청소 халз

숲속의 길 жим

숲에 사는 악귀 лус; ~ын дагина 인어 (人魚) 조숙한(성적으로 눈뜬) 소녀, 수영 잘하는 여자.

숲이 많다 моджи|х

숲이 많은 модорхог

숲처럼 늘이선 것 ойрхог

쉬게 하다 ампа|х, унтуула|х, хагса|х; ~ цаг 휴식시간, 휴가 때; сэтгэл ~ 안정되다,

쉬는 곳 хэвтэш

쉬다 ампа|х, ампаа|х, бай|х, хөвхрө|х, юохисхий|х; ~ цаг 휴식시간, 휴가 때; сэтгэл ~ 안정되다

쉬엄쉬엄 가다 сэлгүүцэ|х

쉬운 амар, амархан, гайгүй, дөхөм, зовлонгүй, түвэгтүй, хөнгөн, хялбар, цагаан; ~ ажил 쉬운 일(작업); чи хоол хийж сурвал зохино ~ тун ~ шуу дээ 당신에게 요리하는 방법을 배울터인데, 그것은 아주 쉬운 것입니다; тэнд хүрэхэд ~ 쉽게 목적을 달하다, 쉽게 성공하다; ~сайн байна уу? 안녕하십니까?, 건강하십니까?

쉬운말로 다시 표현하다 орчуула|х, хөрвүүлэ|х

쉬이 될 수 있는 гайгүй, хөнгөн

쉬이 될 수 있다 хөнгөрө|х

쉬정이 сүх

쉬지 않는 нойргүй; ~ хонов 나는 밤에 잠을 자지 않는다.

쉭쉭(사냥개를 추기는 소리) туу.

쉰 тавь(тавин)

쉰(50) 번(회.배.곱) тавинтаа

쉰 목소리가 되다 сөө|х, сөөнгөтө|х

쉰 목소리의 сөөнгө

쉰째 тавьдахь

쉼 завсарлага

쉼표 таслага, таслал; цэг ~ 구두점

쉽게 구겨지다 үнгэгдэ|х

쉽게 되다 хөнгөрө|х

쉽게 바꾸는 хувирамтгай

쉽게 바꿔 쓰다(말하다) утгачла|х

쉽게 바뀌다 хүүрэ|х

쉽게 변하는 хувирамтгай

쉽게 불결한 хиртэмтгий

쉽게 전전긍긍하는 самгардуу

쉽게 주름지다 үнгэгдэ|х

쉽게 지치지 않는 дөжир

쉽게(쉬이) амархнаар

쉽게(잘) 보임 үзшил, бараа

쉽게되다 хялбарши|х

쉽사리 더러운 хиртэмтгий

쉽사리 амархнаар, өлхөн, түүртэлгүй

쉿소리를 내다 шижигнэ|х

쉿하고 꾸짖다 шижигнэ|х

슈퍼마켓 зах

스낵바 буфет

스라소니 шилүүс(эн) (고양잇과의 짐승. 깊은 삼림에 삶. 살쾡이 비슷한데 개만 함. 앞발보다 뒷발이 길며 귀가 크고 뾰족함. 나무에 잘 오르고 헤엄을 잘 침; 만연(獌狿), 추만(貙獌), 토표(土豹)),

스마일(smile) инээмсэглэл, мишээл

스마트하게 되다 дэгжрэ|х

스마트한 гоёхон, дэгжин, маятгай, намбагар, сэргэлэн

스며나오게 하다 лавра|х, шуурэ|х

스며나오는 уйлаа
스며나오다 нэвчи|х, нэвчрэ|х, чийхра|х
스며든 дэвтмэл
스며들게(침투하게) 하다(~에) шингээ|х
스며들다(~에) шурга|х
스모그 хүдэн
스모그(둥글게) ~을 둘러싸다 ууги|х
스모그(먼지)가 싸이다(덮이다) манара|х; толгой ~ 실신하다, 졸도하다; тоос ~ 먼지가 피어오르다(나다) яндангуу-аас утаа манарч байв 굴뚝에서 연기가 피어오르다.
스모그(안개)로 덮다 хүдэнтэ|х
스몰 룸 кабинет; Фнзихйн ~ 의약 실험실.
스무 번째의 것(사람) хорьдугаар
스물(20)개(사람) хорь(хорин)
스물(20)쯤 хориод
스스러워하여 좀처럼 말하지 않다(~을) тунирха|х
스스럼 없는 салдар сулдар
스스럼을 타는 тунимтгай
스스로 단념(만족)하게 하다 сайда|х
스스로 어떻게도 할 수 없는 арчаагүй
스웨드 илэг(илгэн) (안쪽에 보풀이 있는, 부드럽게 무두질한 양가죽); 사무아, 섀미가죽 (영양·염소·사슴 등의 부드러운 가죽)
스위치 ноцоолго, унтраалга
스윙 савлуур
스쳐 벗기다 сохло|х
스쳐 지나가게 하다(~와) учруула|х
스쳐 지나가다(~와) таарадла|х, уулза|х, учра|х
스쳐 허물이 벗어지게 하다 зулгала|х, өвчи|х
스치고 지나가다(~을) дайра|х
스치다 дайра|х, хавира|х
스치듯 지나가다 цахил|ах
스카치테이프 скооч (접착용 셀로판테이프; 3M 제품으로, 자기(磁氣) 테이프에도 스카치 명칭을 씀; 상표명).
스카프(목도리) алчуур

스카프(숄)의 술장식 цацаг
스커트 банзал
스커트 따위의 주름 хунираа
스커트 따위의 주름을 잡다 хуми|х
스커트(바지)의 마루폭 бус
스커트에서 옆으로 여러겹 댄 주름 장식 салбан
스컬 сэлбүүр (한 사람이 양 손에 한 자루씩 가지고 젓는 노; 그 노로 젓는 가벼운 경조용 (競漕用) 보트). ~ хэлтэн (바다표범의) 기각류(鰭脚類)의 (동물)
스컬(노)로 보트를 젓다 сэлбүүрдэ|х
스컬(로 젓는 일) хаюур
스케이트(이동) гулгалт; уран ~ 피겨 스케이트.
스케이트를 타는 사람 тэшүүрчин
스케이트링크 гулгуур
스케이트장(場) гулгуур, тэшүүр
스케이트화의 블레이드 далавч
스케줄 хуваарь
스케치 зураг, зурлага, нуруувч, схем, таталбар
스케치(사생)하다(~을) будуувч, сараачи|х, нооргло|х
스케치풍으로 будуувчилсэн
스콜(비를 동반·질풍·돌풍)이 떨어진다 будра|х
스퀘어(100제곱피트) квадрат
스크레이퍼 малтуур, самнуур
스크루 эрэг
스크루의 날개 далавч
스크린 далдавч
스크립트체 활자 бичиг; ~ үсэг 스크립트체 활자
스키(ski) цана
스키 스틱 малтац
스키 폴 малтац
스키를 타는 사람 цаначин
스키어 цаначин
스키의 스톡 гадас(ан), шон
스타의 одтой
스타일 загвар, маяг; загвар ~ 유형,

타입; хэлбэр ~ 모양, 형상; ~ байдал 외관, 겉보기; үлгэр ~ 모양, 패턴; шинэ ~ ийн 유행의, 유행을 따른, 스마트한; шинэ ~ийн хувцас өмсөх 최신 유행의 드레스
스타킹 оймс
스탑! бай, байз
스탠드 киоск, тавиур
스탬프 тамга, тийз
스탬프의 тамгатай
스테이지 тайз
스테이지 댄스 дэглэлт
스테이플 үдээс
스텐드 суурь; лааны ~ 촛대;
스텝 지대 тал, говь хээр; цөл ~ 황무지; ~ нутаг 편평한 시골(지방); цагаан ~ 광활한 평원; ~газар 대초원지대
스텝 지대의 외로운 나무 ёдор
스토브 зуух, пийшин
스토브(난로) 수리자 зуухч
스토브(난로)를 가열하다 галла|х
스토퍼(마개) бөглөө, таглаа
스토핑 чихээс
스톱워치 цаг
스튜요리로 하다 чана|х
스트라이크 цохилт, цохигч
스트레스가 쌓이다 даамжра|х; өөчин нь ~ (질병) 악화되어 진행했다.
스트레이트 шууд
스트레칭 сунаалт
스트레칭 하다 делбийлэ|х
스틸 болд, хэт
스팀 жигнэмэл, уур; ~ын тэрэг 증기 엔진; ~ амьсгал 대기, 기후, 천체를 둘러싼 가스체.
스팀 빵 мантуу
스팀으로 요리하다 жигнэ|х
스파 жонщ (벽개성(劈開性) 비금속 광물의 총칭);
스파이 буухиа, тагнуул, тагнуулч(ин), элч

스파이 노릇을 하다 гэтэ|х, тагна|х
스파크 дөл; очноос ~ бадрана 스파크가 점화(불길이) 되었다
스파크(불꽃)가 일다 дурвагана|х
스페인 Испани
스페인의 Испани
스포츠 спорт
스포츠의 운동 셔츠 футболк
스포츠의 조 команд
스포츠의 한 팀 команд
스포크 хигээс, хорол
스폰서 ивээгч
스푼 халбага
스풀 катушка
스프레이 шуршуур
스프링 баадуу
스피드광(狂) ковбой
스피드를 내다 давхи|х, сүнгэнэ|х
스피어링 хэриг
스핀 томмол
스핀 헤드 дугууни|х
스핀을 주다 үйлзэ|х
슬개골(해부학) тойг
슬괵(膝膕) тахим
슬기로운 мэргэн, сэцэн, хэрсүү, цэцэн; ~ ухаан 지혜, 슬기로움; ~ хун 현명한 사람; ~ үг 속담, 격언, 금언(金言); ~ э вгэ н 노인은 현명하다; ~ буу 정확한 총;~үг 속담, 격언, 금언(金言)
슬기로움 билиг, цэц
슬기롭게 하다 хэрсүүлэ|х
슬라이딩 гулгалт, гулсалт
슬라이딩하다 гулга|х
슬러시 зайрмаг; суун ~ 아이스크림
슬레이트 занар
슬로건(표어)제안(제언,주장)하다 лоозогно|х
슬로건으로 앞으로 나아가게 하다 лоозогно|х
슬로건을 반복 주장하다 гинши|х
슬쩍 보다 (~을) талмиара|х

슬쩍(흘끗) 보며 어슬렁거리다 (돌아다니다) (~을) донши|х
슬퍼하다 гансра|х, гасла|х, гашууда|х, гуни|х, гутра|х, гэнгэнэ|х, урвагана|х; гуниж гутрахын хэрэггуй 기운을 내라!,
슬퍼할 만한 харамсалтай
슬프게 하다 ганира|х, гансра|х, гансруу- ла|х, гашууда|х, гуни|х, гунигла|х, гуни|х
슬프도다! аяа, халаг
슬픈 гунигт, гунигтай, уйламтгай, урвагар; ~ шүлэг 비가(悲歌), элэгзи, 애가, 만가.
슬픈 눈물을 흘리는 үгээр
슬픈 듯한 гунигт, гунигтай
슬픈 체하다 гоншгоно|х, гуншгана|х
슬픈듯이(호소하듯) 말하다 яргала|х
슬픔(비애.비통.비탄) гаслан(г), гансрал, гашуудал, уй гашу, гуниг, зовлон(г), зовнил, уй, халаг, харамсал
슬픔(분노·욕망 따위를) 누그러뜨리다 зөөлрүүлэ|х
슬픔(사랑)으로 파리(수척)해지다 гунигла|х
슬픔(유감스러운, 가엾은, 딱한)으로 보이는 өрөвдөм
슬픔과 눈물로 덮고 있다 үгээрлэ|х
슬픔에 잠기다 гасла|х
슬픔에 잠긴 гунигт, гунигтай, тайгаршгүй; ~ зовлон 슬픔에 잠기다
슬픔에 젖은 зовлонтой, уйлаан майлаан болох
슬픔을 나타낸 гунигт, гунигтай
슬픔을 느끼게 하는 үгээр
슬픔을 자아내는 гунигт, гунигтай
습격 дайралт, довтлого, довтолгоо, өнгөлзлөг, халдлага
습격(강습)하다 довтло|х; халдан ~ 습격(공격,강습)하다; үгээр дайрч ~ ~에게 무례한 짓을 하다
습관 ая, зан(г), заншил, зуршил, хэв, хэвшил; ~ тух 위로, 위안; аяы нь олох ~일에 대해서 정확한 길을 찾아가다; ~ шалтаг 원인, 이유; муу ~ 나쁜 습관(버릇)
습관(버릇)되어 지다 занши|х
습관(습성)적이 되다 хэвши|х
습관성인 донтой, хэнхэг
습관의 дасамтгай
습관이 되다(~에) цайра|х
습관이 들게 하다 дасга|х
습관이 들다 занши|х
습관적(체질적)인 우울 гунигл
습관적으로 기어오름 авирдаг
습관적으로 하다(~에) даса|х
습관적인 실수(잘못, 틀림, 과실) андуурдаг; би заримдаа туунийг дуутэй нь ~ 그의 동생은 가끔 실수를 한다.
습관적인 дасамгай, зуршмал, хэвшмэл
습기 있는 нойтовтор, чийглэг
습기 нойт, нойтон, чийг; ~ хувцас 물에 젖은 옷; ~ мод 푸른 재목(제재목); ~оо крим 치약
습기가 많은 чийглэг
습기찬 нойтовтор, чийглэг
습도 нойт, чийг
습독(濕毒) тэмбүү
습득하다 боло|х
습성 зан(г), заншил, зуршил, хэв, хэвшил
습성이 된 олдмол
습성적인 дасамгай, зуршмал, хэвшмэл
습윤 нойт, чийг
습윤기(濕潤器) чийгжүүлэгч
습자(그림)본 дэвтэр
습자책 дэвтэр
습저(濕沮) даац
습지(濕地) бамбалзуур, даац, дэгнэлзүүр, намаг
습지(소택)가 되다 намагта|х
습지(소택)의 гамагархаг, намагдуу
습토(濕土) даац

습포(濕布) жин(г), компресс
승(勝)하다 дава|х
승(勇)마 уналга, хөлөг, хүлэг
승강기 өргөгч, өргүүр
승강이하다 тэмцэлдэ|х
승객 зорчигч
승낙 зөв, нийлэмж, тохирол, тохиролцоо
승낙하다 нийцүү, үгсэ|х
승냥이 чоно
승리 ялалт
승리를 거두다 дава|х; давсан бех реслинг (씨름)에서 승리를 거두다
승리를 거둔 ялагч, ялгуусан
승리를 놓치다 хожигдо|х
승리를 뽐내다 баярла|х
승리의 ялагч
승리자 түрүүлэгч, ялагч
승리하다 дава|х
승리하여 의기양양해하다 баярла|х
승마(乘馬) морьт
승마용의 말 хүлэг
승마하다 хөлөглө|х
승마후 안장주변에 고삐를 죄어 말의 머리를 끌어 올리다 хантайра|х
승부 зодолдоон
승부를 겨루다 тоглочи|х
승부를 정하다 тогтоо|х
승산 боломж
승수(乘數) үржигдэхүүн, хуваагдагч
승인(찬성)하다 зөвшөөрө|х; хүлээн ~ 승인하다; зөвлөл төлөвлөгөөр сайшаан зөвшөөрөв 그 계획에 심의를 승인한다; эмч тууний гадаа яваxыг ~гүй байгаа 그 의사는 그가 퇴원 할 것을 허락하지 않았다.
승인하다 олго|х, сайшаа|х
승인할 수 없는 танигдашгүй, танишгүй
승자 진출전 тэмцээн
승전 ялалт
승진(상승)하다 авира|х
승진시키다 дэвшүүлэ|х
승진하다(시키다)(~로) ахи|х
승차 унадаг
승차권 билет
승차권 없이 여행하다 туулайда|х
승창 сандал
승합마차 мабу тэрэгчин
승합자동차 автобус;
시(時) удаа
시(詩) шүлэг
시(글을) 만들다(짓다) зохио|х
시(음악 등) 달콤하고 감상적인 нялуун
시가 шүлэг, үнэ
시가의 반복(구) бадаг, дахилт
시가전차 трамвай
시각 цаг, харaa
시각(거울에 비친) 상(像) дүрс(эн)
시각이 늦은 оройхон
시간 따위의 예정을 세우다 төсөвлө|х
시간 галав, завсар, зуур, хугацаа, цаг
시간(거리 따위를) 짧게 느끼게 하다 оготорло|х
시간(기간) 엄수 даац
시간(기한)을 엄수하는 нямбай; цэвэрч ~ аядам и цэвэрхэн, зөв(малсүйк, цалим, цэвэрхэн)han; нягт ~ нямбай, cайн, мэдээлэл.
시간(노력을) 들이다 зара|х
시간(돈을) 낭비하다 үрэ|х, үрэгдүүлэ|х
시간(세월 등을) 헛되이 보내다 цаг нөхцөө|х
시간(세월이) 어느덧 지나가다 давхий|х
시간-거리의 조금 дадгарда|х
시간을 (지)정하다(~의) болзо|х
시간을 낭비하다 юухан хуухнээр цаг нэ хцэ 9 х
시간을 보내다 цаг нөхцөө|х
시간을 빈둥거리며 보내다 лалхай|х, хэсүүчлэ|х

시간을 쓰다 зара|х
시간을 우물쭈물(어정버정) 보내다 сунжра|х, хурга|х
시간을 허비하다 тэнэглэ|х
시간을 헛되이 하다 юухан хуухнээр цаг нө хцэ э х
시간을(생애) 바치다 зориулагда|х
시간의 경과 галав, удаа, хугацаа
시간의 분=60초 хувь
시간이 경과하다 нөгчөө|х
시간이 너무 짧다 бачуухан
시간이 아니다(~하는) духа|х
시간이 없다 амжаагүй
시간이 있다 амжи|х; бид эмч олж амжсангүй 우리는 의사로부터 시간을 얻지 못했다
시간이 있다(~할) завда|х
시간이 한가한 чөлөөт
시간적으로 전의 хууч(ин)
시게하다 нэшлэ|х, хахра|х
시계 мэдэц, цаг
시계 제조인(수리인) цагчин
시계(視界) далайц, хараа
시계(視界)를 가리다 боо|х, боогдуула|х
시계의 진자 савлуур
시골 орон, хөдөө(н); усл ~ 국가, 나라; гадаад ~ 외국나라; ~ нутаг 시골, 지방; халуун ~ 열대(지방)의 나라; эх ~ 고국, 모국; эх ~ондоо эргэх ирэх 고국으로 돌아오다; ~ зайн 공간적인; ~ зай 공간, 장소
시골(지방) гадаа
시골의 хөдөөрхүү
시골지역 гадаа
시골풍의 гадаа, хөдөөрхүү, хөдөөрхүү
시골풍의 소별장 зуслан(г)
시골풍의 양질을 획득하다 хөдөөши|х
시골풍의 품질을 손에 넣다 хөдөөши|х
시구(詩句) бадаг, шад
시굴 хайгуул

시굴자 хайгуулчин
시굴함 өрөмдмөл
시궁쥐 хулгана
시궁창 шуудуу
시기 галав, найдангуй, хар, хиа, шар, шат, эрин; ~ э вчин (의학) 황달, 간염.
시기(샘.시샘) атаа, атаархал, жөтөө(н), хор шар; ~ тэмцэл ~을 시새우다, 시기하다.
시기(질투.시샘)하다 атаарха|х
시기를 정하다(~의) хугаца|х
시기상조의 зуурд; ~ын үхэл 때 아닌 죽음; тууний өөдрөт сэтгэл ~ын байжээ 그의 낙천주의는 시기상조다
시기에 맞추다 хугаца|х
시기하여 жөтөөрхүү
시끄러운 дарвиантай, дүйвээнтэй, нүгээнтэй, нуршаа(н), орилоо, хашгараа
시끄러운 사람 бужирнаан
시끄러운 소리 шуугиан
시끄러운 일 тойв, төвөг, түвэг, уршиг, ярвиг
시끄러운 큰 소리를 내다 нажигнуула|х
시끄럽게 말하다 нажигна|х, нүргэ|х, пажигна|х, тужигнэ|х, түрчигнэ|х, хужиг- на|х, хүнгэнэ|х, хүржигнэ|х, хурчигна|х
시끄럽게 지저귀는 чалчаа
시끄럽다 чангада|х
시끌시끌한 дүйвээнтэй
시내(내, 개울) горхи
시내(내.개울.개천)가 흐르다 горхило|х
시냇물 따위의 졸졸소리내(며 흐르)다 (졸졸 소리내다) шоржигно|х
시냇물이 졸졸 흐르다 дужигна|х, дурж- гана|х, дэлүүрэ|х
시녀(희석제,용제)를 넣다 сийрэ|х
시능을 하다(~하는) дүрэмдэ|х
시달리다(~에) өртө|х, сонжигдо|х
시대 галавт эрин, улирал; мөсөн ~ 빙하 시대; ~ юулэх 노아의 홍수,

대홍수, 큰물.
시대 분류 үечлэл
시대 풍조 чиг
시대(유행)에 뒤진다 хуучда|х
시대를 둘로 나뉘다(나누다, 분할하다) үечлэ|х
시대에 뒤진 хожуудсан, хоцрогдонгүй
시도 оролдлого, оролдоц, сорилт, туршилт, туршлага, хичээл, чармайлт
시도(노력)하다 열망하다 эрмэлзэ|х
시도(시험.검사)하다 туршигда|х, оролдо|х, үзэ|х, үзэ|х, хичээ|х, чармай|х
시도하다(~을) хичээ|х, чармай|х
시동시키다 паадалза|х
시든 өгөр, сарчгар, хагсаамал, хувхай, хужгар, эвдэрхий
시들게 하다 арга|х, дөрий|х, онго|х, төөнө|х
시들다 ганда|х, гэюүрэ|х, дөрсгөр, дөрсий|х, онгоо|х, орчий|х, төөнө|х, үгсэ|х, унжий|х, хагдра|х, хувхайра|х
시들은 орчгор, хувхай
시들한(접대) зэлгээн
시듦 хувхай
시럽 ханд
시렁 тавиур
시력(視力) нүд(эн), хараа; ~ний эмч 안과의사, 검안사(檢眼士);~ний цэцгий 눈의 눈동자, 동공(瞳孔); ~ний дээд зовхи 위쪽의 눈꺼풀; ~ний доод зовхи 아래쪽의 눈꺼풀; ~ний өвчин 안질, 눈의 질병; ~ний шил 안경; тэр ослоор өрөөсөн ~гүй болсон бөгөөд одоо тэр шилэн ~ тэй 그는 사고로 한쪽 눈을 실명했다, 그리고 지금은 유리제의 의안을 했다; ~ний ухархай 눈의 와(窩); ~ний хараа 시력; ~ сохрох 눈멀게 되다, 장님이 되다; өрөөсөн ~ сохрох 한쪽이 안 보인다; ~ аних 눈을 감았다, 죽었다; ~ нь орой дээрээ гэрах (놀라움으로 눈이) 튀어나오다; ~ сайтай 시력이 좋다; ~нээс далд 시야가 가렸다, 눈에 안 보이는; ~эн дээр илт 바로 눈앞에, 드러내놓고; ~энд өртөхгүй 눈에 보이지 않는; хуур ~ 지혜로운 눈; ~ цавчих зуур 눈이 반짝반짝하다; ~нрмэх зуур 당장에, 즉각, 즉시.
시력이 좋은 нүдтэй
시련을 경험하다(겪다, 당하다) өртө|х, эдлэ|х
시로 짓다(말하다) шулэглэ|х
시론(詩論) найруулал, реферат
시를(글을) 짓다 зохио|х, хөнгөрө|х
시를(문장을) 쓰다(짓다) бичи|х
시름에 잠긴 듯한 санаашрал
시리즈 сувраа, цувраа
시리즈로 하다(~을) цувуула|х
시멘트 цемент
시멘트로 접합하다 цементлэ|х
시멘트를 바르다(~에) цементлэ|х
시뮬레이션 бааш
시민 ирэн
시방 төдөлгүй, тодхон
시베리아의 족제비 일종 солонго
시사 해설 нийтлэл
시사(示唆)하다 илэрхийлэ|х; энэ талаар тэр санал бодлоо тодорхой илэрхийлэв 그는 그의 자신에게 아주 강하게 이 요점을 표현했다; эусэл ~表現하다; тэр санаагаа яруу илэрхийлж цадагтуй 그는 그의 자신을 잘 표현 하지 못한다; тууний илтгэл цугларсан олны санаа бодлыг илэрхийлж 그의 보고서에는 회의의 견해를 잘 나타내었다.
시샘(시기.샘) атаархал, жөтөө(н), найдан- гуй, хар, хор шар
시샘을 보이다 найдангуйла|х
시샘하는 атаархагч, атаархуу, жөтөөрхөг, үтээрхэг, хартай; ~ харц чулуудах ~을 흘긋 보며 시샘하다
시샘하다 хордо|х
시선(눈길)을 돌리다 ониволзо|х
시선이 따뜻한 булээвтэр

시세 түрлэг, үнэ
시스템 байгуулалт, бутэц, дэглэм, систем, тогтолцоо
시스템의 고장 сөнөл
시시(바보 같은)하다 хийсдэ|х
시시(時時)로 алдаг оног
시시껄렁한 аар саар; ~ юмаар хөөцөлдөх 쓸데없는 일에 시간을 낭비하다.
시시덕거리는 шалигүй
시시덕거리다 алиала|х, маазра|х, тохуурха|х
시시때때로(時時-) алдаг оног
시시한 곳 газаргүй
시시한 일 ялимгүй
시시한 일로 말다툼하다 маар мур хийх
시시한 허울(허식)만의 хий, хоосон
시시한 аар саар, аахар шаахар, булай, гоомой, гэдэн годон, донгио, доожоогүй, дэгдэгнүүр, жавхаагүй, жижиг, лөөлгөр, муусайн, нурмагар, сонирхолгүй, үхэнги, хавгүй, хууrиа, хэрхэвчсээр ~ юмаар хөөцөлдөх 쓸데없는 일에 시간을 낭비하다.
시시한(평범한) 것(일, 생각, 작품) юухан хуухэн
시시해지다 нэшлэ|х
시식하다 амса|х, үзэ|х; архи ~ 보드카를 맛보다
시신(屍身) үхээр
시아버지 эцэг
시야 далайц, мэдэц, үзвэр, хараа
시어지다 нэшлэ|х, хахра|х
시어진 우유로 만드는 연하고 흰 치즈 ээзгий
시어진 эхүүн
시여자(施興者) түгээгч
시연하다 сургуулила|х
시용 сорилго
시운전 сорилго
시원하게 하다(해지다) сэлбэ|х, сэрүүцүү- лэ|х, хөрө|х, жирүүрэ|х
시위운동(데모) жагсаал; ажил хаях ~д 100,000 гаруй хун оролцжээ 파업 중에 붙잡힌 사람이 100,000 명이 넘었다; 7-р са-рын 11-ний баяр наадмын 7월 열한 (번)째의 Naadam의 행렬; ялалтын ~ 승리를 축하하는 행진; сурт ~ 데모, 시위운동; эсэргүүчлийн ~ 항의 행진; төр/улсын баяр наадмын ~ 기뻐하는 (환호하는) 찬양; морин цэргийн ~ 기병대 (기갑부대) 대형; ~ын дарга 최전선에 장교를 배치하다; ~ хувцас 예복; улс/төрийн ~ 정치(정략)상 행진; ~ дэмжих 데모(시위운동)를 지지하다; ~ аас гаргах ~의 활동하지 못하게 하다, ~의 전투력을 잃게 하다; ~ын бэлтгэн дрил, 반복 연습; ~асс гарах 쓸모없게 만들다, 무능(무력)하게 하다
시위행진 жагсаал
시의 마디 бадаг
시의 연(聯) бадаг
시의 연(聯)을(절을, 마디를, 시구를) 쓰다 бадагла|х
시의 절(節) бадаг
시의 한 행(行) бадаг
시의 한행(줄) шад
시의 행정구역 дүүрэг
시인 шүлэгч
시인(재가) батламж
시인(확인)하다 зөвшөөрө|х
시일 галав, удаа, хугацаа
시작 өгсүүлээд, тулгар, түрүүч, тэргүүн, хэт, эх, эхлэл
시작되게 주다 сэрдхий|х
시작되다 өдө|х, хангина|х, цочи|х, догдосхий|х
시작으로 анх(ан)
시작을 하다 сэрдхий|х
시작의 말 оршил
시작의 анхдагч
시작하다 анхла|х, өдө|х, санаачла|х,

удаа|х, үүсгэ|х, үүсэ|х, цочи|х; хэруул ~ шүүмийн эхлэл
(~руу)шайлах дохдосхий|х
(~эшр)шайлах улбаала|х
(~ул)шайлах онгойлго|х
шайлабу(бсбу) уда|х, эхлэ|х
шайлабу сарваада|х
шашу(市場) зах; ~ зээлийн эхийн засаг шашу экономика; ~ зээлийн үнэ шашу үнэ(ши сэр); ~ зээлийн судалгаа шашу суцалгаа(зо сэр).
шашу санан захчин
шашукирөль үзнөкка өлсө|х
шашудокчөм монополи
шашусонгин ноубь гүйлгээтэй; ~ тэй бараа палгие чокхапхан илйонгпхум(пхильсупхум, мульжа).
шашунгэй(качор) гүйлгээтэй
шашуни шаю кёнчэнгин өрсөлдөөнтэй
шичор(時節) улирал
шиёнг даяар
шиёнгилкхвансэн залгаа
шиёнгилкхваннхигэ ямагт
шиюнг дуне шарам пара пуроочин, баримтлагч, дагалдагч
шиюнг тырда сувила|х, үйлчлүүлэ|х
шижи аннын хүчгүй
шижиб(чангка) понэда гэрлүүлэ|х, эр эм барилдуула|х
шижиб(чангка) када богтло|х
шичар(гёнгхак)хада байцаагда|х
шичарчар байцаагч, хянагч
шичхэ үхээр, хүүр, цогцос, шарил, яс; ~ ий газар мөрзйзө
шичхэрэл панпу чхлихада зандануула|х
шичёнэхта тунтра|х, тумлайда|х, шамла|х
шичхои анхдугаар
шичхимиттёда гөөмсогло|х, гүйгуурла|х
шичхимжил хаваас
шичхимжил(качонг)хада(~э) торго|х
шичхимжилхада(~уль) хава|х, шидэ|х
шичхимжирхан панульттам хаваас

шикырхагэ пёнхада исэ|х
шикырхан исгэлэн, хүү, хүчилдэр, эхүүн
шикырхан уюу тараг
шикырхан уюу арц
шикхида алив, амсуула|х, байг, оруула|х; нандив хандив ~ бонбүнэ ташада, пунэ маннын понса(кибу)рыль хада; санал ~ хөдлөх, шилжүүлэх; хэлэх үгэнд засвар ~ илсолчяэ йонжеруль кёчжонг(сучонг)хада; чжагсаалтанд ~ мокроктпхёэ шитта; мёнбусэ орида; усан онгоцыг зогсоолд ~ хангүэ чонгбархада; ээлмшилд ~ сою(чжомрёнг.чомъю) хада; төөргөлдөлд ~ гырыт индохада; зарлагад ~ ~эгэ пиёнгыль пудамшикхида; ~ ух юм ~ыль машигэ хада; ~ автобусанд сууцгаа буссырыль тхагэ хада
шитхи хот
шиха(гэ)хада арга|х; нудырыль ~ нунгирыль ссырарыгэ апхыда
шихаб конкурс, өрсөлдөөн, уралдаан; ~ин шалгалт кёнчэнгшихом
шихом оролдлого, сорилго, туршлага, шуулт, шуулэг
шихомбоа(чхирыда) шалгуула|х
шихом(гэмса.шилхом)чжанчхи туршигч
шихом(шидо)хада сори|х
шихом(ымми)хада турши|х, үзэ|х
шихомгван хянагч
шихомдоэн шалгарсан
шихомшил лабаратори
шихомвивон хянагч
шихоми пучжонхэнви булхай, луйварчин
шихевуль(施惠物) буян; ~и үйлс чяэ, чжаби, пагэ, инчжа(仁慈), чжасон; чяя ~ хэний(бок)
шикэк паразит
шиккёни иннын андахгүй, долингор
шикки дынъи вончонхан хан пёл(шетэ) иж; чхайнги ~ хэрэглэл нёкчя шетэ; ~ бурэн чжохёль бүрэн кылочжядырь; ~ унтлагын

өрөө-ний ~ бүрэн тавилга 완전한 침실 가구 한 벌.
식단 цэс
식당 ресторан
식당 벽면의 식기 살강 хорго
식당에서 식사를 하다 гуанздах
식도 багалзуур, заазуур, хоолой, хутга, хүхээ
식도락 хоолонцор
식도락의 халарган
식량 зоог, идэш, идээ(эн), идээн, өл, хоол, хүнс(эн); цагаан ~ 일일 산물 (생산품); ~ амсах 음식 맛 ~ тавих 일일생산품을 말ридах(건조시키다); самрын ~ 견과(호두·개암·밤)의 인, 견과의 심(心); чавганы ~ 플럼(서양자두.살구.복숭아)의 씨; цайны ~ (홍)차 양조(업); (홍)차 양조량
식료품 идэш, хүнс(эн)
식료품 가게 зах
식림(조림)하다(~에) моджих
식모 шивэгчин
식목(植木) ойжуулалт
식목(조림)하기 위해 운반하다(나르다) ойжуулах
식물 ургамал
식물의 성장을 빠르게 하다 духайх
식물 생태 ургамалзүй
식물(초목) 생장(발육)하여 엉키게 하다(얽히게 하다) хөгнөлдөх
식물(초목) 없는 ургамалгүй
식물(초목)의 뿌리박게 하다 үндэслэх
식물·생물의 층 давхарга
식물에 물을 주다 услах
식물을 거약(去葯)하다 хөнгөлөх
식물을 기르다 тойлох
식물을 이식(移植)하다 моджуулах
식물의 덩굴손 сахал
식물의 덩굴이 기다 мөлхөх
식물의 마름병 харуу
식물의 바늘(가시) өргөс
식물의 바람에 의하여 흔들리다 гуврах
식물의 배유(胚乳) уураг
식물의 씨를 뿌리다 үрслэх
식물의 아린(芽鱗)(싹,봉오리를 보호하는) үс
식물의 액즙 шим
식물의 액즙(液汁) шуус
식물의 잎맥 судал
식물의 줄기 шилбэ
식물의 진 залхаг, зунгаг, салиа
식물의 태좌(胎座) харвис, хэвтэш
식물의 히팝헤이 чацаргана
식물이 말라죽다 халих, үхэх
식물이 말라죽은 үхмэл
식물이 무성해지다 ургуулах
식물이 뿌리를 박다 үндэсчих
식물이 열매를 못 맺는 үржилгүй, хусран
식물학 ургамалзүй
식물학자 ургамалзүйч
식민(지) колони; колонийн бодлого/дарлал 식민(지)의방책(정책); колонийн асуудал 식민(지)의 문제.
식민시키다 колоничлох
식민지 건설 колоничилол
식민지화 하다 колоничилогдох
식민지로 만들다 колоничлох
식민지주의자(의) колоничлогч
식민지화 колоничилол
식민하다 төвхнөх
식별 диагноз, ойлгоц
식별하는 заагтай, ялгагдахуйц
식별하다 зааглах, ялгаварлах; нутаг ~ 지역의 범위(한계, 경계)를 정하다.
식사 끝내다 хооллох
식사 시간 хоол
식사 зоог, идээн, хоол; ~ барих 만찬회를 열다; ~ийн газар 가벼운 식사 집, 스넥 바; ~ зугаа 연회, 주연.
식사에 초대하다 гийчлэх, дайлах
식사하는 хоолтой

식사하다 идэшлэ|х, хоолло|х
식수(식목)하다 ойжи|х
식수(植樹) ойжуулалт
식염 давс(ан), шорвог; ~ ус 소금물
식욕 дуршил
식용 짐승의 고기 мах(ан); хонииы ~ 양고기; ухрийн ~ 쇠고기; тэмээний ~ 낙타고기; гахайн ~ 돼지(아저)고기; шуввуны ~ 닭고기(가금); тахианы ~ 치킨; ангийн ~ 사냥해서 잡은 것 (짐승·새); та-рган ~ (요리가) 기름기가 많은 고기; шарсан ~ 불고기, 구운 고기; чанасан ~ 고기를 불에 굽다; татсан ~ 고기를 저미다(다지다); бөөрөнхий ~ 미트볼, 고기완자; хуучин ~ 짐승을 도살하여 고기를 오래 동안 저장하다; бухэл ~ 자르지 않은 고기; тураг ~ 언제라도 요리 할 수 있게 준비된 통째고기; ~ болгох 도살된 가축; хар ~ 기름기가 적은고기, 살코기만; шар ~ 양피지, 고기의 막피(膜皮); чагаан ~ 직장(直腸),곱창; улаан ~ 생(날)것의 고기; ~ан хоол 고기요리; ~ан хуурга 맵게 한 쇠고기와 야채의 스튜 요리; ~ны мухлаг 푸주한, 정육점, 고기 가게
식용(食用)의 가금(家禽) шуввуучин
식용에 적합치 않은 идүүлшгүй
식용에 적합한 씨(앗) цөмөө
식용으로 죽이다 нядла|х
식용의 열매 цөмөө
식육(食肉) мах(ан); хонииы ~양고기; ухрийн ~ 쇠고기; тэмээний ~ 낙타고기; гахайн ~ 돼지(아저)고기; шуввуны ~ 닭 고기(가금); тахианы ~ 치킨; ангийн ~ 사냥해서 잡은 것(짐승·새); тарган ~ (요리가) 기름기가 많은 고기; шарсан ~ 불고기, 구운 고기; чанасан ~ 고기를 불에 굽다; татсан ~ 고기를 저미다 (다지다); бөөрөнхий ~ 미트볼, 고기 완자; хуучин ~ 짐승을 도살하여 고기를 오래 동안 저장하다; бухэл ~ 자르지 않은 고기; тураг ~ 언제라도 요리할 수 있게 준비된 통째고기; ~ болгох 도살된 가축; хар ~ 기름기가 적은 고기, 살코기만; шар ~ 양피지, 고기의 막피(膜皮); чагаан ~ 직장(直腸),곱창; улаан ~ 생(날)것의 고기; ~ан хоол 고기요리; ~ан хуурга 맵게 한 쇠고기와 야채의 스튜요리; ~ны мухлаг 푸주한, 정육점, 고기가게
식인자 махчин
식자 хийц
식자(의) өрөлт
식자공 өрөгч, хэвлэгч
식자하는 직공 өрөгч
식전(식후)의 감사기도 ереел, хишиг, равнай
식전의 음료 зууш
식지(食指) долоовор хуруу
식초 цуу
식칼 заазуур, мэс, хутга; ~ засал 외과 (이 술), 수술; эасалт 외과 외시; заслын хутга 외과용(해부용) 메스, 작은 칼
식칼로 잘게 썰다 заазуурда|х
식탁 ширээ
식탁보 бутээлэг
식탁용의 포크 сэрээ
식품 зоог, идэш, идээ(эн), идээн, өл, хоол, хунс(эн); ~ хоол 식사, 식량; ~ уушны дэлгуур 식료품류(잡화류) 가게, 식품점; ~ хийх, ~ гаргах 월동양식, 겨울 준비용 고기와 봄 양식; ~ сайтай хөрөө 톱으로 켜다(자르다), 톱으로 켜서 만들다.
식품의 통조림으로 하다 консервло|х
신 исгэлэн, хуу, хучил, шаахай, эхүүн
신 것 кислота
신 크림의 цөцгий
신(구두의) 뒤축 зуузай
신(그리스도가) 구속(救贖)하다 золи|х

신(다신교의 남신·여신) савдаг
신(神)(하느님)의 뜻 заяа(н); улс срны хувь ~ 나라의 운명(숙명); хувь ~ндаа баярлах 자기의 운명을 감사하다; хувь ~ны эрхээр 운명에 의하여(장난); бидний ~ мэдэг 어떤 운명의 별이 우리의 것인지 모른다; ~муут 불행한, 불운한; амар ~ узуулэхгүй ~의 평화를 깨뜨리다.
신(新)발견의 шинэ
신(神)에게 기원(기도)하다 залбира|х
신(神)을 받들다 бшрэ|х
신(神)풀이 하다 бөөл|х
신(신는 것) гутал
신격(神格) савдаг
신경 мэдрэл, салдар; харааны ~ 시신경, 눈의 신경;~ийн судал 신경 섬유; ~ муудах 신경(성)의 쇠약.
신경(감정)이 긴장한 хурцадмал
신경계(통) мэдрэл
신경과민 хийрхэл
신경과민이다 тавтаргүйтэ|х
신경과민한 хийрхүү
신경과의사 бөөр ний эмч
신경구(球) булчирхай
신경성 хийрхэл
신경절(節) булчирхай
신경질 хийрхэл
신경질나게 하는 사람 урүүл, саз
신경질을 부리다 хийрхэ|х
신경질적인 огзом, омголон, омог, омогтой, сэжигч, сэрвэгнүүр, түргэдүү, хийрхүү
신경질적이다 тамшаала|х
신경학자 бөөр ний эмч
신고 зудуур
신고 протокол; ~ бичих/хөтлөх 기록하다/ 기록해두다
신고 хал
신고하다(~에) сонсго|х
신교에 대해 구교의 католик

신교의 감독 хамба
신규 모집 элсэлт
신기루 зэрэглээ(н)
신기루로 보이다 зэрэглээтэ|х
신기루로 생각되다 зэрэглээтэ|х
신낭(腎囊) им, сараанаг, хуух
신념 등의 불변의 тууштай
신념 등이 무너지기 쉽게 되다 хэврэгши|х
신념 баримтлал, итгэл, сүжиг, үнэмшил, шүтлэг; ~ найдвар 신용, 신뢰; ~ өгөх ~의 신용을 주다; ~тэй ярих 비밀을 털어놓다; тэр ~ эвдэв 그는 불성실한 행동을 했다.
신념(확신)이 부족되다 бөөрөнхийлө|х
신는 것(신발·양말) гутал
신데렐라 Үнсгэлжин, шоовдор (계모와 자매에게 구박받다가, 마침내 행복을 얻은 동화 속의 소녀).
신도들 бөөгнөрөл
신디케이트 синдикат
신랄한 гөнтэй, ёвроготой, хахуун, хорон, эхүүн
신령(神靈) савдаг
신령감응 онгод
신뢰(信賴) итгэмж, итгэмжлэл, найдвар, найдлага, сүсэг, трест, үнэмшил, итгэл; ~ найдвар 신용, 신뢰; ~ өгөх ~의 신용을 주다; ~тэй ярих 비밀을 털어놓다; тэр ~ эвдэв 그는 불성실한 행동을 했다.
신뢰를 얻다(~의) итгэмжлэгдэ|х
신뢰성 있는 баарагтүй, буйртай, итгэлтэй, лавтай, мадаггүй, найдвартай, түшиг- тэй; ...талаар надад ~ мэдээлэл бий 나는 그 정보를 믿을 수 있다.
신뢰하는 관계 най; ~ болосон хун 친밀한 친구; ний ~гүй итгэсэн нөхөр 유효성이 증명된 친구, 신뢰할 수 있는 친구
신뢰하다 дулдуйда|х, итгэ|х, итгэмжл|эх, найда|х, тулдуйда|х, үнэмши|х; бурханд

~ 하나님을 믿다; уунд буу итгэ 당신은 그것을 믿지 않는다; туунд итгэж болно 당신은 그를 신뢰 할 수 있다; би тууний угэнд итгэдэг 그의 말을 신뢰하다; туунд итгэж найдах хэрэгтүй 그의 것은 신뢰할 수 없다.

신뢰하여 사람을 의심치 않는 найдангүй

신뢰할 수 없는 итгэлгүй, мадагтай, найдваргүй, найдлагагүй; тэр эдгэрэх ~ байна 그의 경우는 어찌할 도리가 없다; тэр эмэгтэй ~ хун дээ 그녀는 완전히 (아주) 신뢰할 수 없다.

신뢰할 수 없다 гоомойто|х, тавтаргүйтэ|х

신뢰할 수 있게 되다 томоожи|х

신뢰할 수 있는 хариуцлагатай

신맛 исмэг, хүү, хүчил

신맛으로 변하다 гашла|х, хахра|х

신맛의 исгэлэн, хүчилдэр

신맛이 나는 хүчилдэр

신맛이 나다 исэ|х

신맛이 안나는 хүчгүй

신망 алдар, кредит, нэр, төр

신문 сэтгүүл

신문(지) сонин; өглөө ний ~ 아침신문, 조간; оройн ~ 일간지; ~ы цаас 신문(인쇄) 용지; ~ы мухлаг 신문(잡지) 판매점

신문 잡지 기고가 сэтгүүлч

신문 잡지기자 сэтгүүлч

신문 잡지업자 сэтгүүлч

신문(방송 등의) 특파원 сурвалжлагч

신문(잡지 등의) 만화란 комикс

신문(잡지)의 칼럼 өгүүлэл

신문(잡지)의 특집란 найруулал

신문(잡지의) 각부의 책임자 редактор; ерөнхий ~ 편집장,주필; хариуцлагатай ~ 편집장, 편집주간; ~ын тайлбар/уг 편집장의 노트; ~ын зөвлөлгий (신문의) 사설 (논설)면

신문(잡지)의 기사 өгүүлэл, сонин, сураг; тэргүүн ~ (신문·잡지의) 톱기사; эрдэм шинжилгээний ~ (과학)학술상의 소론; энэ ~д та өө рийнхөө жинхэнэ санааг тус-ган уэуулж байна уу? 이 논문은 당신의 진실한 의견을 반영한 것입니까?; өглөө ний ~ 아침신문, 조간; оройн ~ 일간지; ~ы цаас 신문(인쇄)용지; ~ы мухлаг 신문(잡지) 판매점

신문가판대 киоск; сэтгүүлийн ~ 신문(잡지) 판매점; номын ~ (보통 노점의) 헌책방, (역.터미널 등의) 신문(잡지) 매점

신문기사의 표제 гарчиг

신문의 가십 хач, хов, цуурхал

신문의 난 өгүүлэл

신문의 소론(小論) өгүүлэл

신문의 주필 редактор; ерөнхий ~ 편집장, 주필; хариуцлагатай ~ 편집장, 편집주간; ~ын тайлбар/уг 편집장의 노트; ~ын зөвлөлгий (신문의) 사설(논설)면

신문의 투고자 сурвалжлагч

신문인 сэтгүүлч

신물이(넌더리가) 나다 уйда|х

신바닥 таваг, тавхай, ул

신발(양말)이 달아 없어지다 майхий|х

신발(양말의) 뒤꿈치 товх

신발명의 шинэ

신발의 발(신)바닥 зан(г)

신발의 흙떨이(매트) самнуур, хусуур

신방(新房)차리다 гэргийтэй

신변에 쓰는 물건 юм

신병 징모 элсэлт

신병(신회원)으로 보충하다 элсүүлэ|х

신병을 들이다(모집하다) элсүүлэ|х

신봉자 баримтлагч, шавь

신봉하다 баримтла|х, барьцалдах, дагалда|х

신부(새색시)를 데려오다(결혼하다)

신부의 혼인 지참금 инж; ~гүй хүүхэн 소녀는 결혼 지참금이 없다
신분 дэв ээрэг
신분(권한)이 최상위의 жанжин
신분이 높아지다 төлөвжи|х, төрхжи|х
신분이 높은 буйртай
신비 нууц
신빙성 буйр
신사연(紳士然)하다 ярвагана|х
신산아(新産兒) нялзрай; нялх ~ 갓난 아이, 젖먹이; ~ хүүхэд 새로이 태어난 어린 아이, 최근의 신생아.
신상(神像) сахиус
신상(神像)에 바치다(~의) цацал
신생 мандал
신생아(新生兒) нялзрай; нялх ~ 갓난 아이, 젖먹이; ~ хүүхэд 새로이 태어난 어린 아이, 최근의 신생아.
신생아복(新生兒服) манцуй
신생아의 울음소리 год хийх
신생아의 잠자며 미소짓다 үнэгчлэ|х
신생아의 нялх; ~ балчир 유아(기)의, 아이다운; ~ бие 약해진 신체; ~ төл 짐승의 새끼; ~ хүүхэд 신생아
신생의 нялх; ~ балчир 유아(기)의, 아이- 다운; ~ бие 약해진 신체; ~ төл 짐승의 새끼; ~ хүүхэд 신생아
신선 даянч
신선미가 없는 тужир
신선하지 않은 тужир
신선한 물품이 썩다 гашла|х
신선한 сэвэлзүүр
신성(神聖) савдаг
신성시하다 нандигна|х
신성을 더럽히다 бузарта|х, буртагла|х
신성을 모독하다 бузарта|х, буртагла|х
신성하게 하는 사람 ариутгагч
신성하게 하다 аравнайла|х, равнайла|х
신성한 ариун, богд, дархан, онгон, халдашгүй, эвдэршгүй; ~ явдал сүнгэ, 고결함, 높은 도덕성; ~ сүм 거룩한 장소, 성당(聖堂), 신전(神殿), 교회
신세를 지고(~의) асрууала|х (асрах)
신속하게 түргэн
신속한 түргэн, хурдан, хурдач
신속히 бушуу, бушуухан, шалавхан
신속히 달아나다(작은 동물이) годхий|х
신속히 움직이다 ёлцгор
신수(神授)의 богд
신아(新芽) гөлөг
신앙 бишрэл; сүсэг ~ мисин, 미신적 관습(행위), 사교(邪敎) 신앙; шүтлэг ~ 신앙심이 깊은.
신앙(심) мөргөл, сүжиг, сүсэг, шүтлэг
신앙고백 өчиг
신앙생활 даяан
신앙심이 깊은 бишрэл, сүсэгтэй, шүтлэгтэй
신앙심이 깊은 사람들 мөргөлчин
신앙의 сүсэгтэй
신앙의 믿음 бишрэл
신앙의식 гүрэм
신에 대한 불경 алдас
신에게 (산)제물을 바치다 цацал
신에게 몸을 바친 онгон
신에게 바쳐진 дархан, онгон
신에게 바치다 аравнайла|х, равнайла|х
신에게 받치는 것 сэтэрлэ|х (정결한 동물의 목에 옷감의 다섯 가지 색깔이 다른 길고 가느다란 조각을 묶어, 결코 사용하지 않거나 죽인다)
신에의 공물(제물.봉납(물)) барьц, өргөл, тавилга, тайлга, тахил; өргөл ~ 공물, 제물, 선물
신용 итгэл, итгэмж, итгэмжлэл, кредит, найдвар, найдлага, трест, үнэмшил, хүнд
신용(신뢰)할 수 있는 найдвартай, ортой; ...талаар надад ~ мэдээлэл бий 나는 그 정보를 믿을 수 있다.
신용(신임)하다 итгэмжлэ|эх; ~ жуух бичиг барих 외교 신임장을 제출하다

신용대부(거래) зээл, зээллэг, кредит
신용으로 구입하다 төөлөөслө|х
신용을 얻다(~의) итгэмжлэгдэ|х
신용장 зээллэг
신용하는 найдангуй
신용하다 бшрэ|х, сүжиглэ|х, үнэмши|х
신용할 수 없다 гоомойто|х
신위(神位) савдаг
신으로 모시다(공경하다) сүсэглэ|х, тахи|х, шутэ|х
신을 공경하지 않는 бурхангуй
신을 모신 дархан
신을 믿지 않는(부정하는) бурхангуй
신을 신다 зүү|х, өмсгө|х, өмсө|х, угла|х
신을 찬미하다 магтагда|х
신음소리 улиан
신음소리를 내다 гангара|х, ёхло|х
신음하다(소리를 내다) гангара|х, гоншгоно|х, гэнгэнэ|х, ёхло|х, ёоло|х
신음하듯 말하다 янцагла|х
신음하며 (몹시) 괴로워하다 ёхло|х, янцагла|х
신의 감화력 онгод
신의 노여움 хилэгнэл
신의 영광을 기림 магтаал; ~ сайшаал 경의, 칭찬, 영광스러운 일;
신의 은총(가호) адас, ереел, хишиг, ээл; ~ тавих 축복의 말을 주다; ~ тавих (~의) 행복·건강)을 빌다; ~өөр болохтугай 유감스러운 점이 많다; ямар ~өөр бид явчихсангүй вэ 신의 은총을(가호를) 빌다
신의 은총을(가호를) 빌다(~를 위해) адисла|х
신의 인간에 대한, 또는 인간의 동포에 대한 기독교적인 자애 нигүүлсэл
신의 조화의 능력 шид
신의 존재(교리) 등을 부인하다(믿지 않다) мэлзэ|х
신의 존재·교리를 부인하다 үгүйсгэх
신의를 전달하는 사람 зөгнөгч, зөнч

신의(神意)의 전달 вивангирид
신이 사람의 운명을 정하다 заая|х; тэдэнд уузаж учрах тавилвн заясангүй 그들은 결코 만나지 못할 운명이었다.
신이 없는 бурхангүй
신임 итгэл, иттэмжлэл, найдвар, найдлага, трест
신임장 байцаал, иттэмжлэх жуух бичиг
신자(신도.성도) баримтлагч, сүжигтэн, шүтлэгтэн
신자들 сүсэгтэн
신장 부분 дэлбэг
신장 부분(허리)의 고리 угсаа
신장 бөөр, дэлбэг, нуруу(н), өргөтөл, өсөлт, сунэлт, тэлэлт; эрхиний бөөр 큰 염주알의 로자리오 묵주; бөөр ний эмч 신경과의사, 신경학자
신장(腎臟)의 고리 угсаа
신장이 작다 таадай|х
신전 дацан(г), сүм
신전(교회.성당.사원.절)의 작은 방(홀. 기도실) гонхон
신전(교회.성당.절.사원)의 지붕 장식품 дог
신조 догма, суртал; зан ~ 관습(법), ёс ~ 윤리학; үзэл ~ 교의 교리; марксист ~ 마르크스 교리.
신중 анхаарал, бодлого, болгоомж, болгоомжлол, зөвшлөг, сэрэмж, хянамж; тэр ажилдаа онцгой ~ тавилаа 그는 그의 일에 심각하게 주의(신중)해야 한다; ~ даа авах 숙고하다, ~을 고려해 보다; ~ халамж 돌봄, 보살핌, 보호; ~ татах ~의 마음을 끌다, ~의 주의를 끌다, ~에 반하다
신중하게 аажуу
신중하게 되다 томоожи|х
신중하게 하다 хэрсүүлэ|х
신중하게 행동하다 хянамжла|х, хянүүрла|х
신중하다 хэрсүүдэ|х, хэцүүрхэ|х
신중한 гамтай, нямбай, халамжтай,

хэрсүү, хянамгай, чамбай; цэвэрч ~ аядамхан ба дэгжин, зөв зөрмөгч (мэл.чалгам.аятай) хэн; нягт ~ нямбай, хянамгай, нарийн.

신중함 болгоомж, болгоомжтой
신중히 고려하다 бодо|х, мунхагла|х
신중히 бодолтой, зориуд
신청 анкет, өргөдөл, санал
신청(예약.요구.주장)하다. захи|х, даравгана|х, дэвшүүлэ|х
신청서 анкет
신청자 гуйгч
신체 лагшин, цогцос; бие ~ үхийн бие, мөн; ~ тунгалаг уу? Таны бие хэр байна вэ? Яаж амьдарч байна вэ?; ~ чилуур бие тавгүй, бие чиг дүрд дээр.
신체(정신을)활동시키다 даддлагажи|х
신체가 강렬하게 흔드는 салга
신체를 보강하다 тамиржи|х
신체상의 танаг
신체의 биет
신체의 강(腔) говил, хонхорхой
신체의 끝(손발) мөч
신체의 빳빳하게 되다 хөши|х
신체의 응어리 булуу(н)
신체의 저항력(내구력, 견고성) бяд
신체장애 бартаа, боогдол, гацаа, саад, тотгор
신체적으로 ~을 느끼다(감지하다) мужий|х, үзэ|х
신축성이 있는 сунгуу
신축자재의 бамбалзах
신출내기 хөхөлт, хөхүүл
신탄(薪炭) аргал, түлш
신품의 цоо шинэ
신풍(迅風) шуурга
신학교장 ловон
신호 표시기(器) заагч, илтгэц
신호 дохио(н)
신호기(機) холбоочин
신호기수 дохиоч
신호기의 완목(腕木) далавч

신호로 알리다(~을) дохиоло|х
신호를 강하게 보내다 ханхла|х
신호를 보내다 дугара|х, янгина|х
신호를 약하게 보내다 гингэнэ|х; гингэнэн уйлах сонсоо оруулж улих, улбыж зог, гингэнэж улих (нохой·чоно) зог, меле зог.
신호를 하다(~의) дохи|х, дохиоло|х
신호법 код
신호용 뇌관 тэслэгч
신호원 холбоочин
신호하다 дохи|х, шүгэлдэ|х
신호하다(를 보내다)(~에게) дохиоло|х
신화(神話) домог
신화에 나오는 새. гарди
신회(燼灰) нурам, нурма
싣다 ачаала|х
실 буч, оосор, татаас, утас(утсан), хэлхмэл, хэлхээ, хэлхээс
실(室) ховдол
실 등의 타래 хэрдэс
실 따위를 두 올로 드리다 хоёрдо|х
실 또는 로프를 꼬다 эрчлэ|х
실 한 타래 хэрдэс
실(노끈으)로 묶는(매는) 것 уяатай
실(로프.옷감) 짜다(엮다) мушги|х
실(모양으)로 만들다 имэ|х, ээрэ|х
실(철사)을 고리로 만들다 гогцоолдо|х
실(피륙 따위를) 풀다 сэмрэ|х
실감하다 ухаара|х, ухамсарла|х, хэрэг-жи|х
실개울이 흐르다 гожгоно|х
실과 жимст
실꾸릿대 катушка
실내 인테리어 чимэглэлчин
실내장식업자 чимэглэгч, чимэглэлчин
실내 장식품 чимэглэгч
실눈을 뜨다 зэрэмгэр
실눈을 하고 있다 зэрэмгэр
실눈을 한(가진) онигор
실력 тэнхээ, чадал

- 406 -

실력자 нөлөөтөйхун
실례 алдас, жишээ
실례를 무릎쓰고 ~하다 үнэрхэ|х
실례합니다(했습니다) уучлаарай
실로 мөн, нилээд, нээрээ, овоо, огтхон, тон, үнэхээр, цадигтүй, чухамхүү, яггүй; ~ чанар 본질, 에센스; ~ үед 참으로, 똑같이; ~ уу биш уу 올바르거나 나쁘거나; ~туунчлэн 똑같이, 역시
실로(은) үнэхээрийн
실로 꼰 밧줄 нийтгэмэл
실록 дурдаттал
실루엣 бараа
실리(實利) үйлчилгээ
실린더(기통.원통) бортго
실망(낙담.실연)하다 гонсой|х, шантра|х
실망(낙담.실연)을 느끼게하다 гоморхо|х
실망시키다 баара|х
실망한 гонсгор, урамгүй
실물 бодит; ~ өртөнц 물질계, 삼라만상; ~ цалин 실질 임금; ~байдал 사실, 현실(성)
실물의 대 шилбэ
실생(實生)의 식물 үрслүүр
실성한 солиорсон, солиотой, хийтэй
실속 있는(음식등) гамтай, пандгар
실수 алдаа, андуурал, буру, гэндэл, мадаг, өө, төөрөгдөл; хэвлэлийн ~ 미스프린트, 오식하다; миний ~ 이것은 나의 실수 이다; таны ~ байх шуу 나는 당신의 실수를 두려워한다; алдаа ~ 틀림; жэвлэлийн алдаа ~ 잘못된 인쇄; миний солонгос хэн(англи) хэлэнд алдаа ~ байна уу? 그들에게 나의 한국어(영어)를 실수했습니까?
실수(잘못)없는 мадаггүй
실수로 낭비하다(헛되이 쓰다)(~의) зувчуула|х
실수로 андуу; ~ сонсох 잘못 듣다; ~ харах 빗맞히다, 놓치다; ~ ташаа ойлгох 잘못된 명령, 명령착오.
실수하게 만들다 бурууга|х
실수하다 андуура|х, наагуурда|х, хождуула|х
실습 дадлага, дасгал
실습생(계시) дагалдан
실습하다 дада|х
실시 биелэл, биелэлт, практик; ~ хийх 행하다, (항상) 행하다.
실시하다 биелуулэ|х, гүйцэтгэ|х
실신하다 бахарда|х, муужра|х, үхтрэ|х
실업 상태 ажилгуйтэл
실업 ажилгуйтэл
실업의 ажилгуй
실업자 ажилгуй хун, ажилгуйчууд
실없는 소리 шулганаан
실연(우울)해지다 гонсро|х
실연한 гонсгор
실용 үйлчилгээ
실용(實用)이 안되는 болохгуй, болшгуй, зангуй
실용적인 арчаатай
실용품 тохижуулалт
실은 мөн, нээрээ, үнэхээр, цадиггүй, чухамхүү, яггүй
실을 꼬다 бурзай|х, нитгэрэ|х
실을 꿰다 хэлхэ|х
실을 내다 ээрэ|х
실을 세 겹으로 꼬다 гурамсла|х
실을 잣다 имэ|х, ээрэ|х
실의 꼬임 нийтгэмэл
실이 드러나 보이게 되다 хүүрши|х
실이 드러나 보이는 уранхай
실익(實益) үйлчилгээ
실재(실존) ахуй, тогтнил
실재(현존.생존.존속)하다 буй
실재로 없다 байхгүй
실재물 юм
실재적인(사회적인) 지위에 도달할 수 없는 өөдлөшгүй; ~ муу этгээд 순종치 않는 사람.

실재하는 бетон, ёстой, чухам
실재하다 амдрах, бай|х, бий
실제 жишээ, практик, үнэн, факт; ~ хийх 행하다, (항상) 행하다.
실제(로)는 чухамдаа
실제(의 일) жишээ, факт
실제로 존재해 있는 것 юм
실제로 мөн, нээрээ, үнэхээр, үнэхээрийн, цадигтүй, чухамхүү, яггүй; тэр ~ шуу 그것은 진실이다; ~юу? 실로 (참으로)?; ~ сайн морь 그것은 확실히 좋은 말이다; би ~ мэдэхгүй 나는 진실로 모른다; ~ юу, худлаа юу? 진실(참) 또는 거짓(허위); ~ чанар 본질, 에센스; ~ уед 참으로, 똑같이; ~ уу биш уу 올바르거나 나쁘거나; ~туунчлэн 똑같이, 역시
실제보다 아름답게 보이게 하다 гоодо|х
실제의 ёстой, жинд, чухам
실족하여 넘어지다 таварцагла|х, торо|х
실존 тогтнил
실종하다 арилгуула|х: арилгах
실증했다 үндэслэгдэ|х
실지답사 зураглал, мөлжлөг
실지의 시험 сорилт, туршилт
실직 ажилгуйтэл, хунш
실직자 ажилгуй хун; ажилгуйчууд
실직한 ажилгуй
실쭉한 гонсгор
실체 бодис, бодит
실체화(구체화)했다 үндэслэгдэ|х
실추 дампуурал
실컷먹다 өрдө|х
실크(silk) торго(н)
실크없는 견본(무늬, 줄무늬) пүүсүү
실크없는 디자인 пүүсүү
실타래 гогцоолдо|х, хэрдэс
실토 өчиг
실톱으로 도려내는 세공(완자무늬를) сийлбэр

실패 алдаа, алдас, балаг, буру, гэм, зэм, катушка, мөхөл, сөнөл, цохигдол, ялагдал
실패(영락,몰락)시키다 үгүйрүүлэ|х
실패(좌절,패배)의 원인이 되다 алдуула|х
실패율 үхэлт
실패하게 폭로하다 урагшгүйдэ|х
실패하다 гэндэ|х, ойчи|х, харуулда|х, хождуула|х
실패한 бүтэлгүй, бүтэмжгүй, дуншмал, үйлсгүй, урагшгүй
실패했다 азгүйдэ|х
실행 биелэл, биелэлт, биеуулэлт, практик; ~ хийх 행하다, (항상) 행하다; биелээ олох 실현하다, 현실화하다.
실행(실시.수행) гүйцэдгэл
실행 가능한(계획 따위가) арчаатай
실행 불가능한 боломжгүй, болшгүй, зангүй, нөхцөлгүй
실행(수행.이행.집행)자 гүйцэттэгч; шуу- хийн тогтоол ~ 법률 집행자, 지정유언 집행자; захирлын уураг ~ 집정관, 실행의 장, 수행 지도자.
실행(실시) 불가능한 гүйцэтгэшгүй
실행(실시, 실천)하다(~를) явуула|х
실행(실현)하다 хэрэгжүүлэ|х
실행(이행, 수행, 성취)자 үйлдэгч
실행(이행.일)하는 시간(~을) завдаа
실행(행동)에 옮기다 бузгайрха|х, оморхо|х
실행가 гүйцэттэгч
실행에 옮기다(~을) явуула|х
실행자 яллагч
실행하다 амжуула|х: амжих, биелүүлэ|х, биелэ|х, бүтээ|х, гүйцэтгэ|х, хий|х; уургээ ~ 자신의 의무를 이행(수행.달성.실행)하다; тушаал ~ 명령을 완수(완료)하다
실행할 수 없는 бутэхгүй, гүйцэтгэшгүй, давахгүй
실행할 수 있는 болмоор, боло|х, боломжтой

실험 сорилго, туршлага
실험(검사)하다 сори|х
실험된 шалгарсан
실험실 лаборатори
실험실 조수(보좌) лаборант
실험자 туршигч
실현 биелэл, биелэлт, биеуулэлт, гүйцэдгэл
실현(실행) 가능한 일(수단) боломж
실현(실행) 가능한 일을 기대하다 сүвэгчлэ|х
실현성 бололцоо, боломж, магад
실현하다 амжи|х, биелэ|х, бүтэ|х, галбир- жи|х, гүйцэлдэ|х, төлөвшүүлэ|х, хэрэгжи|х, тохиолдо|х
실현할 수 없는 боломжгүй, болохгүй, болшгүй, бүтэмжгүй, бүтэхгүй, зангүй; ~ хүн шүлмөсгүй сарам, варанчу мөхөн 인간.
실화 тууж, цадиг
싫다 муухайда|х
싫어(미워)하다 голо|х, дургүйцэ|х, басамжла|х, гологдо|х, дагта|х; гологдсон хүүхэн 소녀를 싫어하다; царайг нь ~ 그녀/그의 얼굴을 싫어(미워)했다..
싫어지게(정떨어지게,넌더리나게) 하다 жигшүүлэ|х
싫어지다(정떨어지다)(~이) далдира|х, жигшүүлэ|х, зэвүүцэ|х
싫어하는 ичимхий, тулгар, дурмагчхан
싫어하다 атаарха|х, боо|х, нарийла|х, нарийла|х, өёгло|х, өши|х, өшөөрхө|х; хонзон/хорсол 악의, 원한, 증오, 적의 (敵意), 적개심; ~ авах 원수를 갚다, 복수하 다, 앙갚음하다; ~ тэй 적의 있는, 적개심 에 불타는; тэр эцгийнхээ ~г авна гэх тангараглав 그는 아버지의 살인범 복수를 맹세하다
싫어하면서 дурамжхан
싫은 аягүй, жигшмээр, жигшүүртэй, заналт, зэвүүн, муухай, нигшүүрэлтэй, таагүй, тадамжгүй, татгалзмаар, үзэшгүй, хавгүй, эвгүй, эхүүн
싫은 것(일) гашуун
싫은 성질을 보이다(나타내다) хуйсалза|х
싫은(불안한) 일 тавгүйтэл
싫음 дургүй, дургүйцэл, жигшил, халшрал; ~ хүрэъ 기쁨(즐거움)을 잃다; ~ болох 모든 욕구(욕망)을 잃다
싫증(혐오.놀람.경악.경멸.모욕.치욕.체면손상) нигшүүрэл, уйтгар, пөх
싫증나게(물리게,진저리) 하다 чилээ|х
싫증나는 залхуутай, уйдмаар, уйтгартай
싫증나다 уйда|х, уйтгарла|х
싫증내지 않는 амралгүй, нөр(өн), уйгагүй, цуцашгүй, эцэшгүй
싫증이 오는 залхуутай
싫지 않은 мөртөө; ~ байх 마음대로 할 수 있다, 남의 제재를(속박을) 받지 않다; ~ явах 자기 생각대로 하다.
심 жийргэвч
심 ивүүр
심(心) цөм, яс
심(씽.충전물) жийрэг
심각(진지)하지 않다 дэгдэгнэ|х
심각(진지)해지다 хүндлэ|х
심낭(心囊) үнхэлцэг
심다 тари|х
심다(~에) тариалалт
심다(~을) ~에 тариамал
심도 гүнзгий
심려(深慮) бодлого, болгоомж
심령(현상)의 хий
심리 заргалдаан
심리(상태) сэтгэхүй
심리(심문)하다(~을) шуу|х
심리하다 сурагла|х
심리학 сэтгэхүй , психологи
심막(心膜) үнхэлцэг
심문 байцаалт
심문(문초)하다 асуугда|х (асуух)

심문(물음) асуудал, асуулт
심문관 хянагч
심문에 대해 피고가 죄상을 강제로 인정시키다 улайлга|х
심문에 대해 피고가 죄상을 인정하다 улай|х
심문자 асуугч
심문조서 асуудал
심문하다 байцаа|х
심벌즈(cymbals: 타악기) цан
심부름 보내다 зара|х
심부름가다 зарагда|х
심부름꾼 зарлага, элч
심사 бодрол, нэгжилт, сурал, үзлэг, шингилжээ, шинжлэл, шуулт, эргэцүүлэл
심사관 хянагч, шалгагч
심사숙고(深思熟考) бясалгал
심사숙고하게 되다 томоожи|х
심사숙고하다 бясалга|х, холшоо|х
심사원 шуугч
심사자 байцаагч; мерден ~ 조사자, 심사자; сургуулийн ~ 장학관
심사하다 байцаагда|х, мөрдүүлэ|х, шинжи|х
심상(心豫) бодол, ойлголт, төсөөлөл, шийдэл
심상치 않은 ихээхэн
심술 дэлүү(н)
심술 사나운 хахуун
심술궂게 하다 олий|х
심술궂다 ёжло|х
심술궂은 여자 жингэр
심술궂은 гэмэргэн, ёвроготой, ёвчоо, наншаа
심술궂은 олигор
심술궂은(사람·행위) ёжтой
심신상실 солиорол
심약 буурал
심어(鱒魚) хилэм
심었다 таримал
심연(深淵) ангал

심오하게 гүн
심오한 гүнзгий
심와(心窩) аюлхай
심우(甚雨) үер
심원한 гүнзгий, дэвсгэртэй
심을 넣다 жийргэвчлэ|х, жийрэглэ|х
심을 넣음 жийргэвч, жийрэг, ивүүр, ивээс
심의 зөвшлөг, хэлцээ, хэлэлцээ(н)
심의하다 зөвлөлдө|х, зөвдө|х, зөвши|х; зөвдөн хэлэцэх토론(논의)하다; бид яг энэ асуудлыг зөвдөн ярилцав 우리는 그 질의에 지금 논의(토론)했다
심의회 зөвлөл
심장 зүрх(эн)
심장(맥박 따위가) 뛰다(치다, 두드리다, 둥둥 올리다) цохило|х
심장의 심실(心室) ховдол
심장이 뛰다(고동치다) булгила|х
심적인 хий
심전도 кардиограмм(心電圖: 심장의 수축에 따르는 활동 전류를 곡선으로 기록한 도면; 略: ECG, EKG).
심정 дотор, сэтгэл, санаа ~ 마음, 심정, 감정; санаа ~ нэг байх 누군가와 같은 의견이다; бодол ~ 묵상, (종교적) 명상; дур ~ 끄는 힘, 매력, 유혹; дур ~дээ хэ тлэ гдэ х 마음 내키는 대로 하다, 성미에 다르다; хүсэл ~ 소원, 소망, 바람, 큰 뜻; эмэгтэйн хүсэл ~ бол аллдарт эохиолч 그녀는 대작가의 포부를 가지게 되었다; ~ тэжээх 생각(관념)은 발전(발달) 시키다; ~ алгасах 실패하다; ~ уймрэх 실망되다, 좌절되다; ~ тэнүүн байх 평화롭다; ~ ханах ~에 만족하는; ~ хоёрдох 미결(미정)이다, 어떻게 될지 모르다
심줄 вена, судал, судас
심판관 шүүгч
심판원 цэц
심판하다 шүү|х

심포니 симфонии
심포지움(토론회 따위의) 토론(참가)자 хэлэлцэгч
심포지움을 개최하다 хэлэлцүүлэ|х
심풍(甚風) шуурга
심하게 되다 хүндрэ|х, хурцда|х
심하게 움직이다 догдолго|х
심하게 하다 өтөрүүлө|х, хүндрүүлэ|х, хурцатга|х
심하게 흔들다(뒤흔들다) сүгсра|х
심하게(모질게) 굴다(~에게) хатууда|х, хатууха|х
심한 хэтэрхий
심한 미움 хорлогчин
심한 싫증 зэвүү, эгдүү, эгдүүцэл
심한(강한) 고통을 느끼다 хорсо|х
심해(深海) гүв
심해의 해대(海臺) дэвсэг
심해저의(물·생물) гүний
심황(鱘鍠) хилэм
심히 몰리다 (쫓기다) гачигда|х
심히 불쾌(불안)하게 하다 зүтра|х
십(10); 10의 기호(x.X) арав(арван) ; арван цаг болоод байна 이미 10시가 지났다; арван хоног 10일 날;~дахин 10 시간, 10 배; тэр арван настай 그는 10 이다; арван ~ зуу 10의 열배인 100이다; арван зуг 기본 방위, 사방(동서남북의 순서로 부름) 그리고 여기저기(위아래로); арван жилийн сургууль 두 번째 학교 10학년; арван хоёр жил 12간지(자, 축, 인, 묘, 진, 사오, 미, 신, 유, 술, 해); ~хан 10개뿐, 하잘 것 없는 아이디어; арваад 10쯤, 10 보다 많지 않다; арвуулаа 모두 열(10)이다; сарын ~д 달(월)에 11째부터20번째까지
십(10)억 таг, тэрбум
십(10)억의 백배 наяд
십(10)의 그룹 аравт; ~ын бутархай соcу
십오(15)분 мөч

십이(12)사도(Apostles)의 한 사람 шавь
십일(11)월 арван: арван нэгдугээр; ~хоёр- дугаар 12월의 달; ~нэгэн тэмээ 11마리 낙타.
십자가(□) загалмай; ~ нийгэмлэг 적십자 단체
십자곡선 загаламайлжин
십자군 загалмайтан
십자(†)긋기 билчир
십자(✚)로 билчир, бэлчир, гарам, зөрлөг, зөрөг, олом, солби, солбицол, уулзар; замын ~ 십자로, 건널목.
십자(†)를 긋다(~에) хэрээслэ|х
십자(✚)형 загалмай, чагт
십자(†)형(의) загаламайлжин
십자형식으로 загаламайлжин
십자형으로서의 загаламайлжин
십자형의 것 чагт
싱거운 давсгүй, заваан
싱글거리다 жуумалза|х
싱숭생숭하다 ошгоно|х
싱싱하게 푸른 ногоон; ~ вандуй 그린피스, 청완두; ~ алим 푸른 사과; ~ ургамал 수목과 관목(灌木); ~ шай 녹차; ~бус 녹색지대
싱싱한 шинэ
싱싱함을 잃은 хувхай
싱크로사이클로트론(입자 가속 장치 일종) фазотрон
(~하고) 싶은대로 하게하다 энхрийлэ|х.
싸개 дугтуй
싸게 төсөр, хямд
싸게 잘 산 төсөвт
싸게 하다 хямдда|х
싸는 것 нөмрөг
싸다 авдарла|х, бурэ|х, бутээ|х, далдавчла|х, далдла|х, мухлайда|х, тагла|х, халхла|х, хуйла|х
(~에)싸다 дугтуйла|х
(~을)싸다 толгойло|х, хавхагла|х

싸다(꾸리다) багла|х, багцла|х
싸라기 мөндөр
싸라기눈 мөндөр
싸락눈 мөндөр; ~ цохих 우박을 맞다; ~ буулгах 비가 퍼붓다; ургац ~т цохиулжээ 농작물에 우박이 때리다.
싸우고 싶어 한다(~와) үсчи|х
싸우고 있다(~와) дайсагн|ах, зөрөлдө|х
싸우기 좋아하는 행동을 하다 түрэмгийлэ|х
싸우기 좋아하다 хөгсий|х
싸우기를 좋아하는 гэмэргэн
싸우기를(말다툼을) 좋아하는 ёвчоо, ноцолдооч
싸우기를(말다툼을) 좋아하는(사람) хэрүүлч
싸우는 사람 тэмцэгч
싸우다 алалда|х, байлда|х, булаалда|х, булаалцалда|х, дайла|х, дайта|х, зөрө|х, маар мур хийх, марга|х, мэтгэ|х, нанчилда|х, тар тур хийх, тэмцэлдэ|х. тэмцэ|х, хэрэлдэ|х; дүрэм ~ 규정을 무시하다 (문제시하지 않다); үг ~ 다투다, 싸우다.
(~와)싸우다 байлда|х, ноцолдо|х, тула|х, тулалда|х, харгалда|х, хэрэлдэ|х, цөмрө|х
싸움 байлдаан, дайн, зодолдоон, зодоон, мэтгэлцээ, пижигнээн, тулалдаан, тэмцэл, хэрүүл; ~д оролцох ~와 싸уда(다투다); нударган ~ 주먹다짐, 난투; ~ гаргах 싸움을 시작하다
싸움(경쟁을) 하다 тулалда|х
싸움(논쟁 따위를) 조정하다 эврэлэ|х
싸움(말다툼을) 을 일으키다 хэрэлдүүлэ|х
싸움(말다툼,불화)후에 화해되다(어울리다) зохиро|х
싸움을 걸다(~에게) үсчи|х
싸움하기 좋아하는 зодоонч, ноцолдооч
싸움하다 алалда|х
싸이다(~에) орооцолдо|х, хамра|х
싸지다 доогуурда|х

싹(눈.순(筍).움) гөлөг, нахиа(н), сүөө
싹(눈.순.새싹.움)이 트다 гөлөглө|х, нахиала|х
싹싹한 өрөвдөнгүй
싹이 나다 ургуула|х, хигтэ|х
싹이 나오다 дүрэ|х, дүүлэ|х, зулзагала|х, соёо, соёоло|х; ~ цухуйх ~에 싹이 트게(나게) 하다.
싹이 트게(나게)하다 соёоло|х, сүөэлэ|х
싹이 트다 соёо, урга|х; ~ цухуйх ~ 싹이 트게(나게)하다.
싹처럼 자라는 것 зулзага, найлзуур, нахиа(н), сүөө
싹트다 ургуула|х, хүврө|х
싼 төсөр, төсөр, хямд
쌀 тутрага
쌀(보리)의 낟알을 형성(구성)하다 идээлэ|х
쌀쌀하게 тас; ~ алгадах 손바닥으로 (뺨을) 때림; ~огтлох 완벽하게 자르다 ~ хэ рэ э дэ х 둘로 톱으로 켜다(자르다); ~ хазах ~을 세게 치다(때리다, 짓밟다).
쌀쌀한 жихүүн, мөлүүхөн, нигшүүрэлтэй, хүнийхрүү
쌀쌀함 жавар; жаары нь га-ргах 따뜻하게 하다, 데우다; ~тай салхи 쌀쌀한(차가운) 바람; хуйтэн ~ 모진 추위, 살을 에는 (듯한) 쌀쌀함
쌀죽 агшаамал, будаа
쌈(포장) ороолт
쌈(봉하기.포위.싸개.덮개)는 사람 бурхэвч; агаар ~ 대기, 천체를 둘러싼 가스체; усан ~ (지구의) 수계(水界), (대기중의) 물; торлог ~ (눈의) 망막; солонгон ~ (안구의) 홍채(虹彩), 무지개(모양의 것), (해·달의) 무리, 아이리스.
쌈지 карман, өврийн, хавтага, халаас; тамхины ~ 담배주머니
쌈지(지갑)에 감추다(챙겨 넣다) утла|х

쌈하다 булаалцалда|х, дайла|х, дайта|х, нанчилда|х, тэмцэ|х
쌍각류(雙殼類)껍질 이음매 нугас(ан)
쌍돛배의 일종 хиосгон
쌍둥이 ихэр, хоёр; тэд бол ~ эгч дуус 그들 자매는 쌍둥이다
쌍둥이를 낳다 ихэрлэ|х
쌍둥이를 생겨나게 하다 ихэрлэ|х
쌍둥이의 한 사람 ихэр, хоёр
쌍방 хоёул(ан)
쌍방의 хоёул(ан)
쌍생아 ихэр
쌍소멸하다 устгагда|х
쌍안 망원경(현미경) дуран(г); ~ авай 망원경; 원통상(狀) 확대 광학기계 (기관 지경·방광경); ~ хараатай буу 총의 망원 조준기.
쌍안경 дуран(г)
쌍안경으로 보다 дуранда|х
쌍의 хоёр
쌓다 хураа|х, цуглуула|х
쌓아 올렸다 (사업·재산·명성) барилгажих
쌓아올리다 бөөгнөрө|х, овойло|х, овоолло|х, товхойлго|х
쌓아올린 것 бөөн, нуруу(н), овоо; хилийн ~ хийх 경계(선(線)), 경계표.
쌓이다 бөөгнөрө|х, бөөгнөрүүлэ|х, овооро|х, хураагда|х, хуримтла|х
쌓인 눈 더미 сөх, хунгар
쌩쌩한 идэр, идэрхэн
쌩하고 날리다 сурхиа|х
써 넣다(~에) бичи|х
써레 тагнуур
써레질하다 дагна|х
써버리다 самши|х
써서 낡게 하기 элэгдэл
써서 낡게 하다 дампуура|х, зүдрээ|х, лавра|х, лавтра|х, махла|х, нооро|х, салмай|х, үлтрээ|х, хуучра|х, элээ|х, эцэ|х, эцээ|х, ямбий|х
써서 낡다 хуучра|х
써서 낡은 тожгор, хувхай

써서(~을) дам
썩 бишгүй, бузар, гойд; ~ дулаан өдөр боллоо 그날은 무척 더운날이 되었다.
썩 많은 수의 сая
썩 맑은 샘물 манна(н)
썩게하다 өмхийрө|х, тогтонгижи|х, ялзла|х
썩다 бээ|х, ивэ|х, илжрэ|х, өмхрө|х, эрсдэ|х, ялзмагта|х
썩어 없어지다 бээ|х, илжрэ|х, мөхө|х, өмхрө|х, эрсдэ|х; мод чийгэнд илжирдэг 습기로 인하여 나무가 썩다.
썩은 고기를 먹는 сэг, улай
썩은 고기의(같은) сэг, улай
썩은 흙 ялзмаг
썩은 илжирхий, өмхий, ялзархай; ~ алим 썩은 사과
썩음 өмх, өмхөрдөг, ялзармал, ялзрал
썩이다 үжрэ|х, ялзруула|х
썰다 хөшиглө|х
썰매 чарга (말·개·순록에게 끌게 하는 사람·짐 운반용)
썰매를 끌기 위한 눈의 상태 гулгалт
썰매를 사용하기 гулгалт
썰매의 달림새 гулгалт
쏘기 хатгагч
쏘는 듯한 гөнтэй, ёврогтой, хорон
쏘다 бууда|х, хазуула|х, харва|х
(~로) 쏘다 чавхда|х
쏘아 잡다 үхүүлэ|х
쏜살같은 халти
쏟다 цутга|х, юүлэ|х; цус ~ 수혈하다; морио ~ 승마용의 말을 바꿔서하다;
쏟아져 흐르다 асгара|х; суу ~ 우유를 엎지르다
쏠다(~을) мэрэ|х, хэмлэ|х; хумсаа ~ 손톱 (발톱)을 물어뜯는다; яс ~ 뼈를 갉작거리다
쏠아 ~을 만들다 хэмлэ|х
쐐기 өлгүүр, хадаас, хошуу, шаантаг
쐐기 모양의 것 хошуу, шаантаг

쐐기(V)자형 хошуу
쐐기로 고정시키다 хөхөлт
쐐기로 고정하다 шаантагла|х
쐐기를 박다(~에) шаантагла|х
쐐기풀 халгай
쐐기풀로 찌르다 халгай
쑤석거리다 давлагаала|х
쑤셔 넣다 гаца|х, овооро|х
쑤시는 듯한 아픔 хаттагч; э дэ э н ~ 성나게 함
쑤시다 бадайра|х, өвдө|х, өдө|х, сүлбэ|х, хатта|х, чигчлэ|х, чичи|х, шивэ|х, янгина|х
쑥 들어가다 ухра|х
쑥 들어간 곳 булан(г)
쑥 선두에 나서다 дүүлэ|х
쑥내밈 цоровгор
쑥돌 боржин
쑥스러워하다 тавгүйрэ|х
쓰기 쉬운 дөхөм
쓰는 일을 하다 бичи|х
쓰다 남은 몽당이 хожуул
쓰다 남은 토막 хожуул
쓰다 ашигла|х, бичи|х, данстай, дүлэ|х, зарцуула|х, хэрэглэ|х, хэрэгсэ|х; тууж ~ 소설을 쓰다; бэжээр ~ 잉크로 쓰다; хаяг бичиж авах ~의 주소를 받아 적다; ~ээ боль 쓰는 것을 멈추다; тайлан ~ 보고서를 자세히 쓰다
(~이라고) 쓰다 бичи|х
쓰라리게 하다 гашууда|х
쓰라린 бэрх, гашуун, эхүүн
쓰라림 нажид
쓰러뜨리(지)다 мухри|х, дагтаршуула|х, навчийлга|х, унагаа|х, хөмрүүлэ|х
쓰러지다 онхолдо|х
쓰러지지(가라앉지) 않게 해 두다 тулдуйда|х
쓰러진 나무 дархи
쓰러진 навчгар, унанги
쓰레기 буртаг, жааз, новш, хир, хог, хогтой, хумаг

쓰레기 더미(덩어리) новширхог
쓰레기 없는 хоггүй
쓰레기(개) 같이 간주(생각)하다 шоовдорло|х
쓰레기(먼지)를 흩뜨리다 хогто|х
쓰레기(먼지, 불결물, 오물 등등)을 솔로 털어버리다(털어내다) шуурдэ|х
쓰레기(폐물)가 산더미처럼 쌓이다 новшро|х
쓰레기(폐물)가 쌓여 산더미가 되다 новшро|х
쓰레기통 гаргуур, тантан
쓰지 않고 때우다 гамна|х, хямгада|х
쓴 경험 залхал
쓴 гашуун, хахуун; ~ туршлага 쓴 경험; ~ нясуун 쓴 맛.
쓸 데 없는 일에 떠들어대는 사람 бужигнаан
쓸 수 있는 сэлүүн
쓸수가 없는 бутэмжгүй, гүйцэтгэшгүй
쓸개 сөс
쓸개즙 донти, сөс
쓸데없는 дүнгүй, дэмий, лөө лөө, хоороор, хэрэггүй, явуургүй
쓸데없는 간섭을 하다(~에) дүрэ|х; бусдын хэрэгт хушуу ~ 다른 사람의 사업에 관여하다
쓸데없는 구별 ялгалгүй
쓸데없는 말을 하다 бавчи|х, доносо|х, дуднэ|х, шулгана|х; дэмий юм ~ хэрэггүйхэрэггүй헛튼말을 하지 마시오.
쓸데없이 참견하다 саваагүйтэ|х
쓸데없이 гонж, зүгээр; ~ хэвтэх 아무 일도 하지 않고 있다; ~ суух 게으름 피우고(놀고) 있다, 빈둥거리고 있다; тэрэмэгтэй ~л байдгаараа байв 그녀의 행동거지가 완전히 정상이다; тэр бол нэг хөдөөний эмч 그는 보통 시골의사이다;
쓸려서 벗겨지게 하다(끊지게 하다 холго|х
쓸려서 벗어지다(끊어지다) холго|х

쓸려서 아프다 холго|х
쓸리다 өрөвтөл   쓸모 дөхөм
쓸모 있는 ашигтай, байгаа, болохуйц, тустай, явцтай
쓸모(소용)없는 ашигтуй, гаргуудаа, горигуй, дэмий, олхиогүй, тусгүй, хэрэггүй
쓸모없게 된 ямбий
쓸모없게 만들다 бэртээ|х, зэмдэглэ|х, зэрэмдэглэ|х
쓸모없는 арчаагуй, муусайн, явуургуй, явцгүй
쓸모없는 놈(선수, 말) цурам; ~ хийх 꾸벅꾸벅 졸다
쓸쓸하다 тухгүйдэ|х
쓸쓸한 ганцагчин, гунигт, гунигтай, онцгойдуу, уйтгартай, хөөргүй
쓸쓸한 사람 гозон толгой
쓸쓸함을 느끼다 гагцаарда|х, ганцаарда|х, ганцда|х
쓸어 모은 것 хог, хогтой
쓸어(갈아) 내다 үрэ|х
쐬우/새 өнгөр, түрхэц, хаг
쐬우다 бурэ|х, бутээ|х, далдавчла|х, далдла|х, тагла|х, халхла|х
(~에) 쐬우다 гадарла|х, давхарла|х, дэвсэ|х
씨 хатагтай 씨 없는 수박 хэмх
씨 없는 (건)포도의 일종 үзэм
씨(앗)(종자.열매.과실의) 인 идээлэ|х; самар идээлж байна 견과류안에 심이 생기다
씨도(위도선) өргөрөг
씨를 뿌렸다 таримал, бутла|х, замхра|х, моджуула|х, мэгж, тара|х
(~에) 씨를 뿌리다 тари|х, тариалалт
씨를 뿌림 тариалан
씨름 барилдаан
씨름다른하나의재킷을잡다 далавчла|х
씨름(레슬링)에서 다리로 대항자를 잡아채다 судла|х
씨름(레슬링)에서 다리로 상대를 걸다 судла|х
씨름(레슬링)에서 자신의 다리로 상대방을 걸어 넘어뜨리다 таши|х
씨름꾼 бөх
씨름꾼의 팬츠 шуудаг
씨름선수가 경기 하는 동안 서로 붙잡고 서 있는 발의 자세 өрөлт
씨름선수의 준비자세 өрө|х
씨름에서~을(붙)잡다 жилбэндэ|х
씨름에서 그의 무릎에 의하여 누군가를 꽉(움켜)쥐다 тахимда|х
씨름에서 다리로 잡채기하다 судла|х
씨름장(판) даваа(н); гурвын ~ 세(번)째의 라운드
씨말 азрага, хээлтүүлэгч; ~ гуу хоёр 종마와 씨말; ~н бороо 호우(豪雨); ~н тахиа 수탉; ~н нохой 개의 수컷, 수캐; нэг ~ адуу 종마, 씨말이라 불린다.
씨무룩하다 хонхилзо|х
씨무룩한 얼굴(표정) морчгор
씨뿌림 таримал, тархалт
씨앗을 뿌리다 үрслэ|х, хээлтүүлэ|х
씨족 овог, омог, угсаатан, үүлдэр, яс
씨줄(위선) өргөрөг씩웃다 жуумалза|х
씩(씽긋) 웃으며 감정을 표시하다 жуумалза|х
씩(씽긋) 웃으며(이를 드러내고) ~의 감정을 표시하다 инээсхий|х
씩씩한 баатарлаг, зоригтой, зүрхтэй, эрэлхэг, эрэмгий
씰룩씰룩 움직이다 тата|х, таталда|х
씹기 зажидгаа,
씹기 쉬운 зөөлхөн, зөөлөн, улбагар
씹는 일 зажидгаа
씹다 зажла|х
씻기 угаалга
씻는(빨래하는) 사람 угаагч
씻다 угаада|х, угаа|х
씻어 내리다 зайла|х 씻어내기 зайлуур
씻어내다 булха|х, зайла|х
씻을(잊을) 수 없는(치욕 등) балрашуй

ㅇ

아! еэ, иш, оо, хай, халаг; ~ чаавас! 아아, 슬프도다.불쌍한지고(슬픔·근심).(놀람·공포·찬탄(讚嘆)·비탄·고통·간망(懇望)·부를 때 따위의 감정을 나타냄).

아가 = 아기 ① хүүхэд, балчир хүүхэд; Хүү юу? 아기가 사내입니까?; ② охин минь, миний охин(охин, бэрээ дуудах нэр)

아 그래 байгүй, жаа, мэдээж

아 그렇다 зээ

아가미 залмагай

아가씨 мойл(он)

아가위나무 долоогоно

아교 жонхуу, наамал, цавуу(н); ~ банз 합판, 베니어판

아교(접착제)로 붙이다 наа|х, цавууда|х; хананд зарлал ~ 벽(담)에 벽보(광고, 포스터)를 붙이다; шуудангийн марк ~ 우표를 붙이다.

아교를 바르다 нялцгайла|х

아귀 сүв

아귀(나무의) ал, алцаа

아기 ① хүүхэд, балчир хүүхэд; Хүү юу? 아기가 사내입니까?; ② охин минь, миний охин(охин, бэрээ дуудах нэр)

아기가 까르륵 웃다 гогоогло|х

아기의 웃음소리 ход ход инээх

아기집 сав, умай, хэвлий

아까워하다 атаарха|х, нарийла|х

아끼게 하다 гамнуула|х

아끼다 арвила|х, гамна|х, хямгада|х, ээллэ|х

아낌없는 үнэгүй

아나운서 зарлагч, нэвтрүүлэгч

아내 гэргий, эхнэр

아내의 오빠 또는 남동생(처남) хүр дүү

아네모네 яргуй (anemone: 미나리아재빗과의 여러해살이풀. 지중해 지방 원산의 원예식물로, 줄기 높이 20cm가량, 봄에 줄기 끝에 적·자·청·백색 등의 꽃이 핌. 내동성(耐凍性)의 알뿌리가 있음. 관상용임.)

아뇨(아니.그렇지않(습니)다(상대방이 부정 문으로 발언했을 때) жаа

아늑(포근.아담.안락)하게 느끼다 тохило|х

아늑하고 편안하게 두다(자신의 집을) төвхнүүлэ|х

아늑한 тохилог, тохьтой; ~ жижиг байшин 작고 아늑한 집.

아는(사람) тал, танил

아는 사이 тал; танил ~ 좋은 사이; тэр, танил ~ ихтэй 그는 교제 범위가 (안면이, 발이) 넓다

아는 사이가 되는(~와) хэлхээтэй, залга|х утас ~ 선을 연결하다

아는 사이가 되다(~와) танилца|х

아는 체하는 ёсорхог

아는 체하다(~에) мэдэмхийрэ|х

아니 жаа

아니(no)'라고 하는 말 үл

아니고(아니라)(~이) харин, эс

아니다(~(은) биш

아니다(~은) эс

아니다(~이)~(은) алга; надад мэ нгэ 나는 돈이 없다; хүн ~ аймүй 거기에 없다; ~ болох 사라지다, 자취(자태)를 감추다; бух иттэл найдвар ~ болов 모든 희망이 사라졌다

아니라고 하는 말(부정문, 관계를 나타내는) биш; цас оржбайсан ч, тийм ч их хүйтэн ~ байв 그곳에 비록 눈일지라도, 그것은 아주 춥지않다; миний ном энэ ~ 이것은 나의 책이 아니다;

тэгэхээс ~ 대안(달리 택한 길)이 없다; юу ч ~ 아무것 (아무일)도 ~아님(하지 않음), 전혀~않음 (아님).
아니면(~이) бусад
아닌 биш
아닌(아니게) ~않게 үгүй
아닌(않은) 것이 아닌(아니게)(~이) эс
아닌(않은) 것이 үгүй
~아닌(않은) бус их ~ 크지않은, 거대하지 않은; эндээс хол ~ 여기로부터 멀지 않은; хууль ~ 불법(위법)의.
아닌(않은)(~이) эс
아닌가 의심하다(~이) сэрэ|х, харда|х
아님에 틀림없다(~이) баймгүй
아담하고 깨끗한 цэвэр
아담한 авсаар, тохилог, тохьтой
아동 багачууд, үр, хүүхэд; ~ хүүхэд 아이들
아득한 옛날의 бөглүү, буйд
아득히 алс, бөглүү, зайтай, холхон
아득히 먼 холхон
아득히 보이다 сүүмэлнэ|х
아득히 저쪽에(의로) хол, холуур
아들 нуган, хөвгүүн, хүү
아들이 없는 хүүгүй
아랑주(紬) торго(н)
아래 장소에 두다 ивэ|х
아래(쪽으)로(~의) ноолуур
아래(층으)로 내려오다 дорогшло|х
아래로 향해 доош(оо), дорогш, уруу
아래로 기울다 бура|х, хэвий|х
아래로 향해 가다 уруудая|х
아래에 놓다(두다) карантийла|х
아래에 누이다 ивэ|х
아래에(에서.로)(~의) дорогш, доош(оо) тэгээс ~ 제로(영)의 아래; ~оо харах 내려다 보다; ~оо буух 아래층에(으로, 에서), 계단 을 내려가서; үнэ ~нь буулгах 가격을 내리다; таваас ~ насны 다섯 살 이하; ~оо орох (생활·취미 등을) 퇴폐시키다, 타락 시키다; ~гүй 미만이 아니다, 이하가 아니다
아래에(에서.로) 놓여있는 дорхи; газар ~ 지하에 있는, 지하의 동굴, 지하실.
아래위로(왔다갔다.여기저기) 움직이다 дэвэ|х, дэлбэгнэ|х, оволзо|х, хөвхөлзө|х
아래의 доод
아래쪽으로 가다 дорогшло|х, урууда|х
아래쪽으로 доош(оо), дорогш, уруу
아래턱 эрүү(н)
아래턱뼈 түүшүү
아랫구순 шазуур
아랫사람 доодчуул
아랫사람에게 호의적인 өршөөлт
아랫입술 шазуур
아랫입술의 хөмхий
아랫입술의 우묵한 оос
아량 있는 өглөгч, өгөөмөр, тэвчээртэй, ууч; ~ хүн 기부자, 기증자자진해서 (행) 하는 자
아련(희미)하다 сүүдэртэ|х
아련하게 만들다 буданта|х
이련히 니티니디(떠오르다) бөртөлзө|х, түнэртэ|х, харла|х
아로마 үнэр
아로새긴 шигтгэмэл
아로새기다 шигтгэ|х
아류(亞流) дагалдагч, шавь
아름다운(고운.예쁜) булээвтэр, дурлам, гоёхон, гоо, гуалиг, гувай, үзэсгэлэнтэй, хөөрхөн, ялдам; ~ хүүхэн 아름다운 (고운)여자; ~ хатан 벨라도나(가짓과의 유독식물); ~ хүү 귀여운 소년; ~ царай 아름다운 얼굴; ~зуй 미학(美學), 미적 정서의 연구; ~сайхан 아름다움, 미; 미모
아름다운 곡조 аялгуу
아름다운 얼굴 хөөрхөн царай
아름다운 여인 дагина; лусын ~ 인어 (人魚)(여자); 여자수영선수, 수영 잘 하는 여자.(人魚: 상반신은 사람과 같고, 하반신은 물고기와 같다는 상상의 바다 동물)
아름다운 옷 өвөг

아름다움(미(美)) гуа, үзэсгэлэн; ~ жавлан 장대함, 장엄(한 아름다움); ~ сайхны зуй 미학(美學); 미적 정서의 연구.
아름답지 못한 доожгүй, доожоогүй, жавхаагүй, лөөлгөр, нурмагар, үзэмжгүй
아마 ~해야 한다 биз
아마 천 ёрог, маалинга
아마 биз, болзошгүй, ёрог, маалинга, магадгүй; тэр иржь ~ 아마(어쩌면) 그는 올 것 같다; маргааш бороо орох болов уу? 내일 비가 올까? - аамадо; үнэн байж ~ 아마 그것은 진실이다.
아마를 물에 담가 흐무러지게 하다 ялзруула|х
아마사(絲) ёрог
아마섬유 ёрог, маалинга
아마포(布) ёрог
아메리카합중국 Америкийн Нэгдсэн Улс
아무 걱정 없는 гудиггүй
아무 걱정 없다 гудиггүйдэ|х
아무 것(아무 일)도 ~아님(하지 않음) юмгүй, юмхан
아무 것도 아니다 яамай, яамай
아무 데도 ~없다 газаргүй
아무 때라도 даг, дандаа, цаггүй
아무 말(언급도) 없는 дуугүй; ус ~ 침묵하는; ~ гийгүүлэгч 목소리가 없는; үг ~ зөвшөөрөх 묵묵히 따르다, 동의(묵인) 하다.
아무 일도 않고 우두커니 서 있다 тусгайра|х
아무 짝에도 못 쓰는 паг; ~ амьтан 아무 짝에도 못 쓰는, 무지한 사람.
아무 짝에도 쓸데없는 ашиггүй, гаргуудаа, горигүй, олхиогүй, тусгүй, хэрэггүй; ~ хэрэг 어려운 사업, 쓸데 없는 일; би явахгүй бол ~нь 가야만 한다.
아무것도 싣지 않는 ачаагүй
아무래도 зайлшгүй, чүү ай
아무래도 좋다 гэмгүй
아무래도 좋은 толиур, тоомсоргүй, тоохгүй
아무래도(어느쪽이든)상관없는 өөршгүй
아무렇게나 방치해 두다 хөтгөрө|х
아무를 굴복시키다 сөгдүүлэ|х
아무를 불시에 습격하다 гэндүүлэ|х
아무를 소리내어 부르다 хүхээлэ|х
아무리 ~ 해도 чингэвч
아무리 ~라도(하더라도) ганцхан, тэгэвч, чингэвч
아무리 ~하여도 지나치지(가) 않다 болохгүй
아무리 ~할지라도(해도) ганцхан, тэгэвч, чингэвч
아무리 나빠도 ядавч
아무리 잘 보아주어도 сайндаа
아무리 해도 сайндаа
아무에게 ~을 3번 반복하다. гуравда|х
아무에게 대금(임금) 치르다 цалинжи|х
아무에게 아첨(굴복)하다 дэлдэгнэ|х
아무와 가까이 사귀다 ханьса|х
아무의 주의를 환기시키다 булзааруула|х
아뢺 домнолго
아방가르드(~의,(예술상의)전위파 선구자) авангард, авангардизм
아버지(부친, 아빠) ав, аав, эцэг; ~хуу хоёр 아버지와 아들; хадам ~ 장인, 시아버지, 시아버님, 빙부.
아버지 편(쪽)의 두 번째 사촌(재종) хаяалид
아부 зулгуй, зусар
아부(阿附)꾼 долдойч
아부(아첨)하는 бялдууч, гоёч, долдой, зуйгар, ташмигай, хайдаг; ~ хун 아첨꾼
아부(아첨)하다 зуйра|х, хайдагта|х
아부장이 долдойч
아부하는 долигонуур
아빠, аав ~хуу хоёр 아버지와 아들; хадам ~ 장인, 시아버지, 시아버님, 빙부.
아사(餓死) дажин, өлсгөлөн; ~ зовлон

굶주림, 기아.
아사되다 өлсгө|х
아생(芽生) гөлөг
아성(牙城) баримт
아세트산 약제 цуу
아스러지다 цавта|х
아스팔트 барагшин, лав, цардас; ~ зул
(양)초; ~ тос 역청(瀝靑), 아스팔트,
파라핀, 석랍(石蠟)
아스팔트로 포장하다 царда|х
아시아(Asia) Ази
아시아인 зүүн
아씨(아가씨) авхай
아아! ээ, хай, халаг, ёо ёо, халхай (놀람·공
포·찬탄(讚嘆)·비탄·고통·간망(懇望)·부를때 따위
의 감정을 나타냄).
아양 부리다 аалигүйтэ|х, бялдуучла|х,
жаравгана|х, нялгана|х, саамгана|х
아연 цайр (금속 원소; 기호 Zn; 번호 30);
아연(으로) 도금(을) 하다 цайрда|х
아연실색하다 гайхуула|х, хачирха|х
아연을 입히다 цайрда|х
아연케 하다 бшрэ|х, гайхуула|х, гөлийј|х
아연해 하다 гайха|х, зочирдуула|х
아우성 소리 улиан
아웃시키다 (~를) бөхөө|х
아이 багачууд, үр, хүүхэд, эд; ~ хүүхэд
아이들
아이(어린이) жаал
아이 가지다 гэдэслэ|х
아이 배는 곳으로서의 배(자궁) умай
хэвлий, хэвэл (자성(雌性) 생식기인 수란관
(輸卵管)의 일부가 변화한 근육질의 기관;
수정란이 착상(着床)하여 발육함. 아기집. 자호
(子壺). 포궁(胞宮).)
아이 배다 гэдэслэ|х
아이 보는 여자 асрагч
아이 보다(돌보다) асрамжла|х, мала|х
아이(어린짐승)에게 처음 젖을 먹이다
амда|х, амла|х
아이가 생겨나게 하다 бие хөнгөжих
아이가 서다 гэдэслэ|х

아이가 없는 хүүгүй, хүүхэдгүй
아이는 어버이로부터 육체 또는 마음
의 특색을 이룬다 удамла|х
아이다운 балчир, булбарай
아이들 үрс
아이디어를 빌리다 сэдэвлэ|х
아이론 илүүр, индүү
아이를 간질이다 годгодо|х
아이를 기쁘게 하다 годгодо|х
아이를 낳다 бие хөнгөжих, няйрайла|х,
хөнгөрө|х; няйрайлсан эх 그 여자는
최근에 아이를 낳았다.
아이를 돌보다 тойло|х
아이를 배다 уста|х
아이를 보다 бөөцийлө|х, өвөрлө|х;
хүүхэд ~ 어린이를 돌보다
아이를 양육하다 тойло|х, торниула|х
아이를 재우다 унтуула|х
아이리스 цахилдаг (iris: 붓꽃과의 재배초.
높이 30-60cm, 잎은 넓은 선형. 봄에 백색·자색
등의 창포 비슷한 꽃이 핌)
아이보다 тойло|х, хөхүүтэ|х
아이스 мөс(өн); мөсөн галав 빙하시대;
умард мөсөн далай 북극해, 북빙양;
мөсөн уул 빙산; мөсөн чихэр 과일
드롭스; мөсөн гялбаа (수평선상에 보이는)
빙원(氷原)의 반영(反映); мөснийсүх
(등산용) 피켈, (얼음깨는)도끼; ~ зусэгч
хөлөх онгоц 쇄빙선, 쇄빙기.
아이스 홀 харз
아이스크림 мөхөөлдөс (icecream: 우유·달
걀·향료·설탕 따위를 섞은 물을 크림 모양
으로 얼린 과자.)
아이스크림 제조기 хөлдөөгч
아이스하키의 퍽 ззэрэнхий
아이슬란드 사람 Исланд
아이슬란드 Исланд (북대서양에 있는
공화국; 수도 Reykjavik),
아이쿠!(아픔의 표현) халхай, ёо ёо
아장아장 걷다 алцгана|х
아주 бишгүй, бузар, бултаараа, буур,
бухэл, гойд, даан, давгүй, ив, ихэд, маш,

машид, нүгэлтэй, нэвтэрхий, нэн(г), огт, огтхон, сайтар, тон, тун, тэс, үхтлээ, хавигуй, хиртэйхэн, цоо, цэл, шав; ~ шар аジュ 노랗다; ~ хэцүү 아주 어려운; ~ сайн 아주 좋은; ~ даруй 곧, 바로, 즉시, 당장; ~ ховор 특히 진기한; ~ тузуунд 첫째(로), 우선 무엇보다도; ~ цухал мэдээ 최고(최상)의 뉴스; ~ шинэ 가장 근래의(최근의); ~ хурдан морь 아주 날랜(빠른) 말; ~ сайн 아주 좋음; ~ олон 아주많이; ~ их баярлалаа! 매우 감사합니다!; ~ ижил 완전히 똑 같다; ~ илэрхий 아주 깨끗이; ~ сайхан кино 아주 좋은 영화; ~ олон 아주 많이; ~ саий 아주 좋은; ~ эрт ~하기 까지에는 오래(오랜); ~ адилхан 절대적으로 닮은; ~ хол 아주 멀리(에), 아득히; ~ их 아주많은(큰); ~ эцэст нь 최후에는, 끝내는.
아주 (연)약한 сув сулхан
아주 가벼운 хөнгөхөн
아주 가파른 хэсхийм
아주 같은(한가지인) өөршгүй
아주 게으른 дөжир
아주 경사지다 жищүүдэ|х
아주 경솔하다 хийсдэ|х
아주 공손하다 нялуура|х
아주 괴롭히다 зутра|х
아주 기뻐하는 бахдалтай
아주 기울다 жищүүдэ|х
아주 끈적(끈끈)해 지다 лагалда|х
아주 나태한 дөжир
아주 높다 дээгүүрдэ|х
아주 느리게 움직이다 новшро|х
아주 늪이 많은 гамагархаг
아주 단 амттайхан
아주 단단해지다 дардгарда|х
아주 달걀 모양의 гонжгор
아주 대단한 гайхам
아주 대단히 청결한(깨끗한·청순한·순결한) ариухан
아주 더운 날에는 함께 무리를 짓다 тээрэ|х
아주 동일한 адил
아주 들러붙게 되다 лагалда|х
아주 뚱뚱해지다 ёлхой|х
아주 많이 내린다 малгайла|х
아주 많이 탐내다(~을) хоногло|х
아주 맑아지다 тоддо|х
아주 맑은 тов тодорхой
아주 못쓰게 하다 хоосло|х
아주 무르다 даржгарда|х
아주 바른 андахгүй, баараггүй
아주 바보 같다 тэнэгдэ|х
아주 발달이 불충분 하다 давжаада|х
아주 밝아지다 тоддо|х
아주 밝은(빛나는) 별 гялаан од
아주 보잘 것 없다 даржгарда|х, хийсдэ|х
아주 부드러운(매끄러운) умбагар
아주 부주의하다 хайнгада|х
아주 불쾌한 булай
아주 비대해 지다 ёлхой|х
아주 비스듬히 되다 жищүүдэ|х
아주 비열하다 нохойдо|х
아주 빈 хов хоосон
아주 빠르게 хув хурдан
아주 빠르게 움직이다 цахил|ах
아주 빨리간다 дурдхий|х
아주 살찌게 되다 ёлхой|х
아주 새로운 цоо шинэ
아주 쉬운 хялбархан
아주 심술궂게 되다 гашууда|х
아주 쓸데없는 хэв хэрэггүй
아주 약하다 гоомойдо|х
아주 어린 багашиг
아주 여윈(야윈) харчгар
아주 예상 밖으로 зүгээр
아주 음흉하다 нохойдо|х
아주 작은 조각 хэмхдэг
아주 작은 칼 исгүүр
아주 작은 틈 сүвэгч

아주 재미(흥미)있는 соньхон
아주 적당한 때를 이용하다 самбаачла|х
아주 적당한 때를 틈타다 самбаачла|х
아주 젊은 идэрхэн
아주 조급하게 굴다 давчууда|х
아주 좋은 бузгай, гайгүй, галбын, гичий ; ~ сайн 아주 좋은
아주 쾌치다 давчууса|х
아주 즐거운 тавтайяа
아주 짧고 꽉 쩬(타이트한) тогдгорхон
아주 천천히 걷다 гэлдэрхийлэ|х
아주 추운 жиндүү, сэв сэрүүн, хүв хүйтэн
아주 큰(타이탄) аугаа, аврага; ~ том 거인같은, 어마어마한; ~ загас 상어, 탐욕스러운 사람, 고리 대금업자, 악착같은 지주; ~ могой боа(구렁이), 왕뱀, 비단뱀; 이무기;
아주 터벅터벅 걸어가다 гэлдэрхийлэ|х
아주 청결한(깨끗. 청순한. 순결한) ариухан
아주 폭넓은 уужимхан
아주 폭이 좁은(들)창(窓) хомгор
아주 푸른 хө хөв
아주 피곤하여 어슬렁어슬렁 걸어가다 тууварда|х
아주 훌륭해지다 гоёдо|х
아주 힘들지 않는 хөнгөхөн
아주(거의) 예상밖으로 달리다 навсгана|х
아주(극도로) 가난하게 되다 үгүйтэ|х
아주(대단히) гэгээн
아주(대단히, 몹시) 편평(평탄)하게 펴다 хавтгайда|х
아주(대단히.몹시) гоц; ~ муу 아주 극단(적)으로
아주(몹시) 가난한(빈곤한) үгээгүй
아주(몹시) 간결하게 하다 пагдгарда|х
아주(몹시) 간단히 말하다 пагдгарда|х
아주 기뻐하다 догдло|х
아주(완전히) 다 써 버리다 салдай|х
아주 불필요한(쓸데없는) хэв хэрэгтүй
아주머니(이모.백모.숙모.고모) эгч
아주적은 цөөвтөр
아줌마 ээж
아지랑이 будан(г), зэрэглээ(н)
아직 경작되지 않은 боловсруулаагүй
아직 시간이 되지 않았다 амжаагүй
아직 아니다 хараахан
아직 태어나지 않은 어린양 зулбасга
아직 태어나지 않은 어린양(염소)의 모피 зулбадас
아직 퍼런 түүхий
아직 퍼렇다 түүхийдэ|х
아직(~않다) арайхан; тэр~ ирээгүй байна 그는 아직 오지 않았다
아직(도) 아닌 хараахан
아직(지금)까지는(~않다) арайхан
아직도(그럼에도) бас, одоохондоо; ~ч 아직(도), 더 한층, 더욱(더), 그 위에
아첨 зулгүй, зусар
아첨(고두.아부.굴복)하다 бялдууч ла|х, саймсра|х
아첨꾼 долдойч, зусар, зусарч
아첨장이 долдойч
아첨하는 долигонуур
아첨하다 далдира|х, нялгана|х
아첨하다(알랑거리다) аяла|х, долдойло|х, зуйгарла|х, зулгуйда|х, өнгөлө|х, ташимгайла|х, зусарда|х
아치(牙齒:홍예) арра, нум(ан), гулдан(г)
아치 길(문) нум(ан)
아치의 홍예밑 기공점(起拱點) нум(ан)
아치형 천장 гулдан(г), огторгүй; ~ хаалга 둥근 천장
아치형의 бөмбөгөр
아침 өглөө; маргааш ~ 내일 아침; бид маргааш ~ эрт хэ дэ лчгэ э х болно 우리는 내일 아침일찍 출발하다; ~ний хоол 아침식사; ~ний цай бэлдэх 아침식사를 준비하다; ~ний дасгал 아침체조; ~ний сонин 조간신문; ~ний9 цагт

오전 9시; тэр ~ эрт босох тун дургүй그는 아침 일찍 일어나는 것을 싫어 한다; ~ний мэнд хүргэе! 안녕하세요 (아침인사), 좋은 아침.

아침(나절)에 өглөөгүүр

아침중 내내 өглөөжин

아카데미 акадэми; Шинжлэх Ухааны ~ 과학 아카데미

아카시아 хуайс (acacia: 콩과의 상록 교목. 주로 인도·동부 아프리카산. 높이 12-15m. 자귀나무 비슷한데 가지에 가시가 있고, 황색 또는 백색의 꽃이 핌. 기구재·땔나무로 씀.)

아킬레스건 борви(Achilles腱: achillestendonб; 발뒤꿈치 위에 있어 비복근(腓腹筋)과 비목어 근(比目魚筋)을 종골(踵骨)에 부착시키는 힘줄. 아킬레스 힘줄; 치명적인 약점의 비유); ~ бохирохгүй ажиллах 끊임없이 일시키다 (부리다).

아파트 байр

아편(阿片) гунхвай цэцэг

아프다 өвдө|х, шанала|х, янгина|х; бие ~ 병이 나다; толгой ~ 두통이 나다; гэдэс ~ 위장병이 나다.

아프리카 Африк; ~ хүн 아프리카의

아프리카산의 약어 гүмбараа матар

아프리카의 살쾡이 цоохондой

아픈 зовор

아픈 듯한 зовор; ~ өвчин 질병으로 아픈 듯한.

아픔 нажид, өвдөлт

아픔(고통)으로 마비가 되다. унжра|х

아픔(맛·추위·경험)이 격심하다(모진.매서운. 쓰리리.신랄한.얼얼한) дарвигна|х

아픔으로 신음하다 урамда|х

아픔을 느끼게 하다(주다)(~에) гомдо|х, гоморхо|х, гэмтээ|х, өөнтөглөх, хохиро|х

아픔을 쉽게 느끼다 эмзэглэ|х

아픔의 원인이 되다 өвтгө|х

아픔이 전이(轉移)하다 үсэрхийлэ|х

아홉겹으로 есөнтээ

아홉째의 есдүгээр

아흔 겹 ерээд

악(惡) хорлол

악곡 хөг, хөгжим

악구(樂句) өгүүлбэр

악귀 буг, ороолон, чөтгөр, шулам, шулмас; ~ чөтгөр 악마, 악귀

악극(樂劇) дүрь

악기 хөгжим (樂器: 음악을 연주하기 위해 쓰는 기구의 총칭《현악기·관악기·타악기·건반 악기 등으로 나뉨》.

악기가 울리다 тоглуула|х

악기를 연주하다(불다) хөгжимдө|х, тата|х; бүрээ ~ 호른 또는 트럼펫을 불다

악기를 조율하다 хөглө|х

악기를 켜다(타다) жужиглэ|х, цамна|х

악기의 가락을 맞추다 хөглө|х

악기의 부는 구멍 соруул

악기의 음색 бичлэг, дуу(н)

악기의 줄 따위를 죄다 эрэгдэ|х

악기의 현(絃) чавхдас; ~т хэгжим 현악기

악기의 활 хил

악담 зүхэл, хараал

악담(모독)하다 загина|х, зүхэ|х, хараа|х, хараалга|х; бусдыг харааж ~ 야단치다, 꾸짖다; тэр согтчихоод муу эхнэрээ 그는 술만 마시면 그의 부인에게 욕설을 퍼붓는다.

악당 또는 카드놀이 잭(jack) барлаг

악당 тонуулчин

악당의 өөдгүй

악대의 북 연주자 бөмбөрчин.

악덕의 화신 буг

악랄한 доожгүй, зарчимгүй, өөдгүй, сүнсгүй, увайгүй, цадиггүй

악력(握力) барьц

악령 ад, буг, ороолон, чөтгөр, шулам, шулмас

악령을 불러내다 тарнида|х

악마 ад, буг, ороолон, чөтгөр, шулам, шулмас; ~ чөтгөр 악마, 악귀

악명 높은 것처럼 행동하다

бурангуйла|х
악보 нот
악보(악곡)집 нот
악보철 цомог
악부(岳父) худ
악사 хөгжимчин
악성(惡性) caap
악성의 муухайвтар
악성종양 өмөн уу (惡性腫瘍: 주위 조직에 대하여 침윤성(浸潤性)과 파괴성을 가지며, 또한 전이(轉移)를 형성하는 종양; 암종과 육종이 대표적임) 암(癌): 상피성(上皮性)의 악성종양(腫瘍). 조직을 파괴하고 출혈을 초래하며 전신의 영양 장애를 일으킴. 치료 곤란한 것이 많음)
악센트기호(부호) аялгуу, өргөлт, өргөлт ((◇, ∨, ∧) 발음의 억양·곡절 표시 의 ^ ˇ; 시간·각도의 분초 표시의 ''; 피트· 인치 표시의 '''; 변수(變數) 표시의 '따위)
악센트(강세) аялга, өргөлт
악센트(강세)를 두다(~에) тухайла|х
악센트(부호)를 붙이다(~에) тухайла|х
악수 үер
악슈 등을 교정하다 шулуутга|х
악신(惡神) буг, савдаг
악어(鰐魚) матар, хүмбараа матар
악어가죽 гүмбараа матар, матар
악에 물들게 하다 халдварла|х
악용 завхрал, шамшигдал
악용하다 завхруула|х, толхи|х
악유(惡莠) луйл
악을 쓰며 말하다 ули|х
악의 따위를 부풀리다 хуралда|х
악의 없는 аюлгүй, гэмгүй, ноцгүй, хоргүй, хохиролгүй
악의 атаархал, дэлүү(н), найдангүй, хонзон, хорсол
악의(나쁜감정) 보이다 найдангүйла|х
악의(적의, 원한, 유감, 따위를) 품다 хонзогно|х
악의가 없는 мөртөө
악의가 있는 ёжтой
악의가 있다 ёжло|х

악의를 갖고 ёхир
악장(樂長) удирдаач
악질의 базаахгүй, саар, сайнгүй; ~ ястай эд юмс 악질 기사; 열등한 품목; ~ зан 나쁜 성질
악취 нил хийсэн үнэр, үнэр, үнэртэй
악취를 내(뿜)는 э мхий самхай, өмхий
악취를 풍겨 내쫓다 ханхуула|х
악취를 풍기게 하다(~에) хангина|х, ханхуула|х
악취를 풍기는 э мхий самхай, өмхий
악취를 풍기다 нигши|х, нил хийх, өмхийрө|х,үнэртэ|х,хангина|х, шиншлэ|х
악평 гутамшиг, мундар, хараал
악평하다 зүхэ|х, хараа|х
악한(惡漢) барлаг, бусниулагч, гайтай, тонуул чин
악한 같은 өөдгүй
악행 балаг
악화(격화)시킴 нэрмээс
악화(격화)시키는 것 нэрмээс
악화(저하)하다 гудай|х
악화되게 муухан
악화되게 하다 хурцда|х
악화되다(~이) гулра|х, дортго|х, муухай-ра|х, муутга|х; нүдээ ~ 시력이 더 나쁘게 되다; биеэ ~ 자신의 건강을 악화시키다; тэнгэр ~ 날씨가 바뀌다 (나빠지다); дотор ~ 욕지기가 나다, 구역질나다
악화를 초래하다 дортго|х
악화시키다 боли|х, гаара|х, гута|х, дор-дуула|х, мууда|х, хүндрүүлэ|х, хурцат-га|х, цаашла|х
악화하다 боли|х, гаара|х, гута|х, дор-дуула|х, мууда|х; шуд ~ 충치; бие ~ 건강이 나빠지다
안 되다(~하지 않으면) албада|х
안 된 харамсалтай
안 된다(~해서는) баймгүй
안 됩니다 яавч
안 들리게 하다(큰소리가 작은 소리로)

дөжрүүлэ|х
안 쉬는 зогсолгүй
안 해도 좋을 말을 하는 사람 орилоо
안(案) бодол, төлөвлөгөө, төсөл
~안(案) төлөвлөгөөт
안(속)에(~의) дотуур
안감을 대다 доторло|х
안개 нойт, нойтон, уур, хүдэн
안개 낀 бүрэг, униартай
안개 짙은 бүрэг, униартай
안개(먼지.스모그)싸이다(덮이다)
манара|х; толгой ~ 실신하다, 졸도하다; тоос ~ 먼지가 피어오르다(나다) яндангууаас утаа манарч байв 굴뚝에서 연기가 피어오르 다.
안개(이슬비)가 내리다 буданта|х
안개가 끼다 буданта|х, мананта|х
안개가 싸이다 мананта|х
안개가 자욱한 өтгөн
안개가 짙은 өтгөн
안개꽃 хамхуул
안개로덮다 буданта|х, мананта|х, хүдэнтэ|х
안개로 둘러싸다 буданта|х
안개에 싸인 суунаг
안검(眼瞼) зовхи
안경을 쓰다(끼다) зүү|х, өмсгө|х, өмсө|х, угла|х
안내 заллага, урилга
안내서 замч(ин), үзүүлэгч
안내자 газарч, замч(ин), танилцуулга, үзүүлэгч
안내하다 газарчла|х, замчла|х, манлайла|х, оройло|х, хөтлөгдө|х
안녕 мэнд, энх
안달(복달)하다 тэвдэ|х
안달(함) бужигнаан, дүйвээн, тэвдэл
안달나게(속타게)하다 бөндөгнө|х, цухалда|х
안달나다 горой|х, хохигоно|х
안달복달하다 хууги|х
안달하는 годгонуур, гонгинуур

안달하다 гэдвэлзэ|х, гэдэгнэ|х, түгши|х
안달하여 돌아다니다 тэвдэ|х
안대다(~의) доторло|х
안도케 하다 уужра|х
안락 тав, тух; ~ тухгй 불유쾌한, 침착하지 못한
안락하게 тухтай, уужуухан
안락하게 하다 тохило|х
안락한 тохилог, тохьтой, чөлөөт; ~ жижиг байшин 작고 아늑한 집.
안료 будаг
안마 массаж
안면(安眠) унтаа, унтлага
안면이 넓은 танилтай
안면이 없는 үзээгүй
안면할 수 없는 амаргүй, амсхийлгүй, годгонуур, тухгүй
안무 기법 дэглэлт
안부 전하라는 전언 мэнд
안색 зүс(эн), өнгө
안색(얼굴)이 밝아지다 тодро|х
안색(태도)를 부드럽게 하다 тайтгара|х
안색(피부색, 외관)이 젊고 발랄한 толио
안색(혈색)을 기억하다 зүслэ|х
안식을 취하다 нойрсуула|х
안식일 Адьяа
안심 тав, тух, үнэт цасс
안심시키다 найдуула|х
안아 일으키다 өндийлгө|х
안아(치켜)올렸다 өнгийлгөгдө|х, агса|х, босго|х, даа|х, өмгийлгө|х, тэвхдэ|х, хөөрө|х; өрөөсөн гараараа ~ 손을 맞잡고 들어올리다; хуухдийг сэрээх ~애기를 안아올리다; суул ~ ~을 자랑하다 (뽐내다)
안약의 점적기 дусаагуур, дуса- алга; нудний ~ 눈에 약물을 떨어뜨리다
안에(으로) дотуур
안에서 밖으로 뒤집어놓다 урва|х
안와(眼窩) ухархай

안으로(~에) дотогш, дээр
안의 дотно, дотоод, өвөр
안이한 해결책을 취하다 амарчла|х
안장 같은 것 нахид, тохош, эмээл
안장 고리에 매듭을 묶다 дөрөөвчлө|х
안장 대신 쓰는 방석 тохом
안장 받침 тохом
안장 방석 гөлөм, хөлсөвч
안장 없는 말을 타다(타고가다) зайдагна|х
안장 없는 말은 зайдан(г)
안장 없이 동물을 타고 가다 зайдла|х
안장 нахид, тохом, эмээл
안장(굴레, 고삐) 꾸미다 тоногло|х
안장고리 매듭의 미봉책(임시 변통물, 대용품) дөрөөвч
안장고리 매듭의 임시변통의 수단(방책) дөрөөвч
안장에 다는 주머니 богц; аяны ~ 여행가방
안장을 놓다(~에) тохо|х, эмээллэ|х
안장을 얹은 말을 타다 унаа
안장을 장식하다
안장의 앞가지 가죽 손잡이 ганзага(н);
안장의 앞머리와 안미(鞍尾) 안장의 뒷가지를 정돈하다(손질하다) хярла|х
안장주머니에 달다 богцло|х
안전 үнэт цасс
안전(장래를 위하여) 비축해 두다 нандигна|х
안전모(安全帽) дуулга
안전모를 쓰다 дуулагла|х
안전장치 хавхлага, хамгаалалт
안전장치를 하다 тогтворжи|х. тогтворжуула|х
안전판 хавхлага, хамгаалалт
안전한 지위 алгана
안전한 аюлгүй, гайгүй, осолгүй; ~ байдал анзен, муса; Алгуйн 3э влэ л (유엔) 안전 보장 이사회; ~ зантай (마음씨가) 아주 착한(고운)

안절부절 못하게 하다 оцгоно|х
안절부절하는 годгонуур
안절부절하다 гэдвэлзэ|х, гэдэгнэ|х, дагдгана|х
안절부절하며 만지작거리다 дагдгана|х
안정 тав, тух
안정(시킴) тогтворжилт, тогтворжуулалт
안정(眼睛) цэцгий
안정되다 амаржи|х, амаржи|х, налай|х, намхра|х, тайвшра|х, түвштэ|х
안정된 өөрчлөгдөшгүй, суурьтай, тогтвортой, тогтонги, тогтуун, тогтуурай, хэлбэрэлттүй
안정성(도) тогтворжилт
안정시키는 사람(것) тогтворжуулагч
안정시키다 зөөтгөрө|х, тайвшруула|х, тайдгаруула|х, тогтворжи|х, тогтворжуула|х, тогтни|х, төвхнүүлэ|х, түвшиттэ|х
안정하다 тохни|х
안정화(安定化) тогтворжилт, тогтворжуулалт
안짱다리의 (걸음이) 어기죽(휘우뚱) 거리는 майга
안짱다리의 жайжгар, тайтгар, туйтгар
안쪽(내부)방향으로 나타나는 дотогш
안쪽에 дотуур
안쪽에(으로) 이동시키다 дотогшло|х
안쪽에(으로)(~의) хиртэй
안쪽으로 관통하다 дотогшло|х
안쪽의 дотно, дотоод, дотор, доторхи
안출하다 сана|х, сэдэ|х, төлөвлө|х
안치(정치.설치)하다 төвхнүүлэ|х, тохниула|х, тухла|х
안침(安枕.安寢) унтаа, унтлага
안테나 антенн, эвэр
안테나의 도입선 хорголж(ин)
안포(眼脯) зовхи
안표(眼標) им
앉다 суу|х, уна|х; явган ~ 웅크리(고 털썩 앉)다, 쭈그리다; галт тэргэнд ~ 기차에 올라타다; хаан ширээнд ~ 즉위하다; хүнтэй ~ 결혼하다; шоронд ~

- 425 -

수감 중이다; зуээр ~ 아무 것(아무 일)도 하지 않음; мах ~ 살찌다
앉아서 몇 번이고 움직이다 палхалза|х
앉아있다 уна|х
앉으려 드는 суумгай
앉은 주변에 아무것도 없다 зүв зугээр суух
앉은 채 있는 суумгай
앉음 сууrаа, суумал
앉히다 багтаа|х, суу|х, суулга|х
않게 되다(~하지) болиула|х, бөхө|х, гадала|х; хурал ~ 회의를 연기하다.
않게(~이) эс
않고는 못 배긴다 ёстой
않다 үл
않다(~(은) 아니다) бус
~않다 алга, биш, үгүй
않다(~이) эс
않다(말다)(~하지), алга, эс
알 낳다 өндөглө|х
알 수 없는 танихгүй, үзээгүй
(~을) 알(고 있)다 танилца|х
알(난(卵)) төмс
알(서캐)들이 변화되다 хуурста|х
알게 되다(~을) анзаара|х, мэдэгдэ|х, илрэ|х; тэр уед жолооч согтуу байсан нь илрэв 운전자는 술취한 동시에 깨닫게 될 것이다; нэг лөдөр үнэн ~ болно 진실은 밝혀 질것이다
알고있는 мэдээтэй, сэхээтэй, ухамсартай; ~ байх (방심않고) 경계하여
알고 있다 мэдэ|х, ойлгодо|х, тани|х, ухагда|х, ухамсарла|х; та Алтангэрэлий ~уу? 당신은 Altangerel을 알고 있습니까?; зүс ~ 눈빛으로 알다; ажлаа ~ 자신의 일을 안다; өөрийгөө ~ 장소를 안다.
알고 있음 сэхээ, томьёо
알곡 будаа, мөхлөг, тариа(н)
알기 쉬운 илэрхий, ойлгогдохуйц, ойлгомжтой

알기 쉽게 하다 мэдрүүлэ|х
알기 어려운 баригдашгүй, будлиантай, бэрхтэй, бэрхшээлтэй, ээдрээтэй
알다 мэдэ|х, тани|х; та Алтангэрэлий ~уу? 당신은 알탄게렐을 알고 있습니까?; зүс ~ 눈빛으로 알다; ажлаа ~ 자신의 일을 안다; өөрийгөө ~ 장소를 안다.
알다(~을) гүүрэ|х
알뜰한 ариг, гамтай
알락범 тахарвар
알랑거리는 долигонуур, зулгуйч, нялуун, чихэрлэг
알랑거리다 бялдуучла|х, долдойло|х, дэлдэгнэ|х, саймсра|х, ташимгайла|х
알랑거림 зулгуй
알랑대는 долигонуур
알랑대다 хайдагта|х
알랑댐 зулгуй
알랑쇠 долдойч, зусар, зусарч
알레르기 харшил
알려주다(~에게 ~을) танилцуула|х
알려지다 мэдэгдэ|х
알려지지 않은 судлаагүй, танихгүй
알려짐 алдарт
알력(軋轢) будлиан, зөрчилдөөн, харшлалдаан; ~ өдуулэгч 선동가, 앞잡이, 미끼; хилийн ~ 국경 지방 사건.
알로에 arap
알루미늄(aluminium) дэц (은백색의 가볍고 연한 금속 원소. 연성(延性)·전성(展性)이 풍부하며, 상온에서는 산화하지 않음. 식기·부엌세간 등에, 특히 경합금의 주성분으로 널리 씀. [13번:Al:26.98]
알루미늄박에 붙여 밀착시키다 дэцдэ|х
알루미늄으로 처리하다 дэцдэ|х
알루미늄을 입힌다 дэцдэ|х
알루미늄으로 도금하다 дэцдэ|х
알리다 гарга|х, бултай|х, дуулга|х, задра|х, зара|х, зарлах, илрүүлэ|х, мэдэгдэ|х, нээ|х, нээгдэ|х, үгчлэ|х; дайн ~ 전쟁을 선포하다; уралдаан ~ 시합을 알리다;

зарлан хуралдуулах 회의를 소집하다, 회합을 소집하다; шуухийн зарлан дуудах бичиг (법원에의) 출두 명령, 소환장; (의회 등의) 소집; хуйвалдаан ~ 음모를 알다; хамаг муу муухайг ~ 최악의 상태를 초래하다 (일으키다).

알리다(~에게) айлтга|х, дуулга|х, мэдээлэ|х, сонордуула|х

알리어지다 мэдэгдэ|х

알림 зар

알맞다(~에) тэнгцэ|х

알맞은 аштай, зохимжтой, зохистой, зэгсэн, нийлэмжтэй, олигтой, ончтой, таарамжтай, тааруу, тохиромжтой; ~ юу даа! ~보다 좋은!

알맞은 때 ташрам, ялдам

알맞은 모양(그림)으로 표시한 бие тэгш

알맞은 상대 чудэнз

알맞음 таарамж

알맹이 빠진 ясгүй

알맹이를 빼앗다(~의) булаа|х

알몸의 задгай, нүцгэн, салдан, халцархай, чармай, шалдан

알몸이 되다 нүцэгрэ|х

알부민(Albumin) уураг (단순 단백질의 한 종류. 생물체 중에 널리 분포하며, 보통 글로불린과 공존함. 특히 혈청·달걀 흰자위·젖·콩 등에 많이 함유됨. 열에 응고됨. 생체 세포·체액(體液) 속의 단순 단백질)

알비노증(색소가 현저히 결핍된 동·식물) хялман

알세포 төмс

알아 차이지 않는 ажигтүй

알아(생각해)내다 тани|х, танигда|х

알아듣다 ойлго|х, сэнхрэ|х, ухварла|х

알아듣다(~을) уха|х

알아듣지 못할 말을 재잘거리다 дужигна|х, чалчи|х

알아맞히기 оньсго

알아보다 тани|х, танигда|х

알아볼 수 있는 танигдахуйц

알아볼 수 있음 бараа, үзшил

알아차리다(~을) анхааруула|х, гүүрэ|х

알아차릴 수 없을 만큼의 мэдэгдэхгүй

알아채다 шинжлэ|х

알아채다(~을) ажигла|х, анзаара|х, ухварла|х

알아챔 сэхээ, томьёо; мэдээ ~ алдах 감각을 잃다.

알았다(~을) шагнагда|х

알았어! дуг

알았어(승낙) заа

알을 낳다 үржи|х

알의 흰자위 уураг

알이 잘고 씨 없는 건포도 улаалзгана

알지 못하는 гадна, сэвүүн; "гадный хун орж болохуй" " 명백히 공인(승인, 인정)되지 않은 사람이다"

알짝지근하다 зөнөгщи|х

알칼리 금속 또는 마그네슘 염류로 이루어진 хужиртай

알칼리 хүчилшил(alkali: 물에 녹는 염기(塩基)의 총칭; 주로 알칼리 금속·알칼리 토금속의 수산화물. 그 수용액은 알칼리성 반응을 나타내며 붉은 리트머스를 청색으로 바꿈.)

알코올 согтоогч, спирт, хорз

알코올 중독 архидалт

알코올(성)의 함유량(산출량) хатуулаг

알코올류(類) согтоогч

알코올음료 архи; жимсний ~ 와인, 포도주

알타이어 халх

알타이 산맥 Алтай

알파벳의 활자(의 자체) үсэг

알피니스트(Alpinist) уулчин

앓게 하다 гудрагата|х

앓다 нэрвэгдэ|х

암(癌) өмөн уу

암(참) 그래 зээ, жаа, тэг (상대방이 긍정문으로 발언했을 때)

암(컷·놈)의 엘크(사슴 중 가장 큼) сүндэс

암(컷·놈)의 өлөгчин; ~ чоно 늑대 암컷; ~ бар 암범; 잔인한 여자; ~ арслан 암사자.

암갈색 анар, барагшин
암거래(품) контрабанд
암컷의 집오리 нугас(ан)
암기하다(하고 있다) нүдлэ|х, цээжлэ|х, тогтоо|х
암내 хулмас
암내 내다 оро|х; буур ~ (수컷의 낙타) 발정하다
암말 гүү(н); ~ний унага (말·나귀의) 새끼; ~ барих 암말을 젖짜기 위해 밧줄(사슬)로 매다; ~ний саам 암말의 우유; ~ний айраг 암말의 우유를 발효시키다.
암말(3~4년 된 새끼 못 낳는) байдас
암말의 발효된 우유를 담고 있는 가죽 자루(부대) хөхүүр
암맥(巖脈) судал
암모니아 навш (ammonia: 질소와 수소의 화합물로, 악취가 나는 무색 기체. 석탄 건류(乾溜)의 부산물로서 얻거나 공기 중의 질소를 수소와 화합시켜서 합성적으로 얻음《질소 비료·유안(硫安) 등의 제조에 씀》.),
암모니아기체 навш
암모니아수 навш
암반(岩盤) байц, чулуу(н), чулуулаг
암범 гэндүү, байц, чулуу(н)
암살 аллага
암살단 яргачин
암살자 яргачин
암살하다 намна|х, хороо|х
암석 байц, чулуу(н), чулуулаг
암석의 삭마(削磨) очгор, хортон
암석이 많은 хадархаг
암소 үнээ, үхэр
암송(복창) давтлага, концерт
암송하다 дуудаа|х
암수한몸(자웅동체) манин
암술만 있는 өлөгчин; ~ чоно 늑대 암컷; ~ бар 암범; 잔인한 여자; ~ арслан 암사자.
암암리(暗暗裡) битүүдээ, сэмхэн
암양의 교미기간이다 хуцса|х

암양이 ~을 낳다 хургала|х; хонь ~ цаг 산기(産期)의 암양(羊)을 돌보기
암자색 чэс
암종(癌腫) өмөн уу
암캐가 짐승이 새끼를 낳다 гөлөглө|х
암컷(개·이리·여우의) жингэр
암탉 тахиа
암탉이 꼬꼬 울다 гоогло|х
암표범 гэндүү
암퓨마 гэндүү
암합(暗合)하다 давхца|х, онолдо|х
암호 дохио(н), код
암호 번역 тайлал
암호문의 해독 тайлал
암호판독 тайлал
암흑 пад хаоанхуй, пад хар
암흑의 балар, бараан, гэрэлгүй, хар, харанхуй
암흑이다 харанхуйда|х
압도하다 хиачи|х, хяда|х
압력 ачаалал, дарлт, дарамт, талхи, түлхээс, шахалт; агаарын ~ 대기(중)의 압력; хавчлага ~ 압박(력); бичгийн ~ 압지종이; хөхний ~ 브래지어; цусны ~ 혈압.
압력(압축) 없이 хавчлагагүй
압력을 가하다(~에) хавчигда|х
압류하다 хураалга|х
압류할 수 없는 баригдашгүй
압박 албадлага, ачаалал, гишгэгдэл, даралт, дарлал, сөхөөл, талхи, талхигдал, түлхээс, хавчигдал, хавчлага, хяхалт, шахалт
압박 붕대를 응용(사용)하다 жигнэ|х
압박(억압.학대)하다 аагла|х, боолчло|х, гиюурэ|х, давта|х, дарамтла|х, дарангуйла|х, дарла|х, дарлагда|х, нийтлэгдэ|х, сөхөө|х, талхигда|х, хавчи|х, хавчигда|х, хяха|х, шахагда|х.
압박(억압.학대)되다 дарлуула|х
압박감 хавчигдал
압박당하다 ёхло|х, янцагла|х

압박붕대 компресс
압박하다 аагла|х, боолчло|х, гиюурэ|х, нийтлэгдэ|х, сөхөө|х, талхигда|х, хавчи|х, хавчигда|х, хяха|х, шахагда|х
압인되지 않은 задархай
압정(押釘) кнопк, хадаас
압정으로 고정시키다 торго|х
압제 гишгэгдэл, даралт, дарлал, сөхөөл, талхи, хавчлага, хяхалт
압제(압박.학대)하다 жанжла|х, дарла|х
압제자 дарлагч
압제적인 дарламтгай
압제정치 албадлага
압제하다 түрэмгийлэ|х, харгслагда|х
압착 даралт, дарамт, талхи, шахалт
압착기(솜 포장용} жин(г), компресс
압착하다 база|х, дара|х, нягтруула|х, хавчигда|х, шаха|х
압착하다(죄다.누르다)(~로부터) хавчи|х
압착해지다 хамший|х
압축 даралт, дарамт, талхи, шахалт
압축(농축,축합(縮合))하다 нягтра|х
압축(압착) ачаалал
압축(압착)된 агшаамал, шахмал
압축(축합)하다 агшаа|х: агших
압축공기(가스) унгас
압축자 компрессор, шахуурга
압축하다 агши|х, бачууда|х, нягтра|х, нягтруула|х, өтгөрүүлө|х
압축한 дармал
압축해지다 хамший|х
압출기 насос
압통 уярал
앗! еэ, оо, хай, халаг (놀람·공포·찬탄(讚嘆)·비탄·고통·간망(懇望)·부를때 따위의 강한 감정을 나타냄).
앗 추워! тий
앗! 염병할 чаавaac
앗긴 것을 되찾다 сэхэ|х, эдгэ|х
앙갚음 өс, өшөө, хариулал
앙갚음하다 барьца|х
앙금 тунaлт, тундас

앙금의 тунамал
앙금이 생기다 тундасжих
앙상블 чуулга
앙상하게 마르다 енхий|х
앙양되다 өндөржи|х
앙케트 анкет
앞 өвөр; уулын ~ 산의 남쪽 앞자락; ~ийн дэвтэр нот, суудэл, бимянрок
앞 урд
앞 фронт
앞(서)의 түрүүч
앞(장)서 өмнө, урьд, урьдах
앞(저)임 урьдал
앞(전)에 урьд
앞가슴 өвөр; уулын ~ 산의 남쪽 앞자락;~ийн дэвтэр нот, суудэл, бимянрок
앞뒤가 맞지 않는(말·문장) авцалдаагүй
앞뒤가 맞지 않음의 느낌 ой; ~ гугах 강한 반감을 느끼다
앞뒤로 가다 орчи|х
앞뒤로 흔들리다 дайвалзуула|х
앞뒤를 가리지 않는 баатарлаг, жавхаатай
앞뒤를 헤아리지 않는 балай
앞머리 гөхөл, дух, магнай, тав, хөхөл, хөхөлт, цох
앞면 өвөр, урд, фасад, фронт
앞부분 цох
앞부분이 폭이 넓고 경사진 байц, дамсаг
앞서 한 말·약속·명령 등을 취소(철회)하다 мэлзэ|х
앞서서 생각하다 холчло|х
앞서의 өмнөх, хууч(ин)
앞에 наана, өмнө, урьдах; тэр миний ~ сууж байв 그는 내 앞에 앉았다; амь ~, там цаана 여명이 얼마 남지 않았다, 노쇠해 있다, 죽음이 가까워져 있다.
앞에 누군가 운반하다(나르다) дүүрэ|х
앞에 무릎꿇다(굽히다)(~) сөгдө|х
앞에 있다(~의) тэргүүлэ|х

앞에 증명(입증)하다(~하는 것 보다 더) цаанада|х
(~의)앞에 наана, өмнө, урдахь; тэр миний ~ сууж байв 그는 내 앞에 앉았다; амь ~, там цаана 여명이 얼마 남지 않았다, 노쇠해 있다, 죽음이 가까워져 있다.
앞에는 ~를 가지지 않다 завдаагүй
앞으로 나아가다 давшла|х, урагшла|х, урьдчила|х
앞으로 내보내다 ахи|х, боловсро|х, давши|х, давшилт, дэвши|х, урагшла|х, урагшлуула|х, урьдчила|х
앞으로 넘어지다 хөвхөлзө|х
앞으로 돌다(~의) гэдэгнэ|х
앞으로 몸을 굽힘 гудгар, гэгдгэр, дохигор, түгдгэр, хүгжгэр; ~ өндөр хүн 키 큰 사람이 몸을 굽히다
앞으로 생각하다 холчло|х
앞으로 용솟음쳐 나오다 олгойдо|х
앞으로 촉진하다(진척하다) урагшла|х
앞으로 духгар, урагш, урдуур
앞을 내다볼 수 없는 балар
앞의 агсан, өмнөх, хууч(ин)
앞이마를 찰싹(탁)치다(튀기다) духда|х
앞장 тугч(ин)
앞장서서 가다 оройло|х
앞지르다 түрүүлэ|х, хоцроо|х, урьта|х
앞쪽 дух, магнай, цох; ~ тэнийх 매우 행복하다; ~д явах 선두에 서서 행진하다; сургийн ~ 최상의 짐승
앞쪽에 술이 달린 군용 장화(19세기 영국에서 유행) олонгодой
앞치마 хормогч
애가 халаглал
애고(愛顧) хишиг
애고지정(哀苦之情) гуниг
애곡(哀哭,한탄)하다 бухимда|х, гансра|х, гасла|х, гунигла|х
애교 있게 하다 таламжлуула|х
애교(매력) 있는 баясгалантай, зулгуйч, зүчтэй, үзэмжтэй
애교가 없는 доожгүй, доожоогүй, жавхаагүй, лөөлгөр, нурмагар, үзэмжгүй
애교있는 өхөөрдөм, сод(он), хайрламаар, энхрий
애교있는 윙크를하다(~에게) жарттана|х
애국심 эх орончуузэл
애국의 정신 эх орончсэт-гэл
애국자 эх ороноч
애국적인 마음 эх орончсэтгэл
애도 гашуудал, уй гашу, уй, уйлаан майлаан, халаг, халаглал, харамсал, эмгэнэл
애도(애석)하다 гасла|х, гансра|х
애로(隘路) гацаа
애를 돌보다 өвөрлө|х
애를 못 낳는 хусран, хүүсэр
애를 못 낳는다 сувайра|х, хусра|х
애를 태우는 уцаар
애매(모호)한 битуу, битуулэг
애매하게 болзошгүй, үүр туур
애매한 판정으로 이기다 бөөрөнхий шийдвэр
애매한 баларахай, будэг, бурэг
애먹다 уцаарла|х
애먹이다 зовоох
애무하다 бөмбийлө|х, өхөөрдө|х, өхөөрдө|х, энхрийлэ|х
애벌레 авгалдай
애서가 номч
애석(艾石) боржин, гансрал, гашуудал, уй
애석하게 여기다 хөөрхийлө|х
애석한 일 тоогүй, хайран
애송이 ангаахай, гөлөг, дэгдээхий, зулзага; тахианы ~ 햇병아리; галууны ~ 새끼 거위, 풋내기.
애수에 찬 өрөвдөлтэй
애써(힘써) 일하다 ажилла|х, мэтгэ|х, хөдөлмөрлө|х
애써서 오르다(~을) гара|х, цоройх
애써서 전진하다 барилда|х
애쓰다 ажилла|х, дүлэ|х, зэтгэ|х, мэрий|х,

хичээ|х, хичээнгүйлэ|х, чармай|х, шамда|х
애쓰며 기어오르다 маца|х; би уснаас мацаж гарав 나는 물속에서 기어 나왔다
애쓰며가다(나아가다) тэмцэлдэ|х
애쓴 зүтгэлтэй, зүтгэмтгий, оролдлоготой, хичээлтэй
애엽표 ирвэс (艾葉豹: 중앙아시아 산지산 (山地産)); (Panthera uncia Schr., 1775).
애오라지 адаглаад, ядахдаа
애옥살이 гансрал
애완용의 작은 개 хав
애욕에 빠지기 쉬운 느낌이다 тэчьяада|х
애용하는 амраг, хайртай, янаг
애원 залбирал
애원자 гүйгч
애원(탄원)하다(~을) гүй|х
애원하다(~에게) гүй|х; тусламж ~ 도와 달라고 부탁하다; зөвшөөрөл ~ 허가를 청하다; өвшөөл ~ 용서해 주기를 애원 하다; ~ түүх (~을) 애원(탄원)하다
애인 хайрт
애자(碍子) тусгаарлагч, тусгаарлалт
애절(哀絶) гуниг
애절한 уяралтай
애정 дасал, дурлал, зүрх(эн), таалал, хайр, янаглал
애정 깊다 амрагла|х
애정에 찬물을 끼얹다 хөнхийрүүлэ|х
애정을 가지고 өхөөрдөнгүй
애정을 나타내는(품고 있는) онгог
애정을 품고 있는 хайрлалт
애정을 품고 있는 찻종 дугараа
애정이 깃든 энхрий
애정이 깃들인 онгог
애정이 깊게 돌보는 хайрлалт
애정이 깊은 онгог
애정이 깊은 찻종(글라스,우승컵,상배) дугараа
애지머스(방위) зовхис (테이프리코더에서 쓰이는 오디오헤드·비디오헤드의 갭의 방향)
애지테이션 ухуулга
애착 дасал, таалал, янаглал
애착(애정)을 가지다 даса|х, чухалчила|х
애처로운 гунигт, гунигтай, өөнтөг, өрөвдөлтэй, уяралтай
애처로운 소리로 울다(말하다) гасла|х, ганши|х, гон гонхийх, гонгино|х, гунгана|х, гэнгэнэ|х
애처로이 하소연하다 гонгино|х, гунгана|х, гуншгана|х, ярагла|х
애처롭게 하다 уяра|х
애초에는 нэгдэ|х, онь(онин); ~ өдөр 월요일; ~ хуудас 1쪽, 1페이지.
애추(崖錐: 돌더미) асга
애칭 хоч
애타게(불안게) 하다 онгоно|х
애타는 тачьяадам
애태우다 дагдгана|х, зово|х,махчла|х; нойр хүрэхгүй ~ 불면증으로 괴로워 하다; шуд өвдөж ~ 이가 아프다; санаа ~ 걱정(근 심)하나; би тууний ирээдуйн төлөө санаа зовж байна 나는 그의 운에 관하여 걱정한다
애통(哀痛) гуниг
애틱 층 тагт
애호가 сонирхогч
애호하다 амрагла|х, таашаагда|х, тала|х, хайрла|х, янагла|х
(~에)애호하다 тааламжла|х
액 тоо(н), шим
액낭(液囊) хүүдий
액막이 засал
액변(液便) чацга
액변(液便)을 보다 суулга|х
액세서리 хэрэглэл
액셀러레이터 хурдасгуур
액체 шингэн
액체 표면에 떠 있는 찌끼 ниттэл
액체(가루)를 엎지르다(흩뜨리다) асгаруула|х(асгарах), гоожуула|х, дусаа|х,

халги|х, цалги|х; ус ~ (액체.물을) 엎지르다, 흘뜨리다
액체(분말 따위를) 뿌리다(흩(뿌리)다) шурши|х
액체(유동체) 깔때기 тосгуур
액체가 듣다 дуса|х, дусаа|х
액체가 진한 өтгөн; ~ цай 진한 녹차; ~ утаа 짙은 안개;~ус 털이 많은
액체를 듣게 하다 савира|х, цувра|х
액체를 붓는 깔때기 юүлүүр
액체를 안개 모양으로 하다 үйрүүлэ|х
액체를 한입가득 마시다(삼켜버리다) оочи|х
액체에 담그다 дүрэ|х
액체에 잠겼다 나오다 дүрэ|х
액체의 엎지름 угаадас
액체의 투명(도) тодрол
액체의 шингэн
액화시키다 шингэрүүлэ|х
액화하다 шингэрүүлэ|х
앨러지 харшил
앨범(사진첩··우표첩) альбом, цомог
앰프 өсгөгч
앳된 балчир, хүүхдэрхүү
앵돌아지다 гажаа|х, галжий|х. дөрдий|х; банэнууд дөрдийжээ 판자가 뒤틀어졌다 (굽어지다)
앵무새 тоть (鸚鵡-: 앵무, 앵가(鸚哥), 팔가(八哥), 팔팔아(八八兒), 농객(隴客), 농금(隴禽), 혜조(慧鳥))
앵속(罌粟) гунхвай цэцэг
앵속자 гунхвай цэцэг
앵커맨 хөтлөгч
야간 шөнө
야경(夜警) манаа, манаач
야경원 манаач
야계(野鷄) гургуул, хур
야구·권투용 글러브 бээлий
야기시키다 тухира|х
야단법석 дарвиан, пижигнээн
야로(冶爐) хөөрөг
야릇한 ад, жигтэйхэн, хачин; ~ тай хашгирах 이상한(야릇한) 부르짖음; ~ тай инээх 유령의[같은] 웃음; ~ болох ~의 부담이 되다; ~ үзэх 유감으로 여기다
야만스런 балмад
야만으로 되다 зэрлэгши|х
야만의 зэрлэг; ~ араатан 야생 짐승; ~ гахай 멧돼지; ~ өвс 잡초, 해초; ~ балмад 야만인, 미개인; ~хүн 잔인한 사람; ~ байдал 후진국, 미개한 국가; ~ сум 유탄.
야만인을 교화하다 соёлжуула|х
야만인의 코고리를 치장시키다 дөрлө|х
야만적 행위 харгислал
야만적이다 харгисла|х
야망 тэмүүлэл
야맹(증) харалган
야바위꾼 булхайч
야바위치다 булхайла|х, мэхлэ|х
야바위치다(~을) хуура|х, хууриагда|х
야비한 булай, бурангуй, маалинга
야산(野山) дов, довцог, дэгнүүл, сондуул
야산(흙묻이) гүвээ
야생 낙타 хавтгай
야생동물 гөрөө; ан ~ 사냥; ~ хийх 사냥하다
야생 리크 тана
야생 숫양 угалз
야생 양파(파) хөмөл
야생 염소 тэх
야생 오리온 мангир
야생 타임 ганга(꿀풀과의 백리향속 (白里香屬) 식물; 정원용, 잎·줄기는 향신료).
야생 파 тана
야생동물들 араатан
야생동물의 통로(길) том
야생동물이 잡초에 숨다 зува|х
야생마(Equus przewalski) тахь
야생말 хулан

야생산양의 암컷(놈) аргаль
야생염소 янгир
야생의 араатан, зэрлэг; ~ араатан 야생 짐승; ~гахай멧돼지; ~ өвс 잡초, 해초; ~ балмад 야만인, 미개인; ~хун 잔인한 사람; ~ байдал 후진국, 미개한 국가; ~ сум 유탄.
야생화 되다 зэрлэгши|х
야서(野鼠) огтно
야성의 эмнэг
야성적인 араатан
야수 ан, араатан; ~ гөрөөс 야수
야수의 새끼 зулзага
야심 있는 сэхлүүн
야심 тэмүүлэл
야아 танаа, хүү; хундэт танаа 저 여보세요 소다놈씨(부인, 양: 회화에서 정중한 호칭).
야아!(기쁨) хүү, хөө
야안 тоодог (野雁: 느싯과의 새. 모래땅·들·논밭에 삶. 수컷은 날개 길이 60cm, 암컷은 45cm, 꽁지는 23cm가량, 머리·목은 회색, 등은 황갈색 바탕에 검은 가로줄 무늬가 있음. 천연기념물 제206호임)
야양(野羊) ямаа; эм ~ 암염소; эр ~ 거세한 숫염소.
야영지 бааз, буйр, лагерь, хээрэвч
야외극장 кинотеатр, театр; ~ын сургууль 드라마 스쿨; драмын ~ 드라마 극장; дуурийн ~ 오페라 하우스
야외에서 말리다(건조시키다) урьши|х
야위(깡마르, 홀쭉히)게 되다 хатангира|х
야위게 되다 гувчий|х
야위게(수척하게,초췌하게, 말라빠지게) 보이다 хонхий|х
야위고 길다란 гургар
야위고 쇠약해지다(약화되다) хонхий|х
야위고 작다 тожий|х
야위고 큰 зэвзгэн
야위고(마르고) 긴 гунжгар
야위다 гулжий|х, нарийсга|х нимгэлэ|х, сармий|х сийрэгжи|х, туранхайда|х, хавчий|х
야위어지다 нимгэрэ|х, тура|х
야윈 тарчиг, туранги, туранхай, хавчгар, хатангир, хашин, хонхигор
야윈(깡마른)어 가다 өнхий|х
야윔 нимгэхэн
야유적으로 가사를 고쳐 부르는 노래 элэглэл
야자 дал мод
야자과의 식물 дал мод
야채 묽은 수프 сөмс
야채 ногоо(н)
야채를 설탕(소금)절임으로 하다 жангуас
야채를 절이다 жангуас
야채와 구운고기의 접시 хууpra
야채튀김 мааюур
야청빛 номин
야크 сарлаг, шудлэн (티베트·중앙 아시아 산의 털이 긴 소)
야크의 배위로 털이 무성한 савга
야크의 새끼(송아지) торой
야토(野兎) молтогчин, туулай(н); ~н бө э р 밤색 털의; молтолгчин ~ 집토끼; ~ уржуулэх 토끼 번식(양식) 하다
야학(野鶴) тогоруу
야호(夜壺) хөтөвч
야회복 палааж
야회복을 입다 гоё|х
약 алд
약(藥) эм
약(約: 거의) шахам, шаху
약 1,000 мянгаад
약 10 арваад
약 20 хориод
약 3 гурваад
약 30 гучаад
약 40 дөчөөд
약 80(팔십) наяад
약 가루 한 스푼 분량(양) тугнуур

약 또는 음식을 씻어 마시다 даруулга
약 백 зуугаад
약 부대 манхаг
약 스물 хориод
약 자루 манхаг
약 천(1,000)개(사람) мянгаад
약 칠십(70) далаад
약(무력.연약.박약)하게되다 мөхөстө|х, нурмай|х, үлбий|х
약(弱)해지다 доройто|х
약(약물)을 떨어뜨리는 사람(물건) дусаагуур
약(약초따위를) 우려내다 хандла|х; цай ~ 차를 끓이게 시키다
약간 ~한 점 идээшмэл
약간 거짓의 хуурамчхан
약간 건조시키다 сэврэ|х
약간 구부리다 нахисхий|х
약간 높은 곳 уxаа
약간 달걀 모양 зуувандуу
약간 답답하다 явцуухан
약간 대머리의 халзавтар
약간 도드라지다 сөхөргдө|х
약간 두꺼운(짙은) өтгөвтөр
약간 둥글게 하다 бондой|х
약간 멀리 있는 хөгдий
약간 무거운 хүндхэн
약간 부족(결핍)한 мөчидхөн
약간 솟아오르다 дөндий|х
약간 작게 багашиг
약간 절뚝거리다 сүйтэлзэ|х
약간 추운 хүйтэвтэрхэн
약간 타다 хайрагда|х
약간 баахан, лэнсий, мөлт, тиймэрхүү, үрдэс, юмхан; хальт ~ 매우 급한, 재촉 받은, 허둥대는, 소홀한
약간(조금) 들어 올리다 гөнжи|х
약간(조금) 봉긋해(높아)지다 сөхөргдө|х
약간 얼게하다(빙결시키다) хөлдөсхий|х
약간(조금)열다(열어젖히다) онгосхий|x
약간(조금) 편안하게 амаршиг

약간(조금)의 жаахан, зарим; ~хүн 일부분의 사람; ~ талаар 어느 정도까지, 다소; ярианы ~ нь сонирхолтой байв ~에게 재미 있게 강의(강연)하다; ~ хотуудад 도시 안에; бидний нь англи хэл мэддэг 영어를 아는 우리는 약간 있다; ~ үед 때때로, 때로는, 이따금
약간의 빛(광선) хөнгөвтөр
약간의 사람 мэр сэр хумуус
약골 танхил
약도 бараа, бармжаа, нуруувч, схем, таталбар; туруугүй болох 완전히 사라 지다; ~гүй 일직선의 시야; ~ нь харагдах буй юм 물체가 시야에서 멀리 보인다; гэрийн ~ харагхүй болох 오랫동안 집으로부터 떠나있었다; ~ны газар 장거리, 원거리; ~ ихтэй 부피가 커진, 용적이 큰; ~нь узэгдэж/ харагдаж байна ~이 멀리서 보이는/시야의 범위 안으로.
약도를 그리다(~의) будуувч
약도의 будуувчилсэн
약물 주사액에 의하여 섭취하다 тариа(н); ~ хийх/тарих 주사하다, 주입하다; урьдчилан сэргийлэх ~хийх ~에게 예방접종을 하다, ~에게 백신 주사를 놓다, ~에 종두하다.
약물주입에 의하여 섭취하다 тариа(н); ~ хийх/тарих 주사(주입)하다; урьдчилан сэргийлэх ~хийх ~에게 예방접종을 하다, ~에게 백신주사를 놓다, ~에 종두 하다.
약물(藥物) эм
약빠르게(슬기롭게)처세하다 хоохойло|х
약빠른 аргатай, сүйхээ
약사 домч
약삭빠르다 овжинто|х, нохойдо|х
약삭빠른 녀석 жавшаанч
약삭빠른 ад, адтай, гүйлгээтэй, дипломат, жавшимтгай, залирхаг, мэхт,

нохойрхуу, овжин, оворхог, савдаа, сэгээ, самба(н), самбаатай
약속 따위를 어기다 буца|х
약속 어음 вексель
약속 일시를 정하다 болзо|х
약속 амлалт, вивангирид, гэрээ
약속(약정)하다 амла|х
약속에 의한 회합(장소) болзоо(н); хайрын ~ 약속에 의한 회합(장소); ~ тавих 약속 일시(장소)를 정하다
약속을 깨다 баара|х
약속을 도출하다(성립시키다. 이끌어내다) лаахайда|х; өөрийнхөө ахлыг надад буу лаахайд 나에게 당신의 일을 약속하지 마라
약속을 취소하다 сэлтрэ|х
약속의 날 өдөрлөг
약속의 장소 болзоо(н)
약속하다 баталгаажих
약손 ядам хуруу
약손가락 ядам хуруу
약수 коэффициент
약수 фактор
약용의(약효 있는) 풀잎(풀) жагжжүүв
약을 바르다 анагаа|х
약의 1 회분 тун
약의 1 회분 약가루를 재어서 나누다 (분배하다) тугна|х
약의 한 첩 тун
약의 효력(효과) хагалгаа
약점 зааз, өө, саатал, согог, сэв, хортон
약점이 있는 өртөмтгий
약정 болзол, гэрээ, конвенции, контракт, үгсэл, харилцаан
약정(협약.합의.회합)하다(~와) тохиро|х
약정서 гэрээ
약제(향수의) 분무기 сүршүүр
약제의 처방(전) жор
약지(藥指) ядам хуруу
약초 жагжжүүв
약초를 달이다(끓이다) хандла|х; цай ~ 차를 끓이게 시키다
약취(掠取) дээрэм, дээрэм, нийнтэг
약탈(행위) дээрэм, тонул, олз(он), тонодос, тонул
약탈(파괴)하다 цөлмө|х
약탈물 тонодос
약탈자 довтлогч, дээрэмчин, зандалчин, тоногч, тонуулчин
약탈품 олз(он)
약탈하다 бучнула|х
약포(藥包) сум(ан), хонгио
약하게 мөлт; хальт ~ 매우 급한, 재촉받은, 허둥대는, 소홀한
약하게 되다 нимгэлэ|х
약하게 밀다(밀치다) түлхлэ|х
약하게 진동하다 доргил|х; галт тэрэг явж өнгөрөхөд байшин бүхэлдээ доргидог 기차가 지나갈 때 건물이 진동 했다.
약하게 하다 махла|х, нимгэдэ|х, онго|х, өврөгө|х, сийрүүлэ|х, сулруула|х, султга|х, шингэлэ|х
약하게 한 ядру
약하게 흔들리다 доргил|х
약한 불에 부글부글(지글지글) 끓다 суу хөөрүүлө|х
약한 자를 들볶다 мундагла|х
약한(병약한, 허약한, 골골하는) бие сул, буурай, бяргүй, гүйхэн, гулбигар, дорой, дудрай, ёлцор, мөхөс, мөхөсхөн, намуухан, нолгор, нолчгор, нялгай, нялцгар, салхгар, тамиргүй, тэнхээгүй, үлбэгэр, үлгэн салган, хариугүй, хүчгүй, чадалгүй, ядру; чадал ~ 무력한, 무능한; ~ ядуу 빈약(초라)한; ~ миний бие 자신은 하잘 것 없는(가치 없는); дорой ~ 연약한; бага ~ үндэстэн 힘없는 나라.
약함 буурал, сулралт, султгал, ядаргаа
약해지다 булбий|х, гулбий|х, гулжий|х, гунда|х, намжаах, нарийсга|х, нимгэрэ|х, салхий|х, сармий|х, сийрэгжи|х, сулбай|х, тура|х, эцэ|х

약해짐 доройтол; хуч чадлын ~약함, ганальпм; насны~고령, 노쇠
약호 код
약혼시키다 богтло|х
약혼이 예정된 сүйт
약혼자의 сүйт
약혼중의 남녀 дүйз
약혼중인 сүйт
약혼하다(~와) богтло|х
약혼한 сүйт
약화되다 гарзда|х, доройто|х; эруул мэнд ~ 건강이 악화되다, 나빠지다
약화시키다 өврөгө|х, сулруула|х, султга|х
얄궂은 инээдэмтэй
얄팍하게 하다 шалчий|х
얄팍하다 гоомойдо|х
얄팍한 даржгар
얇게 덮다(~를) хагта|х
얇게 바르다(칠하다)(~를) няла|х, нялзаа|х, хагта|х
얇게베다(썰다) огтло|х, хэрчи|х, зүсэмнэ|х; хиам ~소시지(순대)를 썰다
얇고 긴 сунагар
얇고 짧다 тожий|х
얇은 껍질(막·층) хальс
얇은 널조각 чиг
얇은 얼음 зайр
얇은 옷을 껴입다 хагта|х
얇은 원고지 сиймгэр; ~ даавуу 여자의 얇은 속옷.
얇은 입술 жамбигар
얇은 잎 хальс
얇은 조각 зүсэм, ялтас; тэр махнаас нэг ~ огтлов 그는 고기를 얇은 조각으로 잘게 썰다; ~ талх 빵의 한 조각; ~ мах 잘게 썬 고기.
얇은 종이 сиймгэр
얇은 층 илтэс
얇은 판 гөлөм, үлгэр
얇은 판자(조각) илтэс

얇은 нарийн, нимгэн, сийрэг; ~ цаас 얇은 종이; ~ мэдлэг 얇은 지식
얇은(엷은)코팅 хаг
얇은조각 хэрчим
얌전한 атар, гүндүүгүй, энх
얌전한(하게) охинцор
양 тоо(н)
양(羊) хонь, эм ~ 암양; ~ майлах 양이 (염소가) 매애울다 хонины хашаа 양우리, 양사(羊舍); ~ хяргах 양의 털을 깎다; ~ хяргах цаг 양의 털깎기 계절;~алах/ хяргах 양의 도살하다
양(洋)순대 хиам
양 꼬리의 좁은 끝 годон; ~ бор морь 양 꼬리와 같은 늙은 말
양 네 마리 함께 бэрх
양(염소)에게 질책 할때 사용하는 소리 чаа
양(염소)의 고깃부스러기(내장) цувдай
양(말) 털을 깎다 тайра|х; хэ рэ э гэ э р ~ 톱으로 켜다; үсээ ~ 이발하다, 머리를 커트하다;
양(말의 털을) 깎다 хайчла|х
양(소 따위의) 정강이살 шийр, шилбэ
양(소)갈비 хэрсэн
양(소)의 콩팥 бөөр
양(액수·정도따위를) 보다 줄이다(축소 하다) нимгэс|эх, хорогдуула|х
양(액수·정도를) 줄이다 цөөлө|х
양(羊)이 풍부(뚱뚱)해지다 хоньжи|х
양(兩)쪽 хоёул(ан)
양(염소 따위의) 생가죽 шир
양(염소, 낙타)의 거름(비료) хоргол
양(염소·송아지가) 매애울다 майла|х
양말 따위의 털을 깎다 хярга|х
양가죽 нэхий, сэгсүүрэг;~ дээл 양가죽 코트
양가죽제(製) сэнс
양가죽제의 의류 нэхий
양각(陽刻) 세공 гөвдруу
양경(陽莖) чив чимээгүй

양고추냉이 тунхуу(십자화과의 여러해살이풀. 시냇가에 나는데, 땅속줄기는 살이 많은 원주형으로 몹시 매운맛이 있어 향신료로 씀.)
양과 염소의 3년생 хязаалан
양과자 торт
양귀비 гунхвай цэцэг
양극화 туйлшрал
양극화하다 туйлшра|х
양날 검 хянгар
양날의 단도 чинжал
양날의 칼 хянгар
양녀 хүмүүжигч
양념 жан, сөмс, сүмс
양념으로서 곁들이다(~에) амтла|х
양념을(향료를)치다(~에) амтла|х тарга элсэн чихрээр амтал 당신의 요구르트에 설탕으로 달게하다(향기롭게하다)
양달력 календарь
양도 тушаалт
양도(명도)하다 дийлэгдэ|х
양도(陽道) чив чимээгүй
양도자 дамжуулагч
양도하다 гардуула|х, огцро|х, уушаа|х, хүлээлгэ|х
양도했다 тушаагда|х
양돈가 гахайчин
양동이 ховоо, хөнөг, хувин
양떼 хургачин
양로 연금 пүнлүү, тэтгэвэр
양류(楊柳) уд
양륙(육태질)하다 газарла|х
양립치 않는 зөрчилт, харшлалтай
양말대님 мөрөвч
양매창(楊梅瘡) тэмбүү
양면이 있는 북 даммар
양모 ноос(он)
양모질의 ноосорхог; ~ оймс 양모질의 속스(짧은 양말).
양물(陽物) чив чимээгүй
양미간 눈살 хөнтгөр
양반 тайж

양방의 хоёул(ан)
양배추 байцаа; өнгөт ~ колифлявар, 꽃양 배추, 모란채.
양보 концесс
양보(讓步)하다 гэрэвши|х
양보(용인) буулт
양보(타협)하지 않는 зүтгээ
양복(주물의) 본(형) үлгэр
양복감 бөс
양복바지(용)의 벨트 тэлээ
양복의 감 даавуу(н)
양복의 접은 옷깃 зах, энгэр; цамцны ~ 와이셔츠의 칼라(깃); энгэр ~, ~ заам (양복의) 접은 옷깃
양복저고리 дэглий, хүрэм
양복점의 동체(胴體) 모형 ссосог
양볼 шанаа(н)
양분(養分) өл; ~ сайтай 영양분이 있는, 영양의;
양분이 있는 тэжээллэг
양산 шүхэр
양상 доожоо, ёоз, жадха, үзэмж
양상추 шанцай(洋—국화과의 한해살이 또는 두해살이풀. 잎이 둥글고 넓으며, 결구성(結球性)인 개량종 상추. 사철 재배됨)
양성 гэгээрэл
양성구유(兩性具有) манин
양성동물 манин, хиосгон
양성체(兩性體) манин, хиосгон
양성하다 дасгалжуула|х
양성화 манин, хиосгон
양손의 네 손가락을 끼고 좌우 엄지 손가락을 빙빙 돌리다 маара|х
양수기 насос, шахуурга
양식 идэш, мааг, маягт, модель, үлгэр, эсгүүр; ~ хоол 식사, 식량; ~ уушны дэлгүүр 식료품류(잡화류)가게, 식품점; ~ хийх, ~ гаргах 월동양식, 겨울 준비용 고기와 봄 양식; ~ сайтай хөрөө тюпом керда(зардах), тюпом керсер манделла.

양식 үржүүлэг, хүнс(эн)
양식없는 мулгуувтар, томоогүй
양식을 갖춘 сийрэг
양식된 соёлч
양식의 баймж
양심 мөс
양심의 가책 гэмшил, наманчлал
양심의 가책(회한) 없이 барин тавин
양심의 가책을 받다 гэмши|х
양아버지 эцэг
양어지 нуурмаг, цөөрөм
양옆으로부터 압축(압착) хавчиг
양옆으로부터 압축(압착)된 хавчгар
양옆으로부터 프레스하다(압착하다, 죄다, 누르다) хавчи|х
양육 өл, тэжээл, үржүүлэг
양육(사육)자 тэжээгч, үржүүлэгч
양육하는 хөхүүл
양육하다 бойжуула|х, бөөцийлө|х, мала|х, өвөрлө|х, үржүүлэ|х, хөхүүлэ|х, хэхө|х, цоройло|х; хүүхэд ~ айлыг тэжээх
양을 나타내는숫자(기호) хэмжигдэхүүн
양음(揚音) өргөлт
양의 고창증(鼓脹症) унгас
양의 등심 고기 нахид
양의 일종(중앙 아시아산) каракуль; ~ арьс 아스트라한(Astrakhan 지방산의 작은 양모피).
양의 피부염이 발생하다 хамуура|х
양이 기름지(살찌)게 되다 хоньжи|х
양자 нуган, хоёул(ан), хөвүүн, хүмүүжигч, хүү
양자(養子) хүргэн
양자 사이에 хоорондохь
양자(양녀)가 된 өргөмөл, тэжээвэр, тэжээмэл
양자(양녀)로 들이다 үрчлэ|х
양자(양녀)로 삼다 өргөгдө|х, үрчлэ|х
양자관계의 өрөлг; ~ эх 유모
양자로 기르다(양육하다) асра|х
양자로 들이다(삼다) хөвүүчлэ|х

양자중에서 ~보다 나은 давуу
양장점 сайван, хувцасчин
양재사 сайван, хувцасчин
양잿물 хужир
양조하다 идээши|х
양중(陽中)(봄) хавар
양지바른 нарлаг, нартай; ~ өдөр 맑은 날, 청명한 날; ~ бороо 비오는 나이로 햇살 이 비치는.
양진 загатнуур (痒疹: 두드러기가 돋고 몹시 가려운 신경성 피부 질환의 하나)
양질 яс, жинд, нүнжиг; ~тэй эд 양질의 것; ~ тэй айл 호의로써 맞이하는 가족, 호의적인 가족; ~ чанар 양질의 소성, 우수성; ~ муутай 열등의; ~ сайтай 높은 자질.
양질의 давуу, нүдтэй, сайтай, чансаатай, хоёул(ан); ~ эд 양질의 일.
양철통 лааз
양초 лаа(н); ~ барих 양초가 타다; асаах/унтраах 양초를 켜다/끄다; ~ны гол 양초심지; ~ын тос 밀초, 황초; ~ ны тос ширээн дээр урсчээ 테이블위의 양초에서 밀랍이 떨어지다; ~ны суурь 촛대; ~ны гэрэл 촛불(빛); олон ~ 양초들; 60 лааны чийдэн 60 와트 백열전구.
양초 비슷한 것 лаа(н); ~ барих 양초가 타다; ~ асаах/унтраах 양초를 켜다/끄다; ~ны гол 양초심지; ~ын тос 밀초, 황초; ~ ны тос ширээн дээр урсчээ 테이블위의 양초에서 밀랍이 떨어지다; ~ны суурь 촛대; ~ны гэрэл 촛불(빛); олон ~ 양초들; 60 лааны чийдэн 60 와트 백열전구.
양초(램프 따위의) 심지 имэрсэн
양초(램프)의 심지 гол
양치기 сүрэгчин, хоньчин
양치는 사람 малчин, сүрэгчин, хоньчин
양치질 약 зайлуур
양친이 없는 아이 өнчин; ~ хоцрох

고아로 남겨 졌다
양탄자 хивс, хивсэнцэр
양탈(攘奪) дээрэм
양털 ноос(он), унгас; ~ оймс ямощуйн ин сүс(짧은 양말).
양털 같은 ноосорхог, ноосорхуу; ~ оймс 양모질의 속스(짧은 양말).
양털 깎기 тужгэр
양털 깎는 사람 хяргагч
양털 옷 цэлбэ(н)
양털 타래 ховд
양털(울) 없는 양가죽 сармай
양털(울)의 ноосорхуу
양털(울)의 털을 뜯다(뽑다) мулзла|х
양털로 (뒤)덮인 ноосорхог
양털로 만든 ноосорхог; ~ оймс 양모질의 속스(짧은 양말).
양털의 ноосорхог; ~ оймс 양모질의 속스(짧은 양말).
양파 болцуу, сонгино
양팔로 길이를 재다 алдла|х
양팔을 벌리다 алдла|х
양팔을 쭉 뻗쳐 ~의 치수를 재다 алдла|х
양피지 문서 сэгсүүрэг
양피지 нэхий, сэгсүүрэг, сэнс;~ дээл 양가죽 코트
양한마리의 양가죽 сэнс
양회 цемент
얕게 만들다 нимгэлэ|х
얕게 하다 нимгэдэ|х, нимгэс|эх
얕보다 баса|х, басамжла|х, гологдо|х, дагта|х, догуурла|х
얕아지다 нимгэс|эх
얕은 гүйхэн, өнгөцхөн; ~ устай гол 얕은 강물; ажлын чадвар ~ 작업 동안 능력이 무력하다.
얕은 도랑(배수구(溝) судаг
얕은 여울 жалгай, тавилан
얕은 여울 건널 수 있음 сөндлөгө
얘기하다 өгүүлэ|х, үгчлэ|х

어! еэ, оо, хөө, хүүө, хөөө (놀람·기쁨·공포 등의 강한 감정).
어구 илэрхийлэл, илэрхийлэл, хэлц үг
어금니 арра
어긋남 зөрөө(н), мултархай
어기다 гажи|х, дургүйцэ|х
어기다, 무례한 행동을 하다 адайрла|х
어깨 따위가 뻐근하게 되다 хөши|х
어깨 위로 멜빵을 메다 эгэлдрэглэ|х
어깨 далавч, мөр(өн);~ зэрэгцэн 어깨를 나란히하여, 협력(밀집)하여; ~ зэрэгцэх 나란히, 병행하여, ~와 결탁하여; ~өө хавчих (어깨를) 으쓱하다
어깨(등)에 매고(태워서) 운반하다 үүрэ|х
어깨관절 дал, мөр(өн)
어깨넓이의 폭 хаахгар
어깨를 겨루다 өрсөлдө|х, уралда|х
어깨를 구부리다 бөгтий|х
어깨부분 дал, мөр(өн); ~ зэрэгцэн 어깨를 나란히 하여, 협력(밀집)하여; ~ зэрэгцэх 나란히, 병행하여, ~와 결탁하여; ~өө хавчих (어깨를) 으쓱하다.
어깨뼈 дал
어깨뼈의 목 далны маяа
어깨에 덧대는 것(패드) мөрөвч
어깨의 폭(~한) хаахгар
어께에 메고 가다 мөрлө|х
어께에 메고 나르다 мөрөвчлө|х
어께에 메고 운반하다(나르다) мөрөвчлө|х
어눌 дүгдрэл
어눌(語訥)하다 дүгдрэ|х
어느 юутай
어느 ~도(이나) 다 болгон, ямарваа
어느 각도로 움직이다(굽히다)(~을) өнцөгдө|х
어느 것 аль(алин); ~вэ? 어느 것?, 무엇?; ~ нь? ~нь вэ? 어느 것 하나; ~талдаа? 어느쪽(편, 측); ~ талаас 온갖 방면에; ~ болох 가능한 최선의 방법; ~ болох аргаар 할 수 있는 모든 방법; ~

болохоор тургэн 되도록(이면) 속히, гasanhан 빨리; ~ дивангарыын 꽤 오래 전에, 시대에 뒤진사람; ~ хир 어떻게, 어찌, 어떤 방법으로; ~ нэг 얼마간(쯤), ~ муу 최악의, 가장나쁜; ~ сайн 최상, 최선의 상태; ~ хэззээний 훨씬전에, 옛적에 ~ч газар 어디에나, 도처에, 어디 ~라도; ~ чадах чинээгээр 전력을 다하여, 힘껏; ~ч угүй 아무 일 (것)도 않고, 아무 것(아무일)도 ~아님 (하지않음); ~ эсвэл 그렇지 않으면; хар уу~ цаган уу? 백이냐 흑이냐?, 중간은 용납 안 되다; би ажлаа ~ эрт дуусгачихсан 나는 이미 그 일을 끝냈다

어느 것이(누가,어떻게) ~한다 하더라도 хэрхэвч
어느 것이라도(것이든) ямарваа
어느 방향으로 хааш(аа)
어느 사람 аль(алин), хэн,
어느 수 хэддүгээр
어느 정도 ахиухан, баахан, тиймэрхүү, шахам, шаху
어느 정도 긴 уртхан
어느 정도 냉정한(침착한) сэрүүхэн
어느 정도 따뜻해지다 булээсэ|х
어느 정도 마음이 좁다 явцуухан
어느 정도 비좁은 давчуухан
어느 정도 약한 сулавтар
어느 정도 얕은 гөөхөн
어느 정도 어리석은 тэнэгдүү
어느 정도 오래된 хуучивтар
어느 정도 재촉 받은 давчуухан
어느 정도 젊다 залуухан
어느 정도(까지) там тум
어느 정도(다소) 긴 уртавтар
어느 정도(다소,조금) 조용한 сэлүүхэн
어느 정도(약간) (머리가) 벗어진 халзавтар
어느 정도(약간) 검은 хархан; ~ нудтэй 눈이 까만, 눈언저리에 멍이 든.

어느 정도라도 нэгтэй
어느 정도 추운 хүйтэвтэрхэн
어느 지역의 북부
어느 쪽(의 사람) аль(алин)
어느 쪽도 ~아니다 завсарда|х
어느 쪽에서 хаанаас
어느 쪽인가 하면 ахиухан
어느 ~도(이나) 다 бүр
어느жиндүү
어두운 балар, баларахай,будэг, гэрэлгүй, дунс(эн), хар, харанхуй
어두움이 찾아오다 барай|х
어두워지다 бараантах, барай|х, бүрэнхийлэ|х, дүнсий|х, харанхуйла|х
어두컴컴한 бадаг будэг, балар, баларахай, будэг, мунхруулга
어둑어둑하다 сүүдэртэ|х, харанхуйда|х
어둑어둑한 бадаг будэг, гэрэлгүй, дунс(эн), харанхуй
어둑어둑함 бүрэнхий
어둑어둑해지다 барай|х, харла|х
어둑하게 하다(~을) манантуула|х
어둑한 곳 мунхруулга
어둑한 баларахай, будэг, будэгхэн
어둑해지다 сүүмий|х
어둔 дүгдрэл
어둔(語遁)하다 дүгдрэ|х, дүгдрэ|х
어둠(인상)이 깊어지다 гүнзгийдэ|х, гүнзгийлэ|х
어둡게 하다 бараантах, бурэнхийлэ|х, манантуула|х, сүүдэрлэ|х, харанхуйла|х, харуула|х, хитэ|х
어둡다 харанхуйда|х
어드밴티지 хожоо
어디 хаагуур
어디(에)나 нэгтэй
어디(쯤)에 хана
어디까지나 цоо
어디든지 ~하는 곳에(곳에서) хаанаас
어디로 가는가 хааш(аа)
어디로 хаа, хаагуур, хааш(аа)
어디로(의문사) хана, хаанах

어디로(행동,동의를 표현하다) хаачи|х; чи ~ гэж байна? 어디로 가는가(가나요, 갑니까)?
어디로든지 ~한(하는) 곳으로 хааш(аа)
어디론가 нэгтэй
어디서 хаа, хаагуур
어디서(어디에서, 어디로) ~하여도 хаа
어디서(의문사) хана, хаанах
어디서(행동,동의를 표현하다) хаачи|х; чи ~ гэж байна? 어디로 가는가(가나요, 갑니까)?
어디에 ~라도 нэлэнхий
어디에 хаа, хаагуур
어디에(라)도 нэгтэй
어디에(의문사) хана, хаанах
어디에(행동,동의를 표현하다) хаачи|х; чи ~ гэж байна? 어디로 가는가(가나요, 갑니까)?
어디에나 нэлэнхий, хаа
어디에나 무조건(으로) хааяагүй
어디에나 절대적으로 хааяагүй
어디에나 참말로(정말로) хааяагүй
어디에서 хаанаас
어디에서(어느것이 누가, 어떻게) ~한다 하더라도 хэрхэвч
어디엔가 нэгтэй
어디여 чүү
어딘가로 가버리다 гарга|х
어딘가에(서) нэгтэй
어떠냐 하면(~은) бол
어떤 것 яасан
어떤 것(~이나—) аль(алин)
어떤 것(일) гэж, юу(н), ямар, ямархан; ~ болоов? 무슨 문제입니까?; тэгээд тэр ~ гэв? 그리고 무엇이라고 말했습니까?; ~ ядах 순조롭게;
어떤 곳(행동,동의를 표현하다) хаагуур, хаачи|х; чи ~ гэж байна? 어디로 가는가 (가나요, 갑니까)?
어떤 날 гараг
어떤 때에 хэзээ

어떤 뜻으로(의미로) яалтай, яажшуухан
어떤 목적에 충당하다 өмчлө|х
어떤 방법(식)으로 хир, хэрхэн, яавал, яалтай, яасхийж, яахин, ямар, ямархан, яаж
어떤 버릇이 생기다 хашраа|х
어떤 번호의 10 аравт
어떤 사람 аль(алин), хэн, юу(н); ~ болоов? 무슨 문제입니까?; тэгээд тэр ~ гэв? 그리고 그는 무엇이라고 말했습니까?; ~ ядах 순조롭게;
어떤 사람에게(을) хэн
어떤 사람이 흔들다(휘두르다) дала|х
어떤 상태로 하다 бэлтгүүлэ|х
어떤 수 хэддүгээр
어떤 식(방법)으로든 талт мэлт
어떤 식(방법)으로든 하다 ордо|х, оронцогло|х
어떤 식으로 хэрхэн
어떤 액체(유동체) 분배 설비 колонка; бензин ~ 가솔린펌프(주유소).
어떤 위치에 놓다(두다) төлөөлүүлэ|х, тави|х; ном тавиур 책을 책꽂이 위에 두다; цэцэг усанд ~ 꽃을 물에 넣어 두다; ханцуйдаа нэ хээс ~ 소매(소맷자락)에 헝겊조각을 대다; албан бичиг дээр нэрээ ~ 서류에 서명하다; ээ рйгээ миний оронд тавиад уэ 당신자신을 자기 자리에 두다; би Пикассог Далигаас дээгүүр ~ байсан 나는 피카소를 달리 위쪽으로 둘 것이다; тууныйг хэлтсийн даргаар тавьжээ 매장의 화물을 그들의 장소에 두었다; сэрүүлэг зүр-гаан цагт ~ 6시에 알람이 울리도록 장치했다; найдлага ~ 바라다, 기대하다; харуул ~ 경호인(수위)를 두다; хавх ~ 올가미(트랩. 함정.덫)을 설치하다; цагийг нэг цагаар ухрааж ~ 한 시간을 뒤로 두다 цагийг нэг цагаар урагшлуулж ~ 한 시간을 앞으로 두다; нохой сул ~ 개를 풀어

- 441 -

놓다; зорилго ~ 결승점(선) 설치하다; зоцдод идээ ~ 손님들 앞에 음식과 음료를 차리다; цонхны хажууд ширээ ~ 창가에 탁자를 설치하다; ширээ тойруулж сандлууд ~ 탁자 둘레에 의자를 두다; хана тушуулж шат ~ 사다리를 벽에 기대어서 설치하다 (두다); гараа мө рө н дээр нь ~ 어깨동무하다, 손을 어깨에 올려두다;
어떤 음으로부터 세어 제 8음 наймт
어떤 일에 대한 열(熱) хуял
어떤 일을 모름 харангуй
어떤 일을 하는 동안 점성으로 나쁜 하루 час 9 дэ р
어떤 일정한 зарим, нэг(эн); ~ өдөр 어느 여름의 날; ~ мөр 대체적으로, 전체적 으로; бид ~ ~эндээ туслах ёстой 우리는 어느 하나를 도와야만 한다; тэднийаль ~нь 그들의 다른 하나; ~ хунийг тахин шүтэх (사람·물건·사상 따위에 대한) 숭배, 예찬; тэр ~ч үг хэлсэнгүй 그는 한 단어도 말하지 않았다
어떤 입장(사태)에(서)(로) хана
어떤 점에서 хаагуур, хана
어떤 정해진 зарим, нэг(эн); ~ өдөр 어느 여름의 날; ~ мөр 대체적으로, 전체적 으로; бид ~ ~эндээ туслах ёстой 우리는 어느 하나를 도와야만 한다; тэднийаль ~нь 그들의 다른 하나; ~ хунийг тахин шүтэх (사람·물건·사상 따위에 대한) 숭배, 예찬; тэр ~ч үг хэлсэнгүй 그는 한 단어도 말하지 않았다
어떤 종류의 플루트 гуанз
어떤 지위에의 유임 үргэлжлэл
어떤 행동(행위)하다 хэрхэх
어떤 희생을 치르더라도 завал
어떤(것) юутай
어떤(무슨) 이유로? яаж
어떤(방)식으로 ~하더라도 чингэвч
어떻게 хир, хэрхэн, явал, яажшуухан, яалтай, яасхийж, яахин, ямар, ямархан, яаж
어떻게 ~한다 하더라도 хэрхэвч
어떻게 되었나? яасан
어떻게 될지 모르다 саармагта|х, гуйва|х; аядан дагалдаж ~ 맹목적으로 ~을 좇다(동행하다), 무턱대고 ~을 따라가다
어떻게든 талт мө лт
어떻게든 하다 ордо|х, оронцогло|х
어떻게든 해서 ~하다 аргала|х
어떻게든지 하여 чүү ай
어란(魚卵) түрс; ~ орхих 산란(産卵)하다
어레미(체) шигшүүр
어려운 고비(곤란·격정·유혹·버릇) 극복하다(이겨내다) эзэмдэ|х, дава|х; бэрх-шээлийг ~ 어려움을 극복하다.
어려운 문제 асуудал
어려운 일 бэрхшээл, даваа(н), хал
어려운 일을 완수하다 хүрэ|х
어려운(힘드는) амаргүй, аюлтай, бэрх, бэрхтэй, горигүй, дөхөмгүй, зовлонтой, нийсгүй, түвэгтэй, хүчир, хэцүү, цөвүүн; ~ морь (말이) 나아가기를 싫어하는
어려움 бэрхшээл, гачаал, түвэгшил, цамаархал; ~гүй 쉽게, 어렵지 않게.
어려움 시끄러운 일 халгаа
어려움을 이겨내게(헤어나게) 하다 (~에게) гатла|х
어려워(곤란해)지다 дагтарши|х
어려워지다 хүнддэ|х
어렴풋이 나타나다 жирэвхий|х
어렴풋이 느끼다(알아채다)(~를) харда|х
어렴풋이 보이다 бөртэзле|х, түнэртэ|х, харла|х
어렴풋하게 үүр туур
어렴풋하다 сүүдэртэ|х
어렴풋한 балархай, будэг, бурэг, намуухан, сүүдгэр, сүүмхий, ууртүүр, бууртүүр
어렴풋함 сүүмгэр
어렵게 되다 хүндрэ|х

어렵게 잡다 opoo; ~ морь 말을 어렵게 잡다
어렵다 цамаарха|х
어렵다(는것을 알다)(~하기) төвөгшөө|х
어렵지 않은 амар, гайгүй; төвөг багатай ~ хөнгөн ажил байна 그것은 간단하고 아주 쉬운 일이다;
어류(魚類) живэр, загас(ан)
어르다 аргада|х, бөмбийлө|х, өхөөрдө|х
어른 томчууд, хариуцлагатан
어른다운(아이·거동 따위) гасан, том, томчууд
어른답지 못한 балчир, хүүхдэрхүү
어른을 위한 том, томчууд
어른의 томчууд
어른처럼 행동하다 бойжи|х, боргоши|х
어리 хороо
어리(젊)게 보이는 ануухан
어리둥절케 하다 балмагда|х
어리둥절케(당황케)하다 бужигна|х, баларта|х, будли|х, зазгада|х, самгардуула|х, соли|х, тулгардуула|х
어리둥절하다 гөлөлзө|х, самуура|х
어리둥절함 будлиан, маапаан, самуурал, солио, эндүүрэл, ээдрээ
어리뚝한 дүйрэн
어리벙벙하게 하다 дүйрэ|х
어리석(바보 같)게 하다 тэнэглэ|х
어리석게 되다 мангуура|х
어리석게 행동하다 маанагла|х, мангарта|х, мулгууда|х, мунагла|х
어리석게도 행동하다 мангуута|х
어리석다 донгиодо|х, мангарла|х, мохоо- дох, мунагта|х
어리석어지다 маллуула|х; би хэнд ч ~ гүй 나는 자신에게 바보짓을 하지 않기를 큰마음 먹었다.
어리석은 балай, донгио, дөхөмгүй, дүйнгэ, дүйрэн, маанаг, маанагар, ман- гар, мангуу, марзан, муйхар, мулгуу, мулгуувтар, мэргүү, тархигүй, толгой- гүй, толхи, томоогүй, тэнэг, тэнэгхэн, ухаангүй, үхээнц, эргүү, мунхаг, тэнэг- лэл; ~ хун 상도(常道)를 벗어난; сохор ~ 눈이 아주 먼, 전맹(全盲)의; злий ~ 정신박약의, 저능의; нүдэн ~, чихэн дулий 맹목적으로, 무턱대고, 눈가리 개를 한(하고); тэр ямар ~ амьтан бэ! 그는 어리석은 사람이다.
어리석은 녀석(사람) бах, мангуу, мэргүү
어리석은 짓을 하다 марзагна|х
어린 가지 гөлөг, нахиа(н), сүөө, найлзуур
어린 당나귀 дудран
어린 동물 пацаан
어린 동물에 의하여 아주 게걸스레 먹는 젖먹이 лавшаа
어린 동물을 두 마리 어미에게 젖을 먹이다. тэлээ
어린 동물이 조숙하게 태어나는 хавчрай
어린 마멋을 낳다 мөндөлл|х
어린 메추라기(새끼); дэгдэнэ
어린 소년 хүү
어린 아이 등을 껴안고 귀여워하다 энхрийлэ|х, бөмбийлө|х
어린 양 хурга(н)
어린 양을 거세하다 ирэглэ|х
어린 엘크 хотол
어린 여우(숫여우) гавар
어린 염소(산양) ишиг
어린 오소리 ханьс
어린 인간 또는 동물들 늙은부모 хэнз
어린 잘루, идэр, идэрхэн, идэрхэн, орь; ~ нас 젊음, 원기
어린가지 найлзуур
어린가지(새싹봉오리)가 나오다 нахиала|х
어린가지의 나무껍질 хэвэг
어린낙타를 낳다 ботголо|х
어린동물들 дудрай
어린동물들 가을(추계) 태어나다 хэнзлэ|х

어린동물을 낳다 төллөлт
어린동물의 양육(사육)자 төлчин
어린마멋 мөндөл(설치류(齧齒類); woodchuck, groundhog 따위)
어린시절 тэв
어린아이가 생겨나게 하다 гарга|х хүүхэд
어린애 같은(다운) балчир, жижиг, хүүхдэрхүү; ~ хүүхэд 갓난아이, 젖먹이
어린애(동물)에게 먹을 것을 젖병으로 주다 бордо|х, хооло|х, тэжээ|х, угжи|х
어린애(동물)에게 젖을 먹이다 угжи|х
어린애가 앙앙(엉엉)울다 хахина|х, хяхна|х
어린애를 낳다 гарга|х хүүхэд
어린애를 자장가를 불러 재우다 бүүвэйлэ|х
어린애에게 젖을 먹이다 бордо|х, тэжээ|х, хооло|х
어린애의 хүүхдэрхүү
어린양 가죽 хурга(н)
어린의 게임("이리와 마멋") тарвагацаа
어린이 따위가 떠듬거리며 말하다 доносо|х
어린이(아동.유아) багачууд, үр, хүүхэд ; ~ хүүхэд 아이들
어린이(어린동물) 키우다 торни|х
어린이.초목 등이 쑥쑥(빨리) 자라다 (뻗다) сойло|х
어린이가 떠듬거리며 말하다 бавчи|х
어린이들 үрс
어린이를 기르다 торниула|х
어린이에게 애정을 품고 있는 онгог
어린이의 기저귀를 갈다 хуурайла|х
어린이의 머리카락 даахь; ~ авах 어린애의 처음 머리카락은 잘라서 준다
어린이의 원피스 бариувч
어린이의 일년 된 행위 хэвлүүн
어린이의 장난감 딸랑이 тарчигнуур
어린짐승에게 두 어미에게서 젖을 먹이게 했다. тэлээлэ|х
어린토끼 бужин

어림도 없어요 явч
어림셈(값) барцаала, барцгаа
어림잡다 багцаала|х, барагцаала|х, баримжаала|х, бодо|х, томьёоло|х, тоологдо|х, тухайла|х, хирлэ|х
어림짐작으로 말하다 бараглах, таа|х
어릿광대 алиалагч
어릿광대역을 맡아하다 марзагна|х, тэнэгтэ|х
어머니 эх
어머니 자매 친사촌(이모) бул
어머니(모성,어미)에서 떼어놓다 эсгэ|х
어머니의 가슴에 젖을 욕심(탐내어) 빨다 (빨아먹다) үлгэ|х
어머니의 친척(친족, 인척) нагац; ~ эгч 이모; ~ ах 외삼촌; ~ эх 외할머니; ~ эцэг 외할아버지.
어머니쪽의 인척(친족) нагац; ~ эгч 이모; ~ ах 외삼촌; ~ эх 외할머니; ~ эцэг 외할아버지.
어미(御米) гунхвай цэцэг
어미는 언제나(습간적으로) 욕심(탐)내어 동물새끼에게 젖을 먹이다 гувшаа
어미동물의 임신한 хээлтгэй
어미로부터 분리된 어린양 гүүргий
어버이 등의 말을 듣지 않다 зөчи|х
어버이 없는 өнчин; ~ хоцрох 고아로 남겨 졌다
어버이의 말을 듣지 않다 гажи|х
어법 хэлц үг
어부 загасчин
어살(魚-) жалан
어색하게 움직이다 баацгана|х
어선 завь, загасчин, онгоц
어셈블리 хуралдаан
어수룩한 дүйрэн
어수선하게 하다 хогто|х
어수선하게 흩어 진 물건 хог
어수선한 бохир, бузар
어수선함 будлиан, маапаан, сагсгар,

солио, ээдрээ; ~ ус헝클어진 머리; ~ мод 엉기 정기 가지가 난 나무.

어순(語順) дараала; усгийн ~ 알파벳순으로 하다

어스레한 балар, балархай, будэг, будэгхэн, сүүмхий

어스레함 сүүмгэр

어스름 бадаг будэг, бүрэнхий

어스름한 бадаг будэг

어슬렁거리다 бадарчла|х, бэдэ|х, доншуучла|х, томо|х, тэнэ|х, хөлхө|х, хэрэ|х

어슬렁어슬렁 거닒 ташуурал

어슬렁어슬렁 걷다 сэлгүүцэ|х

어슬렁어슬렁 걸어가는 가축의 떼 тууwar

어슬렁어슬렁 걸어다니는 자 хэсэмхий

어슬렁어슬렁 걸어다님 тэнэмэл

어슬렁어슬렁 해치우다 хиара|х

어언(語言) хэл

어울리는 аштай, зохимжтой, зохистой, нийлэмжтэй, онцтой, таарамжтай, тааруу, тохиромжтой

어울리다 тара|х, хутга|х

어울리다(~에) зохи|х, зохицо|х, монтажла|х, таарула|х, тохиро|х, тэнгэцэ|х, угсра|х

어울리지 않는 гаргуудаа, зохимжгүй, зохисгүй, зохихгүй, нийшгүй, оновчгүй, таарамжгүй, таарахгүй, тавтиргүй, танагтүй, тохиромжгүй, тэнцвэргүй

어울림 зохис, таарамж, түнжин; ~ той арга 적당한 방법; ~той шийдвэр 올바른 결정; эуй~ оор 적당한 길.

어음의 소지인 тогтоогч

어이 танаа; хундэт танаа 저 여보세요 소다놈씨(부인, 양: 회화에서 정중한 호칭).

어이!(인사 또는 주의를 끄는 말) хүү

어이!(호칭) хүүе, хөөе

어이 하고 불렀다(~를) нэрлэгдэ|х

어이없는 тэнэгхэн

어이없어 다음 말을 잇지 못하다(~에) гөлий|х

어이없어 말도 못하게하다(~을) гөлий|х

어이없이 끝나다 лөө лөө болох

어저께 өчигдөр

어정버정 거닐다 монгино|х

어제 өчигдөр

어제 하루 종일 өсигдөржин

어제께의 전날 уржидар

어제의 어제 уржидар

어제의 전날 уржидар

어제의 전날의 전날 уржийн цаад э дэ р

어조 илэрхийлэл

어조가 강한 даа, юм; чи энэ номыг ав ~ 제발(부디), 이 책을 손에 잡아라; яв ~ 제발(부디) 가십시오!

어족 живэр

어줍은 болхи

어지간한 дориун

어지간한 дөмөг

어지간히 잘 гайгуй

어지간히 баахан, давгүй, дөнгүүрхэн

어지러운 дүйвээнтэй, түйвээн, хямралдаан

어지럽히다 будли|х, соли|х, түйвэргэ|х, үймүүлэ|х

어지르다 хогто|х

어지자지 манин, хиосгон (자웅의 생식기를 겸해 가진 사람이나 동물)

어질어질하다 гуйвалда|х, туйвгана|х

어째서 яагаав, яахаараа

어쨌든 адаглаад, үүү ай, ядахдаа

어쩌다가 зэрмэгхэн, тохиолтлоор

어쩌면 ~할 필요가 있다 биз; санаж байгаа биз 틀림없이 당신은 기억해야 한다.

어쩌면 биз, болзошгүй, магадгүй

어쩐지 үүү ай

어쩔 도리 없는 засрашгүй

어쩔 수 없이 ~하다 албада|х

어찌 할 바를 모르다 төөрө|х

어찌 хир, хэрхэн, яавал, ялтай, яасхийж, яахин, ямар, ямархан

어찌하든(다른 일은) адаглаад
어찌하여? яаж
어찌할 도리가 없는 бухимдал, гонж, горигуй, горьдлогогүй, найдваргүй; тэр эдгэрэх ~ байна 그의 경우는 어찌할 도리가 없다; тэр эмэгтэй ~ хун дээ 그녀는 완전히(아주) 신뢰할 수 없다.
어찌할 바를 모르다 гээдэ|х
어찌할 셈으로 яажшуухан, ялтай
어처구니 없는 гайхалтай, гайхам
어처구니 없어서 응시하다 мэлрэ|х
어처구니없는 실수 дүйнгэ
어태치먼트(애정의) дасал
어패류의 홍합 хясаа
어하다 танхи
어하여(소중히) 기르다 эрхлэ|х
어함을 받지 않은 атар
어했다 танхилза|х
어허! еэ, хай, халаг(놀람·공포·찬탄(讚嘆)·비탄·고통·간망(懇望)·부를 때 따위의 감정을 나타냄).
어휘 толь
어휘가 풍부한 тольтой
어휘표 толь
억(億: 100,000,000) голдь, дүнчүүр
억누르다 дара|х, дарлагда|х, дөрлө|х, мундагла|х, түвдэ|х
억누를 수 없는 давшгүй, дийлшгүй
억눌린다 хэлмэгдэ|х
억류 баривчлага
억류(유치,구류)하다 хоригдо|х
억만(億萬) голдь
억센 булиа, бяд, тайргар, чийрэг
억수 үер
억수비 үер; ~ бороо 취우(驟雨), 소나기, 억수같은 비.
억압 гишгэгдэл, даралт, дарлал, сөхөөл, талхи, талхигдал, хавчлага, хяхалт
억압(억제.학대)하다 дара|х, жанжла|х
억압된 감정이 밖으로 나타나다. унгата|х
억압된다 хэлмэгдэ|х

억압하다 аагла|х, багалзуурда|х, боолчло|х, гиюурэ|х, сөхөө|х, талхигда|х, хавчи|х, хавчигда|х, хяха|х
억압하다(~을) хүчирхийлэ|х
억양 аялга, хоолой
억제 албадлага, дулаа, тоормос, тормоз, тохируулагч, хэлмэгдэл, хяналт, шалгалт
억제(작용·력) хээ
억제력 хээ
억제(구속.억압.저지.제동)하다 баала|х, боо|х, боомило|х, буруушаа|х, донгодо|х, дөрлө|х, дарангуйла|х, түвдэ|х, түгэлзэ|х. тоормосло|х
억제하다(~을) бутээ|х
억제(제어)하지 못하는 таамаараа
억제할 수 없는 хаваар гүй
억지 쓰는 ёвчоо
억지(고집)부리다 зөрүүдлө|х
억지다 ужитла|х
억지로 зорго
억지로 ~시키다 албада|х, дайчла|х, тулга|х, хүчирхэ|х; албадаж авах 억지로 빼앗다, 강탈하다; албадан хөлөлмөр хийлгэх 강제하다, 억지로 ~시키다.
억지로 ~시키다(~에게) түрэ|х
억지로 갖다 붙이다(뜻따위를) авлигала|х
억지로 떠맡기다(~에게) тулга|х
억지로 떼어놓다 тасра|х
억지로 빼앗다 булаа|х
억지로 입수함(끄집어냄) авлигач
억지로 지나가다 гудра|х
억지세다 мугуйдла|х
억지센 гажуу, гэдэн, жийнгэ, зөрүүд, зөчүүд, зүттээ, зүггтээ, мугуйд, муйхар, сөрс, тэрсүүд, ужид
억지의 захиргаагүй
억측 барагцаа, таамаг, таамаглал, таамнал
언 хөлдмөл, хөлдүү, царцуу, цэвдэг
언급하다(~에) тэмдэглэ|х

언니 эгч
언덕(구릉) бэл, өндөрлөг, толгод, ухаа, гүвээ; Зайсан толгйин ~д 자이산 언덕을 따라서
언덕(작은 산, 구릉, 해안의 낭떠러지, 벼랑, 절벽)의 아주 가파른 хэсхийм
언덕의 기슭에 хормой
언뜻(흘긋) 보다(~을) талмиара|х
언서 сохор номин
언약 вивангирид
언어 үг, хэл; дууны ~ 노래의 말, 서정적인 언어; уран ~ 좋은 말; ~ийн гарал судлал 어원학, 어원론; ширүүн ~ 욕, 욕설(하는 말); хараалын ~ 악담(욕설 독설, 모독)의 말; муу ~ 기분 나쁜 말; үгсэн навчис 싱싱함을 잃은 말; сайхан ~ 좋은 말; зэвүүн ~ 비웃는(경멸하는) 말; суулчийн ~ 유언, 마지막의 말; үнэн ~ 참말; худал ~ 거짓말; зүйр ~ 속담, 격언; цэцэн ~ 금언(金言),경구(警句) мэргэн ~ 슬기로운 말; ~ийн сан 사전 (그리스어·헤브라이어·라티어의); (작가 작품의) 어휘; будуулэг ~ 비어(卑語), 세속적인 언어; нялуун ~ 감언(甘言), 아첨의 말; хоосон ~ 빈 말, 공허한 말 хайрын ~ 애정이 깊은 말(언어); хуурмаг ~ 교활한 언어; хачин ~ 생소한 언어; хэлэх ~ 연설, (청중에의) 인사말; талархлын ~ 감사를 나타내는 말, 감사의 언어; э мнэ х ~ 서언, 머리말; тэ гсгэ лийн ~ 후기(後記), 발문(跋文); их ~ хэлэх 자랑하는(허풍떠는, 자화자찬) 의 말, 과장된 말.
언어로 의사전달이 가능하다 нэвтрэлцэх
언어도단의 булай, өгүүлшгүй
언어장애 бартаа, боогдол, гацаа, саад, тотгор
언저리 хөвөө
언제 хэзээ
언제 어느 때 цаггүй
언제(어디에서, 어느 것이 누가, 어떻게) ~한다 하더라도 хэрхэвч
언제까지나 анд ортлоо, даг, дагнан, дагт(ан), дан, үргэлж, ямагт
언제까지나 기억에 남는 мартагдашгүй, марташгүй
언제나(늘.항상) бур, буур, даг, дагт(ан), насад, үргэлж, үүрд, хэзээд, цаггүй, ямагт, ер; ~нь тууний зөв бол 그는 항상 옳다
언제나 무일푼의 мөнгөгүй
언제나 일정하다 тогтмолжи|х
언제나 일정한 хээвнэг
언제나 하는 (특유한) 식(방식) зам
언제나(한번도) ~(한 적이) 없다 ер
언제나의 дасамтгай
언제든지 дандаа, цаггүй
언제든지 ~할 준비를 갖춘 бэлхэн, бэлэн, зэлэн
언젠가 хааяа
언젠가 후일 хааяа
언질 амлалт
언짢게 하다 гудрагата|х
언짢은 үрчгэр, хуйсгар
언짢은(몸짓·말 따위) гонгинуур
언행 불일치의 засдаг
언행이 퉁명스러운 хэдэр
얹다 тави|х, төлөөлүүлэ|х
얹어 있는 것 дарамт
얹혀 있다 нала|х
얼기(가까이하기.접근하기,도달하기)
어려운 халдашгүй
얻다 ава|х, авта|х, бараажих, олзворлох, оло|х; нийлбэрийг ~ 돈을 얻다; олж мэдэх 찾아내다.
얻으려고(찾으려고) 애쓰다 гүжирмэглэ|х, мэриймж, улай|х, эрмэлзэ|х, тэмүүлэ|х
얼(리)다 царца|х
얼간이(바보) гирэв, маанаг, мангуу; тэр ямар ~ амьтан бэ! 그는 어리석은 사람이다.

얼간이(바보)의 молхи
얼간이가 되다 мангуура|х
얼게하다 осго|х, хадаала|х, хөлдөө|х
얼굴 нүүр, царай; ~ гараа угаах 손과 얼굴을 씻다; толинд ~ээ харах 자신을 거울로 쳐다보다; ~эн дээр нь хэлэх 누구의 얼굴을 말하다; тэд~~эд харалцан сууцгааж байв 그들은 얼굴을 마주보고 앉았다; ~ улайх 수줍어하여
얼굴모습 нүүр, царай
얼굴(말)로 을러대다(위협하다) мундагда|х
얼굴(손,발)을 씻다(~의) угаада|х, угаа|х
얼굴(안색)이 밝아지게 하다 тодсо|х
얼굴빛이 어두워지다 үлтэ|х
얼굴에 기(핏기) 없게 되다 хулчий|х
얼굴에 반점이(기미가) 있다 сэвхтэ|х
얼굴에 수염이 없는 жармагар
얼굴을 가지다(~한) цайра|х
얼굴을 대하다(~와) таарада|х, уулза|х, учра|х
얼굴을 돌리게 만들다 атируулла|х; хөмсөг ~ 눈살을 찌푸리다
얼굴을 붉히게 하다 улай|х, улайлга|х
얼굴을 붉히다 чинэрэ|х
얼굴을 숙이고 түрүүлгээ
얼굴을 찌푸리다 муший|х, урвай|х, ярвагана|х, ярвай|х
얼굴을 찡그리다(찌푸리다) гуйва|х. дохийло|х. морчий|х. мурчий|х. үрчий|х, ярвагана|х, ярвай|х
얼굴을 찡그림 яравгар
얼굴을 하다(~한) цайра|х
얼굴의 깊은 주름 атираатай
얼굴의 윤기(살갗.혈색.기색.징조) зүс(эн); ~царай 기색, 징조; ~ мэдэх 얼굴만은 알고 있다; ~ улайх 수줍어하다; хар ~тэй морь 검은 말; малын ~ 가축의 빛깔;~ бороо 유순하고 끊이지 않는 비
얼굴의 표정 дохио(н)
얼굴이 거칠게하다(거칠어지다) холщруута|х
얼굴이 둥실둥실하게 되다 малий|х
얼굴이 병자처럼 핼쑥한 хонхигор
얼굴이 붉어지다 улай|х, улайлга|х, халуура|х
얼굴이 빨개지다 хувила|х
얼굴이 없는 нүүргүй
얼굴이 윤기(핏기) 없다 цонхий|х
얼굴이 잘 생기다 гунха|х
얼굴이 잘생긴 гунхгар
얼굴이 죽은 듯이 창백하게 변해가다 үхэтхий|х
얼굴이 죽은듯이 핼쑥하다 хувхайра|х
얼굴이 핼쑥한 хужгар
얼굴이 화끈 달다 улалза|х, халуура|х
얼기 시작했다 зайрмагта|х
얼다 дара|х, мөстө|х, хөлдө|х
얼떨떨한 мунгинуу
얼떨떨함 будлиан, бужигнаан, самуурал, сандрал
얼떨떨해 하다 бужигна|х, бэгтрэ|х, гөлгөнө|х, самуура|х, үймэлдэ|х
얼뜨기 дудран
얼렁쉬 долдойч
얼레 катушка
얼룩 гүвдрүү, тарлан, толбо, цэг
얼룩(반점)투성이 되다 сэвтэ|х
얼룩다람쥐 жирх
얼룩덜룩하게 하다 тарланта|х, цоохорло|х
얼룩덜룩한 алаг, мирээн, тарлан, халтар, халтарта|х, цоохор, эрээн; ~ тахь (얼룩말 처럼) 무늬가 있는; ~ морь 얼룩말; ~ үнээ 얼룩소; ~ цоог 여기저기, 다양한, 가지 각색의; ~ булаг 화려한, 우아한; ~ хив/ хадаг 몽골인의 무늬 실크 스카프(목도리); ~ нүдэн цэцэг 팬지, 여자같이 간들거리는; ~ үзэх 식별하다, 차별대우 하다, 한쪽에 치우친;~ нүд 갈색 눈동자; ~ зүрх 연인, 애인; ~ шүхэр 무늬의 우산; ~ хорвоо 세계, 세상; ~ мах 살코기.

얼룩덜룩해지다 тарланта|х
얼룩을 묻히다(~에) бохирло|х, буртагла|х, дагта|х, хитээ|х
얼룩을 빼다 арчи|х, зүлгэ|х
얼룩이 묻다 бохирло|х, бузарда|х, буртагла|х, заваарула|х, хирлүүлэ|х
얼룩이 빠지다 ховхро|х
얼룩이 지다 сэвтэ|х, толбото|х
얼룩지게 하다(~을) баа|х, тарланта|х, цоохорло|х
얼룩진 цоохор
얼른 мөтөр, төдөлгүй, тэдхэн
얼름속에서 날카로운 소리(딱·탕·우지끈) 내면서 치솟다 тошигно|х
얼마 안 되는 арвигүй, багавтар, зэвэр, тарчиг, хомс, цөөхөн
얼마 안 되는 음식 үмх
얼마 안 되다 гэмсдэ|х, тарчигда|х
얼마 안 있다가 тэдхэн
얼마 후 төдөлгүй
얼마 юу(н), ямар, ямархан
얼마(몇개)인가의 бага, багахан, багавтар, жаахан, тоотой, хэдхэн, цөөхүүл
얼마간 떨어져서 хөгдий
얼마간 떨어져서 보이다(나타나다) бөртэзлэ|х
얼마간 баахан
얼마간 추운 хүйтэвтэрхэн
얼마간(얼마쯤) 편협한 явцуухан
얼마나 хир, хэдий, хэдийчинээн, юу(н), юутай, яахин; ~ хө э рхө н хүүхэн бэ! 소녀가 얼마나 예쁜가!; ~ ирэв? 얼마나 가지고 있습니까? ~ гоё/сайхан! 얼마나 아름다운가!
얼마나(쯤) юу(н), яасан, ямар, ямархан
얼마나(쯤) 하다 яа|х
얼마나~(할)(일)까 яагаад
얼마든지 ямарваа
얼마만큼 хир, яахин
얼마만큼의 юутай
얼마에 팔리다 борло|х

얼마이다 яа|х
얼마입니까? хичнээн, хэд(эн);~ удаан 얼마나 깁니까?
얼마쯤 검은 хархан; ~ нүдтэй 눈이 까만, 눈언저리에 멍이 든.
얼마쯤(간) баахан, бяцхан, дадгарда|х, жаал, там тум
얼마쯤(의) багатай; ашиг ~ 이익이 적은 진열; хүч ~ 약한, 무력한, 연약한, 박약한; хэрэгцээ ~ 드물게 사용한다, 사용에 익숙하지 않다; үнэ ~ 가치가 거의 없다
얼만가의 жаахан, зарим
얼버무려 넘기다 булза|х, шарва|х
얼빠진 짓의 балай
얼빠진 алгасангүй, алмай, заваан, мунгинаа, мунгинуу; ~ будлиу амьтан 얼빠진 사람;
얼싸안다 тэврэ|х
얼어붙게 하다 осго|х, хадаала|х, хөлдөө|х, хөлдөсхий|х
얼어붙는 추위 жавар
얼어붙다(~에) мөстө|х, хөлдө|х
얼어붙은 눈 위 등을 저벅저벅 밟다 шажигна|х, сархий|х, нужигна|х
얼어서 곱다(언) бээрэ|х, осго|х, дарвигна|х
얼어죽게 하다 тура|х
얼얼(따끔따끔)하다 живхий|х
얼얼하다 бадайра|х
얼얼한 гөнтэй
얼었던 몸이 차차 녹다 гэгээ|х
얼을 빼앗기다(~에) шохоорхо|х
얼음 같은 мөст, мөстэй
얼음 мөс(өн); мөсөн галав 빙하시대; умард мөсөн далай 북극해, 북빙양; мөсөн уул 빙산; мөсөн чихэр 과일 드롭스; мөсөн гялбаа (수평선상에 보이는) 빙원(氷原)의 반영(反映); мөснийсүх (등산용)피켈, (얼음 깨는)도끼; ~ зусэгч хөлөх онгоц 쇄빙선, 쇄빙기.
얼음구멍 харз

얼음길을 잔모래(왕모래, 자갈)을 깔다 харуу; ~ асгах 모래로 덮다
얼음벌판 цөн
얼음에서 날카로운 소리(딱·탕·우지끈) 나며 넘쳐흐르다 тошигно|х
얼음으로 덮다 мөстө|х, халгаа
얼음으로 차게 한 мөст
얼음으로(빙하로) 덮음 мөстөл
얼음의 мөст, мөстөй; ~ ус 얼음으로 차게 한 물.
얼음이 덮인 мөст, мөстөй; ~ ус 얼음으로 차게 한 물.
얼음이 많은 мөст, мөстөй
얼음지치기 гулгалт
얼음판 цөн
얼자(蘖子) бутач
얼지 않은 гэчгэлүүн
얼추 일흔(살) далаад
얼추 барагцаалбал, тойм
얼핏 보다 жирмий|х
얼핏보기 солир
얽매다 дэвтэрлэ|х
얽매이지 않는 үнэгүй
얽어 짜다 хэрэ|х
얽은 자국이 있는 нөрөөтэй,|ь цоохор
얽은 марчгар
얽은 нөрөө
얽히게 하다 двахира|х, ороогдо|х, ороол- до|х, орооцолдо|х, ширэлдэ|х
얽히고 설킨 сагсгар, будлиантай, зовлон- той; ~ хэрэг 복잡한 문제; ~ ус 헝클어진 머리; ~ мод 엉기정기 가지가 난 나무.
얽히다 бурзай|х, гаца|х, маапаанта|х, оргоо|х, эдрээтэ|х
얽힌 мойног
얽힘 будлиантай
엄격하게 хүнд, чанга, чанд
엄격하게 만들다 чангаруула|х, чандла|х
엄격하게 하다 чангатга|х
엄격한 огцом, хату, хахир, чанд, ширүүн
엄격히 чанга, чанд, чухам, чухамдаа
엄니 соёо; зааны ~ 코끼리의 엄니;~ мэ с 고드름, 빙주(氷柱); гаансны ~ 담배 파이프 청소용구, 끈 철사에 섬유털을 단 것.
엄니(견치)로 끊다 соёоло|х
엄니(뻐드렁니·엄니 같은 것, 뾰족한 끝)로 찌르다(파다,상처를내다) соёодо|х
엄동 өвөл
엄동설한 өвөл
엄마 ижий, ээж
엄밀히 тэг, хийгүй, цав, чангалан, чухам, яв тав, яв цав, яг, ягштал
엄지머리 гоонь
엄지손가락 эрхий
엄지손가락과 다른 네 손가락으로 잰 길이를 세는 단위로 재다 сөөмлө|х
엄청나게 маягтүй; ~ хуйтэн өдөр 엄청나게 추운 날.
엄청나게 많이 갖고(손에 넣고)싶다 хоногло|х
엄청나게 큰 аврага, аугаа
엄청난 гаргууд, онцгой, хэтэрхий
엄파이어(umpire) шуугч
엄하게 чанга, чанд, чухамдаа
엄하게 하다 чангатга|х
엄하다 ширүүлэ|х
엄한 огцом, хату, хахир, ширүүн
엄호물 нөмөр
업무 хэрэг
업무의 처리 хэлцэл
업신여기는 ойшоогүй
업신여기다 гишгэгдэ|х, гишгэлэ|х, дэвслэ|х, дэвсэ|х
업어서 나르다 үүрэ|х
없는 байхгүй, дундуур, дундуурхан
없는(~이) барагтайхан, даржин, дульхан, сулхан, тачир, үгүйтэй, ядуу
없다 байхгүй; зав ~ 시간이 없다; тэнд хэн ч~ 그곳에는 없다; надад шудэнз ~ 나에겐 적수가 없다

없다(~이) гуца|х, тачирда|х, үгүйдэ|х
없다(~하지 않을 수) албада|х
없애다 балла|х, хаях, хожигдо|х
없어서는 안 될 хэрэгтэй, чухал
없어지다 алдагда|х, арилгуула|х, арилгах, бадайра|х, гээдэ|х, завха|х, талий|х, талий|х
없어지지 않고 있다 үлдэ|х
없어진 수(비율) үхэлт
없어진 завхуул
없음 гачигдал
엇갈리게 하다(~와) зөрүүлө|х; илд ~ ~와 칼을 맞부딪치다, ~와 싸우다; ~와 논쟁을 벌이다.
엇갈리다 солбицо|х
엇갈리어 가로놓인 унууль
엇갈리어 눕다(상태에 있다) дамналда|х
엇갈리어 цаагуур
엉거주춤한 саaруу, туйлбаргүй, туушгүй
엉겨 굳어진 우유 ээдэм, ээзгий
엉기(게 하)다 бурэлдэ|х, ээдэх; цус ~ 피가 응고되다.
엉기정기 가지가 난 сагсгар
엉긴 것을 풀다 цува|х
엉긴 덩어리 язмаг
엉긴 물방울 чийг
엉덩이 өгзөг
엉덩이(말의) хондлой
엉덩짝 өгзөг
엉뚱한 долгил
엉망으로(못쓰게) 만들다 дошгиро|х, сэглэ|х
엉망이 된 тонгоруу
엉망진창(인, 으로) ундуй сундуй
엉성한 дүрсгүй, хэвгүй, ясгүй
엉클어지게 하다 двахира|х, ороогдо|х, ороолдо|х, оройцолдо|х, ширэлдэ|х
엉클어진 мойног
엉클어진 머리카락 даахь; ~ гаргах 빗질하다; ~ халах (동물의) 깃털을 갈다

엉클어진 실(짠 것 등을) 풀다 хөвөрхий; ~уях 타이를 매다
엉키게 하다 ширэлдэ|х
엉키다 гаца|х, маапаанта|х, эдрээтэ|х
엉킴 будлиантай
엉터리 치료 дом
엉터리없는 марзан
엉터리없는 말 дом
엊그제 уржидар
엊그제의 전날 уржийн цаад э дэ р
엎드리게 하다 хэвтүүлэ|х
엎어져 누워있다 гулдай|х
엎지름 халгиа
엎질러짐 халгиа
~에(의) дээр
~에 —을 누르다 тамгала|х
~에 가선을 대다 захла|х
~에 경례하다 мэндлэ|х; гар барьж ~ 악수하다
~에 내용을 채우다(채워 넣다) дүүргэ|х
~에 더하다 дайварла|х
~에 더하여 дээр
~에 따라서 ёсоор; хууль ~ шийттэх 법에 따라서 벌하다; дурэм ~ 규칙(규정, 법규)에 따라서; тушаал~ гүйцэтгэх 명령에 따라 실행하다.
~에 못 미치는 дутуу
~에 복종하다 захирагда|х
~에 부족한 дутуу
~에 열의(열중, 열심, 열성, 열정)를 나타내다 зэттэ|х
~에 용감하게 맞서다 зоригжи|х
~에 의해 도드라진다(~에) тэжээлгэ|х
~에 일치하여 ёсоор
~에(~이라고) 이름을 붙이다(짓다) нэрлэ|х
~에(게) 지시를 내리다 зара|х; элч ~ 심부름꾼을 보내다; бичиг ~ 심부름 하다;
~에(게) 통지하다 зара|х
~에(을) 타고 дээр

~에(잔뜩)채워 넣다 дүүргэ|х
~에게 (설득하여) 단념시키다 ятга|х
~에게 강요하다 шамдуула|х
~에게 미쳐(빠져)(~) нэл
~에게 반하다 дурла|х, янагла|х
~에게 불어넣다 зоригжуула|х
~에게 인사장을 보내다 мэндлэ|х
~에게(깍듯이) 인사하다 мэндлэ|х
~에게 짐을 지우다 нэрмээслэ|х
~에게 추파를 던지다 жалмай|х.
~에게 -해 달라고 청하다 үнэрхэ|х
에나멜 паалан, сиян; ~тай сав 양재기, 법랑철기; шудний ~ 에나멜(유약)칠한 이; ~гүйлгэх ~에 에나멜(유약)을 입히다, 에나멜로 광택을 내다
에나멜(유약)을 입히다(~에) пааланда|х
에나멜로 광택을 내다 пааланда|х
에너지 тамир, хүч(ин), эрчим
에너지의 흩어지기 сарнилт
에네르기 элч
에다 төнхө|х, ухмал, хонхойло|х
에다(~을) ухуула|х, хөндийлө|х
에다가 또(~) бусад, гадна, зэрэгцээгээр
에도 불구하고(~에도) машид
에두르다 буслэгдэ|х, тойруула|х, хүрээлүүлэ|х
에둘러서 сөөлжир
에러 мадаг, өө; алдаа ~ 틀림; жэвлэ-лийн алдаа ~ 잘못된 인쇄;миний солонгос хэн(англи) хэлэнд алдаа ~ байна уу? 그들에게 나의 한국어(영어)를 실수했습니까?
에로책 порно
에메랄드(emerald) маргад
~에서 аваад биөдөр бур өглөөнөөс дээр, өгсүүлээд; ~орой хуртэл ажиллагад 나는 매일 아침부터 저녁까지 일을 한다.
~에서 ~를 만나다 угта|х
~에서 ~를 인식(인지, 승인)할 수 있는 танимгай

~에서 가다 гара|х
~에서 굴러 떨어지다 ойчи|х; муурч ~ 실신(졸도,기절)하다; газар ~ 지면(땅)에 떨어지다; гэнэт ~ 갑자기 떨어지다; усанд ~ 물이 떨어지다; цонхноос ~ 창문밖으로 떨어지다.
~에서 도망치다 дута|х
~에서 성장(발육)하다(~) бороло|х
~에서 출발하다 одо|х, гара|х
~에서(자원을) 빼앗다 зута|х
에세이 өгүүлэл
에센스(essence) охь, спирт, хорз (정수(精體); 본질(本質), 본체(本體), 요소(要素):정유(精油), 향유(香油))
에스파냐(수도 Madrid) Испани
에스파냐의 Испани
에어백 борви
에우다 тойруула|х, хүрээлүүлэ|х
에우였다 буслэгдэ|х
에움길 тойруулга
에움길의 гажуу, тойруу; ~ зам 에움길;
에워(둘러)싸다 буслэ|х, буслэ|х, тойру-ула|х, төгрөглө|х, хүрээлүүлэ|х, хүрээлэ|х
에워싸고(~을) үес, хир
에워싸다 бөгжлө|х, дуггуйла|х, захла|х, имхэрдэ|х, хавсарга|х, хаши|х, хорооло|х, цагарила|х
에워싸였다 буслэгдэ|х
에워싸인 곳 хормой
에이! 빌어먹을 чааваас
에이전시 агентлаг; мэдээллийн ~ 통신사, 신문 취급소
에이전트 агент; худалдааны ~ 대리상, 위탁 판매인, 중개상
에이즈 СПИД (AIDS: acquired immunodeficiency [immune deficiency: 사람 면역 부전(不全) 바이러스 때문에 생기는 병; 남성 동성애자 간의 성행위, 수혈, 모자 감염 등에 의해 감염되는데, 전신의 면역 기구가 파괴되고, 사망률이 높음. 특효약이 아직 없음. 후천성 면역 결핍증(後天性免疫缺乏症).)
에이프런 хормогч
에이프런 따위의 가슴부분 хооловч

에코 анир
에티켓 ёс(он)
엑기스 ханд
엑스선의 рентген
엔실리지를 만들다 даршла|х (ensilage: 옥수수·쌀보리 등의 푸른 잎, 혹은 야채 쓰레기, 고구마 덩굴 따위를 잘게 썰어 사일로(silo)에 넣고 젖산을 발효시킨 사료. 사일리지(silage). 매장 사료(埋藏飼料).)
엔자임(enzyme: 효소) фермент
엔지니어 инженер; барилгын ~ 민간 기사; цахилгааны ~ 전기 기사
엔진 хөдөлгүүр
엔진(차 등이) 멎다 унтраа|х
엔진에 물을 넣다 усла|х
엔진을 멎게 하다 унтраа|х
엔진의 노킹 тогшилт
엔진이 가열되다 хала|х
엘크 хандгай (현존 사슴중 가장큼)
여가(틈) завдал, чөлөө
여가가 있다 завда|х, завчла|х
여객(여행객) аялагч, зорчигч
여객열차(旅客列車) вагон
여객차(旅客車) вагон
여과 шуулт
여과기 фильтр, шүүгч, шүүлтүүр
여과성(濾過性) 병원체 вирус
여과판 фильтр, шүүгч
여과하다 нэвчи|х, шүү|х
여과하여 제거하다 шүү|х
여권 паспорт
여권 신장론(伸張論) феминизм
여권의 사증(查證) виз; тэдний ~ийн хугацаа дуусчээ 그들의 비자는 만기가 되다(끝나다); орох/нэвтрэх ~ 입국비자; гарах ~ 출국비자
여권주의 феминизм
여권주의자 феминист
여기 май, наад, наадахь, энэ; ~ ав! 여기!; номоо өгнө үү! май! 그 책을 나에게 주십시오, 제발! 여기!; май! 자 여기다, 자 이것(엤다)(상대방에게 무엇을 건네어 줄 때); ~ нь манай байшин 여기는 우리의 집이다
여기 있는 ийш, нааш, энд, энэхүү; ~аа ир 여기까지 오다; ~аа хар 여기를 보다; ~ харах 원조하다, 돕다, 거들다, 조력하다; ~аа болох 접근하다, 가까이 지내다;~ тийш 여기저기에.
여기까지는 өдий; ~ тэ дий 같은 수의, 동수의, 그만큼의; ~ чинээ 이것만은, 여기까지는;~ болтол/хүртэл 지금까지 (는); ~д, ~ уэ д 이맘때에, 이때에
여기까지는 өчнөөн; ~ төчнөөн 그만큼의, 그쯤(그 정도)의(까지)
여기다(~라고) бодолцо|х
여기에 энд
여기에(서) ийш, нааш, энд;~ тийш 여기저기에
여기에서 хойшид
여기저기 мэр сэр, ов тов
여기저기 놀며 다니다 танда|х
여기저기 뿌리다 бутла|х, тара|х
여기지기 이동(기동)하는 хөдөлгөөнтэй
여기저기 흩어지다 гүвэ|х, зувчуула|х; малаа~ 가축이 유랑하다
여기저기(아래위로)로 움직이다 хөвхөлзө|х
여기저기를(~의) үес, хир
여기저기에 던지다 савла|х
여기저기에 ов тов, тармаг
여념 없는 сормуус, бодлогошронгуй
여느 때와 다른 гаргууд, зүгээргүй, чамин
여는 사람 нээгч
여단(旅團) бригад
여담을 하다 хадуура|х, хэлбэрэ|х
여담이지만 дашрам
여덟(8) найм(найман); ~ дахин 8배, 8×1=8; найман өнцөгт (수학) 8변형(의), 8각형(의); найман зуу 8백(800).
여덟(8)(번)째 наймдугаар; ~ сар 8월.
여덟(8)살 найм(найман)

여덟(8)시 найм(найман)
여동생 дүү
여드름 батга, гөвдруу, гүвдрүү, хатиг
여드름이 나다 тура|х
여든(80) ная(н)
여든(80)개(의 물건) ная(н)
여든(80)번째(의) наядугаар
여러 их, олон, үлэмж; ~ хот 큰 도시; ~ барилга (건조·건축·건설) 여러 공사; ~ дэлгүүр 백화점; ~ сургууль 대학; ~ уншиx 많이 읽다; ~ буу 캐넌, 대포; хүн ~тэй 인구가 조밀한; ажил ~ 바쁜; авьяас ~ (능력·자질등을) ~에게 주다; мөнгө ~ 돈 많은 부자; ус ~ 높은 수준; эрх мэдэл ~ 충분히 가지고 있다, 최대한의 힘; ~ жил 여러 해; ~ талаар 인사(안부)를 전함; ~ хүүхэдтэй 많은 어린이가 있다; ~ улсын 국제(상)의, 국제적인; ~ үгтэй 말이 많은, 지루한; ~ талтай 다각형의, 다변형의; ~ зан, ~ааш 변하기쉬운 인격; ~ давхар 여러가지의 층; ~ нийт 공중, 국민; ~ түмэн 사람, 국민; ~ э нгэ т 여러색; ~э нцэ гт 다각(다변)형.
여러 가지의 алаг, ангид, элдэв
여러 가지의 매미 голио
여러 대의 전화를 한 선에 연결시키다 уялдуула|х
여러 번 олонтаа, түг туу
여러 번의 хөлтэй
여러 번에 걸쳐 удаатай
여러 잡다한 인간으로 이루어진 холимол
여러 줄로 늘어서서 있다 гудамжла|х
여러 해의 угшмал
여러가지 커피 따위의 조합(調合) хольцоо
여럿이 олуул(ан)
여럿이서 ихээр; ажиллахын ~ ажиллах 여럿이서 일하다
여론 зөвшилдөөн
여론 따위에의 호소 гомдол
여론 환기 활동 ухуулга
여론 환기자 ухуулагч
여론(사상)의 경향(추세) гүйдэл
여론(세상의 관심)을 환기시키다 уймруула|х, ухуула|х
여름 зун; халуун ~ 한 여름; ~ цаг сeрмер тайм, 일광 절약 시간; өнгөрсөн ~ би Францад байсан 나는 지난여름에 프랑스에 있었다; ~ы адаг сар 여름의 지난달
여름 같은 (제)조건 зуншлага
여름 중 내내 зунжин
여름 캠프 зуслан(г); ~д гарах 시골에서 산다.
여름(피서지의) 별장(산장) зуслан(г)
여름을 경과하다 зуса|х
여름을 보내다(지내다) зунжи|х
여름의 기미(징후, 조짐) зуншлага
여름이 시작되다 зунши|х
여름이 지나다 зуса|х
여름철 зун
여름철 가운(긴 웃옷) тэрлэг
여마(驢馬) илжиг(эн), элжиг
여명 гэгээ(н), үүр, уур ~ хяраала|х
여명의 빛 уурийн хяраа
여물통 онгоц, тэвш, ховоо
여물통에서 음식을(먹이를) 섭취하는 동물 идүүр
여보(당신) амраг
여보게 төгцөг
여보세요 танаа; хүндэт танаа 저 여보세요 소다номсси(부인, 양: 회화에서 정중한 호칭).
여봐! ээ, хай, халаг(놀람·공포·찬탄(讚嘆)·비탄·고통·간망(懇望)·부를 때 따위의 감정을 나타냄).
여봐란 듯한 ёсорхог
여분 тогтоогч
여분의 илүү, сэлбээс; ~ цаг ажиллах 연장 근로시간; ~ үг 불필요한 말; тэдний дунд өөрийгөө хүн гэдгийг

мэдрэв 그는 그들의 회사에서 불필요한 느낌이었다; ~ запдал 여분의 지출; ~ морь 여분의 말; ~ харах 여분이 필요하다; ~ гарах 여분을 왼쪽에서 가지다; ~ сайн ~보다 좋은, ~보다 나은; ~ мөнгө төлөх 초과지불 하다; улам ~ 하물며, 더군다나, 더욱 많이; ~ их идэх 과식하다; тэр надаас ~ туршлагатай 그는 나보다 더 많이 경험 한다; өс зургаагаас гурваар ~ 3+6=9, 6에 3을 더하면 9
여분의 말 хөтөлгөө мщрь
여분의 수가 되다 сондгойро|х
여사(女史) хатагтай
여석(礪石) гуранз
여섯(6) зургаа(н); ~н ~ гучин ~ 6 × 6 = 36; ~н сав 여섯기관(器官)(담즙, 위(胃), 장(腸), 소장, 방광과 소화작용 통로); ~н уулзар 여섯 방위(북.남.동.서.위와 아래); ~н амт 여섯가지 풍미(단맛, 신맛, 떫은맛, 쓴맛, 매운맛, 짠맛).
여섯 개(명) зургаа(н)
여섯 겹(으로) зургаантаа
여섯 번째 зургадугаар
여섯 살 зургаантай
여섯 시(살) зургаа(н)
여성 хатагтай
여성 해방론자 феминист
여성(아이의) 최고음부(소프라노) сопран
여성군주 хатан
여성내의 дотоож
여성복의 몸통 бэлхуус
여성유언자 өвлүүлэгч
여성의 эм, эмэгчин
여성의 단어 사용하는 의문사 그러나 항상 번역하지는 않는다 уу; миний нэр дээр чек ирэв уу? 나의 이름으로 수표를 받았습니까?; цааш үргэлжлуулэхийг зө вшө ө рнө уу 제발 나에게 계속하도록 허락해주십시오; ө гнө уу 제발 나에게 주세요.
여성의 복장 костюм
여성의 순결을 빼앗다 буртагла|х
여성의 야회용 드레스 платье
여성의 이마에 드린 앞머리 гөхөл
여성의 작은 유방의 모양을 한 цомборог
여신(餘燼) нурма
여왕 хатан
여우 үнэг(эн)
여우걸음 хярс(ан)
여우 걸음걸이를 하다 хярс(ан)
여우를 사냥하다 үнэгчлэ|х
여운 дууриан
여울 даргил, хариг
여울살 боргио
여위게(쇠약하게)되다 туйлда|х, туран-гила|х, турангида|х, хатангира|х, ясхих
여위게(쇠약하게)하다 горзой|х, харши|х
여위게(쇠약하게) 했다 харчий|х
여위다 туранхайда|х
여위었다 чардай|х
여윈 биегуй, туранги, туранхай, хатангир, янхир
여윔(쇠약.초췌.수척) тураал, горзгор ~ мод 막대기, 나무토막; ~ туранхай хун 야윈(깡마른) 사람.
여유 있게 주다 илүүчлэ|х
여유가 있는 багтаамжтай, зайтай, мэлгэр, саруул, тавиу(н), уужуу, цэлгэр; ~ байшин 큰 집;
여유가 있는(차실) тэлүү(н)
여인(旅人: 여행자) аялагч
여인숙 дян
여자 авгай, бусгуй, эд, эм, эмэгтэй, ээж
여자(들) эмэгтэйчүүд
여자 같은 хүүхэмсэг
여자 농락꾼 гулдач
여자 마법(마술)사 шулмас, мам, удган
여자 방술사(方術師) удган
여자 샤먼(무당) нядган, удган

여자 재봉사 оёдолчин, үйлчин
여자 지배자 хатан
여자(勵磁)하다 соронздо|х
여자가 ~에게 출가하다 хуримла|х
여자가 교태를 짓다 саамгана|х
여자가 교태부리다 сээтгэнэ|х
여자가 몸가짐이 헤픈 хөнгөмсөг
여자다운(같은) эм, эмэгтэй, эмэгчин, хүүхэмсэг
여자다움 эмэгтэйчүүд
여자들의 반 부츠 дуганцаг
여자를 유혹하다 завхайра|х
여자분 ноёгтой
여자에게 강제하다 хүчлэ|х
여자에게 폭행을 가하다 хүчиндэ|х
여자의 소관 모양의 머리 장식(보석이나 꽃을 붙임) титэм
여자의 얇은 속옷 сиймгэр
여자의 эм, эмэгчин
여자임 эмэгтэйчүүд
여정(旅程) аялал, маршрут
여제(女帝) хатан
여지(餘地) зай
여치 дэвхрэг, царцаа (쓰르래기.괄괄아(聒聒兒).혜고(蟪蛄).철각(鐵脚),종사(螽斯),방직랑
여하튼 чүү ай
여하튼 하다 оронцогло|х
여학생 бусгуй, хүүхэн
여행(짧은) аялал, аян
여행(일)기 маршрут
여행 가방류 тээш
여행객(旅行客) аялагч
여행 안내서 маршрут
여행 일정 계획(서) маршрут
여행대(隊) жин(г)
여행면허장 паспорт
여행안내(서) замч(ин), танилцуулга
여행용 휴대품 тээш
여행용가방에 넣다 богцло|х
여행의 ~에 동반하다 гал

여행자 аялагч, аянчин, жуулч(ин)
여행자(군인)의 냅색 үүргэг
여행하는 사람 аялагч
여행하다 аяла|х, жулчда|х, зорчи|х, ява|х; дэлхийг тойрон ~ 세계유람하다, 세계 일주하다
역(驛) станц
역(逆) урву
역(광장)에 있는 신문 매점 мухлаг
역(逆)으로 된 мэтгэр
역(逆)의(~와) тэсрэг. эсрэг, сөргүү
역(열차-극장)안의 식당 буфет
역겨운 өмхий
역란(逆亂) бослого
역량 чадавхи
역량있는 чадмаг
역말 улаа
역법(曆法) календарь, хуанли
역병(전염병)에 걸리다 гувруута|х
역사(사실)에 기인하는 түүхт
역사(상)의 түүхт
역사(歷史)(서) түүх(эн); эртний/ дундад эууны/орчин үе ийн ~ 고대의/ 중세의/ 현대의 역사; ~ийн шалгалт 역사시험.
역사(驛舍) станц
역사가 түүхч
역사상의 사건 хиа
역사에 남는 түүхт
역사적으로 유명한(중요한) түүхт
역서(曆書) календарь
역석(礫石) хайр
역설하다 онцло|х
역시 барам: ул ~, бас, жич, түүнчлэн, тэрчлэн, хийгээд
역시, ~외에(도) барам: ул ~
역연(歷然)한 илэрхий; ~ гүтгэлэг 철면피한 비난, 뻔뻔스러운 중상
역원 ажилтан, тушаалтан
역의 тонгоруу
역의 짐꾼 дамнуурчин, зөөгч
역자 орчуулагч

역적 урвагч
역전(逆轉) урву
역전(전도)된 мэтгэр
역전의 용사 дайчин
역정내는 гонгинуур
역참(驛站) улаач
역청(瀝靑) барагшин, лав; ~ зул (양)초; ~ тос 역청(아스팔트.파라핀.석랍(石蠟).
역청(瀝靑)물질 давирхай
역청탄(瀝靑炭) нүүрс(эн)
역학 механик
역할 ажиллагаа, болгон, роль, функц; үйл ~ 행동, 행위; хууль бус үйл ~ 불법 (위법)행위; байлдааны үйл ~ 군사행동 (작전), 호전적인 행위; хамтын ~ 협력, 협동; зурхний ~ 마음으로 행하다; бэлэг ~ 거저 라도(싫다 따위); жишээ ~ 한 예(例)를 들면, 예로서; ~ гүйцэтгэх ~ ~의 역(할)을 하다; гол ~ 주된 임무.
역행 хоцрогдол
역행(逆行)시키다 ухраа|х
역행[역전]할 수 없는 буцалтгүй
역행하게 만들다 арла|х
역행하여 хоцрогдмол
엮다 нэхэ|х, сүлжи|х
엮다(많이 늘어뜨리다) гөрө|х
엮어서 장식하다 бурзай|х
엮은 밀짚 гөрмөл
엮음질 сүлжмэл
엮음질 세공 гөрмөл
연 따위를 띄우다 хөөрө|х
연(年) жил, он; шинэ ~ 새해; тэ рсэ н ~ сар э дэ р 출생 연월일; ~ дараалсан бичиг 연대기, 연대표; ~ тоолол 연대학; ~ сар(эдэр) 날짜, 연월일; ~д орох 겨울을 지나다.
연(鉛) тугалга(н) (기호 Pb; 번호 82)
연(鳶) элээ
연(然)이나 этэл
연가(連枷)질 하다 түнсэ|х
연간(連桿) сэжлүүр

연결(결합,연합) авцалдаа, барилдлага, залгаа, залгаас(ан), нийлүүлэг, сүйхээ, сүлбээ, хүртээл,
연결(접속)하다(~와연락하다) авцалда|х, залга|х
연결기 залгагч
연결되다 холбогдо|х
연결시키다 хэлхээлэ|х
연결하다 авалца|х, зүй|х, зүймэл, нийлүү- лэ|х, нийлэ|х, хэмх; галл ~ 불이 붙다, 불을 잡다; зангаа ~ 각각에 익숙해지다; зад ~ 꾸짖다, ~에게 잔소리 하다; зуйх оёх 조각을 재봉으로 결합하다; апьс ~ 조각으로 덮어 가리다; ~ шал 나무쪽으로 모자이크한 마루
연고 관계 төрөл, улбаа
연고가 없는 хамаагүй, хүртээлгүй
연관(煙管) дүнсгэр
연관공사 сантехник
연관공업 сантехник
연관류 сантехник
연괴(軟傀)(광물·유기물의) хайлмаг
연구 мөшгөлт, судлал, сурал, хөдөлмөр, шинжлэл, шуулт
연구 계획(과제) туурвил
연구 보고 диссертаци
연구 성과 үйлдвэр
연구 저술 үйлдвэр
연구(심사)하다(~을) шинжлэ|х
연구(조사)원 судлагч
연구개(軟口蓋)(velum) нармай
연구생 оюутан, суралцаглад; хуулийн ангийн ~ 법률연구생; ~ ахуй цаг 학생의 날; тэтгэлэг авагч ~ 학위를 주다; анагаахын ~ 의학도.
연구소(실) институт, лаборатори; гадаад хэлний ~а 외국어 연구소
연구실 кабинет; Фнзихийн ~ 의약 실험실.
연구자 байцаагч, шинжлэгч
연구조사 шингилжээ

연구집회 семинар
연구하다 байцаагда|х, мөрдүүлэ|х, судлагда|х, шинжи|х
연구하다(~을) оролдо|х
연극 бичлэг, драм, үзвэр, ший
연극을 공연하다 тогло|х
연극의 역(役)을 연기하다 тогло|х
연금 пүнлүү, тэтгэвэр, тэтгэлэг
연금(부조금)을 주었다(~에게) тэтгүүлэ|х
연금(양로 연금, 부조금)을 지불하다 тэтгэвэрлэ|х
연기 бичлэг, саатал, удаашрал, удал, утаа(н), утаат, утаатай, хүлээгдэл; ~ од 혜성, 살별;~ шил җэтбич үнэ
연기 나는 тортогтой, утаатай
연기 나는 불 төгцөг
연기 나다(내다) үнгата|х
연기(매연)나게 하다 ута|х
연기(매연이) 나게 하다 тортогло|х
연기 남 төгцөг
연기 따위를 내뿜다 баагиула|х
연기 없는 утаагүй
연기(연장)하다 удаа|х
연기(연주)하다 жужиглэ|х
연기가 많은 тортогтой, утаат, утаатай
연기가 소용돌이치다 суунагла|х
연기가 자욱한 тортогтой, утаат, утаатай
연기가 폭폭 나오다 бааги|х
연기를 내다(방출하다) баагиула|х, тата|х
연기를 내뿜다 нэрэлхэ|х, савса|х, сагсуура|х, хуухина|х; савсуула|х савсах의 사역형; (연기를) 내뿜다, 훅 불어버리다, (담배를) 뻐끔뻐끔 피우다 (빨다).
연기를 피워 나오게 하다 ута|х
연기와 같은 утаат, утаатай
연기자 жужигч(ин)
연기하다 алгуурла|х, амсхий|х, дүрслэ|х, орой|туулах, сунжра|х, түдэ|х, уда|х, үлдээ|х, улираа|х, хождо|х, хойшло|х,
хойшлогдо|х, хүлээгдэ|х; ~ урлаг 좋은 예술(미술)
연기하다(~을) цамна|х
연기하다(미룸) хойшлуула|х
연깃빛 утаа(н)
연단(鉛丹) хонд, индэр
연단색(익은 고춧빛) хонд
연달아 угсраа
연달아 일어남 үргэлжлэл
연대 галав, нас(ан), эрин, дүнсгэр, хороо
연대 보증업자 даалт
연대(장소를) 결정(확정)하다 тогтоо|х; шалтгааныг ~ сago(재난)의 원인을 결정하다; холбоо ~~와 교통(통신)하여 확립 하다; би уунийг хананд хадаасаар тогтоов 나는 못(핀)으로 고정하다; уулзах цагаа тогтооё 미팅(회합)시간을 결정 합시다; үнэ ~ 가격을 결정하다; зуун долларын цалин ~ 급료를100$에 결정; ой тойндоо ~ 자신의 기억(마음)에 새기다(남기다); дээд амжилт ~ 기록하다; цус ~ 출혈이 멈추다;
연대기 편자 түүхч
연대의 хамт
연대장 хурандаа
연대적으로 행동하다 хавсайда|х
연대적으로 хамтад
연동(蠕動)하는 хорхой
연락 зангилаа(н), зангилгаа, сүйхээ, уулзар
연락(연고)없는 хамаарахгүй
연락(연고, 관계) 있는 хэлхмэл
연락(연고, 관계)있게 되다 хамааса|х
(~의)연락(접속)을 끊다 заа|х, мултла|х; тэр мөрөө мултлав 그는 그의 어깨 관절을 삐게 하다; бөглөө ~ 코르크 마개를 뽑아내다; эрэг ~ ~의 나사를 빼다,~의 나사를 돌려서 빼다
연락선 бярвааз, гаталга
연락용줄 хүй

연락하는(~와) хэлхээтэй, авцалдах, залгах
연령 нас(ан), сүүдэр; та/чи хэдэн настай вэ? 당신은 몇 살입니까? тэр дөч гарсан 그는 40이 넘었다; бага ~наасаа 어린 시절; бид ~ сацуу 우리는 동시대다; дунд ~ны 중세기; ~ өндөр болох 나이를 먹다, 늙다; нэг ~тай 한 살, 한 돌;
연료 аргал, түлш; ~ тууx 연료를 채집하다; шингэн ~ 오일연료; хатуу ~ 고체연료; түлээ ~ 장작
연료(모터) шатахуун
연료를 때다 ноцоx
연료를 불태우다(때다) асаx, ноцоx, түлэгдэx, шатаx, шатааx
연루(連累) холбогдол, хамса
연루되다 маапаантаx
연마(鍊磨)하다 гуранздаx
연마지(研磨紙) зүлгүүр
연마지(사포)로 윤을 내다 зүлгүүрдэx
연마지로 윤을 내다 xөрдөx
연마하는 нуxмал
연마하다 билуудэx, ирлэx, xавираx
연마한 татмал
연맹 эвлэл
연면한 залгаа, угсраа
연모(戀慕) бэтэг, таалал, янаглал
연모(갈망)하다 гэюүрэx, мөрөөдөx; санаж ~ 갈망(연모)하다; xүсэн ~ ~하고 싶어 하다.
연못 нуур; Мичиган ~ 미시간 호수 (미국 중북부의 주; 略: Mich.); 미시간호 (5대호의 하나).
연무(煙霧) будан(г), манан, уур, манан, xүдэн; ~ будан 안개; шингэн ~ 아지랑이; өтгөн ~ 짙은 안개; ~ татаx 안개에 싸이다; утаа ~ 스모그, 연무(煙霧); тоос ~ 먼지, 티끌, 분말; ~ xадааx 분란(말썽)이 일어나다; суйдийн ~ болоx 공황에 휩쓸린, 당황한; толгодыг ~ бурxсэн байв 그 언덕은 안개로 가려져 있다; ~ арилав 하늘이(안개) 개었다; нисэгч мананд онгоцоо буулгаxыг оролдов 비행사는 짙은 안개속에서 착륙을 시도했다.
연무(煙霧)로 덮다 xүдэнтэx
연미복 фрак
연민 нигүүлсэл, өршөөл, энэрэл
연방제로 하다 нэгдэx
연보라색 гөлж, гөлж борын цэцэг
연분 барилдлага
연분홍 лиш
연분홍색 ягаан
연분홍색을 띤 ягаавтар
연삭(鍊削)하다 гуранздаx
연삭기 билу
연상의 사람 аxас, өвгөд
연상의 аx
연상임 аxас
연색(鉛色) борлог
연설 индэр
연설가 төлөөлөгч, илтгэгч; уран ~ 연설자, 강연자.
연설하다 айлдаx
연소 түлэгдэл, шаталт
연소한 бага, залу, идэрxэн, орь, идэр, идэрxэн ~ нас 젊음, 원기
연속 суврaa, үргэлжлэл, цуврал; ~ тоо 세로로 줄지은 숫자.
연속 강의 дамжаа
연속(계속)적인 зогсолтгүй, тасралгүй
연속강의 курс
연속되고 있는 буxий
연속되지 않은 xамаагүй, xүртээлгүй
연속된 тасралгүй, тасрашгүй
연속으로 꿰다 xэлxэx
연속적(계속적)으로 үргэлжид
연속적(계속적)으로 서서히 비가 내린다 бороо зүсрэx
연속적으로 тасралтгүй
연속적으로 문지르다 нуxлаx
연속적인 байран, залгаа, тогтмол

연속하는 залгаа, угсраа
연속하다 үргэлжлүүлэ|х, үргэлжлэ|х
연속하여 하다(~을) цувуула|х
연속하여 угсраа, цувраа
연쇄 үргэлжлэл, цуврал
연습 дадлага, санамж, хичээл
연습(실습)하다 бэлтгэ|х
연습(육체적/정신적인) дасгал
연습된 сурамгай
연습하다 дада|х, маневрла|х, сура|х, сургуулила|х, үзэ|х
연습하여 익혀두다 сургуулила|х
연안 эрэг
연애 бул, роман, янаглал
연애 유희적인 шалигүй
연애 이야기(문학) роман
연약하게 되다 улбай|х, улцай|х
연약하다 ёлцой|х, нунхий|х
연약한 арчаагүй, буурай, бяргүй, гүйхэн, гулбигар, дорой, дудрай, ёлбогор, мөхөс, мөхөсхөн, нолцгор, нолчгор, нунжгар, нялцгай, нялцгар, сул, тамиргүй, тэнхээгүй, улбас, үлбэгэр, үлгэн салган, улжгар, улцгар, хариугүй, хатуужилгүй, хүчгүй, цулцгар, чадалгүй, ядру
연약해지다 гулбий|х, салхий|х, сулбай|х
연양(軟瘁)하는 гижигтэй
연월일(年月日) өгөгдэл, өгөгдөхүүн
연을 띄우다 нисэ|х; шуауу нисдэг 새가 날다; доогуур ~ 새가 낮게 날다; далай дээгүүр ~ 새가 바다를 가로질러 날다.
연을(鷰鳦) хараацай
연인 янаглагч
연자(燕子) хараацай
연자매 ин(г)
연장 зэвсэг, хэрэгсэл
연장되다 сунга|х
연장된 бухий
연장모음 багаж
연장의 집 хуй
연장의 өттөс, хөгшид
연장자 ахас, настан, өвгөд; ~ дээдэс 선조, 조상; ~ хэ г-шид 노인, 늙은이; өндөр ~ 연금 수령자(생활자).
연장하다 удаа|х
연접 막대 сэжлүүр
연접 зангилаа(н), зангилгаа, уулзар
연접간 сэжлүүр
연접봉(連接棒) сэжлүүр
연접하다 авалца|х;
연정 тачал
연제 сэдэв
연좌 холбогдол
연좌(연루,관련)되지않는 холбогдолгүй
연좌(연루.관련)시키는 холбогдогч
연좌하다(~에) орооцолдо|х, хампра|х
연주(연기)하다 жужиглэ|х
연주자 тоглуулагч; видео ~ 영상, 비디오
연주하다 цамна|х
연주회 концерт; ~ тоглох 콘서트를 하다; ~ын танхим 콘서트홀
연죽(煙竹) дүнсгэр
연줄 сүйхээ
연지(분으)로 화장하다 буда|х; алтаар ~ ~에 금(금박)을 입히다, ~을 금도금 하다; 금빛으로 칠하다.
연지를 바른 будмал
연직의 босоо, гозгор
연청색 цэнхэр
연초(煙草) янжуур
연출 найруулга
연출가 найруулагч
연충 비슷한 хорхой
연충(蠕蟲)의 хорхой
연타 давтмал
연통구멍덮개 막대기 дөндийлэг
연푸른 цэнхэр
연풍(軟風) урь, сэвшээ салхи (초속 1.6-13.8m의 바람)
연필(석필도 포함) харандаа
연필 따위의 동강 хожуул

연필 모양의 것 харандаа
연필(꼬리 등이) 굵고 짧은 тоодон
연필(붓 따위의) 토막 хожуул
연필(펜·크레용·목탄 따위로 그린) 그림 зурлага
연필(펜·크레용·목탄 따위로 그린) 그림을 그려 덮다 сараала|х
연하(年下)쪽의 бага
연하게 улбас
연하게 되다 нялцай|х
연하게(상냥하게) 되다 уята|х
연한 зөөлхөн, уст, цайвар, шалчгар, зангилаа(н), зангилгаа, уулзар, эвсэл; төмөр замын ~ 철도의 갈아타는 역 (연락역); аж үйлдвэрийн ~ хот 산업 중심지(구)
연합(관련)된 холбоотой
연합(제휴)하다 холбогдо|х
연합(합병,합동)시키다(~을) хамтатга|х, нийлэлдэ|х
연합국 холбоотон
연합시키다 нэгдэ|х
연합하여 хамтад
연합하여(공동으로)행동하다 хавсайда|х
연합하여(공동으로,연대적으로) 일하다 хавса|х
연합한 хавсаа, холбоот
연화좌(蓮花座)로 앉다 завила|х
연화좌(蓮花座)로 앉은 자세 завилгаа
연회 хурим, цайллага
연회(특히 정식의) дайллага; ~ хийх 대접(환대)하다.
연회를 가지다 архида|х
연회를 베풀어 대접하다 найрла|х
연회의 대접을 받다 найрла|х
열 дулаан
열 зураадас, зураас
열 илч; ~ дулаан 더운 열기, 열.
열 халуун
열 эгнээ(н)
열(10)명(개) 한 조 аравт
열(10)배 арвантаа
열(10)번 арвантаа
열(10)번째 аравдугаар; ~ сар 10월
열(列) цуваа(н)
열 개 арав(арван)
열 산출량 илчлэг
열(줄,횡렬)이 기울이다 ханара|х
열(행열) дэв зэрэг
열거(매거)하다 дурьта|х, тоочигдо|х, точи|х; дээр дурьдсан 상술한, 위에 말한,
열광 галзуу, идэвхжил, ин(г), солио, солиорол; хулгайн ~(병적인)도벽, 절도광
열광자 шохоорхогч
열광적으로 되다 улайса|х
열광적으로 만들다 улайсга|х
열광적으로 하다 балайра|х
열광적이고 활동적이다(~이) шаги|х
열광적이다 улайда|х, цамна|х
열광적인 бадрангуй, галзуу, зүтгэлтэй, махру, оргилуун, солиотой, солиу; их ~ оюутан 아주 열심인 학생; Тамир сурлагадаа ~ 따미르는 그의 연구에 아주 열성적이다.
열광케 하는 것 дон(г), ин(г); хулгайн ~(병적인)도벽, 절도광
열광하다 галзуура|х, дарви|х
열광하여 다니다 солиоруула|х
열광한 солиорсон
열기 илч; ~ дулаан 더운 열기, 열.
열기가 지면을 바싹 말리다 шарагда|х
열다 задла|х, нээгдэ|х, тайла|х, түлхүүдэ|х, ханзла|х
열대산 덩굴식물 ороонго
열등 ядуурал
열등(하급)의 олиг муутай, базаахгүй, зэхий, хариугүй, чанаргүй
열등품질의 нолгор
열등하게 하다 дорто|х, мууда|х, сэдрээ|х

열등한 базаахгүй, олигтүй
열등한 것 доодчуул
열띤 цогтой
열띤 논의(論議) ухуулга
열량의 илчит; ~ тэрэг дизельэнжиний기관차.
열려있는 цагаан, задархай, нээлттэй
열렬 халуун, эрчим
열렬한 алт, бадрангуй, золбоолог, хурьцангүй, цогтой
열렬한 애호가 хорхойтон
열렬한 애호가이다(~의) хорхойто|х
열렬한 연애의 романтик; ~ хүн романтик한 사람;~э гууллэг 로맨틱한 이야기
열렬한 욕망을 갖다 амтарха|х
열렬한 팬 баримтлагч, дагалдагч, шавь
열로부터 괴로워하다 халууца|х
열리다 ангайлга|х; ангайж гөлрөх/ширтэх 입을 크게 버리고 ~을 지그시보다; ангайж буу зогс! 미련하고 바보같이 서 있지마!
열리지 않는 бүгчим
열린 задархай, нээлттэй, цагаан
열린구멍 амтай, онгорхой, нүх(эн); орох ~ 입구, 끌어들이는 어귀; гарах ~ 배출구, 출구, 배수구; торны ~ 그물눈, 망사(網絲); хамрын ~ 콧구멍.
열망 галзуу, мөрөөдөл, тэмүүлэл, хорхой, эрмэлзэл
열망(갈망)하다 жилбэрхэ|х
열망(갈망)하다(~을) хорхойсо|х
열망하는 атаархмаар, атаархуу, дурламаар, олзуурхангүй, хорхойтой, шунаг, шунахай
열망하다 бэтэгрэ|х, олзуурхах, тэмүүлэ|х, шунахайрах
열망하다(~을) эрхлүүлэ|х
열매 жимст
열매(과실)를 맺다 жимслэ|х
열매가 많이 열리는 өн
열매가 맺다 түрүүлэ|х, түрүүтэ|х
열매가 없는 үргүй

열매꼭지 шилбэ
열매를 맺다 няйрайла|х; ня-райлсан эх 그 여자는 최근에 아이를 낳았다.
열매를 맺지 않는 үргүй
열매를 못 맺는 ургацгүй, хүүсэр
열매를 못 맺는다 сувайра|х, хусра|х
열매를 잘 맺는 өн
열매의 심(心) идээлэ|х; самар идээлж байна 견과류안에 심이 생기다
열매의 응어리(속) гол
열반(涅槃) няпваан(涅槃: 모든 번뇌에서 벗어난, 영원한 진리를 깨달은 경지)
열병을 앓다(걸리다) халууца|х
열선 цацраг
열성 золбоо, зүтгэл
열성(열정)을 보여주다 махра|х
열성가 дагалдагч
열성적인 бадрангуй, зүтгэлтэй, махру; их ~ оюутан 아주 열심인 학생; Тамир сурлагадаа ~ 따미르는 그의 연구에 아주 열성적이다.
열심(熱心) аазгай, зүтгэл, идэвхжил, идэвхилэл, хуял
열심이 고갈되다(없어지다) нохооро|х
열심(열성, 열정)을 보여주다 махра|х
열심인 бадрангуй, золбоолог, зүтгэлтэй, махру, оргилуун, шавдуу; их ~ оюутан 아주 열심인 학생; Тамир сурлагадаа ~ 따미르는 그의 연구에 아주 열성적이다.
열심인(~가) шохоорхол
열심인(히) оролдлоготой
열심히 ~하고 싶어지다 ханара|х
열심히 ~하고 싶어하는 олзуурхангүй, шавдуу, шохоорхол
열심히 ~하고 싶어하다 шимтэ|х
열심히 권하다 шавда|х, шавдуула|х
열심히 일(공부)하는 ажилсаг, оролдоо, хөдөлмөрч
열심히 활동적이다(~을) шаги|х
열심히 үхширтэл
열십자 기호 загалмай, чагт

열십자 따위를 그어 지운 солбио
열십자로 교차하여 цаагуур
열십자로 교차하여 눕다 дамналда|х
열십자로 놓다(두다)(~을) салаавчла|х
열십자로 된 солбио
열십자로 하다(~와) зөрүүлэ|х
열십자를 그은 солбио
열십자를 쓰다(~에) хэрээслэ|х
열애 тачал
열애(정열)의 тачаангүй
열애가(熱愛家) дагалдагч
열애하는 донтой; ~ болох ~에 빠지다.
열애하다 зориула|xm түлгэ|х, хорхойсо|х
열어놓은 нээлтгэй, цагаан, задархай
열어젖히다 нээгдэ|х, түлхүүдэ|х
열을 올리고 있는 галзуу, солиу
열을 올리고 있다 балайра|х, солиура|х, цамна|х, нөцщө|х
열의 золбоо, зүтгэл, идэвхжил, идэвхилэл, илчит, сортоо; ~ тэрэг 디젤 엔진의 기관차
열의(열심.열성.열정)보여주다 махра|х
열의가 없게 되다 зөөтгөрө|х
열의가 없는 булээн, зэлгээн
열의가 없어지다 зөөгши|х
열의를 나타내다 махра|х
열이 나다 халуура|х
열이 있다 халуура|х
열정 аазгай, золбоо, зүтгэл, сортоо, халуун; гавьяа ~ 장점, 취할 점; тэр ажилдаа их ~ гаргадаг 그는 그의 일하는 동안 공로를 보여 주었다.
열정(~열.~광) дон(г)
열정(熱情) хуял
열정을 보여주다 махра|х
열중(열광) дон(г), зүтгэл, идэвхжил, идэвхилэл, ин(г), хуял; гавьяа ~ 장점, 취할 점; тэр ажилдаа их ~ гаргадаг 그는 그의 일하는 동안 공로를 보여 주었다.

열중(열광)하다 солиура|х
열중(열의.열심.열성.열정)을 보여주다 махра|х
열중이다 цамна|х
열중인 галзуу, солиотой, солиу, хийтэй
열중하게 하다(~에) булээсэ|х, шимтэ|х, шохоорхо|х
열중하다 амтарха|х; амтархан сонсох 열중하여경청하다(듣다.귀를기울이다); амтархан унших 독서에 열중하다
열중하다 булээцэ|х, сорогдо|х, нохойч-ло|х, солиоро|х, уулга|х
열중한 бодлогошронгүй, солиорсон, сормуус
열차가 지선으로(곁길로) 들다(갈라지다) салата|х, салбарла|х
열차의 차장(안내자) кондуктор
열차의 침실이 붙은 특별 사실(私室) купе
열화 같은 гал
얇게 덮음 хаг
얇게 되다 нимгэсэ|эх, шингэрэ|х
얇게 만들다 сийрүүлэ|х
얇게 하는 것 нимгэсэ|эх, нимгэхэн
얇게(희박)하다 нимгэдэ|х
얇게(희박하게)되다 гулжий|х, нарийсга|х, нимгэлэ|х, нимгэрэ|х, сармий|х, сийрэгжи|х, сийрэгши|х, тура|х, шингэрэ|х
얇게(희박하게)하다 сийрүүлэ|х, сийрэ|х, шалчий|х, шингэлэ|х
얇어(작아)지다 торгуула|х
얇은 намуухан, нарийн, сийрэг, цайвар, шалчгар,
얇은 남색 цэнхэр
얇은 안개(놀,연무) 덮어지다 униарта|х
얇은 안개(놀,연무) будан(г) униар; утаа ~ 스모그, 연무(煙霧)(연기 섞인 안개)
얇은 자색 гөлж, гөлж борын цэцэг
얇은 청색 утаа(н),цэнхэр
얇은 청색 같다 цэнхэртэ|х

얇은 파랑 цэнхэр
얇은 피복제(劑) хаг
얇은 황갈색 ухаа, ухаагч
얇은 황갈색의 хулагч
염(鹽) давс(ан), шорвог; ~ ус 소금물
염(炎) үрэвсэл
염두에 두지 않는 маазгар, тоомжиргүй
염두에 두지 않다(~을) гудигтүйдэ|х
염려 додомдлого
염려 마라! яамай
염려(걱정)하다(~을) ай|х, хара|х түгши|х, анхаара|х, бөөцийлө|х, тээршаа|х
염려(우려,걱정)하다(~을) болгоомжло|х
염려하여(되는) түгшүүртэй
염료 будаг
염류 давс(ан), шорвог; ~ ус 소금물
염분위에 가축에 풀을 뜯기다 хужирла|х
염분으로 덮었다 хужирта|х
염분이 없는 давсгүй
염분이 있는 хужиртай
염분이 있는 토양(토질.흙) марз(ан), мараа
염색(着色)하다 буда|х, өнгөшрө|х
염색질(染色質) хромосом
염색체 хронометр (染色體: 유사 분열하는 세포핵에 나타나고 염기성 색소에 잘 염색되는 소체(小體). 생물의 종류에 따라 그 수가 일정하며, 생물의 성을 결정하는 성(性)염색체가 들어 있음)
염색체(染色體) хромосом
염색한 будмал
염성(鹽性)의 хужиртай
염소 ямаа; эм ~ 암염소; эр ~ 거세한 숫염소(솟과의 가축. 양 비슷한데 흔히 뿔이 있고, 수놈은 턱 밑에 긴 수염이 있음. 식성이 좋아 강건함. 고기 및 털은 양(羊)만 못 하나 젖은 자양이 많음).
염소(소 따위의) 젖통 дэлэн
염소(양.낙타)의 똥거름 хоргол
염소들을 손에 넣다 ямаажих
염소들을 획득하다 ямаажих

염소를 부를 때 사용하는 소리 зуу-зуу
염소와 양들 бог мал
염소의 병으로 고민하다 годронто|х
염소의 질병 годрон, годон
염소지기 ямаачин
염열(炎熱) халуун
염전(捻轉) эрч
염주 сувс, үлбэн
염주알 сувс, үлбэн
염증(炎症) үрэвсэл
염증을 일으키게 하다(~에) хохигоно|х
염증을 일으키다 үрэвсэ|х, уцаарла|х
염증을 일으킨 дайр, хөндүүр, эмзэг
염증을 일으킨다 уцаарлуула|х
염지(鹽指) долоовор хуруу
염치 хүнд
염치없는 давамгай, хэтрэмхий
염치없다 гаара|х, хэтрэмхийлэ|х
염통주머니 үнхэлцэг
염화암모늄 жац(塩化ammonium; 암모니아에 염산을 작용시켜서 얻는 무색의 입방 정계 결정. 물에 잘 녹고 알코올에는 약간 녹음. 전지제조, 화학 분석 시약, 의약·금속의 접합, 염색 등에 쓰임).
엽부(獵夫) анчин, гөрөөчин
엽사(獵師) анчин, гөрөөчин
엽조(獵鳥) жигүүртэн, шувуу(н)
엽총 буу
엽호(獵戶) анчин, гөрөөчин
엽흔(葉痕) сорви
엿듣다 чагна|х
였다 бөлгөө; хамт суух 우리는 함께 산다
영(零) тэг, паг (수(數)가 전연 없음:'0'을 기호로 함. 제로)
영(靈) оюун, сортоо, сунчин, сэтгэл
영(零)의 기호 тэг
영감(靈感) урам
영감설 урам
영감에 의한 착상 онгод, урам
영감에 의한 бадрангуй
영감을 띤(주는) онгод

영감을 받은 бадрангуй
영계가 아니다 настайхан
영광 дуурьсгал, хүнд, цог
영구(불변)하게 만들다 мөнхлө|х
영구(영속)하다 тогтмолжуула|х
영구(영원)하게 되다 мөнхжи|х
영구(영원)한 ашдын, байран, суурин, мөнх; ~ нойрсож 마지막 잠을 자다; ~ ногоон 불후의(작품); ~ цэвдэг (한대·아(亞)한대의) 영구 동토층(凍土層); ~ бус 죽을 수밖에 없는 운명; ~ бусыг уэуулэх 죽다
영구히 бурмесен, даг, дагнан, дагт(ан), дан, үргэлж
영국(대영제국) Англи; английн 영국(사람)의
영국 국교회 католик
영국·미국 성(省) депатамент
영내 тойрог
영락(몰락.타락)하다 балра|х, бохирло|х, буртагла|х, талагда|х, үгүйрэ|х
영락시키다 сүйдэ|х
영락해 가는 уруу
영리하지 못한 мангуухан
영리한 авхаалжтай, адтай, аргатай, сэргэлэн, сэцэн, ухаалаг, ухаантай, ухамтгай, цовоо, элдэвтэй; ~тай 영리한 소년
영리함 авхаалж, цэц; ~ гуй 이해가 더딘, 민첩하지 못한
영리함(솜씨있음) 자랑해 보이다(드러내다) ухаарха|х
영면하다 амраа|х
영명(令名) цуу
영몽 нимбэг; ~ийн хучил 레몬산(酸), 구 연산(枸櫞酸)
영민한 авьяаслаг
영사 консул (領事: 외국에 있으면서 본국(本國)의 통상에 대한 이익과 자국민(自國民)의 보호를 담당하는 공무원); ерөнхий ~ 총영사; ерөнхий ~ын газар 총영사관, 총영사의 직(공관, 관사, 관구)

영사(映寫) киномеханик
영사기 гэрэлтүүлэгч
영사기사 гэрэлтүүлэгч
영상 ойлго, рефлекс, фото; ~ зураг 사진을 찍다; ~ зургийн аппарат 사진기, 카메라.
영생이 гаа (꿀풀과의 여러해살이풀. 습지에 나는데, 높이는 60-90cm, 여름에 담자색 또는 백색의 작은 꽃이 줄기 윗부분에 핌 한방에서는 잎을 약용하고, 방향(芳香)이 많아 향료·음료·약재로 씀)
영세민(零細民) гуйланчин, гуйранч(ин), ядуус
영속성 тогтуурь
영속성의 ашдын
영속성이 있는 дөжир
영속적(永續的)인 사람(것, 지위) тогтвор
영속적인 суурьшилтай, хатуужилтай
영속하게 만들다 мөнхлө|х
영속하는 байран, суурин
영수(領首) донхгор
영수증 квитанции; турээсийн ~ 임대 영수증;~д гарын усэг зурах 영수증 싸인.
영양 гөрөөс(өн); бор ~ 노루의 수컷; бух ~ 야생염소, 산양. (羚羊: 솟과의 짐승으로 소·양·산양을 제외한 무리의 총칭. 아프리카에서아라비아·인도·중앙아시아에 걸쳐 분포하는 초식성 동물로서 약 90종이 있음. 달리기에 알맞게 몸통과 다리가 가늘고 목이 긺. 천연 기념물 제217호. 산양)
영양(분) нүнжиг, өл
영양 가죽 сорсон
영양 상태 тэжээл
영양(羚羊)과 산양(山羊)의 어린 새끼를 낳다 янзагала|х
영양(羚羊) 과 산양의 어린것 янзага
영양(羚羊)의 종류 бөхөн(г)
영양가(價) нүнжиг
영양물 өл, хоол; ~ залгах 원기를 되찾다; ~тэй 자양 식품
영양부족 багадалт, хомсдол

영양분 өл
영양상태 өл; ~ залгах 원기를 되찾다; ~тэй зуун хоол 식품
영양소 결점 хомсдол
영양소 결핍 багадалт
영업 хэрэг
영업소 контор, газар
영업용 승용차 такси
영역 далайц, район, тойрог, хил, хүрээ(н)
영예 등을 증여하다 өргөмжлө|х, соёрхо|х
영예 хүнд, цог
영예를 증여하다 шагнула|х
영웅 баатар; ~ зориг 영웅적 자질; хүйх 동물의 뿔 사이의 가죽;~эмэгтэй 여걸, 여장부; үндэсний ~ 국민적 영웅
영웅적인 баатарлаг
영원 мөнх; ~ нойрсож 마지막 잠을 자다; ~ ногоон 불후의(작품); ~ цэвдэг (한대·아(亞)한대의) 영구 동토층(凍土層); ~ бус 죽을 수밖에 없는 운명; ~ бусыг үзүүлэх 죽다
영원성 мөнх
영원성(불후의 명성)을 주다(~에게) мөнхжүүлэ|х
영원하게 만들다 мөнхлө|х
영원한 ашдын, барагдашгүй, мөхөөшгүй, үхэшгүй; ~юм 끝나지 않다; элээж ~ 기진맥진하지 않다, 지칠 줄 모르는.
영원히 변치 않게 되다 мөнхжи|х
영원히 변치 않는 ашдын, мөнх; ~ нойрсож 마지막 잠을 자다; ~ ногоон 불후의(작품); ~ цэвдэг (한대·아(亞)한대의) 영구 동토층(凍土層); ~ бус 죽을 수밖에 없는 운명; ~ бусыг үзүүлэх 죽다
영원히 бурмэсэн, буур, машид, үүрд; ~ мартах 영원히 잊지 않다.
영유하다 эзлэ|х

영접(迎接) угтуул
영주 ноён, пийдал, феодал
영지 дэвсгэр
영토 дэвсгэр
영토 확장주의 империализм
영합하다 долигоно|х
영향 нөлөө, ором
영향(력) нөлөө, түлхээс, эрхшээл
영향(변화·조처·검사) 받다 өртө|х
영향(효력)을 원상태대로 하다 тайла|х; хор ~ 독을 중화하다
영향(흔적 등을) 뒤에 남기다 хоцроо|х
영향력을 가진 사람 нөлөөтэйхүн
영향을 미치는 нөлөөтэй; ~ хүн 영향력을 가진 사람, 유력자, 실력자
영향을 미치다 автагда|х, нөлөөлө|х; өвчинд ~ 병들다, 병걸리다, дайсанд ~ ~에게 영향을 주다, ~에게 해를 끼치다.
영향을 받았다 сэмбий|х
영향을 받지 않다(~의) гээ|х
영혼 дотор, сэтгэл
영혼의 хий
영혼 재래설(再來說) орчлон, тодро|х, хувилгаан
영화 кино; ~ үзэх 영화관에 가다; ~нд ду-ртай байх 영화관을 설립하다; ~ны хорхойтон 영화팬; ~ны од 영화배우, 무비스타; ~ны урлаг 영화의 예술, 영화에 관한 예술; ~ зохиол 극본, 시나리오, 영화 각본, 촬영대본; ~ сэттуул (단편의) 뉴스영화; ~ найруулагч 영화 필림.
영화 ший
영화감독 найруулга
영화 스튜디오 киностудии
영화 촬영기 киноаппарат
영화 촬영소 киностудии
영화(녹음 테이프 신문·잡지 위를) 편집 하다(발행하다) радакторла|х
영화(스포츠·특정취미의) 팬 хорхойтон

영화(텔레비전 등의) 내레이터가 되다 хүүрнэ|х
영화·TV 따위의 영상 부분 үзүүлэн
영화극장 кинотеатр
영화배우 жужигч(ин)
영화의 편집자 редактор
영화제 кинофестиваль (映畵祭: 영화의 질적 향상 및 제작 판매를 촉진하기 위하여 각 부문에 걸쳐 수상자를 가리는 행사)
옅은 안개 манан
옅은 шалчгар
옆구리 хавирга(н)
옆구리 살 хавирга(н)
옆길로 빗나가다 завхра|х
옆길로 새는 доншмол
옆얼굴의 흑색 반면영상(半面映像) бараа
옆에 놓여 있는 цаад
옆으로 굽은 гилжгий, жайвгар
옆으로 미끄러지다 шарва|х
옆으로 밀어놓다 цаашла|х
옆으로 비키다 цаашла|х
옆으로(에) зулга, хэгз, цааш(аа); ~ угаах 씻어 내(리)다.
옆으로(좌우로) 움직이다 сажи|х
옆을 지나다 дайра|х
예 тэг
예(네) жаа, зээ
예(실례.보기) жишээ
예각(豫覺) ёр, зөгнөл, сэрэхүй
예감 зөгнөл, зөн, совин, сэрэхүй, цондон, эз
예감(예고)하다(~을) зөгнө|х
예고 вивангирид, зар, зөгнөл, зөн, сануулга, сэрэхүй
예고(예언)자 ёрч
예고하다 мэдэгдэ|х
예금 зээл, зээллэг
예금자 асгарга
예금하다 асгарга
예기 сэтэлчилэн
예기(대망)гооч

예기치 않은 гэв, гэнэтхэн, зочир, санаандгүй
예기하다 хүлээ|х
예로 들다 үлгэрлэ|х
예를 들면 мөртлөө
예를 들어 설명하다 үлгэрлэ|х
예리하게 만들다 үзүүрлэ|х
예리한 иртэй, сэгээтэй, үзүүртэй, хурц, шөвгөр
예리함 даац, савдаа
예모 дэг
예민 ухамсар
예민하게 дууги|х
예민한 өөнтөгч, сэгээ, тунимтгай, цамаан
예민함 савдаа, цамаархал
예방접종 таридга, вакцин; цэцэг өвчин эсэргүүцэх ~ 천연두 백신.
예방접종을 하다(~에게) вакцинда|х, тари|х
예배(禮拜) мөргөл; ~ хийх 순례여행을 떠나다; ~ийн газар 채플, 예배당, 교회당
예배(참배)의 대상 шүтээн
예배당 сүм
예배식 ёслол
예배의 끝기도 равнай
예배(제사)하다 сүсэглэ|х, тай|х, тахи|х, шүтэ|х
예법 дэг, ёс(он), хээ
예법에 의거한 зэгсэн, төлөвхөн
예보 вивангирид
예보자 зөнч
예보하다 мэргэлэ|х, зөгнө|х
예복 өвөг, палааж; шувууы ~ 새머리의 깃, 볏슬
예비 부속품 сэлбээс
예비 조사 бэлтгэл
예비 запас, хангамж
예비(보존)품 бэлтгэл, запас
예비(설비)의 хангалт
예비(여분의) 부속품 сэлбэг

예비의 말 хөтөлгөө мщрь
예비의 илүү, сэлбээс
예비조사 төхөөрөг
예비품 нөхөөс(өн), орлогч
예쁜 гоо, гуа, үзэсгэлэнтэй, хөөрхөн, царайлаг, шаггүй; ~ хүү 귀여운 소년; ~ царай 아름다운 얼굴.
예사 ингүүхэн
예사로 나쁜 짓을 하는 доожгүй, зарчимгүй, сүнсгүй, увайгүй, цадиггүй
예사로운 аяндаа(н), байлгүй
예사롭지 않은 행동을 하다 дэгтүйтэ|х
예산 төсөв
예산(자금계획)을 세우다(~의) төсөвлө|х
예산안 төсөв, төсөвлөл
예산을 편성하다 төсөвлө|х
예상 найдал, сэтгэлчилэн
예상(예기.대망) горь, горьдлого
예상가 зөгнөгч, зөнч
예속시키다 боолчло|х, харьяала|х
예속시킴 харьяалал
예수 그리스도 Йсус Христос
예수께서 십자가에 못박혀 죽음으로써 몸값(배상금)을 치르고 되찾다 золи|х
예수의 속죄 золио
예수의 십자가에 못박힘 золиос
예수의 제자 шавь
예순(60) жар(ан)
예순(60) 명(개) жар(ан)
예술 표현 등이 실물 그대로의 ортой
예술(과학의) 이론 иш, теори
예술가 зураач
예술원 академи
예술원(학술원) 회원 академич
예술의 урлаг
예술적인 урлаг
예스러운 настайвтар
예습(시간) бэлтгэл, төхөөрөг
예습하다 базаа|х, болго|х, бэлдэ|х
예습하다(~을) зэхэ|х, төхөөрө|х
예언 вивангирид, зөн, мэргэ төлөг, төлөг, цондон, зз; ~ узэгч 점쟁이; ~ өгөх예언하다, 예고하다
예언자 зөгнөгч, зөнч, үзмэрч
예언하기 вивангирид
예언(예측)하다 бэлгэдэ|х, мэргэлэ|х
예언하다(~을) зөгнө|х
예에 따르다(~의) жишээлэ|х
예의 доожоо, маяг
예의 바르다 ёсорхо|х, нялуура|х
예의 바른 авгай, ажаа, зэгсэн, наалинхай, найланхай, эелдэг, тохь, соёлт, ялдам
예의 없는 овилгогүй; ~ амьтан 그는 예의 없다.
예의(예절)의 범위를 넘어서 цадиг
예의바른(정중한) 말투(말씨) ламхай, ламтар
예의바름 дэг; ~ журам 인품(人品), 도리, 이치.
예인망(曳引網) говчуур
예인망(후릿그물)을 치다 өөш
예인망으로 잡다 өөш
예절 доожоо, ёс(он), маяг
예절 바르게 행동(활동)하다 бузгайрха|х
예절바름 хунш
예정(표)(스케줄.일정) график, программ, хөтөлбөр ;хичээлийн ~ 적요, (강의의) 요목.
예정된 기간안의 실시연장 сунамал
예정된 운명의 заяатай, учралт; тэр сайн явах ~тай хун дээ 그는 성공적인 삶이 예정되어 있는 것으로 생각되다.
예정된 заяатай, учралт
예증 жишээ
예증하다 ишлэ|х, үлгэрлэ|х
예지 мэргэ төлөг, ойлгоц, төлөг
예측 мэргэ төлөг, төлөг
예측가 зөгнөгч, зөнч
예측하다 үзэ|х
예컨대 мөртлөө

예행 연습을 하다 давта|х, сургуулила|х
옛 나치스의 어금꺾쇠 십자 기장(記章)
(卍) хас
옛 소련의 협의회 коллеги
옛 친구들에게 푸대접하다 өвчигнө|х
옛 Celt족의 음영(吟詠)(방랑)시인 туульч
옛날 옛적에 дээр
옛날에는 урьд
옛날의 기병총(銃) буу, карабин
옛날의 무덤 хиргисүүр
옛날의 칙령 лүндэн(г)
옛날의 дээр; энэ явдал ~ уед болсон юм 옛날에 일어난 일; ~ уээс 오랜 동안; тэраль ~ нас барсан 그는 옛날에 죽었다; эрт ~ уеийн хумуус 고대 문명인;
옛날의(고대의) 도시 부지(파괴, 파멸) балгас
옛말 домог
옛소련의 인민위원(다른 나라의 장관에 상당; 1946년 이후는 ministery); комиссар
옛이야기 домог
옛터 тур
오! лаа лаа, оо (혐오·경멸·공포 따위를 나타냄)
오(5) тав(ан); таван махбод 제1의(주요한) 사물 다섯 원소; 물, 불, 나무, 금속, 흙; таван цул 심장, 폐(허파), 신장(腎臟), 간장(肝臟: 간(肝)), 비장(脾臟: 지라), 또는 위; 다섯 가지 내장; таван эрхтэн 다섯 가지 감각기관 또는 신체 구조(귀, 눈, 입, 코, 심장); таван хушуу мал 동물이 사육되어 길든 다섯 가지 종류(말.낙타.소.양.염소);таван эгшиг 고전 음악 음계의 다섯 음표. 악음(樂音); таван хор 다섯 가지 악(사악); таван хуруу 다섯 손가락.

오(5)각형- тавалжин

오(5)년된(지난) 거세한 낙타 ат(ан); атан тэмээ 수컷의 낙타

오(5)년생 말(암소, 양) соёолон; ~ яамаа 5 년생 염소; хуучин ~ 약 6년된 말; хавчиг ~ 6년생 말; шинэ ~ 약 5년생 말.

오(5)년생 이상의 암(컷·놈) 낙타 ингэ(н)

오(5)번 방위(方位) тавт
오(5)번 위치 тавт
오(5)번지 дугаар тав
오(5)변형 тавалжин
오(5)분의 1의 тавдахь, тавдугаар; ~ дугаар 번호 5.
오(5)시 тав(ан)
오(5)푼 덧빗대기(로 깎은 머리) пинтүү
오(伍) цуваа(н)
오(O)형(안짱) 다리 жайжгар, майжанасан, майтгар
오(O)형 다리가 되다 майтий|х
오(O)형 다리로 걷다 тайтгана|х
오(O)형 다리의 тайтгар
오감(五感)의 하나 мэдрэхүй, мэдээ; таван ~ 다섯 가지 감각
오거 өрөм
오그라든 аржгар, атираатай
오그라들다 авчи|х, долгиото|х
오그라듬 дөрсгөр
오그라뜨리다 агши|х, богиносо|х, дөрий|х
오그라뜨림 атираа
오금(무릎의 구부러지는 안쪽) тахим
오는 사람 догол
오늘 하루 종일 өнөөдөржин
오늘 өнөөдөр; э нэ э дрийн сонин 오늘의 신문; бид ~ явах гэх байна 우리는 오늘 떠난다
오늘날 одоо, эдүүгээ; тэр ~ ирнэ 그는 곧 바로 여기로 올 것이다; ~гийн хумуус 오늘날의 사람들; ~ цаг (문법) 현재시제; ~ цагт 오늘날.
오늘날의 одоогийн, одоохь, өнөөгийн
오늬 торомж, хоног, хэрчлээс

오다 ирэ|х; явган ~ 걸어서 오다 (이르다); тэд цуварч ирээ 그들은 한 사람씩 (차례로) 오다; өдөр бүр ~ 매일 오다; зун ирэв 여름이 오다; номоо авахаар ~ 책을 위해 오다; унаагаар ~ 자동차로 오다;галт тэрэг хагас цаг хоцорч ирэв 기차는 한 시간 반 늦게 도착하다; төлөөлөгчид өчигдөр хүрэлцэн ирэв 대표단은 어제 도착했다; сана-аид орж ~ (머리에) 떠오르다, 생각이 나다; гүйж ~ 뛰어 오다; нисч ~ 날아오다, 비행기로 오다; давхиж ~ (말을 타고) 갤럽(전속력)으로 달리다, 질주하다; мөлхөж ~ 이(벼룩)에 의해 퍼지다; ойртон ~ ~에 가까이 가다, ~에 접근하다; цугларан ~ 서로(를) 뛰어 들어오다, 모여들다, 집결하다; ~ жил 내년; ~ нэг дэх өдөр 화요일. 월요일 다음.

오동통(뚱뚱) 하다 цулцай|х
오동통하게 되다 малий|х
오동통한 бамбагар, бондгор, булбарай, булцгар, думбагар, малигар, помбогор
오동통해지다 думбай|х
오두막 бухээг, кабин, киоск, лагерь, мухлаг, урц; ачааны машины/тэрэ-гний ~ 화물 자동차(트럭)의 캡(운전실)
오두막집 овоохой
오드 магтаал
오드콜로뉴 сүчиг
오라고 하다 зала|х; эмч ~ 의사를 부르다
오락 наадал
오락실 коридор
오락장(요정·식당 따위의) 호화판 건물 орд(он); гэрлэх ёслолын ~он 웨딩궁전; ~ харш 공관; Букингемийн ~он 버킹검 궁전.

오랑캐꽃 нил; ~ цэцэг 바이올렛(제비꽃 (속(屬)의 식물)); ~ ягаан 자외선(略: UV)
오래 가게 하다 залхаа|х

오래 가게 하다(~ыг) торгоо|х
오래 견디는 дөжир
오래 계속되게 되다 уртса|х
오래 계속되는(끈는) 용건 залхал
오래 계속되는(된) угшмал
오래 끄는 ужиг
오래 끌게 하다 удаа|х, удаашруула|х, унжра|х
오래 끌다 залхаа|х, сунжруула|х, удаа|х, удаашра|х, удаашруула|х, унжра|х
오래 끌다(~ыг) чирэгдүүлэ|х
오래 끌어 арчаг
오래 대를 이어온 집안 яс
오래 동안 계속하다 сунжи|х
오래 동안 살다 насла|х
오래 동안 앉아서 납작해진(수그린) суумхай
오래 머무르다 сунжра|х
오래 입게 되다 хүүрши|х
오래 입어 반들반들하다 гилий|х
오래 입어 반들반들한(번들거리는) гөлгөр, гилгэр
오래 입은 째진 틈 уранхай
오래 입은 сарампай
오래(질질) 끄는 сунжуу
오래가게 하다 сунжруула|х
오래가게(견디게) мөнхлө|х
오래가지 않는 татвалзуур
오래되다 хөгшдө|х
오래되어 부서지기(깨지기) 쉽다 хүүрши|х
오래되었다 салхай|х
오래된 ахимаг, ахиу, дампу, дээр, оронцог, өвөгжөөр, түйнэг, хөгшид
오래된 것 хуучис
오래된 마을(촌락) зондор
오래된 습관(풍습,버릇,관습 등등)을 믿음 хуучинсаг
오래됨 өнө
오래입은 хашин
오래지 않아 түрүү(н)
오랜시간 동안 아직 경작되지 않은

(미개간의)채로 있다 аташи|х
오랜 시간 지속(持續)하다 сунжи|х
오랜 угшмал, удаан
오랜(상당히 긴, 잠시)동안 өнө; ~ эртий 옛날의, 고대의; ~ удаан 영원히, 언제나
오랫동안 удаан, хоногло|х
오렌지 жүрж, зүрж
오렌지의 품종 гүл
오려 내다 тайра|х
오려내기 тайралт
오려냄 тайралт
오로지 ~한 бултаараа
오로지 буур, гагцхуу, зөвхөн, л, огтхон; ~тэрл мэддэг 단지 그만 알뿐이다
오류 андуурал, гэндэл
오르는 өгсүү, дөндгөр
오르다 авира|х, манда|х, нэмэгдэ|х, өөдлө|х; нар ~ 태양이 떠오르다; нар мандахад 일출, 동틀녘에; сэргэн ~ 소생하게 하다, 다시 태어나다; мандан хөгжих 발달 하다; нэр ~ 유명해지다; нэр дорно зүгт мандаж, өрнө зүгт жаргадаг 태양은 동쪽에서 떠오른다; сар мандлаа 달이 뜬다; мод өөд ~ 나무에 오르다; уул өөд ~ 등반하다.
(~에)오르다 өгсө|х; ээдээ ~ (~을) 오르다; шатаар ~ 2층으로 올라가다; уул ээд ~ 등산하다, 산으로 올라가다
(~을)오르다 босо|х
(~이)오르다 ахи|х
오르막의 өгсүү, өөд
오른손의(우측의) 옆 баруун; ~ гар 오른손의, 우측의; ~ эттээд 오른손의(우측의) 옆
오른손잡이 барил
오름 дэгжил, өгсөлт, өндөрлөг, өөдлөл
오름의 원인이 되다 авируула|х
오리목 савх; ~ мод 홀쪽한 물건.
오리암컷 нугас(ан)

오리엔테이션 бармжаа; чиг ~ ориенте ишн, ~의 기술을 알다
오리온 Марал(그리스신화에 나오는 거대한 사냥꾼); 오리온자리(하늘의 적도 양측에 걸쳐 있는 별자리《겨울에 가장 똑똑히 보임》. 오리온성좌 준말 오리온)
오막살이집 овоохой, урц
오만 намжир, омог
오만(거만.건방.도도.불손)하다 аархра|х, зүггүйтэ|х; баяндаа ~ 부자인 것을 자랑하다(뽐내다), 부자를 자랑으로 여기다
오만(거만.건방.도도한.불손)하게 보여주다 ихэрхэ|х
오만(오연(傲然))한 түрэмгий
오만하게 ноёрхог
오만하게거동하다(말하다) хөрөмлхө|х
오만한 콧대를 꺾다(~의) дээрэнгүйлэ|х
오만한 행동하다 намжирда|х
오만한 бардам, гэдгэр, дарангуй, ихэрхэг, ихэрхэг, омрхог, сагсуу, сээрдүү, сээтгэр, хэгжүүн, ээрхэг, яравгар; ~ зан 자부심, 자만; ~ хүн 자랑하는 사람, хөрөнгөлөл; ~ аашлах 거만(오만)한 행동.
오명(汚名) гутамшиг, мундар
오명을 씌우다(~에게) давирхада|х
오목한 хотгор, хүнхэр
오목한 곳 хормой
오물 буртаг, халтан, хир, хиртэй
오물 등등을 솔로 털어버리다(털어내다) шуурдэ|х
오물을 없애다(~에서) баа|х
오므라들다 омгонуула|х
오미 бамбалзуур
오발하다 дэгслэ|х
오버(코트) пальто
오버슈즈 калош
오븐 зуух, пийшин
오븐(뜨거운재)에 굽다 хайра|х, хуура|х, шарагда|х
오색으로 물들이다 пааланда|х
오서(鼯鼠) олби (날다람쥣과의 동물. 몸길이 35-48cm, 꼬리 28-39cm이며, 꼬리에 긴

털이 술 모양으로 났음. 앞뒷발 사이에는 몸의 피부가 축 늘어져서 된 막이 있어 이것을 펴서 나뭇가지와 가지 사이를 날아다님. 곤충, 나무 열매 따위를 먹음.)

오소리(토저(土猪) гангис, мангис
오소리 새끼 ганьс
오솔길 зөрөг
오슬오슬 추위를 느끼다 арзасхий|х
오식(誤植) мадаг; алдаа ~ төлрим; жөвлэлийн алдаа ~ 잘못된 인쇄; миний солонгос хэн (англи) хэлэнд алдаа ~ байна уу? 그들에게 나의 한국어(영어)를 실수했습니까?
오신(誤信) төөрөгдөл
오십(50) тавь(тавин)
오십(50)개(사람, 세) тавь(тавин)
오십(50)번째 тавьдахь
오십(50)번째의 тавьдугаар
오십(50)분의 1 тавьдахь
오십(50)분의 1의 тавьдугаар
오십(50)에
가까워지다(접근하다,가깝다) тавиад
오싹 소름이 끼치다 жиндэ|х
오싹하게 되다 хүйтрэ|х
오싹하게 하다 загса|х
오싹하는 даан
오싹하다 арзасхий|х, сэрсхий|х, сэрхий|х, ходхий|х
오싹하도록 싫은 аймшигтай
오싹하여 온몸에 소름이 끼치다 арзай|х; бие арзайх оршж соромь끼치다
오아시스(사막가운데의 녹지) баянбурд
오어 сэлбүүр, сэлүүр, хаюур
오연(傲然)한 эзэрхэг
오염되는 халдамхай
오염시키다 бохирдо|х
오염하다 халдварла|х
오오! ээ! ий! хай!, халаг! (감탄사, 감탄사: 불의에 외치는 소리,발성) : ~ би айж байна! 오오! 무서워!
오오!, 아!, 어허!, 앗!, 아아!, 여봐! 아이!

пээ! (감탄사)(놀람·공포·찬탄(讚嘆)·비탄·고통 간망(懇望)·부를 때 따위의 감정을 나타냄.
오용하다 жавши|х; бусдын юмыг ~ 불법의 소유로 붙잡다; банкнаас мөнге 은행으로부터 돈을 비합법적으로 입수하다.
오용하다 толхи|х
오일 тос(он), тосгүй
오일램프 зул
오일클로스(식탁보·선반 쐬우개 따위) хулдаас
오전 өглөө; маргааш ~ 내일 아침; бид маргааш ~ эрт хэ дэ лчгэ э х болно 우리는 내일 아침 일찍 출발하다; ~ний хоол 아침 식사; ~ний цай бэлдэх 아침식사를 준비하다; ~ний дасгал 아침체조; ~ний сонин 조간신문; ~ний9 цагт 오전 9시; тэр ~ эрт босох тун дургүй 그는 아침일찍 일어나는 것을 싫어한다 ~ний мэнд хүргэе! 안녕하세요 (아침인사), 좋은 아침.
오전에 өглөөгүүр
오전중 내내 өглөөжин
오점 сэв, толбо
오점을 남기다(명성 따위에) баа|х
오줌 шээс(эн)
오줌(소변)**의 고약한 냄새** шинхэг
오줌보 давсаг
오줌으로 적시다 шээ|х
오줌통 давсаг
오지랖 넓은(젊은 여자) шазрууны
오직 ~뿐 бултаараа
오직 둘 хоёрхон
오직 하나(혼자)**의** гав ганц, ор; ~ ганц 오직 하나(혼자)의; ~ ганц хүү 유일한 아들; ~ тас мэлээх 완벽하게 부정하다
오직 гагцхүү, дөнгөж, зөвхөн, л, ор; над өг ~ дөө! 오직 나에게 주시오!; хэл ~ дөө! 목소리를 높이시오!; ~тэрл мэддэг 단지 그만 알뿐이다; ~ ганц 오직 하나(혼자)의; ~ ганц хүү 유일한 아들; ~ тас

мэлээх 완벽하게 부정하다
오직(汚職)의 идэмхий
오직(유일)4 дөрөвхөн
오징어의 먹물 бэх
오차 мадаг; алдаа ~틀림; жэвлэлийн алдаа ~ 잘못된 인쇄; миний солонгос хэн(англи) хэлэнд алдаа ~ байна уу? 그들에게 나는 한국어(영어)를 실수 했습니까?
오차(에러) буру
오커(황토) зос
오크(떡갈나무·참나무·가시나무무리) царс(ан)
오토메이션 автоматжуулалт, автоматик; ~ийн эрин 자동화 시대
오토메이션(자동)화하다 автоматчила|х
오토바이 мотоцикл
오트밀(우유. 물로 요리한) агшаамал
오팔 мигүйн нүд
오퍼레이터 тооцоолуур
오페라(opera) опер, дурь
오픈 플랜 жилдэм (다양한 용도를 위해 방에 칸막이를 안 하는 방식)
오픈스페이스 сиймхий
오피스 газар, контор, товчоо
오한 даан, даардас; ~ хурэх 추위를 당하다, 오한이 나다; ~ хурэх (몸이) 오싹하다, 으스스하다.
오해 буру, завхрал
오해의 우려가 없는 андашгүй
오해하게 하다 мунхруула|х, төөрүүлэ|х, төрөгдүүлэ|х
오해하고 있는 алдаатай, буру, эндүү
오해하고 있다 наагуурда|х, төөрөгдө|х
오해하다 мунхра|х
오히려 ~을 좋아하다 эрхэмлэ|х
오히려 광채 나는 гэгээвтэр
오히려 깊은 гүнзгийвтэр
오히려 더럽다 заваандуу
오히려 두꺼운 зузаандуу
오히려 뛰어난 гоёлог
오히려 반짝반짝 빛나는 гэгээвтэр

오히려 부족하다(~하여도) болохгүй
오히려 얕은 гөөхөн; ~ болох 오히려 얕아지다.
오히려 유사한(비슷한, 닮은) адилавтар
오히려 젊다 залуухан
오히려 조용한 сэлүүхэн
오히려 짧게 하다 богинохон
오히려 차가운 зэвэргэн
오히려 천진난만한 гэнэхэн
오히려 ахиухан
옥(獄) мүглэн
옥(玉) хаш
옥(獄) шорон
옥경(玉莖) чив чимээгүй
옥근(玉根) чив чимээгүй
옥내(옥)의 дотно
옥상에 찢긴 구멍을 내다(째다, 잡아뜯다) (~의) халцла|х
옥새(玉璽) ломбо, тийз
옥새(玉璽)의 손잡이 сэнжид
옥수(玉髓.玉水) манна(н)
옥수수 тариа(н)
옥수수의 수염 цацаг
옥수수의 열매 түрүү; улаан буудайн ~ 밀(소맥)의 이삭; тарианы ~ 옥수수 열매.
옥양목 гөлөнгөр, самбай
옥지(玉趾) фут
옥타브 화음 наймт
옥타브 наймт
옥타브의 8개의 음 наймт
옥편 толь
옥호(屋號) компании
온 국민의 үндэсний
온 봄날에 хаваржин
온 저녁 оройжин
온 힘을 다하다 идэвхлэ|х
온(전부.모두) аливаа, байда, булт, бух, бухий, дахин, нийт, хамаг, хотлоор, хотол, хөвчин, хүр, цөм, эл, ямарваа; дэлхий ~ 온 세상; ~ хучээр ажиллах

함께 일할 수 있는 가능한 모든 힘.
온건한 амарлингуй, амгалан, дөлгөөн, тайван, эрүүл
온공일 ням
온구(媼嫗) эмгэн
온기 дулаан, илч
온기를 공급해 주다 дулаацуула|х
온난하고 밝게 비치는 장소 дал
온난한 дулаан, халуун
온난해지다 пүнхий|х
온당치 않은 нийцгүй, оновчгүй, таарамжгүй
온당한 яармаг
온도 температур
온도 조절 장치 тохируулагч
온도(각도·경위도의)도(度)(부호°) градус, хэм; 45градусын өнцөг 각이 45도, 각이 45°
온도(기압)변화(경사)도(度) хэмжигдэхүүн
온몸을 쭉 펴고 드러(가로)눕다 гулдай|х
온수(급수)탱크 бортго
온순 өршөөл
온순(상냥)하게 되다 зөөлрө|х; сэтгэл ~ 돌보는(지키는) 사람이 되다
온순(상냥·친절)해지다 зөөлши|х
온순한 гулбигар, гүндүүгүй, доромж, намуухан, номой, номхон, тогтуун, хүлцэнгүй, энх, ялдамхан
온순함으로 이익을 가져오다 номхочло|х
온실(상) хүлэмж
온열(가열) 장치 дулаахан, дулаашра|х
온열기 дулаашра|х
온전한 бүтэн, ~ биш 반, 절반; ~ хагас 1과 2분의 1; ~ долоо хоног 일주일 동안; нар ~ барих 개기식(皆既蝕), 개기(皆既), 식기 (蝕既); ~ сайн өдөр 일요일
온전한 дагуудаа, даян
온전히 혼자서 гон бие гозон толгой
온정적이다 өрөвдө|х
온정적인 нигүүлсэнгүй
온종일 өдөржин; ~ шө нө жин 낮과 밤.
온천(광천)의 илчит, услалт
온통 뒤덮다(~의 표면을) тара|х
온통 뒤바르다(~에) бурэ|х, гадарла|х; давхарла|х; будгаар ~ 페인트를 칠하다.
온통 발라 붙이다((~을) -에) шава|х
온화(다정)한 уяхан
온화하게 амарлингуй, уужуухан
온화한 амарлингуй, амгалан, буржгар, доромж, дөлгөөн, дууги|х, зөөлөн, наадгай, налгар, нам, номхон, салхигүй, тайван, тогтуухан, түвшин, тэнүүн, тэнэгэр, урь, урьхан, яруухан
온화한(부드рууван, үсөн хан)바람이 불다 сэрвэгнэ|х
온후한 илбэрүү, наалинхай
올가미 занга, тийрэг, урхи; хулганын ~ 쥐덫; ~ зуух ~에게 올가미를 씌우다, ~에 덫을 놓다.
올가미(계략)에 걸리게 하다 өөшлө|х
올가미로 말을 잡는 숙련된 사람 уургачин
올가미로 말을 잡다 уургала|х
올가미를 장치하다(~에) хавхда|х
올가미밧줄(로 잡다) (야생말 따위를) бугуйл
올가미밧줄로 붙잡다(붙들다) бугулда|х
올나이트 шөнөжин
올라가 өөд
올라가는 өөд
올라가다 авира|х, босго|х, гара|х, дээшдэ|х, идэвхжүүлэ|х, өгсө|х, өөдлө|х; 9 9 д 9 9 ~ (~을) 오르다; шатаар ~ 2층 으로 올라가다; уул 9 9 д ~ 등산하다, 산으로 올라가다; мод өөд ~ 나무에 오르다; уул өөд ~ 등반하다.
올라타다 гишгэ|х, суу|х; явган ~ 웅크리 (고 털썩 앉)다, 쭈그리다; галт тэргэнд ~ 기차에 올라타다; хаан ширээнд ~

즉위하다; хунтэй ~ 결혼하다; шоронд ~ 수감 중이다; зуээр ~ 아무 것(아무 일)도 하지 않음; мах ~ 살찌다

олратадах(앉다) мордо|х, уна|х; хашаан дээр ~ 형세를 관망하다; аялахаар ~ 여행을 떠나다; моринд ~ 말을 타다.

олрядаабодах(~을) оньсло|х

олряжин сөдгөр

олрёд өнгийлгөгдө|х

олрида арса|х, бөөлжи|х, дээшүүлэ|х, өөдлө|х, өргөгдө|х, сэтэрхүй|х, хөөрө|х

олрида(~을) даа|х

олрида(위로) ахи|х

олрив чидун (나무: 물푸레나뭇과의 상록 교목. 소아시아 원산으로 재배함. 높이 6-10m에 잎은 피침형. 여름·가을에 향기 있는 열은 녹백색의 꽃이 피고 과실은 타원형의 핵과로, 살에서 올리브유를 짬. 그 가지를 유럽에서는 평화와 충실의 상징으로 함), 감람(橄欖)나무, 아옐포(阿列布)

올리브유 тосгүй

올림피아드 олимпиад

올림픽 경기 олимпиад

올무 тийрэг

올바르게 зөв, лав, лавтай, мөн, сайтар, үнэнхүү, чухамдаа; ~хариулт 올바른 답변; таны ~ 좋소, 괜찮소; таны хурэлцэн ирсэн чинь ~ болжээ 당신은 올바르게 왔다; ~талаа дагаарай 우측 통행, 오른쪽으로 다니다; нар ~ эргүүлх (시계바늘처럼) 우로(오른쪽으로) 도는, 오른쪽으로 돌아서; ~ бичих дүрэм 맞춤법, 철자법; ~ дуулага 또렷한(정확한) 발음

올바르지 않은(못한) буру

올바른 논리 логик

올바른 гоёчгүй, зүйтэй, ортой, шударга, яармаг; ~хэрэг 올바른 사업

올빼미 ууль

올이 성긴 будуун, заваан, хөрзгөр

올이 촘촘하다 налчий|х

올이 촘촘한 лүглэгэр

올챙이배 харвин

올챙이배(똥배)가 나오다 тухий|х

올챙이배의 ёлхгор, лонхгор, тухгэр, тэсгэгэр

옮기 쉬운 халдамхай

옮기다 давшуула|х, далбалза|х, дамжуула|х, данхалза|х, доёгоно|х, жомбогоно|х, зөө|х, нүү|х, нүүлгэ|х, паадалза|х, сулра|х, ханхай|х, хөдлө|х, хөдөлгө|х, шилжи|х; манай уйлдвэрийн бүтээгдэхүүнийг Улаанбаатар руу төмөр замаар зөөдөг 우리의 생산품은 울란바토르 공장으로 부터 철도에 의하여 운반되어 진다; гэрийн тавилга унаагаар ~ 가구(세간)은 4륜짐마차에 의하여 옮기다; хов ~ 험담(잡담)이 퍼지다(번지다).

옮기다(~을) зайлуула|х, холдуула|х

옮김 нүүдэл, хөдөлгөө

옮아가다 буха|х

옳게 зөв

옳은 зүйтэй, мадагтүй

옳음(정확함)을 증명하다 батлагда|х, нотло|х

옳지 않다고(잘못이라고) 언명하다(~이) харшилда|х

옳지!(무엇인가 생각이 났을 때) дуг, зээ

옴 загатнаа, маажуур, хаму

옴(개선(疥癬),피부염) 증상이 나타났다 хамуурда|х

옴에(개선, 충개) 걸리다 маажуурта|х

옴짝달싹 못하게 되다(~으로) орооцолдо|х, хампра|х

옴츠리다 нугала|х

옴폭(오목,요면(凹面)하게 되다, 처지게(늘어지게)하다 хотой|х

옴폭한 хоттор, хүнхэр

옷 салаавч, хувцас, хунар хувцас

옷 깁는 헝겊조각 нөхөөс(өн)

옷 따위가 낙낙한 холхиндог

옷 따위가 남루한 навсгар; ~ байшин 집이 오래되어 황폐해진

옷 따위가 미어져 실이 드러나 보이는

хашин
옷 따위를 깁는 헝겊조각 цаваг
옷 따위를 자랑해 보이다 тээхэлзэ|х, хаахаалза|х
옷 스치는 소리가 나는 сүр сар хийх чимээ
옷스치는 소리를 내게하다 сэржигнэ|х, шижигнэ|х
옷 입는 것을 좋아(애호)하다 дуни|х, дэгжирхэ|х
옷(모자 등에 붙이는) 장식 хирвээс
옷(모자·장갑 따위의) 사이즈 размер, овор, хэмжээс, эн
옷(몸)차림 салаавч
옷(신발)이 갑갑하다 давчда|х
옷(신발)이 갑갑한 тачуу
옷(신발이) 몸에 꼭 맞다(꼭 끼이다) татай|х
옷(양복)장 шүүгээ
옷(의류가) 헐렁하다 хэлхгэрдэ|х
옷(종이를) 구기다 сагсайлга|х
옷·신발 따위가 갑갑한 дадгар, давч
옷가슴 цээж; ~ сайтай 기억력이 좋다; ~ бичиг (구술에 의한) 받아쓰기, 받아쓴 (구술한) 한 절(節); ~ээр ярих 암송하다, 음창(吟唱)하다, 낭송하다.
옷감 бөс, даавуу(н), нэхмэл
옷감의 ~에 주름을 잡다 таталда|х
옷감의 가 хажаас(특히 풀어지지 않게 감친 가두리)
옷감의 넓이치수를 재다 амла|х
옷감의 테두리(가장자리) хажаас
옷감이 짧아지다 татай|х
옷감이 짧은 тоодон
옷단을 고쳐 꿰매어 길이를 늘이다 буулга|х
옷에 솜을 두다 жийргэвчлэ|х
옷에 풀을 먹이다 царда|х
옷을 급히 벗다 оглоро|х, өмрө|х, холтло|х, хууч|х
옷을 만들어 주다 өмсгө|х
옷을 벌거벗기게 되다 нүцэгрэ|х

옷을 벗기다 нялтра|х, ховхро|х, шалдла|х
옷을 벗다 гуужи|х, нялтра|х, ховхро|х, хуура|х
옷을 벗은 шалдан
옷을 입고 벨트를 매다(차다) тэлээлэ|х
옷을 입다 зүү|х, өмсгө|х, өмсө|х, угла|х
옷을 입히다(~에) өмсгө|х
옷을 입히다(~에게) хувцасла|х
옷을 주다(~에게) хувцасла|х
옷을 호아 올리다 тунтра|х
옷의 낙낙한 навсгар
옷의 단 нугалаас
옷의 무릎에 덧대는 것 өвдгөвч
옷의 소매 ханцуй
옷의 안(받치기) 붙이다 доторло|х
옷의 자락 банзал
옷의 충분한 нэлдгэр
옷의 치수 орой
옷의 치수를 재다 ам
옷의 크기 орой
옷의 폭을 재다 амла|х
옷이 꽉 쩬 дэгдгэр, тогдгор
옷이 낡았다 салхай|х
옷이 남루한(초라한) тамгаг
옷이 너무 작다 бачуухан; гутал надад ~ байна 구두가 나에게는 너무 작다
옷이 닳아빠진 навсгар
옷이 미어져 실이 드러나 보이는 сарампай
옷이 헐겁다 салбай|х
옷이 헐렁하다 салбай|х
옷이나 머리를 매만져 주름을 펴다 дагтаршуула|х
옷자락을 걷어(치켜)올리다 шамла|х, шуу|х
옷차림새 өмсгөл
옷핀 хавчаар
옹(癰) хатиг
옹기장이 ваарчин
옹두리 үү
옹두리가 자라다 үүтэ|х

옹색한 бачуу, давч, судаг
옹이 яр
옹이가 많아 울퉁불퉁 해지다 зангира|х
옹호 дэм, дэмжлэг, жийрэг, тусламж; сэтгэл санааны уэуулэх 도덕상을 지원해주다.
옹호(방어.변호)하다 мөчөөрхө|х, өмгөө-лө|х, өмөглө|х
옹호자 авгарч, амьдруулагч, баримт-лагч, өмгөөлөгч хамгаалагч этгээд, өмөг тушиг, үзэлтэн, хамгаалагч, хамсаатан
옻 доллого, маажин(г)
~와 - хийгээд
~와 같은 тийнхүү, шиг, тийм, тийн
~와 같은(같이) мэт
~와 같을 정도로 мэт
~와 다투다 зодолдо|х
~와 닮은 шиг
~와 동시에 хатгаа
~와 마찬가지로 ийн; ~ тийн уг хэлэл-цэх 이것저것에 관하여 말하다, 여러 가지로 말하다; ~хуу~и 미찬가지로.
~와 싸우다 зодолдо|х
~와 함께 일하다 машинда|х
와! лаа лаа, оо (혐오·경멸·공포 따위를 나타냄);
와(~와..., ~ 및..., ~이나...,) бөгөөд
와(모양이) 비슷한 төлөвтэй
와(窩) зай
와(蛙) мэлхий; яст ~ (육상·민물 종류의) 거북; ~ хаалга 작은 문, 쪽문, 협문 (夾門)
와글거리다 гүнгэнэ|х, нурги|х
와글와글 нургээн
와는 다른 тэргүүтэн
와들와들(후들후들) 떨다 давжгана|х, дагжи|х, дэргэнэ|х, жийрхэ|х, жихүү-цэх, чичигнэ|х, чичрэ|х, эмээ|х,дэнслэ|х
와락 붙잡다 булаа|х, шуурэ|х
와르르 소리내며 무너지다(망가지다. 깨지다. 부서지다) нижигнэ|х, осолдо|х, падхий|х, пин хийх, сүйрэ|х, түр тар хийх

와삭와삭 뒤흔들다 сэржигнэ|х, шижигнэ|х

와삭와삭(바스락바스락) 소리나는 сэр сэр чимээ, сүр сар хийх чимээ

와삭와삭하는 소리 ивэр шивэр, шивнээ.

와스스(와삭와삭, 바스락) 소리 내게 하다 сархий|х, сэржигнэ|х, шижигнэ|х

와이셔츠 цамц

와이어로 담배 파이프를 청소하다 бургуй

와인 연회에 채비(준비)가 되어 있는 сөн айраг; ~ тушиx айрагва 와인 연회를 베풀어 대접하다

와인(적포도주) дарс(ан); улаан ~ 레드 와인; ~ ан чулуу 주석(酒石), 주석영 (酒石英)

와트эрчим хучний хэмжигдэхуун; нэг кило ~нь 1000 ~тай тэнц-дэг 1 килограм 와트는 1000 와트이다, 1kw - 1000w (watt: 전기 공학에서 쓰는 공률(工率)의 단위. 1볼트의 전위차를 가진 두 점 사이를 1암페어의 전류가 흐를 때 소비되는 일의 양을 1와트라 하며, 1와트는 1/746마력에 상당; 기호:W);

와해 мөхөл, угалт
와해하다 мухри|х, онхолдо|х
왁시글거리다 хоро|х
왁자지껄(한, 하게) ундуй сундуй
왁자지껄하게 만들다 цурхира|х
왁자지껄한 дуйвээнтэй
왁자한 дуйвээнтэй
완강하게 되다 дөжирлө|х
완강하게 반항하다 туйла|х
완강하다 зөрүүдлө|х
완강한 бөх, буйлах, булиа, гажуу, гүжирмэг, засрашгүй, зөрүүд, зөчүүд, мугуйд, тэрслүү, ужид, шаргуу
완강한(저항) гэдэн, жийнгэ, сөрс
완강함 бяд
완결 дуусвар, төгсвөр, төгсгөл

완결(완료,완성)하다 гүйцээ|х, бурдэ|х, гүйде|х, дуусварла|х, шувтла|х
완고하게 되다 дөжирлө|х
완고하다 гэдий|х, зөрүүдлө|х, мугуйдла|х, ужитла|х, хэдэрлэ|х, хэрзий|х; илд ~ ~와 칼을 맞부딪치다, ~와 싸우다; ~와 논쟁을 벌이다.
완고한 гажуу, гэдэн, дийлэгдэшгүй, дэрдгэр, жийнгэ, зорго, зөчүүд, зүтгээ, мохошгүй, мугуйд, муйхар, мятрашгүй, сөрс, тэрсүүд, ужид, шаргуу; ~ зөрүүд зан 완고, 강퍅;
완곡하게 сөөлжир
완곡한 말투(방법,표현) тойруулга
완곡한(말) гажуу, тойруу
완구 наадгай, тоглоом; ~ын дэлгуур 장난감 가게; аюултай ~ 위험한 게임
완두(콩) вандуй; ~ хальслах 완두콩의 꼬투리를 까다.
완두 비슷한 콩과 식물 вандуй
완력 тэнхээ, хүчирхийлэл, чадал
완료 биелэлт, биеуулэлт
완료(완결)하다 төгсгө|х
완료(完了)되다 шувтра|х
완료하다 биелэ|х, гүйцэ|х, гүйцэлдэ|х, төгсүүлэ|х, шувтла|х; хугацаа гуйцлээ 이제 시간이 다 됐다; хийх ~ 완성 하다; нас ~ 성년에 달하다.
완만 аажим ~ хун 활동이 없는 사람, 이해가 늦은(둔한) 사람; ~ өсөлт 서서히 증가하다, 점진적으로 늘다; ~ аажмаар 차차, 점차, 차례로, 조금씩; 점차로; 서서히
완만하게 аажуу, алгуур, аяархан, зугуу, ягуухан,
완만하다 аажуудаа|х, хойшдо|х
완만한 залхаг, наазгай, налай|х, ойг, үхээнц, хожу
완만한(흐름) гэдгэр
완만히 굽이쳐 흐르다 тохойро|х
완벽 шав, хамгийн; ~ чухал 가장 중요한 질문; ~ тэнгэг 가장 어리석은(우둔한), 가장 바보 같은
완벽(완전)한 сэвгүй
완벽하게 бултаараа, буур, гүйцед, дагуудаа, ёсоор, нэвтэрхий, ogт, op, таг, тас, хуу, цоо; ~ ганц 오직 하나 (혼자)의; ~ ганц хуу 유일한 아들; ~ тас мэлээх 완벽하게 부정하다
완벽하게(전부)분쇄하다 товроглоо|х
완벽하게 машид
완벽한 бур, бурмесен, бутэн, өвч, төгөлдөр, төгс, шал
완보(緩步)의 жороо
완비되다 дигдрэ|х
완비된 бур, бурмесен, бутэн, өвч, төгөлдөр, төгс, шал
완성 амжилт, болц, дуусвар, төгсвөр, төгсгөл; ~ололт 완성, 달성
완성(완결.완료.달성)하다 бурэлдэ|х, дүүргэ|х, дууса|х, дуусварла|х, дуусга|х, замра|х ; захиагаа ~ 늦게 마치다; ажлаа ~ 일을 완료하다; сургууль ~ 학교를 졸업하다; иж сургууль ~ 대학을 졸업하다 .
완성된 барагда|х
완성시키다 төгөлдөржүүлэ|х
완성하다 бурдэ|х, гүйде|х, гүйцэлдэ|х, нуруувчла|х, төгсгө|х, төгсүүлэ|х, шувтла|х
완성하다(마무르다)(~을) гүйцэ|х
완수(완료)하다 амжуула|х: амжих, биелуулэ|х, биелэ|х, гүйцэ|х, гүйцэлдэ|х
완양(源羊) ямаа; эм ~ 암염소; эр ~ 거세한 숫염소.
완전 хотол
완전마비 мэнэг, саа; ~ дайрах 마비 시키다, 불수가 되게 하다; ~ өвчтэй 마비(중풍) 환자, 저능자, 치우(痴遇) (idiot와 moron의 중간 지능 정도; IQ 25-50); ~ дайрах 마비되다
완전(완벽) 해지다 дигдрэ|х
완전무결하게 таг; ~ болох 완전히 말을 못하게 하다; ~ чиг болох 완전히

- 478 -

사라지다(자취를 감추다).
완전무결한 осолгүй, төгс, үнэмлэхүй, шал
완전하게 чухамдаа
완전하지 않은 дэг дуг
완전한 것으로 만들다 бүрдэ|х, дигдрэ|х
완전한 발달(발육) болц
완전한 алдаагүй, бүр, бүрмөсөн, бүтэн, өвч, төгөлдөр, төгс, хүү, шал
완전히 감응(감동)하기 쉬운 уриалагхан
완전히 공허한(비어 있는) хов хоосон
완전히 덮다(싸다) балла|х, мана|х, хучи|х; гал ~ 밤새도록 불길과 함께 재가 뒤덮었다; хаяагаа ~ 게르의 가장자리는 낮게 덮여있다
완전히 떨어지다 цагаала|х
완전히 말리다 анга|х, хата|х, хатга|х
완전히 몰두하다 амтарха|х
완전히 불필요한(쓸데없는) хэв хэрэггүй
완전히 소모(고갈) 되다 салдай|х
완전히 싸다 хучи|х
완전히 쓸데없는 хэв хэрэггүй
완전히 압도하다 навчийлга|х
완전히 정제(정련)되지 않은 금 сааз алт
완전히 쳐부수다 яргала|х
완전히 침묵하게 하는 дув дуугүй
완전히 파괴하다 хоосло|х
완전히 파멸(황폐)시키다 хоосло|х
완전히 하다 төгөлдөржи|х
완전히 혼자 힘으로 ганцаар
완전히 혼자(홀로) ганцхан, гон бие
완전히 혼자(홀로)다 гагцаарда|х
완전히 혼자서 гагцаар, өөрөөр нь
완전히 бултаараа, бүр, бүрмөсөн, бүрэн, бүүр, бухэл, гүйцэд, давгүй, дагуудаа, ёсоор, ив, машид, нэвтэрхий, огт, огтхон, ор, сайтар, таг, тас, тон, тэс, хүү, цоо, яг; ~ болох 완전히 말을 못하게 하다; ~ чиг болох 완전히 사라지다(자취를 감추다); ~ ижил 완전히 똑 같다; ~ илэрхий 아주 깨끗이; ~ сайн 완전히 하다
완전히(아주) 불필요한 хэв хэрэггүй
완전히 쓸데없는(불필요한) хэв хэрэггүй
완전히(아주, 전혀) 다른 ов ондоо
완전히(아주, 전혀, 꽤) 좋은(우량한, 훌륭한) бузгай
완전히(철저히) 마음을 빼앗기다 улайра|х
완전히(충분히) 주다 хувцла|х
완척(腕尺) тохой(팔꿈치에서 가운뎃 손가락 끝까지의 길이; 약 46-56cm).
완척(腕尺)(큐빗)으로 측정(측량)하다 тохойло|х
완충기 бамбай
완충물 бамбай, тохом
완패(참패)시키다 хиачи|х, хяда|х
완하제 туулга
완화 сулралт
완화(경감)하다 хугаца|х, намжаах, саарүү- ла|х, удаашра|х, удаашрүүла|х, хөнгөвлө|х, хөнгөлө|х, хөнгөттө|х, цалгарда|х
왈츠(춤,그 곡) вальс; ~ эогэх 왈츠를 추다
왔다갔다(여기저기, 아래위로)로 움직이다 хөвхөлзө|х
왔다갔다하다(~을) жоррооло|х
왕 хаан
왕겨 зарам, хивэг
왕관 титэм
왕궁 орд(он), өргөө, тугдам, харш
왕녀 гүнж, ноёхон
왕비 гүнж
왕새우 хавч
왕성하게 움직이다 даналза|х
왕왕 заримдаа
왕자 ван(г), тайж, хуантайз
왕자·귀족등의 소관(小冠) титэм

왕자비 гүнж
왕자의 왕관 хунтайж
왜! яагаав, яахаараа
왜? ~하(다)는 이유 яагаад
왜가리 дэглий
왜곡 завхрал
왜곡하다 гуйвуула|х, гуйгуурла|х
왜비누 саван; гар ну́урийн ~ 화장실 비누; бараны ~ 부엌 세제, 가정용 비누; ~гийн хайрцаг 비누 박스.
외(홑)겹의 ижилгүй
외(楳) савх; ~ мод 홀쭉한 물건.
외견 маяг
외견상(은) наагуур; амьнаас ~ 생명에 관계되지 않는; эмэгтэй ~аа тайван байв 그녀는 외견상 진정시키고 있다; Улаанбаатарын ~ 울란바토르의 변두리 (주변); ~аа сурхий болох 외견상 우호적인.
외견의 гадаа
외견적으로(는) эчнээ
외계의 гадаад, гаднахь
외고집의 гажуу, дээнхий
외고집인 галзуу
외과(의술) хирурги
외과의사 мэс засалч, хирургич
외곽(外廓) түүрэг
외곽에 있다 захда|х
외관 모양새 좋은 толио
외관 бие, гадарга, гадаргуу, доожоо, дүр, ёоз, жадха, мандал, нүүр, үзэмж, фасад; ~ гараа угаах 손과 얼굴을 씻다; толинд ~ээ харах 자신을 거울로 쳐다 보다; ~эн дээр нь хэлэх 누구의 얼굴을 말하다; тэд~ ~эд харалцан сууцгаж байв 그들은 얼굴을 마주 보고 앉다; ~ улайх 수줍어하여; ~ муутай эд 낮은 질(품질)
외관(모습)을 띠다(나타내다) хэлбэржи|х
외관을 좋게 꾸미다(~에) маажинда|х
외관의 гадаа, гадаад, гадна

외관이 비슷함(닮음, 유사) төсөө
외관이 아름다운 толио
외관이(겉보기가) 일체가 되다 зүслэ|х
외교 관계의 дипломат
외교 수완이 있는 дипломат
외교(사교)에 능한 사람 дипломатч
외교가 дипломатч
외교관 дипломатч
외교상의 문서 нот
외교의 дипломат
외국 통화 валют
외국나라 хилийн чанад
외국산의 харь
외국의 гадаад, гадна, харь; ~ бодлого 외교 정책; ~ мэдээ 해외 통신(최신 정보); ~ худалдаа 외국무역; ~ хун 외국인, 외인; ~ далайн 해외로(에, 에서);
외국풍(외래)의 харь
외나무 다리 түгүй
외딴 буйд, зайду, онцгойдуу; ~ газар 멀리 떨어진 장소.
외래 환자의 진료소 клиник, эмнэлэг
외로운 ганц, ганцагчин, гань, гэрлээгүй, оорцог, уйтгартай
외로움(고독함)을 느끼다 уйтгарла|х
외로움을 느끼다 гацаарда|х
외롭다 ганцаарда|х
외륜(外輪) мөөр; дугуйны ~ 수레바퀴 테
외면 гадаа, гадагш, гадарга, гадаргуу, гадуур, мандал, өнгөлгөө, өнгөц; далайн ~ 바다의 표면; агаар ~ 수권(水圈), (지구의) 수계(水界); сарны ~ 달의 평면(표면)
외면(외부) дээгүүрх
외면(외부.외관.외양)의 гадар, хөндлөн; дэлхийн ~ 지표면; дээлийн ~ 양복의 감, 의복 재료(제재); ~ төрх 외견상 아무리 보아도
외면상의 эчнээ

- 480 -

외면에 наагуур
외면의 алслагдмал, гадаа, гадаад, гаднахь, өнгөцхөн; ~ байдал 외견상 모습, 외모.
외면적(피상적)으로 наагуур
외모의 гадаа, гадаад
외못(징)을 박다(~의) савхла|х
외벽 хана(н)
외부(外界.밖) гадарга, гадуур, гадаргуу, мандал, өнгөлгөө; ~ хувцас 옷의 거리, 패션가; ~ явах 가장자리로 걷다 (걸어 가다); гэрийн ~ 집 바깥을;
외부(外面)의 гадна, гадаа, гадаад; ~ тал 외적 상황(특징);
외부로부터의 гадна
외부로의 гадагш
외부를 덮어 가리는 행위 түрхэлт
외부생식기(外部生殖器) бэлэг; эрийн ~ 남성(남자, 수컷)의 생식기(외음부); ~ эмийн 암(컷·놈)의 생식기
외부에(로) гадаа, булт
외부에서 эчнээ
외부의 гаднахь
외부적으로 эчнээ
외상 бэртэнгэ
외상 판매 зээл, зээллэг
외설 буртаг
외설책 порно
외설한 балиар, бохир, бузар, ёсгүй, заваан, шалиг
외양 гадарга, гадаргуу, галбир, мандал; далайн ~ 바다의 표면; агаар ~ 수권(水圈), (지구의) 수계(水界); сарны ~ 달의 평면 (표면)
외양간 зүчээ; адууны ~ 마구간
~외에(는) авч бусад
~외에(는.도) гадна, бусад, зэрэгцээгээр
~외에도 гадна
외우다 тогтоо|х
외음부 бэлэг, сүв; эр ~ 남성 생식기; эм ~ 여성 생식기; эр ~тэй 남성의, 남자의; 수컷의
외이(外耳: 무화과 열매. 나무) дэлбээ, навч(ин); ~ нахиа 잎의 무성함, 군엽 (群葉); ~ унах (가을) 잎이 떨어지다; ~ин тамих 담배 나뭇잎; ~ боорцог 부풀게 굽는 과자용 반죽.
외진 захдуу, онцгойдуу
외진 곳 булан(г)
외쳤다 нэрлэгдэ|х
외출의 원인이 되다 гарга|х
외출하다 бөхө|х
외치다 бархира|х, зандра|х, омогдо|х, орило|х, үүхрэ|х, хашгара|х, хашгара|х, хашгичи|х, чарла|х
외침 дуудлага, орь, урма, уулга, хашгараан
외침소리 орь
외톨의 ганц, ганцагчин, гань, оорцог, уйтгартай
외통장군을 부르다 мадла|х
외투 нөмрөг, пальто, цув
외투 등으로 몸을 싸다 opoo|х
외투 따위의 후드 юүдэн
외피(外皮) арьс, дугтуй, хөрс
외형 бараа, бармжаа, галбир, дүрс(эн), маягт, хэв, хэлбэр, янз; хэлбэр ~ 모양, 외형, 형상;~бичлэг 비디오 테입
외형의 гадаа, гадаад
왼손으로 하는 солгой; ~ гар 왼손잡이의, 왼손으로의, 왼손용의; ~ хүн 왼손잡이, 레프트 펀치; би ~ 나는 왼손잡이다
왼쪽(편) зүүн; ~ зүг 동부 지역, 동양; ~ тийш ~의 왼쪽(좌측)에; ~ гар 왼손, 왼편; ~ өмнө 남동쪽;~хойт 북동쪽.
왼쪽에(으로) буру, зүүн; ~ уээлтэн 좌파의 사람
왼쪽으로 감는 солгой
왼쪽의 буру, солгой; ~ гар 왼 쪽으로; нар ~ 동쪽으로(의); морины ~ тал 집의 오른쪽으로; ~ гар 왼손잡이의,

왼손으로의, 왼손용의; ~ хун 왼손잡이, 레프트 펀치; би ~ 나는 왼손잡이다
왼편의 буру, солгой
윗가지 савх; ~ мод 홀쭉한 물건.
요강 бараа, ваар, жалавч, хөтөвч
요괴 мангад, магас, сүг, чөтгөр, сүнс
요구 захиас, хүсэлт, шаардлага
요구(요망, 의뢰, 소망의 표현); аль, гуйлт; номоо ~ 당신의 책을 나에게 주십시오; ~хийх ~을 간청하다 .
요구(청구.요청)하다 гуй|х
요구(필요)사항 шаардлага
요구르트 айраг, хоормог, тараг; шар ~ 맥주; шуугисан ~ 거품이 이는 (yog(h)-urt, yoghourt: (유산발효로 응고시킨 우유: 우유(牛乳)·양유(羊乳) 따위를 젖산(酸) 발효로 응고 시킨 영양 식품《젖산균을 함유하기 때문에 장 안에서 해당(解糖) 작용을 함》),
요구르트(젖산 음료, 발효우유)를 마시다 айрагда|х
요구하다 лантууда|х, нэхэ|х, шаарда|х, шаарда|х
요구하다(~을) суруула|х
요구하다(부탁하다)(~에게) бараалха|х, тушаа|х
요금 татвар, төлбөр, шимтгэл
요동하다 годос годосхий|х
요란한 소리를 내다 нижигнэ|х
요람 каталог, өлгий товьёог
요람에 넣다 өлгийдө|х
요람에 태워 흔들다 өлгийдө|х
요람을 흔들다 өлгийдө|х
요령 барил
요령 없는 учиргүй
요령있게 빠지다 булта|х
요리(조리)하다 буцла|х
요리가 덜되다 түүхийрэ|х
요리냄비 кастрюл
요리사(남녀) тогооч
요리에서 ~을 지나치게 하다 мулзла|х
요리용 기름 тослог
요리용 전기(가스) 히터 плитка

요리용 철판 плитка
요리의 도를 지나치다 мулзла|х
요리의 재료 холио, хольц
요리의 조리법 жор
요리점 ресторан
요리하다 боло|х; жимс ~ (딸기, 장과류)를 익히다; болсон мах 고기를 요리하다; энэ тахианы мах сайн болсонгүй 닭을 충분히 요리하지 못했다
요리한 닭(칠면조·오리)의 다리 дохиур
요망 захиас, хүсэлт, шаардлага
요망서 захиас
요망하다 дурши|х, хүсэ|х
요면(凹面) матаас
요면(凹面)의 хотгор, хүнхэр
요면체의 хүнхэр
요벨(안식)의 해 ой(н)
요부(腰部) бэлхүүс
요부(妖婦) сээтэгнүүр
요사이(요새) өнөөхөн
요상(凹狀) матаас
요새 бэхлэлт, хориглол; хороо ~ барих 요새로 방비하다, ~의 방비를 튼튼히 하다.
요새(지) хэрэм, цайз
요새화(방어 공사를) 하다 бэхлэ|х
요소 материал, махбод, оньс, фактор; бие ~ 신체
요소가(성원이) 되다(~의) багта|х
요술 ид шид, илбэ, увдис
요술쟁이 жонглёр, илбэчин
요술지팡이 хахуул
요약 дүгнэлт, реферат, товчоо, хураангүй
요약(적요)하다 конспектло|х, хийсвэрдэ|х
요약(초록)하다(~로부터) товчлогдо|х
요약보고(서) танилцуулга
요약하다 дүгнэ|х, ерөнхийдэ|х. ерөнхийле|х, ширгээ|х
요약하여 말하다 дүгнэ|х, ерөнхийдэ|х

요업제품(의) варан
요염하다 сэртвэлзэ|х, сэртэндэ|х
요염한 саамгар, сээтэгнүүр, сээтэн
요오드 иод (iode, Jod, iodine): 할로겐족 원소의 하나. 금속 광택이 있는 암자색의 비늘 모양의 결정체. 성질은 염소 및 브롬과 비슷함. 요오드화물로서, 바닷말류(類)나 해산 동물에 들어 있음. 각종 물감·소독· 의약 등에 널리 씀. 53번: I :126.9045) 옥소. 옥도.
요요(寥寥)하다 ганцаарда|х
요율(料率) процент; зуун ~ 100%; талхны унэ 50%- иар өсөв 빵 값은 50% 올랐다
요인 фактор
요전(지난 번)의 сая, өнгөрсөн; ~сар 지난달; ~ жил 지난해; ~ цаг (동사의) 시제, 시칭.
요점(요지.포인트) асуудал, гол, тээл; нэр тэ рийн ~ 명예의 요점; орон сууцны ~ 주택 공급의 문제; улс тэ рийн ~ 정치상의 이슈
요점에서 벗어났다 дэгсдэ|х
요점을 벗어나 있는 дэгс; ~ буудаж 목표(타겟)에서 벗어난; ~ мэдээлэл 오보(誤報), 오전(誤傳); ~ ярих 거짓말을 하다.
요정의(요정같은) дагина
요즈음(요즘) ойрмог, ойрноос, сая, өнөөхөн
요즘 ойрдоо, өчигдөр, саянаас
요지 агуулга, оньс, товчоо, утга, учир
요청 сэтгэлчилэн
요체 оньс
요충지 даваа
요컨대 богинодо|х, пагдай|х, товчхон, тужий|х
요통이 줄(어 들)다 гоёто|х
요행 зол; ~ дайрах 운좋게 잘되다; ~ завшаанаар 행운; ~оор би нэг бичиг олоо 나는 행운의 티켓을 얻었다.
요행수를 노리다 хонжи|х
욕 даг

욕구 дуршил, ир, мөрөөдөл, таалал, хорхой, хүслэн, хүсэл; ~ орох 바라다
욕구충족 бах
욕구(欲求)하다 хүсэ|х, хорхойто|х
욕구(욕망) горь, горьдлого
욕구(욕망)를 갖다(~의) горьдоо|х
욕구불만(의 근원) дургүйцэл
욕망 ир, мөрөөдөл, таалал, хорхой, хүслэн; ~ орох 바라다
욕망을 갖다(느끼다) таашаагда|х
욕보다 дарлуула|х, мэрий|х
욕보이다 дарла|х, доромжло|х, дээрэлхэ|х, дээрэнгүйлэ|х
욕설 зүхэл, хараал, хэрсэг
욕설과 저주하는 사람 хараалч
욕설로 꾀하다 хэрсэглэ|х
욕설로 날조하다(꾸미다) хэрсэглэ|х
욕설을 퍼부어 도발하다 доромжло|х
욕설을 퍼붓다 дангина|х, загна|х, зүхэ|х, хараалга|х
욕설하다 загна|х
욕신 шупал, шунахайрал
욕심많다 харамла|х, хэриглэ|х, хомхойдо|х
욕심 많은 авантгай, долголцог, сувдаг, харам, ховдог, хэриг, шунаг, шунахай, хомхой; уг ~ 순종하는, 유순한, 고분고분한, 말 잘 듣는, 다루기 쉬운.
욕심(물욕) 많게 보이다 хомхойро|х
욕심내어 먹다 туламла|х
욕심을 보이다 сувдагла|х
욕을 하게 하다(~의) ташуура|х
욕을 하다(~의) дангина|х, загна|х, хараалга|х
욕지기 бөөлжис; ~ хурэх 메스껍다, 욕지기 나다
욕지기가 나다 оги|х
욕지기나다 огшуура|х
욕하는 습관(버릇) хараамхай
욕하다(~을) аашла|х, загина|х, хараа|х; намайг буу аашил 나에게 ~을 욕하지 않다

용(龍) луу
용감(성) жавхаа, зориг
용감한 баатарлаг, жавхаатай, зоригтой, зүрхтэй, идэрхэг, эрэлхэг, эрэлхэг, эрэмгий
용감한(씩씩한, 영웅적인) 사람 баатар
용건 хэрэг, явдал
용광로 хайлуур
용구 юм, тохижуулалт
용기 жавхаа, зориг, зүрх(эн), контейнер, сав суулга, хат, эр; ~ зориг용기, 용감(성), 용맹; ~ гаргах 감히 ~하다; ~ухэх/алдах/шантрах 겁쟁이(비겁한자), 겁내는 모양(도망칠 자세), 용기를 잃다; орох 대담 해지다; ~ эмтрэх/өвдөх 마음이 무거운, 침울(우울) 하다; ~ний амраг애인, 사랑 하는 사람; ~ний уг 심장의 말; чин ~нээс, ~ний угаас, үнэн ~ээс 거짓없이, 성실(진실)하게, 충심으로, 진정으로; ~ мохох 낙담하다; уг-уй гэх ~ байсангүй 마음에 없는 것을 받아들이지 않다; би тэр эмэгтэйд ~ сэтгэлээ өглөө 나는 나의 심장에서 그녀를 잃어버렸다.
용기 있는 зоригтой, зүрхтэй, эрэлхэг
용기(상자.통.칼집)에 넣다 гэрлэх
용기(容器: 통·단지·대접·주발·잔·접시) бумба, бурхуул, бурээс(эн), дугтуй, сав; ~ суулга 그릇, 도구, 부엌세간; аяга 찻종, (식기의) 한 벌; цайны аяга ~ 찻그릇 한 벌, 티세트; шаазан аяга ~ 도자기 хуудий ~ 자루, 부대; башин ~ 부속 건물; усны ~ 물 그릇; хоолны ~ (자루·뚜껑이 달린) 스튜냄비, (도기·금속·유리 제품의) 원통형의 그릇; бичгийн ~ (가죽으로 만든) 서류 가방, 손가방.
용기(容器)그릇에서 포도 기생식물의 싹이 나오다 сөгнөх
용기를 돋우게 되다 урамших
용기를 돋우다 өөгших, хөхүүлэх
용기를 돋움 урам, урамшил, хөхүүлэг

용기를 불러일으кыdath дайчлах, өрвийх
용납할 수 없는 тэсгэлгүй
용담속(屬)의 식물 дэгд
용담의 뿌리(맛이 쓰며, 위장약이 됨). дэгд
용도(溶度) хайлц
용두사미로 끝나다 лөө лөө болох
용맹 жавхаа, зориг; чин ~ 용맹, 담력; эрэлхэг ~ гаргах 용맹을 보여주다; дур ~ 소원, 바라는 것 хусэл ~ 열망, 포부; орох 용기를 내다, 감히 ~하다; эр ~оо чангалах 두려워하지 않은채 하다; ~ мохох, ~ шантрах 낙담하다; хатуу ~ 결단 (력)
용맹한 사람 арслан
용모 өнгө; арьсны өнгөөр ялгаварлан уээх уээл 인종 차별
용무 хэрэг, явдал
용변을 보다 бие засах
용병학 стратег, тактик
용사 баатар, өрлөг (역사) Charlemagne 대제의 12용사의 한 사람); ~ жа-нжин (각국의) 군최고 사령관
용서 없는 хахир
용서 없다(~에) хатуудах
용서 уучлал, хүлцэл
용서없는 хату, ширүүн
용서하게 만들다 шалтаглах
용서하다 өнгөрөөх, учлах
용서할 수 없는 уучлашгүй
용서할 수 있는 уучламаар, уучлаач
용솟음쳐 나옴 ундрал
용솟음쳐 나오게 하다 ундрах
용솟음쳐(쏟아져) 나오는 ундрага
용수로 усжуулалт
용수로 전문가 усжуулагч
용수철 баадуу, пүрш
용수철 식의 올гамй хавх
용암 лаав
용암층 лаав
용액의 웃물을 가만히 따르다 юүлэх
용어 нэр, томъёо; нэр ~ 전문용어,

술어; эмнэлгийн нэр ~ 의학전문용어
용어(표현)의 과장 уянга
용어수(범위) тольтой
용어풀이 толь, тольтой
용의주도하게 하다 хэрсүүлэ|х
용의주도하다 болгоо|х, хэрсүүдэ|х
용의주도한 хэрсүү
용의주도함 болгоомж, болгоомжтой
용이하게 амархнаар, өлхөн, түүртэлгүй
용이하게 바뀌다 хүүрэ|х
용이한 дөхөм
용인 концесс
용장(冗長)한 чалчаа
용접(접) гагнуур, гагналт, гагнуур; ~ салах 용접되지 않다
용접공 гагнуурч(ин)
용접기 гагнуурч(ин)
용접기사 гагнуурч(ин)
용지(집터.부지) байрлал, бууц
용케 ~하다 аргала|х
용태가 최악의 гайгүй
용해 уусгамал, уусмал, хайлалт, хайлш; давсны ~ 물속에 소금이 용해 상태로.
용해(용해)물 хайлалт, хайлш
용해(해결, 해석)할 수 있는 уусмал
용해되다 хайлмагра|х
용해된 хайлмаг, хайлмал
용해법(술) уусмал, уусгамал; давсны ~ 물속에 소금이 용해 상태로.
용해상태 уусмал, уусгамал
용해술 уусмал
용해시키다 ууса|х, уусга|х, шингэрүүлэ|х
용해하다 гэсэ|х, задарга|х, хайла|х, хайлуула|х
용해하지 않는 уусахгүй
우! лаа лаа, оо (혐오·경멸·공포 따위를 나타냄);
우(右)로 чүү
우거지다 хөгжи|х
우거진 өтгөн, шигүү(н); ~ цай 진한 녹차; ~ утаа 짙은 안개;~yc 털이 많은
우격다짐으로 죄를 인정시키다 улайлга|х
우격으로 ~시키다 албада|х, дайчла|х, тулга|х, хүчирхэ|х, цөмрө|х
우격으로 ~시키다(~에게) түрэ|х
우국지사 эх оронч
우는 гонгинуур
우는 사람 янгууч
우는소리 гомдол
우는 소리하다 гонгино|х
우단 хилэн
우두 вакцин, таридга
우두둑 까다 нужигна|х, нярдхий|х
우두둑(어쩍) 깨물다 нужигна|х, сархий|х, шажигна|х
우두머리 ахлагч, даамай, дарга, донхгор, зантгар, толгойлогч, тэргүүлэгч, удирдагч, эрхлэгч
우두머리(영수)가 되다 донхой|х
우두머리(으뜸) 걷다 донхолзо|х
우두머리가 되다 данхай|х, зантай|х
우두자국 таридга
우둔 мунхаг, тэнэглэл; харанхуй ~ 무지, 무학, 모르는.
우둔하게 행동하다 маанагла|х, мангарта|х
우둔(아둔.둔.둘.미욱.매욱.미련)하다(어리석다) мангарла|х, мохоодох, мунагта|х
우둔한(아둔.둔.둘.미욱.매욱.미련) балай, бодолгүй, гирэв, дүйнгэ, дүйрэн, иргүй, маанаг, маанагар, мангар, мангуухрал, молхи, мохоо, муйхар, мунхрал, мэргүй, тархигүй, толгойгүй, толхи, тэнэг, тэнэгхэн, ухаангүй, үхээнц, эргүү; тэр ямар ~ амьтан бэ! 그는 어리석은 사람이다.
우뚝솟다 сойло|х, сүндэрлэ|х
우라늄 уран (uranium: 방사성 원소의 하나. 외관은 철 비슷함. 방사능이 강해서 원자력의 발생에 이용됨. 라듐의 모체. 우란. [92번: U:238.029]).
우락(牛酪) тос(он)

우량(비.눈) хур; ~ буух (비.눈)이 떨어지다
우량품 чанартай, шав хийсэн
우량품질 чансаатай
우량한 ашгүй давуу, ирмүүн, сайн, сайхан
우러러보다(존경하다) оньсло|х
우레 같은 소리 аянга
우레 аянга
우레(대포) уурр улиа хурхрэ|х
우레가(대포) уурр улиа орхиро|х
우레같은 нүгээнтэй
우레같은 소리 нижигнээн
우레같이 울려퍼지는 нүгээнтэй
우렛소리 같이 울리는 аянга
우려내다 шавхра|х
우려낸 즙 ханд
우롱 элэг, доог; ~ хийх 조롱하다, 놀리다
우롱하다 ноол|ох, тогло|х, ереедүүлэ|х
우르르 떨어지다 даржигна|х
우르르 소리 나게 하다(울리다) жир жир урсах, нажигна|х, нир хийх, нүргэ|х, пажигна|х, түжигнэ|х, түрчигнэ|х, хужигна|х, хүнгэнэ|х, хүржигнэ|х, хурчигна|х, хүрчиг- нэ|х,
(~을) 우르르 소리나게 하다(울리다) торчигно|х
우르르 소리내며 무너지다(망가지다, 깨지다, 부서지다) нир хийн унах
우르르 울리다 лужигнэ|х, нижигнэ|х, нирхий|х
우르르 움직이다(떨어지다) тарчигна|х, харжигна|х
우르르(덜거덕) 소리(를내는) түжигнээн
우리 манн
우리 가족으로부터 манайхас
우리가(는) манн
우리가(는)(첫째 사람) бид(эн)
우리들의 бидний, маань, манай, маний
우리스스로 өөрсөд
우리스스로가 өөрсдийн

우리의 бидний, маань, манай, маний, мань; тэд нар бол ~ найзууд 그들은 우리의 친구이다; ~ сургууль 우리들의 학교; ~ улс 우리들의 나라; ~ төлөвлөгөө бие-лсэн 우리들의 목적을 이루다; байр олтлоо ~д сууж бай 당신은 우리가 머물 동안 당신 자신의 좌석을 찾아야한다; ~ өвгөг 동무, 친구; ах ~ 나의 형; багш ~ өвчтэй байгаа 우리의 선생님 불쾌해졌다
우리의 것 биднийх, манайх; ~ тэнд байна 저 넘어있는 집은 우리의 것이다; эдгээр номнууд ~ 저기 책들은 우리의 것이다; ~ тэднийхээс том 저들의 것보다 우리의 것이 더 크다; манайхаар ороод хоол идээд яв 우리 집에서 저녁을 멈추게하다
우리의 것으로부터 манайхас
우리의 비디오를 가지고 와서 보자 - 그것은 아주 새로운 манай цоо шинэ видвог ирж үзээрэй
우리의 사람 манайхан
우리자신 의하여 өөрсдөөө
우리자신 өөрсдийн, өөрсөд
우리편; туунийг манайхны нэг гэдэг 그는 우리와 같이 그들을 주목(유의)하다; ~ одоо ириэ 우리의 사람은 곧 올 것이다; манайхны ухэр нугад бэлчиж байна 목초지 안에서 방목하는 소들은 우리의 가족이다
우모(羽毛) өвөг, сөдлөг; шувууы ~ 새머리의 깃, 볏들
우무 царцаамал
우묵하게 되다 хүнхий|х
우묵한 ёнхгор, ёнхор, хонхор, хоттор, хөгдий, хүнхгэр
우묵한 곳 гүу, хонхор
우묵한 눈이다 хөнхий|х
우물 худаг, цооног
우물 두레박 ховоо
우물쭈물하는 ойг, сунжуу, ужиг

우물쭈물 오래 머무르다 хурга|х
우물쭈물(어정버정) 보내다 ужигла|х
우물쭈물하다 холхи|х
우미(우아)하다 гунха|х
우미하게 걷다 даналза|х
우미하게 되어가다 гунхалза|х
우미한 гоёхон, гүн, гунхгар, жирвэгэр, зэнзгэр
우미한(단아한) голшиг; ~ уээмжтэй 외관이 훌륭한, 좋아 보이는.
우박(雨雹) мөндөр; ~ цохих 우박을 맞다; ~ буулгах 비가 퍼붓다; ургац ~т цохиулжээ 농작물에 우박이 때리다.
우발(偶發)의 дайвар
우방(牛蒡) даливс
우사(牛舎) зүчээ
우산 шухэр
우산을 접다 хаалтгай, чигжи|х
우상 сахиус
우선 анх(ан), дээр
우선 무엇보다도 дав ын өмнө, урьдал
우선(중요)사항 урьдал
우선권 урьдал
우세 ашиг, ноёрхол, хожоо
우세(우월)한 기회를 잡다 хийдүүлэ|х
우세하다 голдо|х, ноёло|х, ноёрхо|х, тархила|х
우세한 булиа, идтэн, ирмүүн, иртэй, тархмал, тэнхээтэй, хүдэр, хүчирхэг, хүчит, хүчтэй
우송하다 явуула|х
우수(성) дуурьсгал
우수성 яс; ~ чанар 양질의 소성, 우수성; ~ муутай 열등의; ~ сайтай 높은 자질.
우수한 гарамгай, гоц, давуу; ~ зэрэг 최상급; ~ чанар 우월, 우위, 탁월, 유수; ~ сайн 우수한 상품(물건).
우스꽝스런 марзан
우스꽝스러운 алиа
우스운 алиа, донгио, зугаатай, инээдтэй, инээдэмтэй, мааз, хөгтэй, шог

우슬(牛膝) хачиг, хувалз
우승마의 "타이틀"을 선언하는 사람 морь цоллогч
우승배 цом
우승자 түрүүлэгч
우승컵 цом
우승후보 дорсгор
우아하게 걷다 даналза|х, дэгжрэ|х
우아하게 되어가다 гунхалза|х
우아한 ганган, гоёхон, гүн, гунхгар, дунигар, жирвэгэр, зэнзгэр, наринь;~ амтгай оройн зоог 우아한 만찬; ~ урлал 좋은 솜씨(기량), 훌륭한 기술.
우악스러운 болхи
우악스럽게 арзгар
우애 өлзий
우엉 даливс (국화과의 두해살이풀. 높이 약 1m. 육질의 뿌리는 식용, 열매는 이뇨약).
우역(牛疫) мялан(г)
우역(우질)에 병들다 мялантa|х
우역(우질)을 앓다 мялантa|х
우연 тохиол
우연의 일치 тохиол
우연의 дайвар, магатлашгүй
우연한 санамсаргүй
우연히 зэрмэгхэн, санаандгүй, санамсаргүй, тохиолтлоор
우연히 ~하다 боло|х, тохио|х; хурал ~ 우연히 만나다
우연히 만나다 дайра|х, харши|х
우연히 만나다(~와) аялда|х, дайралда|х, тааралда|х, тохиолдуула|х, тулгара|х, учра|х
우연히 목격하다 харгалза|х
우연히 발견하다(~와) ноцо|х
우열을 겨루다 байлда|х, булаалцалда|х, дайла|х, дайта|х, нанчилда|х, тэмцэ|х
우와(雨蛙) мэлхий
우우하며 야유하다 хүнгэнэ|х
우울 дэлүү(н), мятрал
우울(울적)하다 гутра|х
우울증 гуниглал, мятрал

우울증의 괴로움(고통) үлэг
우울하게 하다 дарамтла|х
우울하다 гонсой|х, гуни|х
우울한 얼굴(표정) морчгор
우울한 표정 гундмал
우울한 баргар, дүнс(эн), урвагар, хуйсгар
우원(迂遠)하고 번거로운(표현. 절차) гажуу, тойруу
우월 ашиг, ноёрхол, хожоо, эрхшээл
우유 음식의 접시 цагаалга
우유(牛乳) сүү(н); ~тэй цай 녹차에 우유를 탄(섞다); суун шуд 젖니, 배냇니, 츠치(齔齒), 유치(乳齒); суу тэжэ- элтэн 포유동물, богшоосон ~ 연유(煉乳); борцолсон ~ 분유
우유(젖.모유)을 주다 ивлэ|х
우유물로 요리한 오트밀 зутан(г)
우유가 끓다 суу хөөрүүлэ|х
우유가 픽픽하고 끓다 суу хөөрүүлө|х
우유로 부터 만든 브랜디 арз
우유를 혼합한 물 цийдэм
우유를(크림을) 교유기로 휘젓다 (휘저어 버터를 만들다) бүлэ|х
우유부단 дуншаа, хэлбэлзэл
우유부단하다 бөөрөнхийлө|х, саармагла|х, саармагта|х
우유부단한 сааруу, туйлбаргүй, туушгүй
우유부단해지다 булбий|х
우유식품으로 조제한 크림 хайлмаг
우유에 차를 더(추가, 포함)하다 сүлэ|х
우유의 뻑뻑한 더껑이 зөөхий
우의(寓意) ёгтлол
우의(寓意)의 ёт
우인(偶人) кукла, наадгай, хүүхэлдэй
우정 барилдлага, найр, найрамдал, нөхөрлөл, ханш; ~ тавих, ~ өгөх ~에게 양보하다, 타협(화해.절충)하다; ~ засах ~에 찬성하다; тэр миний хүүтэй ~тай сайн байдаг 그는 나의 아들에게

우호적이다; хайр ~гүй 무자비하게, 냉정하게, 잔인하게; ах дүүгийн ~ 형제 같은(다운)관계; махчусны ~ 혈연관계
우정이 없는 ханшгүй, эвгүй
우주 замбуулин(г)
우주(의) сансрын
우주(행성간의 공간) сансар
우주론(의) сансрын
우주만물 ертөнц; ~өд хун болж төрөх 태어나다; нарны ~ 은하, 은하수; адгуусан амьтны ~ 동물군, 동물구계(區系); ургамлын ~ 식물계; нөгөө ~ 다음 세계, 내세.
우주의 далай
우주적인 далай
우중충한 багир: ~ хар; борлог
우즈베키스탄 чантуу (중앙아시아국가의 하나: 수도는 Tashkent).
우즈벡 부하라의 옛날 이름 сартуул
우지끈(우지직) 부수다 нужигна|х, сархий|х, шажигна|х
우질(牛疾) мялан(г)
우쭐대는 сайрхуу
우쭐하는 ёнттор, нэрэлхэг
우쭐하다 додий|х, ёрги|х, оодро|х, томорхо|х
우쭐한 бардам, данхар, додигор, ёргио, сайрхагч, томорхог
우천(雨天) бороо(н)
우체국(郵遞局) шуудпн, өртөө; морин ~ 갈아타는 말, 역말; авто ~ 모터 교체 서비스; ~ний алба 우편배달의무
우축(羽軸) иш
우툴두툴하다 арзай|х
우툴두툴한 сагсгар; ~ ус 헝클어진 머리; ~ мод 엉기정기 가지가 난 나무.
우툴두툴한 지역 аараг
우툴두툴한(껄끄러운) 가죽(말·당나귀· 낙타 가죽으로 만듦) сайр
우편 요금의 인지 марк
우편 제도 шуудпн
우편 중계국 өртөө

우편 шуудпн
우편물 шуудпн
우편의 소인(消印) им; ~ тамга 우편의 소인; ~тэмдэг 기호, 부호. 표시.
우표 марк
우표첩의 종잇조각을 (우표를)붙이다 нугасла|х
우호 барилдлага, найрамдал, нөхөрлөл
우호(관계) найр; ~ тавих, ~ өгөх ~에게 양보하다, 타협(화해.절충)하다; ~ засах ~에 찬성하다; тэр миний хуутэй ~тай сайн байдаг 그는 나의 아들에게 우호적이다; хайр ~гуй 무자비하게, 냉정하게, 잔인하게.
우호적으로 말하다 гүнгэр ганнар хийх
우호적이 되다 найзлуула|х
우호적이다 найзарха|х, саймшра|х
우호적이지 않는 хөндийхөн
우호적인 найзархаг, найрамдалт, найртай, нөхөрсөг, талархаг, ханштай, эвтэй, элэгсэг; тэр ~хун шуу 그의 우호적인 사람
우화(寓話) ёгтлол
우화적(인) ёт; ~ уг 우의(寓意), 풍유(諷喩), 비유, 우화; ~ улгэр 꾸며낸 이야기; ~улгэр зохиогч 우화작가, 우화를 들려 주는 사람.
우환(憂患) өвчин
우회(迂廻·迂回) гороо, сөдлөг
우회로(路) гороо, сөдлөг
우회하는 тойруу
욱다 хонхой|х
욱신거리는 아픔 харвалт
욱신욱신(따끔따끔) 쑤시는 дайр, хөндүүр, эмзэг
욱신욱신(따끔따끔)쑤시다 хөндүүрлэ|х
욱이다 хотолзо|х
운 나쁘게 ядахдаа
운 좋은 үйлстэй
운(運) жавшаан, заяа(н), зохиол, тавилан, төөрөг, үйл, хувь, хутаг

운동 кино, спорт, ухуулга, хөдлөл, хөдөлгөөн, явалт
운동가 тамирчин; авьяаслаг ~ 만능 스포츠맨; эмэгтэй ~ 여자 운동가
운동경기 атлетик
운명 жавшаан, заяа(н); улс срны хувь ~ 나라의 운명(숙명); хувь ~ндаа баярлах 자기의 운명을 감사하다; хувь ~ны эрхээр 운명에 의하여(장난); бидний ~ мэдэг 어떤운명의 별이 우리의 것인지 모른다; ~муут 불행한, 불운한; амар ~ уэуулэхгүй ~의 평화를 깨뜨리다.
운명 зол, зохиол, тавилан, төөрөг, үйл, хувь, хутаг; хувь ~ 운명, 숙명; тэр эргэх ирэх ~гуй байх дээ 그의 운은 되돌아오지 않았다.
운명(숙명)에 맡기다 даатга|х
운명(운수)를 말하다 мэргэлэ|х
운명으로 정해지다 зая a|x
운명이 되다(~할) тохиолдо|х
운명이 징해진 заяатай, учралт; тэр сайн явах ~тай хун дээ 그는 성공적인 삶이 예정되어 있는 것으로 생각되다.
운명지어지다 заяа|х
운모 гялтгануур (雲母: 단사 정계(單斜晶系) 육각판상의 결정으로 규산염 광물. 화강암 중에 흔하며 잘 벗겨짐;백운모·금운모·흑운모의 3종이 있는데 내화성(耐火性)이 강하며 전기 절연성이 있음)
운문 шулэг, найраглал
운반 дамжлага, тээвэр
운반(운송)하다 зөө|х, тээвэрлэ|х, хүргэ|х; манай уйлдвэрийн бутээгдэхууний Улаанбаатар руу төмөр замаар зөөдөг 우리 생산품은 울란바토르 공장으로 부터 철도에 의하여 운반되어진다; гэрийн тавилга унаагаар ~ 가구(세간)은 4륜 짐마차에 의하여 옮기다; хов ~ 험담(잡담)이 퍼지다(번지다).
운반기(장치) зөөгч
운반되다 явагда|х

운반용의 곤포(梱包) баглаа
운반인 дамнуурчин, зөөгч
운반장치 конвейер
운반차 тээгч
운반하기위해 정리정돈하여 보자기에 싸다(감싸다, 포장하다) ваадагна|х
운반하는체 하다(~을) зөөмөр болох
운반하다 дамжуула|х, зөөвөрлө|х, өгүүлэ|х
운반할 수 있는 авсаар, бэсрэг, зэлгээн
운석(隕石) солир
운송 зөөвөрлөлт, илгээлт, тээвэр, хөсөг
운송(업)자 зөөгч; хоол ~웨이터, 웨이트리스; ачаа ~ 항만 노동자, 부두 인부; шуудан ~ 우편물집배인, 우체부.
운송(의) 능력 даац
운송인 жинчин
운수 жавшаан, заяа(н), зол, тавилан, төөрөг, хувь
운수 나쁜 날 час ө дө р
운수(수송)기관 уналга
운수(運數) зохиол; хувь ~운명, 숙명; тэр эргэх ирэх ~гүй байх дээ 그의 운은 되돌아오지 않았다.
운수회사의수송부(여객부)장 диспетчер
운에 내맡기는 зовлонгүй, хэнэггүй
운영비 төсөвлөл
운용하다 ахла|х
운운 зэргээр, мэтчилэн
운율 айзам
운이 나쁜 заяагүй
운이 없는 бүтэлгүй, золгүй, үйлсгүй, үйлтэй, хувьгүй
운이 좋은 ерөөлт, хувьтай
운이 좋은 것 жавшаан
운전 гүйлгээ, үйлдэл
운전(상태) явалт
운전(조종)하다 жолоодо|х; удиран ~ 지도하다; нисэх онгоц ~ 항공기를 조종 하다; машин ~ 자동차를 몰다.
운전사 жолооч

운전하다 гарда|х
운좋은 жаргалтай
운지(雲脂) хогжруу
운행 явалт
울 ноос(он), унгас, хавсралт, хашаа(н), хашлага, хороо, хүрээ(н)
울(담)을 하다(~에) хорооло|х
울(모직.울) ахар
울게 하다 уйлуула|х
울기 уйлаан
울다 мэгши|х, үгээрлэ|х, уйлагна|х, уйлалда|х, хангина|х; мэгшин уйлах 흐느껴 울다, 흐느끼다.
울려 퍼지는 дуутай, сонсголонтой
울려서 알리다 жигэнэ|х, хонгино|х, цангина|х
울려서 알리다(~을) хангина|х
울려퍼지는 хангинуур
울려퍼지는 소리 тасхийм хуйтэн
울려퍼지는 추운날씨 일어나다 хангина|х
울리게(울려 퍼지게) 하다 хада|х
울리기 дуут
울리는 хангинуур
울리는기관(목청) 사용하다 хөөмийлө|х
울리는 소리 нүргээн
울리다(~을) шугэлдэ|х
울림 авиа, анир, дуу(н), дуут, дуутай, өнгө
울먹이다 гон гонхийх, гонгино|х, гунгана|х, яргала|х
울병(鬱病) мятрал
울병(鬱病)으로 고생 үлэг
울부짖는 уйлаан
울부짖는 소리 орилоон
울부짖다 гинши|х, тачигна|х
울부짖음 орилоон
울어서 나타내다 үүрсэ|х
울을 하다 бөгжлө|х, хавсарга|х, хаши|х
울음 섞인(울먹이는) 소리를 내다 гоншгоно|х, гуншгана|х
울음소리가 나다 тагши|х

울적한 баргар, дүнс(эн)
울적한(침울한) 분위기 дүнсгэрдүү
울적함 гуниглал
울쩡 гацаа, хайс
울창한 лүглэгэр
울타리 모양의 것 хашаа(н)
울타리 гацаа, хавсралт, хайс, хашаа(н), хашлага, хороо, хүрээ(н)
울타리로 구획하다(가르다) далдавчла|х
울타리로(를) 두르다(치다) хашаала|х, хаши|х, хорооло|х, хайсла|х
울퉁불퉁하게 하다(되다) холцруута|х
울퉁불퉁하다 догонцо|х
울퉁불퉁하지 않게 되다 хавтгайра|х
울퉁불퉁하지 않게 만들다 хавтгайла|х
울퉁불퉁하지 않은 жалбигар, мялгар, мялтгар, таларxaг, таларxуу, хавтгай, хамшаа, хамшгар
울퉁불퉁한 바위 хавцгай, хад(ан), цохио
울퉁불퉁한 지대 аараг
울퉁불퉁한 지면 дэгэн догон хийсэн газар
울퉁불퉁한 지형 энхэл тонхол
울퉁불퉁한(험한) арсгар, арзгай, барсгар, гувгар, дэгэн догон, дэншээ, ирчгэр, орсгой, хэлбүү
울퉁불퉁함 дэнэлгээ, өө
울화 дэлүү(н)
욺 дуут
움 нахиа(н), сүөө
움(새싹) найлзуур
움(지하실) зоорь
움(지하실)에 저장하다 зоорило|х
움직거리다 гүрвэлзэ|х
움직이게 만들다 шаги|х
움직이기 쉽다 тогтворгүйтэ|х
움직이기 쉬운 оромтгой, савсаг, тусамтай, хөдөлгөөнтэй, явуулын
움직이기 쉬운 정(情)에 무른 өртөмтгий
움직이는 уяралтай, хөдөлгөөнтэй

움직이다 дадгана|х, далбалза|х, давшуула|х, данхалза|х, донхолзо|х, жомбогоно|х, нөгчи|х, нүүлгэ|х, өгүүлэ|х, өнгөрө|х, өртөөлө|х, паадалза|х, чиглэ|х, уяруула|х, холдуула|х, хөдөлгө|х, шилжүүлэ|х; толгойнь ~ 우두머리를 흔들다
움직이다(~을 옮기다) ава|х; малгай ~ ~에게 모자를 벗다, 경의를 표하다; үс ~ 이발하다; хумс ~ ~손톱(발톱)을 깎다; эмээл ~ 말을 타고 움직이다; (~으로,~을)움직이다(옮기다.이전.이동 시키다); аваачи|х, өлө|х; аваачиж егех ~의 금액으로하다; дуудаж ~ 되부르다, 소환하다, 귀환시키다, 리콜하다; урьж аваачих 초청하다, 초대하다; цаазаар ~ (법률을)집행(이행, 시행)하다
움직이지 않게 만들다 тээглүүлэ|х
움직이지 않는 дампу, сортоогүй, суурин, хөдөлшгүй, хөдөлшгүй
움직이지 않는다 тогто|х
움직이지(변하지) 않는 зогсонги, хөдөлгөөгүй; ~байдал 부동, 고정
움직일 수 없는 зогсонги, хөдөлгөөгүй
움직임 кино, хөдлөл, хөдөлгөөн, явалт
움직임이 느린 няльцгар
움찔하다 сочи|х
움츠러들다 хүлтэгнэ|х, хяра|х
움츠리다 аяла|х, давхий|х, далдира|х, далдира|х, далдичи|х, мурчий|х, сочи|х
움켜잡다 барии|х
움켜쥐다 барии|х, булаа|х, шуурэ|х
움켜쥠 барьц
움푹 꺼지게 되다 хүнхий|х
움푹 꺼진 ёнхгор, ёнхор, төхөм, хонхор, хотгор, хүнхгэр
움푹들어가게 되다 хонхой|х, хүнхий|х
움푹들어가게하다 хонхойло|х, цөмлө|х
움푹 들어간 눈 хөнхгөр
움푹 들어간 눈을 가지다 хөнхий|х
움푹 들어간 ёнхгор, ёнхор, хөнхөр, хүнхгэр

움푹 팬 곳 хонхорхой, цөмөрхий
움푹 꺼진 хөгдий
웃게 만들다 инээлгэ|х
웃기다 зугаала|х, хөгжөө|х; эмэгтэй хүүхдүүдтэйгээ зугаалахаар гарлаа 그녀는 어린이와 산책 나가다
웃는 얼굴 инээмсэглэл, мишээл
웃는 투 инээд(эн); ~ алдах уйсмборг терзидэ; ~ хургэх ~를 웃게 하다; ~ хурэх ~을 웃다; ~хурмээр 익살맞은, 우스운; ~ хурэхгуй байна 나는 재미없다(즐겁지 않다); ~ муутай 쉽게 웃는다; хөх ~ нь хурэх 조소받고 있다, ~을 비웃는다.
웃더껑이 хавхаг
웃돌다 түрүүлэ|х
웃옷의 어깨심 жийрэг, ивүүр
웃으며 떠드는 наргиантай
웃음 инээд(эн), инээдэм, инээмсэглэл, мишээл; ~ алдах уйсмборг терзидэ; ~ хургэх ~를 웃게 하다; ~ хурэх ~을 웃다; ~хурмээр 익살맞은, 우스운; ~ хурэхгуй байна 나는 재미없다(즐겁지 않다); ~ муутай 쉽게 웃는다; хөх ~ нь хурэх 조소받고 있다, ~을 비웃는다.
웃음가마리 даапаа
웃음거리(감) инээдэм
웃음거리가 되다 тэнэгтэ|х
웃음소리 инээд(эн), инээдэм; ~ алдах уйсмборг терзидэ; ~ хургэх ~를 웃게 하다; ~ хурэх ~을 웃다; ~хурмээр 익살맞은, 우스운; ~ хурэхгуй байна 나는 재미없다(즐겁지 않다); ~ муутай 쉽게 웃는다; хөх ~ нь хурэх 조소받고 있다, ~을 비웃는다.
웃음소리를 일으키다 инээлгэ|х
웃음을 웃다(~한) мишээ|х
웃음을 유지하려고 노력하다 инээдээ барьж ядах барии|х
웃음의 원인이 되다 инээлгэ|х
웅대 жавхлан, сүр; ~ жавхлан 위엄(장엄); нэр ~ 권위, 권력; ~ бадруулах 젠체하고, 거드름부리다
웅대한 даа, жавхлант, ихэмсэг, сүрлэг
웅덩이 шалбааг
웅변가 илтгэгч
웅변의 амтай
웅성(雄性) 동식물 эр
웅얼거리다 ная ная хийх нял
웅예 дохиур
웅크(그)리다 навтасхий|х
웅크리(고 털썩 앉)다 палхай|х
웅크리다 бөгтий|х, бөгцгөнө|х, дохий|х, навтай|х, нахий|х, нахисхий|х, нугдай|х, тахий|х, тонгой|х, түгдий|х, хүгдий|х, хүлтэгнэ|х
웅크린 гэгдгэр, навтгар, налчгар, палхгар
워시보드(금속 빨래판을 손톱으로 튀기는 악기) нидрэг
원(圓) дүгрэг
원 гортиг, дугариг, дугуй, тойрог, төргөр, цагариг
원(구.원통)형의 것 дүгрэг, дугуй, төргөр; ~ царайтай 둥근 얼굴; унадаг ~ 자전거; моторт ~ 모터스쿠터; ~н уралдаан 자전거 경주, 싸이클 레이스; ~ сар 보름달, 만월, 둥근달, 백옥반 (白玉盤)
원 상태(습관으)로 되돌아가다 үдрэ|х
원(구의) 반지름 радиус
원(원주)를 그리다(제도하다) гортигло|х
원(원주) буслуур
원가 өртөг; э э рийн ~ 기초 원가(原價), 매입 가격; хэрэг-лээний ~ 사용 가치; нэмуү ~ 잉여 가치.
원가 үнэ
원가계산 өртөгтэй
원거리(먼 데) 여행 할 수 있는 холч
원거리(먼 데) газар; өдэрчийн ~ 여행 귀갓날의 도착장소; харааны газраас 얼마간 떨어져서, 멀리 떨어진(곳에);
원경 дэвсгэр

원고 бичмэл
원고(서적을) 제본(장정)하다 товхи|х
원고(原告) заалдагч, нэхэгч, нэхэмжлэгч
원고를 간략하게 하다 хаса|х
원고를 손질하다 радакторла|х; сонин ~ 신문을 편집 발행하다
원근 화법의[에 의한] алслал
원금 бэл, гургуул, капитан; гуйлгээний ~ 유동자본; үндсэн ~ 고정자본; худалдааны/санхүүгийн 상업/재정상의 자본; байнгын/хувьсах 불변/유동 자본
원기 왕성하여 사용하다 хүчирлэ|х
원기 왕성한 данагар, тамиртай
원기 залуус, тамир, эрчим
원기(용기)를 북돋우다 сэргэ|х
원기둥 борто
원기를 되찾다(먹거나 마시어) сэрүүцэ|х
원기를 북돋우다 зоригжуула|х; тууний хэлсэн үг ард түмнийг зо-ригжуулж байв 그의 말은 국민에게 원기를 복돋웠다
원기왕성하고 팔팔한 тэнхлүүн
원기왕성하다 гялалза|х
원기왕성한 залхуугүй, идэвхтэй, шуурхай
원기좋은 тачаангүй
원동기 мотор
원래 уг
원래는 урьд
원령(怨靈) сүг, сүнс, чөтгөр
원로(격)의 настан, өтгөс, хөгшид
원로원 의원 сенатч
원료 холио, хольц
원료 공급국(지) нийлүүлэгч
원리 зарчим, иш, онол, теори; хэ жмийн ~ 음악적인 이론; Дарвиний аажим хувь- слын 진화론의 다윈이론; ~ын бага хурал 이론(상)의 회의; ~ын Физик ион 물리학; Эйнштэйны харьцангуйн ~ 아인슈타인의 상대성 이론.
원리원칙으로 하고 있다 зарчимт(ай)
원망(願望) ир, таалал, хорхой
원무곡 вальс
원본을 흉내 내다 загварда|х
원뿔 конус (圓—: 원의 평면 밖의 한 점 (頂點)과 원 위의 모든 점을 연결하여 생긴 면으로 둘러싸인 입체)
원뿔- шовгор
원뿔꼴 конус
원뿔꼴의 것 конус
원뿔꼴의 모양을 하다 хоовой|х
원뿔꼴의 모양을 한 хоовгор
원뿔의 모양을 한 나무통 안에서 증류하다 ьурхээр
원뿔체의 모양을 하다 хоовой|х
원뿔체의 모양을 한 хоовгор
원뿔형의 건초더미 дүйз
원사 хошуучла|х
원서 анкет
원소 махбод
원수 дайсан, өстөн, өшөөтөн
원수갚기 өс, өшөө
원숙 болц
원숙하게 하다 боло|х, боловсро|х
원숙하다 өтлө|х, хөгшрүүлэ|х
원숙하여 가다 хөгшрө|х
원숭이 мич(ин), мэч(ин), сармагчин
원숭이(의후.목후.미후.호손) бич(ин)
원숭이가 캑캑소리지르다(울다) дужигна|х
원숭이가 캑캑 울다 бавчи|х, дэлүүрэ|х, лавши|х
원숭이의 앞발 гар
원시적인 будуулэг
원앙새(동아시아산) ангир
원예가 цэцэгчин, цэцэрлэгч
원운동을 하다 орчи|х
원의 호(弧) хэрчим
원인 боло|х, гарал, гарвал, дашрам, ёзоор, жиг, иш, орвон, сурвалж, уг, үндэслэл, урхаг, үүсвэр, үүсгэл, хэт,

шалтаг, шалтгаан, эх, язгуур
원인으로(~이) улмаас
원인을 나타내는 учиртай
원인의 учиртай
원인이 되는 учиртай
원인이 되다(~의) авуула|х, амсуула|х, дагуула|х, амаржи|х, амтшуула|х, нисгэх, няpайла|х, тоолуула|х, төрө|х, хөнгөрө|х
원인이되다(~의)(일으키다) ажиллуула|х
원자 입자의 가속 장치 хурдасгуур
원자 atom; ~ын жин 원자량(略: at. wt.).
원자로 중의 반사재(체) тусгагч
원장 комендант
원정 экспедиц, цэцэрлэгч
원조 дэмжлэг, жийрэг, туслалцаа, тусламж, тэтгэлт, хамжаа
원조(도움, 조력)를 받다 туслуула|х
원조(조력)하다 тусла|х
원조자(옹호자.찬성자) баримтлагч, дагалдагч, үзэлтэн, хамсаатан
원조하다 дэмжи|х, дэмнүүр, дэмнэ|х, нэмэр, өөгши|х, тэтгэ|х, тэтгэмжлэ|х
원조하다(~에) түшиглэ|х
원주 багана, гортиг, дугариг, дугуй, тойрог, төгрөг
원주두(圓柱頭) 관판(冠板) бодох мохлиг
원주민의 뒤축 없는 신 чархи
원진(圓陣) дугариг, тойрог
원천 булаг, гарал, гарвал, иш, сурвалж, уг, үүсвэр, үүсгэл, хэт, эх, язгуур
원추(圓錐) конус
원추 꽃차례 хамхуул (총상(總狀)꽃차례의 하나. 꽃차례의 축이 일회 내지 수회 갈라져 마지막 각 분지(分枝)가 원뿔꼴을 이루는 꽃차례. 대나무·옻나무 등의 꽃),
원추체 конус
원추화서(圓錐花序) хамхуул
원칙 зарчим, эрх; зармын хувьд 원칙적으로, 이론적(상)으로; ~ч хун 절조 있는 사람; зарчмын асуу-дал 원칙적인 질문; зарчмын хувьд санал зөрөх 원칙적인 질문의 불일치; зуй ~ 규칙,规정, 법규, 조례.
원통상(狀) 확대 광학기계(기관지경·방광경 등) авай: дуран ~, телескоп
원통형(반원형, 호상(弧狀))의 дугарикдуу, бөөрөнхий, мондгор; бөв ~ төмү 원통형으로 하다;
원하는 дурламаар, хүсмээр
원하는 것 хүслэн
원하다 гэ|х, дур, дурла|х, дурши|х, суруула|х, хүсэ|х
원하다(~에게) гуй|х, туни|х
원한 ааархал, дэлүү(н), өшөө, хонзон, хоросл, эрээн
원한을 품다 ёжло|х
원한을 품은 ёжтой
원형 дугариг, хээтэй, цагариг, загвар, үлгэр; зуувал ~ таван형, 긴둥근꼴, 장원형; ~ царайтай 둥근 얼굴.
원형물의 가장자리 мөөр
원형을 모조(위조)하다 загварда|х
원형의 것 буслуур, дугариг; гэрийн 머리끈 두르기.
원형의 골격 хорол
원형의 бөөрөнхий, дугарикдуу, мондгор
원형질 протоплазм (原形質: 생물체의 세포를 구성하는 기초 물질. 세포 내에서 생명 활동의 기초가 되며 모든 생활 현상을 영위하는 물질《핵과 세포질로 나뉨》)
원호 хамжаа
원호하다 хаацайла|х
원후(猿猴) бич(ин), мэч(ин)
월(月) сар(ан); заримдаг ~ 반달; тэргэл ~ 보름달, 만월; ~ хуучрах (달이) 이지러지다; ~ хавьслах 새로운 달이 솟아 오르다; ~ баригдах (달의) 월식 ~тай шө нө 달빛에 비친 밤, 달빛어린 밤; ~ны туяа 달의 빛을 발하다; ~ны гэрэл 달빛
월경기간 бие нийюм
월귤 нэрс(эн) (越橘: 진달랫과의 작은 상록 관목. 높은산지에 남. 높이 30cm가량.

초여름에 빨간 작은 꽃이 피고 수분과 살이 많은 열매는 빨갛게 익어 신맛을 내며, 날로 먹거나 과실주로 담가 먹음.)
월귤나무 алирс
월귤나무속(屬)의 일종 нэрс(эн)
월급 цалин
월동준비의 쇠(양)고기 내장 хярамцаг
월동하다 намаржаала|х, өвөлжи|х
월등하게 좋은 зүйрлэшгүй; ~их 셀 수 없을 정도로 많은.
월력(月曆) календарь
월연(越燕) хараацай
월요일(月曜日) Даваа, сумьяа
웨이퍼(살짝 구운 과자의 일종) өрмөнцөр
웬만큼 дуль, дунд
웬만한 гайгүй, галбын, зүгээр, тов хийх
웬일인지 чүү ай
위 гэдэс(эн)
위(胃) гүзээ(н), харвин, ходоод(он); ~ сүүх 배를 째다
위(胃)가 가득차다 гэдэслэ|х
위(장)안의 가스 унгас
위(쪽)에 дээдэх
위(쪽)에(~의) гаруй, дээдэх
위(쪽)으로 дээш; ~ өргөх 들어 올리다; ~ суух 영광의 자리에 앉다; ~ дэвшүүлэх 진전(진척)시키다, 장려하다; ~ татах 구원의 손길을 펴다; зуугаас ~ 다수의, 수백의.
위(쪽으)로 өөд
위가 퉁퉁하다 гэдэслэ|х
위관(偉觀) жавхлан; цог ~ 화려, 장관; сүр ~ 위대함
위구르 사람 урианхай
위구르 사람(말)(의) Уйгур
위구르족(의)(터기계의 부족) Уйгур
위기 хямрал
위대(함) сүлд, сүр
위대하게 ихээр
위대한 аврага, аугаа, лут, суут; ~ том 거인 같은, 어마어마한; ~ загас 상어, 탐욕스러운 사람, 고리대금업자, 악착같은 지주; ~ могой боа(구렁이), 왕뱀, 비단뱀; 이무기; ~их 위대한, 거대한; ~ хучин 초자연의 힘
위도(緯度: 씨도) өргөрөг
위독상태 хямрал
위독한 гэмтэй
위로 구부리다(~의) бөгтий|х
위로 올리다 босго|х, өмгийлгө|х, өргө|х, өсгө|х, шуу|х
위로 향하게(젖히게) 하다 атируулла|х
위로 향하다 ээтий|х
위로 향한 өндрөөшөө
위로 тохь, тух
위로(끌어)올리다 годойлго|х, ахиулла|х, ахи|х
위로(위쪽으로) 향한 өөд, өөдөө
위로를 주지 않다 тавгүйдэ|х
위로하다 өөгшүүлэ|х, тайдгаруула|х, хөгжөө|х, эмгэнэ|х
위로할 길 없는 тайгаршгүй
위를 지나쳐 가다(- 의) нөмрө|х
위를 향해서 가도록 허락하다 өөдлүүлэ|х
위를 향해서 дээш, өндрөөшөө
위무(慰撫)자 эврэлэгч
위반 дуугааргүй, зөрчил, нүгэл; ~ буян 죄와 축복(은총); ~ хийх 죄를 짓다; ~ хийсэн (종교·도덕상의) 죄인, 죄 많은 사람.
위반(위배. 위괴)하다 гажи|х
위반자 зөрчигч; хууль ~ 법의 위반자
위반하는 дуугааргүй
위반하다(명령·규칙을·) адайрла|х, гажи|х
위배 зөрчил
위배자 зөрчигч; хууль ~ 법의 위반자
위법 гулдрил
위법 행위 коррупции
위법의 нэглий
위법행위(독직) авилгал
위병 манаа, хамгаалагч, харуул, хилчин,

хуяг; ~ манах 경계하다; ~нд гарах 보초 서다, 지키다; ~ хийх 망을 보다; ~ны шовгор보초막, 초소

위부(胃腑) гэдэс(эн), ходоод(он)
위생(상)의 ариун
위선(緯線: 씨줄. 위도선) өргөрөг
위선(자)적인 гоёч, засдаг; ~ авир 사기꾼
위선의 гоёч, засдаг, хуурмаг
위선적인 태도를 취하다 гоёмсоглох, гоёмсгмолох, гоёчлох, гуйгуурлах, засдаглах
위선적인 행동 танхилзах
위선적인 행위를 하다 гоёчлох
위스키를 증류하여 만들다 ьрхээр
위신(권위) мэдэл, засаглал; хууль тогтоох ~ 입법권, 입법(상)의 권위.
위안 тохь, тух
위안(낙)이 없다 тавгүйдэх, тухгүйдэх
위안물(진통제) гүгул
위안의 장소 баянбурд
위안의 тавлаг, тохилог, тохьтой, төвхнүүн, тухлаг
위압 албадлага
위압하는 сүртэй
위압하다 мундаглах, харуулдах
위약금 торгууль
위엄 있는 жавхлант, сүрлэг, сүртэй
위엄 сүр, хүнд, хэргэм; ~ жавхлан 위엄(장엄); нэр ~ 권위, 권력; бадруулах 젠체하고, 거드름부리다
위엄(관록,품위)있는 хутагт
위엄을 부리는(거동·표정) цардмал
위엄이 있는 ноёлог
위엄있게 ихэмсэг; ~ зан 오만, 거만, 건방짐
위에 거슬리는 зэвүүн
~위에 또 дагуул, дээр; ~эд 신부의 혼인 지참금, 혼수 옷가지, 혼숫감; хуухэд 의붓자식,(비유로) 따돌림받는 사람; хиймэл ~ 위성; 인공위성

위에 또하다 дайварлах
위에 매달려있다 сөхөх
위에 산더미처럼 쌓다(~을) овойлох, товхойлгох
**위에 дээш, өөд
~위에 дээр; шалан ~ 마루 위에, 지면 위에; гуравдугаар хуудсан ~ 3 페이지 에; шувуу дээвэр ~ нисэн гарав 지붕위에서 새가 날았다; эмэгтэй даашинэ ~ээ хормогч зуув 그녀는 그녀의 옷 위에 에이프런(앞치마)을 입었다; төмөр замын өртөөн ~ 철도역; үнэн хэрэг ~ээ 실제 (로)는;
위에(로) дээгүүр, дээгүүрх
위에(의)(~의) дээгүүр, гаран орон, орон гаран
위에서 내려오다 буух
위원(회) комисс, коллеги; засгийн газрын ~ 정부 위원회; шалгалтын ~ 시험관 위원회; сонгуулийн ~ 선거관리 위원회; ~ын дэлгүүр 중고가게; коллегийн хурал 중역(이사, 평의원)회, өмгөөлөгчийн ~ 법정(法廷) 변호사 협회.
위원장(委員長) дарга
위원회(委員會) комисс, хороо, хүрээлэн; засгийн газрын ~ 정부 위원회; шалгалтын ~ 시험관 위원회; сонгуулийн ~ 선거관리 위원회; ~ын дэлгүүр 중고가게.
위임하다 гардуулах, итгэмжлэх; ~ жуух бичиг барих 외교 신임장을 제출하다
위장 등을 벗기다 өмрөх
위장을 벗기다 оглорох, хуучих
위조(가짜)의 жаад; ~эд 열등의 품질; ~ мөнгө 가짜 돈, 인플레가 된 화폐; ~ хүн 날조자; 협잡꾼, 야바위꾼
위쪽에(으로) дээгүүр, дээгүүрх
위쪽에(으로)부터 дээрээс
위쪽에(의)(~의) дээгүүр, гаран орон,

орон гаран
위쪽으로 өндрөөшөө
위쪽으로 가도록 허가하다(인가하다) өөдлүүлэ|х
위쪽으로 굽다 еэтий|х
위쪽으로 굽은 еэтгэр
위쪽의 дээр
위쪽의 넓적다리뼈의 부분 сүүж
위쪽의 대퇴골의 부분 сүүж
위축(萎縮) хатанхайрал
위축되게 되다 хатангира|х
위축되다 хүлтэгнэ|х, хяра|х
위축하다 хатанхайра|х
위치 байр, байрлал, байршил; -нь 외관상으로는, 겉으로는, 표면적으로는
위치(장소) бууц
위치(성질·수량 등이) ~에 가까워지다 тоймло|х
위치를 ~에 정하다(~의) байрла|х
위치를 정하다(~의) ногдох
위치하고 있다 байрла|х
위탁 асрамж
위탁자 асгарга
위태로운 гэмтэй, осолтой, халгаатай; ~ зам 위험한 길(도로)
위태위태한 хазгар
위트 авхаалж;
위풍 сүр
위풍당당한 түрэмгий, ээрхэг
위하여 장소(통로)를 비우다 зайчла|х
위하여(~을) өмнөөс
위해 길을 비키다(~을) солигдо|х
위해 축연을 베풀다(~을) найрла|х
위해 힘쓰다(~을) хөлслө|х
위해(~을) тул
위해(危害) бэртэнгэ
위해(위험이)~을 위협하다 далайлга|х
위험 аюул, халгаа
위험 방지기 хамгаалалт
위험(성)이 없는 аюулгүй, осолгүй
위험(으름, 위협, 협박 등이) 다가오다 нүүрлэ|х
위험(음모를) 어렴풋이 느끼다 сэрэ|х
위험성이 없는 гайгүй
위험에 부닥치다 долро|х
위험을 무릅쓰고 ~하다 зувчи|х; эруул явах 삶의 위험을 무릅쓰다;
위험을 무릅쓰고 ~하다 зүрхлэ|х
위험을 무릅쓰고 аюлтай
위험을 무릅쓰다(~의) зувчи|х
위험이 많은 осолтой; ~ зам 위험한 길(도로)
위험하게 аюлтай
위험한 гэмтэй, осолтой, халгаатай; ~ зам 위험한 길(도로)
위협 занал, сүрдүүлэг
위협(협박)하다 айлга|х; айлган сурдуулэх 협박(탄압.위협)하다; айлган 깜짝 놀라게 하다; 펄쩍 뛰게 하다
위협을 주다(~로) далайлга|х, заналхийлэ|х, занга|х
위협하다 агсра|х, бороохойдо|х, зана|х, мундагла|х
위협하다(~을) заналхийлэ|х, занга|х, сүрдүүлэ|х; хутга барьж ~ ~를 칼로 위협 하다;
윗사람 ахас
윗사람(좌상, 상관, 선배님)을 만나다 бараалха|х
윗사람(좌상, 상관, 선배님)을 배알하다 бараалха|х
윗자리 хариуцлагатан
윗자리의 ах
윙жигүүр; эуун ~ 레프트 윙, 좌익.
윙윙 нүргээн
윙윙거리다(벌·팽이·선풍기가) аяла|х
윙크 жаравгар
윙크(눈짓)하다 ирмэ|х
유(U)자형의 물건 тах
유감 атаархал, халаг, хонзон, хорсол
유감스러운 일 тоогүй, хайран
유감스런 харамсалтай
유감으로생각하다 гэмши|х, наманчла|х,

наминчла|х, харамса|х
유감의 이유 тоогүй, хайран
유감천만이다(가엾기 그지없다) хайран
유격병(대) партизан; ~ы дайн герилла тулаан; ~ы отряд партизаны отряд; ~ мэт тулалдах/тэмцэх партизаны тулаан
유골 үнс(эн)
유급(유료)이다 төлөгдө|х
유기 зугтлага
유기적 органик
유기체(물) махбод
유기체(물)의 органик
유능한 авьяаслаг, дүйтэй, цовоо, чадавхитай, чадварлаг, чадмаг
유능한(~에서) элдэвтэй
유니폼 футболк
유대 сүлбээ
유대교회의 독창자 унзад
유도 дзюдо (柔道: 상대편이 공격해 오는 힘을 역이용하여 맨손으로 상대를 내던지고, 누르고, 혹은 공격·방어의 기술을 쓰면서, 동시에 신체의 단련과 정신의 수양을 목적하는 무술. 유술(柔術))
유도된 чигтэй
유독(유해)하게 되다 хорши|х
유독한 хорлогчин, хорт, хортой
유동 작업용 컨베이어 конвейер
유동 урсгал
유동성 хөдөлгөө
유동체의 шингэн
유동하는 хөдөлгөөнтэй, шингэн, явуулын
유두 상돌기(乳頭狀突起) хөх
유람(여행) аялал, аян, жулчлал, рейс
유람하다 аяла|х, ява|х
유랑 тэнэмэл
유랑(방랑)자 хэсэмхий
유랑하다 бадарчла|х, гүвэ|х, зувчуула|х
유래 гарал, гарвал, иш, үүсвэр, үүсгэл, хэт, язгуур
유럽(주) европ
유럽의 европ; ~ын орнууд европын нарууд(улс).

유력자 нөлөөтөйхүн
유력하다 голдо|х
유력한 аагтай, буйлах, булиа, бэхжи|х, бяртай, идтэн, идэрхэг, ирмүүн, иртэй, ихээхэн, нөлөөтэй, тархмал, тэнхээтэй, үетэй, хүдэр, хүчирхэг, хүчит, хүчтэй; ~ хүн влиятельный человек, нөлөөтэй, хүчтэй
유렵가(遊獵家) гөрөөчин
유령 сүг, сүнс, чөттөр
유례없는 олдошгүй, ховор, хосгүй
유리 ашиг
유리(이득) хожоо
유리 모양의 물건 шил
유리 진열장 гүнгэрваа, гуу
유리 컵 шил
유리(그릇) 제조자 шилчин
유리(그릇) 제조업자 шилчин
유리(편리)한 사정이다 ямбала|х
유리제품 шилэн сав суулга
유리하게 되어 나가다(~에게) илбэрэ|х
유리한 ашигт, ашигтай, оновчтой
유리한 투자 ашигтай хөрөнгө оруулалт
유린하다 булаа|х, өлөнгөтгө|х
유망하게 생각되다 долдой
유망한 ирээдүйтэй, наашгтай; ~ залуу залуучуудын ирээдүйтэй.
유머 хошигнол
유머러스한 шог
유머를 이해하는 힘 хошигнол
유명 алдарт
유명무실한 нэрийтгэл
유명하게 만들다 мандуула|х
유명하게(이름나게) 되다 манда|х
유명하다 алдаршуула|х, ойшоогдо|х, дуурьса|х; өөрийгөө ~ 유명해지게 하다
유명한 алдартай, нэрт, хэлцээтэй, цуутай
유명한(인기 있는)사람 арслан; ~ заан мамонт,거대한; аймгийн ~ лесьлинг

챔피언 타이틀 수여자
유명해지다 алдарши|х, дуурьса|х
유모 асрагч
유목(生活)의 суурьшилгүй
유목민 нүүдэлчин
유목민의 суурьшилгүй
유목하다 нүү|х, нүүдэлл|эх
유문(부)(幽門(部)) нугалуур
유물 дурсгал, нандин, үлдэгсэд, үлдэц, чандар
유물론(唯物論) материализм (우주 만물의 궁극적 실재를 물질로 보고, 정신적·관념적인 것을 모두 이에 환원시키려는 입장《무신론의 이론적 근거로 되어 있음》)
유물론자 физикч, материалист
유물주의(唯物主義) материализм
유발(乳鉢) уур; ~ нудуур 막자 사람과 막자, 절구와 공이
유발시키다 тухира|х
유방 хөх
유배하다 цөлө|х
유백색의 цэхэр
유별(별) ангилал
유별나게 되다 тусгайра|х
유별난 гаргуудаа, сэвүүн
유별하다 аймагла|х, ангила|х, дугарла|х, зүйллэ|х
유보 эрээ; ~ цээргүй 격식을 차리지 않는
유복자 буртаг, ихэс; ~ цөглөх 태반의 분리.
유복하게하다 баяжуула|х, баяжи|х
유복한 баян, ханагар, хангалуун, хөрөнгөт, чинээлэг
유복함 баяд
유복해지다 пандай|х
유봉(乳棒) нүтүүр
유빙 зайр, цөн
유사 адилтгал, зохил, төс, үлгэрлэл
유사(비슷)하게 만들다 ижилсүүлэ|х
유사(비슷)하여 шиг
유사 эрдэмтэн, төс, төсөө

유사하다 дууриа|х
(~와)유사한 адилхан, ижил, мэт, ойролцоо, тиймэрхүү, төстэй, шиг, төсөөтэй; тууний машин минийхтэй ~ 그는 나와 똑 같은 차를 가지고 있다; ~ дасал болох 다른 유사한 것에 익숙해지다; ~ буруу гэр(짝) 안 맞는 물건, 끄트러기; ~ бус 닮지 않은, 다른; ~ морь 두 마리의 말이 색깔이 같다; Ижил мөрөн 볼가 강.
유산 дурсгал
유산 өв; ~ийн тухай хууль 상속법;
유산(낙태) зулбадас
유산(조산)하다 зулба|х
유상(油狀)의 тосорхуу
유색(인)의 бараан
유성(流星) солир
유성기(留聲機) пянз
유성의(油性) тосорхуу
유세운동 кампании; сонгуулийн ~ 선거운동, 선거 유세.
유수(留數) үлдэгдэл
유수(流水) ус; цэвэр ~ 민물, 담수; уух ~, ундны ~ 물을 마시다, 광천수를 마시다; далайн ~ 바다 물; крантны ~ 흐르는 물; өлөн ~소변, 오줌; өвдөгний шар ~ 무릎위의 물; мөнгөн ~ (화학) 수은(水銀: 기호 Hg; 번호80); ~ төрөгч (화학) 수소(기호 H; 번호 1); ~ асрах 물이 스며나오다; ~ бялхах 물이 넘쳐흐르다; ~ гарах 물이 흘러나오다, 물을 산출하다; ~ гатлах 물을 건너다.
유순(온순)한 түгээр
유순한 доромж, дуулгар, намуухан, тогтуун, тэжээвэр, хүлцэнгүй, ялдамхан
유심론자 идеалист
유심히 바라보다 нямбайла|х
유아 ангаахай, багачууд, дэгдээхий, маамуу, үр, хөхөлт, хөхүүл, хүүхэд; хүүхэд 아이들
유아(기)의 балчир, булбарай; ~ хүүхэд

(7세 미만의) 유아.
유아(어린애)같은 нялхамсаг
유아들 нялхас
유아를 달래어 재우다 буувэй
유아용 젖병 угж
유약 сиян, доллого, маажин(г)
유약(柔弱) паалан
유약한 사내 тайган
유언비어를 퍼뜨리는 사람 түйвээгч
유언자 өвлүүлэгч
유연(油煙) ис, тортог, хөө; ~ болох 그을음으로 덮다
유연관계 төрөл
유연성이 있는 гулбигар, гулжгар, тур, туягар, туяхан, уян
유연하게 되다 нялцай|х, ялзра|х
유연하게하다 дэвтэ|х
유연하다 гулжий|х
유연한 булбарай, гулбигар, зөөлөн, налимгар, намуухан, турхан, туягар, туяхан, улбагар, уян; тэр доол ажилтнуудаа ~ ханддаг 그의 참모들은 유연하다; онгоц ~ газардах 부드럽게 착륙하다; ~ ажил 힘들지 않은 일(업무); ~ сэтгэл 친절, 상냥함; ~ мах 연한 고기; ~ зан 온화한 성격, 유연한 품성; ~ явдалтай моль 유순한 말; ~ гийгүүлэгч 부드러운 협화음; зөөлний тэмдэг 화음 나음(音)(고정 도(do) 창법의 '시')
유연해지다 зөөлдө|х, зөөлши|х, налмий|х
유예 саатал, удаашрал, удал, хүлээгдэл, тэнсэн
유예하다 амсхий|х
유용 үйлчилгээ, шамшигдал
유용(남용.착복)되다 шамшигдуула|х
유용(남용.착복)하다 шамшигда|х
유용물 тохижуулалт
유용한 ашигтай, болохуйц, дэмтэй, өглөгч, тусархаг, тустай, явцтай
유원지 парк

유유자적 зав, завдал
유유히 алгуур, аяархан, зориуд, зугуу
유의 ажиглалт, анзаарга, анхаарал, гудиг, хайхрамж, халамж, элбэрэл
유의하다(~을) ажигла|х, анзаара|х
유익 орц, үйлчилгээ
유익한 ачит, ашигт, ашигтай, болохуйц, тустай, явцтай; эруул мэндэд 건강에 좋은; ~ талбай 충분한 공간; ~/тустай зэ влэ лгэ э 유익한 충고(조언); ~ малтмал 광물, 무기물, (광석·석유·천연가스 등의) 매장물, 광상(鑛床)
유인(誘因) дашрам, хөхүүлэг
유인원 бич(ин), мич(ин), мэч(ин), сармагчин
유일(무이)한 адилтгашгүй
유일한 гав ганц, ганц, ганцхан, иймхэн, ор; ~ ганц 오직 하나(혼자)의; ~ ганц хүү 유일한 아들; ~ тас мэлээх 완벽하게 부정하다
유일한(의) нанцаараа
유적 нандин, үлдэц, чандар
유전 удамшил
유전(성)의 сурвалжит
유전에 의한 сурвалжит
유전으로 받다 удамла|х
유전의 정(井) цооног
유전자 дамжуулагч
유전체 дамжуулагч
유전하다 өвлөгдө|х, уламжра|х
유제품(乳製品) саль; саалийн үнээ 젖을 짜는 암소; саалийн хувин 우유 들통, 밀크 버킷;~ сүү 유제품
유조선 тослогч
유족 үлдэгсэд
유죄를 선고하다(~에게) ялла|х
유죄의 буруутай, гэмт, гэмтэн, ялт; ~ хэрэг (법률상의) 죄, 범죄(행위); ~ этгээд 범인들, 범죄자들.
유증(遺贈) дурсгал
유지 ивээс, тулгуур, түшиг, хадгалалт

유지(보유)하다 агуула|х
유지기금 сан
유지하다 байлга|х, барии|х, хадгала|х, хадгалагда|х, цоройло|х; хэвээр ~ 이전 상황을 유지하려고하다; бэлэн ~ ~하려고 마련(준비)하다;
유질(油質) тосорхуу
유창하게 말 하는 амтай
유창한 хэлэмгий
유체 үлдэц, шингэн
유출 халимал
유충 хуурс
유충(풍뎅이나 딱정벌레) авгалдай
유치한 балчир, будуулэг, хүүхдэрхүү
유쾌 баяр, баясгалан, болжмор, дарвиан, жаргалан(г), зугаа, наргиа, өлзий, хөгжөөн, цэнгэл
유쾌하게(재미있게) 만들다 хөгжилдө|х
유쾌한 일 баясгалан
유쾌한 аштай, аятайхан, аятайхан, баяртай, голшиг, гоо, зугаатай, инээдтэй, найзархаг, найртай, олзуурхууштай, таатай, тавтай, таламжтай, таларxаг, хөгжөөнтэй, эвтэй; тэр ~хун шуу 그의 우호적인 사람
유토피아 утопи
유통(流通) татлага
유통하다 гүйлгэ|х; зоос ~ 돈을 유통시키다
유포 гүйдэл, тархалт, тархац, хулдаас
유포하다 дэлгэрүүлэ|х, мэгж, тарха|х; шинэ номлол ~ 새로운 학설을 유포하다.
유품을 주다(증여하다) дурсга|х
유한 дэлүү(н)
유한의 хэмжээтэй, хязгаарлагдмал, хязгаартай, явцуу
유해(遺骸) үлдэц, үхээр; ~ийн газар 묘지
유해물 гарз(аи), хортон
유해한 것 хорлогчин
유해한 хорт, хортой

유행 маяг; загвар ~ 유형, 타입; хэлбэр ~ 모양, 형상; ~ байдал 외관, 겉보기; улгэр ~ 모양, 패턴; шинэ ~ ийн 유행의, 유행을 따른, 스마트한; шинэ ~ийн хувцас өмсөх 최신 유행의 드레스
유행병 тахал
유행성 감기(인플루엔자, 독감)에 걸리다 нуста|x
유행성 감기의 томуутай
유행성감기 тому, ханиад
유행성의 질병에 걸리다 тахалта|x
유행을 따른 ганган
유행의 양식(형) чиг
유행의 ганган, маягтай, намбагар
유행하고 있는 тархмал, түгмэл
유행하는 옷을 좋아한다 дэгжирхэ|х
유혈(의 참사), алалдаан
유혈의 цуст
유형 дүр, зүйл, маяг, үүлдэр, хэв, цөллөг; загвар ~ 유형, 타입; хэлбэр ~ 모양, 형상; ~ байдал 외관, 겉보기; улгэр ~ 모양, 패턴; шинэ ~ ийн 유행의, 유행을 따른, 스마트한; шинэ ~ийн хувцас өмсөх 최신 유행의 드레스
유형에 처하다 тонилго|х, хөөгдө|х, цөлө|х, цөлөгдө|х
유형의 бетон
유혹(물) гулдрил
유혹(설득 따위에) 약한 өртөмтгий
유혹자(물) гулдач, хулгай
유혹하는 дунигар
유혹하다 гохдо|х, гүйцэгдэ|х, гулда|х, урхида|х
유혹하다(~를) гулдри|х
유화 зураг; гэрэл ~ 사진; тосон будгийн ~ зурах 유화를 그리다; усан будгийн ~ 수채화를 그리다; шог 풍자화, (시사) 만화; шугвм ~ 스케치, 데생, 제도; газрын ~ 지도; будуувч ~ 작도, 도식, 도해, 아웃트라인; судалбар ~ 학문, 스켓치, 습작; ~ зуй

지도 제작(법), 제도(법); ~ зуйч 지도 제작자, 제도사; ~ зурах (풍경을) 그리다, ~의 초상을 그리다; (문장에서 인물을) 묘사하다; ~ тодруулах/засах (사진·그림·문장 따위를) 손질(수정, 가필)하다; сэтгүүлийн ~ чимэглэл 사진, 영화; гэрэл ~ авах 사진을 찍다; ~ буулгах 사진을 현상하다; ханын ~ 프레스코 화법(갓 바른 회벽 위에 수채로 그리는 화법)

유화 зурлага
유화한 номхон
유황빛 хүхэр
유황의 хүхэрлэг
유효하여 хүчинтэй
유효한 дүнтэй, хүчинтэй, явцтай
유흥 пижигнээн
유희 наадал, наадам, тоглолт
육(6)배의(로) зургаантаа
육(6)분 зургаа(н)
육(6)분의 1 зургадугаар
육(6)세 зургаантай
육(6)실링 зургаа(н)
육(6)의 기호 зургаа(н); ~н ~ гучин ~ 6×6 = 36; ~н сав 여섯 기관(器官)(담즙, 위(胃), 장(腸), 소장, 방광과 소화작용 통로); ~н уулзар 여섯 방위(북, 남, 동, 서, 위와 아래); ~н амт 여섯 가지 풍미(단맛, 신맛, 떫은맛, 쓴맛, 매운맛, 짠맛).
육(6)펜스 зургаа(н)
육감 ёр, зөгнөл, сэрэхүй
육교(구름다리) гүүр, гүүрэг, тэвх
육구(肉灸) төөнүүр
육군(陸軍)(해·공군에 대해) армии, цэрэг
육군 대령 хурандаа
육군 총사령관(總司令官) фельдмаршал
육군(공군)대장 генерал; хурандаа ~ 연대장, 단장
육군원수 фельдмаршал
육군의 부대 단위 нийлэл
육군의 цэргийн

육두구 задь
육량(陸梁)하다 дошгиро|х
육륜(肉輪) зовхи
육상경기(track과 field 종목만) атлетик
육성(촉진.조장)하다 асра|х, гэгээрүүлэ|х, үржүүлэ|х, хүмүүжи|х, хүмүүжүүлэ|х, цоройх
육식 짐승 ан, араатан
육식조(鳥)의 부리 хошуу
육십(60) жар(ан)
육십(60)년대(세월의) жар(ан)
육십(60)대(나이) жар(ан)
육십(60)의 기호 жар(ан)
육십(60)초 хувь
육욕 тачал, хурьцал; хурьцал ~ 성욕, 색욕; хүсэл ~ 육욕, 색욕(色慾).
육종가 төлчин, тэжээгч, үржүүлэгч
육중하게 хүнд
육중한 дархигар, лантгар
육중해지다 дархий|х
육체(체격) бие, цогцос, лагшин; бие ~ 육체, 몸; ~ тунгалаг уу? 당신의 건강은 어떻습니까? 어떻게 지냅니까?; ~ чилүүр 건강(기분)이 나쁜, 몸이 찌뿌드드한; ~ будуун 뚱뚱하고 작은 체격; ~ сайн 건강한, 건강한, 튼튼한
육체를 떠난 영혼 сортоо, сунчин
육체를 쓰는 гар
육체미 조형 чийрэгжилт
육체상의 биет
육체의 биет, махтай
육체적(물질적)욕망 дуршил
육체적(정신적)으로 활발하지 못한 налай|х, үхээнц
육체적(정신적으로) 고통을 느끼다 чимчигнэ|х
육체적으로 강한 점 бяд
육체적인 биет
육포(肉脯) борц
육포를 미리 마련하다 борцло|х
육포를 준비하다 борцло|х

육행(肉杏) чангаанз
윤(광)내는 기구 зүлгүүр
윤(광)을 내다(~의) зүлгэ|х
윤(광채) гялтгана
윤곽 бараа, бармжаа, галбир, маягт, хэв, янз
윤곽(한계) 한정 нарийвчлал, тодорхойлол
윤곽만의 хохимой; ~ толгой 두개골
윤기(윷기) 없는(얼굴) цонхигор
윤나는 гилгэр
윤나다 гилий|х
윤내는 기구 өнгөлгөөчин, өнгөлөгч
유리 ёс(он)
유리상의 суртахуун
윤을 내다 мялай|х, өнгөлө|х, өнгөлүүлэ|х
윤이나다 өнгөлөгдө|х
윤충(輪蟲) 따위의 발가락 хуруу(н)
윤택하다 элбэгши|х
윤택한 арвин, мундахгүй, өгөөмөр, элбэг
윤활 тосолгоо
윤활유 тос(он)
윤활유 주입기(注入器) 기름 치는 기구 тослуур
율 констант, коэффициент, норм, процент, ханш, хувь(기호 %; 略: р.с., pct.).; зуун ~ 100%
율동 айзам, хэмнэл
율자(栗子) зээрд
융기(돌기) гөвдруу, сэлхрээ, төмбөгөр
융기(부.몰) дорсгор, дэрчг(эр)
융기부 төвгөр
융기하다 бөльций|х, гүрий|х, памбай|х, төвий|х, төмбийлгө|х, холхой|х, цондойх
융기한 гүдгэр, товгор, товруут(ай), тумбагар, түмбэгэр; ~ хадаас болхой(н) толгой.
융단 хивс, хивсэнцэр
융성 жаргалан(г),
융자 зээл, зээллэг

융자하다(~에) санхүүжүүлэх
융합시키다 гэсэ|х, хайлуула|х
융합하다 хайлуула|х
융해 хайлалт, хайлш
융화(融和) тохироо
으깨다 база|х, бяцла|х, дара|х, ингэ|х, сазда|х, талхла|х, хэмхлэ|х, хэмчи|х
으깸 ингүүмэл
으드등(앙알)거리는 гонгинуур
으드등거리다 архира|х
으뜸 донхгор
으뜸의 анхдугаар, эн тэргүүн
~으로 높게 돌리다 дээшдэ|х
~으로 마개를 하다(~에) бөглө|х; ам ~ 어떤식(방법)으로든(어떻게든) 이제 방금 (막) ~하였다; лонх бөглөөгөөр ~ 병에 코르크 마개를 막다(로 밀폐하다); чихээ ~ 귀를 막았다; өр ~ 빚(부채)를 갚다; зам ~ 길을 막다; орон тоо ~ 사이(간격)을 유지하다.
~으로 보이는 оворжуу, төлөвтэй
~으로 붐비다 гаца|х
~으로 하다 мөлтрө|х, туйлшра|х
~으로 하다 тулга|х
~으로 하여 두다 хавхагла|х
~으로 дам, тутам
~으로부터(~에서) булт
으르다 дамсагла|х, зана|х
으르대다 далайлга|х, заналхийлэ|х, нүүрлэ|х, сүрдүүлэ|х
으르렁거리는 소리 нижигнээн
으르렁거риida архира|х, орхиро|х, урамда|х, урхира|х, хүрхрэ|х
으름 сүрдүүлэг
으름(장) занал
으스대다 барда|х, ихэмсэглэ|х
으스러지다 цавта|х
으스스하다 арзай|х
으스스한 жиндүү, жихүүн, зэврүүн, мөлүүхөн
으스스함 даан, даардас

육박지르다 хол хол хийх
육박지름 овхгор
~은 그렇다 하고 гадна; тууннээс ~
~외에(도);
~은 별문제로 하고 гадна
~은 아니다 үгүй, үл
은(銀) мөнгө(н) (금속 원소; 기호 Ag: 번호 47); ~ төгрөг 돈; мөнгөн аяга 은 컵; мөнгөн тэмдэгт 은행권; ~ гуйвуулах 유통 화폐; ~ задлах화폐교환; ~ солих 화폐 교환소; ~ ззэлэх авах 신용카드; ~ ззэлэх 차용(借用)하다, 돈을 꾸다; ~ хуулэгч 대금업자, 전당포(주인); ~ний реформ 통화개혁;~ний ханш 환(換)시세; бэлэн ~ 현금, 맞돈; бэлэн мөнгөөр төлөх 현금으로 지불하다.
은고(恩顧) хишиг
은과 같은 мөнгөлөг
은과 같은 목소리 цээл
은군자(隱君子) удвал
은근한 наалинхай, найланхай, өршөөлт, эелдэг
은근히 환심을 사다 ивтнэ|х
은닉하다 булагна|х, бутээ|х
은도금하다 мөнгөлө|х
은밀하게 далд
은밀한 далд, далдахь, далдуур, нууцгай, сэм, сэмээр
은밀함 далдлагч
은밀히 сэм, сэмээрхэн
은방울 같은 мөнгөлөг
은방울 같은 목소리 цээл
은백색 азай буурал
은빛으로 빛나다 буурaлтa|х
은빛으로 하다 мөнгөлө|х
은빛의 азай буурал, мөнгөлөг
은빛이 되다 буурaлтa|х
은신처 нөмөр, нугац, оромж, үх
은으로 만든 мөнгө(н)
은으로 만든 은괴 eмбүү
은을 입히다(~에) мөнгөлө|х

은의 мөнгө(н)
은의 잉곳 eмбүү
은의 주괴(鑄塊) eмбүү
은인 өглөгч
은인인 체하는 ивээлт
은자 даянч
은전(銀錢) тойг, янчаан
은제의 мөнгө(н)
은총(신의) адас, хишиг
은총 입은 ерээлт
은총을 내리다(~에게) адисла|х
은퇴(퇴역,침거)시키다 халагда|х
은퇴한 онцгойдуу
은폐장소 нугац
은폐하다 бутээ|х
은행(뱅크) банк; ~нц ээзн 은행가, 은행업자, 은행원, 행원; ~инд мөнге хийх 은행에 저축하다
은행권 дэвсгэр, тэмдэгт
은혜 등을 베풀다 өргөмжлө|х, соёрхо|х, шагнула|х
은혜(자선) адас, буян, үйлчилгээ, хишиг
은혜를 갚다(~에게) хариула|х
은혜를 모르다 үтээрэ|х
은혜를 베풀다(~에게) залра|х
은혜를(자선을) 베푸는 사람 өглөгч
은화(銀貨) янчаан
~을 —까지 다다르게 하다 тула|х
~을 —로 보이게 하다 үйлдэ|х
~을 —으로 하다 үйлдэ|х
~을 —케하다 үйлдэ|х
~을(다 하지)못하다 заримдагла|х
~을 -에 심다 тари|х
~을 가르다 хагацаа|х
~을 갖고 있지 않으면 эрхгүй
~을 놓치다 завха|х
~을 능가하다 засра|х
~을 마치다 задгайра|х
~을 맡고 있다 захира|х
~을 목표삼고 (나아)가다 зориглo|х
~을 미워하다 өшөөрхө|х

~을 밝히다 зарлах
~을 상대로 소송을 제기하다 заргалда|х
~을 이끌다 зонхило|х
~을 지휘하다 зонхило|х
~을 참다 тэвчээрлэ|х, тэсэ|х
~을 철저히 조사하다 заса|х
~을 쿵쿵거리며 걷다 золбиро|х
~을 하고 싶어서 못 견디다 эрхлүүлэ|х
~을(-에게) 하게 하다 үйлдэ|х
~을(시야에서) 놓치다 завха|х
~을(이라고) 믿어 의심치 않다 үнэмши|х
~을(좁은 곳, 안전한곳) 챙겨넣다(숨기다) мухлайда|х
~을(좁은 곳·안전한 곳 등에) 챙겨넣다 (숨기다) хавчуула|х
을러(등쳐) 빼앗다 нийнтэглэ|х
을러대어 쫓아버리다 агсра|х, дүрвээ|х
을러서 ...시키다(~을) гэлмэ|х
을러서 ~하게 하다 нийнтэглэ|х
을러서 내쫓다 гэлмэ|х, үргээ|х, цочоо|х
을러서 =시키다(~을) үргээ|х
읊다 дууда|х
음(소리 등)의 융화 зохирол, найр
음(音) авиа дуу ~ 듣ги 좋은 소리, 음악적인 음향; экшик ~ 모음(의); 모음 글자, 모음자; гийгүүлэгч ~ 자음, 자음 글자; 협화음; ~ зуй 음성학, 발음학; ~ ны 음성의, 음성상의, 음성을 표시하는
음(音)(음성.음향) дуу(н), дуут, дуутай; ~ кино 영상, 화면; чанга ~ 소리가 큰, 큰 목소리; ~ гийгүүлэгч 협화음의, 음향조화.
음계(音階) гамм
음낭(陰囊) им, сараанаг, хуух
음도(陰道) үтрээ(vagina: 자성(雌性) 외부 생식기의 일부. 자궁으로 연결되는 관상(管狀)의 기관; 교접(交接)·분만도(分娩道)의 기능을 함)
음독(낭독)하다 унши|х

음란한 여자 жингэр
음란한 ёсгүй, жалмагар, жимүүс, нүүрэмгий, шалиг
음료(탄산) ундаа, уун
음료를 단숨에 마시다 балга|х; архи ~ 보드카를 마시다
음료를 마시다 зоогло|х; чай ~ 차를 마시다.
음료를 삼켜버리다 балга|х
음료를 한 입에 마시다 балга|х
음료수를 주다 оочуула|х
음료용 빨대 сүрэл
음률 айзам, хэмнэл
음매(소 울음소리) мөөрө|х, үмбүү
음모 хуйвалдаан, явуулага
음모(밀모)자 хуйвалдагч
음모를 꾸미다 зуйра|х, сүлбэлдэ|х, хэлхээлэ|х
음모를 꾸미다(~와 함께) хуувилда|х
음반(레코드)첩 цомог
음색 авиа, нот, хоолой, виа, өнгө
음색의 맑고 깨끗힘 тодрол
음성 анир, хоолой
음성이 콧소리를 내다 гуншин
음성학상 문자화하다 галигла|х
음송 концерт
음순의 진(疱疹: 헤르페스) долоовор яр
음식 идэш; ~ хоол 식사, 식량; ~ уушны дэлгүүр 식료품류(잡화류) 가계, 식품점; ~ хийх, ~ гаргах 월동양식, 겨울 준비용 고기와 봄 양식; ~ сайтай хөрөө 톱으로 켜다(자르다), 톱으로 켜서 만들다.
음식 접시 тосгуур
음식 찌꺼기 жааз, орхидос, өвдөл цэ вдэ л, хаягдал
음식(고기) 상해지다 нальхр|ах
음식(음료가) 기름기가 많은 тослог
음식물 идэш, өл, тэжээл; ~ хоол 식사, 식량; ~ уушны дэлгүүр 식료품류 (잡화류) 가계, 식품점; ~ хийх, ~ гаргах

월동양식, 겨울 준비용 고기와 봄 양식; ~ сайтай хөрөө 톱으로 켜다(자르다), 톱으로 켜서 만들다; ~ залгах 원기를 되찾다; ~тэй ᅟ자양 식품
음식물(돈·생활 필수품이) 부족한(적은) зэвэр
음식물을 말려서 보존하다 харгса|х
음식물의 겉에 입히는 것 өнгөр
음식물의 소(속) бөглөөс, шанз
음식물의 혜택받지 못하다 тэжээгүйтэ|х
음식용 보온기 плитка
음식을 나누다 зүсэмнэ|х
음식을 대접하다((~에게) гийчлэ|х, дайла|х, зочло|х, харьца|х
음식을 데우다 боло|х;
음식을 만들다 буцла|х
음식을 먹이다 бордо|х, тэжээ|х, хоолло|х
음식을 삼가는 цээртэй; хэ л ~ 건강 격리된
음식을 젖병으로 먹이다 угжи|х
음식을 조금씩 먹다 гоочло|х; хурга ишиг өвс гоочилж байна 어린양과 어린염소는 푸른 초원의 풀을 조금씩 뜯어 먹기 시작했다; би зугээр сууxaap app caap юм гоочилж л сууна 나는 앉아서 일하기보다는 어떤 ~을 조금 했다.
음식을 퍼(쏟어) 넣다 өрдө|х
음식의 1인분 ногдол
음식의 맛을 볼 때 혀나 입술로 입맛을 다시다 тамшаа|х
음식의 맛있는 냄새 хэншиг
음식의 미립자를 분출하다 гулгидас(ан)
음식의 탄내 хиншүү
음식이 기름기 많은 тосорхог
음식이 나빠지다 хөвхрө|х
음식이 나쁜 냄새가 나다 нигши|х
음식이 쉬다 нальхр|ах
음식이 얹히다 элэглэ|х

음식점 ресторан
음식점에서 음식을 먹다 гуанзда|х
음악 хөг, хөгжим
음악 지도하다 дохи|х
음악(주악)에서 세 줄의 현악기를 뜯다 (연주하다) шанз
음악(주악)의 хөгжимт
음악(주악)의 기계 хөгжим
음악가 хөгжимчин
음악을 이해하는 хөгжимт
음악을 잘하는 사람 хөгжимчин
음악을 좋아하는 хөгжимт
음악적인 уянга, хөгжимт, хөгтэй, яруу, яруухан
음악학교 консерватори
음악회 концерт; ~ тоглох 콘서트를 하다; ~ын танхим 콘서트홀
음역(音域) далайц
음울한 баргар, гунигт, гунигтай, дунс(эн)
음울한(황량한.쓸쓸한.적적한) 마음가짐 дунсгэрдүү
음울해지다 дунсий|х
음의 고저 хоолой
음의 일치 зохирол
음의 조화 зохирол
음의 키 түлхүүр
음자리표 түлхүүр
음전(音栓) фагот
음절을 나타내는 үет, үетэй
음조 авиа, илэрхийлэлт, нот, өнгө, хоолой
음조(어조.톤) аялга, аяс
음질 авиа, өнгө, хоолой
음차(音叉) камертон
음창(吟唱) (낭송)하다 унши|х
음창(吟唱)하다 дууда|х
음치의 чихгүй
음침(陰沈)해지다 дунсий|х
음침한 баргар, бурхэг, дунс(эн)
음탕 хурьцал

- 506 -

음탕한 тачаангүй
음탕한 느낌 тэчьяада|х
음탕한 여자 янхан
음표 нот
음향 авиа, анир, ая, бичлэг; монголын эртний дуу хөгжмийн зарим ~초기 몽골의 음악과 노래의 ~의 리코딩дуу ~ 듣기 좋은 소리, 음악적인 음향; экшик ~ 모음(의); 모음 글자, 모음자; гийгүүлэгч ~ 자음, 자음 글자; 협화음; ~ зүй 음성학, 발음학; ~ ны 음성의, 음성상의, 음성을 표시하는.
음험한 булай, зальхай
음흉한 зайтай, могойрхуу, мэхт, нохойрхуу, овт
읍(邑) хот
응(예.네) ээ
응결(응고)시키다(하다) ээдэх
응결된 царцуу
응결시키다(하다) бүрэлдэ|х, царца|х
응결하다 бүрэлдэ|х, тунара|х, тундасжих
응고되다 нөжрө|х
응고된 우유 айраг, ээдэм
응고된(굳은) 크림(우유의 뻑뻑한 더껑이) өрөм
응고시키다(하다) бүрэлдэ|х, нөжрө|х, загса|х, язмагта|х
응고한 бетон
응달 саравч, сүүдэр
응답 таавар, хариу
응답기(컴퓨터)에 응답지령 신호를 보내다 байцаа|х; ~аар ирэх조사(연구, 심사)하러 오다
응답없이 хариугүй
응등그러지다 гажи|х
응모 захиалгат, элсэлт
응모자 гүйгч
응보 залхаалга, залхаамж, цээрлэл
응석받다 танхилза|х, эрхлүүлэ|х
응석받이로 기르다 эрхлэ|х

응석받이로 자란 танхи, эрх
응석받이로 자란 사람 танхил
응석부리게 하다 өхөөрдө|х, эрхлүүлэ|х
응수 хариу, хариулт
응시 харц
응시하다 бултий|х, өвөрчлө|х, шагай|х, ширтэ|х
응어리 бөөм, булдруу, монцгор, язмаг; ~ хүн 큰 혹(덩어리); ~ тос 버터 덩어리
응용하다 тави|х, ханда|х
응원하다 өөгшүүлэ|х
응유(凝乳)(제품) ээдэм, ээзгий
응접실 камера
응집(성) барилдлага
응징 цээрлүүлэлт, цээрлэл, шийтгэл
응징하다 гэгээ|х, залхаа|х, хашраа|х, цээрлүүлэ|х, шийтгүүлэ|х, шийтгэ|х, ялла|х
응축하다 агши|х, нягтра|х, өтгөрүүлө|х, агшаа|х: агших
응하는 уриалаг
응하다 нийцүү, үгсэ|х
응해서(~에) дагуу
응해서(일치하여)(~에) тохируулан
~의 가까이에 гадуур; хотын ~ 도시의 가까이에
~의 가장자리를 감치다 захла|х
~의 곁에 гадуур
~의 능력 чадвар
~의 도상에 있다 золбинто|х
~의 명령(가르침.소원)에 따르다 захирагда|х
~의 목덜미를 잡다 захда|х
~의 밑에(의.을.으로) доогуур; усан ~ явдаг онгоц 잠수함, 해저 동(식)물; усан ~х хад 사주(砂洲), 모래톱; ~ харах 노려보다, 주시하다; биеэ ~ үзэх 과소평가(판단)하다, 얕보다, 싸게 어림하다; орон ~ чемодан хийх 침대 밑에 재우게 하다.
~의 방해를 하다 зэтгэрлэ|х

~의 부근에 гаднахь, гадуур
~의 선두에 서다 зонхило|х
~의 소식이 끊어지다 завха|х
~의 장이 되다 зонхило|х
~의 책임을 지고 있다 захира|х
~의(바로) 아래에(~의.~를.~로) доогуур
의(義)형제 анд; ~ барих 의형제를 맺다; ~ бололцох 형제관계를 맹세하다, 형제의 관계를 선포하다; ~ нөхөр 형제로서의 교제를 하다; 친하게 사귀다; ~ нехер 가까운 친구
의거하다(~에) өрвий|х, суурил|ах, тулгуурила|х
의견 мэлмий, ойлголт, саналтай, үзэл, үнэлгээ, шийдвэр; та ямар ~ байна? 당신의 견해는 무엇입니까?
의견(견해으)로부터 이해 ухвар
의견(방침·조처를) 채용(채택)하다 өргөгдө|х
의견(사상. 이해)의 충돌(대립) будлиан, харшлалдаан, зөрчилдөөн
의견(이해)의 일치 гав, түнжин
의견(이해 등이) 일치하지 않다 мөргөлдө|х
의견(이해·시간 등이) 충돌하다 харга|х
의견(이해의) 불일치 мөргөлдөөн
의견(조언에) 콧방귀 뀌다 мэдэмхийрэ|х
의견(증언 따위의) 일치 зөвшилдөөн
의견을 듣다(~의) зөвлө|х
의견을 토로(말)하다 дугара|х; үг ~ ~을 말하다
의견의 상위 будлиан, зөрөлдөөн, зөрөө(н), зөрүү
의견이 다르다 зөрө|х
의기소침(한) мятрал
의기소침하다 ганда|х, гонсой|х; ~ гундах 의기소침하다, 실망(낙담.비관)하다.
의기소침한 цулгар
의기소침해지다 гонсро|х
의기양양한 ялагч

의기양양해 하다 хөрөмлхэ|х
의논 зөвлөдгөөн, зөвлөлгөө, консультац, конференц, хурал, хэлэлцээ(н)
의논상대(상담) зөвлө|х, зөвлөгч, реферант
의논자 мэтгээч
의논하다 зөвдө|х, зөвлөлдө|х, хэлцэ|х, хэлэлцэ|х, яригда|х; зөвлөдөн хэлэлцэх ~에 관하여 (서로)토론하다; юу хийхээ бугдээрээ зөвлөдье 무엇을 완료 할 것인지를 논의 합시다; эмчтэй зөвлөдөөд тэд ин-гэж шийджээ 의사와 상담하여 결정했다.
의논하다(~와) яри|х
의도 зрилго, ир, таалал, санаархал; тууний цорын ганц ~ бол мөнгө олох 그는 돈을 버는 것을 삶의 목적으로 삼았다; ~доо хурэх (일·목적)을 이루다, 목적 달성 (성취)하다; ямар эорилгоор ууний хийв? 그의 목적(목표)은 무엇을 이루는 것 입니까?; тэр өөрийн ~доо чамайг ашиглаж байна 그의 목적을 이루는 동안 당신을 사용했다
의례(의식) ёслол, хээ; жагсаал ~ 관병식, 열병; ~ын удаэшлэг 저녁 축제, 제례; ~ын хаапга 개선문; (초기교회의) 본당의 성직자(합장대)석(choir)과 회중석(會衆席)(nare)사이의 큰아치; ~ын хувцас 예복, 정장, 예장.
의례상의 중간크기의 목도리 соном
의론하다 учирла|х
의뢰 гуйлт, захиас, сэтгэлчилэн, хүсэлт, шаардлага
의뢰물 захиас
의류 хувцас, юм
의류(의복)에 장식술을 넣다 цацагла|х
의리 барилдлага, гааль
의무 гааль, өр, пассив, хариуцлага, хэрэгтэй; ~ хийх/тавих 빌리다, 차용(借用) 하다, 돈을 꾸다; би тэр бусгуйд э тэй 나는 그녀에게 채무가 있다

의무(세금·벌을) 지우다 ноогд|үүлах
의무(지급이행을) 회피하다 зайлсхий|х
의무(직무)를 버리다 орхи|х
의무(책임·곤란)에서 면제(해제)하다(~를) цагаада|х
의무를 다하다(이루다) бүтээ|х, хэрэгжүүлэ|х, гүйцэтгэ|х; тушаал ~ 주문에 응하다; 명령을 수행하다; үүрэг ~ 의무 (직분)를 이행하다(다하다); ~ хороо 실행 위원회
의무를(책임을) 지다 буруута|х
의무를(책임을) 지우다 буруутга|х, даалга|х
의무적인 албаар
의문 асуудал, асуулт, байцаалт
의문 부사(형용사) уу
의문(형)의(?) юу/юү; ах чинь яваа ~? 당신의 형은 갔습니까?
의문대명사 уу, юу/юү; ах чинь яваа ~? 당신의 형은 갔습니까?
의문문(부) юу/юү
의문사에 내포하고 있고 문장의 끝에서 사용되는 의문품사(대명사.형용사.부사) уу; сайн байна уу? 어떻게 지내십니까?; тэр явсан уу? 그는 갔습니까?;
의문으로 여기다 эргэлзэ|х
의미 утга, учир
의미 없는 утгагүй
의복 өмсгөл, палааж, хувцас, хунар хувцас
의복 따위가 헐거운 сэлбэгэр
의복 장식(법) угалз
의복 장식품 угалз
의복 장신구 угалз
의복(긴 웃옷·외투 등)을 끄집어내다 сугалдрагала|х
의복(의류, 피복의) 얇은 또는 열은 (연한, 엷은) халцгар
의복(의류.피복) 가방 даалин(г)
의복(의류가) 헐거운(헐렁한, 낙낙한, 자루 같은) 벽걸이 천 салбагар
의복에 자수하다(수를 놓다) угалзла|х
의복을 꾸미다 угалзла|х
의복의 가봉을 하는 사람 угсрагч
의복의 가선 두르기 тасам
의복의 긴 웃옷(외투, 외피(外被), 외관) өнгө; дээлийн ~ 의복의 외피
의복의 끝머리 хажаас
의복의 무릎부분 өвдөг; ус э вдгэ э р та-таж байв 무릎 깊이의 물; ~ нугалах 굴복하다; ~ сэ гдэ х 무릎을 꿇다.
의복의 옷깃 хүзүү; ~гээ сунгах 자신의 목을 쑥 빼다
의복이 어깨를 덮다 нөмрө|х
의복이 헐거워지다 уужимда|х
의복이 헐렁하다 салхай|х
의분(義憤) эгдүү, эгдүүцэл
의붓아들 хөвүүн
의붓아버지 эцэг
의사 домч
의사(議事) протокол, эмч
의사록 протокол, рекорд
의사를 남에게 통하다 ухуула|х
의사를 서로 통하다 харилца|х
의사측에서 말하는 병자 өвчтөн; эмч ~ дэ э орноосоо босохгүй байхыг зааварлав 그 의사에 교육을 받은 환자는 침대에 남아 있다
의상 костюм
의상 концепции, мэдэгдэхүүн, төсөөлөл
의술(의료)의 эмчингээ(н)
의술(의료)의 치료 засал; мэс ~ 외과(의술), 수술; ~ авахгүй өвчхгүй 불치병
의술로서 치료하다 эмчлэ|х
의식 наадал, найр, сэхээ, томьёо, хээ; мэдээ ~ алдах 감각을 잃다.
의식(시각)의 일시적으로 상실하다 багтра|х
의식(시각)의 일시적인 상실 багтраа
의식(인식)이 있다(~에대한) шагнагда|х
의식(자각)하고 있는 мэдээтэй, сэхээтэй,

ухамсартай
의식(자각)하고 있다 ухамсарла|х
의식(체력의) 회복 мандал
의식을 되찾다 галбиржи|х, тэлрэ|х
의식을 잃다 муужра|х
의식을 회복하다 амьдруула|х
의식의 중간 사이즈의 스카프 соном
의식적으로 무시하다 догуурла|х
의식하다(~을) гүүрэ|х, ухварла|х
의심 дамжиг, сэжиг, эргэлзээ; ~гүй 의심 없이; ~тай 의심(의혹)을 품고 있는, 의심의 여지가 있는
의심되지 않는 дамжигтүй
의심스러운 маргаантай, сэжигтэй
의심스러움 дамжиг, дуншаа
의심없이 байлгүй, лав, эрхгүй
의심을 나타내는 сэжигтэй
의심을 품다 сэрдэ|х
의심의 여지가 없는 андашгүй
의심쩍은 сэжигтэй, сэжиг
의심치 않는 гэгч
의심하다 дамнагалза|х, сэжиглэ|х, сэжиг- лэгдэ|х, сэрэгдэ|х, түүдээрэ|х, эргэлзэ|х; тауунд ~ хэрэггүй 당신은 그것을 확실 하게 할 수 있다
의심하지 않는 гарцаагүй, яалт ч үгүй
의심할 것(바) 없는 хэлцээгүй
의심할 바 없는 будлиангүй, гарцаагүй
의심할 바 없이 товтой
의심할 여지가 없는 дамжигтүй, зоримог, магад, шийдэмгий; ~ үнэн 불변의 진실
의심할 여지없는 алдаагүй, ил, илт, үнэмлэхүй
의심할 여지없이 илтэд, сэжиггүй, тод, тодорхой
의약(醫藥) эм
의약의 эмчингээ(н)
의약품(醫藥品) эм
의연금 өглөг
의외의 гэв, гэнэтхэн, зочир, магатлашгүй, санаандгүй, сонин

의욕 идэвхжил
의욕적이다 идэвхийлэ|х
의욕적인 гялбазүүр
의원 больниц, госпиталь, эмнэлэг
의의 있는 ноцтой
의의(意義) утга
의이(鷸鴯) хараацай
의인(義認)으로 칭하다 зөвтгө|х
의자 сандал
의자(이불 따위에 채우는) 깃털(솜, 짚) шанз
의자(침대)에 속을 넣어 천을 씌우다 бурэ|х
의자의 가로대 гишгүүр.
의자의 등받이 түшлэг
의자의 앉는 부분 суудал
의자의 팔걸이 ханцуй
의자차 тэргэнцэр
의장 노릇하다 еренхийле|х
의장 дарга, еренхийлегч
의장(艤裝) тоног
의장(意匠) хийц, хээ
의장(艤裝)(품) тохижилт
의장(意匠)의 주된 요소 хээ
의장(艤裝)하다 тоногло|х
의정서(議定書) протокол
의존관계(상태) хамаарал
의존하는 харьяа(н)
의존하다(~에) шалтаала|х, түшиглэ|х, царайчла|х
의지 санаа(н), санаархал, таалал
의지(가 되는 사람) түшээ
의지가 굳센 зорго
의지가 되는 баарагтүй, буйртай, итгэлтэй, лавтай, найдвартай, түшигтэй; ~ хүн 의지가 되는 사람, 신뢰할 수 있는 사람.
의지간(間) амбаар, пин, пүнз
의지하게 하다 тулгуурда|х, хажуула|х, хэлтий|х
의지하고 있는 харьяа(н)
의지하고 있다(~에) царайчла|х

의지하다 дулдуйда|х, иттэ|х, найда|х, нала|х, налуула|х, тулгуурила|х, тулдуйда|х, түши|х; тусламжинд ~ 원조를 의지하다, 도움에 기대다
의지하다(~에) түшиглэ|х, шалтгаала|х
의지하다(~을) тооцо|х
의지할 수 없는 иттэлгүй, мадагтай, найдваргүй, найдлагагүй; тэр эдгэрэх ~ байна 그의 경우는 어찌할 도리가 없다; тэр эмэгтэй ~ хүн дээ 그녀는 완전히 (아주) 신뢰할 수 없다.
의지할 수 없다 гоомойто|х, тавтаргүйтэ|х
의지함 хамаарал
의치(義齒) шүд
의태(擬態)를 하다(~의) баашла|х
의태의 бааштай
의하면(~가 말한바)에 дагуу
의하여 압박하다(억압하다, 학대하다) гишгэгдэ|х
의하여 질식시키다(~에) бөглөрө|х
의하여(~에) дам, тутам
의학 박사(略: D., Dr.) доктор
의학의 эмчингээ(н)
의학의 치료법 засал
의학적으로 금기(禁忌) харшлал
의한 행동하다(~에) садагна|х
의해 높아진다(봉긋해지다) тэжээлгэ|х
의해 부식하다(썩다, 침식되다) идэгдэ|х; бороонд голын эрэг идэгджээ 그 강은 비에 의해 침식되었다; ярд ~ 상처로부터 병들다
의해 옮기게 만들다(~에) шахагда|х
의향 санаархал
의혹 дамжиг, сэжиг, эргэлзээ
의혹을 품다 сэжиглэ|х, дамнагалза|х
의회 конгресс, парламент
의회(회의 등의) 개회중 хуралдаан, чуулган
의회에서 제정된 парментат
의회의 법규(관례)에 의거한 парментат
의회의 парментат
의회제의 парментат
의후(擬猴) мэч(ин)
이(2)(의) хоёр
이(2)개(의) хоёр
이(2)개의 vault의 교차선) хавьцаг
이(2)년생 (불까지 않은) 야생 수돼지 ховс
이(2)년생 망아지(낙타새끼) сарваа
이(2)년생 송아지 бяруу(н)
이(2)년생 수컷의 영양 соёохой
이(2)년생 암양 또는 암염소 зусаг; ~ зур 2년생 사슴
이(2)년생 야생 멧돼지 ховс
이(2)년생 어린 낙타 тором
이(2)년생 хоёртой
이(2)대 잡종 ортом
이(2)대째 хоёрдугаар
이(2)등분하다 голо|х, дундла|х, өрөөлдө|х
이(2)등의 хоёрдохь, барагтай, дуль, зэхий, хоёрдогч
이(2)류 짐마차(달구지) тэрэг (тэргэн)
이(2)배로 хоёртаа, хошой
이(2)분의 1('반~, 어느 정도~, 좀~'의 뜻) хагас; хоёр ~ 2와 2분의 1;
이(2)분의 1의 дундуур; тэхий ~ нь хуваах 절반으로 나누다(쪼개다);
이(2)살된 хоёртой
이(2)살먹은 хоёртой
이(2)의 기호 хоёр
이(2)차의 хоёрдогч
이(2)회 хоёртаа, хошой
이 물건(사람, 일) наад, эл, энэхүү, энэ; ~ номоо өгөөч 이 책을 나에게 주십시오; голын ~ эрэг 강의 둑(제방);~ захын 기본의, 초보(말단)의; ~ зах (다른 일은) 어떻든,어쨌든, 애오라지
이 병에서 저병으로 따르다 юүлэ|х; цус ~ 수혈하다; морио ~ 승마용의 말을 바꿔서 하다
이 부근(근처)에 гадаа

- 511 -

이 세상 май; ~ ав! 여기!; номоо өгнө үү! май! 그 책을 나에게 주십시오, 제발! 여기!; май! 자 여기다, 자 이것(옜다) (상대방에게 무엇을 건네어 줄 때)
이 세상의 ертенцийн
이 안에 энд
이 자리에서 хойшид
이 점 май
이 풍부한 мундагчууд
이(그) 근처에 хавийнхан
이(그)대로 ийм, ийн, тийн, тийнхүү, тэгвэл, тэгэхлээр
이(기생충) бөөс
이(뿔 등이 어느 시기에) 빠지는 навчит; ~ ой낙엽수(송), 낙엽성의 산림
이(저)세상 хорвоо
이(틀니) шуд
~이 가능하다 чадваржуула|х
~이 결핍(부족)되다(~) мөхөсдө|х
~이 냄비 안에 있다 тогоотой
~이 되다 туйлшра|х
~이 많은 мундагчууд
~이 무슨 지독한 잘못이란(실패란) 말인가 дульхан
~이 미치는 한 cop
~이 아니고(아니라) бус
~이 없다 мөхөсдө|х
이가 거친 줄 өрөвтөл
이가 거친 줄로 갈다 үрэ|х
이가 두드러진 дорсгой шуд
이가 둔한 майрдаг
이가 무딘(둔한) майрдаг
이가 빠져나가다 хэлтлэ|х
이가 빠지다 маймай|х
이가 없는(나지 않은, 빠진) маймай|х, майрдаг; ~ эмгэн 이가 없는 노파(늙은 부인)
이가 없어 입술이 처져있는 маймгар
이간하다 хөндийрө|х, хөнхийрүүлэ|х
이걸(餌乞) гүйлга

이것 наад, эл, энэ, энэхүү; ~ номоо өгөөч 이 책을 나에게 주십시오; голын ~ эрэг 강의 둑(제방);~ захын 기본의, 초보(말 단)의; ~ зах (다른 일은) 어떻든, 어쨌든, 애오라지
이것들(의) эд(эн), эдгээр, эл; ~ний 그들의, 저 사람들의, 그것들의.
이것만은 өдий, өчнөөн
이겨내다 гатла|х, гэтлэ|х
이겨내다(~을) дава|х, дийлэ|х
이겨낼 수 없는 дийлшгүй
이곳 наад, наадахь, энэ
이곳저곳을 돌아다니다 нүүдэлл|эх
이공(泥工) шаварчин
이국(異國)의 гадна
이권(利權) концесс
이기는(하기는) 하나 цааш гүй
이기다 голдо|х, гэтлэ|х, дава|х, тархила|х
이기다(~에게) дийлэ|х, дэгжи|х, сайжра|х, яла|х
이기적이다 аминчла|х
이기적인 аминч, ганцагчин, хохьдог; ~ үзэл 에고이즘, 이기주의, 자기 본위; ~ хүн 주아론자, 이기주의자
이기적인 행동 аминчирха|х
이기주의 행위 аминчирха|х
이기주의다 аминчла|х, давира|х
이기주의적으로 행동하다 өвөрчлө|х
~이긴 하지만 мөртлөө, хэдий, хэмээвч, ч
이긴 흙(진흙과 모래를 섞어 이긴 것) шалбааг
이긴 ялагч, ялгуусан
이끄는(조종하는) 것 залуур
이끌다 ахла|х, жолоодо|х, залагда|х, магнайла|х, манлайчла|х, оройло|х, удирда|х, хөтлө|х
이끌다(~로) дагуула|х; байлдан ~ (이성을) 따르게 하다; дагуулж харах 눈길을 따라가다
이끼 хөвд
이끼 비슷한 지의(地衣) хөвд

이끼류 царам (선류(蘚類)·태류(苔類)·지의류(地衣類)에 속하는 은화(隱花)식물의 총칭; 대체로 잎과 줄기의 구별이 분명하지 않고, 고목·바위나 습한 곳에 남)

~이나 эсхүүл, хийгээд, хэмээвч, боловч, ч

이내 авсаар, будан(г), дараахан, даруй, даруйхан, мөд, мөдхөн, нойтон, одоо, одоохон, төдөлгүй, удаагүй, удалгүй; тэр ~ ирнэ 그는 곧 바로 여기로 올 것이다; ~гийн хумуус 오늘날의 사람들; ~ цаг (문법) 현재시제; ~ цагт 오늘날.

이념(理念) философии

이다(~이) бай|х, бөлгөө, юмсан; тэр, энэ хавьд байгаа 그는 이 근처 어디에 있다

이도 저도 아니어서 분명치 않다 завсарда|х

이동 дамжлага, хөдлөл, хөдөлгөө, явалт; ~ бааз 이동기지; үйлдвэрийн ~ 운반 장치, (유동 작업용) 컨베이어; үгсрах ~ 일관 작업(의 열(列))

이동(간이)식당(요리점.음식점.레스토랑) гуанз

이동(운반)하다 шилжи|х, шилжүүлэ|х

이동(移動) нүүдэл

이동성 хөдөлгөө

이동성(기동성)이 있는 хөдөлгөөнтэй, явуулын

이동시키다 давшуула|х, далбалза|х, данха- лза|х, доёгоно|х, жомбогоно|х, зөө|х, паадалза|х, уяруула|х, хөдлө|х, хөдөлгө|х, шилжүүлэ|х

이동중의 явуут

이동하는 тэнүүл, уяралтай, хөдөлгөөнтэй, явуулын

이동하다 буха|х, дадгана|х, дамжуула|х, зори|х, зорчи|х, тойро|х, ява|х

이득 ашиг, дөхөм, олзвор, орлого, орц, хожоо, хонжвор, хонжоо; хялбар ~ 손쉬운, 간편한; тус ~ 이익, 이득.

이든 -(이)든(~) буюу

이따금 алдаг оног, заримдаа

이따금(시시로.시시때때로.종종)나오다 бултгана|х

이때에 өдийд

이똥 хавьс

이라 하더라도 мөртлөө, хэдий, хэмээвч; тэр их ядарсан ~ хүрээд ирэв 그는 비록 아주 피곤할지라도 온다.

이라고 해도 과언은 아니다 хилсдэхгүй

이란 말 Иран

이란 사람 Иран

이란 Иран(수도 Teheran; 옛이름은 Persia);

~이란 평판이 있다 ойшоогдо|х

이랑을 짓다 говилдо|х, говилто|х

이래(~한) хэзээний

이러 чүү (마소를 부릴 때 하는 소리)).

이러저러 (~을) 해내다 аргала|х

이런 식으로 하다(~을) ингэ|х

이런 식으로 ийнхүү, мэтчилэн, тийн, тэгэхлээр, үүнчлэн

이렇게 말하면서 үүгээр

이렇게 하다 тэгэ|х, ингэ|х

이렇게 ийнхүү, тус, тэгэхлээр, үүнчлэн

이렇다 할 이유 없이 аандаа, зүгээр

이례 гажиг

이례적으로 маягтүй; ~ хүйтэн өдөр 엄청나게 추운 날.

이로 깨물다 хаза|х

이로운 ашигт, ашигтай

이론 ухаарал

이론(의견·상상에 대한) 사실 факт

이론(理論) онол; хө жмийн ~ 음악적인 이론; Дарвиний аажим хувь- слын 진화론의 다윈이론; ~ын бага хурал 이론(상)의 회의; ~ын Физик 이론 물리학; Эйнштэйны харьцангуйн ~ 아인슈타인의 상대성 이론.

이론가 онолч

이론을 구성하다 онолдо|х

이론을 세우다 онолдо|х

이론적(이상적)이다 хийсвэрдэ|х
이론적인 хийсвэр
이롭게 하다 ашигла|х
이루 다 말(형언)할 수 없는 хэлшгүй
이루 다 셀 수 없는 үзээгүй
이루 말할 수 없는 өгүүлшгүй
이루다(~을) шувтла|х, гүйцэ|х
이르게 мэд, эртхэн
이르기까지 줄곧(~에) болтол, нааш
이르기까지(~에) хүртэл
이르다(~에) гара|х, очи|х, хүрэ|х; зочилж초대하다; эргэж ~ зочилж 방문하다
이르다(~하기에) боло|х
이르러(서) биросо(~하다)(~에) болтол
이른 эрт(эн)
이른바 хэмээ|х, хэмээгч
이를 갈다 харчигнуула|х
이를 닦다 сойздо|х
이를 달다(내다)(~에) шудлэ|х
이를 딱딱 맞부딪쳐 소리나게 하다 шулгана|х
이를 마지막으로 бурмесен
이를 악물다 зуу|х; нохой ~ (개가) 물어뜯다; хөмхий ~ 아래 입술을 깨물다; шуд ~ 이를 악물다; 굳게 결심하다; шазуур ~ 다시 한 번 노함(분개)을 감추다(숨기다)
이를 옥묾 ярзай|х
이름 리스트 нэрсийн жагсаалт
이름 아래(~의) дээр; нэр ~ 받는이의 주소(성); миний нэр ~ данстай мал 나의 이름으로 혈통 증명이 있다;
이름 없는 нэргүй
이름 짓다(~라고) гэдэг
이름 алдар, гэдэг, нэр; таны алдар хэн бэ? 당신의 이름은 무엇입니까?; намайг Гим Чунсик ~ 나의 이름은 김춘식입니다; ~ алдар 명성, 명예, 성망; ~ төрөл 종류(물품의); таны нэр хэн бэ? 당신의 이름은 무엇입니까?; ~ нэгт 이름이 같은 사람(것); ~ дэвшүүлэх 후보자를 추천 했다; ~ зээлдэх, ~ зээлэх 다른 이름을 사용한다, 다르게 변장하여 남의 이름을 사칭하는 하다; ~ хунд 명성; ~ уг 명사(이름씨), 명사처럼 쓰이는; ~ томьёо 용어, 전문어; ~ төр 명성, 신망; ~ний хуудас 초대장; ~ийн цэс 방명록; ~ олох 명성을 얻다, 대중적이다; ~сур 유명하게 하다; сайн ~ 좋은 이름; муу ~ 나쁜 이름; сайн ~тэй байх ~ро 유명하다; ~ээ бодох 체면을 유지하다(손상시키지 않다); ~ бухий 앞에 말한, 전술(전기)한; ~д гарах 유명해지다; ~ төрөө алдах 명성을 잃다; ~ алдарших 잘 알려지다, 명망이 있다; ~ээ хугалах 명성이 파멸하다; ~ээ гутаах 자신의 수치(창피.치욕)를 덮다; ~ ээ цэвэрлэх 명성을 되찾다(회복하다); оноосон ~ 고유명사; ~ өгөх 이름을 부르다, ~에(이라고) 이름을 붙이다(짓다); бутэн ~ (생략하지 않은) 성명(first name과 middle name, last name; Christian name과 surname).
이름(작품)을 남기다 гэрээслэ|х
이름나다 дуурьсца|х
이름난 алдартай, нэрт, хэлцээтэй, цуутай, язгууртан
이름남 алдарт
이름뒤에 사용하는 존칭 гуай; сайд ~ 친애하는(사랑하는)/장관, 대신.
이름뿐인 нэрийтгэл
이름씨(명사) нэр
이름에 사인(서명)하다 мутарла|х
이름에 신분(경칭)을 붙여 말함 нэрэмжит
이름으로(~라는) хэмээгч
이름으로(~의) дээр
이름을 부르다 хүхээлэ|х
이름을 붙이다(~에) гарчигла|х, нэрийдэ|х
이름을 알고 있다(알았다) нэрши|х
이름을 주다 нэрийдэ|х
이름의 경칭(경의) нэрэмжит

이름의 нэрийтгэл
이름이 같은 사람(것) аминдай, амьдай; тэр бид хоёр ~ 그는 나와 이름이 같다
이름이 나다 алдаршуула|х; өөрийгөө ~ 유명해지게 하다
이름이 잘 알려지다 алдарши|х
이름이 통하는 алдартай, нэрт
이리 암컷이 새끼를 낳다 бэлтрэглэ|х
이리 와алив
이리 үр; ~ тариа 낟알, 곡물, 곡류; ~ урийн төмс 씨감자; ~ цацах/тарих 씨를 뿌리다
이리 хангай
이리(늑대)들 араатан, чоно (갯과의 짐승. 개 비슷한데, 늑대· 승냥이보다 큼. 털빛은 변화가 많고 흔히 회갈색 바탕에 검은 털이 섞임. 성질은 사납고, 육식성인데, 때로 사람을 해침.)
이리로 오시오 алив
이리저리 돌아다니다 нүү|х
이리저리 땅을 파다(파헤치다) сэндчи|х
이리저리 이동하는 доншмол
이리저리 헤매다 томо|х
이리저리(로) 가다 орчи|х
이리저리로(앞뒤로) 걷다 холхи|х
이리저리로(여기저기로) 옮겨 다니는 суурьшилгүй
이마 갈기를 (붙)잡다(붙들다) гөхөлдө|х
이마 дух, магнай, цох
이마의 주름살 магнайн ~
이만큼 түс
이맘때에 өдийд
이면 ар, сөөргөө, хойгуур, хойт
이명(耳鳴) дуут
이모(백모, 숙모, 고모) эгч
이목을 끄다 мэдэгдэм, мэдэгдэхүйц
이문이 있는 ашигт, ашигтай
이물 өгзөг
~이므로(하므로) түл
이미 보이지(들리지) 않는 сураггүй
이미 알고 있는 사람을 알아보다 танимгайрха|х
이미 알고 있다 мэдэгдэ|х, сонсогдо|х, танигда|х
이미 알려진 것을 보고 곧 알다 танимгайрха|х
이미 알아(생각해)내다 танимгайрха|х
이미 알았다 сонсогдо|х
이미 없어진 өнгөрсөн
이미 нэгэнт
이민 цагаачлал
이민의 цагаач
이반하다 босо|х
이발사 үсчин
이발소의 간판 기둥 шон
이번에 дараач
이번의 дараахь, дэслэ|х, удаахь
이별 салалт, үдлэг
이봐! хөөе, хүүе
이불 бүтээлэг
이빨을 드러내다 жуумалза|х
이빨의 구멍 говил, хонхорхой
이뽑는 집게 хямсаа
이사 сенатч, цагаачлал
이사하다 гарга|х, цаашла|х
이삭(곡물)이 없다 хулай|х
이삭이 열리다 түрүүлэ|х, түрүүтэ|х
이산 сарнилт
이상 гажиг, сэтгэмж
이상(기묘.불가사의)하게 жигтэй
이상(불가사의)한 гайхалтай, гайхамшигтай
이상가 идеалист
이상국 утопи
이상야릇한 ад; ~ тай хашгирах 이상한 (야릇한) 부르짖음; ~ тай инээх 유령의 [같은] 웃음; ~ болох ~의 부담이 되다; ~ үзэх 유감으로 여기다
~ 이상으로(의) хэд(эн), гаран орон, орон гаран, гаруй
~ 이상의 것 гаран орон, орон гаран
이상이 있는 тэнцвэргүй
이상적인 алдаагүй, өвч, төгөлдөр, хийсвэр

이상적인 나라 утопи
이상주의 идеализм
이상하게(도) гайхалтай, жигтэй; хачин ~ хэрэг 그것은 이상한 일이다
이상한 ад, гажуу, гаргууд, жигтэйхэн, зүгээргүй, тайлбарлашгүй, хачин, чамин, шидтэй, шидэт; ~ тай хашгирах 이상한 (야릇한) 부르짖음; ~ тай инээх 유령의 [같은] 웃음; ~ болох ~의 부담이 되다; ~ үзэх 유감으로 여기다
이상할 만큼 жигтэй
이상함 гайхамшиг; байгалийн ~ 자연의 불가사의(이상)함, 자연의 경탄.
이상향 утопи
이성(분별)이 없는 оновчгүй
이성과 건들건들 돌아다니다 донши|х
이성과 새롱거리다 завхра|х
이성을 잃은 тэнцвэргүй
이성의 꽁무니를 따라다니다(~을) донши|х
이성조(二聲鳥) тагтаа
이송하다 ава|х
이스트 исгүүр, хөрөнгө
이슬 намарга, намираа, улбаа, шуудэр
이슬람 ислам
이슬람 교회 십자가(그믐달 모양) ганжир
이슬람(마호메트)교주의 лалын шашин
이슬람교 ислам
이슬람교 성원(聖院) лалын сум
이슬람교도(의) лалын мөргөтөө
이슬비 намираа
이슬비같이 내리다 намира|х, шиврэ|х
이십(20) хорь(хорин)
이십(20)개 한 벌의 것 хорь(хорин)
이십(20)분의 1 хорьдугаар
이십(20)의 기호 хорь(хорин)
이십(20)쯤 хориод
이십사(24)시간 동안 өнжүүт хонуут
이십사(24)시간 хоног
이아치다 боогдуула|х

이야기 намтар, өгүүллэг, тууж, үг, үгс, үгтэй, яриа, ярилцлага
이야기(를) 그치다 хата|х
이야기(말)하다(~을) хэлэ|х, ярилца|х
이야기(의제가) 옆길로 빗나가다 хадуура|х, хэлбэрэ|х
이야기를 (잘) 하는(쓰는) 사람 үлгэрч(ин), туульч
이야기를 나누다(~와) өгүүлэлцэ|х
이야기를 중단시키다 завсарла|х, тасалда|х
이야기를 하다(~의) тайлагна|х
이야기하게 하다(~와) яриула|х
이야기하기 좋아하는 аманцар, чалчаа, яриа
이야기하는 사람(ерөөл의 말하는 사람) ереелч
이야기하다 гэ|х, өгүүлэ|х, өчи|х, үгчлэ|х, учирла|х, хүүрнэ|х, хэмээ|х
이야기하다(~와) өгүүлэлцэ|х, хэлэ|х, яри|х, ярилца|х
이야깃거리 агуулга, өгүүлэмж, сэдэв; хэлбэр ба ~ 내용이 형식을 결정; утга ~ 의의, 의미
이야초(二夜草) нил; ~ цэцэг 바이올렛 (제비꽃(속(屬)의 식물)); ~ ягаан 자외선 (略: UV)
이어 төдөлгүй
이어(~애) дараахь
이어(~에) дагавар, дэслэ|х
이어(鯉魚: 잉어) мөрөг
이어 맞추기 мушгимал
이어 수선(수리)하다 хэмх
이어링 ээмэг
이어서 төдөлгүй
이어져 있다(~와) хамааруула|х
이어지게 되다 хамааса|х
이어지다 холбогдо|х
이어지지 않는 хамаарахгүй
이어진 хэлхмэл
이연(離緣) салалт
이와 같이 하다 тэгэ|х

이완(弛緩) сулралт, эрч
~이외에는 бусад
이용(법) ашиглалт
이용(사용)하다(~을) ашигла|х, хэрэгсэ|х
이용하다 ашигла|х, зарцуула|х, тави|х, ханда|х; ном тавиур책을 책꽂이 위에 두다; цэцэг усанд ~ 꽃을 물에 넣어 두다; ханцуйдаа нэ хэ э с ~ 소매(소맷자락)에 헝겊조각을 대다; албан бичиг дээр нэрээ ~ 서류에 서명하다; э э ргэ э миний оронд тавиад уэ 당신 자신을 자기 자리에 두다; би Пикассор Далигаас дээгуур ~ байсан 나는 피카소를 달리 위쪽으로 둘 것이다; туунийг хэлтсийн даргаар тавьжээ 매장의 화물을 그들의 장소에 두었다; сэруулэг эургаан цагт ~ 6시에 알람이 울리도록 장치했다; найдлага ~ 바라다, 기대하다; харуул ~ 경호인(수위)를 두다; хавх ~ 올가미(트랩. 함정. 덫)을 설치하다; цагийг нэг цагаар ухрааж ~ 한 시간을 뒤로 두다 цагийг нэг цагаар урагшлуулж ~ 한 시간을 앞으로 두다; нохой сул ~ 개를 풀어 놓다; зорилго ~ 결승점(선) 설치하다; зоцдод идээ ~ 손님들 앞에 음식과 음료를 차리다; цонхны хажууд ширээ ~ 창가에 탁자를 설치하다; ширээ тойруулж сандлууд ~ 탁자 둘레에 의자를 두다; хана тушуулж шат ~ 사닥다리를 벽에 기대어서 설치하다(두다); гараа мэ рэ н дээр нь ~ 어깨동무하다, 손을 어깨에 올려두다.
이용할 수 있는 байгаа
이용할(붙잡을) 좋은기회다 дуйвуулэ|х
이운 хагсаамал, хувхай
이울게 하다 онго|х
이울다 ганда|х, онгоо|х, угсэ|х, хагдра|х, хувхайра|х
이웃 хавь, хажуу
이웃의 айлын, зэргэлдээ, ойрхи, саахлт, хажуу, хамар, хөрш; ~ айл 이웃사촌 тэр бид хоёр айл ~ олон жил болсон 그와 나는 여러 해 동안 이웃에 살고 있다; бид ~ сууж хооллов 우리는 이웃에서 저녁을 먹는다; тэдний манайхан ~ 우리는 이웃이다; ~ын газар 거주지의 이웃이다; ~ одод 별자리.
이원적인 хоёрдмол
이유 далим, дашрам, жиг, нэрийдэл, урхаг, учирлал, шалтаг, шалтгаан, яагаав; ~д ~에 즈음하여, 필요한 때에, 동시에, 하지만.
이유(근거) боло|х
이유 또는 까닭 없이 учиргүй
이유 없는 газаргүй, оргүй, сууригүй, үндэсгүй, үндэслэлгүй, улгүй
이유(근거)가 없는 барьщгүй
이유가 되지 않는 өчиггүй
이유로(~한. 의) боло|х, тул
이유를 말하다(~의) ойлгуула|х
이유없이 өчиггүй
이윤 ашиг, орц, тус, унац, хонжил
이윽고 авсаар, дараахан, даруй, даруйхан, мөдхөн, мөд, одоо, одоохон, төдөлгүй, удаагүй, удалгүй
이음기 залгагч
이음매 зааг, заадас, залгаа, залгаас(ан), зуйдэл, нугас(ан), үе, уулзар; хаалга ~наасаа мултарчээ 문의 돌쩌귀(경첩)
이음보 нуруу(н)
이의 ярвиг
이의 ал хуурс
이의 알들이 변화되었다 хуурста|х
이의 없는 хэлцээгүй
이의(異議)를 제기하다 булаалда|х
이의를 말하다 сөрө|х
이의를 신청하다 сөрө|х
이의를 제기(말)하다 сөргө|х
이의를 제기하다(~에) сөргө|х, тэрслэ|х, эсэргүүцэ|х
이의를 주장하다(말하다) дургүйцэ|х

이익 없는 алдагдалтай, ашиггүй, дөхөмгүй, орлогогүй, хохиролтой
이익 ашиг, дөхөм, олзвор, орлого, орц, тус, унац, хожоо, хонжвор, хонжоо; ~ орлого 수입, 소득, (국가의) 세입; ~ба алдагдал 이익과 손실; олз ~ 이익, 이윤; ~ тус 좋은, 유익한; ~ шим 산물, 생산품; үр ~ 결과, 결말; эрх ~ 권익, 이해관계; ~ хонжоо 상금, 상품; нийт ~ 총수익, 총수익금; цэвэр ~ 실수입, 순수입; ~ гаргах ~으로 이익을 보다
이익(결과)(저절로)생기다 хуримтлагда|х
이익을 가져오는 ачит
이익을 가져오다(~에) ашигла|х
이익을 받는 ачит
이익이 되는 ашигтай
이일 저일로 실행하다 өвөрчлө|х
이자가 붙다 хуримтлагда|х
이자를 받고 зээлдэ|х
이자를 비싸게 대부(대출)하다 хүүлэ|х
이장(泥匠) шаварчин
이전 дамжлага
이전(移轉) нүүдэл
이전(이동)시키다, ава|х, зайлуула|х, тоонолжло|х, холдуула|х,; малгай ~ ~에게 모자를 벗다, 경의를 표하다; үс ~ 이발 하다; хумс ~ ~손톱(발톱)을 깎다; эмээл ~ 말을 타고 움직이다; ажлаас ~ 직장에서 옮기다.
이전(이동)하다 дамжи|х; газар орон иуу(이동)하다; гар ~ ~의 수중에서 지나가다; цусаар ~ 피를 통하여 가다
이전(이동)하다 нүүлгэ|х
이전에는 урьд
이전의 өмнөх, түрүүч, хууч(ин)
이전의(시간적으로) агсан
이전의 수년 동안 마른 풀(목초) хагд
이제 막 мөнөө, мөнөөхөн, саяхан, тугаар
이제 방금 өнөө

이제 지긋한 나이가 되었다 ахиу
이제부터 одоохондоо
이종(異種) зүйл
이종교배(異種交配) 되다 эрлийзжүлэ|х
이종교배(異種交配)시키다 эрлийзжи|х
이주 нүүдэл, хөдөлгөө
이주(이동)하다 нүү|х
이주민 цагаачлагч
이주시키다 цагаачла|х
이주하는 цагаач
이주하지 않는 суумгай
이중으로 하다 давхарда|х, хоёрдо|х
이중의 хоёрдмол
이지(理知) ой, оюун, сав, тархи, ухаан, толгой; ~тархи 지능, 지혜; малгай ~ 머리에 쓰는 것, 머리 장식; тууний зурх сэтгэл ~ тархийг нь удирддаг 그의 머리는 그의 마음이 지배하다; толгойн э в- чин 두통(골칫, 걱정)거리, 고민 ~ э вдэ х 두통이 나다; тэмээн ~ 낙타의 머리.
~이지만(~이나) хэмээвч, гэвч, боловч, ч
이집트(사람, 말)의 Мисир
이집트(이집트 아랍 공화국) Мисир
이쪽으로 ийш
이체(二體)의 хоёрдмол
이치가 닿지않는 авалцаагүй, авцалдаагүй, учиргүй
이탈ангижрал, мултархай, салалт, хагацал
이탈리아(수도 로마) Италии
이탈하다 ангижра|х, ганцаарла|х, тусгаарлагда|х, хагаца|х
이튿날(2일) 밤을 연속적으로 지나다 өнжи|х
이판암(泥板岩) занар
이패(貽貝) хясаа
이표(利票) талон
~ 이하의 дутуу
~ 이하이다 гачигда|х
이해 ойлгомж, ойлгоц, ухал

이해(인식)할 수 없는 бутэмжгүй, бутэхгүй
이해(처리)할 수 없다(~가) олдо|х, үлэмждэ|х
이해(파악)하다 сэгээлэ|х
이해가 더딘 мохоо, мулгуу
이해가 빠름 сэхээ
이해관계 додомдлого, хама, харьцаа(н)
이해력 ойлгомж, ойлгоц, ухаан, ухамсар; ~ ихтэй 슬기로운, 현명한; ~ гаргах 깊이 생각한 나머지 잃다; химийн ~ 마음의 움직임
이해력이 뛰어난 авхаалжтай, сэхээтэй, сэцэн, ухаалаг, ухаантай, ухамтай
이해력이 없음 ойлгомжгүй
이해심 많은 өрөвдөнгүй
이해에 관계되다(~의) хамаара|х
이해의 원인이 되다 сэхээрүүлэ|х
이해하기 쉽게 되다 хялбарши|х
이해하기 어려운 ойлгомжгүй, ухааршгүй, ухагдахгүй
이해하다 ойлго|х, сэнхрэ|х, увайла|х, утга'ула|х, ухварла|х
이해하다(~을) мэдэ|х, сонсогдо|х, уха|х
이해하다(하고 있다)(~을) тани|х
이해할 수 없게 жигтэй
이해할 수 없는 жигтэйхэн, ухагдахгүй
이해할 수 있는 ойлгогдохуйц, ойлгомжтой
이해했다(하고 있었다)(~을) нэрши|х
이행 амжилт, биелэлт, биеуулэлт
이행의 주기 орчлон
이행하다 амжуула|х: амжих, биелуулэ|х, биелэ|х, гүйцэлдэ|х, хий|х
이혼 салалт
익(翼: 날개) далавч, жигүүр
익게 하다 боло|х, боловсро|х
익다 эсгэ|х
익명의 нэргүй
익사시키다 живэ|х, үй|х; живж үхэх 물에 빠뜨리다, 익사시키다
익살 даажин, даапаа, наргиа, тоглоом, тохуу, хошигнол
익살꾸러기 наадамч
익살떨다 маазра|х
익살맞은 이야기 онигоо
익살맞은 алиа, зугаатай, инээдтэй, инээдэмтэй, мааз, хөгтэй; ~ салбадай 농담을 하는 사람; 어릿광대, 익살꾼.
익살부리다 маазра|х, тохуурха|х
익살스러운 хөгтэй, шог
익숙(정통)케 함 танилцуулга
익숙지 못한 танихгүй
익숙지 않다 төсөөрө|х
익숙케 하다 дасга|х, танилцуула|х, таниула|х; биедээ ~ ~를 설득하다, 설복시키다; хөдөлмөрт ~ 근로가 익숙하다
익숙케 하다(~에) гаршуула|х
익숙하다(~에) таниула|х
익숙하여(~에) дасамтгай
익숙한 дасамгай, дасамтгай, хээгүй
익숙한 지역(지대.지방) газарч
익숙해져 있다(~에) даса|х
익숙해져 있지 않다(~에) дадаагүй; би орой унтаж ~ 나는 침대로 가는 것이 익숙하지 않다.
익숙해져가다 зүгшрэ|х; ахил хэрэг зугширч байх шиг байна 붙박아(자리 잡아) 두기(인 것) 같다; Амар гэрлээд тууний зан 아마르는 결혼하여 생활의 안정된 것 같다 зугширчээ; ажилд ~ 일에 익숙해지다.
익숙해져서 дасамгай, дасамтгай
익숙해지다 сура|х
익숙해지다(~에) амтши|х, дада|х, даса|х, занши|х, зүгшрэ|х, цагаашра|х, цайра|х; ахил хэрэг зугширч байх шиг байна 붙박아(자리잡아) 두기(인 것) 같다; Амар гэрлээд тууний зан зугширчээ амарс는 결혼하여 생활의 안정된 것 같다; ажилд ~ 일에 익숙해지다; амтших ~ ~에 익숙해져 있다; ном унших ~ 읽기에 익숙해지다; морь унаж ~ 말타기에 익숙해지다; тун

- 519 -

удалгүй хуухдууд бидэнд даслаал 그 어린이는 곧 익숙해진다..
익애(심취, 경모)하다 залбира|х
익익일(翌翌日) нөгөөдөр
익지 않다 түүхийдэ|х
익지 않은 түүхий
익히다 боло|х, боловсро|х, сура|х, үзэ|х, хайра|х, шарагда|х
인(近)접한 зэргэлдээ
인(印) тамга, тийз
인(燐) фосфор (비금속 원소; 기호P; 번호 15).
인(印)의 тамгатай
~인 것 같다 санагда|х
~인 것 같은 төлөвтэй
~인 것같이 보이는(여겨지는) төлөвтэй
~인 것으로 생각되다 санагда|х
~인 것처럼 оворжуу
~인 체하다 засдагла|х, гуйгуурла|х, иттүүлэ|х
~인(한) 것처럼 보이다 оворжи|х
인가 баиалгаа, батламж, зөвшөөрөл, соёрхол, хуульчлал; тэдний ~гүй тий-шээ оруулахгүй 그들은 인가없이 들어가려고 한다; ~гүй нийтлэхийг хориглоно 신뢰할 수 있는 예약; гадаадаас оруулж ирэх ~ 수입 면허증; ~ гуйх허가를 (요)청하다; ~ олгох 허가를 해주다.
인가(면허)증 гэрчилгээ, зөвшөөрөл
인가(人家)의 모임 бөөгнөрөл
인가에서 떨어진(외딴) бөглуу, баларxай, буйд, зайду, онцгойдуу; ~ газар 외딴 곳, 벽촌의장소
인가에서 멀리 떨어진 수도원(수녀원) хийд
인가하고 생각하다 таалца|х
인간 ирэн, хүн
인간 폐물 орхидос
인간들 хүмүүс
인간성 ааш, галбир, зан(г), мөс, тар
인간성(본성.성질.자질.개성.성격.인격) ааль, авир.
인간쓰레기 ниттэл, орхидос, хаягдал
인간의 다수에 나타나는 нар; багш ~ 선생, 교사; ах дуу ~ 형제, 형, 아우, 친척, 친족.
인간의 발성기관 эрхтэн
인간폐물 хаягдал
인격 ааш, дожоо, зан(г), мөс, төрх; ~ зан 행위(행동.행실.동작.태도.품행): олон ~ тай 변하기 쉬운 성품, 마음이 잘 변하는, 변덕스러운 마음; сайхан ~ тай 선량한(고운) 마음씨, 착한 성질
인격(성격, 품성)에 따라서 행동하다 авирла|х
인계 тушаалт
인공 치아(틀니) шуд
인공(人工)에 의하지 않은 байгалийн
인공두뇌학 кибернетик
인공두뇌학자 кибернетикч
인공수정시키다 хээлтүүлэ|х
인공의 зохиомол
인과(관계)의 учиртай
인구(국세)조사 тооллого
인구가 조밀하게 되다 зузааса|х
인구가 조밀한 хөлтэй, чигжүү
인구의 동태 нүүдэл
인근 хавь, хажуу
인근의 саахлт
인내(력) тэвчээр, тэсвэр, хатуужил, хүлцэ|х
인내(忍耐)하다 даамгай
인내를 다하게 하다 дампуура|х
인내심 많은(자비로운)사람 рид
인내심이 강한 тэсвэртэй, хатуужилтай, эмчлүүлэгч
인내하다 даа|х, тэвчээрлэ|х, тэсвэрлэ|х, тэсэ|х
인덱스 гарчиг
인도(印度) Энэтхэг (영연방 소속의 아시아 남부의 공화국; 수도 New Delhi).
인도(사람) жагар
인도하다 газарчла|х, гардуула|х,

- 520 -

замчла|х; одон ~ ~에게 훈장을 수여하다.

인도(안내)하다 ахла|х, дагуула|х, жолоодо|х, магнайла|х, манлайчла|х, оройло|х, удирда|х, хөтлө|х

인도(이양)하다 хүлээлгэ|х

인도인 гаталгагч

인도자 ангижруулагч

인도적인 энэрэнгүй

인도주의 энэрэнгүй

인도하여 빠져나가게 하다 газарчла|х

인두(咽頭) багалзуур, хөөмий; хоолой ~ 인후; багалзууры нь шахах зүйл(с) сикида (咽頭: 식도와 후두에 붙어 있는 깔때기 모양의 근육성 기관).

인두 илүүр

인두를 사용하다 хөөмийлө|х

인디케이터(계기·문자판·바늘) илтгэц, заагч

인력을 빌리지 않고 аяндаа(н)

인력의 гар

인류 дэлхий, ирэн; ард ~ 사람; ~ий эрх 시민권; ~ий дайн 시민전쟁; ~ии хууль 시민법; ~хун 시민, 국민.

인마궁(人馬宮)**(Sagittarius)** сурчин

인물 зан(г), зүгэлтэн, мөс, төрх, хүн

인물(인격) бие

인부 хөдөлмөрчин

인사 мэнд, мэндчилгээ; халуун ~ 진심이 담긴 인사; ~ хүргэх 인사장을 보내다

인사(예배)를 위해 머리를 숙이다 бөхөлзө|х, тахийлга|х, мэхийсхий|х

인사장 мэнд

인사하다(~에게) амар, мэхий|х, ёсло|х; ~ сайн уу? 어떻게 지냅니까?; амыг эрэх ~에게 인사하다.

인산 광물(비료) фосфат

인산염(塩) фосфат

인산이 든 탄산수 фосфат

인삼 хун орхоодой(人蔘: 두릅나뭇과의 여러 해살이풀. 깊은 산에 야생하는데, 높이 60㎝ 가량, 뿌리줄기는 짧고 마디가 있으며, 하부에 비대한 백색 다육질의 곧은뿌리가 있음. 줄기는 외줄기로 곧게 서며, 끝에 서너 개의 잎이 돌려나고 봄에 녹황색 다섯잎꽃이 핌. 야생종을 ' 산삼', 재배종을 ' 가삼'이라 함. 한방에서 뿌리를 강장제의 약재로서 중히 여기며 널리 재배함)

인상 дардас, сэтгэгдэл

인인상적인 сүртэй

상적인 소리 таг

인색하게 굴다 атаарха|х, нарийла|х

인색하다 харамла|х, хэриглэ|х

인색한 харам, харуу, хэриг, яхир

인생관(人生觀) философии

인생을 백안시하는 маалинга

인생의 진로(방침) зөрөг

인생의 행로 зөрөг

인생철학 философии

인솔하다 манлайчла|х, толгойло|х

인쇄 칼표(†) чинжал

인쇄 판목(版木) бар

인쇄 хэвлэл

인쇄공 хэвлэгч

인쇄술(업) хэвлэл

인쇄업자 хэвлэгч

인쇄의 삭제 부분 байхгүй

인쇄하다 нийтлэ|х, оромдо|х, хэвлэ|х

인쇄한(된) дармал

인수 коэффициент, фактор

인수증 квитанции; түрээсийн ~ 임대 영수증;~д гарын үсэг зурах 영수증 싸인.

인스턴트 식품 уусдаг

인스피레이션(inspiration: 영감) онгод, урам

인습 ёс(он), уламжлал

인습의 угшмал, уламжлалт

인식 сэхээрэл, ухал

인식(인지,승인)할수 있는 танигдахуйц

인식하다 мэдрэ|х

인연 барилдлага, сүлбээ

인용 иш, ишлэл; ~дээ гуйвуулах

그릇(잘못) 인용하다; ~ татах (말·문장을) 인용하다, 따다 쓰다.

인용구(어,문) иш, ишлэл; ~дээ гуйвуулах 그릇(잘못)인용하다; ~ татах (말·문장을) 인용하다, 따다 쓰다.

인용하다 ишлэ|х

인위적인 зохиомол; ~ хээлтүүлэг 인공수정(授精)

인자(신의) амраглал, фактор, коэффициент

인자하신 ачтай

인장 ломбо

인장(봉인)의 손잡이 сэнжид

인접 контакт

인접(근접)해 있는 айлын, зэргэлдээ, ойрхи, саахлт, хамар, хөрш; ~ айл 이웃사촌 тэр бид хоёр айл ~ олон жил болсон 그와 나는 여러 해 동안 이웃에 살고 있다; бид ~ сууж хооллов 우리는 이웃에서 저녁을 먹는다; тэдний манайхан ~ 우리는 이웃이다; ~ын газар 거주지의 이웃이다; ~ одод 별자리

인접(밀접)하다(~에) нашла|х; унэ ~ 값을 감하다(깎다)

인접하여 дөт, дөхүү, дэргэд, наадахь, наахна, нагуурхан, ойр, ойрхон, орчим, төсөр, туша, хавьцаа, харалдаа, шадар

인접한 хажуу, хамар

인정 нигүүлсэл, өршөөл, энэрэл

인정 많다 энэрэ|х

인정 많은 ачит, ачтай, нигүүлсэлтэй, нигүүлсэнгүй, өгөөмөр, өрөвдөнгүй, өхөөрдөм, өрөвдөлтэй, өршөөлт, хөөрхийлөлтэй, энэрэнгүй, ялдамхан

인정 많은 인척 хадамсаг

인정 있는 ачит, голшиг, өрөвчхөн, урь, цайлган, энэрэнгүй

인정받고 있다, авагда|х

인정을(자비를) 베풀었다 хайрлагда|х

인정전 хахууль

인정하다 авуула|х

인정하지 않다 баара|х

인조(人鳥) пингвин

인조의 хиймэл

인족(姻族) хадам

인종 угсаатан, яс

인종(민족의 성격을) 잡종화 되다 монолши|х

인종·민족의 성격을 잡종으로 되어지다 монголжи|х

인종·민족의 성격을 잡종화하다 монголжуула|х

인종집단 ястан

인증하다 ишлэ|х

인지 ажиг, ухамсар, долоовор хуруу

인지하다 танигда|х

인지하다(~을) ажигла|х, анзаара|х

인지할 수 없는 танигдашгүй, танишгүй

인척 хамаатан, хадам

인척(姻戚)이 되다 урагла|х

인체의 모양 галбир

인체의 줄(금) марчгар

~ 인체하는 соохгор

인치(12분의 1피트, 2.54 cm). пүн

인치(inch) ямх (12분의 1피트, 2.54 cm; 기호 "; 略: in.).

인칭대명사의 2인칭 чи

인터넷 интернет (전자우편 서비스를 중심으로 한 국제적 컴퓨터 네트워크)

인터뷰 сурвалжлага

인터셉트 амда|х

인터체인지 солбилт

인토네이션 аялга

인편(鱗片) хайрс

인포(鱗苞) үс, хавьс

인품(체격)이 강단있는 гүжирмэг

인품으로서(는) биечлэн

인품이 있는 дэгжин

인플레가 되다 түсгий|х

인플루엔자 тому, ханиад

인플루엔자(독감)의 томуутай

인플루엔자(유행성감기) 앓다(병들다)

томуура|х
인플루엔자(유행성감기, 독감) 걸리다 томуута|х
인하여(~로) улмаас
인형 кукла, наадгай, хүүхэлдэй
인후 багалзуур, хоолой, хүхээ; хоолой ~ инду;
일(日: 일요일) ням
일(작업) жужиг
일 ажил, зүйл хөдөлмөр, явдал; ~ хөдөлмөр 일자리, 직(업); ~ ажлаа өөрчлөх 직업 변경; барилгын ~ 건설 공사; аврах ~ 구조작업; ~ таслах 직업 회피; ~ хаях 두들겨 만들다(~하다), 쳐서 만들어내다; 주조하다; ~ хаялт 파업, 휴업, гэрийн ~ 숙제; эрдэм шинжилгээний ~ (학술) 연구, 조사, 탐구, 탐색; ~ хий чадвар 일을 해낼 수 있는 능력; ажлын өдөр 근무일, 작업일, 평일; ажлаа хийх 직업을 찾다; ~ хэрэгч 사무적인, 능률적인(실제적인); ~ үйлчилгээ 봉사(수고, 공헌, 이바지); би Москва руу ажлаар байнга явдаг 나는 종종 비즈니스로 모스크바에 간다; уншихь ~ (신문·잡지의) 기사, 읽을거리, өөр ~ алга 그곳에는 그 외에(그 밖에) 아무것도 없다; гоо сайхны ~ 아름다움의 물건; би иймэрхүү ~д дургүй 그것과 같은 것은 좋아하지 않는다; ~ ~ээр нь авч үзээд хүлээх нь дээр 충분히 고려한 끝의 모든 것들, 그것은 기다리는 것이 더 좋다; надад хийх аар саар ~бий 나는 ~에 주의하여 가지다; би чамд нэг ~ ниг хэлье 당신은 무엇이든 나에게 말해야한다.
일 없이 어정거리다 хөлхөе|х
일(1)대 1의 싸움 тулалдаан
일(1)만(의) түм(эн)
일(1)배럴 торх (액량·건량의 단위: 영국에서는 36, 18 또는 9갤런; 미국에서는 31.5 갤런; (석유) 42 미 갤런, 35 영 갤런).
일(1)세기 зуу(н); ~н жилийн 백 주년 (기념일); ~н мод 백주년 나무의 그룹; ~н хоногийн ханиад 백일해, 백일기침.
일(1)조(兆) таг, тэрбум
일(1)천억 наяд
일(1)천조(兆) там
일(1)회분의 약 복용량 тун
일(1)회의 착유량 саалт
일(목적)을 이루다 хүрэ|х
일(사회생활) 어지럽게 돌아감 тойруулга
일(의무 따위를) 다하다 хий|х
일(지불 등이) 늦어지다 хоцро|х
일가 овог, омог
일가(一家)의 장 дарга, эрхлэгч
일가친척 аймаг
일간신문 сэтгүүл
일개인의 бодгаль, нанцараа, хувийн
일정 зураадас, цохилт
일견 харц
일고(一考)(하기) бодол
일곱(7) долоо(н); ~ хоног 1주간; ~ хоноод 매주미다; ~н дөчин өс 몇 차례이고, 일곱 번을 일흔 번 할 때까지 (마태복음 XVIII: 22); ~ хоног тутмын 매주, 1주 1회; хоёр ~ хонг тутмын 격주로, 2주일에 한 번; Долоон бурхан 북두칠성, 큰곰자리(북두칠성을 포함하여 북쪽 하늘에서 가장 두드러진 별자리); ~н голтой 내구력이 있는.
일곱(7)시 долоо(н)
일곱 개(사람) долоо(н)
일곱 번을 일흔 번 할 때까지(마태복음 XVIII: 22). далантаа
일곱 번째 долдугаар
일곱 살(7세) долоо(н)
일과 일의 사이에 барин тавин хийх
일관되지 않는(논리적으로) авалцаагүй, авцалдаагүй
일광 гэгээ(н), нар(ан); наранд шарах 햇볕을 쬐다; ~ зөв (시계바늘처럼) 우로 (오른쪽으로) 도는; ~ хиртэх 일식

(日蝕); ~ны цацраг일광, 광선; ~ны толбо 태양의 흑점; ~ны гэрэл 햇빛, 맑은 날씨; ~ны аймаг 태양계(太陽系: 태양을 중심으로 운행 하고 있는 천체의 집단과 이를 싸고 있는 공간; 수성·금성·지구·화성·목성· 토성·천왕성· 해왕성·명왕성 등의 아홉 행성과 이에 속한 50개의 위성 및 약 6,000개의 소행성, 약 170개의 혜성 등을 포함함); наранд цохигдох, наранд харвагдах 일사병, 갈병(喝病); ~ургах, ~ гарах 일출, 해돋이; ~ мандах, ~ дэгжих 태양이 완전히 솟아오르다; ~ хуушлэх 흐리다, 해가 구름에 가리다; ~ жаргах, ~ орох, ~ шингэх (해가)지다, 저물다; шар ~ бор хоног өнгөрүүлэх 궁핍(비참)한 생활을 오래 끌다; шар бор хоног 낮과 밤; ~ны халх 양산, 차양, 우산; ~ны шил 색안경, 선글라스; наран угаал 일광욕; наран тэмээ (승용의) 단봉 낙타; наран цэцэг 해바라기; наран цэцгийн тос 해바라기 기름; хурц ~ 몹시 더운 날씨(염천(炎天)); ~тай дулаахан байв 따뜻하고 양지바른; наранд нүд гялбаж байна 나의 눈은 태양 같다; тэр наранд борлов 그는 햇볕에 타다; миний ~ 여보,당신,애야(부부·연인끼리, 자식에 대한 애칭).

일광욕하다 нарла|х

일그러뜨림 завхрал

일그러져 далбигар, далжуу, далиу, зөрүү, майжгар, муруй, муруй саруй; ~ гутал 부츠뒤축이 닳은 신을 신은; ~ гишгэх 구부러져서 걷다.

일그러지다 гажууда|х, далбий|х, зөрүүлдө|х, мужий|х, нөрө|х

일그러진 гажууд

일년감 лооль

일년생 돼지 тору

일년생 숫 зоргол

일년생 염소 борлон

일년생의 어린 낙타 ботто

일단 ~(하면) нэгмөсөн, нэгэнт, нэгэнтаа

일단 коллектив, нэгж

일단(一團) бүлгэм

일당 буур

일대기 намтар, цадиг

일된 гасан

일람 хураангүй

일람(표) конспект, реферат

일람표 бүртгэл, график, данс(ан), диаграмм, жагсаалт, жишиг, каталог, схем, товьёог, хуваарь; тоо ~ 통계(표); ~ данс 목록, 카탈로그, 일람표.

일렉트론(electron) электрон

일련 суврaa, цуврaa, цуврал

일렬로(늘어)세우다 эгне|х

일류의 анхдугаар, гарамгай, гоц, давуу

일문(一門) овог, омог, яс

일반 국민의 нийтийн

일반 표준 норм

일반(통속)화 танилцуулга

일반사회 нийгэм; нийгмийн амьдрал 공적인 생활; нийгмийн ухаан 사회과학; нийгмийн хөрөнге 공유 재산; нийгмийн ашиг сонирхол 공익; нийг-мийн үзэгдэл 사회현상; нийгмийн өөрчлөлтүүд 사회변화; нийгмээр оролцох ажил 공익근로; нийгмийн халдварт өвчин 사회질병; нийгмийн гарал 사회조직; монголын ~ 몽골 국민; хүй нэгдлийн ~ 원시사회; социалист ~ 사회주의; нийгмийн сэтгэхүй 사회 심리학; нийгмийн даатгал 사회보험; нийгмийн шударга ёс 사회정의(정당성)

일반원리 теорем

일반의 사정(형세) нуруу(н)

일반의 бэртэгчин, ер, жир, эгэл, энгийн; ~ нь 일반적으로 말한다; ~ бусын 보통이 아닌, 여느 때와 다른; ~ ийн хэрэг 매일 생긴 일, 일반적인 사건;~ ийн хүн 보통 사람, 평범한 사람; ~

мэдээгуй 나는 전혀 모른다; ~ сонсоогуй 나는 그것을 결코 듣지 않았다;
일반적으로 ердее, еренхийдее
일반적으로 9인치가 되다 төө
일반적으로 널리 ер, ердее
일반적으로 보급되어 있는 бэртэгчин, жир, эгэл
일반적으로(보통)악취를 풍기는(불쾌한 냄새) өмхийрдөг
일반적인 бэртэгчин, ер, жир, түгээмэл, үтэл, энгийн
일반적인 부패(부식) өмхөрдөг
일반적인 상태(형편) нуруу(н)
일반화(보편화)하다 еренхийле|х
일방적인 өрөөсгөл
일별 харц, солир
일별하다 тольдо|х
일보 гишгэм
일본 Япон
일본말 Япон
일본어 글자체 ханз
일본인 Япон
일부 анги, бие, хага, хэсэг; голын баруун ~ 강의 옆 서쪽 부분; уулын ар~ 산의 후부(뒷면).
일부(는) там тум
일부(부분)을 작게 줄이다(축소하다) жижиглэ|х
일부(한 벌의 물건 중의) аяз
일부가 되다(~의) багта|х
일부러 зориуд
일부러 꾸민 зохиомол
일부러의 санаатай
일부를 얻다(~의) оролцо|х
일부를 이루다 багта|х
일부분 ногдол, хувь, хүртээмж
일부분은 보여주다(~을) бултайгла|х; хэлээ ~~라고 끝까지 주장하다
일부분의 зарим
일사(逸事) онигоо

일사병에 걸리다 нарши|х
일상(평소)의 хэвшмэл
일상의 가정의 잡일 тойв
일상의 업무 явдал
일상의 업무(용무)책임 хамаарагч
일상의 일 хэрэг
일상의 ердийн, тогтмол, хэвийн
일생 нас(ан); та/чи хэдэн нас-тай вэ? 당신은 몇 살입니까? тэр дөч гарсан 그는 40이 넘었다; бага ~наасаа 어린 시절; бид ~ сацуу 우리는 동시대다; дунд ~ны 중세기; ~ өндөр болох 나이를 먹다, 늙다; нэг ~тай 한 살, 한 돌;
일소하다 арчи|х
일손 хөдөлмөрчин
일습 хослол(一襲)[一쑵] 옷·그릇·기구 따위의 한 벌)
일시의 түр
일시적 기분의 долгил
일시적 시각(의식, 기억) 상실 багтраа
일시적으로 түр, цухас
일시적으로 시각(의식,기억)을 상실하다 багтра|х
일시적으로 잊다 мартагна|х
일시적으로 정신 착란(광란 상태)에 빠지다 дэмийрэ|х
일시적인 생각 адармаа, бааш
일시적인 адармаатай, болзолт, ёврогогой, маягтай, ярдаг
일어나 나오다 цувих
일어나(앉)다 оцой|х
일어나다 боло|х, босо|х, гара|х, дээшдэ|х, нэмэгдэ|х, өндөрсө|х, өөдлө|х, сэргээ|х, сэрэ|х, сэхээрэ|х, үзэглэ|х, үүсэ|х; эрт ~ 일찍 일어난다; хөл дээрээ ~ 자기 자신 스스로 일어나다; юу болов? 무슨 일이 일어났습니까?.
일어나다(~이) тохиолдо|х
일어날 때까지 기다리다(대기하다, 연기 하다, 미루다) болго|х; тэмцээнийг хойшлуулх мягмар гаригт болгов

화요일까지 시합을 연기하다
일어날 수 있는 болмоор, боло|х, боломжтой, зэргээр, нөхцөлтэй; аль ~되도록(이면); явх ~ уу? 나(우리)는 가도 좋습니까?; орж болно! 들어오시오!; унших ~ 읽어서 재미 있는, 읽기 쉬운; хийх ~ 실행할 수 있는, 가능한; давж ~ 이겨낼(타파할) 수 있는;
일어날 수 있다 бутэ|х
일어남직함 магадлал; ~ багатай 있을 법하지 않은, 참말 같지 않은
일어서다 босо|х, нэмэгдэ|х, өндөрсө|х
일어서서 뛰어내리다 дэвхцэ|х
일억(億) равжим
일열 종대로 дагалдаа
일엽초 дэлдүү
일요(日曜) ням
일요일 Адьяа, хишиг, ням
일용품 таваар
일원 оролцогч
일원화(통일)하다 эгнэ|х
일으켜 세우다 гозойлго|х, өндийлгө|х, агса|х
일으키게 하다 тухирагда|х
일으키다 агса|х, бөмбөгнө|х, гозойлго|х, сэргээ|х, уда|х, хөгжүүлэ|х
일으키다(~을) амтшуула|х, нисгэх, өрнө|х, тоолуула|х, төрүүлэ|х
일을 강력히 추진하다 яаруула|х
일을 그만두다(~하는) болиула|х
일을 생각나게 하다 дурса|х
일을 아무렇게나 하다 талт мэ лт хийх
일을 완료하다 бутэ|х
일을 주다 хөлслө|х
일을 주다(~에게) зара|х, хэрэглэ|х, хэрэглэгдэ|х; хөлөн ~ 하인을 고용하다
일을(공부)하는 사람 ажилчин, хөдөлмөрчин
일의 백겹(배)(1×100=100) зуунтаа
일의 솜씨가 좋은 хавтай
일의 순서를 어지럽히다 саадхий|х, хяса|х, садаала|х, түйтгэрлэ|х
일의 진행(행동)을 방해하다 бөглөрө|х, боо|х
일이 간단한 гүдес
일이 소홀한 хичээлгүй
일이 어쩔 수 없게 되다 орооло|х
일이 없는 사람 ажилгүй хун; ажилгүйчууд
일이 없는 ажилгүй
일이 일한 보람이 없다 үтээрэ|х
일이 진행중(인) явуут
일이 힘든(벅찬) чимхлүүр
일인승의 가마 жууз
일일이 들다(세다) дурьта|х, тоочигдо|х
일일이 셈(들)하다 точи|х
일일이 тухайлбал
일자리 연합하다(합체하다, 합병하다) хавсра|х
일정 수준의 дөмөг
일정 хувиарь
일정(불변)하게 되다 тогтмолжи|х
일정(불변)하다 тогтоогдо|х
일정(불변)한 тогтмол, хязгаартай
일정불변 тогтмолжилт
일정불변의 өөрчлөгдөшгүй, хэлбэршгүй, хэлбэрэлтгүй
일정비율의 부분 хэмнэг
일정치 않은 гаран орон, орон гаран, солигдмол, тогтууригүй
일정치 않은 хувирамтай, доншооч
일정하다 тогтмолжуула|х
일정하지 않은 시간 хугацаагүй
일정한 өгөгдэх, суурьшилтай
일정한 간격(거리.시간)을 두다 зайчла|х
일정한 기간에 완수해야 할 일(임무. 작업) даалгавар, зорилт, үүрэг; энэ хэцүү ~ байна 그것은 힘든 작업이다; гэрийн ~ 숙제; ~ өгөх 작업을 할당하다, 임무를 배당하다
일정한 코스를 돌다 гороо, дүгрэглэ|х
일제히 зэргээр, хаттаа

일제히 큰 소리로 성원하다 хашгара|х
일족 аймаг, омог, овог
일종의 얇은 비단 또는 화학 섬유의 천 панс(ан)
일종의 흑색 자기(磁器) хүрэм(хүрмэн)
일주 хүрээлэл
일주야 өдөр, хоног
일직선 чигээрээ
일직선으로 туус
일직선의 чанх
일진(一陣)의 광풍(바람) цохилт
일진의 바람 нөөлөг
일찌감치 эрт(эн)
일찍 꽃피는 гасан
일찍부터 эрт(эн)
일찍이 ~(한 적이) 없다 ер
일찍이 эрт(эн)
일천만 жива
일천만(10,000,000) жаваа
일체가 되다 адилтга|х
일체감을 갖다 адилтга|х
일초에 십분의 일 жардам
일출과 일몰 높은 산과 그림자에 의하여 숨겨지다 хүүшлэ|х
일치 зохил, зохимж, зохицол, найр, найрал, нийлэмж, нийс, нийц, нэгдэл, тохирол, тохиролцоо, тохиромж, тохироо, уялдаа, хэц, эв, э
일치(부합)하다 зохицо|х, нийцэ|х, үгсэ|х; санаанд ~~의 마음에 들다
일치(순응.적합)하게 하다 зохилдо|х
일치(합의)하여(~와) тохиро|х
일치시키다 найралда|х, найрамда|х, сайду- ула|х, тааца|х, тара|х, эвлэ|х, эврэлуулэ|х, эврэлэ|х; бугд ~ улс 공화정체, ~사회; бугд ~ нам 공화당원
일치하는 адилхан, гийүүлэгч
일치하다 зохилдуула|х, онолдо|х
일치하다(~에) уялда|х
일치하다(~와) тохируула|х
일치하여 бүхэл, дагуу
일치하지 않는 зөрчилт

일치하지 않다 зөрө|х, зөрчилдө|х, зөрчих, харшла|х
일컫다(~라고) гэгдэ|х
일컬어지다(~라) ойшоогдо|х
일탈 гажиг
일탈(逸脫)시키다 хэлбий|х
일터 тасаг
일필(一筆) зураадас
일필휘지(一筆揮之) зураас
일하는 ажилтай, гялбазүүр, залхуугүй, идэвхтэй
일하다 ажилла|х, хөдөлмөрлө|х; ~ хүч 동원가능 인력, 인적자원; тэр уйлдвэрт ажиллаг 그는 공장에서 근무하고 있다; цахилгаан шат ажиллахгүй байна 들어 올리지 못 한다; шинэ хороо хэдийнээ ажиллаж байга 새 위원회는 벌써 가동 되었다.
일하러 나가다 бөхө|х
일혈(溢血) нөлөө
일화 онигоо
인히 погмосөн, нэгэнтаа
일흔 번째의 далдахь
일흔 살(고희) дал(ан)
일흔 дал(ан)
일흔(70)에 가까워지다(가깝다) далаад
일흔째 далдугаар
읽기 쉽다 гаргагда|х; ~ гуй бичиг 읽기 어렵다.
읽기 쉽다(명료하다) уншигда|х
읽기 уншлага
읽기(판독하기) 어려운 гаргагдахгүй
읽다 уншигда|х
읽어주다 унши|х
잃게 하다(~을) бөхөө|х, булаа|х
잃다 хаях, хожигдо|х
잃은 것에 대한 아쉬움(애석) гансрал, гашуудал, уй, гаслан(г)
잃은(놓친 것을) 찾아내다 сэхэ|х, толиро|х
잃은(잃어버린) сурагтүй

잃음 алдагдал, хохирол
임검(수색)하다 онгичи|х
임균(淋菌) хүйтэн
임금 хөлс, хөлс, цалин
임금 거치 또는 근소한 승급에 의한 노동강화 сунамал
임금(가격이) 적정한 яармаг
임금(요금·세금 등의) 율(率) шаталбар
임금의 일부를 떼어내기(가로채기) өөш
임기응변주의 оппортунизм
임대(賃貸)하다 зээлдэ|х
임대(임차)료 түрээс, түрээслүүлэ|х
임대되다 түрээслэ|х
임대차(계약) түрээс
임대하다 дагна|х, хөлслө|х, хөлслүүлө|х
임명(지명, 임용)하다 томило|х
임명하다 тохоо|х, хариуцуула|х
임목 스텝지대 ойтой хээрийн бус
임무 ажиллагаа, алба(н), болгон, гааль, зорилт, роль, үүрэг, функц
임무 교대 жасаа(н)
임무(근무)교대하다 жасаала|х
임무(명령) 인계하다 уушаа|х
임무(명령) 인계했다 тушаагда|х
임무를 띠고 보냈다 томилогдо|х
임무를 부여하다(주다) даалга|х, оноо|х; ажил ~ 작업을 부여하다
임박하여(~에) өмнөхөн
임박해 있다(~에) далайлга|х, занга|х
임상강의(실습) клиник
임시로 заримдаа, зэрмэгхэн, түр
임시막사 овоохой
임시숙소 хонуур
임시의 болзолт, дайвар
임신 жирэмсэн
임신 중절 зулбадас
임신(잉태.수태)하다 бие хунд, жирэмсэн, жирэмслэ|х, шалтгаантай, уста|х
임신을 못하는 хусран, хүүсэр
임신을 못하는 암소 сувай

임신을 못하다 хусра|х, сувайра|х
임신하다 гэдэслэ|х
임신한 тулгар; бие ~ болох 임신하다
임에 틀림없다 ёстой
임원 ажилтан; сайн ~ 우수한 일꾼; урлагийн ~ 미술인, 예술인; эрдэм шинжилгээний ~ 과학 연구에 종사하는 사람; элчин сайдын яамны ~ 대사관 직원(공무원); ажилтнууд
임원 тушаалтан
임의로 санаагаараа, зорго
임자 없는 золбин, эзгүй; ~ нохой 임자 없는 개
임자 없다(가축의) золбигно|х
임자 өмчтөн, эзэмшигч, эзэн
임자(소유자) өмчлөгч
임자말 өгүүлэгдэхүүн
임정관 ойжуулагч
임종 үхлүүт, шуврага
임질에 걸리다 загта|х
임차(賃借)하다 дагна|х
임차하다 хөлслө|х, хөлслүүлө|х
입(구강) ам(ак); ~ цангах 마르다, 갈망하다; ~аа ангай 입을 벌리다; ~аа том ангай 당신의 입을 크게 벌려라; ~ цагаан фитгийг 잃은 입술; тэр таван ~ тэжээдэг 그는 다섯 입을 부양하다; манайх найман ~ 우리의 가족은 8명이다; ~ наас ~ дамжин 구두로, 말로 전하여; ~ дорвойх 입을 삐죽 내밀다; ~ ангайх 말을 하다; ~алдах 맹세하다, 선서하다; ~ алдвал барьж болдоггүй, агт алдвал барьж болдог 잃어버린 말은 찾을 수 있지만, 한번 한 말은 취소할 수 없다; ~ хатах 목이 마르는; ~ хатуу морь 승마용말은 말을 듣지 않는다; ~ дагах 의견이 맞다, 동감이다; ~аа барих 후회하다; 유감으로 생각하다, 한탄하다; ~аа жимийх 입술을 오므리다; ~ хагарах 하고 싶은 말을하다; ~ муруйх 불평하다, 비난

- 528 -

하다; ~ өгөх 약속하다, 약정하다; ~ халах 이야기하기 좋아하다, 말을 많다; ~ хурэх/хургэх ~의 맛을 보다, 시식하다; ~ хургулээх 맛을 보게 하다, 음식을 먹게 하다; олны ~ муудах 명성(신망.평판)을 잃다; ~ хэлээр доромжлох ~에게 무례하게 부르다; танай бул хэд вэ? 당신의 가족은 몇 명입니까? ~бул олуулаан 대가족; хун ~ 인구, 주민; буны ~ 총구, 포구, 총의 부리; галт уулын ~ 분화구; уулын ~ 협곡, 폭이 좁은 골짜기(계곡); голын ~ 강의 하구(河口); ~ан зохиол 민간전승(傳承), 민속, 민속학; ~ан захиа 전언, 전갈; ~аар захих 구두전언, 구두전갈; ~ны ус 물을 마시다; ~ны тамхи 담배, 살담배, 궐련; ~ны завьж 충고하다, 권면하다; ~аар хэлэх 입의 한 구석; ~ан хуур ~을 말하다, 이야기하다; ~ан хузуу 하모니카; ~ны зууш болгох 독설을 하다, 욕을 하다
입 다물게 하다 хол хол хийх
입게(신게, 쓰게) 되다, чадагда|х
입고(신고,쓰고) 있다 өмсө|х. зүү|х; би ер зангиа зуудэгтуй 나는 결코 타이를 매지 않았다; тэр эмэг- тэй нудний шил зуудэг 그녀는 안경을 쓰다; надад өмсөж ~ямар ч хувцас алга 나는 아무것도 입지 않았다; одон ~ 메달을 걸다; пайз ~ 신호로 걸다; бөгж ~ 반지를 끼다
입관하다 авсла|х
입구 홀 гудам
입구 довжоо(н), орц, хаалга
입국사증(入國査證) виз
입김을 내뿜다 салхила|х, сэвшээлэ|х, сэржигнэ|х, үлээ|х
입다 өмсө|х
입당(입회)한 холбоотой
입대 элсэлт
입대자 элсэгч

입력(入力) оролт
입론(立論) учирлал
입맞추다(~에) озо|х, үнсэлдэ|х
입맞추다(~에게) үнсэ|х
입목(立木) мод(он); ой ~ 숲, 산림; ~ бэлтгэл 목재 벌목; яс ~ 뼈대, 구조; гэрийн ~ 게르의 나무로 만든(된) 부분; ~ огтлох 나무가 떨어졌다; ~ хагалах 장작을 패다, 나무를 잘게 자르다; ~ суулгах 나무를 심다, 농원; тулшний ~ 땔나무; улаан ~ 마호가니(재); ~ны дурс 짖는(기침) 소리; модон завод 목재 공장, 목공소; ~ны мужаан 목수, 목공; ~ хөрөөдөх газар 제재소,대형 제재(製材)톱.
입문서 замч(ин), үзүүлэгч, үсэглэл
입밖에 내다 айлда|х
입방 куб
입방미터 кубметр
입방체 шоо, куб
입방체로 떼어내다(삭제하다) тэвхлэ|х
입빙체로 칼을 내나 тэвхлэ|х
입방체의 물건(주사위·벽돌 등) куб, шоо
입상 шагналт
입상의 낟알이 많은 иржгэр
입상하다(~에) тавигда|х
입수되다 гардуула|х
입수하기 쉬움 халдац
입수하다 бараажих, оло|х
입술 амсар, уруул
입술로 쪽하는 소리가 나게 만들다 тамшаа|х
입술을 오므리다 жамбигар, омгонуула|х, омой|х
입심 좋은 хэлэмгий
입안 төлөвлөлт; хот ~ 두 가지 계획
입안자 дизайнер
입안자 зурагчин
입안하다 төлөвлө|х
입어 해뜨리기 элэгдэл

- 529 -

입어 해어뜨리다 хуучра|х
입어서 낡아지다 салбай|х
입어서 낡은 нэвсгэр, савтархай, тожгор
입어서 떨어지게 되다 хүүрши|х
입어서 떨어진 сарампай, уранхай, хашин
입어서 해지다 хуучра|х
입언저리 амсар
입에 담기도 싫은(무서운) өгүүлшгүй
입에 맞지 않는 аягүй
입욕(목욕)하다 бие угаах
입을 삐죽 내밀다 жорвой|х, тумбай|х, цорвой|х
입을 삐죽거리는 토라진 얼굴 жоровгор
입을 삐죽거리다 тумбай|х, цорвой|х
입을 삐죽거림 цоровгор
입을 열지 않는 дугай, дуугүй
입을 오므리는 жимгэр
입을 크게 벌리다 ангай|х, дарвай|х; амаа ~ 입을 벌린; (놀라서) 입을 딱 벌린; 기가 막혀, 어이없어
입의 모서리 завьж
입의 모양을 손상하다 майра|х
입의 주변 завьж
입이 무거운 дуугай, жимгэр; ~ хүн 말이 적은 사람.
입이 삐죽 나오다 жоровгор, цорвой|х
입이 오므라들다 жимий|х
입자(粒子) молекул
입자가 거칠다 иржий|х
입장 гэр, оролт
입장(승차)권 пиу, тасалбар
입장권 билет
입장료 татвар
입적(入寂) няпваан
입주하는 여자가정교사 хүмүүжүүлэгч
입증 магадлал
입증(立證)하다 батлагда|х
입증하다 гэрчлэ|х, мэдүүлэ|х
입증하다(~을) өчи|х

입증했다 үндэслэгдэ|х
입지 байршил, байрлал
입천장 тагнай
입체파 кубизм(立體派: 물체의 본질이나 형상을 이성으로 파악할 것을 주장하고, 물체의 모양을 분석하여 그 구조를 기하학적인 점과 선으로 표현하려고 한 회화의 한 유파; 20세기 초에 프랑스에서 일어났음. 피카소·브라크 등이 대표적임)
입학 элсэлт
입학자 элсэгч
입회(입대)하다 элсүүлэ|х
입회(입학)시키다 дансла|х
입회(입학.입대)하다 оро|х; автобсанд ~ 버스를 타다; сургуульд ~ 학교에 입학하다; их сургуульд ~ 대학에 들어가다; ажилд ~ 연구에 몰두하다(빠지다); цэргийн албанд ~ 군입대하다; түүхэнд ~ 역사에 남다; хот ~ 시내로 가다; дэлгүүрт ~ 상점에 가다; замаар ~ 여행하고 있다; гудамжаар ~ 거리를거닐다; тамхинд ~ (담배) 한 대 피우다; шинэ байрпнд ~ 편평하게 펴다; усанд ~ 목욕하다; далд ~ 사라지다; дайсныгарт ~ ~를 포로로 하다; гарт ~ 손으로 가볍게 두드리다(닿다, 대다); нар ~ (해가)지다, 저물다; дагаар ~ 복종시키다, 따르게 하다; хүргэн ~ 결혼하여 부인의 부모와 함께살다; хуйвалдаанд ~ 한패에 가담하다; шашинд ~ 신봉하다
입회금 татвар; гишүүний ~ 회원 회비.
입회자 элсэгч
입히다(~에) дэвсэ|х
입히다(씌우다)(~에) өнгөртө|х
입히다(주석하다) давхарла|х
입힘 өнгөр, түрхэц, хаг
잇는 үдээс
잇다 залга|х, зангиа(н), зангила|х, сагалд- рагада|х, үхүүлэ|х, уя|х, уялуа|х, холбо|х, хүлэ|х, хүлээсэлэ|х, хэлхээлэ|х
잇다(~로) заггида|х

잇다(~와 접촉하다) авцалда|х
잇다(~와 합류하다, ~와 함께 되다) авалца|х; галл ~ 불이 붙다, 불을 잡다; зангаа ~ 각각에 익숙해지다; зад ~ 꾸짖다,~에게 잔소리하다
잇단 тасралгүй
잇따라 넣다 цувуула|х
잇따라 байнга, байран, даг, дагнан, дагт(ан), завсаргүй, нөр(өн), тувт, үргэлжид
잇따라(끊임없이)부어오르다 түнтэгнэ|х
잇따라(끊임없이)이동시키다 тожгоно|х
잇따른 байран, залгаа, тогтмол, угсраа
잇몸 буйл
있(였)다(~에) буй
있는 그대로의 нүцгэн, хээгүй, шалдан
있는 대로의 байдаг, булт
있는(로 받쳐진)(~가) сараалжин
있다(~에) 가(와) ажээ,) бол, болбол
있다(~에) ажээ, бай|х, бий, бол, болбол, нала|х, юмсан; хотод номын дэлгуур огон ~ 도시 안에 많은 서점이 있다; надад ~ 나는 가지고 있다; Дорж ~ багш 도리는 선생이다; би ~ оюутан 나는 학생이다
있다(~할 수) амжи|х
있다(~해낼 수) амжи|х
있다,~(이)다 бий
있어서 중요하다(~에) хамаара|х
있어서(~에) дотор
있어야 할 것이 없다 чардай|х
있어야 할 곳에 없는 өнжилгүй
있을 법한 боло|х, боломжтой
있을 수 없는 боломжгүй, болохгүй, болшгүй, зангүй
있을 수 있다(~이) чада|х
있을(일어날)수 있음 бололцоо, боломж, магад; бороо орж ~ 비가 올 것 같다; тэд ~ шуу 그들이 올 것 같다.
있음직하다 бутэ|х
있음직한 болмоор, боло|х, боломжтой, магад, нөхцөлтэй, магадлал; ~ багатай 있을 법하지 않은, 참말 같지 않은
잉글랜드 동부의 개사층(介砂層) хавцгай
잉글랜드 은행권 дэвсгэр
잉어 мөрөг, зоодой(一魚: 잉엇과의 민물고기. 몸빛은 대개 주홍빛 섞인 갈색이고 입가에 두 쌍의 수염이 있음. 몸길이는 일정하지 않으나 큰 것은 1m 이상인 것도 있음)
잉어과의 작은 물고기 жараахай
잉여 илүүдэл; ~ ур тариа 잉여 농산물; ~ ачаа тээш 나머지 수화물.
잉여 илүүч
잉잉 잦아들듯(호소하듯. 처량하게)울다 гунгана|х, гонгино|х, яргла|х
잉크병(ink瓶) нагван
잉태(孕胎)를 못하는 хусран
잉태(孕胎)를 못하다 хусра|х
잊게 하는 мартамхай, ойгүй
잊게 하다 умартуула|х
잊고 있는 болгоомжгүй
잊고 오다 хоцроо|х
잊기 어려운 дурсгалт
잊다 марта|х, умарта|х
잊어버리는 мартамхай, ойгүй
잊어버리다 балла|х
잊었다 мартагда|х, умартагда|х
잊을수 없는 мартагдашгүй, марташгүй
잊지 못할 дурсгалт
잊지 않고 ~하다 санагалза|х
잎 모양의 навчирхуу
잎 навч намаа, навч(ин); ~ нахиа 잎의 무성함, 군엽(群葉); ~ унах (가을) 잎이 떨어지다; ~ин тамих 담배 나뭇잎; ~ боорцог 부풀게 굽는 과자용 반죽.
잎(나무,털,껍질,날개,비늘,장식,가구,덮개,카펫 등)이 없다 чардай|х
잎(씨 따위를) 떨어뜨리다 зумра|х
잎들이(나뭇잎, 풀잎, 군엽(群葉)) 무성해 지다(나다, 싹트다) навчла|х
잎맥이 있다 судалта|х
잎으로 된 навчирхуу
잎을 따낸 밑동줄기 хожуул

잎의 무성함 навч намаа
잎이 넓은 마늘의 일종 содоль, халиар
잎이 많은 навчирхаг, навчирхуу
잎이 말려 올라가다 эвхрэ|х
잎이 말린다 долгиото|х
잎이 무성한 навчирхаг, навчирхуу

잎이 바람에 흩날리다(흩어지다) салба-гана|х
잎이 우거진 навчирхаг, навчирхуу
잎이나다 гулдри|х
잎자루 иш, сүрэл, шилбэ; цэцгийн ~ 꽃의 줄기, 꽃대.
잎장식이 있는 навчирхуу

ㅈ

자(길이를 재는 기구) ① шугам; шугамаар хэмжих 자로 재다; шугамаар хэмжсэн мэт 자로 잰 것처럼 шугамаар шугам татах 자로 줄긋다; ② жа(даавуунц эн = 30.3 ㎝) Энэ даавуу яг таван жа байна 이 옷감은 꼭 다섯 자다

자 шаталбар

자 За; За нааш ир 자, 오너라; За явья 자, 가자; За хөдлчөөе 자 출발합시다

자(子) ① үр хүүхэд, хөвүүн; ② хулгана жил

자(字) үсэг; 큰 자 том үсэг.

자 오라 алив

자가(自家) өөрийн гэр орон, хувийн, гарын

자가 당착의 зөрчилт, харшлалтай

자가당착 зөрөө(н)

자각 сэхээ, сэхээрэл, томьёо; мэдээ ~ алдах мэдрэхгүй болох.

자각하다 сэрээ|х, сэхээрэ|х

자갈 хайр, хайрга

자갈(조약돌) сайр

자갈로 된 хайрархаг

자갈을 깐 хайрархаг

자갈이 많은 сайрархаг, хайрархаг

자갈투성이의 сайрархаг, хайрархаг

자개 тана(н)

자객 бусниулагч, яргачин

자게 만들다 хэвтүүлэ|х

자격 болгон, мэдэл, рейтинг

자격(능력)없는 чадваргүй, хатуужилгүй

자격 없는 접골의(接骨醫) бариач

자격 있는 мэрэгшилтэй

자격 증명서 байцаал, мэргэжил

자격(권한)을 습득하다 мэргэжи|х

자격(부여) мэргэшил

자격을 갖추다 мэрэгши|х

자격을 주다 мэргэжүүлэ|х

자격이 없는 мэргэжилгүй

자격증명서(면허장)을 주다 мэргэжүүлэ|х

자국 мөр, ором; ~өө балах 발자국을 덮다; ~өөр нь мөш-гих 발자국을 따라가다; ~ гар-гах 발자국을 남기다; догол ~ 패러 그래프, (문장의)절(節), 항(項), 단락, 다치지 않은 마지막 행; догол ~ гаргах 만입(灣入)시키다, 움푹 들어가게 하다.

자국을 밟다(쫓아가다.추적하다) мөрдө|х, оромдо|х; дагаж ~ ~을 따라가다; алдалгүй ~ 뒤를 따르다, 줄줄 따라가다; ~ мөшгих ~의 행방을 찾아내다.

자국을 쫓아가다(추적하나) мөрлө|х; мөрлөн суух 줄지어 앉다

자궁 сав, хэвтэш, умай, хэвлий(子宮: 자성 (雌性) 생식기인 수란관(輸卵管)의 일부가 변화 한 근육질의 기관; 수정란이 착상하여 발육함)

자귀(까뀌. 손도끼) сүхэвч, ооль(한 손으로 찍어 나무를 깎는 연장)

자극 даравч, сүмс, турхиралт, тухирлага, урамшил, хөхүүлэг, цочрол

자극 감응(반응)성 мэдрэмж, өөнтөг; улс төрийн ~ 정치적인 감각(육감)

자극(격려. 선동) 하다 догдолго|х, турхира|х

자극(쇼크)를 주다 цочро|х

자극된다 уцаарлуула|х

자극물 бадруулагч, турхиралт

자극받음 хөөрөлт

자극성의 역한 맛(냄새) 나는 хахуун

자극성의 гөнтэй, хорон

자극이 되다 урамши|х, уцаарла|х

자극하는 사람 бадруулагч
자극하다 агсра|х, галзууруула|х, дэгдээ|х, өдөө|х, удаа|х, урамшуула|х, уяруула|х, цочроо|х
자극하다(~를) мөлөлзө|х
자금 бэл, мөнгө(н), сан, санхүүжилт, фонд
자금을 공급(융통)하다 санхүүжүүлэх
자금을 조달하다(대다) санхүүжүүлэх
자궁하다 бярда|х
자기 나라 нутаг; төрсөн ~ 조국, 모국; нэг нутгийн хун 동포, 동국인.
자기 뜻을 굽히다 мундагда|х, сөгдүүлэ|х
자기 만족하다 маасай|х
자기 본위의 аминчирха|х
자기 본위이다 аминчла|х
자기위치를 똑바로 알다 баримжаала|х
자기입장을(처지를) 알다 баримжаала|х, бармжаа
자기자신으로부터 өөрөөсөө
자기자신의 аминьi
자기자신의 마음에 들어(드는) таамаараа
자기집에서 гэртээ; яг ~ байгаа юм шиг бай (스스럼없이) 편히 하십시오; ~ харих 귀가(귀국)하다
자기 편 холбоотон
자기 하고 싶은 것을 하다 дурги|х
자기(저.자신) бие, өөр; ~ хоорондоо 우리들끼리/저희들끼리; ~ зуураа/ хоорондоо 그들 자신들 사이에; ~ийн 자기 자신; ~ийн эрх 대인권(對人權), 개인적 권리; ~ийн эрхгүй 모르는 사이에, 본의 아니게; ~ийн дур 자유 의지; ~ийн дураар 자유 의지에 의하여 씻다; 자발적으로; ~ийн биеэр 나 개인적으로(는), 자기로 서는; ~ биеэ барих 참다, 억누르다(억제하다); ~эрээ 몸소, 스스로, 나 개인적으로(는), 자기 로서는; ~дээ тус болох 서로 돕다, 원조(조력)하다; ~ дааж сурах 암기하다, 스스로 배우다; миний ~ 나, 자아, 자신; ~ ганц = ганц ~эрхун 미혼의 (독신의) 남자, 홀아비; ганц ~ бусгуй/ эмэгтэй 미혼의(독신의) 여자, 홀어미, 과부; нэгдугээр ~ 첫(번)째의 인간, 맨 먼저의 사람; ~ хун 인물, 사람의 모습; өөрийн ~ эр 자기자신을(에게), 스스로; ~биеэ даасан 독립한, 자주의; биеэ тоох ~ 머리가 부어올랐다.
자기(磁器) шаазан(г)
자기(磁氣) коер зүрхэвч
자기가 ~임을 증명하다 батлагда|х
자기과대평가 сайрхал
자기도취(만족)하다 маадай|х
자기로서는 биечлэн
자기를 낮추다(굽히다) бөгцгөнө|х
자기를 동일시하다 адилтга|х
자기만의 амины
자기만족의 маадгар
자기만족(도취)의 додигор, маадгар
자기만족의 자부 маасгар
자기만족이다 маадай|х
자기모순 зөрөө(н)
자기본위 субъектив
자기본위(중심)의 аминч
자기본위의 аминч, ганцагчин, хохьдог
자기본위이다 давира|х
자기에 대한 자신 найдлага
자기의 말(생각)을 남에게 이해시키다 ухуула|х
자기의 일면 бие
자기의 өөрөө; ууныг би ~ хийсэн 그것이 나 자신이었다; би ээ рийгэ э танд танилцуулж болох уу? 나를 당신에게 소개 할 수 있습니까?
자기일은 제가 하다 гамна|х; биеэ ~ 몸 조심을 잘하다, 자기일은 자기가 잘하다.
자기자신 өөр; ~ хоорондоо 우리들 끼리/ 저희들끼리; ~ зуураа/ хоорондоо 그들 자신들 사이에; ~ийн 자기 자신;

~ийн эрх дин권, 개인적 권리; ~ийн эрхгүй 모르는 사이에, 본의 아니게; ~ийн дур 자유 의지; ~ийн дураар 자유 의지에 의하여 씻다; 자발적으로; ~ ийн биеэр 나 개인 적으로(는), 자기로 서는

자기중심적(이기적)인 성향이다 давира|х; амь ~이기적이다

자기화(磁氣化)하다 соронздо|х

자기환상을 따라가다 дурги|х

자네(다정한 호칭) төгцөг

자네(들) тан, таануус

자네(들)에게(을) та, чам; ~ нар 당신들; ~ сайн байна уу? 안녕하십니까(인사말)?; ~ хоёр 당신 두 사람; ~ бугд 당신의 모든 것

자네(들)은(이) та, чам

자녀 үр

자다 амраа|х, нойр; морьдоо ~ 말이 잠들다; ~ авах 잠자다, 졸다; ~ хүрэж 졸음이 오다, 꾸벅꾸벅 졸다.

자다(~에서) хоно|х

자동 급탄 장치 галч

자동 장치를 갖추다 автоматчила|х

자동 조작(제어) автоматжуулалт

자동(제어) 기구를 갖춘 автомат

자동기계(장치) автомат

자동기계처럼 аяндаа(н); ~ гарсан хөдөлгөөн 자동운동

자동사 эрс

자동소총 пулемёт; хөнгөн/хүнд ~ 경/중기관총(포)

자동장치 같이 аяндаа(н)

자동적으로 зөнгөөр

자동적인 автомат

자동조작 автоматик; ~ийн эрин 자동화 시대

자동차 машин(а),тэрэг(тэргэн); бичгийн ~ 타자기, 타이프라이터; махны ~ 고기 분쇄기; оёдлын ~ 재봉틀; тооны ~ 계산기; ачааны ~ 화물자동차, 트럭; ~ы тос 기계유, 엔진오일; нэхэх ~ 동력직기; суудлын ~ 승용(자동)차, 객차(열차의); сууний ~ 크림선별기; усний ~ 이발 기계; суурь ~ 공구, 공작기계; хэвлэлийн суурь ~ 인쇄기; нэхьэлийн суурь ~ 베틀, 직기(織機).

자동차 레이스 гүйлт, давхилт; холын ~ 장거리 경주; ойрын зайны ~ 단거리 경주

자동차 수리소(정비 공장) гарааш

자동차 차고 гарааш

자동차 핸들 дугүйт

자동차(비행기)의 ~인승 суудал

자동차(비행기의) 냉각장치 радиатор; машины ~ (자동차·비행기의) 냉각장치, 모터엔진의 냉각유지를 위한 장치(기계, 기구)

자동차로 끄는 이동주택(사무소, 실험소) чиргүүл

자동차를 몰다 жолоодо|х

자동차의 가속페달 хурдасгуур

지동차의 경적 чагнаал

자동차의 부수차(附隨車) чиргүүл

자동차의 주차 зогсоол

자동차의 차체 кузов

자동차의 해체 수리업자 сүйтгэгч

자동차의 핸들 жолоо(н)

자동채굴기 чигчлүүр

자동화(기계.조직) автоматжуулалт, автома -тик; ~ийн эрин 자동화 시대

자동화되다 автоматчила|х

자라는 өрнүүн, ургаа

자라다 торни|х, ургуула|х, үржи|х

자라목의 мугжгар

자라목이다 мугхай|х

자라목이 되다 мугжий|х

자락을 걷어 올리다 хуми|х

자랑(꾼) сайрхал

자랑(자만)하다 онолзо|х

자랑꾼 дэврүү

자랑으로 여기다(~을) барда|х, бахда|х,

бахарха|х; Ангараг бол эцэг эхийнхээ ~нь юм 앤그라그는 그의 양친(부모)의 자랑으로 여기다.

자랑하는 дэврүү, ёргио, намжиртай, нэрэ- лхэг, онгиргон, онгироо, сайрхагч, сайрхуу, сооxгор, хөвсөргөн, хөөргөн, хөрөмтгий

자랑하다 бярда|х, намбагана|х, оодро|х, сагсуура|х, соохгор, сооxолзо|х, сээхэ-лзэ|х, ханхалза|х, хөвсөргө|х, хөвхөлзө|х

자랑하다(~을) ёрги|х, омогши|х, онги-роодо|х, сагсгана|х, сайрха|х, сээрдэ|х, эрдэ|х

자랑하다(자만하다.허풍떨다.뽐내다) барда|х; чадалдаа ~ 능력을 자랑하다

자랑하다(뽐내다) бахарха|х, бахда|х

자랑해보이다 дуни|х, омогши|х, сээхэлзэ|х

자랑해 보이다(~을) жагсагч

자력 овсгоо

자력(자원)이 풍부한 овсгоотой, элдэвтэй

자력(자원, 기략)이 풍부한 овсгоо

자력으로(자신이) 하는 юугаа/юүгээ(н); эхнэр юугээ 자기의 부인; гар юугаа 자신의 팔(상지)

자력으로는 움직이지 못하는 налай|х, үхээнц

자력으로는 움직이지못하다 назгайра|х

자력을 띠게 하다 соронздо|х

자료(資料) материал, хэрэглэгдэхүүн; барилгын ~ 빌딩 건설; илтгэл бэлдэх ~ 자료 보고.

자루 같은 дэлдэн(г), халбагар, халхгар

자루 барил, бариул, сэнж, уут, уутанцар, шуудай

자루(뚜껑이) 달린 스튜냄비 кастрюл

자루(창·망치 따위의) арал

자루가 긴 괭이 зээтүү

자루가 긴 큰 낫 хадуур

자루같다 салбагарда|х

자루에 넣다 савла|х, шуудайла|х

자루의 줄 гутруул

자르기 огтлол

자르는 사람(물건) 도끼 хэрчүүр

자르는(베는)사람 огтлогч, ухми

자르다 зүсэ|х, сүхдэ|х, тайра|х, тата|х, хага- ла|х, хайчла|х, хөшиглө|х, хэлтрэ|х, хэрчи|х, хэрчлэ|х, хяра|х, хярга|х, цавчи|х, эвдэ|х; надад талх зусээд өгөөч 빵의 조각을 썰어서 나에게 주다; мөс ~ хөлөг онгоц 쇄빙선; хотын дундуур зусч гарах 그 도시는 ~으로 인하여 분할되었다; уул зусч хонгил гаргах 그 산맥은 터널을 통하여 나누었다

자른 꼬리 огдгор, оготор

자른 꼬리의 мухар

자른 면 огтлол

자름 тайрдас; модны ~ 굄목, 쐐기, 받침 나무

자리 잡다 суу|х; явган ~ өвдөглө(고 털썩 앉)다, 쭈그리다; галт тэргэнд ~ 기차에 올라타다; хаан ширээнд ~ 즉위하다; хунтэй ~ 결혼하다; шоронд ~ 수감 중이다; зуээр ~ 아무 것(아무 일)도 하지 않음; мах ~ 살찌다

자리 잡아 앉히다 суулга|х

자리 잡은 тавиастай

자리 суудал

자리(지위)를 떠나다 орхи|х

자리를 양보하다 багтаа|х, зайчла|х

자리를 양보하다(~에게) солигдо|х

자리를 옮기다(바꾸다, 뜨다) шилжи|х, шилжүүлэ|х

자리를 차지하다 суу|х; явган ~ өвдөглө(고 털썩 앉)다, 쭈그리다; галт тэргэнд ~ 기차에 올라타다; хаан ширээнд ~ 즉위하다; хунтэй ~ 결혼하다; шоронд ~ 수감 중이다; зуээр ~ 아무 것(아무 일)도 하지 않음; мах ~ 살찌다

자리에서 일어나다(~에) босо|х, өөдлө|х

자리잡기 суурин

자리잡다(살다) буу|х, оронжи|х, төвхнө|х

자리잡아 앉히다 тави|х
자막 гуншин(г), гуу
자만 намжир, сайрхал
자만(오만)하다 нэрэлхэ|х
자만심이 강하다 додий|х, томорхо|х
자만심이 강한 бардам, сайрхагч, томорхог
자만심이 강해지다 оодро|х
자만하고 있다 сагсуура|х
자만하는 сайрхуу
자만하다 сагсгана|х, сайрха|х, соохолзо|х, ханхалза|х, ярвагана|х
자만하다(~을) онгироодо|х
자만하여 дэмий
자명종(自鳴鐘) сэрүүлэг
자문 консультац, зөвлөлгөө; ~ өгөх ~ 에게 충고하다(조언하다, 권하다); би тууний ~г дагасан 나는 그에게 권고했다; ~ авах토론 심의하다, 상의하다, 협의하다
자문의사 референт
자물쇠 цоож, цоожлогч
사물쇠 제조공(장수) слесарь
자물쇠로 죄다(잠그다) цоожло|х
자물쇠를 열다 тайла|х
자물쇠를 열쇠로 열다 түлхүүдэ|х
자물쇠를 채우다(~에) цоожло|х, түгжи|х
자물쇠청 оньс, түгжээ, хөшүүр
자발적으로 аяндаа(н)
자발적인 зөнгөөр
자백 өчиг; ~ мэдуулэг 증언하다; ам ~ 고백(실토)하다; ~ авах 자백을 얻어내다.
자벌(自伐)하다 бярда|х
자본(금) бэл, капитан; гуйлгээний ~ 유동자본; үндсэн ~ 고정자본; худалдааны/санхүүгийн 상업/재정상의자본; байнгын/ хувьсах 불변/유동 자본
자본가 капиталист, хөрөнгөтөн; ~ орон 자본주의 나라; ~ нийгэм/тогтолцоо 자본주의 사회.

자본의 집중 капитализм
자본의 투자 хөрөнгө оруулалт
자본주의 капитализм; монополь ~ 독점적인 자본주의,독점주의자(전매)의 자본의 집중.
자본주의(자본가)의 хөрөнгөт
자본주의자 капиталист, хөрөнгөтөн
자부(자만)하는 ёнтгор, нэрэлхэг
자부(子婦) бэр
자부심 занттар, намжир, сайрхал
자부심을 가지다 зантай|х
자부심을 갖다 данхай|х
자부심이 강하다 хэхий|х
자부심이 강한 аминч, мадгар, хохьдог, хэхгэр, ганцагчин
자부하다 давамгайла|х
자비 адас, нигүүлсэл, өршөөл, түгээл, хишиг, энэрэл; ~ тавих 축복의 말을 주다
자비 깊은 행위 өршөөл
자비로우신 ачтай
자비로у ачтай, нигүүлсэлтэй, нигүүлсэнгүй, өгөөмөр, өрөвчхөн, өршөөлт, энэрэнгүй; ~ хун 기부자, 기증자자진해서 (행)하는 자
자비로운 자 өглөгч
자비롭다 өрөвдө|х, энэрэ|х
자비심 많은 ачит, өршөөлт; ~ хун 은혜를(자선을) 베푸는 사람, 미덕, 덕, 덕행, 선행;~ хэ вуун 효자
자비심 없는 нигүүлсэлгүй
자빠대다 халгаахгүй
자빠댐 няцаалт
자산 хөрөнгө, өмч; э влэ сэ н ~ 상속재산, 유산; амины ~ 개인의 소유물; хувийн ~ 사유재산; улсын ~ 정부재산.
자상을 입히다(~에게) хэрчмэл
자새 катушка
자색 нил, ягаавтар
자서문학 түүх(эн); эртний/ дундад зууны/ орчин үе ийн ~ 고대의/ 중세의/

현대의 역사; ~ийн шалгалт 역사시험.
자서전 дурдатгал, түүх(эн)
자석 соронзон
자석의 북극 умард
자선 нигүүлсэл
자선(행위) буян, өглөг; ~ийн эзэн 시주(施主), 자선가
자선기금 өглөг
자선심이 많은 ачтай
자선을 위한 기부 өглөг
자선을 청하다(빌다, 구걸하다, 비럭질 하다) бадарла|х
자선의 ачтай, нигүүлсэлтэй, өгөөмөр, өрөвчхөн, энэрэнгүй; ~ хүн 기부자, 기증 자 자진해서 (행)하는 자
자성(雌性)의 өлөгчин; ~ чоно 늑대 암컷; ~ бар 암범; 잔인한 여자; ~ арслан 암사자.
자세히 보다 шагай|х
자세히 얘기하다 хүүрнэ|х
자세히 조사하다 нямбайла|х
자손 залгамж, үр, яс
자수 үйл
자수(품) хатгамал
자수놓다(~에) хатта|х
자수하다(~에) товши|х, шидэ|х
자습 과제 туурвил
자식 нуган, үр, хөвүүн, хүү; ~ хуухэд 아이들
자식 없는 үргүй
자식으로서 충성심을 보여주었다 ачла|х
자식을 못 낳는 үргүй
자신 өөр
자신 만만한 итгэмжтэй
자신 있는 нааштай, эрэг
자신 혼자임을 깨닫다 ганцда|х
자신(첫 번째 사람의 노래) би
자신과 비교하여 өөрөөсөө
자신만만하게 되다 давамгайла|х
자신만만한 давамгай

자신보다는 өөрөөсөө
자신에게 영광을 нэрэлхэг
자신에게 은혜를 베풀다 аймгарха|х
자신에게 입 맞추다 үнсүүлэ|х
자신에게 친절하게 하다 аймгарха|х
자신에게 키스하다 үнсүүлэ|х
자신에게 호의를 보이다 аймгарха|х
자신을 기분좋게하다 тавла|х
자신을 변호(지지)하다 мөчөөрхө|х
자신을 편안하게 하다 тавла|х
자신의 가치를 알다 хирлэ|х
자신의 강함(튼튼함)을 자랑으로 생각 하다(간주하다) бузамгайраха|х
자신의 대격(對格; 자기, 스스로의'의 뜻의 결합사); уунийг би ~ хийсэн 그것이 나 자신이었다; би ө ө рийгө ө танд танилцуулж болох уу? 나를 당신에게 소개 할 수 있습니까?
자신의 돈에서 지불하다 түрийвчлэ|х
자신의 말을 자랑하다 морирхо|х
자신의 모든 힘을 불러일으키다 хөвчлө|х
자신의 삶을 처리하는 능력 хоохой
자신의 삶을 처리하는 능력이다 хоохойло|х
자신의 삶을 처리하는 할 수 있는 힘 хоохой
자신의 애호(기호, 취미)에 의해서 таавaap; ~аа ажиллах 느릿느릿(천천히) 일하다.
자신의 어깨를 밀어 자랑을 표현하다 ханхалза|х
자신의 이를 뽑다 шүд ~
자신의 장화의 몸통속으로(아무렇게나) 쩔러넣다(밀어넣다.처넣다) түрийлэ|х
자신의 집을 아늑하고편안하게 만들다 төвхнүүлэ|х
자신의 콧구멍 넓어지다 сартгануула|х
자신의 콧구멍을 넓히다(넓어지다,부풀 리다.팽창시키다, 팽창하다) сартгануула|х
자신의 콧구멍을 부풀다 сартгануула|х
자신의 콧구멍을 부풀리다(팽창시키다)

сартгануула|х
자신의 콧구멍을 팽창시키다(넓게하다) сартгануула|х
자신의 콧구멍을 팽창하다(넓히다) сартгануула|х
자신의 태도를 분명히 하다 баримжаала|х
자신의 팔 안쪽에 두다 сугавчла|х
자신의 팔과 다리를 (뒤)흔들다 саравгана|х
자신의 팔과 다리를 움직이다 тарвалза|х
자신의 팔꿈치에 기대어서 있다(놓여 있다) тохойлдо|х
자신의 팔꿈치에 얹혀 있다(기대다) тохойлдо|х
자신의 팔을 갑자기 (뒤)흔들다 сарвасхий|х
자신의 편을 들다 мөчөөрхө|х
자신의 힘을 자랑하다(떠벌리다, 자랑으로 삼다) бузамгайраха|х
자신의, 자기~, 자동차의 뜻의 결합사 авто; ~ завод 자동차 공장; ~ баз 모터 수송기구 보관소; ~ машин 자동차 (승용차·버스·트럭 따위의 총칭)
자신이 нанцаараа
자신이 있는 итгэмжтэй
자신있는 чамлалтгүй
자신하고 있는 итгэмжтэй
자신하는 гэгч, зайлшгүй
자실(子室: 알집. 난소) өндгөвч
자심(磁心) зүрхэвч
자씨(姉氏) эгч
자아(나) бие, өөр
자아도취에 빠지다 додий|х
자애 өлзий, энэрэл, түгээл(신의 인간에 대한, 또는 인간의 동포에 대한 기독교적인)
자애(慈愛)(자비) амраглал, буян; ~ы үйлс 자애, 자비, 박애, 인자(仁慈), 자선; заяа ~ 행운(복).
자양물 өл, тэжээл
자양분을 주다(~에) тэжээ|х, хоолши|х
자양분을 주었다(~에) тэжээгдэ|х
자연 그대로의 аранжин, байгалийн, ёжгуй, хонгор
자연 산출의 аранжин
자연계 байгаль
자연계에 관한 байгалийн
자연계의 байгалийн
자연공원 парк
자연과학 физик
자연법(自然法) жам
자연법칙에반(反)하는 гажуу, зохиомол
자연의 법칙 жам; байгалийн ~ 자연의 순리대로, 당연히 그대로.
자연의 힘(법칙) байгаль; байгалийн хишиг 자연의 선물; ~ судлах 자연을 연구하다; хүрээлэн буй ~ 자연환경; байгалийн шинжлэх ухаан 자연과학; ~ дэлхий 지구, 흙; ~ шүтэгч 자연 애호가; байгалийн хууль 자연의 법칙; байгалийн аяг 조화의 장난, 기형, 자연의 변화
자연이 힘으로 аяндаа(н)
자연의 байгалийн; ~ гаралтай 자연 그대로
자연적으로 аяндаа(н)
자연적인 성장물(손톱·머리털) уртай
자연증가로 생기다 хуримтла|х, хуримтлагда|х
자연현상 байгаль
자오선(子午線) уртраг
자옥한 먼지가 피어오르다 тоос манарга|х
자옥한 안개 суунаг
자웅동주(雌雄同株) манин, хиосгон (암꽃과 수꽃이 한 나무에 있음. 암수한그루)
자웅동체(雌雄同體) манин, хиосгон (같은 개체 안에 암수의 두 생식소를 갖춘 것; 지렁이·기생충 따위. 암수한몸.)
자원(資源) овсгоо
자원(지력따위를) 고갈시키다 хоосло|х
자유(로운)시간 чөлөө, зав, завдал; зай ~ aapaa 여가(餘暇), 한가한 시간; ~

чөлөө 자유로운 시간; ~гүй 바쁜, 분주(奔走)한; ~ гаргах 자유로운 시간이다.
자유로운 관심(흥미) хүүгүй
자유로운 завтай, саадгүй, сааргүй, садаагүй, хавчлагагүй, ход, хүлхгэр, чөлөөт; би өнөөдөр үдээс хойш ~ 나는 오늘 오후부터 자유다.
자유로이 움직일 수 있는 саадгүй, ход
자유로이 уужимхан
자유롭게 하다 задла|х, чөлөөлө|х
(~로부터) 자유롭게 하다 сулла|х, чөлөө- лөгдө|х
자유롭다 хүлхгэрдэ|х
자유를 빼앗긴 자 баривчлавда|х
자유를 존중하는 либерал
자유의 몸이 되다 чөлөөлөгдө|х
자유재량으로 санаагаараа
자유주의의 либерал
자율 автономи
자율성 автономи
자율의 автономит
자의식(自意識) сэхээ
자인 өчиг
자작나무 가지로 만든 회초리의 хус(ан)
자작나무 껍질로 덮다 үйслэ|х
자작나무껍질을 벗기다 үйслэ|х
자작나무의 나무껍질 үйс(эн)
자작나무의 хус(ан)
자장가를 불러 재우다 буувэй; ~н дуу 자장가.
자재(資材) бэл, капитан
자전거 등의 튜브 камера
자전하다(~을 축으로) эргэлдэ|х, эргэ|х
자정향(紫丁香) гөлж, гөлж борын цэцэг
자제 тэвчил, тэсгэл, журамтай
자제심 тэсгэл
자제심을 발동하다 биеэ барии|х
자제하는 дару
자제하다 биеэ барии|х, түвдэ|х, хазаарлагда|х

자존심(自尊心) хүнд
자주 олонхидоо
자주 일어나는 бэртэгчин, ер, жир, үтэл, хөлтэй
자주성이 없는 долдгонуур
자지 чив чимээгүй
자지 않고 сэрүүн
자지 않고 지키는 соргог, сэргэг, сэрэмжтэй
자지 않고 지키다 сэрэмжлэ|х
자지러지게 하다 гайхуула|х
자지러지다 бшрэ|х
자진하여 багахан
자진해서 하는 аяндаа(н)
자질(資質) ааш, галбир, зан(г), тар, яс; ~기질의 사람; ~ зан 행위, 행동, 행실; 동작, 태도; 품행; олон ~ тай 변하기 쉬운 성품, 마음이 잘 변하는, 변덕스러운 마음; сайхан ~ тай 선량한(고운) 마음씨, 착한 성질; чанар 양질의 소성, 우수성; муутай 열등의; ~ сайтай 높은 자질.
자질구레한 аар саар
자철 соронзон
자취(自取) ор, улбаа: хурууны ~ 지문, 손도장; ~ сураггүй 자국없이 떠나다.
자취를 감추다 завха|х
자치(自治) автономи
자치 단체 корпораци
자치 조합 корпораци
자치권 автономи
자치권이 있는 автономит
자치단체 автономи
자치의 автономит
자침(磁針) хаттуур
자태(姿態) бие
자태를 감추다 арилгуула|х: арилгах, талий|х
자통(刺通) хаттагч; 9 дэ 9 н ~ 성나게 함
자투리의 солжир

자패(紫貝) явуу
자포자기 бухимдал, цөхрөл, цөхрөлт
자포자기하다 огоородо|х, орхигдо|х
자포자기하다(~을) цөхө|х
자포자기한 орхигдогсод, хаягдмал
자형(姉兄) баз
자호(子壺) сав, умай, хэвлий
자화자찬의 дэврүү, ёргио, намжиртай, нэрэлхэг, онгирсон, онгироо, сайрхагч, сайрхуу, сөөхгөр, хөвсөргөн, хөөргөн, хөрөмтгий
자화자찬이다 сөөхгөр
자화자찬하다 онгироодо|х, хөвсөргө|х, хөвхөлзө|х
작가(저자) зохиогч, зохиолч; ~ийн эрх 카피 라이트, 판권, 저작권; ~ эмэгтэй 여류 작가
작게 구분되다 бэлчирлэ|х
작게 되는 대로 묶은 өрөвгөр
작게 하다 багада|х, багаса|х, татра|х, хоро|х, хорогдо|х, хороо|х
작게(적게)되다 жижигрэ|х
작제히다 цөөрө|х
작고 가는 눈을 가짐 жоотон
작고 귀여운 бага
작고 오동통한(똥똥한) хумбагар;~ тогоо 수프 사발그릇
작고 충분치 못하다 тогдой|х
작고한 жилийгч, талийгаач
작곡(법) найраг, найруулзмж; яруу ~ 시, 시가, 운문; яруу ~ч 시인, 가인(歌人)
작곡가 хөгжимчин
작곡하다 зохио|х
작금 оймрог, өнөөхөн, өчигдөр, сая, түрүү(н)
작년(昨年) ноднин; ~ намар 지난가을;~ зун 지난여름;~ жил 지난해
작다 оодондо|х
작당하다 хэлхээлэ|х
작당하다(음모를 꾸미다) (~와함께) хуувилда|х
작도(作圖) график, диаграмм

작도 문제 бодлого
작렬(炸裂)시키다(하다) дэлбэлэ|х
작렬하다 дэлбэрэ|х
작문 диссертаци, найруулга
작문(법) найраг, найруулзмж; яруу ~ 시, 시가, 운문; яруу ~ч 시인, 가인(歌人)
작문하다 зохио|х
작별 үдлэг
작시(법) найраг, найруулзмж; яруу ~ 시, 시가, 운문; яруу ~ч 시인, 가인(歌人)
작시하다 зохио|х
작아지다 багасга|х, бура|х, нарийда|х, сааг- да|х; энэ пальто надад нарийдаж байна 이 코트는 나에게 작다
작업 설비 хөллөгөө
작업 ажил, гүйлгээ, зорилт, үйлдэл, үүрэг, хөдөлмөр;~ байдал 물건, 물체, 사물, 재산; ~ байдал тун ахицгүй байлаа 물건 들은 아주 나쁘게 갔다; ~ хөдөлмөр 일 자리, 직(업); ~ ажлаа өөрчлөх 직업 변경; барилгын ~ 건설 공시; авpах ~ 구조작업; ~ таслах 직업 회피; ~ хаях 두들겨 만들다 (~하다), 쳐서 만들어내다; 주조하다, ~ хаялт 정지, 파업, 휴업, 지불정지; гэрийн ~ 숙제; эрдэм шинжилгээний ~ (학술) 연구, 조사, 탐구, 탐색; ~ хий чадвар 일을 해낼 수 있는 능력; ажлын өдөр 근무일, 작업일, 평일; ажлаа хийх 직업을 찾다; ~ хэрэгч сумгтэй, нэмгтэй 적인(실제적인); худалдаа наймааны ~ 매매, 상업, 장사,거래, 무역, 교역, 실업; ~ үйлчилгээ 봉사(수고.공헌.이바지); би Москва руу ажлаар байнга явдаг 나는 종종 비즈니스로 모스크바에 간다; энэ хэцүү ~ байна 그것은 힘든 작업이다.
작업복 комбинезон, халаад
작업장 амбаар
작업편성 팀 бригад
작열 халуун

작열하게 만들다 улайсга|х
작열하다 улайда|х
작열해지다 улайса|х
작용 ашиглалт, гүйлгээ, нөлөө, түлхээс, үйл, үйлдлэл, функц
작용(기능)의 조정 уялдаа
작용하다 ажилла|х, оролдо|х; ~ хүч동원가능 인력, 인적자원; тэр үйлдвэрт ажиллаг 그는 공장에서 근무하고 있다; цахилгаан шат ажиллахгүй байна 들어 올리지 못 한다; шинэ хороо хэдийнээ ажиллаж байга 새위원회는 벌써 가동 되었다.
작위 수여자 байгуулагч, зохиогч
작은 бага, бага сага, багахан, багтаамжгүй, бяцхан, дадгар, жаал, жаахан, жижиг, жижигхэн, омгор, өчүүхэн, паадгар, тогдгор, тожгор, цөөн, явган; би энэ номыг нэгэн ~ дэлгүүрээс санаадгүй оллоо 이 책이 있는 사거리 작은 서점으로 오고 있다; ~ хуужэд 작은 어린이; ~ биетэй хуухэд 발달(발육)이 불충분한 아이;~ху 꼬마; ~ дуу 소년; ~ тосгон 작은 마을; чи хоёр ~ алдаа гаражээ 당신은 작은 실수를 두(2) 번 하다; ~ хуухдууд 작은 소년; ~ талх 작은 빵; ~ мөнгө 소량의 돈; ~ цаас 소량의 종이; ~ жижиг 아주 작은; ~ төдий 작은, 적지 않은; ~ эр 키 작은 사람
작은 가방 уутанцар
작은 가방 또는 한 묶음으로 넣다 хүүдийлэ|х
작은 곤충(모기·각다귀) дэлэнч
작은 공 모양의 бөмбөгөр, бөөрөнхий
작은 공으로 이루어진 бөмбөгөр, бөндгөр, бөөрөнхий
작은 구멍이 많아지다 сархиата|х
작은 구멍이 많은 хөөсөрхөг
작은 기(旗) хиур
작은 길 жим, зам, зөрөг, харгуй
작은 깃발 дарцаг

작은 나무 шугуй
작은 나무 버킷(양동이, 들통) бортго
작은 낫 хадуур
작은 눈을 한(가진) онигор
작은 다리(육교) гүүрэг
작은 단(壇) гишгэлт
작은 돌기 батга, гөвдруу, гүвдрүү
작은 동물의 ~을 낳다 гөлчгийлэ|х
작은 돼지 торой
작은 똥바가지 шээзгий
작은 마을 тосгон
작은 망치 тогшуур
작은 물고기 зарам загас
작은 물방울 бөмбөлөг
작은 박스 хуурцаг
작은 반점 тарлан
작은 방 кабин, камера, ташаалавч
작은 배 завь, онгоц
작은 볼 цөгц
작은 산 бэл, дэгнүүл, өндөрлөг, толгод, уха а
작은 산(야산) гүвээ
작은 상자 тэвш, хайрцаг; ~тэй тэрэг 화물 자동차, 트럭, ~тэй тэрэгний жолооч 화물 자동차(트럭) 기사.
작은 새 шувуухай
작은 섬 хүйлс
작은 섬유질 촉을 가진 펜 бийр
작은 소떼 бог мал
작은 소리로 말하다 шивнэ|х, шивэр авир хийх
작은 소리로 이야기하다 шивэр авир хийх
작은 송곳 шөвөг
작은 술 잔 жунз
작은 숲 бянт, төгөл, шугуй
작은 시내물이 흐르다 гожгодо|х
작은신전(성당.절.사원.회당.교회당) дуган(г)
작은 알갱이 мөхлөг; тарманы ~ 낟알, 고운 알
작은 양주 잔 жунз

작은 어류 зарам загас
작은 어린이의 의복(옷, 의상) бариувч
작은 언덕(산) дэгнүүл, дов, довцог, дош, сондуул; ~ сондуул 작은산, 둥그런 언덕; ов ~ цоохор 반점이 있는, 얼룩덜룩한
작은 요리용의 냄비 хайс
작은 원 бугуйвч
작은원을 향하여 되풀이하여(몇번이고.재삼재사) 움직이다 бондгоно|х
작은 유방의 모양을 하다 цомбой|х
작은 장 үхэг, хорго, шуугээ
작은 점 цэг
작은 접시모양의 잉곳(은괴) тойг
작은조각 зурвас, зүрэм, өөдөс, тасархай, цөвдөл
작은 조각(부분) жаал
작은 조각들 үлтэс
작은 조각으로 쪼개다 жиргэ|х
작은 주머니 таарцаг, түрийвч, хавтага; тамхины ~ 담배주머니
작은 책자 товхимол
작은 카페 хэвтэш
작은 케이크 бин
작은 탑 цамхаг
작은 파편 балба, хага
작은 파편이다 зад
작은 폭포 боргио
작은(소형의) бэсрэг; ~хэн 좀 작은(듯싶은)
작은(키) атигар; ~ хун 아주 키가 작은 사람, 난쟁이; ~ эмгэн 주름살이 있는 늙은 여자, 노파;~ өвгөн 꼬부라진 노인.
작은구멍(틈) цоорхой
작은마마 сэрхнэд(—媽媽: 어린이의 살갗에 붉고 둥근 발진이 생겼다가 얼마 뒤에 물집으로 변하는 유행병).
작은사발 цөгц
작은사발(탕기(湯器), 보시기, 공기, 볼) пэнсэлдэй
작은상자 авс
작은새·양 따위의 무리(떼) сүрэг
작은조각 хэмхдэг. хэмхдэс
작은창(槍) ланцуй
작은칼로 베다(쓸다) хутгала|х
작의(作意) хээ
작전 стратег
작전적 행동 манёвр
작정이다(~할) гэрээс, завда|х, зори|х, найда|х, санаашра|х, чиглэлтэй; тэр эмч болохоор эорьж байна 그는 의사가 되려고 마음먹다; сурахын төлөө ~ 학문에 노력하다, 배움을 얻으려고 애쓰다; ~ хийх 유서를 작성하다
작품 따위를 다 쓰다 гүйде|х
작품 аяз, бүтээл, үйлдвэр; уран ~ 예술의(미술의) 창작품.
작품(문학·작곡) туурвил
작품을 다 쓰다 бурдэ|х, дуусварла|х, замра|х, төгсгө|х
작품을 다 쓰다(완결하다) нуруувчла|х
잔 물방울로 적시다 намира|х, шиврэ|х
잔가지 мөчир
잔금무늬를 넣다(~에) пиэигнэ|х, тажигна|х, хэрчигнэ|х, шажигна|х
잔기 үлдэгдэл
잔꾀 зай, ов жив
잔꾀가 있는 사람 жавшаанч
잔꾀를 부리는 мэхт
잔꾀를 사용하다 займра|х
잔꾀부리다 овжинто|х
잔돌 хайр
잔디 жим
잔디(밭) зүлэг
잔디(울타리를)치다(깎아다듬다) өөлө|х
잔디를 짧게 깎다 хусуула|х
잔디밭 өвсөрхөг
잔디밭으로 변하다 зүлэгжи|х
잔뜩 채워 넣다 тагла|х, юүлэ|х; нух ~ 구멍을 메우다; хоолны сав ~ 스튜냄비 뚜껑을 덮다; уйсэн бэ глэ э гэ э р ~ ~에 코르크 마개를 끼우다(밀폐하다);

ㅈ

цус ~ 수혈하다; морио ~ 승마용의 말을 바꿔서 하다
잔뜩 흐린 балар
잔류자(물) үлдэгдэл
잔반(殘飯) жааз, орхидос, хаягдал
잔소리 сургамж
잔소리가 심한 гонгинуур
잔소리하다(~에게) аашла|х, аашлуула|х, аашлах, дангина|х, зандра|х, хангина|х
잔소리하여 괴롭히다 жон жон хийх, яншиx
잔솜씨 있는 놈 жавшаанч
잔액 үлдэц, чандар
잔여(殘餘) илүүдэл, тогтоогч
잔여권(殘餘權) үлдэгдэл
잔여의 нэмүү
잔여재산 үлдэгдэл
잔의 받침접시 пял; ~ таваггай мах 고기의 접시.
잔인 харгислал
잔인(잔혹)하게 행동하다 хэрцгийлэ|х
잔인하다 догшдо|х
잔인한 행위 받다 харгслагда|х
잔인한 балмад, догшин, омголон, хэрцгий
잔자갈 асга
잔잔함 тайвуу
잔잔해지다 нүнхий|х
잔재주로 이럭저럭둘러맞추다 хоохойло|х
잔재주를 부리다 аргала|х
잔존물 үлдэгсэд, үлдэц, чандар
잔존자 үлдэгсэд, хохирогч
잔치 найр, фестиваль, хурим; ~ хийх 축연을 베풀다; ~ наадам ~을 위해 향연을 베풀다; ~ хурим 결혼잔치하다; ~ хурим хийх 결혼의식을 하다; наян тавны ~ 85회 생일잔치를 하다; шинэ байрны ~ хийх 집들이 파티를 하다.
잔풀나기(봄) хавар
잔허리 бэлхуус

잔혹(잔인)하다 харгисла|х
잔혹(잔인)한 балмад, догшин, дошгин, харгис, хэрцгий
잘 сайн
잘 갖추다(설비하다) төвхнүүн
잘 걷는 사람 явган; ~ хун 보행자; ~ хуний포장 도로, 보도, 인도; ~ аар 걸어서, 도보로
잘 견디다 тулалца|х
잘 공급된 ханамжтай
잘 놀라는 үргэмтгий
잘 되어가다 гялалза|х, өөдлүүлэ|х; гялалзсан амжилт гаргах 훌륭하게 전진 (숙달)하다, 거대하게 진보하다
잘 둘러대는 урвамхай
잘 먹히는 гүйлгээтэй
잘 모르는 танихгүй
잘 발육(발달)한 том, хөгжилтэй
잘 변하고 신뢰할(믿을) 수 없는 савчуур
잘 변하는 마음 адармаа, бааш
잘 보다 ажигла|х, сахи|х
잘 비꼬는 хошин
잘 생각하다 бясалга|х, зөвдө|х, зөвши|х
잘 생각한 бодолтой
잘 속이는 урвамхай
잘 안 보이는 баларxай, будэгхэн, бурэг, ууртүүр, буурүүр
잘 알려지다 дуурьса|х, манда|х
잘 알려진 지방 газарч
잘 알려진 алдартай, нэрт, хэлцээтэй, цуутай
잘 어울리는 үвтэгш
잘 어울리다 нууги|х
잘 어울린 нуурам
잘 움직이지 않는 татанхай
잘 잊는 мартамхай, ойгүй
잘 자라다 бойжи|х, дэгжрэ|х, өөдлө|х, хөгжи|х
잘 정비된 үндэслэлтэй
잘 조정(배열)하다 төвхнүүн
잘(곧) 움직이지 않는 тохир; ~ нуруу

등이 뻣뻣하다(경직되다)
잘(익히) 알고 있는 танил, хээгүй, хамаа навч намаагүй
잘(익히) 알고 있는 지역 газарч
잘게 나누다 аймагла|х, ангила|х
잘게 부수다(조각내다) балбуула|х
잘게 써는 식칼 заазуур
잘게 썬 зүсэм; тэр махнаас нэг ~ огтлов 그는 고기를 얇은 조각으로 잘게 썰다; ~ талх 빵의 한 조각; ~ мах 잘게 썬 고기.
잘게 썬(다진) 고기 таташ
잘게 썰다 цавчи|х
잘게 토막치다(~을) товрогло|х
잘게 багтаамжгүй, балба
잘게(가늘게) 자르다 жиргэ|х
잘게(가늘게)되다 торгуула|х
잘게(가늘게, 엷게)하다 торго|х
잘게(짧게) 자르다 сүхдэ|х, тата|х, хэрчи|х, хяра|х, цавчи|х; мах ~ 고기를 저미다
잘게썰다 хэлтрэ|х
살난 체 큰소리치는 사람 орилоо
잘난 체하다 ихэмсэглэ|х
잘난체하는 бардам, данхар
잘되지 않은 бүтэлгүй, бүтэмжгүй, дунш- мал, үйлсгүй, урагшгүй; ~ хэрэг 재미없는 제재(題材), 만족을 주지 않는 주제
잘된 дүнтэй, үйлстэй, урагштай
잘들어 맞다(~와) тохируула|х
잘라 낸 한 조각 хэрчмэл
잘라 낸 한 조각으로 하여 두다 цавчла|х
잘라 만들다 хэрчи|х
잘라 만들다(도끼·식칼 따위로) хяра|х, тата|х
잘라내기 тайралт
잘라내다 сугала|х, тайра|х, хайчла|х, хяр- га|х, шуу|х; хэ рэ э гэ э р ~ 톱으로 켜다; үсээ ~ 이발하다, 머리를

커트하다.
잘라내다(~을) гулдри|х
잘라낸 나뭇가지 наалдац
잘라낸 тайрмал
잘라먹다 хугара|х
잘라서 떼어(갈라)놓다 сала|х, тусгаарла|х, тусгаарлагда|х, хагацаа|х, тусгайла|х, мултла|х, салга|х; тэр мөрөө мултлав 그는 그의 어깨관절을 삐게 하다; бөглөө ~ 코르크 마개를 뽑아내다, эрэг ~ ~의 나사를 빼다, ~의 나사를 돌려서 빼다
잘리고 남은 부분 тайранхай; ~ үстэй 짧은 머리칼
잘메 сүх
잘못 алдаа, алдас, андуурал, балаг, буру, гэм, гэндэл, зэм, мадаг, нүгэл, өө, ташаарал, төөрөгдөл, төөрөгдөл, уршиг; ~ буян 죄와 축복(은총); ~ хийх 죄를 짓다; ~ хийсэн (종교·도덕상의) 죄인, 죄 많은 사람; алдаа ~ 틀림; жвэлэлийн алдаа ~ 잘못된 인쇄; миний солонгос хэн(англи) хэлэнд алдаа ~ байна уу? 그들에게 나의 한국어(영어)를 실수했습니까?; хэвлэлийн ~ 미스프린트, 오식하다.
잘못 따위를 묵과하다 нэвтрүүлэ|х
잘못 말하다 будрэ|х
잘못 생각 буру
잘못 생각하고 있는 алдаатай, буру, ташаа, эндүү; худал ~ 거짓말, 허언; хилс ~ 잘못(실수.틀림); тэр ~ ойлгожээ 그는 그것을 잘못 이해하고 있다; ~ зам 잘못된, 틀린 길(방법)
잘못 생각하고 있다 наагуурда|х, төөрөгдө|х
잘못 생각하다 андуура|х, эндэ|х
잘못 생각하다(~로) андууртда|х
잘못 생각함 жирвэнгүүр
잘못 쏘다 дэгсдүүлэ|х, дэгслэ|х
잘못 알다 алда|х, андуура|х, баларта|х, будлиантуула|х, бэгтрэ|х, мунхра|х

잘못 알다(~로) эндүүрэ|х
잘못(실수.착오)하다 төөрөлдө|х, эндүүрэ|х, гэндэ|х
잘못되다 эндэ|х
잘못되어 андуу, муруй; ~ сонсох 잘못 듣다; ~ харах 빗맞히다, 놓치다; ~ ташаа ойлгох 잘못된 명령, 명령착오.
잘못된 алдаатай, буру, ташаа, хиймэл, хилс, хуурмач, хуурмаг, эндүү; худал ~ 거짓말, 허언; хилс ~ 잘못, 실수, 틀림
잘못된 생각(의견.신념.신앙) андуурал, төөрөгдөл
잘못보다(~을) молигдуула|х, хуурта|х
잘못에 빠지다 эндэ|х
잘못을 저지르다 ташаара|х
잘못이 없는 андахгүй, баарагтүй
잘못하다 муруй|х, ташаара|х, хадуура|х; зам ~ 길을 잃다; ам ~ 티격나다, 불화하게 되다
잘못하여 андуу
잘생긴 зүчтэй
잘하는 адтай, ирмүүн; ~ ажиллаж байна 그들은 일을 아주 잘한다.
잘하지 못하는 муу; ~ зан гаргах 서투르게 행동하다; ~ дун авах 서투르게 표기하다; ~ хун 나쁜 남자; ~ нэр 나쁜 이름; бие ~ байна 나는 느낌이 나쁘다; ~ за-яатай 운이 나쁜; ~ёр 흉조, 나쁜징조; ~ зуршил 나쁜 습관; ~ хэлэх ~의 얼굴에 똥칠하다, ~을 헐뜯다, ~의 욕을 하다; ~гий нь уээх 괴롭히다.
잘한다 ухай
잠 못 자는 нойргүй; ~ хонов 나는 밤에 잠을 자지 않는다.
잠(수면) унтаа, унтлага
잠그는(채우는)제구(볼트·지퍼·클립·핀·단추·훅·빗장 따위) шилбэ
잠그다(~을) түгжи|х
잠금 оньс
잠금장치(설비) цоожлогч, хаагч; цорго ~ 수도꼭지

잠기게 하다 үерлэ|х
잠기다 живэ|х
잠깐 동안 목초지에서 가축을 돌보는 목동 оторчин
잠깐 동안의 түр
잠깐 보이다(나타나다) гөлчилзэ|х, цавцай|х
잠깐 쉬다 завсарла|х; хичээл ~ (수업의) 쉼, 휴식
잠깐 잠기다 дүрэ|х
잠깐! байз
잠깐(동안) багахан
잠깐(깜박) 잊다 мартагна|х
잠들(안면할) 수 없는 нойргүй
잠들게 하다 унта|х
잠복처 үх
잠복(매복)하다 бүгэ|х, нуугда|х
잠세(潛勢)의 бололцоо, чадавхи
잠수부 шумбагч
잠수부의 생명줄 хүй
잠수업자 шумбагч
잠수하다 шургуула|х
잠수함 등이 급히 잠수하다 шунга|х
잠수함의 수평타(舵) далбаа
잠시 багахан, завсар, зуур, цухас
잠시 더욱 멀리(앞으로) цаахна
잠시 멈추다 зогсоно|х
잠시 쉬다 сэгхий|х
잠시 잠깐 дадгарда|х
잠식 өнгөлзлөг, халдлага
잠식(침해)하다 халда|х, өнгөлзө|х
잠에서 깨어나다 өөдлө|х
잠에서 깨우다 сэрэ|х
잠이 깨다 сэрээ|х
잠자게 하다 унтуула|х
잠자다 нойр, нойрсо|х, нойрсуула|х, унта|х; уурд ~ 영구(영원)한 안식하다, 영면(죽음)하다; ~ авах 잠자다, 졸다; ~ хурэж 졸음이 오다, 꾸벅꾸벅 졸다..
잠자리 тэмээлэгэнэ, хэвтэр
잠자리(침대) ор(он); ганц хуний ~ 1

인용 침대; хоёр хуний ~ 2 인용 침대; давхар ~ 2단 침대; эвхдэг ~ (캠프용) 접침대,야전침대; хуухдийн ~ 간이침대, 보조 침대; ~ны даавуу 시트, (침구의) 커버, 홑이불.
잠자리를 제공하다 хоногло|х
잠자코 있는 аминчла|х
잠자코 있다 булагна|х, дугжра|х
잠재적인 боломцоо, болзолт, түр, чадавхи.
잡는 곳 барил
잡는기구(~을) занга, хавх
잡다 барии|х, гөрөөчлө|х, зуура|х; гартаа ~ 서로 손을 맞잡다; гараас ~ 손으로 굳게 지키다
잡다한 алаг, багсармал, зуурмал, нийлмэл, холилдмол, холимог, холимол, хольцоотой, эрээн; ~ шавар 혼합 점토(粘土), 찰흙
잡담 салбадай, хач, хов, хов жив, цуурхал
잡담(한담.힘담.악설) 하다 гужирдэ|х, мула|х, шивэр авир хийх
잡담(한담.세상 이야기)하다 хачла|х
잡담하는 зайгүй
잡담하다(~와) өгүүлэлцэ|х, яри|х
잡동사니 новш, хог, хогтой
잡동사니 더미 новширхог
잡목 숲 ширэнгэ(н)
잡색의 алаг, мирээн, халтар, халтарта|х, эрээн
잡아 내리다 буулга|х
잡아 뜯어지다 салбара|х
잡아끄는 고삐에 의해 데리고 가다 цулбуурда|х
잡아당기다 дугтра|х, мэлий|х, нэлий|х, сунна|х, хөвчлө|х
잡아당기다(~을) хөвчлө|х
잡아떼다 булаа|х, оглоро|х, өмрө|х, холтло|х
잡아뜯다 ноцло|х, ура|х
잡아매는 밧줄(사슬)(마소용의) аргамжаа
잡아**뽑**다 зулгаа|х; зэрлэг ~ 잡초를 뽑다, 제초하다; шудээрээ ~ 이를 잡아 뽑다; цэцэг ~ 화초(꽃)를 뽑아내다; үсээ ~ 머리카락(머리털)을 잡아뽑다.
잡아찢다(끊다) хүү татах
잡아채다 барии|х, булаа|х, шуурэ|х
잡역부 дамнуурчин
잡을 수 없는 баригдашгуй
잡종 번식 되다 эрлийзжүлэ|х
잡종 번식 하다 эрлийзжи|х
잡종 эрлийз
잡종개 хуний жааз
잡종으로 되어지다 монголжи|х, монолши|х
잡종으로 만들다 монголжуула|х, монопо личло|х
잡종을 만들게 되다 эрлийзжүлэ|х
잡종을 만들어 내다 эрлийзжи|х
잡종의 нийлмэл, эрлийз
잡종이 되다 эрлийзжи|х, эрлийзжүлэ|х
잡종이 생기게 되다 эрлийзжүлэ|х
잡종이 생기다 эрлийзжи|х
잡지 못하다 алда|х, үгүйлэгдэ|х
잡지 못하다(~을) үгүйлэ|х
잡지 сэтгүүл
잡지(신문)의 논(論) өгүүлэл; тэргүүн ~ (신문·잡지의) 톱기사; эрдэм шинжилгээний ~ (과학)학술상의 소론; энэ ~д та 9 9 рийнхэ 9 жинхэнэ санааг тусган уэуулж байна уу? 이 논문은 당신의 진실한 의견을 반영한 것입니까?
잡지(신문)의 수필(隨筆) өгүүлэл
잡지(신문)의 봉(封)띠(띠지) боолт
잡지나 신문을 흘긋(언뜻) 보다(일별 하다. 대강 훑어보다) гарчигла|х
잡지의 ~호 тоолол
잡지의 논설 өгүүлэл
잡초 луйл
잡풀 луйл
잡히는(만나는) 일을 모면하다(~에게)

зугта|х, зулба|х, зулра|х

장(長) ахлагч, ахмад, даамай, донхгор, еренхийлегчзахирал, мастер, тэргүүлэгч, удирдагч; шатрын ~ чес(서양장기)장; сургуулийн ~ 학교 교장; их, дээд сургуулийн ~ 대학의 총장; барилгын ~ 감독자, 지휘(관리)자.

장(腸) дотор; гэдэс ~ 장(腸); хуржигнах (복부에서.배가) 우르르울리다; ~ муудах 복통이 일어나다, 배가 나와 있다; ~ базлах 복부(배)에 경련을 일으키다;

장(場) зах

장(장날) ззэл

~장 толгойт, толгойтой; гуван ~ мангас 머리가 셋인 괴물(요괴); улаан ~ 머리 칼이 빨간

~장(매) ширхэг

~장(場) суурь, тавиастай, талбай

~장(長) толгойлогч, эрхлэгч

장(腸) 주변의 지방 сэмж(ин)

장갑 бээлий

장갑(裝甲)되어있지않은 хамгаалалттүй

장갑(裝甲)한 хуягт

장갑의 엄지손가락 эрхий

장갑의(으로 무장한) хуягт

장경 Сугар

장경성(長庚星) Сугар

장과 жимсгэнэ (漿果: 과실의 한 가지. 살과 물이 많고 속에 씨가 있음. 귤·감·포도 따위)

장과를 따다 жимслэ|х

장과를 맺다 жимслэ|х

장관(壯觀) жавхлан

장관(長官) дарга, комендант, сайд, эрхлэгч, яам; еренхий ~ 수상, 국무 총리; элчин ~ 대사; дэд ~ 차관

장교 тушаалтан

장구 тоноглол

장구(裝具) гарнизон, тоног

장군 генерал; дэслэгч ~ 육군(공군) 중장

장군! мад (단지 Mate!라고도함); ~ хийх 외통장군을 부르다; ~ тавих ~를 감금 하다, 투옥하다

장군!(비숍경기에서 상대방에게) дуг, дулаа

장군풀 гишуунэ, гэшүүна

장군풀로 만든 소스의 일종 гишуунэ, гэшүүна

장군풀의 잎자루(식용) гишуунэ, гэшүүна

장기결석(결근) таслалгүй; ажлаа ~ суралцах 연속적인(정상의) 작업이 계속 하는 동안 연구한다.

장기나 체스에서 장군! шала|х

장난 болжмор, даажин, даапаа, тохуу

장난감 새총 хавчаахай

장난감 наадгай, тоглоом; ~ын дэлгүүр 장난감 가게; аюултай ~ 위험한 게임

장난감의 굴렁쇠 бөгж

장난감의 집짓기 나무 хороо

장난기가 있는 дүрсгүй, зүггүй, тархигүй; ~ хуухэд 장난을 좋아하는 어린이

장난꾸러기의 тархигүй, төрхгүй

장난을 시작하다 зүггүйтэ|х

장난을 좋아하는 дүрсгүй, зүггүй, тархигүй; ~ хуухэд 장난을 좋아하는 어린이

장난을 하다(~에게) даажигна|х, дамарла|х, сэртэгнэ|х

장난의 алиа, тархигүй, төрхгүй

장난치는 алиа; ~ салбадай 농담을 하는 사람; 어릿광대, 익살꾼.

장난치다 алиала|х, дэггүйтэ|х, зүггүйтэ|х, тохуурха|х

장난하다 тогло|х

장난하다(~와) нооло|х

장날 зах

장뇌 камфор, гавар; ~ын тос 장뇌유 (화농 방지); ~ын спирт 장뇌의 알코올 (화주)(樟腦: 녹나무를 증류해 얻는 고체 성분. 무색. 반투명 결정으로 독특한 향기가 있음.

셀룰 로이드·무연(無煙) 화약·필름· 강심제 등의 제조 및 방충·방취제(防臭劑) 제조 등에 씀)

장님 сором, сох

장님(맹인, 소경)처럼 행동을 하다 сохолзо|х

장님(용)의 нүдгүй, сохор; нэг нүднь ~ 한 쪽눈이 안보이다; ~хүн 맹인; тэ рэ лхийн ~ 날때부터 소경이다; ~ болох 실명했다.

장님이 되다 сохро|х

장단의 조(調) түлхүүр

장담하다 баталгаажих

장담하다(~에게) найдуула|х

장대 гадас(ан), хахуул, цог, шон

장대(壯大) жавхлан

장대높이뛰기의 장대 шон

장대비 үер

장대하게 мундаг; ~ амжилт 거대하게 성공했다; ~ сайхан 아주(대단히) 좋다; ~ сайн 아주(대단히) 만족하다

장대한 гайхамшигтай, даа, жавхлант

장래 ~의 가능성이 있는 бололцоо; арга ~ 가능성이 있는; нөхцөл ~ 필요 조건; нөөц ~ 잠재적인, 장래 ~의 가능 성이 있는; ~ той болох 있음직한, 일어날 수 있는

장래 ~의 가능성이 있는 чадавхи

장래(전방)에(으로) 어느쪽의 урагших

장래 алс, урагшид, хойч, хойшид, хойшхи, цаашдын

장래(미래)에 사용하기 위해 떼어두다 (비축하다) үүлжэ|х

장래(전도)는(어떻게)(~의) хааш(аа)

장래성이 없다 байхгүй

장래에 цаашид

장려 жавхлан, ивээл, урам, урамшил, хөхүүлэг, цог

장려(壯麗)한 цог

장려금 тэтгэвэр, тэтгэлэг

장려하다 ивээ|х, өөгши|х

장려한 гайхамшигтай

장례 оршуулга

장례식 оршуулга

장례식을 시키다 газарлуула|х

장례식을 하다(~의) газарла|х, оршуула|х, улайшра|х

장막 майхан, сэмж(ин)

장면(태도·견해의) 변경 хала, хишиг, ээлж

장미(꽃) сарнай

장미진(薔薇疹) хижиг(發疹 typhus)

장밋빛의 ягаан, ягаахан

장벽(방해) боомт бартаа, саад, хашаа(н); ~ учруулах 길에 장애물을 놓다; ~ыг давах 장애를 이겨내다(극복하다); ~тай гүйлт (야외횡단) 장애물 경마, (단교(斷郊)) 장애물 경주; ~ бол-ох 방해하다, 훼방하다

장본인 үржүүлэгч

장부(丄) углуурга

장부(長婦) бэргэн

장부를 마감하다 баланслах

장부에서 말소해 버리다 арилга|х; арилах

장부촉 이음 углуур

장부촉이음으로 잇다 углууграда|х

장붓구멍 углуурга

장붓구멍을 파다 углууграда|х

장비 тоноглол, тохижилт, хөллөгөө, хэрэгсэл

장비(설비) 함께의 조건으로 하다 тоноглдо|х

장비하다 тохижи|х

장비하다(~를) тоногло|х

장비하다(~에) зэвсэглэ|х

장사 арилжаа, маймаа, найма, харилцаан, худалдаа(н); арилжаа ~ 매매 (장사)하다; ~ хийх 교역(거래)하다; тэр савхины ~ хийдэг 가죽제품을 장사 하다

장사(를)하다 борлуула|х, худалда|х, май- маала|х, наймаала|х, панзла|х; хөвөн ~ 면화(솜, 목화)를 거래(무역, 교역)하다; зах дээр ~ ~을 마켓에서

팔다
장사(매매)하다 арилжаала|х, арилжигда|х
장사꾼 захчин
장색(匠色) дархан
장서(도락)가 номч
장서표 хавчуур
장석 хээрийн жонщ (長石:화성암의 주성분. 규산·알루미늄·나트륨·칼슘·칼륨 등으로 되었고 질그릇·사기그릇 제조의 원료나 비료·화약·유리·성냥 등의 제조에 씀)
장선 нуруу(н)
장성(長星) солир
장소 байр, байрлал, байршил, газар, суурь, тавиастай, эндэх; аглаг ~ 먼 곳의 장소; ~ бүр 어디에(라)도; ~ нутаг 지역, 장소, 소재; газрын мухар 인가에서 멀리 떨어 진(한적한) 외진 곳; гарах ~ 출구, 교차 (점); зайдуу ~ 멀리(떨어진) 장소; суурин ~ 거주민이 있는 지역; хөл ихтэй ~ 사람이 혼잡한 장소; тэ мэ р замын ~ 철도(선로)(궤도)의 장소
장소(~의) хааш(аа)
장소 등을 뒤에 남기고 가다 хоцроо|х
장소(용기 속에) 다져넣다(~을) чихэ|х
장소(용기속에) 채워넣다 тумлайда|х
장소(통로)를 비우다(~을 위하여) багтаа|х
장소가 일치하다 давхца|х
장소가(시간이) 먼 бөглуу, буйд
장소를 옮기다(~의) солигдо|х
장소를 찾다 нэгжи|х
장소에 두다 хавчуула|х
장소에 자리잡게하다 суурьшуула|х
장시간 음식이 없다 харса|х
장시간 удаан
장시의 운문 түрлэг
장식 바늘 сүлбээр, хаттуур
장식 гарнизон, гоёл, засал, тоног, хачир, чимэглэл; тайзны ~ чимэглэл (연극의) 무대장면(배경), (무대의) 장치; ~ чимэг-лэлчин 꾸미다, 장식하다.
장식(가구,덮개,카펫)이 없다 чардай|х
장식(꾸밈)으로 매달려 늘어짐 санжлага
장식(법) засал, чимэг
장식(용)의 벨트에 검과 (총 따위)에 부싯돌을 갖추다 бэл
장식(용)의 칼 또는 금속세공품 хаж
장식(용)의 чимэглэлийн
장식물 гарнизон, засал, тоног, хачир
장식법(품) хуар
장식술 молцог, монцог, цацаг
장식술로 꾸미다(장식하다) цацагла|х
장식용 가구 чимэглэл
장식으로서 박아 넣다 шигттэ|х
장식의 매듭 холбоо
장식이 되다(~의) санжлага, хуарла|х
장식인형 соосог
장식자 чимэглэгч, чимэглэлчин
장식적인 чимэглэлийн
장식적인 칼(금속세공품) хаж
장식체로 쓰다 бадруула|х
장식품 гоёл, санжлага, чимэг, чимэглэл
장식하다 буда|х, гоёмсогло|х, пагсда|х, хачирла|х, хуарла|х, чимэглэ|х, янзла|х
장식하다(~을 ...으로) гоодо|х ; гоёж ~ ~을 장식하다.
장식하다(꾸미다)(~을) гоодо|х, гоё|х, тордо|х
장신구 гоёл, санжлага, чимэглэл
장신구(여행용품) 장수 угсрагч
장애 гэмтгч, дара, зэтгэр, хаалт, хясаа, хяхалт
장애(물) бартаа, боомт, бэрхшээл, гацаа, даваа(н), саад, сада, татлаа, тотгор, түйтгэр, тээг, хашаа(н), хявцаа: ~ гэтлэх 장애물(허들)을 통과하다; ~ учруулах 길에 장애물을 놓다; ~ыг давах 장애를 이겨내다(극복하다); ~тай гүйлт (야외 횡단) 장애물경마, (단교(斷郊)) 장애물 경주; ~ бол-ох 방해하다, 훼방하다
장애(물)이 되다 боогдо|х

- 550 -

장애(방해)가 되는 нүсэр
장애가 되다(~의) боо|х
장애가 있다 тээглэ|х
장애를 일으키다 түйвэ|х, түйвээ|х, хямра|х
장애를 제거하다(~의) тодруула|х
장애물 дарa, зэтгэр, хашлага, хориглолт, хясаа, хяхалт
장애물 설비 хаагч; цорго ~ 수도꼭지
장애물의 제거 клиринг
장애인 эмгэг
장엄 жавхлан, сүр; ~ жавхлан 위엄(장엄); нэр ~ 권위, 권력; ~ бадруулах 젠체하고, 거드름부리다
장엄(한 아름다움) цог
장엄하게 мундаг
장엄한 гайхамшигтай, жавхлант, ихэмсэг, сүрлэг, сүртэй
장원(타원)형 уртлаг
장원(타원)형으로 되다 гонжий|х. гонзой|х
장원(타원)형의 гонзгой, гулдгар, хоовгор
장원(타원)형이다 хоовой|х
장원형으로 이동시키다 гонжилзо|х
장원형의 гонзгор; ~ тархи숨뇌, 연수.
장음계 гамм
장의자(長椅子) бандан, вандан
장이 되다(~의) даргала|х, толгойлуула|х
장인 эцэг
장인(匠人) дархан, дархчуул, урчууд; төмрийн ~ 대장장이; алт мөнгний ~ 보석 세공인; дархны газар 대장장이의 제작소
장인(丈人) худ
장작 파는 사람 түлээчин
장작 аргал, түлш, хагадас, түлээ; шингэн ~ 오일연료; хатуу ~ 고체연료; түлээ ~ 장작
장작더미 нуруу(н); ~ өвс 건초(마초)의 가리(더미)
장전 цэнэг

장정 экспедиц
장중하게 ихэмсэг
장중한 сүрлэг
장차 алс, хойч, хойшхи, цаашдын
장차는 цаашид
장치(한벌의) аппарат, хөдөлгүүр, хөллөгөө, хэрэгсэл; амьсгалын ~ 호흡기계통
장치하다 зоогдо|х, суурилуула|х, тави|х, тата|х, тээлэлдэ|х
장편소설 роман
장편시의 편(篇) магтаал
장학금 тэтгэлэг
장한 сайшаалтай
장화 гарам
장화 바닥의 치수(크기) гишгэм
장화(부츠) гутал
장화(부츠) 발바닥 гутал загна|х
장화(부츠)의 가장 위의 түрий; урт ~тэй 긴 장화; э вэ р ~дээ орох 좋은 친구가 되게하다.
장황한 золхуутай, нолиг, нуршаа(н), уйдмаар
장황한 꾸지람 сургамж
잦아들듯(호소하듯.처량하게)
울다(잉잉) гуншгана|х
재 нурам, нурма, үнс(эн), чандруу
재(화산재)가 가득하게 하다 үнстэ|х
재가하다 зөвшөөрө|х
재간 авьяас, билиг
재갈 хазар
재갈을 먹이다(물리다) дөрлө|х
재갈을 물리지 않은 хаваargүй
재갈을 씌우게 하다 хазаарлуула|х
재개하다 дахи|х
재검토 шуумж
재검토(재음미)하다 давта|х, нягтла|х, тоймло|х
재결(결정.판결)하다 тогтоо|х
재계의 санхүүгийн
재고(再考) шуумж

재고품의 목록 бүртгэгч; тоо ~ 통계가 (학자).
재기 넘치는 ухаалаг, цовоо, элдэвтэй
재기 발랄 гялтгана
재기 있는 сэцэн
재난 аваар осол, булуу(н), гай, гамшиг, гансрал, гэмтэгч, осол, осолдогч, тав
재난(불행)을 당하다 гайта|х
재난을 초래하는 гамшигтай
재난의 гамшигтай
재능 авьяас, билиг, болгон, сэхээ, чадавхи, чадвар, чинээ; ~ билиг 천재, 비상한 재주; ~ чадвар 할 수 있는 힘, 가능성, 능력, 역량, 재능, 솜씨; урлагийн ~ 예술적인 재능(능력); авьяас ~ 재능, 재주; суу ~ 천성, 타고난 자질; ухаан ~ төгс 타고난 (천부의) 재능이 있는; авьяас ~ тэй 재주 있는
재능 있는 дүйтэй, чадавхитай, чадмаг
재능이 있는 авьяаслаг
재다 ихэмсэглэ|х, хэмжи|х, хэмжээлэ|х
재단 ухлаадас
재력 мөнгө(н), санхүүжилт; ~ төгрөг 돈; мөнгөн аяга 은컵; мөнгөн тэмдэгт 은행권; ~ гүйвүүлэх 유통 화폐; ~ задлах 화폐 교환; ~ солих 화폐교환소; ~ зээлэх авах 신용카드; ~ зээлэх 차용(借用)하다, 돈을 꾸다; ~ хуулэгч 대금업자, 전당포(주인); ~ний реформ 통화개혁;~ний ханш 환(換) 시세; бэлэн ~ 현금, 맞돈; бэлэн мөнгөөр төлөх 현금으로 지불하다.
재료 хэрэглэгдэхүүн
재명일(再明日) нөгөөдөр
재목 банз
재목이 마르다 өнжөөх
재목이 없는 ойгүй
재무 санхүү
재무의 санхүүгийн
재미 сүмс

재미나게 하다 баяса|х, баясга|х, зугаала|х, хөгжөө|х
재미보는(~을) урамтай
재미보다 баяса|х, жарга|х, таашаа|х, цэнгэ|х
재미없게 되다 нэшлэ|х
재미없는 амтгүй, залхуутай, уйдмаар
재미있게놀다 наадамч, нарги|х, цэнгэлдэ|х
재미있는 зугаатай, зугаатай, инээдтэй, инээдмтэй, сонирхолтой, хөгжөөнтэй, хөгтэй
재미있음 даргиан, хөгжөөн
재발 буцалт, эгөөж
재발(회귀)하다 дахи|х
재방송용 필름 галиг
재배 중인 작물·밭을 사이갈이하다 боловсруула|х, тариала|х
재배 үржүүлэг
재배하다 бойжуула|х, тойло|х, урга|х, ургуула|х
재봉(裁縫) оёдол, үйл
재봉 ~을 휘감치다 хөвөрдө|х
재봉(봉제,바느질) (양복·주물의) 본 эсгүүр
재봉사 үйлчин
재봉사의 큰 다리미 галуу(н); ~н хузуут (식탁·침실·연단(演壇)용) 유리물병, 식탁용의 마개 있는 유리병.
재봉선 хаваас
재봉업 оёдол, үйл
재봉틀로 박다 оё|х, хөвөрдө|х
재봉틀로 박았다 оёула|х
재빠르게 бушуухан; ~ ир; тэр живж бацна! 재빠르게 와!
재빠른 аргатай, сүйхээ, сэгээ, түргэн
재빠른 말 аргамаг
재빨리 шалавхан
재빨리 움직이다 ёлцгор
재산(財産) баялаг, бэл, өмч, хөрөнгө; э влэ сэ н ~ 상속 재산, 유산; амины ~ 개인의 소유물; хувийн ~ 사유재산;

улсын ~ 정부재산.
재산 따위를 축적하다 хуралда|х
재산(권리) 상속(양도)하다 өвлөгдө|х, өмчлө|х, уламжра|х, гуйвуула|х
재산(상품)의 (재고)목록 бүртгэгч
재산(자산)을 받다 өмчлө|х
재산을 모으다 баяжи|х
재산을 상속하다 өвлө|х
재산을 유언으로 남기다(주다) гэрээслэ|х
재산을 조금씩 모으다 балжи|х
재산을 축적하다 хураа|х, хуримтлагда|х, хогшилжи|х
재산을 취득하다(손에 넣다.획득하다) хөрөнгөжи|х
재산을 탕진하다 бурэлгэ|х. үрэ|х. үрэгдүүлэ|х
재산을(부(富)를) 축적하다 балжи|х
재산이 많아지다 хөрөнгөжи|х
재산이 많은 мөнгөтэй
재삼재사 байн, олонтаа
재삼재사 끌어당기다(끌다. 당기다. 잡아 당기나) дугтси|х
재삼재사 목표를 정하다 сэрвэлзэ|х
재삼재사 살짝 찌르다(밀다) ёвчи|х
재삼재사 숙이다 мэхэлзэ|х
재삼재사 옮기다 жирвэлзэ|х
재삼재사 움직이다 бултэнэ|х, дэнжигнэ|х, дэрвэлзэ|х
재생 мандал,орчлон, тодро|х, хувилгаан
재생시키다 төлжи|х
재생하다 төлжүүлэ|х
재설(再說) давтлага
재수 없는 золгүй, хувьгүй, үйлтэй
재수 없는 날 час э дэ р
재수(가) 좋은 ерөөлт, хувьтай
재스민속의 식물 мэлрэг (jasmine: 물푸레나뭇과 재스민속(屬) 식물의 총칭. 잎은 겹잎, 흰 또는 노란 통상화(筒狀花)가 피고 특유한 향내가 남.)
재스퍼 хас
재심자 шуумжлэгч

재앙(災殃) гэмтэгч
재액(災厄) гэмтэгч
재원 бэл, мөнгө(н), овсгоо, санхүүжилт
재음미(再吟味) шуумж
재작일(再昨日) уржидар
재작일의 전날 уржийн цаад э дэ р
재잘거리다 гогоогло|х, гуула|х, дуржгана|х
재잘거리다(~을) доносо|х, дүднэ|х, шулгана|х
재잘거림 шулганаан
재잘재잘 지껄이다 дужигна|х, дуржгана|х, жиргэ|х, майла|х, чалчи|х
재정(財政) санхүү
재정(상)의 санхүүгийн
재정상의 파멸 үгүйрэл, үгүйрэл
재정을 처리하다(~의) санхүүжүүлэх
재정학 санхүү
재제 хэрэглэгдэхүүн
재조사 шуумж
재주 있는 бэрх
재주 있는 사람 авьяастан
재주 авьяас, билиг; ~ билиг 천재, 비상한 재주; ~ чадвар 할 수 있는 힘, 가능성, 능력, 역량, 재능, 솜씨; урлагийн ~ 예술적인 재능(능력); авьяас ~ 재능, 재주; авьяас ~ тэй 재주 있는
재주넘다 годройто|х, дугуйлда|х, тонорцогло|х
재즈가 조용한 클래식조의 яруухан
재차 давтан; ~ сургах дамжаа 재교육 과정(전문 지식을 보완·갱신하기 위한).
재채기(소리) найтаалга
재채기하다 найтаа|х
재촉받은 давч, яаралтай, ярахдаа
재촉하는 үүхэрдүү, хойшлошгүй
재촉하다 адга|х, бужигна|х, бущуула|х, давчда|х, мэгдэ|х, өдөө|х, сандраа|х, түтдэгнэ|х, түргэлэ|х, тэвдүүлэ|х, тэвдэ|х, үүлгэрдэ|х, ховхино|х, хурдлуула|х, яара|х, яаравчла|х

재촉하여 ~를 내보내다 бущуула|х, давчда|х
재촉해서 가게하다 бущуула|х, давчда|х, давчууса|х, мэгдэ|х, тэвдэ|х, үүлгэрдэ|х, яара|х
재치 없는 адтай, болхи, лайда; ~ тай 영리한 소년
재치 있는 боловсронгуй, дипломат, гүйлгээтэй, самбаатай, сэгээ
재치 있음 сэхээ, самба(н)
재치 авхаалж, ухаан; ~ гуй 이해가 더딘; ~ ихтэй 슬기로운, 현명한; ~ гаргах 깊이 생각한 나머지 잃다; химийн ~ 마음의 움직임
재킷 хүрэм
재킷위에 놓다(두다) зодогло|х
재판 заргалдаан
재판사태로 나가다 заалда|х, заргалда|х
재판관 шүүгч, яллагч
재판에 부치다 заалда|х, заргалда|х
재판하다 тунга|х, шүү|х
재판하다(~를) заалда|х; давж ~ 상소하다, 상고하다, 항소하다
재해(재난) аюул
재해 аваар осол, гай, гамшиг, осол, шаналгаа; гай ~ 천재, 대이변; аюул ~ 재해, 재난; ~ тахал 역벽, 유행병, 전염병.
재해 발생 түймэр
재해(수난)을 경험(체험)하다 шарла|х
재해를 입히다(~에게) цохиула|х
재해의 гамшигтай
재현 давтлага
잼 샌드위치 бялуу
잽싸다 хурдда|х
잽싼 авхаалж, түргэн, үтэр, хурдан
잿빛(쥐색) бор, борлог оог
잿빛의 борлог, оог, саарал; унсэн ~ 회백색; ~ саарал 회색(잿빛)의
쟁기(쟁이로) 갈다 тариалалт
쟁기(모양의 기구) анжис

쟁기자국 мөр
쟁기자국 자취 ором
쟁반 тосгуур, тэвш
쟁의 будлиан, зөрчилдөөн, харшлалдаан, хямралдаан
쟁취(획득)하다 олзворлох, хожи|х
쟁패전 зодолдоон
저 өнөөх, өөр, сайхи, тэр
저(쪽) нөгөх
저 멀리 있는 사물을 어슴푸레하게 감지 했다 торгор
저 사람들의 тэднийх
저 쪽의 нөгөх, сайхи
저감(低減) хямдрал
저개발되다 хоцрогдо|х
저개발의 давжаа
저것 하다 тэгэ|х
저것 합시다 тэгье
저것 тэрхэн
저것의 түүнийх, үүнийх, энүүний
저격병(수) буудагч; мэргэн ~ 저격병, 일류 사격수
저격하다(~을) бууда|х
저곳(의) тэндэх
저금 хадгаламж, хэмнэлт
저금통 банк
저금하다 тунтра|х
저기(저쪽)에(서는) тэрүүгээр
저기에(서) тэрүүгээр, тэрхүү
저널리스트 сэтгүүлч
저녁 орой, үдэш; ~н цагаар 저녁에; шэ нэ ~ болтол 늦은 저녁때까지; ~н хоол 만찬, 저녁 식사; ~н найман цаг 저녁 8시
저녁(때) шөнө
저녁 쪽으로 оройгуур
저녁(만찬)을 베풀다(에게) шуусла|х
저녁(밤)에 орой; ~н цагаар 저녁에; шэ нэ ~ болтол 늦은 저녁때까지; ~н хоол 만찬, 저녁 식사; ~н найман цаг 저녁 8시

저녁내내 оройжин

저녁놀이 빨갛게 빛나다 гэрэлтэ|х

저녁으로 향하여 оройгуур

저녁의 үдэшлэг

저능의 гирэв, мунхрал

저능한 гирэв

저당 잡히기(넣기) барьцаа; ~нд авах 담보 (물)를 받아들이다; ~нд ерех ~의 전당 잡히다.

저당(담보.전당) барьцаа, данж, дэнчин

저당(담보)물 барьцаа; ~нд авах 담보 (물)를 받아들이다; ~нд ерех ~의 전당 잡히다.

저당(물건) даалт

저당물 данж

저당잡히다(하다) данжла|х

저당잡히지 않은 ход

저당하다(잡히다) барьцаала|х

저돌적이다 маазай|х

저등(低等)의 чанаргүй

저려서 마비시키다 минчрэ|х

저력 있는 목소리가(힘찬 저음) 나오다 дуу хоолой будуурэ|х

저린다 дарвигна|х; хөл ~ 다리에 감각이 없다;

저마다 гижгээд, нэгбүр, тутам

저명 сүлд

저명한 овгор, язгууртан

저물녘 бүрэнхий, үдэш

저물다 таши|х

저물어 가다 үхэлдэ|х

저미다 зүсэ|х, зүсэмнэ|х, огтло|х, хэрчи|х; надад талх зусээд өгөөч 빵의 조각을 썰어서 나에게 주다; мөс ~ хөлөг онгоц шэбинсэн; хотын дундуур зусч гарах 그 도시는 ~으로 인하여 분할되었다; уул зусч хонгил гаргах 그 산맥은 터널을 통하여 나누었다

저민고기 таташ

저버리다(~을) баара|х

저부(底部) буйр, ёзоор, ёроол, суурь, үндэс(үндсэн), үндэслэл

저서(작곡) 헌정(獻呈)하다 зориулагда|х

저속한 маалинга

저수지 нуурмаг

저술 найраг, найрууламж; яруу ~ ши, шига, 운문; яруу ~ч шиин, гаин(歌人)

저술가 зохиогч, зохиолч

저술하다 бичи|х

저승 там

저울 жинлүүр; ~ийн орд (고대로마의) 중량 단위(5053 grains); (무게의) 파운드(略: lb., lb).

저울눈 жигнүүр, жин(г), масштаб, шаталбар

저울로 무게를 달다 дэнслэ|х, пинслэ|х

저울판 төмпөн

저음 피리 лимбэ

저자(작가) зохиогч, зохиолч; ~ийн эрх 카피 라이트, 판권, 저작권; ~ эмэгтэй 여류 작가

저작 найраг; яруу ~ ши, шига, 운문; яруу ~ч шиин, гаин(歌人)

저작 найрууламж, туурвил

저작(咀嚼)하다 зажла|х

저작물 үйлдвэр

저작을 출판하다 нийтлэгдэ|х

저장 식품으로 만들다(~을) шуузла|х

저장 хадгалалт, хур

저장(비축) дармал; ~ бордоо 사일로(silo)에 저장한 꼴

저장(저축)하다 дара|х; ногоо ~ 채소(배추)를 절이다;

저장소 бааз, банк, нуурмаг, пүнз, склад

저장실 зоорь; хөрөнго ~ 재산, 부(富); хөрө-нга ~той болох 재산을 만들다, 부를 축척하다.

저장품 хүнс(эн)

저장하다 өвөрлө|х

저장하다(~을) бараажих

저주 зүхэл, хараал

저주(독설)의 말 зүхэл, хараал; бусдыг

харааж ~ 야단치다, 꾸짖다; тэр согтчихоод муу эхнэрээ 그는 술만 마시면 그의 부인에게 욕설을 퍼붓는다.
저주하다 загина|х, зүхэ|х, хараа|х, хараалга|х
저지 дулаа, няцаалт, шалгалт, хонхор
저지(억제)하다 бөглөрө|х, баривчла|х, завсарла|х, мадла|х, сэгхий|х, тасалда|х, халгаахгүй, шала|х
저지대 төхөм
저쪽(편)에 위치하고 있는 тэртээх
저쪽(편)에(~의) тэртээ
저쪽에 있는 тэртээх
저쪽에 тийш, тийшээ, цаад
저쪽에(~의) гаруй, цаагуур, цаагуурхи, цаана, цаахнуур
저쪽에(까지) хөндлөн
저쪽에(서) тэрүүгээр, тэрхүү
저쪽으로 тийш, тийшээ
저쪽으로 가다(~의) гара|х
저쪽으로(에) зулга, хэгз, цааш(аа)
저쪽의 тэндэх
저촉되다 харга|х
저축 дармал, хур
저축(액) хадгаламж, хэмнэлт
저축(저장)하다 арвила|х, базаа|х, нөөцлө|х, хадгала|х, хямгада|х, хадгалагда|х
저축(저장, 비축)하다 нөө|х
저축심이 있는 гамтай
저택 байшин, тугдам
저편으로 건너다(~의) гара|х
저하 буурал, доройтол, хямдрал
저하되다 дортто|х
저하시키다 багаса|х, татра|х, цөөрүүлэ|х
저하하다 гута|х, цаашла|х
저항 эсэргүүцэл
저항(대항)하다 мөчөөрхө|х, эсэргүүцэ|х
저항력 эсэргүүцэл
저항력(내구력, 견고성)을 잃다. үхээртэ|х
저항할 수 없는 давшгүй, дийлшгүй
적(敵) дайсан, өстөн, өшөөтөн, улирал

적(곤란)과 싸우다 барьца|х
적(공격) 등을 교묘히 피하다(비키다) булзаара|х, зайла|х, займра|х; залилан ~ 솜씨를 교묘하게 사용하다.
적(사람)의 신체(주의·언동)를 공격하다 давшла|х
적갈색 хатиг
적게 보아 ядахнаа
적게 하다 нимгэдэ|х, шингэлэ|х
적교(吊橋)의 매다는 줄 мөрөвч
적군 дайсан, өстөн, өшөөтөн
적극적이 되다 идэвхши|х
적극적이다 идэвхжи|х, идэвхийлэ|х
적극적인 гялбазүүр
적극적인 악의 эрээн
적다 данстай
적당 зохис; ~ той арга 적당한 방법; ~той шийдвэр 올바른 결정; эуй~ оор 적당한 길.
적당(성) таарамж
적당(적합) зохимж
적당(타당)한 дөхөмтэй
적당하게 дару
적당하게(어울리게)보이는 үзүүштэй
적당하다(~에) тэнгцэ|х
적당하지 않은(못한) буру
적당한 두께로 다듬다(마무르다) нимгэс|эх
적당한 зохистой, зүйтэй, мэрэгшилтэй, нийлэмжтэй
적당한(~애) таарруу, зохимжтой, ончтой, таарамжтай, тохиромжтой
적당히(소홀하게) 조사(심사)하다(~을) наагуурла|х
적대 харшлалдаан
적대(격퇴)하다(~에) тэрсла|х
적대관계 зөрчил
적대자 дайсан, өстөн, өшөөтөн
적대하는 сөргүү, сөрөг, тэрс
적대하다(~에) сөргө|х, эсэргүүцэ|х
적대하여 각자행동하다 сөргөцөлдө|х
적대하여(~에) харш

적막(寂寞)하다 ганцаарда|х
적막한 ганцагчин, онцгойдуу
적막함을 느끼다 гагцаарда|х
적멸(寂滅) няпваан
적법화 хуульчлал
적법화(합법화)하다 хуульчла|х
적부 зохис, зохис
적부성 таарамж
적색 улан; ~ болох붉게 되다; ~ уруул 붉은 입술; ~ туг 적색 깃발; ~ дарс 적포도주; ~ чинжуу 적색 종이; ~ бор 회색 또는 흰 얼룩이 섞인(밤색 말); ~ хурэн불그스레한 자주 빛; гун ~ 짙은 적색; тод ~ 맑은 적색; ~ нэлий 피나는, 피를 흘리는; ~ арьстан 적색 인디언.
적색으로 변하다 улайра|х
적색의 улагчин
적색이다 улаада|х
적설(積雪) цас(ан)
적성 авьяас, билиг, мэдэл
적성(재능)이 있는 авьяаслаг
적소에 배치히디 өрө|х
적수 дайсан, өрсөлдөгч, өшөөтөн
적시다 билуудэ|х, даа|х, дэвтрэ|х, нойтло|х, нойтро|х, чийглэ|х, шавши|х, шингэ|х; чийг ~ (습기.수분)가 스며 나오다 (유출하다)
적시다(~에) усла|х, шингээ|х
적시다(배어들게 하다) дэвтэгши|х
적양(赤楊) 벚나무 монос
적어 넣은 것 шигттээ
적어도 ядахнаа
적어도(한번) ~(하면) нэгмөсөн, нэгэнт, нэгэнтаа
적어두다 буртгэ|х
적어지다 нарийса|х, нарийсга|х, нимгэлэ|х, нимгэрэ|х, сармий|х, сийрэгжи|х, тура|х
적열(赤熱)하게 만들다 улайсга|х
적열(赤熱)하다 улайда|х
적열(赤熱)해지다 улайса|х

적요 конспект, реферат, тойм
적요(서) хураангүй
적용(응용)하다 тави|х, ханда|х, хэрэглэ|х
적은 бага сага, багавтар, жаахан, хомсхон
적은양(量)의 먼지 хумхи
적응 тохируулалт, тохируулга, тохнил
적응 지도 бармжаа
적응(순응)하다 идээши|х
적응성 있는 туягар
적응성(능력. 자격)이 모자라는 гөмс, дутмаг; ~төлөх 임금(급료)를 충분히 지불 하지 않다, 저임금을 지불하다; ~ унэлэх 실제보다 낮게(적게) 어림하다, 과소평가 (판단)하다; ~ шарах (болгох) 덜 삶아지다, 덜 구워지다; ~ ноир-той байх 충분히 못자고 일어나다; арван төгрөг ~ авах 결코 10투그릭이 아니라고 상상하다; тахир ~ хун 병약해지다, 병자취급을 받다; ~ төрсөн хуухэд 어린애가 조숙하게(너무 이르게) 태어나다; ~ хийх 일찍 끝내다; долоод арван минут ~ байна 7시 10분전까지.

적응하다(~에) аялда|х
적의 атаархал, хонзон, хорлогчин, хорсол
적의(敵意) эрээн
적의가 있는 ханшгүй
적임(適任)이 아닌 гаргуудаа, таарахгүй
적임의 мэрэгшилтэй, чадварлаг
적임이 아닌 зохимжгүй, зохихгүй, мэргэ- жилгүй, нийцгүй, таарамжгүй, таарахгүй, танаггүй, тохиромжгүй
적재(의) 능력 даац
적재량 ачаа
적적하다 ганцаарда|х
적절(적당)한 зохи|х, нийцтэй, таарамжтай; ~ёсоор 적당하게, 온당하게; ~ хэлтэст нь хандварай 매장에 적당하게 적용되다; энэ ажилд хамгийн ~ хун бол

тэр эмэгтэй дээ 그녀의 일은 사람에게 알맞게 해야만 한다.
적절(적합) зохимж
적절치 않은 оновчгүй
적절하지 못한 учиргүй
적절하지 않는 дэгс
적절히 서로 같은 адилавтар
적정 зохис
적정한 шударга
적중하는 андахгүй, баарагтүй
적지 않게 ихээхэн, нилээд
적지 않은 багагүй, нилээд, цөөнгүй
적하(積荷) ачаа, дарамт, дусаал, зөөвөр, нус
적합 зохил, зохимж, зохис, тохироо, тохируулалт, тохируулга, тохнил; ~ той арга 적당한 방법; ~той шийдвэр 올바른 결정; эуй~ оор 적당한 길.
적합(성) таарамж
적합(순응·합치·일치)시키다 тааца|x, тааруула|x
적합(순응)하다 нийцүү
적합(일치,순응)하게 하다 зохилдо|x
적합시키다(~에) тохируула|x
적합하게 하다 тааца|x, тара|x
적합하다 авцалда|x, нийцэ|x; санаанд ~ ~의 마음에 들다
적합하다(~에) зохи|x, зохицо|x, монтажла|x, тааруула|x, тара|x, тохиро|x, угла|x, угсра|x; тууний яриа баримтай ~ гүй байна 그의 이야기는 사실과 일치(부합)하지 않다; бид унийн талаар эохицсон 우리는 그 가격(값)에 동의 했다; далайн уур амьсгал чамд эохино (요양에 좋은) 바닷(해변의) 공기로 득을 볼 것이다; энэ хувцас танд сайхан байна 이웃은 당신에게 꼭 맞을 것이다.
적합하지 않은 зохимжгүй, зохихгүй, нийцгүй, таарамжгүй, таарахгүй, танагтүй, тохиромжгүй
적합한(~에) зохи|x, нийцтэй, таарамжтай, тооцоологдо|x
적화하다 улайра|x
적화한 улаантан
적확한 ягшмал
전(全:모두) булт, бух, бухий, дахин, нийт, хамаг, хотлоор, хотол, хөвчин, хүр, цөм, эл, ямарваа; дэлхий ~ 온 세상
~전(前) намтар, хууч(ин)
~전(傳) цадиг
전 인류 замбуулин(г)
전(全)권리의 매점(買占) өөшлө|x
전(前)의 хууч(ин)
전간(癲癎) унадаг э вчин, үхтгэгч э вчин
전갈 илгээлт
전갈(지식.의미·사상·감정 등등) 전하다 илэрхийлэ|x
전개 сэргэр, таранги
전개하다 арсай|x, дэлгэрэ|x, задарга|x, зула|x, мэлгэр, мэлий|x, нэлий|x, түгэ|x, хувира|x
전개하다(늘이다) сарвайлга|x
전거 цагаачлал
전공 монтёр, цахилгаанчин
전공자 мэргэжилтэн
전공하다 мэргэжи|x, төрөөжих
전과 다름없는 ижил
전구 따위를 끼우는 소켓(틀) онги
전기 дурдаттал, цахилгаан
전기 기류 ток
전기 담당원 монтёр, цахилгаанчин
전기 도금된 니켈 피막 дицдэ|x
전기 문학 намтар
전기 정류(전환)기(器) коллектор
전기 콘센트 залгуур
전기(물리) 절연물 тусгаарлагч
전기(열·소리.전도의) 차단 тусгаарлалт
전기(傳記) намтар, цадиг
전기(전해, 전자의) 감겨지는 ороомог
전기기사 монтёр, цахилгаанчин
전기를 띠게 하다 цахилгаанжи|x, цахилгаанжуула|x

전기를 통하다(~에) цахилгаанжуула|х
전기문학 цадиг
전기의 광전지 фотоэлемент
전기의 도선(導線) хоргоси(ин)
전기의 리드선 хоргоси(ин)
전기학 цахилгаан
전기학자 цахилгаанчин
전나무 жодоо (소나뭇과의 상록 침엽 교목. 산기슭이나 골짜기에 나며, 줄기 높이 30m 내외로 구과(毬果)가 맺힘. 재목은 건축·가구 제지용임.)
전념 төвлөрүүлэлт
전념하다 зориула|х, түлгэ|х; шинжлэх ухаа-нд өөрийгөө ~ 과학에 빠지다; тэр анхныхаа номыг ээ-ждээ эориулжээ 그는 그의 어머니 첫 책에 전념하다; урлагт бух амьдралаа ~ 삶을 예술에 몰두하다.
전단 зарлал
전단(專斷)하는 дарангуй
전단기 хяргагч, хайч(ин)
전달 дамжлага, матаас, мэдээ(н), мэдээлэл
전달자 дамжуулагч
전달하다 зуучла|х, мэдээлэ|х
전당 данж
전당(물) барьцаа
전당(저당)물 дэнчин, данж; ~ийн пууз 전당포
전당(저당.담보)잡히다 дэнчиндэ|х
전당잡히다 барьцаала|х; өрөө төлөхийн тулд бид байшингаа ~ болов 우리는 우리의 부채 지불에 우리집을 담보로 저당잡 혔다
전당포 данжич
전당포주인 данжич, мэнгэ хүүлэгч
전도(선교)사 багш, номлогч, сурталч
전도(顚倒) урву
전도되었다 шамра|х
전도된 тонгоруу
전도유망한 наштай
전도체 дамжуулагч; хагас ~ 반도체

(반도체를 이용한 장치(트랜지스터·IC등); дулаан ~ 열전도체
전도하다 номло|х, сурталда|х
전동(箭筒) саадаг
전동기 мотор
전동장치(傳動裝置) аррa, механизм
전동차의 폴(집전용) шон
전란(큰 재해등의) 발생 гал
전람 үзэсгэлэн, цуглуулга
전람회 үзмэр
전략가 стратегич
전력 зүтгэл; гавьяа ~ 장점, 취할 점; тэр ажилдаа их ~ гаргадаг 그는 그의 일하는 동안 공로를 보여 주었다.
전력(全力)으로 하다 замра|х
전력을 공급하다 цахилгаанжи|х, цахил- гаанжуула|х
전력을 다하다 зүтгэ|х, идэвхлэ|х, оньсло|х, сарвай|х; өөрийнхөөрөө ~ 마음대로(멋대로) 하다; хучин ~ ~할 만한 힘을 주다.
전력을 다하다(~에) барилда|х
전력을 다하여 치다 салам цохих
전력질주하다 гүйлгэ|х
전례(典禮) ёслол
전로(戰虜) олзлогдогч
전롱(全聾) дулий, сонсголгүй
전류 ток, цахилгаан
전리품 олз(он), тонодос; ангийн ~ 사냥 포대; ~ ашиг 이익(수익.이윤); дээрэмчид ~оо хуваацгаав 도둑(강도)들은 전리품을 분배하다
전말을 밝히다(~의) тайлагна|х
전망 найдал, тал
전망이 밝은 наштай
전망이 좋은 булээвтэр, ээрхэг
전매 монополи; ~ эрх 독점(권), 전매(권).
전매의 монополи
전매하다 борлуула|х, дамла|х
전면에 얼음이얼다(얼게하다) хадаала|х

전면을 덮는 것 хөнжил, хучлага
전멸(근절)시키다 мөхөө|х
전멸(근절.박멸.실패.완패)하다 сөнө|х, устга|х
전문가 회의 семинар
전문가 мэргэжилтэн, техникч, хайв, шинжээч
전문가로서 활동하다 долингорши|х
전문가의 회의 консультац
전문가이다(~의) долингорши|х
전문어 нэр, томьёо; нэр ~ 전문용어, 술어; эмнэлгийн нэр ~ 의학전문용어
전문으로 다루다(하다) мэргэжи|х, төрөөжих
전문의 төрөлжсөн, тусгай
전문점 цех
전문학교 институт
전박(前膊) бугуй, шуу
전반에 걸쳐 여러 면으로 ер
전반에 걸치는 бух, еренхий, нэлэнхий
전방(앞)으로 гудас, гулд; хөндлөн ~ 사방팔방으로, 널리; тэр Монгол орноор хөндлөн ~ явсан 그는 몽골의 전반에 걸쳐 여행 했다
전방(으로) 나아가다 урагшда|х
전방에 өмнө, урдуур, урьд, урьдах
전방에(~의) наана, өмнө
전방으로 урдуур
전방으로(밖으로,표면으로) 내뿜다(분출하다) олгойдо|х
전방으로(에) духгар, урагш
전복 уталт
전복시키다 онхолдо|х, тавгүйтуулэ|х, үйм- рүүлэ|х, хөмрүүлэ|х, хөнтрө|х
전복시키다(하다) мухри|х, онхолдуула|х, тонгоруула|х, хөмрө|х
전부 бултгүйцэд, дагуу- даа, ёсоор, нийт, нэвтэрхий, огт, ор, таг, хотлоор, хуу; ~ болox 완전히 말을 못하게 하다; ~ чиг болox 완전히 사라지다(자취를 감추다).
전부 6 зургуул(ан)

전부 8 наймуул(ан); бид ~ байе 우리의 8명은 그곳에 있었다
전부 갖추다 бурдэ|х
전부 갖춘 бурэн
전부 듣지 못하다(~을) талт мэ лт сонсох
전부(같이) 추계하다 тооломцо|х
전부(전체)의 бугд, бурэн, бутэн; айл ~ 각자가족; хун ~ 누구나 다; та ~ 당신의 전부; би одоо тэр ~ийг сайн мэдэж байна 나는 그것에 관한 새로운 모든 것을 안다; ~ бутэн 무사히, 탈없이; ~ эрх 전권(全權), 권위자; ~ эрхт төлөөлөгч 전권대사; 전권위원(사절).
전부(통틀어, 모두) 열(10) арвуулаа; бид~ байв 우리의 열 명은 그곳에 있다
전부의 аливаа, байдаг, булт, бух, бухий, голцуу, гулууз, дахин, даян, нийт, хамаг, хотлоор, хотол, хөвчин, хүр, цөм, эл, ямарваа
전부의(모든) гулдмай
전부터 насад
전부터 계속 байнга
전부터 항상 дагт(ан), дан
전부터(항상) дагнан, үргэлж, хэзээд, ямагт
전부하여 ердее
전부합해서 ердее; ~л 전부 합하여; бид ~ тавуулаа байв 그곳에 우리 모두 합하여 다섯이다; ~ хоёр мянган доллар төлжээ 전부하여 2천 달러 지급했다.
전분가루(감자가루.녹말가루)로부터 만든 фүнтүүз
전사 галиг, дайчин
전사지(轉寫紙) сиймгэр
전산기(電算機) компьютер
전서(田鼠) сохор номин
전서구(傳書鳩) тагтаа
전선 утас(утсан)
전설 домог; улиг ~ 단조로움, 평범함, 진부함; улгэр ~ 민간설화, 민화, 전해

오는 이야기
전설적인 영웅 өрлөг
전성기 орой
전세계 замбуулин(г), орчлон
전소하다 галда|х
전속 계약의 사람 өөшлө|х
전술(학) тактик
전술의 응용으로서의 작전 тактик
전승 ялалт
전승(승전)하다 дава|х
전승의 ялагч
전승자 ялагч
전시 үзэсгэлэн, цуглуулга
전시(물) үзмэр
전시(진열)하다 үзүүлэ|х
전시(회) үзмэр
전심 төвлөрүүлэлт
전압(電壓) хүчдэл; э ндэ р/нам ~ 고전압/ 저전압.
전압계(電壓計) вольтметр
전압을 재는 계기 вольтметр
전야(전일)에(~의) өмнөхөн
전어(鱣魚) хилэм
전언 илгээлт, домог
전에(시간적으로) агсан
전연 бултаараа, бухэл, огт
전연 헛되이 зүгээр
전연(거의) 헛되이 뛰다 навсгана|х
전연(거의) 헛되이(뜻 없이) 재잘재잘 지껄이다 пал пал хийх
전열기(電熱器) плитка
전염 тархалт, халдвар
전염병 тахал
전염병 매개체이다 тээ|х
전염병에 걸리다 тахалта|х
전염질의 халдвар(ай)
전염하는 халдамхай, халдварт(ай)
전완(前腕) бугуй, шуу
전용(轉用)하다 хөрвө|х
전용(轉用)할 수 있는 хөрвөдөг
전우(戰友) нөхөр

전원(田園) булт, хөдөө(н), орон
전원 일혼 далуул
전원(田園)의 гадаа, хөдөөрхүү
전원생활의 хөдөөрхүү
전원을 끊다(~의) мултла|х; тэр мөрөө мултлав 그는 그의 어깨관절을 삐게 하다; бөглөө ~ 코르크 마개를 뽑아내다; эрэг ~ ~의 나사를 빼다, ~의 나사를 돌려서 빼다
전위 манлай, мултархай, мөлтөрхий; ~д явах ~ (전투)의 최전방에서, ~의 선두가 (중심이) 되어; адууны сургийн ~ 최고의 선두말
전위파(前衛派)(예술상의) авангардизм
전율 аймшиг, чичиргээ, чичирхийлэ|х, чичирхийлэл
전율케 하다 арзасхий|х
전율하다 арзасхий|х, давжгана|х, дагжи|х, дэнслэ|х, дэржигнэ|х, жийрхэ|х, сэрсхий|х, сэрхий|х, ходхий|х, чичигнэ|х, чичрэ|х, эмээ|х
저율할 чичрүүс
전음계 гамм
전의(시간적으로) агсан,
전인류(전세계 국민) ард орчлон
전임(전속.전학)시키다 шилжи|х, шилжүүлэ|х
전임(전학.전과(轉科))하다 буха|х
전임시키다(bishop을) орчуулагда|х
전자(電子)궤도 тойрог; хиймэл дагуулыг ~ замд оруулах 인공위성이 궤도에 진입하다;
전자(電子) электрон
전자계산기 조작자 тооцоолуур
전자류(流) цацраг
전자석(電磁石)의 핵심 зүрхэвч
전자총에서 가늘게 발사되는 것 같은
전자류(流) сацраг, туяа; нарны ~ 태양의 광선; рентген ~ X레이, X 광선; хэт ягаан ~ 자외선; лазерийн ~ 레이저 빔 (광선); туйлын ~ 북극광
전쟁 дайн; ~ хийх 교전 중이다;

иргэний ~내란, 시민전쟁; хуйтэн ~ 냉전(冷戰); ~ өдөөгчид 전쟁 도발자, 전쟁광(狂), 주전론자; ~ы талбар 전쟁터, 격전지; ~ байлдаан 전투, 싸움; 전쟁.

전쟁 등에 의한 대량학살 ярга, яргалал

전쟁 때문에 혼란하다 дажин; дайн ~ 전쟁 재난.

전쟁(싸움)을 좋아하는 зодолдооч

전쟁(폭동)의 사건 будлиан

전쟁서 폭력으로 강탈(약탈)하다 тууливх

전쟁에서 폭력으로 빼앗다 тууливх

전쟁에서 폭력으로 훔치다 тууливх

전쟁을 수행하다 цэрэглэх

전쟁의 결과로 무질서하다 дажин

전쟁의 дайчин

전쟁하다 цэрэглэх

전적으로 нэвтэрхий

전적으로 쏟다(돌리다) зориулах

전전(展轉)하다 дахивх

전전긍긍하는 сандруу, үүлгэр

전제 оршил, таамаглал

전제군주 дарлагч, түрэмгийлэгч

전제로부터의 귀결(결말) дүгнэлт, гаргалга, мохуул

전제의 дарламтай

전제적인 дарангуй, дарламтай, түрэмгий, эззрхэг

전조 ёр, зөгнөл, зөн, совин, сэрэхүй, цондон, шинж, эз

전조(前兆)가 되다 ёрловх

전조에 의해 예지하다 бэлэгдэвх

전주 гадас(ан), хөрөнгөтөн, шон

전주(錢主) капиталист

전지 зай; жижиг ~ 작은 전지; ~гаар ажилладаг 전지(운용); ~ хураагуур 전기축전지; ~ цэнэглэх 배터리(전지)를 충전하다

전지가위 хайч(ин)

전지에 충전하다 цэнэглэвх

전진 дэвшилт

전진(진행.진출.진보) ахиц

전진(숙달)하다 давшивх, өөдлөвх

전진(진척)시키다 өөдлүүлөвх

전진(진척)하다 давшлавх

전진(진출)시киды ахивх;, боловсровх, давшилт, урагшлуулавх тушаал ~ 진전(진척)시키다; нас ~ 나이를 먹다

전진(진출.숙달.진보)하다 дэвшивх

전진(숙달.진행.진출.진보.진척.향상)하다 давшилт

전진하는 дэвшилт, дэвшилтэй, урагштай

전진하다 дээшдэвх, урагшлавх, урьдчилавх

전집물이 낙질(落帙)인 солжир

전차(버스·열차)차장(안내자) кондуктор

전차낫 хадуур (옛날, 전차의 굴대에 달아 적을 쓰러뜨린).

전채(前菜)(오르되브르) зууш

전체 товчоо

전체(모두) гулдмай

전체 20 хориул(ан)

전체 50 тавиул(ан)

전체 속의 일부 хувь

전체(모두) 9(아홉) есүүл; бид энд ~ байна 여기는 우리 모두 아홉이다

전체(총계) 팔십(80) наяул(ан)

전체로 нэлэнхий

전체로 보아서 даяар, еренхийдее; дэлхий ~ 전 세계적으로

전체에 걸쳐 еренхий; ~дөө 일반적으로, ~дун 총합계; ~ дурэм 총칙; ~ боловсрол (전문교육에 대하여) 일반(보통) 교육;

전체에 걸쳐서(~의) нэвт, нэл

전체에 공통되는 еренхий

전체에 공통되다 нэлэнхийрэвх

전체에서 분리된 조각 хувь

전체의 аливаа, байдаг, булт, бух, бухий, дахин, даян, нийт, хамаг, хотлоор, хотол, хөвчин, хүр, цөм, эл, ямарваа; ~ аварга

레슬러의 타이틀; ~ дэлхий 전세계적으로.

전체적(총체적)인 бух, еренхий, нэлэнхий

전축(電蓄) пянз

전축(텔레비전 등의) 콘솔형 캐비닛 консоль

전통 ёс(он), удамшил, уламжлал

전통으로 받다 удамши|х

전통의 угшмал, уламжлалт

전통의복인 두꺼운 외투(몽골의) дээл

전통적인 угшмал, уламжлалт

전투 зодолдоон, зодоон, тулалдаан, тэмцэл

전투(전쟁) байлдаан; дайн ~ 전투(행위), 교전(상태), 전쟁

전투하다 байлда|х; байлдан дагуулах 정복하다, 공략하다

전투용 벨트 бэл

전투원 тэмцэгч

전투원(병) байлдагч, дайчин

전투하다 алалда|х, булаалцалда|х, дайла|х, дайта|х, нанчилда|х, тэмцэ|х

전파 сацраг, тархалт, тархац

전파하는 халдварт(ай)

전하는 말 илгээлт

전하다 дуулга|х, мэдэгдэ|х, өвлөгдө|х, өвлүүлэ|х, уламжра|х

전해 오는 이야기 домог

전혀 ~아니(하)다 багатай, багашиг

전혀 ~않음(아님) юмгүй, юмхан

전혀 문제될 것이 없다 яамай

전혀 틀림이 없는 алдаагүй

전혀 бултаараа, бур, буур, бухэл, гүйцэд, давгүй, дагуудаа, ив, нэвтэрхий, огт, ор, таг, тон, тэс, хуу; ~ зуутын дэвсгэр 백달러짜리 지폐(100$); ~ тоо 모든 번호.

전형적인 төлөөний

전화 телефон

전화(기) 없는 утасгүй

전화(轉化)시키다 болго|х, хөрвүүлэ|х

전화기 телефон

전화로 불러내다 утасда|х

전화로 이야기하다 утасда|х

전화를 걸다(~에게) дуудуула|х, утасда|х

전화의 송화구 соруул

전환 сэлээ, хала, хишиг, ээлж

전환하다 болго|х, хөрвүүлэ|х; сайн ~ 개량 하다, 개선하다; жужгийг кино ~ 필림을 돌리다

전후 관련 эрэмбэ

전후 운동 савлуур, сажиц

절(경례)하다 бөхөлзө|х

절(경례, 숭배)하다(~에게) бие бөхийх

절(사찰) дацан(г), сүм

절(節) зүйл, өгүүлбэр; энгийн ~ 간단한 문장; нийлмэл ~ 혼합문장; гол ~ 주부(主部)의 문장, 주절; гишүүн ~ 종속절(구); асуух ~ 의문형의 절, 의문; хуурнах ~ 이야기체, 설화(법); ~ зуй 통어법(론), 구문(론); ~ийн 문장 구조; ~ийн гиш-үүн 문장의 성분(부분)

절감 саалт, хасалт, хөнгөлөлт, хямдрал, цомтгол; унийн ~ 할인 가격.

절개 огтлол, хүнд

절개를 파는 사람 янхан

절개를 팔다 янханда|х

절개의 칼 исгүүр

절개하다(~을) яра|х

절검(節儉) арви, ариг, хэмнэл, хямга

절구 уур, уулга; ~ нудуур 막자 사람과 막자, 절구와 공이

절규하여 알리다 багалзуурда|х

절단 ангижрал, огтлол, тайралт, ухлаадас, хэрчмэл

절단기 ухми

절단하다 даа|х, зүсэ|х, огтло|х, тайраг-да|х, тасла|х, таслуула|х, эсгэ|х; хунсээр ~ 공급된 음식을 중단하다; утас (ярьдат) ~ 전화 서비스를 끊다; цахил-гаан(гэрэл) ~ 전기를 끊다; надад талх зусээд өгөөч 빵의 조각을 썰어서

나에게 주다; мөс ~ хөлөг онгоц шөвийг; хотын дундуур зусч гарах тэр доорд ~оор инхаар бутах болсон; уул зусч хонгил гаргах тэр нуруу нуугаар тасарч тас хуваагдсан.
절단한 상태로 간직하다 цавчла|х
절단함 тайрдас
절대 다수 зонхи
절대(적으)로 тас
절대권 диктатур
절대권력자 түрэмгийлэгч
절대의 үнэмлэхүй
절대적으로 тэс, чин
절대적인 (부정 따위) даа, юм
절도 있는 тогтвортой, тогтуун, төв
절도 хулгай
절뚝거리게 하다 тайтгана|х, туши|х, хазгана|х
절뚝거리다 доголо|х, туйтра|х, улбай|х, хазгана|х
절뚝거리며 걷다 тайтгана|х
절뚝발이 эрэмдэг
절룩거리는 доголон, мухгар, туйтгар, хазгар; зуун хөлнь ~ зүүн хөлнь туйтгар
절름발이 мухгар, туйтгар; зуун хөлнь ~ зүүн хөлнь туйтгар
절름발이(불구)만들다(가되다) туйтра|х
절름발이의 доголон, мухгар, туйтгар, хазгар; зуун хөлнь ~ зүүн хөлнь туйтгар
절망 цөхрөл
절망(단념.열망)하다 бухимда|х. шуна|х
절망적인 аргагүй, аргагүйяах ч~, бухимдал, гонж, горигүй, горьдлогогүй, найдваргүй; яах ч~ найдваргүй, горьдлогогүй; мэдэх ~ сайн танигдаж мэдэгдэж байхгүй; идэхийн ~ идэж болохгүй, муухай; ~ үнэн үнэн үнэхэн, шударга үнэн.
절망하다 бэрхшээ|х, цөхрө|х
절망하다(~을) цөхө|х
절망하여 цөхрөлт
절멸 мөхөл, устгал

절멸(전멸)되어졌다 уста|х
절멸시키다 бөхөө|х
절박한 бачуу, хойшлошгүй, хойшлуулшгүй, яаралтай
절반 заримдаг, хагас
절반(반쯤) 열다 онгосхий|х
절반으로 дундуур
절반으로 나누다 голо|х
절반으로 내려가다 дундла|х
절반으로 줄이다(축소하다. 한정하다) дундуурла|х
절반의 дэг дуг
절반이 공간이 되다 дундра|х
절반이 비다 дундра|х; талдаа ортол 2등분하다, 반씩 나누다.
절벽 байц, жалга, хавцгай, хад(ан), халил, хясаа, цохио
절벽(絶壁) гултгал
절벽의 байц, дамсаг, цавчим
절벽의 바위 өнгийм
절소 гам
절식하다 мацагла|х
절실한 бачуу, хойшлошгүй
절약 арви, ариг, хэмнэл, хямга
절약(검약)하다 боо|х, гамна|х, нөөцлө|х, хэмнэгдэ|х; мөнгөөр ~ мөнгө хэмнэх
절약(저축)가 хадгалагч
절약시키다 гамнуула|х
절약을 하다(~을) хэмнэ|х
절약절검(節儉) гам
절약하는 гамтай
절약하다 арвила|х, гамна|х, хадгала|х, хямгада|х, ээллэ|х; гамнаж хэрэглэх ~ы цаглан хэрэглэж сонгон хэрэглэх, шатахуун арвилан хэмнэх гасолиныг арвилан хэмнэх
절약하다(~을) хэмнэ|х
절약하여 쓰다 гамна|х
절양(癤瘍) буглаа, хатиг
절양(癤瘍)이 걸리다 хатигта|х
절연 тусгаарлалт
절연물(재(材)) тусгаарлалт

절연체 тусгаарлагч, тусгаарлалт, тусгаарлалт
절이다 давсда|х, давсла|х
절이다(~을) давс(ан) хийх, давсла|х
절정 ид; ~ дундаа ~의 절정에서, 한창 ~ 중에; ~ үөд 여름의 절정에서; ажлын ~ үөд 한창 일하는 중에; тулалдааны ~дунд 전쟁의 열기; ахил ~ дундаа оргилж байна 한창(진행중)인 작업; ~ ганган хувцасла- сан 패션의 절정; ~ чадал 파워, 에너지; насны ~эд 한창 나이 때에, 장년기에; ~ чадалтай үөдээ 능력(재능)의 절정(최고 점)
절정 оргил; уулын ~ 산꼭대기(봉우리); уулын ~ цастай байв 눈으로 덮인 산봉우리; тэр нэр алдрын ~д хурсэн 그의 명성이 절정이다
절정 орой
절정(위쪽의) дээд
절정에서(~의) дүн(г)
절정으로 퍼다(펼치다,벌리다) дэрвий|х
절제 мацаг, тэвчил
절제(자제)하는 цээртэй
절제하다 тэвчээрлэ|х
절조가 없는 ёсгүй, зарчимгүй
절주 тэвчил
절차 журам
절찬하다 магтагда|х
절충 хэлэлцээ(н)
절취하다 авчи|х, судла|х, ханцуйла|х, хулгайла|х
절친한 дотно, зайгүй, хийгүй
절친한 사이가 되다(~와) дотночло|х, хавьта|х
절친한 친구 зайгүй; үө ~ нөхөрлөх 가까운 친구
절핍(絶乏) ган(г), гачиг
절핍의 гачаал
절하다 бөхелзө|х, мэхийсхий|х, нугара|х, тахийлга|х, тонгойлго|х, хазайлга|х
젊게 되다 идэржи|х
젊게 보이는 залуурхуу
젊은 사람 залуус
젊은 사람처럼 행동하다 залуурха|х
젊은 세대 өсвөр; ~ийн 젊은이들
젊은 여자 бусгүй, охин
젊은 쪽의 бага
젊은 ануухан
젊은 залу, залуурхуу, идэр, идэрхэн, орь, шавилхан; ~ нас 젊음, 원기
젊은여자 хүүхэн
젊은이 특유의 ануухан, шавилхан
젊은이 багачууд, гөлөг
젊은이들 залуус, залуучууд, өсвөр, хөвгүүн
젊음 залуус
젊음을 자랑하다 залуурха|х
점 өндөр, цэг
점(얼룩) толбо
점(占) мэргэ төлөг; ~ узэгч 점쟁이
점을 치기 төлөг
점검 үзлэг
전건하다 шалга|х
점등(점화)기 ноцоолго
점등부(點燈夫) ноцоолго
점령(점거)하다 эзлэ|х
점성가 зурхайч
점성술사 зурхайч
점성학(술) дацан(г), зурхай
점술가 төлөгч
점심 휴식 시간을 가지다 үдлэ|х
점심시간을 가지다 үдлэ|х
점안약(點眼藥) дусаалга
점액(성)의 салст
점액(粘液) залхаг, нальх, салиа, салс, цэр
점액(진)이 나오다 салста|х
점액을 분비하는 салст
점액질 цэр
점에서는(~에) болбол
점에서는(~의) тухай
점유 мутар

- 565 -

점유자 ээзэмшигч
점을 찍다(~에) цэглэ|х
점을 쳐주다 мэргэлэ|х
점잔 부리다 маягла|х
점잔 빼다 додий|х, ёнтой|х, ихэрхэ|х, хаахаалза|х, хэхий|х
점잔 뺀 얼굴 яравгар
점잔 피우다 маягла|х
점잔빼는 додигор, маадгар, онгироо, сагсуу
점잔빼다 ихэмсэглэ|х, маягла|х, самбага- на|х
점잔빼며 걷는 сагсуу
점잔을 빼다 онгироодо|х
점잔하게 퍼덕거리다 намира|х
점잖은 사람 ноён
점잖은 체하다 маягла|х
점잖은 боловсон, номхон, соёлч, тогтуун, төлөвхөн, урь, ялдамхан
점잖하게 걸어가다 намалза|х
점쟁이(점술가) ёрч, төлөгч, үзмэрч
점적(點滴)약 дусаалга
점점 가늘어지다(뾰족해지다) нарийса|х, шөвий|х
점점 분명해지다 гэгээрэ|х
점점 조용해지다(꺼지다, 그치다) намс- хий|х, нойрсо|х; уурд ~ 영구(영원)한 안식하다, 영면(죽음)하다.
점점 тусам
점점으로 표시하다 цэглэ|х
점점줄다 нарийса|х
점차 어렵게 만들다 хүндтэ|х
점차 하얗게 되다 цайра|х
점차 аажимдаа(н), алгуур, улмаар
점착물 нааладангир
점착(고수.부착.유착. 접착. 집착) 하다 баримтла|х, барьцалдах, зууралда|х, мөр- дө|х, нааладангира|х
점착성(접착성)의 들러붙어 떨어지지 않는 нааладамхай
점착성의 жирэвгэр, наадаг, цавуулаг
점치는 사람 үзмэрч

점치다 мэргэлэ|х, үзэ|х
점토(粘土) шаваас, шавар
점토(粘土)의 нааганги; ~ шороо 옥토(沃土), 비옥한 흑토, 롬(모래·점토·짚 따위의 혼합물 로서 거푸집·회반죽 따위를 만듦)
점토를 함유한 нааганги, наангинцар; ~ шороо 옥토(沃土), 비옥한 흑토, 롬; ~ шавар элс 비옥한 흑토, 롬질 흙(토양)
점토질의 нааганги, наангинцар
점판암(粘板岩) занар
점포(사무소)등을 ~에 두다 байрла|х
점호 цугларалт
점화되지 않다(내연기관이) баара|х
점화하다 түлэ|х
접가지 хээл
접경(접)하다(~에) хиллэ|х
접경하다(~에) хөвөөлө|х
접경하다(~와) хаяалда|х
접경하다(~와) хормойло|х
접골 치료용 부목(副木) чиг
접근 авалцаа, барагцаа, ойртолт, онч, сүй- хээ, тойм, халдац
접근(어프로치) ая
접근(절박)하다 наашда|х
접근금지 халгаахгүй
접근법 дэм
접근성 халдац
접근시키다(~에) хала|х
접근을 인정(승인)하다 халгаа|х
접근을 허락(허가)하다 халгаа|х, хавь- туула|х
접근하기(도달하기,얻기)어려운 халдацгүй
접근하는 길(입구) ая
접근하는 айсуй
접근하다 барагцаала|х, дөтлө|х, нааш- ра|х, ойрто|х, тоймло|х
접근하다(~에) дөхө|х, ирэ|х, нашла|х, үнэртүүлэ|х, хавьта|х, хала|х; явган ~ 걸어서 오다(이르다); тэд цуварч ирээ 그들은 한 사람씩(차례로) 오다; өдөр бүр ~ 매일오다; зун ирэв 여름이 오다;

номоо авахаар ~ 책을 위해 오다; унаагаар ~ 자동차로 오다;галт тэрэг хагас цаг хоцорч ирэв 기차는 한 시간 반 늦게 도착하다; төлөөлөг-чид өчигдөр хурэлцэн ирэв 대표단은 어제 도착했다; сана-аид орж ~ (머리에) 떠오르다, 생각이 나다; гуйж ~ 뛰어 오다; нисч ~ 날아오다, 비행기로 오다; давхиж ~ (말을타고) 갤럽(전속력)으로 달리다, 질주하다; мөлхөж ~ 이(벼 룩)에 의해 퍼지다; ойртон ~ ~에 가까이 가다, ~에 접근하다; цугларан ~ 서로 (를) 뛰어 들어오다, 모여들다, 집결하다; ~ жил내년; ~ нэг дэх өдөр 화요일. 월요일 다음.

접근하여 дөт, дөхүү, дэргэд, наадахь, наахна, нагуурхан, ойр, ойрхон, орчим, төсөр, туша, хавь, хавьцаа, харалдаа, шадар

접근한 дөт, зэргэлдээ, ойрхон, хажуу, хамар

접는 사람(것) хавтас

접는 식의 салдаг, эвхмэл; ~ ор 접는 식의 침대, 야전침대.

접는 эвхмэл

접다 атираа, нугала|х, нугалра|х, сүлжи|х, хуми|х, хунира|х

접두사 угтвар; ~ уг 접두사를 붙이기, 서문.

접붙이기 өөш, хээл

접선(接線) контакт

접속(接續) залгаас(ан), уулзар

접수(接穗) өөш, хээл

접시 дийз, нармай; ~ монгол 몽골인의 취사도구

접시 닦는 사람(기계) угаадас

접시 모양의 것 таваг; шө лний ~ 수프 접시; ~шө л 고깃국(물)의 접시

접시 위에 놓다(두다)(~을) тавагла|х

접안경 нүдэвч

접안렌즈 нүдэвч

접압량 хүчдэл; э ндэ р/нам ~ 고전압/저전압.

접어 금을 내다(이 나다) атираа, марчий|х, үрчий|х, үрчийлгэ|х, хорчий|х

접어 올려 시친 단 нугалаас

접어 젖힌 깃 зах; цамцны ~ 와이셔츠의 칼라(깃); энгэр ~, ~ заам (양복의) 접은 옷깃

접어 포개다 атираа, нугала|х, хуми|х, хунира|х

접어 호다 шамла|х

접어올려호다 тунтра|х

접어호다(~을) тумлайда|х

접어서 (옷)기장을 줄이다 атируулла|х

접은 금 атираа, давхраа, нугалаа, нугалаас, нугалбар, нушарал, үрчлээ

접은 자리 атираа, давхраа, нугалаа, нугалбар, нушарал, хуниас

접을 수 있는 эвхмэл

접자(楪子) дийз

접전 зодолдоон, зодоон, тулалдаан, тэмцэл

접지기(摺紙機) хавтас

접착(부분) гагналт, гагнуур

접착제 жонхуу, нааландгир, наамал, цавуу(н); ~банз 합판, 베니어판

접착제로 붙이다 наа|х; хананд зарлал ~ 벽(담)에 벽보(광고,포스터)를 붙이다; шуудангийн марк ~ 우표를 붙이다.

접착테이프 нааландгир

접책(摺冊) хавтастай

접촉(인접) авцалдаа, контакт

접촉 감염성의 халдамхай

접촉물 контакт

접촉으로 전염성의 만연하는 халдварт(ай)

접촉전염(감염) халдвар

접촉점 газар

접촉하는(~와) хэлхээтэй

접촉하다 хүрэлцэ|х

접촉하다(~에) тула|х

접촉하다(~와) авцалда|х, залга|х

접촉하여 더럽히다 халдварла|х

- 567 -

접하다 нүүрэлдэ|х
접하다(~에) хөвөөлө|х, хажуугаархи
접합 зангилаа(н), зангилгаа, нийлүүлэг
접합(법) 교차점 зааг
접합(법) нугас(ан); хаалга ~наасаа мултарчээ 문의 돌쩌귀(경첩)
접합(연결.결합)하다 зад
접합(점) уулзвар
접합봉(接合棒) сэжлүүр
접합부분 заадас, үе
접합부분(점.선.면) нугас(ан), уулзвар, зааг, залгаа, залгаас(ан)
접합선 зүйдэл
접합이 ~한 үет
접합하다 барилда|х, зүй|х, зүймэл, нийлүүлэ|х, нийлэ|х, нийлэлдэ|х, нэгдэ|х, нэгтгэ|х, хамтра|х, хэмх, эвсэ|х; ~ шал 나무쪽으로 모자이크한 마루; зүйх оёх 조각을 재봉으로 결합하다; апьс ~ 조각으로 덮어 가리다
젓가락 савх; ~ мод 홀쭉한 물건.
젓가락으로 집어 먹다 савхда|х
정(艇) онгоц
정(疔) хатиг
정(井) худаг
정(情)에 무른 оромтго, түсамтай
정6면체 베어(잘라)내다 тэвхлэ|х
정6면체 куб, шоо
정강이 хянга(н), шийр, шилбэ
정강이뼈 хянга(н), шийр, шилбэ
정거장 станц
정거장의 플랫폼 тавцан
정결(말끔)히 하다 арилга|х: арилах, арчи|х, арчигда|х, цэвэрлэ|х
정결하게 하다(상처 따위를) ариутга|х
정결하게 함ариуттал
정결한 ариун, богд, онгон; ~ амьдрал 순결한 삶; ~ агаар 맑은 공기; ~ үнэн 복음서에 있는 진리; 절대적인 진리(사실); ~ шударга 정직한, 성실한; ~ явдал 숭고, 고결함, 높은 도덕성; ~ сүм 거룩한 장소, 성당(聖堂), 신전(神殿), 교회; ~ шударга ёс 공명정대, 공평, 정의; ~ тунгалаг 맑은, 깨끗한; ~ дайн (십자군 원정의) 성전(聖戰); ~уураг 신성불가침의 임무; ~ цэвэр 정숙한, 순결한, 위생적인, 깨끗한; цэвэр ~ бусгүй 순결한 소녀; цэвэр ~ болох 청순한, 순결한, 죄짓지 않은, (여자가) 더럽혀지지 않은, 정숙한.
정계의 투사(활동가) дайчин
정관(관찰)하다 бясалга|х
정관(定款) хууль
정권(행정) засаг
정규 тогтмолжилт
정규(성) зүй
정규대로 하다 нормло|х
정규의 бэртэгчин, дару, ер, жирийн, эгэл; ~ хуацаслах 조용히 옷을 입이다
정글 ширэнгэ(н)
정기 간행물(학회 간행물) сэтгүүл; ~ зүй 저널리즘, 신문 잡지업(業).
정기의 ээлжит
정기적으로 되풀이되는 ээлжит
정기적인 ээлжит
정기총회 конвенции
정다운 нийлэмжтэй, үвтэгш, уянгалаг
정당 또는 사회조직의 활동적인 회원 идэвхтэн
정당 зохис
정당(단체의) 슬로건 лоозон; улс төрийн ~ 정당의 슬로건
정당한 гоёчгүй, шударга, яармаг
정당화하다 хуульчла|х
정도 нэгтэй, өндөр, хир
정도(규모·범위)가 큰 нэлхгэр
정도(만큼) 가능한(할 수 있는) хирээрээ
정도(만큼) 할 수 있는 хирэндээ
정도(正道)에서 벗어나다 эндүүрэ|х
정돈 байршил, жиргэр, замбараа, тохнил, хачир, хумжаарга, цэгц,

цэгцлэлт, мохрол, мухардал
정돈 말끔하게 함 эмжээр
정돈되는 гэдгэр
정돈되다 гэдий|х, цэгцрэ|х
정돈되어 있다 янзла|х
정돈된 тоймтой
정돈하다 байрлуула|х, бөмбийлө|х, дэглүүлэ|х, жагса|х, зохиогдо|х, тайтгара|х, тохинуула|х, хураамжла|х, цэгцлэ|х, эмлэ|х; тууний уур амархан гарч тайтгарав 그의 분노는 빠르게 가라앉았다
정돈하다(~을) жагсаа|х, мөлө|х, өөлө|х, эмжи|х; юмыг жагсааж өрөх ~의 장소에 정돈하다; нэрсийг ~ 명부를 만들다.
정돈했다 тушаагда|х
정떨어지는 жигшмээр, жигшүүртэй, заваан, зэвүүн, нигшүүрэлтэй
정력 бяр, тамир, шөрмөс, эр, эрчим, элч
정력(원기) 왕성한 бяр, данагар, тамиртай
정력 왕성하고 생기(활기)에 넘친 тэнхлүүн
정력적이다 гялалза|х
정력적인 амралгуй, залхуугүй, идэвхтэй, уйгагүй, цуцашгүй, шуурхай, эцэшгүй
정련(제련.증류)하다 тунга|х, нэрэ|х
정련한 гүн, тунгаамал, шижир
정렬기(機) ялгагч
정렬시키다 таширла|х, эгнэ|х
정렬하다 жагса|х, жагсаа|х, таширла|х
정렬하여 두다 өрө|х
정례의 ээлжит
정류장 станц
정률 эрх
정리 보관(보존)하다(철하여) архивла|х
정리 통합 тогтол
정리 догма, жиргэр, тайралт, теоем, тохиргоо, тохируулалт, тохируулга, тохнил, цэгц, цэгцлэлт; ~ напийн бичиг 손으로 서예를 쓰다, 달필로 쓰다.

정리(정돈)하다 дэлгэ|х, туушра|х, тэнийл- гэ|х, цэхлэ|х, шулууда|х, шулуутта|х
정리되다 тэгшрэ|х, цэгцрэ|х
정리된다 зохиогдо|х
정리정돈하다 дараала|х
정리하다 монтажла|х, тохинуула|х, устгагда|х, хураамжла|х, цэгцлэ|х, эмлэ|х
정리해 두다(~을) бөөрөнхийлө|х
정리했다 тушаагда|х
정말 싫은 жигшүүртэй, заваан, зэвүүн, нигшүүрэлтэй
정말 응하는 уриалагхан
정말 лав, хөө
정말(이지) ~(하기도 하여라) яагаад
정말(이지) мөн, нээрээ, үнэхээр, үнэхээрийн, цадигтүй, чухамхүү, яггүй; тэр ~ шуу 그것은 진실이다; ~юу? 실로(참으로)?; ~ сайн морь 그것은 확실히 좋은 말이다; би ~ мэдэхгүй 나는 진실로 모른다; ~ юу, худлаа юу? 진실(참) 또는 거짓(허위)
정말로 ёстой, нээрээ, тэс, үнэнхүү, үнэхээр, үнэхээрийн, хиртэйхэн, яггүй
정말의 ёстой, жихэнэ, мөн, ортой, үнэнхүү, үнэхээрийн; ~ чанар 본질, 에센스; ~ уед 참으로, 똑같이; ~ уу биш уу 올바르거나 나쁘거나; ~туунчлэн 똑같이, 역시
정말이지 많이 юу(н)
정말이지 юутай; ~ хэ э э рхэ н хуухэн бэ! 소녀가 얼마나 예쁜가!; ~ ирэв? 얼마나 가지고 있습니까? ~ гоё/сайхан! 얼마나 아름다운가!
정맥(靜脈) вена, судал, судас
정면 өвөр, урд, фасад, фронт
정면으로 халз
정면으로 마주보는 халз
정면으로 맞서다 нүүрэлдэ|х
정면으로 맞서서 халз
정면으로 충돌하다 мөргө|х; мөр-гөдөг

унээ амсоны рэлэ барна; хаалга ~ (자기) 집에서 누구도 찾지 못했다

정면으로 향하다 хошуучла|х

정모(睛眸) цэцгий

정문(頂門)(유아의 정수리 부분) зулай

정밀 нарийвчлал, цэц

정밀하게 тэг, хийгүй, цав, чангалан, чухам, яв тав, яв цав, яг, ягштал

정밀하게 하다 нарийвчла|х

정밀한 дэлгэрэнгүй, саруул, томруун, чамбай

정반대 харшуулал

정반대의 эсрэг, эсрэгүү

정반대의(대조를 이루는)것 харшуулал

정보 담당 장교 тагнуулч(ин)

정보 제공자 мэдээлэгч

정보 матаас, мэдээлэл, чимээ; ~ цуулаглагч 정보를 모으는 사람; ~ хийх 정보를 이해하다.

정보(지식의) 통지 мэдээлэл

정보요원 тагнуул

정보통의 андахгүй

정복 номхотгол

정복되다 чадагда|х

정복자 ялагч

정복하다 гэтлэ|х, дава|х, дарагда|х, дийлэ|х, номхотох, номхруула|х, эзлэ|х, яла|х

정복할 수 없는 давшгүй, дийлэгдэшгүй, ялгуусан

정복할(억누를)수 없는 дийлдэшгүй, ялагдашгүй

정부의 алба(н)~ байгууллага 정부의 조직, ~ бичиг 공문서, 관의 파일; ~ н мэдэгдэл 공식 발표(성명); ~ н газар 관공서; ~ н хэрэг 공무(公務); ~ н ёсоор 공무상, 직책 상; 의무, 세(稅), 세금, 조세; гаалийн ~ н татвар 관세, 통관 절차; эдгээр бараанд ~ н татвар ноогдуулахгүй 수입관세 면제; ~ татварыг өөрчлөх/хүчингүй болгох 조세 폐지하다; ~ гувчуур 공물, 조세

정부의 고관 ихэс, хэргэмтэн, ямбатан

정분을 내어 농축한 진액 ханд

정비공 монтёр, угсрагч

정비복 халаад

정비사 механикч; ~ хөдөлгүүр угсрав 기계공이 기계를 조립하다

정사(情事) роман

정사각형 дөв дөрвөлжин, дөрвөлжин, квадрат; ~ ээрэг дэвшүүлэх 정사각형으로 하다; ~ язгуур 제곱근; ~ тэгшитгэл 2차방정식; ~ сантиметр 평방센티미터 (cm^2); ~ хэмжигдэхүүн 제곱 측도(수).

정사각형(긴네모꼴, 4각형, 4변형)을 만들다 дөрвөлжлө|х

정사각형으로 하다 тэвхий|х

정사각형의 тэвхгэр

정상 оргил, орой, толгойтой; уулын ~ 산꼭대기(봉우리); уулын ~ цастай байв 눈으로 덮인 산봉우리; тэр нэр алдрын ~д хүрсэн 그의 명성이 절정이다

정상 상태 зүй

정상을 잃다 түйвэ|х, түйвээ|х, үймүүлэ|х, хямра|х

정상을 참작한 нигүүлсэнгүй

정상을 향하여 넓힘 되풀이하여 움직이다 дэрвэлзэ|х

정상의 хэвийн

정상이 아니게 행동하다 мунагла|х

정상이 아닌 буруутай, гадуур, гажуу, мунаг, солиу

정상화하다 нормло|х

정서법(正書法) бичлэг; хүүгийн чинь ~ сайжирсан 당신 아들의 서법은 개선되었다

정선 сонголт, шалгарал, шалгаруулалт

정선된 сонгодог, сонгомол, шалгарсан, шишээ

정선물 шалгарал, шалгаруулалт

정선율(定旋律)의 수창부(隨唱部) ая

정선한 шишээ, шилдэг, шилмэл

정설(定說) догма

정성들여 бодолтой
정성들여 하다 нямбайла|х
정성을 들이는 нарийн
정성을 안 들이다 талт мэ лт хийх
정세 байдал
정세하게 하(되)다 сийрэгжүүлэ|х
정세를 조사 분석하다 оношло|х
정소(精巢: 고환) засаа, им, төмсөг, ураг, хушга
정소(난소)제거하다 агтла|х, хөнгөлө|х
정수 ноц, охь
정수기 ариутгагч
정숙 жудаг
정식의 연회 найр
정신 оюун, сортоо, сунчин, сэтгэл
정신(정서)장애(자) самуун
정신(정서)장애(자)가 되다 үймэ|х
정신(혼) дотор
정신문명 соёл
정신박약으로 병들다 мунхуура|х
정신박약의 гирэв
정신박약외 мунхрал
정신을 바짝 차린 ажигч
정신을 혼란케 하다 сатаара|х
정신의 хий
정신이 좀 돈 маанагар
정신이상(착란) солиорол
정신적으로 곧은 голч, төв, төлөвхөн
정신적으로 괴롭히다 дагна|х
정신적으로 타락시키다 бохирдо|х, бохирло|х
정신적인 짐 булуу(н), тээр; толгойдоо ~ хураах 자신에게 짐을 지우다, 자신에게 부담시키다(괴롭히다)
정신적인 회구(갈망) дуршил
정신착란 солио, солиорол
정액 нитгэл, дусал, үр; ~ тариа 낟알, 곡물, 곡류; ~ урийн төмс 씨감자; ~ цацах/ тарих 씨를 뿌리다
정액을 주입하다(~에) хээлтүүлэ|х
정연(말쑥.깔끔.단정)한 цэвэр, цэвэрч

정연하게 тоймтой
정연한 ер, цэвэрч, цэмцгэр
정연히 하다 дараала|х
정열 байршил, замбараа, тачал, хумжаарга, цэгц
정열을 느끼다 тачаа|х
정열적인 хурьцангүй
정오 үд
정욕 тачал; хурьцал ~ 성욕, 색욕; хүсэл ~ 육욕, 색욕(色慾).
정원(庭園) цэцэрлэг; жимсний ~ 과수원; хүүхдийн ~ 유치원.
정원(화원) 제조업자(만드는 사람) цэцэрлэгжүүлэгч
정원사 цэцэрлэгжүүлэгч, цэцэрлэгч
정원의 인공폭포 боргио
정원의 잔디 깎는 기계 өвсчин
정유(精油) бензин
정육(精肉: 살코기) зовлого
정의(定義) тодорхойлол(лолт)
정의(좁고 험한 길) гацаа
정의를 내리다 тодорхойло|х, тодорхойлогдо|х
정자 киоск, мухлаг, павильон, сүүдрэвч
정자법(正字法) бичлэг
정장 палааж
정장하다 гоё|х
정적 тайвуу
정점 орой, өндөр, толгойтой
정정 залруулга, засвар; номын ~ 정오표
정정(訂正) ретушь
정정 당당한 шударга, яармаг
정정(교정.보정)을 행하다 зөвтө|х
정정당당한 гоёчгүй
정정하다 зала|х, залруула|х, засагч, засамжла|х, зөвдө|х; ус ~ 이발업을 하다; цаг ~ 손목시계 수리공(수선인)
정정한 бадриун, тартай
정제(순화.정련)하다 нэрэ|х, тунга|х, торго|х

정제된 зогсонги, тогтонги
정제한 гүн, тунгаамал, шижир
정주(定住) суурин
정중한 말씨 ламтар
정중한 авгай, ажаа, ачтай, найланхай, өршөөлт, эелдэг, ялдам
정지 бай, байг, дулаа, зогсолт, тасрал, тасралт, шалгалт, нам гүм
정지(靜止)된 суурин
정지(휴지)하다 тагжра|х, зогсо|х
정지시키다 биттий, зогсоо|х
정지하다 уягда|х
정직 хунш
정직하게 шулуухан
정직하고 숨김(이) 없는 эршүүд
정직한 голч, гүдес, ёжгуй, жавшуур, ортой, тамиргуй, төв, үнэнч, шулуун, эрс, эршүүд; ~ хун 꾸밈(숨김,거짓) 없이 말하는 사람.
정진(精進)하다 мацагла|х
정착 суурин
정착(거류,거주)시키다 сууринши|х, суурьши|х, суурьшуула|х
정착(정주.이주)하다 оронжи|х, төвхнө|х
정착(정주)하다(앉다) буу|х; манайх энд буусан 우리는 여기에 정착하다;
정착된 тогтвортой
정착하다 үндэсчи|х
정착한 тавиастай
정찰 тагнуул, тандалт, туршуул, эргүүл
정찰(병) скаут, тагнуулч(ин)
정찰하다(~을) гэтэ|х, тагна|х
정채(精彩)가 없는 өнгөгүй
정처 없이 헤매다 хэсэ|х
정체를 나타내다 илрүүлэгч, илчлэ|х
정체불명의 нүүргүй
정충(情蟲) дусал, үр
정치 사회구조 байгууламж
정치 신조로부터의 일탈행위(逸脫行爲) нугалаатан
정치 평론가(기자) нийтлэгч
정치(경제·종교상의)자유주의 либерализм
정치(定置)하다 ногдох
정치(종교)의 집회 конвенции
정치(종교·학문상)의 신조 сургаал
정치상(경제상의) 권(圈) эвсэл
정치상·재정상 따위의 중대국면 хямрал
정치의 алба(н)
정치의 도당 фракции
정치정당 нам; ~ын хороо 정당 위원회; ~ын гишууний батлах 정당 멤버십 카드
정치헌금 өөш
정통으로 халз
정통으로 보다 хуульчла|х
정통하(고 있)다 танилца|х
정통하고 있다 харагда|х
정통하다 таниула|х
정하게 цэвэрхэн
정하다 тодорхойло|х
정하다(~을) байрлуула|х
정해져 있는(~하게) үзэлтэй
정해지다 тогто|х
정해진 өгөгдөх, суурьшилтай
정해진 말씨(문구) томьёо
정해진 예상(예기.욕구) горьдомхой
정해진 장소 болзоо(н)
정해진다 тогто|х, томилогдо|х
정화 ариутгал, угаал
정화(숙청)하다 ариутга|х
정화(淨化) тодотгол, тодруулга
정화기 ариутгагч
정화하다 халдваргүйжүүлэ|х
정확 нарийвчлал, цэц
정확(엄밀)하게 만들다 нарийвчла|х
정확하게 тэг, хийгүй, цав, яв тав, яв цав, яг, ягштал
정확하게 고동하다 лугши|х; зурх лугшиж байна 가슴(심장)이 두근거리다
정확하게 동의하다 заа зүү болох

정확하게 복사하여 만들다 яв тав хуулж авах
정확한 зүйтэй, мадаггүй, саруул, чамбай, чухам, ягшмал
정확함 даац
정확히 зөв, лавтай, сайтар, тэг, чухамдаа; ~хариулт олбарын дамбан; таны ~좋소, 괜찮소; таны хүрэлцэн ирсэн чинь ~ болжээ 당신은 올바르게 왔다; ~талаа дагаарай 우측통행, 오른쪽으로 다니다; нар ~ эргүүлх (시계바늘처럼) 우로(오른쪽으로)돌는, 오른쪽으로 돌아서; ~ бичих дүрэм 맞춤법, 철자법; ~ дуулага 또렷한(정확한) 발음
정확히 80 наяхан
정확히 말해서 цав
정확히 절반 тэхий
정확히(틀림없이) 8 наймхан
젖 сүү(н); ~тэй цай 녹차에 우유를 탄 (섞다); суун шүд 젖니, 배냇니, 츤치(齔齒), 유치(乳齒); суу тэжээлтэн 포유동물, богшоосон ~ 연유; борцолсон ~ 분유
젖(모유, 우유)을 주다 ивлэ|х
젖 같이 하얀 цэхэр
젖 나는 саадаг
젖 떨어지지 않은 돼지새끼 торой
젖 짜는 여자 саальчин
젖(액체를) 빨다 хүлхэ|х, хэхэ|х; чихэр ~ 태피(설탕.버터과자)를 빨다
젖꼭지 хөх
젖다 билүүдэ|х, нойтдо|х, нойтло|х, нойт- ро|х, норо|х, чийглэ|х, шавши|х
젖떨어지지 않은 짐승 새끼 хөхүүл, хөхөлт
젖먹이 дэгдээхий, маамуу, хөхөлт, хөхүүл
젖먹이 어린동물이 죽은 хайдаг
젖먹이들 нялхас
젖산 음료 айраг
젖소 үнээ, үхэр
젖소가 새끼를 가지다 гүзээлэ|х
젖소가 임신하다 гүзээлэ|х
젖어 물방울이 떨어지다 гоожи|х, дусаа|х
젖은 нойтовтор, сэврээгүй; ~ хувцас 물에 젖은옷; ~ мод 푸른 재목(제재목); ~оо 크림 치약
젖을 먹이다(~에게) асрамжла|х, бөөций- лө|х, мала|х, өвөрлө|х, тойло|х; хөхүүлэ|х, хэхэ|х; хүүхэд ~ 아이를 기르다
젖을 빼는 соролт
젖을 짜는 саадаг; ~ үнээ 젖을 짜는 암소
젖을 짜다 дэлэндэ|х
젖을 짜다(~의) саа|х; үнээ ~ 암소 (젖소)의 우유를 짜다
젖짜기 саалт, саам, саль; саалийн үнээ 젖을 짜는 암소; саалийн хувин 우유 들통, 밀크 버킷; ~сүү 유제품
젖통을 꽉 움켜쥐다 дэлэндэ|х
젖통이 хөх
제(諸)경비 зардал
제~번 тоолол, тоот
제1 дээд, нэгдүгээр, тулгар, тэргүүн
제1급의 анхдугаар
제1로 하다 нэгдэ|х; ~ өдөр 월요일; ~ хуудас 1쪽, 1페이지.
제1면의 큰 표제 гарчиг
제1위 нэгдүгээр
제1의 анхдагч, гол, еренхий
제1철의(염화산화, 염화황산) төмөр
제2(2번) 타자 хоёрдугаар
제2로 хоёрт
제2세 хоёрдугаар
제2위의 хоёрдогч
제2의(회전)싸움 засуул
제2의 хоёрдогч, хоёрдохь
제3 гутгаар
제3의 гуравдахь
제3자의 외부로부터의 хөндлөн
제4 дөрөвдүгээр

제40(의) дөчдүгээр
제5 тавдугаар; ~ бүлэг 제 5장; ~ сар 5월.
제5번 дугаар тав
제5세대 손자 жигүү
제5의 тавдахь; ~ дугаар 번호 5; ~ бүлэг 제 5장; ~ сар 5월.
제6 зургадугаар
제7 долдугаар; ~ сар 7월
제8 наймдугаар; ~ сар 8월.
제9의 есдүгээр; ~ хичээл 제9 과
제10번째의 аравдугаар
제20 хорьдугаар
제30(의) гучдугаар; ~ хуудсанд уз 30 페이지를 보다.
제70의 далдахь, далдугаар
제80(의) наядугаар
제90(아흔번째) ерэнтээ
제90(의) ердүгээр
제각각 гижгээд
제각기 몇 사람의 хэдээд
제각기(각각) бие дээ, гижгээд, нэгбүр, тутам
제각기의 болгон, бүр, бүхэн, нэжгээд, тус бүр, тустус; тэр ~ 언제나, 아무 때라도; хүн ~ 모든사람, 누구나, 모두.
제거 рельеф
제거하다 болго|х, тонило|х, устга|х
제거하다(~의 장애를) арила|х
제거하다(치워놓다)(~을) ангижра|х
제곱 квадрат; ~ ээрэг дэвшүүлэх 정사각형으로 하다; ~ язгуур 제곱근; ~ тэгшиттэл 2차방정식; ~ сантиметр 평방센티미터(cm²); ~ хэмжигдэхүүн 제곱 측도(수).
제공하다 өгө|х; тэр надад ном ө глө ө 그는 나에게 책을 주다; бэлэг ~ 선물을 주다; шагнал ~ ~에게 보답 하다, 보수를(상을) 주다; ө ргө дэ л ~ 신청(지원)서를 내다; даалгавар ~ 임무를 배당하다; заавар ~ 교육을

하다; бууж ~ 굴복하다, 항복하다; тушаал ~ 주문하다; команд ~ 명령(지휘)하다
제공하다(~에) ханга|х
제과점 боовчин
제국주의 империализм
제금가(提琴家) хийлч
제나라의 нутгийнхан
제도 бүтэц, дэглэм, тогтолцоо
제도(법률)을 제정하다 байгуула|х, тогтоогдо|х
제정하다(만들다) тогтоо|х
제도(製圖) 용구 한 벌 гортиг
제도가 없어지다 өөдлө|х
제도가(공) зурагчин
제도사(製圖士) шургуул
제도술(의) варан
제도용 핀 кнопк
제도용(用) 컴퍼스 лужин(г)
제도용(用) 컴퍼스 한 쌍 гортиг
제도의 도괴 мөхөл
제동 тоормос, тормоз
제동기 тоормос, тормоз
제등 дэнлүү
제련공 хайлуур
제련소 хайлуур
제련업자 хайлуур
제련하다 хайлуула|х
제로(0) паг, тэг
제멋대로 зорго, санаагаараа
제멋대로 구는 зүггүй
제멋대로 하는 танхи, эрх
제멋대로 하다 туйла|х
제멋대로 함 танхил
제멋대로의 аминч, гажуу, дээнхий, засрашгүй, захиргаагүй
제명(題名) гуншин(г), гуу
제목 агуулга, гарчиг, гуншин(г), гуу, өгүүлэмж, сэдэв
제목을 만들다 гуула|х
제목을 붙이다(~에) гарчигла|х

제물 золиос, өргөл, тавилга, тайлга, тайлга, тахил, тахилч
제물로 바치다 тай|х, тахи|х
제물의 의식 тахилга
제발 уу
제방 далан(г), эрэг
제방(성벽 따위의 표면을) 돌·콘크리트 따위로 덮다(굳히다) гадарла|х
제법(除法) дивиз
제병(祭餠) өрмөнцөр
제본소 хавтаслагч
제본업자(직공) хавтаслагч
제본하는 사람 хавтас
제분기 бул
제분기(바람·물·증기에 의한) тээрэм
제분소(製粉所) фабрик
제분업자 тээрэмчин
제분하는 нухмал
제비 тавилан, үйл, хараацай (제빗과의 작은 새. 몸길이는 18cm 정도이며, 봄에 우리 나라에 와서 인가의 처마 밑에 집을 짓고 늦가을에 남쪽으로 감. 날개와 꽁지가 길며 시속 90km 정도로 낢. 등은 청흑색, 배는 희며 꽁지는 두 갈래로 깊게 갈라짐),
제비꽃 нил; ~ цэцэг байолрэг(제비꽃 (속(屬)의 식물)); ~ ягаан 자외선(略: UV)
제비를 뽑아 결정하다 шодох
제비뽑기 сугалаа, тавилан, үйл, хувь
제산(除算) дивиз
제삼(3) гуравдугаар; ~ бүлэг 제 3장; ~ бие 세 사람; ~сар 삼(3)월.
제삼자에 의하여 질문을 요구하다 асуулга|х
제설기(機) анжис
제수 хуваагч (除數: 나눗셈에서 피(被)제수를 나누는 수; 6÷2=3에서 2의 일컬음), 법(法)
제스처 표시 дохио(н)
제시하다 халай|х
제식 ёслол
제안 санал, саналтай; ~ оруулах ~에게 몸짓으로 알리다(지시하다); ~ нийлэх

동의하다, 합치하다; ~ э гэ х 투표하다; ~ хураах ~을 채결(가결)하다; ~ бодлоо илэрхийлэх 자기의 견해를 말하다; ~ тавих 계획을 말하다, 제안(제의)하다; ~ хуралт 투표(권 행사), (국가적 중요 문제에 관한) 국민(일반) 투표; олон нийтийн ~ 여론, 공론; ~ асуух ~의 의견을 구하다; ~ асуулга 여론조사;
제안 등을 받아들이기 어렵다 гүдий|х
제안(제의. 아이디어) 내놓다(제출하다) дэвшүүлэ|х; өргөн ~ (서류.계산서. 명함) 제출하다
제압하다 аагла|х, сүрдэ|х
제약받지 않은 хээгүй
제어 тохируулагч, хазар, хяналт
제어(억제)하다 гарда|х, хяна|х, хазаарла|х; гардах хийх 맨손으로 하다; гардан байлдаан хийх 백병전, 육박전, 돌격전,근접전(近接戰), 육탄전(肉彈戰)
제어버튼 товчлуур
제어하기 어려운 зүггүй
제어할 수 없는 таамаараа, хуульгүй
제언 санал; ~ оруулах ~에게 몸짓으로 알리다(지시하다); ~ нийлэх 동의하다, 합치 하다; ~ э гэ х 투표하다; ~ хураах ~을 채결(가결)하다; ~ бодлоо илэрхийлэх 자기의 견해를 말하다; ~ тавих 계획을 말하다, 제안(제의)하다; ~ хуралт 투표(권행사), (국가적중요 문제에 관한) 국민(일반) 투표; олон нийтийн ~ 여론, 공론; ~ асуух ~의 의견을 구하다; ~ асуулга 여론조사;
제왕 хаан, хаант, хуандий
제왕에 예속된 소국의 군주(왕.제후) ван(г); ~гийн 왕족(왕가)의 사람; ~т улс 왕국, 군주국(君主國); Нэгдсэн ~т улс 연합왕국(대브리튼과 북아일랜드를 합친 왕국)
제외 эрээ
제외(배제)하다 гологдо|х

제외하고(~을) бусад
제외하고(는)(~을) бусад, гадна
제외하고는(~을)(빼놓고는) авч
제욕 тэвчил
제의 санал, саналтай; ~ оруулах ~에게 몸짓으로 알리다(지시하다); ~ нийлэх 동의하다, 합치다; ~ э гэ х 투표 하다; ~ хураах ~을 채결(가결)하다; ~ бодлоо илэрхийлэх 자기의 견해를 말하다; ~ тавих 계획을 말하다, 제안(제의)하다; ~ хураалт 투표(권 행사), (국가적 중요 문제에 관한) 국민(일반) 투표; олон нийтийн ~ 여론, 공론; ~ асуух ~의 의견을 구하다; ~ асуулга 여론조사;
제의하다(~이라고) даравгана|х
제이의적(第二義的)인 хоёрдогч
제일 먼저 дав ын өмнө
제일 손위의 ууган; ~ хүү 맏아들, 첫 번째 아들.
제자 сурагч, шавь
제자랑(자기자랑)하다 ихэмсэглэ|х
제자리에 되돌림 сэлгэлэг
제자리에(본디 상태로) 되돌리다 буцаа|х
제작 진행계(進行係) зохицуулагч
제작(제조)소 үйлдвэр
제작(제조)하다 бүтээ|х
제작물 бүтээгбэхүүн, гаралт
제작소(製作所) фабрик
제작자 бүтээгч, найруулагч, үйлдвэрлэгч, үйлдвэрчин
제작품 бүтээл
제작하다 үйлдвэрлэ|х
제재(題材) агуулга, материал
제재목 банз
제재소(製材所) фабрик
제재업자 модчин
제재용의 원목 мод(он), хагадас
제정 байгууллага, империализм
제정 러시아의 부농(富農) нударган

제정신을 잃다 дүйрэ|х
제조(가공)(공업) үйлдвэрлэл
제조(업)자 үйлдвэрчин
제조건 нөхцөл
제조공업(산업) 부분에서 근무하는 사람 үйлчлэгч
제조공장 үйлдвэр
제조소(製造所) фабрик
제조하다 үйлдвэрлэ|х
제지 хэлмэгдэл, хээ
제지(방지) эрээ; ~ цээргүй 격식을 차리지 않는
제지(방지)하다 дөрлө|х, хазаарла|х
제지하다 хязгаарла|х
제창자 зөгнөгч, зөнч
제철나무 өнжөөх
제쳐놓다(떼어두다,모아두다)(~을) нөө|х
제품 제조업자 нийлүүлэгч
제품 бараа; ~ солилцоо 물물교환하다, 교역하다; бес ~ 직물, 옷감; ~ны саван 주방세제; ~ны агуулах 창고; ~ таваар 상품, 제품
제품의 사용법(취급법)설명서 зөвлөмж
제한 хэмжээт, эрээ; ~ цээргүй 격식을 차리지 않는
제한(際限) шувтрага
제한(한정.구속) боогдол
제한 초과의 илүү; ~ цаг ажиллах 연장 근로시간; ~ үг бүлгүй 말; тэдний дунд өөрийгөө хүн гэдгийг мэдрэв 그는 그들의 회사에서 불필요한 느낌이었다; ~ зарлал여분의 지출; ~ морь 여분의 말; ~ харах 여분이 필요하다; ~ гарах 여분을 왼쪽에서 가지다; ~ сайн ~보다 좋은, ~보다 나은; ~ мөнгө төлөх 초과지불하다; улам ~ 하물며, 더군다나, 더욱 많이; ~ их идэх 과식하다; тэр надаас ~ туршлагатай 그는 나보다 더 많이 경험 한다; ес зургаагаас гурваар ~ 3+6=9, 6에 3을 더하면 9
제한(제지)하다 нуулла|х

- 576 -

제한(한정,구분)하다 боо|х, хязгаарлагда|х
제한되지 않다 тайлагда|х
제한된 хязгаарлагдмал
제한시간 없이 хугацаагүй
제한이 있는 болзолт
제한하다 агши|х, нарийла|х, хязгаарла|х
제혁(법) ган(г), элдүүр
제혁(製革)업자 элдүүрчин
제형(梯形: 사다리꼴) трапец
제화공 гуталчин
제화용의 골 хэвлүүр
제후 ноён, пийдал, феодал, түншлэл, туслалцаа, хоршоолол
제휴하다(~와) хавсра|х
제휴한 холбоот, холбоотой
젠 체하다 бярда|х
젠체하는 бардам, гэдгэр, данхар, додигор, ёнтгор, ёргио, мадгар, сайрхагч, сүржин, томорхог, хэгхэр, шазруун, яравгар; ~ толгой уудмөрий
젠체하다 додий|х, ёнтой|х, ёрги|х, ихэм-сэглэ|х, ихэрхэ|х, маягла|х, өвчигнө|х, сам- багана|х, томорхо|х, хаахаалза|х, хэхий|х, чамирха|х
젠체하여 дэмий
젤리(과자) царцаамал
젤리모양이 되다(으로 만들다) элэглэ|х
젤리같이 되다 нялщай|х
젤리모양의 нялцгар
져본 일이 없는 саваагүй
조(組) бригад
조(兆) таг
조(팀.작업조) баг; одон/хэ л бэ мбэ гийн ~ 테니스/ 축구의 팀; ~ цэцэг 개화(開花), 꽃, 화서(花序), 꽃차례
조가비 дун(г), лавай, хальс, хуяг
조가비(껍질) явуу
조각 аяз, бие, бяцархай, сийлмэл, сэмэрхий, тасархай, үрдэс, хага, хугархай, хэрчим, хэсэг, ширхэг; ~ цохих 산산조각 내다

조각 작품 баримал
조각(쇳조각)을 대어 수선하는(~에) зүйдэлтэй, додомдо|х, нөхө|х
조각(술) баримал, сийлбэр
조각(조판)하다 сийл|эх
조각가 зураач
조각물 сийлбэр
조각사 сийлбэрчин
조각상 баримал
조각술 ухми
조각용 정 гурви, цүүц
조각으로 나누다 хэсэглэ|х
조각조각 балба; ~ цохих 두드려서 산산조각 내다.
조각조각 내다 бутра|х, хүүлэ|х
조각조각(갈기갈기) 끊는(찢는) навтас; эсгий ~ 조각조각난 펠트(모전(毛氈)); ~ хөдөс 누더기 옷, 모피의 조각.
조각조각으로 ангид, үлт, халц, ховх
조각조각으로 하다(되다) тамтагла|х, тамтра|х, цуула|х
조각조각을 서로 이어 만들다 хэмх
조각조각의 үрдэс
조각칼 цүүц
조각판 үлгэр
조각하는 товимол
조각하다(~에) сийл|эх, сийлбэрлэ|х, хэрчи|х, хэрчлэ|х, хэрчээслэ|х
조개껍데기 лавай, лавай
조개껍질 лавай
조개의 알 үр; ~ тариа 낟알, 곡물, 곡류; ~ урийн төмс 씨감자; ~ цацах/тарих 씨를 뿌리다
조건 болзол, нөхцөл, эрээ
조건(값 등에 대해) 옥신각신(입씨름) 하다 хаялца|х
조건(기준)에 맞는 болмоор
조건부의 мэрэгшилтэй
조건부인 болзолт
조건으로 한(~을) болзолт
조건을 나타내는 болзолт

조경(照鏡) толь
조교사(調敎師) жасгалжуулагч
조국(祖國) нутаг; төрсөн ~ 조국, 모국; нэг нутгийн хун 동포, 동국인.
조국(친구 등을) 팔다 урва|х
조군(阜君) өрөвтас
조그마한 бяцхан, жаал, жаахан, жижигхэн
조그만 жаал
조금 ахиухан, баахан, багахан, дадгар, жаал, чимх; ~ азнацгаая 잠시 기다리다.
조금 강한 танагтай
조금 게우다(토하다,게다) гулги|х
조금 견디기 어려운(괴로운) хүндэвтэр
조금 나쁘게 муухан
조금날카로운(예리한,뾰족한), хурцавтар, хурцхан
조금 높은 곳 довцог, дош
조금느릿느릿가다(고장으로) сүйтэлзэ|х
조금 더 더럽다 заваандуу
조금 더 뒤의(나중의) цаанахан
조금 더 많은 ахиу
조금 더 먼(앞의) цаанахан
조금 더 큰 ахиу
조금 더욱 멀리(앞으로) цаахна
조금 돋우다 дөндий|х
조금 말리다 сэврэ|х
조금 밀어 움직이다 түлхлэ|х
조금 부족하여 мөчидхөн
조금 뾰족한 хурцхан
조금 사람을 속이는 хуурамчхан
조금 서투르게 муувтар
조금 솟아오르다 сөхөгдө|х
조금 쉬게 하다 амсхий|х
조금 아프다(쑤시다) хөндүүрлэ|х
조금 어려운 хүндхэн
조금 오동통하다 бондой|х
조금 움직이다 хөдлө|х
조금 작게 багашиг
조금 작고 포동포동한 бааггар; ~ хүүхэд 포동포동한 어린이; ~ гэ лэ г 작은 강아지
조금 전에 өмнөхөн
조금 조용하고 평온한 амаршиг
조금 큰 багагуй
조금 허둥되는 давчуухан
조금 확실하게(~보다) амаршиг
조금(밖에(~)않다 дадай|х
조금(소량)밖에 ~없는 бага, багатай, цөнтэй, цөөхөн; ач холбогдол ~ 중요성의 거의 없는
조금(약간)은 있는 бага, багавтар, багахан, жаахан, тоотой, хэдхэн, цөөн, цөөхүүл
조금(은) ~(있다) багатай; хэмжээ ~ 작은, 소형의, 비좁은; цус ~ 빈혈경색; найдвар ~ 조금 신뢰할 수 있는 것; хүн ам ~ 희박하게 사람을 거주케 하다(사람이 살다)
조금(의) багатай
조금도 ~않다 багатай, багашиг
조금만 낮추다(내리다) доогуурхан
조금씩(얼마 안 있어, 곧, 잠시 후, 이윽고); ~ дээрдэв(дордов) 점진적으로 보다 좋아지다(나빠지다, 악화되다)
조금씩 갉다(물어뜯다,깎아내다) мэрэ|х; хумсаа ~ 손톱(발톱)을 물어뜯다; яс ~ 뼈를 갉작거리다
조금씩 깎아내다(쪼아내다, 갉아내다) (~을) хэлтчи|х
조금씩 먹다 чигчлэ|х
조금씩 모으다 хуримтлагда|х
조금씩 못쓰게 하다(~을) хэлтчи|х
조금씩 밀다 ёврл|х
조금씩 이동시키다 цувра|х
조금은 бяцхан
조금의 бага, багавтар, багахан, багашиг, жаахан, саах, тоотой, хэдхэн, цөөн, цөөхүүл; туршлага-юм над байхгүй нь조금도 경험(체험)하지 않았다; ~ сага 약간, 파편, 조각, 단편; ~ хэмжээгээр 작은 눈금; ~ багаар 조금씩, 점차로,

서서히; ~уд 약 11시쯤
조금의(소량의)의 금속링 зуузай; амгай ~ 굴레(재갈·고삐 따위의 총칭); холбох 각각 똑같이(동등하게) 가다
조금이라도 нэгтэй
조급하게 굴다 бахь, бущуула|х, сандраа|х, яаравчла|х
조급한 бодлогогүй, тэвчээргүй, тэсвэргүй, үүлгэр
조급히 адгуу, яаравчлан, яарахдаа
조끼(남자용) хантааз
조끼(맥주 등을 담는) домбо(н)
조난자 хохирогч, хохьдогч
조력 туслалцаа, тусламж, тэтгэлт, хамжаа
조력자 туслагч; цэргийн даргын ~ 장관(將官) 전속부관
조력(원조)하다 туслалца|х, дэмжи|х, дэмнэ|х, нэмэр, тэтгэ|х
조례 дүрэм, жааг, тогтоомж, хууль
조롱 басамжлал, даажин, даапаа, тохуурхал, элэг; ~ хийх 조롱하다, 놀리다.
조롱(모욕.비웃음.조소)하다 дожигно|х, даапаала|х
조롱박 гуа, хулуу
조롱하는 듯한 тохуурхангүй
조롱하다 даажигна|х, ерээде|х, тохуурха|х, шогло|х, шооло|х
조롱하다(~를) даажигна|х
조류 түрлэг, урсгал
조르다(~을) түрэ|х, тэвдүүлэ|х, шавдуула|х, шамдуула|х
조리 логик, шиншүүр, шуур (笊籬: 곡식을 이는 데 쓰는 기구. 가는 대오리나 철사로 조그마하게 삼태기 모양으로 만들고, 이어서 손잡이 자루를 냄)
조리(질서)가 정연한 замбараатай
조리가 맞지 않는 авалцаагүй
조리사(調理士) тогооч
조리있게 ямагт
조립 нийлэг, ойжуулалт

조림(造林)하다 ойжи|х
조립 байгуулал, байгууламж, бурэлдэхүүн, тогтоц, хийц, хэлбэршил
조립(조직) бүтэц
조립공 монтёр, угсрагч
조립식의 угсармал
조마사 жасгалжуулагч
조만간 бушуухан
조만간에 даруй
조명(법) гэрэл
조명하다 гэрэлдэ|х, гэрэлтүүле|х
조모 эмээ
조목 анги, зүйл, нөхцөл
조목별로 쓰다(~을) зүйллэ|х
조물주(신) байгуулагч, савдаг
조미하다 амтла|х;
조밀 зузаан, нягтрал
조밀(稠密)하지 않다 тачирда|х
조밀(稠密)하지 않은 сарзгар, сэмгэр, тачир
조밀한 лүглэгэр, өтгөн, шигүү(н)
조바심하는 годгонуур
조바심하다 гэдвэлзэ|х, гэдэгнэ|х, эмээ|х
조발사 үсчин
조병(躁病) дон(г), ин(г)
조부(祖父) өвөө
조부일족의 여자 эмэг
조사 ажиглалт, мөшгөлт, нэгжилт, нэгжлэг, судлагаа, сурал, тойм, үзлэг, хайгуул, хяналт, шинжлэл, шуулт, эмгэнэл, эрэл; харуул ~ хийв 정찰(수색, 순찰, 패트롤, 순시)
조사(기소.소추)에 시달리다 мөрдөгдө|х
조사(심사)를 받다(당하다) мөрдөгдө|х; дагаж ~ ~ 을 따라가다; алдалгүй ~ 뒤를 따르다, 줄줄 따라가다; ~ мөшгих ~의 행방을 찾아내다.
조사(심사.연구)하다 үзэ|х, шалга|х, судла|х, магадла|х; гэмт хэргийн магадлан шалгах 조사하러 오다; бид эдгээр тоог ~ ёстой 우리는 이것들의 숫자를 증명해야 한다 ослын шалтгааныг

магадлан тогтоох 그 충돌의 원인 조사(調査)하다; унэн худлыг магадлан тогтоох 진실과 거짓말을 실증하다.

조사(연구)보고서 бичиг

조사관 шалгагч

조사자(관) байцаагч, хянагч

조사표 анкет

조사하다 байцаагда|х, бэдрэ|х, мөрдүүлэ|х, онгило|х, судлагда|х, танда|х, туршигда|х, шинжи|х, шинжлэ|х

조산사(산파) эх барич

조산아(早産兒) зулбадас

조상(祖上) өвөг, хуучис, элэнц, эмгэнэл; ~ аав/ эцэг 할아버지; ~ дээдэс 선조, 조상

조상(彫像) баримал; уран ~ 조각 작품, 조각하다; хихиг ~ 작은 조상(彫像); уран ~ч 조각가, 조각사(師)

조상(彫像) дүрслэл

조상(照像) патиар, фото

조상(弔喪)하다 эмгэнэ|х

조상이나 자신의 부모로부터 유전으로 받다 удамши|х

조생(早生)의 гасан

조생아(早生兒) зулбадас

조서 акт, байцаал, баримт, бичиг, протокол; шүүхийн ~ 조서를 기록하다; хурлын ~ 의정서를 기록하다

조성금(교부금) дотаци, татаас, тэтгэмж

조성하다 хэлбэрши|х

조세(租稅) говчуур; албан ~ 부과금, 조세, 관세; ~татаар 세액

조소(彫塑) баримал

조소 басамжлал, даажин, даапаа, элэг

조소(웃음)거리 басамжлал, даажин, даапаа; ~хийх 조롱하다, 놀리다.

조소(조롱)하다 даапаала|х, даапаала|х, дооглоо|х

조소(조롱.야유)하여 тохуурхангүй

조소(하다) доог

조수 түрлэг, туслагч

조수(潮水) ус

조수 노ёог을 하다 дэмнэ|х

조수 노ёог을 하다(~의) дэмжи|х, тусла|х, туслалца|х, тэтгэ|х, элбэ|х

조숙한 гасан, зуурд

조심 анзаарга, анхаарал, арчилгаа, болгоомж, болгоомжлол, мятрал, сэрэмж, тордлого, хайхрамж, халамж, харуул, хянамж, элбэрэл

조심(주의)하다 болгоо|х, болгоомжло|х

조심성 많은 үргэдэг, үргэмтгий

조심성 없는 болгоомжгүй, гамгүй, залхай, омтгой, палан, паланцаг, салан, хайнга, хайхрамжгүй, хуудам, хуумгай

조심성 없다 алмайра|х, омтгойдо|х, тамтумла|х

조심성 있게 하다 хэрсүүлэ|х

조심성 있게 행동하다 хянүүрла|х, хянамжла|х

조심성 있는 사람 холч

조심성 있는 болгоомжтой, номой, төв, хэрсүү, хянамгай

조심성 있는(게) дару; ~ зантай хүн 부드러운 성질을 가진 사람

조심성 있다 хэрсүүдэ|х

조심성(삼감이) 없는 салсул, болчимгүй

조심스러운 гамтай, соргог, сэрэмжтэй, хянамгай

조심스러운(스럽게) охинцор

조심스럽다 сэрэмжлэ|х, хаширла|х

조심시키다(~에게) сэргийлэ|х

조심하고 있다(~을) ото|х

조심하는 болгоомжтой, гамтай; ~ явах 발밑을 조심하다, 경계(조심)하다, (말려들지 않도록) 신중히 행동하다(말하다); ~бай조심(주의)하다, 경계하다.

조심하다 ана|х

조심하다(~에) арчла|х, асрамжла|х, болгоо- мжло|х, гамна|х, додомдо|х, халамжла|х

조심하다(~을) залха|х

조심하여 ~하다 хэцүүрхэ|х

조심하지 않는 болгоомжгүй, болчимгүй, намбагүй, сэрэмжгүй
조악한 олигтүй
조약 гэрээ, хэлэлцээр
조약(협약)을 어기다(위반하다) зөрчих; ~ гэрч (거래·협정의) 입회인
조약돌 хайр
조약문서 гэрээ
조약의 원안 протокол
조언 зөвлөлгөө
조언자 зөвлөгч, референт
조업중지 хаагдал
조영(照影) патиар, фото
조용 намба
조용(고요)하게 되다 намжи|х
조용(고요)한 намуу(н), аяар; ~ байгаач! 정숙해 주시오, 조용히!; ~нь орхи! ~을 홀로 놔두다; ~을 (그냥)내버려두다; ~раа байг! ~하게 하다
조용한 장소(환경) нам гүм
조용한 амар, аяар, амарлингүй, амгалан, буйртай, доромж, дөлгөөн, дууги|х, наадгай, налгар, нам, намбагар, салхигүй, тайван, тогтуухан, төрхтэй, түвшин, тэнүүн, тэнэгэр, яруухан; ~ тайван 조용한, 고요한; ~ байгаач! 정숙해 주시오, 조용히!; ~нь орхи! ~을 홀로 놔두다; ~을 (그냥)내 버려두다; ~раа байг! ~하게 하다; ~ гум 침묵, 고요함
조용히 аажуухан, аяархан, сэм, сэмээрхэн, уужуухан
조용히(살살) 불어주다(~에) дэвүүрдэ|х.
조우 уулзалт, учрал, нүүрэлдлэг
조우하다 дайралда|х, таарадла|х, тохиолдуула|х, учра|х, эмгэнэ|х
조율 хөг
조음하다 хөглө|х
조인하다(~에) битүүмжлэ|х, дара|х
조작 гүйлгээ, үйлдэл
조작하다 гарда|х; гардах хийх 맨손으로 조작하다

조작한 засмал; ~ зам 도로를 포장하다; ~ мал 가축을 거세하다
조잡(조야, 야비, 추잡)하게 하다(되다). хөрзий|х
조잡한 заваан
조잡한 중국풍의 필기용지(원고용지) муутуу
조장 урамшил, хөхүүлэг
조장하다 ашигла|х, өөгши|х
조장함 тэжээл
조절 болзол, жиргэр, тогтоомж, тохиргоо, тохируулалт, тохируулга, тохнил
조절(정리,규정)하다 нормло|х,тохинуула|х
조절기 тохируулагч
조정 тогтмолжилт, тогтоомж
조정(정합)자(물) зохицуулагч
조정(조절)된다 идээши|х
조정(調停) болзол, жиргэр, тохиргоо, тохируулалт, тохируулга, тохнил
조정관 цэц
조정기 тохируулагч
조정자 тохируулагч, эврэлэгч, зууч
조정하다 үелэ|х, болзолт, зогоо|х засвар- ла|х, зохиогдо|х, зохицуула|х, найрамда|х, сайдуула|х, тайтгара|х, уялдуула|х, эврэлуулэ|х; бүгд ~ улс公和정체,~사회; бүгд ~ нам 공화당원
조종사 жолооч, нисгэгч; нисэх онгоцны ~ (비행기) 조종사; тракторын ~ трактер (견인) 운전사; машины ~ 자동차 운전사
조종하다 гарда|х
조준 чигтэй
조준의 일부분 хошуу
조직 민주정당조직 회원 кадет
조직 байгуулал, байгуулалт, байгууламж, тогтоц, хэлбэршил
조직(화) байгууллага, эмх
조직되어 있지 않은 зохион байгуулалтгүй

조직의 박층(薄層) давхарга, үе
조직자 санаачлагч
조직적 органик
조직적 방법 гав
조직체 зохион байгуулалт
조직하다 зохиогдо|х, идээлэ|х, хэлбэрши|х
조직화된 зохион байгуулалт тай
조직화하다 системчлэ|х
조직화할 수 없는 томьёолшгүй
조짐 ёр, зөгнөл, зөн, совин, төлөг, цондон, шинж, ээ; ~ орох 예감을 가지다(느끼다); муу ~ 나쁜 전조(징조, 조짐); уран ~ 공상, 환상.
조차(도)~ ч
조차계(操車係) сумчин
조처 явууллага
조처를 강구하다(취하다) аргацаа|х
조카 зээ
조카(딸)의 딸 үенцэр
조카(조카딸)의 아들 үенцэр
조카딸(질녀) ач.
조타 장치 жолоо(н)
조판 сийлмэл, хийц
조판공(彫版工) сийлбэрчин
조판술(彫版術) сийлбэр
조필(助筆) ретушь
조합 компании
조합 нийгэмлэг, эвлэл, холилт
조합(調合)하다 найруула|х
조합식(공동) 아파트 хоршоо
조항 анги, болзол, зүйл, нөхцөл; хуулийн зүйл ~ 법(률)의 조항(조목);
조형적인 лавмаг
조화 зохил, зохимж, зохицол, концерн, найр, нийлэмж, нийс, нийц, нэгдэл, тохирол, тохиромж, тохироо, түнжин, хэц, эв, эе; ~ тавих, ~ өгөх ~에게 양보 하다, 타협(화해, 절충)하다; ~ засах ~에 찬성 하다; тэр миний хүүтэй ~тай сайн байдаг 그는 나의 아들에게 우호적

이다; хайр ~гүй 무자비하게, 냉정하게, 잔인하게.
조화(일치)하다 давхца|х, зохицо|х; тууний яриа баримтай ~ гүй байна 그의 이야기는 사실과 일치(부합)하지 않다; бид унийн талаар эохицсон 우리는 그 가격(값)에 동의했다
조화(일치)하다(~와) аялда|х; бусдыг аялдан дагах 한패(동료)가 되다; аялдан дагагч (윗 사람의 말에) 그저 예예 하는 사람; 아첨꾼
조화(조정)하다(~에) тохируула|х
조화(화합)시키다 зохилдо|х; тэд хоорондоо сайн зохилдож байна 그들은 잘 적합할 것이다.
조화되다 зохилдуула|х, зохиро|х, нууги|х
조화되다(~와) найра|х
조화되지 않는 эвлэршгүй
조화된 нийлэмжтэй, нийцтэй, нуурам, үвтөгш, яруу
조화로운 합의를 보다 амьса|х
조화시키다 найралда|х, найрамда|х, сайдуула|х, уялдуула|х, эвлэ|х, эврэлүүлэ|х, эврэлэ|х; бугд ~ улс 공화정체, ~사회; бугд ~ нам 공화당원
조화시키다(하다) зохицуула|х
조화하는 гийуулэгч
조화하다 зохилдуула|х, нийцэ|х, тааца|х, үгсэ|х, уялда|х
조환(弔環)을 붙이다 гархида|х
조회 магадлал, хяналт, цуглаан, цугларалт, чуулган
조회(물음) асуулт
조회하다 хамааруула|х
족(足) фут
족가(足枷) гинж(ин)
족쇄 гинж(ин), туша, чөдөр
족장 даамай
족제비(일종) хүрнэ
족집게 бахь, хямсаа
족통(足痛) тулай

족하다 хүртэ|х
존경 тоомж, хүнд, хүндлэл, хүндэтгэл
존경(근엄.숭배)하다 төлөвжи|х, тахи|х
존경(숭배)하다(~을) ёсло|х
존경(숭배.경의)하여(~을) бишрэл; ~ төрөх 존경(숭배, 경의)하다
존경(예배.참배.공경.숭배.경의.경배)하다 бшрэ|х
존경(尊敬) өргөмжлөл
존경(존중)하다 дуурсьга|х, хүндлэгнэ|х, ойшоо|х, тоо|х, тоогдо|х, тоомсорло|х, хүндлэ|х, хүндэтгэ|х, эрхэмлэ|х
존경(존중)하다(~를) ёсло|х
존경받다 авгайла|х
존경의 хүндтэй, хүндэт
존경할 만하다 төрхжи|х
존경할 만한 사람이 되다 галбиржи|х
존경할 만한 буйртай
존경할 만함 буйр
존속 үргэлжлэл, хадгалалт
존속하다 амдрах
존엄 хүнд, хэргэм
존재 ахуй, тогтнил; тусгаар ~ 독(자)립, 자주
존재를 희미하게 만들다 балра|х
존재치 않음 паг
존재하다 амдрах, бай|х, бий, буй; та юу хийж байна вэ? 당신은 무엇을 하고 있습니까?; хотын эргэн тойронд олон уулс бий 그 시의 주변에는 많은 산들이 들러 쌓여있다; бэлэн ~ марен (준비)하다; тэр их залуу 그는 어리다; энэ номны нэг чувь Британы Музейд байдаг 이 책의 사본은 대영박물관에 있다; номтой ~ 이 책은 존재한다; хэвтэж ~ 무조건 항복하다; гарах гэж ~ 막(밖으로) 나가려고 하다; ~ аргагүй 견딜 수 없는; байж болшгүй 화해(협조) 할 수 없는; байж ядах 초조하다, 안달이 나다, 괴로워 하다; ахил хийхээ ~ 그만두다; нехер чи эндээ ~와 동반하다, 머물(묵을) 예정으로 오다
존재하지 않다 байхгүй
존중 тоомж, хүндлэл, хүндэтгэл
존중(존경)하다 дээдлэ|х, дээдэчлэ|х
존중의 хүндтэй, хүндэт
존중하는 авгай
존중하다 нандигна|х, ойшоо|х, тоо|х, тоогдо|х, тоомсорло|х, хүндлэ|х, хүндэтгэ|х, эрхэмлэ|х
졸개 доодчуул
졸다 дохи|х, дуг хийх, дугжра|х, зүүрмэглэ|х, үүрэглэ|х
졸도 багтраа
졸도하다 бахарда|х, муужра|х, үхтгэ|х
졸때기 доодчуул
졸라서(~)하게 하다 хоргоо|х
졸리게 하는 зүүрмэг
졸리게 하다 нойрмогло|х
졸리는 зүүрмэг, нойрмог, нойртой
졸리다 нойрмогло|х
졸린 듯한 зүүрмэг, нойрмог, нойртой, унтамхай
졸린 нойрмог, унтамхай, унтлага
졸아들다 ширгээ|х
졸업논문 диссертаци
졸업증서 диплом, гэрчилгээ
졸음이 오게 하는 нойрмог, нойртой, унтамхай
졸음이 오게 하다 нойрмогло|х
졸음이 오는 зүүрмэг, нойрмог, нойртой, унтамхай
졸음이 오다 нойрмогло|х
졸이다 ширгээ|х
졸졸 흐르게 하다 савира|х, цувра|х
졸졸 흐르는 물소리 давичи|х
졸졸 흐르는 소리 шулганаан
졸졸흐르다 гожгоно|х, цува|х
졸졸(흐르는 소리) шулганаан
졸졸거리다 шулгана|х
졸증 нөлөө
졸지에 гэв, гэнэт, зочир, зочмог, угц,

цочир
졸지에(갑자기. 돌연. 느닷없이) 멈추다 зогтуса|х
좀 긴 уртшиг
좀 늙은 настайвтар
좀더(여분으로) ахиу
좀도둑 хулгайч
좀처럼 ~않는 хааяа
좀처럼 ~않다 багатай, багашиг, дадай|х
좁게 되다 хомой|х
좁게 하다 бачууда|х, оний|х
좁고 긴 땅 зурвас;~ газар 좁고 긴 땅; ~ бичиг улдээх 각주를 남기다.
좁고 단단해서 움직이지(풀리지) 않아지다 тоодой|х
좁다란 곳(岬) хошуу, хошуут
좁아서 답답하다 нарийда|х
좁아서 답답한 бачуу, давч, тачуу, уйтан, хавчгар
좁아서 답답해지다 уйтатта|х
좁아지다 нарийда|х, уйтатта|х
좁은 곳(안전한 곳 등에) 챙겨넣다 (숨기다)(~을) тумлайда|х
좁은 계곡 судаг
좁은 폭이 개울에서 용솟음쳐 나오게 하다 годгойдо|х
좁은 홈을 끌로 파다(새기다) гудрага
좁히다 агши|х, бачууда|х, оний|х, хомой|х
종(벨) хонх
종(種) зүйл
종(벨·타악기 따위를) 울리다 хонгино|х, жигнэнэ|х, хангина|х, цангина|х
종결 гаргалга, дүгнэлт, дуусвар, мохуул, тасалбар, шувтрага
종결하다 дууса|х, оттоло|х; ажлаа ~ 자신의 일을 끝내다; ном уншиж ~ 책 읽기를 끝내다; дуустал 완전하게, 철저히.
종곡 шуввтрага
종교(宗敎) шашин
종교(상)의 шутлэгтэй
종교(상)의 묵상 даяан
종교(상)의 예법 гүрэм
종교(정치에 관하여) 자유사상의 либерал
종교상(도덕상)의 죄 нүгэл, хилэнц; ~ буян 죄와 축복(은총); ~ хийх 죄를 짓다; ~ хийсэн (종교·도덕상의) 죄인, 죄 많은 사람.
종교상의 박해 даралт
종교상의 성전(聖戰) загалмайтан
종교상의 예배(참배) сүсэг
종교상의 터부 цээр
종교의식 гүрэм
종교에 대한 관심의 부활 сэхээрэл
종교적 명상 бодол
종교적 명상 бясалгагч, даяан, эргэцүүлэл
종교적인 шутлэгтэй
종교적인 목적의 신성화 равнай
종교적인 묵상 даяан
종교적인 의례 гүрэм
종교적인 집회 бөөгнөрөл
종국 дүгнэлт, дуусвар, тасалбар, шуввтрага
종국의 сүүлийн
종규(宗規) горим
종극(終極) шуввтрага
종기 буглаа, гүвдрүү, монцгор, сэлхрээ, хатиг, шарх, яр
종기(부스럼) булдруу, булуу(н)
종두 вакцин, таридга
종두하다(~에) вакцинда|х
종려 дал мод
종려의 잎 дал мод
종렬(縱列) цуваа(н)
종료 тасалбар, шуввтрага
종료(만료)되다 дүүрэ|х, шуввтра|х
종류 ай, аймаг, анги, зүйл, категори, үүлдэр; тарианы ~ 밀(소맥)의 종류; амьтны ~ 동물의 종류; ~ бүрийн 모든 종류의; ~хүн 괴짜, 기인(奇人).

종류로 나누다 төрөлжүүлэ|х
종마(種馬) азрага, хээлтүүлэгч; ~ гүү хоёр 종마와 씨말; ~н бороо 호우(豪雨); ~н тахиа 수탉; ~н нохой 개의 수컷, 수캐; нэг ~ адуу 종마(種馬), 씨말이라 불린다.
종말(終末) шувтрага
종말을 고하다 төгсө|х
종말이 가까워 오다 наашра|х
종목(樅木) жодоо
종별 ангилал
종복으로서 섬기다(~에) зарагда|х
종사하다(~에) оролдо|х
종서 царцаа
종속 номхоттол
종속(복종)시키다 захира|х
종속관계 харьяалал
종속관계(상태) хамаарал
종속관계아래 두다 харьяала|х
종속물 хэрэглэл
종속시키기 харьяалал
종속시키다 дэлгүүлэ|х, харьяала|х
종속적인 дайвар
종속하는 албат
종식(終熄)하다 шувтра|х
종신관(終身官) тогтвор
종악장(終樂章) шувтрага
종양 모양의 ур, хавдар
종양의(같은) ур, хавдар
종업원 ажилтан, ажилчин; сайн ~ 우수한 일꾼; урлагийн ~ 미술인, 예술인; эрдэм шинжилгээний ~ 과학 연구에 종사하는 사람; элчин сайдын яамны ~ 대사관 직원(공무원); ажилтнууд, эмэгтэй ~ 노동자, 직공; үйлдвэрийн ~ 산업노동자, 공원(工員); ажилчны нам 근로자의 파티; ажилчны хөдөлгөөн 근무 중, 일하는 중;~анги 수업중
종이 цаас(ан)
종이 같은 цаасархуу
종이 물리개 хавчаар

종이(벽지를) 바르다 цаасла|х
종이로 싸다 цаасла|х
종이를 바르다(~에) жонхууда|х, жонхуура|х, нялцгайла|х
종이에 눈금 바늘구멍을 내다 шивэ|х
종이의 цаасархуу
종일 өдөржин; ~ шө нө жин 낮과 밤.
종자 개 нохойч
종자(從者) хараат
종자씨 төлчин
종자의 발아(發芽) зулзага, найлзуур, нахиа(н), сүөө
종작없는 생각 адармаа
종작없음 бааш
종점(終點) вокзал, шувтрага
종점도시 вокзал
종제(種臍) хүй
종족 аймаг, угсаатан, үүлдэр, яс, ястан
종종 алдаг оног, олонхидоо
종종 빛나다 гялс гялс хий|х
종종 취하다 архида|х
종종(때때로, 빈번히) 구부리다(숙이다, 굽히다) бөхелзө|х
종지 тасалбар, эцэс
종지부 орхиц
종지뼈 тойг
종착역 вокзал
종창(腫瘡) буглаа
종축(種畜) шувуучин
종파 분립죄(罪) хагарал
종파(종교의) 신도 шавь
종파(宗派) шашин
종파-종교의 신도 дагалдагч
종합 사회자 хөтлөгч
종합 нийлэг
종합적인 нийлэг
종합하여 생각하다(궁리하다, 짜내다) тэвхэрлэ|х
종환 буглаа
좇다 дага|х
좇다(~을) дагалда|х, дага|х, дүрэмлэ|х,

дуури|х, замна|х, мөшгө|х; мөшгөн хянах 조사(연구, 심사)하다; дагалдан дуурайх 모방하다, 따르다, 본받다; аялдан дагадах 충실한(믿을 수 있는) 부하(심복,측근)가 되다, 추종자가 되다.

좋고말고요 байлгүй
좋다 заа
좋다(~가) дурла|х, дуртай
좋든 싫든 дийлшгүй
좋아 заа
좋아! дуг, ухай
좋아지다 дэгжээ|х, дээрдэ|х, дээртэ|х
좋아지다(~을) сайжуула|х
좋아하는 чиглэлтэй
좋아하는 바다 таалагда|х
좋아하다 баярла|х, баяса|х, тавла|х, хөөрө|х
좋아하다(~을) бахда|х, болгоо|х, бөөцийлө|х, дурла|х, хара|х
좋은 ашгүй, аятайхан, баяртай, гоо, зугээр, ирмүүн, олигтой, өөдтэй, сайн, сайхан, таламжтай, тольтой, шаггүй; ~ байна уу? 어떻게 지내십니까?; ~ нэ хэ р 좋은 친구; ~ эцэг 좋은 이름; ~ морь 좋은 말; ~ эцэг 좋은 아버지; ~ дураар 자발적으로, 임의로; ~ уйл선행; ~ санаа 친절, 우애, 자애; ~ чанартай 양질; ~ зантай (마음씨가) 착한(고운); хамгийн ~ 가장 좋게, 최고의, 최선의; ~ сайхныг хусэх ~의 행복을 빌다; эндхийн хоол ~ шуу 그 식품은 꽤 좋게 여기 있다; ном бол хэзээд бэлгэнд өгөхөд ~ дэг 책은 항상 선물로 받아들일 수 있다; ~ багш 훌륭한 선생님; таны бие ~уу? 당신은 어떻게 느낍니까?; цагаан идээ бнөнд ~ 유제품(乳製品)은 건강에 좋다.

좋은 결과 ахиц; ~ тай 성공한, 좋은 결과의, 잘된; ~ гүй 성공하지 못한, 잘 되지 않은, 실패한,

좋은 결과의 урагштай, дүнтэй, үйлстэй

좋은 기분 жалх
좋은 기억력을 가지고 있는 ойтой
좋은 기회를 잡다 хийдүүлэ|х
좋은 냄새가 나다 анхила|х
좋은 눈 нүдтэй
좋은 대조를 이루다(~와) ялгара|х
좋은 땅으로 덮어지다 хөрсжи|х
좋은 맞수 чудэнз
좋은 모습 галбиртай
좋은 몸매(외모, 풍채, 자태)를 가지다 ганагар; ~ нуруутай 좋은 풍채를 가진 사람
좋은 물건 бузгай
좋은 바탕 сайтай; чанар ~ 양질을 가지고 있다; бие ~ 건강한, 건강한, 튼튼한; нүд ~ 좋은 시력이 있다.
좋은 병진기(竝進器) гүүш
좋은 사냥꾼 анч; ~ нохой 사냥개.
좋은 사람인 체하다 бузгайрха|х
좋은 생각 барил;
좋은 성벽(性癖.성질.기질)을 가지고 있는 галбиртай
좋은 안색(피부색)을 가지는 хөрслөг
좋은 운명(숙명,운수) зор
좋은 운수 аз; ~ жаргал 행복, 홍복; миний ~ болоход 행운이 나를 찾아왔다; ~ дайрах 행운을 가져오는, 좋은 결과의; ~ мэдэг 운 좋게도, 요행히도
좋은 자기로 만든 컵 ганган
좋은 자세(자태.생김새.풍채)를 가지다 ганбай|х
좋은전조가(조짐.예감)되다 бэлэгшээ|х
좋은 조짐을 예시하다 бэлэгшээ|х
좋은 징조를(조짐을. 예감을) 잡다 бэлэгшээ|х
좋은 통신 자동 중계기 гүүш
좋은 품질 сайтай, шав хийсэн
좋은 행동(품행) томоо
좋은 행위(행실) томоотой
좋지 못한 냄새 үнэртэй
좋지 않은 сайнгүй

좋지도 나쁘지도 않은 барагтай, дуль, дунд, дундуур, зэхий, тааруу, таарууxан, тиймхен, тиймэрхүү, толиур

좌담 хэлэлцээ(н), яриа, яриа хөөрөө, ярилцлага

좌담(대담.대화)하다 хөөрө|х

좌변기 исэр

좌석 суудал

좌약(坐藥) лаа(н)

좌업(坐業)의 суумгай

좌우간 хадa оронцогло|х

좌우되다 шалтгаала|х

좌우로 흔들리다 хөвхөлзө|х

좌우명 лоозон

좌우측으로 보다 хялмалза|х

좌익(左翼)(수) зүүн

좌익분자 коммунист;~нам 공산주의 정당

좌익의(정당) улаантан

좌절 мад, няцаалт, хугаралт, чааваас, цохигдол, ялагдал

좌절(실패)시키다 мадла|х

좌절(실패)에 견디다 дийлдэ|х

좌절되다 ойчи|х; муурч ~ 실신(졸도.기절)하다; газар ~ 지면(땅)에 떨어지다; гэнэт ~ 갑자기 떨어지다; усанд ~ 물이 떨어지다; цонхноос ~ 창문밖으로 떨어지다.

좌절되다 харуулда|х

좌절시키다 халгаахгүй, тогтворжуула|х

좌종(坐鐘) сэрүүлэг

좌창(座瘡) батга

좌측 зүүн; ~ зуг 동부지역, 동양; ~ тийшээ ~의 왼쪽(좌측)에; ~ гар 왼손, 왼편; ~ өмнө 남동쪽; ~ хойт 북동쪽.

좌측의 буру, солгой; ~ гар 왼손잡이의, 왼손으로의, 왼손용의; ~ хун 왼손잡이, 레프트 펀치; би ~ 나는 왼손잡이다

좌편(좌측)에 буру, зүүн; ~ уээлтэн 좌파의 사람

좌표 координат (座標: 어떤 위치나 점의 자리를 나타내는 데에 표준이 되는 표.)

좨치다 бущуула|х, давчда|х, өдөө|х, тэвдэ|х, үүлгэрдэ|х, яара|х

죄 되는 гэмт, гэмтэй

죄 많은 гайтай, нүгэлтэй, хилэнц, хилэнцэт

죄 없는 нүгэлгүй

죄 있는 гайтай, гэмт, гэмтэй, нүгэлтэй, хилэнц, хилэнцэт

죄(과) 의식 буру

죄(실태)를 ~에 돌리다 ялла|х

죄(유죄) гэм

죄(허물) буруушаал, зэм

죄가 있음 гэм

죄는(잠그는.채우는)제구(볼트·지퍼·클립·핀·단추·혹·빗장) оньс

죄다 база|х, нягтра|х, хавчигда|х, хуйлра|х, шаха|х

죄다(누르다)(~로부터) хавчи|х

죄되는 хэрэгтэн, ялт

죄를 ~에게 쒸우다(~의) буруутга|х, ялла|х

죄를 느끼고 있는 буруутай, гэмтэн

죄를 면제하다(~을) зөвтгө|х; ийм зан байдлыг ~ юм алга 행태를 면하다; өөрийгөө ~ 변명하다, 사과하다.

죄를 범한(~의) буруутай, гэмт, гэмтэн, ялт

죄를 씻다 равнайла|х

죄를 씻어 깨끗이 하다 ариутта|х

죄를 씻어 맑게 하다(~의) ариутта|х

죄를 씻어내기 ариуттал

죄를 전가했다 буха|х

죄받을(죄 있는, 죄 많은; 죄스러운) гайтай, нүгэлтэй хилэнцэт

죄송하지만 ~ уучлаарай

죄수 хоригдол

죄수(피의자)가 되다 баривчлавда|х

죄스러운 гайтай, нүгэлтэй, хилэнц, хилэнцэт

죄악 нүгэл, хилэнц

죄어치다 адга|х

죄어치다 сандраа|х, түргэлэ|х,

тэвдүүлэ|х, хурдлуула|х, яара|х
죄이다 жимгэр, хавчий|х, чангара|х
죄있는 хэрэгтэн, ялт
죄있는(죄되는) 행동 эрүү
죄책감 буру; ~гаа хулээх 자신의 죄를 받아들이다
쵬 쇠 тээг
쵬 쇠로 잠그다 тээглэ|х
쵬 оньс
쵬쇠 арал
쵬쇠(버클 등이) 물고 죄다 зуу|х
쵬쇠로 죄다 бөгжлө|х, горхило|х
주(株) хувьцаа
주(州)(최대의 행정·사법·정치 구획) гүнлэг
주간(의) өдөр; ажлын ~ 일일 노동시간; амралтын ~ 비번일(非番日), 휴무일; баярын ~ 축(제)일; төрсөн ~ 생일; хагас ~ 반나절, 반공일; хагас сайн ~ 토요일; бутэн ~ 하루 종일; бутэн сайн ~ 일요일; энэ номын сан ням гаригаас бусад ~ ажилладг 도서관은 일요일을 제외하고 매일 문을 연다; нэгдэх ~ 월요일; хоёрдох ~ 화요일.
주거 орон; орох ~гүй болох 거처할 집이 없다; ~сууц 아파트; ~ байр 주거.
주거(의) суудаг
주거를 만들다 суурьши|х, суурьшуула|х
주거를 정하다(~에) суурьши|х, суурьши|х
주거에 자리 잡게 하다 суурьши|х, суурьши|х
주거환경 орчин
주걱 утуур, ухуур, шанага(н)
주견(主見) философии
주고받기 арилжаа, солигдол, солилцоо, солио
주고받다 солилцо|х
주관 субъектив, философии
주관성 субъектив
주관적인 субъектив
주관주의 субъектив

주군(駐軍) зогсолт
주권 ноёрхол, хувьцаа
주권을 쥐다 ноёло|х, тархила|х
주권자 хаан
주근깨 сэвх
주근깨(기미)가 생기다 сэвхтэ|х
주기 мөчлөг
주기(周忌) ой(н); ойн баяр 기념제를 축하하다
주기를 싫어하다 атаархa|х
주기적 반복(순환) айзам, хэмнэл
주기적인 ээлжит
주년제 ой(н)
주눅 들린 халирхай
주는 사람 өгөгч
주다 олго|х, өгө|х, өргөмжлөгдө|х; тэр надад ном өгсөн 그는 나에게 책을 주다; бэлэг ~ 선물을 주다; шагнал ~ ~에게 보답하다, 보수를(상을)주다; өргөдөл ~ 신청(지원)서를 내다; даалгавар ~ 임무를 배당하다; зааавар ~ 교육을 하다; бууж ~ 굴복하다, 항복하다; тушаал ~ 주문하다; команд ~ 명령(지휘)하다
주다(~에게) адисла|х, ханга|х
주단(紬緞綢緞) торго(н)
주도권 манлайлал
주도면밀한 зүтгэмтгий, хичээлтэй
주도한 бодолтой
주되게 голдуу. ихэвчлэн; ~ шинэ цэргууд байв 군인들은 신병으로 보충하다
주되다 тархила|х
주된 гол, еренхий, эн тэргүүн
주된 요리에 곁들이는 야채(해초.고명) гарнизон
주둔시키다 буу|х
주둔지 бааз, лагерь, хээрэвч
주둥이 넓은 물단지 луу; архины ~ 와인 그릇, 술고래
주둥이 хошуу

주둥이(물꼭지)를 달다 сархий|х
주둥이가 넓다 дарвай|х
주둥이가 넓은 주전자 дэвэр
주둥이로 (붙)잡다(붙들다) хоншоордо|х
주랑(柱廊) дэв, дэнж
주로 голдуу, голцуу, зонхи, ихэвчлэн
주류를 병에 넣다 лонхло|х
주류양조 판매금지 хориг
주름 모양의 것 нугалаа, нушарал, хунираа
주름 잡(히)다 атираа, мурчий|х, үрчий|х, үрчийлгэ|х, хорчий|х, марчий|х
주름 атираа, давхраа, марчгар, хуниас; ~тай нүд 눈꺼풀의 주름살, 눈가의 잔주름
주름(구김)(살) үрчгэр, хорчгор
주름(구멍)이 난(얼굴·월면(月面)) марчгар
주름(살) дөрсгөр, нугалаа, нугалбар, нушарал, үрчлээ
주름(살)이 지는 мурчгар
주름(살)이 지다 атира|х, мурчий|х, хорчий|х
주름(살)이 진 атираатай
주름(살)지게 하다 дөрий|х
주름(살)지다 дөрсий|х, орчий|х
주름(살)진 орчгор
주름(장식)이 있다 сөрвийх
주름겹단 нугалаас
주름달린 가두리 장식 салбан
주름살 давхраа, хунираа
주름살을 짓다(~에) гурвита|х
주름살지게 하다 омгонуула|х, омой|х
주름살지다 омгонуула|х
주름위 сархинаг
주름을 잡다 атира|х, омгонуула|х, омой|х, шамла|х
주름을 잡다(~에) атира|х, марчий|х, умай|х, үрчийлгэ|х, хуйлра|х, хумира|х
주름을 잡다(스커트 따위의) атира|х
주름을 잡다(지다)(~을) тумлайда|х
주름을 펴다 гөлчий|х, жигдлэ|х, мөлийлгө|х
주름을 펴다(다리다) толи|х, толиро|х
주름이 잡힌 сарчгар
주름이 잡힌다 сарчилза|х
주름이 지다 говилто|х, гурвита|х
주름이 펴지다 мөлий|х
주름잡기 атираа
주름잡다(~에) гөрө|х, сүлжи|х
주름잡은 атираатай
주름재료 салбан
주름지고 오그라들다 үрчий|х
주름지다 шамла|х
주름진 гарзар
주름투성이의 атираатай
주린 долголцог, зэлмүүр, өлөн
주말(週末) Бямба
주맹증(晝盲症) харалган
주머니 бурхуул, хавтага, хормой; тамхины ~ 담배주머니
주머니(~의) дугтуй
주머니칼 тонгорог (옛날에는 깃펜을 깎는 데 썼음).
주면체(柱面體) бортго
주명곡 сонат
주목 ажиг, ажиглалт, анзаарга, сануулга
주목(주의)하다(~에) анхааруула|х
주목되지 않는 ажигтүй
주목할 만한 гайхамшигтай, мэдэгдэхүйц, тэмдэглэлт
주목해서 보다 тоо|х, тоогдо|х
주무르다 нуха|х, нухмал
주문(서) захиалга; таны ~ хараахан бэлэн болоогүй байна 당신의 주문은 아직 준비되지 않았다; хэвлэл ~ 출판물에 구독하다; захиалгын үнэ 기부금을 모집하다.
주문(呪文) тарни
주문을 욈 тарни
주문이 벅찬 чимхлүүр
주문하다 захиала|х; би өөртөө хувцас захиалсан 나는 새로운 옷(복(服))을

- 589 -

주문했다; хөлсний унаа ~ 택시를 불렀다; удийн хоол ~ 점심을 주문했다
주문하다(~을) тушаа|х
주문하여(맞추어서) 만든 захиалгат
주문해 가져오게 하다 захи|х, захиала|х; би өөртөө хувцас захиалсан 나는 새로운 옷(복(服))을 주문했다; хөлсний унаа ~ 택시를 불렀다; удийн хоол ~ 점심을 주문했다
주물 цутгамал
주물공 байгуулагч, цутгагч, цутгуурчин
주민 гүнлэг, суугч
주민이 없게 되다 эзгүйрэ|х
주민이 없는 хүнгүй, эзгүй
주민이 없는(섬) зэлүүд
주변(근처·일대)에 гадуурхи, орчим, тойрон, тус, туша, хавь
주변(주위. 둘레)에(~의) алд
주변(지역) тойрог
주변에 эргэн тойрон
주변의 алслагдмал
주병(珠柄) иш, шилбэ
주부(主部) өгүүлэгдэхүүн
주사(외과·조각·축음기의) бàíëìàë хаттуур
주사기 тариур
주사위 шоо
주사위놀이의 종류 бэрх
주사위의 2점의 눈 ёоз
주사통(筒) тариур
주사하다(~에) бургуй
주석 тайллага, тугалга(н) (기호 Sn; 번호 50)
주석(양철)을 입히다(~에) зайла|х
주석서(書) тайлбарлагч, нийтлэл
주석자 тайлбарлагч
주선(周線) тойрог
주선율(主旋律) магтаал
주선인 зууч
주소 орон, хаяг
주수기로 초목에 물을 뿌리다 бургуй
주술사의 방울 달린 작은북 хэц

주스 шим
주시 ажиг, ажиглалт, анзаарга, харц; ~ сэжиг불신(의혹, 의심쩍음); ~ сураг 메시지(전갈, 전하는 말, 전언); ~ 라고 생각하다, 어렴풋이 느끼다, 의심하다; ~ авуулахгүй 예고 없이, 무단으로; харуул ~ хийв 정찰(수색, 순찰, 패트롤, 순시)
주시(관찰.응시.주목) 하다 ажигла|х сахи|х, ото|х, сахиула|х, тоо|х, тоогдо|х
주시하다 ажи|х, үзэ|х, халай|х
주시하다(~을) хара|х
주식 хувьцаа
주심 цэц
주아의 аминч, хохьдог
주악적인 хөгтэй
주어(主語) өгүүлэгдэхүүн
주어진 өгөгдэх
주어진 희망(가망) горьдомхой
주연 дайллага
주연을 베풀다 дэвээрэ|х
주옥(珠玉) эрдэнэ
주요 부분 гол
주요 부분을 이루는 гол
주요도시 нийслэл
주요하지 않은 дайвар
주요한 гол, еренхий, эн тэргуун
주워 모으다(~을) түү|х; жимс ~ 열매를 채집하다(주위 모으다).
주위 환경 орчин; ~ тойрон 둘러(에워) 싸인; хурээлэн буй ~ (주위) 환경, 주위의 상황
주위 гортиг, тойрог
주위를 에워싸는 것(사정, 정황) орчин; ~ тойрон 둘러(에워)싸인; хурээлэн буй ~(주위) 환경, 주위의 상황
주위에(를) 돌다(~의) тойро|х
주위에(를) гадуурхи, орчим, тойрон, тус, туша, хавь
주위에(를)(~의) үес, хир
주위의 алслагдмал

주위의 사물(사람) орчин
주위의 사정 байдал, байц
주위의 상황 байдал, орчин, хүрээлэл
주위환경 хүрээлэл
주유 тослогоо
주유자(注油者) тослогч, тосолгоочин
주의 ажиг, ажиглалт, анзаарга, анхаарал, арчилгаа, аяд, болгоомж, сануулга, тордлого, хайхрамж, халамж, харуул, элбэрэл; дуугаа ~! 조용히 하시오, 목소리 를 낮추시오, болгоомжлол; анхаарал ~ 주의 깊음; болгоомжтой 주의해라!, 정신차려라!
주의(조심) гудиг
주의 깊게 бодолтой
주의 깊게 보살핌 хайрлалт
주의 깊게 조사(검사)하다 нягтла|х
주의 깊게 하다 хэрсүүлэ|х, хэцүүрхэ|х
주의 깊다 болгоо|х, нямбайла|х, хэрсүүдэ|х
주의 깊다(신중하다)(~에) залха|х
주의 깊은 ажигч, анхааралтай, гамтай, нямбай, сорог, сэрэг, сэрэмжтэй, хэрсүү, хянамгай; цэвэрч ~ 아담하고 깨끗한, 정연(말쑥, 깔끔, 단정)한; нягт ~ 신중한, 꼼꼼한, 면밀한; ~ сонсох 경청하다
주의 깊음 болгоомж, болгоомжтой
주의(경향 등의) 대립 туйлшрал
주의(노력)를 집중하다 нягтруула|х, төв- лөрө|х, төвлөрүүлэ|х
주의(조심.주목)하다(~에) ажи|х, нүдлэ|х, хайхра|х
주의(主義)가 없는 ёсгүй, зарчимгүй
주의(학설의) 추종자 шавь
주의깊다 хашир-ла|х
주의력 халамж
주의를 기울이다(~에) анхаара|х, арчла|х, болгоомжло|х, тордо|х, тээршаа|х, хэрэгсэ|х
주의를 끌다(~의) анхааруула|х
주의를 끌지 않는 ажигтүй

주의를 딴곳으로 돌리다 булзааруула|х
주의를 딴 데로 돌리다 булзааруула|х, зугаала|х
주의하다 хамгаалагда|х, хамгаала|х
주의하다(~에) ажигла|х, анзаара|х, таашаа|х, хашир-ла|х
주의하여 들었다 дуулда|х
주의하여 보다 сахиула|х, толило|х
주의해서 듣다 сортойлго|х
주인 ноён, эзэн
주인역을 맡아 보다 еренхийле|х
주인티를 내는 эзэрхэг
주일(主日)(날) ням
주장 тэргүүлэгч
주장(主將) толгойлогч
주장(강조)하다 шавдуула|х, нөрө|х, толхилцо|х, шавда|х, орши|х
주저 дуншаа, эргэлзээ
주저(내려)앉다 зоо|х
주저(躊躇)하다 гэдвэлзэ|х
주저하다 гайха|х, далдичи|х, дунши|х, түгдрэ|х, хавьтуулахгүй, ээнэглэ|х
주저하다(~를) жийргэмщи|х
주저하다(~하기를) хашра|х
주저하며(머뭇거리며, 망설이며) 말하다 будрэ|х, тээнэгэлзэ|х
주전자 тунхуу
주정(酒精) спирт
주정(酒精)(음료) согтоогч
주정제(酒精劑) спирт, хорз
주정죄 согтуурал
주제 агуулга, өгүүлэмж, сэдэв
주제(문제, 제목, 연제)에 관하여 연구 судлагдахуун
주제(主題) өгүүлэгдэхүүн
주제넘게 ~하려고 하다 дүрэмдэ|х
주제넘다 хэтрэмхийлэ|х
주제넘은 гүйлгээтэй, дарруу, хэтрэмхий
주제로 말하다(~을) хэлэгдэ|х
주제에서 벗어나지 않다 наалда|х
주조 цутгамал
주조용의 쇳물 바가지 хуттуур,

шанага(н)
주조자 байгуулагч, цутгагч, цутгуурчин
주중에 하루 гараг; Даваа ~ 월요일(月曜日)
주지사 захирагч
주지의 нэрт
주차 허가 зогсоол
주차장 гарааш, зогсоол; галт тэрэгний ~ 기차역; автобусны ~ 버스 정류장
주창자 өрсөлдөгч, унзад
주철 ширэм
주추 ёроол. үндэс(үндсэн), үндэслэл
주춤(움찔)하게 하다 мэгдээ|х
주춤(움찔)하다 хиржхий|х, хуламгана|х, бөднө
주춤거리다 далдичи|х
주춤대다 далдичи|х
주춤주춤하다 гэдвэлзэ|х, далдичи|х
주춤하다 бишуурхэ|х, бусга|х, гэдвэлзэ|х, гэрэвши|х, дав дув хийх, дав давхийх, дав хийх, давхий|х, далдира|х, далдичи|х, жигши|х, сочи|х, үргэ|х, хулга|х
주택 байшин, тугдам
주판 бодох мохлиг, сампин
주판(수판)으로 일하다 сампинда|х
주피터(Jupiter) Бархасбадь
주형(鑄型) хэв, хэвлүүр, цутгуур
주형(鑄型)의 지느러미 모양의 돌출부분 далбаа
죽기 전에 신변을 깨끗이 정리하다 бөөрөнхийлө|х
죽는 날까지 ~ анд ортлоо
죽다 бие эцэслэх, жилий|х, осолдо|х, үхэ|х, хали|х
죽어가다(~로) үхэлдэ|х
죽어야 할 운명(성질) үхэлт
죽은 жилийгч, талийгаач, унанги, үхмэл, үхэнги
죽은 나무 дархи
죽은 신체 шарил
죽은 듯이 창백하다(얼굴이) хувхайра|х

죽음 зураг, үхэл, ухэл зовол, шувтрага
죽음을 면할 수 없음 үхэлт
죽음을 애통해하다 гансра|х
죽음을 하다(~한) хиара|х, эцэслэ|х
죽음의 문턱 үхлүүт
죽음의 자리 үхлүүт
죽이는 것 алуурчин, хядагч, яргалагч, яргачин
죽이다 ала|х, алалца|х, алуула|х, жирүүрэ|х, намна|х, үхүүлэ|х, хороо|х; аланхядагч 테러리스트의, 폭력주의자
죽이다(~을) хөргө|х
죽재(竹材) хулс; ~ны баавгай 판다
죽지 않는 үхэшгүй, мөхөөшгүй
준(準)동사(꼴: 부정사·분사·동명사) үйлт нэр
준결승(의) шөвөг
준마, 말(승마용의) ажнай: ажнай хөлөг
준법 горим
준비 없는 хангамжгүй
준비 бэлтгэл, төхөөрөг, төхөөрөмж; нөөц ~ 준비(적립)금; ~ хийх ~의 준비를 하다; ~ цэрэг 예비대, 군대(병력)를 확보해두다
준비(각오)가 되어 있다(~할) бэлдэ|х, бэлтгэгдэ|х
준비(비치)되어 있지 않은 ханхай
준비(채비)를 갖추다 завда|х
준비(채비)하다 болго|х; чай ~ 차를 준비하다; ном ~ 책의 출판(간행.발행)을 준비하다
준비가 된 бэлхэн, бэлэн, зэлэн; ~ мөнгө 현금, 캐시; ~ хувцас 기성복.
준비가 된 화살을 발사하다 хөвчлө|х
준비가 잘 된 ханамжтай
준비된 хангалт, хангамж
준비된 음식의 용해(해결)할 수 있는 уусдаг
준비를 하다 болохуйц
준비를 하다(~을) төхөөрө|х
준비를 하다(~의) байрлуула|х, тохинуула|х

준비시키다(~에게) болго|х
준비의 оруулсан
준비하다 бэлдэ|х, бэлдэ|х, журамда|х
준하여(에) дагуу
줄 зураадас, зураас, зурвас, оосор, судал, татаас, утас(утсан), хэлхээ, хэлхээс, шугам, эгнээ(н);~ газар 좁고 긴 땅; ~ бичиг улдээх 각주를 남기다.
줄(노.몰) буч
줄(패션)을 친 үрчгэр
줄(로프)로 묶다 даруула|х
줄(맥)이 있다 судалта|х
줄(선)을 긋다 гортигло|х, шугамда|х, зура|х
줄(실, 노끈으)로 묶는(매는) 것 уяатай
줄게 하다 дөрий|х
줄곧(노상) дан, дагт(ан)
줄기 сүрэл
줄다 ахарда|х, гөмсдө|х, саагда|х, саара|х, хасагда|х, хорогдо|х; ажил ~ 일을 축소하다; чадал ~ 약해지다; э вчин ~ (통증이) 가라앉다
줄로 굴레(고삐)로 묶어서 이끄는 цулбуур
줄로 다듬기 үртэс
줄로 재다 дээслэ(х)
줄마노(瑪瑙) гөлтгөнө
줄무늬 зурвас, судал, хээтэй
줄무늬가 있다 судалта|х
줄무늬로 꾸미다 хээлэ|х
줄어(오그라)들다 дөрсий|х, орчий|х
줄어(오그라)들은 орчгор
줄어(오그라)듦 хорчгор
줄어들게 하다 агши|х, богиносо|х
줄어들다 авчи|х, намда|х, шамла|х
줄어듦 дөрсгөр
줄이다 агши|х, хоро|х, хугаца|х, цалгарда|х, цомто|х, цөөрүүлэ|х
줄이다(수량·크기·정도·중요성) багаса|х, багада|х; надад энэ пальто дэндүү/ хэтэрхий багадаж байна 이 코트는 나에게 너무 작다

줄이다(양·액수·정도 따위를) багасга|х; зарлагаа ~ 지출(소비, 출비, 경비, 비용, 지출액, 소비량)을 줄이다; орон тоо ~ 참모(막료)를 감원하다
줄줄 흘러나오다 нэвчи|х, нэвчрэ|х, шүүрэ|х
줄줄이 넣다 цувуула|х
줄줄이 열리다 хонгорцогло|х
줄지어 들어가다(나가다) цува|х, цувалда|х
줄지어 서다 гудамжла|х
줄질 үртэс
줄질(하는 소리) өрөвтөл, үрэвтэл
줄질하다(~을) хуурайда|х; гарынхаа хумсыг гарнаас хумсаа матранам нам гам нас (줄질) хийж
줄철갑상어 хилэм
줆 хорогдол
줍다 савхда|х
줏대 없음 бааш
~중 내내 турш(ид), дундуур
중간 дунд; өдөр ~ 정오에; ~ хуруу 중지(中指), 가운데손가락; ~ сургууль 중학교; ~ насны 중년기; шөнө ~ 한밤중에:~ зэргийн нуруутай хүн 평균 신장의 사람, 중간키 사람
중간물 зуурд, хоорондохь
중간으로 дуль, дунд
중간음의 саармаг
중간의 саармаг; ~ эгшиг (문법) 중간음, 중성모음([ə]); солиг ~ 의심스러운(행동), 의문의 여지가 있는; ажилчин зэ гийнүүд ~ байдаг и лбэл는 중성형 (中性型) 곤충이다
중간의 길이 бие тэгш
중간인(~의) дундаж, дунд
중간틀 туша
중개(매개)자 хоорондохь
중개인 зууч
중개인이 되다(~의) зуучла|х
중개자 зуурд

중계 운송 улаа
중계국(局)의 일을 하는 사람 өртөчин
중계국의 노동자(직원) өртөчин
중계서비스 받으면서 여행하다(이동하다) өртөөлөх
중고의 дампу, түйнэг
중국 맥주 пийжүү
중국 맥주를 많이 마시다 пийжүүдэх
중국 인치의 10번째 пүн
중국(中國) хятад
중국실업상사(회사)의 경영자 данжаад
중국어(말)로 번역하다 хятадчиилах
중국어의 хятад
중국의 хятад
중국인의 хятад
중국처럼 되다 хятадшиx
중국풍으로 되다 хятадшиx
중국풍의 хятад
중국풍의 벽돌 침대 ханз
중국풍의 상태로 적합(적응) 시키다 хятаджуулах
중년여자 авгай; ~ тай хун 기혼녀, 부녀자
중년을 지난 여인 самган
중년을 지난 친척부인 маамаа
중년을 지난 хижээл
중다(衆多) үй олом, үй түмэн
중단 хаагдал
중단되다 таслуулах, хийдэх
중단되지 않는 тасралгүй
중단하다 сэхийх, тасалдуулах
중대(중요.유력)시하다(~을) чухалчилах
중대성 ноц
중대하게 ихээр
중대한 날 өдөрлөг
중대한 시기 хагалбар; мэс ~ын ажил (약의) 효력, 효과
중대한 시점 ид
중대한 ихээхэн, ноцтой, сүрхий
중도파의 төв; хотын ~ 도시의 중심; хун- дийн хүчний ~ 중심(重心).

중독 согтолт, хордлого, хорлол
중독되다 хордоx
중독성의 хортой
중독성인 донтой, хэнхэг
중독시키다 ганируулах, согтоох
중량 годил, жин(г), туухай; хувийн ~ 비중(比重)
중량을 재다 жинлэx
중량의 단위 톤 тонн (1ton =20 hundred-weight); 영톤, 적재톤(long [gross] ~, shipping ~) (1ton =2240 1bs. ≒1016.1kg); 미톤, 소(小)톤 (short [net] ~)(1ton=2000 1bs,≒907.2kg); 미터톤 (metric~) (1ton=1000kg); 용적톤 (measurement/ freight ~)(석재(石材)는 16입방 피트, 나무는 40입방 피트, 소금은 42 bushels)
중량이 있는 жинтэй, луглагар, тэнтгэр, хүнд
중력이 없게되다 жингуйдэx
중력이 없어지다 жингуйдэx
중립의 саармаг; ~ эгшиг (문법) 중간음, 중성모음([ə]); солиг ~ 의심스러운(행동), 의문의 여지가 있는; ажилчин 39 гийн- ууд ~ байдаг 일벌은 중성형 곤충이다
중립지대로 하다 саармагжуулах
중립화하다 саармагжуулах
중매인 зууч
중배 부른 나무통 хавчиг
중배 부른 통 торх
중병의 약간 개선되어 보이다
중상 амны зууш, мугуйдалт
중상(비방) гүжир, гүтгэлэг
중상(비난.비방)하기 쉽다 гөрч
중상(비방)하고 싶어 하다 гөрч
중상(비방)하는 경향이 있다 гөрч
중상(비방.비난.명예훼손)하다 гөрч, гөрдөх, гүжирдэх, муучлах, хилсдүүлэх, ховсрох, хилсдэx
중상(모략.욕)하다 гүтгэx
중상(中傷)자 гөрдөөч
중상하다 мугуйдах
중석(重石) вольфрам

중성 эрс
중성명사(형용사.대명사) эрс
중성의 саармаг
중세 дундахь, дундад(中世: 시대 구분의 하나. 고대에서 근대에 이르는 중간의 시대. 우리나라는 고려시대, 서양에서는 민족 대이동부터 동로마 제국이 멸망할 때까지의 5-15 세기경을 말함),
중세기 дундахь; ~ байшин 중세기의 집
중세의 기사 хөлөг баатар
중세의 논증학(논리학) диалектик
중세의 무예를 닦는사람(knight-errant) өрлөг
중시 хүндлэл
중심 дунд, цөм
중심(점) голлолт, чигтэй
중심(중앙)에 모이다 төвлөрө|х
중심(핵심, 중앙)에 머무르다 төвлө|х
중심도시 нийслэл
중심부(중앙부)의 гол; ~ зорилго 주요 목적, 요점; ~ хун 킹볼트, 중심핀, 중심볼트, 바퀴의 비녀장; ~ гудамж 큰 거리, 중심가; ~ төлөв 대개는, 주로, 대체로; ~ асуудал 중심 문제; ~ газар 중심 장소; ~ёc 도덕(윤리)을 켜라;~ын хуудас 2쪽(면) 열기; ~ нуруу 대부분은, 대체로, ~ утга 요점, 요지, 근본; ~ max (머리용) 리본, 머리띠
중심부의 гол, төв
중심에 두다 төвлө|х
중심에 모으다 төвлөрүүлэ|х
중심으로 모으다 төвлө|х
중심으로 한(~을) чиглэлтэй
중심을 떠난 захдуу
중심을 벗어난 гажууд
중심을 점령하다(점거하다) голо|х
중심을 차지하다 голо|х
중심의 гол, дундад, төв; хотын ~ 도시의 중심; хун- дийн хучний ~ 중심(重心).
중심적인 дотно, дотоод, өвөр
중심점 гол, тээл
중심핀 даммар
중심화 төвлөрүүлэлт
중압감 хавчлага
중압감을 주다 талхи|х
중압감을 주다(~에) боолчло|х, гиюурэ|х, давта|х, дарлагда|х, талхигда|х, хавчи|х, хяха|х
중앙 гол, дунд
중앙 배급물 коллектор
중앙 배분(배포, 배급물) коллектор, коллектор
중앙분배(배분.배포.배급물) коллектор; номын сангийн ~ 도서관 책의 배부는 중앙사무실에서 한다.
중앙 집권화하다 төвлөрө|х
중앙부의 гол, төв; хотын ~ 도시의 중심; хундийн хучний ~ 중심(重心).
중앙아시아 나무 유성(자웅) заг; ~ бор шувуу 참새 자웅-(Passer Ammodendri Gould1872)
중앙의 시대 дундад
중앙의 핀 даммар
중앙의 гол, дундад, төв; ~ эртний 중세기; ~ эртний 중세(풍)의; Дундад азийн 중앙 아시아; Дундад иргэн улс 중국
중양화(重陽花) удвал
중얼(웅얼)거리다 ная ная хийх нял, бувтнах, ганши|х, гүнгэнэ|х, дүднэ|х, нанши|х, үглэ|х, хурчигна|х
중얼중얼하다 бувтнах
중역(회) коллеги, комисс
중요 인물 ямбатан
중요 인물이 되다 данхай|х
중요성 ноц
중요시하다(~을) онцгойло|х
중요치 않은 тааруухан, толиур, тоомсоргүй, тоохгүй
중요하다 голо|х
중요하지 않은 장소 газаргүй
중요하지 않은 аар саар, дэгс

중요한 гол, еренхий, ихээхэн, ноцтой
중요한 부분의 дийлэнх
중요한 인물을 수행하다 бараа болох
중요한 점을 말하자면 богинодо|х
중용을 잃게 되다 давамгайла|х
중용을 잃은 давамгай
중위 дунд
중위(中尉) дэслэгч
중이(中耳) хулхи
중재인(仲裁人) цэц
중재자(仲裁者) зууч, шүүгч
중재하다 зуучла|х, шүү|х
중절 завсарлага, сэг, тасалдал, тасрал, тасралт
중점(中點) дунд
중점을 두다(~에) чухалчила|х
중조(重曹) хужир
중지 бай, байг, завсарлага, зогсолт, зогсоол, сэг, тасалдал, тасрал, тасралт
중지하다 бай|х
중추 гол, дунд; ~ судас 대동맥; ~ыг нь таслах 대동맥을 찢다, 살해하다, 학살하다; харандааны ~ 연필의 심; модны ~ (목재의) 심재(心材), 적목질(赤木質)
중추(中樞)의 өвөр
중추가 되다 голо|х
중추 гол, дотоод, төв
중층- давхар
중풍 нөлөө, саа
중풍(증) мэнэг; ~ дайрах 마비시키다, 불수가 되게 하다; ~ өвчтэй 마비(중풍) 환자, 저능자, 치우(痴遇)(idiot나 moron의 중간 지능 정도; IQ 25-50)
중풍병에 걸리다 мэнэгдэ|х
중풍으로부터 떠는 병들다 салгала|х
중풍을 앓다 салгала|х
중히 여기다 ойшоо|х
쥐 хулгана
쥐가 찍찍(끽끽)울다 хахина|х, хяхна|х
쥐가나다 татвалзах
쥐나 설치류와 같은 작은 동물의 새끼 гөлчгий; оготнын ~ 어린 쥐
쥐는 곳 бариул, товчлуур
쥐다 атга|х, барии|х
쥐목 мэрэгчин
쥐색 оог; ~ саарал 회색(잿빛)의
쥐오줌풀 бамбай
쥐오줌풀 뿌리에서 채취한 진정제 бамбай
쥐죽은 듯하다 намжи|х
쥐죽은 듯한 намуу(н)
쥔 주먹 нудрага; ~ зангидах 손(주먹)을 꽉 쥐다.
쥘 손 иш
즈음하여(~에) тохиолдуулан
즈크 майхан, таар
즉각 내빼다 годхий|х
즉각 агшин зуур, хоромхон, төдөлгүй, төдхөн
즉석(요리용) уусдаг
즉석에서 бушуухан
즉석에서의 бэлхэн, зэлэн
즉석으로 하다(~을) хуумгайта|х
즉시 агшин зуур, бушуухан, дараахан, даруй, даруйхан, мөд, мөдхөн, мөтөр, удалгүй, үтэр, хором, хоромхон; ~ хавар болно 여기에도 곧 봄이 올 것이다.
즉시(곧) зэрэг, төдөлгүй, төдхөн
즉시불로 бушуухан
즐거운 амттай, баяртай, баясгалантай, дарвиантай, дурлам, жаргалтай, зугаатай, инээдтэй, наргиантай, олзуурхууштай, өөдрөг, таатай, тавтай, таламжтай, хөгжөөнтэй, хөөтэй, хөөтэй бах, бахдал, баяр, баясгалан, даргиан, таашаал, хав, хөгжөөн, цэнгэл; ~ хун 즐거운 친구
즐거운 것 бах, бахдал, баясгалан
즐거운 일 баясгалан
즐거움(책·친구로부터) 억지로 떼어놓다 хэгзрэ|х
즐거움을 만들다 баярлуула|х
즐거이 ~하는 дуртай
즐겁게 맛보다 баяса|х, жарга|х,

таашаа|х, цэнгэ|х
즐겁게 하다 баяса|х, баясга|х, зугаала|х, хөржөө|х
즐겁다 гий|х
즐겁지 않은 хөөргүй
즐기는(~을) урамтай
즐기다 баяса|х, жарга|х, таашаа|х, цэнгэ|х
즙 шим
즙을 짜내다 дара|х, шаха|х
증가 дэгжил, нэмээс, олзвор, олширмол, өөдлөл, өсөлт
증가(추가)하다 арвижуула|х, нэмэгдүүлэ|х
증가시키다 арвижуула|х
증가시킬 수 없는 өөдлөшгүй
증감(增感)하다 эрчимжүүлэ|х
증강(增配)되다 ширүүсэ|х
증강(增配)하다 эрчимжүүлэ|х
증거 불충분인 баримтгүй
증거 байцаал, гэрч, нотолгоо
증거(증언 등으로) ~이 진실임을 증명 (입증,확증)하다 магадла|х; гэмт хэргийм магадаан шалгах 조사하러 오다; бид эдгээр тоог ~ ёстой 우리는 이것들의 숫자를 증명해야 한다; ослын шалтгааныг магадлан тогтоох 그 충돌의 원인 조사하다; үнэн худлыг магадлан тогтоох 진실과 거짓말을 실증하다.
증거가 되는 것 баримт
증거가 되다(~의) батла|х; батлан хамгаалах 항변(답변.방어)하다; батлан хулэх кок(굳게.꼭.단단하게) 묶다(매다, 결합하다, 잇다)
증거자료 акт, байцаал, баримт, бичиг
증거자료가 없는 баримтгүй
증권 фактур, хувьцаа
증기 жигнэмэл, униар, уур; ~ын тэрэг 증기엔진; ~ амьсгал 대기, 기후, 천체를 둘러싼 가스체.
증기(수증기.김.증발.기체)로 덮게 되다 униарта|х
증기(스팀.수증기)의 베이지색(밝은 다갈색) бурхира|х
증기력(스팀) уур, жигнэмэл
증기를 발생하다 савса|х, уурши|х
증기를 확 뿜다 хуухина|х
증기의 흐름을 막다(조절하다) боо|х
증대 дэгжил, нэмээс, олзвор, олширмол, өөдлөл, өсгөлт, өсөлт, сэлхрээ
증대(량) өсөлт
증대(증가)시키다 арвижуула|х, үржүүлэ|х
증대(확대)하다 арвижи|х, ахиулла|х, ахи|х, дангина|х, ихтэ|х, өсгө|х, үржүүлэ|х
증대하는 өрнүүн
증대하다 нэмэгдэ|х, олсо|х, олшро|х, өөдлө|х
증류기 мунан шил
증류하여 얻은 нэрмэл; ~ ус 증류수; ~ архи 집에서 증류한 보드카(술)
증류한 위스키 ьурхээр
증명 гэрч, магадлал, нотолгоо
증명(증거.증언) баримт, баиалгаа
증명(보증)할 수 있는 гэрчилгээ; төрсний ~ 출생증명서; дунд боловсролын ~ 중등학교 졸업증서
증명(확정)에 복종시키다(따르게 하다) батлуула|х
증명되지 않은 баримтгүй
증명된 것 батлуула|х; гэрлэлтээ ~ 결혼을 기록(기입)하다, 혼인관계를 등록(등기) 하다.
증명서 аттестат, үнэмлэх
증명하다 батлагда|х, гэрчлэ|х, мэдүүлэ|х
증명하다(~을) гарга|х, тунхагла|х
증명할 수 있는 일반원리 теоем
증발기체 униар (연무·아지랑이·안개· 연기); утаа ~ 스모그, 연무(煙霧)(연기 섞인 안개)
증발시키다 уурса|х, уурши|х
증보 өсгөлт
증빙 баримт

- 597 -

증서 акт, ордер, фактур
증서를 두 통 만들다 олшруула|х
증서의 баримтат
증손(增損) жич
증손자 жич
증수(량) өсөлт
증식 ихэсгэл, өөдлөл, үржил
증언 гэрч, нотолгоо, өчиг, өчил; ~ мэдүүлэг зөвнхөдэг; ам ~ 고백(실토)하다; ~ авах зовбөл олно.
증언(증명)하다(~을) мэдүүлэ|х, өчи|х
증언(증명.입증.보증)하다 батла|х, гэрчлэ|х; түүний хулгай хийгээгүй болохыг баталжээ 그는 절도죄에서 결백을 입증 했다
증여 өргөл
증여(기증)자 өгөгч
증여(증정)하다 бэлэглэ|х
증오 заналт, өшөө, хорсол
증오(혐오)하다 өши|х, өшөөрхө|х; хонзон/хорсол악의, 원한, 증오, 적의(敵意), 적개심; ~ авах өшөөг авна, өс хонзон авах, өшөө авах, өшөө хонзон авах; ~ тэй 적의 있는, 적개 심에 불타는; тэр эцгийнхээ ~г авна гэх тангараглав 그는 아버지의 살인범 복수를 맹세하다
증오를 북돋우다 өрдө|х
증오할 만한 шившигт
증원 рельеф
증원(增員.增援)하다 батжуула|х
증인 гэрч, тамга, тамгатай, тийз; ~ ийн этгээд 목격자; ~ баримт 증명서류.
증인(證印·봉랍(封蠟)·봉연(封鉛)·봉인지 등에 찍은) ломбо; шудний ~ (치아의) 충전재; ~ лац ил, 장식 우표; тугалган ~ 봉인
증인이 되다 гэрчлэ|х, даа|х
증좌(證左) баримт
증진 дэвшилт, дэгжил, олширмол, өөдлөл, өсөлт
증진(진흥) ахиц

증진(증대.증가.증식)하다 нэмэ|х, өсө|х
증진시키는 사람(물건) барилгачин
증진하다 дангина|х, нэмэгдэ|х, олсо|х, олшро|х, өөдлө|х
증축 өсгөлт
증폭기(增幅器) өсгөгч
증표(證票) баримт
증험 баримт
지각 дуулиан, мэдрэл, цардас. мэдээ, мэдрэхүйг; таван ~ 다섯 가지 감각
지각 있는 ухамсартай, ухамтгай
지각(감지)하는 ухамтгай
지각(知覺) 없는 намбагүй
지각을 잃게 하다 баларта|х, мунхруула|х
지각의 хожуудсан
지각하다 мэдрэ|х, оргии|х, сэрэгдэ|х, уваила|х, үзэ|х, хожууда|х; халуу ~ 더위를 느끼다; дотор муухай ~ 아프다; ээгүй ~ 쓸쓸함을 느끼다
지각한 хожу
지갑 карман, түрийвч, хэтэвч
지겨운 жигшмээр, жигшүүртэй, заваан, заналт, зэвүүн, нигшүүрэлтэй
지겨운(고루한) 녀석 бах
지겨움 жигшил, жигшүүр, зэвүү; түүнийг харахаар ~ хурдэг 그는 나에게 반감을 가지다
지겨워서 구역질이 나다 жигши|х, нигшүүрэ|х
지고 있는 것 дарамт
지구 дүүрэг, дэлхий, муж, район; газар ~ 대지, 땅; даян ~ 세계; ~н бөмбөрцөг 지구; ~н царцдас 지표면, 지구의 표면.
지구(地區)(행정·사법·선거·교육 등을 위해 나눈) хороолол
지구(관구)로 나누다 мужла|х
지구력 тэвчээр, хүлцэ|х
지구의 эндэх
지구의 북극지방 умард
지구의 자전 орчил
지국 салбар, татуурга

- 598 -

지그시 보다(~을) гөлрө|х, тэвчи|х
지그재그의 арзгар, арсгар, сэрэвгэр
지극히 작은 бичил; ~ амин судлал 미생물학, 세균학(細菌學); ~ уур амысгал 소(小)기후(한 국지(局地)의 기후); 미(微)기후(소기후보다 더 작은 지점의 기후)
지글지글 소리가 나도록 굽다(뜨겁게 하다) шажигна|х
지금(곧) одоогоор, өдийд, өнөө, төдөлгүй, төдхөн, эдүүгээ, энэ, өдгөө; ~ тэ дий 같은 수의, 동수의, 그만큼의; ~ чинээ 이것 만은, 여기까지는; ~ болтол/хуртэл 지금까지(는), ~д, ~ уэ д 이맘때에, 이때에;~э лгэ э 오늘아침. 지금 곧 мөтөр, одоо, одоохон, одоохондоо, өнөө; тэр ~ ирнэ 그는 곧 바로 여기로 올 것이다; ~гийн хумуус 오늘날의 사람들; ~ цаг (문법) 현재 시제; ~цагт 오늘날;~э лгэ э 오늘아침.
지금 도살한 동물의 가죽에 붙은 지방을 옮기다 халимла|х
지금 막 ~한 арайхан, төд, чүү ай
지금까지(는) одоохондоо
지금까지에 үүгээр
지금도 одоохондоо
지금보다(그 때보다) 이전에 нааш
지금부터는 хойшид, цаашид
지금으로는 одоогоор
지금은 одоогоор
지금의 одоогийн, одоохь, өнөөгийн
지금쯤은 үүгээр
지급 запас, нөөц, олдоц, хангамж
지급 담당자 төлөгч
지급(정산)을 끝내다 төлөгдө|х
지급(지불)하다 төлө|х
지급금 татвар
지급불능케 하다 дампуура|х, тамтра|х
지급하다 гуйвуула|х, залга|х
지급하다(~을) хүртээ|х
지긋지긋한 булай, жигшмээр, жигшүүртэй, нигшүүрэлтэй

지긋지긋함 жигшүүр
지기 ойлгоц
지껄거리다 бура|х, лавши|х
지껄여 누설하다 бура|х
지껄임 яриа
지껄임 ярилцлага
지나가는 사람 явуул явуулын хун
지나다 гара|х, замра|х, нэвтрэ|х, өнгөрө|х, өртөөлө|х, туула|х; дуугүй ~ ~의 입막음을 하다; хажуугаар ~ 지나다; түргэн ~ 가볍게 지나다; архинд ~ 곤드레만드레 취하여; хэл дээр дайсан дайсан хэл 나르 하나의 언어로 이해한다; ~ бичиг 허락(허가.승인)하다; дээл минь бороонд нэвтрэв 나의 외투가 흠뻑 젖다.
지나간 завшуул, өнгөрсөн; ~сар 지난달; ~ жил 지난해; ~ цаг (동사의) 시제, 시칭.
지나간 흔적(자국) мөр; ~өө балах 발자국을 덮다; ~өөр нь мөшгих 발자국을 따라가다; гаргах 발자국을 남기다; догол ~ 패러그래프,(문장의)절(節), 항(項), 단락, 다 차지 않은 마지막 행; догол ~ гаргах 만입(灣入)시키다, 움푹 들어가게 하다.
지나갈(통과할) 수 없는 замгүй
지나다 нөгчи|х, өгүүлэ|х, өнгөрө|х, өртөөлө|х; дуугүй ~ ~의 입막음을 하다; хажуугаар ~ 지나다; түргэн ~ 가볍게 지나다
지나서(~을) цаахнуур
지나지 않는(~에) нэмүүхэн, цаашгүй
지나쳐 가버리다 түрүүлэ|х, хоцроо|х
지나치게 бишгүй, бузар, илүүхэн, хэт
지나치게 ~하여 даанч
지나치게 강조하다 давсла|х
지나치게 길게 되다 гунжий|х
지나치게 높다 дээгүүрдэ|х
지나치게 떠받들은 танхи
지나치게 많이 먹다 бялуура|х; өөхөнд

~ 기름기가 많은 음식을 너무 많이 먹다.

지나치게 무거운 발걸음으로 걷다 гэлдэрхийлэ|х

지나치게 사랑하는 өхөөрдөл, өхөөрдөнгүй

지나치게 사랑하다 нали|х

지나치게 알뜰한 яхир

지나치게 옷치장을 하다 гангамсаг.гоё|х

지나치게 자란 сахлаг

지나치게 잘(익히) 알고 있는 сүйд

지나치게 친밀하게 되다 дотночло|х

지나치게 칭찬하다 онгирго|х

지나치게 하다 нэвшрэ|х

(~을) 지나치게 하다 илүүдүүлэ|х, хэтрүүлэ|х

지나친 찬사 зулгүй, зулгүйч; ~ хун 아첨꾼, 아첨장이, 따리꾼

지나친 илүүвтэр, ихэвтэр

지난 것을 애곡(哀哭)하다 гунихра|х

지난~ өнгөрсөн; ~сар 지난달; ~ жил 지난해; ~ цаг (동사의) 시제, 시칭.

지난달 өнгөрөгч сар

지난해 нөднин; ~ намар 지난가을;~ зун 지난여름;~жил 지난해

지난해 동안 축적된 хур

지난해 바로 전년의 해 уржнан

지난해의 어린 양 төлөг

지내다(때를) нөгчөө|х

지느러미 сэрвээ; загасны ~ 물고기 지느러미.

지느러미 모양의 물건 сэрвээ; загасны ~ 물고기 지느러미.

지는 꽃잎이 팔랑팔랑 떨어지다 далба|х

지능 ой, оюун, сав, тархи, ухаан, ухамсар, толгой; ~ ихтэй 슬기로운, 현명한; ~ гаргах 깊이 생각한 나머지 잃다; химийн ~ 마음의 움직임

지능(총명)을 자랑하다(떠벌리다) ухаархa|х

지능이 있는 авхаалжтай, сэргэлэн, сэхээ- тэй, сэцэн, ухаалаг, ухаантай, ухамтгай

지다가다 ява|х

지당한 зохи|х, зохимжтой, зохистой, зүйтэй, ончтой

지대 булэг, дүүрэг, муж, район, талбар, тойрог, төлөөс, хороолол

지대(집세)가 없는(없이) хөлсгүй

지도 жолоодлого, карт, мөрдлөг, удирдлага; ~ явуулах ~의 연구(탐구)중이다

지도 작성을 위해 (어느 지역을) 실지 조사(측량)하다 зурагжуула|х

지도(력) жолоодлого

지도(지배)받다 хөтлөгдө|х

지도(지휘,관리,지배)하는 командлал

지도(천체도)를 만들다 зурагжуула|х

지도권 манлайлал

지도력 удирдлага

지도원 жасгалжуулагч

지도의 축척 шаталбар

지도자(리더) ахлагч, багш, даамай, жолоодч, заавaрлагч, захирал, командир, манлай, манлайлагч, сартваахь, сургагч, толгойлогч, тэргүүлэгч, удирдагч, эрхлэгч

지도작성 зураглал; агаарын ~ 항공기에 의한 측량술.

지도책(도해서, 도감) атлас; газар зүйн ~ 지리학의 도해서; үндэсний ~ 국세지도(국세를 나타내는 요소의 지역적 분포·변화를 나타냄).

지도하다 толгойло|х, хөтөч, догждо|х

지독 догшин, омголон, өөдгүй

지독한(새빨간) 거짓말을 하다 барин тавин худал хэхэх

지독히 짖는 듯한 소리를 내다 борго|х

지둔(遲鈍) эрч

지라 дэлүү(н), сөс

지랄병 унадаг э вчин, үхтгэгч э вчин

지레 гөнжүүр, хөшүүрэг

지레로 ~을 움직이다 хөши|х

지레로 움직이다 гөнжи|х, өлө|х, хөшүүрдэ|х, хөшүүрэгдэ|х; хэ шуургээр ~ 레버로 움직이다

지레를 사용하다(~에) гөнжи|х, хөши|х, хөшүүрдэ|х, хөшүүрэгдэ|х

지력 тархи, ой, ойлгоц, оюун, сав, толгой, ухаан; ~ ихтэй 슬기로운, 현명한; ~ гаргах 깊이 생각한 나머지 잃다; химийн ~ 마음의 움직임

지력(감각·감정 따위가) 예민한 сономсор

지력의 сэхээтэн

지령 айлдвар, дүрэм, заавар, зөвлөмж, команд, лүндэн(г), тушаал, удирдамж

지령의 командлал

지론 санаалтай, үзэл

지루하게 긴 дуусгаргүй

지루하게(따분하게, 싫증나게) 하다 санд- руура|х, чилээ|х

지루하다 уйда|х

지루한 것 уйтгар

지루한 амттүй, залхуутай, нолиг, нуршаа(н), сонирхолгүй, уйдмаар, уйтгартай

지루한(싫은) 일 тойв

지루함 зүдрээ, зүдэргээ

지루해지다 уйтгарла|х

지류(支流) салаа(н), салбар, татуурга

지르퉁한 ёвроготой, ёвчоо

지름 диаметр

지름길을 취하다 дөтлө|х

지름길을 택하다 дөтчилө|х

지리 газарзуй

지리(학)책 газарзуй

지리멸렬 будлиан, самуурал, солио, эндүүрэл, ээдрээ

지리멸렬의 авалцаагүй, авцалдаагүй, замбараагүй

지리멸렬하다 задгайра|х, тулгамда|х

지리학 газарзуй; ~н солбицол 지도 자표; ургамлын ~ 식물(학)의 지형; эдийн засгийн ~ 경제학상의 지도, 경제좌표.

지리학자 газарзуйч

지망자 кандидат

지망하는 санаатай

지맥(支脈) салаа(н), салбар, татуурга

지면 газар, талбай, хаяа, хөсөр, шал

지면(바위)의 깊게 갈라진 틈 там

지면의 갈라진 틈 хэрчлээс

지명 추천하다 тохоо|х

지명된 장소 болзоо(н)

지명하다 тохоо|х

지명하다(~를) хариуцуула|х

지명하여 비난하다(~을) занга|х

지반의 함몰 төхөм, хонхор

지반이 함몰하다 уна|х

지방 과다(증)의 тослог

지방 사투리 аялга

지방 자치체 коммун; Парсын ~ 파리의 코뮌

지방 дүүрэг, муж, орон, район, тойрог, хороолол, хөдөө(н)

지방(기름) тослог, тос(он)

지방에서 휴일을 보내다 хөдөөлө|х

지방의 гадаа, хөдөөрхүү, эндэх

지방의 작은 행정구역(단위.지역.지구) баг

지방이 많아지다 голий|х, таргала|х

지방이 많은 голиор, махтай, өөх, пандгар, тарган, тослог; малын ~ 동물의 기름; гахайн ~ 돼지기름; ~тэй мах 지방이 많은 고기.

지방이 많음 тарга

지방이 없는 팬케이크 요리의 종류 гамбир

지방질 тослог

지방질의 тослог

지배 горим, журам, засаглал, захиргаа(н), мутар, ноёрхол, талхигдал

지배(관리·책임)하에 두다(~의) эрхлүүлэ|х

지배(권) айлдвар, засаг, төр; засгийн эрх- ийг авах 정권을 장악하다, 세력을 얻다; орон нуттгийн ~ захиргаа 지방

자치체; ~ захиргаа 행정기관; ~ төр 정부, 행정권, 통치권; ардын ~ 국민의 정부; төр засгийн бодлого 정부의 정책, эдийн ~ 경제학, 경제 관리; ~ дарга 지역 위원회 의장

지배(력) шалгалт, эрхшээл
지배(통치)권(력) ноёрхол
지배(통치)하다 зонхило|х
지배권 манлайлал
지배력 засаг, мэх, төр, удирдалт; ардын ~ 국민의 정부; ~ний айлчлал 정부를 방문하다; ~ барих 지배하다
지배력위신 эрх
지배력을 갖다 ноёло|х, тархила|х
지배를 받는 албат
지배아래 있다 харьяалагда|х
지배인 эрхлэгч
지배자 ахлагч, даамай, захирагч, ноён, толгойлогч, удирдагч, хаан, эрхлэгч
지배하는 командлал
지배하다 голдо|х, засагла|х, ноёрхо|х, хүчирхийлэ|х, хяна|х, ээмши|х, эрхлэ|х
지배하다(~을) ноёло|х, ноёрхо|х, эрх баригч
지변(지급)할 책임이 있는 해석 тайлбарлууштай
지부 салбар, татуурга
지분대다 бороохойдо|х
지불 төлбөр, төлөөс
지불(납부, 납입)요구하다 нэхэмжлэг
지불(지급)하다 цалинжи|х
지불금액 төлбөр
지불을 하다 төлүүлэ|х, уушаа|х
지불인 төлөгч
지불하다 гүйва|х
지붕 위의 돔 бөмбөгөр
지붕 있는 작은 발코니 дэнж
지붕 표면의 행동 түрхэлт
지붕 хучаас
지붕(건물)이 내려앉다 нура|х
지붕(뚜껑)이 있다 хучигда|х

지붕(벽)이 내려(주저)앉다(무너지다, 붕괴 하다, 내려앉다) уна|х
지붕(이기.이는 재료) дээвэр; байшин- гийн 빌딩의 지붕
지붕들보 нуруу(н)
지붕을 덮는 펠트 давхарлага
지붕을 덮다 дээвэрлэ|х
지붕을 이다 дээвэрлэ|х
지붕이 달린 베란다 сүүдрэвч
지붕있는 작은 발코니 дэв
지상 гадарга
지상(紙上)의 논전 зарга
지석(砥石) гуранз
지선 салбар, салаа(н), татуурга; модны ~ 나무의 가지; голын ~ 강의 분기점; тэ мэ р замын ~ 지선
지성 ой, оюун, сав, тархи, ухаан
지성에 의해 알 수 있는 ойлгогдохуйц
지성을 갖춘 авхаалжтай, сэргэлэн, сэхээтэй, сэцэн, ухаалаг, ухаантай, ухамтай
지성적인 ойлгогдохуйц
지세 газарзуй
지속 нөр(өн), үргэлжлэл
지속(계속)하다 байлга|х, үргэлжлүүлэ|х
지속적으로 마찰하다(비비다) нухла|х
지속하는 хатуужилтай
지속할 수 있는 алзахгүй
지스러기 ловш, навтас, ноорог, огтлодос, өөдөс, сэмэрхий, цөвдөл, шаар, шавхруу
지시 дүрэм, заавар, захиалга, зөвлөмж, мөрдлөг, удирдамж; ~ явуулах ~의 연구(탐구)중이다
지시 대명사 үүн
지시(지정)하다 томило|х
지시받은 чигтэй
지시서 заавар, удирдамж
지시의 командлал
지시자 заагч, илтгэц
지시하는 командлал

지시하다 заа|х, тохоо|х; хуруу-угаар ~ 손가락으로 지시하다; буурь ~, хана ~ 경험이 많은; чадал ~, чийр ~ 자신의 힘을 자랑하다, 부(富), 재산; яс ~~에게 형을 선고하다; ~ аога 교수법; ~ын тийн ялгал 대격(對格)의; ~ төлөөний үг 지시사, 지시 대명사

지시하다(~에게) захиала|х

지식 боловсрол, заалт, мэдлэг, мэдэц, ухал; эрдэм ~ 교육, 훈육, 훈도

지식(정보)의 통지 матаас, чимээ

지식범위 далайц

지식을 얻다 сура|х

지식의 보고 хөмрөг

지식이 있는 андахгүй, долингор

지식이 있다 долингорши|х

지압요법사(자격 없는) бариач

지역 дүүрэг, муж, орон, район, талбар, хороолол; усл ~ 국가, 나라; гадаад ~ 외국나라; ~ нутаг 시골, 지방; халуун ~ 열대(지방)의 나라; эх ~ 고국, 모국; эх ~ондоо эргэх ирэх 고국으로 돌아오다; ~зайн 공간적인; ~ зай 공간, 장소

지역(공동)사회 нийгэм; нийгмийн амьдрал 공적인 생활; нийгмийн ухаан 사회과학; нийгмийн хөрөнгө 공유재산; нийгмийн ашиг сонирхол 공익; нийгмийн уээгдэл 사회현상; нийгмийн өөрчлөлтүүд 사회변화; нийгмээр оролцох ажил 공익근로; нийгмийн халдварт өвчин 사회질병; нийгмийн гарал 사회조직; монголын ~ 몽골국민; хуй нэгдлийн ~ 원시사회; социалист ~ 사회주의; нийгмийн сэтгэхүй 사회심리학; нийгмийн даатгал 사회보험; нийгмийн шударга ёс 사회정의(정당성)

지역을 보호하다 дархла|х; газар ус ~ 현실에서 보호하다

지연 саатал, удаашрал, удал, хоцрол, хүлээгдэл, элээ

지연(지체) 없이 хоцролгүй

지연하다 сунжра|х, хойшло|х, хойшлогдо|х

지엽(枝葉)으로 흐르다 хэлбэрэ|х

지엽에 흐르다(얘기 따위가) арсай|х

지옥 там

지우개 баллуур

지우는 사람 баллуур

지우다 балра|х, дөнгүүлэ|х, лаахайда|х, устга|х

지우다(~을) балла|х, сохло|х

지우다(의무·세금·벌 따위를) баала|х

지울 수 없는 балрашуй

지워 버리다 балла|х

지워 없애다 шалбала|х

지워져야 할(책임) төлбөрт

지워지지 않는(얼룩 등) балрашуй

지원 хамжаа

지원(서) анкет, өргөдөл

지원자 амьдруулагч, гуйгч, кандидат

지위 등을 낮추다 дээрэлхэ|х

지위 зэрэг, хэргэм, цол

지위(특권·재능·ㅎ의 등을) 남용하다 толхи|х

지위가(신분이) 높은 өндөр

지위를 내림 доройтол

지의류 царам(地衣類: 은화식물의 하나. 균류는 조류를 싸서 보호하고 수분을 공급하며, 조류는 동화 작용을 하여 양분을 균류에 공급하는 공생체. 나무껍질·바위에 붙어 삶.)

지저귀다 дуржгана|х, жийгэ|х, лавши|х, чалчи|х

지저깨비 бяцархай, зомгол, зоргодос, новш, өөдөс, өргөс, тасархай, холторхой, хэлтэрхий, хэмхдэс

지저분한 муухай; ~ болох 추하게(더럽게) 되다; тэр ~ ааштай байна 그는 불쾌한 기분이다; ~ хэрэг 불결한 일; миний ~ хүү 나의 사랑스러운 아들

지적(정신적)으로 향상된 сөдгөр

지적(지시)하다 халай|х

지적인 авхаалжтай, сэргэлэн, сэхээтэн, сэцэн, ухаалаг, ухаантай, ухамтгай

지적하다 заа|х
지적하다(~을) тэмдэглэ|х
지절거리는 хэлэмгий
지점 салбар, татуурга
지점(장소) газар
지정 유언 집행자 гүйцэтгэгч
지정(地丁: 민들레) багваахай цэцэг
지정(地精: 인삼) хун орхоодой
지정기일 이전에 완료하다 давуула|х
지정된 болзоо(н)
지정된다 томилогдо|х
지정하다 тохоо|х
지주 гадас(ан), ивүүр, тавиур, шон, эзэн
지주(支柱) багана, буудал, тойвор, тулаас, тулгуур, түрээслүүлэгч, түшиг, түшлэг, холхивч
지주(支柱)에 의한 버팀 буудал
지주의 түшлэгтэй
지지 ивүүр, ивээс, тулгуур, түшиг
지지(두둔) газарзуй, жийрэг
지지(地誌)(학) топографи
지지(支持)하다(~을) торгоо|х, тула|х, тулгуурда|х
지지(後援) дэм; тус ~ 도움, 원조.
지지다 атира|х
지지물 багана, түшлэг
지지물의 түшлэгтэй
지지자 баримтлагч, үзэлтэн, хамсаатан, ханъ
지지자(물) түшээ
지지자(후원자)로 되다 амьса|х
지지자(후원이.원조가)없는 түшигтүй
지지하다 баримтла|х, барьцалда|х, дэмжи|х, тулалца|х, тулдуйда|х, түши|х, хорхойто|х
지지하다(~을) маазгана|х, тулгуурила|х
지지하다(주의·정책 등을) баганадах
지지했다 тэтгүүлэ|х
지질의 단층 орд
지질의 수평선 талархаг
지질의 цаасархуу
지질이 우묵한 төхөм

지질학 геологи (地質學: 지학(地學)의 한 부문. 지각의 성립·구조·연력 등을 연구하는 학문.)
지질학자 геологич
지질학 지층 давхаргадас
지질한 것 цөвдөл, шаар, шавхруу
지짐(뜸)술 төөнө
지척 хөгжил, хөгжилт
지척거리다 гэлдрэ|х, гэлдэрхийлэ|х, сажла|х
지체 саатал, удаашрал, удал, хоцрол, хүлээгдэл
지체(연기.유예)하다 саата|х
지체(정신) 장애자 тохир, эрэмдэг; ~ нуруу 등이 뻣뻣하다(경직되다)
지체되다 тогтонгиро|х
지체시키다 азна|х, удаасга|х
지체케 하다 боогдо|х, зэптэрлэ|х, сааттуула|х, хазаарлагда|х
지체하게 하다 алгуурла|х, аргамжи|х, оройтуулах, улираа|х, хождо|х
지체하다 азна|х, оройто|х
지쳐빠지다 сулда|х, сульда|х, тамиргүйдэ|х, зүдрэ|х, ядра|х; тэр аян замдаа алжаан зүдэрсэн ба-йв 그는 여행 후에 그는 지쳐 있었다.
지쳐 있는 зүдэнгэ, ядрангуй
지쳐빠지게 하다 зүдрээ|х, зүдэргэ|х, тамирда|х
지축(支軸) тэнхлэг
지출(持出) гарлага, зардал, зарлага, зарцуулалт; орлого ~ 수입과 지출; төсөв ~ 견적하다, 산정하다; зардлаа даах비용이 발생하다; ~д гаргах 쓰다, 소비하다, 지출하다; орлого зарлагын төсөв 예산, 예산안; орлого ~ 수입과 지출
지출금 зардал
지출액 гарлага, зардал, зарлага, зарцуулалт
지층 중의 단층 давхраа, давхраас
지층 давхарга, үе

지층을 형성하다 оршдос
지치(智齒) агт: агт араа
지치게 하다 бара|х, чилээ|х
지치는 залхуутай
지치다 алжаа|х, цуца|х, чилээрхэ|х
지치지 않게 하다 нөрлө|х
지치지 않는 амралгуй, нөр(өн), цөхрөлгүй
지친 алжаал, ядаргаа, ядрангуй
지칠 줄 모르는 амралгуй, барагдашгүй, барагхуй, нөр(өн), уйгагүй, цуцашгүй, шавхагдашгүй, эцэшгүй, халшрайгүй
지침 зүдрээ
지켜보다 өвөрчлө|х, сахиула|х, үзэ|х
지키다 дагалда|х, ивээ|х, өмгөөлө|х, өмөглө|х, хаацайла|х, хамгаалагда|х, хамгаала|х
지탱 ивүүр
지탱(보강.지속)하다 тулгуурда|х, тэсэ|х
지탱하다 алзахгүй, баганадах, багтаа|х, даа|х, тулалца|х, туши|х, тэсвэрлэ|х .
지탱하다(버티다)(~을) тулгуурила|х
지탱하여 가게 하다(~를) торгоо|х
지탱했다 тэтгүүлэ|х
지팡막대 таяг
지팡이 бороохой, таяг
지팡이로 걸어가다 таягла|х
지팡이로 때리다 таягда|х
지퍼(클립·핀·단추·혹·빗장 따위) шилбэ
지평선 хаяа
지피다 ноцоо|х
지하 심성(深成)의 гүний
지하경(莖) орвон, уг
지하로 흐르다 гүлдри|х
지하로 흘러가다 гүлдри|х
지하수(맥) судал
지하실 зоорь, подвал
지하실(땅광,움)에 저장하다 зоорило|х
지하에 잠들다 амраа|х
지하의 술곳간 хэвтэш
지하창고에 보관하다 зоорило|х
지하철(地下鐵) метро

지하철 정거장의 플랫폼 давцан
지하층 подвал
지향하는 чиглэлтэй
지협 хоолой, хүзүүвч
지형(地形) газарзуй
지형(지도) топографи
지형(지물)을 이용하여 숨게 하다(피난하다) нөмрлө|х
지형도 작성 топографи
지형이 평탄하지 않은 энхэл тонхол
지형조사 туршуул
지형학 топографи
지형학자 топографич
지혜 билиг, мэх, толгой, ухаан, ухамсар, цэц; ~ ихтэй 슬기로운, 현명한; ~ гаргах 깊이 생각한 나머지 잃다; химийн ~ 마음의 움직임
지혜가 없는 томоогүй
지휘 жолоодлого, команд, мөрдлөг, тушаал, удирдлага, харгазлага, эмх
지휘(관리)자(관) комендант, харгалзагч
지휘(관리.감독) 하다 эрхлэ|х
지휘(관리,지배)하는 командлал
지휘(권) айлдвар
지휘관 командир, тэргүүлэгч
지휘관(사령관) ахлагч
지휘권을 갖다(~의) даргала|х
지휘봉 бороохой
지휘자 командир, удирдагч, эрхлэгч
지휘하는 эзэрхэг
지휘하다 даргала|х, дохи|х; тэр төлөөлөгчдийг даргалав 그는 대표단을 통솔하다
지휘하다(~을) даргала|х, толгойлуула|х
직(職) мэргэжил
직(사)무 хэрэг
직각(直覺) зөн
직각을 이루는 тэвхгэр, эгц
직각의 тэвхгэр
직감적으로 зөнгөөр
직경 диаметр, калибр; ~буу 소구경

소(권)총.
직계의 туус
직경의 크기가 약 **80cm** дэлэм
직공 ажилтан, ажилчин, ажилчин, хөдөлмөрчин, нэхмэлчин; эмэгтэй ~ 노동자, 직공; үйлдвэрийн ~ 산업 노동자, 공원; ажилчны нам 근로자의 파티; ажилчны хөдөлгөөн 근무 중, 일하는 중; ~ анги 수업중
직공장 харгалзагч
직관(력) зөн
직관력으로 зөнгөөр
직관이나 점으로 예언하다 мэргэлэ|х, үзэ|х
직능 ажиллагаа, болгон, функц
직립(直立)의 босоо, зогсоо
직립상태 багана, гозгор
직립의 чанх, чигээрээ, эгц
직립한 босоо, гозгор, зогсоо, сэртэн, цэгц, цэх, эгц; ~ зайгүй хана(хүн)сийн (차례로); ~ зайгүй цувах хана(한사람)씩(차례로) 따르다
직면 нүүрэлдлэг
직면하다 нүүрэлдэ|х
직면하다(~에) нүүрэлдүүлэ|х, сөргөлдө|х, тулгара|х, тулгардуула|х
직면하여 халз
직무 ажиллагаа, алба(н), болгон, гааль, үүрэг, функц, явдал; ~н хаагч 사무 종사자, 회사원, (관청의) 사무직원; би ажил ~хашаагүй байна 나는 실직했다; цэргийн ~ 병역의무, 군역임무; тагнуулын ~ (정부의) 비밀기관, 첩보부; ~ ны хүн 공무원, 관공리; ~н үүрэг 의무, 본분; цэргийн ~н хаагч 장교, 공무원; тэр армид хорин жил ~ хаасан 그는 21년 동안 군대에 있다; та үүнийг хийх ~ гүй 당신은 그것에 은혜를 베풀지 않았다;
직무(사무)책임 хамаарагч
직물 бөс, даавуу(н), нэхмэл; ~ бараа 직물, 옷감; ~ гэр 텐트, 천막; ~ барааны үйлдвэр 직물공장.
직물(바구니를) 짜다 сүлжилдэ|х
직물(옷감)로 만든 신 махай
직물(포) 근로자 нэхмэлчин
직물을(바구니를) 짜다 нэхэ|х
직물의 끝손질하는 풀 хувцаслалт
직물의 너비를 재다 ам
직물의 씨실 бөглөөс, шанз
직물의 올이 성긴 навсгар
직물의 원료 бөс
직물의 원료 даавуу(н)
직물이 올이 성긴 лүглэгэр
직물이 혼방인 холимол
직봉(職蜂) махай
직분 роль
직사각형 уртлаг
직사각형으로 사각을 이루다 тэвхий|х
직사각형의 гулдгар, хоовгор
직사각형의 컨테이너(그릇, 용기). дөр
직사각형이다 хоовой|х
직선의 선분 хэрчим
직업 мэргэжил
직업(일자리)를 주다 ъхөлслөгдө|х
직업을 찾아 돌아다니다 гороо
직업적인(프로가) 아닌 사람 сонирхогч
직역하다 махчла|х
직원 ажилтан; сайн ~ 우수한 일꾼; урлагийн ~ мисүлчин, есүлчин; эрдэм шинжилгээний ~ 과학연구에 종사하는 사람; элчин сайдын яамны ~ 대사관 직원(공무원); ажилтнууд тушаалтан, түшмэл
직장 хошного (直腸: 대장의 끝 부분으로, 위는 'S' 자 모양의 결장에 이어지고, 아래는 항문을 통해 밖으로 열리는 곧은 부분. 곧은창자)
직장(職長) мастер
직전에(~의) өмнөхөн
직절(直節)하다 яра|х
직접 чанх, шулуухан
직접(의) шууд

직책 алба(н); ~н хаагч 사무 종사자, 회사원, (관청의) 사무직원; би ажил ~ хашаагүй байна 나는 실직했다; цэргийн ~ 병역의무, 군역임무; тагнуулын ~ (정부의) 비밀기관, 첩보부; ~ ны хун 공무원, 관공리; ~ н үүрэг 의무, 본분; цэргийн ~ н хаагч 장교, 공무원; тэр армид хорин жил ~ хаасан 그는 21년 동안 군대에 있다; та уунийг хийх ~ гүй 당신은 그것에 은혜를 베풀지 않았다;

직책(職責) гааль, үүрэг

직포(織布) нэхмэл

직하(直下)하는 цавчим

직함(職銜:칭호·관직명·학위·작위·경칭) хэргэм, дархан, цол; ~ аварга 레슬링 선수의 직함; ~ хил 국경을 보호하다; цаастай газар 성질,자질,본질

직함을(칭호.작위를)주다 гарчигла|х

직해(直解) хийх махчла|х

직행의 зогсолгүй

진(송진) жилий

진 일이 없는 ялагдашгүй

진공(眞空) вакуум

진공도(度) вакуум

진공으로 만들다 шавха|х

진공청소기 ариутгагч

진구렁 дэгнэлзүүр

진귀한 зүгээргүй; тэр ~ их авьяастай 그의 재주(재능)은 대단하다

진기하게 жигтэй

진기한 гаргуудаа, нандин, олдошгүй, ховор, цөөвтөр

진눈깨비 зайрмаг

진단 диагноз

진단(법) диагноз, онош

진단하다 оношло|х

진단학(법) оношлого

진도(선두.전위.선봉)에 서다(~의) магнайла|х, манлайла|х, хошуучла|х; ямар морь манлайлж явна вэ? 어느 말이 선두에서 달립니까?

진동(震動) аянга, дайвалзал, донсолгоо, дэнслэг, лавх, найгалт, нижигнээн, савлуур, сажиц, сэгсрэлт, хэлбэлзэл, чичиргээ, чичирхийлэ|х, чичирхийлэл

진동(동요)하다 салгана|х

진동시키다 ганха|х, дайва|х, дэмнэ|х, жихүүцэ|х, найга|х, савла|х, туйвалза|х

진동하는 найгалт

진동하다 ганхалза|х, гүйва|х, дүүжин(г), дэлсэ|х, жийрхэ|х, найгалза|х, туйвалзуула|х, халиура|х

진드기 хачиг, хувалз (진드깃과의 동물. 사람이나 짐승에 붙어 살며 피를 빨아 먹음. 몸은 주머니 모양, 암컷은 7mm, 수컷은 2.5mm가량, 두부·흉부·복부의 구별이 분명하지 않음. 진디)

진드기가 있다 хачигта|х

진디 хачиг

진력 оролдлого, зүтгэл, мэрийлт, оролдоц, хичээл, чармайлт

진력내다 далдира|х

진력을 하다 зүтгэ|х

진로 зам, харгуй, явц

진로가 정해진 суурьшил

진료소 госпиталь

진료하다 оточло|х

진리(眞理) үнэн

진무르게 마찰하다 холго|х

진무르다 баала|х, бугла|х, идээлэ|х, идээрлэ|х

진무른 дайр, хөндүүр, эмзэг

진무른 점을 터치하므로 괴롭히다 хөндө|х

진무름 идээр

진물 тунгалаг

진미 амттан

진보 дэвшил,дэвшилт, хөгжил, хөгжилт

진보(발달)하다 дээшдэ|х

진보주의(進步主義) радикализм (회의 모순을 변혁하려는 전진적(前進的) 사상)

진보(혁신)주의자(론자) давшилт; цэргийн ~ 공격, 습격; ~ хийх 전진(숙달)하다, 진보하다.

진보가 더딘; аажуу
진보된 хөгжилтэй
진보적인 боловсронгуй, либерал
진보하는 дэвшилтэй
진보하다 давши|х, лавшра|х, өөдлө|х
진부하다 хуучра|х
진부한 өгөр
진상 үнэн
진상(사실)을 알다(~의) тагна|х
진상(眞相) жишээ
진상(眞相) факт
진성(辰星).머큐리 Буд
진수 ноц, охь
진수성찬을 먹다 шууслэ|х
진술 өчил, хэмээн
진술문 бичиг
진시(辰時) луу; ~ цаг 오전 7~9시 사이, 진시(辰時)
진실 жишээ, огтхон, үнэн
진실(정말)이 아닌 гүйгүүр
진실(정말)일지도 모르는 боло|х
진실(眞實) факт
진실로 нээрээ, үнэнхүү, үнэхээр, яггүй; тэр ~ шуу 그것은 진실이다; ~юу? 실로(참으로)?; ~ сайн морь 그것은 확실히 좋은 말이다; би ~ мэдэхгүй 나는 진실로 모른다; ~ юу, худлаа юу? 진실 (참) 또는 거짓(허위)
진실성(眞實性) үнэн
진실성(가능성)에 의혹을 품다 түүдээрэ|х,эргэлзэ|х
진실을 믿다 үнэмши|х
진실의 ёстой, жинд, жихэнэ, магад, чухам; ~ эх 원물(原物)의, 원본, 원형; Шинжлэх Ухааны Академийн ~ гишүүн 과학 아카 데미의 멤버(정원); ~ суад 진짜 진주; ~ сайд 성직자, 목사; ~ эрдэмтэн 순수학자;~ үнэ 적정한 가격.
진실이 아니라고(근거가 없다고) 주장하다 мэлзэ|х, үгүйсгэх
진실임 үнэн

진실임을 증명(입증.실증.확증) 하다 (~이) шалга|х
진실한 ёстой, жихэнэ, мөн, ортой, үнэнхүү, үнэхээрийн
진심으로 нээрээ, үнэнхүү, үнэхээр, яггүй
진압 гишгэгдэл, номхоттол, хэлмэгдэл
진압(억제) 당하게(받게) хэлмэгдүүлэ|х хэлмэгдэ|х
진압된다 хэлмэгдэ|х
진압으로 복종(종속) 시키다 хэлмэгдүүлэ|х
진압하다 дара|х, дарангуйла|х, дарлагда|х
진언(眞言)(가지(加持) 기도에 외는 주문(呪文)) тарни, маань
진여실상(眞如實相) няпваан
진열 үзмэр, үзэсгэлэн, цуглуулга
진열(물) үзмэр
진열(전시.출품)하다 харуула|х
진열장 따위를 아름답게 꾸미다 гоё|х
진열장을 아름답게 꾸미다 гоодо|х
진위가 의심스러운 маргаантай
진으로 만든 의복류(바지.작업복) жинс
진을 치다(야영하다) буу|х
진의 агуулга, утга
진임(眞荏: 참깨) дэл
진자(振子)·측연·연꼬리 등의 추 холбого
진자의 흔들림 дүүжмэг
진저리가 나다(~에게) залха|х
진저리를 내다 жигши|х, жийрхэ|х, жихүүцэ|х, нигшүүрэ|х
진전 явц, донсолгоо, сэгсрэлт, чичирхийлэл
진전시키다 үсэрхийлэ|х
진전하다 бадра|х
진절머리나게 하다 болго|х
진정(완화)시키다 зөөлрүүлэ|х
진정되다 тогтни|х, тохни|х, түвштэ|х
진정시키다 амруула|х: амрах; жируүрэ|х, тайдгаруула|х, тохогдо|х, түвшит-

гэ|х, уяра|х
진정으로 чин
진주 같은 сувдлиг
진주 모양의 сувдлиг
진주가 많은 сувдлиг
진주가 생기는 сувдлиг
진주로 꾸민 сувдлиг
진주모(母) тана(н)
진주색의 сувдлиг
진주조개속의 진주층(層) тана(н)
진지하게 생각하다 эмзэглэ|х
진지하다 намбай|х
진지한 буйртай, намбагар, төрхтэй
진지함 намба
진짜가 아닌 хиймэл
진짜의 ёстой, жинд, жихэнэ, магад, чухам
진찰실 клиник, эмнэлэг
진찰을 받다 зөвлө|х; хаанаас тусламж эрэхийг та надад ~ вэ? 당신의 권면으로 나에게 도움을 주시겠습니까?; би өмгөөлөгчтэйгөө зөвлөмпө 나의 변호사에게 조언을 구할 것이다; хуульчтай хэрэг ~ 변호사의 의견을 듣는다.
진창 лаг, шавхай
진창눈 зайрмаг
진척(진전)하다 дээшдэ|х
진척(촉진)시키다 давшуула|х, духай|х, хурдса|х
진척(촉진)시키다(~을) түргэлэ|х
진척되다 өөдлүүлө|х
진초록 ногоовор
진출 дэвшилт
진출시키다 давши|х
진취적 기상 санаачлага
진취적인 гүйлгээтэй
진통을 하다 дуншиж өвдөх
진폭 сажиц
진하게 되다 лагалта|х
진하게 하다 гүнзгийдэ|х, гүнзгийлэ|х
진하다 гүнзгийрэ|х, өтгөдө|х, памбагарда|х
진하다(차의 물) богши|х
진하지 않은 сийрэг, шалчгар
진한(걸쭉한) 요리 богши|х
진한초록 ногоовор
진행(운전)시키다 паадалза|х
진행중(인) явуут
진행하여 зуур, явуут
진화(발달)시키다 хувира|х, хувьса|х
진화(점등)하다 бөхөө|х
진화시켰다 барилгажих, бадруула|х, дэвжи|х, дэгжрэ|х, сэдрэ|х, төлөвши|х, хөгжүүлэ|х; гэрэл ~ 빛이 일시에 쏟아져 나오다
진화하다 дэгжээ|х, өрнүүлө|х
진흙 буртаг, лаг, хир, шавар, шавхай
진흙(찰흙)으로 씌우다(싸다) шаварда|х
진흙으로 덮다 шаварда|х
진흙의 булингар, булингартай
진흙투성이가 되다 салста|х
진흙투성이의 булингартай
진흥 дэвшилт
질(質) чансаа, чанар, яс; ~ чанар 양질의 소성, 우수성; ~ муутай 열등의; ~ сайтай 높은 자질.
질(膣) үтрээ (vagina: 자성(雌性) 외부 생식기의 일부. 자궁으로 연결되는 관상(管狀)의 기관; 교접(交接)·분만도(分娩道)의 기능을 함)
질(가치가) 떨어지다 гудай|х
질(품질)을 향상시키다 чанаржуула|х
질긴 бэхжи|х
질료(質料) матери
질리다 давхийх, далдира|х, далдичи|х, сочи|х
질문 асуулт, байцаалт
질문(을) 하다(~에게) асуугда|х (асуух), сура|х
질문서 анкет
질문에 대답(회답)의 хариулга
질문을 교묘히 얼버무려 넘기다

зайлсхий|х
질문의 응답 хариулга
질문의 юу/юү; ах чинь яваа ~? 당신의 형은 갔습니까?
질문자 асуугч
질문표(조목별로 쓰인) анкет
질문하다 асуугда|х(асуух), байцаа|х, сурагла|х
질병(바이러스)를 옮기다 тээ|х
질병(疾病) өвчин, өвчлөлт; ~ эмгэг 병, 건강치 못함; ~ зовлон 질병; хунд ~ 괴로움, 가슴아픈 병; сурьеэ бол маш аюултай ~ 결핵이 아주 심각한 병이다; ужиг ~ 만성질병.
질병에 걸리다 өвчлө|х
질병에 관하여 조심(주의)시키다 гам; ~ алдах 주의부족; 병에 부주의한; ~хийх 질병에 엄격한 식이 요법을 준수하다.
질병에 빠지기 쉬운 өвчлөмтгий
질병으로 괴로워하다 годронто|х
질병을 일으키다 өвчлүүлэ|х
질병의 원인이다 өвчлүүлэ|х
질병의 특징적인 өвчлүүлэгч
질색 жигшил
질색 нигшүүрэл
질색의 느낌 ой
질색하다 жигши|х, жийрхэ|х, жихүүцэ|х, нигшүүрэ|х
질서있는(잡힌) замбараатай, тогтолцоотой
질서 горим, замбараа, тогтмолжилт, тогтолцоо, хумжаарга
질서를 바로잡다(~의) бөөрөнхийлө|х
질서와 조화의 구현으로서의 우주(宇宙) сав шим, сансар
질소(기호 N; 번호 7). азот
질식(가사) 상태로 되다 бутэ|х
질식(사)시키다 боо|х, боомило|х, багалзуурда|х, бутэ|х, давчда|х, хаха|х; боомилон алах 질식(교살)에 의하여 죽었다; боомилж үхэх 목매달아 자살하였다.

질식(사)하다 бачууда|х, багтра|х
질식할 것 같은(공기) бугчим
질을 개량하다(개선하다) чанаржи|х
질을 향상시키다 чанаржи|х
질의(문의) асуулт; тавих мэдэх, 문의하다; ~ын тэмдэг 의문부, 물음표(?). 의문부호.
질의하다 марга|х
질이 고르지 못한 арзгай, орсгой
질이 좋은 шигшээ
질이 좋은 ирмүүн, сайхан, сонгодог, сонгомол; ~ ажиллаж байна 그들은 일을 아주 잘한다.
질이 좋은 땅으로 감춰지다 хөрсжи|х
질이 좋은 토양 хөрслөг
질이(가치가) 떨어지다 гута|х; дур ~ 즐거움(흥미)을 잃어버리다; ой ~ 혐오(반감)를 느끼다
질주 давхилт; ~сайтай морь 말이 질주하다
질주(쾌주)하는 халти
질주하게 하다 давира|х
질주하다 довтло|х, ергее, сүнгэнэ|х, таварга|х
질질 끄는 ужиг
질질 끌다 гулдра|х, сунжра|х
질질 끌다(~을) чирэгдүүлэ|х
질질 끌린 자국(자취) мөр; ~өө балах 발자국을 덮다; ~өөр нь мөшгих 발자국을 따라가다; ~ гаргах 발자국을 남기다; догол ~ 패러그래프, (문장의) 절(節),항(項), 단락, 다 차지 않은 마지막 행; догол ~ гаргах 만입(灣入)시키다, 움푹 들어가게 하다.
질질 끌었다 чирэгдэ|х
질질(오래)끌다 уда|х, ужигла|х
질질끌다 хойшло|х, хойшлогдо|х, чангаа|х, чаргуулда|х, чирэ|х
질질끌다(발을) сажла|х
질책 буруушаал, донго, зэмлэл, муушаал

질책(책망) аяд
질책하다 шийтгэ|х
질투(투기) атаа, атаархал жөтөө(н), найдангүй, хар, хор шар, шар; ~ в вчин (의학) 황달, 간염; жөтөө ~을 샘(부러위)하는, 질투심이 강한; ~ хорсолтой 질투심이 많은, 투기가 강한
질투(시샘.투기)의 경향(기미) эрээн
질투(시샘.투기)하다 атаархуулла|х, жөтөөрө|х, хордо|х
질투심이 강한(많은) атаархагч, атаархуу, жөтөөрхөг, үтээрхэг
질투심이 강한 사람 жөтөөч
질투심이 많다 харда|х, хордо|х
질투심이 많은 хартай
질투하다 найдангүйла|х, үтээрхэ|х
질퍽질퍽한 гамагархаг
질퍽질퍽해 지다 намагта|х
질풍 нөөлөг, шуурга
질풍이 휘몰아치다 будра|х
짐 нэрмээс
짐(부담)이 되지 않는 гайгүй
짐(朕)의 мань; ~ өвгөг 동무, 친구
짐꾸리기 боодол, чигжээс
짐마차(달구지) 타다(타고가다) тэрэглэ|х
짐마차꾼 жинчин, тэрэгчин
짐승 адгуус, махчин; мал ~ 가축; зэрлэг ~ 야수
짐승 도살로부터 지방이 많은 베어 가르다 тагалцаг
짐승 암컷의 발정 opoo
짐승(곤충.조류의)앞다리와 깃대(날개맥, 시맥(翅脈)) хаа
짐승(물고기이) 조금씩 물어뜯다(갉아먹다) тамтри|х
짐승(소·사슴) 어린 잎(새싹)을 먹다 тамтри|х
짐승을 기르다 төлжи|х
짐승을 모는 사람 тууварчин
짐승을 사육하는 숙련자 малч

짐승의 가슴(고기) хэрсэн
짐승의 가죽 арьс
짐승의 가죽으로 만든 모피제품 год; хурганы арьсны ~ 어린 양 가죽 신; ~он малгай 가죽제품 모자;
짐승의 가죽을 후려갈기다(때리다) ганда|х
짐승의 교미기 отоо
짐승의 굴 хэвтэш
짐승의 껍질(가죽)을 벗기도록 내버려 두다 (방임하다, 묵인하다) өвчүүлэ|х
짐승의 뒷다리 차다(걸어차다) тийрэ|х
짐승의 떼 сүрэг, суурь
짐승의 떼가 옆길로 빗나가다 дэлүүрэ|х
짐승의 목줄 гувж (쇠막대기에 가죽끈(사슬)로 동물의 목에 잡아매어서 공격을 못 하게 하는 줄)
짐승의 반(半)마리 분의 가죽 бөөр
짐승의 새끼 пацаан
짐승의 시늉을 하다 малта|х
짐승의 시체 гулуузла|х
짐승의 아비(종자) хээлтүүлэгч
짐승의 양쪽의 뒷다리 차다(걸어차다) тангара|х
짐승의 엉덩이 부분 ууц
짐승의 한쪽 뒷다리를 절다 оронги
짐승의(과 같은) балмад; ээрлэг ~
짐승의(과 같은), 잔인한; явдал ~ 무자비한 행동
짐승이 가축우리에 머무르다 хотло|х
짐승이 사용하는 덮개 нэмнээ
짐승이 앞발로 할퀴다(치다) цавчла|х
짐승이 콧방귀 뀌다 гудчи|х
짐승이 털을 곤두세우다 өрвий|х
짐을 꾸리다 авдарла|х, багла|х
짐을 너무 많이 실었다(~에) түүртэ|х
짐을 단단히 묶다 даруулда|х
짐을 덜다 хугаца|х
짐을 부리다 буулга|х; ачаа ~ (실은 짐.무 거운 짐을) 내리다; доош нь ~ (짐을) 내리다, (물가를) 하락시키다;

гэр ~ 집을 헐다; бараа таваар ачих ~ (ахил) 짐싣기, 선적(船積), 하역, 짐을 부리다
짐을 부리다(내리다) ачаагүй
짐을 싣다(차·배 등에) ачаала|х, ачи|х
짐을 실으려고 소의 등에 얹는 안장 янгиа
짐을 조정하다 тэгнэ|х
짐을 지우다(~에게) бөөн лай
짐이 경사지다 хэелэ|х
짐이나 안장을 묶는 끈 олом
짐작 гадарла|х; битүүгээр ~ 추측(짐작)하다.
짐작으로 말하다 барагцаала|х, таалца|х, таамагла|х
짐작하다 тухайла|х
짐장이 дамнуурчин
짐짐승이 새끼를 낳다 зулзагала|х
짐짓 ~인 체하는 баашлтай
짐짓 ~체하다(시늉하다) баашла|х
짐짓 귀머거리인체 하다(시늉하다) дүлийрхэ|х
짐짓 꾸민 маягтай
짐짓 꾸민 것처럼 행동하다 нэрэлхэ|х
짐짓 꾸민 표정 яравгар
짐짓 꾸민 표정하다 ярвагана|х, ярвай|х
짐짓 꾸민체 하다 соохгор
짐짝(팩) баглаа, багц
집 байшин, орон, пүнз; орох ~гүй болох 거처할 집이 없다; ~сууц 아파트; ~ байр 주거.
집 밖으로 гадаа, ~ гарах 집밖으로 나가다; ~ хийсэн ярилшлага 길에서 마주치다(우연히 만나다); ~ хүлээх 밖에서 기다리다; ~ гэртгүй 어디에나, 도처에; гэрийн ~ 집(게르)의 밖에(으로, 의);
집 밖으로(에서) гадна; гэрийн ~ 집 밖으로
집 없는 гэргүй, золбин; орох ~ хүн 방랑하다, 유랑하다, 헤매다.
집 없는 사람 шоовдор
집 없다 золбигно|х
집 지키는 개 хоточ
집(건물) 황폐해진 навсгар; ~ байшин 집이 오래되어 황폐해진
집게 хайч(ин)
집게발 бахь
집게발 따위가 물다 хумсла|х
집게발(두 손가락으로) 집다(물다) чимхэ|х
집게손가락 долоовор хуруу
집결시키다 бөөгнөрө|х
집결하다 хураагда|х
집계 гүн
집다 савхда|х, хумсла|х
집단 айл, булгэм, дугуйлан(г), коллектив, фракции, хамтлаг; гэр 가정, 가족; ~ гэр болох ~와 결혼하다; ~ гэр 가족, 가정; ~ аймаг 이웃(사람), 이웃집사람; ~ хэсэх 방문(시찰)하다; ~ зэргэлдээ 접근한, 인접한, 부근의; ~ын хүн 이웃의, 근처의; ~ саахалтынхан 인접 정착지
집단 농장화하다 нийгэмчлэ|х
집단적 хамтлаг
집단주의적으로 하다 нийгэмчлэ|х
집들이 파티 мяла|х
집배(集配) шуудпн
집안 аймаг, овог
집안어른 данжаад
집안이 좋은 угсаатай, удамтай
집어던지다 чулууда|х
집에 받아들이다 байрлуула|х
집에 붙여 달아낸 식사 дэв
집에 재우다 байрлуула|х
집에서 양조하는 술 сувс
집에서 증류하여 만든 보드카 сувс
집오리 нугас(ан)
집요한 추적자 мөрч
집요한 гүжирмэг, шаргуу
집을 아늑하고 편안하게 놓다 төвхнүүлэ|х

집의 장소 гэр; ~ орон 집, 가옥; ~ бул гэр; ~ бул болох 결혼시키다; ~ зуур 자기집에서, 고향; ~ ядуу 가난(빈곤)한, 불쌍한; ~ баян 번영하는, 편한(넉넉한) 살림의; хар ~ 교도소, 감옥; ~ бараа 가정(생활)용품; ~ ахуй 가사, 가정, 가계; ~ йин даалгавар 숙제; улс ~ 나라, 국가, 국민, 민족; ~ийн мухар сахих 가정적인 사람이다, 잘 나다니지 않은 사람이다; ~ийн хүн 아내, 마누라, 집안에 있는 사람; ~ийн эзэн 집안의 가장; ~ийн эзэгтэй 여주인, 주부; ~ийн хэрэглэл 가구, 세간; ~ийн шувуу 식용(食用)의 가금(家禽), 새(닭)고기; ~ийн хоймор 집의 부분; ~ийн мод(унь, хаалга, хана, тооно) 집의 목조부(가옥 내부의 문짝·계단 따위), 목제(목공)품; 격자 세공(무늬), 굴뚝;

집의 처마(차양) саравч
집이 황폐해지다 навсай|х
집적(集積) хуримтлал
집주인 түрээслүүлэгч, эзэн
집중 төвлөрүүлэлт, эрчим
집중시키다 төвлөрүүлэ|х
집중점 голлолт, фокус, чигтэй
집중하다 нягтруула|х, хураамжла|х
집착 дасал
집착하다 барьцалдах, зуурaлдa|x, нөрө|x, шамда|х
집착하다(~에) наалд|ах
집터 байрлал
집필하다 туурви|х
집하다 нөрө|х
집합 зөвлөдгөөн, монтаж, нийллэг, уулзалт, хурал, цуглаан, цугларалт, чуулга
집합된 угсармал, цугларагсад
집합물 бөөгнөрөл
집합시키다 бурдуула|х, монтажла|х, хура|х, цуглара|х, эвлүүлэ|х
집합적으로 일하다 хавса|х
집합하다 хура|х

집행 биелэл
집행유예(執行猶豫) тэнсэн
집회 зөвлөдгөөн, нийллэг, уулзалт, хамагч, хурал, цуглаан, цугларалт, чуулган
집회(대열등을) 해산시키다 цомто|х, зайлуула|х, тара|х
집회장 коридор
짓(행위) үйл, үйлс, явдал
짓궂게 값을 깎다 хаялца|х
짓궂다 ёжло|х, ярдагла|х
짓궂은 ёжтой, хахуун
짓눌러 ~에서 즙을 내다 шаха|х
짓눌러 찌그러뜨리다 база|х
짓눌러 찌부러뜨리다 хол хол хийх
짓다 бутээ|х
짓밟다 база|х, бяцла|х, гишгэ|х, дара|х, инrэ|х, талхла|х, хэмхлэ|х, цавчла|х
짓이기다 нуха|х, хадра|х, цавчи|х
짓쩛다 нуха|х; гурил ~ 가루를 반죽하다; төмс ~ 매시트포테이토
징 хадаас, харанга
징계 донго, сахилга, цээрлүүлэлт, цээрлэл, шийтгэл
징그러운 놈 бах
징발하다 хураалга|х
징벌 залхаалга, залхаамж, цээрлэл
징벌의 сахилгагүй
징벌하게 되다 сахилгажи|х
징의 소리 тан тун
징조 зөн, совин, цондон, эз
징후 ёр, зөгнөл, сэрэхүй, цондон, шинж; уран ~ 공상, 환상.
징후를 보이다(~의) бэлэгдэ|х
짖는 듯한 소리를 내다. хуца|х
짖는 소리 улиан
짖는 투로 말하다 борго|х
짖다 улиан
짖으며 ~을 가리키다 хуца|х
질게 гүн, гүнээ, нягт, үхширтэл
질게 되다 өтгөрө|х
질다 өтгөдө|х, памбагарда|х

질어지다 гүнзгийдэ|х, гүнзгийлэ|х
질은 битүү, өтгөн; ~ манан 질은 안개; ~ цай 진한 녹차; ~ утаа 질은 안개;~ус 털이 많은
질은 수염 сахаллаг
질은 안개 манан; ~ будан 안개, шингэн ~ аз ирайль; өтгөн ~ 질은안개; ~ татах 안개에 싸이다; утаа ~ 스모그, 연무(煙霧); тоос ~ 먼지, 티끌, 분말; ~ хадаах 분란(말썽)이 일어나다; суйдийн ~ болох 공황에 휩쓸린, 당황한; толгодыг ~ бурхсэн байв 그 언덕은 안개로 가려져 있다; ~ арилав 하늘이(안개) 개었다; нисэгч мананд онгоцоо буулгахыг оролдов 비행사는 질은 안개속에서 착륙을 시도 했다
질은 청자색(靑紫色) үзэм
질은 화장을 한 будмал
질은 황색 гич
질음 зузаан, нягтрал
짚(밀짚) гүүс(ан), сийр(эн), сүрэл
짜 맞추다 гуула|х, жаазла|х
짜개진(가는) 조각 хэрчим
짜게하다 давсда|х
짜내다 хавчигда|х, шавхра|х
짜는(뜨는) 법 гөрмөл, нэхмэл
짜다 база|х, гөрө|х, сүлжилдэ|х, сүлжи|х, сүлжээлэ|х
짜릿한 эхүүн
짜증 цөс.
짜증난 표정 морщгор
짝이 없는 ганц, гань, уйтгартай
짝지어주다 дүй|х, хосло|х
짝진 것의 한 짝 өрөөсөн; ~ гутал 구두 한 켤레; ~ гартай 한 손으로; ~ бээлий 글로브 한 짝;~нүдтэй 애꾸눈(외눈)의, 시야가 좁은.
짝짓다 дүй|х
짠 давсархаг, давсаргүү, давслаг, давст, нэхмэл, сүлжмэл, сүлжээ, сүлжээс, хужиртай, шорвог; ~ ус 소금물

짠(뜬) 것 гөрмөл, нэхмэл; ~ ташуур чэтэл, 채찍의 휘는 부분.
짠(뜬) 것(~을) хэрмэл
짠것(엉클어진 실 등)을 풀다 хөвө|х
짠맛의 давст
짠물(소금기가 있는) давст; ~ нуур 소금 호수
짤각짤각하는 소리 цохилт
짤랑짤랑울리면서나아가다 даржигна|х;
짤랑짤랑(딸랑딸랑.찌르릉)울리면서 나아가다 жигэнэ|х, жингэр жингэр хийх
짤랑짤랑(찌르릉) 소리나다(내다) хан хийх
짤막(간단)해지다 тагдай|х
짤막하다 навтгарда|х, оготордо|х, таахай|х
짤막한 재목 хагадас
짤막함 богино, оготор, таахгар
짤막히 ахархан; ~ хугацаанд 단시간, 짧은 시간; ~амьдрал 짧은 생애.
짧게 달라붙은(짧은꼬리)(~이) годгор; ~ суул 짧은 꼬리; ~ гээг 짧은 노끈, 짧게 꼰 끈; ~шодгор 짧게 들러붙음
짧게 되풀이하여 움직이다 палхалза|х
짧게 보이다 богиносо|х, оготорло|х
짧게 자른 зүсэм, тайранхай, тайрмал, тужгэр; тэр махнаас нэг ~ огтлов 그는 고기를 얇은 조각으로 잘게 썰다; ~ талх 빵의 한 조각; ~ мах 잘게 선 고기; ~ устэй 짧은 머리칼
짧게 잘라 버린 огдгор
짧게 재삼재사 움직이다 палхалза|х
짧게하다 агшаа|х: агших, ахарда|х, боги- носо|х, оготорло|х, тана|х, товчло|х, хаса|х
짧게 하다(~을) саа|х; хурдаа ~ 속도를 줄이다; ха- нцуйн ургыг ~ 소맷자락을 줄이다; үнэ ~ 할인 가격
짧게 товчхон, цухас
짧게(간단히)하다 охордо|х, тужий|х
짧게(잘라) 줄이다 аржий|х, хаса|х

짧게자른 хяргамал
짧고 간단하게 огсгор
짧고 꼭 끼다(째다). дэгдий|х
짧고 꽉 죄는 듯한 дэдгэр
짧고 꽉 죄이다 дэдий|х
짧고 쫙 째지다 тогдой|х
짧고 단단하다 огдой|х
짧고 몽똑한 것 хожуул
짧고 바짝 쥔(타이트한) тоодгор
짧고 억세다 пагдай|х, таахай|х
짧고 억세다(털 따위) хаагдай|х
짧고 억센 паадгар, пагдгар
짧고 타이트한 дэгдгэр,тогдгор, ~ дээл 꽉 쨴 정장
짧고 타이트해지다 тоодой|х
짧고 털이 텁수룩한 заглагар
짧다 оодондо|х
짧아지다 ахарда|х
짧은 ахархан, намхан, оодон, охор, пагдгар, товч, тогдгор, тожгор; ~ захиа 간결한 편지; ~ дээл (여성·어린이용) 삼옷; ~ суул 짧은 꼬리; тэр ~ хун шуу 그는 키가 작다.
짧은(길이. 거리. 시간 등이) ахар, атигар, богино, дадгар, нагжгар, паадгар, таадгар, явган; ~ хугацаа 짧은 시간대, 짧은 시간; ~ бодолтой (남의 권리. 감정 등에 대한) 헤아림(생각)이 없는, 분별이(사려가) 없는, 경솔한; ~ хугацаа 짧은 기간; ~ хугацааны 짧은 시간; ~ нуруутай 키가 작다; ~ долгион 짧은 물결(파도); ~ ухаан 한정된(유한) 정보(보도); ~ өмд 간단히; ~ өгүүллэг 간단한 이야기;~эр 키 작은 사람
짧은(모피.모직.털의) тажгар
(~가)짧은 түжгэр
짧은 꼬리 годон
짧은 담화 үгс, үгтэй
짧은 동안 дадгарда|х
짧은 머리 норхой
짧은 머리 스타일 남성 халимаг

짧은 배편 여행 рейс, жулчлал
짧은 양말 оймс
짧은 여행 аян, рейс; ~ жин (사막의) 대상 (隊商), 여행대(隊); ~ хийх 여행하다; ~ы шувуу 철새, 떠돌이, 뜨내기; ~ дайн 전쟁,싸움; загалмайтны ~ дайн 십자군; (종교상의) 성전(聖戰), 강력한 개혁(숙청, 박멸) 운동
짧은 털이 있는 хяргамал
짧은(반팔.나시) 소매의 여성의복 ууж
짧은(출장)여행 жулчлал
짬 онгорхой, ангархай
짱아 тэмээлэгэнэ
째(찢어)지다 лавтра|х, салбара|х, урагда|х; ном лавтаржээ 그책은 산산조각이나다.
째다 ноцло|х, пүд хийх, сэтрэ|х, тамтра|х, ура|х, хагала|х, хагара|х, ханзра|х, холтосло|х, хэрчмэл, цуура|х
째진 틈 навтархай, ноорохной
째진(찢어진)곳 налмагар
짹짹(찍찍) 울다(지저귀다) жийгэ|х, жир жир жиргэх, жиргэ|х
쨍그렁(우지끈)소리나다 пис хий|х
쩔쩔매게 하다 бажгада|х, сандра|х, хала|х
쩔쩔매다 мэгдэ|х
쪼(아먹)는 사람(동물,기계) хураагч; татвар ~ 수세(收稅) 관리
쪼개(지)기 гав
쪼개(지)다 юүрэ|х
쪼개다 булэглэ|х, мөчлө|х, нармий|х, пүд хийх, сэтрэ|х, үечлэ|х, ура|х, хагала|х, хагара|х, хагасла|х, ханзра|х, хашраа|х, хэлтрэ|х, хэмхлэ|х, цуура|х, эвдлэ|х, эвдэ|х
쪼개지다 ганта|х, салбара|х, тасалда|х, цавта|х, цуура|х
쪼개진 завсартай, сэтэрхий, хагархай
쪼개진 조각 гав
쪼개진(갈라진) 금(틈.흠) ан, гав, өм, цав
쪼그라든 сарчгар

쪼그라들다 сарчилза|х
쪼그랑할멈 хорчгор
쪼는 기구 ухуур, чигчлүүр
쪼아먹다(파다) тонши|х, чигчлэ|х
쪽 гар, рам (indigo plant: 여뀟과의 한해살이 풀. 중국 원산. 줄기 높이 60-70cm가량, 잎은 긴 타원형, 여름에 붉은 꽃이 피고, 잎은 남빛의 물감으로 씀).
쪽 тал; эхийн талын э вэ г эцэг 외조부, 어머니쪽의 할아버지; тахэний ~д вэ? 당신은 누구편입니까?; ~д орох 누군가의 편을 들다; баруун ~ 오른 편, 우측; зуун ~ 왼편, 좌측; ээ рэг ~ 확실한 전망; ~ бүрээс нь 모든 방향으로부터; ~ талаас 모든 측면으로부터; ар ~ 뒤편에, 뒤쪽의, 후방의; нүүрэн ~ (건물의) 정면, ~앞, 앞면; щоо зургаан ~тай 정6면체.
쪽 хавирга(н), хажуу, хуудас(ан), эттээд
쪽(편)에 누워있다(눕다) хавигала|х
쪽(편)에 있다(~의) хажуулда|х
쪽~ талт
쪽으로 өмнөөс, өөд, өөдөө, руу
쪽으로(~) тийш, тийшээ
쪽으로(~로 향하여)돌리다 зүглүүлэ|х; толь бичгээ дуусгах санаатай бух хучээ тийш нь зуглуулж байна 나는 나의 모든 에너지를 사전 작업 끝내기로 향했다; тэр завиа эрэг тийш зуглуулэв 그의 보트는 바닷가로 향했다
쪽을 향하여(~의) өмнөөс, өөд, өөдөө, руу, тийш
쪽지 гарчиг, пайз, шошго
쫑긋쫑긋 움직이다 сэртэгнэ|х
쫓다 нэхэл нэхэл дагал болох
쫓다(뒤쫓다) дара|х
쫓다(추적하다,추격하다)(~를) элдэ|х
쫓아가다 бараада|х
쫓아내다 тонилго|х, хөө|х, хөөгдө|х
쫓아냈다 туугда|х
쫓아다니다(~를) элдэ|х
쫓아다니다(~을) бараада|х

쫓아버리다 хөөгдө|х
쬐기 хайрмал
쬐다 шара|х
쭈그리다 палхай|х
쭈그린 навтгар, налчгар, палхгар
쭈글쭈글하게 되다 базла|х, үнгэгдэ|х
쭈글쭈글하게 하다 база|х, дөрсий|х, үнгэ|х, үрчий|х
쭈글쭈글한 орчгор
쭉 밀어내다 сөрдгөр
쭉 뻗고 엎드리다 элэглэ|х
쭉 훑어보다 тольдо|х
쯤 нэгтэй
쯤(~때)) алдад
쯧쯧하고 혀를 차다 шогшро|х
찌(낚시) живүүл
찌꺼기 орхидос, үлдэгдэл, хаягдал, хог, шавхруу
찌끼 баас, нитгэл, цөвдөл, шаар, шавхруу
찌는 듯이 더운(숨이 막히는 듯 한 더위) аагим, лүг хийм халуун
찌는 듯이 더위에 견디다(참다) бугнэгдэ|х
찌다 уурши|х
찌르기 хаттагч
찌르는 듯한 아픔(고통) хатгаа; уушигны ~ 폐렴
찌르다 өдө|х, хаза|х, цорги|х, чигчлэ|х
찌르다(~을) цооло|х
찌르레기 тодол (조류: 찌르레깃과의 새. 집 근처의 큰 나무 위에 사는데 날개 길이는 약 13cm, 등은 회갈색, 머리는 검음. 찌르륵 찌르륵 욺. 양조(椋鳥).
찌르릉 소리나다(내다) хан хийх
찌무룩하다 дүнсий|х
찌무룩한 ёврогтой, ёвчоо
찌부러뜨리다 база|х, дөрсий|х, үнгэ|х, үрчий|х
찌부러지다 базла|х, үнгэгдэ|х
찌뿌드드하다 бие хямрах
찌뿌드드한 чилээрхүү

찌뿌드드함 ойг, чилээрхэл
찌푸린 얼굴 үрчгэр
찌푸린 булингар
찍 미끄러지다 гулса|х, таши|х, тэши|х, халга|х, халтира|х
찍는 기구 чигчлүүр
찍다 оромдо|х
찍소리 못하게 해치우다 товрогло|х
찔러 끼우다(박다,꽂다) торо|х, зоогдо|х, тээглүүлэ|х, тээгэлдэ|х, хатга|х
찔러박다 зоогдо|х,тээглүүлэ|х,тээгэлдэ|х
찔러 죽이다 чичи|х
찔러박다 хатга|х
찔러죽이다 хатга|х
찔린상처 хатгагч
찜질 약 жин(г)
찜통으로 찜 고기 хорхог
찡그리다(얼굴을) гүйвуула|х; баримтыг ~ 얼굴을 찡그리다

찡그린 얼굴 ярвагар
찡그린 얼굴을 하다 ярвагана|х, ярвай|х
찡찡거림 гомдол
찢(어지)기 гав
찢(어지)다 юүрэ|х
찢다 булэглэ|х, ноцло|х, пүд хийх, сэтрэ|х, тамтра|х, ура|х, хагала|х, хагара|х, хагацаа|х, ханзра|х, холтосло|х, цуура|х
찢어(뜯어)내다 зулгаа|х; зэрлэг ~ 잡초를 뽑다, 제초하다; шудээрээ ~ 이를 잡아 뽑다; цэцэг ~ 화초(꽃)를 뽑아내다; үсээ ~ 머리카락(머리털)을 잡아 뽑다.
찢어진 곳 навтархай, ноорохной, уранхай
찢어진 завсартай, сэтэрхий, хагархай
찧어섞다 нуха|х; гурил ~ 가루를 반죽하다; төмс ~ 매시트포테이토

ㅈ

ᄎ

차(茶) чай; аяга цай 차 한 잔; өтгөн (шингэн) чай 차를 끓이다; чай буцалгах 차를 마시다
차(差)(다름) зөрүү, ялгаа, ялгавар
차(次) далимд
차(次)(정도. 등급. 단계) ① градус; ② дугаар, дугээр; ③ -х гэх, зорилгоор; судалгаа хийх гэж Сеулд очих 그는 연구차 서울에 갔다
차 сүйх
차(車) тэргэнцэр, машин, унаа. тэрэг; машинд суух 차를 타다; машинаас буух 차에서 내리다; машинаар явах, унаагаар явах 차로 가다
차 대는 곳(주차장) довжоо(н), орц
차 따위가 덜거덕거리며 달리다(질주하다) харжигна|х
차(수레)에 짐을 싣다 тэрэглэ|х
차(수프.음료를) 마시다 зооглоо|х; чай ~ 차를 마시다.
차(술 등이) 혼합된 холимол
차가 덜거덕거리며 지나가다 сэгсчи|х
차가 묽은 булбэгэр
차가 연쇄 충돌하다 бөөгнөрүүлэ|х
차가운 даан, жиндүү, жихүүн, зэврүүн, мөлүүхөн
차가움 сэрүү, сэрүүн
차가워진 царцанги
차가인(借家人) хөлслөгч
차감되다 сууттуула|х
차감액 сууттал, шимтгэл

차감하다 суутга|х
차게되다 жирүүрэ|х, хүйтрэ|х
차게하다 загса|х, сэрүүцүүлэ|х, хөрө|х, хүйтдэ|х
차게한 жихүүн, мөлүүн, сэрүүвтэр, хүйт
차관(茶罐) гүц, данх(ан)
차관(借款) зээл, зээллэг; ~ авах 대부를 받다; удаан хугацааны ~ 장기 대부; өр ~ тавих 빚을 얻다
차꼬 гинж(ин), хүлэг, чөдөр
차꼬(족쇄)를 채우다 дөнгөлө|х, хүлээслэ|х, чөдөлө|х
차다 булги|х, өшиглө|х, тарвалза|х, хүй- тэндэ|х
차단 боогдол, хаалт
차단(遮斷)되다 тагжра|х
차단하다 битүүрэ|х, боо|х, тагжи|х, тагла- ра|х, хаалтгай, хашигда|х
차단했다 бөглөрө|х
차도 гай
차라리 ~을 택하다 эрхмлэ|х
차량을(항공기를) 충돌시키다 бөөгнөрө|х
차례 дараала, дугараа, эрэмбэ
차례대로 тулд, яваандаа
차례대로 놓다 дараала|х, янзла|х
차례대로 얘기하다 хүүрнэ|х
차례대로 오다 цаадахь
차례로 аажимдаа(н), алгуур, улмаар
차례로 벗겨내다 хуучи|х
차례를 따라가다 дараала|х
차례를 좇아서 яваандаа
차례차례로 угсраа
차례표 программ, хөтөлбөр
차륜(구두) пиг'эг пиг'эг соридноо хахина|х, хяхна|х
차륜의 굴대(축.차축) гол; тэрэгний ~ 4륜차(왜건)의 차축; лааны ~ (양)초의 심지; (машины) тахир ~ 크랭크샤프트, 크랭크축(軸); ~ дунд 한가운데, 중앙
차륜의 바퀴통 бул

차를 끓이다 идээши|х
차를 달이다(끓이다) идээшүүлэ|х; цай ~ 차를 끓여라.
차를 대접하다 цайла|х
차를 따르다 асга|х
차를 마시다 ундла|х, ундла|х, цайла|х
차를 모는 일 жолооч
차를 몰고 들어가다 шаа|х
차림(예정,일람)표 цэс
차변(略: dr.) зээлдэгч; нэр ~ 남의 이름을 사칭하는 자; 사기(협잡)꾼.
차변(借邊) дебет
차변기입 дебет
차변에 기입하다 орлогодо|х
차별(의 인정) ялгавар
차별 대우하다 гадуурха|х
차별하다 заагла|х
차분 намба; ~ суух 차분해지다
차분하게 만들다 төлөвжүүлэ|х
차분한 аажуухан, намбагар, томоотой
차양(遮陽) далавч
차에서 내리다 буулга|х
차용(借用)하다 зээлдэ|х, зээлэ|х; мөнгө ~ 돈을 차용하다; нэр ~ 짐짓 ~인 체 하다; (~을) 가장하다.
차용계약 түрээс
차용증서 түрээс
차월피월(此月彼月)하다 хойшлогдо|х
차위의 дараахь, хоёрдохь
차의 방향 지시기 заагч; ~ зуу 화살표로 표시하다; цагийн зуу (시계)바늘; лужин- гийн ~ зуу 컴퍼스의 자침, 나침(羅針).
차의 방향 지시기 илтгэц
차이 없는 구별 ялгалгүй
차이(상위)점 зааг, ялгаа, ялгавар
차이가나다 ондооши|х
차이를 나타내다(~의) ялгаварла|х, ялгаварлагда|х
차이점 зөрөө(н); халуун хуйтний ~ 온도 (기온)의 차이; санал бодлын ~ 의견의 불일치(차이).
차일 дэлгэц
차일장(遮日帳) далавч
차일피일(此日彼日)하다 хойшлогдо|х
차임(chime) хонх
차주(借主) зээлдэгч
차지다 жирүүрэ|х, загса|х, сэрүүцүүлэ|х, хөрө|х
차지인(借地人) хөлслөгч
차차 가늘게 하다 жомбой|х
차차 백발이 되다 буурaлтa|х
차차 적색이 되다 улайра|х
차차 커지는 өрнүүн, ургаа
차차 аажимдаа(н), алгуур, улмаар; 얼마 안 있어, 곧, 잠시 후, 이윽고; ~ дээрдэв (дордов) 점진적으로 보다 좋아지다 (나빠지다, 악화되다)
차차(점차) 벗기다(벗겨내다) хуучи|х
차체(車體) кузов
차축(車軸) тэнхлэг
차-탄 цаатан (Khubsugul의 지역에 거주하는 사람의 하나)
차탕관 гүц, данх(ан)
차폐된(~의) хучигдмал
차폐된다 хучигда|х
차폐물 бамбай, далдавч, дэлгэц, нөмөр, халх, халхавч
차후의 дэс
착 들러(달라)붙다 зуура|х
착각 жирвэнүүр, сүг
착륙(상륙.착수.착함)하다 буу|х, дошло|х, газарда|х, газарла|х, хөсөрдө|х; пужин саран дээр буу́э ро́кетга 달에 착륙 하다;
착륙하려고 고도를 낮추다 буулга|х
착복 шамшигдал
착상 бодлого, дотор, концепции, санаачлага, шийдэл
착색 идээшмэл; бамбайн ~ 쥐오줌풀로 착색하다(물들이다).
착색(법) будаг
착색하다 өнгөшрө|х, пагсда|х, түрхэ|х

- 619 -

착색(채색)하다(~에) будах
착생(着生)의 суумгай
착석 суугаа, суумал
착석시키다 багтаах, суулгах
착석하다 унах
착수(着手)하다 анхлах, мордох, өдөх, сэрдхийх, удах, удаах, үүсгэх, цочих, эхлэх
착수하다(~에) ноцох
착수했다 сарваадах
착실 намба, тавьтар, тохь; ~ суух 차분해 지다
착실(성) тогтуурь
착실(성실)하게 되다 галбиржих
착실(성실)해지다 төрхжих
착실(성실, 침착)하게 되다 төлөвжих
착실(성실차분)하게 만들다 төлөвжүүлэх
착실하지 않다 танхилзах
착실한 행동(생각)하게 하다 балайрах
착실한 намбагар, тогтвортой, тогтуун, томоотой, төрхтэй
착암기 даалинба, өрөм, өрөмдөгч
착오 гэндэл, мадаг; алдаа ~ 틀림; жэвлэлийн алдаа ~ 잘못된 인쇄; миний солонгос хэн(англи) хэлэнд алдаа ~ байна уу? 그들에게 나의 한국어(영어)를 실수했습니까?
착잡 бужигнаан, эгзэг
착잡한 будлиантай
착취자 мөлжигч, тоногч
착취적인 чимхлүүр
착취하다 талхих
착탄거리 тусгал
찬 мөлүүн
찬(차가운) сэрүүвтэр, хүйт
찬가(讚歌) дуулал (본디 Apollo 신에게 바치던 승리 감사의 노래); төрийн ~ 국가, 애국가
찬란하게 빛나게 되다 гялтайх
찬란하게 빛나는 гэрэлт, гялтгар
찬란한 цог

찬미 магтаал, магтлага
찬미(찬양)하다 бшрэх
찬미하다 дуурсгах, магтах, шагших
찬미하다(신을) алдаршуулах
찬사 магтаал, магтлага
찬사로 가득 하다 сайшаах
찬사를 하다(~의) магтах
찬사의 글을 쓰는 사람 магтаалч
찬석(鑽石) алмас
찬성 дэм, жийрэг, сайшаал, тусламж, ханш
찬성(반대)론을 주장하다 булаалдах, мэтгэх
찬성을 얻다(~의) нахих
찬성의 аятай
찬성자 баримтлагч, үзэлтэн, хамсаатан
찬성하다 дэмжих, сайшаах, тусла́х
찬송 магтлага
찬송가 дуулал
찬송(찬미)하다 алдаршуулах, дуурсьгах, магтах, магтгадах; магтан дуулах
칭찬(상찬.격찬.찬송)하다;хуний эрэлэг эоригийг ~ 용기있는 사람에게 찬사를 보낸다; хоолны сайныг ~ 친절의 최상은 찬사이다; тууний баатар мэт магтан өргөмжлөх 영웅인 그를 격찬하다; тэнгэрт туптал ~ 하늘을 찬사하다.
찬양 магтаал, магтлага, сайшаал
찬양자 магтаалч
찬장 хорго
찬장 шуугээ
찬조 ивээл; ~ доор ~의 찬조로(후원으로).
찬조로(후원으로) 하다(~의) түшиглэх
찬조하다 зөвшөөрөх
찬찬히 보다 бясалгах
찬칼 билиус, мэс, хутга
찬탄 бахархал, хав
찬탈하다 түрэмгийлэх
찰과상(-擦傷) очгор, хортон, зулгархай

찰나 агшин, завсар, зуур, хором
찰상(擦傷) очгор
찰싹소리내다 нужигна|х, нярдхий|х
찰흙 шаваас, шавар
찰흙으로 наанги
참 үнэн
참- цам
참 훌륭하게 гайгуй
참가 оролт
참가자 оролцогч
참가하는 оролцоо
참가하다(~에) аялда|х, дүрэ|х, оролцо|х, түрэ|х
참고를 위하여(위한) 금기된 동물 또는 신을 모신 산 хайрхан
참기 어려운 зоворь
참깨 дэл (백유마(白油麻), 백지마(白芝麻, 白脂麻), 백호마(白胡麻)
참다 алзахгүй, биеэ барии|х, дарлагда|х, түвдэ|х, түгэлзэ|х
참다(배기다)(~을) даа|х, тэсвэрлэ|х; уг-гүй бай|х 참지 못하다; хуйтэн ~ ~을 참다, 추위를 견디다; өвчин ~ 고통을 견디다, 아픔을 참다.
참말로 ёстой, тэс; ~ мөн 정말로, 참으로; ~ алт 순금; ~ тэнэг амьтан 그는 참으로 어리석다.
참매미 жирхрээ
참배 мөргөл
참배하다(~에) сүсэглэ|х, тай|х, тахи|х, шүтэ|х
참사(慘事) аюул, гай, гамшиг
참새(스패로) бялзуухай
참석 ирц; ~ бүрттэл (출생·선적 등의) 등록(등기)부, 기록부.
참아내다 даамгай
참여하다(~에) оролцо|х
참예 айлчлал
참으로 лав, мөн, нэвтэрхий, нээрээ, түс тас, үнэнхүү, үнэхээр, үнэхээрийн, цадиггүй, чухамхүү, яггүй; тэр ~ шуу 그것은진실이다; ~юу? 실로(참으로)?;
~ сайн морь 그것은 확실히 좋은 말이다; би ~ мэдэхгүй 나는 진실로 모른다; ~ юу, худлаа юу? 진실 (참) 또는 거짓(허위)
참을 수 없는 сарьдаг, түвдэшгүй, тэвчээргүй, тэсвэргүй, тэсвэрлэшгүй, тэсгэл- гүй, тэсэшгүй
참을성 тэвчээр, тэсвэр, хүлцэ|х
참을성(끈기)있게 тэвчээртэй
참을성이 강한 хатуужилтай, шаргуу
참음 тэвчээр, хатуужил
참작하다(~을) анхаара|х, бодолцо|х, тоом- сорло|х, хэрэгсэ|х
참패(패주)시키다 ниргэ|х
참혹한 балмад, дошгин
참화(재앙) аюул, гай, гамшиг
참회 өчиг
찻병 гүц, данх(ан), завьяа, тунхуу
찻잔 аяга
찻종 аяга
찻주전자 гүц, данх(ан), завьяа, тунхуу
창(문) гэгээвч, цонх
창(槍) жад
창(窓) онгорхой
창(瘡) тэмбүү
창(窓)(들) амтай
창에 가로대를(창살을) 대다 хөши|х
창(망치 따위의) 자루 худаг
창가 дуут, эгшиг
창계(鶬鷄) дэглий
창고(광) амбаар, бааз, пүнз, склад
창고 관리인 нярав; мөнгөний ~ (은행의) 금전 출납원
창공의 огторгүй
창괄(鶬鴰) дэглий
창끝 зэв
창립 байгууллага
창립(설립)자 үндэслэгч, үүсгэгч
창립자 байгууллагч
창문을 만들다 цонхло|х
창백한 зэвхий, хужгар, цонхигор; ~

өдөр 어스레한 날.
창백해지(게 하)다 хужий|х, цонхий|х
창병(瘡病) тэмбүү
창살 сараалж(ин)
창생(創生) гарвал
창설자 байгуулагч, зохиогч
창설하다 санаачла|х
창시 тулгар
창시자 санаачлагч
창시(창설.창안.창작)하다 байгуула|х, зохио|х, санаачла|х, сарваада|х, туурви|х, үүсгэ|х; барьж ~ 세우다, 건축(건설)하다
창안 бодлого, концепции
창유리 гэгээвч, цонх
창유리가 흐려지(게 하)다 савса|х
창으로 찌르다 жадла|х
창을 내다(~에) цонхло|х
창을 던지다 харва|х
창의 санаачлага, сэдлэг
창자 дотор
창작(品) бүтээгбэхүүн, гаралт
창작가 байгуулагч, зохиогч
창작력 сэтгэмж
창작적인 бүтээлч
창작품 бүтээл
창조력이 있는 бүтээлч, лавмаг
창조물 амьтан
창조자 байгуулагч; зохион ~ зохион, 조직자, 창시자; үндэслэн ~ 설립자, 창립자; уусгэн ~ 창작(창시)자, 창설자, 발기인; санаачлан ~ 창시자, 수창자(首唱者)
창조자 зохиогч
창조적인 бүтээлч
창조하다 бүтээ|х, туурви|х
창질(瘡疾) тэмбүү
창탈(搶奪) дээрэм
창태(蒼苔) царам
창틀 гүнгэрваа, гуу, гэгээвч, жааз, рам, хавтай, хүрээ(н), цонх; ~ийн ирмэг 창턱, 문턱.

창틀에 가로대를(창살을) 대다 боо|х
창피 гутамшиг, ичгүүр, мундар, сонжуур, хөг, шившиг
창피를 당하다 тэнэгтэ|х, хөглө|х
창피(수치)를주다 дарла|х, доромжло|х, дээрэлхэ|х, дээрэнгүйлэ|х, ичих
창피스러운 шившигт
창피쥼 доромжлол
창피하다 дарлуула|х
찾다 ангуучла|х
찾다(뒤지다, 탐색하다, 수색하다)(~을) бэдрэ|х, хай|х, эрэ|х
찾아 돌아다니다 онгиро|х
찾아 헤매다 ангуучла|х
찾아(밝혀)내다 онгило|х
찾아내다 лавла|х, оло|х, өөлө|х, танда|х, эдгэ|х; би зогсоол хаана байдгийг лавлая 나는 그 위치에서 발견하다; тэр галт тэрэг хэээээ ирэхийг лавлаж байв 그는 기차가 도착할 때를 문의했다; ~ товчоо (역의) 안내소; ~ бичиг 참고서적(사서·백과사전·지도); утасны ~ 전화번호 책; нийлбэрийг ~ 돈을 얻다; олж мэдэх 찾아내다.
찾아내다(~에서) уудла|х
찾아보기 гарчиг, заагч, индекс, үзүүлэлт, хураангүй
찾으러 오다(~을) уван цуван ирэх
채광(조명법) 영향을 지휘(감독·관리)하고 있는 사람 тусгагч
채광(採光) гэрэл
채광구멍 яндан
채광기 уурхайчин
채광의 олборлолт
채굴(벌채)하다 мөлжигдө|х, мөлжүүлө|х
채권 зээл, зээллэг
채권(채무)관계 авлага; өр ~ 빚, 부채; гарын ~ 편람, 안내, 입문서; ~ гүй 무료로; ~ тай빚지고 있다,
채단(綵緞) торго(н)
채료 будаг
채류(菜類) ногоо(н)

채무 авлага, өр; өр ~ 빚, 부채; гарын ~ 편람, 안내, 입문서; ~ гүй무료로; ~ тай 빚지고 있다, 지불할 의무를 지고 있다
채무자 зээлдэгч
채비 төхөөрөмж
채비(준비)가 되어 있는 бэлхэн, бэлэн; ~ мөнгө 현금, 캐시; ~ хувцас 기성복.
채비(준비)가 되어 있는 사람 бэлтгэгч
채비(준비)를 해주다 тоноглох
채비(준비.대비)하다 базаах, бэлдэх, бэлтгүүлэх, бэлтгэх; би гар нуураа угаах, усаа самнах яваахад бэлтгэв 나의 머리를 감고 빗질로 준비하고 여행에 나서다; оюутнуудыг англи хэлний шал- галтад бэлтгэдэг курс 학교 교육과정의 학생들에게 영어시험을 준비시키다; Чимгээ, бидэнд хоол бэлтгэж байна 침게는 우리 식사를 준비하는 중이다.
채비하다(~을) төхөөрөх
채색(彩色) өнгө, өнгөт; байшин цагаан ~ тэй 그 집의 외부색상은 흰색이다; ~ зүс 외관, 안색, 얼굴의 윤기; эттээд ~ 화려한 색상; ~тэй хурэм 번쩍번쩍 하는 재킷; ~ сайтай 좋은색상, 건강상 좋은; ~ металл 비철금속; ~ зураг 칼라사진; ~ кино 칼라필림 칼라영화; ~ зурагт радио 칼라TV; ~ хэвлэл 칼라인쇄(인쇄술).
채색(법) будаг
채색한 будмал, зулмал
채석공 чулуучин
채소 ногоо(н)
채소 재배농가 ногоочин
채소 재배자 цэцэрлэгч
채소를 저장식품으로 만들다 жангуас
채식(주의)자 даяанч
채용코자 함. суруулах
채용하는 өрөлг
채우는 것 жинтүү

채우는 제구(볼트·지퍼·클립·핀·단추·훅·빗장) шилбэ
채우다 дүүргэх, таглах, цатгах, юүлэх
채우다(~에.~을) баглах, шингээх
채우다(쵬쇠를) горхилох
채우다(지퍼·훅·단추·클립·핀) цоожлох
채우다(채워 넣다)(~에) жийрэглэх
채움 бөглөөс, шанз
채워 넣기 жийргэвч, жийрэг
채워(밀어) 넣다(~을) чихэх
채워(밀어) 넣었다 түгжрэх
채워넣기 ивүүр, ивээс, шанз
채원(菜園) цэцэрлэг; жимсний ~ 과수원; хүүхдийн ~ 유치원.
채집 коллекции, хамагч, хураалт, цуглуулбар
채집 생활 хамагч
채집물 бүрдэл, хураамж
채집인 аргалчин: аргал
채집하다 мөлжих, цуглуулах; яс ~ 뼈에서 깨끗하게 고기를 뜯어내다; хүүхдийн хөдөлмөрийг ~ 아이에게 노동을 착취하다
채집하다(~을) түүх, хуних; жимс ~ 열매를 채집하다(주워 모으다).
채찍 ташуур
채찍 레슬링하다 гүядах
채찍 자국을 내다 гуврууттах, гувайх
채찍으로 때리기 ташуур
채찍으로 맞붙(어 싸우)다 гүядах
채찍질 하다 гуядах, гөвдөх, дэлдэх, ташуурдах; морио ~ 말을 채찍질 하다; салхи нуур нудгуй гуядана 바람이 얼굴을 때리다;
채찍질(매질)하다(때리다) шавхруудах, ширвэх, ороолгох
채찍질(매질)에 의하여 피부에 생긴 흠터(상처 자국) гувруу
채탄기 уурхайчин
채탄부 малтагч, нүүрсчин

책 боть, ном; ~ унших 책을 읽다; ~ бичиг 학과, 과목; ~ын шуугээ 책장; ~ын сан 도서관; ~ын санч 도서관 직원; 사서(司書); ~ судар 성서, 성경, 성경책; ~ зуй 서지학(書誌學), 서적해제(解題) ~ын худалдаа 출판업(출판· 인쇄· 판매를 포함); ~ худалдагч 책장수, 서적상; ~ын тавиур 서가, (개인의) 장서.

책(문헌) бичиг; сурах ~ 교과서

책 이름 гуншин(г), гуу

책(그림 따위)의 해설이 붙은 분류목록 гарчиг

책(논문)의 장(章) бүлэг

책동 манёвр

책략 있음 зай

책략(계교) башир, бодлого, булхай, гох, ёж, заль, манёвр, молиго, мэх, ов, самба(н), стратег, тактик, хуйвалдаан, явууллага; ~ арга 책략, 계교, 속임수; тоо ~ 산수(상) 의(산술); ~ бодох 문제를 풀다; гадаад ~ 외교정책; улс төрийн ~ 책략, 술책; ~ умхуулэх 속이다, 기만하다, 현혹시키다; заль ~ 교활, 간지(奸智); 간계(奸計); 기만, 약삭빠른; 교활한; ов ~ 책략, 계략; ~ гаргах 속임수를 사용 한다, ~인 체하다; ~ мэх 속이다; ахил ~ 수단, 방책; хорт ~ 고의로 방해(파괴)하다; нууц ~ 도모하다, 꾀하다, 계획하다.

책략에 능한 дипломат

책략을 쓰다 маневрла|х

책략이 있는 авхаалжтай, аргатай, арчаа- тай, бутээлч, овжин, овсгоотой, самбаатай, элдэвтэй

책략이 있다 овжинто|х, сэргэлэндэ|х

책략이 있음 завдаа

책략이(간계, 지혜) 가득한 аргатай

책략이(재치가) 풍부한 урвамхай

책력(冊曆) календарь

책망 бурууушаал, зэмлэл, муушаал

책망하다 ялла|х

책무 хариуцлага

책상 парт, ширээ

책을 덮다 хаалтгай, чигжи|х

책을 매다 оё|х

책을 뭐다 дэвтэрлэ|х

책을 삭제 정정하다 агтла|х, хөнгөлө|х

책을 증보하다 өргөжүүлэ|х, өргөтгө|х, томруула|х

책을 철했다 оёула|х

책을 펼치다 ганта|х

책의 권(卷) боть; нэгдүгээр ~ 한권의 책

책의 서표(書標) цацаг

책의 윗글 гарчиг

책의 커버(표지) бурхуул

책의 페이지를 자르다 даа|х, эсгэ|х

책의 편집을 하다 радакторла|х; сонин ~ 신문을 편집 발행하다

책의 표지 또는 접는 사람(것) 접지기 хавтастай

책의 표지 бурээс(эн), таг, таглаа, хавхаг, халив

책이름을 붙이다 гуула|х

책임(責任) буруушаал, гэм, даатгал, өр, пассив, халамж, хариуцлага

책임능력(責任能力) 없는 ухамсаргүй, хариуцлалагуй

책임 등을 회피하다 түвэгшээ|х

책임 있는 хариуцлагатай

책임회피(기피)하지 않는 халшрайгүй

책임(원인)으로 돌리다(~의) буруутга|х

책임(의무·곤란)에서 면제(해제)하다(~를) цагаара|х

책임(책무, 의무)을 지다 хариуцуула|х

책임을 다할 수 있게 되다 томоожи|х

책임을 다할 수 있는 хариуцлагатай

책임을 맡다(~을) гарда|х

책임을 요령 있게 빠지다 зайлсхий|х

책임을 져야 마땅하다 буруута|х, сонжигдо|х

책임을 져야 할 хариуцлагатай

책임을 져야 할 설명 тайлбарлууштай
책임을 지고 있다(~의) гарда|х, даалга|х; ажил ~ 작업을 부여하다
책임을 지다(~을) даа|х, хариуца|х
책임이 없는 ухамсаргүй, хариуцлалагүй
책임이 있음 пассив
책자 ном
책종이(인쇄물) 한 장 хуудас(ан)
책종이의 한 장(2페이지) хамар
챔피언 түрүүлэгч, аврага; шатрын ~ 체스(서양장기)챔피언; дэлхийн ~ 월드(세계)챔피언; ~ шалгаруулах тэмцэн 선수권, 우승자의 명예; 선수권 대회, 결승전; дархан ~ (삼심제 경기의) 선수권 보유자, 챔피언
챙겨넣다 өвөрлө|х
챙이 없는 사발을 엎은 모양의 모자 (노인·성직자용). тоорцог
처 эхнэр
처가의 친척 төрхөм
치남 хүр дуу
처남 댁 хүр дуу бэр
처녀 бусгүй, охин, хүүхэн
처녀(아가씨)다운(같은.답게) атар, онгон, охинцор; ~ газар 처녀지, 미개간지.
처녀로 있는(를 지키는) онгон
처녀의 онгон
처녀총각이 불장난하다 сэртэндэ|х
처덕처덕 두껍게 바르다((~을)-에) шава|х
처량한 өрөвдөлтэй, хөөрхийлөлтэй
처럼 мэт; тэмээ ~ 나타처럼 보이다; тэр хөшөө ~ зогсож байв 그가 서 있는 모습이 돌처럼 보이다; айсан ~ 두려워 하는 것 처럼 보이다; гэх ~ 따위, 등등 өнгөрсөн жил энэ ~ явдал болсон 지난해와 똑같은 경우다; тэр өөрийгөө арван хэл чөлөөтэй эзэмшсэн гэх~ээр ярьдаг 그는 10국으로 유창하게 말할 수 있다고 주장 한다; тэр ~ 저것과 똑 같다; энэ ~ ээр 이런식으로.
처럼(같이)(보이다,생각되다) мэт; тэмээ ~ 나타처럼 보이다; тэр хөшөө ~ зогсож байв 그가 서 있는 모습이 돌처럼 보이다; айсан ~ 두려워하는 것 처럼 보이다; гэх ~ 따위, 등등 өнгөрсөн жил энэ ~ явдал болсон 지난해와 똑같은 경우다; тэр өөрийгөө арван хэл чөлөөтэй эзэмшсэн гэх ~ээр ярьдаг 그는 10국으로 유창하게 말할 수 있다고 주장한다; тэр ~ 저것과 똑 같다; энэ ~ ээр 이런 식으로.
처리하다 удирда|х, харьца|х
처마의 낙수홈통(물받이) гоожуур
처벌 залхаалга, залхаамж, цээрлүүлэлт, цээрлэл, цээрлэл, шийтгэл, ял
처분 мэдэл
처분(설명·경과보고 없는 한회사의) 자본 тавил
처세술이 능한 арчаг, хашир
처음 нэгдүгээр, тулгар, түрүүч, тэргүүн, үүсвэр, хэт, эх, эхлэл; ~ сар 1월; ~т (우선) 첫째로, 최초로
처음부터 끝까지(~의) дундуур, даяар
처음에 анх(ан), анхлан, онь(онин); ~чи тэгж байсан биш билу? 처음으로 말하지 마세요.
처음에(~을) 두다(싣다)(~의) тэргүүлэ|х
처음으로 анх(ан); анхны тэрлэт 처음으로 보다
처음의 анхдагч; ~ шалтгаан 첫 번째의 원인; угийн ~ утга 낱말의 원뜻
처음이다 нэгдэ|х
처자(의무. 직무를) 버리다 орхигдо|х
처지게 하다 хотолзо|х
처지게(늘어지게) 하다 хонхолзо|х
처진 завхуул, хоттор, хэсүүл
처진(못한) 것 доодчуул
처형(處刑) шийтгэл

척 누워 기대다 гулдай|х
척도 масштаб, шаталбар
척유 саалт, саам, саль; саалийн үнээ 젖을 짜는 암소; саалийн хувин 우유들통, 밀크 버킷; ~ сүү 유제품
척주(脊柱) зоо, сээр, нуруу(н); ~ны мах (소·돼지고기의) 안심, 필레살; ~ нуруу 등뼈; ~ авах 요통(腰痛); хөх ёолт 붉은 옆구리 살.
척척 торохгүй
척추(脊椎) нуруу(н), зоо, сээр; ~ны үе 척추골, 추골(推骨); ар ~ 등뼈; ~гаа үүрэх 열중쉬어 자세, 손을 등 뒤로 하다; тэр ~гаараа тань шиг 그는 당신의 높이에 있다
척추동물의 발가락 хуруу(н)
척추의 нугас(ан); ~ны ус 등뼈의 분비액.
척후(병) скаут, тагнуулч(ин)
척후(정찰) 활동 туршуул
천(遷) гулттал
천(千) мянг(ан)
천(1,000)개(사람) мянг(ан)
천(1,000)의 기호 мянг(ан)
천(그물 따위가) 거친 хөрзгөр
천(모자 등의) 가두리 хажаас
천(모자)의 가두리(가) сэжүүр
천 조각 нөхөөс(өн), цаваг
천(헝겊) бөс, даавуу(н)
천(헝겊.직물.구두등등)의 째진 틈(찢어진 곳, 해진 데) ханзархай
천공 даалинба, өрөмдлөг, өрөмдөгч, шивээс, тэнгэр; хэ х ~ 맑고 푸른 하늘; ~ бурхэх 흐려지다; ~ дулаарах 따뜻해 지다
천공기 даалинба, өрөм, өрөмдөгч
천국 тэнгэр утопи; хэ х ~ 맑고 푸른 하늘; ~ бурхэх 흐려지다; ~ дулаарах 따뜻해지다
천국의 기쁨 жаргал
천둥 аянга

천둥(우레.수레의) уурлаг нүргээн
천둥번개 аянга, очир; аянгын гэрэл 전광(섬광)의 번득임, 번개; аянгын/ тэнгэрийн Сум 번개; ~мэт/шиг 번개같이, 순식간에; ~нд дайруулах/ цохиулах 전격적 파업; ~ алмас 다이아몬드.
천둥소리 аянга
천둥치게 하는 нүгээнтэй
천둥치는 소리 аянга
천둥치다 нижигнэ|х, нүжигнэ|х
천둥칠 듯한 нүгээнтэй
천리경(千里鏡) телескоп
천리안의 사나이 үзмэрч
천막 майхан, далавч; ~ барих 천막을 치다; майхны гадас/багана 천막 말뚝/ 천막의 버팀목; ~д унтах 야영하다, 텐트에서 자다.
천막생활 хаваржаа(н), хээрэвч
천막의 버팀목 гадас(ан), шон
천막의 지붕을 만드는 버팀목(기둥, 지주) унь
천만장자 тэрбумтан
천문(天文) хөнтгөр
천문(지학) 경선(經線) уртраг
천문학(지리)의 극(極) туйл; Умард ~ 북극(北極); Өмнөд ~ 남극(南極);
천박 дэвсгэргүй
천박하다 гоомойдо|х
천박한 것 дэвсгэргүй
천박한 даржгар, сарампай
천벌 залхаалга, залхаамж, цээрлэл
천부의 төрөлх
천성(본성) ааль, ааш, авир, галбир, зан(г), овилго, тар, хат, хатаалт, суу.; ~ зан 행위, 행동, 행실; 동작, 태도; 품행; олон ~ тай 변하기 쉬운 성품, 마음이 잘 변하는, 변덕스러운 마음; сайхан ~ тай 선량한 (고운) 마음씨, 착한 성질; зан ~ 인격, 성격, 품성
천아(天鵝) хун

천아아(天鵝兒) хун
천아조(天鵝鳥) хун
천억(-億) таг
천에 가까운 мянгаад
천역(賤役) боолчлол
천역(舛逆)하다 мэтий|х
천연 그대로의 будуулэг, заваан
천연(天然)의 аранжин, байгалийн
천연의 수로 гуу, суваг, шуудуу; суваг ~ 도랑(개천); ~ жалга 협곡, 산골짜기, 계곡.
천연의 저수지 лааз
천으로 책을 덮다 баринтаг
천의 가장자리 далжгар
천의 솔기 зүйдэл
천의 주름 гөрмөл
천장(널) адар, тааз; ~ны хэ ндий (물건을 두는) 고미다락, 더그매, (헛간·마구간의) 다락. 애틱.
천재 гай, гамшиг, суу, суут
천재지변 аюул, зуд; өлөн ~ 굶주림, 기아; 아사(餓死); ган ~ 가뭄, 힌발; цагаан ~ 눈에 의한 재난, 눈사태.
천정(天庭) хөнтгөр
천제(天帝) савдаг
천주교의 католик; ~ шашин 가톨릭교(의 교의(敎義)·신앙·제도), 천주교
천지만물 байгаль, сав шим, сансар
천지창조 전의 혼돈 там
천직 томилолт
천진난만한 ёжгүй, завдаагүй
천진스러운 балчир, булбарай
천진한 будуулэг, ёжгүй, завдаагүй, хонгор
천칭저울 баланс, жин(г), жинлүүр
천착 мөлжлөг; дарлал ~ 압박, 억압.
천천하게 аажуу
천천히 аажуувтар, алгуур, аяархан, зугуу, удаавтар, ягуухан
천천히 가다 гүрвэлзэ|х
천천히 걷다(고른 보조로) алха|х, галги|х, гаца|х, гэлдрэ|х
천천히 긴장하다 даамжра|х
천천히 나아가다(걷다) жирсий|х, гүвгө- нө|х, ирвэгнэ|х
천체 далай
천체가 딴 천체를 가리다(일식, 월식) хитэ|х
천체를 둘러싼 가스체 хий
천체의(에 관한) бөмбөгөр, бөндгөр
천체의(음력의) 달 сар(ан); заримдаг ~ 반달; тэргэл ~ 보름달, 만월; ~ хуучрах (달이) 이지러지다; ~ хавьслах 새로운 달이 솟아 오르다; ~ баригдах (달의) 월식 ~тай шэ нэ 달빛에 비친 밤, 달빛 어린 밤; ~ны туяа 달의 빛을 발하다; ~ны гэрэл 달빛
천치 маанаг
천치(바보, 백치)가 되다 дүйнгэрэ|х
천치의 гирэв, эргүү
천칭의 접시 жигнүүр
천칭저울 눈금 пинс
천탄(淺灘) боргио
천포(天布) далавч
천하게 하다 дээрэнгүйлэ|х
천한 булай, бурангуй, бутэхгүй, жудагтүй, нуруугүй
천한 사람 хуний жааз
천한 큰 웃음(소리) хөхрөлдөөн
천한 큰 웃음소리를 내어 웃다 хөхрө|х
철(계절) улирал
철(鐵) төмөр; тэ мрийн худэр 철광석, 철광; тэ мрийн хаягдал 쇠의 줄밥; тэ мрийн хучтл (화학) 산화철
철갑상어 хилэм (철갑상엇과의 물고기. 길이 1.5m가량, 주둥이가 매우 돌출했음. 등은 회청색, 배는 흼. 맛이 좋음.),
철거기(機) сүйтгэгч
철공장에서 일하다 дархла|х
철광 гүр, уурхай
철광석 гүр(鐵鑛石: 철을 함유한, 제철의 원료 되는 광석; 자철광·적(赤)철광·갈(褐)철광)

철권 нудрага; ~ зангидах 손(주먹)을 꽉 쥐다.
철금(鐵琴) хонх
철도 또는 바다 도로 화물 수송용의 컨테이너(큰 금속상자) чингэлэг
철도 신호교 гүүр
철도의 객차 вагон
철도의 신호소 дохиоч, кабин; ачааны машины/тэрэ-гний ~ 화물 자동차(트럭)의 캡(운전실)
철도의 전철수(轉轍手) сумчин
철두철미 даяар, цоо
철로의 차 вагон
철매 тортог
철면(凸面)의 бултгэр, гүвгэр, гүдгэр, ёмбогор, товруут(ай), томбогор, төвгөр
철면피 жавхаа, хатуужил
철면피 같다 гаарах
철면피다 хэтрэмхийлэх
철면피의 давамгай, хэтрэмхий
철면피한 жалмагар, жимүүс, нүүрэмгий
철모 дуулга
철모를 쓰다 дуулагах
철사 утас(утсан)
철사 같은 гүжирмэг
철사 끊는 기구 хасуур
철사 끊는 직공(사람) хасуур
철사(삼 따위의) 케이블 кабель (утас)
철사(전선) 자르는(베는)사람 хасуур
철사로 만든 гүжирмэг
철새의 울음소리 гангар гунгар хийх
철수시키다 ухраах
철썩 때리기 таван салаа боов өгөх
철썩 때리다 нярдхийх
철없는 балчирдах
철을 경화(硬化)하다(제련하다) хатах
철인 мэргэд, сөд, ухаантан
철자를 말하다(쓰다)(~의) үсэглэх
철자법 бичлэг
철저하게 түс тас

철저히 бултаараа, буур, гүйцэд, дагуудаа, ёсоор, лав, машид, нэвтэрхий, огт, ор, сайтар, таг, тас, хуу, цоо; ~ болох완전히 말을 못하게 하다; ~ чиг болох 완전히 사라지다(자취를 감추다); ~ ухах 깊이 파다; тэр ~ мэднэ 그는 확실히 안다; лавы нь олох 모든 범행들을 찾아내다; чиний англи явах чинь ~ уу? 당신이 영국으로 가는 것이 사실이다; тэр бусгуй угэндээ ~ 그녀의 말은 사실이다.
철제 삼각대(三脚臺) тулга
철천지원수 өшөөтөн
철침 дөш, үдээс
철판 등에 주석도금을 하다 зайлах
철판(얇은판)으로 (뒤)덮다 төмөрлөх; дээвэр ~ 지붕을 철판으로 덮다
철판면(凸板面) бар
철판의 표준 두께 хэмжигч
철하는 판 архив
철하다 оёх
철학(哲學) философии
철학의 물질(物質) матери
철학적으로 해석(설명)하다 цэцэрхэх
첨(諂) зулгуй
첨가하다 багсрах, зуурах, холигдох, хутгалдах
첨단 ёмбон, ондгор, оргил, үзүүр, шувтрага
첨부하다 дарах
첨부한 хадмал
첨삭(添削) залруулга, засвар, ретуш
첨삭하다 залах, залруулах, засамжлах, зөвдөх
첩경(捷徑)을 취하다 дөтчилөх
첩구(疊句) бадаг, дахилт
첩로를 취하다 дөтчилөх
첩보원(첩자,간첩)의 туршуулч
첩자 бутач, туршуул
첫(번)째로 анхлан
첫(번)째의 анхдугаар, эн тэргүүн; ~ хэвлэл 초판

첫걸음(책) үсэглэл
첫대바기 анх(ан)
첫째 дээд, нэгдүгээр, тулгар, тэргүүн; ~ cap 1월; ~т (우선) 첫째로, 최초로
첫째(로) дав ын өмнө
첫째(톱(top))이다(~의) магнайла|х
첫째날 нэгдүгээр; ~ cap 1월; ~т (우선) 첫째로, 최초로
첫째로 анх(ан)
첫째로 두다(~을) эн тэргуунд тавих
첫째로 하다 нэгдэ|х; ~ өдөр 월요일; ~ хуудас 1쪽, 1페이지.
첫째의 анхдагч, охь, түрий; ~ шалтгаан 첫 번째의 원인; үгийн ~ утга 낱말의 원뜻
청각 сонор, сонсгол, сонсол
청각 기관의 신호 чагнаал
청각기관의 신호를 하다(~를) чагнаалда|х
청강생 сонсогч
청결하게 цэвэрхэн
청결하게 되다 цэвэрши|х
청결한 ариун, хиргүй, цэвэр, цэвэрхэн; ~ амьдрал 순결한 삶; ~ агаар 맑은 공기
청구 шаардлага
청구서 бүртгэл, нэхэмжлэг
청구전표 квитанции
청구하다 лантууда|х, нэхэ|х, шаарда|х
청년 залуус
청년의 ануухан, залуурхуу, шавилхан
청동 хүрэл
청랑자(靑娘子) тэмээлэгэнэ
청량음료 ундаа
청력 сонор, сонсгол, сонсол
청렴(강직.정직)한 голч, төв, төлөвхөн; ~ хүн 정직한 남자; ~ шугам 서로 용납 되지 않는
청록색 оюу(н)
청밀(淸蜜: 꿀) бал
청부업자 барилгачин

청산(결제)하다 хэрэ|х
청산(상각)하다(부채를) арилга|х: арилах
청산인 устгагч
청산하다 арчи|х, төлө|х, устгагда|х
청색 물감 номин
청서(靑鼠) олби
청소 клиринг, цэвэрлэгээ
청소되다 цэвэрши|х
청소부 цэвэрлэгч
청소하다 арилга|х: арилах, арчигда|х, арчи|х, арчи|х, гүвэ|х, дэвлэг, тоосло|х, цэвэрлэ|х, шуурдэ|х
청솔모 хэрэм
청승맞은 소리로 말하다(노래하다) аяла|х, дүнгэнэ|х, нурги|х
청아한 цэл
청양(靑陽)(봄) хавар
청양가절(靑陽佳節)(봄) хавар
청어 май загас (靑魚: 청어과의 바닷물고기. 몸길이 약 35cm로, 등은 암청색, 배는 은백색임. 가을에서 봄에 걸쳐 잡히며, 맛이 좋음. 생신은 「미웃」, 말린 것은 '관목'이리함), биер(鯡魚)
청옥(靑玉) нал эрдэнэ
청원(탄원.진정)서 гуйгч, нэхэгч, өргөдөл
청정(蜻蜓) тэмээлэгэнэ
청정한 гэмгү, цагаан
청중 сонсогч
청중(관객.방청)석 танхим
청진기 чагнуур
청징법(淸澄法) тодоттол, тодруулга
청초 цэвэрч, цэмцгэр
청춘(靑春)(봄) хавар
청춘남녀 залуус, залуучуудд, хөвгүүн
청취 сонсол
청취자 сонсогч
청취할(들을)수 있다 сонсдо|х
청하다 гуйланчла|х, дэлэндэ|х, улигла|х, ээрэ|х
체 шигшүүр (가루를 치거나 액체를 받아내는 데 쓰는 기구; 얇은 나무로 쳇바퀴를

만들고 쳇불을 메었음)
체!(쳇) паа, пах(경멸·불쾌 아니꼬울 때· 탄식할 때 등을 나타냄)
체(滯)하다 элэглэ|х
체격 галбир, рам
체격(성질 따위를) 물려주다 өвлөгдө|х
체경(體鏡) толь
체계 байгуулал, байгуулалт, байгууламж, бутэц, дэглэм, журамтай, засаг, систем, тогтолцоо, тогтоц, хэлбэршил; ~ болгох 조직화하다, 체계화하다
체계(조직.계통)적인 тогтолцоотой, төлө- влөгөөтэй
체계화하다 системчлэ|х
체납하다(~을) хоцро|х
체내기관(體內器官) дотор
체내의 관(管) зам; амьсгалын ~ 호흡 (성(性))의 관(管), 호흡을 위한 관(管)
체력 амьдрал, бяр, тамир, шөрмөс; ~ орох 체력을 얻다; ~ доройтох 연약해져가다; ~ муутай 무력함을 느끼다; биеийн ~ 육체(신체)의 훈련, 체조, 체육; дотуур ~ 악의, 해할 마음, 심술 굳음.
체력(인내력)을 소모하다(고갈시키다) бара|х, хоослоо|х, сарьсла|х
체력을 되찾다(회복하다) тэнхээжи|х, тэнхжи|х
체력을 잃다(감소하다, 쇠하다, 감퇴하다) тамирда|х, тамиржи|х
체력을 주다 тамиржуула|х
체력의 танаг
체력이 소모되다 тамирда|х
체로 치다 шигши|х
체루(涕淚) нялмас
체류 үргэлжлэл
체류손님 айлчин, зочин, хоноц
체리 интоор; ~ын мод
체리(버찌)같은 과일의 종류 улаагана
체면 басамжлал, буйр, даг, доожоо, ёоз, жадха, үзэмж, хүнд, хүндлэл, хүндэтгэл, хэргэм

체면을 존중하다 ёсорхо|х
체스(퀸.여왕) бэрс
체스(chess) шаар
체스 게임 өрөг
체스 경기자 шатарчин
체스를 두다 шатарда|х
체스를 하다 даамда|х
체스(서양장기)에서 비숍으로 장군(공격)을 하다 дула|х
체스에서 성장(城將)(장기차에 해당함) ханхай
체스에서 수의 막힘(쌍방이 다 둘 만한 수가 없는 상태) жид
체스에서 외통장군을 부르다 шала|х
체스의 비숍(주교모자 모양의 장기말) тэмээ(н)
체스의 성장(城將) тэрэг (тэргэн)
체스의 성장(城將)으로 (왕을) 지키다 ханхай
체스의 외통 장군 мад; ~ хийх 외통장군을 부르다; ~ тавих ~를 감금하다, 투옥하다
체스의 장군(공격)! дандай!, шаг!
체스의 졸(卒) хүү
체육실기 атлетик
체육이론 атлетик
체재(滯在) буудал
체재하다 орши|х
체제 бутэц, горим, тогтолцоо
체조의 평행봉 савлуур
체중 туухай
체중계 жинлүүр
체질(조리질)하다 шигши|х .
체질이 약한(병약한.허약한) гулбигар, нунжгар
체질하다 шуурдэ|х
체커(의) 말 даам
체크 чек
체크하다 байцаагда|х, цохо|х
체포 авалт, баривчлага
체포(구속.억류.유치.구류)하다(~를)

баривчла|х; нар~(нар хиртэх) 태양의 일식; өвчинд ~ 병(질병)으로 무력하게 하다(무력하게하다); бөөсөнд ~ 불결(비열)하게 되다; өрөнд ~ 빚내다, 빚얻다, 차용하다, 차입(借入)하다
체포되다 баривчлавда|х
체하는(~인) маягтай, дүрэмдэ|х, баашла|х, маякса|х, нүүрчлэ|х
체하다(~하는) дүрэмдэ|х
체험 дадлага, туршлага
체험 하게 되다 догшро|х
체험담 паян
체험되다 догиро|х
체험된 арчаг, дадамгай, дадлагатай, догирхог, догь, долор, хашир
첸트너 центнер (독일 등의 중량 단위: 50kg; 옛 소련 등에선 100kg).
쳐들어가다 бучнула|х, довтло|х
쳐부수다 дөнгүүлэ|х
초(시간·각도의 단위; 기호) секунд
초가을 гарц
초계(哨戒) эргүүл
초계하다 цагда|х
초고(草稿) навтраг, ноорог, нуруувч
초과 илүүдэл, илүүч; ~ ур тариа 잉여 농산물; ~ ачаа тээш 나머지 수화물.
초과하게 дэндүү
초과하다(~을) илүүдэ|х, илүүдүүлэ|х, хэтрэл
초기(단계) тэв
초기(초보,미발달)의 балчир, булбарай
초기로 анх(ан)
초기에 эрт(эн)
초기의 원시적 구전(口傳) 서사시 тууль
초기의 анхдагч
초대 заллага, урилга
초대하다 ури|х
초대했다 уригда|х
초들다 чирэгдүүлэ|х
초등학교 등의 조회 хуралдаан, чуулга
초라하다 нэвсий|х

초라한 오두막 овоохой
초라한 дэвсгэргүй, оронцог, сарампай, тамтаггүй, хөлгүй
초래하다 нөлөөлө|х
초략(抄略) дээрэм
초로(初老)의 хижээл
초록 товчлол
초록의 ногоон; ~ вандуй 그린피스, 청완두; ~ алим 푸른 사과; ~ ургамал 수목과 관목(灌木); ~ шай 녹차; ~ бус 녹색지대
초름하는 дундуурхан
초름한 ядуувтар
초만원이 되게 하다 нившрэ|х
초목 ургамал
초목의 마디 яр
초목이 뿌리만 남고 지면까지 마르다 намсхий|х
초목이 싹트다 дүүлэ|х, зулзагала|х, соёо, соёоло|х; ~ цухуйх ~에 싹이 트게(나게) 하다.
초미니의 бичил; ~ уур амысгал 소(小)기후(한 국지(局地)의기후); 미(微)기후 (소기후보다 더 작은 지점의 기후)
초벌새김 ноорог; ~ зураг ~의 윤곽을 그리다,~의 밑그림을 그리다.
초병 манаа; ~ манах 경계하다; ~нд гарах 보초서다, 지키다; ~ хийх 망을 보다;~ны шовгор 보초막, 초소
초보(독본) үсэглэл
초보를 가르치다 танилцуула|х
초보의 оруулсан
초본(풀)의 өвсөрхөг
초본의 약 тан
초부(樵夫) модчин
초사(哨舍) киоск
초산(성) исмэг
초산(醋酸) кислота
초상 баримал, хөрөг
초상(인물) 사진 хөрөг
초상(화) дүрслэл

초상을 그리다(~의) дүрслэ|х
초상화 хөрөг
초생아(初生兒) нялзрай; нялх ~ 갓난아이, 젖먹이; ~ хүүхэд 새로이 태어난 어린 아이, 최근의 신생아.
초소(哨所) киоск
초식동물 даяанч
초심자 дагалдан
초안 навтраг, ноорог, нуруувч; ~ зураг ~의 윤곽을 그리다, ~의 밑그림을 그리다.
초약본(판) товчлол
초연해 있다 онггойро|х, тусгайра|х
초원 өвс
초인종(招人鐘) хонх
초자연의 힘 рид, шид
초점(初點) голлолт, фокус; ~ таарулах 초점을 맞추다
초점거리 голлолт, фокус
초점을 맞추기 голлолт, фокус
초점을 맞추다 голо|х; голлон суух 센터에 앉다; голлон тоглох 별처럼 빛나다;
초조하게 하다 цухалда|х, янших
초조하다 горой|х
초조해하다 хохигоно|х
초지(草地) даац, намаг
초청 урилга
초청(초대)하다 зала|х, залагда|х
초청하다 ури|х
초청했다 уригда|х
초췌 тураал
초췌하게(말라빠지게)보이다 хонхий|х
초췌하다 хавчий|х
초췌한 дампу, хашин, хонхигор, ямбий
초콜렛색 хүрэн
초크 цэрд, шохой
초판(재판의) 판(版) хэвлэл
초하루 нэгдүгээр; ~ сар 1월; ~т (우선) 첫째로, 최초로
초학자 сурагч,

촉각 антенн, тэмтрүүл
촉감 мэдрэмж, мэдээ, сахал
촉감이 좋은 зөөлөн, улбагар
촉루 гавал
촉모(觸毛) сахал
촉박한 давч
촉수(觸鬚) сахал
촉진 ахиц, дэвшилт, урам, урамшил, хөхүүлэг, хурдасгал
촉진제 хурдасгуур
촉진하는 дэвшилтэй
촉진하다 адгра|х, ашигла|х, давши|х, дав- шуула|х, довтлогч, духай|х, идэвхжүүлэ|х, сандраа|х, тэвдүүлэ|х, хурдлуула|х, яара|х
촌락 гацаа, тосгон
촘촘하게 нягт
촛농 баас
촛불끄개 унтраалгуул
총(라이플총) буу; ~буудах 발사(발포)하다, 총을 쏘다; ~ тийрэх 되돌려 차다, ~에게 되돌리다; ~шуу 총열, 포신(砲身), бууны ам 총구, 포구(砲口); ~ны бөгс 총의 개머리; ~ны гох 총의 공이치기, 총의 격철(擊鐵); ~ны гэр 권총용 가죽 케이스; ~ны замаг 총의 놀이 쇠뭉치; 대포의 마개쇠; ~ны хараа 총의 겨냥 (조준), 조준기, 가늠쇠(자)
총~(참모) жанжин; ~ штаб (일반) 참모; бүх цэргийн ~ 전군의 최고 사령관, (육·해군의) 총사령관, (나라의) 최고 지휘관
총(대포가) 꽝 올리다 пан
총(銃)사냥 ав; чонын ~ 늑대(이리)사냥; ~ хомрого 몰이, 몰이사냥; 몰이꾼; 추적, 수색, 탐색.
총(화살)을 쏘다(발사하다) галла|х
총각(童), 미스터) гоонь
총검으로 찌르다 жадла|х

총경 хошууч
총계(합계) дүн(г), нийлбэр, нийт, товчоо
총계(모두)해서 ердее
총계(합계.합산)하다 дүгнэ|х
총계의 бүтэн, нийт
총괄로 нэлэнхий
총괄적인 бүх, ер
총독 захирагч
총량 дүн(г)
총렵 ав; чоныи ~ 늑대(이리) 사냥; ~ хомроо 몰이, 몰이사냥; 몰이꾼; 추적, 수색, 탐색.
총림(지) ширэнгэ(н)
총명 ухамсар
총명한 андахгүй, мэргэн, сэцэн, хэрсүү, цэцэн; ~ э вгэ н 노인은 현명하다; ~ буу 정확한 총; ~ үг 속담, 격언, 금언 (金言); ~ ухаан 지혜, 슬기로움; ~ хүн 현명한 사람;~үг 속담, 격언, 금언.
총성(포성)이 들렸다 буу тан хийх
총수 дүн(г), нийлбэр
총애 хишиг
총애를 받다(~의) хайрлагда|х
총애하다 өхөөрдө|х
총액 дүн(г), нийлбэр
총에 장전 цэнэг
총에 장전하다(탄환을 재다) цэнэглэ|х
총을 곤봉 대신으로 쓰다 бороохойдо|х
총을 서로 엇걸다 бөөгнөрө|х
총의 놀이쇠 түгжээ
총이 어깨에 반동을 주다 тийрэ|х
총장 ловон
총재 дарга, ерөнхийлөгч, тэргүүлэгч, эрхлэгч
총체적 결과 товчоо
총총걸음 хатир, хатирч, шогшоо; ~ морь 말이 속보로 가다
총총걸음 치다 хатира|х
총총걸음(빠른걸음) 길들이다 ергөө

총총걸음(빠른걸음)으로 걷게 만들다 хатируула|х
총칼 зэмсэг
총포(내연기관)발화(시동)하다 бууда|х
총포의 가늠쇠 овоо
총포의 구경 калибр; ~буу 소구경 소(권) 총.
총포의 내경(內徑) хэмжигч
촬영기사 кинооператор
최고 ~까지 нааш
최고 권위자 집단 комисс
최고(최상)위 толгойтой
최고부 орой
최고의 булт, гичий, охь, түрий, шилдэг; урт ~тэй 긴 장화; э вэ р ~дээ орох 좋은 친구가 되게하다.
최고점 орой
최근 ойрдоо, ойрмог, ойрноос, өнөөхөн, өчигдөр, сая, саянаас, түрүү(н)
최근 시간 саядаа
최근(근래.작금) 시작한 тугтам
최근까지(시간적으로) агсан
최근에 돌아간 талийгаач
최근에 태어난 нярай; ~ хүүхэд 최근에 태어난 아이, 신생아
최근이다 хожууда|х
최대(최고)의 олонхи
최대수용능력 даац
최대의 байдаг, бүлт
최루탄(催淚彈) граиат
최면(상태) ховс
최면(성)의 унтамхай
최면술 ховс
최면술을 걸다(~에게) ховсло|х
최상급의 ~хамгийн
최상급의 말(찬사) хамгийн, шав; ~ чухал 가장 중요한 질문; ~ тэнэг 가장 어리 석은(우둔한), 가장 바보 같은;~шар 아주 노랗다
최상으로 마치다 дангинуула|х
최상으로 발휘하다(~를) төлөвжүүлэ|х

최상의 олигтойхон, шилдэг
최선(최상) дээж
최선을 다하다 идэвхлэ|х, оньсло|х
최선의 олигтойхон, шилдэг
최선의 것(부분) дээд
최신 유행의 옷을 입다 гангала|х
최신의 것 хойшгүй
최악 жааз
최악(의 것) адаглаад, адгийн, жааз
최악의 гайгүй
최악의 경우는 ядавч
최연소자 бага, отгон; ~ сургууль 초등학교; ~д 어린 시절, 유년 시절; ~ нас 어린 십대시기; ~эмч준(準)의료 활동 종사자, 진료 보조원, 의사의 조수; ~ хэвлий 아래배(복부); ~ хурал 회담, 협의
최연장의 ууган; ~ хүү 맏아들, 첫 번째 아들.
최저 адгийн
최적(최선)의 оновч, оновчтой
최종(적인)의 сүүлийн
최종적(결정적)으로 сүүлдээ
최종적인 сүүлч
최종점 шувтрага
최초 속도의 경주마 гараа; ~ ихтэй морь 총알처럼 빠른말.
최초 дээд, нэгдүгээр, тулгар, түрүүч, тэргүүн, үүсвэр, хэт, эх; ~ сар 1월; ~т (우선) 첫째로, 최초로
최초(처음)에는 нэгдэ|х, онь(онин); ~ өдөр 월요일; ~хуудас 1쪽, 1페이지.
최초로 анх(ан); ~та Англии хэзээ явсан бэ? 당신은 언제 처음으로 영국에 갔습니까?; ~ андаа тэр ажилдаа дургүй байсан боловч яваандаа дассан 그는 처음에는 그의 일을 좋아하지 않았지만 나중에는 익숙해졌다; анхнаасаа 아주 최초로, 제일먼저; анхны харцаар 첫 (번)째의, 최초로; анхны тусламж үзуулэх 실물 크기의 모형, 모크업(실험.교수.연구실습용); 인쇄물의 레이아웃; анхан шатны сургууль 초등학교, 초등교육의 학교
최초부터 уг; усний ~ 머리카락 뿌리; ~ нутаг 고국, 모국, 조국; ~ учир 원물, 원형 ~аас үгүй 결코 ~하지 않다; ~ чанар эссэнс, экс, 정(精); ~ туйл 절대 적인 것.
최초에 анхлан, уг
최초의 анхдагч, анхдугаар
최초의 уул
최초이다 нэгдэ|х
최하단의 доод
최하위 계급농노(農奴) ахмжлагат (토지와 함께 매매된 봉건 시대의 최하위 계급의 농민); ~ёс 농노의 신분, 농노 제도.
최하층민 нийтлэл
최후 зураг, шувтрага, шувтрага
최후까지 даяар
최후부(맨 뒤) ар, бөгс, хойгуур, хойт
최후에는 эцэст
최후의 сүүлдээ, сүүлийн, сүүлч, хойшгүй
최후의 마음으로 떠났다 зөнднь хаях
추가 нэмэгдэл, нэмэлт, нэмээс, хавсралт
추가 중량 тарга тэвээрэг
추가(부가)한 хадмал
추가사항 нэмэгдэл, нэмэлт
추가의 нэмүү, нэмэгдэл
추격 мөшгөлөг, нэхүүл
추격하다 нэхэл нэхэл дагал болох
추계(秋季) намар; өнгөрсөн ~ 지난 가을; намрын хонгор салхи 가을의 온화한 바람; намрын шар нар 가을의 따뜻한 햇살
추계하다 бодо|х, тооцо|х, тооцооло|х
추구 мөшгөлөг, нэгжилт, нэхүүл, хайгуул, эрэл
추구(탐구)하다 бэдрэ|х, эрэ|х
추구하다(~을) сувра|х
추기다 турхира|х

추단 гаргалга
추돌(追突)하다 харши|х
추락 туналт, угалт
추량 гадарла|х
추레한 тожгор
추론 гаргалга, ухаарал,шимтгэл
추론을 그르친 нэглий
추리 ухаарал
추리다 дүгнэ|х, еренхийде|х
추리력 ухаарал
추명(醜名) гутамшиг, мундар
추방 цөллөг
추방(제명)하다 тонилго|х
추방당한 사람 шоовдор
추방하다 хөө|х, хөөгдө|х, цөлө|х, цөлөгдө|х
추방하다(~을) хөши|х
추상(작용) дүрсамж, хийсвэрлэл
추상적이다 хийсвэрдэ|х
추상적인 хийсвэр
추상하다 хийсвэрлэ|х
추성(箒星) солир
추세 байдал, хандлага, чиг, чиглэл
추수 ургац
추악한 балиар, бохир, бузар, үзэшгүй
추억 дурсамж, дурсгал, дуртгал; бага насны ~ 어린 시절의 추억.
추억(인상)을 지워버리다(없애다) балра|х
추억에 잠기다 дурса|х, хууучла|х
추억을 말하다(쓰다)(~의) хууучла|х
추억의 기록 дурдатгал
추업(醜業)을 시키다 янханда|х
추요부(樞要部) гол, тээл
추운 겨울날 хөхөө э вэ л
추운 날씨 жавар
추운(찬) жихүүн, мөлүүн, сэрүүвтэр, хүйт; өнөөдөр ~ байна 오늘은 추운 날이다.
추운대로 놔두다 дааруула|х
추움 хүйтэн; э влийн ~ 겨울의 추위;

~ ус 차가운 물; ~ ундаа 냉수; ~ харц 차갑 게 노려보다; ~ дайн 냉전; ~ сэтгалтэй 냉담한, 무정한; ~ цустай 냉혈적인

추움의 표현을 나타내는 소리(발성)тий
추워서 마비되다 бээрэ|х
추워서 저리다 бээрэ|х
추워지다 хүйтдэ|х
추월하다 гүйцэгдэ|х
추월하다(~을) гүйцэ|х
추위 хүйтэн; э влийн ~ 겨울의 추위; ~ ус 차가운 물; ~ ундаа 냉수; ~ харц 차갑 게 노려보다; ~ дайн 냉전; ~ сэтгалтэй 냉담한, 무정한; ~ цустай 냉혈적인
추위(蟹胃) сархинаг
추위(흥분따위)로
와들와들(후들후들)떨다 давжгана|х, даг- жи|х, жирүүрхэ|х; чичрэх ~ 와들와들(후 들후들) 떨다; шуд ~ (이를) 딱딱 맞부딪 쳐 소리나게 하다.
추위가 뼛속까지 스며들다 жиндэ|х
추위로 감각을 잃다 бээрэ|х, осго|х
추위로 괴로워하다 бээрэ|х
추위를 느끼다 дара|х; ~ хөрөхийг ул мэдэх (사람의) 추위를 모르다.
추위를 타는 зэврүүн; өнөөдөр ~ байна 오늘은 서늘하다
추위에 민감한(예민한) бээрэг
추위에 서 있을 수 있는 өлчир
추이 сэлээ, хала, хишиг, шилжилт, ээлж, явц
추잡스런 말(생각) буртаг
추잡한 балиар, бохир, бузар, жалмагар, жимүүс, нүүрэмгий, шалиг; ~ явдал 수치스러운(불명예스러운,혐오스러운) 행동
추장 даамай
추저분한 нусгай

추적 мөшгөлөг, нэхүүл
추적(벌.책임)을 교묘히 피하다 булзаара|х
추적(추격)하다(쫓다) авла|х, дара|х; дай- сны араас шил даран хөөх 적을 추격하다(쫓다); өндө ~ (알)병아리를 까다(부화하다); хуруу ~ 손꼽아 세다; эрхий ~ 문서(서류)에 엄지손가락의 지문을 찍다, 문서에 무인(拇印)으로 서명하다
추적을 벗어나다 түрүүлэ|х
추적자 мөрч
추적하다 агна|х, ангуучла|х, бараада|х, нэхэл нэхэл дагал болох, оромдо|х
추적하다(~을) нохойчло|х
추적해서 잡다 агна|х
추절(秋節) намар; өнгөрсөн ~ 지난 가을; намрын хонгор салхи 가을의 온화한 바람; намрын шар нар 가을의 따뜻한 햇살
추정 гадарла|х, дүгнэлт, таамаг, таамаглал
추정(추측)하다(~을) таалца|х
추정값 төсөв
추정하다 бараглах, таа|х, тааварла|х
추정하다(~이라고) бодо|х
추정해 보다 бараглах
추종자 баримтлагч
추종자(신봉자.지지자)(~주의·학설의) дагалдагч
추진기 сэнс, шураг
추진시키는 사람(것) сэнс; нисэх онгоцны ~ 프로펠러; усний ~ 헤어 드라이기; салхин ~ 통풍기, 송풍기, 환기팬(fan)
추찰(推察) таамнал
추천할 수 있는 сайшаалтай
추첨 сугалаа, тавилан, үйл, хувь
추축(樞軸) тээл
추축이 되다 голо|х
추출물 ханд

추측(推測) барагцаа, гадарла|х, таамаг, таамаглал, таамнал; битуугээр ~ 추측(짐작) хада.
추측(가정)하다 бараглах, барагцаала|х, онолдо|х, тухайла|х, таа|х, тааварла|х
추측(억측.가정)하다(~을) барагцаала|х, таамагла|х
추파(秋波) жаравгар
추파를 던지다(~에게) жаравгана|х, жартгана|х
추하게 하다 майра|х
추하다 нурмай|х
추한 доожоогүй, жавхаагүй, лөөлгөр, муухай, нурмагар, үзэшгүй
추행 буртаг, гутамшиг
축 늘어져 기대다 гулдай|х
축 늘어지게 되다 улбай|х, улцай|х
축 늘어지다 гулдай|х, ёлцой|х, налмий|х
축 늘어진 ёлбогор, налимгар, нялгай, нялщгар, үлбэгэр, улжгар, улцгар, хэлхгэр, цулцгар
축 늘어진다 үлбий|х, үлхий|х
축 гол, дунд
축(軸) тэнхлэг
축구(蹴球) футбол
축구 셔츠 футболк
축도(縮圖) хасалт, хөнгөлөлт, хямдрал
축도의 жижигхэн
축면사(縮緬紗) дурдан(г), шаа
축복 ерөөл
축복(의 말) адас, ерөөл, хишиг, ээл; ~ тавих 축복의 말을 주다
축복받은 ерөөлт
축복의 기도를 해주다 ерөө|х
축복하다 адисла|х, ерээ|х
축사(祝史) бөө
축사(縮寫) хасалт, хөнгөлөлт, хямдрал
축사(畜舍) хороо, хот
축사(畜舍)에 머무르다 хотло|х
축선(軸線) тэнхлэг
축성(술) бэхлэлт

축성하다 аравнайла|х, равнайла|х
축소(縮小) саалт, товч, товчлол, хасалт, хорогдол
축소(한정)하다 багасга|х
축소된 хасмал
축소시키다 богиносо|х; өдөр богиносож байна 기일을 축소하다; 어느 날의 사건을 짧게 하다.
축소하다 авчи|х
축소하다 нягтруула|х, саа|х, хасагда|х, хорогдуула|х, хороо|х, хугаца|х, хямдруула|х, цомто|х, цөөлө|х, цөөрүүлэ|х
축어(逐語)적으로 번역하다 махчла|х
축어역(逐語譯) 하다 махчла|х
축연(祝宴) цайллага, дайллага, найр, хурим; ~ хийх 축연을 베풀다; наадам ~을 위해 향연을 베풀다; хурим 결혼잔치하다; ~ хурим хийх 결혼의식을 하다; наян тавны ~ 85회 생일잔치를 하다; ши-нэ байрны ~ хийх 집들이 파티를 하다.
축우(畜牛: 집짐승) мал, үнээ, үхэр; адгуус 동물들; ~ аж ахуй 낙농업, 목축업; ~ сүрэг 가축; таван хушуу ~ (낙타.말.소.염소.양) 가축의 주요 5가지 종류; амины ~ 개인의 가축; бод ~ (말, 소 낙타) 큰 가축으로 불린다; бог ~ (양과 염소) 작은 가축으로 불린다; төл ~ 어린/갓난 동물, 동물의 새끼들; эх ~ 암(컷·놈)의; эцэг ~ 삭제되어 있지 않은 동물번식; халуун хушуутай ~ 양과 말; хуйтэн хушуутай ~ 낙타, 염소와 소; ~ын хашаа 가축 울타리, 우리(축사); ~ төллөх (가축의) 새끼를 생산하다; ~оторлох 가축을 먼 방목장으로 이동 한다; ~ тэвээрэх (병에 걸린 짐승) 좋아지다, 호전(好轉)하다; маллагаа 가축을 기르다(사육하다); ~ын тооллого 가축의 개체수 조사; ~ын тоо(толгой) 가축의 수; ~ын тэжээл 마초, 꼴, (가축의) 사료; ~ын бэлчээр 목장, 방목장, 목초지; ~ын тууваар 가축을 베이스로 몰아가다; ~туугу (소·양) 가축의 무리를 시장까지 몰고가는 사람; 가축상(商); ~ын ашиг шим 동물의 생산품(양모. 털.모피. 우유.고기.큰짐승의 가죽); ~ эмнэлгийн ухаан 수의학; ~ын эмч 수의사, 수의 (獸醫); ~ хядлах (짐승) 도살자, 쇠백장; ~ын зах 가축시장; ~ ~ын захтай 가축의 주요 다섯가지(낙타. 말. 소. 양. 염소) 각각 조금씩 가지고 있다; ~ хариулах (가축에) 풀을 뜯기다, (가축을) 방목 하다.
축원경(縮遠鏡) телескоп
축으로 자전하다(~을) эргэ|х
축음기(蓄音機) пянз
축이다 билүүдэ|х, нойтдо|х, нойтро|х, норо|х, чийглэ|х
축일(祝日) наадал, наадам, фестиваль; Олимпийн ~ 올림픽 게임; найр ~ 연회, 향연, 축연(祝宴); баяр ~ 축전, 외시; тоглоом ~ 게임, 농담; эрийн гурван ~ 3 남성의 스포츠(승마, 궁술 (궁도), 레슬 링(씨름): ~ болгох 농담으로 말하다
축자역(逐字譯) 하다 махчла|х
축적(蓄積) хуримтлал
축적하다 бөөгнөрө|х, овоолло|х, тунтра|х, хуримтла|х, цуглуула|х
축전(蓄電) баяр, наадал, найр, фестиваль, цахилгаанжуулалт
축전기 конденсатор (蓄電器: 전기의 도체 (導體)에 많은 전기량(電氣量)을 축적시키는 장치; 라이덴병(瓶)·가변 축전기 등), 콘덴서, 응결기, 응축기, 냉각기, 복수기(復水器)
축제(祝祭) найр, хурим; ~ хийх 축연을 베풀다; ~ наадам ~을 위해 향연을 베풀다; ~ хурим 결혼잔치하다; ~ хурим хийх 결혼 의식을 하다; наян тавны ~ 85회 생일 잔치를 하다; шинэ байрны ~ хийх 집들이 파티를 하다.
축제 기분의 наргиантай

축제의 사회(진행)자 найрч
축제의 활동적인 제작자 найрч
축제일 баяр, наадал; ~ ёслол 축제일, 축제의 향연; ~ын өдөр 경축의 날; бүх нийтийн ~ цэнгэл 모든 축제
축척하다 овойло|х
축축하게 되다 усда|х
축축하게 하다 нойтло|х, норго|х, чийглэ|х, шавши|х
축축하게 하다(~을) цаца|х
축축한 нойтовтор, усархаг, услаг, хурайвтар, чийглэг
축축해지다 билүүдэ|х, нойтдо|х, нойтло|х, нойтро|х, норго|х, норо|х, чийглэ|х, шавши|х
축하(祝賀) баяр; ~ хүргэх 축하하다, ~에 축사를 하다
축하(신호)의 큰 화톳불 түүдэг
축하하다 баярла|х, баяса|х, тавла|х, хөөрө|х
축합(縮合)하다 агши|х, өтөрүүлө|х
춘(春)(봄) хавар
춘계(春季)(봄) хавар
춘기(春期)(봄) хавар
춘양(春陽)(봄) хавар
춘일(春日)(봄) хавар
춘절(春節)(봄) хавар
춘화(春畵) порно
출구(出口) оролт
출근(상황) ирц
출납관(원) санч
출납원(出納員) касс; билетийн ~ 매표소,출찰소(出札所); хадгаламжийн ~ 저축은행.
출력 бүтээмж
출말(出末)나다 шувтра|х
출발(스타트) гараа, өгсүүлээд
출발을 시키다 сэрдхий|х
출발점 гараа
출발하다 гара|х, морило|х, удаа|х, цочи|х, ява|х; морилон орно уу! 들어오시오! тавтай морилно уу! 어서 오십시오!, 잘오셨소!; та дээшээ морил! Олатайсио!

출발하다(~에서) мордо|х, морило|х, үлдээ|х, ява|х; морилон орно уу! 들어오시오! тавтай морилно уу! 어서 오십시오!, 잘오셨소!; та дээшээ морил! Олатайсио!
출비(出費) гарлага, зардал, зарлага, зарцуулалт
출산(出産) төрөлт
출생(선적등의) 등록(등기)부 данс(ан), тэмдэглэгч
출생의 нуттийнхан, уул
출생지의 нуттийнхан, уул
출생하다 гий|х
출석(상황) ирц
출석부(표) данс(ан)
출석하다(~에) байлца|х
출세할 수 없는 өөдлөшгүй; ~ муу этгээд 순종치 않는 사람.
출신 гарал, угсаа, үүсэл; тэр монгол ~ тай хүн 그는 몽골 출신이다; 그는 몽골 인종의 혈통이다
출신이 좋은 угсаалаг
출원(出願) анкет, өргөдөл
출원자 гуйгч
출입구 босго(н), орц, үүд(эн)
출입구 맞은편 게르의 뒤에 хоймор
출입문(出入門) хаалга
출입을 금하다 битүүлэ|х
출장 томилолт
출장여행 аялал, аян, рейс
출장(出場)나다 шувтра|х
출중하다 давууда|х, шалгара|х
출중한 гунигтүй
출판(간행)하다 нийтлэ|х, хэвлэ|х
출판자 хэвлэгч
출판하다 хэвлэгдэ|х, нийтлүүлэ|х
출하자 явуулагч; ~ хүний хаяг 발송인의 주소, 위탁자, 적송인(積送人), 하주

출현(출두,출연)하다(~의) царайла|х
출현하다 гарга|х, бултай|х, гадагшла|х, гара|х, өндий|х, хаварши|х
출혈하는 랜싯(바소) хануур; ~ хорхой 거머리.
춤(연습) бужиг
춤을 추다 бужиглэ|х
춤추게 하다 биелэ|х
춤추기 бужиг
춤추는 것(몽골민족이 노래와 함께 둘레를 (빙) 돌면서 춤추는 것) ёохор
춤추는 사람 бужигч(ин)
춤추다 бужиглэ|х
춥게 되다 хүйтрэ|х
춥게 변하다 хүйтрэ|х
춥게하다 дарууула|х,жирүүрэ|х, загса|х
춥다 хүйтэндэ|х
충(권)고 зөвлөлгөө; ~ өгөх ~에게 충고하다(조언하다, 권하다); би туу-ний ~г дагасан 나는 그에게 권고했다; ~ авах 토론 심의하다, 상의하다, 협의하다
충개(蟲疥) маажуур
충격 бөмбөгдө|х, түлхээс, цохилт
충격(마찰·손상을 막는) 덧대는 것 тохом
충격을 늦추는 것 тохом
충격을 주다(~에게) зэвүүрэ|х
충격을(쇼크를) 주다(일으키다)(~에) зочирдуула|х, цохиула|х
충격을(쇼크를) 주다(일으키다)(~을) зочмогдо|х
충격을(쇼크를) 주었다(~에) цочирдо|х
충고(가르침·주의를) 좇다 дагалда|х
충고를 구하다(~의) зөвлө|х; хаанаас тусламж эрэхийг та надад ~ вэ? 당신의 권면으로 나에게 도움을 주시겠습니까? би өмгөөлөгчтэйгөө зөвлмнө 나의 변호사에게 조원을 구할것이다; хуульчтай хэрэг ~ 변호사의 의견을 듣다.
충고자 зөвлөгч, референт
충당하다 зориула|х

충돌(衝突) мөргөлдөөн, хямралдаан; сурагчтайгаа ~ 학생에게 부딪치다, 학생과 우연히 딱 만나다
충돌(모순.상충)되다(~와) харгалда|х, харшла|х
충돌시키다 балба|х, няцраx, хагала|х, яйруула|х
충돌의 원인이 되다 мөргүүлэ|х
충돌하는 зөрчилт, мөргөмхий
충돌하는 원인이 되다 мөргөлдүүлэ|х
충돌하다 жирэлзэ|х, мөргөлдө|х, ухасхий|х, харши|х
충돌하다(~와) мөргөлдө|х, тулгара|х; сура- гчтайгаа ~ 학생에게 부딪치다, 학생과 우연히 딱 만나다
충동성 омог
충만 үерлэл
충만(풍부)하다 аравгана|х, арзгана|х
충만(풍부)하다(~이) хаха|х
충만시키다(~을) хахалда|х, хөттөрө|х, шахалда|х
충만하다 булха|х, мунда|х
충만한 дүүрэн(г), пиг, сүж, цатгалан; ~ дүүрэн 꽉 들어찬; ~ дуургэх ~에(을) 채우다
충만한(~에) дүүрэн(г)
충만해지다(~에) бурдэ|х, дүүрэ|х
충분 мундашгүй
충분(한 상태) багтаамж
충분(한 상태)(~의) хүртэмж, хүрэлцээ
충분치 못한 тогдгор
충분하다 хүртэ|х, элбэгшиx
충분하다(~에) хүрэлцэ|х
충분하지 않는 дуль
충분하지 않은 багашиг, дундуур, тургун
충분한 арвин, дутахгүй, зөндөө, мундахгүй, цатгалан, элбэг; ~ олон хүн 많은 사람; ~ ол-он хул өнгөрчээ 매년 지나다; ~хун 악의 없는 사람
충분한 수량(역량) багтаамж
충분한 수량(역량.능력)(~의) хүрэлцээ,

хүртэмж
충분한 식사(음식) хоолтой
충분한 이유 있는 суурьтай,ултай
충분히 бүр, бүрэн, гүйцэд, ёсоор, сайтар
충분히 공급(지급)하다
충분히 공급된 ханамжтай
충분히 끝내다 ихэвчлэ|х
충분히 돼있지 않은 설구운 шуурхий
충분히 만족시키다 тээрэ|х
충분히 만족하다 цада|х
충분히 발육한 баймгай
충분히 성장한 баймгай
충분히 스며들다(~이) даа|х
충분히 이해된다 ойлгогдо|х, ухагда|х
충분히 좋은 것 хангалттай
충분히 좋은 гайгүй
충분히(열어서) 열 개되다 онгой|х
충성 золбоо, итгэмж
충성스러운 үнэнч
충실 итгэмж
충실하다(~에) наалд|ах
충실한 бат, үнэнч
충실한 사랑 амраглал
충심(衷心)으로 чин
충원되어지다 жихлэ|х
충적제(沖積堤) далан(г)
충적층(沖積層) хагшаас
충적토(沖積土) хагшаас
충전 цэнэг, шанз
충전(물) бөглөөс, чихээс
충전(充電) цахилгаанжуулалт
충전물 жийрэг, ивүүр, шанз
충전하다(~에) цахилгаанжи|х, цахилгаан- жуула|х, хана|х
충충한 булингар
충치 говил, хонхорхой
취(하게) 하다 бажгада|х, балмагда|х, тулгамда|х
취급 тордлого, хэлцэл
취급점 агентлаг
취득(한 것) авалт
취득한 олдмол
취락(聚落) тосгон
취록옥(翠綠玉) маргад
취미(趣味) сонирхол
취미없는 амтгүй, заваан; ~ хоол 맛없는 음식;
취미(기호)를 좇다 дурги|х
취미(습관·문제)가 우아한(세련된) голшиг, дэгжин, хээнцэр
취미 없는 улхгар
취소 할 수 없는 буцалтгүй
취소 байхгүй
취소(변경)할 수 없는 буцалтгүй
취소(철회)하다 мэлзэ|х, ухра|х, үгүйсгэх, цуцла|х
취약하다 гоомойдо|х
취약한 даржгар
취약함의 기류(旗旒)(기드림) дарцаг
취옥(翠玉) маргад
취재하다 сурвалжла|х
취지(趣旨) агуулга, утга, учир; хэлбэр ба ~ 내용이 형식을 결정; утга ~ 의의, 의미
취직(취업)하고 있는 ажилтай
취직자리를 만들다 амсарла|х
취충(臭蟲) бясаа
취태 согтонги, архидалт, согтуурал, царам
취하게하다(만들다) ганируула|х, согтууруула|х, согтоо|х, халамца|х; ~ ундаа 취하게 하는 음료(마실 것)
취하게 함 согтолт
취하다 зөнөгщи|х, согто|х
취하다(~을) битууэлэ|х
취하여 기분 좋은 халанги
취한 ссогтонги, согтуу, халамцуу, хөлчүү
취해서 의식을 잃다 багтра|х
취해있다 согто|х
측 тал, хавирга(н), хажуу, этгээд; эхийн талын ө вө г эцэг 외조부,

어머니쪽의 할아버지; тахэний ~д вэ? 당신은 누구편입니까?; ~д орох 누군가의 편을 들다; баруун ~ 오른편, 우측; зуун ~ 왼편, 좌측; ээ рэг ~ 확실한 전망; ~ бурээс нь 모든 방향으로부터; ~ талаас 모든 측면으로부터; ар ~ 뒤편에, 뒤쪽의, 후방의; нуурэн ~ (건물의) 정면, ~앞, 앞면; щоо зургаан ~тай 정6면체.

측(측면) гар
~측 талт
측경기(測徑器:캘리퍼스) кронциркуль
측근 хүрээлэл
측근자들 орчин
측대보의 жороо; ~ морь 측대보로 걷고 있는 말
측량 зураглал, хэмжихүй
측량(술) зураглал; агаарын ~ 항공기에 의한 측량술.
측량(실측)도(圖) зураглал
측량(용)의 хэмжилт
측량부(部) зураглал
측량용의 장비(설비) хэмжүүр
측면 жигүүр, тал, талт, хавирга(н), хажуу, этгээд
측쇄로 재다(~을) гинжлэх
측연(測鉛) тугалга(н)
측정 хэмжихүй
측정(의) хэмжилт
측정법 хэмжилт, хэмжихүй
측정의 장비(설비) хэмжүүр
층(계층) давхарлаг
층(層:켜) давхарга, давхраа, давхраас, орд, үе, хуниас
층을 가지런히 하다 үелэх
층계참 гишгэлт
층리(層理) давхраа
층별(화) давхраа
층을 이루고 있는 үет, үетэй
층화(層化) давхраа; уулний ~ 층의, 층별; нийгмийн 사회의 계층; хүн

амын өргөн ~ 전주민의 모든 계층;
치골 умдаг (恥骨: 좌골(坐骨)의 앞쪽에 있어서 장골(腸骨)·좌골과 같이 골반을 에워싼 뼈. 두덩뼈)
치과에서 이를 뽑다 шүдээ эмчээр мулт татуулаж
치기 зураадас, цохилт
치는 사람 цохигч
치는 소리 давтмал
치다 балбах, булгилах, дэлдэх, занчих, зодох, зодуулах, мунадах, нанчих, нэхэх, онох, сүлжилдэх, тоншúх, тусах, хайчлах, хяргах, цохих, шуух
치다(두드리다) жанчих, нүдэх; хаалга ~ 문을 쿵(쾅, 펑, 탕)하고 두드리다
치다(때리다) гөрдөх
치러야 될 셈 төлбөр
치렛말 зулгүй, зусар
치료 домнолго, эмчингээ(н)
치료 검사를 받다 эмчлүүлэх
치료 요법 засал; мэс ~ 외과 (의술), 수술; ~ авахгүй өвчхгүй 불치병
치료(구제)자 оточ, эмч
치료를 받다 эмнүүлэх, эмчлүүлэх
치료법(제) эмчингээ(н)
치료자 домч
치료하다 анах, анагаах, болгох, оточлох, эдгэрүүлэх; өвчтөнийг эрүүл ~ 병자(환 자)를 치료하다
치르다(~에게 대금·임금을) төлөх
치마 банзал
치밀어 오르다 бургилах, гөвдрүүтэх, памбайх, хавдах
치사 гялайлаа
치석(齒石) хавьс
치세(治世) эрин
치수 дугаар, овор, размер, хэм, хэмжихүй, хэмжээ, эн
치수(양.액수.정도따위를) 줄이다 саах; хурдаа ~ 속도를 줄이다; ханцуйн ургыг ~ 소맷자락을 줄이다;

унэ ~ 할인 가격
치수(齒髓)의 신경조직 салдар
치수를 어림치는 경향있는 сонжимхой
치수를 재다(~의) бээр, дээслэ(х), сонжи|х, хэмжи|х, хэмжээлэ|х
치수를 줄이다 товчло|х
치수를 줄이다(~의) агшаа|х: агших, ахарда|х, богиносо|х, оготорло|х, тана|х, хаса|х
치쌓다 норомло|х, нуруулда|х
치아 따위의 뿌리 хожуул
치아가 없는 유아 또는 노인이 걷다 маймар маймар хийх
치아가 없는 유아 또는 노인이 걸어가다 маймар маймар хийх
치아가 없는 유아 또는 노인이 먹다(마시다) маймар маймар хийх
치아의 신경 салдар; харааны ~ 시신경, 눈의 신경
치아의 충전재 бөглөөс, шанз; шудний ~ 치아의 충전재
치안 горим
치안을 유지하다(~에) цагда|х
치열하게 싸우다 хөвөлзө|х
치욕 басамжлал, гутамшиг, даг, ичгүүр, мундар, сонжуур, хөг, шившиг
치욕을 당하다 хөглө|х
치욕을 주다 ичих
치욕의 шившигт
치우다 тонило|х
치우지 않게 하다 дөжрө|х
치우침 алагчлал
치은(齒齦) буйл
치즈 덩어리 бяслаг, ээзгий; ~ шахах 치즈를 누르다
치즈 모양의 것 хурууд
치즈(술 등이) 익다 хөгшрүүлэ|х
치즈를 만들다 бурэ|х
치커리 идрээ (유럽산 꽃상추의 일종; 잎은 샐러드용, 뿌리는 커피의 대용)
치터 ятга (현(炫)이 30-40개 있는 기타 비슷한 현악기), 하프(harp: 현악기의 하나. 위쪽이 굽은 세모꼴의 틀에 47개의 현을 세로로 평행하게 걸어 손으로 줄을 퉁겨 연주함. 수금, 수금(竪琴), 아르파(arpa); босоо ~ 하프를 타다
칙령 зарлиг; багшийн ~ 교사의 명령; ~ буулгах ~에게 명(령)하다
칙칙한 багир: ~ хар ;
칙칙한(충충한) 색으로 하다 ганира|х, гансруула|х
칙칙한(희미한) балархай
친(밀)하다 найзарха|х
친(밀)한 хээгүй
친교 амралгал, найр, нөхөрлөл
친교를 맺다(~와) нөхөрлө|х
친구 анд, найз, нөхөр, тал, түнш, хамсаатан, хань; танил ~ 좋은 사이; тэр, танил ~ ихтэй 그는 교제 범위가 (안면이, 발이) 넓다; анд ~ 벗, 친구; хань 남편; хамт ажилладг ~ 동료, 동업자; багын анд ~ 어린 시절; тэр миний сайн ~ 그의 위대한 친구; тэд их ~уud болжээ 그들은 큰 친구들이 될 것이다; эмэгтэй ~ 여자 친구.
친구(동료)를 찾다 ханьса|х
친구(동무) 사귀기 нөхөрлөл
친구(동무)들 найз нөхөд
친구가 되다 дотночло|х, ижилши|х
친구다(친하다)(~와)найзла|х, нөхөрлө|х, үерхэ|х
친구되게 되다 ханила|х
친구로서의 사귐 найрамдал
친구를 배신하다 буца|х
친면 танил
친목 барилдлага, найр, найрамдал, нөхөрлөл
친목적인(모임 따위) найруу
친밀 авалцаа, найр, ханш
친밀하게 되다 ижилсэ|х, нөхцө|х
친밀하게(밀접하게) 되다 ханила|х
친밀한 дотно, зайгүй, хавьцаа, хийгүй; дотнын хүн 친밀한(친한, 절친한)

친구; ~ харьцаа 친밀한 관계(팀, 조)
친분 амраглал
친사촌(아버지의 계열) үеэлд
친선 амраглал, барилдлага, найр, найрам- дал, нөхөрлөл
친애 амраглал
친애하는 амраг, дотно, дурламаар, эрхэм, янаг
친애하는(가장 사랑하는) 사람 хайрт
친의 амраглал
친절 ач, найр, өлзий, хайхрамж, ханш
친절(온순)해지다 зөөлши|х
친절(정중)(한 행위) хайхрамж
친절을 베풀다(~에게) наалинхайта|х
친절하게 ажаамуу
친절하게 이야기하다 гүнгэр ганнар хийх
친절한 ачит, ачтай, голшиг, зангүй, илбэрүү, наалинхай, нинжин, номхон, өөдтэй, өрөвдөнгүй, өршөөлт, өхөөрдөм, тогтуун, урь, хонгор, цайлган, эелдэг, энхрий, энэрэнгүй, ялдам, ялдамхан; ~ сэтгэл 친절한 행위(태도)
친절한 행위 ач
친절히 하다(~에게) залра|х, илбэрэ|х; засарч ~ 행실을 고치다; засарч ирэх (직함.작위가 있는 사람)~인체하다.
친절히 해주는 사람 хань
친절히 하다 долдгоно|х
친정나들이하다 төрхөмлө|х
친족 аймаг, овог, омог, хамаатан
친족(혈연)이 아닌 холбогдолгүй, хүртээлгүй
친족(혈족)관계 төрөл, улбаа, хэц
친족[혈연]이 아닌 хамаагүй
친지가 없는 ханигүй
친척 овог, омог, хамаатан, холбоотон
친척(친족)의 시늉을 하다 ургаса|х
친척(친족)처럼 행동하다 ургаса|х
친척(혈연·인척)이 되다 урагла|х
친척임 төрөл, улбаа, хэц

친하게 하다 танилцуула|х
친하지는 않음 танилгүй
친한 дотно, зайгүй, найзархаг, найрам- далт, нөхөрсөг, талархаг, ханштай, хийгүй, эвтэй, элэгсэг
친한 사이의 амраг, дотно, дурламаар, эрхэм, янаг
친함 авалцаа
친해지다 ижилши|х
친해지다(~와) найзлуула|х
친화적이 되다 найзлуула|х, найзарха|х, саймшра|х
친화적인 найзархаг, найрамдалт, найртай, нөхөрсөг, талархаг, эвтэй, элэгсэг
칠 өнгөр, хаг
칠(漆) доллого, маажин(г)
칠(7.일곱) долуул(ан)
칠(7)분의 1 долдугаар
칠(벽지등)을 벗기다(~의) холтло|х, хуула|х, шалдла|х
칠기(漆器) доллого, маажин(г)
칠십(70) дал(ан); ~ мастай 70세, 일흔 살; ~ долоон уг дэлгэх 말을 너무 많이하다; ~ хэлт чогчнго 놀라운, 깜짝 놀라게 하는; ~ худалч 거짓말쟁이, 가짓말쟁이
칠십(70)분의 1 далдугаар
칠십(70분)의 1의 далдахь
칠을 벗겨내다 ховхло|х
칠장이 будагчин
칠하다 няла|х, нялзаа|х
칠흑 пад хар
침 шүлс
침(가시를가진 동식물이) 쏘다(찌르다) живхий|х, хаза|х, чимчигнэ|х
침(음식·피를) 뱉다(토해내다) нулима|х
침강(沈降)하다 намда|х, намхра|х, хари|х
침거(퇴역.은퇴)시키다 халагда|х
침골(砧骨) дөш
침공하다(~에) дайра|х

- 643 -

침구(담요.시트) дэвсгэр
침구의 커버(시트.홑이불) гөлөм
침니 лаг (沈泥: 모래보다 곱고 진흙보다 거친 침적토(沈積土))
침대 커버 орны бүтээлэг
침대 ор(он); ганц хүний ~ 1 인용 침대; хоёр хүний ~ 2 인용 침대; давхар ~ 2단 침대; эвхдэг ~ (캠프용) 접침대, 야전 침대; хүүхдийн ~ 간이침대, 보조침대; ~ны даавуу 시트, (침구의) 커버, 홑이불.
침대에서 점프하여 나가다 орноосоо год усрэн босох
침대요(솜·짚·털 따위를 넣은) бамбай
침대의 덮개(커버) бүтээлэг
침략 түрэмгийлэл, халдлага
침략자(국) эзлэгч
침략적이다 хөгсий|х
침략적인 эзэрхэг
침략적인(호전적인) 행동을 취하다 түрэмгийлэ|х
침모(針母) оёдолчин, үйлчин
침몰시키다 живүүлэ|х, шингэ|х
침몰하다 живэ|х
침묵 нам гүм
침묵을 지키는 дугай, дуугүй
침묵하는 дугай, дуугүй, чив чимээгүй; ~ байх 침묵을 유지하다, 잠자코 있다; ~ бай! 말을 하지마! 조용!, 쉿!
침범 түрэмгийлэл, халдлага
침범(위반)자 зөрчигч; хууль ~ 법의 위반자
침상(沈床) бамбай, ор(он), хэвтэр; ганц хүний ~ 1 인용 침대; хоёр хүний ~ 2 인용 침대; давхар ~ 2단 침대; эвхдэг ~ (캠프용) 접침대, 야전침대; хүүхдийн ~ 간이침대, 보조침대; ~ны даавуу 시트, (침구의) 커버, 홑이불.
침상 가마 дамнуурга
침석 хэвтэр
침소 хонуур, хэвтээ

침소봉대하다 давсла|х
침수(寢睡) унтаа, унтлага
침수로(짐이 무너지거나) 배가 기울다 хээлэ|х
침수하다(~에) үерлэ|х
침식(영향)받지 않다 давирхада|х
침식(侵蝕) зэв; ~ идэх 녹나다, 부식하다
침식하다 самши|х
침실 камера
침실용 변기(요강) гаргуур, хөтөвч
침엽수림의 숲 тайга
침엽수의 잎 хаттуур, шилмүүс
침울 мятрал
침울한 баргар, дүнс(эн), ёхир
침을 뱉다(내뱉다) нялма|х
침입 дайралт, өнгөлзлөг, халдлага
침입(난입)하다 хэмхрэ|х
침입(침공)하다(~에) эзлэ|х
침입자(군) эзлэгч
침입하다 дүрэ|х
침입하다 нэвтрэ|х, өрөмдө|х
침입하다(~에) дайра|х; дайран орох ~에 난입하다; дайрч унагах 때려눕히다;
침전(물) туналт
침전(퇴적)으로 생긴 тунамал
침전(퇴적)하다 тунара|х, тундасжих
침전물 баас, орд, оршдос, тундас
침전물의 тунамал
침전시키다 тун|ах
침전하다 намда|х, намхра|х, хари|х
침정(沈靜) тэсгэл
침착 намба, сэрүү, тэсгэл; ~ суух 차분해 지다
침착(냉정)을 잃다 хоргол зо|х
침착(차분)하게 만들다 төлөвжүүлэ|х
침착(한) сэрүүн
침착성을 잃다 гэдвэлзэ|х, гэдэгнэ|х
침착성을 잃은 годгонуур
침착하게 амарлингүй
침착하다 намбай|х

침착하지 못하다 ангалза|х
침착하지 못한 амаргуй, амсхийлгүй болхи, годгонуур, сарьдаг, тухгүй, тэвчээргүй
침착한 буйртай, намбагар, томоотой, төрхтэй, тэнүүн, яруухан
침착히 уужуухан
침체되다 тогтонгиро|х
침체시키다 тогтонгижи|х
침침(음울)하게하다(해지다) бараантах, бүрэнхийлэ|х
침침하다 сохолзо|х
침침한 балархай
침침해지다 сүүмий|х
침투(浸透)시키다 шуурэ|х
침투하다 нэвчи|х, шурга|х
침하(沈下) угалт
침해 өнгөлзлөг, халдлага
침해자 зөрчигч; хууль ~ 법의 위반자
침해하다 өнгөлзө|х
침향(沈香),агар

칭송(稱頌) магтаал, магтлага
칭송하다(~를) магтагда|х
칭찬 бахархал, дуурьсгал, магтаал, магтлага, сайшаал, хав
칭찬(찬양)을 받다 магтагда|х
칭찬의 말 магтаал
칭찬(상찬.격찬.찬송)하다 магта|х, онгиргo|х, дээдэчлэ|х, сайшаа|х, хөөргө|х, шагши|х; магтан дуулах 칭찬 (상찬.격찬.찬송)하다; хуний эрэлэг эоригийг ~ 용기있는 사람에게 찬사를 보낸다; хоолны сайныг ~ 친절의 최상은 찬사이다; туунийг баатар мэт магтан өргөмжлөх 영웅인 그를 격찬하다; тэнгэрт тултал ~ 하늘을 찬사하다.
칭찬할 만한 магтууштай, сайшаалтай
칭하다(~라고) гарчигла|х
칭호 диплом
칭호(학위 등을) 수여하다 өргөмжлө|х, соёрхо|х, шагнула|х
칭호로(경칭으로) 부르다 гарчигла|х

ㅋ

카네이션 лиш (carnation: 석죽과의 여러해살이풀. 남유럽 원산인데, 높이 30-90cm, 잎은 선상(線狀), 여름에 향기 있는 홍색·백색의 고운 겹꽃이 핌. 관상용으로 재배함; 어버이날에 가슴에 닮)
카누의 짧고 폭 넓은 노 сэлүүр
카드 карт
카드 계급(card 階級) гуйланчин
카드놀이서(패를)다섯 번 뒤집다 тавла|х
카드 따위의 패 карт
카드 한 벌의 잭 барлаг
카드(주사위 등등) 운명을 말하는 것을 뜻함 төлөг; ~ узэгч 점쟁이
카드(주사위)의 1 тамга
카드·주사위의 네(4)끗, бэрх
카드게임 хөзөр
카드게임머 хөзөрч(ин)
카드게임을 즐기다 хөзөрдө|х
카드놀이 мод, хөзөр; ~ ирэх (카드놀이의) 행운의 손
카드놀이(주사위)의 2점 ёз
카드놀이(퀸.여왕)бэрс
카드놀이에서 (쓸데없는 패를) 버리다 хаяла|х
카드놀이의 8 найм(найман); ~ дахин 8배, 8×1=8; найман өнцөгт (수학) 8변형(의), 8각형(의); найман зуу 8백(800).
카드놀이하다 хөзөрдө|х
카드로 사다 төлөөслө|х
카드의 2점의 패 ёз
카드의 퀸 гичий

카르론(나일론의 종류) капрон; ~ оймс 카르론 스타킹
카르텔 картель, комбинат; ажуйлдвэрийн ~ 기업의 합동(연합)
카르텔 중앙기관 синдикат
카메라 камера
카메라 맨 кинооператор
카메라를 충전 цэнэг
카메라에 필름을 넣다 цэнэглэ|х
카바이드(carbide: 탄화물(炭化物); 물을 부으면 아세틸렌가스를 발생 함) карбид
카본(carbon: 탄소) карбон
카불(Afghanistan의 수도) Кабул
카뷰레터(carburetor) карбюратор
카빈총(carbine 銃) буу, карабин
카세인 ээдэмцэр (casein: 우유속에 있는 단백질; 알칼리나 석회와 섞어 접착제로 쓰며, 인조 섬유·플라스틱·수성 페인트 원료로도 씀. 건락 소(乾酪素). 낙소(酪素))
카세트 хуурцаг
카세트 플레이어(리코더) кассет
카세트에 녹음(녹화)하다 хуурцагла|х
카세트화(化)하다 хуурцагла|х
카우보이 буха|х, ковбой, үхэрчин
카운슬러(상담) зөвлө|х, зөвлөгч
카운터(counter) касс, лангуу, тоолуур; билетийн ~ 매표소, 출찰소(出札所); хадгаламжийн ~ 저축은행; гуанз/дэлгүүрийн ~ 매점, 이동 (간이)식당/가게 계산대, 상점 카운터.
카이로(이집트 아랍공화국의 수도) Каир
카자흐어(튀르크어군(語群)의 하나) казах, хасаг
카자흐족 казах, хасаг
카제인 ээдэмцэр
카지노(casino: 연예·댄스 따위를 하는 도박장을 겸한 오락장) казино
카카오(cacao) какао
카카오나무 какао
카타르시스 угаал (catharsis: 1. 비극의 감상으로 평상시 마음속에 억압되어 있던 감정을 해소하고 마음을 정화하는 일. 2. 자기가 직면한 고뇌 따위를 외부에 표출함

- 646 -

으로써 정신의 안정이나 균형을 찾는 일; 정신 요법으로 많이 이용됨)
카탈로그 буртгэл, каталог, товьёог
카탈로그에 실리다 буртгэ|х
카테고리(category) ай, аймаг, категори; угсийн~ 품사(品詞); ургамлын ~ (한 지방이나 한 시대 특유의) 식물(군(群)),
카테터(의학) катет
카테터를 꽂다(사용하다) бургуйда|х, бургуй
카톨릭의 사제(신부) санваартан
카트리지 сум(ан), хонгио; ~тай буу 탄약을 잰(장전한)총; ~ны шарх 탄환상처; ~ны хонгио 약협(藥莢), 탄피.
카트에 짐을 싣다 тэрэглэ|х
카페(café) кафе (커피: 바(bar), 술집)
카페인 кофеин (caffeine: 커피의 열매나 잎, 카카오·차의 잎 등에 함유되어 있는 식물성 알칼로이드의 일종. 무색무취의 약간 쓴 침상 결정(針狀結晶)임. 흥분제·이뇨제·강심제 따위에 씀; 많이 사용하면 중독 증상을 일으킴)
카페테리아(셀프 서비스 식당) гуанз
카펫 хивс, хивсэнцэр
카펫(잎.나무.털.껍질.날개.비늘.장식.가구.덮개. 등)이 없다 чардай|х
카프카스 산맥(지방) Кавказ
카홀스 와인 кагор
각테일 коктейль (cocktail: 몇 종의 양주를 적당히 조합(調合)하여 가미료·방향료(芳香料)·고미제(苦味劑)와 얼음을 넣고 혼합한 술)
칸 хаан, хан
칸 막은 관람석 лоож
칸마다 хаацайла|х
칸막이 커튼(장지) далдавч
칸막이 하다 хамарла|х
칸막이 далдавч, дэлгэц, купе, өрөө, ташаалавч
칸막이하다 ташаала|х
칸막이한 작은 방(침실) гонхон
칸수가 많은 багтаамжтай, зайтай, мэлгэр, тавиу(н),тэлүү(н),уужуу, цэлгэр
칸수가 많고 여유가 있다 дунхай|х
칸을 막다 далдавчла|х

칸이 있는 хаант
칸타타 магтуу
칼(검) ган(г), гинж(ин), илд, сэлэм (сэлмэн); ~ илд 검(劍), 칼, 사벨
칼(차꼬.족쇄) дөнгө
칼 따위의 날 ирмэг; тэр хадны ~ дээр зогсов 그는 벼랑 끝에 서 있다; ширээ- ний ~ 탁자 모서리(테두리)
칼 따위의 날이 잘 드는(예리한) ир; ~ тохируулах 날카롭게 하다, ~을 숫돌에 갈다; ~ мохох 칼날이 둔하게 (무디게) 하다
칼(검.사브르.도구의) 자루 толти
칼(꼬챙이)로 찌르다 булэ|х
칼(나이프.찬칼.식칼)로 찌르다 мэсдэ|х
칼(벤)자국 гурви
칼(벤)자국을 내기 гурви
칼(옛 형틀)을 채우다 дөнгөлө|х
칼라(깃) зах; цамцны ~ 와이셔츠의 칼라(깃); энгэр ~, ~ заам (양복의) 접은 옷깃
칼라(넥타이·스커트이) 치켜 올라가다 годой|х
칼로 난도질하다 хадра|х
칼로 베다 даа|х, тасла|х, эсгэ|х; юм ~ гуй хутга 그 칼로 자르지 못한다.
칼로 베다(~을) сэлэмдэ|х
칼로 찌르다 чичи|х
칼로홈자국을 만들다 гурви, гурвида|х
칼로리 калори(물리: 열량의 단위. 순수한 물 1g의 온도를 1기압 하에서 1℃ 높이는 데 필요한 열량《기호:cal》; 킬로칼로리를 줄여서 이르는 말《식품의 영양가·연료의 열량을 산정할 때 씀. 기호:Cal 또는 kcal》; a) 그램 [소(小)] 칼로리(gram~: 1g의 물을 1℃ 올리는 데 필요한 열량). b) 킬로[대(大)]칼로리 (kilogram ~: 그램칼 로리의 천 배); ганц нимгэн зусэм талх 90 калоритай байдаг 얇은 빵 한 조각은 90 칼로리이다; ~ ихтэй хоол хүнс 음식에는 풍부한 칼로리가 있다
칼로리 함유량 илчлэг
칼륨(加里) кали (kalium: 은백색의 연한

- 647 -

금속 원소. 금속원소 중 이온화(ion化) 경향이 가장 크며, 산화하기 쉬우므로 석유나 휘발유 속에 보존함. 물과 작용하여 수소를 발생시키면서 수산화칼륨으로 됨. 포타슘. 칼리(kali). 가리(加里) [19번:K:39.102])

칼리지(college) коллеж(대학원을 두지 않고 교양 학부만을 설치한 대학; 종합대학의 교양 학부); эдийн засгийн ~ 경제대학; хөдөө аж ахуйн ~ 농학대학; техникийн ~ 기술대학; ~ид суралцах 단과 대학으로 가다; би ~ид байхдаа 나는 단과 대학에 있다

калсиум кальции (calcium: 알칼리 토금속에 속하는 은백색의 무른 경금속 원소. 화합물로 대리석·방해석(方解石)·석회석·석고 등에 많이 들어 있음. 동물 골격의 주성분을 이룸. 포타슘 [20번:Ca:40.08])

칼의 등 мөр

칼질하다 хөшиглөх

칼집 дуггуй, хуй

칼집(통) бурхуул

칼집에 넣다(꽂다) дүрэх, хуйлах

칼집을 달다 дүрэх, хуйлах; чинжалаар ~ 단도로 찌르다

캄캄한 пад хаоанхуй, пад хар

캉캉춤 канкан (cancan: 1830-40년경에 파리에서 유행한 춤《긴 치마를 입은 여자들이 줄을 지어 서서 음악에 맞추어 다리를 번쩍번쩍 들어 올리며 추는 춤. 오리걸음을 흉내 낸 스텝이 특징임》. 프렌치 캉캉.)

캐내다 олзворлох, онгилох, сугалах

캐러밴(caravan) жин(г)

캐러웨이 гоньд (회향풀(茴香—:미나릿과의 두해살이풀. 줄기 높이 약 1.5m, 여름에 노란 꽃이 피고, 과실은 달걀꼴에 방향성임);

캐러웨이 열매 гоньд

캐럿(보석류의 무게 단위; 200㎎) карат; 1~200 мг-тай тэнцдэг 1 캐럿 = 200mg

캐묻기를 좋아하는 саваагүй, сонивчхон, сониуч

캐비지(cabbage: 양배추) байцаа; өнгөт ~ 콜리 플라워, 꽃양배추, 모란채.

캐터펄트 хавчаахай, чавх (catapult: 함선 위나 좁은 지면에서 화약·압축 공기 등의 힘으로 비행기를 이륙시키는 장치. 비행기 사출기. 항공모함의 비행기 사출 장치)

캑캑 소리 지르다(울다) дуржганах, чалчих

캔(깡통) лааз; ~ онгойлгогч 캔을 따다, 깡통따개; усны ~ 물탱크, 물통

캔디 амттан, чихэр

캘리퍼스 кронциркуль(calipers: 자로 재기 힘든 물건의 바깥지름·안지름·두께·폭 등을 재는 데 쓰는 측정용 보조 기구. 용수철로 연결된 구붓한 두 다리를 목적물에 댄 다음 그것을 자로 잼).

캘린더calendar) календарь

캘린더 그림같이 속된 хуанли

캘린더의 хуанли

캠페인(campaign) кампании

캠프((camp)생활 буудал, хаваржаа(н), хээрэвч: хээрийн ~ 캠프장, 야영지, 주둔지

캠프장 буйр, лагерь

캠프장(야영지) бууц

캠프파이어 түүдэг

캥거루 имж

커넥팅 로드 сэжлүүр

커지는 помбогор

커지는 сэлхрээ, товруут(ай), хавдар

커지다 лантайх, пумбийх

커진 лахгар, нижгэр, том, томхон, тураг; ~ хайрцаг 큰 상자; ~талбай 거대한 들판 벌판).

커진다 томдох

커튼 дэлгэц, салбагар, сэнжгэр, хөшиг

커틀릿 котлет

커프스 нудрага

커프스 버튼 кнопк

커플링 нийлүүлэг

커피 кофе; суугуй ~ 블렉 커피.

커피 잔의 받침접시 дийз

커피(차 우유 등등 뜨거운 것이) 식다 сэлбэх

커피소(素) кофеин

커피차 кофе ; суугуй ~ 블렉 커피.

컨덕터(conductor) удирдаач

컨설턴트(consultant) зөвлөгч
컨센서스 зөвшилдөөн
컨테이너 안에 넣다 савла|х
컨테이너(화물수송용의 큰금속상자) бумба, контейнер, сав, сав суулга; ~ суулга гэрэг, 도구, 부엌세간; аяга ~찻종, (식기의) 한 벌; цайны аяга ~ 찻그릇 한 벌, 티세트; шаазан аяга ~ 도자기 хуудий ~ 자루, 부대; башин ~ 부속 건물; усны ~ 물그릇; хоолны ~ (자루·뚜껑이 달린) 스튜냄비, (도기·금속·유리제품의) 원통형의 그릇; бичгийн ~ (가죽으로 만든) 서류 가방, 손가방.
컬(파마.펌)하다 буржий|х, мушгира|х
컬하다 пурчигна|х, хуйлра|х,эвхрэ|х
컴퍼스를 사용하여 줄(선)을 긋다 (제도 하다, 그리다) гортигло|х
컴퓨터 компьютер
컴퓨터의 글쇠판(자판) даруул
컴퓨터의 화면기(화면 표시, 텔레비전, 영사 스크린 등의) 그림 кино; ~ үзэх 영화관에 가다; ~нд дуртай байх 영화관을 실립 하나; ~ны хорхойтон 영화팬; ~ны од 영화배우, 무비스타; ~ны урлаг 영화의 예술, 영화에 관한 예술; ~ зохиол 극본, 시나리오, 영화 각본, 촬영대본; ~ сэтгүүл (단편의) 뉴스 영화;~ найруулагч 영화 필림.
컴프레서 компрессор, шахуурга
컵(사발)의 안에 넣다 аягала|х
컵(찻잔, 비커)에 따르다 аягала|х
케이블(피복(被覆)전선·해저전선). кабель (утас) татлага
케이스 бурхуул, бурээс(эн), дугтуй, иш, хайрцаг, хуй
케이스준비되어(갖추어져)있다 гэрлэ|х
케이스를 달다(~에) дугтуйла|х
케이신(casein) ээдэмцэр
케이크(양과자)의 종류 жаврай, торт
케케묵다 хуучра|х
케케묵은 өгөр
켄(깡통)식품 консерв; махан ~ 고기 통조림, 통조림으로 한 고기
켕김 суналт
켜(계층) давхар, давхраа, давхраас, үе; олон ~ байшин 여러 층의 빌딩; гурав- дугаар ~т 3층;
켜다(톱으로자르다) онгойлго|х, хөрөөдө|х
켜로 된 үе, үетэй
코 맥관 조형 연골(조직) самалдаг
코 조형물의 연골 самалдаг
코 хамар; гутлын ~ 구두 또는 부츠의 발끝부분; ~ хоншоор 삐죽한 코, 주둥이
코가 납작하다 навчгар хамар
코가 납작한 наримгар, хамшаа, хамшгар
코가 납작해지다 нармий|х
코가 막힌 бугчим
코고리 бөгж, цагариг
코골며(시간을) 보내다 хурхира|х
코구멍을 넓히다 сартай|х
코구멍이 넓다 сартана|х
코냑 коньяк (cognac 프랑스산 브랜디: 포도주로 증류하여 만들며, 주정도(酒精度) 40—70%임);
코너 өнцөг
코담배를 맡다 тата|х
코데인 кодейн (codeine: 아편에 들어 있는 알칼로이드의 일종인 마약. 무색 사방정계(斜方晶系) 결정으로 아편에서 1.2-1.8%쯤 들어 있음; 진해제(鎭咳劑)·진통제로 씀. 아편에서 채취되는 진통·진해·수면제).
코드(code) дайс, сэгэлдрэг, татуурга, уяа, хэрээ
코로 들이쉬다 тата|х, хуухьтна|х
코로 들이쉼(코담배) 병 хөөрөг
코로 숨을 내쉬다. ний|х
코르드 발레 кордебалет
코르크 마개를 끼우다(밀폐하다) бөглө|х
코르크 부표(浮標) бөглөө
코르크(황병)나무 илчүү мод (참나뭇과의 상록 교목. 지중해 연안에 나며, 높이 15-20m.

줄기의 튼튼한 해면질(海綿質)층에서 코르크를 채취함.)
코르크마개 бөглөө; уйсэн ~ 코르크마개
코를 골다 хурхира|х
코를 쏘다 цорги|х
코를 자극하다(톡 쏘다) цорги|х
코를 찌르다 нигши|х, нил хийх
코를 쿵쿵거리다 үнэрлэ|х, шинши|х
코를 통해서 말을 하다 гуншгана|х
코를 훌쩍이다 гоншгоно|х, гуншгана|х
코메디안(comedian) алиалагч
코뮌 коммун (프랑스·벨기에 등의 최소 지방 자치체); Парсын ~ 파리의 코뮌
코밑수염 живэр
코발트 кобальд (cobalt: 붉은빛을 띤 은백색 광택이 나는 금속 원소. 쇠보다 무겁고 단단 함; 합금·전기 도금에 쓰며, 산화물은 유리·도 자기의 착색(着色) 염료, 페인트·니스의 건조 제로 씀. [27번:Co:58.93])
코방귀 뀌다(말이) турги|х
코방귀 뀌다(~을) хажигла|х
코뿔소 хилэн, хирс, хэрс (코뿔솟과에 속하는 짐승의 총칭. 몸의 길이는 4m 정도, 높이는 1.2-2m. 보통 잿빛 갈색에 다리가 짧고 살갗은 두꺼우며 털이 적음. 코 위 또는 이마에 한두 개의 뿔이 있음. 남아시아에 3종, 아프리카에 2종이 있음)
코스모스(우주) сав шим
코웃음 치는 нахиу, халгаахгүй
코의 양옆 самцаа(н)
코의 гуншаа
코인 зоос
코치 жасгалжуулагч, сургагч
코치하다 сургуулила|х
코카인 кокс
코코넛 나무 наргил мод
코코아 какао
코코야자 열매 나무 наргил мод
코크스 кокс
코탄젠트 котангенс (cotangent: 삼각 함수의 하나. 직각 삼각형의 한 예각(銳角)을 낀 밑변과 그 각의 대변과의 비(比)를 그 각에 대해 이르는 말)

코트의 가장자리 хормой
코팅 өнгөр, түрхэц
콘도르 тас, хачир (남아메리카·북아메리카 서부산의 독수리).
콘서트 концерт; ~ 토글로х 콘서트를 하다; ~ын танхим 콘서트홀
콘센트에 끼우는 플러그(소켓) залгуур
콘크리트(제)의 бетон; бэхжүүлсэн ~ 철근 콘크리트.
콘테스트 конкурс, өрсөлдөөн, уралдаан
콘테이너의 구멍을 넓히다 гуурта|х
콜로이드 коллоид (colloid: 용액 중에 매우 작게 분산되어 있으나, 분자보다는 크고 확산 속도가 느리며, 반투막(半透膜)을 통과할 수 없을 정도의 물질. 또는 그렇게 분산되어 있는 상태《젤라틴·비누·한천 등의 수용액 중의 입자 등》)
콜론 давхар цэг (colon :의 기호; 구두점의 하나; 설명구·인용구의 앞 따위에 써서 문·절의 쉼표와 구별함)
콜타르 давирхай
콜타르 피치 жилий, лав, тортог
콤마(,) таслага, таслал; цэг ~ 구두점
콤바인 комбайн (combine 수확과 탈곡을 동시에 할 수 있는 기계); комбайны/~ы жолооч 콤바인 오퍼레이터, 콤바인 운전자.
콤비네이션 хослол
콤팩트 зэлгээн
콧구멍을 넓히다 сарнай|х
콧대 хянга(н)
콧등 хянга(н)
콧등의 마루진 부분 хашаар, хянга(н)
콧마루 хашаар, хянга(н)
콧물 нус; ~ нийх 코로 숨을 내쉬다, 코를 풀다.
콧물로 막히게 하다 нуста|х
콧물을 흘리다 гоншгоно|х, гуншгана|х
콧물이 말라붙은 нусгай
콧물투성이의 нусгай
콧소리로 말하다 гуншаа, гуншин

콧소리의 гуншаа
콧수염 живэр
콩(강낭콩·잠두류) шош
콩(커피 열매 따위를) 볶다(덖다) хайра|х, шарагда|х
콸콸(꾸르륵)거리다 хоржигно|х, хуугина|х
콸콸(꾸르륵,꼬르륵)하는 소리 даргиа
쾅 닫다(~을) падхийх|х, пин хийх
쾅쾅(두드리는 소리) тов тов, тон тон
쾌감 баяр, таламж, цэнгэл
쾌적한 аятайхан, баясгалантай, гоо, таламжтай
쾌활 дарвиан, зугаа, наргиа, хөгжөөн
쾌활(유쾌)해지다 цайра|х
쾌활하게 움직이다 тэвхэлзэ|х
쾌활하게(기운차게,명랑하게) 움직이다 тэв тав хийх, тэв тэв алхлах
쾌활한 аштай, аятайхан, дарвиантай, дүрсгүй, илбэрүү, мааз, сувд, хөгжөөнтэй; ~ хүүхэд 장난꾸러기, 까불이; ~зан 농담, 못된 장난.
쾌히 ажаамуу; болгоож ~! 부디(~해 주십시오)
쿠르드 사람 курд (서아시아 Kurdistan에 사는 호전적인 유목민).
쿠바 Куба (서인도 제도의 최대의 섬; 쿠바 공화국(수도 Havana).)
쿠션 бамбай, дэр(эн), тохом; ~ барих 보호하다, булчирхай ~ 갑상선, 갑상선 동맥(정맥, 신경)
쿠션 안장 мааюуз
쿠키(비스킷류) боов; нарийн ~ 쿠키(비스킷류); чихэр ~ны үйлдвэр 제과점, 과자(빵) 공장
쿠폰 талон, тасалбар
쿡(요리사) тогооч
쿵 пол
쿵 울리다 лагхий|х
쿵(탕)하고 내려놓다 падхий|х
쿵하고 떨어지다(앉다,넘어지다) палхий|х

퀸 хатан
큐비즘(cubism) кубизм
큐빗 тохой
큐빗(완척(腕尺))으로 재다 тохойло|х
큐빗(완척)의 치수를 재다 тохойло|х
크게 асар, бишгүй, гүн, гүнээ, ихэд, ихээр, ихээхэн, лут, өргөн, сүрхий, хавигүй; ~ барилга 거대한 빌딩; ~ орлого 거대한 수입; ~ амьтан 큰 동물; ~эр 용감한 사람; ~уулс 웅대한 산; ~ бөх 견고한 ~ хүчтэй хүн 크고 힘센 사람; тэр ~ том байшинд суудаг 그들은 아주 큰 집에서 산다.
크게 가지를 벋다 пялай|х
크게 굽이치다 долгиоло|х, нүүгэлтэ|х
크게 기뻐하다 баярла|х
크게 당황하게하다 сандчи|х
크게 되다 дунхай|х, томдо|х, томсо|х
크게 떠들어대다 зодолдо|х
크게 박차를 가하다 хурдавчла|х
크게벌린(눈·입.콧구멍) дарагвар, мэлцийм, сарнагар, сартан, сартгар
크게 벌어지다(입·틈) ангай|х, эвшээ|х
크게 분발하다 дүлэ|х
크게 소동하다 бахь, бөндөгнө|х, дэдэнэ|х, үймэ|х
크게 열다(펴다) дарвай|х
크게 열어(뜨)지게하다 онгой|х
크게 완료하다 ихэвчлэ|х
크게 움직여서 귀가 불쑥 나오다(비어져 나오다) дэлдэгнэ|х
크게 웃기는 дарвиантай
크게 웃다 пар пар ниээх
크게 펼쳐지다 пялай|х
크게혼란하여(난잡하게). ундуй сундуй
크게하다 томсго|х, өргөжүүлэ|х, өргөтгө|х
크게(넓게)하다 томруула|х
크게(상세하게) 만들다 томсго|х
크게(상세하게) 만들어지다 томсо|х
크고 거북하지 않다 нэлхий|х
크고 깡마르다 ёнхигор

크고 넓은 лагс
크고 높은 өндөр; ~ уул 높은 산; ~ байшин ~ 높은 빌딩; ~ хүн 키 큰 사람; ~ нуруутай 높은 신장
크고 매지 않은(풀린) наламгар
크고 살찐 тэнттэр
크고 센 살찐 тоглогор
크고 센(억센) арчаг, тайргар
크고 헐거운 нэлэмгэр
크고 헐겁다 нэлхий|х
크고 흐트러진 наламгар
크기 дугаар, овор, размер, хэм, хэмжихүй, хэмжээ, хэмжээс, цар хурээ, эн
크기(·양·힘이) 두 배 되는 것 давхар
크다(많다)(~보다) томт|ох, хэтрэ|х
크랙션 чагнаал
크레용 그림용의 색분필 цэрд, шохой
크레이프 дурдан(г), шаа (crape:비단·폴리에스테르·레이온 등의 바탕이 오글쪼글한 직물)
크렘린 궁전(Moscow에 있는) Кремль
크로마틴 хромосом
크로뮴 хром (chromium: [24번:Cr:51.996])
크롤로 헤엄치다 мөлхө|х
크롬 хром (chrome: 은백색의 광택이 나는 단단한 금속 원소. 공기 중에서 녹이 슬지 않고 약품에 잘 견디어 도금이나 합금 재료로 널리 씀. 크로뮴. [24번:Cr:51.996])
크리스탈(crystal: 수정) сүйжин, болор, кристалл, талст; ~ бие 눈의 수정체; дарсны ~ жунз 크리스털 와인글라스 (컵)
크리스털 유리제의 талсаг
크리스트 Христос
크림 치약 оо
크림(요쿠르트) зөөхий
크림샌드위치 бялуу
크지 않은 зэлгээн
큰(광대한.넓은) агуу, багтаамжтай, даа, дархигар, дунхгар, их, лахгар, лут, нижгэр, том, томхон, тураг, тэнттэр, ханагар, ханхар, ханхигар; ~ хайрцаг

큰 상자; ~ талбай 거대한 들판벌판); ~ барилга 거대한 빌딩; ~орлого 거대한 수입; ~ амьтан 큰 동물; ~ эр 용감한 사람; ~ уулс 웅대한 산; ~ бөх 견고한 ~ хүчтэй хүн 크고 힘센 사람; тэр ~ том байшинд суудаг 그들은 아주 큰 집에서 산다, ~ хот 큰 도시; ~ барилга (건조·건축·건설) 여러 공사; ~ дэлгүүр 백화점; ~ сургууль 대학; ~ унших 많이 읽다; ~ буу 캐넌, 대포; хүн ~тэй 인구가 조밀 한; ажил ~ 바쁜; авьяас ~ (능력·자질 등을) ~에게 주다; мөнгө ~ 돈 많은 부자; ус ~ 높은 수준; эрх мэдэл ~ 충분히 가지고 있다, 최대한의 힘; ~лам 수도원안의 큰 라마승(僧); ~ том 부피가 큰, 거대한, 막대한.
큰 가게 склад
큰 가위 хайч(ин)
큰 가죽 가방 тулам
큰 가죽 가방에 넣다 туламла|х
큰 가지 гишуу(н), гэшүү
큰(넓은)강 мөрөн
큰 강의실 танхим
큰 걸음 майргар
큰 걸음으로 걷다 алха|х
큰 나무 보시기(그릇) хул
큰 느시(능에) тодог, тоодог (조류: 느싯과의 새. 모래땅·들·논밭에 삶. 수컷은 날개 길이 60cm, 암컷은 45cm, 꽁지는 23cm가량, 머리· 목은 회색, 등은 황갈색 바탕에 검은 가로줄 무늬가 있음. 천연기념물 제206호임.능에.너새, 독표(獨豹),야안(野雁))
큰 늪(수렁)의 гамагархаг
큰 단지(항아리) тогоо
큰 덩이 хэлбүүр
큰 덩이리가 생기다 монцой|х
큰 덩치 ланттар
큰 둥근 무늬의 좋은 실크 хамба торго
큰 뜻 тэмүүлэл, эрмэлзэл
큰 머리와 볼록한 얼굴을 가진

мантгар
큰 목소리가 나다 чангада|х
큰 목소리의 хашгараа
큰 물결 давлагаа(н)
큰 법석을 떨다 бурэлдэ|х
큰 법석을 일으키게 하다 сага|х
큰 벽시계 жун
큰 부대 нийлэл
큰 불행 аюул, гай, гамшиг
큰 뼈대 ханхигар
큰 소동 бужигнаан, хөл
큰 소매 бод
큰 소리 орь, пижигнээн, хашгараан
큰 소리로 말(노래)하다 хүрчигнэ|х, урхира|х
큰 소리로 말(노래)하다(외치다) нир хийх, хүржигнэ|х
큰 소리로 말하는 хашгараа
큰 소리로 말하다(주장하다) нажигна|х, нирхий|х, нүргэ|х, түрчигнэ|х, уулгала|х
큰 소리로 부르다(~을) дууда|х
큰 소리로 수다 떨다 нажигнуула|х
큰 소리로 외치다 багалзуурда|х
큰 소리로 외치며 말하다 чарла|х
큰 소리로 지껄이는 사람 орилоо
큰 소리를 내다 дүжигнэ|х, нижигнэ|х, нүжигнэ|х, тажигна|х, чангада|х
큰 소리를 내며 이동하다(가다.나아가다. 지나다) дүжигнэ|х, нүжигнэ|х
큰 솥(냄비) тогоо; гал ~ 부엌, 조리장, 취사장, 주방; ~ барих 요리(조리)하다, 음식을 만들다.
큰 쇠망치로 탕탕 치다 лантууда|х
큰 숟가락 ухуур, шанага(н)
큰 실수 ташаарал
큰 실수를(실책을) (범)하다 ташаара|х
큰 염주알의 로자리오 묵주 эрхиний бөөр
큰 재해 гамшиг
큰 전단(傳單) зарлал
큰 접시(금속·사기·나무제) дийз, таваг; ш□лний ~ 수프접시; ~ ш□л 고깃국(물)의 접시
큰 쪽(종류)의 бараантай, нэлхгэр, ханхар, ханхигар; ~ уула 거대한 모습의 산악.
큰 천막(텐트) асар, павильон
큰 체격 биерхүү
큰 체격의 한쪽(부분) бие
큰 체하다 бярда|х
큰 촛대 гэрэвч
큰 치수 чинээ
큰 토막 хороо, хэлбүүр
큰 통 ган(г)
큰 파도 давлагаа(н), долгио(н)
큰 파도가 소용돌이치다 давлагаала|х
큰 파도가 일다 давлагаала|х, давла|х, долгило|х, долгиоло|х, нүүгэлтэ|х
큰 파동 давлагаа(н)
큰 해머 лантуу
큰 혹이 생기다 монцой|х
큰 홀 танхим
큰(술)잔 аяга, түмпэн; сэнжтэй/бариултай ~ 원통형 찻잔, 손잡이 있는 컵, 머그 잔; ~ны амсар зуух мáсидá, 다 마시다
큰(커진) арчаг
큰가위 хяргагч
큰까마귀 хон хэрээ
큰대자로 눕다 тарай|х
큰대자로 드러눕다 тэрий|х
큰물 үер, үерлэл
큰바다 далай
큰불(대화재) гал, түймэр
큰비 үер
큰소리로"어이"하고내다(외치다) гуула|х
큰소리로 야단치다 зодолдо|х
큰소리로 이야기(말)하다 бархира|х, гуу- ла|х, омогдо|х, орило|х, үүхрэ|х, хашгара|х, хашгичи|х
큰소리로 чанга
큰소리를 내다 бархира|х, зандра|х, омогдо|х, орило|х, үүхрэ|х, хашгара|х,

хашгичи|х
큰소리치다 буйла|х, ёрги|х
큰전단(傳單) плакат
큰창자 олгой
클라리넷 кларнет
클럽 дугуйлан(г)
클럽실(會館) клуб
클로버 хошоонгор
클리닉 эмнэлэг, цэвэрлэгээ
클리핑 тайралт
클립(핀·단추·혹·빗장따위) хавчаар, шилбэ
큼 багтаамж, сүлд, сүр
큼직한 тайргар, торниун
쿵쿵거리며 гонгинуур
키 өндөржилт, өндөрлөг, шигшүүр (곡식 따위를 까불러 고르는 기구. 앞은 넓고 평평하게, 뒤는 좁고 우긋하게 고리버들 같은 것으로 결어 만듦)
키(신장) бие; ~ хомс 키가 작다; ~ охор 작은 신장(키); ~ өндөр 큰 키(신장); ~ их 키가 크고 무거운; ~ийн өндөр нам 키 큰 사람; миний ~ийн чрц 나의 높이(키)
키 түлхүүр
키(자루) жолоо(н)
키(풀무) сэвүүр; цаасан ~ 종이 부채
키 등이 작은 оодон
키 작은 나무 сөөг
키 작은 나무가 나라다 бутла|х
키 크고 가느다란 сунагар
키 크고 가느다랗다 сунай|х
키 크고 넓은 어깨를 하다 дэнхий|х
키 크고 넓은 어깨의 дэнхгэр
키 크고 몸을 꾸부린 тахигар
키 크고 야위다 ёнхигор
키 큰 мөчирхүү, өндөр, торниун
키(고도·온도) 낮아지다 нагжий|х
키(신장)가 작은 тагдгар

키가 작다 таадай|х
키가 작은 навтгар, пагдгар, таадгар; ~ нуруутай хун 키 작은 사람
키가 크고 쏠쏠한 онхгор
키가 크고 큰 дэгнэгэр
키가(신장이) 작다 тагдай|х
키네스코프(TV.브라운관의일종) кинескоп
키르기스 사람(중앙 아시아 서부의 주민) киргиз; ~ хэл 키르키즈 언어
키릴문자 халх
키보드 даруул
키스로 나타내다 озо|х
키스를 퍼붓다(~에) нали|х
키스하다(~에게) озо|х, үнсэлдэ|х, үнсэ|х
키우다 бойжуула|х, бөөцийлө|х, мала|х, өвөрлө|х, тойло|х, торниула|х, урга|х, хүмүүжүүлэ|х; хуухэд ~ 아이를 기르다; хуухэд өсгөн ~ 어린이를 키우다; тэл ~ 어린 짐승을 사육하다
키우다(양육하다.기르다) асрамжла|х
키의 길이 өндөр
키의 움직임 жолоо(н)
키잡이 жолоодгч, жолооч, сартваахь
키질(체질)하다 дэвэ|х
키질하다 шигши|х
키탄 Кидан
킥킥 웃는(버릇이 있는) хийхий хахаа
킬러(killer) яргалагч, яргачин
킬로그램(1,000g, 약 266.6 돈쭝; 略: kg) килограмм
킬로리터(1,000리터;kl) килолитр
킬로미터(1km. 1,000m; km) approx와 같은 길이의 단위; километр, мод
킬로와트(전력의 단위; 1,000와트; 略:kW) киловатт; ~цаг 킬로와트시(時)(1시간 1 킬로와트의 전력;略:kWh).
킬로칼로리(열량의 단위; 1,000 cal; 略: kcal, Cal) килокалории

ㅌ

타(他) бусад; бусад хүн 타인

타개(打開) хүнд байдлаас гарах, даван туулах; хүндрэлийг даван туулах 어려움을 타개하다

타격(打擊) гансрал, давтмал, цохилт, цохилт

타격 등을 휙 피하다 холбиро|х

타격(치기, 때리기)의 원인이 되다 мөргүүлэ|х

타격을 주다(~에) цохиула|х

타격을 휙 피하다 зайла|х

타고가다 хөлөглө|х

타고나다 төрөлхийн; төрөлхийнзан ааш 타고난 성질(천성); төрөлхийн наймаачмн 타고난 장사치;төрөлхийн авьяас 타고난 재주

타고난(천부의) авьяаслаг, оор, төрөлх, уул

타구(唾具.唾口: 가래나 침을 뱉는 그릇) нулмуур, тантан

타구봉 жанчуур, муна, түгсүүр, түншүүр

타국(타지역)으로의 이민 цагаачлагч

타국어(他國語) 문자로 자역(字譯)하다 галичла|х

타국으로의 이주 цагаачлал

타국을 침략하다(정복·침략을 목적으로 군대에 의해) дайра|х

타기(舵機) жолоо(н)

타는 사람(기수) буха|х

타는 듯한 золбоолог

타닌(산) идээ(н) (tannin酸: 오배자·몰식자 등의 식물에서 얻은 액체를 증발해 만든 황색 가루. 물에 잘 풀리고 떫은 맛이 남; 매염제·유피제(鞣皮劑)·의약 등으로 씀)

타다 남은 것 нурма

타다 남은 찌꺼기 нурма

타다 унадаг, цоно|х

타담호(唾痰壺) нулмуур, тантан

타당(일치.부합) зохимж, зохис

타당치 않은 зохисгүй, зохихгүй, зүйгүй, таарамжгүй

타당한 зохи|х, зохимжтой, зохистой, зүйтэй, ончтой

타도(打倒) угалт

타도하다 дагтаршуула|х, унага|х

타락(墮落) буурал, коррупции, харил, харимал, хямрал, ялзрал; ~ суйрэл 쇠약, 감퇴; ~ доройтол 부진, 저하.

타락(방탕)하다 шалигла|х

타락(악화·부패)하게 하다 ташуура|х

타락시키다 буртагла|х, гулдри|х, дорто|х, завхайра|х, өөшлө|х, төөрүүлэ|х

타락하다 гудай|х, гута|х, төөрөлдө|х, халуура|х, цаашла|х, эрсдэ|х; хөрөнгө ~ 다 써бериди; толглй ~ 낮아지다.

타락한 завхай, идэмхий, орхигдогсод, савсаг, хаягдмал, шалиг, ялзархай; хэнгэ н ~ 무지한, 변하기 쉬운; самуун ~ 타락한, 방탕(종)한.

타래(나사)сонгот өрөм

타래(실.깃털) тав, туг

타륜 дугуйт, жолоо(н)

타르 давирхай, жилий, лав, тортог

타르(피치.진.수지.송진.역청)을 추출하다(증류해서) давирхайла|х

타르로(~를 바른 듯이) 더럽히다 давир- хада|х, давирхайта|х

타르를 칠하다 давирхада|х, давирхайта|х

타박 овхгор

타버린 흔적 тур

타봉(打棒) бороохой, жанчуур, муна

타산지석(他山之石) гуранз

타수(舵手) жолоодгч, сартваахь

타액 нулмидас
타액(唾液) шүлс
타오르다 гилбэлзэ|х, гялба|х, гялсхий|х, дүрсхий|х, жирсий|х, улбалза|х, цахил|ах, яралза|х
타오르다(~에) ноцо|х
타워(망루) асар
타원모양의 늘어져 있는 물건 моголцог
타원면 зуувaнцар
타원체 гонзгой, зуувaн; ~ хэлбэртэй 타원체의 모양을 한.
타원체로 되다 гонжий|х, гонзой|х
타원체면 зуувaнцар
타원형(달걀모양)으로 움직이다 гонжилзо|х
타원형으로 되다 зуувай|х
타원형으로 옮기다 гонжилзо|х
타원형의 гонзгор
타월 алчуур; ~ аар арчих 타월로 닦다, 타월로 문지르다; нуур гарын таавл; нусны ~ 손수건; толгойн ~ (여성의) 머릿수건; аяга таавгны ~ 행주, 접시 닦는 형겊; гурвалжин ~ 삼각형의 스카프; амны ~ 냅킨, 작은 수건; шалны ~ 마룻바닥깔개(리놀름·유포(油布); 마룻걸레.
타이가(시베리아·북아메리카 등의 침엽 수림 지대) хөвч, тайга
타이거 бар
타이르다 буруушаа|х
타이멘(러시아의 볼가강 연안에 사는 연어과 물고기) тул
타이어가 터지다 уна|х
타이어에 공기를 넣다 хийлэ|х
타이어의 접지면 гишгэлт
타이탄 аврага
타이트한 тогдгор, ~ дээл 꽉 쨈 정장
타이틀 гарчиг, гуншин(г), гуу, цол
타이틀(학위, 상)을 주다 хүртээ|х
타이틀의 방어전을 하다 хамгаала|х
타이피스트 бичээч

타인(打印)하다(~에) шивэ|х
타일 ваар, хавтай
타일을 붙이다 ваарла|х
타입 дүр, зүйл, маяг, хэв
타자기(발동기 등의) 덮개 юүдэн
타자수 бичээч
타작하다 түнсэ|х
타조 тохь, тэмээн хяруул(駝鳥: 타조과의 새. 사막·황무지에 사는데, 키가 2-2.5m, 체중 약 136kg로 현생의 새 중 가장 큼. 수컷은 흑색, 암컷은 회갈색인데, 머리가 작고 눈이 크며 다리·목이 길고 발가락이 두 개임. 날개는 작아 날지 못하나 썩 잘 달림; 시속 90km)
타짜꾼 булхайч, мэхлээч
타타르 말(의) татар
타타르 사람(의) татар
타트(과일) бялуу
타파하다 тэсэлэ|х
타향살이 цөллөг
타협(妥協) буулт; ~ хийх 타협하다, 양보하다.
타협(주장)자 эврэлэгч
타호(唾壺) нулмуур, тантан
탁(철꺽)하고울리다 дангина|х, дүжигнэ|х
탁발 бадар
탁악기용 작은 망치 жанчуур
탁월 сүлд
탁월(성) дуурьсгал
탁월하다 голдо|х, давууда|х, ноёло|х, тархила|х, шалгара|х
탁월하다(~보다) хэтрэ|х
탁월한 суут
탁자 таблиц, ширээ
탁하고 부딪치다(~에) лаг буух, лаг хийх, пид пид хийх
탁하고 치다 пид пид хийх
탁하고 치다(~를) лаг буух, лаг хийх
탄 нүүрс(эн); чулуун ~ 석탄; модны ~ 숯, 목탄; ~ний сав газар 탄전, (한 지방의) 탄갱(炭坑); ~ малтагч 탄광주, 채탄부; ~ний уурхай 탄갱, 채굴장

탄 түлэнхий
탄 옥수수(가루) будаа
탄(간)귀리(밀) будаа
탄갱부 нүүрсчин
탄도 траектории, үүсгэр
탄도병기(彈道兵器) пуужин; тив хоорондын ~ 대륙간 탄도미사일(ICBM); сансрын ~ 우주로켓; далавчит ~ 크루즈 미사일,순항로켓; ~ өөгч 로켓 운반 설비(기계); ~ харвах 로켓으로 나르다(쏴올리다), 로켓탄으로 공격하다.

탄도탄 пуужин; тив хоорондын ~ 대륙간 탄도미사일(ICBM); сансрын ~ 우주로켓; далавчит ~ 크루즈미사일, 순항로켓; ~ өөгч 로켓 운반설비(기계); ~ харвах 로켓으로 나르다(쏴올리다), 로켓탄으로 공격하다.

탄력(성)있는 харимгай, хөвхгөр
탄력(탄성)이 있는 бамбалзах
탄복하여 바라봄 бахархал, хав
탄소(炭素) карбон (탄소족 원소의 하나. 무정형 (無定形) 탄소·다이아몬드·흑연(黑鉛)의 세 동소체(同素體)가 있음. 천연으로는 탄산염(炭酸塩)으로서 수성암(水成岩)에, 이산화탄소로서 대기·해양 속에, 각종 유기물로 생물체 안에 널리 존재함. 산화물의 환원, 금속 정련 등에 씀. [6번:C:12.011]).; ~ы хучил 탄소질의 산

탄성 고무 каучук
탄소와 화합시키다 нүүрсшүүлэх
탄알 сум(ан); ~тай буу탄약을 잰(장전 한)총; ~ны шарх 탄환 상처; ~ны хонгио 약협(藥莢), 탄피.
탄알의 직경 калибр; ~буу 소구경 소(권) 총.
탄압 гишгэгдэл, даралт, дарлал, сөхөөл, талхи, хавчлага, хяхалт
탄약 재는 쇠꼬챙이 сүмбэ (전장총(前裝銃)·전장포(砲)에 탄약을 재는 도구);
탄약의 띠 дайз
탄약통(彈藥筒) сум, хонгио(ан; ~тай буу 탄약을 зэн(장전한)총; ~ны шарх 탄환상처; ~ны хонгио 약협(藥莢), 탄피 (彈藥筒: 대포에 쓰는 탄환· 장약· 약협(藥莢)·점화제 따위를 완전히 갖춘 통.)

탄원 залбирал
탄원자 гуйгч
탄원하다(~에게) туних, чангадах
탄화물 карбид
탄화장치 карбюратор
탄화하다 нүүрсшүүлэх
탄환 등이 튀면서 날다 рйлгох
탈 것 вагон, сүйх, тэргэнцэр, тэрэг (тэргэн), уналга, хөлөг, хүлэг
탈 것을 조종(운전)하다 зогоох
탈 없이 ажрахгүй
탈(가면) баг; багий нь хуу татах (죄·비밀 따위를) 폭로하다, ~의 가면을 벗기다; ~т наадам 가장(가면)무도회, 가장(용의상)

탈것 тэрэг(тэргэн), унаа, хөлөг; агаарын мөнгөн ~ 비행기, 항공기.
탈것(가마) жууз
탈것의 발판 гишгүүр
탈곡장 үтрэм
탈곡하다 булгилах, гөвдөх, жанчих, занчих, зулгалах, нанчих, савах, түгсэх; би өвдгөө зулга- лав 무릎이 까지게 하다

탈구(脫臼) мөлтөрхий, мултархай
탈구되다 булгалах
탈구시키다(~의) булгалах, заах
탈구하다 мөлтлөх, тулгарах
탈당 зугтлага
탈락성의 навчит
탈락(奪掠) дээрэм
탈리흔(脫離痕) сорви
탈모(脫毛)(탈피)하다 гуужих, дал
탈선 гажиг, нугалаатан
탈선하다 хэлбэрэх
탈수 аргуу(н)
탈수된 хагсаамал
탈수하다 аргуудах, уурцах, хагсаах

탈없이 торохгүй
탈영병 орголол
탈이나서 슬그머니(가만) 떠나다 жиши|х
탈장(헤르니아 hernia) ивэрхий
탈저(脫疽) үхжил
탈주 зугтлага
탈주자 босгуул, орголол
탈주하다 орхи|х
탈출 зугтлага
탈출(도망)하다 орго|х, тонило|х, мултра|х, өмрө|х; уе ~ 탈구시키다.
탈출해! жов
탈취(奪取) дээрэм
탈취제(脫臭劑) сүчиг
탈취한 물건 олз(он)
탈피 хөөвөр
탈함(脫艦) зугтлага
탈함자(脫艦者) орголол
탐 түлэгдэл
탐광 олбор
탐광자(探鑛者) хайгуулчин
탐구 мөлжлөг, мөшгөлт, судлагаа, судлал, шингилжээ, шинжлэл
탐구자 судлагч, шинжлэгч
탐구적인 саваагүй, сониуч
탐구하다 судлагда|х, шинжлэ|х
탐구하다(~을) онгило|х
탐나는 хүсмээр
탐나는(탐내는) атаархмаар
탐내는 듯한 хүсмээр
탐내는 атаархуу, жөтөөрхуу, шунаг, шунахай
탐내다 шунахайрах
탐색 судлал, шингилжээ, шинжлэл, нэгжилт, сурал, хайгуул, эрэл
탐색(수색)하다 бэдрэ|х, нэгжи|х
탐색자 шинжлэгч
탐욕 шунал, шунал, шунахайрал
탐욕가 харцага
탐욕스러운 갈망하는 хомхой
탐욕스러운 аванттай, атаархмаар, атаархуу, долголцог, жөтөөрхуу, идэмхий, сувдаг, ханалгуй, ховдог, цаашламтай, шунаг, шунахай; уг ~ 순종하는, 유순한, 고분고분한, 말 잘 듣는, 다루기 쉬운.
탐욕스러워 하다 шунахайрах
탐욕스런 사람 хангай
탐욕스럽게 먹다 ховдогло|х
탐욕스럽게 보이다 хомхойро|х
탐욕스럽다 чамла|х
탐욕한 иргүй
탐정(형사) мөрч
탐정의 туршуулч
탐정하다 ангуучла|х, танда|х
탐지해(맡아) 내다 шиншлэ|х
탐탁지 않은 базаахгүй
탐탁함 ханамжтай
탐하는(~을) халарган, хоолонцор, хэнхэг
탐험 мөлжлөг
탐험(여행) экспедиц
탐험(전투 등 명확한 목적을 위한) 긴 여행(항해) экспедиц
탐험(탐사. 답사) 되지않은 судлаагүй
탐험가 шинжлэгч, шинжээч
탐험대 따위가 완전 장비된 үндэслэлтэй
탐험자 мөрч
탑 харaa, цамхаг
탑새기주다 боогдуула|х
탓으로 돌리다(~의) ноогдо|х
탓으로 하다(~의) ялла|х
탕 쏘다 пяс хийх
탕관 тунхуу
탕기(湯器) аяга, түмпэн, цөгц
탕부르(tambour) бөмбөр, хэнгэрэг
탕진하다 бара|х; арга ~ 모든 재산을 다 써버리다; нас ~ 없어지다.
탕탕치다 дэлсэ|х
태(胎) буртаг, ихэс, хойтхи; ~ цөглөх 태반의 분리.
태고(太鼓) бөмбөр, хэнгэрэг

태금(胎禽) тогоруу
태깔스럽게 말하다(쓰다) самбагана|х
태내(胎內) сав, умай, хэвлий, хэвэл
태내에 있는 어린 양(염소)의 모피 зулбадас
태도 маяг, тавтир
태도 등이 굳어진 даргар
태도(거동.모양)에 영향을 받아 행동하다 соохгоно|х
태도(사상·언어등) 예의 바른 төлөвхөн
태도(임무· 책임)를 취하다 (떠맡다) хэлбэржи|х
태도가 굳어지다 дардай|х
태도가 굳어진 дардгар, дардгархан
태만 алмай, ташуурал, тоомсоргүй, цалгиа(н)
태만하게 анхааралгүй
태만한 гамгүй, залхай, залхуу, лазан, олхио муутай, палан, паланцгар, салан, салбан, хайхрамжгүй, халамжгүй, хойрго, хуудам, хуумгай, цаогар; ~ жолооч 나태 한 운전자; ~ хүн 게으름뱅이; чи яасан ~ хүн бэ? 누가 게으름뱅이?
태반(胎盤) ихэс, хэвтэши, харвис; ~ цөглөх 태반의 분리 (태반: 포유동물이 임신했을 때, 모체 의 자궁 내벽(內壁)과 태아 사이에 있어 영양 공급·호흡·배설 등의 작용을 하는 원반 모양의 기관)
태백(太白) Сугар
태백성(개밥바라기)(**Hesperus**) Баасан
태백성(太白星) Сугар
태변 зунгаг
태생 гарлага, удам
태생이(가문이)좋은 угсаатай, удамтай
태선(苔蘚) царам
태세 замбараа, цэгц
태양 따위가 떠오르는 өгсүү
태양 нар(ан);наранд шарах 햇볕을 쬐다; ~ зөв (시계바늘처럼) уро(오른쪽으로) 도는; ~ хиртэх 일식(日蝕); ~ны цацраг 일광, 광선; ~ны толбо 태양의 흑점; ~ны гэрэл햇빛, 맑은 날씨; ~ны аймаг太양 계(太陽系:태양을 중심으로 운행하고 있는 천체의 집단과 이를 싸고 있는 공간; 수성·금성·지구·화성·목성·토성·천왕성·해왕성·명왕성 등의 아홉 행성과 이에 속한 50개의 위성 및 약 6,000개의 소행성, 약 170개의 혜성 등을 포함함); наранд цохигдох, наранд харвагдах 일사병, 갈병(喝病); ~ ургах, гарах 일출(日出), 해돋이; ~ мандах, ~ дэгжих 태양이 완전히 솟아오르다; ~хуушлэх 흐리다, 해가 구름에 가리다; ~ жаргах, орох, ~ шингэх (해가) 지다, 저물다; шар~ бор хоног өнгөрүүлэх 궁핍(비참)한 생활을 오래 끌다; шар ~ бор хоног 낮과 밤; ~ны халх 양산, 차양, 우산; ~ны шил 색안경, 선글라스; наран угаал 일광욕; наран тэмээ (승용의) 단봉낙타; наран цэцэг 해바라기;наран цэцгийн тос 해바라기 기름; хурц ~ 몹시 더운 날씨(염천(炎天)); ~тай дулаахан байв 따뜻하고 양지바른; наранд пуд гялбаж байна 나의 눈은 태양 같다; тэр наранд борлов 그는 햇볕에 타다; миний ~ 여보,당신, 애야(부부·연인끼리, 자식에 대한 애칭).

태양에 노출되므로 색이 바래다 ганда|х
태양의 날 Адьяа
태양이 떠오르는 дөндгөр
태어나다 гий|х, мэндлэ|х
태연 ташуурал
태연한 ажрахгүй, сэрүүн
태엽 баадуу, пүрш
태우는 түлэнхий
태우다(탈것이 승객·짐을) ачаала|х, ачи|х, ноцоо|х, төөнө|х
태움 түлэгдэл
태워 그스르다 хуйхла|х
태워 그슬림 түлэнхий
태음월 cap(ан)
태좌(胎座) ихэс; ~ цөглөх 태반의

분리.
태초에 анхлан, онь(онин)
태평하다 гудиггүйдэ|х, маазай|х
태평한 гудиггүй, гүндүүгүй, хэнэггүй, энх
택시 такси
택시 운전사 тэрэгчин
택시 운전사가 손님을 오래 기다리다 хавтастай
택함 түүвэр; Пушкины ~ зохиолууд 푸슈킨의 저작 모인 것
탬버린(가장자리에 방울이 달린 작은북) гэц
탯줄 хүй
탱크 танк
터널을 파다(~에(의 밑에) сэндийлэ|х, хөндийлө|х
터널을(갱도를) 파고나아가다 сэндийлэ|х
터놓고 대하는 шулуун
터놓고 이야기하는 ил; ~ гаргах 돋보이게 하다, 잘 보이다; ~ хэлэх 숨김없이 (솔직하게) 말해라; санал ~ хураах 공개 투표; ~ захидал 우편엽서 ~ болох (숨겨졌던 것을) 드러내다
터놓은 салдар сулдар
터득 ойлгомж, ойлгоц
터뜨려 무너뜨리다 хагара|х, ярза|х
터뜨리다 ганта|х, хагара|х, ярза|х
터무니없게 옮기다 овилгогүйтэ|х
터무니없는 доожгүй, жигтэйхэн, марзан, хэтэрхий; ~ хүн 상도(常道)를 벗어난
터무니없는 짓 하다 марзагна|х
터무니없이 큰 тайргар
터무니없이 특별히 маягтүй; ~ хүйтэн өдөр 엄청나게 추운 날.
터미널 вокзал; ~ын хулээлгийн өрөө 터미널 대기실
터벅터벅 걷기 доншуурч
터벅터벅 걷다 золбинто|х
터벅터벅 걸어가다 гэлдрэ|х
터부시하다 дархла|х

터빈 турбин (turbine: 고압의 물·증기·가스 등의 유체(流體)를 노즐로 분출시켜 그 충격에의하여 회전동력을얻는 원동기)
터지다 ангайлга|х, дэлбэрэ|х
터진 곳 ан, ган(г)
터진 금 ган(г); ~ гав 갈라진 금(틈, 곳).
터진 데 хугаралт
터진(갈라진) 자리(틈) цав
터진(갈라진) 자리(균열) гав; ~ цав
터진(갈라진) 자리(틈), 균열
터진(째진)구멍 цоорхой
터짐 цав
터치다운 газарла|х
터치다운하다 буу|х, газарда|х
터키(수도 **Ankara**) Түрк
터키사람(어)의 Түрк
터키석(石) оюу(н)
터키의 Түрк
턱 эрүү(н)
턱 밑의 처진 살 залмагай
턱과 귀 밑의 군살 залмагай
턱받이 хооловч
턱뼈 түүшүү, эрүү(н)
턱수염 сахал самбай
턱수염 같이 сахлархуу
턱수염이 난 сахалтай
턱수염이 난 사람 сахалт
턱수염이 없는 сахалгүй
턱수염 자라다 сахал самбайгаа ургуулах
턱없이 크다 лаглай|х
턱없이 큰 бараантай, лахгар, нүсэр
턴 эргэлт
털 үс
털 많은 үслэг, үстэй
털 없는 짐승의 가죽 сармай
털 훑는 기계 хураагч
털(껍질,날개,비늘,장식,가구,덮개,카펫 등) 이 없다 чардай|х
털(머리카락)이 엉키게 하다 двахира|х
털(머리털)이 없는 халцгай

털(모발)이 빠지다 халцра|х
털(숱) 많은 сэглэгэр
털(숱)이 많은 арзгар, согсгор
털(숱)이 많은(눈썹 따위) аржгар
털(이·손톱·손가락) 밑뿌리 орвон; ~ гоор нь суга татах 뿌리째 뽑다; усний ~гоо хүртэл улайх 그녀의 머리 뿌리까지 빨개지다
털(이·손톱·손가락의) 밑뿌리 уг; усний ~ 머리카락의 뿌리; ~ нутаг 고국, 모국, 조국; ~ учир 원물, 원형 ~аас угүй 결코 ~하지 않다; ~ чанар 에센스, 엑스, 정 (精); ~ туйл 절대적인 것.
털갈이 хөөвөр
털갈이의 빗질하는 хөөвөрчин
털갈이하다 гуужи|х, дал, зулма|х; үхрийн ~ саравч 우사, 외양간
털미역 고사리 дэлдүү
털북숭이가 되다 бавай|х
털북숭이의 аржгар, арзгар, лэглэгэр, согсгор, сэглэгэр
턱신 다발 ховд
털실 묶음 ховд
털실 ахар, ноос(он), унгас
털실(뜨개실,끈실)의 실타래(고리.토리) гогцоо; ~ утас 실의 실태래; ~ торго 실크의 두루마리
털실(모직물) 같은 ноосорхуу
털실의 실타래(토리) түүдэг
털실의 실타래(토리) 만들다 түүдэглэ|х
털썩 떨어지다 лагхий|х
털어내다(~에서 솔로먼지를) дэвүүрдэ|х
털어놓다 айлда|х, нээ|х
털을 가로채다 үсдэ|х
털을 갈다 гуужи|х, халцра|х; шувуу ~ 새가 털갈이 하다.
털을 곤두세우다(짐승) аржий|х, сэрвий|х, хярвасла|х
털을 곤두세워 움직이다 сэгсэгнэ|х
털을 움켜잡다(잡아채다,붙잡다) үсдэ|х

털을 제거하다(치우다) үслэ|х
털의 숱이 적은 бутархай
털의(같은) үслэг
털이 곤두서다 өрвийлгө|х
털이 곤두선 аржгар
털이 많은 өтгөн, сахлаг;~ үс 털이 많은
털이 많이 나타나다 тунжра|х
털이 없는 мэлзэн, сармай, хожгор
털이 없어지다 халзра|х
털이 제거되다(벗겨지다) хярвасла|х
털이 텁수룩하게 되다 бавай|х
털이 텁수룩하다 арзай|х, лэглий|х
털이 텁수룩한 аржгар, арзгар, лэглэгэр, согсгор, сэглэгэр
털볼을 폭신하게 하다 сэвсийлгэ|х, сэгсийлгэ|х, хөвсийлгө|х
털짐승의 밑털 унгас
털투성이의 үслэг, үстэй
텀블링하다 дугуйлда|х
텁수룩한 нэвсгэр, саламгар, үслэг
텅스텐 вольфрам (tungsten:회백색의 아주 굳고 강인한 금속 원소의 하나. 철망간 중석·회(灰)중석등의 광석에 들어 있음. 텅스텐강·고속도강(高速度鋼)등의 합금 제조, 백열전구, 전자관(電子管)의 필라멘트 등으로 씀. [74번:W:183.85])

테 бөгж, жааз, рам, хүрээ(н), цагариг; зургийн ~ 그림 틀; мөнгөн ~анд 은테.
테니스 теннис; ширээний ~ 탁구; ~ний талбай 테니스 코트; ~ тоглогч 테니스 선수
테니스 코트 корт
테두름 тасам
테두리 амсар, зах, ирмэг, сэжүүр, хавир- га(н), хөвөө, хүрээ(н), хязгаар, эмжээр; хотын ~ 가장자리; ширээний ~ 테이블의 테두리; даавууны ~ 물질의 테두리; ~ ирмэг (벼랑의) 가장자리; цамцны ~ 와이셔츠의 칼라(깃); энгэр ~, ~ заам (양복의) 접은 옷깃; ~ хязгааргүй 끝없는(넓이·양 등이); ~аас

аван 어디에나, 도처에; аяганы ~ 컵의 가장자리, 테.
테두리(하기) тасам
테두리를 두르다 имхэрдэ|х, ирмэгдэ|х, хажи|х
테라스(집에 붙여 달라낸 식사·휴식용의 돌을 깐) дэнж
테를 달다 имхэрдэ|х, ирмэгдэ|х, хажи|х
테를 달다(~에) хөвөөлө|х
테를 두르다 хүрээлэ|х
테를 두르다(~에) бөгжлө|х, ирмэгдэ|х, хиллэ|х, хөвөөлө|х, цагаригла|х, эмжи|х, хүрээлэ|х
테마 агуулга, сэдэв
테베트(수도는 라사(Lhasa)) тангад, төвд
테스터 туршигч
테스터하다 сори|х
테스트 сорилго, туршилт
테스트하다 турши|х, туршигда|х, тэнсэ|х, үзэ|х
테스트한 шалгарсан
테이블 таблиц, ширээ
테이블보 бүтээлэг;
테이프 лент
테이프 기록 기계(장치) магнитофон
테이프 녹음기(녹화기) магнитофон
테이프 리코더 магнитофон
테이프를 달다(붙이다)(~에) скоочдо|х
테이프를 묶다(매다) скоочдо|х
테인(tein) кофеин
테일러스(낭떠러지 밑에 무너져 쌓인 암설(岩屑)의 퇴적) асга
테크놀로지 техник
텐트(tent) лагерь, майхан; ~ барих 천막을 치다; майхны гадас/багана 천막 말뚝/ 천막의 버팀목; ~д унтах 야영하다, 텐트 에서 자다.
텐트(무기·자동차)에 방한(부동) 장치를 하다 дулаала|х
텐트(천막)의 종류 жодгор

텔레비전 수상기 телевиз; ~ үээгч 시청자
텔레비전 스튜디오 телестудии
텔레비전(TV) телевиз
텔레비전의 녹화 галиг
템포 аяс
토공(土工) шаварчин
토관을 부설하다(~에) ваарла|х
토기 сав
토끼 молтогчин, ясархаг
토끼(여우)사냥에 쓰이는 사냥개의 일종 сар
토끼의 눈을 한(가진) талмиа
토끼의 모피 ясархаг
토끼풀 хошоонгор
토너먼트 тэмцээн
토대 буйр, дэвсгэр, ёзоор, ёроол, иш, суурь, үндэс(үндсэн), үндэслэл, язгуур; гэрийн 땅위에 게르를 짓다, 몽골인의 유목텐트를 조립하다(똑바로 세우다, 구축하다).
토대를 쌓다 довжооло|х
토라지다 цорвойх
토라진 얼굴을 하다 цорвойх
토론 зөвшлөг, маргаан, мэтгэлцээ, хэлцээ, хэлэлцээ(н); хэруул ~ 싸움, 말다툼; маргаанд ор-олцогч 논쟁자; ~ыг нам- жаах/зөөлрүүлэд 논의에 대한 저항력의 부동(不同); ууны бол бидний дунд ~ гарав 우리는 그것에 대하여 ~와 논의를 시작하다.
토론(논의)하다 зөвлөлдө|х, зөвши|х, мар- га|х, хэлэлцэ|х; зөвлөдөн хэлэлцэх ~에 관하여(서로)토론하다; юу хийхээ бүгдээрээ зөвлөдье 무엇을 완료 할 것인지를 논의합시다; эмчтэй зөвлө- дөөд тэд ингэж шийджээ 의사와 상담하여 결정 했다; эмэгтэй ~ дуртай 그녀는 사랑을 논의하다; маргалдахаа болыгооё 논의를 들어 봅시다;
토론(논의)하다(~을) яригда|х
토론(논의·검토)하다 хэлцэ|х

토론하다 арцалда|х, марга|х, толхилцо|х
토론(심의)하다 зөвшилдө|х, хэлэлцүүлэ|х
토론(이야기를) 장황하게하다 залхаа|х
토론(참가)자 хэлэлцэгч, мэтгээч
토론하기 좋아하는 зодолдооч, зодоонч
토론하다 зөвдө|х; зөвдөн хэлэцэх토론(논의)하다; бид яг энэ асуудлыг зөвдөн ярилцав 우리는 그 질의에 지금 논의 (토론)했다
토루(土壘) дов, довцог, дош
토리 гогцоолдо|х, хэрдэс
토마토 лооль; лоолийн шуус 토마토 쥬스
토막 тасархай, хэмхдэс
토막내다 хөшиглө|х, цавчи|х
토목의 운반거리 хорголж(ин)
토성 Санчир (土星: 태양계의 한 행성(行星); 공전(公轉) 주기는 29년 167일이고 체적은 지구의 755배임. 적도 둘레에 얇은 판 모양의 테를 가짐. 위성은 18개. 오황(五黃). 진성(鎭星).),
토시 бугуйвч
토실토실 살이찌다 думбай|х, цулщай|х
토실토실 살이 찐 бамбагар, бондгор, булбарай, булщгар, малигар, помбогор
토실토실 살이찌다 малий|х
토실토실 살찌게 되다 бөндий|х
토실토실 살찌게 하다 бөөрөнхийлө|х, тонтой|х
토실토실 살찐 тойрон, тонтгор
토실토실하다 тонтой|х
토실토실한 думбагар, тонтгор
토양 хөрс, шороо(н); ~ судлал 토양학; муу ~ 메마른 땅; ~ ний эвдрэл 침식 작용
토양의 석회 집적 작용 шохойжилт
토역(吐逆)하다 бөөлжи|х, гулги|х
토요일 Бямба, Санчир
토웅(土熊) гангис, мангис, ханьс
토웅(土熊)새끼 ганьс

토의 зөвшлөг, учирлал
토의(논의)하다 арцалда|х, булаалцалда|х, цэц ~ 승리를 위해서 논쟁하다.
토의자 мэтгээч
토저(土猪) мангис, ханьс
토지 талбай, хөсөр
토지(대지) газар
토지(가옥의)임대인 түрээслүүлэгч
토지(재산을) 빼앗다 тэсгэ|х
토지(회사-부채 따위를) 통합 정리하다 нягтруула|х, нягтруула|х
토지가 융기한 сэлхрээ
토지를 관개하다 усла|х
토지를 수용하다 тэсгэ|х
토지에 물을 대다 усжуула|х
토질(土質) шороо(н), хөрс; ~ судлал 토양 학; муу ~ 메마른 땅; ~ ний эвдрэл 침식 작용
토출(吐出)하다 бөөлжи|х
토치램프 зэрчих
토탄(土炭) нүүрс(эн)
토탄지(土炭地) хөв
토파즈 молор
토퍼 пальто
토픽 агуулга, өгүүлэмж, сэдэв
토하다 бөөлжи|х, гулгидас(ан), огиула|х; цусаар ~ 피를 토하다.
토해내다 язла|х
톡톡 두드리다 балба|х, дагтаршуула|х
톡톡 치다 дагтаршуула|х
톡톡(쫀쫀)한 бачуу
톡톡(쫀쫀)한(피륙이) бариуда|х
톡톡치는 소리 цохилт
톤(ton) тонн
톱(top) орой, оргил
톱(정상) дээд
톱 хөрөө(н); тэ мрийн ~ 쇠톱, 핵소(금속절단용); цахилгаан ~ (휴대 용) 동력(動力)사슬톱; гар ~ (한 손으로 켜는) 톱
톱(정상) 가까이에 айрагда|х

톱니같은 арзгар, арсгар, сэрэвгэр
톱니바퀴 аррa
톱니바퀴 장치 аррa, механизм
톱니바퀴(줄이) 맞물다 зуу|х; нохой ~ (개가) 물어뜯다; хөмхий ~ 아래 입술을 깨물다; шуд ~ 이를 악물다; 굳게 결심 하다; шазуур ~ 다시 한 번 노함(분개)을 감추다(숨기다)
톱으로 켜다(자르다) тайра|х; хөрөөгөөр ~ 톱으로 켜다; үсээ ~ 이발 하다, 머리를 커트하다;
톱으로 켜서 만들다 хөрөөдө|х
톱코트 пальто
통 дугтуй, хоолой
통(筒) гуус(ан), хоолой, яндан
통(병)조림 고기 шууз
통(병)조림업자 хадгалагч
통(병)조림으로 하다 дара|х, жангуас, шуузла|х
통(通)하여(지나서.빠져)(~을) сэт, дам; ~ сонсох 간접적으로(에둘러서,부차적으로) 듣다; ~ хуний 누구든 다른 사람이외 소유물; ~ гишүүр 배의 사닥다리; ~ илд 장검(長劍); ~аа өгөх 손닿는 곳에 있다(소유하다); ~ нуруу 건물의 대들보; ~ын наймаачин/ панэчин 투기(업)자, 순이론가.
통(通)하여(지나서.빠져) 가다(~을) туула|х, гара|х; хажуугаар ~ 옆을 지나다; уудээр ~ 문을 통하여 떠나다; дайран ~ 통과하다
통가(通家) хадам
통감하다 эмзэглэ|х
통계 전문가 тоймч
통계(표) статистик
통계상의 상관에서 연관하는 변수의 영향을 제거하다 нүүрчлэ|х
통계적으로 예측하다 багцаала|х, баримжаала|х, томьёоло|х, тоологдо|х, хирлэ|х
통계조사 тооллого
통계학 статистик

통고 сануулга, сонордуулга
통곡 орилоон, уйлаан майлаан
통곡하다 гашууда|х
통과 гарц, нэвтрүүлэг, өнгөрдөг
통과(수성.이동)중 явуулын
통과(횡단)하다 дамжи|х, гара|х, замра|х, өнгөрө|х, өртөөлө|х, туула|х, шурга|х, ява|х
통기 тулай
통기법 хүрэлцэхгүй
통나무(원목) гуалин, мод(он), хагадас; ~ байшин 통나무 집; ~ гүүр 원목 다리, 통나무 교량
통나무(바위의) 공동(空洞) хонгил
통달자 хайв
통달하지 못한 танихгүй
통렬한 гөнтэй, ёвроготой, хату, хахир, хорон, ширүүн
통로 амтай, гудам, жим, зам, замнал, зөрөг, маршрут, онгорхой, харгуй, хонгил, хаалга
통로로서 터널(굴)을 파다 сэндийлэ|х
통로(관.길) 막다(방해하다) бөглө|х, хөндөлдө|х, хаа|х, таглара|х; нүх ~ 구멍을 메우다; хоолны сав ~ 스튜냄비 뚜껑을 덮다; уйсэн бөглөөгөөр ~ ~에 코르크 마개를 끼우다(로 밀폐하다).
통로(관을) 막았다 түгжигдэ|х
통로(입구·구멍을) 막다(차단하다.메우다) хаалттай, чигжи|х
통보(통신)하다 зара|х, мэдээлэ|х
통상 найма, үтэл, худалдаа(н)
통상의 бэртэгчин, дару, ер, ердийн, жирийн, хэвийн, эгэл, энгийн
통상복 туршуул
통속의 нийтлэг
통솔(력) жолоодлого, удирдлага
통솔(통합.관장)하다 даргала|х
통신 мэдээлэл, сонсгол
통신교육의 교실수업 сургууль; ~д

явах 학교에 가다; ~ төгсөх 학교를 떠나다; дээд ~ 대학교.
통신대원 дохиоч
통신원 сурвалжлагч
통신의 의하여 эчнээ
통신하다 харилца|х
통어하는 수단 жолоо(н); төрийн ~ 정부의 통제수단
통역 орчуулагч, орчуулга, тайлбар
통역을 하다(~의) утгачла|х
통음(痛飮)하다 зугаацах, дэвээрэ|х
통일 нэгдэл
통일된 нэгдмэл, энгтгэл
통제 шалгалт
통제(관리)수단 хяналт
통제(관리.단속)하다 нормло|х, хяна|х
통제(규칙을) 엄하게 하다 чангалах, чангаруула|х, чандла|х
통조림 제품 консерв; махан ~ 고기 통조림, 통조림으로 한 고기
통조림으로 만들다 консервло|х
통지 мэдээ(н), сануулга, сонордуулга
통지(밀고)자 мэдээлэгч, тагнагч
통지서 зар
통지하다(~에게) санамжла|х, сонсго|х
통째로 даяар
통찰자 үзмэрч
통찰하다(~에) шурга|х
통첩 бичиг, нот
통치 горим, засаглал, захиргаа(н)
통치(관리) журам
통치(관리)양식 дэглэм, тогтолцоо
통치(관리.지배)하다 жолоодо|х, засагла|х
통치(권) засаг, төр
통치(기간) эрхшээл
통치(지배)권 засаглал
통치(주권.지배)아래있다 ноёлогдо|х
통치(지배)하다 ахла|х
통치상의 алба(н)
통치자 захирагч, хаан

통탄 гансрал
통탄할бэрх
통틀어 8 наймуул(ан); бид ~ байе 우리의 8명은 그곳에 있었다
통풍 агааржуулалт, тулай (痛風: 관절이 붓고 아픈 요산성(尿酸性)의 관절염: 팔·다리 따위에 염증을 일으켜 아픔)
통풍(痛風)으로 괴로워하다 тулайта|х
통풍(환기)장치 агааржуулалт
통풍관 салхивч
통풍구멍 салхивч
통풍기 салхивч, сэнс
통풍을 앓다(병들다) тулайта|х
통풍이 나쁜 бугчим
통하다(~로) гара|х
통하여 거르다(여과하다)(~를) шуурэ|х
통하여 밖으로(~을) бүлт
통하여(~을) нэвт, нэл
통할하다 еренхийле|х
통합 нийлэг, нэгдэл
통합(종합)하다 зохицуула|х, уялдуула|х
통합된 нэгдмэл, энгтгэл
통해 보이다(~을) толило|х
통해 있는(~에) танилтай
통행 гарц, нэвтрүүлэг
통행 차단물 боомт, хориглолт
통행인 явуул явуулын хүн
통행자 явуул явуулын хүн
통행할 수 없는 замгүй
통행할 수 있는 도로의 부재 замгүй
통화 유통액 валют
통화가격 등을 유지하다 бэхжүүлэ|х
통회(痛悔) гэмшил, наманчлал
퇴 далавч
퇴각하다 буруула|х, няцах
퇴괴(頹壞) үхжил
퇴보(退步) буурал, харил, харимал, хоцрогдол, хямрал, ялзрал
퇴보(타락)하다 хоцрогдо|х
퇴비 ялзмаг
퇴색한 өнгөгүй

퇴역(은퇴,침거)시키다 халагда|х
퇴적 баглаа, бөөн, нуруу(н), овоо
퇴적물 орд, оршдос
퇴직(퇴역,은퇴,침거)시키다 халагда|х
퇴직하다 бөхө|х
퇴짜 няцаалт
퇴짜놓다 алгадуула|х: алгадах, халгаахгүй
퇴출하다 ухра|х
퇴폐 коррупции
퇴폐시키다 завхайра|х
퇴폐한 идэмхий
툇마루 сүүдрэвч
투광기(投光器) гэрэлтүүр
투구벌레(류) дэлгэгч, цох
투구의 깃장식(장식털) гөхөл
투기 хар, хонжил
투기(업)자 хожооч, хонжигч
투기가 강하다 харда|х
투기가 강한 жөтөөрхөг, үтээрхэг, хартай
투기를 하다 панзла|х, хонжи|х
투기자 хайгуулчин
투기하다 үтээрхэ|х
투덜거리다 архира|х, бувтнах, орхиро|х, урхира|х, хүрхрэ|х
투덜대는 사람 янгууч
투덜대는 소리(불만.불평.푸념.중얼거림.속삭임) өгүүлэл; ~ тавих 불평하다, 툴툴대다, 푸념하다, 투덜대다, 중얼거리다.
투덜대다 ганши|х, нанши|х, үглэ|х, хурчигна|х
투덜투덜하다 бувтнах, гүнгэнэ|х, дүднэ|х
투르크 몽골계의 유목 민족 урианхай
투망 тор
투망(그물)을 던지다(~에) торло|х
투명 유리 талст
투명하게 보이다 дурай|х
투명한 ойлгомжтой, саруул, талсаг, тод- хон, тунгалаг, цагаан, цэлмэг, цээл, балай, бодолгуй, иргүй, мангуухан, мунхрал, толхи, тэнэгхэн
투사 проекц, тэмцэгч
투사물(로켓·천체 등이 그리는) 곡선 траектории, үүсгэр
투석기 хавчаахай, чавх
투석기로 던지다 дүүгүүрдэ|х
투석기로 집어던지다(세계) дүүгүүрдэ|х
투석기에 의한 투석(던짐) дүүгүүр
투숙 сууц, хоноц
투시(화법)의 алслал
투시자 үзмэрч
투영 проекц, киномеханик, сүүдэр
투영하다 тусгал, хоригдо|х
투입(량) оролт
투자하다 зарцуулагда|х
투쟁 байлдаан, зодолдоон, зодоон, тулалдаан, тэмцэл
투쟁(고투)하다 тулалда|х
투쟁적 зодолдооч, зодоонч
투정부리는 гонгинуур
투조(透彫) сийлбэр
투창(投槍) жад
투표(유권)자 сонгогч
투하 туналт
투함(投函)하다 явуула|х
툭 비어져 나오다 сэртий|х
툭 튀어나오게 하다 сэтэрхүй|х
툭툭치는 사람 гүвүүр
툭하면 싸우는 гэмэргэн
툭하면(자주, 뻔찔나게) 팔꿈치로 슬쩍 찌르다 нудчи|х
툰드라 тундр (tundra: 북극에 가까운 넓은 벌판; 여름에도 땅거죽의 일부분만 녹아서 습지가 될 뿐, 대부분 얼음으로 덮임; 툰드라 지대(地帶), 동토대(凍土帶), 동야(凍野), 동원(凍原), 동원대(凍原帶))
툰드라 지대(地帶) тундр
툴툴대다 ганши|х, нанши|х, үглэ|х, хурчигна|х
통명스러운 огзом, хэргэр
통명스럽다 хэдэрлэ|х

퉁방울눈의 булцэн, дүрлээр
튀겨 날리다 няслах
튀겨 묻히다(~을) цацах
튀기 нийлмэл, эрлийз
튀기는 소리 цалгиа(н)
튀기다(~을) цацах
튀김 хайрмал
튀김과자 танзуур
튀르크어(군)의 Түрк
튀어나오다 сархайх, сэрвийх, сэтэрхүйх, төвийх, төмбийлгөх, шалгарах
튀어나오다(~로부터) товойх
튀어나오다(~에서) дорсойх, дөндийх, сөдөлзөх
튀어나오다(두드러지다)(~로부터. ~사이에서) тонжрох, торойх
튀어나온 сэрвэн
튀어나옴 саргар
튀어나와있다 годойх, годойлгох, гозойх, гүвийх, сарайх, торойх
튀어오름 ойлт
튄 물 цалгиа(н)
큄 ойлт
튜브 гүүс(ан)
튜터 교육자 хүмүүжүүлэгч
트라이앵글 гурвалжин
트랙터 трактор
트랙터 기사 тракторчин
트랜스미션 арра (transmission: 엔진의 회전력·속도·회전 방향을 바꾸는 장치. 변속기)

트랩(trap) занга, хавх
트랩을 설치하다 зангадах, хавхдах
트러블(trouble) тойв, төвөг, түвэг, уршиг, халгаа, чирэгдэл, ярвиг, яршиг
트럭으로 상품을 배달하는 배달부 хүргэгч; шуудан ~ 우편배달부
트럼펫(trumpet) бүрээ(н)
트렁크(여행가방) амьдай, авдар
트레드 гишгэлт
트레이너 жасгалжуулагч, сургагч
트레이닝(training) сургалт

트레일러(trailer) чиргүүл
트로이카(러시아의 3두 마차·썰매) гуравт (troika: 1. 러시아 특유의, 말 세 필이 끄는 썰매나 마차. 2. 삼두제(三頭制); 한 기관에 장(長)을 세 사람 두어 서로 견제하게 하려는 제도)
트로트스텝 хатир
트로트스텝으로 움직이다 хатируулах
트롤버스 троллейбус
트롤리식의 시내 전차 тэргэнцэр
트리밍 хачир
트럭 башир, мэх
트림(이 나다) хэхрэх
트림을 하다 гулгидас(ан)
트림하다 гулгих, хэхрэх
트집잡다 өөлөх
특권(특전) дарх, концесс
특권(특전)이 있는 사람 эрхтэн
특대의 лут
특등석 лоож
특무상사 хошууч
특별 онц, онцгой, өвөрмөц, тонж, гоц, жич, нэн(г), тонж, тусгайлан, ялангуяа
특별 기고란 өгүүлэл
특별 출연자 айлчин
특별 취급 дарх; эрх ~ 특권
특별 허가(면제)된 사람 эрхтэн
특별하다 онцгойдох
특별한 онц, онцгой, өвөрмөц, тонж; ~ юмгуй дээ 특별한 것은 없다.
특별한 사자 буухиа
특별한 은혜 дарх
특별히 гоц, жич, нэн(г), тонж, тусгайлан, ялангуяа
특별히 좋아진 сонгодог
특별히 좋아함 алагчлал
특사 буухиа, зарлага, элч, элчин; ~ өртөө 황제의 명령에 의하여 설립된 역참 (驛站)의 직; ~ элн 특사
특색 ноц, онцлог
특색을 살리다 мөлжүүлөх
특색이 없는 өнгөгүй

특성 араншин, төрх, тухайлбал, чанар, яс
특성을 나타내다, аашла|х; дураараа ~ 좋을 대로 행동하다;
특성짓기 тодорхойлолт
특수 임무를 띤 ~단(團) корпус
특수성 ноц, онцлог
특수한 онц, онцгой, тонж, тусгай
특수한 뜻(적용)을 갖게 하다(어휘 등에) туйлшра|х
특수한 재능 суут
특유의 онц, онцгой
특유한 тусгай, өвөрмөц; ~ байдал 특색, 특수성; ~хэллэг 숙어, 관용구
특정 장소에 가(오)도록 ~에게 명하다 захиала|х
특정의 것 тухайлбал
특정집단 корпус; дипломат ~ 외교단, 외국 사절단.
특정한 тонж
특정한 성격을 띤 지대(지역.지구) бус; сэрүүн ~ 온대성의 지역(대)
특질 араншин, төрх, тухайлбал
특집기사 найруулал
특징 онцлог
특징지우다(~을) онцло|х
특허 зөвшөөрөл, концесс, патент
특허권 патент
특허장 зөвшөөрөл; тэдний ~гүй тийшээ оруулахгүй 그들은 인가없이 들어가려고 한다; ~гүй нийтлэхийг хориглоно 신뢰할 수 있는 예약; гадаадаас оруулж ирэх ~ 수입면허장; ~ гүйх 허가를 (요)청하다; ~ олгох 허가를 해주다.
특히 гоц, жич, нэн(г), тонж, тусгайлан, тухайлбал, ялангуяа; тэр бол ~ асуудал 그것은 다른하나의 방법이다; ~ мэдэгдэх 특별히 ~에게 알리다, 특히 ~에게 고하다
튼실한 дардгар, дардгархан, хатан, хату

튼튼하게 үхширтэл
튼튼하게 되다 данай|х
튼튼하게 하다 бэхжүүлэ|х
튼튼한 건강한 체격을 한 тайргар
튼튼한(강한,견고한) бадриун, бат, бие чанга, бөх, булиа, гүжир, гүжирмэг, данагар, дангинатал, дарай|х, дардгар, дардгархан, дөжир, дунагар, мэнд, нот, нут бат нут, тамиртай, тогтууртай, торниун, түжир, хадархаг, хатан, хату, чийрэг, эрүүл, ягшмал; ~ мод 거목, 튼튼한 나무; ~ бөх 튼튼한.
튼튼함 буйр, бяд
튼튼해지다 борло|х, бэхжи|х, бэхлэ|х
튼튼히 뿌리박다 үндэслэг
틀 жааз, рам, хүрээ(н); зургийн ~ 그림 틀; мөнгөн ~анд 은테.
틀(테) гүнгэрвээ, гуу; эураг ~ нд хийх 그림의 틀; бурхны ~ (금속·도기제의) 작은 상(像)틀
틀니 шуд
틀니(이)가 흐트러지다 дэвдрэ|х
틀다 мушги|х, онгойлго|х
틀대(-臺) жааз; зургийн ~ 그림 틀; мөнгөн ~анд 은테.
틀려서 муруй
틀리다(길·집·시간 등을) алда|х, гэндэ|х, ташаара|х, төөрөлдө|х, эндүүрэ|х
틀리어 андуу
틀린 алдаатай, буру, жаад, ташаа, хиймэл, хилс, хуурамч, хуурмаг, эндүү; худал ~ 거짓말, 허언; хилс ~ 잘못, 실수, 틀림
틀림(착오) алдаа, андуурал, буру, гэндэл, мадаг, өө, ташаарал, төөрөгдөл; ~ эрэх 결함을 발견하다, 흠잡다, 트집을 잡다; ~ хайх ~을 쑤시다, ~을 조금씩 먹다
틀림(어김)없이 гарцаагүй, завал, саарагүй, эрхбиш; тэд маргааш ~ хүрээд ирцгээнэ 그들은 틀림없이(꼭) 내일 온다.

틀림없는 андахгүй, андашгүй, баараггүй, дамжиггүй, магад, маргаангүй, тод; ~ үнэн 불변의 진실; ~ мэдэх ~에 정통하다, 잘 알고 있다

틀림없음 үнэмлэхүй

틀림없이 баараггүй, жаа, заа, лав, магад, сэжиггүй, яв цав, яг; ~ ухах 깊이 파다; тэр ~ мэднэ 그는 확실히 안다; лавы нь олох 모든 범행들을 찾아내다; чиний англи явах чинь ~ уу? 당신이 영국으로 가는 것이 사실이다; тэр бусгүй үгэндээ ~ 그녀의 말은 사실이다; ~ ~ яах вэ! 문제없어!, 걱정 없다!; ~ боль! 충분해! ~; ~ усан нүдлэхээ боль! 당신의 부르 짖음! 충분하다; ~олон үг хэл! 정숙해 주시오, 조용히!; ~ тийм уу? 그렇지 않으세요?

틀림없이 ~할 것이다 ёстой

틀어막는 것 бөглөө, чихээс

틀어막다(메우다)(~을.를) битуурэ|х, таг- лара|х; нүх ~ 구멍을 메우다; хоолны сав ~ 스튜냄비 뚜껑덮다; уйсэн бөглөөгөөр ~ ~에 코르크 마개를 끼우다(로 밀폐하다).

틀어막았다 түгжрэ|х

틀어막음 бөглөөс, чихээс

틀어막힌 тагжранхай; ~ хамар 코가 막혔다

틀형(型) жааз, гүнгэрваа, гуу, рам

틈(여가) ам(ак), амтай, зав, нүх(эн), онгорхой, сэг, уваа цуваа, чөлөө

틈막이 жийргэвч

틈새 ангархай, онгорхой, оноо, сүв

틈새를 막다 битуулэ|х

틈으로 들여다보다 жирмий|х

틈을 보아 барин тавин

틈을 엿보는 зальхай

틈이 많다 сий|х

틈이 없는 шавдуу

틈이 있는 сул, чөлөөт; ~ яриа 쓸모없는 말; ~ орон тоо 공허, 빔; ~ өрөө빈방.

티 тоос(он)

(~한)티 идээшмэл

티격나게 하다 хагачи|х

티격나다 булаалда|х, зөрө|х, марга|х, мэтгэ|х, хэрэлдэ|х

티격남 хэрүүл

티격티격하다 тула|х

티끌 атом, тоос(он), хумаг

티끌 같은 тоосжилт

티베트 말(사람) тангад, төвд

티베트(사람)의 60주기 언디기(연표) жар(ан)

티베트의 주술 졸업생들에게 신학학위를 수여하다 маарамба

티비(TV) 방송실 телестудии

팀 команд; гал ~ 소방대; аврах ~ 구조팀

팁 харамж

ㅍ

파 болцуу

파 сонгино

파 ногоон сонгино; нэг боодон сонгино 파 한 단

파(波) ① бүлэг, бүлэглэл; хоёр бүлэг болон хуваагдах 두 파로 갈라지다; ② салбар хэсэг, салбар урсгал; протестант шашны олон салбар урсгал 기독교의 여러파

파격(破格) санаанд оромгүй, гаж

파견(派遣) экспедиц, илгээх, томилон явуулах

파견위원 төлөөлөгч

파고다 суврага

파고들다(조사하다) онгичи|x

파곳(낮은음 목관악기) фагот

파괴 аваар осол, гэмтэл, мөхөөл, осол, сөнөл, сүйрэл, устгал

파괴(방해) 활동가 сүйтгэгч

파괴(방해)행위의 행동 сүйдэл

파괴(손상,약탈)하다 хохироо|x, сүйтгэ|x

파괴되다 бусни|x, ниргүүлэ|x, үгүйрэ|x, цавта|x

파괴된 열차·건물 따위의 비참한 잔해 сүйрэл

파괴자 сөнөөгч, сүйтгэгч, устгагч, эвдэгч

파괴적으로 되다 хорши|x

파괴적인 халарган

파괴주의적인 халарган

파괴하고 타도하다(무너뜨리다, 헐다) хядалца|x

파괴하는 것 устгагч

파괴하다 арчи|x, бурэлгэ|x, мөхөө|x, нир- гэ|x, нураа|x, сөнөө|x, сүйдэ|x, сүйрүүлэ|x, үгүйрүүлэ|x, яйра|x, ямбий|x

파괴하다(부수다)(~을) дошгиро|x, эвдрэ|x

파괴행위를 하다 талагда|x

파기할 수 없는(법률) буцалтгүй; ~ тус- ламж 사욕이 없는 원조(도움).

파내다 ухмал

파내어 만들다 ёнхой|x, төнхө|x, ухагда|x, ухмал, хонхойло|x, хөндийлө|x

파는 사람 худалдагч

파다 зоро|x, малта|x, сийл|эх, сийлбэрлэ|x, хэрчи|x, хэрчээслэ|x, шавха|x; нух ~ 구멍을 파다; худаг ~ 잘 파다; нүүрс ~ 석탄을 채굴하다; төмс~ 감자를 캐다; малтаж гаргах (땅속에서) 발굴하다, 파내다; малтаж олох 파내려 가다, 발견하다, 찾아내다; цас ~ 눈을 쌓아올리다; хоры нь ~ (감정을) 일으키다, 일으키게 하다

파다(~을) ухагда|x

파다(뚫다) нүхтэ|x

파도 давлагаа(н), долгио(н), ус; дууны ~ 음파; гэрлийн ~ 광파(光波).

파도(물결)치다 давла|x, дала|x, давлагаала|x, долгило|x, долгиото|x, найгалза|x

파도(바람이) 세차게 부닥치다 гуяда|x

파도가 ~을 철썩철썩 치다 цалги|x

파도가 굽이치다 дайвалзуула|x

파도가 소용돌이치다 бужигна|x, бурги- ла|x, давла|x

파도가 크게 굽이치다 давлагаала|x, давла|x

파도의 밀어닥침 цалгиа(н)

파도침 долгио(н)

파동(기복)하다 давла|x, давлагаала|x, долгило|x, долгиото|x

파동(기복)하다(~이) дала|x

파동하다 гуйва|х, дайвалзуула|х; завь ~ 배를 흔들다, 들까붙다
파뒤집다 олдо|х, хөнтөргө|х
파드득 나무 улиас
파라핀 керосин
파라핀납 лав
파라핀유(-油) керосин; ~ дэнлуу 석유(오일) 램프.
파란을 일으키다 үймүүлэ|х
파랗게 질리다 хулчий|х
파랗게 질린 зэвхий, хуржгар
파래지(게 하)다 хужий|х, цонхий|х
파렴치하다 огоорогдо|х
파렴치한 доожгүй, ёсгүй, жалмагар, жи- мүүс, зарчимгүй, нүүрэмгий, орхигдогсод, сүнсгүй, увайгүй, хаягдмал, цадиггүй, шившигт
파렴치한 행위 гутамшиг
파리(수척)해지다 гэюүрэ|х
파리(프랑스의 수도) Париж
파리(玻璃) сүйжин
파리잡이 끈끈이 наалдуур
파마(퍼머넌트)하다 буржий|х
파먹어 들어가다(~에) идуулэ|х, идэ|х; хоол ~ 식사하다, мах ~ 식사하다; удийн хоол ~ 저녁을 먹다; ~ юм음식, 식사; энэ машин шатахуун их иддэг 그 자동 차는 많은 가솔린은 소모 한다; ээв ~ 녹슬다, 부식하다; юм идэхсэн нанэ 무엇인가 먹고 싶다, 배고프다; ууныйг чанаж иддэг 그것은 요리한 음식이다; цадталаа ~ 만족하게 먹었다; бялууртлаа ~ 과식했다, 많이 먹었다; хорхой идсэн шуд 충치; шуд хорхой ~ 충치; мөнгө ~ 돈을 횡령하다; тэр албаны мөнгө иджээ 그는 사무실 펀드를 유용(착복)하다; хээл хахууль ~ 수회하다; бэрсийг ~ 체스의 퀸을 잡다; барьж ~ 꾸짖다, ~에게 잔소리하다; чононд ~ 늑대들이 뜯어 먹다; төмөр зэвэнд цоо идуулжээ 그 철은 녹에 의해 부식되었다

파면종(破眠鐘) сэрүүлэг
파멸 авар осол, зураг, мөхөөл, осол, устгал; ~д орох 와르르 소리내며 무너지다(망가지다, 깨지다, 부서지다).
파멸(멸망) гундмал
파멸(몰락.붕괴.파산)하다 онхолдуула|х, сүйдэ|х
파멸(파산.몰락.황폐)하게하다 тамтл|ах
파멸(황폐)되다 үгүйрэ|х
파멸(황폐)시키다 бурэлгэ|х, нураа|х, үгүйрүүлэ|х
파멸된 унанги, эвдэрхий
파멸시키다(~을) дошгиро|х
파멸의 원인 устгал
파멸하다 балра|х, бусни|х, талагда|х, үгүйрэ|х
파문 долгио(н)
파묻힌 ёнхгор, хөнхөр, хүнхгэр
파벌(싸움) булэг, фракции
파병하다 илгээ|х, явуула|х
파삭파삭한 сарзгар
파산(破産: 도산) дампуурал, осол, сөнөл, үгүйрэл
파산(도산)시키다 дампуура|х, тамтра|х
파생언어 аялгуу
파서 만들다 ухмал
파손 гэмтэл, сөнөл, сүйрэл
파손 배상액 гэмтэл
파손 예상액 гэмтэл
파손량 гэмтэл
파손물 гэмтэл
파손품 сэлбэлэг
파쇄(破碎) ингүүмэл
파쇼 фашист
파수 манаа; ~ манах 경계하다; ~нд гарах 보초서다, 지키다; ~ хийх 망을 보다; ~ны шовгор 보초막, 초소
파수꾼 манаа, манаач, сахигч, хамгаалагч, харуул, хилчин, хуяг; ~ манах 경계하다; ~нд гарах 보초서다, 지키다; ~ хийх 망을 보다; ~ны шовгор 보초막, 초소

파수막 киоск
파스너 тээг
파시스트 당원 фашист
파시즘 фашизм (fascism: 제1차 세계 대전 후 무솔리니를 중심으로 하여 일어난 주의; 정치적으로는 독재주의를, 경제적으로는 노사 협조주의를, 대외적으로는 민족주의·조국 지상주의를 주장함; 2차대전 전의 이탈리아 국수당의 주의; 널리 독재적 국가주의)
파시즘 신봉자 фашист
파악 барьц
파악하는 힘 барьц
파악하다(~을) ойлго|х. уха|х
파업 참가자 цохигч
파열 дэлбэрэлт, түнхгэр, тэсрэлт
파열시키다 ганта|х, тэслэ|х, хагара|х, язра|х
파열의 дэлбэрхий
파열하다 дэлбэрэ|х, тэсрэ|х
파우더 товрог
파운드 фунт (pound: 무게의 단위; 略: lb.; 상형(常衡)(avoirdupois)은 16온스, 약 453.6g; 금형(金衡)(troy)은 12온스, 약 378g); 파운드 (영국의 화폐 단위; 1971년 2월 15일 이후 100 pence; 종전에는 20 shillings에 해당; 略: £).
파이 бялуу; ~т хуухдуудэд хуваяж өгөө 그 케이크로 어린이들 사이에 제각각 되었다; шоколадтай ~ 초콜릿 파이(과 자); махтай ~ 고기 파이
파이어니어 мөрч
파이프 гуус(ан), хоолой, яндан
파이프 따위가 메다 цаца|х
파이프 오르간의 음전 이름 кларнет
파이프에 타르를 수집하다 бохь
파이프오르간의 연주대(건반·페달 포함) консоль
파일구다 хагачи|х
파종 тархалт, хээлтүүлэг
파초실(芭蕉實) гадил
파치 벽돌 нагуурхан
파탄 дампуурал
파트너 оноо
파트너가 되다 түншлэ|х

파티 дайллага, нийллэг, үдэшлэг
파편(조각, 단편) бут, бяцархай, өөдөс, сэмэрхий, тасархай, үрдэс, фракции, хугархай, хэмхдэс
파행 мухгар, туйтгар
파헤치다 малта|х, тата|х, уха|х ; суваг ~ 운하(수로)를 파다; цахилгаан гэрэл ~ 전기를 가설하다
곽곽 찍다(자르다) тата|х, хэрчи|х, хяра|х, цавчи|х
판(瓣) клапан
판 동판(목판)으로 인쇄하다 тови|х
판 둘레는 조각하는 товруут(ай)
판가름하다 шуу|х
판결 захирамж, захирамж, тогтоол, шийдвэр, шийтгэл
판결(정)하다 товло|х, тогтоо|х
판결을 내리다(~에) тунга|х, шуу|х
판결을 내리다(형을 선고하다)(~에게) шийтгүүлэ|х, ял заагда|х, ялла|х
판금 илтэс, ялтас
판널벽 хавтай
판넬 самбар
판넬로 꾸미다(장식하다) самбарла|х
판단 үзэмж, үнэлгээ, шийдвэр
판단(선택·행동)의 자유 үзэмж
판단(추단)하다 багцаала|х, барагцаала|х, баримжаала|х, томьёоло|х, тоолог-до|х, тухайла|х, хирлэ|х
판단력 билиг
판단을 그르치게 하다 мунхруула|х, төөрүүлэ|х, төрөгдүүлэ|х
판단이 적절한 сийрэг
판단하다 уттачла|х
판독(사본의) барагцаа
판독(해독)할 수 없는 гаргагдахгүй
판례 захирамж, шийдвэр
판로 эрэлт
판매 대리점 түгээгч, хувиарлагч
판매(매매)하다 зара|х
판매대 лангуу; гуанз/дэлгүүрийн ~ 매점,이동(간이)식당/가게계산대,

상점카운터.
판매인 дилер, наймаачин, худалдаачин, худалдагч
판매품 бараа, таваар, эдлэл
판매하다 зарагда|х
판별(식별)하다 ялгаварла|х
판별(식별)했다 ялгаварлагда|х
판사 шүүгч, яллагч
판에 새기는 무늬 товруу
판유리를 끼우다(~에) шилл|х
판자 самбар, хавтай (엄밀하게 말하면 너비 4.5인치 이상, 두께 2.5인치 이하),
판자(배트)로 치다(두드리다, 벌로 때리다, 매질하다) бандза|х
판자가 굽다(휘다) гулжгана|х
판자위에 구르는 가루 반죽 ганпанз
판자의 맞춘 곳 зүйдэл
판잣집 овоохой
판재 банз
판정 үзэмж, шийдвэр
판판하게 깔다 зула|х
판화 인쇄하다 дармалда|х
팔 мөч
팔 ханцуй
팔 чац
팔(8) найм(найман); ~ дахин 8배, 8×1 =8; найман өнцөгт (수학) 8변형(의), 8각형 (의); найман зуу 8백(800).
팔 또는 어깨위로 걷다 эгэлдрэглэ|х
팔밑에 잡아두다(보호하다) сугавчла|х
팔 수 있는 гүйлгээтэй
팔(8)개(사람) найм(найман)
팔(8)도 음정 наймт
팔(8)분의 1 наймдугаар
팔(8)뿐 наймхан
팔(8)세 найм(найман)
팔(8)의 숫자(기호.Ⅷ) найм(найман)
팔각목(八脚目)의 동물 наймалж
팔기에 적합한 гүйлгээтэй
팔꿈치 тохой(팔꿈치에서 가운뎃손가락 끝까지의 길이; 약 46-56cm).
팔꿈치 모양의 것(긴웃옷·외투) тохой
팔꿈치로 슬쩍 찌르다 ёврл|х, нудра|х
팔다 арилжи|х, борло|х, борлуула|х, зара|х, худалда|х, худалдаала|х
팔다리를 몇번이고 흔들다 сарвалза|х
팔뚝 бугуй, шуу; ~н цаг 손목시계.
팔라스의 구승편(九繩鞭)(Felis manul Pall., 1776) мануул
팔리는 гүйлгээтэй
팔목끈 бугуйвч
팔십(80)분의 1(의) наядугаар
팔십(80)의 기호 ная(н)
팔십(八十. 80) ная(н)
팔십일일(81일) 다음에 오는 지(至) (지일(至日) ес(ен); ~ эхлэх 혹한기의 시작
팔오금 тахим
팔을(쳐들어) 올리다 далай|х
팔짱을 끼다(~와) хэлхэлдэ|х
팔찌 бөгж, цагариг
팔팔한 гав шаа, гялбазүүр, оргилуун, өөдрөг, шалмаг
팔팔해지다 гялбалза|х
패(농아리) булгэм
패권 манлайлал
패닉 мэгдэл
패닉에 빠지다 үймэлдэ|х
패닉으로 몰고 가다 самгардуула|х
패드 дэр(эн), тохом
패드를 넣다(대다)(~에) жийргэвчлэ|х, жийрэглэ|х
패드를 댐(넣음) жийргэвч, жийрэг, ивүүр, ивээс
패랭이꽃 лиш
패러그래프 зүйл; хэдэн ~дээр бидний санал зөрх байна 우리는 몇몇 품목이 일치하지 않다; бидний хөтөлбөрийн чухал ~ 중요한 아이템은 우리의 프로그래머이다; хэлцлийн 12-р ~ 협정 (조약)의 12개 품목; төрөл ~ийн товьёог (도서관의) 주제별 목록, 건명 목록; хуулийн ~ анги 법의 항목; хэлэлцэх ~ 예정표, 안건, 의사일정;

패러프레이즈하다 утгачла|х
패배 цохигдол, ялагдал
패배(좌절, 실패) 하다 ялагда|х
패배(좌절, 실패)를 경험하다 дийлдэ|х
패배시키다 гөвдө|х
패션 маяг
패션(유행)을 좇다 гангала|х
패스포트 паспорт
패인 곳 цоорхой
패주시키다 дүрвээ|х
패킹(삼부스러기·솜) жийргэвч, чигжээс
패턴 маяг; загвар ~ 유형, 타입; хэлбэр ~ 모양, 형상; ~ байдал 외관, 겉보기; улгэр ~ 모양, 패턴; шинэ ~ ийн 유행의, 유행을 따른, 스마트한; шинэ ~ийн хувцас өмсөх 최신 유행의 드레스
패트런(patron) баримтлагч, дагалдагч, хамсаатан, үзэлтэн
패트롤 эргүүл
패트롤하다 цагда|х
패하다 чадагда|х
팩 баглаа
팬 шохоорхогч
팬이다(~의) хорхойто|х
팬츠 өмд
팬케이크의 종류 хуймаг
팸플릿 товхимол
팽개치다 давуула|х, таягда|х, хаягда|х, хаях, чулууда|х, шидэ|х
팽대 томролт
팽윤(膨潤) сэлхрээ
팽이가 기울어지다 гударган
팽창 жомбогор, өргөтгөл, сэлхрээ, төмбө- гөр, тэлэлт
팽창력 있는 харимгай, хөвхгөр
팽창시키다 булций|х, гөвий|х, помбой|х, сартай|х, томбой|х, төмбий|х, түнтий|х, хавагна|х, хийлэ|х, холхой|х, хөө |х, хөөн- гөтө|х, цудий|х
팽창제(劑)(베이킹.파우더) исгүүр,хөрөнгө
팽창하다 бадайра|х, бөлций|х, булций|х, бэлций|х, бэлцэгнэ|х, гувай|х, гүрий|х, овой|х, памбай|х, пөнхий|х, пүмбий|х, сартай|х, төвий|х, төмбийл- гө|х, түмбий|х, түсгий|х, тэсгий|х, хавда|х, холхой|х, хөө |х, хөөнгөтө|х, цондойх, цудий|х
팽창한 тэсгэгэр,, хөөнгө
팽팽하게 되다 хавчий|х, чангара|х
팽팽하게 치다 чангала|х, чангаруула|х
팽팽함 ачаалал, сунгат, сунгуу
퍼덕(퍼드덕)거리다(날개를) дэлбэгнэ|х
퍼덕(펄럭)이다 дэлэ|х
퍼덕거리다 намилза|х, салбагана|х, хийсэ|х
퍼뜨리다 мэгж, тарха|х
퍼서 ~을 만들다(밀가루, 소금 등등) аттагда|х, ухагда|х, шавха|х
퍼센트(%) процент, хувь; зуун ~ 100%; талхны үнэ 50%- иар өсөв 빵 값은 50% 올랐다
퍼올리게 하다(~을) ухуула|х
퍼올리다(~을) утга|х, өргө|х
퍼져있는 саглагар, таранги
퍼지다 бадруула|х, саглай|х, саравгар, сунга|х, шурга|х
퍼진 саглагар, таранги
퍼짐 сэргэр, тархалт, тэлэлт
펵 бишгүй, бузар, гойд, хавигүй
픅(털썩, 쿵)하고 떨어지다(~가) түс жийх
펀둥펀둥 놀다 маара|х
펀트하다 өшиглө|х
펄럭이게 하다(깃발을) дэвэ|х, дэлбэгнэ|х
펄럭임 намираа
펄쩍 뛰게하다 давхий|х, дэгдээ|х, цочоо|х; дайн ~ 전쟁에 깜짝 놀라다.
펄쩍 뛰다 давхий|х
펄펄 끓다 бургила|х, оволзо|х,оргило|х
펌(컬)하다 бурзай|х
펌프 насос, шахуурга
펌프의 작용(양수) насос

펑 소리가 나다 пяс хийх
펑 터지다 пяс хийх
펑크내다 цоолох
펑하고 소리내며 튀(기)다 пал хийх, палхий|х, пол хийх
페넌트 дарцаг
페니스(penis) чив чимээгүй
페달 дөрөө(н); хаазны ~ 가속장치, (자동차의) 가속 페달, 액셀러레이터
페달을 밟다(~의) жий|х
페달을 밟아서 나아가게(움직이게) 하다 жий|х
페르시아 Перс(1935년에 Iran으로 개칭); ~ хивс 페르시아 양탄자
페르시아의 어린 양 каракуль
페스트(흑사병.선(腺)페스트) гувруу
페이스트 зуурмаг
페이지(略:p., pl. pp.) хуудас(ан)
페인트 будаг
페인트 솔 паге
페인트 등의 칠 өнгөлгөө
페인트 칠하다 багсда|х, давхарла|х
페인트(니스)의 건조 촉신제 фен
페인트(벽지가) 벗겨지다 хогжро|х, холтро|х
페인트공 будагчин
페인트를 칠하다(~에) буда|х, пагсда|х, турхэ|х
페인트칠한 будмал, зулмал
페팅하다 өхөөрдө|х
펜(공구 따위로 그린)선 шугам
펜(펜촉과 펜대) үзэг
펜귄 ойон шувуу
펜던트(pendant) моголцог, сэнжгэр, зүүлт; хузууний ~ 목걸이, 펜던트; бичгийн ~ 각주(脚注)
펜싱의 마스크에 달린 목구명받이 хоолвч
펜촉 үзэг
펜치 хямсаа
펠트로 덮다(씌우다) сорсло|х
펠트로 만들다 сорсло|х

펠트의 접합부분을 좁게 벗기다 хаявч
펠트제 양가죽의 조각 хөдөс(хөдсөн)
펠트제(製)의 исгий, эсгий; ~ дарах 펠트제를 누르다(펠트 제조중); ~ хийх 펠트로 만들다; ~ малгай 펠트 모자, 중절모.
펭귄 пингвин (펭귄과의 바닷새. 곧게 선 키는 40-120cm이며 날개는 짧고 지느러미 모양인데 전연 날지 못하고, 곧추서서 걸음. 발에는 오리발이 있어 헤엄치면서 고기·낙지·새우 따위를 잡아먹음)
펴다 арсай|х, дэлгэрэ|х, жалбийлга|х, зуд- ра|х, зула|х, мэлий|х, навчий|х, нармийл- га|х, нэлий|х, нээгдэ|х, өргөжүүлэ|х, өргөт- гө|х, сунгуула|х, сунна|х, таранги, түгэ|х; мэлийсэн тал полнэгхэ пэлтэх
편 тал; эхийн талын э вэ г эцэг 외조부,어머니쪽의 할아버지; тахэний ~д вэ? 당신은 누구 편입니까?; ~д орох 누군가의 편을 들다; баруун ~ 오른편, 우측; зуун ~ 왼편, 좌측; ээ рэг ~ 확실한 전망; ~ бурээс нь 모든 방향으로부터; ~ талаас모든 측면으로부터; ар ~ 뒤편에, 뒤쪽의, 후방의; нуурэн ~ (건물의) 정면, ~앞, 앞면; щоо зургаан ~тай 정6면체.
편(便)(우편물의 차편·배편) шуудпн ~편 талт
편견 없는 гоёчгуй, мэлцийм, өгөөмөр, үнэгуй
편견 алагчлал
편견을 가지다 олий|х
편견을 가진 олигор
편견을 갖게하다 нүүрчлэ|х, ташаала|х
편견을 보이다 алагчла|х
편견을 품다(~애) ташаала|х
편곡 галиг, хувилбар
편광(광학) туйлшрал
편광시키다 туйлшра|х
편극(화학) туйлшрал
편대를 벗어나다 хуура|х

편들다 дэмжи|х, тусла|х
편람(便覽) замч(ин), каталог, товьёог, үзүүлэгч; нэрийн ~ 일람표, 목록; номын сангийн ~ 도서 목록; шинэ ном ~т оруулах 새 책의 목록을 만들다; энэ ном ~т хараахан ороогүй байгаа юм 이 책은 아직 목록에 없다.
편리하게 만들다(~을) тохижуула|х
편리한(편의한) авсархан, ашигтай, боло- хуйц, бэсрэг, дэмтэй, оновчтой, өглөгч, тохиромжтой, тусархаг, тустай, явцтай; зөхөд ~ зурагт радио 휴대용의 TV, 이동식 TV.
편물 нэхээс, сүлжээ, сүлжээс
편물 기계 нэхэгч, сүлжмэлчин
편물(編物)의 нэхмэл, сүлжмэл, сүлжээ
편벽되지 않은 гоёчгүй
편성(編成) байгуулалт, байгууллага, замбараа, эмх
편승하다(~에) эзгүйчлэ|х
편안하게 살도록 하다 үүрлэ|х
편안하게 하다 хөнгөтгө|х
편안한 аажуухан, амарлингүй,амгалан, дөлгөөн, тайван, тэнэгэр, чөлөөт
편안한 자리 алгана
편애 алагчлал
편애하다 алагчла|х
편의 дөхөм, гажиг, оновч, үйлчилгээ, нугалаатан
편의(기회)주의 оппортунизм
편의의 оновчтой
편의한 дөхөмтэй, тохиромжтой
편자 тах
편자공 төмөрчин
편자의 모양을 한 хомбогор
편자의 앞끝 хуруу(н)
편재하는 завдаатай
편제 байгуулалт, байгууллага, замбараа, эмх; олон улсын ~ 국제상의 편제; албан ~ 회사조직
편조(編組) саа

편지 захиа, захидал; ~ бичих 편지를 쓰다; надад хэл ~ өгөөрэй 나에게 몇 줄 써 보내주세요, 부탁합니다; ил ~ 우편 엽서
편지 등을 보내다 хаягла|х
편지(사자) 급송하다 илгээ|х, ирүүлэ|х, явуула|х; мөнгө ~ 송금하다; хүн ~ 누군가를 보내다; төлөөлөгч ~ 대리(대표)로 보내다(파견하다), 대리로 내세우다.
편지를 ~앞으로 내다 хаягла|х
편지를 봉하다 битуумжлэ|х, захиа битуумжлэ|х
편지를 쓰다 бичи|х
편지의 주소(성명)을 쓰다 гарчигла|х
편집 발행인 найруулагч, редактор
편집 радакци; редакцийн чиг бодлого 편집의 라인/방책, 수단
편집(편찬)하다 зохио|х; толь бичиг ~ 사전을 편찬하다; уусгэн ~ ~을 설립하다; эохион бүтээх 창작하다; төлөөлөн ~ ~할 작정이다; эохион байгуулах 조직하다; хөгжим ~ 음악을 작곡하다.
편집부장 редактор; ерө нхий ~ 편집장, 주필; хариуцлагатай ~ 편집장, 편집주간; ~ын тайлбар/уг 편집장의 노트; ~ын 3э влэ ги (신문의) 사설(논설)면
편집을 하다 найруула|х; кино ~ 영화를 편집하다.
편집자(編輯者) найруулагч, редактор; ерө нхий ~ 편집장, 주필; хариуцлагатай ~ 편집장, 편집주간; ~ын тайлбар/уг 편집장의 노트; ~ын 3э влэ ги (신문의)사설(논설)면
편집자(주필)의
지위(직.임기.기능.권위.수완) радакци; редакцийн чиг бодлого 편집의 라인/방책, 수단
편집하다 туурви|х, эмхтгэ|х, туурви|х,

эмхтгэ|х
편파 алагчлал
편평(납작.평탄)해지다 навчий|х, налчий|х, хавтгайда|х
편평(납작. 평탄) 하게 만들다 хавтгайла|х
편평(납작,평탄)하게 되어지다 хавтгайра|х
편평하게 깎다 зоро|х, харуулда|х
편평하게 펴다 навчий|х
편평하게(매끄럽게) 하다 зоро|х, харуулда|х
편평한 далбагар, жалбигар, мялгар, мялтгар, талархаг, талархуу, тэгш, хавтаг, хавтгай, хамшаа, хамшгар, шахмал; ~ ёроолтой бадуй и편평한 배
편평한(납작한) 것 хавчиг
편하게 уужуухан
편하게 하다 ампа|х
편한 дөхөм, тавлаг, тавтай, тохилог, тохьтой, төвхнүүн, түвэггүй, тухлаг; ~ жижиг байшин 작고 아늑한 집.
편한(넉넉한) 살림의 баян, ханагар, чипгэлэг
편향 гажиг, нугалаатан
편향(偏向)하다 хэлбэрэ|х
편협하게 하다 явцуура|х
편협한 явцуу
편히 앉다 тохни|х
펼쳐지다 бадруула|х, саравгар, сарай|х
펼치다(펴다.벌리다) арсай|х дэлгэрэ|х, дэлгэ|х, задарга|х, зула|х, мэлий|х, нэлий|х, өргөжи|х, өргөжүүлэ|х, өргөтгө|х, түгэ|х; нарны халх ~ 우산을 펴다; ном ~ 책을 펴다; жигуурээ ~ 날개를 펴다; эвхмэл ор ~ 캠프용 접침대(야전 침대)를 펴다; аттаастай гараа ~ 주먹을 풀다; бодисыг ~ 구성요소를(성분을) 분해시키다.
펼친 부분 алцан
평가 багцаа, тооцоо, үнэлгээ; ~ хийх 계산(산정.평가)하다; ~ны дэвтэр 개인 급료 지불 대장.

평가(감정)하다 үнэлэгдэ|х
평가(계산)할 수 없는 үнэлшгүй
평가상의 багцаа
평가액(사정액) говчуур
평가절하(平價切下) үнэлгээ
평가하다 багцаала|х, үнэлэ|х
평가할 수 없는 үнэлшгүй
평가할 수 있는 мэдэгдэм
평균 баланс, дунд, тэнцвэр, тэнцүүр
평균(치) дундаж
평균을 이루다 тэнцүүлэ|х
평등 тэнцэтгэл
평등(균일)화 тэгшиттэл
평등하게 ана манна, жигд, тэнцүү
평등(동등)하게 되다 тэгшлүүлэ|х
평등(동등)하게 하다 тэгшиттэ|х
평등(동등,평평)하게 하다 зэрэгцэ|х; мөр зэр-эгцэн 어깨를 나란히 하여; зэрэгцэж зогсох 줄 안으로 서다; эн ~ 경쟁하다; зэрэгц! (구령) 우로나란히!, 정렬!
평로(平爐)(반사로)의 мартен: ~ зуух (야금) 평로
평론 найруулал, нийтлэл, реферат, шуумжлэл
평론 잡지기자 шуумжлэгч
평론(비평)가 шуумжлэгч
평면 тэгш, хавчиг
평면 도형의 хавтаг
평면(납작한) 얼굴 мармагар
평면의 хавтгай
평민(서민.대중) ард, харц
평반(平盤) үлгэр
평범한 барагтай, бэртэгчин, дуль, дунд, дундуур, ер, ердийн, жир, зэхий, тааруу, толиур, үтэл, хэвийн, хэвшмэл, энгийн; сэтгэл ~ байх 불만스럽다, (마음에) 차지 않다, 불만을 나타내다.
평복 туршуул
평삭기(平削機) харуул
평소(에는) ердее
평소의 ердийн, хэвийн

평신도(성직자에 대해) увш
평안(함) тав; ~ тухгй 불유쾌한, 침착하지 못한
평야 тал, тэгшхэн
평온 тав, тайвуу, тух
평온하게 амарлингуй
평온하게 보이다 талмиа
평온한 것처럼 보이다 талмиа
평온한 амарлингуй, амгалан, гүндүүгүй, дорожм, дөлгөөн, наадгай, тайван, тогтуун, тэнэгэр, энх; ~ тайван байдал 사회질서; амар ~ байдал 평정, 평온, 평안, 침착
평원 тал, таларxaг, тaлархуу, тэгшхэн; ~ газар 평원, 초원지대; ~ нутаг 편평한 시골(지방); цагаан ~ 광활한 평원; ~ газар 대초원지대.
평원반(모양의 것) зээрэнхий
평의 зөвлөлгөө
평의원(회) коллеги, комисс; коллегийн хурал 중역(평의원)회; өмгөөлөгчийн ~ 법정(法廷) 변호사 협회.
평의회 зөвлөл; хотын ~ 읍(시) 의회; Аюул-гуйн ~(유엔) 안전보장 이사회
평이한 дөхөм, илэрхий, түвэгтгүй
평정 тав, тайвуу, тух, тэсгэл; ~ тухгй 불유쾌한, 침착하지 못한
평정(平靜)하게 жигд, тэнцүү
평지 гич, таларxaг, тaлархуу, тэгшхэн; ~ газар 평원, 초원지대.
평탄하지 않다 догонцо|x
평탄하지 않은 арзгай, барсгар, гувгар, дэгэн догон, ирчгэр, орсгой, хэлбүү
평탄하지 않은(울퉁불퉁한) 지형(지세) дэг дуг газар
평탄하지 않음 өө
평탄한 작업장 шал
평탄한 жалбигар, мялгар, мөлгөр, мялгар, мялтгар, таларxaг, тaлархуу, толимон, тэгш, хавтаг, хавтгай, хамшаа, хамшгар, чигээрээ; ~ ёроолтой 바닥이 편평한 배

평판 алдар, нэр, өнгө, төр, үлгэр
평판(이 대단한 것) дүйвээн, дуулиан, сенсааq
평판 등을 손상시키다 давирхада|x
평판이 나쁜 시늉을 하다 бурангуйла|x
평판이 없는 нүүргүй
평판이 좋다 ойшоогдо|x
평평(반반)하게하다 жалбийлга|x, мялай|x, навчий|x, нармийлга|x
평평(반반.평탄)하게하다(고르다, 펴다) хавтгайла|x
평평(반반.평탄)해지다 хавтгайра|x, хамший|x
평평(평탄)하게 жигд, тэнцүү
평평하게 펴다 мялай|x
평평하게(반반하게) 하다 тэгшлэ|x
평평하게(반반하게) 하다(~을) жигдлэ|x, мөлө|x, тэгшдэ|x; алхаагаа ~ 보조를 맞추어 들어가다.
평평해지다 дигдрэ|x, тэгшлүүлэ|x
평행물 параллел
평행선(면) параллел
평행의 зэргэд, зэрэгцээ, параллел
평행하는 зэргэд, зэрэгцээ, параллел
평형 баланс, тэнцвэр, тэнцүүр
평형력 тэнцүүр
평형상태 тэнцвэр, тэнцүүр
평형상태를 초래하다 тэнцүүлэ|x
평형이 유지되다 дигдрэ|x, тэгшт|x
평화로운 аажуухан, амар, гүндүүгүй, дөл- гөөн, тэнэгэр, энх; ~ амгалан 평온한, 온화한; ~ жимэр 평정, 평온; мэнд ~ суух 안전하게 살다; тэр надад ~ заяа узуулдэг- гуй байв 그는 나에게 ~ 평안을 주지 않았다;
평화를 좋아하는 гүндүүгүй, энх
평화적이다 найзарха|x, найзлуула|x, саймшра|x
평화적인 найзархаг, найрамдалт, найртай, нөхөрсөг, таларxaг, эвтэй, элэгсэг

폐 түвэгшээл, яршиг
폐(肺) уушиг(고등 척추동물의 호흡 기관. 혈관·폐포의 벽을 통해 혈액중의 이산화탄소와 들이마신 산소를 교환함. 허파. 폐장(肺臟))
폐(방해)가 되다 томоогүйтэ|х
폐(성가심, 귀찮음, 불쾌)를 발견하다 (~의) төвөгшөө|х
폐(수고)를 끼치다(~에게) түвэглэ|х, хохируула|х
폐(廢)하다(~을) ангижра|х
폐가 되다 тавгүй
폐기된(채굴장·광산) орхигдогсод, хаягдмал
폐기물(폐물) жааз, хаягдал, орхидос
폐기하다 хаяла|х
폐렴 хатгалга
폐롭다 цамаарха|х
폐를 끼치다 залхаа|х, уймруула|х
폐모(廢耗) илжирхий, өмх, өмхөрдөг
폐물 новш, хог, хогтой, шоовдор
폐물덩어리 новширхог
폐병에 걸리다 хямра|х
폐부(肺腑) уушиг
폐색 боогдол, буслэлт, хаагдал, хаалт
폐색(閉塞)(봉쇄)하다 боо|х, таглара|х; нүх ~ 구멍을 메우다; хоолны сав ~ 스튜냄비 뚜껑덮다; үйсэн бө глэ ө гэ ө р~~에 코르크 마개를 끼우다 (밀폐하다).
폐색(봉쇄)했다 бөглөрө|х, бөглө|х, түгжигдэ|х
폐색하다 хаа|х, хашигда|х, хөндөлдө|х
폐색(폐쇄)되다 хаагда|х
폐색기 нагуурхан
폐색된 тагжранхай, түгжигдмэл
폐쇄 хаагдал
폐쇄(閉鎖)되다 тагжра|х
폐쇄하다 битүүрэ|х, хоригдо|х
폐쇄한 битүү
폐장(肺臟) уушиг
폐점(閉店) хаагдал

폐지 тасалбар
폐지(폐기.파기)하다 цуцла|х
폐지되었다 уста|х
폐허 түр
포개다 давхарда|х, хоёрдо|х
포격 бөмбөгдө|х
포격하다 бөмбөгдө|х
포고 зарлиг, лүндэн(г)
포고(문) мэдэгдэл, тэмдэгт
포고(선언.공포)하다 тунхагла|х
포고문 тунхаг
포고하다 зарлах
포공영(蒲公英:민들레) багваахай цэцэг
포공초(蒲公草:민들레) багваахай цэцэг
포교를 약속(보증)하다 сурталчла|х
포궁(胞宮) сав, умай, хэвлий
포근한 буржгар, тохилог, тохьтой, үслэг; ~ жижиг байшин 작고 아늑한 집.
포기(抛棄) хаялт
포기하다 гээ|х, огцро|х
포대(布袋) уутанцар
포도 과실주 сархад
포도 재배 겸 포도주 (와인)양조업자 дарсч(ин)
포도덩굴을 얽히게 하다 зэллэ|х
포도주 дарс(ан), сархад
포도주 잔에 술을 따르다(쏟다, 붓다) хундагала|х
포도주(셰리주)용 잔 хундага
포동포동 살찌다 думбай|х, логлой|х
포로 олзлогдогч, хоригдол
포로수용소 конслагерь
포로가 되다 баривчлавда|х
포로로 되었다 олзлогдо|х
포로로 하다(~를) олзло|х
포르말린 формалин (formalin: 포름알데히드의 40% 수용액《사진·화학용 약품 및 살균제·소독제·방부제로 씀》. 포름알데히드 수용액; 살균·방부제).
포리지(오트밀을 물이나 우유로 끓인 죽) агшаамал, будаа

포만한 цатгалан
포문을 열다(시작하다) галла|х
포박하다 холбо|х, хүлэ|х
포복 мөлхөө
포복의 감각 ирвэгнүүр
포복하다 гүвгөнө|х, гүй|х, гүрвэлзэ|х, жирсий|х, мөлхө|х
포부 тэмүүлэл, эрмэлзэл
포부를 갖다 тэмүүлэ|х, эрмэлзэ|х
포상 шагнал, шагналт, шан
포성(砲聲)이 큰 소리로 울리다 пан
포수(砲手) анчин, буудагч, гөрөөчин
포스터 зарлал, плакат
포식한 цатгалан
포옹하다 тэврэ|х, хүзүүдэ|х
포위 хүрээлэл
포위 공격 бүслэлт
포위 공격 기간 бүслэлт
포위당했다 бүслэгдэ|х
포위되었다(~에) хүрээлэгдэ|х
포위하다 бөөрөнхийлө|х, тойруула|х, хүрээлүүлэ|х
포위한 орчин
포유동물 хөхтөн
포유동물의 임신 3개월이 넘은 태아(胎兒) хээл
포유동물의 태아(胎芽) ураг
포유아 хөхүүл
포유하는 хөхүүл
포육(脯肉) борц
포장 용기 баглаа, багц
포장 дэвсмэл, ороолт; хузууний ~ скарф, 목도리; хэ лийн ~ 음식포장
포장(쌈) боодол; ~ торго비단 보자기; боодлын цаас 포장지; боодлы нь тайлаарай 마무리 포장하여 옮기다.
포장(소형) 마차 тэрэг (тэргэн)
포장(포박)하다 боо|х; цаасанд ~ 포장지로 말아서 포장하다, ~에 붕대를 감다; шарх ~ 상처에 붕대를 감다; хузуугээрээ ороолт ~ 목에 스카프로 휘감다;
포장(鋪裝)하다 цардмал
포장공 бурхэвч
포장도로(鋪裝道路) дэвсмэл
포장되다 авдарла|х, багла|х
포장마차 түүчээ
포장용 아스팔트 барагшин, цардас
포장용 충전물 чигжээс
포장용품(재료) чигжээс
포장을 풀다(~의) задла|х; нууц ~ 비밀을 누설하다; ачаа ~ 수화물의 포장을 풀다; задлан щижилсэн өгуулэл 즉석의 분석; задлан щижлэх분석(분해)하다
포장재(材) боодол
포장지 боодол, бурээс(эн), ваадан(г), ороодос, ороолт
포장하다 багла|х, жийргэвчлэ|х, мухлайда|х
포장한 상품 багц
포장한 짐(묶음) баглаа, багц
포재(庖宰) тогооч
포족(跑足) хатир, хатирч, шогшоо; ~ морь 말이 속보로 가다
포진(疱疹) цахлай
포충망(捕蟲網) говчуур, тийрэг
포충증(에키노코쿠스) бэтэг; ~ өөчин 포충증
포치(입구) довжоо(н), орц
포켓 карман, өврийн, халаас; ~ы толь 포켓 사전
포켓(호주머니)에 넣다 утла|х, өвөрлө|х
포크(식탁용의) ац
포타슘 кали, кальции (potassium 은백색의 연한 금속 원소. 금속 원소 중 이온화(ion化) 경향이 가장 크며, 산화하기 쉬우므로 석유나 휘발유 속에 보존함. 물과 작용하여 수소를 발생 시키면서 수산화칼륨으로 됨. 칼륨. 칼리 (kali). [19번:K:39.102])
포탄 등의 파편 өргөс, холторхой; модны ~ 나무의 쪼개진 조각

포태(胞胎)를 못하는 хусран
포태(胞胎)를 못하다 хусра|х
포토(photo) патиар, фото; ~ зураг 사진을 찍다; ~ зургийн аппарат 사진기, 카메라.
포토그래프(photograph) фото
포플러(poplar) улиангар
포피(包皮) хөрс
포학 дарлал
포학(악)한 дарламтгай
포학행위 дарлал
포함 холбогдол
포함시키다 багтаа|х, бодо|х, оролцуула|х, тооло|х; гэрээнд доор дурьдсан зуйлууд багтаж байна 다음 규정을 받아 들였다 (수용했다)
포함하다 багта|х, оролцуула|х
포함하여(~을) оролцуулан
포화 상태가 된 дэвтмэл
포화되어 있다(~으로) даа|х
포화를 뿜어내다 нулима|х, язла|х
포화를 퍼붓다 бууда|х
포학상태로 히디(~로) даа|х, шингээ|х
포화의 집중 бөөгнөрөл
포획(물,고) авалт
포효하다 орхиро|х
폭 агууриг, өргөн, сэргэр, эн; ~ нарийн 폭, 너비; замын ~ 도로의 폭
폭격 бөмбөгдө|х
폭격(폭파)하다 бөмбөгдө|х
폭격기 бөмбөгдөгч; ~ онгоц 전투기
폭격수 бөмбөгдөгч
폭군 дарлагч, дарлагч
폭군의 дарламтгай
폭넓게로 보이다 ханай|х
폭넓다 өргөдө|х
폭넓은 дардан, дэлбэгэр, өргөн, талбиу, тэлүү(н), уужим, халхгар, ханагар; ~ тал 거대한 땅(뭍, 육지); ~ мө рө н 폭 넓은 강;~ зам 폭넓은 도로
폭동 босолго

폭력 хүчирхийлэл
폭력단 буур
폭력단원 танхайрагч
폭력배 бусниулагч
폭력으로 하다(~을) муйхарла|х
폭력을 가하다(~에게) хүчлэ|х
폭력을 사용하다(~에게) хүчлэ|х
폭력을 쓰다 хүчирхэ|х
폭력적이다 догшдо|х
폭력혁명가의 захиргаагүй; засаг ~ 무정부(주의)의,무정부상태의,무질서한.
폭로 нээлт
폭로자 задруулагч
폭로하다 гарга|х, бултай|х, задра|х, илрүү- лэ|х, илрүүлэгч, илчлэ|х, нээ|х, нээгдэ|х
폭리를 보다 хонжи|х
폭발 дэлбэлэлт; хэдзн явган зорчигч ~энд амь урэгдэв 폭발에 의하여 지나가는 몇 사람이 죽었다.
폭발 түнхгэр
폭발 тэсрэлт
폭발(파열)하다 дэлбэлэ|х; гуур ~ 다리를 폭파하다; чулуу ~ 바위를 폭파하다.
폭발성 물질 전문가 дэлбэлэгч
폭발성의 дэлбэрхий, тэсрэмтгий
폭발시키다(하다) дэлбэлэ|х, тэслэ|х
폭발의 дэлбэрхий, тэсрэмтгий
폭발하기 쉬운 дэлбэрхий, тэсрэмтгий
폭발하다 дэлбэрэ|х, тэсрэ|х; галт уул ~ 화산의 폭발; дэлбэртэл идэх бавүлри (잔뜩) 먹다.
폭식하는 залгидаг, идэмхий; ~ хун 대식 가(大食家), 폭식가; ~ тушмэл 부정한 공무원
폭신폭신한 буржгар, ноосорхог
폭신폭신한 үслэг
폭신하게 되다 нялцай|х, ялзра|х
폭신한 булбарай, зөөлөн, зөөлхөн, намуу- хан, улбагар
폭신해지다 зөөлдө|х

폭약 전문가 дэлбэлэгч
폭언 хэрсэг
폭언을 하다 сүржигнэ|х
폭우 аадар, үер
폭음을 내다 дэлбэлэ|х
폭음하다 цусла|х
폭이 ~인 дардан, дэлбэгэр, өргөн, талбиу, тэлүү(н), уужим, халхгар, ханагар; ~ малгай 모자의 죽 둘린 챙이 넓다
폭이 넓고 광대하다 ханхай|х
폭이 넓고 편평하다 далбай|х
폭이 넓어지다 дэлбий|х; дэлбийсэн чихтэй хун 넓고 큰 귀.
폭이 넓은 дардан, өргөн, талбиу; ~ тал 거대한 땅(물.육지); ~ мө рө н 폭 넓은 강
폭이 넓은 굽어서 далбигар
폭이 넓은 나이프 билиус
폭이 넓은 식칼 билиус
폭이 있는(~만큼) дардан, уужим, халхгар, ханагар, өргөдө|х
폭이 좁게 열린 구멍 хомгор
폭이 좁고 얇다 жирвий|х
폭이 좁고 얇아 보인다 жирвий|х
폭이 좁고 얇은 жирвий; жирвий сахал 콧수염, (고양이의) 수염
폭이 좁아지다 умай|х
폭이 좁은 бачуу, давч, омгор, судаг, тачуу, уйтан, умгар, хавчгар
폭이 좁은개울에서 밖으로(뿜어 나오다) 분출(噴出)하다 годгодо|х
폭이 좁은 골짜기 сув
폭이 좁은 모전(毛氈) 돗자리 гудас
폭이 좁은 펠트 매트 гудас; орны ~ 매트리스, 침대요.
폭주 сөнөл
폭죽을 펑펑 터뜨리다 пис хий|х
폭탄을 투하하다(~에) бөмбөгдө|х
폭파 дэлбэлэлт, тэсрэлт, тэсэлгээ
폭파범 бөмбөгдөгч; ~ онгоц 전투기
폭파의 дэлбэрхий

폭포 хүрхрээ
폭포 모양의 레이스 장식 боргио
폭포처럼 쇄도하는(늘어진) 것 хүрхрээ
폭풍(우) шуурга
폭풍우가 사납게 몰아쳤다 хавсра|х
폭풍이 사납게 휘몰아치다 шуура|х
폭행 хүчирхийлэл
폭행(학대)하다 аягуйрхэ|х
폭행하다(여자에게) хүчлэ|х
폰트 үсэг
폴로(말위에서 공치기 하는 경기) пуулуу
폴립 гүвдрүү
폴립(외피·점막(粘膜) 등의 돌출한 종류 (腫瘤)) гүвдрүү
퐁당(소리) пол
표 билет,
표 им, оноо, пайз, пиу, тэмдэг, хүснэгт, цэс, шинж; тамга ~ 밀봉하다; им ~ 브랜드, 소인(燒印); одон ~ 훈장; тооны тэмдгүүд(+,-,×,:г.м) 수학기호 (예를 들면: +,-,×,); замын тэмдгүүд ~ 교통신호
표(목록.리스트)를 만들다 хүснэгтлэ|х
표고 өндөрлөг, өндөр, өндөржилт
표도(剽盜) нийтнэг
표랑(漂浪)하는 доншооч
표략(剽掠) нийтнэг
표류 хөвөгч
표류시키다 урса|х
표류하다 гүй|х, хөвө|х, хэсэ|х
표를하다(~에) тэмдэглэ|х, цохо|х
표면 гадарга, гадаргуу, гадуур, дээгүүрх, мандал, өнгөлгөө, фасад; далайн ~ 바다의 표면; агаар ~ 수권, (지구의) 수계; сарны ~ 달의 평면(표면); дэлхийн ~ 지구 표면.
표면(겉모양)에 놓여 있는(처해 있는) гадуурхи
표면(상) өнгөц
표면(상)의 өнгөцхөн
표면에(~의) дээр

표면에 나타난 гадаа
표면에 생긴 피막(被膜) хальс
표면을 기름으로 더럽히다 нялгада|х
표면을 덮다 дэвсэ|х; хивс ~ 카페트를 펴다; чулуу ~~을 포장하다
표면을 똑똑치는 소리를 의성어로 묘사하다 тар няр
표면을 벗겨내다 ховхро|х
표면을 벗기다 ховхро|х
표면을 수평하게 хавтаг
표면의 гадаа, гадаад, гадар, гадна
표면이 거칠거칠해지다 арзай|х, хөрзий|х
표면하에(~이) дотуур
표범(豹—) тахарвар
표본 сорьц
표본(미술품 따위의) 소장품 эмхтгэл, бурдэл
표본(시료(試料) дээж; ургацын ~ 최상의 것(사람들); ~ амсах ~의 맛을 보다; ~ авах 견본을 가지다; ~ 음식의 항목을 선택하다
丑본·미술품 따위의 소장품 хураамж
표시 도수 шинж
표시 бэлэг, дохио(н), дүрслэл, илрэл, им, томьёо, тэмдэг, шоу; тамга ~ 밀봉하다; им ~ 브랜드, 소인(燒印); одон ~ 훈장; тооны тэмдгүүд(+,-,×,:.г.м) 수학기호(예를 들면: +,-,×,); замын тэмдгүүд ~ 교통신호
표시하다(~을) гарга|х
표어 лоозон
표적 бай, шав
표적물(漂積物) хагшаас
표적이 있는 사격장 буудлага
표절(컨닝)하다 хуулбарла|х, хуула|х
표절자 олшруулагч
표절하다 сэдэвлэ|х
표점 бай,
표정 илрэл, илэрхийлэлт, өнгө; тууний авьяас уран зурагт ~ээ олжээ 그의 천성적 소질은 그림에 표현되었다.

표정(얼굴) царай
표제 агуулга, гарчиг, гуншин(г), гуу, өгүүлэмж, сэдэв; энэ номын ~ нь хаа байна? 이 책의 표제는 어디에 있습니까?
표제를 달다(~에) гарчигла|х
표제를 붙이다(~에) гарчигла|х
표주 багана
표준 ай, жишиг, норм, стандарт, хэмжүүр
표준 치수(규격) калибр, хэмжигч; ~буу 소구경 소(권)총.
표준(규격)에 맞추다 стандартжуула|х
표준(규격)화 стандартчилал
표준(목표) 이상으로 이행(달성)하다 давуула|х; давуулан шидэх 벗어 던지다; давуулан хийх 목표 이상으로 이행(달 성)하다; давуулан зарцуулах 한 달 (1개월) 넘게 사용하다; төсвийг давуулан төсөв төсөв дутаагажилсан төсөв дутаагажуулсан төсөв예산을 초과지출 했다.
표준에 따라시험하다 стандартжуула|х
표준에 맞추다 нормло|х
표순이 되고 있다 авагда|х
표준화(규격화)하다 стандартжуула|х
표지 бэлэг, гарчиг, им, нээлгий, хаяг
표지를 붙이다(~의) бурэ|х
표지를(표면을) 달다(~에) цардмал
표찰 пайз
표탈(剽奪) нийнтэг
표현 дүрслэл, хэлц үг
표현하다 илэрхийлэ|х; энэ талаар тэр санал бодлоо тодорхой илэрхийлэв 그는 그의 자신에게 아주 강하게 이 요점을 표현했다; эусэл ~ 표현하다; тэр санаагаа яруу илэрхийлж цаддаггүй 그는 그의 자신을 잘 표현 하지 못한다; тууний илтгэл цугларсан олны санаа бодлыг илэрхийлж 그의 보고서 에는 회의의 견해를 잘 나타내었다.
푯말 багана
푸게하다(뜨게 하다) ухуула|х
푸념하다 ганши|х, нанши|х, үглэ|х,

хур- чигна|х
푸는 기구 уттуур, ухуур
푸다(~을) утта|х, өргө|х
푸닥거리 하다 бөөл|х
푸대접 하다 дохигно|х
푸드 пуү (러시아의 무게 단위; = 16.38kg, 4관 383돈 약(弱)).
푸드로 무게를 달다 пуүлэ|х
푸른 хөх, хөхөвтөр; ~ тэнгэр 푸른 하늘; ~ цэнхэр 푸른빛을 띤; хар ~ 검푸른; ~ болох 푸른색으로 변하다; ~ бор 푸른 잿빛의; ~ хас 사파이어, 청옥(青玉)
푸른 목장 зүлэг; ширэг ~ 푸른 초장; ~ суулгах 잔디밭에 누워.
푸른 목장(초장, 잔디밭)으로 변하다 зүлэгжи|х
푸른 실크 스카프의 종류 역시 종교적 인 의식에 사용된 хадаг
푸른 잿빛 хөхөгчин
푸른빛 안료 номин
푸른빛을 띤 хөхөвтөр, хэхөмдөг; ~ хучил (화학) 청산(青酸), 시안화수소 (cyaan化水素: 시안화칼륨에 황산을 가하고 증류하여 얻는 무색액체《살충제나 유기물의 합성 등에 이용됨》 무색·유독한 기체; 시안화수소(HCN)의 수용액).
푸른색으로 되어 지다 хөхрө|х
푸른색으로 변(화)하다 хөхрө|х
푸른 초장(풀밭) зүлэг; ширэг ~ 푸른 초장; ~ суулгах 잔디밭에 누워.
푸른 초장으로 변하다 зүлэгжи|х
푸석푸석한 сэвсгэр
푸성귀 ногоо(н)
푸시 түлхэц
푸접 없는 нахиу, халгаахгүй
푸주 ярга, яргалал
푸하게(부풀게)하다(~이) сэвсийлгэ|х, сэгсийлгэ|х, хөвсийлгө|х
푸한(푹신한) буржгар, сэмбэгэр, хөвсгөр
푸해(푹신해)지다 хөвсий|х
푹 잠들어 дуг нойр

푹신푹신해지다 сэвсий|х
푹신한 сэвсгэр, сэмбэгэр, хөвсгөр
푹싸다 мухлайда|х
푹쓰러지다 мухри|х
푼돈 лэнсий
푼주 дийз, таваг, тосгуур, тэвш (너무죽한 사기그릇; 아래는 뾰족하고 위는 짝 바라졌음); ~тэй тэрэг 화물 자동차, 트럭; ~тэй тэрэгний жолооч 화물 자동차 (트럭) 기사.
풀 жонхуу
풀 наамал; ~банз 합판, 베니어판
풀 цавуу(н)
풀 베는 사람(기계) өвсчин
풀(나무의) 줄기(대) иш; цэцгийн ~ 꽃의 줄기, 꽃대.
풀(나뭇잎, 머리카락 등이) 바람에 날리다 сэрвэгнэ|х
풀(머리 등)을 깎다 тасла|х, даа|х, эсгэ|х
풀(반죽) зуурмаг
풀(보리를) 베다 хада|х
풀(초목)이 없는(성기게 덮힌) халгай
풀다 алдра|х, задла|х, задра|х, зудра|х, сулруула|х,тайла|х; хаалга ~ 문을 열다
풀로 뒤덮인 өвсөрхөг
풀로 바르는(붙는) наалт
풀로 바르다(붙이다) наа|х, нялцгайла|х; хананд зарлал ~ 벽(담)에 벽보(광고, 포스터)를 붙이다; шуудангийн марк ~ 우표를 붙이다.
풀로 붙다(~에) жонхуура|х
풀로 붙이는(~에) наалт, жонхууда|х, нялцгайла|х
풀리 даммар
풀리게 하다 сэмрэ|х
풀리는 ноорхой
풀리다 алдра|х, алдуура|х, мултра|х, навтра|х, салмара|х, сулра|х, тайлагда|х
풀린 задгай, талбиу, үлхгэр, холхи; сул ~ 흐트러진
풀림 сулралт

풀매듭의 묶는 хөвөрхий; ~уях 타이를 매다
풀무 лавшаа, хөөрөг
풀무(송풍기)로 바람보내다 хөөрөгдөх
풀밭 нуша, өвс
풀밭을 목장으로 쓰다 бэлчих, идэшлэх
풀밭을(토지를)목장으로 쓰다 бэлчээрлэх; голын захаар олон мал бэлчээрлэх байв 많은 동물들이 강변을 따라 방목을 했다; манайхны адуу энэ ууланд бэлчээрдэг 우리 가족의 말들은 이산 저산으로 방목한다.
풀쐐기(나비·나방의 유충) төөлүүр
풀어놓다 суллагдах, тавих, алдрах, зуд-рах, сэмрэх, уужимдах
풀을 뜯기다(가축에게) хариулах
풀을 뜯어먹(게하)다 бэлчих, бэлчээрлэх, идэшлэх, хариулах
풀을 뜯어먹기(먹게하기) 위한 짐승 (동물)들의 밧줄 аргамжих; миний хүү морьдоо аргамж 나의 아들, 방목(목초지) 말의 잡이매는 빗줄
풀을 먹인 цардмал
풀의 약 тан
풀이 무성한 өвсөрхөг
풀이 죽다 гонсойх, гундах, гуних, гут-рах; буу гутар! 용기를 잃지마!
풀이 죽어지다 гонсрох
풀이 죽은 урвагар
풀이나 잡초가 전면에 무성한(퍼진) сахлаг
풀잎 навч(ин); ~ нахиа 잎의 무성함, 군엽(群葉); ~ унах (가을) 잎이 떨어지다; ~ин тамих 담배 나뭇잎; ~ боорцог 부풀게 굽는 과자용 반죽.
풀죽게 하다 онгох
풀죽은 гундмал
품격(品格) тийн ялгал
품등 анги, дугаар
품등(그램(g),차(次),학위) зэрэг; арвын тавдугаар ~ 10의 5제곱; давуу ~ 최상의 등급; ~ дугаар 동일 등급(계급, 정도)에 속하는 것; тэргүүн ээргийн зочид буудал 일등급 호텔; ~ хэргэм 지위, 등급
품목 анги, зүйл
품사(문법) гишүүн; ~ өгүүлбэр 관사, 종속절, 종속어(구), ялгац ~ 관사.
품삯 төлбөр
품성 ааш, доожоо, зан(г), төрх; ~ зан 행위, 행동, 행실; 동작, 태도; 품행; олон ~ тай 변하기 쉬운 성품, 마음이 잘 변하는, 변덕스러운 마음; сайхан ~ тай 선량한(고운) 마음씨, 착한 성질
품위 없는 сулбагар
품위 없다 сулбайх
품위 있게 되다 нарийсах
품위 있게(우아하게,체모있게) 연설(인사)하다 гуайлах
품위있는 голшиг, гуалиг, гунхгар, дунигар, дэгжин, зэгсэн, зэнзгэр, төлөвхөн, хээнцэр; ~ уээмжтэй 외관이 훌륭한, 좋아 보이는.
품위 있다 гунхах
품위 хүнд, хунш, хэргэм
품위(기품)있는 гоёхон, жирвэгэр, сүрлэг; ~ хөмсөг 세련된 눈썹.
품위 없는 улхгар
품위에 미치지 못하는 цадиг
품위 있게 되다 дэгжрэх
품위 있게 되어가다 гунхалзах
품이 크다 уужимдах
품이 넓다 уужимдах
품종 үүлдэр
품종 개량가 тэжээгч, төлчин, үржүүлэгч
품질 чанар, чансаа, яс; ~ чанар 양질의 소성, 우수성; ~ муутай 열등의; ~ сайтай 높은 자질.
품질(질)을 개량하다(개선하다)(~의) чанаржуулах
품질을 개량하다(개선하다) чанаржих

품질이(정도가) 떨어지는 олигтүй
품행 ёс(он), зан(г), тавтир
품행이 나쁜 муусайн, үрлэгч
풋내기 ангаахай, гөлөг, дэгдээхий, зулзага, хөхөлт, хөхүүл; арслангийн ~ 사자의 새끼; жигууртний ~ 갓깬 새끼새, 둥우리를 떠날 수 없는 새끼.
풋내기의 жармагар, сахалгүй
풋볼 футбол (미국에서는 미식 축구, 영국에서는 주로 축구. 럭비)
풋잠(수잠.겉잠.여원잠)을 자다 дугхий|х
풍(속)(양식) зам
풍구(풀무) сэвүүр, хөөрөг; цаасан ~ 종이 부채
풍금(아코디언의) 송풍기 хөөрөг
풍금(風琴) элээ
풍금의 낮은음 фагот
풍기 журамтай, сахилга
풍기를 문란케 하는 ундуй сундуй
풍덩 물에 떨어지다(뜨리다) палхий|х
풍덩(소리) пол
풍덩(쿵.퐁당) 물에 떨어지다(뜨리다) пул хийх
풍로 пийшин
풍만 жирэмсэн, мариа; ~ эмэгтэй 임신한 여인; ~тай хүүхэд 포동포동한 아이; ~ муутай 야윈, 마른; ~ суух 뚱뚱해지다, 살찌다
풍만해지다 мариала|х, махла|х
풍문 сураг, сураг танаг, цуу, цуурхал
풍미 있는 амтат, амттай; ~ зурж 감미로운 오렌지; ~ гуа 멜론; ~ хур 계절에 알맞은 비
풍미(맛) амт; ~ шимт ~에 맛을 내다, ~에 풍미[향기]를 곁들이다
풍미(맛)있는 амттайхан
풍부 арвин, баялаг, мундашгүй; ~ ургац 풍작(풍년)
풍부(부유)하게 만들다 хөлжүүлэ|х
풍부(풍만)하다 жирэмслэ|х
풍부(한) элбэг дэлбэг

풍부(함) ханагар
풍부하게 элбэг дэлбэг
풍부하게 나타나다 ханай|х
풍부하게 하다(~이) баяжуула|х
풍부하다 булха|х, хөлжүүлэ|х, элбэгши|х
풍부하다(~이) мунда|х, ханай|х
풍부한 витамин витаминлаг
풍부한 арвин, баян, баялаг, зөндөө, мөн- гөтэй, мундахгүй, хангалуун, хөрөнгөт, элбэг; тэр, надад ~ олон бичив 그는 나에게 많은 글을 쓰다; ~ хүн 자산가; байгалийн ~ 천연적인 자원; туршлагатай ~ 경험(체험)을 많이하다; ~ургац 풍작 (풍년).
풍부한(~이) булха|х, баячуул, гүн, дэлгэр, өгөөмөр, тулгар; ~ худаг 물이 풍부하다; ~ ургац 풍작; зуны ~ цаг 번창하고 있는 상인들; ~ саран 보름달
풍부함 багтаамж
풍부해지다(~이) хөлжи|х, нолго баяжих, тэмээжи|х, хөрөнгөжи|х
풍상(風箱) хөөрөг
풍선 бөмбөлөг, резин
풍선(타이어가) 찌부러지다 уна|х
풍설 цуу, цуурхал, шивнээ, хогжруу
풍설의 유포 гүйлгээ
풍속 заншил
풍습(風習) ая, доожоо, ёс(он), заншил, зуршил, хэв; ~ заншил 관습, 풍습; ~ дагах 관습 을 따라가다; ~ 관습을 따라가다; ~ баримтлах 도덕(윤리)상의 관습을 준수 하다(지키다); ~ сахих (법률,관습) 규칙을 유지하다(지키다); ~ хийх 너무 의식적이다, 체면을 존중하다; ~ алдах 격식을 차리지 않는, 잘(익히) 알고 있는; ~ноос гажуу, ~ноос ангид 부도 덕한(행실 나쁜), 도덕관념이 없는; албан ~ны 공무상의; албан ~ны баримт бичиг 공문서; ~ төдий дэмжих 명목상의

시책; ~ төдий 형식적인, 표면적인, 형식적으로; 격식을 차려
풍연(風鳶) элээ
풍요 унац
풍요(함) ханагар
풍요하게 보이게 되다 ханай|х
풍유(諷喩) ёгтлол
풍유(諷喩)의 ёт
풍자 ёж, ерее, ереедел
풍자(해학)적으로 시문을 개작(改作)하다 элэглэ|х
풍자를 좋아하는 хошин
풍자문(시) памфлет
풍자문을 쓰는 хошин
풍자의 гөнтэй, ёврогогой, хорон
풍자적(해학적인) 모방 시문 элэглэл
풍자적인 хошин
풍작을 가져오는 өн
풍작의 өн
풍쟁(風箏) элээ
풍조(사조) гүйдэл, хандлага, чиг, чиглэл
풍진(風疹) корь
풍차칸 фабрик
풍채 좋다 гунха|х
풍채 좋은 гунхгар, тоглогор
풍채(風采) бие, доожоо, дүр, ёоз, жадха, маяг, үзэмж
풍토 순화 идээшил
풍화(작용) өгөршил
풍화(탈색)시키다 өгөрши|х
풍화하다 элгдэ|х
풍후(風候) улирал
퓌레(pure'e 야채·고기를 삶아서 거른 진한 수프: 매시(mash)) нухаш; төмсний ~ 매시트포테이토; элэгний ~ 반죽해서 만든식품, 페이스트
퓨마 тахарвар (puma:고양잇과의 짐승. 미국 원산. 수컷은 몸길이 약 1.6m, 암컷은 작음. 머리는 작고 귀는 둥글며, 뒷다리가 길고 등은 적갈색 내지 회갈색임. 나무에 잘 기어오르고 작은 동물을 잡아먹음.)

품품(쌩쌩, 쒀아쒀아) 울리다 шуги|х
프라이 хайрмал
프라이로하다(가 되다) хуура|х, хайра|х, шара|х, шарагда|х
프라이팬 дашмаг, хайв, хайруул
프라이팬으로 데우다 хайра|х, хуура|х, шарагда|х
프랑 франк (프랑스·벨기에·스위스 등지의 화폐 단위;기호: Fr, F); 1프랑 화폐 франк
프랑스 франц
프랑스풍의 단발 пинтүү
프랑스풍의 안경(창틀) сэхээвч
프레스하다 индүүдэ|х, лантууда|х, шам- да|х, шаха|х, яаруула|х
프로그래머의 항목 үзүүлбэр
프로그램 편성 программчлал
프로그램 программ, хөтөлбөр, үзүүлбэр
프로빙 тандалт(трэнзисторын или IC чипийн пад дээр тэмбэг(probe)-ийг тавьж үзүүлэлтийг шалгах)
프로토콜 протокол
프로펠러 сэпс; писэх онгоцны ~ 프로펠러; усний ~ 헤어드라이기; салхин ~ 통풍기, 송풍기, 환기팬(fan)
프롤레타리아(proletarian) пролетарийн; ~ хувьсгал пролетариа 혁명; ~ диктатур пролетариадоктадатур(정부, 국가)
프롤레타리아트 пролетарии (Proletariat: 자본주의 사회에서 생산 수단을 갖지 않고 자기 노동력을 자본가에 팔아 생활하는 노동자. 임금 노동자 ↔부르주아지)
프롬프터(prompter) сануулагч
프리머(활자의 이름) үсэглэл
프리미엄 шимтгэл
프리저 хөлдөөгч
플라스틱 성형시 밀봉하는 금형의 속빈 틀 хонхорхой
플라스틱 제품 лавмаг, хуванцар
플라스틱 лавмаг, хуванцар
플래카드 плакат
플랜 төлөвлөгөө, төлөвлөгөөт төсөл

플랜트 үйлдвэр
플랫식 주택(각층에 1가구가 살게 만든 아파트) байр; ~ сууц апарт, 플랫식 공동 주택;~ны хө лс 집세, 방세
플랫트 케익 боов; нарийн ~ 쿠키 (비스 킷류); чихэр ~ны үйлдвэр 제과점, 과자 (빵) 공장
플러시천(명주·양모·무명의 교직(交織) 벨벳의 일종) хамба хилэн
플레이트 илтэс, хавтай, хүснэгт
플루오르 фтор (Fluor: 할로겐족(族) 원소의 하나. 화합력이 세고 여린 황록색이 나는 기체. 불소(弗素)기호 F; 번호 9).
플루토늄 цорой (plutonium: 우라늄으로부터 핵변환에 따라 만들어지는 초(超)우라늄 원소의 하나: 인체에 가장 유해한 알파선 (α 線)을 가졌음. [94:Pu:244]).
플루트 연주하다 лимбэдэ|х
플루트 주자(奏者) лимбэчин
플루트 лимбэ
플루트(저, 피리)를 불다 лимбэдэ|х
플루트와 같은 것(일종) гуанз
플리트 нугалаа, нушарал, хуниас, хунираа
피- пах, цус(ан)(불쾌·놀람 경멸·혐오 따위를 나타냄).
피(비가) 많이(갑자기) 흘리다 сад тавих, сад хийх
피(회피.도피)하다 шарва|х
피고(증인)에 대한 질문서 асуудал
피고인 또는 벌받는 사람에게 불공정하게 하다 хилсдэ|х
피고인(의) ялтан
피곤 алжаал, зүдрэл, зүдэргээ, чилээ
피구호민 гуйланчин, ядуус
피그미 таадгар
피그미족의 одой; ~ хун 난쟁이
피나는 느낌을 주다(~에게) хана|х
피나는 цусархуу, цуст
피난 장소 нөмөр, оромж
피난(대피)하다 нөмөрдө|х, хоргодо|х, орогно|х
피난소(소) оромж, үх

피난하다(~에) хоргодо|х
피날레 шувтрага
피다 манда|х, саравгар
피들 연주자 хуурч(ин)
피들(비올속(屬)의 현악기) хуур; аман ~ 하모니카; баян ~ 아코디언, 손풍금; морин ~ 꼭대기에 말머리를 조각으로 새긴 두 줄 현악기.
피들을 연주하다 хуурда|х
피라미드 овоолого
피라미류 жараахай
피로 덮다 цусда|х
피로 алжаал, зүдрэл, зүдрээ, зүдэргээ, чилээ; биенд ~тэй ажил 피곤하게 하는(진저리나게 하는) 일
피로(피곤)하다 алжаа|х
피로하게 하다 зүдрээ|х, зүдэргэ|х, нялх- ра|х, тамирда|х, чилээ|х, яда|х; зовоох ~ 애태우다, 괴롭히다; өөрийгөө ~ 자신을 지쳐빠지게 하다, 피로(疲勞)하게 하다
피로하다 чилээрхэ|х, ядра|х
피로한 зүдэнгэ, ядаргаа, ядрангуй
피로한(지루한) 기색을 보이는 даравгар
피로해지다 сулда|х, цуца|х, чилээрхэ|х
피를 많이 흘리다 хамраас цус сад хийх
피를 빨아 먹는 작은 곤충 батгана, шумуул; ялаа ~ 집파리, 날벌레
피를 흘리는 цусархуу, цуст
피를 흘리다 гоожуула|х, халги|х; цусаа ~ 피를 흘리다, хөлсөө 땀을 아낌없이 (풍부하게) 흘리다
피리 부는 사람 лимбэчин
피리 비슷한 소리를 내다(~의) шуги|х
피리 лимбэ
피리(나팔,트럼펫)이 울리다 бүрээдэ|х
피벗 тээл
피복 хувцас, хучаас, хөнжил
피복가공(被覆加工) өнгөр
피복물(-物) өнгөр, хаг

피복제(-劑) өнгөр
피부 өрөм
피부(땅·수면 등의) 움푹 들어간 곳 хонхорхой
피부(천 따위의) 주름(살)(구김) атираа, хорчгор
피부가 굳다 горзой|х
피부가 굳은 даргар
피부가 까지게 문지르다 холго|х
피부가 까진 дайр, хөндүүр, эмзэг
피부가 느즈러진다 хэлхий|х
피부가 많이 튼 сайр
피부가 못이 박히(군)게 되다 дарсай|х
피부가 비바람에 시달리게 되다 сайрта|х
피부가(머리털. 눈이) 검은 гэрэлгүй
피부를 긁다 загаьна|х; миний нуруу загатнаж байна 나의 등을 긁다; ~ гэхээс тууний гар нь загатнаж байна 그는 ~을 긁다
피부를 까지게 하다 зулгала|х, өвчи|х; би өвдгөө зулга- лав 무릎이 까지게 하다
피부색 зүс(эн)
피부에(끓는물·김으로) 데게하다 зулсла|х
피부염 хаму
피부염 증상이 나타났다 хамуура|х
피부의 딱지 үс
피부의 반점 сэвх
피부의 벗겨짐 очгор, хортон
피부의 부스럼 бижруу
피부의 빛(유색) (~와) 동일시하다 (동일한 것으로 간주하다) зүслэ|х
피부의 주름 марчгар
피상 гадарга, өнгөц
피상적으로시험(검사)하다 наагуурла|х
피스톤 булуур
피스톤의 플런저 булуур
피승수(被乘數) үржигдэхүүн
피신탁인 асрамжлагч
피아노의 건(키) нот

피아노의 건반 даруул
피어나다 галбиржи|х
피에로(pierrot) алиалагч
피임 링 ерендег, катушка
피제수 дивиденд, хуваагдагч (被除數: 나누기에서 나뉘는 수《10÷2=5에서의 10》. 나뉨수; 제수. ↔승수(被乘數).)
피조물(被造物) амьтан
피치 давирхай, торгог(원유·콜타르를 증류시킨 뒤에 남는 검은 찌꺼기)
피치 또는 수지(樹脂), 송진을 분비하다 давирхайта|х
피치(타르.진.수지.송진.역청물질) 채취하다(뽑아내다, 빼어내다) давирхайла|х
피치를 칠하다(~에) давирхада|х
피크닉(picnic) зугаалга; зугаалгаар явах
피크닉(소풍)을 가다
피킷 гадас(ан)
피투성이의 цуст
피폐시키다 гарзай|х
피하게 하다 нөмрлө|х, хоргодуула|х
피하기 어려운 чухал
피하다 болгоомжло|х, булза|х, буруула|х, гэрэвши|х, дөлө|х, дута|х, зувчи|х, оролоо|х, оторло|х, хавьтуулахгүй, цэрвэ|х, цээрлэ|х; харцнаас ~ ~의 눈길을 피하다; нуурээ ~ 자신의 얼굴을 즉시돌리다, 자신을 외면하다
피할 수 없는 огцом
피할 수 없다(~은) завал; би ~ очно 틀림없이 갈 것이다
피할(어쩔) 수 없는 재난(사고.불운.불행) барцад
피해 шаналгаа
피해 입을(가해할) 걱정이 없는 аюлгүй, гайгүй
피해(재해)를경험(체험)하다 шарла|х
피해입을(가해할) 걱정없는 осолгүй
피해자 хохирогч, хохьдогч
피혁 арьс, өрөм, хөрс, шир
피흘리다 дусаа|х; зангиан дээрээ юм ~ 동여매어 떨어뜨리다

핀(단추·혹·빗장 따위) сүлбээр, хатгуур, чагт, шилбэ
핀셋 хямсаа
핀으로 고정하다 наа|х, тээгэлдэ|х
핀으로 꽂다 сүлбэ|х
필경(생) хуулбарлагч
필기(스크립트)체 활자 үсэг
필기사 бичээч
필기용(인쇄용)의 잉크 бэх
필기체 활자 бичиг
필기체인쇄(출판.간행)하다 дармалда|х
필드 талбай 필드(야전)텐트 асар
필로소피(philosophy) философии
필름(녹음테이프용) 편집기 редактор
필름을 카메라에 넣다 цэнэглэ|х
필름통 хонгио
필법 зураадас
필사(筆寫) галиг
필사본 бичмэл
필세(筆勢) зураас
필수의 албаар, гол, чухал
필수품 тавaap, хэрэглэгдэхүүн, эрэгцээ(н)
필수품(가구를) 비치하다 тохижуула|х
필수품을 비치하다(~에) ханга|х
필시 болзошгүй, магадгүй
필연적으로 зайлшгүй, эрхбиш, эрхгүй; ~ хэрэгтэй 필요한, 없어서는 안 될; үнэн 순수 진실
필연적인 чухал
필요 гачигдал, хэрэгцээ(н)
필요 물품이 공급된 хангалт, хангамж
필요물품이 공급이어려운 хангамжгүй
필요 불가결한 것 хэрэгцээ(н), чухал
필요 이상으로 даанч
필요가 있다(~할(될) шаардагда|х
필요는 없는(~할) явдалгүй
필요로 하다(~을) гуурта|х, хэрэглэ|х, шаардагда|х
필요물을 갖추다(~에) зэвсэглэ|х
필요성 хэрэгцээ(н)
필요요건 шаардлага
필요치 않은 газаргуй; суух ~ 앉을 자리가 없는; ~ тариачин 토지가 없는 농부; нуур хийх ~ болох ~ 때문에 (~하여) 부끄럽다.
필요품을 주다 залгуула|х; тэд бидэнд суу залгуулж байна 그들은 우유 공급을 유지하다
필요하다(~이) гуурта|х, хэрэглэ|х, шаардагда|х; мөнгөгүй ~ 돈이 아주 많이 필요하다.
필요하지 않는 явдалгүй
필요한 хэрэгтэй, чухал
필요한 것 хэрэглэгдэхүүн, чухал
필요한 때에 тохиолдуулан
필자(저자) зохиолч; кино ~ 시나리오 작가; жүжгийн ~ 연극작가; хөгжмийн ~ 작곡가.
필적 бичлэг, үлгэрлэл
필적하게 되다(~와) чацуура|х
필적하기 어려운 ойгүй
필적하는 것이 없는 зүйрлэшгүй
필적하다 өрсөлдө|х, уралда|х
필적하다(~에) өрсө|х, тэнгэцэ|х, эгне|х, зэрэгцэ|х
필체 найруулга
필터 фильтр, шуугч, шуулт, шуултуур
핍궤(乏匱) ган(г), гачиг, дутагдал
핍박하다 хавчий|х, чангара|х
핍소(乏少) ган(г), гачиг, дутагдал
핏기가 가시다 ганда|х
핏기가 없는 өнгөгүй
핏덩어리 нөж 핏덩이 нөж
핑계 арга саам, далим, молиго, нэрийдэл, ов, цаарга, шалтаг, шалтаан; ~ гаргах 속임수를 사용 한다, ~인 체하다; ~ мэх 속이다; ~ умхуулэх 속이다, 기만하다, 현혹시키다
핑계되다 түдэ|х
핑크색(연분홍색) лиш, ягаан, ягаахан
핑크색(장밋빛)을 띄게 되다 ягаара|х
핑크색을 띤 ягаавтар

ㅎ

하(下) ① доор, доод тал; ② доод түвшин, доод ээрэг; доод түвшин 하급
하! хөө!
하(다)는 이유 яахаараа
하(부)사관 түрүүч; ахлагч ~ 선임부(하)사관
하강 уналт
하게 보이다 оворжи|х
하게 하다 оруула|х, үйлдэ|х; нандив хандив ~ 본분을 다하다, 분에 맞는 봉사(기부)를 하다; санал ~ үймээн, ядонгшуула|х; хэлэх үгэнд засвар ~ 연설자의 연제를 교정(수정)하다; жагсаалтанд ~ 목록표에 싣다, 명부에 올리다; усан онгоцыг зогсоолд ~ 항구에 정박하다; эзэмшилд ~ 소유(점령, 점유)하다; төөрөгдөлд ~ 그릇 인도하다; зарлагад ~ ~에게 비용을 부담시키다.
하게 하다(~로 하여금) ажиллуула|х; хүн авч ~ 일꾼을 고용했다
하게 하다(~을) байг; тэр ярьж л~ 그를 말하게 하다
하겠다 дур, ёсгүй
~(을) 하겠다 ажээ, гэрээс, зохи|х, юмсан; та захиралтай уулзвал зохино 당신은 관리자에게 가야만 한다; дүрэм журмыг мөрдвөл зохино 규칙(규정)을 지켜야만 한다.
하겠다고 으르대다 заналхийлэ|х, сүрдүүлэ|х

하계(夏季) зун; халуун ~ 한 여름; ~ цаг 서머타임, 일광 절약시간; өнгөрсөн ~ би Францад байсан 나는 지난 여름에 프랑스에 있었다; ~ы адаг сар 여름의 지난달
하고 싶다 дурши|х
~하고 싶다 дур; ~ хүсэл бараа|х; хайр ~ 호의, 애정; ~ булаах 매혹하다, 호리다; муу ~нь хөдлөх ~할 마음이 없다; ~ дарах 소원을 만족시키다; ~ ханах ~에 만족(흡족)하다; ~ хүрэх 원하다; ~ гутах 혐오감(반감)을 느끼다; ~аараа болох 환상을 쫓다 (따라가다); ~аараа 누구든지 자기 자신의 길을 간다; ~ зори-гоороо 약속 없이; сайн ~ын амиатсуер, 애호가
~하고 싶다(고 생각하다) дурла|х
~하고 싶어 못 견디다(미치다) дэмийрэ|х, солиоро|х
~하고 싶어 애태우는 сарьдаг
~하고 싶어 애태우는 тэвчээргүй
~하고 싶어 하는 хазгай, үзэлтэй
~하고 싶어하다 мөрөөдө|х; санаж ~ 갈망(연모)하다; хүсэн ~ ~하고 싶어 하다.
~하고 싶은대로 하게하다 бөмбийлө|х, эрхлүүлэ|х
(~을) 하고 싶지 않다 нэвшрэ|х
~하고 싶지 않다 өши|х
하급(下級) доод түвшин
하급(下級) 법원의 판결을 재심리하다 няхтла|х
하급(열등)의 олиг муутай
하급자(下級者) доодчуул
~하기 쉬운 хазгай
~하기 어렵게 되다 дагтарши|х
~하기 위하여 тулд
~을 하기 위하여 тул
~하기 위해(서) тийнхүү
하기(夏期) зун
~하기는커녕 төлөө, төлөөнөө
~하기로 되어 있다 ёстой

~하기를 겁내다 зүрхшээ|х, мятра|х, халга|х; тэр ажлаас ер зурхшээдэггүй 그는 열심히 일하는 것을 두려워하지 않았다.
~하기를 게을리하다(잊다) зэмдэглэ|х
~하기를 꺼리다 нарийла|х
~하기를 주저하다 мятра|х, зүрхшээ|х, халга|х; тэр ажлаас ер зурх-шээдэггүй 그는 열심히 일하는 것을 두려워하지 않았다.
~하기 싫음 цаарга
~하기에 족하다 хүрэлцэ|х
하긴 ~ 하지만 хэмээвч
하긴 ~(이기는)하지만 гэвч. боловч, ч
하나 가득히 하다(~에) хахалда|х, хөтөрө|х, шахалда|х
하나 같이하는 놀이 тоглоомч
하나[한 사람]씩 (차례로) дагалдаа
하나가 된 нэгдмэл, энгтгэл
하나가 된(결합된) 행동 хавсайда|х
하나님이 죄인을 죄 없다고 용서하다 зөвтгө|х
하나로 묶다 барилда|х, нийлүүлэ|х, нийлэлдэ|х, нэгдэ|х, нэгттэ|х, хамтра|х, эвсэ|х
하나로 일치되지 않다 зөрөлдө|х; өрөөний дээр бид зөрөлдөв 우리는 장소에 대해 아무와 의견이 맞지 않다
하나로 합쳐서 бөөнөөр
하나로 합쳐서 오다 нүүгэлтэ|х
하나밖에 없는 адилтгашгүй, ганцхан
하나의 그릇에서 다른 그릇으로 액체 따르다(쏟다.붓다.흘리다) уудла|х
하나의 정보 мэдээ(н)
하나의 통나무 또는 두꺼운 판자로 만든(된) 다리(교량, 육교) тугүй
하나의 нэг(эн)
하나의 өрөөсөн; ~ гутал 구두 한 켤레; ~ гартай 한 손으로; ~ бээлий 글로브 한 짝; ~ нүдтэй 애꾸눈(외눈)의, 시야가 좁은.

하나하나 열거하다 хүүрнэ|х
하나하나 амиараа, тусдаа
하나하나가 бие дээ
하나하나의 тус, тусгаар, тусгай, тустус
하녀(下女) зарц, шивэгчин
하느작거리다 дайвалза|х
하느작대다 дайвалза|х
~하는 것을 잊다 умарта|х
~하는 것을 잊어 버렸다(~하는 것을) мартууштай
~하는 것을 주저하다 түвэгшээ|х
~하는 것이 당연하다 ёстой
~하는 것이 예사였다(~) дада|х
~하는 경우에는 хэрэв
~하는 김에 зэрмэгхэн
~하는 김에 мөлт
~하는 데(무척)고생하다 хэцүүдэ|х, хэцүүтэ|х
~하는 데 주눅이 들다(~을) бухимда|х
~하는 데 허가를 청(請)하다 үнэрхэ|х
~하는 도중에 зуур, турш(ид); зам ~аа 도중에; ~ хонох 밤에 보내다; гэр ~ байх 집에 있다; өөр ~аа 우리들끼리
~하는 동안(내내) дундуур
~하는 동안(사이)(에) байтал
~하는 동안(사이에) дээр
~하는 동안은 байтал, дундуур; ой модон ~ явах 숲을 산보하는 동안(줄곧); ажлын ~ 작업 중에; ~ нь орох 훼방놓다, 방해하다;
~하는 모든 яалаа гэж
~하는 버릇(습관)이 있었다 дада|х
~하는 버릇이 들다 зурши|х
~하는 사이(에) дундуур
~하는 습관(이 된)다 хэвши|х
~하는 어떤 ~도 яалаа гэж
~하는 한 cop
~하는(~인) 것은 무엇이든 яалаа гэж
~하는(한) 그 곳에 хааш(аа)
하늘 тэнгэр; хө х ~ 맑고 푸른 하늘; ~ бурхэх 흐려지다; ~ дулаарах

따뜻해지다
하늘(마음.안색)이 흐려지다 бараантах, бурхэ|х, бурэнхийлэ|х, үлгэ|х
하늘(안색·마음·희망등을) 흐리게 하다 бараантах, бурэнхийлэ|х
하늘다람쥐 хэрэм
하늘빛의 хөх
하늘색 номин
하늘에(로) дээгүүр
하늘에(로)부터 дээрээс; ~ доощоо 위에서부터 바닥까지;
하늘을 맑게하다 тодруула|х, цэлмэ|х
하늘의 огторгүй
하늘이 맑아지다 дулиара|х
하늘이 잔뜩 흐리다 үлтэ|х
하늘이 준 богд
하늘이(날씨가) 개이다(걷히다) тодсо|х, тодро|х
~하다 그만둔(만) дутуу зуурмаг
~하다 만 зэмдэг, зэрэмдэг
하다 хий|х
~하다 биелүүлэ|х
하다(~ㄹ 하여금 하게) авуула|х
하다(~로) тэрлэ|х
하다(~를) наадамч
하다(~을) дугарга|х, хий|х
하다(~하게) алив, амсуула|х; ~ уух юм ~을 마시게 하다; ~ автобусанд сууцгаая 버스를 타게 하다
하단 сүүл
하담인(荷擔人) дамнуурчин
하다라도(~이라) атал, боловч, гэвч; тэр их ядарсан атлаа хурээд ирэв 그는 아주 피곤할지라도 그는 온다.
하데스(Hades: 죽음의 세계) там
~하도록 тийнхүү
~하도록 내버려두다 өнгөлүүлэ|х
~하든 —하든 буюу
하등 동물의 촉수 тэмтрүүл
하라고 성가시게 굴다 зовоох
하락(下落) дусал
하락(저하)하다 буу|х, доогуурда|х, сугара|х, хямдра|х
~하려고 노력하는 чиглэлтэй
~하려고 노력(의도)하다 зори|х, хичээ|х, чармай|х
~하려고 생각(노력, 의도)하다 зори|х; тэр эмч боло-хоор зорьж байна 그는 의사가 되려고 마음먹다; сурахын төлөө ~ 학문에 노력하다, 배움을 얻으려고 애쓰다;
~하려고 생각(뜻)하다 гэ|х, санаашир-ха|х, завда|х, зоригло|х, санаашра|х; тантай холбоо барихаар завдав байв 당신에게 전화를 걸려고 했다.
~하려고 시도(노력)하다 тэмүүлэ|х
~하려고 의도하다 зори|х
~하려고(하고자) 했다 юмсан
하루 өдөр, хоног; ажлын ~ 일일 노동시간; амралтын ~ 비번일(非番日), 휴무일; баярын ~ 축(제)일; төрсөн ~ 생일; хагас ~ 반나절, 반공일; хагас сайн ~ 토요일; бутан ~ 하루 종일; бутан сайн ~ 일요일; энэ номын сан ням гаригаас бусад ~ ажилладг 도서관은 일요일을 제외하고 매일 문을 연다; нэгдэх ~ 월요일; хоёрдох ~ 화요일.
하루 동안 휴식하도록 허락(허가)하다 өнжүүлэх
하루 밤낮동안 өнжүүт хонуут
하루 종일 өдөржин; ~ шө нө жин 낮과 밤.
하루를 체재(체류)하도록 내버려두다 өнжүүл|эх
하루의 낮과 밤 хоног
하룻밤 사이 өнжүүт хонуут
~ 하리만큼 мэт
하마(河馬), 물뚱뚱이 армана, мэлхий
~하며 즐기다 наадамч, тогло|х
하며 즐기다(~을) наада|х; галаар ~ 불꽃놀이하다; тоглоомоор ~ 장난감 놀이하다; тоглох ~~의 놀이를 하다.
~하면 할수록 더욱 더— тусам

하면 хэрэв
~하면(~했으면) 좋겠다고 여기다(~) гэ|х; ~ мэт 그래서, 그리고 나서; ~ зэрэг 따위, 등등, ~와 같은, ~하리 만큼, ~할 정도로 그런; орох ~ 들어 갈 작정이다, 들어가려고 생각하다.
~하면서 байтал, дээр, хоорнд
하물며 нэн(г), тусам, улам; ~ даруй 곧, 바로, 즉시, 당장; ~ ховор 특히 진기한; ~ тузуунд 첫째(로), 우선 무엇보다도; ~ цухал мэдээ 최고(최상)의 뉴스; ~ шинэ 가장 근래의(최근의)
하박(下膊) бугуй, шуу
하부 ёроол
하사금 дотаци, татаас
하상(河床) гол, гулдрил
하선(하차)하다 газарда|х, хөсөрдө|х
하소연하는 яншаа
하수(오수)처리 гаргуур; хогийн ~ 쓰레기통
하수구(下水溝) гоожуур, татаал
하수도 гоожуур, татаал
하수시설 гаргуур
하숙(下宿) сууц
하숙방(下宿房) тасалгаа
하얀 눈 цав цагаан
하얀 어렴풋한 빛 дун(г) цагаан
하얀 얼룩말 манхан
하얀 얼룩이 칼라 өл; ~ буурал морь 창백한 말.
하얀 토끼 чандага
하얀(새벽의)미광(微光) дун(г) цагаан
하얀서리 хяруу
하얗게 되어 지다 цагаара|х
하여 두다(~으로) байлга|х
하여(서) тийнхүү
하여금 ~하게하다(~로) өнгөлүүлө|х
하여금 구속(속박,제어)하게 하다(~로) хазаарлуула|х
하여금 면하게 하다(~로) сулла|х
하여금 알아듣다(~로) сэхээрүүлэ|х

하여금 -하게 하다(~로) нисгэх, тоолуула|х
하역 인부 ачигч
하우징(housing) онги
하울링 улиан
하위에 두다 дэглүүлэ|х
하이나그(야크와 보통 뿔 있는 소의 잡종) хайнаг
하이에나(hyena) цөөвөр чоно (식육목(目) 하이에나과(科)의 짐승. 개와 비슷하나 앞다리가 길고 등에 갈기가 있음. 아프리카 인도에 삶. 성질은 사납고 죽은 짐승의 고기를 먹음.)
하이커(hiker) аянчин (도보여행자)
하이킹(hiking) доншуурч
하인 албат, боол, хараат
하인(종) зарц; ~ эмэгтэй 하녀, 가정부.
하인을 고용하다 зарцлагда|х
하일반(夏日斑) сэвх
~하자 байтал
~하자 곧 зэрэг
하자가 있는 물품 гологдол
하자가 있다 согогто|х
하자가(흠이) 있어 거절하다 заазла|х
~하자마자 дараахан, дөнгөж, зэрэг
하잘 것 없는 муусайн
하절(夏節) зун
하제(下劑) туулга
하제를 쓰다(~에게) туула|х
하지 못하다(~을) зэмдэглэ|х
~하지 않게 되다 зогсоо|х, зогсо|х; миний цаг зогоон байна 나의 시계는 멈춰서다;
~하지않고 그대로 두다 цалгардуула|х
~하지 않고 남아 있다 үлдэ|х
~하지 않고 төлөө, төлөөнөө
~하지 않다 дөлө|х
하지 않도록(~을) халшрал
~하지 않은 биш
~하지 않을 수 없는 байлгүй
~하지 않을 수 없다 ёстой, зохи|х; та захиралтай уулзвал зохино 당신은

관리자에게 가야만 한다; дүрэм журмыг мөрдвөл зохино 규칙(규정)을 지켜야만 한다

~하지는 않지만(그러나) харин

~하지만 авч, бас, зэрэгцээгээр, тэгэвч, харин, хэмээвч; тэрээр ядуу ~ уненч шударга 그는 가난하지만 정직하다.

하지만(~이긴) атал, боловч, гэвч

하지만(~하나) этэл

하차하다 сууlx

하찮다 гоомойдоlx

하찮은 аар, аахар шаахар, гоомой, гэдэн годон, даржгар, долгил, донгио, дэдгэгнүүр, жижиг, ингүүхэн, мангар, мөчид, сарампай, үнэгүй, хий, хоосон, хууrиа саар ~ юмаар хөөцөлдөх 쓸데없는 일에 시간을 낭비하다; ~ хөрөнгөтөн 시시한 부르주아(유산)계급; ~ 사소한 수선(수리, 복구)작업; ~ түшмэл хачуу 공무원; ~ халбага 찻숟가락;~бараа 상품, 제품.

하찮은 것(일) аар саар, юмхан, юухан хуухэн, ялимгүй

하찮은 사람이 자만심이 강한 додигор

하찮은 일 ялимгүй

하찮은 일로 ~을 소란케 하다 бөндөгнө|х

하천(강)의 바닥 гулдрил; голын ~ыг өөрчлөх 물의 흐름이 변하다; далангийн ~ 해협, 수로, 물의 경로.

하천의 제방 далан(г)

하품을 하고 있는 даравгар; ~ ам크게 벌린 입, 하품하는

하품을 하다 ангай|х

하품하면서 말하다 эвшээ|х

하프(2분의1) заримдаг

하향하다 доогуурда|х, дорогшло|х, намса|х

학(鶴) тогоруу

학과 санамж, хичээл

학교 교육 боловсролтой, сургууль; ~д явах 학교에 가다; ~ тэ гсэ х 학교를 떠나다; дээд ~ 대학교.

학교 졸업(수료)하다 төгсөгч

학교(열차·비행기의) 시간표 хуваарь

학교의 과정을 수료하다 дамжи|х

학교의 교육과정 дамжаа, курс; хамгийн сайн/шилдэг ~ 최고교육과정; бэлтгэл ~ 예과(豫科), 예비의 교육과정 коан(англи) хэлний хоёр жилийн ~ 한국어(영어)의 2학년과정; эмчлгээ 치료 과정; Франц хэлний ~т явах/сурах 프랑스 과정으로 가다.

학교의 테스트 шуулэг

학교의 학년(學年) курс; хамгийн сайн/шилдэг ~ 최고 교육 과정; бэлтгэл ~ 예과(豫科), 예비의 교육과정 коан(англи) хэлний хоёр жилийн ~ 한국어(영어)의 2학년과정; ~ эмчлгээ 치료과정; Франц хэлний ~т явах/сурах 프랑스 과정으로 가다.

학교의 후원자 өглөгч

학구적인 사람 акадэмич

학급 ангитанай ~ хэдэн сурагчтай вэ? 당신의 학급에는 몇 명의 학생이 있습니까? франц хэл-ний~ 프랑스 학급;

학급이 없는 хичээлгүй

학급이 있는 хичээлтэй

학년 анги; багшийг ~д орж ирэхэд бух хуухэд боссов 선생님께서 교실에 들어오시면 모든 학생들이 일어선다 (난다); ~даа орох 교실(학급)에 들어가다; гуравдугаар ангид байх 세 번째의 학년; шинжилгээний ~ 학술 연구 (조사, 탐구) 탐험(여행)(대)

학대 гишгэгдэл, даралт, дарлал, талхи, хавчлага

학대하다 боолчло|х, гиюурэ|х, дарлагда|х, нэрмээслэ|х, сөхөө|х, талхигда|х, түрэмгийлэ|х, хавчи|х, хавчигда|х, харгислагда|х, хяха|х

학도(學徒) оюутан; хуулийн ангийн ~

법률연구생; ~ ахуй цаг 학생의 날; тэтгэлэг авагч ~ 학위를 주다; анагаахын ~ 의학도.

학력 боловсрол

학리(學理) иш, онол, теори

학문 боловсрол, мэдлэг, судлагаа, судлал, эрдэм; амьтан ~ 동물학; ургамал ~ 식물학; сансар ~ 우주탐험; агуй ~ 동굴학(學); шувууны ~ 조류학; шавьж ~ 곤충학; эрдэм ~ 교육, 훈육, 훈도

학문(연구)의 목적 судлахуун

학문(예술)적 전통의 존중자 академич

학문(학식)을 보여주다(~의) номчирхо|х

학문상의 법칙 зүй, онол, теори

학문상의 조사자 шинжлэгч

학문의 분과 зүй

학문의 진보(발달) сурлага

학문인(學問人) эрдэмтэн

학부 коллеж

학부(學部)(대학의) тэнхим

학살 хядлага, ярга, яргалал

학살자 хядагч, яргалагч, яргачин

학살하다 ала|х

학생(學生) оюутан; хуулийн ангийн ~ 법률연구생; ~ ахуй цаг 학생의 날; тэтгэлэг авагч ~ 학위를 주다; анагаахын ~ 의학도.

학생(學生)(미국에서는 중학생 이상, 영국에서는 대학생) суралцаглад

학생(學生)(초등학생·중학생) сурагч, хүмүүжигч

학생(학습)지도 мөрдлөг

학생감(영국 대학의) декан

학생과장(미국 대학의) декан

학생이 학교에서 몰래 빠져 나오다 хулжи|х

학설(學說) зүй, онол, теори; хэ жмийн ~ 음악적인 이론; Дарвиний аажим хувь- слын 진화론의 다윈이론; ~ын бага хурал 이론(상)의 회의; ~ын Физик 이론 물리학; Эйнштэ йны харьцангуйн ~ 아인슈타인의 상대성 이론; арга ~ 방법론(方法論); авианы ~ 음성학, 발음학; газарзуй 지리학; гоо ~ 미학(美學); ном ~ 서지학(書誌學), 저서목록..

학설(문제 등의) 조사(검사.심사.고찰. 검토.음미)를 받다(입다) шалгуула|х

학설을 세우는 사람 онолч

학술 연구 шингилжээ

학술(미술 등의) 회(會) хүрээлэн

학술연구 судлагаа

학술원(學術院) академи

학술조사 судлал

학습(學習) сурлага

학습시간에 공부하다 хичээллэ|х

학습시간이 없는 хичээлгүй

학습시간이 있는 хичээлтэй

학습자 сурагч

학습하다 судлагда|х

학식 боловсрол, мэдлэг, мэдэц, заалт, эрдэм; эрдэм ~ 교육, 훈육, 훈도

학식이 있는 사람 эрдэмтэн

학위 диплом

학위 수여증 гэрчилгээ, диплом

학위 없는 과정(課程)의 수료(이수) 증명서 аттестат, үнэмлэх

학위 취득 төгсөлт

학위논문 диссертаци

학자 номч, ухаантан, эрдэмтэн

학자연하는 ёсорхог

학자의 문하(제자) дагалдагч, шавь

학장 ловон

학장 사무실 деканат

학장(단과 대학의) декан

학장(學匠) эрдэмтэн

학정을 행하다 дарла|х, жанжла|х, харгслагда|х

학질(ague) донсолгоо, сэгсрэлт

학파(종파 등)의 창시자 байгуулагч;

зохион ~ 조직자, 창시자; үндэслэн ~ 설립자, 창립자; үүсгэн ~ 창작(창시)자, 창설자, 발기인; санаачлан ~ 창시자, 수창자(首唱者)
학파(종파의) 창시자 үүсгэгч
학파(학설)을 세우다 байгуула|х
학회 академи, хүрээлэн
학회(~회.협회) газар
학회의 회보 протокол; ~ хөтлөх 의사록을 기록해두다; ~д тэмдэглэх 기재(기입)하다
학회의 회원 академич
~한 чулуужсан
한 가정의 벌이하는 사람 тэжээгч
한 개 нэгж
한 개에 대해 аливаа; ~юм(с) 모든 것, 무엇이나 다; надад байгаа~ юм чинийх 무엇이든지 다 가지고 있다
한 개의 нэг(эн), өрөөсөн
한 걸음 гишгэм
한 걸음의 폭 гишгэм; ~ газар 발자국의 크기 지역, 족문(足紋)의 지역.
한 계절 суураа, цуврал
한 곳에 정주하다 оронжи|х
한 곳에서 만나다(~와) нийлэ|х, уулза|х
한 근(600g) жин(г)
한 껏의 байдаг, булт
한 끼(분) зоог, хоол; ~ барих 만찬회를 열다; ~ийн газар 가벼운 식사 집, 스넥 바; ~ зугаа 연회, 주연.
한 다리를 무릎 세우고 앉다 цомхой|х
한 다발 баглаа, толгой, хүүдий; нэг ~ даавуу 옷감의 한 놀 전부; ~ лаа 양초의 묶음.
한 달 сар(ан)
한 덩어리 багц
한 덩어리가 되어 бөөнөөр
한 덩어리가 되어 오다 нүүгэлтэ|х
한 돈 пун (0.375g의 무게의 도량 단위 (미터·인치·그램·쿼터 따위).
한 동안 불평을 말하다 шившиǀх

한 땀 нэхээс, оёо
한 뜸 нэхээс, оёо
한 마디 말 үг, үгс, үгтэй
한 마리의 말(소.축우) бод
한 모금(의 양) балга
한 모습(표정)을 하고 있다 оворжи|х
한 무리가 되어 олуул(ан)
한 묶음 толгой. хүүдий; нэг ~ даавуу 옷감의 한 놀 전부; ~ лаа 양초의 묶음.
한 묶음으로 만들다(~을) багцла|х, толгойло|х
한 바늘 нэхээс, оёо
한 바리 ачаа, мөчлөг
한 발로 뛰다 дэгэнцэ|х
한 밤을 지내다 хоно|х, хоногло|х
한 방울 дусаал, үрэл
한 번 нэгмөсөн, нэгэнтаа
한 번 뛰는 거리(높이) үсрэнгүй, харайлт
한 번 밀기 түлхэц
한 번 봄 харц
한 번 불기 цохилт
한 번 비틀기(꼬기) томмол
한 번도 ~(안 하는) нэгэнтаа нэгмөсөн
한 번뿐이 아니라 удаатай
한 벌 дүйз
한 뼘 төө (손을 한껏 뻗친(충분히 펼친) 엄지손가락 끝과 중지손가락의 끝 사이의 거리)
한 뼘으로 재다 сөөмлө|х
한 뼘으로 재다(계량.측정.측량)하다 төөлө|х
한 뼘의 거리 부합하는 길이의 단위 төө
한 뼘의 치수를 재다 төөлө|х
한 사람 нэгж
한사람 처럼하는 놀이(유희) тоглоомч
한 사람 한 사람의 тус, тусгаар, тусгай, тустус
한 사람의 нэг(эн), өрөөсөн; хүн ~т таван фунт ноогдов 그들은 각자

5파운드씩 받았다
한 상태로(모습으로) 죽다 жилий|х; талийх ~ 죽다.
한 세트로 된 물건이 짝이 안 맞는 солжир
한 숟갈 가득(한 양) халбага
한 숟갈 푸다 халбагада|х
한 쌍 дүйз, өрөөсөн, хоёр; ~~ээр 두 개(둘이) 한 쌍이 되어; ~ гутал 구두 한 컬레; ~ гартай 한 손으로; ~ бээлий 글로브 한짝; ~ нүдтэй 애꾸눈(외눈)의, 시야가 좁은.
한 쌍의 남녀 дүйз
한 쌍이 되다(으로 하다) дүй|х
한 아름(의 분량) тэвэр
한 예감이 있는 мэдээтэй
한 오라기의 털 үс
한 움큼 атга
한 입 хазуур
한 입(의 량) балга, оос, үмх
한 입 가득 балга, оос, үмх
한 입 가득 들이켜다(삼키다, 꿀꺽 삼키다)(~을) үмхэ|х
한 입에 마시는 량 балга, оос; ~ ус 물을 한 모금 마시다.
한 작가의 선집 хураамж, цоморлиг
한 장소에 나란히 (서)있다 зэрэгцүү-лэ|х; мөр зэрэгцэн 어깨를 나란히 하여; зэрэгцэж зогсох 줄안으로 서다; эн ~ 경쟁하다; зэрэгц! (구령) 우로 나란히!, 정렬!
한 장의 악보로 인쇄된 팝뮤직 нот
한 장의 종이 ширхэг
한 장의 표 тасалбар
한 점에 모으다 нягтруула|х, төвлөрүү-лэ|х, нягтруула|х, төвлөрө|х
한 점에 집합시키다 төвлөрүүлэ|х
한 조각 бие, зүсэм, хувь, хэрчим, хэсэг, язмаг; тэр махнаас нэг ~ огтлов 그는 고기를 얇은 조각으로 잘게 썰다; ~ талх 빵의 한 조각; ~ мах 잘게 썬 고기.
한 조각의 багашиг
한 조각의 금속 링 зуузай; ам-гай ~ 굴레(재갈·고삐 따위의 총칭); ~ холбох 각각 똑같이(동등하게) 가다
한 죽음을 하다 мажий|х
한 줌의 량 атга
한 줌(의 분량) атга
한 지방(특유)의 식물 ургамал
한 지방의 식물(전체) ургамалзүй
한 지방의 지세(도) топографи
한 집안 өрх
한 짝 дүйз
한 차(짐) ачаа
한 차례 нэгмөсөн, нэгэнтаа
한 참 동안 계속 중얼거리다 шивши|х
한 코 нэхээс, оёо
한 테실(면사840야드, 모사560야드) хэрдэс
한 통(롤) гогцоо; ~ утас 실의 실태래; ~ торго 실크의 두루마리
한 통(의 량) торх
한 통의 분량 торх
한 팔의 길이 1.6m алд
한 패 баг, булгэм, хэрээ
한 패가 아닌 자처럼 행동하다 хүнийрхэ|х
한 편의 시 найраглал
한 호흡(한번 숨쉼)амьсгаа
한 획 зураадас
한(1)보폭(2 ½ ft.) гишгэм
한(모둠)발로 뛰다 догонцо|х
한(의) 이유로~ дээрээс
한(하는) 곳은 어디(로)라도(~) хаачи|х; чи ~ гэж байна? 어디로 가는가(가나요, 갑니까)?
한(汗) хаан, хан(중세의 타타르·몽골·중국의 주권자의 칭호; 지금은 이란·아프가니스탄 등의 주권자·고관의 칭호);
한가롭게 уужуухан
한가운데 дунд
한가지로 мэтчилэн

한한가한 дампуу, залхуу
가한 시간 зав, завдал, чөлөө
한결(더욱) 더 нэн(г)
한결같게 하다 дигдрэ|х
한결같은 тогтвортой, тогтуун, тогтууртай, хэлбэрэлтгүй
한결같음 ана: анна мана, тавьтар, тогтуурь, тохь, тэнцэттэл
한결같이 하다 тэгшиттэ|х
한결같지 않다 догонцо|х
한결같지 않은 арзгай, орсгой
한계 далайц, өндөр, хил, хир, цар хүрээ; ~ нам өндөр; гурвалжны ~ (수학) 삼각형의 높이
한계(경계)를 넘어서다(뻗다.퍼지다) гажи|х
한계(범위.영역)없이 заагтүй
한계(선) туйл, хэмжээт
한계가 없는 세월 хугацаагүй
한계점(선.면) гишүүн
한곳으로 주시하다 хинций|х
한국(韓國) коан
한국말(이) солонгос
한국인 солонгос
한기(오한) даардас, жавар
한껏 뻗친(펼친) сунгуу
한낮 үд
한다(~해야) ахиухан
한담 хач, хов, хов жив, цуурхал
한덩어리 хонгорцог
~한데 байтал, хооронд
한데 꼬이게 하다(엮다) хэрэ|х
한데 동여매다 үдэ|х, уя|х, уялуа|х, хавтасла|х
한데 뭉뚱그려 작업하다 хавса|х
~한데도 машид.
한도 туйл, хир, хэмжээт
한도(한계)를 넘다(~의) давра|х
한도(限度) шувтрага
한도까지(~의) хирээр
한동아리 оноо, хавсаа
한때 зэргээр

한랭 хүйтэн
한량없는 заагтүй, туйлгүй, хязгааргүй
한련 гялбалзал цэцэг (旱蓮: (할-): 한련과의 한해살이풀. 줄기는 덩굴 모양이고 땅 위로 벋으며, 길이 1.5m가량임. 여름에서 가을에 걸쳐 다섯잎꽃이 피고 과실은 둥글 납작함. 어린잎과 씨는 향미료로 쓰고 관상용으로 재배함)
한련초 гялбалзал цэцэг (旱蓮草: 국화과의 한해살이풀. 길가에 나며, 줄기 높이는 15-30cm, 8-9월에 흰 두상화가 가지 끝에 두세 개씩 핌. 한약재로서 지혈제(止血劑)·이질(痢疾) 등의 약으로 씀)
한발(旱魃) говирхуу ган(г); ~ тайлах (많은 비로 인한) 가뭄(한발)은 끝났다.
한발(가뭄)의 гандуу
한방의 뜸 төөнүүр(뜸요법: 병을 고치기 위해 약쑥으로 살 위의 혈(穴)에 놓고 불을 붙이는 일)
한번 깨묾 хазуур
한번 숨쉼 амьсгал
한번 정지한 뒤 다시 계속되다(지속(持續)하다) залга|х; залгаж хэлэх말을 계속하디.
한번 치기(찌르기) цохилт
한센병 уяман (Hansen병: 나균(癩菌)에 의해 생기는 만성 전염병《발견자 한센의 이름에서 연유함》).
한숨 돌리다 завсарла|х, зогсоно|х
한숨을 쉬다 сүүрс алдах
한없는 хэмжээлшгүй, хязгаарлашгүй
한없이 бишгүй
한오금 тахим
한입 зууш
한입가득 마신다음 다른 한입 оочло|х
한적한 буйд, онцгойдуу
한정(구분,금지)하다 нууцла|х, заагла|х
한정(제한)된 хязгаартай, хэмжээтэй, хязгаарлагдмал, явцуу
한정사(限定詞:속성·성질을 나타내는 어구; 형용사) тодоттол
한정하는 тодоттогч
한정하다 хорогдуула|х, хязгаарла|х, цөөлө|х

한조의 3명 гуравт
한쪽 편으로 피하다 холбиро|х
한쪽만의 өрөөсгөл
한쪽으로 기운 далбигар, майжанасан
한쪽으로 기울다(경사지다) далбий|х, далий|х, солжий|х
한쪽으로 의지하다 салжий|х
한쪽으로 치우치게(기울게) 하다 нүүрчлэ|х, ташаала|х
한쪽으로 치우치다 далий|х, хазай|х
한쪽으로 치우친 өрөөсгөл
한창 ~중에 дүн(г), дундуур
한창 젊은 идэр, идэрхэн
한창때이다 бадра|х, бадруула|х, дэлбээлэ|х, дэлгэрэ|х
한창인 때 ид; ~ дундаа ~의 절정에서, 한창 ~중에; ~ үөд 여름의 절정에서; ажлын ~ үөд 한창 일하는 중에; тулалдааны ~дунд 전쟁의 열기; ахил ~ дундаа оргилж байна 한창(진행중)인 작업; ~ ганган хувцасласан 패션의 절정; ~ чадал 파워, 에너지; насны ~эд 한창 나이 때에, 장년기에; ~ чадалтай үөдээ 능력(재능)의 절정 (최고점)
한천 царцаамал
한층(우뚝) 뛰어나다 сүндэрлэ|х
한탄 халаглал
한탄(비탄)하다 гасла|х, гэнгэнэ|х
한탄하다 гансра|х, гашууда|х, гонгино|х
한탄하며 지내다 гунигла|х, гэюүрэ|х
한터 сиймхий, чөлөө
한턱내다(~에게) гийчлэ|х, дайла|х, зочло|х; найз нөхдөө ~ 자신의 친구들에게 음식을 대접하다
한팀의 3명 гуравт
한패 буур, хамсаатан
한패가 되다 түрэ|х
한편에서는 нэгтэйгүүр
한편으로 기대다(기울다) салжий|х
한편으로는 нэгтэйгүүр
~할 가치가 없다고 생각하다(~할) баса|х
~할 것 같다 оворжи|х, тооцоологдо|х
~할 것 같은 бололтой, оворжуу, төлөвтэй
~할 기회 ташрам
~할 마음이 나지 않다 дунши|х
~할 마음이 나지(내키지) 않다 түгдрэ|х, ээнэглэ|х
~할 마음이 내키어 дуртай
~할 마음이 없다 оёгло|х
~할 마음이 없음 ойг
~할 마음이 일어나게 하다 мөлөлзө|х
~할 마음이 크게 일어나게 하다 дэлдэгнэ|х
~할 마음이(열의가) 없이 노력하다 гоочло|х
~할 몫(부담)으로 되다 ноогдо|х
~할 수 밖에 없는 цаашгүй
~할 수 없게 되다 мөхөсдө|х; чадвл ~ 힘이 미치지 않는, ~할 수 없는.
~할 수 없는 болохгүй, боломжгүй, бутэхгүй, болшгүй, горигүй, гонж, зангүй, нөхцөлгүй, хатуужилгүй; хэлх ~ 그것은 불가능하다고(있을 수 없다라고) 말한다; тамхи татаж ~ 연기가 낌으로 불가능하게 하다; ~ болохгүй юу 당신은 ~할 수 없습니까?; дуугаа аядаж ~ юу? 당신은 보다 더 조용하고 작게 할 수 없습니까?
할 수 없는(~을) ганзага(н) татуу, чадваргүй
할 수 없다 яда|х
할 수 없이 ~하다 албада|х; албадаж авах 억지로 빼앗다, 강탈하다; албадан хөлөлмөр хийлгэх 강제하다, 억지로 ~시키다.
할 수 있게 되다 чадваржи|х
할 수 있는 болмоор, боломжтой, нөхцөлтэй, сийхгүй, хир, чадавхитай
할 수 있는 곳에(서)(~의) хиртэй

할 수 있는 능력 cөгөө
할 수 있는 한의 байдаг, булт
할 수 있는 힘 дүй, cөхөө, хир, чадавхи, чадвар, чинээ
할 수 있는 힘(솜씨) сав, cөгөө
할 수 있는(허락하는)(~을) оромтгой, өртөмтгий, тусамтгай
할수 있다 зоримогло|х, чадваржуула|х
할 수 있다(~을) гарши|х, чада|х
할 수 있음 чадавхи
할 용기가 없다 бухимда|х
할 운명이다 заяа|х; тэдэнд уузаж учрах тавилвн заяасангуй 그들은 결코 만나지 못할 운명이었다.
할 운명인 заятай, учралт
할 의무가(책임이) 있는 байлгуй
할 일이 없는 дампу, залхуу; ~ хун гөзрөн сарам; явна гэхээс ~ хурч байна 나는 너무 게으르게 간다; ~ хурэх 놀고지내다, 빈둥거리다, 빈들빈들 돌아다니다; ~ хун 게으름뱅이;
~할 작정이다 горилл|ох, гэ|х, дур, зоригло|х
~할 정도로 그런 мэт
~할 준비(각오)가 되어 있다 зэхээстэй
~할 테다 гэрээс, зохи|х
~할 테다(하겠다) ёсгуй
~할 필요가 있다 ёстой
~할 때 агшин
~할(을,일) тэндэ ёсгуй
~할(일) 것이다 зохи|х, юмсан
~할(일) 듯싶다 биз
~할(일) 때가 있다 чада|х
~할(하고 있을)때 байтал
할계(鶡鷄) хур
할까요(라고 하다) ёсгуй
할당 даалгавар, ногдол, оногдол, хувиарлалт, хүртээмж
할당된 몫 даалгавар
할당하다 ногдох, оногдо|х, оноо|х, түгээ|х, хувиарла|х
할망구 эмгэн

할머니 эмгэн, эмээ
할멈 эмгэн
할미 эмгэн
할아버지 өвөө
할아버지의 자손의 여자 эмэг
할인 хасалт, хөнгөлөлт, хямдрал
할인권 тасалбар
할인하다 хямдрүүла|х
할증가격 шимтгэл
할증금 шимтгэл
할증운임으로 운반하다 дай|х
할퀴기 зулгархай, очгор, шалбархай
할퀴다 маажла|х, мажи|х, саварда|х, самарда|х; нохой газар маажлав 그 개는 땅을 할퀴다; нуруу ~ 등을 문지르다(긁다); шилээ ~ 머리를 긁다; маажихаа боль! 긁지마! хорыг ~ ~의 감정을 해치다
할퀸 상처 зулгархай, очгор
핥다 долоо|х, хулхэ|х; чихэр ~ 태피(설탕.버터과자)를 빨다
핥아(게걸스레) 먹다 долоо|х
함(선) хөлөг
함교(艦橋)선교) гүүр
함께 оролцуулан, хамт
함께(~와) хажуугаархи, хам, цуг
함께 가다(~와) гал, дага|х; ~ын ах 그룹과 동반하는 우두머리
함께 계산하다(산정하다) тоололцо|х
함께 공모(共謀)하다(작당하다; 음모를 꾸미다)(~와) хуувилда|х
함께 나누다 ганзага(н) нийлэх
함께 되다(~와) нийлэ|х, уулза|х
함께 만들다 хийлцэ|х
함께 모이다 багшра|х, язгана|х
함께 몰려들다 багшра|х
함께 비비다 үрэлдэх
함께 사냥하다 агналца|х
함께 실어 보내다 дамжла|х
함께 쏘다 буудалца|х
함께 압착하다 чихцэлдэ|х

함께 오다 ирэлцэ|х; чи туу-нтэй хамт ирээцээрэй 그와 함께 오다.
함께 운반하다 дамжла|х
함께 일하다(~을) хамса|х
함께 죄다 чихцэлдэ|х
함께 착석하다 суулца|х
함께(같이) 가다(~와) аялда|х
함께(같이) 자리에 앉다 суулца|х
함께되다 холбогдо|х
함께하다 хуваалца|х
함몰(침하)하다 зоо|х
함몰되다 хонхой|х
함몰부(部) матаас
함몰시키다 хотолзо|х
함빡 젖게 하다 дэвтгши|х, дэвтээ|х
함빡 젖은 들다 норо|х
함빡(흠뻑) 젖은 дэвтмэл
함석 цайр; ~ турхэх 함석 또는 접시로 덮다, 아연으로 도금하다, 아연을 입히다.
함선(艦船) онгоц
함성 урма
함에 따라(서)(~) тохируулан
함유(포화)시키다(~에) шингээ|х
함정 занга, хавх
함정에 빠뜨리다(~을) зангада|х, урхида|х
합계 ~이 되다 тооло|х, тооцооло|х
합계 8 наймуул(ан); бид ~ байе 우리의 8명은 그곳에 있었다
합계 80 наяул(ан)
합계 дүн(г), ердее, нийлбэр; бугд ~ 총합계; үр ~ 결과(성과, 성적); ~дээ 전체로 보아서, 대체로, 개괄적으로; ~л 전부 합하여; бид ~ тавуулаа байв 그곳은 우리 모두 합하여 다섯이다; ~ хоёр мянган доллар төлжээ 전부하여 2천 달러 지급했다; гурав тав хоёрын ~нь найм 3 + 5 = 8; ~ дун 총계, 전체.
합계의 бутэн, нийт
합금 хайлмал, хайлш, хольцоо

합금이 아닌 хольцоогүй
합동 тогтол, эвсэл
합동(결합)시키다(~을) хамжи|х
합동시키다 барилда|х, нийлүүлэ|х, нэгдэ|х, нэгттэ|х, хамтра|х,эвсэ|х; хун ~ 노력으로 연합(합병, 합동)시키다; бараа ~ 상품을 공급하다.
합동하다 холбогдо|х
합류점 заag
합류하다(~와) нийлэ|х, уулза|х
합류하여 몰아넣다(~와) агналца|х
합법으로 인정하다 хуульчла|х
합병 тогтол
합병하다 барилда|х, нийлүүлэ|х, нэгдэ|х, нэгттэ|х, хамтра|х, эвсэ|х
합산(합계)하다 арвижуула|х, нэмэгдүүлэ|х, тооцооло|х
합성 물질 нийлэг
합성 보석의 угсармал
합성(혼합)물 найрлага, холио, хольц
합성분 холио
합성분 хольц
합성수지 лавмаг, хуванцар
합성의 хиймэл
합성품 найрлага
합성하다 найруула|х; кино ~ 영화를 편집하다.
합의 болзол, жиргэр, зөвшилдөөн, конвенции, тохнил
합의(회합)하다(~와) тохиро|х
합의를 보다(~와) эвлэ|х
합작하다 хамсра|х, хамса|х
합제 зуурмаг, хаб холиос
합주 концерт
합체 зангилаа(н), зангилгаа, уулзар; замын ~ 도로 교차점; аж уйлдвэрийн ~цэг 산업 중심지구; мэдрэлийн ~ цэг 신경중추, 신경절(節), 신경구(球), 갱글리언, 건초류(腱鞘屬)
합체(合體)시키다 бататга|х, нягтруула|х, нягтруула|х
합체되다 холбогдо|х

합쳐져서 세어나가다 тооломцо|х
합치 зохицол, нийс, нийц, тохирол, тохиролцоо, тохироо, эв, эе
합치다 гагна|х
합치하다 зохицо|х, үгсэ|х
합판 панер
합하다 барилда|х, нийлүүлэ|х, нийлэлдэ|х, нэгдэ|х, нэгттэ|х, хамтра|х, эвсэ|х
핫케이크 бялуу
핫케이크의 일종 бин
항(項) бүлэг, гишүүн, зүйл
항공기 онгоц, хөлөг; агаарын мөнгөн ~ 비행기, 항공기.
항공기 승무원 нисгэгч
항공기 탑승원 등의 상고머리 пинтүү
항공기의 수직안전판(板) далбаа
항공모함 тавсгар
항공병 нисгэгч
항공사 далайч(ин)
항공술 намираа
항구 боомт; далвйн ~ 배가 닿는 곳
항구(강어귀의) 모래톱 тан газар
항구성 тогтвор
항구적이다 тогтмолжуула|х
항독소 ерендег
항독소 혈청 ерендег
항독약 ерендег
항만 노동자 ачигч
항목 анги, гарчиг, зүйл
항목별로 나누다(~을) зүйллэ|х
항목별로 철(綴)하다 архивла|х
항문(肛門) хошного
항법사(士) далайч(ин)
항변 эсэргүүцэл
항복(굴복) 하다 дийлэгдэ|х
항복(굴복.함락)하다 буу|х; бууж өгөх
항복(굴복)하다; татан ~ 해산(제대, 해체)하다
항상 даг, дагнан, дан, дандаа, насад, үргэлж, хэзээд, ямагт
항상 불씨를 유지하기 위한 연기 май
항상 움직이고 있는 явуут

항상 허둥지둥 서두름 үүхэрдүү
항상(끊임없이) 침을 뱉다(내뱉다) нулмала|х
항성 од(он); одон гараг 행성; Усан ~ 수성(星); одон орныг судлах оргил 천문(기상.관상)대, тэсг측후소(관측소); одон орныг суд-лал 천문학, 성학(星學); одон орныг судлалч 천문학자; ~ны дуран 망원경, 원통상(狀) 확대 광학기계(기관지경.방광경 등).
항소하다 уриала|х, ханда|х
항수 констант
항아리(독.병) бумба, ваар, жалавч
항아리에 우유를 끓인 후의 밑바닥 앙금(침전물) хусам
항의 эсэргүүцэл
항의하다 сөргө|х
항의하여(이의를 제기하여) 말하다 сөргөө|х
항쟁(분투.노력.고투)하다 тэмцэлдэ|х, тэмцэ|х
항쟁(저항)하다(~에) булаалда|х
항해 дарвуул
항해자 аянчин, далайч(ин)
항해장(長) далайч(ин)
항해하다 ява|х
항행자 аянчин, далайч(ин)
항행하다 ява|х
해(年) жил, он ; шинэ ~ 새해; тэрсэн ~ сар э дэ р 출생 연월일; ~ дараалсан бичиг 연대기, 연대표; ~ тоолол 연대학; ~ сар(эдэр) 날짜, 연월일; ~д орох 겨울을 지나다; ~өндөр 도약의 해; шинэ ~ 새해; бур, ~ тутам, ~ болгон 매년, 해마다; ~ тутмын лавлах ном, 연보; ноднин ~ 지난해; ~ийн орлого 일년간 수입(소득); ~ээс ~д 매년, 해마다; ~д, ~дээ 1년마다, 한 해에; ~ тойрон, ~ турш 일년동안 순환 (주기로).
해 нар(ан)
해(害) хөө

해(일.달)의 식(蝕) хиртэлт
해 저물 때가 가까운 орой;~н цагаар 저녁에; шө нө ~ болтол 늦은 저녁때까지; ~н хоол 만찬, 저녁 식사; ~н найман цаг 저녁 8시
해 저물 때가 가까운 оройхон
해 주기 바라다 ёстой
해(달이) 떠오르다 манда|х; нар ~ 태양이 떠오르다; нар мандахад илүүт, 동틀녘에; сэргэн ~ 소생하게 하다, 다시 태어나다; мандан хөгжих 발달하다; нэр ~ 유명해지다; нэр дорно зүгт ман-даж, өрнө зүгт жаргадаг 태양은 동쪽에서 떠오른다; сар мандлаа 달이 뜬다.
해(져) 있다 юмсан
해가 되는 гэмтэй, хөнөөлтэй
해가 되다(~에게) бэртэ|х
해가 되지 않는 мөртөө; ~ байх 마음 대로 할 수 있다, 남의 제재를(속박을) 받지 않다; ~ явах 자기 생각대로 하다.
해가 없는 аюлгүй, гайгүй, гэмгүй, ноцгүй, хоргүй, хохиролгүй, хөнөөлгүй; ~ хор багатай юм ~의 해가 없는; ~ амьтан 해가 없는 생물(피조물)
해가 지다 таши|х
해가 쨍쨍 내리쬐다 шара|х
해가되는 хортой
해가리개 дэлгэц
해결(암호문) тайлал
해결 방법 дэм; ая ~ 수단, 방법, 기술; ~ муутай 솜씨 없는, 서투른;
해결되는 гэдгэр;~ толгойтой хүн ~의 앞으로 돌다;
해결되다 гэдий|х
해결이 곤란한 мойног
해결책을 찾다(문제의) аргала|х
해결하다 тэнийлгэ|х, шулууда|х
해고 цомтгол

해골(骸骨) гавал, яс
해골의 хохимой, хэрзгэр; ~ толгой 두개골
해골처럼 보이다 хэрзий|х
해내다(~을) бултай|х
해낼 수 있는 чадавхитай
해낼 수 있다(~을) чада|х
해녀 шумбагч
해답 таавар
해당하다(~에) уялда|х
해도 диаграмм
해독(번역.판독.통역)하다 тайла|х
해독을 주는 사람 хорлогчин
해독제 ерендег
해동 гэсгүүн
해동청(海東靑) шонхор
해뜨기 전 үдэш
해뜨기 전(해질 무렵)의 박명(薄明) бүрэнхий; тасалгаан дотор ~ сэрүүхэн байв 방안은 희미하고 서늘한 기운이었다.
해로운 гэмтэй, хортой, хөнөөлтэй
해로움이 없는 것 туламла|х
해류(海流).조류(潮流) гүйдэл урсгал
해를 끼치다(~에게) тари|х
해를 입은 эвдэрхий
해리(비버) минж(ин)
해리어개 сар
해머 алх
해머로 두드리다 лантууда|х
해면 밑 300 피트를 넘는 심해의 гүний
해면종 мөөгөнцөр
해명 нэрийдэл, тайлбар, таниулга, тодорхойлолт, уучлал, хүлцэл
해명(암호) тайлал
해명되다 сэмрэ|х
해명하다 тайлбарла|х, хэлмэрчлэ|х
해발 өндөр, өндөржилт, өндөрлөг; ~ нам 높이; гурвалжны ~ (수학) 삼각형의 높이

해방 чөлөөлөлт, чөлөөлөлт
해방(석방)하다(~를) цагаада|х, чөлөөлө|х
해방(자유롭게, 방면, 석방, 벗어나게) 하다(~로부터) ангижруула|х, ангижрах
해방자 ангижруулагч, гаталгагч, чөлөөлөгч
해방하다(~를) задла|х, цагаара|х, сулла|х, чөлөөлөгдө|х
해법 таавар
해변 эрэг
해변의 모래 언덕 манх(ан)
해보다 оролдо|х, үзэ|х, хичээ|х
해부(술론) анатоми
해부(인체) 눈곱 буйл
해부학 анатоми
해부학 연골(조직) мөгөөрс(өн); ~өн хоолой 기관(氣管), 숨통, 호흡관.
해부학(동물) 껠때기꼴 기관 юүлүүр
해부학의 ~벽 хананцар; судасны ~ 동맥의 내벽
해부학의 결후(結喉) төвөн(г), төвөнх
해부학의 관(管) суваг
해부학의 그물막 сэмж(ин)
해부학의 쇄골(鎖骨) товчлуур
해부학의 알집 өндгөвч
해부학의 자궁(子宮) хэвэл
해부학의 흉골(胸骨) өвчүү
해산 төрөлт
해산(파산)하다 устгагда|х
해산시키다 бутла|х, замхра|х, сарниула|х
해산하는 тархай
해산하다 бутра|х, задарга|х, сарни|х, тара|х, хагачи|х
해상으로(에서) гадна; гаднаас ~ 해외로부터(에서);
해상의 빙원(氷原) цөн
해서(-鼠: 들쥐) оготно
해서는 안된다 ёстой
해석 못하는 орчуулагдашгүй
해석 мэлмий, орчуулга, тайлбар, тайлбарлал, тодорхойлолт
해석의 노트 тайллага
해석자 хэлмэрч
해석하다(~로) мэдрүүлэ|х, орчуулагда|х
해석학 анализ
해설 тайлбар, тайлбарлал, таниулга, тодорхойлолт
해설서 тайлбарлагч
해설자 тайлбарлагч
해악(害惡) хөө
해안 эрэг
해안 단구(段丘) дэвсэг
해안의 낭떠러지 байц, хавцгай, хад(ан), хясаа
해안지방 эрэг
~해야 한다 байлгүй, ёстой, зохи|х
~해야 할 것을 안 하다 цалгардуула|х
해야 할 일 хэрэгтэй
해야만 하다 ёстой; би явах ~ 나는 가야만 한다; эмэгтэй энд мөдхөн ирэх ~ 그녀는 여기 즉시 와야만 한다; галт тэрэг долоон цагт ирэх ~ 그 기차는 7시 정각에 도착 예정이다;
해양(海洋) далай, тэнгэс; Хар ~ 흑해
해양 탐험가 далайч(ин)
해오라기 өрөвтас
해와 달의 원수 라후(악마. 귀신) pax; ~ барих (천체가 딴 천체를) 가리다, 빛을 잃게 하다; ~нар/сар дутуу барьсан байна 태양/달 부분식
해외(로부터)의 гадаад
해외로 가는(향한) гадаад; ~ бодлого 외교정책; ~ мэдээ 해외통신(최신 정보); ~ худалдаа 외국무역; ~ хүн 외국인, 외인
해외로(~에,에서) лайн; ~ад цагаачлах 이주(이사)하다; ~ад гаргах 수출(무역)하다
해외의 гадна
해자 гуу, суваг, шуудуу
해저의 작은 해구(海丘) гүвээ, дов, дэгнүүл, сондуул

ㅎ

해조(매·올빼미) хортон
해조(諧調) аялгуу, зохирол, луйл, найрал, хөг
해지는 ноорхой
해지다 навтра|х, нооро|х, салмара|х
해직 цомтгол
해진 데 навтархай, налмагар, ноорон-хой, уранхай
해진조각(손수건·신문·지폐·깃발·극장의 막·돛) ноорог, огтлодос
해질 무렵의 үдэш
해질녘 орой, үдэш;~н цагаар 저녁에; шэ нэ ~ болтол 늦은 저녁때 까지; ~н хоол 만찬, 저녁 식사; ~н найман цаг 저녁 8시
해질녘으로 향하여 оройгуур
해청(海靑) шонхор
해체(해산)하다 мөчлө|х, тара|х, хагачи|х
해초 луйл
해초(바닷말)가 전면에 무성하다(퍼진) замагта|х
해초가 너무 컸다 замагта|х
해충(도둑) 등이 떼를 지어 몰려들다 бөмстө|х
해치다 доромжло|х, сүйдлэ|х, хорло|х, хөнөө|х
해치다(~을) бэртэ|х, хохируула|х; бэртсэн гар 팔이 불구가 되다
해치우다 яргала|х
해캄 замаг (녹조류 담수조(淡水藻)의 총칭. 논·못·늪 따위 물속에 뿌리 없이 헝클어진 머리카락처럼 떠 있음. 짙은 녹색으로 식용하며 세포학 따위의 실험재로 씀. 수면(水綿). 해감.)
해탈 няпваан (解脫: 번뇌·속박에서 벗어나서 속세간의 근심이 없는 편안한 심경에 이름).
해폐 хясаа
해학(諧謔) хошигнол
해할 마음 эрээн
해협 гацаа, сүв, суваг, хоолой
해후시키다(~와) учруула|х

해후하다 учра|х
핵(核) цөм, яс
핵(核) 없는 식용 소과실(딸기류) 장과(漿果)(과일.실과) жимс; чихэр ~ 과자류(쿠키, 케이크, 젤리, 파이)
핵무기·기지를 경식(硬式)으로 하다 дагтарши|х
핵반응 урвал
핵심 гол, дунд, ноц, оньс, цөм
핵없는 식용 소과실(딸기류) жимсгэнэ
핸드백 таарцаг, түрийвч, уут, цүнх
핸들 бариул, барьц, иш, сэнж; сухний ~ азө хэндл, 손잡이; уээгний ~ пэндэ; пэнгэлой; цэцгийн ~ 꽃의 줄기, 꽃대.
핸들을 달다 ишлэ|х
햌쑥(창백)하게 되다 хулчий|х
햌쑥(창백)하게 변하다 хужий|х
햌쑥한 зэвхий, цонхигор
햇병아리 ангаахай, дэгдээхий, зулзага
햇볕 нар(ан); наранд шарах хятвэл зөв (시계바늘처럼) 우로(오른쪽으로) 도는; ~ хиртэх 일식(日蝕); ~ны цацраг 일광, 광선; ~ны толбо 태양의 흑점; ~ны гэрэл 햇빛, 맑은 날씨; ~ны аймаг 태양계(太陽系:태양을 중심으로 운행하고 있는 천체의 집단과 이를 싸고 있는 공간: 수성·금성·지구·화성·목성·토성·천왕성·해왕성·명왕성 등의 아홉 행성과 이에 속한 50개의 위성 및 약 6,000개의 소행성, 약 170개의 혜성 등을 포함함); наранд цохигдох, наранд харвагдах 일사병, 갈볕(喝病); ~ургах, ~гарах 일출(日出), 해돋이; ~ мандах, ~ дэгжих 태양이 완전히 솟아오르다;~ хуушлэх 흐리다, 해가 구름에 가리다; ~ жаргах, ~ орох, ~ шингэх (해가)지다, 저물다; шар ~ бор хоног өнгөрүүлэх 궁핍(비참)한 생활을 오래 끌다; шар ~ бор хоног 낮과 밤; ~ны халх 양산, 차양, 우산; ~ны шил 색안경, 선글라스; наран угаал 일광욕; наран тэмээ (승용의) 단봉낙타; наран цэцэг 해바라기;наран

цэцгийн тос 해바라기 기름; хурц ~ 몹시 더운 날씨(염천(炎天)); ~тай дулаахан байв 따뜻하고 양지바른; наранд нүд гялбаж байна 나의 눈은 태양 같다; тэр наранд борлов 그는 햇볕에 타다; миний ~ 여보,당신, 애야(부부·연인끼리, 자식에 대한 애칭).

햇볕(바람·비에) 쐬다 ярах

햇볕에 말리다(쬐다) нарлах

햇볕에 탄(얼굴, 피부) сайртах

햇볕에 태우다 борлох, борлох

햇볕은 따뜻하다 нар ээж байна

햇볕을 쬐다 нарлах, ээх; нар ээж байна 그 햇볕은 따뜻하다

햇볕이 잘 드는 нарлаг, нартай; ~ өдөр 맑은 날, 청명한 날; ~ бороо 비오는 나이로 햇살이 비치는.

햇볕이 피부(살갗을) 태우다(타다, 그을다) төөнөх, шарагдах

햇불 бамбар, зэрчих

햇빛(서광) гэгээ(н), зэрчих, нар(ан), гэрэл

햇빛(일광)이 비치는 гялбарлага

햇빛이 ~의 사이에서 새다(나타나다) нэвтлэх

햇빛이 내리쬐다 төөнөх

햇수 галав, нас(ан)

 했다 юмсан

 했을(이었을)텐데 ёсгүй, зохих; тийм байх 그것을 할 텐데

행간(2행분)의 스페이스를 띄우고 (~을) 타이프하다 гурамсан

행군 марш; алхаалд ~! 속보(速步)!

행군의 보조 марш; алхаалд ~! 속보(速步)!

행동 ажиллагаа, зан(г), тавтир, үйлдэл; үйл ~ 행동, 행위; хууль бус үйл ~ 불법(위법) 행위; байлдааны үйл ~ 군사행동(작전), 호전적인 행위; хамтын ~ 협력, 협동; зүрхний ~ 마음으로 행동하다

행동(실천)주의 идэвхжил

행동(일 따위를) 하다 хийх

행동거지가 나쁘게 한 тттөлөвгүй

행동반경 радиус

행동을 같이하는 단체 корпус

행동을 방해하다 боогдох

행동의 행위자 үйлдэгч

행동하다 аашлах, бузгайрхах, загинах, оморхох; аятай ~ 올바르게 행동하다; дураараа ~ 좋을 대로 행동하다.

행동하다(~하게) бэлттүүлэх

행렬 жагсаал, зураадас, эгнээ(н), тодорхойлогч

행렬(사람들의) 선두에 서다 магнайлах

행렬 тодорхойлогч (行列: 숫자나 문자를 사각형으로 배열한 것. 가로의 배열을 '행(行)', 세로의 배열을 '열(列)'이라 함)

행렬식(行列式) тодорхойлогч

행렬식의 열 сувраа

행로 тойрог, явц

행방불명의 өнжилгүй, сураггүй

행방을 찾아내다(~의) мөрдөх, мөрлөх, оромдох

행복 аз, бахдал, баяр, баясгалан, ерөөл, жаргал, зор, мэнд, өлзий, энх; эруул ~ 건강한; Эруул ~ 보건복지부; ~ амар байх 건강해지다; ~ жаргал 행복, 홍복; миний ~ болоход 행운이 나를 찾아왔다; ~ дайрах 행운을 가져오는, 좋은 결과의; ~ мэдэг ун 좋게도, 요행히도

행복에 가득 차다 жаргаах, жаргах

행복에 가득찬 баяртай, жаргалтай, хөөтэй

행복한 ереелт

행사가 질질끌다 өнхрүүлөх

행상(소매)하다 панзлах

행상의 거래하다 ганзагын худалдаа

행선지 хааш(аа)

행성 гараг; ~ хоорондын автомат

станц "행성(과 태양)간의 자동적인 정거장(역)"(무인우주 탐사선); од~ 행성
행성의 달 сумьяа (지구의 위성. 햇빛을 반사하여 밤에 밝은 빛을 냄.)
행실 тавтир, явдал
행실 나쁜 ёсгүй, самуун
행실이 나쁘다 адайрла|х, аягуйрхэ|х, дүрсгүйтэ|х, дэггүйтэ|х
행실이 좋은 төлөвтэй
행실이 좋지 않은 хөнгөмсөг
행어(모자걸이에) 걸다 дүүжлэ|х
행운(幸運) аз, ашгүй, аяс, баяр, баясгалан, боломж, бузгай, жавшаан, жаргал, жаргалан(г), зол, зор, зохиол, одтой, өлзий, сиймхий, тохиол, тохиолдол, ялдам; ~ дайрах 운좋게 잘되다; ~ завшаанаар 행운; ~оор би нэг бичиг олоо нь 나는 행운의 티켓을 얻었다; ашиг ~ 이익(이윤)을 획득하다; ~ыг ашиглах 기회를 포착하다, 행운을 붙잡다; ~ тохиолдох ~를 우연히 만나다; ~тай уйл хэрэх 운이 좋은 행위(행동); би туунтэй ~аар уулзав 나는 그를 만날 기회였다; азтай ~аар 운 좋게, 요행히도; Шинэ жилийн ~ын мэнд хүргэх 새해소원은 ~하면(~했으면) 좋겠다고 여기다; төрсөн өдрийн ~ын мэнд хүргэх 생일 소원을 ~하고 싶다고 빌다(원하다); ~ жаргал 행복, 홍복; миний ~ болоход 행운이 나를 찾아왔다; ~ дайрах 행운을 가져오는, 좋은 결과의; ~ мэдэг 운 좋게도, 요행히도.
행운을 가져오는 үйлстэй
행운을 가져오는 것 жавшаан
행운을 만들다 жаргаа|х
행운을 붙들다 далимдуула|х
행운을 잡다(의) жавшаачла|х
행운의 ереелт, жаргалтай, үйлстэй, хувьтай
행원(行員)(은행의) бичээч
행위 байцаал, жужиг, зан(г), тавтир, үйл, уйлс, явдал
행위(실패 등에 대한) 유감 харамсал
행위가 한층 더 열기를 띠다 хала|х
행위를 하다 хий|х
행위자 гүйцэтгэгч
행적(감정·과오 등)을 덮어 가리다 (숨기다) балла|х; гэмт хэргийн ул мерийг ~ 범죄의 흔적을 덮어가리다; эрүүл мэндээ ~ 건강을 해치다
행정(권) засаг, төр; засгийн эрхийг авах 정권을 장악하다, 세력을 얻다; орон нутгийн ~ захиргаа 지방 자치체; ~ захиргаа 행정기관; ~ төр 정부, 행정권, 통치권; ардын ~ 국민의 정부; төр засгийн бодлого 정부의 정책
행정(기관) захиргаа(н)
행정(사법·선거·교육 등을 위해 나눈) 지구 тойрог
행정(行程) аялал
행정구역 дүүрэг, район, тойрог, хороолол
행정부(行政府) захиргаа(н)
행정에 관한(관여하는) засаг; засгийн эрхийг авах 정권을 장악하다, 세력을 얻다; орон нутгийн ~ захиргаа 지방 자치체; ~ захиргаа 행정기관; ~ төр 정부, 행정권, 통치권; ардын ~ 국민의 정부; төр засгийн бодлого 정부의 정책; эдийн ~ 경제학, 경제 관리; ~ дарга 지역 위원회 의장
행정의 지(구)역 тойрог, хороолол
행주치마 хормогч
행진 жагсаал, марш; алхаалд ~! 속보(速步)!
행하다 биелуулэ|х, хий|х
향 утлага
향(香) хүж
향(신)료를 넣다 дарвигна|х
향고(香膏) гүгул
향긋하다 дарвигна|х
향기(내) үнэр, үнэр танар

향기(香氣) үнэртэн
향기(냄새, 향수)병 хөөрөг
향기가 나는(~의) анхилам
향기로운 амттай, анхилам, утлага
향기롭다 анхила|х
향기를 뿜다 анхилуула|х
향기의 원인이 되다 анхилуула|х
향내나게 하다 утагда|х
향냄새 хуж
향락하는(~을) урамтай
향락하다 баяса|х, жарга|х, таашаа|х, цэнгэ|х
향료류(香料類) үнэртэн
향료를 산출하다 дарвигна|х
향상시키다 ахиулла|х, дэгжи|х, дээрдэ|х, дээртэ|х, дээшдэ|х, засра|х, сайжра|х, сэхэ|х, төгөлдержи|х, төгөлдөржүүлэ|х; англи хэлний мэдлэгээ 자신의 영어 실력을 향상시키다
향상심 тэмүүлэл, эрмэлзэл
향수(香水) үнэртэн
향수(享受)하다 дур
향연 дайллага, найр, хурим, цайллага
향유(방향.발삼) гүгүл
향을 피우다 утагда|х
향응하다(~에게) гийчлэ|х
향하게 하다 зүглүүлэ|х, хандуула|х, чиглүүлэ|х; толь бичгээ дуусгах санаатай бух хучээ тийш нь зуглуулж байна 나는 나의 모든 에너지를 사전 작업 끝내기로 향했다; тэр завиа эрэг тийш зуглуулэв 그의 보트를 바닷가로 향했다
향하다(~을) нүүрлэ|х, хара|х, ява|х
향하여(~로) өмнөөс, өөд, өөдөө, руу, тийш, тийшээ
향하여(~을) өмнөөс
향하여 나아가다(~쪽으로) чиглэ|х, зүглэ|х; Очир гэрээ зуглэв 오치르는 집으로 향했다; хойшоо ~ 북쪽으로 향하다; тэр гарахаар зуглэв 그는 퇴장(퇴거, 퇴출)하다.

허가 зөвшөөрөл, концесс, соёрхол; тэдний ~гүй тийшээ оруулахгүй 그들은 인가 없이 들어가려고 한다; ~гүй нийтлэхийг хориглоно 신뢰할 수 있는 예약; гадаадаас оруулж ирэх ~ 수입 면허장; ~ гуйх 허가를 (요)청하다; ~ олгох 허가를 해주다.
허가(인가)하다 зөвшөөрө|х; хулээн ~ 승인하다; зөвлөл төлөвлөгөөг сайшаан зөвшөөрөв 그 계획에 심의를 승인한다; эмч тууниийг гадаа явахыг ~гүй байгаа 그 의사는 그가 퇴원 할 것을 허락하지 않았다.
허가(인가)하여 사용하다 хэрэглүүлэ|х
허가를 주다 өргөмжлөгдө|х, соёрхо|х
허가증 гэрчилгээ, зөвшөөрөл, ордер, паспорт
허가하다 олго|х
허겁지겁 달아나다 дүрвэ|х
허기겨서 зэлмүүр
허기지다 өлсө|х
허깨비 сүг
허나 этэл
허둥대는 давч, яаралтай, яарахдаа
허둥댐 яарал
허둥지둥 адгуу, бушу, санд(ан) мэнд, сандруу, яарахдаа
허둥지둥 뛰다 навсгана|х
허둥지둥 서두름 мэгдэл, тэвдэл, яаравчлан, яарал, яаруухан
허둥지둥하다 яаравчла|х
허둥지둥하지 않는 яаралгүй
허드렛일 тойв
허락(허가.인정.승인)하지 않다 буу
허락하다 зөвшөөрө|х; хулээн ~ 승인하다; зөвлөл төлөвлөгөөг сайшаан зөвшөөрөв 그 계획에 심의를 승인한다; эмч тууниийг гадаа явахыг ~гүй байгаа 그 의사는 그가 퇴원 할 것을 허락하지 않았다.
허락하다(~에게 날도록) хөөргө|х
허락하다(~에게) залра|х

허락하다(~을) байг, оруула|х, тоолуула|х; нандив хандив ~ 본분을 다하다, 분에 맞는 봉사(기부)를 하다; санал ~ 움직이다, 이동시키다; хэлэх үгэнд засвар ~ 연설자의 연제를 교정(수정)하다; жагсаалтанд ~ 목록표에 싣다, 명부에 올리다; усан онгоцыг зогсоолд ~ 항구에 정박하다; эзэмшилд ~ 소유(점령, 점유)하다; төөрөгдөлд ~ 그릇 인도하다; зарлагад ~ ~에게 비용을 부담시키다.
허락하여 행사하다 хэрэглүүлэ|х
허락하지 않다 хориглоо|х, цаазлагда|х
허를 찌르다 гэндүүлэ|х, зочирдо|х, зочмогдо|х
허리(골반부) бэлхүүс, дэлбэг, гуя; хайчны ~ 가위의 절반; ~ ганзагалж ирэх 빈손(맨손)으로 오다
허리(무릎을) 구부리다 тонгой|х, хазайлга|х, юохисхий|х
허리띠(끈) бүс, нөмгөн
허리띠로 조르다(매다) буслэ|х
허리띠를 띠다 буслэ|х
허리를 굽히다 бөхелзө|х, нугара|х, тахийлга|х, тонгойлго|х; бөхелзэх нахилзах 고두하다, 아부하다, 빌붙다
허리를 살짝 굽히다 мэхийсхий|х
허리를 졸라매다(~의) буслэ|х
허리의 둘레(치수) бэлхүүс
허리의 잘록한 곳 бэлхүүс
허물 алдаа, алдас, балаг, буру, гэм, гэндэл, уршиг
허물어뜨리다(~을) гуд татах, хулгавчла|х
허물어지다 үйрэ|х
허물없는 хээгүй
허물을 벗다 гуужи|х
허벅지(무릎) өвөр(앉아서 허리에서 무릎까지의 부분)
허비 гарз(аи), дэл сул байдал, үрэгдэл
허비의 үрэлгэн
허비하다(~에 돈·일생 등을) хаяла|х

허사비 мануухай
허섭스레기 орхидос, хаягдал
허세(허풍) 부리다 өвчигнө|х
허세부려 얻다 дамсагла|х
허세부리는 өнттор, нэрэлхэг
허세부리다(~에) дамсагла|х
허수아비 мануухай (막대기와 짚 따위로 사람 형상을 만들어 논밭에 세운 물건; 곡식 등을 해치는 새나 짐승을 막기 위한 것임).
허약 буурал, хоосрол, ядаргаа
허약하다 нялхра|х
허약한 дорой, дудрай, ёлбогор, саримгар, сулбагар; сул ~ 병약한, 허약한, 골골하는; ~ буурай 박약한, 나약한, 기력이 없는
허약해지다 ёлбой|х
허언 худал
허영심이 강한 сайрхуу
허영을 부리다 сээхэлзэ|х
허용 зөвшөөрөл, уучлал
허용치 않다 хори|х, хориглоо|х, цаазлагда|х, цаазла|х
허용할 수 있는 боло|х
허원(許願) санваар
허위 андуурал
허위의 гуйгуур, хуурмаг
허장성세(虛張聲勢)하다 дамсагла|х
허튼 말 хадуура|х
허튼말(짓)을 하다 бура|х
허파(폐(肺)) уушиг (고등 척추동물의 호흡기관. 혈관·폐포의 벽을 통해 혈액 중의 이산화탄소와 들이마신 산소를 교환함. 허파. 폐장(肺臟))
허풍 떠는 ёргио, дэврүү, намжиртай, нэрэлхэг, онгиргон, онгироо, соохгор, сайрхагч, сайрхуу, хөөргөн, хөвсөргөн, хөрөмтгий
허풍떨다 ёрги|х, онолзо|х, онгироодо|х, сагсгана|х, сайрха|х, соохгор, соохолзо|х, ханхалза|х, хөвхөлзө|х
허풍선이 дэврүү
헉헉하고 숨을 헐떡이다 давчда|х
헌 түйнэг

헌(낡은) дампу
헌납 өргөл, тавилга, тайлга, тахил
헌납하다 зориулагда|х
헌데 яр
헌데(상처의) 딱지 хаму
헌법 дүрэм
헌병 사령관 маршал
헌신 золиос, тахилч
헌신하다 андгайла|х, зориула|х, түлгэ|х
헌옷 новш
헌장 дүрэм
헐거운 дэлдэн(г), навсгар, нэлхгэр, нэлэмгэр, уужуу, холхиндог
헐거워지다 өргөдө|х, саара|х, уйда|х, холхи|х, холхидо|х, хөврө|х
헐겁게 늘어뜨리다 хэлхэгнэ|х
헐겁게 다니다 холхидо|х
헐다 нураа|х
헐떡거리다 аахила|х, давчда|х, уухила|х
헐떡이다 аахила|х
헐뜯는 사람 гөрдөөч, гүжирч, ховсрооч
헐뜯다 доог, муучла|х
헐뜯음 доог
헐렁하게 되다 холхидо|х
헐렁하게 매달다(걸다) хэлхэгнэ|х
헐렁하다 салбагарда|х, хүлхгэрдэ|х, хэлхий|х
헐렁한 дэлдэн(г), хүлхгэр, хүлхгэр
헐렁한 바지 салхгар, сэлбэгэр, халбагар, халхгар хэлхгэр
헐어빠지다 навсай|х
헐어빠진 навсгар, оронцог, сарампай; ~байшин 집이 오래되어 황폐해진
헐하게 되다 хямдра|х
험담 амны зууш, хач, хов, цуурхал
험담(뒷공론)하다 хачла|х, муучла|х
험악한 날씨 зад
험한 바위산 хавцгай, хад(ан), цохио
험한 өгсүүр, цавчим; ~ товчог 오르막의, 올라가는, 치받이의.

험한(가파른) 바위 өнгийм
헙법화 хуульчлал
헛간 속의 건초더미 хадлан; э вс ~ 건초, 마초, 건초용 풀, 짚, 밀짚; ~ авах 건초를 만들다.
헛간 амбаар, овоохой, пунз
헛갈리게 되다 загсада|х
헛갈리게(지리멸렬하게)하다 андуура|х, баларта|х, будлиантуула|х, бэгтрэ|х, сандра|х
헛갈리다 гөлгөнө|х, гөлөлзө|х, тулгамда|х, эдрээтэ|х
헛기침 ханиалга(н)
헛되게 하다(~을) ерээдүүлэ|х
헛되이 쓰다 бара|х, бурэлгэ|х, үрэгдүүлэ|х
헛되이 하다 бурэлгэ|х, самши|х, үрлэг, үрэгдүүлэ|х, үрэ|х
헛되이 гонж, дүнгүй, дэмий, лөө лөө, талаар, хоороор; ~уг ярих 헛되이 (쓸데없이) 재잘재잘 지껄이다; ~ хоосон ажиллах 헛수고하다.
헛된 алдагдалтай, ашиттуй, гаргуудаа, дөхөмгүй, дэмий, лөө лөө, олхиогүй, орлогогүй, тусгүй, үрэлгэн, учиргүй, хохиролтой, хэрэггүй
헛디딤 гулсал
헛소동 부리다 гэдвэлзэ|х, гэдэгнэ|х
헛소리를 하는 солиорсон
헛소리를 하다 дэмийрэ|х
헛수고다 үтээрэ|х
헝가리 사람(말) унгар
헝가리(사람·말)의 мажар
헝가리(수도는 Budapest) мажар, унгар
헝가리의 화폐 단위 форинт (기호: F, Ft).
헝겊(종이·널빤지)의 길고 가느다란 조각 зурвас, зүрэм
헝겊으로(붕대로) 둘둘 두르다(감다) манцуйла|х
헝겊을 대(고 깁)는(~에) зүйдэлтэй
헝겊을 대(고 깁)다(~에) додомдо|х, нөхө|х

헝클어뜨린 머리가 날리다 сагсгана|х
헝클어지다 дэрвий|х, сэгсий|х
헝클어진 дэрвэгэр, сагсгар, сэгсгэр; ~ ус 헝클어진 머리; ~ мод 엉기정기 가지가 난 나무.
헝클어진 머리(머리칼) сагсгар, сэгсгэр, сангас; ~ ус 헝클어진 머리; ~ мод 엉기정기 가지가 난 나무.
헤게모니 манлайлал
헤드라이트 гэрэлтүүр
헤드밴드 бугуйвч
헤드폰 чихэвч
헤르니아(탈장) ивэрхий
헤르페스 цахлай
헤매는 доншмол, золбин, хэрмэл, цагаач
헤매다 бадарчла|х, бэдэ|х, гүвэ|х, доншуучла|х, зувчуула|х, танда|х, тэнэ|х, хөлхө|х, хэрэ|х, эндүүрэ|х
헤머(작은망치)로 치다(두드리다, 때리다) алхда|х
혜살을 넣게 되다 хясагдах
혜살을 넣다 зэтгэрлэ|х, саадхий|х, садаала|х, тотгорло|х, түйтгэрлэ|х, хашигда|х, хявца|х
혜아릴 수 없는 балар, гүний, үзээгүй
혜아릴 수 없을 만큼 큰(존귀한) үнэлшгүй
혜아릴(측정할) 수 없는 барагхуй, хэмжээгүй, хэмжээлшгүй
헤어나다 дава|х
헤어드라이어 компрессор
헤어스타일 малгай
헤어지는 тархай
헤어지다 салга|х, сарни|х, хагаца|х
헤어짐 үдлэг
헤엄쳐 건너다 сэлэ|х, шумба|х
헤엄치다 сампра|х, сэлэ|х, шумба|х; усанд ~ 헤엄치다.
헤집어 찾다 саварда|х
(~을)헤쳐 나가다 гатла|х, хоохойло|х
헤치고 나아가다(~을) гулдри|х, гулдри|х, нэвтлэ|х, сэтлэ|х; хумуусийн дундуур гулдрин явах 싸워서 군중을 헤어(벗어)나다.
헥타르 га, гектар (hectare: 미터법의 토지면적단위; 100아르, 10,000m2 (1만 ㎡,) 기호 ha).
헬멧(helmet) дуулга
헬멧을 쓰다(~에게) дуулага|х
헴 сэжүүр, хажаас(풀어지지 않게 감친 가두리)
헹구기 зайлуур
헹구다 булха|х, зайла|х
혀 차는 소리를 내다 шогшро|х
혀(뼈의) 평평한 부분 далавч
혀가 돌지 않게 하다 тульта|х
혀가 짧다 тульта|х
혀짤배기다 тульта|х
혀짤배기소리 шулганаан
혀짤배기소리를 하다 доносо|х, дудьнэ|х, шулгана|х
혁대 장식 арал
혁명 хувьсгал
혁명으로 хувьсгалч
혁명의 хувьсгалт
혁명적인 хувьсгалт, хувьсгалч
혁신 шинэчлэл
혁신하다 шинэчлэ|х
~의 현(現) одоохь, одоогийн, өнөөгийн, эдүүгээ, энэхүү
현(縣) депатамент
현관 гудам, довжоо(н), орц, үүд(эн)
현관의 계단 босго(н); ~алхах 현관의 계단을 가로질러 넘어가다.
현금(캐시.현찰.돈) бэлэн мөнгө, бие мөнгө
현금으로 바꾸다 борло|х
현기증이 나게 хада ганхалза|х, ганха|х
현기증이 나다 гуйвалда|х, туйвгана|х, туйвалзуула|х
현능(衒能)하다 бярда|х
현대 одоо

현대식의 маягтай, намбагар
현대의 одоохь, чацуутан
현명 бодлого
현명하지 않은 дөхөмгүй
현명한 мэргэн, сийрэг, сэцэн, хэрсүү, цэцэн, билиг, цэц; ~ө вгө н 노인은 현명하다; ~ буу 정확한 총; ~ уг 속담, 격언, 금언(金言); ~ ухаан 지혜, 슬기로움; ~ хүн 현명한 사람; ~ уг 속담, 격언, 금언(金言).
현무암 хүрэм(хүрмэн)
현미경 검사용의(조직·암석의) 박편 зүсмэл, хэрчим
현미경(顯微鏡) дуранбай, микроскоп
현미경의 집광 렌즈(장치) тусгагч
현상 үзэгдэл
현상(現象)(사건 등의) 진행 явц
현상금 шан
현상액(약) тодруулагч
현세 хорвоо
현세의 ертенцийн
현손(玄孫: 고손자) гуч
현실 бодит, жишээ, факт
현실감을 주다(~에서) хэрэгжүүлэ|х
현실로 чухамдаа
현실의 ёстой, чухам
현실화하다 биелэ|х, гүйцэлдэ|х, илрэ|х. ухаара|х, хэрэгжи|х
현악기(바이올린 계통의 악기) хийл хуур; аман ~ 하모니카; баян ~ 아코디언, 손풍금; морин ~ 꼭대기에 말머리를 조각으로 새긴 두 줄 현악기.
현악기 연주자 хуучирч
현악기를 연주하다 товшуурда|х
현악기를 활로 연주하다 хуучирда|х
현악기의 줄 чавхдас; ~т хэ гжим 현악기
현인(賢人) мэргэд, тууль, сөд, ухаантан
현인군자(賢人君子) ухаантан
현자(賢者) ухаантан

현재(현대,오늘날)(에는) мөнөө, мөнөөхөн, одоо, одоогоор, ойрноос, өдгөө, өдийд, өнөө, өнөөдөр, эдүүгээ; э нэ э дрийн сонин 오늘의 신문; бид ~ явах гэх байна 우리는 오늘 떠난다.
현재의 байгаа, бухий, одоогийн, одоохь, өнөөгийн, энэхүү
현저(걸출.타월)하게 만들다 товойлго|х
현저(걸출.타월)하다 товой|х
현저하다 гоцло|х
현저한 гайхамшигтай, гарамгай, гаргуудаа, гүдгэр, гунигтуй, дэлбэгэр, мэдэгдэм, овгор, товгор, тонж, тумбагар, түмбэгэр, тэмдэглэлт, цүндгэр
현저히 нэн(г), тусгайлан, хавьтахгуй
현조(玄鳥) хараацай
현존 ахуй, тогтнил
현존의 бухий
현존하는 남편과 부인의 사이 관계는 친족(혈족)관계이다 төрхөмсө|х
현존하는 байгаа, бухий
현존하다 амдрах, бай|х, бий
현지 보고 сурвалжлага
현철(賢哲) ухаантан
현학적인 ёсорхог
현행 жишээ; баримт ~гээр уэуулэх 증명(증거)를 보여주다; ээрэгцу-улсэн ~ 비교, 대조
현행의 өнөөгийн
현혹(眩惑)(미혹(迷惑)시키다 гоёмсогло|х, зазгада|х, залила|х, залилагда|х, зальда|х, мала|х, молигдо|х, мунхруула|х, мэхлэгдэ|х, төөрүүлэ|х, төрөгдүүлэ|х, тулгардуула|х, хуура|х, хуурамча|х, хуурмагла|х; мөнгий нь маллаж 속여서 돈을 빼앗다.
혈관 вена, судал, судас, хананцар; судасны ~ 동맥의 내벽
혈관을 압박하는 압박 붕대 жин(г)
혈관을 압박하는 천 компресс
혈구(血球) бөөм; цусны улаан ~

적혈구; цусны цагаан ~ 백혈구
혈색을 기억하다 зүслэ|х
혈암(頁岩) занар
혈액 цус(ан)
혈액이 결핍(부족)되다 цусгүйдэ|х
혈액이 없다 цусгүйдэ|х
혈연(인척)이 되다 урагла|х
혈연관계(동족) голомт
혈족(친족.친척.일가) голомт
혈통 гарал, гарлага, иш, сурвалж, туурь, угсаа, угсаатан, үүлдэр, үүсэл, яс; ~ уусэл 태생, 가문, 혈통.
혈통이 명백한(분명한) удамтай
혈합(穴盒: 서랍) татуурга
혐오 аймшиг, дургүй, дургүйцэл, жигшил, жигшүүр, заналт, зэвүү, нигшүүрэл, өшөө, хорсол, эгдүү, эгдүүцэл
혐오(반감)를 느끼다 жихүүцэ|х
혐오(증오)하다 жигши|х
혐오스러운 булай, бузар ~ 오물, 불결물, 쓰레기
혐오할 만한 жигшмээр
혐의 сэжиг
혐의를 두다 сэжиглэгдэ|х
혐의를 두다(느끼다) сэрдэ|х
혐의를 두다(받다) сэрэгдэ|х
혐의를 받고 있다 сэжиглэгдэ|х, хардагда|х
혐의를 벗겨 주다(~의) цагаада|х, цагаара|х
협간(峽間) хавцал
협곡 гуу, жалга, судаг, хоолой, хавцал; ~ жалга 산골짜기, 계곡; ~ суваг 도랑, 개천, 해자, 호(濠).
협동 хоршоолол
협동 조합원 хамсаатан
협동(소비)조합을조직하다 хоршооло|х
협동(소비) 조합의 매점(가게,상점) хоршоо
협동(소비) 조합의 회원(멤버) хоршоологч
협동(소비) 조합의 кооператив
협동(협력)하여 ~하다 хамжи|х
협동(협력)하여 또는 공동(집단)으로 하다(~을) хамжи|х
협동(협력)하여 하다(~을) элбэ|х
협동의 кооператив
협동자 оноо, оролцогч, түнш
협동하다 хамсра|х, хорши|х
협력 түншлэл, хоршоолол
협력(제휴.합류.합병)하다(~와) түншлэ|х, хавсра|х
협력(협동)자 хавсаа, хамсаатан
협력자 холбоотон
협력적인 кооператив
협력하게 하다 нийлэлдэ|х, хамтатга|х
협력하다 хавсра|х, хамсра|х, хорши|х, нооло|х
협박 занал, сүрдүүлэг
협박하다 далайлга|х, заналхийлэ|х, нүүрлэ|х, сүрдүүлэ|х
협부(峽部) хүзүүвч
협상 гэрээ, хэлэлцээ(н)
협상(협의.협정)하다 хэлэлцэ|х
협소하게 만들다 уйтатга|х
협소한 омгор
협소해지다 нарийда|х, умай|х
협약 гэрээ, конвенции, үгсэл
협약(계약)서에 서명(사인)하다 гэрээдэ|х
협약(서) хэлэлцээр
협약(합의.회합)하다(~와) тохиро|х
협의 зөвлөдгөөн, зөвлөлгөө, зөвшлөг, консультац, конференц, хурал, хэлэлцээ(н)
협의(심의)회 консультац
협의체 конференц
협의하다 зөвдө|х, зөвлөлдө|х, зөвшилдө|х
협잡 카드놀이 луйварчин
협잡 луйвар, луйварчин, мэхлээч, мэхт, хуурмаг
협잡군 булхайч, луйварчин, мэхлээч

협잡질하다 хуурта|х
협장(脇杖) тойвор
협정 болзол, гэрээ, жиргэр, конвенции, тохнил, үгсэл, хэлэлцээр; ~ тавих 협약을 체결하다(맺다).
협정(결정·운명 따위)에 따르다 баримтла|х
협정(약정.협약.합의.회합)하다(~와) тохиро|х
협정서 гэрээ
협정을 맺다(~와) найра|х
협정이 성립하다 эвлэ|х
협조 нэгдэл, туслалцаа, тэтгэлт
협조적인 кооператив
협조하다 барилда|х, наалд|ах
협화 зохирол, найрал, хөг, нийлэмж
협화음 найрал, симфонии; ~ дуу 합창, 합창곡;~ хөгжим 오케스트라, 관현악단; улээвэр ~ хөгжим 금관악기 밴드(악단)
협화음의 гийуулэгч; ~ авиа 협화음의 소리.
협회 коллеги, корпорации, нийгэмлэг, хүрээлэн, эвлэл; хувь нийлуулсэн ~ 합자회사,주식회사; коллегийн хурал 중역(이사,평의원)회; өмгөөлөгчийн ~ 법정(法廷) 변호사 협회.
협회(조합.~회.연합)의
일원(멤버.회원.단원) гишуун; намын ~ 정당의 일원; сурвалжлагч ~ (학회 등의) 통신 회원, 객원(客員); уе ~ 관절 마디;
협회(학술·문예·미술·영화의) академи
형(型:거푸집.양식.본) дүр, зүйл, маяг, маягт, модель, үлгэр, хэв, хээтэй, хэвлүүр, цутгуур, эсгүүр, ял; загвар ~ 유형, 타입; хэлбэр ~ 모양, 형상; ~ байдал 외관, 겉보기; улгэр ~ 모양, 패턴; шинэ ~ ийн 유행의, 유행을 따른, 스마트한; шинэ ~ийн хувцас өмсах 최신 유행의 드레스
형(兄) эгч
~형(型) хэв
형국 байдал; байр ~ 마음가짐, 애티튜드; ~ тэ рх 기색, 징조, 현상
형벌 залхаалга, залхаамж, цээрлүүлэлт, цээрлэл, шийтгэл, ял
형벌(처벌)이 없이 торгуулигүй
형사 피고인 хоригдол, яллуулагч
형사상의 ялт, ялтан
형사의 туршуулч
형상 галбир, маягт, фото, хэв, хэлбэр, янз
형석 хайлуур жонш (螢石: 플루오르화 칼슘으로 이루어진 광물. 등축 정계(等軸晶系)에 속하고, 유리 광택이 나는 무르고 약한 결정으로 굳기는 4임《유리 공업·광학 기계 등에 씀》.);
형성 тогтол
형성력이 있는 лавмаг
형성물 тогтоц
형성하다 бүрэлдэ|х, галбиржи|х, загварла|х, төлөвшүүлэ|х, хэлбэрши|х
형세 байдал, байц, төлөв ; гадна ~ 모양, 형태, 형상;хэлбэр ~ 외형, 윤곽
형수(兄嫂) бэргэн
형식(공식)으로 나타내다 томьёоло|х
형식(공식)화가 불가능한 томьёолшгүй
형식(절차)에 얽매인 чирэгдэл
형식을 차리기 цардуул
형식적인 гадна
형식화 томьёолол
형애(荊艾) луйл
형용사 부사 앞에 반드시 사용되는 강조용법 хөв
형용사 앞에 사용되는 불변화사(不變化詞) хав (관사·전치사· 접속사 따위 어형변화가 없는것);~ харнхуй 칠흑, 암흑; ~ хар 흑석색의, 새까만, 캄캄한.
형용사(부사의) 비교 зүйрлэл
형을 과하다 ялла|х
형을 선고하다(~에게) шийтгүүлэ|х
형의 янзтай

ㅎ

형적(감정·과오 등을) 덮어 가리다 (숨기다) хучи|х
형제 또는 자매의 연하(年下)쪽 дүү; миний бага ~ 나의 어린 남동생/여동생; ах ~с 친척, 친족, 인척; ~ хүүхэн 여동생; бусгуй~ 누이동생, 매씨(妹氏); бүстэй ~ 남동생
형제(자매)의 손녀 үенцэр
형제(자매)의 손자 үенцэр
형제로부터 애정을 느끼게 하는 дүүдий
형질 유전 удамшил
형체 짓다 төлөвшүүлэ|х
형체(소리)가 불분명한 сүүдгэр
형체·소리가 불분명하다 сүүдий|х
형체를 만드는 лавмаг
형체를 이루는 маягтай, янзтай
형체를 이루다 төлөвшүүлэ|х, хэлбүүрдэ|х
형태 галбир
형태가 기울다(경사지다) дали|х
형태가 없는 дүрсгүй
형태가(모양이) 되다 дүрстэ|х, хэлбүүрдэ|х
형태가(모양이) 없는 хэвгүй
형태상의 баймж
형편 좋음 дөхөм, оновч
형편 аяс, байц, салаавч, төлөв
형편에 따라서는 магадгүй
형편이 나쁜 базаахгүй, тавгүй
형편이 좋다 ямбала|х
형편이 좋은 ашигтай
형편이 좋은 기회가 ямбала|х
형편이 좋은 때 завдал
형혹성(熒惑星) Мягмар
혜성(살별)의 선 суунаг
혜성(彗星) од(он), солир; одон гараг 행성; Усан ~ 수성(星); одон орныг судлах оргил 천문(기상.관상)대, 측후소(관측소); одон орныг суд-лал 천문학, 성학(星學); одон орныг судлалч 천문학자; ~ ны дуран 망원경, 원통상(狀) 확대광학기계(기관지경· 방광경 등).
혜택 받지 못한 гуцуухан
혜패(彗字) солир
호(弧) гулдан(г), мата|х, нум(ан), траектории, үүсгэр
호(濠) гүү, суваг, шуудуу
호(弧)를 그리듯이 움직이다 гогцооро|х
호각 шүгэл
호감을 주(가)는 аятай, илбэрүү, нааалинхай
호감이 가게하다 таламжлуула|х
호감이 가는 аштай, аятайхан, голшиг, гуалиг, дурлам, ёзтой, ялдам
호기 аргацаа, аяс, боломж, далим, жавшаан, сиймхий, ташрам, тохиол, тохиолдол, учрал
호기(好機) ялдам
호기를 꽉(움켜)쥐다 дүйвүүлэ|х
호기를 잡다 жавши|х
호기를 잡다(~의) жавшаачла|х
호기심 있는(많은) саваагүй
호기심 있다 дурла|х, саваагүйтэ|х, сонирхо|х
호기심이 많은 сонивчхон, сониуч
호기심이 있다 саравгана|х
호기적(好氣的) 부패 өмх, өмхөрдөг
호나복 лууван(г) (胡蘿葡: 당근: 미나릿과의 한해 또는 두해살이풀. 꽃줄기 높이 1-1.5m로 거친 털이 있음. 꽃은 여름에 핌. 뿌리는 긴 원추형으로 적황색이며 맛이 달콤하고 향기가 있음)
호담 хатуужил, жавхаа, зоримог, сөс
호되게 хүнд, чанга, чанд
호되게 꾸짖다 агсамна|х, галзуура|х
호되게 무찌르다 хиачи|х, хяда|х
호되다 ширүүлэ|х, ширүүс|эх
호된 огцом, хату, хахир, ширүүн
호두나무 хушга
호랑이 бар
호랑이 새끼 бамбар
호령 айлдвар, команд, лүндэн(г),

тушаал
호령(구령)하다(~에게) тушаа|х
호롱등 бамбар, дэнлүү, зэрчих
호른 бүрээ(н); ~ татах 피리(나팔)이 울리다, 호른(트럼펫)을 불다
호른(트럼펫)을 불다 бүрээдэ|х
호른(피리.나팔.트럼펫)을 불다(울리다) бүрээч(ин)
호리는 дунигар
호리병박(열매. 식물) гуа, хулуу
호리호리한 нарийхан, нимгэн
호리호리한(마른) горзгор
호명 гэдэг
호박(琥珀) хув(ан)
호박색 хув(ан)
호방한 халбигар
호부(護符) сахиус
호사(사치)스럽게 지내다 тансагла|х
호사스러운 тансаг
호사스럽게 гоёмсог
호상(弧狀)의 бөөрөнхий, мондгор
호색 문학 порно
호색 хурьцал
호색의 тачаангүй, шалиг
호색한 느낌이다 тэчьяада|х
호소 дуудлага, уриалга, урма
호소하다 ханда|х
호소하여 동의를 구함(간청) гомдол
호손(蝴孫) мэч(ин)
호송하다 дагуула|х
호송하다 хөтлө|х
호수(湖水) нуур, ус; Мичиган ~ 미시간 호수(미국 중북부의 주; 略: Mich.); 미시간호 (5대호의 하나).
호수(번호) тоот, тоолол
호수(연못) 말라붙었다 тойром
호스텔 дян
호아 올리다(~을) тумлайда|х, шамла|х
호안(護岸) 공사의 섶나무 다발 бамбай
호우 аадар, үер
호위(방호)하다 хамгаалагда|х,
хамгаала|х
호위대 хиа
호위병 манаа, хамгаалагч, хиа, хуяг
호응 зохицол, тохиролцоо, хариулт
호의 있는 нинжин, цайлган
호의 ач, барилдлага, дурлал, найр, найрамдал, таалал, хайр, ханш, янаглал
호의로써 맞이하는 зочломтгой, найрсаг
호의를 가지고 기울이다 сонсо|х
호의를 보이는 аятай, элэгсэг
호의를 보이다(~에게) долдгоно|х, залра|х, илбэрэ|х
호의적인 ачит, ачтай, ялдам
호이스트 өргөгч, өргүүр
호인인 ялдамхан
호저(豪豬) зараа(н); далайн ~ 성게; дагуурын ~ 호저(豪豬); дэлдэн ~ 나귀 같은 호저
호적수 чудэнз
호전 засрал
호전(好轉)하다 дэгжээ|х, дээртэ|х, дээрдэ|х; өвчтөний бие нь дээрдэж байна 병자(환자)는 호전되다
호전가 тэмцэгч
호전적 зодолдооч, зодоонч
호전적이다 хөгсий|х
호전적인 사람 дайчин
호주(戶主) данжаад
호주(豪酒)(알코올 중독자) архичин
호주머니 карман, өврийн, халаас
호출(장) дуудлага
호출기(機) асуугч
호출하다 дуудла|х
호치키스의 철(綴)쇠 үдээс
호텔(극장 등의) 식당 ресторан
호텔(백화점 의) 문 열어 주는 사람 үүдэч
호텔의 포터 дамнуурчин
호텔의 포터 зөөгч; хоол ~ 웨이터, 웨이트리스; ачаа ~ 항만 노동자, 부두 인부; шуудан ~ 우편물 집배인,

우체부.
호통쳐서 침묵케 하다 ули|х
호통치다 архира|х, бархира|х, данги-на|х, зандра|х, орхиро|х, хүрхрэ|х, чарла|х, аашла|х; намайг буу аашил наэгэ ~을 욕하지 않다
호평 алдар, нэр, төр
호행난주(胡行亂走)하다 дошгиро|х
호형(弧形) нум(ан)
호형(弧形)으로 구부리다 мата|х
호혜적인 харлцан
호화 жавхлан
호화로운 тансаг
호화로운 생활 하다 элбэг дэлбэг амьдэг
호화롭게(화려하게) 보이다 эрээлжлэ|х
호흡(숨) амьсгаа, амьсгал; ~ гүй сүм을 거든, 생명이 없는; хиймэл ~ 인공호흡; ~ ын эрхтэн 폐, 허파, 인공심폐(장치); хөхтөн амьтдын ~ ын горим 포유동물들의 호흡기 계통;
호흡에 의해서(혈액에) 산소를 공급하다 агааржуула|х, хийжүүлэ|х
호흡을 곤란하게 하다 бутэ|х
호흡하다 амьсгала|х; цэвэр агаараар ~ 신선한 공기로 호흡하다(숨을 쉬다); би амьсгалж чадахгүй байлаа 호흡 할 수 없다, 숨 쉴 수 없다
혹 булуу(н), сэлхрээ, яр
혹(덩어리) дохигор
혹(종기, 부스럼) бөөм
혹같이 둥글게 되다 монтой|х, монцой|х
혹같이 둥글게 된 монгор; ~ хун 큰 혹(덩어리); ~ тос 버터 덩어리
혹독한 хахуун
혹사하다 гэгээ|х, цээрлүүлэ|х
혹시 магадгүй
혹은 болзошгүй, эсхүүл
혹은(~이나—) аль(алин)
혹의 монгор

혹이 많아지다 монтой|х, монцой|х
혹이 많은 монцгор
혹평 буруушаал
혹평했다 алгадуула|х: алгадах
혹한(酷寒) тасгим хуйтэн
혹함 ташаарал, төөрөгдөл
혼내주다(~을) гэгээ|х, цээрлүүлэ|х, шийтгэ|х
혼돈 анархи, солио, хямралдаан, эндүүрэл
혼돈된 замбараагүй
혼돈하다 төөрөгдө|х
혼동 будлиан, бужигнаан, самуурал, сандрал, үймээн, ээдрээ; ~ хуттах 혼합하다, 뒤섞어 놓다;
혼동(혼란)하다(~을) бэгтрэ|х, бужигна|х, самуура|х, үймэлдэ|х
혼동하다 андуура|х, андуурагда|х, баларта|х, будлиантуула|х
혼란 багтраа, будлиан, мөлтөрхий, мэгдэл, самуурал, сандрал, түйвээн, тулгам, уйл, хөл, хямралдаан, эндүүрэл, ээдрээ; ~ уймэн 북적댐, 법석, 소동, 떠들썩함
혼란(동요.당황)한 мэгдүү
혼란(상태) бужигнаан, булингар, маапаан, солио, үймээн
혼란(케)하다 бажгада|х, балмагда|х, тулгамда|х
혼란(혼동)시키다 соли|х
혼란되어 있다 солилдо|х
혼란된 생각(논지) будлиан, маапаан, самуурал, солио, эндүүрэл, ээдрээ
혼란된 самуун, тонгоруу
혼란상태 будлиан
혼란시키다 баларта|х, будли|х, будли|х, бужикнуула|х, дошгиро|х, мунгина|х, тавгүйтуулэ|х, түйвэргэ|х, тулгардуула|х, үймүүлэ|х
혼란에 빠지다 маапаанта|х, түйвэ|х, түйвээ|х, үймүүлэ|х, хямра|х, эдрээтэ|х
혼란의 당분간(은) тулгам
혼란하다 гөлгөнө|х, зазгада|х, эдрээтэ|х

혼란한 булингар, замбараагүй
혼색 холиос, хольцоо
혼선 контакт
혼성물 эрлийз
혼성어 холиос
혼성의 алаг,
багсармал, зуурмал, нийлмэл, холилд-мол, холимог, холимол, хольцоотой, эрээн; ~ тахь (얼룩말처럼) 무늬가 있는; ~ морь 얼룩말; ~ унээ 얼룩소; ~ цоог 여기저기, 가지각색의; ~ булаг 화려한, 우아한; ~ хив/хадаг 몽골인의 무늬 실크 스카프(목도리); ~ нудэн цэцэг 팬지, 여자같이 간들거리는; ~ узэх 식별하다, 차별 대우하다, 한쪽에 치우친; ~ нуд 갈색 눈동자; ~ зурх 연인, 애인; ~ шухэр 무늬의 우산; ~ хорвоо 세계, 세상; ~ мах 살코기; ~ шавар 혼합점토(粘土), 찰흙
혼성화 монтаж
혼을 빼앗는 дурлам
혼자 삶 даяан
혼자 이발을 하나 тэвэг
혼자 하는 гоцлол
혼자 흡족해하며 тавлангүй
혼자 힘으로 өөрөөр нь
혼자 힘으로 나가는(행동하는. 살아가는) гагцаар, ганц
혼자 힘으로 느끼다 ганцаарда|х
혼자(독신)의 ижилгүй; хань ~ хун 독신자의 사람
혼자서 нанцаараа; би ~ суудаг 홀로 외로이 살다; ганц ~ байх 완전히 혼자서; цар ~ 혼자 힘으로.
혼자서 많은 일에 관계하고 있는 사람 дилер
혼자서 있다 ганцаарда|х
혼자의 ганц, ганцагчин, гань, гэрлээгүй, оорцог; ~ бие хун 미혼(독신) 남자, 짝 없는 남자; хуний ~ хуу 독자; ~ тоо 단수(형); 단수형의 말; ~ бөхтэй тэмээ (승용의) 단봉(單峯) 낙타; ~ би ч биш 나뿐만 아니라; ~ нэг 유일한, 하나밖에 없는, 단 하나의
혼잡 бужигнаан, тунтгар, хөл
혼잡의 한때(는) тулгам
혼잡하게 하다 нившрэ|х
혼잡한 зайгүй, замбараагүй, хольцоотой
혼중성(昏中星) Сугар
혼척(婚戚) хадам
혼탁 булингар; ~ шар айраг 탁한 맥주.
혼탁도 булингар
혼탁한 булингар, булингартай
혼탁해지다 булингарта|х
혼합 비료 ялзмаг
혼합 холилт, холиос, хольцоо
혼합(물) холилт, хольцоо
혼합(혼화)하다 багсра|х, зуура|х, холигдо|х, холилдо|х, хутгалда|х
혼합기 холигч
혼합되다 багсра|х, холи|х, хутга|х
혼합물 бөөгнөрөл, зуурмаг, хайлш, холимог, холимол, холиос, хольц, хольцоотой
혼합물의 성분 холио, хольц
혼합주(混合酒) коктейль
혼합하는 사람 холигч
혼합하다 будли|х
혼혈아 эрлийз
혼혈아를 낳게 되다 эрлийзжүлэ|х
혼혈아를 낳다 эрлийзжи|х
혼혈의 булингар, нийлмэл, эрлийз
혼화(混和) холилт, холиос, хольцоо
홀 коридор
홀딱 빠진 солиорсон
홀로 외로이 нанцаараа
홀로 직능을 실행하다(성취하다) дагна|х; мэргэжлээ ~ 전문으로 다루다(하다), 전공하다
홀로 터벅터벅 걷다 гэлдрэ|х
홀로(혼자서) гагцаар; гагц ~ 하나(한 사람)씩(차례로).

ㅎ

홀리다(~에) увдисла|х, шохоорхо|х
홀수(기수)가 되다 сондгойро|х
홀아비 бэлэвсэн
홀아비가 되다 бэлэвсрэ|х
홀짝이다 шимэ|х
홀쭉(가느다란,가날픈, 날씬한)하고 똑바로선(수직으로) 나타나다(보이게 되다) ганай|х
홀쭉이 гунжгар
홀쭉하게 되다 гувчий|х
홀쭉하고 경쾌하다 жавхалза|х
홀쭉하고 경쾌한 жавхгар
홀쭉한 타원체 зуувандуу
홀터 ногтло|х (어깨에 끈이 달리고 잔등과 팔이 노출된 여자의 운동복·야회복)
홈 자국 гурви
홈(문지방.레코드판의) гурви, заадас
홈(밑홈)을 파다(내다)(~에) говилдо|х, говилто|х, ховилдо|х
홈(V자 모양의) торомж
홈통 даруул
홍당무 лууван(г)
홍소(哄笑)하다 инээ|х
홍수(洪水) ус үер, үерлэл, халимал
홍수(부기가) 빠지다 намда|х, хари|х
홍수(폭풍우.유행병이) 가라앉다(자다) саара|х; э вчин ~ (통증이) 가라앉다
홍안의 ягаан, ягаахан
홍역 корь
홍예 нум(ан)
홍옥(紅玉) бадмаараг, нал эрдэнэ, хатиг
홍옥수(紅玉髓) бөртэ яргай
홍조 opoo
홍조를 띠다 улалза|х, халуура|х
홍차 унд, цай
홍합 хясаа
홀의 ижилгүй
화(노염) хилэгнэл, хилэн, уур
화가 будагчин, зураач
화가 가득하다 уурса|х
화가 나 있다 унту

화가 나 있다 унтра|х
화가 나다 уцаарла|х
화가 치민 галзуу, уургтай
화가 치민다 хилэгнэ|х
화강암 боржин (석영·정장석·사장석· 운모 등을 주성분으로 하는 흰색의 심성암(深成岩) 단단하고 아름다워 건축이나 토목의 재료 또는 비석의 석재 등으로 많이 씀)
화경(花梗) иш, шилбэ ; цэцгийн ~ 꽃의 줄기, 꽃대.
화골(化骨) ясжилт
화관 титэм
화기(火器) буу; ~ зэвсэг 화기(火器), 무기
화기(火器)에 장전하다 сумла|х
화나는 тачьяадам
화난 хийжүүлсэн
화내다 горой|х, унтууца|х, уурса|х, хуйсалза|х
화농(化膿) идээр
화농(化膿)하다 идээрлэ|х
화덕 зуух, пийшин
화란자운영(和蘭紫雲英) хошоонгор
화려 жавхлан
화려하게 гоёмсог
화려하게 꾸민(장식한) гоёмсог, одонт
화려하게 꾸며서(멋부려) 쓰다 бадруула|х
화려하게 하다(되다) бадра|х, бадруула|х, дэлбээлэ|х
화려한 гэрэлт, гялгар, гялтай|х, гялтгар, ёсорхог, тансаг, язгууртан
화로 хоовон
화류병(花柳病) тэмбүү
화를 낸 уургтай
화를(성을) 내다(~에게) аягуйцэ|х
화모니 эв
화목하다 нууги|х
화목한 нийлэмжтэй, үвтэгш, уянгалаг
화물 ачаа, зөөвөр; ~ тээш 수화물; ~ бараа 화물, 선하(船荷); ~ хэ сэ г낙타를(소, 황소, 말) 통한 운송

화물(상품); ~ тээвэр 화물 운송, 적하 위탁 화물; ~ны тэрэг 화물 자동차, 트럭; ~ ачих 짐을 싣다; ~ ачих хэ сэ г 짐승에 선적하다; ~ны хом 낙타에게 짊어지우다; ~ хэтрүүлэх 과적재 하다, ~에 짐을 너무 많이 싣다;~ буулгах 짐을 부리다
화밀(花蜜: 꿀) бал
화보 зурагт
화부 노릇을 하다 өрдө|х
화분 ваар
화분의 받침(접시) дийз, пял; ~ таваггай мах 고기의 접시.
화사한 шижгэр
화산암 лаав
화산에서 분출한 бялхмал; ~ чулуулаг 분출암(噴出岩).
화산재 үнс(эн)
화산재(의 얼룩) чандруу
화산재로 덮어지다 үнстэ|х
화살 сум(ан)
화살(낚시 바늘 등에) 미늘이 있는 сахалтай
화살로 활을 쏘다 харва|х
화살의 벤자리 아래 상처에 실크 실로 꿰매다 тором
화살촉 зэв
화살통 саадаг
화상 түлэнхий, шалзархай
화상(부스럼)의 상처자국 сорви
화상(畫像) хөрөг, баримал
화상(畫像)이 입자가 거친 иржгэр
화상의 상처자국(흉터) халанхай
화석 чандар
화석의 малтмал; ашигт ~ 광천수, 탄산수, 청량음료; нүүрс төмрийн хүдэр хоёр бол ашигт ~ мөн 석탄과 철은 광물이다; ашигт ~ын ордууд 광물 매장량
화선(畫線) шугам
화성(火星), 형혹성(熒惑星) 마르스(Mars) Ангараг, Мягмар (火星: 태양계의 넷째 행성《지구 바로 바깥쪽을 돌며 공전 주기 1.8년, 자전 주기는 24시간 37분여, 적도 반지름은 3,397 km, 두 개의 위성을 가지고 있음》)
화성 найрал, хөг
화성(和聲) зохирол
화성의 үвтэгш, яруу, яруухан
화성의 소리(음, 음향) аялгуу
화신(火燼) нурам, нурма
화신(化身) орчлон, тодро|х
화약 хүхэрлэг
화약을 너무 많이 장전했다(~에) түүртэ|х
화염 дөл
화요일 Мягмар
화원(정원)이 준비되어(갖추어져) 있다 цэцэрлэгжүүлэ|х
화원(花園) цэцэрлэг; жимсний ~ 과수원; хүүхдийн ~ 유치원.
화원의 공급 цэцэрлэгжилт
화음 симфонии
화장사 боогч
화장실 жорлон
화장실로 가다 бие засах
화장실이 어디에 있습니까? бие засах газар хаана вэ?
화장용구사 боогч
화장하다 чандарла|х
화재 түймэр
화재를 소화시키다(진화하다) унтраа|х
화재를 진화하다 унтраа|х
화재에 의한 폐허 үнс(эн)
화제 агуулга, өгүүлэмж, сэдэв
화제(토픽.논제.제목)에 대하여 말하다 хэлүүлэ|х
화제(토픽.논제.제목)를 깊이 생각하는 судлагдахуун
화주(火酒) спирт, хорз
화창하다 тоддо|х
화창한 саруул. урьхан; ~ салхи 산들바람
화창한 날씨 урин дулаан

- 721 -

화초(花草) хуар, цэцэг
화초 재배자 цэцэгчин
화친 эе
화통(火筒) зүтгүүр
화판(畵板) үлгэр
화폐(경화·지폐를 포함) валют, зоос; сохор ~ны үнэгүй 가치 없는, 2센터의 값만큼의 분량도 없는; ~ зуй 화폐학; ~ын ханш 환(換) 시세; гадаадын ~ 외화통용(유통); хатуу ~ 경화(硬貨), 금속으로 주조한 화폐; үнэт цаасны ~ 지폐의 유통
화폐(편지를) 옷 갈피(따위)에 넣어 꿰매다 ширэ|х
화폐의 단위 дэвсгэр
화폐의 통용(유통) гүйлгээ, валют
화필 бийр , пагс, багсбудгийн ~ 화필(畵筆), 그림붓,
화하게 하다 туйлшра|х
화하다 туйлшра|х
화학(化學) хими
화학비료 бордо, өтөг
화학 합성(혼합)물 нийлэл
화학(생물) 효소(酵素) фермент
화학(전기) 중화하다 саармагжуула|х
화학의 레토르트 мунан шил
화학자(化學者) химич .
화합 зохицол, найр, найрал, нийлэмж, нийс, нийц, нэгдэл, тохироо, хэц, эв, эе; ~ тавих, ~ өгөх ~에게 양보하다, 타협 (화해.절충)하다; ~ засах ~에 찬성하다; тэр миний хүүтэй ~тай сайн байдаг 그는 나의 아들에게 우호적이다; хайр ~гүй 무자비하게, 냉정하게, 잔인하게.
화합물 найрлага, нийлэл, холио, хольц
화합시키다 найралда|х, эвлэ|х
화합이 안 되는 нийлэмжгүй
화합하게 하다(~와) нийцүүлэ|х
화합하다 зохилдуула|х
화해 буулт, тохнил, эе
화해(화친)하다 эврэлзэ|х

화해되었다 сайда|х
화해시키다 зуучла|х, найрамда|х, сайдуула|х, эврэлүүлэ|х; бугд ~ улс 공화정체, ~사회; бугд ~ нам 공화당원
화해할 수 없는 эвлэршгүй
화환(직물 따위를) 엮다(짜다) бурзай|х
화훼(花卉) цэцэг
화훼(花卉) 장식 хуар
확   발화하다(불붙다)   гилбэлзэ|х, гялба|х, гялсхий|х, жирсий|х, улбалза|х, яралза|х
확 불붙다(타오르다) бадра|х, дүрсхий|х, хэнтэглэ|х
확 타오르게(불붙게) 하다 дүрэлзэ|х, хэнтэглэ|х
확 터지는 발화 гялбаа
확고부동한 мөчөө гөө өгөхгүй, мятрашгүй, туушгай
확고한 бат, зоримог, тогтуургай, хөдөлшгүй, хэлбэрэлтгүй, шийдэмгий; ~тай эх сурвалж 확실한 소식통; ~ иттэх 확고한 믿음; ~ иттэл бишрэл 굳은 신념, 굳센 믿음.
확대 өргөттөл, тэлэлт
확대(증대.확장)되다 томсо|х, томро|х
확대(증대.확장)하다 өргөжүүлэ|х, өргөтгө|х, томро|х, томруула|х, томсго|х
확대(한 것) ихэсгэл, өсгөлт
확대경 өсгөгч
확대기 өсгөгч
확대하다 чангаруула|х
확립 баиалгаа
확립되다 нотлогдо|х
확립하다 байгуула|х, тогтоо|х; шалт-гааныг ~ 사고(재난)의 원인을 결정하다; холбоо ~ ~와 교통(통신)하여 확립하다; би уунийг хананд хадаасаар тогтоов 나는 못(핀)으로 고정하다; уулзах цагаа тогтооё 미팅(회합)시간을 결정 합시다; үнэ ~ 가격을 결정하다; зуун долларын цалин ~ 급료를100$에 결정; ой тойндоо ~ 자신의 기억(마음)

에 새기다(남기다); дээд амжилт ~ 기록하다; цус ~ 출혈이 멈추다;

확립했다 барилгажих

확산 тархац

확산된 сарниу

확성기 микрофон, өсгөгч

확신(확정.확립) батламж, баримтлал, иттэл, итгэмжлэл, найдвар, найдлага, трест, үнэмшил

확신(확인)하다 батла|х

확신시켜 안심시키다 батла|х

확신이 없다 гоомойто|х

확신하고 있는 гарцаагүй, итгэмжтэй

확신하는 гэгч, зайлшгүй, итгэмжтэй, наашгай, чамлалтгүй, эерэг; ~ алхам 확신하는(전망이 밝은) 걷다(스텝); таныг Мандах ~хун асууж байсан 당신에게 청구하는 대로 만다흐는 확신한다; сайн ~ийн хун 아주 좋은 사람으로 확신한다.

확신하는(~을) яалт ч үгүй

확신하다 итгэмжлэгдэ|х, лавла|х

확신하다(~을) үнэмши|х, үнэмшүүлэ|х

확실(확립)되다 тогто|х

확실성 буйр

확실치 않은 маргаантай, хараахан

확실한 алдаагүй, андахгүй, баарагтүй, будлиангүй, буйртай, дамжиггүй, итгэлтэй, магад, мадаггүй, найдвартай, ортой, тодорхой, түшиггэй, үнэмлэхүй, хэлцээгүй, чамлалтгүй, эерэг; ...талаар надад ~ мэдээлэл бий 나는 그 정보를 믿을 수 있다; ~ үнэн 불변의 진실.확실한 소식통으로부터의 뉴스 авсан мэдээ; ~ биш 의심스러운, 의문의 여지가 있는

확실한 정세(상황) байдалтай

확실한 주위의 상황(형세) байдалтай

확실한 확신(신념)(~에게) үзэлтэн

확실히(꼭) баарагтүй, байлгүй, гарцаагүй, жаа, заа, зайлшгүй, илтэд, лав, лавтай, магад, мөн, мэдээж, нээрээ, товтой, тод, тодорхой, үнэхээр, үнэхээрийн, чухамхүү, эрхгүй, яггүй; тэр ~ шуу 그것은 진실이다; ~юу? 실로(참으로)?; ~ сайн морь 그것은 확실히 좋은 말이다; би ~ мэдэхгүй 나는 진실로 모른다; ~юу, худлаа юу? 진실 (참) 또는 거짓(허위); ~ ухах 깊이 파다; тэр ~ мэднэ 그는 확실히 안다; лавы нь олох 모든 범행들을 찾아내다; чиний англи явах чинь ~ уу? 당신이 영국으로 가는 것이 사실이다; тэр бусгүй угэндээ ~ 그녀의 말은 사실이다

확실히 다짐 해 두다 лавла|х; би зогсоол хаана байдгийг лавлая 나는 그 위치에서 발견하다; тэр галт тэргэ хэзээ ирэхийг лавлаж байв 그는 기차가 도착할 때를 문행했다; ~ товчоо (역의) 안내소; ~ бичиг 참고서적(사서·백과사전·지도); утасны ~ 전화번호 책.

확실히 대답하는 уриалагхан

확실히 하기 баиалгаа

확실히 하다 батлагда|х, нотло|х

확실히 하다(~을) баталгаажих, даа|х

확언(단언)적인 эерэг

확언하다 баталгаажих, мэдүүлэ|х, өчи|х

확언한 чамлалтгүй, эерэг

확연한 ил, илт; ~ гаргах 돋보이게 하다, 잘 보이다; ~ хэлэх 숨김없이 (솔직하게) 말해라; санал ~ хураах 공개투표; ~ захидал 우편엽서 ~ болох (숨겨졌던 것을) 드러내다

확인 баиалгаа, магадлал, хяналт

확인(다짐)하다 лавла|х, үнэмшүүлэ|х; би зогсоол хаана байдгийг лавлая 나는 그 위치에서 발견하다; тэр галт тэргэ хэзээ ирэхийг лавлаж байв 그는 기차가 도착할 때를 문행했다; ~ товчоо (역의) 안내소; ~ бичиг 참고 서적(사서·백과사전·지도); утасны ~

전화번호 책.
확인(확증)된다 тогто|х
확인되다 нотлогдо|х
확인하다 магадла|х
확인할 수 없는 тодорхойгүй
확장 өргөтгөл, өсгөлт, томролт, тэлэлт
확장(확대.확충)하다 алслагда|х, өргөжүүлэ|х, өргөжи|х, өргөтгө|х, өргөтгөл, тэлэ|х, чангаруула|х
확정 баиалгаа, тодорхойлол
확정적인 тодотгогч
확증(확인) баиалгаа, батламж
확증적인 사실(진술) баиалгаа
확증하다 батлагда|х, нотло|х
확취(攫取) дээрэм
환(環)(고리) буслуур, дугариг, төгрөг, цагариг
환각 жирвэнүүр, сүг
환경 аяс, байдал, байц, нөхцөл
환경(입장·조건에) 처해있는 дорхи
환관 агт, тайган
환급하다(~을 팔아) борло|х
환기(법) агааржуулалт
환기가 나쁜 хийгүй
환기창 салхивч
환기통 салхивч
환기팬(fan) салхивч
환기하다 уда|х
환돈(獾㹠) гангис, мангис, ханьс
환돈(獾㹠)의 새끼 ганьс
환등(기) дэнлүү
환락 даргиан, зугаа, наргиа
환상 жирвэнүүр, сэтгэмж
환상(공상)에 잠기는 зөгнөлт
환상적인 зөгнөлт
환생 орчлон, хувилгаан
환승역 улаач
환심을 사다(~의) долгоно|х, долдойдо|х, долигоно|х, нахи|х
환심을 사려고 하다(~의) царайчла|х
환어음 вексель

환언 орчуулга
환언하다 орчуула|х, хөрвүүлэ|х
환영(幻影) жирвэнүүр, сүг
환영(의 말) мэнд
환원 цомтгол
환원제 ангижруулагч
환원하다 амилуула|х: амилах
환자 өвдөгсөд, өвчтөн; эмч ~дэ э орноосоо босохгүй байхыг зааварлав 그 의사에 교육을 받은 환자는 침대에 남아 있다
환자 등에게 주는 묽은 죽 зутан(г)
환자용 바퀴 달린 의자 тэргэнцэр
환전기(機) ченж
환전되다 битуулэ|х
환전상 ченж
환희 бахдал, баяр, хөөр
활 нум(ан)
활 제작자(제조업자) нумч
활고자 тийрэг, торомж, хоног, хэрчлээс
활공하다 гулга|х
활기 амьдрал, бяр, тамир, эрчим; ~ын аар саар юм活기가 거의 아무것도 없다; идэвхтэй ~ (공무 따위로) 바쁜 생활; ~ын тувшин 생활의 기준; тэр гайхамшигтай ~ туулсан 그는 놀랄 정도의(굉장한) 삶을 살았다; Ангараг гариг дээр ~ бий юу? 화성에도 생명이 있습니까?; ~ д алдах юм нь бага бол олох юм нь зовлонгүй 경영하지 않으면 아무것도 잃을 것이 없다
활기 넘치고 북적거림 хөл; ~ уймэн 북적댐, 법석, 소동, 떠들썩함
활기 띠다 булээцэ|х
활기 없는 амттуй, баргар, бодолгуй, ёлбогор, налимгар
활기 없다 ёлщой|х, үлхий|х
활기 있게 되다 идэвхши|х
활기(생기.정력.체력.활력)가 없는 бяргуй, идэвхгүй, улцгар, үхэнги

활기(원기) 있는 амьд; ~ өртөнц 활기찬 세계, 살아 있는 듯한 세계; ~ яриа/маргаан 활발한 토론; ~ жишээ 구체적인 예(예.보기.실례.예증): 실재적인 견본; ~ хэл 현대어, 살아있는 언어; ~ амьтад 살아있는 생물; ~ улдэх 살아남다; 목숨을 부지하다, 잔존하다; ~ мэнд 무사히, 탈 없이; ~ын жин 생체 중량; ~ цэцэгс 자연 꽃, 생화; нэг ч ~ амьтан харагдахгүй байв 그것은 영적인 삶이 아닌 것이 눈에 보인다; ~ хүн 활동적인(능동적인) 사람; ~ байгаль 생물권(圈); ~ булуур 피스톤; ~ сонин 풍자, 빈정거림, 신랄한 비꼼.
활기띠다(띠우다)гялбалза|х, шижигнэ|х
활기를 띠게하다 амила|х, амьдруула|х
활기를 잃다 тогтонгиро|х
활기를(기운을) 북돋우는 амьдруулагч
활기없게 되다 үлбий|х
활기없는 нялщгай, нялцгар, үлбэгэр, улжгар, хэлхгэр, цонхигор, цулщгар
활기없다 хулчий|х
활기찬 곡 өөдрөг
활기찬 гав шаа, гялбазүүр, оргилуун, тэнхлүүн, шалмаг
활동 ажиллагаа, идэвх, идэвхилэл, кино, үйлдел, хөдлөл, хөдөлгөөн, явалт; үйл ~ 행동, 행위; хууль бус үйл ~ 불법(위법)행위; байлдааны үйл ~ 군사행동(작전), 호전적인 행위; хамтын ~ 협력, 협동; зурхний ~ 마음으로 행하다; ~ зуптэл 활동, 활약;~ сайтай 활동적인; ~ санаачлага 진취적 기상; ~ гаргах 활동적이다
활동 범위가 약 **30km**의 중계 시스템 өртөө
활동(관심)의 초점 голлолт
활동(평복)의 туршуулч
활동력이 없는 налай|х, үхээнц
활동력이 없다 назгайра|х
활동무대 тайз

활동불능(의 상태) гараг; ~ өвчтэй хүн 마비(중풍) 환자.
활동영역 талбар
활동이 지연하다 уягда|х
활동적이 되다 идэвхжи|х, идэвхши|х
활동적이 아닌 идэвхгүй
활동적이다 гялалза|х, шижигнэ|х
활동적인 작은 곤봉(방망이) ёвуур
활동적인 годгонуур, гүйлгээтэй, гялбазүүр, залхуугүй, идэвхтэй, сарьдаг, тухгүй, шалмаг, шуурхай
활동치 않는 дампу, сортоогүй
활동하게 되다 идэвхжи|х
활동하게 만들다 хөдөлгө|х
활동하고 있는 явуут
활동하는 гялбазүүр, залхуугүй, идэвхтэй, шалмаг; ~ оролцох ~에서 활약하다.
활동하다 оморхо|х, шижигнэ|х
활동하여 амьдаар
활동하지 않다 дугжра|х
활력(힘.생기.기운) амьдрал, бяр, тамир; ~ орох 체력을 얻다; ~ дойротох 연약해져가다; ~ муутай 무력함을 느끼다; биейин ~ 육체(신체)의 훈련, 체조, 체육; дотуур ~ 악의, 해할 마음, 심술 굳음.
활로 현악기를 연주 хуучир
활모양으로 휘(어지)다 бөхий|х, нахисхий|х
활모양의 것 хил
활무대 тайз
활치 못하게 되다 мятра|х
활치 못한 баргар, бодолгүй
활발하게 움직이다 даналза|х
활발하게 토론(논쟁.논의) 하다 хөөрөлдө|х
활발하게 하다 гялбалза|х, урамшуула|х, цочроо|х
활발하고 тэнхлүүн
활발하여 амьдаар
활발하지 못하다 назгайра|х

활발하지 않은 дампу, сортоогүй
활발한 움직임 идэвхилэл
활발한 토론(논쟁) хөөрөлдөөн
활발한 гав шаа, гялбазүүр, данагар, оргилуун, өөдрөг, сувд, сэгээ, тамиртай, шалмаг
활발해지다(하게 하다) шижигнэ|х
활발히(팔팔하게, 세차게) 문지르다 (비비다, 마찰하다) нидрэ|х
활보하다 алха|х
활수한 өгөөмөр, халбигар
활시위 хөвч
활시위 같이 당기다(끌어당기다) хөвчрө|х
활시위 같이 줄(어 들)다 хөвчрө|х
활약 ажиллагаа, идэвх, идэвхилэл; уйл ~ 행동, 행위; хууль бус уйл ~ 불법(위법) 행위; байлдааны уйл ~ 군사 행동(작전), 호전적인 행위; хамтын ~ 협력, 협동; зурхний ~ 마음으로 행하다; ~ зутгэл 활동, 활약; ~ сайтай 활동적인; ~ санаачлага 진취적 기상; ~ гаргах 활동적이다
활용하다 ашигла|х, зарцуула|х, мөлжигдө|х, мөлжүүлө|х, хэрэглэ|х, эдлэ|х
활을 당기다 нумла|х, тонгойлго|х
활의 길이로 재다 нумла|х
활의 사수 сурчин, харваачин
활자를 짜넣기 위해(인쇄판을)도려내다 углуургада|х
활자의 밑홈 ховил
활주 гулгалт
활주(이동) гулсал
활주(활공)하다 гулса|х, гулга|х
활주시키다 ивэ|х, халтира|х, хөлбөрө|х
활줄 хөвч
활짝 연(창, 문) даравгар, мэлцийм, сартгар
활짝 열다 язра|х
활짝 핀 цэцэглэлт
활차(滑車) арра, даммар

활처럼 휘어지다(구부리다) нумла|х
활촉 зэв
활투(活套) тийрэг
활활 타는 듯한 алт, гал
황 хүхэр, сульфат(黃: 비금속 원소의 하나. 황색·무취의 파삭파삭한 수지 광택이 있는 결정. 화약이나 성냥 등의 원료로 널리 쓰임. [16번: S:32.064])
황갈색 хув(ан)
황곡(黃鵠) хун
황금 алт(ан)
황금빛의 독수리 ёл
황금빛의 алт(ан)
황금처럼 빛나는 алт(ан)
황급한 давч, яаруу, яаруухан; яаруу ~ 다급하게; ~ ухзантай 아주 영리하지 않은 구관조(九官鳥)
황급히 서두르는 가벼운 식사 зууш
황녀(皇女) гүнж, ноёхон
황달에 걸리다 шарла|х
황동(黃銅: 유철) гууль
황량한 상태 хаягдмал
황무지 бамбалзуур, говирхог, говь, цөл
황산 байван (黃酸: 무기산(無機酸)의 하나. 무색무취의 끈끈한 기름 모양의 액체로서, 산성이 강하여 금과 백금을 제외한 대부분의 금속을 녹임. 공업상 용도가 넓음.)
황산염 байван (黃酸塩: 황산 중의 수소 원자의 일부 또는 전부를 금속 원자로 치환하여 얻는 화합물의 총칭.)
황새 өрөвтас (갓난아기는 이 새가 갖다 주는 것이라고 아이들은 배움/ 황샛과의 새. 백로와 비슷함. 편 날개 길이 약 66cm, 몸 빛은 순백색, 부리는 흑색, 다리는 암적색임. 물갈퀴가 있고 다리가 길어 물 위를 잘 걸음: 관(鶴).관조(鶴鳥).백관(白鶴).부금(負金).조군(早君).흑구(黑尻):해오라기).
황색(黃色) шар; ~ э нгэ 노란색, 황색; ~ цэцэг 노란색 꽃; ~ болох 노랗게 되다
황색을 띤 шаравтар, шаргал
황소 хор шар
황소(수탉)의 거무스름한 꼬리털을

길게 끌다 салмаа
황어(黃魚) жараахай, хилэм
황옥 молор (黃玉: 플루오르와 알루미늄을 함유한 규산염 광물. 사방 정계에 속하는 기둥 모양의 결정을 이루며, 투명 또는 반투명하고, 붉은빛·푸른빛·초록빛·누런빛 따위를 띰. 가루로 만들어 유리 연마재로 쓰며, 아름다운 것은 보석으로 씀)
황의 хүхэрлэг
황제 хаант, хуандий
황제(皇帝: 황후) 사위의 옛 이름 тавнан
황차 улам
황천(죽은 사람의 혼이 있는 곳) там
황초 луйл, суусар, үен
황충(누리.비황(飛蝗).황충이) дэвхрэг, царцаа
황태자 ван(г), тайж, хуантайз
황태자의 왕관 хунтайж
황토 сарни, зос
황토로 물들이다(~에) зосдо|х
황토색 сарни, зос
황폐 дэл сул байдал, үгүйрэл, үгүйрэл
황폐케 하다 өлөнгөттө|х, цөлмө|х
황폐하게 하다 сүйттэ|х, цөлмө|х
황폐하다 балра|х, бусни|х, талагда|х, үгүйрэ|х
황폐한 биегүй, гарзар, навсгар, эцэнхий
황폐해진 물건 тамтаг
황혼 үдэш
황혼 때 бүрэнхий, үдэш
황홀 багтраа
황홀케 하는 дурлам
황홀케 하다 увдисла|х
황홀한 халанги
황홀한 기분 зүүд(эн)
황홀해지다 багтра|х, увдисла|х
황홀히 쳐다보다 өвөрчлө|х, ширтэ|х
황화만절(黃化晩節) удвал
홰 хонуур
홰를 쳐 때를 알리다 гоогло|х; тахиа ~ 암탉이 꼬꼬울다.

홱 몸을 피하다(살짝 비키다) булзаара|х, булта|х
홱 피하다 булта|х
횃대(새의) алгана
회(灰) нурам, нурма, үнс(эн)
~회 үдэшлэг, нийгэмлэг, нийллэг
회개 гэмшил, наманчлал
회개기도 золиос
회개하다 наминчла|х
회견(방문.탐방)기(記) сурвалжлага
회견(회담)하다(~와) булхайца|х
회계 감사하다 байцаа|х
회계 담당자 санч
회계원 касс, санч
회계원(관) ня-бо
회고(회상)하다 бодо|х
회고하다 сэтгэ|х
회교 ислам
회교사원(回敎寺院) лалын сум
회교의 лалын мөргөтөө
회교주의 лалын шашин
회기 суугаа, чуулган
회담 зөвлөдгөөн, конференц, хурал, хэлэлцээ(н)
회담자 ярилцагч
회답 таавар, хариу
회답(응답)하다 өчи|х
회당 дацан(г), сүм
회랑(回廊: 통로) гудам, коридор, хонгил
회반죽 гоюу, шаваас, шохой
회반죽으로 깁스하다(~에) шохойдо|х
회반죽을(모르타르를) 바르다(~에) шаварда|х, шохойдо|х
회복 буцалт, домнолго, харилт, өгөөж
회복하다 ана|х, тэхэл, эдгэ|х; өвчин анаж илааршсан 병에서 회복하다 (낫다)
회사 газар, компании, пүүс, фирм; хэвлэлийн ~ 출판사; хэрэг эрхлэх ~ 근무하고 있다; хувь нийлүүлсэн ~ 공동주식회사; төмөр замын ~

철도회사; худалдааны ~ 상업(통상, 무역)의 상사(회사); ~ нээх 회사를 열다(시작하다); номын ~ 출판사

회사 등의 과(課) факультет

회사 등의 국(局) факультет

회사사무실 контор

회사의 그룹 трест

회사의 컨설턴트 реферант

회상 бодрол, дурсамж, дурсгал, ой, эргэцүүлэл; тэр ~ муутай 그는 기억력이 나쁘다; ~ сайтай 기억력이 좋다; ~нд орох (어떤 생각이) 마음에 떠오르다; ~нд багтахгүй 상상(생각, 생각조차) 할 수 없는; ~ тойнд орох 마음에 새겨두다(명심하다).

회상(회고)록 дурдаттал

회색 또는 흰 얼룩이 섞인(밤색 말 따위) хонгор

회색(쥐색) бор, оог; ~ харцага 회색 송골매; ~ царайтай (피부) 거무스레한, 가무잡잡한; ~ шувуу 참새; ~ саарал 회색(잿빛)의 .

회색과 백색의 얼룩 칼라 өл

회색빛 도는 борлог

회색의 борлог, оог, саарал; ~ саарал 회색(잿빛)의; унсэн ~ 회백색

회선상의 мушгиа

회송 дамжлага, нэвтрүүлэг

회수권의 한 장 талон, тасалбар

회신(灰燼) нурам, нурма

회오(悔悟) золиос, наманчлал

회오리 바람 нөөлөг

회오리바람이 내려와 지상에 달하다 буу|х

회원 оролцогч

회원이 되다(~의) оро|х, элсэ|х

회유(回遊) аялал

회유자 эврэлгч

회음(會陰)(부) салтаа, хярзан

회의 등의 부회(部會) тасаг

회의 дамжиг, зөвлөл, коллеги, конференц, сэжиг, цуглаан, цугларалт, чуулган, эргэлзээ; хотын ~ уп(си) 의회; Аюул-гуйн ~(유엔) 안전보장 이사회

회의록 протокол

회의실 кабинет

희일(晦日) битуун, хуучид

회임(懷妊)을 못하는 хусран

회임(懷妊)을 못하다 хуcpa|х

회임(懷姙.임신.회잉)하다 уста|х

회잉(懷孕)을 못하는 хусран

회잉(懷孕)을 못하다 хуcpa|х

회장 дарга, ерөнхийлегч, тэргүүлэгч, эрхлэгч

회전 дугуй, орчил, хуйлаас, эргэлт

회전(선회.운전)하다 дугуйра|х, хөвхөлзө|х, жомбогоно|х, өнхрө|х

회전숫돌 ин(г)

회전시키다 дугууни|х, үйлзэ|х, хөвөлзө|х, хөлбөрө|х, цувих, эргүүлэ|х, өнхрө|х. эргэ|х

회전연마기 ин(г)

회전운동 эргэлт

회전하다 тонгоро|х, шамра|х, эргэ|х, эргэлдэ|х, өнхрө|х

회중전등 зерчих

회초리 туйван

회태(懷胎)를 못하는 хусран

회태(懷胎)를 못하다 хуcpa|х

회피(도피)하다 шарва|х

회피하다 болгоомжло|х, булзаара|х, дөлө|х, ороол0|х, цэрвэ|х

회합 зөвлөдгөөн, конгресс, нийгэмлэг, нийллэг, уулзалт, хамагч, хурал, хуралдаан, цуглаан, цугларалт, чуулга, чуулган

회합(합병)하다(~와) уулза|х

회합(협정.약정.협약.합의)하다(~와) тохиро|х

회화 дүрслэл, зураг, зурлага, үг, яриа, яриа хөөрөө, ярилцлага

회화(대담, 대화, 좌담) 하다 хөөрө|х

회회교 ислам (回回敎: 마호메트를 교조로 하고 유일 최고신 알라에 대한 믿음을 기초로 한 세계 3대 종교의 하나: Islam敎: 마호메트를 교조로 하고 유일 최고신 알라에 대한 믿음을 기초로 한 세계 3대 종교의 하나. 회교(回敎).)

획(쌕) 베다 хадра|х

획득 авалт, хонжвор, хонжоо

획득(조달) худалдаа бэлтгэл

획득하다 ава|х, бараажих, боло|х, оло|х, улбаала|х, хожи|х; нийлбэрийг ~ 돈을 얻다; олж мэдэх 찾아내다; малтай ~ 가축을 획득하다; туршлагатай ~ 경험(체험)하여 얻다

획득하다(~을 소유(점유)하다) авта|х; хучинд ~ (힘으로) 눌러 버리다, 제압하다

획득한 олдмол

획책(도모)하다(~을 하고자) аргала|х

횟수를 거듭하는 хөлтэй

횡격막(橫隔膜) өрц

횡단(橫斷) гарц, гаталга, огтлолцол

횡단보도(橫斷步道) гарам; гармын дохио (교차점의) 교통 신호등; олом ~ 횡단보도, 건널목.

횡단점(橫斷點) гарам

횡단점(보도) билчир, бэлчир, зөрлөг, зөрөг, олом, солби, солбицол, уулзар

횡렬 эгнээ(н)

횡령(橫領) шамшигдал

횡령 범인 шамшигч

횡령되다 шамшигдуула|х

횡령하다 шамшигда|х

횡선 гөнжүүр, хөндлөвч

횡선을 그은 солбио

횡주(橫走)하다 дошгиро|х

횡치(橫馳)하다 дошгиро|х

횡포한 дарламтгай

효과(效果) 없는 үргүй, явуургүй

효과(效果) 없이 оролдлогогүй

효과(效果) 있는 дүнтэй; үр ~ 효력 있는, 효과 있는.

효과(효력) нөлөө

효과(효력) 없는 үргүй, явуургүй, явцгүй

효과가 나타나다 голдо|х

효과를 테스트해 보다 тэнсэ|х

효과적인 амтай, иртэй, хүчинтэй, шуургхай, явцтай

효능 нөлөө

효능 있는 амтай; ~ сайн эм 특효약, 효능 있는 약

효능(잠재력)을 잃다 гөлрө|х; цай ~ 차를 끓이다; айраг ~ (젖술의) 효능을 잃다

효능(효과)을 원상태로 돌리다 тайла|х

효능이 없는 иргүй

효도하였다 ачла|х

효력 нөлөө

효력이 없는 хүчингүй

효력이 있는 дүнтэй, хүчинтэй, явцтай

효모(酵母) исгүүр, хөрөнгө

효성스러움을 보여주었다 ачла|х

효용 функц

효율적 사용 ариг, гам, хэмнэл, хямга; юмандаа ~ гамтай 검소한, 절약하는, 알뜰한

효험이 있다(~에) оролдо|х

후(지금까지)(~한) хэзээний

후각 үнэр

후각이 예민한 шонхор

후견인 асрамжлагч

후견인의 임무(지위) асрамж

후계(후임)자 залгагч, залгамж, залгамжлагч

후끈 달(게 하)다 галда|х

후두 төвөн(г), төвөнх, хоолой (喉頭: 인두(咽頭)에 연결되어 있는 기관(氣管)의 앞쪽 끝 부분. 포유동물의 공기 통로이며 발성 기관임.)

후레이! урай, ухай

후려갈기다 гөрдө|х

후렴 бадаг, дахилт

후렴의 부분 бадаг, дахилт

후릿그물 говчуур
후미(後尾) сүүл, хойт
후방(後方) сүүл, хойт
후방에 сөөргөө
후방에(으로) 끌어당기다 сой|х
후방에(으로) гэдэргээ, хойш(оо), хоцрогдмол
후방의 сүүлд
후보자 гуйгч, кандидат
후부 сүүл
후비는 물건(이쑤시개) чигчлүүр
후산(後産) буртаг, ихэс, хойтхи
후생 халамжла|х
후세에 전하다 гэрээслэ|х
후에 хааяа, хожимдол, хойшхи
후예 үр; ~ хуухэд 아이들
후원 дэмжлэг, жийргэг, ивээл, тусламж; ~ доор ~의 찬조로(후원으로).
후원(옹호)하다 дэмжи|х, дэмнэ|х, тусла|х, тэтгэмжлэ|х; санал ~ 제안(제의)을 지지하다; нэр дэвшигчийг ~ 후보자를 지지하다; ~ туспах 원조하다, 거들다
후원(옹호)하다(~에) түшиглэ|х
후원(지지)자 ивээгч
후원자 баримтлагч, дагалдагч, түшээ, үзэлтэн, хамсаатан, хань
후원하다 ивээ|х
후위 сүүл, хойт
후위(후미.후방.후부) бөгс
후음으로 발음하는 хэлгий
후음으로 발음하다 хэлгийтэ|х
후천적인 олдмол
후추 нальшим
후추나무 нальшим
후춧가루 поваарь
후퇴 доройтол
후퇴시키다 арла|х, ухраа|х
후퇴하다 буруула|х, няцах
후투티 өвөөлж (후투팃과의 유럽산 새: 후투팃과의 개똥지빠귀 비슷한 새. 나무구멍에 알을 낳고 새끼를 기름. 날개 길이 15cm 정도, 꽁지 길이 10cm 정도. 머리의 관우(冠羽)는 황갈색, 그 끝은 검음. 곤충을 잡아먹는 익조임. 오디새.).
후회 гэмшил, наманчлал, харамсал
후회(회개.참회)하다(~을) гэмши|х, наманчла|х; ~ гэмээ (과실·죄를) 고백(자백)하다; нүглээ ~ 죄를 뉘우치다.
후회의 표현하는 감탄사 халаг
후회하다 наминчла|х, харамса|х
후히 대접하는 зочломтой, найрсаг
혹 дэгээ
혹(갈고리) өлгүүр
혹(빗장) шилбэ
혹(혁대 장식) горхи; бусний ~ 벨트 버클
혹 불어버리다 хуухина|х
훈계 сахилга, сургамж
훈계(징계) 하게 되다 сахилгажи|х
훈계(징계)의 сахилгатай
훈계자 багш
훈계하다 буруушаа|х, сэргийлэ|х
훈계하다(가르치다)(~에게) номорхо|х
훈도 боловсрол, хүмүүжил, эрдэм
훈련 даруулга, дасгал, санамж, сахилга, сургалт
훈련(교수.교육)강좌 дамжаа
훈련(교수.교육)하다 захи|х
훈련(교육)하는 боловсролтой
훈련(교육)하다 бэлтгэ|х; шалгалтанд ~ 시험기간 동안 수험지도를 하다; боловсон хучин ~ 전문가를 교육하다
훈련(단련)하게 되다 сахилгажи|х
훈련(단련)하다 дадлагажи|х
훈련(상)의 сахилгатай
훈련(운동)시키다 дадлагажи|х
훈련(지식. 경험)이 없음을 나타내는 мэргэжилгүй
훈련(트레이닝) бэлтгэл
훈련되지 않은 мэргэжилгүй
훈련된 сурамгай
훈련의 сахилгагүй
훈련이 없는 дүрсгүй, дээнхийх,

задгайдуу, тавтиргүй, тамтаггүй, танхай
훈련자 жасгалжуулагч, ургагч
훈련하다 багшла|х, гаршуула|х, сахилгажуула|х, семинарла|х, урга|х, хөтөч
훈령 дүрэм, заавар, зөвлөмж, команд, тушаал, удирдамж
훈령의 командлал
훈위(勳位) одон
훈육 боловсрол, даруулга, номлол, сахилга, сургалт, хүмүүжил, эрдэм
훈육(계몽)하다 сэнхрүүлэ|х
훈육(훈도) гэгээрэл
훈육하다 багшла|х, заавaрла|х, номло|х, сурга|х, сургамжла|х, хүмүүжи|х, хүмүүжүүлэ|х
훈장 медаль, тоног
훈장(勳章) одон
훈장을 받은(단) одонт
훈장을 주다(~에게) шагнула|х
훈증소독하다 утагда|х
훌렁 뒤집다 мэтий|х
훌륭(굉장)하게 гайхалтай
훌륭하게 амжилттай, мундаг
훌륭하게 되다 галбиржи|х
훌륭하게 보이다 данай|х
훌륭하게 하다 бүтэ|х
훌륭하다 төлөвжи|х
훌륭한 ашгүй, аятайхан, буйртай, гайхамшигтай, гарамгай, гоё, голч, гоо, гоц, давуу, зүв зүгээр, зүгээр, зүрхтэй, ирмүүн, олигтой, өөдтэй, сайн, сайхан, таламжтай, тольтой, хүндтэй, хүндэт
훌륭한 것 гуа
훌륭한 인격을 갖춘 өөдтэй
훌륭함 гялтгана, жавхлан, цог
훌쩍거리며 гонгинуур
훌쩍거리며 울다 мэгши|х, уйла|х; мэгшин уйлах 흐느껴울다, 흐느끼다.
훌쩍이다 гон гонхийх, гонгино|х, гунгана|х, яргагла|х
훌쩍이다(울먹이다) гуншгана|х
훌쩍훌쩍 울다 гоншгоно|х, гуншгана|х
훌쭉(호리호리)한 мөчирхүү
훌쭉하게 мөлт
훌쭉하고 가는 нимгэн
훌쭉하고 긴 гунжгар, гургар
훌쭉하고 키 큰 сунагар
훌쭉하고 키가 크다 сунай|х
훌쭉하다 туранхайда|х
훌쭉한 нарийхан, туранги, туранхай, хавчгар, хатангир
훌쭉한(야윈.마른) гувчгар
훑어보다(~을) талмиара|х
훔쳐(씻어) 내다 балла|х, балра|х
훔치다 арчигда|х, арчи|х, зүлгэ|х, судла|х, ханцуйла|х, хулгайла|х
훔치다(~에서) булаа|х, дээрэмдэ|х, дээрэмдэ|х, тала|х, тоно|х, тоногдо|х
훔침 хулгай
훗날로 미루다 үлдээ|х
훤히 알 수 있다 гаргагда|х
훤히 트인 цагаан
훨씬 хавигүй
훨씬 높게 өндөр
훨씬 먼 холхон
훨씬 후방에(으로) 뒷걸음치다(뒤로 물러서다) хойгуурда|х
훨씬 후방에(으로) 후퇴하다 хойгуурда|х
훨훨날다 намилза|х
훼방놓다 завсарла|х, сэгхий|х, тасалда|х
훼방(방해.헤살)놓다 боогдуула|х
훼방자 гооч
훼방하다 боогдо|х, зэтгэрлэ|х, саадхий|х, садаала|х, тотторло|х, түйтгэрлэ|х, хүлээсэлэ|х, хявца|х
훼사(毁事) тасалдал, тасрал, тасралт
휑뎅그렁한 халцгай
휘갈겨(흘려) 쓰다 сараачи|х, сарийлга|х, сарла|х
휘감겨 난처하다(~에) зуурaлда|х
휘감기다 opoo|х

휘감기다(~에) зууралда|х
휘게하다 дөрсий|х, хумира|х
휘기쉬운 гулбигар, гулжгар, тур, туягар, туяхан, уян
휘날리다 дэлэ|х
휘는 것 бахь
휘다 атийх, гажаа|х, гажи|х, гулзай|х, дөрдий|х, жайвий|х, муруй|х, нахий|х
휘두르기 савлуур
휘두르다 ганха|х, дэржигнэ|х, нахилза|х, сугсра|х, сэгсрэ|х
휘몰아쳐 쌓인 눈 сөх, хунгар
휘어서 далбигар, далжуу, далиу, муруй
휘어지다 далбий|х, мужий|х, муруй|х, нөрө|х, сарий|х
휘어지지 않는 хөшүүн
휘장 хөшиг
휘저어 거품을 일게 하다 булэ|х
휘저어 놓다 тавгүйтүүлэ|х, үймүүлэ|х
휘젓다 булэ|х, шаги|х
휘주근한 улцгар
휘청휘청 걷다 гуйвалда|х, гуйва|х
휘청휘청한 막대 туйван
휘파람 шүгэл
휘파람으로 부르다 исгэрэ|х, сүнгэнэ|х
휘파람으로 불다 сүнгэнэ|х
휘파람으로 신호하다(~에게) исгэрэ|х, сүнгэнэ|х, сурхиа|х; тэр нохойгоо исгэрэн дуудав 그의 개를 휘파람으로 부르다; тууний то-лгой дээгүүр сум исгэрнэ 탄알이 그의 머리위로 씽하고 날아갔다.
휘파람을 불다 исгэрэ|х, шүгэлдэ|х; тэр нохойгоо исгэрэн дуудав 그의 개를 휘파람으로 부르다; тууний толгой дээгүүр сум исгэрнэ 탄알이 그의 머리위로 씽하고 날아갔다.
휙 던지다 чулууда|х
휙 지나치다 цахил|ах
휠체어 тэргэнцэр
휨 дөрсгөр, махигар, хорчгор, хумигар
휩쓸려(말려)들게 하다 маапаанта|х

휩쓸려듦 холбогдол
휩쓸어가다 зайла|х
휴가 амралт, чөлөө; ~ын газар 집에서 쉬다; ~тай휴가를 얻어, 휴가 중
휴가 중인 사람 амрагч
휴게 амралт
휴게 시간 завсарлага; хичээлийн ~ 수업의 휴식시간.
휴대용의(편의한) авсархан, бэсрэг, зэлгээн; зөхөд ~ зурагт радио 휴대용의 TV, 이동식 TV.
휴식 амралт, завсарлага; ~ын газар 집에서 쉬다; ~тай 휴가를 얻어,
휴식 없이 амсхийлгүй
휴식(수면)후에는 기분이 시원해지다 сэвхий|х
휴식시간 завсарлага
휴식시키다 хагца|х
휴식용의 돌을깐 테라스 дэв
휴식처 баянбурд
휴식처를 제공하다(~에게) хоногло|х
휴식하다 амра|х, амраа|х, юохисхий|х
휴양 амралт
휴양시키다 хагса|х
휴업(폐점)하다 хамхи|х
휴업하다 хаалттай
휴일 амралт, баяр
휴지 тасрал, зогсолт, зогсоол
휴지(중단)하다 зогсзоно|х
흉강(胸腔) хэнхэрцэг
흉골(胸骨) омруу
흉곽 хэнхэрцэг, цээж, өвчүү; ~ сайтай 기억력이 좋다; ~ бичиг (구술에 의한) 받아쓰기, 받아쓴(구술한) 한 절(節); ~ээр ярих 암송하다, 음창(吟唱)하다, 낭송하다.
흉곽(가슴)의 앞 хэнхдэг
흉금을 터놓은 жавшуур
흉기 зэвсэг, зэмсэг
흉내 дуурнал, элэглэл
흉내 내다 дүрэмлэ|х

흉내 낸 баштай
흉내(입내)내어조롱(우롱)하다 элэглэ|х
흉내내다 баашла|х, дүлийрхэ|х, дууриа|х
흉내내어 조롱하다 дожигно|х
흉내낸(~을) дууриамхай
흉내를 내다(~의) сармагчла|х
흉부(胸部) зүрх(эн), өвөр, цээж; ~ судасны эмч 심장병전문의; ~ цохих 가슴이 고동치다, 두근거리다; ~ний цохилт 고동, 심장, 박동; ~ догдлох 흥분하다; ~ хагарах шахлаа 낙심(낙담) 하다; ~ний гажиг 심장의 결함;~ний өөчтэй хүн 심장병이 있는 사람; уулын ~ 산의 남쪽 앞자락; ~ийн дэвтэр 노트, 수첩, 비망록; ~ сайтай 기억력이 좋다; ~ бичиг (구술에 의한) 받아쓰기, 받아쓴(구술한) 한 절(節); ~ээр ярих 암송하다, 음창(吟唱)하다, 낭송하다.
흉사 гай, гамшиг
흉악범 бусниулагч
흉악한 гайтай
흉작의 үргүй
흉터 сорви
흉터(상처)를 남기고 낫다 гүвруута|х
흉터가 생기다 сорвито|х
흉터가 형성되다 сорвито|х
흉터형성 сорвижилт
흉포한 балмад, галзуу
흉하지 않은 буйртай
흉한(兇漢) бусниулагч
흐느껴 울다 гасла|х, гон гонхийх, гонгино|х,гунгана|х,гэнгэнэ|х, уйлагна|х
흐느끼는 사람 янгууч
흐느끼다 уйлагна|х
흐느끼며 말하다 цурхира|х
흐느낌 уйлаан
흐느적거리는 улцгар
흐느적거리다 дайвалза|х
흐늘흐늘 해지다 үлбий|х

흐늘흐늘하게 되다 улжий|х, ялзра|х
흐늘흐늘하게 움직인다 хүлхэгнэ|х
흐늘흐늘하는 нялцгай, нялцгар, улцгар, хэлхгэр
흐늘흐늘하다 үлхий|х
흐늘흐늘한 үлбэгэр, үлхгэр
흐늘흐늘해지다 налмий|х
흐려지기 시작하다 үүлши|х
흐려지다 булингарта|х, нялгада|х
흐르는 물 урсгал
흐르다 гожгодо|х, гоожи|х, гүй|х, савира|х, урса|х, цутга|х; чиний хамраас цус гоожиж байна 당신의 코에서 피가 흐른다; миний арааны шулс байв 나의 입에서 침이 흘러나오다; хөлс ~ 입욕(목욕)하다, 땀을 씻다; гугалга ~ 이끌다; ус ~ (물이) 흐르다; цахилгаан ~ (전기를) 보내다; бараа ~ (상품의) 팔기에 적합하다
흐르지 않는 зогсонги, тогтонги
흐른자국(흐르는 물·녹은 초가) гоожуур
흐름 гүйдэл, урсгал
흐름(운동 등의) 지체(량(量)) хоцрол
흐리게 하다 манантуула|х
흐리멍덩한 будэг
흐린 балархай, борлог, булингар, булингартай, бурхэг, дүнс(эн), үүлтэй, үүлэрхэг; ~ өдөр 찌푸린 날, 울적한 날; өнөөдөр ~ байна 오늘은 흐린 날이다.
흐린 잿빛 утаа(н)
흐릿한 балархай, будэгхэн, бурэг, дүлий, өнгөгүй, сүүмхий, униартай, уургүүр, буургүүр
흐릿한 빛이 멀리서 보이다 сүүмэгнэ|х
흐릿해지다 нунхий|х, үхширэ|х, хагдра|х
흐뭇한 аятайхан, гоо, олзуурхууштай, таатай, таламжтай
흐트러뜨리다 дэвсэ|х
흐트러지다 оглоро|х

хотрөрийн тармаг, бохир, бузар, бутархай, дэл сул, задгай, задгайдуу, сандархай, талбиу, тарангүй, тару, үлхгэр, унжуу, холхи; ~ тоо 분수; ~ мөнгө 잔돈; 하찮은 것; ~ мөнгө 작은 변화; ам ~ 말 많은, 수다스러운; ~ хатир 말의 걸음걸이(보속); энгэр ~ 난봉피우는

хух(黑) харагч(ин); ~ гүү 검은색(말. 당나귀. 노새 따위의) 암컷, 검은 암말.

хухгуй(黑尻) өрөвтас

хухнөөз(黑雷鳥) сойр

хухдан сум(ан)); ~ан ташуур 흑단목으로 (타악기의) 채를 만들다(黑檀: 감나뭇과의 상록 활엽 교목. 높이 약 6m, 꽃은 담황색 단성화(單性花)로 통꽃부리이며, 구형의 장과(漿果)는 작은 감 비슷한데 적황색으로 익음. 재목은 가구·악기 등의 재료로 씀.

хухданмөд сум(ан)
хухмүү тором
хухбанжуг(黑斑症) үхжил
хухсэг 화약 дарь; утаагүй ~ 무연(백색) 화약.
хухсуввэн(黑穗病) харуу
хухэн(黑鉛) бал, тугалга(н); ~ чулуу 흑연, 석묵
хухин(의) бараан
хухимжа(黑荏子: 참깨) дэл
хухзай нэмүү
хухжэ нийвий
хухчи(黑雉) хур
хухкал нийвий
хухтан(黑炭) нүүрс(эн)
хундэл(비틀)гэрэлдэ гүйва|х, найгалза|х, туйвалзуула|х; салхинд мод ~ (나무가) 바람에 흔들흔들하다, 나무가 바람에 흔들거리다
хундэлгээрээггэ хада ганха|х, дэмнэ|х, найга|х, савла|х, савчи|х, сажи|х, санжилза|х, туйвалза|х, унжгана|х, хуухдууд модны мөчрийг найгуулж байна 어린아이들이 나뭇가지를 흔든다.
хундэлгээрэгхэ маанэ алгасангүй
хундэлгээрэгхэ тогтворгүй
хундэлгээрэгхэ ганхалза|х, дайвалза|х, дүүжин(г), дэмнүүр, дэрвэ|х, нахилза|х, санжгана|х, тогтворгүйтэ|х, халиура|х, хэлбэлзэ|х; шувуу далавчаа ~ (새의) 날개를 퍼덕(퍼드덕)거리다; дугуй сэнсэн дайвалзаана 바퀴가 흔들리다; хөл ~(자신의 다리를)흔들거리다.
хундэлдэ бөмбөгнө|х, бөнжигнө|х, ганха|х, донсло|х, дэмнэ|х, дэнслэ|х, дэржигнэ|х, найга|х, нахилза|х, савла|х, савчи|х, сажи|х, салгана|х, санжилза|х, сэгсрэ|х, туйвалза|х, унжгана|х, чичрэ|х; хуухдууд модны мөчрийг найгуулж байна 어린아이들이 나뭇가지를 흔든다; өвс ~ 잔디 풀이 물결치다; дэнлүү салхины аяаар ганхалх байв 바람결에 등잔불이 흔들린다.
хундэлдэ(~ыл) шарва|х
хундэлигэ хада дэвэлзэ|х
хундэлилээрээ дүүжин(г), дэншээ, найгалт, унжгар, хазгар
хундэлилээрээ(~ий) бамбалзуур; ~ сандал 안락의자.
хундэлилээрээ(маанэ дадвэ) тэнцвэргүй
хундэлилээрээ чу дүүжмэг, савлуур
хундэлдэ баацгана|х, бөнжигнө|х, гайха|х, ганхалза|х, годос годосхийх, гуйвалда|х, гуйва|х, дайва|х, дайвалза|х, дүүжин(г),дэвэгнэ|х,дэлбэгнэ|х,дэмнүүр, дэрвэ|х, дэрвэгнэ|х, дэржигнэ|х, жийрхэ|х, мухри|х, найгалза|х, найгалза|х, сагсгана|х, санжгана|х, туйвалзуула|х, туйвгана|х, туялза|х, халиура|х, яйжгана|х; гуйвх ~ 비틀거ридэ
хундэлилжөх даагү бат, тогтуртай, үхлүүт, хөдэлшгүй, хөдөлшгүй, хэлбэршгүй, хэлбэрэлтгүй
хундэллэм дайвалзал, найгалт, савлуур,

사짓, хэлбэлзэл, чичирхийлэ|х
흔들바람 шуурга
흔들어 ~의 상태로 되게 하다 бөмбөгнө|х
흔들어 ~하게 하다 туйвалза|х
흔들어 움직이다 бөмбөгнө|х, ганха|х, дайва|х, донсло|х, дэвэлзэ|х, дэмнэ|х, дэрвэгнэ|х, дэржигнэ|х, найга|х, нахил-за|х, савла|х, савчи|х, сажи|х, санжилза|х, сугсра|х, сэгсрэ|х, туйвалза|х, унжгана|х
흔들어지다 дайвалза|х
흔들흔들 (휘청휘청) 걷다(하다) туйвгана|х
흔들흔들하는 дүүжин(г), дэншээ, салга, хазгар
흔들흔들하다 бөнжигнө|х, ганхалза|х, гуйвалда|х, гуйва|х, дайвалза|х, дэвэгнэ|х, дэлбэгнэ|х, дэрвэ|х, дэрвэгнэ|х, найгалза|х, сасгана|х, санжгана|х, унжгана|х, унжи|х, халиура|х
흔듦 донсолгоо, дэнслэг, сэгсрэлт; ~той зам (길, 도로의) 응괴
흔적 ор, ором, улбаа: хурууны ~ 지문, 손도장; ~ сураггүй 자국없이 떠나다.
흔적 없이 지우다 арчи|х
흔적(오점)을 남기다(~에) цохо|х
흔적을 없애다(~의) устга|х
흔하지 않게 되다 ховордо|х
흔하지 않다 ховорши|х
흔하지 않은 зүгээргүй, ховор; тэр ~ их авьяастай 그의 재주(재능)은 대단하다
흔히 있는 бэртэгчин, ер, ердийн, жир, үтэл, хэвийн, хэвшмэл, энгийн
흘게늦다 савсагла|х, ужитла|х
흘게늦은 завхай, садар, савсаг, ужид
흘긋 보다(~을) талмиара|х
흘긋 봄 харц
흘긋(언뜻) 보다(~을) тольдо|х
흘러가다 гожгодо|х, гүй|х, урса|х
흘러나오게 하다 хөнтөргө|х
흘러나오는 улдцан
흘러나오다 асгара|х, асга|х, гожгодо|х, гожгодо|х, гоожи|х, гүй|х, урса|х, цутга|х
흘러내리다 бөмбөрө|х; өвсөн дээр ~ 풀밭(잔디)위로 구르다; эмэгтэйн нулимс хацраа даган бөрөв ~ 눈물이 뺨 위를 흘러내렸다.
흘러들다 гоожи|х
흘레 нийлүүлэг
흘레붙다(하다) чиэмэл
흘리다 асгаруула|х (асгарах), асга|х, зумра|х, савира|х, унагаа|х, цутга|х, юүлэ|х; цус ~ 수혈하다; морио ~ 승마용의 말을 바꿔서하다; би суу алдаж асгав 우유를 흘리다, 엎지르다.
흙 газар, хөрс, шаваас, шороо(н); ~ судлал 토양학; муу ~ 메마른 땅; ~ний эвдрэл 침식 작용
흙 따위로 덮다 газарла|х
흙고무래 самнуур, хусуур
흙고무래로 비벼서(문질러) 깨끗이 하다 хусуурда|х
흙무덤 дов, довцог, дош
흙붙이 дов, довцог, дэгнүүл, сондуул; ~элс 해변의 모래 언덕
흙손 самнуур, хусуур
흙손으로 문질러(스치어,긁어) 벗기다 хусуурда|х
흙으로 덮다 оршуула|х
흙으로 덮어버리다 газарлуула|х
흙을 개다 нуха|х; гурил ~ 가루를 반죽하다; төмс ~ 매시트포테이토
흙이 푸석푸석한(풍성한) лүглэгэр
흙탕물 같아지다 булингарта|х
흙탕물의 булингар, булингартай
홈(과실.탈) балаг, зааз, өө, саатал, согог, сэв, толбо, хортон, зэм; ~гүй 결백한, 무죄의; ~ эрэх 결함을 발견하다, 흠잡다, 트집을 잡다; ~ хайх ~을 쑤시다,~을 조금씩 먹다
흠 없는 бутэн, дагуудаа, сэвгүй
흠(잡을 데) 없는 осолгүй
흠(집)을 내다 хортонто|х

흠(탈)잡기 좋아하는 ёвчоо
흠(탈)잡는 үглээ, яншаа
흠모하고(마음을 기울이고) 있게 되다 ээнэгши|х
흠뻑 적시다 даа|х, шингээ|х
흠뻑 젖다 гоожи|х, дуса|х; нулимс ~ 눈물방울이 떨어지다.
흠신(欠伸)을 켜다 тарай|х
흠을 내어 옛날 물건 티를 낸다 шимшрэ|х
흠을 잡다(~의) хаялца|х
흠을 찾다(~의) шуумжлуулэ|х, шуумжлэ|х
흠잡는(탓하는) 사람 өөлөгч
흠잡다 өөлө|х
흠잡을 데 없게 되다 дигдрэ|х
흠잡을 데 없는 бур, бурмесен, бутэн, өвч, төгөлдөр, төгс, шал
흠칫 놀라게 하다 айлга|х, гэлмэ|х, зана|х, үргээ|х, хулмагана|х, цочоо|х; айлган сурдуулэх 협박(탄압, 위협)하다; айлган 감짝 놀라게 하다; 펄쩍 뛰게 하다
흠칫하다 давхий|х, сочи|х; айж ~ 감짝 놀라다
흡수(병합)되다 соро|х, сорогдо|х
흡수(병합)된 сормуус
흡수기 насос, шахуурга
흡수력이 있는 шингээгч
흡수성의 шингээгч
흡수하는 шингээгч
흡수하다 сорогч, уу|х, шимэ|х
흡연 тамхи(н); хамрын ~ 코담배를 맡다; ~ ны 담배 잎; ~ны хуудий 담배 쌈지(살담배용); хар ~ 아편(과 같은 것); ~ татах 담배를 피우다, 흡연하다
흡연자 тамхичин
흡연하다 тамхила|х, тата|х
흡인 찻잔 бумба
흡입 утлага
흡입법 хүрэлцэхгүй
흡입의 원인되다 соруула|х

흡족하고 있다 гялай|х
흡족한 аятайхан, гоо, дүүрэн(г), таламжтай, ханамжтай, хангалуун
흡혈귀(吸血鬼) буг
흥 пах
흥! паа!, хөө!
흥감부리는(말 따위) сонсолонтой
흥겨워하다 дарви|х, наадамч, нарги|х, цэнгэлдэ|х
흥겹게 떠들기 дарвиан, даргиан, зугаа, наргиа, хөгжөөн; ~д гуйх 흥겨워하다, 명랑하게 놀다; уймээн ~ 큰 (야단) 법석을 떨다; ~ цэнгэл 연회, 주연; ~ хийх 즐겁게(재미나게) 하다; суудэр ший бол миний дуртай ~ 잘하는 오락이 나의 영화 제작이다; ном унших бол тууний цаг нөгцөөж ~ 그의 기분 전환(오락)을 독서다
흥망의 갈림길 хямрал
흥미 сонирхол, хүү
흥미(기쁨으로) 지켜보다 ширтэ|х
흥미(재미)가 없는 сонирхолгүй
흥미가 없는 태도 хүүгүй
흥미가 없는 доожоогүй, жавхаагүй, лөөлгөр, нурмагар, үзэмжгүй
흥미가 있다 сонирхо|х, сонирхогдох
흥미를 가지고 있는 сонирхолтой
흥미를 돋우는 аваад; ~ ирэх ~할 마음이 생기게 하다; ~ явах 나르다, 옮기다, 물러가다;
흥미를 떨어뜨리다(~의) мохо|х
흥미를 일으키게 하다 сонирхуула|х
흥미를 잃게 하다(~에게) болго|х
흥미를 잃다 нэшлэ|х
흥미의 대상 сонирхол
흥미있는 сонирхолтой
흥분 дэнслэг, ороо, согтолт, уярал
흥분(상태) хөөрөлт
흥분(기쁨.동요.열중.자극)하다 догдло|х, давлагаала|х, дулаацаа|х, догдолзо|х; зурх ~ (심장·맥박 따위가) 뛰다

흥분(기쁨)으로 얼굴이 밝다 гийх, гилбэлзэх, гилэлзэх
흥분되었다 хөөрөх
흥분상태 галзуу
흥분시키는 것 хөөрөлт
흥분시키다 агсрах, булээсэх, галзууруулах, догдолгох, хөрөмлхэх, цочроох
흥분으로 떨다 зарсхийх
흥분을 달래다 уужрах
흥분하기 쉬운 хийрхүү
흥분하다 булээцэх, үймэх, хийрхэх
흥분하여 활동하다 хуцсах
흥분한 хийжүүлсэн
흥소하다 мишээх, хөхрөх
흥취 сонирхол, үү
흩뜨려 놓다(~에) бутлах, тарах
흩뜨리다 асгаруулах(асгарах), бутлах, дусаах, замхрах, сарниулах, тарах, халгих, хогтох, цалгих
흩뿌리다 бутлах, дэлгэрүүлэх, сандаах
흩뿌리다(~에) дэлгэрүүлэх, тарах; эвс ~ 건초를 흩뿌리다
흩뿌리다(~에-을) цацах
흩어(헤어)지다 бутрах
흩어져 сарниу, тархай
흩어져 없어지는 тархай
흩어져 없어지다 бутрах, сарних
흩어지게 하다 бутлах, замхрах, сарниулах, тарах
흩어지는 тархай
흩어지다 сарних, сарниулах, сэгсийх, унах, хөглөх
흩어진 дэрвэгэр, сагсгар; ~ үс 헝클어진 머리; ~ мод 엉기정기 가지가 난 나무.
흩어짐 угалт
회계하다 цайх
회곡 ший
회구하다 тэмүүлэх
회귀하게 되다 ховордох

회극의 хошин, шог
회극풍의 хошин, шог
회끄무레한 цагаавтар, цайвар
회끗회끗한 буурай, буурал
회년(禧年) ой(н)
회로애락의 정 уярал
회롱 тохуурхал
회롱거리는 алиа
회롱거리다 дэгтүйтэх
회롱거림 болжмор
회롱하는 алиа
회롱하다 алиалах, тохуурхах
회롱거리다 даажигнах
회망 зүүд(эн), найдал, найдвар, сэтгэлчилэн; ~ зуудлэх 꿈을 꾸다; ~ эндээ узэх 꿈결같이 지내다; ~энд орох 꿈꾸다, 꿈에 보다
회망(기대) горь, горьдлого, гооч; ~ горьдлого 희망; ~ тасрах 희망이 없다; ~ тасрах 희망을 잃다
회망 등을 충족시키다 цаттах
회망 없는 аргагуйяах ч~, бухимдал, гонж, горигуй, горьдлогогуй, найдваргүй
회망을 갖다 горьдох, найдах
회망을 갖다(~의) горьдоох, горьдох
회망을 갖다(바라다) гориллох
회망을 깨뜨리다 нармийх
회망을 주다 найдуулах
회망을 짓밟다(~을) хуурах
회망이 있는 нааштай, найдалтай
회망하다 дурлах, дурших, хүсэх
회문(戲文) элэглэл
회미(아련.어렴풋)해지다 нунхийх, үхширэх, хагдрах, сүүдийх
회미하게 빛나다 гялалзах, жирсийх, жирэвхийх, жирэлзэх, ирвэгнэх; надад жирсхийн нэг санаа төрлөө 나의 마음에 번개처럼 스치다
회미하다 саармаглах
회미한 балархай, будэг, будэгхэн, бурэг, зэвхий, намуухан, сүүдгэр,

сүүмхий, униартай,ууртүүр, бууртүүр; ~ өдөр 어스레한 날.
희미함 сүүмгэр
희미해서 잘 안 보이는 балархай
희박 нимгэхэн, таранги
희박하게 하다 шингэлэ|х, шингэрүүлэ|х
희박한 булбэгэр, сийрэг, шалчгар
희생 золиос, тавилга, тайлга, тахилч, хохьдогч; ~ болох ~의 희생이 되다
희생(자) хохирогч, хохьдогч
희생적인 행위 золиос, тахилч; ~ болох ~의 희생이 되다
희생하다 золиосло|х, тай|х, тахи|х; өөрийгөө ~ 자신을 산제물로 바치다.
희열 бах, жаргал
희읍스름한 цагаавтар, цайвар
희작(喜鵲) шаазгай
흰 그림물감 цагаагч
흰 도료 шохой
흰 도료를 칠하다 шохойдо|х
흰 부분(~의) цагаан
흰 털로 덮인 буурай, буурал; ~аав 할아버지, 조부(祖父); ~ эмгэн 할머니, 노파, 머리가 하얀 늙은 여자; ~ ус 반백의, 백발의; ~ үнэг 남(북)극의 여우; ~ морь 회색 또는 흰 얼룩이 섞인 말(밤색 말); цал ~ 눈같이 흰, 새하얀.
흰(백) цагаан
흰(백)색으로 바뀌다 цайра|х
흰가루병 병균 хөгц
흰꼬리(독)수리 загалай
흰서리 хярүү, цан
흰서리로 덮다 хярүүта|х
흰소리치다 барда|х
흰족제비(구서(驅鼠)·토끼 사냥에 이용) хүрнэ
흰토끼 чандага
흰피톨 лейкоцит
히말라야 삼목 хуш

히스테리 хийрхэл, хэнээрхэл
히스테리 환자 хийрхэгч
히스테리(성)를 일으키다 бахарда|х
히스테리(성)의 хийрхүү
히스테리(성)의 사람 хийрхэгч
히스테리를 일으키다 хийрхэ|х
히스테리에 걸리다 бахарда|х
히스테리에 걸린 хийрхүү
히스테리에 걸린 사람 хийрхэгч
히프(둘레,치수) гуя
히프(hip) өгзөг
히힝(말이) 울다 янцгаа|х
힐난하다 бурууттa|х
힐문 байцаалт
힐문(추궁)하다 захда|х
힐책 буруушаал, зэмлэл
힘(권세) ааг, засаглал, зэрэг, сөхөө, тэнхээ, хүч(ин), чадал; ~ ихтэй 강한, 날카로운, 신랄한; ~ ихтэй цай 진한(독한)차; ~ омог 오만, 거만, 건방짐.
힘(기운)을 돋우다 батжуула|х. бэхжүүлэ|х
힘(박력) 없는 ясгүй
힘(박력)이 없는 ёлщор
힘(세)차게 만들다 тамиржуула|х
힘(지력)을 발휘하다 дүлэ|х
힘껏 치다 салам цохих
힘드는 амаргүй, аюлтай, бэрх, бэрхтэй, дөхөмгүй, зовлонтой, нийсгүй, түвэгтэй, хөрлөмтгий, хүчир, хэцүү, цөвүүн
힘들게 잡다 ороо; ~ морь 말을 어렵게 잡다
힘들지 않게 되다 хялбарши|х
힘들지 않는 амар, амархан, гайгүй, дөхөм, зовлонгүй, түвэггүй, хөнгөн, хялбар, цагаан
힘들지 않은 зөөлөн
힘센 аагтай, бие чанга, иртэй, шөрмөслөг
힘쓰다 мэрий|х
힘없는 буурай, гарзар, дудрай

힘없는 мөхөсхөн, нолчгор, нялцгай, нялцгар, саримгар, тамиргүй, тэнхээгүй, үлгэн салган, унжгар, хуржгар, чадалгүй
힘으로 눌러 버리다 аагла|х, сүрдэ|х
힘을 없애다(~의) бэртэ|х, зэмдэглэ|х, зэрэмдэглэ|х
힘을 잃다 үхээртэ|х
힘이 더해지다 батжи|х
힘이 드는(일) бадриун, дунагар
힘이 든 иртэй
힘이 미치지 않다 ахда|х

힘이 빠지다 зарагда|х
힘이 없는 ганзага(н) татуу, чадваргүй
힘이 있는 иртэй
힘이 증대하다 батжи|х
힘이들게 되다 хүнддэ|х
힘준 даа, юм
힘줄 булх, булчин(г), шандас, шөрмөс
힘줄의 шөрмөслөг
힘차게 ~하다 жирий|х, чавхда|х
힘찬 тамиртай
힘찬(문체) шөрмөслөг
힘찬(세찬) бяртай

부 록

* 간단한 회화
* 여행 용어
* 생활 용어
* 기내 용어

간단한 회화

1. 대답하는 법

Тийм. 예(네)
팀:

Үгүй. / Биш ээ. 아니오, 아닙니다
우구이/   비쉬에:(비셰:)

За, за мэдлээ. 알겠습니다. 알았습니다.
자, 자 미뜰레:

Тэгнэ тэгнэ. 그렇게 하겠습니다.
테그네 테근

Үнэн үү? 맞습니까?
우넹 우:?(우네누:?)

Тийм. үү? 그래요?
팀: 우:?(티:무:?)

Үнэн. 맞아요.
우넹

Тийм. 그렇습니다
팀:

Зөвшөөрнө. 동의합니다, 허락합니다
접셔:른.(접셔:르너.)

Сайхан санаа байна. 좋은(훌륭한, 멋진) 생각입니다.
사이항 사나: 바인(바이나)

2. 인사할 때

Өглөөний мэнд хүргэе!　　안녕하십니까?(아침인사)
어글러:니: 멘뜨후르기이!

Өдрийн мэнд хүргэе!　　안녕하십니까?(오후인사)
어드링: 멘뜨후르기이!

Оройн мэнд хүргэе!　　안녕하십니까?(저녁인사)
어러잉 멘뜨후르기이!

Сайн байна уу?　　안녕하세요?
사인 바이노?(사임 바이노?)

Сайн уу?　　안녕?
사인오?(사이노?)

Баяртай.　　안녕히 계세요(가세요)
바이르태.

Өнөөдрийг сайхан өнгөрүүлээрэй.　즐거운 하루 되세요!
어너:드리:끄 사이항 엉거를쾌:래

Амралтынхаа өдөрүүдийг　즐거운 주말 되세요!
아므랄팅:하:어더루:디:끄
сайхаи өнгөрүүлээрэй.
사이항 엉거룰:레:레

3. 소개할 때

Сайн байна уу?
사인 바인 오?(사임 바이노?)

안녕하십니까?

Тантай уулзсандаа
탄태 올:쯔승다:
баяртай байна.
바이르태 바인.

당신과 만나서 반갑습니다.

Сайн сууж байна уу?
사인 소:지 바인오?(바이노?)

어떻게 지내십니까?

Сайн сууж байна.
사인 소:지 바인.

잘 지냅니다.

Миний нэр Миньсу.
/ 미니 네르 민수
Намайг Миньсу гэдэг./
나마이끄 민수. 게대끄

내 이름은 민수입니다

Би Солонгос хүн.
비 설렁거쓰 훙.

저는 한국인입니다

Би оюртан.
비 어유오탕 (어유오탕)

저는 학생입니다

Таний нэр хэн бэ?
타나: 네르 헹 베?(헴베?)

당신의 이름은 무엇입니까?

4. 부탁할 때

Надад жаахан туслахгүй юү?
나다뜨 자:항   터쓸라흐꾸이 유?

저를 도와주시겠습니까?

Надад туслана уу.
나다뜨 토쓸른 오:(토쓸르노:)

저를 도와주십시오.

Уучлаарай.
오:칠라:래,

실례합니다.

Нэг юм асууя.
네끄 윰 아쏘:야,

물어 볼게 있습니다.

Танаас
타나:쓰

당신에게

нэг юм гуйя.
네끄 윰 고이야

부탁 드리겠습니다.

Болно.
벌론(벌르너)

물론입니다

Жаахан аяархан ярьж өгөөрэй.
자:항 아야르항 얘리지/쥐/ 어거:래

천천히 말씀해주십시오

За, тэгье.
자, 테기(테기예)

그러지요

5. 감사(인사)

Баярлалаа.	감사합니다,
바야를라:(바이를라;)	고맙습니다.
Таны утасдасанд баярлалаа.	전화해 주셔서
타니 오타쓰다승뜨 바이를라	감사합니다.
Их баярлалаа.	대단히 고맙습니다.
이흐 바이를라:	
Тусалсан баярлалаа.	도와 주셔서 고맙습니다.
토쓸승뜨 바이를라:	
Их тус боллоо.	아주 많이 도움을
이흐 토쓰 벌를러:	받았습니다.
Зүгээр, зүгээр.	천만에요,
쭈게:르, 쭈게:르	
Зүгээрээ, зүгээр.	천만에요
쭈게:레: 쭈게:르.	별말씀을 다 하십니다.

6. 전화. 약속

Миньсү-тэй ярья.
민수-테 얘리야(예리나)

민수 부탁합니다
(민수를 바꿔 주십시오)

Би байна.
비 바인(바이나)

전 데요

(Та) Хэн бэ?
(타) 헹: 베?(헴:베?)

(당신) 누구십니까?

(Та) Хэлэх юм байна уу?
(타) 헬레흐 윰 바인 오:?(바이노:?)

(당신) 전할 말씀
있습니까?

Одоо тантай ярьж болох уу?
어떠: 탄태 얘리지/쥐/ 벌러흐 오:?

지금 당신과 이야기
할 수 있습니까?

Дараа дахиад утасдая.
다라: 다히아뜨 오타쓰다야

나중에 다시 걸겠습니다.

(Та) Энэ хагас,
(타) 앤 하가쓰,
бүтэн сайнд завтай юу?
부텡 사인뜨 자브태 유오?

(당신) 이번 주말에
시간 있습니까?

Завтай, завтай.
자브태, 자브태

괜찮습니다
(시간 있습니다)

7. 사과 할 때

Уучлаарай.
오:칠라:래

실례합니다.

Уучлаарай./
오:칠라:래/

미안합니다./

Өршөөгөөрэй.
어르셔:거:래

죄송합니다.

Хожимдсонд уучлаарай.
허짐드승뜨: 오:칠라:래

늦어서 죄송합니다.

Танд төвөг удчихлаа.
탄뜨 터워끄 오뜨치훌라:

당신에 폐만 끼쳤습니다.

Нэг юм ярьж болох уу? (대화중)
네끄 음 얘리지/쥐/ 벌러흐 오?(벌흐?)

한 가지 말해도 됩니까?

Болно, болно.
벌른, 벌른(벌르너, 벌르너)

좋습니다. 그렇게 하세요

Зүгээр зүгээр,
쭈게르 쭈게르,
зовох хэрэггүй.
저워흐 해렉꾸이

괜찮습니다,
걱정하실 필요 없습니다.

8. 물어 볼 때!

(Та) Юу гэж хэлсэн бэ?
(타) 유오 게지/쥐/ 헬승 베?(헬씀 베?)

(당신) 뭐라고 그러셨지요?

Тэр ямар утгатай вэ?
테르 야마르 오탁끄태 웨?

그게 무슨 뜻입니까?

(Та) Жаахан чанга
(타) 자:항 창가
ярьж өгөхгүй юү?
애리지/쥐/ 어거흐꾸이유

(당신) 좀더 크게 말씀해 주시겠습니까?

Үсгээр хэлж өгөөрэй.
우쓰게:르 헬/쥐/ 어거:레

철자를 알려주시겠습니까?

Энэ хавьд банк хаа /
엔 하비뜨 방크 하
хаана/ байна (вэ)?
/한:/ 바인 (웨)

이 근처에 은행이 어디에 있습니까?

Тэнд, баруун талд байгаа.
텐뜨, 바롱: 탈뜨 바이가:

저기 오른 쪽입니다

(Би) Төөрчихжээ. /
(비) 터:르치흐제:/
Төөрчихлөө./
트러치홀러:

(저) 길을 잃었습니다.

- 748 -

9. 날씨와 시간

Өнөөдөр цаг агаар /
어너:떠르 차끄 아가:르/
цаг уур/ ямар байна вэ?
차끄 오:르/ 야마르 바인 웨?

오늘 날씨가
어떻습니까?

Бороо орох гэж байна.
버러: 어러흐 게지/쥐/ 바인

비가 올 것 같습니다.

Агаар сайн байна, тийм ээ?
아가:르 사인 바인(사임 바인) 팀: 에:?(티:메:?)

날씨가 좋군요, 그렇죠?

Одоо хэдэн цаг болж байна (вэ)?
어떠: 헤뎅 차끄 벌지/쥐/ 바인 (웨)?

지금 몇 시입니까?

Арван хоёр цаг хагас болж байна./
아르왕 허여르 차끄 하가쓰벌지/쥐/ 바인/
Арван хоёр хагас./
아르왕 허여르 하가쓰/

12시 30분입니다

Өнөөдөр хэд дэх өдөр вэ?
어너:떠르 헤뜨 데흐 어더르 웨?

오늘은 무슨 요일입니까?

Өнөөдөр хэдэн бэ?
어너:떠르 헤뎅 베?(헤쁨 베?)

오늘은 며칠 입니까?

Тав дугаар сарын тавны өдөр.
타우 도가:르 사릉:타우니: 어더르.
/Тав дугаар сарын таван./
타우 도가:르 사링:타왕

5월5일입니다

10. 긴급할 때

Түргэн(тусламжын)
투르겡(토슬람징:)
машин дуудаж өгөөрэй.
마신 도:따지/쥐/ 어거:레

앰블런스 를
불러주세요

Шуурхай арга хэмжээ
쇼:르하이 아락그헴제:
авах ёстой.
아와흐여쓰테

응급상황입니다

Цагдаад уудаж өгөөрэй.
차끄따 도:따지/쥐/ 어거:레

경찰을 불러주십시오

Шагайгаа булгалсан.
샤가이가: 볼갈승.

발목을 삐었습니다.

Толгой эргэж байна.
털거이 에르게지/쥐/ 바인.

현기증이 납니다.

ФАХ ажиллахгүй байна.
팍쓰 아질라꾸이 바인

팩스가 작동되지
않습니다

Машин эвдэрсэн байна.
마신 엡뜨르승/씀/ 바인

차가 고장 났습니다

Дугуй хагарлаа. /хагарсан./
도고이 하가를라:/ 하가르승/

타이어가 펑크 났습니다

11 기타 회화

маргааш дулаан байх уу?
마르가쉬 돌랑 배흐 오?

내일은 날씨가
따뜻할까요?

сайхан амарсан уу?
새~흥 아므르쓰 노?

편히 주무셨습니까?

Энэ ямар Үнэтэй вэ?
인 야마르 운테 웨?

얼마입니까?

Таню нэр хэн бэ?
타니 네르 힝 베?

당신의 이름은 무엇입니까?

Та хэдэн настай вэ?
타 히뜬 나스테 웨?

당신의 나이는
몇 살입니까?

Амар Саин уу?
아마르 사인 오?

별일 없으세요?

Та хаана Төрсөн бэ?
타 한~ 트르승 베?

당신은 어디에서
태어났습니까?

би ____ Төрсөн.
비 ____ 트르승

나는 ____에서
태어났습니다.

Өнөөдөр дулаан байна уу?
으느드르 돌랑 밴 오?

오늘 날씨가 따뜻합니까?

Та хэдэн настай вэ?
타 히뜬 나스테 웨?

당신의 나이는 몇살입니까?

Би ____ настай.
비 ____ 나스테

저는 ____살 입니다.

Сайн байна уу?
샌배노?

안녕하세요?

Баяртай
바이르떼~

안녕히 계세요

би будаа идмээр байна.
비 보다 이드메르 벤

나는 밥을 먹고 싶어요.

Баярлалаа
바이를라~

감사합니다, 고맙습니다

Та хаана суудаг вэ?
타 한~ 소득 웨?

당신은 어디에서
살고 있습니까?

Би Солонгосоос ирсэн
비 설렁거써~쓰 이르쑹

저는 한국에서 왔습니다.

* 숫자

1	нэг 네끄	20	хорь 허리
2	хоёр 허여르	21	хорин нэг 허링 네끄
3	гурав 고롭	22	хорин хоёр 허링 허여르
4	дөрөв 더럽	30	гуч 고치
5	тав 타우	40	дөч 더치
6	зургаа 조르가:	50	тавь 타위
7	долоо 덜러:	60	жар 자르
8	найм 나임	70	дал 달
9	ес 유쓰	80	ная 나이
10	арав 아롭	90	ер 예르
11	арван нэг 아르왕 네끄	100	зуу 조:
12	арван хоёр 아르왕 허여르	101	зуун нэг 종: 네끄
13	арван гурав 아르왕 고롭	102	зуун хоёр 종: 허여르
14	арван дөрөв 아르왕 더럽	200	хоёр зуу 허여르 조:
15	арван тав 아르왕 타우	300	гурван зуу 고르왕 조:
16	арван зургаа 아르왕 조르가:	400	дөрвөн зуу 더르웡 조:
17	арван долоо 아르왕 덜러:	500	таван зуу 타웅 조:
18	арван найм 아르왕 나임	600	зургаан зуу 조르강 조:
19	арван ес 아르왕 유쓰	700	долоон зуу 덜렁: 조:

800	найман зуу/ найм зуу 나이망 조:/ 나임 조:	첫 번째	нэгдүгээр 네끄두게:르
900	есөн зуу 유승조:	두 번째	хоёрдугаар 허여르도가:르
1,000	мянга 먕가	сэ 번째	гуравдугаар 고롭도가:르
10,000	арван мянга/түм/ 아르왕 먕가/툼/	네 번째	дөрвдүгээр 더럽두게:르
100,000	зуун мянга/бум/ 종: 먕가/붐/	다섯 번째	тавдугаар 타브도가:르
1,000,000	сая 사이	여섯 번째	зургадугаар 조르가도가:르
		일곱 번째	долдугаар 덜도가:르
		여덟 번째	наймдугаар 나임도가:르
		아홉 번째	есдүгээр 유쓰두게:르
		열 번째	аравдугаар 아롭도가:르
		두 배	хоёр дахин 허여르 다힝
		세 배	гурав дахин 고롭 다힝
		한 번	нэг удаа 네끄 오따:
		두 번	хоёр удаа 허여르 오따:

* 시간

1시간 нэг цаг
네끄 차끄

2시간 оёр цаг
허여르 차끄

30분 учин минут/хагас
고칭 미노트/하가쓰

10분 равн минут
아르왕 미노트

5분 тав минут
타우 미노트

오전 5시 반 үдээс өмнө таван цаг хагас
우네:쓰 어믄 타왕 차끄 하가쓰

오후 1시 20분 үдээс хойш нэг цаг хорин минут
:쓰 허이시 네끄 차끄 허링 미노트

* 날 짜

오전　　дээс өмнө
　　　　우데:쓰 어믄

정오　　уд
　　　　우뜨

오후　　дээс хойш
　　　　우데:쓰 허이시

밤　　　шөнө
　　　　션

오늘　　өнөөдөр
　　　　어너:뜨르

오늘 아침　　өнөө өгдөө
　　　　　　어너: 어글러:

오늘 오전　　өнөө удээс өмнө
　　　　　　어너: 우데:쓰 어믄

오늘 정오　　өнөөдөр уд
　　　　　　어너:뜨르 우뜨

오늘 오후　　өнөө удээс хойш
　　　　　　어너: 우데:쓰 허이시
　　　　　　өнөөдрийн удээс хойш
　　　　　　어너:뜨링 우데:쓰 허이시

오늘밤　　　өнөөдрийн шөнө /өнөө шөнө
　　　　　　어너:뜨링 션/　　　어너: 션

내일　　　　маргааш
　　　　　　마르가:시

내일 오전	маргааш өглөө	마르가:시 어글러:
내일 정오	маргааш уд	마르가:시 우뜨
내일 오후	маргааш удээс хойш	마르가:시 우데:쓰 허이시
내일밤	маргааш шөнө	마르가:시 션
모레	нөгөөдөр	너거:뜨르
모레 오전	нөгөөдөр өглөө	너거:뜨르 어글러:
모레오후	нөгөөдөр удээс хойш	너거:뜨르 우데:쓰 허이시
모레 밤	нөгөөдөр шөнө	너거:뜨르 션
어제	өчигдөр	어치그더르
어제 오전	өчигдөр дээс өмнө	어치그더르 우데:쓰 어은
어제 오후	өчигдөр дээс өмнө	어치그더르 우데:쓰 어은
어제 밤	өчигдөр шөнө	어치그더르 션

부록

* 계절

봄	хавар 하와르	**가을**	намар 나마르
여름	зуун 종:	**겨울**	өвөр 어월

부록

* 주 дахь/ дэх

일요일 долоо дахь өвөр/ ням гариг/ бүтэн сайн өвөр
덜러:다히 어더르/ 냠 가리끄/ 부텡 사인 어더르

월요일 нэг дэх өвөр/ даваа гариг
네끄 데흐 어더르/ 다와: 가리끄

화요일 хоёр дахь өвөр/ мягмар гариг
허여르 다히 어더르/ 먀끄마르 가리끄

수요일 гарав дахь өвөр/ лхагва гариг
허여르 다히 어더르/ 하그와 가리끄

목요일 дөрөв дэх өдөр/ пүрэв гариг
더럽 데흐 어더르/ 푸레브 가르끄

금요일 тав дахь өвөр/ баасан гариг
타우 데히 어더르/ 바:쌍 가리끄

토요일 зургаа дахь өвөр/ бямба гариг
조르가: 다히 어더르/ 비암바 가리끄
хагас сайн өвөр/
하가쓰 사인 어더르/

* 월 cap

1월　нэгдугээр сар
　　　네끄두게:르 사르

2월　хоёрдугээр сар
　　　허여르도가:르 사르

3월　гуравдугээр сар
　　　고롭도가:르 사르

4월　дөрөвдугээр сар
　　　더롭두게:르 사르

5월　тавдугээр сар
　　　타브도가:르 사르

6월　зургадугээр сар
　　　조르가도가:르 사르

7월　долдугээр сар
　　　덜도가:르 사르

8월　наймдугээр сар
　　　나임도가:르 사르

9월　есдугээр сар
　　　유쓰두게:르 사르

10월　аравдугээр сар
　　　아롭도가:르 사르

11월　аравн нэгдугээр сар
　　　아르왕네끄두게:르사르

12월　арван хоёдугээр сар
　　　아르왕 허여르 도가:르 사르

이번 달　энэ сар
　　　엔 사르

다음 달　дараагийн сар
　　　다라:깅 사르

지난 달　өнгөрсөн сар
　　　엉거르승 사르

* 가족

한국어	몽골어	발음

남자 эрэгтэй
에레그테

여자 эмэгтэй
에메그테

소년 хөвгүүн/ хүүхэд
허우궁:/후:흐뜨

소녀 охин
어힝

아버지 аав
아:우

어머니 ээж
에:지

부모 эцэг эх
에체그 에흐

남편 нөхөр
너흐르

아내 эхнэр/ авгай
에흐네르/아우가이

형재 ах дүү
아흐두

자매 эгч дүү
에끄치두

약혼자 сүйт хүн
수이트 훙

약혼녀 сүйт эмэгтэй
수이트 에메끄테

친구(남자) эрэгтэй найз
에레끄테 나이즈

친구(여자) эмэгтэй найз
에메끄테 나이즈

아들 хүү
후

딸 охин
어힝

조카(남) ах эгчийн хүү/ үеэл
아흐 에그칭:후:우이엘

조카(여) ах эгчийн охин
아흐 에그칭:어힝

아저씨 ах
아흐

아주머니 эгч
에그치

아기 хүүхэд/балчир
후:흐뜨/발치르

хүүхэд
후:흐뜨/

어린이 бага хүүхэд/
박꼬 후:흐뜨/

багачууд
박꼬초:뜨

- 760 -

* 언어/ 국민

한국어/한국인	солонгос хэл/ солонгос хүн	
	설렁거쓰 헬/ 설렁거쓰 훙	

한국어/한국인 солонгос хэл/ солонгос хүн
설렁거쓰 헬/ 설렁거쓰 훙

영어/영국인 англи хэл/ ангил хүн
앙글리 헬/ 앙글리 훙

영어/미국인 амерк хэл/ амерк хүн
아메리크 헬/ 아메리크 훙

일본어/일본인 япон хэл/ япон хүн
야펑 헬/ 야펑 훙

중국어/중국인 хятал хэл/ хятал хүн
햐따트 헬/ 햐따트 훙

불어/프랑스인 франц хэл/ франц хүн
프란츠 헬/ 프란츠 훙

독일어/독일인 герман хэл/ герман хүн
게르만 헬/ 게르만 훙

몽골어/몽골인 монгол хэл/ монгол хүн
몽골 헬/ 몽골 훙

러시아/러시아인 орос хэл/ орос хүн
어르쓰 헬/ 어르쓰 훙

스페인어/스페인 испани хэл/ испани хүн
이스파니 헬/ 이스파니 훙

이탈리아어/이탈리아인 итали хэл/ итали хүн
이탈리 헬/ 이탈리 훙

인도네시아어/인 индонези хэл/ индонези хүн
인도네지 헬/ 인도네지 훙

태국어/ 태국인 тайланд хэл/ тайланд хүн
타일라드 헬/ 타일라드 훙

부록

* 국 가 명

독일	герман 게르만	인도네시아	индонези 인도네지
러시아	орос 어르쓰	일본	япон 야펑
몽골	монгол 몽골	중국	хятал 하따트
미국	амерк 아메리크	태국	тайланд 타일란드
스페인	испани 이스파니	프랑스	франц 프란츠
영국	англи 앙글리	한국	солонгос 설렁거쓰
이탈리아	итали 이탈리		

☞ 여행 필수 단어

* 항공용어

жуулчны газар **여행사**
졸:치니: 가짜르

агаарын тээврийн компани **항공사**
아가:링   테:우링: 캄판

онгоцны билет **항공권**
엉거츠니: 빌레트

захиалах **예약**
자히알라흐

баталгаажуулах **확인**
바틀가:졸:라흐

цуцлах **취소**
초츨라흐

өөрчилөх **변경**
어:르칠라흐

төлөвлөгөө **스케줄**
털러블러거:

нэг талын билет **편도항공권**
네끄 탈링: 빌레트

хоёр талын билет **왕복항공권**
허여르 탈링: 빌레트

нэгдүгээр зэргийн суудал   **1등석**
네끄두:게르 제르깅: 소들

хоёрдугаар зэргийн суудал   **2등석**

허여르두:가르 제르깅: 소들

онгоцны номер/ дугаар/ 항공편명
엉거츠니: 너미르/ 도가:르/

нислэгийн дугаар/ 항공편명
니쓸레깅: 도가르

цагийн хуваарь 시간표
차깅: 호위와르

суудалын номер/ дугаар 좌석번호
소:들링: 너미르/도가르

тээврийн үнэ 운임
테:우링: 운

* 탑승용어

нисэх онгоцны буудал 공항
니쎄흐 엉거츠니: 보들

олон улсын нисэх оногцны буудал 국제공항
 얼렁 올쓰잉: 니쎄흐 엉거츠니: 보:들

апиун цэврийн байцаалт 검역
아리옹 체우링: 바이찰:트

гар тээш 수화물
가르테:시(쉬)

тээш хадгалах газар 화물보관소
테:시(쉬) 하뜨갈라흐 가짜르

онгоцонд суух орц 탑승구
 엉거층뜨 소:흐 어르츠

* 기내용 단어

онгоцны ахлагч(дарга) 기장
엉거츠니: 아흘라끄치(다락끄)

үйлчлэгч эрэгтэй 남자승무원
우일칠레끄치 에레끄테:

үйлчлэгч эмэгтэй 여자승무원
우일칠레끄치 에메끄테

аврах хаалга 비상구
아우라흐 할:락끄

бие засах газар 화장실
비이 자싸흐 가짜르

дуудах товч 호출버턴
도따흐 터브치

чихэвч 이어폰/헤드폰
치흐브치

бөөлжисний уут 멀미주머니
벌:지쓰니: 오:트

аврах хантааз 구명조끼
아우라흐 한타:쯔

агаарын баг 산소마스크
아가:링: 바끄

аюулгүй бүс 안전벨트
아유올구이 부쓰

бүтээлэг(хөнжил) 담요/모포
브텔:레끄(헌질)

Тамхи татаж үл болно! 금연
탐히 타타지(쥐) 울 벌른!

хүлээн авалтын өрөө/танхим 대합실
훌렝 아왈팅: 어러:/ 탕힘

ачаа тээш 화물
아차 테시(쉬)

паспорт 여권
파스포르트

онгоцны нислэгийн номер/ дугаар 비행기편명
니쓸레깅: 너미르/   도가:르/

ачааний тасалбар 짐표
아차니 타쓸바르

олон улсын нислэгийн шугам 국제선
얼렁 올쓰잉: 니쓸레깅: 쇼감

дотоодын нислэгийн шугам 국내선
더터:띵 니쓸레깅: 쇼감

онгоцны бүртгүүлэх газар 항공사카운터
엉거츠니: 부르트굴:레흐 가짜르

онгоцонд суух тасалбар 탑승권
엉거츤뜨   소:흐 타쓸바르

виз 비자
비즈

онгоцны билет 항공권
엉거츠니: 빌레트

* 주요안내용어

хүнгүй **비어있음**
홍구이

хүнтэй **사용중**
홍테

суудал луу буцаж яваарай! **좌석으로 돌아가시오!**
소:들 로: 보차지(쥐) 야와:래!

аюулгүй бүсээ бүслээрэй **안전벨트착용**
야유올구이 부쎄: 부쓸레: 레

хаалга цоожилоорой! **문을 잠그시오!**
할:락그 처:질러:래

тамхи хаяж болохгүй! **담배 버리지 말 것!**
탐히 하이지(쥐) 벌러흐꾸이!

дотор тамхи татаж үл болно! **실내금연**
더터르 탐히 타타지(쥐) 울 벌른

товч даруулаарай! **버튼을 누르시오!**
터브치 다롤:라:래!

ус татаарай! **물을 내리시오!**
오쓰 타타;래!

залгуур **콘센트/플러그**
잘고:르

аваарын товч **비상버튼**
아와:링 터브치

최신 한국어-몽골어 사전

초판 1쇄 인쇄 2013년 8월 1일 인쇄
초판 1쇄 발행 2013년 8월 10일 발행

편저자 데.보르투르가, 체.어트겅바야르,
엠.안또니나미하일, 김경환, 김춘식
펴낸이 서 덕 일
펴낸곳 도서출판 문예림

등록번호 1962. 7. 12. 제 2-110
주　소 경기도 파주시 회동길 366
전　화 02-499-1281~2 전 송 02-499-1283
홈페이지 www.moonyelim.com
전자우편 info@moonyelim.com

ISBN 978-89-7482-742-7 (13790)

값 38,000원

· 잘못된 책은 구입하신 서점에서 교환해 드립니다